U0906565

2022

JIANGXI NIANJIAN

江西年鉴

江西省地方志编纂委员会　编

线装书局

图书在版编目（CIP）数据

江西年鉴. 2022 / 江西省地方志编纂委员会编. --
北京 : 线装书局, 2022.7
ISBN 978-7-5120-5046-4

Ⅰ. ①江… Ⅱ. ①江… Ⅲ. ①江西—2022—年鉴
Ⅳ. ①Z525.6

中国版本图书馆 CIP 数据核字(2022)第 121009 号

江西年鉴（2022）

JIANGXI NIANJIAN（2022）

编　　者：江西省地方志编纂委员会
责任编辑：周思远
出版发行：线装书局
地　址：北京市丰台区方庄日月天地大厦B座17层（100078）
电　话：010-58077126（发行部）010-58076938（总编室）
网　址：www.zgxzsj.com
经　　销：新华书店
印　　制：江西龙莹印务有限公司
开　　本：889mm×1194mm　1/16
印　　张：38.25
字　　数：1687千字
版　　次：2022年7月第1版第1次印刷

线装书局官方微信

定　　价：398.00元

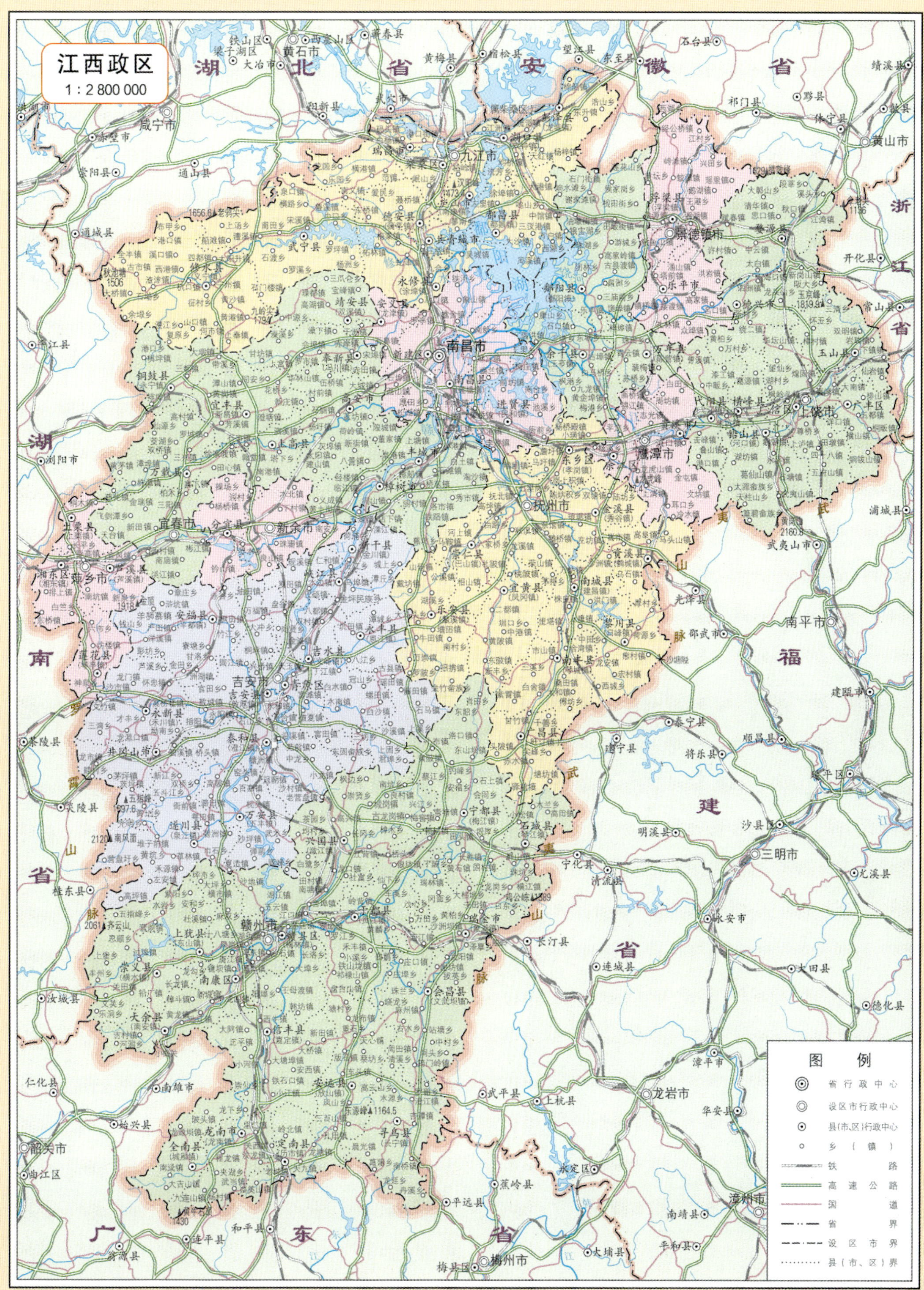

审图号：赣S（2022）100号

江西省自然资源厅

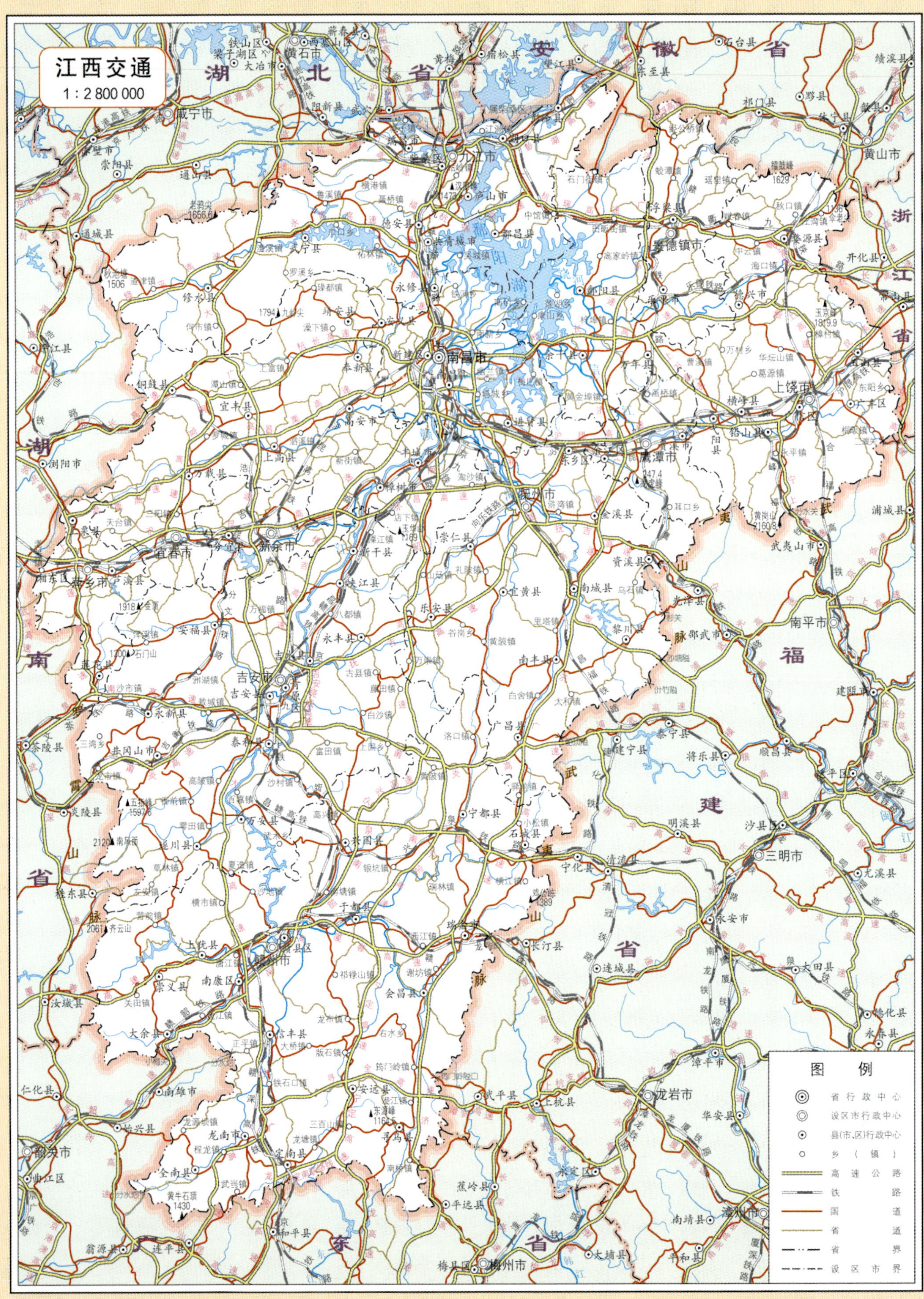

审图号：赣S（2022）100号

江西省自然资源厅

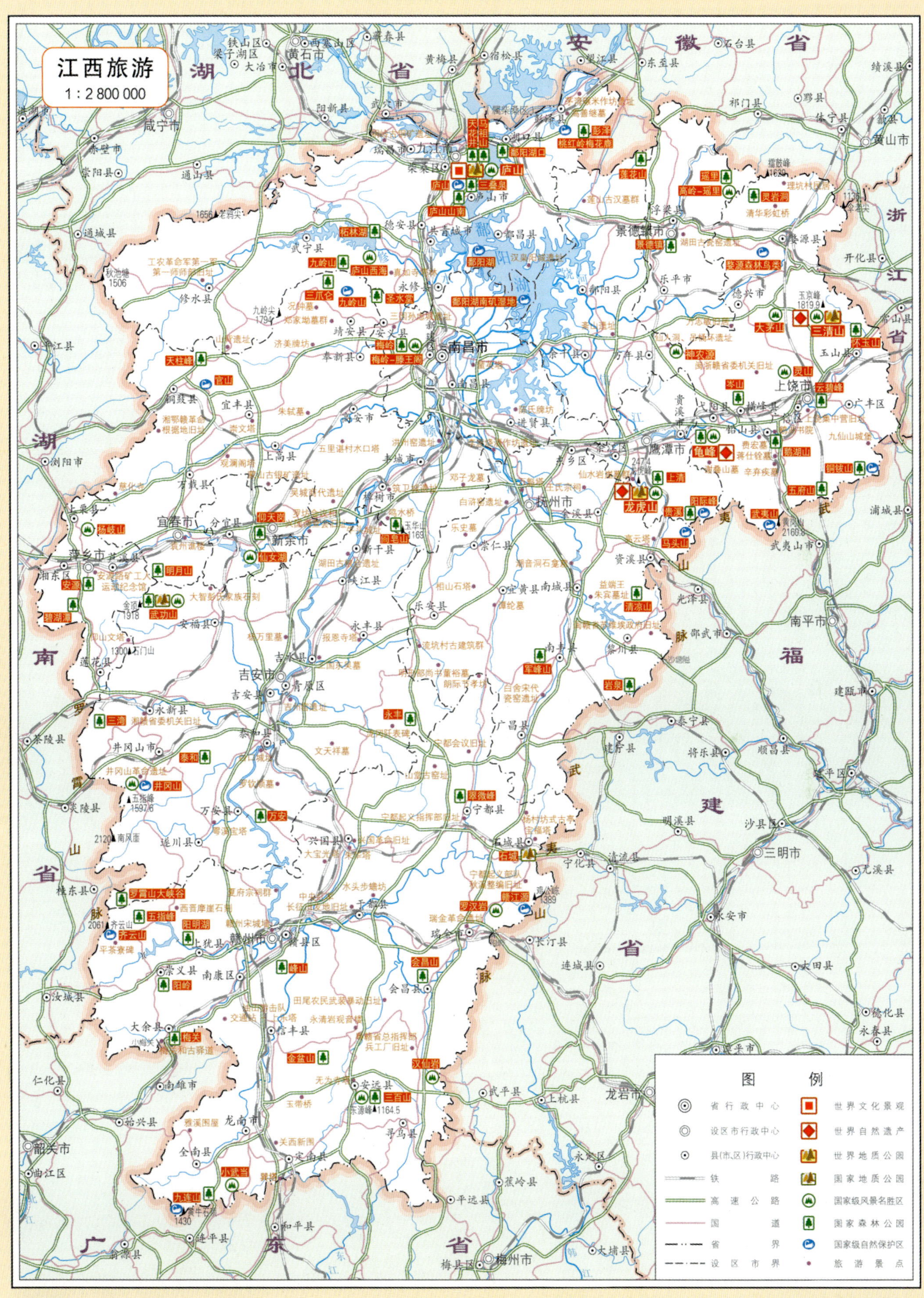

审图号：赣S（2022）100号

江西省自然资源厅

中共江西省委十四届十三次全体（扩大）会议

7月22日—23日，中共江西省委十四届十三次全体（扩大）会议在南昌市举行。省委书记刘奇代表省委常委会作工作报告，部署全省推动中部地区高质量发展相关工作。刘奇强调，要坚持以习近平新时代中国特色社会主义思想为指导，深入学习贯彻中共中央总书记习近平“七一”重要讲话精神，全面贯彻中共中央关于新时代推动中部地区高质量发展的决策部署，立足新发展阶段，贯彻新发展理念，构建新发展格局，坚持以深化供给侧结构性改革为主线，以改革创新为根本动力，以满足人民日益增长的美好生活需要为根本目的，牢记嘱托，抢抓发展机遇，发挥特色优势，努力在推动中部地区高质量发展上奋勇争先。

◀ 7月22日，中共江西省委十四届十三次全体（扩大）会议在南昌市开幕。图为开幕式现场

▶ 7月22日，出席中共江西省委十四届十三次全体（扩大）会议代表认真听会

（本版图片均为林君 摄）

中国共产党江西省第十五次代表大会

11月23日—26日，中国共产党江西省第十五次代表大会在南昌市举行。大会选举产生中共江西省第十五届委员会和中共江西省第十五届纪律检查委员会，通过关于中共江西省第十四届委员会报告的决议、关于中共江西省第十四届纪律检查委员会工作报告的决议。大会号召全省各级党组织、全体党员和广大人民群众要更加紧密地团结在以习近平为核心的中共中央周围，牢记初心使命，锐意开拓进取，以“作示范、勇争先”的昂扬斗志，以史为鉴、开创未来，埋头苦干、勇毅前行，走好实现第二个百年奋斗目标新的赶考之路。

◀ 11月23日，中共江西省第十五次代表大会在南昌市开幕。图为开幕式现场

▶ 11月26日，出席中共江西省第十五次代表大会代表投票

（本版图片均为林君摄）

省十三届人大五次会议

1月26日—30日，省十三届人大五次会议在南昌市召开。会议表决通过关于政府工作报告的决议、《江西省乡村振兴促进条例》《关于江西省国民经济和社会发展第十四个五年规划和二〇三五年远景目标纲要的决议》《关于江西省2020年国民经济和社会发展计划执行情况与2021年国民经济和社会发展计划的决议》《关于江西省2020年预算执行情况和2021年预算的决议》《关于江西省人民代表大会常务委员会工作报告的决议》《关于江西省高级人民法院工作报告的决议》《关于江西省人民检察院工作报告的决议》《关于国家生态文明试验区（江西）建设情况报告的决议》。

1月27日，出席省十三届人大五次会议的各代表团举行分组讨论。图为代表们审议政府工作报告，认真履职，踊跃发言

1月28日，出席省十三届人大五次会议的代表发言

（本版图片均为林君摄）

省政协十二届四次会议

1月25日—28日，省政协十二届四次会议在南昌市召开。会议听取和审议政协江西省第十二届委员会常务委员会工作报告；听取和审议政协江西省第十二届委员会常务委员会关于省政协十二届三次会议以来提案工作情况的报告；审议通过政协江西省第十二届委员会第四次会议决议；审议通过政协江西省第十二届委员会提案委员会关于省政协十二届四次会议提案初步审查情况的报告；审议通过人事事项。

▶ 1月27日，省政协十二届四次会议的政协委员在 认真聆听工作报告

▶ 1月28日，出席省政协十二届四次会议的委员在投票

（本版图片均为海波 摄）

庆祝中国共产党成立100周年

2021年，为了庆祝中国共产党百年华诞，总结历史经验、把握历史规律，传承红色基因、激扬奋进力量，在全面建设社会主义现代化新征程上跑好接力赛，描绘好新时代江西改革发展新画卷，江西省结合省内实际，开展党史学习教育、群众性主题宣传教育、庆祝大会等丰富多样的庆祝活动，引导广大党员干部、青少年深刻感悟党的初心使命和信仰的力量，传承好红色基因。

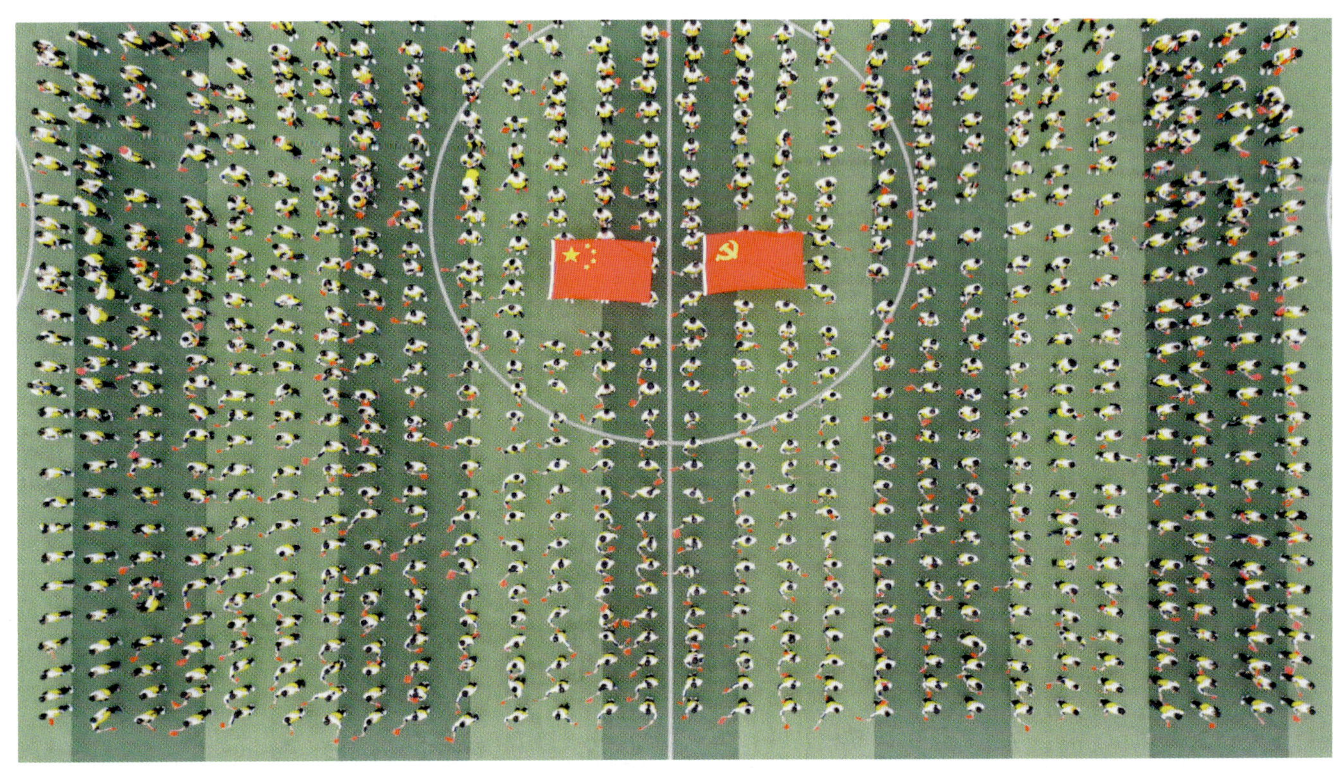

▲ 5月7日，上饶市余干六中2800余名师生开展“重温入党誓词”“我心向党、筑梦启航”主题红歌会和“唱支山歌给党听”红歌快闪等一系列活动，庆祝中国共产党成立100周年 （韩海建 摄）

▲ 5月15日，抚州市广昌县文联下属各协会党员文艺工作者到驿前镇高虎脑红色基因传承基地开展“追寻先辈足迹，传承红色基因”教育活动 （曾恒贵 摄）

▲ 5月25日，在萍乡市安源区五陂镇五陂村，村民通过红色文物了解革命先辈光辉事迹 （徐铮 摄）

▲5月26日，新余市分宜县第二中心小学举行红歌颂歌咏比赛，表达少年儿童心向党、跟党走的坚定信念 （袁建兵 摄）

▲6月7日，南昌市青云谱区青云谱镇中共党员在陈云旧居陈列馆开展“党旗，我向您宣誓”主题党日活动，通过新老党员共同宣誓、参观学习党史等形式，让红色精神薪火相传 （海波 摄）

项目建设提速年

2021年，深入实施“项目建设提速年”活动。全省通过在工业、农业、服务业、重大基础设施、新基建、公共服务六大领域开展“项目大会战”，扩大有效投资成为全国先进。其中，对开工在建项目，责任单位督促项目单位优化工期管理，在确保施工安全和工程质量的前提下，加快项目建设进度，推动项目完成更多实物工作量和早日竣工达产。

▲ 1月26日，江西省兆驰光电有限公司生产车间内，1200条LED封装线正在加紧生产，赶制订单（洪子波 摄）

▲ 6月8日，赣湘开发合作试验区萍乡湘东园区内的福斯特智能科技企业车间一片繁忙。该园区围绕智能制造、环保新材料、光电信息产业等，打造高度聚集的特色产业（海波 摄）

▲6月9日，在赣州市章贡区文明大道互通立交上跨京九铁路工程项目现场，施工人员正在开展作业，确保工程项目如期完成 （胡江涛 摄）

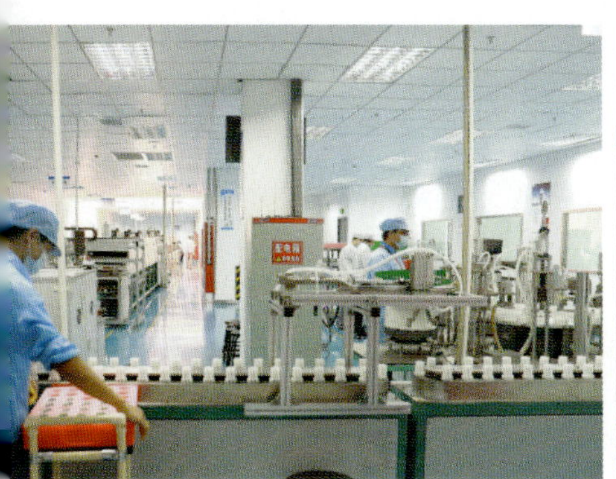

▲ 6月11日，赣江新区南昌嘉捷鑫源公司生产车间一片繁忙。该企业总投资32亿元，主要从事智能快速充电系列和LED智能家居产品的研发、生产和销售

（海波 摄）

▲6月15日，乐平市接渡镇杨子安村，新修建的接渡大桥车来车往。接渡大桥横跨乐安河，全长742米，于6月13日通车，是205省道瑶鹅线重要桥梁。大桥的通车便利了乐安河两岸居民的出行

（徐铮 摄）

▲6月22日，省港口集团所属的赣远31号船舶满载千吨货物，从南昌龙头岗码头起航开往赣州，标志着赣江南昌—吉安—赣州千吨级航线正式开通。该航线开通后，千吨级货物船舶可以从赣州直达九江进入长江

（洪子波 摄）

赣深高铁开通

12月10日，赣深高铁开通运营，赣南革命老区与深圳经济特区之间从此有了快速客运通道。赣深高铁是中国“八纵八横”高速铁路网京港（台）通道的重要组成部分，北起江西赣州，南至广东深圳，线路全长434千米，设计时速350千米，全线共设13座车站。赣深高铁开通运营后，赣州至深圳的最快铁路旅行时间由5小时32分压缩至1小时49分。

▲12月10日，赣深高铁开通运营，一列“和谐号”列车驶过定南县时，许多群众守在高铁线旁喜迎列车的到来

（周霖 摄）

▲12月10日，赣深高铁开通运营，一列高铁列车在龙南县跨龙河高速及京九铁路特大桥上行驶

（洪子波 摄）

▲12月10日，龙南县群众舞龙欢庆赣深高铁开通运营

（周霖 摄）

▲12月10日，赣州西站1号站台，G2197次列车即将关上车门，开启第一趟旅途

（徐铮 摄）

▲12月10日，在赣州西站首发的G2197次列车上，乘务人员欢迎上车的旅客

（史港泽 摄）

▲12月10日，赣深高铁赣州西站首发的G2197次列车抵达深圳北站后，乘客在列车前合影留念

（史港泽 摄）

第一届中国米粉节

6月11日—15日，第一届中国米粉节在江西南昌举办，活动期间发布《2021中国米粉产业发展报告》，贵州的花溪牛肉粉、遵义羊肉粉入选2021年消费者喜爱的十大米粉品类。第一届中国米粉节共设置会议论坛、线下展销、线上推广、特色活动4大板块25项主要活动，展览展示面积超3万平方米，规划标准展位近1000个，吸引550家企业参展。

▲ 6月11日，第一届米粉节吸引了众多知名网络平台主播前来推介江西米粉

（李劼 摄）

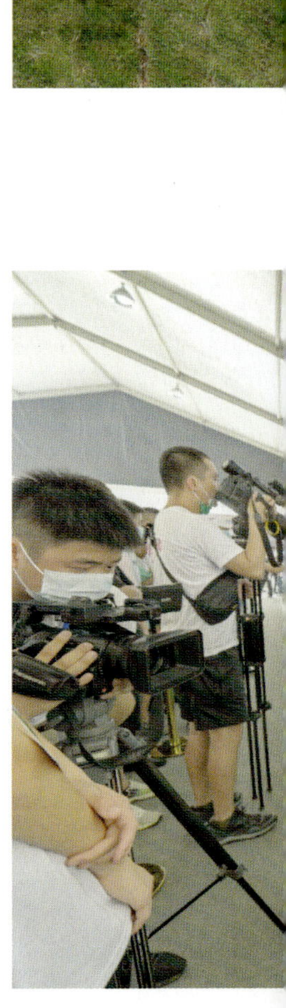

▲ 6月12日，第一届中国米粉节江西米粉创新挑战赛展示的米粉美食参赛作品，吸引众多市民 （李劼 摄）

▲ 6月12日，航拍俯瞰安义县黄洲镇茅店村宗山手工米粉晾晒的场景。宗山米粉小镇以非物质文化遗产宗山手工粉为主角，形成“非遗+旅游”特色

（李劼 摄）

▲ 6月12日，来自全国各地的249名米粉烹饪高手，参加第一届中国米粉节江西米粉创新挑战赛的现场角逐 （李劼 摄）

▲ 6月12日，南昌粉面品牌周真真实验学校店，市民正在购买米粉 （李劼 摄）

红色文艺演出

2021年，中共江西省委宣传部、省文化和旅游厅策划推出“重温百年党史、传承红色基因——庆祝中国共产党成立100周年优秀舞台艺术作品巡演”。此次巡演采取“点单选剧”模式，以剧场演出和在线直播相结合的方式，推出话剧《支部建在连上》、赣剧《血火熔炉》、歌剧《山茶花开》、赣南采茶戏《一个人的长征》《八子参军》、现代京剧《望红关》《碧血慈云》、盱河高腔戏《忠诚》、大型木偶戏《红星照我去战斗》、杂技剧《山上那片红杜鹃》、交响音乐会《长征组歌》11部剧目，营造“党的盛典、人民的节日”的社会氛围。

▲ 4月25日，赣南采茶戏《一个人的长征》在赣州市长征剧院首演

（赣南艺术创作研究所 供）

▲ 5月31日，赣剧《血火熔炉》在南昌理工学院上演

（樊平 邱青 摄）

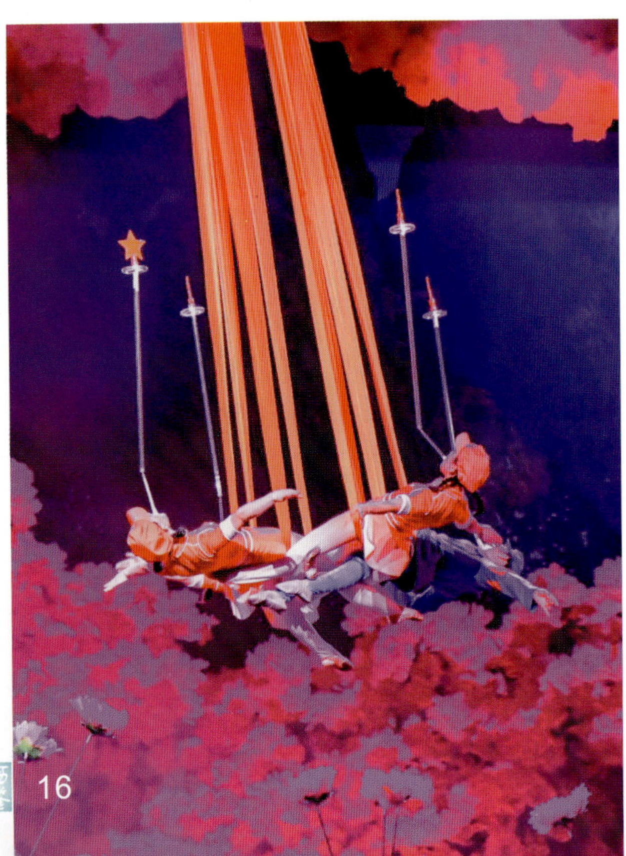

◀ 6月23日，江西省首部原创红色题材杂技剧《山上那片红杜鹃》在南昌群星剧场首演

（江西省杂技团 供）

▶ 7月6日，歌剧《山茶花开》在江西艺术中心上演

（江西省话剧团 供）

▲6月29日—8月3日，话剧《支部建在连上》在井冈山博物馆剧场上演　　（江西省话剧团 供）

红色研学

2021年，全省广泛开展红色研学活动。全省通过开发一批寓教于游、寓教于学的红色研学课程，打造一批红色研学基地示范点和流动红色驿站，举办红色文物展览，让参与其中的中小学生增强对革命历史的了解。

▲ 4月16日，永新县龙源口镇海龙学校的学生在该县龙源口大捷旧址参观 （杨继红 摄）

▲ 5月12日，赣州市赣县区韩坊中心小学师生在于都县长征渡口前开展红色研学活动 （史港泽 摄）

▲ 6月18日，上高县新界埠桐山村红一军团十七师指挥部旧址内，新界埠镇中心小学的学生身穿“红军装”参加红色研学活动 （陈旗海 摄）

▲6月20日，在乐安县谷岗乡的中央苏区第四次反“围剿”登仙桥大捷旧址前，来自乐安县第四小学的学生通过写生的方式记录红色旧址，重温红色历史 （陈慧婷 摄）

江西运动健儿在第十四届全运会奋力拼博

江西省在第十四届全运会完成多项突破，邓佳琪获U14组女子单人10米跳台冠军，拿下第十四届全运会江西代表团首金；刘忠鑫获得男子南拳、南刀、南棍全能银牌，实现江西省武术套路本土队员全运会奖牌零的突破。江西代表团一共获得5金、8银、6铜的成绩。全运会群众组比赛中，江西省获得比赛类项目1枚金牌、1枚银牌、3枚铜牌，展演类2个一等奖、10个二等奖、4个三等奖。

▲ 9月19日，程玉洁夺得第十四届全运会女子4×100米自由泳接力冠军 （省体育局供）

▲9月24日，江西女子龙舟队夺得第十四届全运会群众比赛龙舟200米直道赛季军 （省体育局供）

2021环鄱阳湖自行车精英赛

10月10日—12月26日，环鄱阳湖自行车精英赛（简称环鄱赛）在江西举行。此次比赛总赛程509.1千米、转场里程3456千米、覆盖11个地市共16个赛站、10余万人参与比赛、即时观看人数2000万人次、2000人次专业执裁、8800人次后勤保障，是国内时间跨度最长、报名人次最多、地域跨度最广、赛程最长、赛段最多、赛历最久、总奖金最高的自行车赛事。

◀ 10月30日，2021环鄱赛抚州资溪站开赛

（省体育局供）

▶ 10月30日，2021环鄱赛抚州资溪站，选手在奋力拼搏

（省体育局供）

乡村振兴

2021年，中共江西省委发布一号文件《关于全面推进乡村振兴加快农业农村现代化的实施意见》，对江西省未来5年乡村振兴工作进行全面部署，要求全面贯彻落实中央精神，打造彰显产业兴旺之美、自然生态之美、文明淳朴之美、共建共享之美、和谐有序之美的新时代“五美”乡村，走出一条具有江西特色的农业农村现代化道路。

▲1月19日，吉安市吉州区樟山镇清湖村农业果蔬基地，工人正在搭建大棚。该区各种植基地利用冬闲时节推进温室大棚等基础设施建设，加快发展设施农业，进一步提升农业现代化水平 （李军 摄）

▲6月3日，兴国县永丰镇凌源村崩岗治理点绿意盎然。2018年，该县启动实施崩岗治理工程。经过4年的生态治理，该村已从原来的荒山沟变成花果满园的生态家园

（陈鹏 摄）

▲6月7日，会昌县筠门岭镇元兴村大棚蔬菜基地，工人正在采摘装运黑皮冬瓜供应市场。2021年，筠门岭镇通过发展设施农业，引进种植6.67公顷黑皮冬瓜，带动村民就业增收

（朱海鹏 摄）

▲6月13日，永丰县坑田镇塘下村的蔬果种植基地，大棚、稻田、青山、村庄和蓝天白云相映成景 （刘浩军 摄）

▲6月13日，万年县裴梅镇葛毛坞村茶树菇基地，农户正在给茶树菇菌种浇水。该村投资成立特色产业种植基地，助力乡村振兴

（洪子波 摄）

▲6月23日，乐安县戴坊镇绿巨人蔬菜基地，整齐划一的蔬菜大棚显得较为壮观。乐安县因地制宜调整产业结构和布局，以“企业+农户”模式，通过土地流转、返租到户等，打造现代生态农业观光园，巩固拓展脱贫成果，助力乡村振兴

（黄煜 摄）

志愿服务

江西多措并举推动广大志愿服务组织和志愿者立足新时代、展现新作为，促进志愿服务对接百姓民生、融入生产生活，助推全省志愿服务事业呈现出积极健康向上发展的态势。至2021年年底，江西注册志愿者661.4万人，注册志愿组织5.8万个，发起项目124.5万个，记录志愿服务时间2.35亿小时。其中，2021年新增志愿者42.83万人，组织0.67万个，项目7.49万个，志愿服务时间3959.83万小时。

◀ 2月8日，志愿者陈倩（穿红色衣服者）在省博物馆开展讲解服务

（省博物馆 供）

◀ 6月8日，南昌市政公用集团运营公司党员志愿者到青山湖区塘山镇东门社区，为孩子们送上书包、玩具等，点亮他们的“微心愿”

（洪子波 摄）

▲6月25日，志愿者杨晓芸（左一）在省博物馆为孩子们开展文物教学 （省博物馆 供）

▲11月25日，南昌市青山湖区委党校教师在省级"红色名村"罗家镇板溪村开展志愿讲解活动

（王琳 摄）

抗洪抢险

2021年，全省遭遇强降雨过程10次，强对流天气多发、频发，14条河流、35站次发生超警戒洪水，248万余人受灾。全省通过强化监测预报预警，坚持提前转移制度，做好9.8万人次危险区和受威胁群众的转移避险和妥善安置，守住不发生群死群伤事件的底线。

▲6月3日，湖口县消防救援大队指战员在长江水域开展防汛应急演练 （张玉摄）

◀ 7月12日，消防救援队伍在上饶市鄱阳县昌洲乡转移被困群众

（省消防救援总队供）

爱国卫生活动

至2021年年底，全省爱祖国、讲卫生、树文明、重健康的浓厚文化氛围普遍形成，爱国卫生运动传统深入全民，从部门到地方、从社会到个人、全方位多层次推进爱国卫生运动的整体联动新格局基本建立，社会健康综合治理能力全面提高。

◀ 4月8日，第33个江西省爱国卫生月启动仪式在石城县举行

（省卫生健康委 供）

◀ 10月18日—19日，省爱卫办、省卫生健康监测评价中心牵头组织江西省农村改厕技术指导巡回服务专家组对分宜县分宜镇、凤阳镇农村改厕工作进行技术服务指导

（省卫生健康委 供）

11月30日，白鹤和鹭鸟、鹬鸟一同玩耍　（徐铮摄）

候鸟过冬

12月，“候鸟天堂”鄱阳湖迎来越冬候鸟70.8万只。为全面做好江西省候鸟保护工作，形成长效保护机制，江西省制定《江西省候鸟保护条例》。该条例明确将按照保护级别对候鸟进行保护，并针对观鸟等旅游项目逐渐增多的情况，要求当地政府科学设置观鸟范围，规范观鸟行为，对严重干扰、惊吓、驱赶候鸟等行为规定处罚。

▲ 11月30日，成群的白鹤在田间飞翔、觅食、嬉戏

（徐铮摄）

▲ 12月1日，鄱阳湖余干县大湖口水域，红嘴鸥在捕鱼

（徐铮摄）

◀ 12月6日，鄱阳湖南昌市新建区昌邑乡水域，国家二级保护动物白琵鹭时而飞起、时而站在滩涂上享受冬日暖阳

（徐铮 摄）

◀ 12月6日，信江汇入鄱阳湖处，国家一级保护动物东方白鹳正在觅食

（涂序理 摄）

▼ 12月22日，白鹤被世界自然保护联盟列为极度濒危物种。每年秋冬，全球98%以上的白鹤会飞抵鄱阳湖越冬。图为一群白鹤在余干县康山垦殖场插旗洲分场稻田上空自由翱翔

（梁振堂 摄）

城市绿肺

江西不断加快湿地保护。2021年，全省获批中央财政湿地保护修复补助资金1.10亿元；鄱阳湖南矶国际重要湿地、婺源饶河源国家重要湿地等获批中央预算内投资0.75亿元。全省湿地保护成效不断扩大。其中，南昌以2个国际重要湿地（江西鄱阳湖国家级自然保护区、鄱阳湖南矶湿地国家级自然保护区）为主阵地，深入推进全市湿地保护工作。至2021年年底，南昌除有2个国际重要湿地外，还有省级重要湿地4个、省级湿地公园5个、县级湿地自然保护区1个，并依托象湖、艾溪湖、九龙湖等城市内的湖泊河流湿地，建立多个集市民休闲游憩与生态保护于一体的城市湿地公园。

◀ 6月1日，南昌市鱼尾洲公园绿意盎然，吸引市民前往游玩

（洪子波 摄）

▶ 12月11日，南昌市艾溪湖森林湿地公园色彩斑斓，冬景如画，吸引游人前往观赏

（史港泽 摄）

编 辑 说 明

一、《江西年鉴》是江西省本级地方综合年鉴，由江西省人民政府组织、江西省地方志编纂委员会编，稿件由省直各单位，各市、县（区），中央驻赣单位及有关单位提供。

二、《江西年鉴》是系统记述江西省自然、政治、经济、文化、社会等方面情况的年度资料性文献。其编纂坚持以马克思列宁主义、毛泽东思想、邓小平理论、“三个代表”重要思想、科学发展观、习近平新时代中国特色社会主义思想为指导，逐年全面、真实地记录江西经济建设和社会发展的基本情况，为存史、资政、育人服务。

三、《江西年鉴》每年出版一卷，2002 年首卷出版，至今已经编纂出版 21 卷。

四、本卷年鉴着重记载 2021 年江西省发生的重大事情。内容分为综合情况、动态信息和辅助资料三大部分。综合情况设特载、专记、大事记、江西概貌 4 个类目。动态信息设中国共产党江西省委员会，江西省人民代表大会，江西省人民政府，中国人民政治协商会议江西省委员会，纪检监察，民主党派和工商联，群众团体，法治，军事，应急管理，国家区域发展战略，农业农村，工业，信息化建设，园区经济，旅游业，商贸服务业，对外贸易与国内经济合作，交通 邮政，金融，财政税务，经济管理与监督，城乡建设，水利，生态环境，教育，科学技术，社会科学与地方志，文化艺术，新闻出版 广播电影电视，卫生健康，体育，居民生活，人力资源，社会保障，社会事务管理，退役军人事务，民族宗教事务，精神文明建设，市、县（区），人物，共 41 个类目。辅助资料设附录、统计资料 2 个类目。江西政区图、江西交通图、江西旅游图均为 2022 年版地图。

五、本年鉴内容层次设置是为了方便分类编纂和读者阅读，机关、企事业单位等排序和层次不表示其地位和规模。部分条目因内容需要对比，时间有所上溯。市、县（区）主要领导人放在所属市、县（区）之后，便于查阅。特载类目中数据为快报数，因个别供稿单位统计口径不同等原因，有的数据在不同条目中不尽一致，使用时请注意出处；企业的计量单位，除市场监督管理局办理注册登记的企业用“户”外，其他一律用“家”。书中记述的“莲花一枝枪纪念馆”为正式馆名。

六、市制土地面积计量单位“亩”，在农民日常生产生活中仍作为土地面积的计量单位，所以，本年鉴记述农业事项土地面积时仍使用“亩”作为计量单位，1 亩 = 666.67 平方米，随文不再括注同比例平方米数。

江西省地方志编纂委员会

主　　　任　叶建春

副　主　任　庄兆林　孙菊生

委　　　员　樊雅强　郭建晖　蒋金法　王　俊　张和平　郭杰忠
杨贵平　李明生　朱　斌　钟志生　张圣泽　卢天锡
王水平　欧阳泉华　梅　亦　刘文华　卢小青
方向军　方维华　甘根华

主　　　编　叶建春

副　主　编　庄兆林　孙菊生

《江西年鉴》编辑人员

总　编　辑　甘根华

副总编辑　周　慧　杨志华　张棉标

编辑部主任　詹跃华

编辑部副主任　毛珏珺

编　　　辑　詹跃华　毛珏珺　张志勇　刘清林　游桃琴　邓诚君
徐佳佳

目　　录

CONTENTS

特　　载

专　　记

大 事 记

江西概貌

中国共产党江西省委员会

江西省人民代表大会

江西省人民政府

中国人民政治协商会议江西省委员会

纪检监察

民主党派和工商联

群众团体

法 治

军　事

应急管理

国家区域发展战略

农业农村

工　业

信息化建设

园区经济

旅 游 业

商贸服务业

对外贸易与国内经济合作

交通邮政

金　融

财政税务

经济管理与监督

城乡建设

水　　利

生态环境

教　　育

科学技术

社会科学与地方志

文化艺术

新闻出版　广播电影电视

卫生健康

体　　育

居民生活

人力资源

社会保障

社会事务管理

退役军人事务

民族宗教事务

精神文明建设

市、县(区)

人　　物

附　　录

统计资料

索　　引

特　　载

在江西省庆祝中国共产党成立100周年大会上的讲话

（2021年7月1日）

省委书记　刘　奇

同志们、朋友们：

今天，我们怀着无比激动的心情，在中国革命的摇篮井冈山隆重集会，共同庆祝中国共产党成立100周年。首先，我代表中共江西省委，向为革命、建设和改革事业英勇牺牲的革命烈士表示深切怀念，他们的英名永远铭记在我们心中，他们的英勇事迹、革命精神永远激励我们奋勇前进！向为党和人民事业作出重要贡献的老党员、老同志表示崇高敬意，向全省广大共产党员表示节日问候，向本次大会受表彰的优秀个人和先进集体表示热烈祝贺！

上午，我们聆听了习近平总书记在庆祝中国共产党成立100周年大会上的重要讲话。习近平总书记的重要讲话，全面回顾了我们党走过的一百年光辉历程，深刻总结了我们党为实现中华民族伟大复兴创造的伟大成就，高度概括了"坚持真理、坚守理想，践行初心、担当使命，不怕牺牲、英勇斗争，对党忠诚、不负人民"的伟大建党精神，对全党在新的征程上以史为鉴、开创未来提出明确要求，号召全体党员努力为党和人民争取更大光荣。习近平总书记的重要讲话，高屋建瓴、气贯长虹，视野宏阔、豪迈坚定，在洞察历史中揭示规律，在把握时代大势中昭示未来，是一篇闪耀着马克思主义光辉的纲领性文献，对于全党在新的征程上牢记初心使命、开创美好未来，不断夺取中国特色社会主义新胜利，实现中华民族伟大复兴中国梦，具有重大而深远的意义。我们要深入学习领会、全面贯彻落实。

同志们、朋友们！

100年前，在中华民族风雨飘摇、生死存亡的危难关头，中国共产党应运而生。在100年波澜壮阔的奋斗历程中，我们党矢志践行初心使命，团结带领人民开辟了伟大道路、建立了伟大功业、铸就了伟大精神、积累了宝贵经验，在中华民族发展史和人类社会进步史上写下了壮丽篇章。一百年来，我们党筚路蓝缕奠基立业，团结带领人民经过28年浴血奋战，推翻压在中国人民头上的"三座大山"，取得了新民主主义革命胜利，建立了新中国，彻底结束了旧中国半殖民地半封建社会的历史，彻底结束了旧中国一盘散沙的局面，彻底废除了列强强加给中国的不平等条约和帝国主义在中国的一切特权，中国人民站起来了，中华民族任人宰割、饱受欺凌的时代一去不复返了！我们党改天换地铸就辉煌，团结带领人民迅速医治战争创伤，恢复国民经济，进行各项社会改革，确立社会主义基本制度，完成了从新民主主义到社会主义的转变，实现了中华民族有史以来最为广泛而深刻的社会变革，实现了一穷二白、人口众多的东方大国大步迈进社会主义社会的伟大飞跃，为实现中华民族伟大复兴奠定了根本政治前提和制度基础。我们党改革开放创造奇迹，团结带领人民深刻总结新中国成立以来正反两方面经验，果断作出把党和国家工作中心转移到经济建设上来、实行改革开放的历史性决策，实现了伟大的历史转折，极大地解放和发展了社会生产力，极大提高了我国经济实力、科技实力、综合国力和人民生活水平，使中国大踏步赶上了时代。我们党革故鼎新开辟未来，团结带领人民披荆斩棘、攻坚克难、砥砺前进，始终走在时代前列，特别是党的十八大以来，以习近平同志为核心的党中央把握历史规律和发展大势，坚持完善和发展中国特色社会主义制度，创立习近平新时代中国特色社会主义思想，解决了许多长期想解决而没有解决的难题，办成了许多过去想办而没有办成的大事，推动党和国家事业取得历史性成就、发生历史性变革，为实现中华民族伟大复兴提供了更为完善的制度保证、更为坚实的物质基础、更为主动的精神力量。新时代中国特色社会主义的伟大成就，脱贫攻坚战的全面胜利，抗击新冠肺炎疫情斗争取得的重大战略成果，再次彰显了中国共产党领导的显著政治优势和中国特色社会主义的强大制度优势。上午，习近平总书记代表党和人民庄严宣告，经过全党全国各族人民持续奋斗，我们实现了第一个百年奋斗目标，在中华大地上全面建成了小康社会，历史性地解决了绝对贫困问题，正在意气风发向着全面建成社会主义现代化强国的第二个百年奋斗目标迈进。

一百年的苦难辉煌，我们党带领人民绘就了波澜壮阔、气势恢宏的历史画卷，谱写了感天动地、气吞山河的英雄壮歌，使今日中国巍然屹立在世界的东方，使当代中国进入近代以来最好的发展时期，中华民族迎来了从站起来、富起来到强起来的伟大飞跃，实现中华民族伟大复兴进入了不可逆转的历史进程！历史雄辩证明，中国共产党不愧为伟大、光荣、正确的党，不愧为中国特色社会主义事业的坚强领导核心，没有共产党就没有新中国，没有共产党就没有中国特色社会主义，没有共产党就没有中华民族伟大复兴。只有毫不动摇地坚持党的领导，才能实现国家富强、民族振兴、人民幸福。

同志们、朋友们！

江西是一片充满红色记忆的红土地，是中国革命的摇篮、人民共和国的摇篮、人民军队的摇篮和中国工人运动的策源地，孕育了伟大的井冈山精神、苏区精神和长征精神，党史上的许多重大事件曾经在这里发生，共产党人的文韬武略都在这里试验过、预演过。在这块红土圣地上，一山一水都留下了先烈先辈的战斗足迹，一草一木都记录着可歌可泣的英雄故事。第一块农村革命根据地、第一支工农革命军、第一面军旗、第一部土地法、第一届苏维埃临时中央政府等，在党史上都具有开创性意义；八角楼的灯光、瑞金的红井、莲花一枝枪、十七棵信念树等，都是共产党人矢志践行初心使命的生动写照；坚守清贫的方志敏、慷慨就义的刘仁堪、“死到阴间不反水”的江善忠、腰缠万贯的“讨米人”刘启耀、不当将军当农民的甘祖昌，革命先烈先辈为我们树立起了一座座精神丰碑。在战火纷飞的战争年代，无数赣鄱儿女用忠诚和热血投身革命事业，从八一起义到秋收起义，从引兵井冈到三湾改编，从朱毛会师到转战赣南闽西，从瑞金建政到长征出发，赣鄱儿女为中国革命付出了巨大牺牲、作出了巨大贡献，江西有名有姓的烈士近 26 万人。我们党在上海诞生，在江西发展壮大，中国革命从江西走向全国，从胜利走向新的胜利。在江西，开辟了中国革命的正确道路。大革命失败后，以毛泽东同志为主要代表的中国共产党人深刻认识到，在敌我力量对比极端悬殊的情况下，没有革命武装就没有人民的一切，必须把武装斗争的立足点放在农村，走农村包围城市、武装夺取政权的道路，创建了井冈山革命根据地，逐步找到了一条符合中国实际的正确革命道路，领导人民取得了新民主主义革命的伟大胜利。在江西，实现了马克思主义中国化的理论开篇。井冈山斗争和中央苏区时期，我们党把马克思主义基本原理同中国革命具体实践相结合，突破教条主义的束缚，鲜明提出一系列建党建军建政的正确思想理论。毛泽东同志在江西写下的《中国的红色政权为什么能够存在》《井冈山的斗争》《星星之火，可以燎原》，是指引中国革命前进方向的理论灯塔，闪耀着马克思主义的真理光辉。在江西，开启了治国理政的伟大预演。1931 年 11 月，中华苏维埃第一次全国代表大会在江西瑞金召开，宣告中华苏维埃共和国临时中央政府成立，开启了红色政权建设的探索实践，进行了在局部地区执政的重要尝试，颁布土地法，使耕者有其田；颁布婚姻法，提出“确定男女婚姻以自由为原则”等，全面推进了根据地政权、经济、文化、教育和党的自身建设，为我们党治国理政积累了宝贵经验。

一百年来，在党的坚强领导下，江西人民发扬光荣传统，矢志不移、接续奋斗，红土圣地旧貌换新颜，赣鄱大地“到处都是活跃跃的创造”，发生了翻天覆地的历史巨变。特别是党的十八大以来，以习近平同志为核心的党中央对江西革命老区始终饱含深情、牵挂在心，习近平总书记先后两次亲临江西视察，对江西工作提出了“在加快革命老区高质量发展上作示范、在推动中部地区崛起上勇争先”的目标定位和“五个推进”的重要要求。全省上下牢记习近平总书记殷殷嘱托，感恩奋进、担当实干，加快推进高质量跨越式发展。全省主要经济指标增速连年位居全国“第一方阵”，生产总值在全国排位由第 19 位前移至第 15 位，发展的质量和效益不断提升，特别是历史性解决了区域性整体贫困问题，江西与全国同步全面建成小康社会！吃水不忘挖井人，幸福不忘共产党。江西发生的历史巨变，让我们更加深切感受到中国共产党领导和中国特色社会主义制度的显著优势，更加深切感受到习近平新时代中国特色社会主义思想的真理力量和实践伟力。老区人民发自内心地感恩习近平总书记、感恩党中央，永远听党话、铁心跟党走的信念更加坚定。

同志们、朋友们！

站在新的历史起点上，我们要认真学习贯彻习近平总书记在庆祝中国共产党成立 100 周年大会上的重要讲话精神，结合深入开展党史学习教育，弘扬伟大建党精神，传承红色基因、赓续红色血脉，以永不懈怠的精神状态、一往无前的奋斗姿态，昂首迈步新的征程，奋力谱写全面建设社会主义现代化国家江西篇章，描绘好新时代江西改革发展新画卷，续写红土圣地新的时代荣光，努力创造无愧于党、无愧于人民、无愧于时代的新业绩。

5 月 19 日，到南昌八一起义纪念馆参观的游客络绎不绝

杨继红摄

第一，弘扬伟大建党精神，昂首迈步新的征程，我们必须坚持党的领导，始终沿着中国特色社会主义道路砥砺前行。中国共产党领导是中国特色社会主义最本质的特征，是中国特色社会主义制度的最大优势，是党和国家的根本所在、命脉所在，是全国各族人民的利益所系、命运所系。我们党从诞生之日起，就把马克思主义写在自己的旗帜上，把实现共产主义确立为最高理想。在革命战争年代，我们党和红军愈挫愈勇，一次次绝境重生，无数革命先烈前赴后继，抛头颅、洒热血，靠的就是党的坚强领导，靠的就是“革命理想高于天”的坚定信念。无论过去、现在还是将来，对马克思主义、共产主义的信仰，对中国特色社会主义的信念，对实现中华民族伟大复兴的信心，都是指引和支撑中国人民奋勇前进的强大精神力量。办好中国的事情，关键在党。面对世界百年未有之大变局，面对实现中华民族伟大复兴战略全局，中国共产党始终是全国人民的坚强主心骨。

迈步新的征程，我们要始终坚定信仰信念信心，不断增强做中国人的志气、骨气、底气，切实做共产主义远大理想和中国特色社会主义共同理想的坚定信仰者和忠实实践者。要毫不动摇地坚持党的全面领导，完善党的领导制度体系，切实增强“四个意识”、坚定“四个自信”、做到“两个维护”，牢记“国之大者”，始终在政治立场、政治方向、政治原则、政治道路上同以习近平同志为核心的党中央保持高度一致，不断提高党科学执政、民主执政、依法执政水平，充分发挥党总揽全局、协调各方的领导核心作用。要毫不动摇走中国特色社会主义道路，坚持党的基本理论、基本路线、基本方略，统筹推进“五位一体”总体布局、协调推进“四个全面”战略布局，把中国特色社会主义制度坚持好、巩固好、发展好、完善好，把制度优势更好转化为治理效能，让中国特色社会主义制度在新时代大放异彩。要毫不动摇加强马克思主义理论武装，特别是要学懂弄通做实习近平新时代中国特色社会主义思想，切实领悟其深刻的道理学理哲理，深刻认识中国共产党为什么能，中国特色社会主义为什么好，归根到底是因为马克思主义行，更加自觉地用党的创新理论武装头脑、指导实践、推动工作，确保各项事业始终沿着正确方向前进。

第二，弘扬伟大建党精神，昂首迈步新的征程，我们必须扭住发展第一要务，坚定不移推进革命老区高质量跨越式发展。落后就要挨打，发展才能自强。一百年来，我们党始终把为中国人民谋幸福、为中华民族谋复兴作为自己的初心和使命。在中央苏区时期，我们党领导苏区军民开创性地发展农业、工业、对外贸易和合作社经济，努力打破国民党严密的经济封锁。改革开放以来，我们党坚持以经济建设为中心，毫不动摇坚持发展是硬道理，用几十年时间走完了西方发达国家几百年走过的路，创造了经济快速发展、社会长期稳定“两大奇迹”。对江西而言，虽然经济社会发展取得长足进步，但发展不足仍然是主要矛盾。习近平总书记要求江西“在加快革命老区高质量发展上作示范”，就是要我们从经济欠发达的省情实际出发，努力探索一条革命老区高质量发展的新路子。

迈步新的征程，我们要紧紧扭住发展第一要务，立足新发展阶段、贯彻新发展理念、构建新发展格局，坚定不移实施高质量跨越式发展首要战略，全力以赴提升发展质量、做大经济总量，加快打造全国构建新发展格局的重要战略支点，以发展赢得主动、赢得优势、赢得未来。要牢牢把握扩大内需这个战略基点，坚定实施扩大内需战略，加快建设现代流通体系，努力在畅通国内国际双循环中展现更大作为。要牢牢把握科技创新这个第一动力，深入实施创新驱动发展战略，打好产业基础高级化、产业链现代化攻坚战，不断激发发展新动能、打造发展新引擎。要牢牢把握绿色生态这个最大优势，纵深推进国家生态文明试验区建设，健全完善生态产品价值实现机制，扎实做好碳达峰碳中和工作，高标准打造美丽中国“江西样板”，促进经济社会发展全面绿色转型。

第三，弘扬伟大建党精神，昂首迈步新的征程，我们必须用好改革开放关键一招，推动深层次改革和高水平开放。改革开放是当代中国发展进步的活力之源，是党和人民事业大踏步赶上时代的重要法宝。改革开放40多年来，从开启新时期到跨入新世纪，从站上新起点到进入新时代，改革开放极大改变了中国的面貌、中华民族的面貌、中国人民的面貌、中国共产党的面貌，改革开放已经成为当代中国最显著的特征、最壮丽的气象。江西人民素有敢为人先的精神。井冈山斗争时期，我们党上下求索、“敢为天下先”，开创了井冈山革命根据地，探索了“党指挥枪”“支部建在连上”等一系列成功实践。改革开放以来，江西坚持解放思想、开拓创新，推动各项事业取得了历史性成就，革命老区展现蓬勃生机。江西过去的发展靠的是改革开放，现在推进高质量跨越式发展，必须依靠更高水平的改革开放。

迈步新的征程，我们要发扬敢为人先精神，推进改革开放走深走实，努力打造新时代内陆地区全面深化改革开放新高地，让市场活力和社会创造力竞相迸发。要坚定不移推进思想大解放，树立全球大视野和全国大格局，坚决破除一切不合时宜的思想观念，敢想敢闯敢干，勇于先行先试，不断为经济社会发展注入源头活水。要坚定不移深化改革攻坚，以新发展理念引领改革实践，探索更多基础性、标志性、引领性改革，推动新发展阶段全面深化改革取得更大突破。要坚定不移扩大对外开放，全面融入共建“一带一路”、长江经济带、长三角一体化、粤港澳大湾区，高标准高质量建设江西内陆开放型经济试验区、景德镇国家陶瓷文化传承创新试验区、赣江新区，加快打造市场化法治化国际化营商环境，以开放促改革促创新促发展，以高水平对外开放拓展发展新空间。

第四，弘扬伟大建党精神，昂首迈步新的征程，我们必须牢记以百姓心为心，带领全省人民朝着共同富裕方向不断迈进。人民对美好生活的向往，就是我们的奋斗目标。正如习近平总书记强调，江山就是人民，人民就是江山，打江山、守江山，守的是人民的心。中国共产党根基在人民、血脉在人民、力量在人民。井冈山斗争时期，我们党就把“做群众工作”作为三大任务之一，颁布《井冈山土地法》，成立苏维埃政府，打土豪分田地，同老百姓一块苦、一块过，有盐同咸、无盐同淡，形成了鱼水相依、血肉相连的党群关系、军民关系。新中国成立后，我们党坚持把人民拥护不拥护、赞成不赞成、高兴不高兴作为制定政策的依据，顺应民心、尊重民意、关注民情、致力民生，人民群众的获得感幸福感安全感全面增强。正是因为我们党密切联系群众、坚定依靠群众、一心一意为百姓造福，人民群众才发自内心地拥护党、坚信党、跟党走。

迈步新的征程，我们要始终坚持以人民为中心的发展思想，时刻把人民放在心中最高位置，与人民同呼吸、共命运、心连心，以为民造福的实际行动诠释共产党人“我将无我、不负人民”的崇高情怀。要坚持群众立场、人民至上，想群众之所想，急群众之所急，解群众之所难，努力实现好、维护好、发展好最广大人民群众的根本利益。要坚持立党为公、执政为民，牢记人民是历史的创造者、是真正的英雄，走好新时代党的群众路线，团结一切可以团结的力量、调动一切可以调动的积极因素，最大限度凝聚起共同奋斗的力量。要坚持心系群众、服务人民，践行全心全意为人民服务的根本宗旨，坚持不懈为群众办实事做好事，用心用情用力解决发展不平衡不充分问题和人民群众“急难愁盼”问题，切实改善人民生活品质，朝着共同富裕的目标不断迈进，努力让人民群众过上更加幸福美好的生活，以兴赣富民的实际成效告慰革命先烈、不负老区人民。

第五，弘扬伟大建党精神，昂首迈步新的征程，我们必须发扬自我革命精神，推动全面从严治党不断向纵深发展。勇于自我革命是中国共产党区别于其他政党的显著标志。我们党历经百年沧桑依然风华正茂，其奥秘就在于具有自我净化、自我完善、自我革新、自我提高的强大能力，自我革命精神是党的执政能力的强大支撑。井冈山斗争和中央苏区时期，我们党就始终保持对腐败的高度警惕，颁布了第一个反腐法令，形成了苏区干部好作风，有效保证了党和军队肌体的健康，赢得了人民群众信任与支持。党的十八大以来，以习近平同志为核心的党中央以前所未有的勇气和定力推进全面从严治党，抓思想从严、抓管党从严、抓治吏从严、抓纪律从严、抓作风从严、抓反腐从严，推动新时代全面从严治党取得了历史性、开创性成就，产生了全方位、深层次影响，极大凝聚了党心军心民心。

迈步新的征程，我们要发扬自我革命精神，始终保持“赶考”的清醒，牢记打铁必须自身硬的道理，增强全面从严治党永远在路上的政治自觉，认真贯彻新时代党的建设总要求，以党的政治建设为统领，不断提高党的建设质量和水平。要始终旗帜鲜明讲政治，严守党的政治纪律和政治规矩，不断提高政治判断力、政治领悟力、政治执行力，切实把江西打造成为最讲党性、最讲政治、最讲忠诚的地方，让革命老区忠诚于党的红色基因代代相传。要全面贯彻新时代党的组织路线，切实加强党的组织体系建设，着力建设德才兼备的高素质干部队伍，不断增强各级党组织的政治领导力、思想引领力、群众组织力、社会号召力。要大力发扬斗争精神，增强忧患意识、树立底线思维，深入贯彻总体国家安全观，坚持统筹发展和安全，敢于斗争，善于斗争，不断提高应对各种风险挑战的能力水平。要坚定不移推进党风廉政建设和反腐败斗争，切实把严的主基调长期坚持下去，坚决全面彻底肃清苏荣案恶劣影响，一体推进不敢腐、不能腐、不想腐体制机制建设，推动全省政治生态持续向上向好。全省各级党员干部要保持共产党人艰苦朴素、公而忘私的光荣传统，明大德、守公德、严私德，清清白白做人、干干净净做事，做到克己奉公、以俭修身，永葆清正廉洁的政治本色。

同志们、朋友们！

百年恰是风华正茂，未来仍需风雨兼程。让我们更加紧密地团结在以习近平同志为核心的党中央周围，高举中国特色社会主义伟大旗帜，坚决响应党中央号召，大力弘扬伟大建党精神，牢记初心使命，坚定理想信念，践行党的宗旨，奋力谱写全面建设社会主义现代化国家江西篇章，描绘好新时代江西改革发展新画卷，为实现中华民族伟大复兴的中国梦而不懈奋斗！

高举习近平新时代中国特色社会主义思想伟大旗帜 携手书写全面建设社会主义现代化江西的精彩华章

——在中国共产党江西省第十五次代表大会上的报告

（2021年11月23日）

省委书记　易炼红

同志们：

现在，我代表中国共产党江西省第十四届委员会向大会作报告。

中国共产党江西省第十五次代表大会，是在我们党成立一百周年之际，开启全面建设社会主义现代化国家新征程的历史节点，全国上下深入学习贯彻党的十九届六中全会精神的关键时刻，召开的一次十分重要的大会。大会的主题是：高举习近平新时代中国特色社会主义思想伟大旗帜，深入贯彻落实习近平总书记视察江西重要讲话精神，动员全省广大党员和干部群众，从党的百年奋斗重大成就和历史经验中汲取智慧和力量，大力弘扬伟大建党精神和井冈山精神、苏区精神、长征精神，进一步解放思想、开拓进取，携手书写全面建设社会主义现代化江西的精彩华章。

一、坚决贯彻习近平总书记对江西工作重要要求，胜利实现与全国同步全面建成小康社会宏伟目标

省第十四次党代会以来的五年，是江西发展历程中极不平凡、极不寻常、极为不易的五年，也是各项事业取得重大成就的五年。2016年、2019年，习近平总书记先后两次亲临江西视察并发表重要讲话，为新时代江西改革发展把脉定向、擘画蓝图。五年来，在以习近平同志为核心的党中央坚强领导下，省委团结带领全省干部群众坚持以习近平新时代中国特色社会主义思想为指导，坚决贯彻习近平总书记对江西工作重要要求，加快推进高质量跨越式发展，如期与全国同步全面建成小康社会，胜利完成省第十四次党代会确定的目标任务。

经济发展实现量质双升。五年来，全省GDP年均增长7.6%，主要经济指标增幅持续保持全国"第一方阵"，经济总量由全国第18位上升到第15位，财政总收入由全国第19位上升到第15位，人均GDP超过8000美元，三次产业结构由10.6∶50.8∶38.6优化为8.7∶43.2∶48.1。工业强省战略深入实施，千亿产业增至13个，现代服务业提档升级，现代农业加快发展，粮食总产量连续八年稳定在430亿斤以上。创新型省份建设扎实推进，鄱阳湖国家自主创新示范区获批建设，中科院赣江创新研究院、中国工程科技发展战略江西研究院等重大创新平台落户，综合科技创新水平指数实现"七连进"。经过五年奋斗，江西经济实力大幅提升，创新能力、发展后劲不断增强。

改革开放取得重大突破。全面深化重点领域改革攻坚，以"赣服通""赣政通"为主要标志的"放管服"改革取得明显成效，国资国企、绿色金融、余江宅基地等改革走在全国前列。持续开展"降成本、优环境"专项行动，加快建设"五型"政府，努力打造"四最"营商环境。全面完成省市县机构改革，基本完成深化事业单位改革试点。扎实推进江西内陆开放型经济试验区、景德镇国家陶瓷文化传承创新试验区建设，开放发展水平加快提升。经过五年奋斗，赣鄱大地处处涌动着活跃跃的创造，江西正以全新的姿态迈进新征程。

生态文明建设走在前列。坚决打好污染防治攻坚战，大力推进长江经济带"共抓大保护"攻坚行动，加强城乡环境综合整治，生态环境质量保持全国前列，美丽中国"江西样板"呈现新气象。扎实推进国家生态文明试验区建设，形成了全流域生态补偿、五级河长制湖长制林长制等一批制度成果，生态产品价值实现机制试点取得积极成效。五年来，全省PM2.5浓度下降28.6%，空气优良天数比例提高5.3个百分点，地表水水质优良率提高13.7个百分点，消灭了劣Ⅴ类水断面，生态环境质量持续改善。经过五年奋斗，赣鄱大地天更蓝、山更绿、水更清、生态更优美。

民生保障水平全面提高。坚决打赢脱贫攻坚战，全省25个贫困县全部摘帽、3058个贫困村全部退出，历史性地解决了区域性整体贫困问题。城镇贫困群众脱贫解困扎实推进。有力应对世纪疫情和鄱阳湖流域超历史大洪水，教育强省、文化强省、旅游强省、交通强省、健康江西建设取得新成效，全省居民人均可支配收入提前1年比2010年翻番，居民平均预期寿命从75.9岁提高到77.6岁。城市功能品质不断提升，乡村振兴战略全面实施。加强社会治理创新，扫黑除恶专项斗争综合绩效居全国第三，连续16年被评为全国综治考评优秀省。经过五年奋斗，我们如期兑现"不让一个老区群众在全面小康路上掉队"的庄严承诺，老区人民的生活一年更比一年好。

政治生态积极向上向好。省委全面履行主体责任，大力加强新时代党的建设，深入推进全面从严治党。扎实开展"两学一做"学习教育、"不忘初心、牢记使命"主题教育和党史学习教育，推进基层党组织标准化规范化信息化建设，着力建设高素质专业化干部队伍，圆满完成市县乡领导班子和村（社区）两委换届。加强宣传思想工作，持续强化理论武装，牢牢掌握意识形态工作领导权主动权。严格落实中央八项规定精神，力戒形式主义、官僚主义，深入整治"怕、慢、假、庸、散"等作风顽疾，为基层减负成效明显。坚决全面肃清苏荣案等案件恶劣影响，扎实推进政法队伍教育整顿，做深做实政治谈话，推进巡视巡察高质量全覆盖，严肃查处一批违纪违法案件，风清气正的政治生态建设取得明显成效。民主法治建设不断进步，人大、政协充分发挥职能作用，统战工作扎实有效，工会、共青团、妇联等群团组织功能不断增强，国防动员、军民融合、双拥共建深入开展。经过五年奋斗，党的领导全面加强，党组织建设更加坚强有力，全面从严治党引领保障作用充分发挥，感恩奋进、担当实干成为新时代江西生动实践。

这五年，我们隆重庆祝中国共产党成立一百周年、新中国成立七十周年、改革开放四十周年，成功举办"中国共产党的故事——习近平新时代中国特色社会主义思想在江西的实践"专题宣介会、"开放的中国：美丽江西秀天下"全球推介活动、世界VR产业大会、上合组织传统医学论坛、南昌飞行大会等重大活动。江西国际知名度、影响力不断提升，全省广大干部群众听党话、感党恩、跟党走的认识和行动更加坚定。

五年来取得的成绩，是以习近平同志为核心的党中央坚强领导的结果，是习近平新时代中国特色社会主义思想科学指引的结果，是历届省委班子接续奋斗的结果，是全省广大党员和干部群众共同努力的结果。在此，我代表中共江西省第十四届委员会，向全省各级党组织、共产党员和广大干部群众，向老领导、老同志，向各民主党派、工商联、无党派人士，向各人民团体和社会各界人士，向驻赣人民解放军指战员、武警部队官兵，向公安干警和消防救援队伍指战员，向中央驻赣单位，向所有关心支持江西发展的海内外朋友，致以崇高的敬意和衷心的感谢！

回顾五年来的奋斗历程，我们深刻体会到：做好江西的工作，必须始终把习近平新时代中国特色社会主义思想作为强大思想武器和行动指南，不断提高政治判断力、政治领悟力、政治执行力，坚决把"两个维护"落到实处；必须始终把习近平总书记视察江西重要讲话精神作为总方针总纲领

总遵循，以作示范的担当、勇争先的气魄，一步步把习近平总书记为我们擘画的宏伟蓝图变为美好现实；必须始终把精准对标对表党中央决策部署作为重大政治责任，与时俱进深化和完善发展思路举措，坚持一张蓝图绘到底、一任接着一任干、一事续着一事成，坚定不移推进高质量跨越式发展；必须始终把让人民过上幸福美好生活作为奋斗目标，深入践行以人民为中心的发展思想，用心用情用力办好民生实事，不断增进老区人民福祉；必须始终把全面加强党的领导作为最高政治原则，以自我革命精神加强党的建设，纵深推进全面从严治党，永葆党的先进性和纯洁性，持续建设风清气正的政治生态。这些经验启示弥足珍贵，要倍加珍惜、长期坚持，不断丰富发展。

我们也清醒认识到，前进道路上还存在许多问题和不足，主要是：发展不足仍然是江西的基本省情，经济总量不大、人均不高、结构不优、创新不强的问题仍然突出，绿色生产生活方式尚未根本形成，推进高质量跨越式发展的任务依然艰巨；民生保障还有短板，教育、医疗、养老等领域还存在薄弱环节；少数干部思想还不够解放、能力水平有待提高、作风问题仍然存在，反腐败斗争形势依然严峻复杂，全面从严治党任重道远。我们一定要保持清醒头脑，直面问题、担当实干，努力把各项工作做得更好，让江西这片红土圣地焕发出更加强大的生机活力。

二、坚定不移沿着习近平总书记指引的道路前进，凝心聚力全面建设社会主义现代化江西

站在"两个一百年"的历史交汇点，开启全面建设社会主义现代化国家新征程，我省发展正处于厚积薄发、爬坡过坎、转型升级的关键阶段。面向未来，我们仍处于大有可为的战略机遇期。当今世界百年未有之大变局正在加速演进，国际政治经济形势更加复杂、更加严峻，但和平与发展仍是时代主题，新一轮科技革命和产业变革方兴未艾，深刻改变着国家间的比较优势和竞争优势。我国经济长期向好的基本面没有变，经济潜力足、韧性大、活力强、回旋空间大的基本特点没有变，为我省推进高质量跨越式发展提供了良好的外部环境。面向未来，我们正处于优势叠加的红利释放期。随着新发展格局的加快构建和中部地区高质量发展战略的深入实施，江西"四面逢源"的区位优势、门类齐全的产业优势、山青水秀的生态优势、物产丰富的资源优势、国家战略的叠加优势将更加凸显，为我省推进全面建设社会主义现代化注入强大动力。面向未来，我们还处于动能升级的转型关键期。江西发展正加快从主要依靠要素拉动向创新驱动、从总量扩大向量质双升、从产业链供应链创新链价值链中低端向中高端转变，但发展不平衡不充分的问题仍然比较突出，转型升级的任务十分繁重。进入新发展阶段，江西蕴含着巨大发展潜力和优势，也面临着诸多严峻困难和挑战。我们必须把握历史方位，坚定发展信心，全力抢抓机遇，沉着应对挑战，不断拓展发展新空间、塑造发展新优势、开辟发展新境界。

今后五年，全省工作的总体要求是：坚持以习近平新时代中国特色社会主义思想为指导，深入贯彻党的十九大和十九届二中、三中、四中、五中、六中全会精神，自觉运用党的百年奋斗历史经验，全面落实习近平总书记视察江西重要讲话精神，统筹推进"五位一体"总体布局、协调推进"四个全面"战略布局，聚焦"作示范、勇争先"目标定位和"五个推进"重要要求，立足新发展阶段、贯彻新发展理念、构建新发展格局，大力弘扬伟大建党精神和井冈山精神、苏区精神、长征精神，坚持政治引领、创新驱动、改革攻坚、开放提升、绿色崛起、兴赣富民，进一步解放思想、开拓进取，千方百计推动高质量发展、打造高标准生态、创造高品质生活、实现高效能治理、推进高水平党建，努力实现一流的生态环境、一流的人居环境、一流的营商环境、一流的社会治理、一流的发展态势和成效，描绘好新时代江西改革发展新画卷，携手书写全面建设社会主义现代化江西的精彩华章。

今后五年的奋斗目标是，团结带领全省人民，在全面建成小康社会基础上乘势而上，朝着全面建设社会主义现代化江西奋勇前进。

——全面建设创新江西，发展动力得到新提升。国家级创新平台建设加快推进，研发经费投入强度持续加大，高效协同创新体系更加完善，综合科技创新水平显著提升，创新驱动发展能力持续增强，创新型省份建设取得明显成效。

——全面建设富裕江西，综合实力实现新跨越。新发展理念深入人心，具有江西特色的现代经济体系基本形成，经济增幅持续保持全国"第一方阵"，经济总量越过 3 万亿元、向 4 万亿元迈进，发展的质量和效益不断提升。

——全面建设美丽江西，绿色转型取得新突破。美丽中国"江西样板"建设纵深推进，生态环境质量巩固提升，资源能源利用效率不断提高，生态产品价值实现机制建设走在全国前列，努力走出一条经济社会发展全面绿色转型之路。

——全面建设幸福江西，民生改善迈出新步伐。脱贫攻坚成果巩固拓展，乡村振兴战略深入推进，民生保障水平进一步提升，共同富裕取得明显的实质性进展，人民群众的获得感成色更足、幸福感更可持续、安全感更有保障。

——全面建设和谐江西，治理效能达到新水平。平安建设、法治建设不断深化，社会主义民主法治更加健全，社会公平正义更加彰显，基层治理体系和治理能力现代化水平明显提高，共建共治共享的社会治理格局基本形成。

——全面建设勤廉江西，政治生态呈现新气象。党的领导和党的建设全面加强，各级党组织创造力凝聚力战斗力明显增强，党风政风民风社会风气更加昂扬向上，勤政廉政、担当实干、风清气正、诚信友善成为江西最强音。

实现上述目标任务，必须坚持以下原则。

——坚持全面加强党对一切工作的领导。切实增强"四个意识"、坚定"四个自信"、做到"两个维护"，始终同以习近平同志为核心的党中央保持高度一致，坚持和完善党的领导制度体系，为全面建设社会主义现代化江西提供坚强政治保证。

——坚持完整准确全面贯彻新发展理念。以新发展理念引领发展行动，努力优化"产业存量"、升级"经济增量"、做大"区域总量"、提高"人平均量"、拓展"生态容量"、管控"风险变量"，为全面建设社会主义现代化江西奠定坚实基础。

——坚持全心全意为人民服务的根本宗旨。深入践行以人民为中心的发展思想，坚持人民至上，紧紧依靠人民，

不断造福人民，充分激发广大人民群众的积极性主动性创造性，为全面建设社会主义现代化江西凝聚澎湃力量。

——坚持全面深化新时代改革开放。以更大的力度全面深化改革开放，增强改革的系统性、整体性、协同性，推进更大范围、更宽领域、更深层次、更高水平对外开放，为全面建设社会主义现代化江西注入强大动力。

——坚持统筹发展和安全两件大事。增强系统观念，坚持底线思维，发扬斗争精神，有效防范化解各种风险挑战，实现高质量发展和高水平安全良性互动，为全面建设社会主义现代化江西筑牢安全稳定屏障。

——坚持纵深推进全面从严治党。以党章为根本遵循，把政治建设摆在首位，统筹推进党的各项建设，把严的主基调长期坚持下去，以"零容忍"态度惩治腐败，为全面建设社会主义现代化江西营造良好政治生态。

全面建设社会主义现代化江西的新征程已经开启，只要我们坚定不移沿着习近平总书记指引的道路奋勇前进，就一定能够创造出无愧历史、无愧时代、无愧人民、无愧革命先烈的新业绩，续写红土圣地新的时代荣光！

三、以创新支撑现代经济体系建设，着力打造全国构建新发展格局的重要战略支点

加快构建新发展格局，是以习近平同志为核心的党中央作出的重大战略部署。服务和融入新发展格局，对江西来说既是重大使命责任，也是重大发展机遇。我们要切实找准发展定位，充分发挥比较优势，深入贯彻新发展理念，坚定不移推进高质量跨越式发展，加快构建现代经济体系，着力提高江西在全国构建新发展格局中的位势。

(一)增强科技创新驱动力。深入实施创新驱动发展战略、科技强省战略、人才强省战略，让科技创新这个"关键变量"成为发展的"最大增量"。打造高能级创新平台，深入推进鄱阳湖国家自主创新示范区建设，扎实推进重大创新平台攻坚行动，主动对接参与国家实验室建设，推动与更多"大院大所""名校名企"合作共建高端研发机构，积极创建国家稀土技术创新中心，支持省属高校、科研院所提升创新能力，以高水平创新平台促进高质量科技创新。完善产业协同创新体系，实施研发投入攻坚行动，加快构建"政产学研用金"结合、上中下游衔接、大中小微企业协同的创新体系，鼓励更多原创技术创新，力争在优势产业领域形成一批关键技术重大成果。建设高水平创新队伍，深入实施具有竞争力的高层次领军人才引进培养计划，大力引进培育战略型人才、科技领军人才和创新团队，深入推进省高层次人才产业园建设，打造集聚国内外优秀人才的科技创新高地。营造良好创新生态，加强知识产权保护，健全科技创新激励机制，推广运用"揭榜挂帅""赛马制"等制度，大力弘扬科学家精神、企业家精神和工匠精神，营造鼓励创新、宽容失败的创新氛围，让各种创新要素充分涌流、创新活力竞相迸发。

(二)促进产业链供应链现代化高级化。完善提升产业链链长制，加快构建以数字经济为引领、以先进制造业为重点、先进制造业与现代服务业融合发展的现代产业体系。深入实施工业强省战略，聚焦航空、电子信息、装备制造、中医药、新能源、新材料等优势产业，大力推进"2+6+N"产业高质量跨越式发展行动，着力建设航空产业集群、全国重要的电子信息制造集聚区、全球新能源新材料产业集聚区。加快重大新兴产业基地、重大新兴产业工程、重大新兴产业专项建设，实施"领航企业"培育计划，扶持龙头企业、骨干企业做大做强，大力培育独角兽企业、瞪羚企业、"专精特新"小巨人企业，培育更多百亿企业方阵、千亿企业集团、万亿产业集群。加快实施传统产业转型升级和新一轮企业技术改造行动，推动传统产业智能化、高端化、绿色化、融合化、服务化发展，打造全国传统产业转型升级高地和世界级有色金属产业基地。大力实施数字经济"一号工程"，深入实施"03专项"行动，促进VR、5G等产业联动融合发展，培育大数据、云计算、人工智能、区块链、北斗等产业，努力打造南昌世界级VR中心，加快建设"物联江西""智联江西"。大力发展服务型制造和工业互联网，推动数字经济与实体经济深度融合。促进现代服务业优化发展，推动生产性服务业向专业化、高端化延伸，生活性服务业向高品质、多样化升级。扎实推进开发区改革创新发展，深入实施集群式项目"满园扩园"、优势产业集群提能升级和"节地增效"行动，探索发展"飞地经济"，加快促进开发区"腾笼换鸟""凤凰涅槃"，提升开发区综合承载力和竞争力。

(三)深入实施扩大内需战略。把实施扩大内需战略同深化供给侧结构性改革有机结合，以高质量、适配性强的供给释放和创造需求。牢固树立"项目为王"理念，狠抓"两新一重"等重大项目建设，积极扩大有效投资。围绕实施交通强省战略，推动公路、铁路、机场、内河航道和港口、水利等重大基础设施建设。健全现代流通体系，建设一批物流枢纽和区域性物流中心，培育一批大型流通企业，推进"互联网+第四方物流"供销集配体系建设，完善城乡物流配送体系。主动衔接国家水网规划与水利建设，抓紧实施赣抚尾闾综合整治工程等一批重点防洪工程和重点水源工程，提升防洪、供水、生态安全保障能力。积极稳妥发展新能源，加大跨区电力支持保障力度，有序推进油气管网建设。加强新型基础设施布局和建设，全面推进国家级互联网骨干直联点、一体化大数据中心体系等信息基础设施建设。深入实施商贸消费升级行动，积极开拓城乡消费市场，加快建设南昌全国性消费中心城市，打造赣州、九江、上饶、宜春等区域性消费中心城市，打响"赣菜"品牌，丰富提升"江西产品""江西服务"的品种、质量。聚焦旅游强省建设，大力推进全域旅游高质量发展，打造全国红色旅游首选地、最美生态旅游目的地、中华优秀传统文化体验地、休闲康养度假热门地、世界著名陶瓷文化旅游目的地，建设一批富有文化底蕴的世界级旅游景区和度假区，扩大"江西风景独好"品牌影响力。

(四)推进改革开放走深走实。改革开放是关键一招。要进一步解放思想，大力倡导敢为天下先的精神，以改革为"帆"、以开放作"桨"，勇于冲破思想观念束缚、打破体制机制障碍、突破利益固化藩篱，推进深层次改革，加快高水平开放。大力实施全面深化改革攻坚行动，瞄准制约高质量发展的重点难点堵点，推出一批务实管用有效的改革举措。坚持把优化营商环境作为"一号改革工程"，聚焦企业全生命周期服务，对标国际国内一流水平，持续深化"放管服"

改革,拓展提升"赣服通""赣政通"功能,加快数字政府建设,打响"江西办事不用求人、江西办事依法依规、江西办事便捷高效、江西办事暖心爽心"营商环境品牌,争当全国政务服务满意度一等省份。深入实施国资国企改革创新行动,深化国资监管体制改革,积极推进国有企业战略重组,做优做强做大省属国有资本运营平台。充分激发市场主体活力,切实维护企业家合法权益,推动民营经济高质量发展。深化财税体制改革,加大财政资源统筹力度,落细落实过紧日子要求,构建防范化解政府债务风险长效机制。深化投融资体制改革,大力发展绿色金融、普惠金融、数字金融、科技金融、供应链金融和开放金融,实施企业上市"映山红行动"升级工程、"金融赣军"工程,提升金融服务实体经济能力。加快建设高标准市场体系,深化产权制度改革,完善守信联合激励和失信联合惩戒制度。深入推进江西内陆开放型经济试验区建设,进一步补齐开放短板、激活开放元素,加快打造内陆双向开放新高地。坚持高质量"引进来"和高水平"走出去",吸引更多世界500强、国内龙头企业来赣投资。全面融入共建"一带一路"、长江经济带、长三角一体化、粤港澳大湾区、中部地区高质量发展,推动产业发展合理分工、基础设施互联互通、生态环境协同保护、公共服务共建共享。加强大南昌都市圈与武汉都市圈、长株潭城市群融合互动,加快建设赣湘边区域合作示范区,支持九江跨江合作,深化长江中游三省战略合作,共同打造全国区域经济发展重要增长极。建设更高水平开放型经济新体制,优化提升口岸功能,积极拓展以航空货运、中欧班列、江海联运、铁海联运为重点的国际物流大通道,推动贸易和投资自由化便利化,争创对外开放新优势。

(五)促进区域协调发展。面对百舸争流、千帆竞发的区域竞争态势,要优化完善"一圈引领、两轴驱动、三区协同"区域发展格局,推动区域经济高质量发展。创新政策措施,推动强省会战略深入实施,打造有全国重要影响力的综合交通枢纽和区域科创中心、金融中心、先进制造业与高品质服务业集聚发展中心,提升省会经济首位度和辐射带动力。努力吸引高端创新资源、战略性新兴产业向赣江新区聚集,打造大南昌都市圈发展新引擎和创新高地。推动九江建设长江经济带重要节点城市、打造万亿临港产业带,推动抚州建设承接东部沿海产业转移示范区和先进制造业协作区。进一步强化南昌作为省会的引领示范作用,促进昌九一体化、昌抚一体化提质升级,打造富有活力、创新力、竞争力的现代化都市圈。加快推进高铁沿线产业集聚、区域合作、城乡融合,打造沪昆、京九高铁经济发展主轴。推动赣州建设省域副中心城市和对接融入粤港澳大湾区"桥头堡",打造具有全球影响力的家居制造之都和稀土新材料产业集群,推动吉安依托吉泰走廊打造赣江中游生态经济带,深入推动赣南等原中央苏区振兴发展,打造新时代全国革命老区高质量发展示范区。推动上饶建设区域性中心城市,加快建设赣浙边际合作(衢饶)示范区,高标准建好景德镇国家陶瓷文化传承创新试验区,推动鹰潭打造全国城乡融合发展样板区,推动赣东北饶景鹰城市群成为对接长三角一体化发展的先行区。推动宜春建设区域性中心城市、萍乡建设国家产业转型升级示范区和内陆开放赣湘合作核心区、新余立足"工小美"打造新型工业强市,提升新宜吉六县转型合作示范区建设水平,打造全省产业转型升级的样板区。扎实推进以人为核心的新型城镇化,深入实施城市功能与品质提升行动,大力推进城市高质量发展示范省建设,持续推进城市更新、老旧小区改造和城乡环境综合整治,发展壮大县域经济,打造一批特色明显、带动能力强的示范县,着力把乡镇建成服务农民的区域中心,促进大中小城市和小城镇协调发展。

(六)全面推进乡村振兴。乡村振兴战略是新时代"三农"工作的总抓手。要坚持农业农村优先发展,深入实施乡村振兴战略,着力打造新时代乡村振兴的样板之地。全面推进巩固拓展脱贫攻坚成果同乡村振兴有效衔接,健全防止返贫动态监测体系和帮扶机制,接续推进脱贫地区发展。紧紧抓住种子和耕地两大要害,深入实施现代种业提升工程,严守耕地保护红线,加强高标准农田、农业水利设施建设,巩固粮食主产区地位。坚持科技兴农、绿色兴农、质量兴农、品牌兴农,实施重要农产品保障战略,深入推进省部共建绿色有机农产品基地试点省建设,发展壮大农业特色产业,提升"生态鄱阳湖·绿色农产品"品牌影响力。扎实推进农业产业体系现代化、生产体系现代化、经营体系现代化,大力发展农产品精深加工,培育壮大休闲农业、乡村旅游、农村电子商务等新业态,打造一批现代农业示范区,促进一二三产业融合发展,加快建设农业强省。实施美丽乡镇建设和农村人居环境整治提升行动,积极推进"多规合一"村庄规划编制,统筹推动农村基础设施提档升级,深入推进农村"厕所革命"专项行动,加快数字乡村建设,推动农村人居环境由村庄整治向功能品质提升迈进。提高农民科技文化素质,培育一批"爱农业、懂技术、善经营"的新型职业农民。提升乡村治理能力,持续推进移风易俗,推动形成文明乡风、良好家风、淳朴民风。深化农业农村改革,发展壮大新型农村集体经济,促进农民持续增收,逐步缩小城乡差距,增强乡村发展内生动力。

服务和融入新发展格局,是新发展阶段推动我省高质量跨越式发展的必由之路。我们要坚持质量第一、效率优先,全力畅通经济循环,加快推动质量变革、效率变革、动力变革,提升我省特色优势产业稳定性和竞争力,打造全国构建新发展格局的重要战略支点。

四、促进经济社会发展全面绿色转型,更高标准打造美丽中国"江西样板"

人与自然和谐共生是社会主义现代化的重要特征。绿色生态是江西最大财富、最大优势、最大品牌,我们要深入贯彻习近平生态文明思想,深化国家生态文明试验区建设,扎实做好治山理水、显山露水文章,努力打造全面绿色转型发展的先行之地、示范之地。

(一)有力有序推进碳达峰碳中和。实现碳达峰碳中和是一场广泛而深刻的经济社会系统性变革。要坚持把碳达峰碳中和纳入生态文明建设整体布局,全面推动减污降碳协同增效。建立碳达峰碳中和推进体系,大力开展"治污""减排""降碳""碳汇"等专项行动,坚决遏制"两高"项目盲目发展,坚决摒弃以破坏环境、牺牲安全为代价的做法。全面落实能耗双控约束目标,加快优化能源结构、产业结构、交通运输结构,推进重点行业绿色化改造,持续降低单位生产总值能耗和碳排放强度。大力发展循环经济、低碳经济,加大落后产能淘汰和过剩产能压减力度,加快形成节约资源和保护环境的经济发展方式。坚持“碳减排”与“碳增汇”并举,用好碳排放权交易等政策,不断增强生态系统碳汇、固碳能力,助力碳达峰碳中和目标如期实现。

(二)深入打好污染防治攻坚战。加强污染防治是推进全面绿色转型的前提。要坚持精准治污、科学治污、依法治污,着力解决突出生态环境问题,持续提升生态环境质量。深入推进大气污染综合治理,实施重点行业大气污染深度治理,提高城市大气污染防治精细化水平,不断巩固提升空气质量。持续加强水污染防治,统筹推进水资源、水环境、水生态治理,强化工业污水污染防治,大力推进城镇污水治理,推动水环境质量稳步提升。强化土壤污染防治,深入推进土壤污染源管控与安全利用,实施化肥农药减量化行动,加强农业面源污染治理,让土壤更加洁净。全面实行生活垃圾分类,加快实现生活垃圾“减量化、资源化、无害化”处理,变废为宝,化腐朽为神奇。

4月29日,位于铜鼓县大塅镇的天柱峰景区,游船穿行在青山绿水间

徐铮摄

(三)持续推进生态保护与修复。坚持尊重自然、顺应自然、保护自然,切实保护好山脉、山体、森林、水系、湿地等生态资源,牢牢守住自然生态安全边界。强化国土空间规划和用途管控,落实“三线一单”生态环境分区管控,严守生态保护红线。加大生态系统保护力度,开展国土绿化、森林质量提升、生物多样性保护等行动,加快构建以国家公园为主体的自然保护地体系。坚持山水林田湖草沙综合治理,巩固提升长江和鄱阳湖流域重点水域禁捕退捕成果,大力实施生态鄱阳湖流域建设行动计划,扎实推进鄱湖安澜百姓安居工程,深入推进废弃矿山生态修复,提升生态系统质量和稳定性。

(四)完善生态产品价值实现机制。生态产品价值实现是践行绿水青山就是金山银山理念的关键路径。要坚持以产业化利用、价值化补偿、市场化交易为重点,加快完善政府主导、企业和社会各界参与、市场化运作、可持续的生态产品价值实现路径。全面构建生态产品价值核算评估体系,健全自然资源统一确权登记制度,推进生态产品价值核算标准化。健全市场交易体制机制,打造生态产品供需对接平台,推进排污权、用能权、用水权等环境权益交易,探索创新绿色金融服务模式,持续推进生态产业化和产业生态化。完善生态保护补偿机制,真正让生态环境保护者受益、使用者付费、破坏者赔偿。

(五)健全生态文明制度体系。保护生态环境必须依靠最严格的制度、最严密的法治。要坚持“源头严防、过程严管、后果严惩”,加快构建具有江西特色的生态文明制度体系。健全生态环境管理体制机制,严格落实生态环保责任,加强领导干部自然资源资产离任审计,深化生态环境保护督察,强化河长制湖长制,打造林长制升级版。完善地方环境标准体系、生态环境保护综合执法体系,建立高质量生态环境监测监管网络,健全生态环境公益诉讼制度。大力倡导绿色生产生活方式,增强全民节约意识、环保意识、生态意识,加快形成环境保护“人人有责、人人参与”的良好风尚。

生态文明建设功在当代、利在千秋。我们要坚定走生态优先、绿色发展之路,全方位全地域全过程推进生态文明建设,奋力打造全国生态文明建设样板区。

五、深入践行以人民为中心的发展思想,全面提高人民生活品质

坚持发展为了人民、发展依靠人民、发展成果由人民共享,着力解决就业岗位、托幼园位、上学座位、医疗床位、养老点位、停车车位、如厕厕位等人民群众急难愁盼问题,推动共同富裕迈出坚实步伐。

(一)扎实推进就业创业。全面落实就业优先战略,构建便捷高效的就业公共服务体系,拓宽市场化就业渠道,支持新就业形态规范有序发展,切实做好高校毕业生、退役军人、农民工、城镇困难人员等重点群体就业工作,加大对就业困难人员帮扶,努力实现更加充分、更高质量就业。发挥创业带动就业的“倍增效应”,为创业者提供更加公平的竞争环境和更加良好的成长空间,汇聚起全社会创新创业的滚滚洪流。完善收入分配制度和工资合理增长机制,鼓励勤劳致富、创新致富,多渠道增加城乡居民财产性收入,深入实施中等收入群体培育行动,加快形成橄榄型分配格局,让人民群众收入更多、腰包更鼓。

(二)加快教育强省建设。全面贯彻党的教育方针,把立德树人根本任务融入思想道德、文化知识、社会实践教育各环节,培养德智体美劳全面发展的社会主义建设者和接班人。统筹优化城乡基础教育学校布局,推动学前教育普及普惠安全优质发展,提高义务教育优质均衡发展水平,加大高中阶段教育普及攻坚,全面改善乡村学校办学条件。大力发展技工技能教育,整省推进职业教育综合改革提质创优,着力打造部省共建国家职业教育创新发展高地。支持南昌大学建设世界一流大学,支持其他有条件的高校立

足特色建设世界一流学科，建设一批示范性应用型本科高校，推动高等教育内涵特色发展，提升高等教育的整体实力和服务能力。全面落实“双减”政策措施，规范发展民办教育，办好特殊教育、继续教育、社区教育、老年教育，加强师德师风建设，推动教育事业高质量发展，让人民更加满意。

（三）推进文化强省建设。赣鄱文化历史悠久、底蕴深厚，红色、绿色、古色交相辉映。要牢牢把握社会主义先进文化前进方向，加快推进优秀传统文化创造性转化、创新性发展，持之以恒铸文化之魂、强文化之基、兴文化之业，建设更具创造力、创新力、竞争力、影响力的文化强省。健全完善城乡一体、区域均衡、人群均等的现代公共文化服务体系，推进公共文化服务数字化，提高文化惠民工程覆盖面和实效性。加强红色资源保护和利用，深入推进长征国家文化公园江西段建设，大力实施红色精神代代传工程、红色经典出版文化工程。全面繁荣新闻出版、广播影视、文学艺术、哲学社会科学事业，实施文艺作品质量提升工程，打造一批标志性引领性精品力作、经典之作。深化文化体制改革，加快健全现代文化产业体系和市场体系，大力发展新型文化企业、文化业态，打造文化产业发展高地。

（四）深入实施健康江西行动。健全公共卫生体系，为人民群众提供全方位、全周期健康服务，更好保障人民生命安全和身体健康。坚持预防为主方针，加快完善重大疾病预防控制体系和医疗救助费用保障制度，创新医防协同机制，科学精准务实抓好常态化疫情防控。深化医疗医保医药三医联动改革，健全完善分级诊疗体系，加快推进国家及省级区域医疗中心建设，提高县级医院综合能力，强化乡镇卫生院、村卫生室、社区卫生服务站功能，积极拓展医疗联合体，让人民群众看病就医更方便、更舒心、更省钱。加大食品药品安全监管力度，确保人民群众“舌尖上的安全”。大力实施中医药传承创新工程，加快打造国内领先、世界知名的中医药强省。广泛开展爱国卫生运动和全民健身运动，推动群众体育和竞技体育协调发展，促进全民养成文明健康生活方式。

（五）提升社会保障水平。健全完善覆盖全省、统筹城乡、公平统一、可持续的多层次社会保障体系。深化社会保障制度改革，全面实施全民参保计划，积极推进外卖骑手、快递小哥、网约车司机、直播带货员等新就业形态劳动者参保，实现应保尽保、应助尽助、应享尽享。实施积极应对人口老龄化工程，健全完善三孩配套政策，推广“党建+颐养之家”模式，加快“一老一小”服务设施建设，大力发展普惠性、基础性、兜底性养老和托育服务，让“夕阳”更红、“朝阳”更艳。完善社会救助和慈善制度，加大特殊困难群体保障和救助力度，深入推进城镇困难群众解困脱困。加快建立多主体供给、多渠道保障、租购并举的住房制度，扩大保障性租赁住房供给，缓解新市民、青年人住房焦虑，让全体人民住有所居、安居乐业。

（六）加强社会治理创新。充分发挥政治引领、法治保障、德治教化、自治强基、智治支撑作用，打造人人有责、人人尽责、人人享有的社会治理共同体，不断提升社会治理系统化、科学化、智能化、法治化水平。坚持和发展新时代“枫桥经验”，健全完善社会矛盾排查预警化解防范综合机制，把各类矛盾纠纷消除在萌芽、化解在基层。深入推进市域社会治理现代化试点，积极探索“红色文化+社会治理”机制。健全城乡社区治理和服务体系，推动社会治理重心下移、力量下沉、政策下倾，全面推进基层综治中心实体化建设，强化民安民生问题融合解决，激发全民共建共治共享的积极性创造性。

江山就是人民，人民就是江山。我们要忠实践行党的宗旨，切实把为人民谋幸福体现在工作中、落实到行动上，不断提高人民生活品质，全面增强人民群众的获得感幸福感安全感。

六、大力发展社会主义民主法治，汇聚共同团结奋斗的磅礴力量

社会主义现代化是全体人民共建共享的现代化，必须体现人民意志、保障人民权益、激发人民创造活力。我们要坚定不移走中国特色社会主义民主政治发展道路，建设更高水平的法治江西、平安江西，凝聚各方面智慧和力量，唱响团结奋进的时代旋律。

（一）发展全过程人民民主。依法实行民主选举、民主协商、民主决策、民主管理、民主监督，发展更加广泛、更加充分、更加健全的全过程人民民主，巩固生动活泼、安定团结的政治局面。坚持党的领导、人民当家作主、依法治国有机统一，统筹推进地方人大工作和建设，着力提升人大立法、监督、决定和自身建设水平，密切人大代表同人民群众的联系。坚持团结和民主两大主题，全面加强新时代人民政协工作，推动更好履行专门协商机构职能，充分发挥政协委员作用，广泛凝聚共识，积极建言资政，切实把人民政协制度优势转化为治理效能。丰富基层人民民主实践形式，健全完善党组织领导的基层治理体系和各级议事协调机制，提高人民群众自我管理、自我服务、自我教育、自我监督的水平。

（二）大力推进依法治省。深入贯彻习近平法治思想，坚持厉行法治、全面依法治省，统筹推进科学立法、严格执法、公正司法、全民守法。全面落实宪法宣誓制度，弘扬宪法精神，维护宪法权威。健全完善地方立法机制，加强重点领域立法工作，以良法促善治。持续开展法治政府建设示范创建活动，深化行政执法体制改革，强化行政监督，构建职责明确、依法行政的政府治理体系。深化刑事诉讼制度改革、执法司法制约监督体系改革，加大司法救助力度，着力维护司法公正，让人民群众在每一个司法案件中感受到公平正义。加强全民普法工作，深化法治创建和“法律明白人”培养工程，健全公共法律服务体系，营造“法律面前人人平等”、全社会尊法学法守法用法的良好氛围。

（三）提升平安建设水平。平安是社会发展和人民幸福的基石。要增强忧患意识、始终居安思危，全面贯彻总体国家安全观，补短板、建机制、控风险，切实维护社会大局和谐稳定。坚持把维护政治安全作为首要任务，严密防范和严厉打击敌对势力渗透破坏颠覆分裂活动、暴力恐怖活动、宗教极端活动，坚决维护国家政权安全、制度安全。大力推进地方国家安全体系和能力建设，统筹做好政治、意识形态、经济、科技、社会等领域安全工作。加大违法犯罪活动打击整治力度，常态化开展扫黑除恶斗争，深入开展基层平安创建活动，提升社会治安防控体系建设整体效能。严格

落实安全生产责任制,全面提升应急救援能力,扎实做好防灾减灾救灾工作,坚决遏制重特大事故发生。

(四)广泛凝聚社会各界力量。统一战线是我们党的重要法宝。要坚持大团结大联合主题,完善大统战工作格局,巩固和发展最广泛的爱国统一战线,支持各民主党派、工商联、无党派人士积极发挥作用,加强党外知识分子和新的社会阶层人士的团结引导,积极构建亲清新型政商关系,促进非公有制经济健康发展和非公有制经济人士健康成长。铸牢中华民族共同体意识,深化民族团结进步创建,扎实做好对口援疆工作。坚持我国宗教中国化方向,提高依法依规管理宗教事务水平。充分发挥工会、共青团、妇联等人民团体桥梁纽带作用,增强群团工作和群团组织的政治性、先进性、群众性。深化与港澳合作交流,推进赣台交流交往,扎实做好海外统一战线工作和侨务工作。全面落实党管武装制度,完善国防动员体系,深化国防动员体制改革,推进军民深度融合发展,深入推行"尊崇工作法",提高新时代双拥工作质量水平,巩固军政军民团结的大好局面。

青年是最积极、最有生气的社会力量。新时代的江西青年要在党的旗帜下,增强做中国人的志气、骨气、底气,自觉把青春融入党和人民事业,不负时代、不负韶华,努力在新征程上绽放绚丽青春之花。

团结是力量之源,万众一心才能无坚不摧。我们要充分发挥社会主义民主政治的优势,团结海内外赣鄱儿女朝着共同的奋斗目标携手奋进。

七、坚定不移深化全面从严治党,不断推进新时代党的建设新的伟大工程

全面建设社会主义现代化江西,关键在党、关键在人。我们要深入贯彻新时代党的建设总要求和新时代党的组织路线,持续深化全面从严治党,全面提升党的建设质量和水平,巩固发展风清气正的政治生态,切实把全省各级党组织建设得更加坚强有力。

(一)旗帜鲜明加强党的政治建设。政治建设是党的根本性建设。要牢记保证党的团结统一是党的生命,坚持把讲政治作为第一位要求,深刻领会"确立习近平同志党中央的核心、全党的核心地位,确立习近平新时代中国特色社会主义思想的指导地位"的决定性意义,切实增强"四个意识"、坚定"四个自信"、做到"两个维护",始终胸怀"两个大局"、心系"国之大者",确保在政治立场、政治方向、政治原则、政治道路上同以习近平同志为核心的党中央保持高度一致。坚决贯彻执行党的政治路线,严守党的政治纪律和政治规矩,加强新时代党内法规制度建设,严肃党内政治生活,发展积极健康的党内政治文化,切实把对党忠诚体现在本职岗位、落实到日常言行,做到政治立场更加坚定、政治品格更加纯粹、政治能力更加过硬。充分发挥红色资源优势,赓续红色血脉,擦亮红色品牌,建设全国红色基因传承示范区,努力把江西打造成为最讲党性、最讲政治、最讲忠诚、最讲担当的地方。

(二)全面加强宣传思想工作。思想建设是党的基础性建设。要紧紧围绕举旗帜、聚民心、育新人、兴文化、展形象的使命任务,坚持守正创新,推动宣传思想工作取得新成效、展现新气象。坚持不懈强化理论武装,持续在学懂弄通做实习近平新时代中国特色社会主义思想上下功夫,深化以党史为重点的"四史"学习教育,坚定历史自信,坚守理想信念,挺起精神脊梁。严格落实意识形态工作责任制,加强省市县三级融媒体中心和各类新媒体建设,提高网络内容建设和管理水平,巩固壮大主流思想舆论。大力培育和践行社会主义核心价值观,大力弘扬爱国主义、集体主义、社会主义精神,全面推进公民道德建设。深化拓展新时代文明实践中心建设,扎实推进全域群众性精神文明创建工作,加强志愿服务、诚信社会、网络文明、家庭家教家风建设,唱响"江西好人文化"品牌。加强和改进国际传播工作,实施"一带一路"文化交流合作行动计划,进一步讲好江西故事、传播江西声音、提升江西形象。

(三)夯实建强基层战斗堡垒。牢固树立党的一切工作到支部的鲜明导向,突出政治功能,坚持以提升组织力为重点,以深化"三化"建设为抓手,推动基层党组织全面进步、全面过硬。严格落实基层党建工作责任制,统筹加强农村、社区、机关、企业、学校、医院等各领域党建工作,大力推进组织设置和活动方式创新,积极探索新兴组织和新兴业态党建工作,让党的旗帜在每一块阵地都高高飘扬。坚持围绕中心抓党建,推动党建工作与业务工作深度融合,提升基层党组织工作水平。严格发展党员标准和程序,提高党员教育管理质量,引导广大党员充分发挥先锋模范作用,做到平常时候看得出来、关键时刻站得出来、危难关头豁得出来。

(四)锻造高素质专业化干部队伍。干部队伍是事业发展的中坚力量。要坚持党管干部原则,落实新时代好干部标准,完善干部选育管用机制,鲜明选用"忠诚、干净、担当"的干部,树立"有错是过,无为也是过;有错要问责,无为也要问责"的理念,做到德不配位就去位、才不适岗就调岗、状态不佳就换人,打造可堪大用、能打胜仗、德才兼备的干部队伍。深化"五型"政府建设,打造让党放心、人民满意的模范机关。加强干部思想淬炼、政治历练、实践锻炼、专业训练,特别是注重在经济发展最前沿、项目建设主战场、重大斗争第一线、急难险重热锅上培养锻炼干部,让各级干部站稳人民立场,树立正确政绩观,强化责任担当,不断增强敢于斗争、善于斗争的意识和本领。统筹抓好优秀年轻干部和女干部、少数民族干部、党外干部培养使用,加强新时代老干部工作。深入实施人才强省战略,不断优化人才环境,加大引才用才留才育才力度,让江西成为天下英才的重要首选地。旗帜鲜明地为担当者担当、对负责者负责,激励大家想事、干事、成事,做到干事且干净、干净加干事,让"事事马上办、人人钉钉子、个个敢担当""不为不办找理由、只为办好想办法"成为江西党员干部的鲜明标识,答好时代之问、人民之问,努力创造无愧于时代和人民的业绩。

(五)持之以恒推进正风肃纪反腐。政以得贤为本,治以去秽为务。要永葆自我革命精神,扛牢管党治党政治责任,坚定不移推进党风廉政建设和反腐败斗争,决不能滋生已经严到位、严到底的情绪,确保红土圣地永不褪色。牢记信仰信念信心是最好的防腐剂,加强党员干部理想信念、根本宗旨和光荣传统教育,保持艰苦奋斗的优良作风,筑牢拒腐防变的思想防线。紧盯"一把手"和领导班子等"关键少数",扎实推进政治监督具体化、常态化。坚持纠"四风"、树

新风,持之以恒落实中央八项规定精神,深入整治形式主义、官僚主义,持续为基层减负,大力整治群众身边腐败问题和不正之风。一体推进不敢腐、不能腐、不想腐体制机制建设,坚持无禁区、全覆盖、零容忍,坚持重遏制、强高压、长震慑,坚持受贿行贿一起查,精准运用"四种形态",使党员干部因敬畏而"不敢"、因制度而"不能"、因觉悟而"不想"。统筹做好查办案件"前半篇"与"后半篇"文章,深化以案促改、以案促建、以案促治,综合发挥惩治震慑、惩戒挽救、教育警醒的功效。坚持以党内监督为主导,深化纪检监察体制改革,加强巡视巡察上下联动,促进党内监督和其他各类监督贯通融合,推动全省政治生态更加风清气正、健康向上。

社会主义现代化事业蓬勃向前,党的建设新的伟大工程永不止步。我们要以永远在路上的坚定和执着深化全面从严治党,不断提高党的政治领导力、思想引领力、群众组织力、社会号召力,在新征程上展现新气象新作为。

同志们,昂首奋进新征程,接续奋斗再出发;道路难免艰难,前景必定辉煌。让我们更加紧密地团结在以习近平同志为核心的党中央周围,牢记初心使命,锐意开拓进取,以"作示范、勇争先"的昂扬斗志,以史为鉴、开创未来,埋头苦干、勇毅前行,走好实现第二个百年奋斗目标新的赶考之路,描绘好新时代江西改革发展新画卷,夺取全面建设社会主义现代化江西的伟大胜利!

政府工作报告

——在江西省第十三届人民代表大会第六次会议上

(2022年1月17日)

代省长 叶建春

各位代表:

现在,我代表省人民政府向大会报告工作,请予审议,并请省政协委员和列席会议同志提出意见。

一、2021年工作回顾

2021年是中国共产党成立100周年,是全面建设社会主义现代化国家新征程开启之年。经党中央批准,我省在井冈山隆重举行庆祝建党100周年大会,配合中央有关部门成功举办庆祝建党100周年江西专题新闻发布会,成功举办中央革命根据地创建暨中华苏维埃共和国成立90周年座谈会。全省上下认真学习贯彻党的十九届六中全会精神,深入贯彻落实习近平总书记视察江西重要讲话精神,扎实开展党史学习教育,在全社会唱响主旋律、弘扬正能量,极大增强了坚定理想信念、坚守初心使命、坚毅奋斗前行的信心和决心;省第十五次党代会胜利召开,吹响了全面建设社会主义现代化江西新号角;全面打赢铅山突发新冠肺炎疫情阻击战、歼灭战,巩固了疫情防控成果;扎实做好"六稳""六保"工作,加快推进高质量跨越式发展,实现了"十四五"良好开局。

——经济增长稳定恢复。地区生产总值增长8.8%,人均GDP突破1万美元;一般公共预算收入增长12.2%,规模以上工业增加值增长11.4%,固定资产投资增长10.8%,社会消费品零售总额增长17.7%,外贸进出口增长23.7%,实际利用外资增长8.1%;主要经济指标增速继续位居全国前列。

——动力活力明显增强。发明专利授权量增长53%,万人有效发明专利拥有量5.11件、增加1.43件,工业技改投资增长24.5%,民间投资增长16.1%,实有市场主体增长26.1%,网络零售额增长24%,跨境电商进出口额居全国前列。

——质量效益不断提高。战略性新兴产业、高新技术产业增加值占规模以上工业增加值比重分别为23.2%、38.5%,分别提高1.1、0.3个百分点;新增国家级专精特新"小巨人"企业109家,总数达144家;新增上市公司13家,总数突破100家。

——人居环境持续改善。设区城市PM2.5浓度29微克/立方米,中部地区最低;空气质量优良天数比率96.1%,中部地区最高;国考断面水质优良比例95.5%,设区城市集中式饮用水水源地达标率100%,赣江干流断面水质达到Ⅱ类标准。

——民生福祉日益增进。城镇新增就业48万人,新增农村转移劳动力60.4万人,分别完成年计划126.4%、116.1%;城镇和农村居民人均可支配收入分别增长8.1%、10%;城镇调查失业率控制在预期目标之内;居民消费价格指数上涨0.9%。

一年来,我们聚焦"作示范、勇争先",重点做了九方面工作。

(一)深挖释放内需潜力。"项目建设提速年"活动深入实施,开展"项目大会战"扩大有效投资成为全国先进;赣深高铁开行,庐山机场复航,安九客专、兴泉铁路、井冈山航电枢纽等运营;雅中至江西、南昌至长沙特高压工程投运,江西进入特高压时代。商贸消费升级三年行动胜利收官,井冈山至韶山红色旅游专列开行,赣菜"十大名菜""十大名小吃"发布,中国红色旅游博览会、中国绿色食品博览会、首届中国米粉节、"全国学子嘉游赣"等活动成效明显。

南昌入选全国首批商品市场优化升级专项行动试点城市，抚州、宜春、景德镇入选国家文化和旅游消费试点城市，5个街区入选首批国家级夜间文化和旅游消费集聚区，环鄱阳湖自行车精英赛获评2021中国体育旅游十佳精品赛事，预计消费对经济增长的贡献率52%以上。

（二）大力推进创新发展。轨道交通基础设施性能监测与保障国家重点实验室、中国工程院科技发展战略江西研究院、中国信通院江西研究院、中国工业互联网研究院江西分院、中国移动虚拟现实创新中心、中国联通工业互联网暨江西省工业互联网实训基地、江西航空研究院成立，中国商飞江西生产制造中心挂牌，中国中医科学院中医药健康产业研究所获批；南昌大学“人造太阳”装置投运并成功放电；新增1名中国工程院院士。发布首批关键技术和企业需求“揭榜挂帅”项目清单并成功对接，启动“未来工匠培育计划”，获国家自然科学基金项目和直接经费创历史新高。成功举办第七届中国国际“互联网+”大学生创新创业大赛，获24金、居全国第3位，南昌大学项目夺冠，均实现我省历史性突破。首批“赣出精品”发布，省标准创新贡献奖获批设立，中国（赣州）知识产权保护中心获批建设，抚州以优秀等次通过国家知识产权试点城市考核验收，景德镇成为中部地区首个全国版权示范城市，萍乡获评国家产业转型升级示范区建设年度评估优秀城市。启动制造业产业链提升“八大行动”，出台省级工业产业集群综合评价办法，实施鞭策后进“蜗牛奖”，宁德时代落户宜春，新增“5020”项目160个、总投资4800亿元以上，“2+6+N”产业量质双升，预计省级产业集群营业收入增长35%左右。累计开通5G基站6万多个，南昌、九江、上饶入选全国首批“千兆城市”，南昌国家级互联网骨干直联点启动建设，上饶、九江开通国际互联网数据专用通道，国家（江西）北斗综合应用示范项目基本建成，03专项成果转移转化试点示范三年框架协议续签、百万级应用达到3个。

（三）不断深化改革开放。深化事业单位改革试点基本完成。“放管服”改革深入推进，在全国率先实现省市县乡村五级政务服务事项清单管理全覆盖，统一政府权力清单制度全面建立并覆盖省市县乡四级政府，涉企经营许可事项清单管理实现全覆盖；网上中介服务超市成为全国先进，“赣服通”4.0版正式上线，“赣政通”成为全国第3个实现省市县乡移动协同办公平台；企业开办时间减至1.5个工作日以内。出台减税减费减租减息减支“32条”，预计全年为市场主体减负超1700亿元。江铜集团三年创新倍增、新钢集团转型升级冲千亿目标完成，全省国有企业营业收入突破万亿元；在国家国企改革创新三年行动重点改革任务中期评估中，我省获评A级，得分居第2位；中国稀土集团在赣州成立，我省告别无央企总部历史。预算管理一体化系统上线，政府采购电子卖场开张，政府投资管理进一步规范。企业直接融资首次突破5000亿元，“险资入赣”创历史新高。省通用航空协调运行中心成立，7个临时空域、2条临时航线获批划设。长江中游三省协同发展工作机制建立，湘赣边区域合作示范区建设上升为国家战略。昌北机场“一货站三中心”投运，南昌综保区进入中西部（含东北三省）A类区行列，南昌入选中欧区域政策合作中方案例地区，赣州国际陆港实现国际贸易“起运港”功能，赣深组合港运营，赣州至东盟跨境直通车开行，九江口岸进境水果指定监管场地获批；江西国际货运航空公司成立，填补了我省无本土国际货运航空公司的空白。成功举办世界VR产业大会、国际产学研用合作会议、上合组织传统医学论坛、世界赣商大会、中国卫星导航年会、中国航空产业大会暨南昌飞行大会、江西智库峰会暨国家级大院大所产业技术及高端人才进江西活动、对接粤港澳大湾区经贸合作活动、江西对台招商引资推介会等，进一步扩大了江西影响力和美誉度。

（四）强化区域城乡统筹。大南昌都市圈“强核行动”启动，国家对口支援赣南等原中央苏区政策延续至2030年，11个设区市地区生产总值全部突破千亿元。城市功能与品质提升三年行动胜利收官，部省共建城市体检评估机制、推进城市高质量发展示范省建设启动，南昌、景德镇入选全国首批城市更新试点城市，南昌、景德镇、赣州入选全国城市体检样本城市，南昌入选全国首批15分钟便民生活圈试点地区，鹰潭入选全国首批系统化全域推进海绵城市建设示范城市，赣州、上饶分获中国十大“心仪之城”“秀美之城”。省防返贫监测平台上线，累计识别监测对象3.3万户11.5万人，66.3%已消除返贫致贫风险。粮食总产438.5亿斤，增加5.7亿斤，生猪产能全面恢复到正常年份

6月，无人机拍摄下的新余市城乡公路，穿越在渝水区南安乡、罗坊镇等新农村、田园、乡村旅游点间。新余市不断优化城乡交通路网布局，改善出行环境，全市干线公路总改造里程超过140千米，有力带动乡村旅游发展，促进乡村振兴

赵春亮摄

12 月 9 日，大余县黄龙镇大龙山村丫山枫叶渐红，层林尽染，仿佛彩色"童话村"，吸引不少游客自驾去游玩。村民把农房改造成民宿，农闲和节假日期间多一份旅游经济收入

朱海鹏摄

水平，新增设施蔬菜 35 万亩。省级地方特色农业保险、农业巨灾保险试点启动，首单生猪"保险+期货"业务理赔兑付，首笔"新农直通贷"发放，首单革命老区及乡村振兴双标签债发行。国家农机装备创新中心江西研发基地揭牌，3 县(市)入选全国首批农业现代化示范区，广昌白莲、狗牯脑茶国家地理标志产品保护示范区获批筹建，5 个国家地理标志保护产品入围 2021 年中国品牌价值评价信息区域公用品牌。《江西省乡村振兴促进条例》出台，这是我省首部由省人民代表大会审议通过的实体性法规。全域农产品认证品牌"赣鄱正品"发布，食品安全溯源平台"赣溯源"上线并入驻国务院客户端，唱响了统一品牌、确保品质、强农兴农主旋律。

(五)提升生态文明水平。污染防治攻坚战有力有序，第二轮中央生态环保督察反馈问题整改扎实推进。完成碳达峰碳中和总体设计，省碳中和研究中心揭牌，全国有色金属行业首单碳中和债发行，排污权交易市场启动，中国南方生态产品交易平台上线，赣江新区绿色金融改革创新成为全国先进。在全国率先发布省级国土空间生态修复规划、率先出台建立健全生态产品价值实现机制实施方案，生态环境监测网络实现水陆空全覆盖，城乡一体化生活垃圾收运处置体系基本实现行政村全覆盖，跨省流域上下游突发水污染事件联防联控合作实现全覆盖。局省共建现代林业产业示范省建设启动，人工造林、低产低效林改造、森林"四化"分别完成年计划 208.2%、164.3%、121.5%。在全国率先启动"湿地银行"建设试点，赣州入选全国水土保持高质量发展先行区，吉安获评全国"最具生态竞争力城市"，抚州成为我省首个全国林业改革发展综合试点市，德兴成为我省首个国家气候标志城市。省候鸟保护条例出台，这是全国首部专门保护候鸟的省级地方性法规。成功举办第二届鄱阳湖国际观鸟周，鄱阳湖白鹤保护的探索与实践入选"生物多样性 100+全球典型案例"。省部共建江豚保护基地五年规划启动实施，我省成为长江流域唯一享有该政策支持省份。武夷山国家公园设立，我省成为全国首批拥有国家公园省份。

(六)加强先进文化建设。省公共文化服务保障条例、革命文物保护条例出台。采茶戏《一个人的长征》、戏剧《支部建在连上》等 4 部作品入选建党百年优秀舞台艺术作品，《闪亮的坐标》《闪耀东方》入选建党百年重点电视节目，《三湾改编》电影全国公映，南方红军三年游击战争纪念馆开馆。文化惠民工程深入实施，"情暖赣鄱"惠民观影、"乡村阅读季""文化进万家"等活动深入开展。萍乡成功创建国家公共文化服务体系示范区，潦河灌区入选世界灌溉工程遗产，浮梁茶文化系统入选中国重要农业文化遗产，4 项考古成果入选"百年百大考古发现"、居全国第 5 位。

(七)有效保障改善民生。年初确定的 51 件民生实事全部兑现，在全国率先完成城镇困难群众脱贫解困工作、向残疾孤弃儿童发放专项照料护理补贴、成立首家零工经济工会联合会。新增发放创业担保贷款 179.2 亿元，完成年计划 162.9%。2020 年计划改造的城镇老旧小区全部完工，2021 年计划改造的全部开工，2021 年农村危房改造计划任务完成，改渡便民工程完成年计划 121%。"双减"政策有效落地，校外培训机构治理扎实开展，义务教育阶段学生课后服务参与率 95%以上，高中新课程新教材实施方案出台，国家职业教育虚拟仿真示范实训基地运营，国家级技能人才培养综合园开工，景德镇入选国家产教融合试点城市，南昌医学院、赣东学院组建并招生。国家区域医疗中心建设试点省、国家中医药综合改革示范区获批，国家妇产疾病临床医学研究中心江西分中心成立，普通门诊和住院费用跨省直接结算、跨省异地就医网上备案实现全覆盖，赣州入选国家深化医疗服务价格改革试点城市，南昌、萍乡入选国家门诊慢性病跨省直接结算试点城市。养老服务体系建设发展三年行动计划完成，"党建+农村养老服务"经验全国推广。开展革命英烈后代关爱行动和"替烈士看爹娘、为烈属办实事"活动，举办首届江西省退役军人"永远跟党走、建功新时代"主题活动。民族、宗教、外事、港澳、侨务、对台、人防、地震、地质、档案、地方志、科协、哲学社会科学、工青妇、残联、红十字会、援疆等工作取得新成效。

(八)防范化解重大风险。高风险法人金融机构全部清零，地方政府隐性债务存量有序化解，我省成为全国极少数债券市场"零违约"省份之一。实施持续整治规范房地产市场秩序三年行动，房地产市场总体平稳。国家矿山安全监察局江西局成立，国家安全生产救护(瑞金)体验中心揭牌，省航空应急救援网和应急物资 2 小时保障圈基本形成，省消防慈善基金启动运营。全省生产安全事故和死亡人数持续下降，有效杜绝重特大事故，自然灾害死亡人数新世纪以来最低。省社会治理大数据平台正式上线，省公安全警情案件全流程智能监督管理系统试运行，上饶、景德镇入选全国首批禁毒示范城市，吉安、新余、景德镇、赣州被命名为平安中国建设示范市、数量居全国第 2 位，我省连续 16 年获评全国综治考核优秀省。

（九）深化“五型”政府建设。“我为群众办实事”实践活动省级重点民生项目进展顺利。第四、五轮梳理的229个制约江西高质量跨越式发展突出问题如期办结，第六轮梳理的75个问题正在破解。开展“服务怎样我体验、发现问题我整改”专项活动，深入整治“指尖上的形式主义”。续聘增聘100名“五型”政府建设社会监督员，首聘15名优化营商环境咨询专家、56名社会监督员，全国首个营商全媒体平台上线。全省“三公”经费支出连续8年压减。向省人大常委会提请审议地方性法规13件，制定、废止、修改省政府规章25件，省政府系统办理人大代表建议和政协提案1131件。

成绩来之不易，是在以习近平同志为核心的党中央坚强领导下，在习近平新时代中国特色社会主义思想科学指引下，省委团结带领全省干部群众矢志感恩奋进的结果。我代表省人民政府，向全省人民，向各民主党派、人民团体和社会各界人士，向驻赣人民解放军指战员、武警部队官兵、公安干警和消防救援队伍指战员，向中央驻赣单位，致以崇高敬意！向所有关心支持江西发展的海内外朋友，表示衷心感谢！

成绩是继续前进的基础，困难和问题是必须突破的障碍。我们必须清醒看到当前面临的困难和问题。主要是：经济下行压力较大；创新能力仍然不足；彰显特色、优势互补的全域发展格局有待强化；优质公共服务供给仍有缺口；一些干部思想解放不够、能力还有欠缺，少数干部法纪意识不强、不收敛不收手等等。我们将靶向出击，解决前进道路上一个个困难和问题。

二、2022年工作安排

今年是党的二十大召开之年。综合来看，百年变局和世纪疫情交织叠加，国际局势更趋复杂严峻，不稳定、不确定、不平衡特点突出；我国经济运行态势好、韧性强，高质量发展有效推进，新发展格局加快构建，社会大局保持稳定；我省区位优势更加凸显，生态优势加速释放，产业优势厚积薄发，国家战略优势叠加落地，仍处在大有可为的重要战略机遇期。只要我们坚持党中央集中统一领导，落实省委提出的“稳住、进好、调优”原则要求，就一定能把控局势、保持态势、提升位势。今年政府工作的总体思路是：坚持以习近平新时代中国特色社会主义思想为指导，全面贯彻党的十九大和十九届历次全会以及中央经济工作会议精神，深入贯彻习近平总书记视察江西重要讲话精神，按照省第十五次党代会部署要求，大力弘扬伟大建党精神，坚持稳字当头、稳中求进，完整、准确、全面贯彻新发展理念，加快构建新发展格局，坚持以供给侧结构性改革为主线，统筹疫情防控和经济社会发展，统筹发展和安全，继续做好“六稳”“六保”工作，着力稳定经济发展基本盘，着力畅通经济循环，着力强化科技创新支撑，着力全面深化改革开放，着力保障和改善民生，着力保持社会大局稳定，坚定不移推进高质量跨越式发展，携手书写全面建设社会主义现代化江西的精彩华章，以优异成绩迎接党的二十大胜利召开。

经济社会发展主要预期目标是：地区生产总值增长7%以上，在实际工作中尽可能争取更好结果；一般公共预算收入增长5%，规模以上工业增加值增长8%以上，固定资产投资增长8%以上，社会消费品零售总额增长10%以上，实际利用外资增长6%左右，城镇和农村居民人均可支配收入分别增长7.5%、8%左右，居民消费价格总水平涨幅3%左右，城镇调查失业率控制在5.5%以内，节能减排完成国家下达任务。

重点做好九方面工作。

（一）促进供给和需求有效畅通，保持经济平稳健康发展。把扩大内需作为“稳住、进好、调优”的战略基点，推动供需互促升级良性循环，夯实富裕江西建设的基础支撑

发挥投资对优化供给的关键作用。坚持“项目为王”，升级实施“项目大会战”，重点推进3455个省大中型项目，年度投资1.1万亿元以上。新型基础设施方面，新增5G基站1万个以上，推进千兆光纤接入应用试点工程、中国电信中部云计算大数据中心、中国广电5G核心网南昌接入点等建设。新型城镇化方面，建成南昌九龙湖新城综合管廊一期、九江学院第二附属医院等项目，开工南昌洪州大桥、赣州中心城区赣南大道快速路、吉安庐陵后河景区提升工程、抚州高教产业园等项目。重大工程方面，建成花桥水利枢纽、瑞金民用机场、信丰电厂等项目，完成2021年475座已开工小型水库除险加固项目并新开工691座，推进长江干流江西段崩岸应急治理、赣抚尾闾综合整治、大唐新余二期等项目，开工梅江灌区、袁河航道提升、昌九客专、长赣铁路、瑞梅铁路、樟树至吉安高速改扩建、萍乡绕城高速等项目，推动长江干堤提质升级，提升赣江、信江通航能力，争取鄱阳湖水利枢纽前期工作实现质的突破、赣粤赣浙运河前期工作取得积极成效。

更好满足高品质消费需求。实施新一轮商贸消费升级三年行动计划，提升放心消费创建成效，社会消费品零售总额突破1.3万亿元。加快南昌全国性消费中心城市和赣州、九江、上饶、宜春等区域性消费中心城市建设。改造提升县乡商业设施，健全社区商业配套设施，构建“5分钟便利店+10分钟农贸市场+15分钟超市”社区生活服务圈，推动生活性服务业补短板上水平。启动“风景独好”旅游名县建设，打响“全国学子嘉游赣”等文旅消费品牌，打造更多更吸引各类群体的消费品牌。开展新一轮家电以旧换新，实施新能源汽车、智能家电、绿色建材下乡等行动，实现高速公路服务区充电桩全覆盖。完成国家低空空域改革试点拓展任务，发展“民航+通航”联运。引导商贸企业拓展线上业务，塑造“数字化引流+沉浸式体验”新优势。深入实施“赣出精品”“赣菜品牌”“引客入赣”“千企百展”等工程和“赣品两上三进”，让“江西产”叫响全国、走向世界。

加快现代流通体系建设。完成物流高质量发展三年行动目标任务，社会物流总额达8万亿元。全面开展交通强省建设试点，实施交通物流枢纽建设行动，提升南昌国际航空物流枢纽、赣州国际陆港、南昌国际陆港、九江江海直达区域性航运中心等功能，提高铁路、水路承运比重，大力发展多式联运和航空货运，融入“全球123快货物流圈”。深入实施城乡高效配送专项行动，统筹配送中心、冷链物流骨干网建设，70%县（市、区）建成县级物流中心，快递服务基本覆盖行政村。推进“互联网+第四方物流”供销集配体系规范化、标准化、品牌化建设，发展共享云仓、分时配送等物

流新模式。

（二）提升创新驱动发展效能，持续增强产业核心竞争力。把科技创新作为"稳住、进好、调优"的关键，做优做强做大制造业"强省重器"，奏响建设创新江西、工业强省最强音

推动产业协同高效发展。打造产业链链长制升级版，启动龙头企业保链稳链工程，实施制造业基础再造行动计划，抓好1000个亿元以上重大技改项目。开展"领航企业"和独角兽、瞪羚企业培育行动，净增规模以上工业企业1000家以上、"专精特新"企业500家以上、专业化"小巨人"企业50家以上、制造业单项冠军企业10家以上，有效期内高新技术企业达6500家，入国家库科技型中小企业达9000家。深入实施产业集群提能升级行动，争创国家级先进制造业产业集群，启动创建制造业高质量发展试验区。实施生产性服务业补短板行动，以高质量生产性服务业引领制造业高质量发展。抓实数字经济做优做强"一号发展工程"，支持南昌建设全省数字经济引领示范区，全产业链开展数字化改造，加快"物联江西""智联江西"建设，培育细分领域新赛道30条、典型应用新场景500个。

打好关键核心技术攻坚战。结合万人助万企及"专精特新万企行"活动，深入摸排"2+6+N"产业"卡脖子"问题，实施十大重大科技创新项目。发挥龙头企业带动作用，实现重点产业省级平台全覆盖、大中型工业企业和规模以上高新技术企业研发机构全覆盖。启动科技体制改革攻坚行动，深化科研经费"包干制"和赋予科研人员职务科技成果所有权或长期使用权试点改革，完善科技成果评价机制，实施科技成果转化工程。优化创新生态，落实企业研发费用加计扣除、首台（套）重大技术装备创新应用等政策，推进加大全社会研发投入攻坚行动，全社会研发经费支出占GDP比重1.9%以上。

强化战略科技力量支撑。加快鄱阳湖国家自主创新示范区建设，支持中国（南昌）科学岛建设，鼓励创建国家创新型城市，推进20个创新型县（市、区）建设试点。实施创新"国家队"引进培育工程，推动国家稀土技术创新中心、国家中药资源与制造技术创新中心、稀土国家重点实验室、持久性污染控制与资源循环利用国家重点实验室、大口径射电天文望远镜等落地，引进共建高端研发机构30家。依托14条产业链龙头企业组建科技创新联合体或产业研究院，依托院士团队建设省实验室。实施更具竞争力的高层次领军人才引育计划，组建省人才发展集团，加强高层次人才产业园建设，努力把江西打造成为天下英才的重要首选地。

（三）推进改革开放走深走实，着力提升营商环境软实力。大力实施全面深化改革攻坚行动，强攻营商环境优化升级"一号改革工程"，激发"稳住、进好、调优"的动力活力

建设高标准市场体系。落实市场准入"全国一张单"管理模式，推动修订省反不正当竞争条例，加强知识产权保护，清理妨碍统一市场、公平竞争的政策和做法，依法加强对资本的有效监管，反垄断、反暴利、反天价、反恶意炒作、反不正当竞争。完善土地二级市场制度，引导市场主体有序流通低效使用的土地资源。有序推动工商业用户全部进入电力市场。打好国资国企改革创新三年行动收官战，推进国有企业战略重组和国有资本运营大平台建设，建立健全体现高质量发展要求的省属企业考核体系，推动重点省属企业创新倍增。构建省产业投资大平台，设立省现代产业发展引导基金，推进市县两级投融资平台整合优化和市场化转型。落实省社会信用条例，全面建设信用江西。实施企业上市"映山红行动"升级工程和"金融赣军"工程，完善区域性股权市场，健全"1+5+N"政府性融资担保体系，推进普惠金融试点，创新绿色金融发展机制，积极发展科技金融、供应链金融等新业态，力争新增上市公司12家。

打造高质效政务服务。深化"放管服"改革，进一步向国家级开发区和市县两级放权赋能。打通数据壁垒，深化综合窗口和"一件事一次办"改革，全面推行"一网通办""　照通办"，在低风险行业全面推行告知承诺制。打造"赣服通"5.0版，形成"赣服通"前端受理、"赣政通"后端办理的政务服务新模式。实施更大力度减税降费，力争全年为市场主体减负2000亿元，净增市场主体超60万户。梳理集成惠企政策，建设政策兑现"惠企通"，推广免申即享模式。构建涉企营商环境问题快速处置机制，发挥非公企业维权服务中心作用，努力实现"中心吹哨、部门报到"。开展营商环境创新试点，进一步打响"江西办事不用求人、江西办事依法依规、江西办事便捷高效、江西办事暖心爽心"的营商环境品牌，争当全国政务服务满意度一等省份。

促进高水平开放合作。深度对接国家区域重大战略，用好国家推动长江经济带发展财税支持措施，加快把"四通八达"的区位优势转化为"四面逢源"的发展优势。细化落实长江中游三省协同推动高质量发展行动计划，推进湘赣边区域合作示范区、浙赣边际合作（衢饶）示范区、深赣港产城特别合作区、赣闽产业合作示范区建设取得新成效，谋划建设赣粤高铁经济带，实施对接粤港澳大湾区科技创新行动计划。实施融入共建"一带一路"行动计划，落实区域全面经济伙伴关系协定，提速建设江西内陆开放型经济试验区，支持南昌、赣州创建中欧班列集结中心，鼓励通过"赣货通全球"平台做大做强跨境电商，推动24小时"零延时"通关常态化，开展江西自贸区创建攻坚行动。实施优进优出战略，扩大先进技术设备、关键零部件、紧缺资源进口。办好世界VR产业大会、对接粤港澳大湾区经贸合作、"进博会"进江西、赣台经贸文化合作交流等活动，积极创办首届庐山全球商界领袖夏季论坛和院士创新论坛、首届工业博览会。按照"高大上、链群配"思路，力争引进"5020"项目170个以上。

（四）统筹区域协调发展，促进以人为核心的新型城镇化。有效实施区域协调发展战略，提升新型城镇化建设质量，强化"稳住、进好、调优"的多极支撑

推进"一圈两轴三区"提标升级。大力实施强省会战略，加快大南昌都市圈城际快速路体系建设，支持南昌落实与广东七市战略合作框架协议，吸引海内外高端资源建设"一枢纽四中心"，打造全国城市高质量发展示范城市。推动赣江新区生产总值突破千亿元，支持九江高标准建设长江经济带重要节点城市和万亿临港产业带，支持抚州建设承接东部沿海产业转移示范区和先进制造业协作区，促进昌九昌抚协同增效。支持赣州做大做强"中国稀金谷"、建设省域副中心城市和深度融入粤港澳大湾区，支持吉安建

设电子信息战略性新兴产业集群和赣江中游生态经济带，打造新时代革命老区高质量发展示范区。支持上饶“两光一车”产业高质量发展、鹰潭建设万亿有色产业集群核心区和国家城乡融合发展试验区，启动建设景德镇中日先进陶瓷产业合作园，推动饶景鹰成为对接长三角一体化发展先行区。支持宜春打造国家级锂电新能源产业集群、萍乡建设国家产业转型升级示范区和赣湘合作核心区、新余打造新型工业强市和京东合作区域中心、新宜吉六县转型合作示范区打造产业转型升级样板区。积极推动以县城为中心的县域城镇化，鼓励有条件的设区市、县（市、区）实施“五年创新倍增”计划和行动。

完善区域协调发展体制机制。基本完成省级国土空间规划编制，统筹划定“三区三线”，形成功能完善的国土空间规划“一张图”。优化区域生产力布局，建立资源要素供给与区域战略实施联动机制，防止资源错配、恶性竞争。建立健全区域协同利益联结机制，推动招商引资、产业分工、科技成果转化等协调联动，支持产业跨区域转移、共建产业园和发展飞地经济。推进开发区集群式项目满园扩园和“两型三化”管理提标提档行动，支持特色相近开发区打造“组合园”。

加快城市高质量发展示范省建设。建立城市体检评估机制，实施城市功能与品质提升行动2.0版。深入开展城市“双修”，注重延续城市文脉，严禁大规模迁移、砍伐城市内树木，完成县级城市建成区黑臭水体排查并启动整治，32%建成区达到海绵城市建设要求，装配式建筑新开工面积达到总建筑面积的30%，力争30%城市（县城）达到省生态园林城市标准。完成2021年纳入计划的城镇老旧小区改造任务，开工改造城镇老旧小区1062个、棚户区7.91万套，开工（筹集）保障性租赁住房6.28万套。推进高品质智慧社区建设试点，开展城市居住社区建设补短板行动和绿色社区创建，改进现有车位管理，全面建成设区市中心城区厨余垃圾处理设施，各设区市中心城区至少1个区实现生活垃圾分类全覆盖，县级以上城市建成区医疗废物无害化处置率99%以上。统筹“城市大脑”建设，让城市更智慧、更绿色、更韧性、更宜居。

（五）大力实施乡村振兴战略，扎实推进农业农村现代化。坚持农业农村优先发展，推进农业强省建设，夯实“稳住、进好、调优”基本盘，加快打造新时代乡村振兴样板之地

增强重要农产品保供能力。建成高标准农田290万亩，稳定粮食播种面积和产量，为保障国家粮食安全作出江西贡献，推进粮食生产全程全面机械化，推广“稻渔”等综合种养模式。完善生猪生产逆周期调控机制。深挖油菜扩面潜力，加快发展油茶产业。实施种业振兴行动，推进南繁育种基地建设，加快中国水稻研究所早稻研究中心建设。落实稻谷最低收购价政策，提升收储调控能力，实现水稻完全成本保险44个产粮大县全覆盖。深入开展“光盘”等粮食节约行动。

深化农业结构战略性调整。推进部省共建绿色有机农产品基地试点省建设，实施绿色生态农业提升工程，抓好绿色种养循环农业试点，新增绿色有机地理标志农产品400个以上。扩大蔬菜种植面积，因地制宜促进特色农业高质量发展。加快农业现代化示范区建设，推广科技小院模式，发展农业社会化服务，促进一二三产业融合发展。实施数字农业农村建设三年行动，新建农业物联网示范基地100个，大力发展农村电商，让手机成为新农具、直播成为新农活。

深入开展乡村建设行动。实施农村人居环境整治提升五年行动，新选择6000个左右省级村点开展整治建设，改造农村户用卫生厕所10万户，深化美丽宜居示范县（乡镇、村庄、庭院）创建，推动村庄整治向功能品质提升迈进。深化农村承包地“三权”分置改革，实施好农村宅基地制度改革和规范管理三年行动，持续推进农村危房改造，盘活闲置农房和宅基地。推动城乡基础设施和公共服务一体化，农村公路列养率达100%、优良中等路率不低于75%。完善农村集体经营性建设用地入市制度和集体经济风险监控机制，增强乡镇“造血”功能，基本消除集体经济年经营性收入10万元以下行政村。深化法治乡村建设和移风易俗，推动惠民绿色文明殡葬改革取得更大进展。

巩固拓展脱贫攻坚成果。完善和落实监测帮扶机制，持续巩固“三保障”和饮水安全成果，确保不发生规模性返贫。加强扶贫项目资产后续管理，强化易地搬迁后续帮扶，培育壮大“四类带动经营主体”。统筹推进省级乡村振兴“三类县”发展，加大对1841个“十四五”省定乡村振兴重点帮扶村倾斜支持力度，促进巩固拓展脱贫攻坚成果同乡村振兴有效衔接，让农业更强、农村更美、农民更富。

（六）有序实施碳达峰碳中和，开创生态文明建设新境界。协同推进经济高质量发展和生态环境高水平保护，厚植“稳住、进好、调优”的生态底色，迈出美丽江西建设新步伐

深入打好污染防治攻坚战。实施新的“八大标志性战役30个专项行动”，推进长江经济带“共抓大保护”和“五河两岸一湖一江”全流域治理，开展幸福河湖建设，强化“四尘”“三烟”“三气”防治，支持萍乡全国土壤污染防治先行区建设，完成所有市级饮用水水源地水站监测数据实时联网，设区城市空气质量优良天数比率稳步提升、国考断面水质优良比例达95.5%、赣江干流断面水质保持在Ⅱ类以上。持续抓好中央生态环保督察反馈问题整改，开展第二轮省级生态环保督察。常态化加强重点水域禁捕退捕。推进煤炭清洁高效利用，提高清洁能源比重。健全碳达峰碳中和“1+N”政策体系，完善能耗双控制度，形成减污降碳激励约束机制，坚决遏制“两高”项目盲目发展。推广大型活动碳中和做法和“绿宝碳汇”，广泛开展绿色创建行动，支持南昌、赣州、上饶创建绿色出行城市。落实生态环境违法行为举报奖励办法，让人人成为美丽江西的监督者、建设者、享有者。

实施碳汇能力提升工程。推进重点区域生态保护修复，完成退化林修复160万亩，探索“矿山生态修复+”融合模式。编制武夷山国家公园（江西区域）总体规划和专项规划，做好井冈山国家公园申报工作，启动草地自然公园建设试点。推进现代林业产业示范省局省共建、抚州全国林业改革发展综合试点、全民所有自然资源资产所有权委托代理机制试点，构建持续回报和合理退出机制。

拓展生态产品价值实现机制。加快构建生态产品价值核算评估体系，支持抚州、南昌、吉安等地开展GEP核算试

点。加快建设全国性生态产品与资源环境权益综合交易平台,推进碳汇、碳排放权、水权、用能权、绿色电力证书等交易,争取国家生态产品价值实现机制整省试点。按要求加快鄱阳湖生态保护补偿机制建设,推动以县域为单元的流域上下游横向生态保护补偿,探索与长江中下游省市开展跨省生态补偿。推进绿色技术创新企业培育,发展绿色低碳循环经济和节能环保产业,推动大宗固体废弃物、农林废弃物综合利用和动力电池梯级利用、再生利用,发展生物质能、氢能、合同能源管理等产业,推行非居民厨余垃圾处理计量收费,努力打造全面绿色转型发展的先行之地、示范之地。

(七)切实提高人民生活品质,开拓促进共同富裕新路径。把创造高品质生活作为"稳住、进好、调优"的落脚点,着力办好51件民生实事,让人民群众真切享有幸福江西建设成果

强化经济发展就业优先导向。延续实施失业保险稳岗返还政策,完善减负稳岗扩就业政策,城镇新增就业40万人。创建一批青年发展友好型城市,推进创业孵化示范基地、返乡入乡创业园建设,新增发放创业担保贷款150亿元。健全灵活就业和新就业形态劳动用工和社会保障政策。落实工程建设领域农民工工资保证金规定,开展根治欠薪专项执法行动,决不让欠薪者逍遥法外、劳动者汗水白流。

壮大中等收入群体规模。健全工资合理增长机制,加大税收、社保、转移支付等调节力度,发挥公益慈善事业等第三次分配作用,增加居民财产性收入,提高技术技能人才待遇,加快形成橄榄形分配结构。落实企业职工养老保险全国统筹政策,健全基本养老保险待遇调整机制,扩大价格补贴联动机制保障范围。提高计划生育特殊家庭扶助标准。健全困难群众主动发现、动态调整、及时帮扶机制。试行常住地登记户口制度,健全常住地提供基本公共服务制度。

实施公共服务提升工程。实施省基本公共服务标准(2021年版)。加快3岁以下婴幼儿照护服务设施建设,推进实施学前教育质量提升计划和城乡义务教育优质均衡发展,实施县域普通高中发展提升行动计划,加快部省共建职业教育创新发展高地建设,加大高校"双一流"建设力度,扩大研究生招生规模。加快国家和省区域医疗中心建设,组建省生命科学与医学研究院,推进公立医院高质量发展和城市医疗集团试点,全面启动紧密型县域医共体建设,加强乡村卫生人才培养,提升乡镇卫生院和村卫生室首诊能力,提高家庭医生履约质量。完善公共卫生体系,推进生物安全防护三级实验室建设,促进医疗器械产业高质量发展。制定国家中医药综合改革示范区建设实施方案,基本实现县办中医医院全覆盖,力争全部乡镇卫生院设置中医馆、配备中医医师。健全职工基本医疗保险门诊共济保障机制和城乡居民基本医疗保险筹资标准正常调整机制,启动智慧医保"村村通"工程。关爱留守儿童。实施医养结合工程,新增社区嵌入式养老院100家,日间照料机构覆盖90%以上城市社区,养老机构护理床位占比提高到54%以上,对1.2万户特殊困难老年人家庭进行居家适老化改造,改造提升乡镇敬老院120所,推进农村互助养老服务可持续发展。落实全民健身实施计划,办好第16届省运会,壮大体育产业,促进体育消费。推进长征国家文化公园江西段建设,启动革命文物保护利用示范县建设。加大文化精品创作支持力度,培育新型公共文化空间,加快打造"书香赣鄱",提升全民科学文化素质。

(八)更好统筹发展和安全,提高防范化解重大风险能力。全面推进和谐江西建设,守牢不发生区域性风险底线,为"稳住、进好、调优"创造安全环境

科学抓好常态化疫情防控。坚持"外防输入、内防反弹"总体策略和全链条精准防控"动态清零"总体目标,压实"五方"责任,落实"四早"要求,健全及时发现、快速处置、精准管控、有效救治的防控机制。加强监测预警、核酸检测、医疗救治、流调溯源、社区管控、应急物资保障等能力建设。严格入境人员闭环管理和进口商品、冷链物流等风险管控,引导群众有序合理流动、落实公民防疫基本行为准则。做好疫苗接种工作,筑牢全民免疫屏障。

有效应对各类风险挑战。健全地方政府依法适度举债机制,严防地方政府变相违规举债,完善政府性融资担保管理体制和考核机制。建立防范化解重大金融风险问责机制,加快地方法人机构、网贷平台等风险防控与处置,有效治理恶意拖欠账款和逃废债行为,持续整治虚拟货币"挖矿"活动。强化房地产市场预期引导,促进房地产业良性循环和健康发展。完善战略物资储备制度,实施新一轮找矿战略行动。加强能源、交通、水利、网络、金融等重要基础设施安全保障。健全生物多样性监测网络。全面完成自然灾害综合风险普查,推动气象灾害风险预警服务体系建设,提高防灾减灾救灾能力。

加快推进社会治理现代化。深入开展市域社会治理现代化试点。坚持和发展新时代"枫桥经验",推进重复信访治理、重点领域信访问题和信访积案化解,做实"法援惠民生"系列品牌。深化市县公安机关大警种、大部门制改革,推进"雪亮工程"和智能安防小区建设,常态化开展扫黑除恶斗争,依法打击影响项目建设、企业生产经营、社会和谐稳定的各类违法犯罪行为。实施"智慧药店"建设工程,从严监管食品药品,保障饮食用药安全。压实安全生产责任,完成安全生产专项整治三年行动目标任务,全面开展城镇燃气、危险化学品安全专项整治,启动新一轮全覆盖安全生产专项巡查,基本健全乡镇(街道)、行政村(社区)应急管理体系,完善重大突发事件应急处置机制,切实维护人民群众生命财产安全。

支持军队和国防现代化建设,深化国防动员体制改革,做好双拥共建和退役军人事务工作,深入推行"尊崇工作法",支持工青妇、残联、红十字会等更好发挥作用,推动民族、宗教、外事、港澳、侨务、地震、地方志、档案、测绘、地质、科协、哲学社会科学、援疆等工作再展新风采。

(九)加强政府自身建设,提高政治判断力政治领悟力政治执行力

继续深入学习贯彻党的十九届六中全会精神,坚持党史学习教育常态化长效化,不断提升各级干部理论素养,推进新形势下"五型"政府建设,做到最讲党性、最讲政治、最讲忠诚、最讲担当,打造让党放心、人民满意的模范机关,在全面建设勤廉江西中恪尽政府之责、展现政府之力、提升政府之效、彰显政府之能,为"稳住、进好、调优"提供坚实保障。

矢志不渝讲政治、践忠诚。胸怀"两个大局"、牢记"国之大者",深刻领会"两个确立"的决定性意义,增强"四个

意识”、坚定“四个自信”、做到“两个维护”，始终在思想上政治上行动上同以习近平同志为核心的党中央保持高度一致，不折不扣落实党中央、国务院决策部署和省委工作要求，坚决负起稳定宏观经济的责任。

攻坚克难求创新、出真彩。牢固树立“有错是过，无为也是过；有错要问责、无为也要问责”的理念，破除不合时宜的老化思想、僵化思维、固化思路，加快政府治理理念、服务模式、体制机制创新，宽容出错、允许试错、及时纠错，争创“第一等的工作”。

义不容辞勇担当、强落实。坚持倡导“事事马上办、人人钉钉子、个个敢担当”“不为不办找理由、只为办好想办法”，加强政策统筹和跟踪问效，避免把整体目标任务简单一分了之，严防政策执行“一刀切”、搞层层加码，打通政策落实“最后一公里”，力戒“新官不理旧账”“慢作为”“踢皮球”，坚决顶起该顶的那片天。

直面问题优服务、提效能。树牢“人人都是服务员、行行都是服务业、环环都是服务链”理念，编制政务服务事项办事指南，推进政务服务标准化规范化精细化，提高“五型”政府建设社会监督平台知晓率，加强调查研究、倾听群众呼声，提升干部数字素养、专业水平、服务本领，做到“有求必应、接诉即办、办有回音”。

持之以恒转作风、葆廉洁。把纪律和规矩挺在前面，落实法治政府建设纲要，践行“三严三实”，坚决反对形式主义、官僚主义，持续整治群众身边腐败问题和不正之风，严禁滥用行政权力，严禁选择性执法，严禁违法实施行政处罚，严禁搞强制摊派、罚款创收。坚持政府过紧日子，建立节约型财政保障机制，加快财政支出进度，加大对市县支持力度。深化政务公开，自觉接受各方面监督，让阳光透视权力、让权力为人民服务。

各位代表！志存高远才能永不懈怠，踏平坎坷才能成就辉煌。让我们更加紧密地团结在以习近平同志为核心的党中央周围，在省委坚强领导下，拉高标杆、锲而不舍、勇争一流，凝心聚力书写全面建设社会主义现代化江西的精彩华章，以优异成绩迎接党的二十大胜利召开！

附件：

《政府工作报告》有关内容名词注释

1. 制造业产业链提升“八大行动”：供应链协调推进行动、项目强攻行动、创新提升行动、融合发展行动、开放合作行动、企业梯次培育行动、集聚集约发展行动、要素保障行动。

2. “全球123快货物流圈”：中国国内1天送达、周边国家2天送达、全球主要城市3天送达。

3. 十大重大科技创新项目：在航空制造、稀土新材料、锂离子动力电池、复合半导体材料、工业智能化装备、高端智能传感器、虚拟现实终端设备、碳达峰碳中和、创新药物、现代种业领域开展技术攻关。

4. 市场准入“全国一张单”管理：国家以一张清单形式明确列出所有市场准入的禁止、许可事项，清单以外各类市场主体皆可依法平等进入。

5. “1+5+N”政府性融资担保体系：“1”是构建一个多级担保机构与银行机构共同参与的业务联动和风险分担机制；“5”是构建完善的担保机构、银担合作、业务结构、政策扶持及监督管理5个子体系；“N”是引导融资担保机构研究开发N种具有“准公共产品”属性的业务产品。

6. “赣货通全球”平台：为全省外贸企业提供线上展示、获取国外买家数据及国外市场需求洞察分析数据、外贸综合服务的大数据平台。

7. “一枢纽四中心”：具有全国重要影响力的综合交通枢纽，区域科创中心、金融中心、先进制造业集聚发展中心、高品质服务业集聚发展中心。

8. 科技小院：建立在生产一线（农村、企业）的集科技创新、示范推广和人才培养于一体的农业科技社会化服务平台。

9. “四类带动经营主体”：有带动脱贫户和监测对象增收功能的龙头企业、农民合作社、家庭农场、创业致富带头人。

10. 乡村振兴“三类县”：先行示范县、整体推进县、重点帮扶县。

11. 新的“八大标志性战役30个专项行动”：八大标志性战役是指绿色低碳发展、蓝天提升、碧水提升、净土提升、农业农村污染防治、生态保护修复、河湖生态环境保护、生态环境保护专项整治问题攻坚战；30个专项行动是八大标志性战役的主要抓手，分别是遏制“两高”项目盲目发展、能源结构调整、工业结构调整、交通运输结构调整、挥发性有机物治理、“四尘”深入整治、“三烟”深入整治、“三气”深入整治、饮用水安全保障提升、开发区污水收集处理提升、城镇生活污水收集处理提升、城区黑臭水体整治、受污染耕地安全利用、重点建设用地安全利用、生活垃圾收集处理提升、危险废物监管处置提升、畜禽养殖污染防治、农药化肥减量化、水产养殖污染防治、农村生活污染防治、矿山生态保护修复、自然保护区保护、重点水域禁捕退捕与水生生物保护、生态文明示范创建、鄱阳湖总磷污染控制与削减、“五河一湖一江”排污口整治、水上交通运输污染防治、河道采砂整治、中央生态环境保护督察反馈问题及长江经济带生态环境警示片披露问题整改、省生态环境保护督察反馈问题整改专项行动。

12. 碳达峰碳中和“1+N”政策体系：“1”是指《关于完整准确全面贯彻新发展理念做好碳达峰碳中和工作的实施意见》；“N”是以《江西省碳达峰实施方案》为首，包含能源、工业、交通运输、城乡建设等分领域分行业碳达峰实施方案，各地碳达峰实施方案，以及科技支撑、能源保障、碳汇能力巩固提升、财政金融价格政策、标准计量体系等一系列保障措施。

13. GEP核算：指生态产品总值核算，是一定核算区域范围内生态系统在核算期内提供的所有生态产品的货币价值总和。

14. 智慧医保“村村通”工程：通过建设全省统一医疗保障大数据平台，将医保公共服务铺展到广大农村及偏远地区民生政务服务系统解决方案，借助医保服务终端，打通农村医疗保障服务“最后一公里”。

本类目编辑 徐佳佳

专 记

江西省庆祝中国共产党成立100周年系列活动纪略

庆祝中国共产党成立100周年是党和国家政治生活中的大事。2021年,江西省庆祝活动深入贯彻落实习近平新时代中国特色社会主义思想和习近平视察江西重要讲话精神,集中展示中国共产党的光辉历程、伟大成就、宝贵经验,充分展现赣鄱儿女感恩奋进、昂扬向上、砥砺前行的精神面貌。各项庆祝活动取得圆满成功,在全省上下产生广泛影响。

一、活动开展情况

高位推动工作部署。把握“党的盛典、人民的节日”基调定位,以省委名义制定下发《江西省庆祝中国共产党成立100周年活动总体方案》,策划安排9个方面26项重点活动。各级党委(党组)坚持把准政治方向、严守政治纪律,严格落实请示报告制度,涉及庆祝活动的重要方案、重要文稿、重要事项都按程序报审,体现高度政治站位和思想自觉。

精心组织各项活动。一是举行庆祝大会。7月1日上午8时,全体在职省(军)级领导在井冈山集中收听收看大会盛况直播,聆听和学习习近平在大会上发表的重要讲话,深入学习领会习近平重要讲话精神,共同为中国共产党成立100年来取得的辉煌成就欢欣鼓舞,为伟大的中国共产党和国家衷心祝福。下午3时,在井冈山隆重举行庆祝中国共产党成立100周年大会,省委书记刘奇讲话,省长易炼红主持,学习贯彻习近平“七一”重要讲话精神,回顾党的百年辉煌,讴歌党的丰功伟绩,激励全省上下更加紧密地团结在以习近平为核心的中共中央周围,感恩奋进新时代,昂首阔步新征程。6月30日晚,省领导与400多名与会代表一起在井冈山革命博物馆剧场观看献礼中国共产党成立100周年红色话剧《支部建在连上》,重温“支部建在连上”这一伟大创举,共庆中国共产党百年华诞。二是开展党史学习教育。把党史学习教育作为庆祝活动中贯彻全年的“重头戏”来抓,聚焦学史明理、学史增信、学史崇德、学史力行,落实学党史、悟思想、办实事、开新局要求,推动党史学习教育务求实效、走在前列。牵头组建省委党史学习教育领导小组办公室,多次协助召开省委党史学习教育领导小组会议,并组建省委巡回指导组,对各地各单位进行全覆盖督导,加强党史学习教育组织领导和督促指导。加强对基层宣讲的指导,召开基层党史专题宣讲座谈会,编撰《基层党史专题宣讲指导手册》,举办11期培训班,邀请中央党校原副校长李君如等权威专家学者授课,力争把党史讲完整、讲清楚、讲明白、讲透彻,坚决防止对党史的片面解读、错误解读,培训基层宣讲骨干1.3万人次,组织遴选60名优秀基层红色宣讲员赴机关、企业、学校、社区、农村开展示范宣讲800余场次。梳理全省“我为群众办实事”重点民生项目清单,提出加快城镇老旧小区改造、优化营商环境攻坚行动等25个省级层面具体项目,由省领导带头认领,切实把好事办实、把实事办好。打造“我为群众办实事网上云平台”,依托江西省“五型”政府建设平台,实现群众“线上点单”,党员干部“线下接单”。集中开展“将心比心、终端检验”专项活动,动员广大干部群众认真查找疏通为民服务中的痛点难点堵点,大力推动“马上办”“一网通办”,设立“办不成事”服务窗口,以看得见的变化积极回应群众关切。三是组织开展系列理论研讨活动。举办江西省第三届青年马克思主义者理论研究创新工程论坛,来自中央党校、北京大学及省内各高校和科研机构的专家学者和青年学子齐聚一堂,共同学习领会习近平重要讲话精神,总结江西大力实施“青马工程”的经验和成效,引导青年马克思主义者“姓”马更“信”马。举办中国共产党入党誓词发展暨中国共产党人初心使命理论研讨会,邀请全国各地的专家、贺页朵后代等100余人研讨中国共产党现存最早的入党誓词——贺页朵入党誓词的重大意义,深刻体会革命信仰的强大精神力量。四是推出系列文艺精品。聚焦建党百年重大主题,树牢精品意识,精心策划选题,创作生产文献纪录片《从瑞金出发》、电视剧《井冈山儿女》、电影《三湾改编》《邓小平小道》、脱贫攻坚主题长篇小说《琵琶围》等一批讴歌党、讴歌祖国、讴歌人民的优秀文艺作品。话剧《支部建在连上》、赣剧《血火熔炉》、采茶戏《一个人的长征》、歌剧《山茶花开》等入选中宣部、文化和旅游部、中国文联庆祝中国共产党成立100周年展演剧目。着力打造《跨越时空的回信》第四季和《闪耀东方》等红色题材电视节目,特别是与中国文联、中国视协联合推出《闪亮的坐标》,邀请一大批知名艺术家讲述百年党史进程中革命先烈、英雄人物的故事，被纳入国家广电总局庆祝中国共产党成立100周年重点节目。推出《中国共产党100年江西简史》《中国共产党100年江西大事记》《永恒的力量》等出版物，组织党员干部群众深入学习研讨，引导干部群众知史爱党、知史爱国。五是举办系列主题展览。精心策划一系列主题展览，就近就便组织党政机关、企事业单位干部职工，青年学生、部队官兵和社会各界群众代表参观学习。举办“全国工艺美术红色主题作品展”，展出251件优秀工艺美术作品，涵盖工艺文创、陶瓷艺术、雕刻工艺、编织刺绣、漆艺术、金属工艺、玻璃工艺、文房四宝、民间工艺9大类，呈现出题材形式多样、表现手法独特、工艺制作精良、艺术内涵丰富，注重传统工艺与现代艺术手法融合创新等特点。举办“百件珍贵革命文物档案说江西”展览，以135件(套)文物、43件(套)档案、9个多媒体与艺术品展项、253张展板图片等为载体，透物见史，以小见大，以情动人，使观众从中汲取永续前行的强大精神力量。举办“江西脱贫攻坚成就展”，全方位、全景式呈现习近平关于打赢脱贫攻坚战重要论述在赣鄱大地的伟大实践，深刻展示习近平对老区人民的深情大爱，精彩记录广大党员干部群众战贫斗困的攻坚足迹和感人至深的脱贫故事，生动展现了老区人民“芝麻开花节节高”的幸福生活。举办“百年赣鄱耀中华——庆祝建党100周年大型美术书法精品展”等展览，展出100件美术作品、100件书法作品、100首诗词，融合诗词、美术、书法等艺术形式，再现百年来在江西发生的100个重大事件。江西革命烈士纪念堂、八一南昌起义纪念馆等各级各类博物馆纪念馆推出主题展览，打造群众身边的“红色课堂”。六是开展群众性主题宣传教育活动。发挥群众主体作用，运用群众喜闻乐见的方式、搭建群众便于参与的平台、开辟群众乐于接受的渠道，把庆祝活动贯穿于人们工作、学习、生活各个方面，让庆祝活动过程成为人们自觉参与、自我教育、自我提高的过程。组织开展“唱支山歌给党听”群众歌咏活动，通过线下快闪、线上拉歌等方式，组织传唱红色经典歌曲，在抖音平台率先发起的“唱支山歌给党听”话题5

5月，省博物馆举行“红色摇篮——江西革命史陈列”展览

省博物馆供

月上线以来，已集纳全网视频2.8万条、播放2.2亿次，并在新华网、“学习强国”江西平台同步推出专题活动，点击参与均超1000万人次。七是大力开展学习宣传英雄模范活动。开展“新时代赣鄱先锋”“道德模范”“最美人物”等先进典型选树宣传，推出一批坚守岗位、不畏艰难、心系群众、无私奉献的优秀基层党员干部代表。依托全省753处县级以上烈士纪念设施(墓)，通过学习英雄烈士事迹、举行少先队仪式、开展主题中队会等实践活动，教育引导广大少先队员缅怀革命先烈，永远铭记英雄烈士的牺牲和奉献，传承和弘扬英雄烈士精神。

积极营造浓厚氛围。全省各级各类新闻媒体主题聚焦、主线突出，统筹发力、各展所长，全景式、立体化展现中国共产党的庆典、人民的节日，多声部唱响爱党、爱国、爱社会主义的时代强音。认真组织中宣部庆祝中国共产党成立100周年江西专场新闻发布会，央视新闻频道、国际频道对发布会进行电视直播，累计触达观众1亿人次。以省委名义举办江西省庆祝建党百年专题新闻发布会，收听收看累计超520万人次。组织实施中国共产党成立100周年“江西采访线工程”以及“奋斗百年路 启航新征程”“沿着高速看江西”等主题宣传活动，系统回顾中国共产党领导人民进行革命、建设、改革的百年辉煌历史，充分展示赣鄱儿女蓬勃向上、开拓奋进的精神面貌。组织开展“纪录小康工程”，建成集数据存储、信息查询、资料展示等功能于一体的江西“纪录小康工程”数据平台，收录近13万条数据，上传国家平台数据2.6万条，位列全国第3位。配合中央主流媒体在井冈山、于都等地开展“新思想引领新征程——红色足迹”行进式调研采访活动。策划“‘足迹’——庆祝建党100周年网络主题宣传”“百年荣光——建党100周年百个故事”等线上线下活动。制作微视频《江西这百年》，在《人民日报》“两微一端”同步推出，24小时内仅《人民日报》传播渠道累计播放总量超过2000万人次。承办“在这里读懂初心使命——网络媒体革命老区行”网络主题采访活动，刊发原创新闻报道120余篇，相关新闻转载1100余篇，5篇稿件被中央网信办全网推送，其中“网络媒体革命老区行”微博话题阅读量突破1.9亿人次，江西省相关信息全网阅读点击量8000万人次。

二、主要成效及经验

上下联动、左右协同。庆祝活动涉及单位多、参与人员广、时间跨度长、组织任务重，必须加强组织领导、强化统筹协调，坚持“一盘棋”推动各项庆祝活动开展。在省委的领导下，江西省庆祝活动领导小组牵头抓总、统筹协调、靠前指挥、抓早抓细，认真贯彻落实中共中央决策部署和习近平重要指示要求，先后召开5次专题会议、多次现场调度会议，研究讨论庆祝活动重大事项和重要问题，部署推进各项庆祝活动特别是庆祝大会、“七一”表彰等重点任务，审定各地庆祝活动总体方案。坚持上下协同，领导小组成员单位及庆祝大会筹备工作领导小组下设的会务小组、材料小组、组织小组、宣传小组、安保小组、后勤小组、疫情防控小组等7个小组，既各司其职、各负其责，又密切配合、相互补台，推动全省庆祝活动与中央重大庆祝活动相衔接，推动党委、政府层面活动与群众性主题活动相结合，使庆祝活动在全国上下、全省范围形成联动，形成声势。各地各部门加强庆祝活动整体谋划，统筹各方力量，整合工作资源，压紧压实责任，认真对照中央精神和省委《总体方案》形成本地本部门工作方案，明确目标任务、明确责任单位、明确时间进度，倒排工期、挂图作战，切实把庆祝活动推进到基层一线，打通“最后一公里”。强化闭环管理，省级层面重点抓好26项重点庆祝活动的实施，建立工作台账，定期协调调度，把握时间节点，逐项推进落实。庆祝大会筹备工作领导小组成员单位特别是井冈山的干部群众以高度的政治责任感和历史使命感，齐心协力、攻坚克难，全力以赴完成各项工作任务，为庆祝活动顺利进行作出重要贡献。

人民至上、热在基层。在庆祝活动中，通过开展“我为群众办实事”实践活动，把学习党史同总结经验、观照现实、推动工作结合起来，着力解决基层困难事、群众烦心事，切实增强群众获得感、幸福感、安全感。省领导采取暗访、走流程、座谈等方式，带头下基层听意见，带头出实招办实事，解决一批基层困难事、群众烦心事，推动全省实践活动走深走实。各地各部门以庆祝活动为契机，大力推动解决民生问题，统筹做好教育、就业、社会保障、医疗、食品安全等方面工作，以实际工作成效庆祝中国共产党百年华诞。

主题突出、特色鲜明。用心用情用力把红色资源保护好、管理好、运用好，让旧址遗迹成为“党史教室”，让文物史料成为“党史教材”，让英烈模范成为“党史教师”，推动红色基因深入群众、深入基层、深入人心。一是着力丰富活动形式内容，组织开展诵读红色家书、“红色走读”等活动，举办“标语的力量——百条标语印初心”等专题展览，推动红色基因入脑入心。组织遴选优秀基层红色宣讲员和“赣鄱劳模宣讲团”“青年讲师团”“赣鄱红色娘子军宣讲团”等，依托爱国主义教育基地、新时代文明实践中心（所、站）等开展宣传宣讲，努力把百年党史学习好、把红色基因传承好、把革命精神发扬好。全省组建各类宣讲队伍7000余支，累计开展基层宣讲活动4.7万余场，线上线下受众680余万人次。二是印发《关于在庆祝建党100周年活动和党史学习教育中突出发挥爱国主义教育基地作用的通知》，组织开设流动展览、引导干部群众就近就便参观学习、建设网上展馆。罗坊会议纪念馆、会昌县革命历史纪念地、莲花一支枪纪念馆3家省级爱教基地获评全国爱国主义教育示范基地，省委省政府批准命名赣州市革命烈士纪念馆、泰和马家洲革命历史旧址等22家为第6批全省爱教基地。完善江西省爱国主义教育基地网上数字展馆云平台，截至2021年12月1日，江西省爱国主义教育基地数字展馆云平台的访问次数达8011.25万次，江西省内访问量达6654.84万次；网站留言量共3.95万条，用户覆盖全国31个省、自治区、直辖市、港澳台地区和俄罗斯、菲律宾等国家。三是推进长征国家文化公园江西段建设，19个县（市、区）、9个重大项目纳入国家层面规划，大余三年游击战争纪念馆陈列布展、会昌风景独好园、长征历史步道于都段、广昌保卫战遗址保护利用一期等一批重点项目已基本完成。推进红色名村建设，确定瑞金市叶坪村等210个村为省级红色名村。

务实节俭、安全有序。全省庆祝活动坚持把握时度效原则，做到既隆重热烈，又务实平实；既广泛发动，又严格管理。加强对社会团体、企业、个人举办的论坛、研讨会等各类庆祝活动的引导、规范和管理。严格执行中央八项规定精神，注重务实节俭，防止形式主义，力戒铺张浪费。坚决制止、严肃查处社会上借庆祝名义进行各类违法违规活动，严禁借庆祝活动搞商业投机和不正之风。不折不扣执行中央有关要求，对各地各部门原则上不举办庆祝大会、一般不举行大型主题展览和文艺晚会，未经批准不在北京举办全国性国际性会议和活动、不搞进京文艺汇演展演、不举行本单位成立周年纪念活动等提出明确要求。加强对活动场所和集中性活动的安全管理，确保庆祝活动安全有序、欢乐祥和。

（应艳琦）

江西省发挥红色资源优势纪略

江西是一片充满红色记忆的土地，红色资源丰富，革命遗址遗迹、旧居旧址和各类纪念设施、爱国主义教育基地类别丰富、分布广泛、特色鲜明。江西把利用好红色资源、发扬好红色传统、传承好红色基因作为重大政治任务，切实抓好红色资源保护与开发利用，发挥红色资源优势，着力打造红色基因传承创新高地。

一、主要做法

（一）保护红色资源，筑牢“红色基因”

把资源保护好、传下去，是发挥红色资源优势的前提，江西多措并举提升红色资源保护利用。一是摸清红色“家底”，组织开展红色资源普查，建立红色资源名录、动态管理机制。至2021年年底，江西共有不可移动革命文物2960处，国有馆藏可移动革命文物4.37万件/套，其中各级文物保护单位1321处，珍贵文物9759件/套。同时，对全省纪念设施、爱国主义教育基地建设管理、抗战纪念设施、长征主题纪念设施情况进行排查，充实完善红色基因库。二是明确保护“路径”，制定出台《关于加强革命历史类纪念设施、遗址和爱国主义教育基地工作的实施意见》《江西省革命文物保护利用工程(2018—2022年)实施方案》《关于推进红色文化资源保护与开发利用工作的意见》等系列政策文件,并在全国率先启动革命文物保护立法,出台《江西省革命文物保护条例》,推动赣州市、吉安市先后出台《赣州市革命遗址保护条例》《吉安市红色文化遗存保护条例》等地方性保护法规,为做好新时代革命文物工作提供政策支持和法律保障。为切实加强红色资源保护,省文化和旅游厅于2019年1月在全国率先成立革命文物处,并要求市、县加强革命文物工作机构设置和人员配备。同时,建立爱国主义教育基地工作联席会议机制、革命文物保护工作联席会议机制、红色教育培训工作联席会议机制,形成宣传、党史、文旅、发改、财政、教育等部门齐抓共管的良好工作格局。三是打造全国"样板",策划实施赣南等原中央苏区革命旧址保护工程,争取国家支持项目750个、国家文物保护专项资金10.5亿元,一大批革命遗址得到抢救保护和合理利用,形成革命文物保护江西模式,经验做法在全国总结推广。针对红色标语保护利用工作,出台《江西省红色标语保护利用工作规范》,形成一批红色标语保护利用优秀案例、示范展示点和研究专著,成为全国革命文物保护利用工作新样板。推进红色名村建设,按照"抓示范、创特色、带整体"工作思路,分2批在全省建设200个红色文化名村,打造富有特色的江西"红色名片"。

(二)讲好红色故事,释放"红色能量"

江西深入挖掘红色资源、讲好红色故事,把其作为加强党性教育的最好教材。一是创建阵地,形成国家、省、市、县四级爱国主义教育基地网络,建立完善"1+2+11+100"(省融媒体中心+"赣鄱云""赣云"+11个设区市+100个县、市、区)全媒体传播体系,实现红色题材内容宣传报道全覆盖。二是创新载体,实施展陈提升工程,建设全省爱国主义教育基地网上数字展馆云平台。实施革命文物传播工程,紧扣庆祝中国共产党成立100周年主题,在全省实施"百期音视频节目""百个革命文物展览""百处革命旧址保护利用优秀案例""百佳革命文物讲述人""百项红色主题社教"等"五个一百"红色文化主题活动。实施"两讲"(讲解词、讲解员)规范工程,建立陈展方案审批和讲解词研究审查制度,并广泛开展红色故事进校园、红色经典诵读活动,编写学生版讲解词,推动红色教育从娃娃抓起、从学校抓起。三是创作精品,把红色基因融入文艺作品创作生产全过程,大力实施文艺精品创作工程,抓住改革开放40周年、中华人民共和国成立70周年、中国共产党建立100周年等重要时间节点,围绕八一南昌起义、秋收起义、井冈山革命根据地创建等重大革命历史题材,推出话剧《支部建在连上》、赣剧《血火熔炉》、采茶戏《一个人的长征》、电视剧《可爱的中国》、电影《八子》等红色文艺精品。大力发展红色文创、红色演艺等,推出《井冈山》《浴血瑞金》等一批红色实景演出,策划举办红色文创展、红色题材非遗作品评选等活动。

(三)提质红色旅游,打造"红色品牌"

强有力的保护举措为江西红色资源和旅游业的融合发展打下坚实的基础。江西加快推动红色旅游发展采取了以下措施。一是坚持规划引领、全域布局,做到全省一盘棋谋划、一张图作战。出台《长征国家文化公园(江西段)建设保护规划》《全省红色旅游发展纲要》《全省红色旅游发展规划》《江西省红色文化资源保护与开发利用三年行动计划(2020—2022年)》等文件,以井冈山、瑞金为龙头,11家全国红色旅游经典景区为核心,6条红色旅游精品线路(南昌八一起义、秋收起义、井冈摇篮、共和国摇篮、长征出发地、赣东北革命根据地)为支撑,构建点面结合、全域一体的红色旅游发展新格局。二是坚持融合创新,推动资源整合、业态融合、品牌联合,精心打造红色旅游与乡村游、生态游、文化游、度假游联动的复合型旅游产品,推出一批以红色为主题、"红绿古"相结合的旅游目的地,建设一批长征主题红色旅游经典景区、精品线路。推进长征国家文化公园江西段建设,统筹协调项目建设进度,做好长征文物资源与景区旅游、乡村旅游融合开发。三是坚持寓教于游,依托井冈山干部学院、瑞金干部学院、方志敏干部学院、甘祖昌干部学院等红色教育培训机构以及各类爱国主义教育基地,大力发展红色教育培训,通过云上游、线上读、线下走等方式,开展"追寻红色足迹""红色走读"等红色品牌活动。制定《红色教育培训服务规范》,提高红色教育培训制度化规范化标准化水平。编写全国首套《红色旅游五好讲解员培训教材》,出台《红色旅游五好讲解员管理办法》,连续3年举办全省红色故事讲解员大赛,一批讲解员获全国金牌讲解员、优秀讲解员称号。四是坚持协同联动,强化省际协作互动、省内上下联动。连续举办17届中国红色旅游博览会,推动全国红色旅游产品创新、品牌提升和交流合作,成

5月,莲花县刘仁堪小学的学生参观刘仁堪烈士革命事迹陈列馆

吴福清摄

为提升旅游效能、传承红色基因的重要平台。联合29个兄弟省份成立中国红色旅游推广联盟，成为全国唯一的红色旅游发展省级联盟平台，联盟秘书处永久设在江西，有力推动红色旅游区域合作，实现红色景区客源互送、资源共享。

二、取得的成效

截至年底，江西有全国爱国主义教育示范基地23个，省级爱国主义教育示范基地121个。已登记备案的革命专题博物馆、纪念馆65家，其中国家一级博物馆4家、二级博物馆6家、三级博物馆10家。核对登记的红色标语共1.07万条，87个县（市、区）列入全国革命文物保护利用片区分县名单。

通过实施展陈提升工程、创建爱国主义教育基地网络等举措，井冈山革命博物馆、南昌八一起义纪念馆、瑞金中央革命根据地纪念馆、安源路矿工人运动纪念馆等一批红色场馆，列入"全国中小学生研学实践教育基地""全国研学旅行基地（营地）""全国关心下一代党史国史教育基地"等；2021年，全省文博系统向社会免费推出333个革命专题展览，其中7个红色主题展览列入全国庆祝建党100周年精品展览推介名单；策划的"守初心 担使命——百件革命文物说江西"系列宣传活动获全国革命文物保护利用"十佳"案例。

红色资源给江西带来经济效益，红色旅游有力助推脱贫攻坚、乡村振兴，让老区人民吃上"红色旅游饭"，走上"脱贫小康路"。井冈山依托红色旅游在全国率先脱贫，黄洋界山脚下的神山村80%以上村民从事红色旅游服务业，人均年收入从不足3000元增加到2万元。全省100个县（市、区）中，有原中央苏区和特困片区县（市、区）58个，贫困村3058个，"十三五"期间贫困村全部脱贫。

（胡小庆　王琴红）

江西省打造生态文明建设样板纪略

2021年，全省上下深入落实习近平生态文明思想和习近平视察江西重要讲话精神，聚焦"作示范、勇争先"目标定位和"五个推进"的重要要求，以减污降碳协同增效为总抓手，以改善生态环境质量为核心，以精准治污、科学治污、依法治污为工作方针，以解决人民群众反映的突出生态环境问题为重点，统筹污染治理、生态保护、应对气候变化，保持力度、延伸深度、拓宽广度，深入打好蓝天、碧水、净土保卫战，污染防治攻坚战取得新成效，国家生态文明试验区建设迈出新步伐，打造美丽中国"江西样板"实现新突破。

系统谋划"十四五"工作。2021年11月2日，中共中央、国务院印发《关于深入打好污染防治攻坚战的意见》后，省委、省政府高度重视，于12月31日印发《关于进一步加强生态环境保护深入打好污染防治攻坚战的实施意见》，对深入打好污染防治攻坚战作出全面部署，相继出台《江西省"十四五"生态环境保护规划》《江西省"十四五"应对气候变化规划》《江西省"十四五"城镇污水处理及资源化利用设施规划》《江西省"十四五"循环经济发展实施方案》等文件。全国2020年度污染防治攻坚战成效考核中，江西省列全国第11位，比2019年位次前移11位，被评定为优秀等级。

持续改善生态环境质量。空气质量创历史最高水平，全省设区城市PM2.5浓度为29微克/立方米，同比下降3.3%，位列中部省份第1位；环境空气质量优良天数比率96.1%，同比上升1.4个百分点，位列全国第6位、中部省份第1位，比全国平均水平高8.4个百分点。水环境质量稳居全国"第一方阵"，全省地表水国考断面水质优良比例95.5%，同比上升1.6个百分点，位列全国第8位、中部省份第2位；Ⅴ类及劣Ⅴ类水断面比例0%；长江干流江西段所有水质断面全部达到Ⅱ类标准，赣江干流断面水质达到Ⅱ类标准，全省设区城市集中式饮用水水源水质达标率为100%。

巩固生态环境优势。全省森林覆盖率稳定在63.1%，保持全国第2位，湿地保有量91万公顷。国家级"绿水青山就是金山银山"实践创新

2月21日，在鄱阳湖都昌水域，成群小天鹅在水面嬉戏。每年冬季都有数万只候鸟迁徙至此栖息越冬

傅建斌摄

基地累计达到6个,列全国第3位;国家生态文明建设示范区累计达到20个,列全国第5位。武夷山国家公园设立,江西省成为全国首批拥有国家公园省份。举办第二届鄱阳湖国际观鸟周,启动实施鄱阳湖白鹤保护工作,并入选"生物多样性100+全球典型案例"。江西省联合生态环境部共建江豚保护基地五年规划,是长江流域唯一享有该政策支持的省份,江豚时隔40余年重返南昌主城区赣江江段,赣鄱大地展现出人与自然和谐共生的美丽画卷。

稳步提升绿色发展成效。扎实推进碳达峰碳中和工作,在全国率先出台《关于支持和保障碳达峰碳中和工作促进江西绿色转型发展的决定》,率先全域开展生态产品价值实现机制试点;战略性新兴产业、高新技术产业增加值占规模以上工业比重分别达23.5%、38.5%,比2020年分别提高1.4、0.3个百分点。新兴产业不断壮大,全省航空产业营业收入增长17.7%,电子信息产业收入突破5500亿元;中医药、大健康、生态旅游产业发展实现新突破,全省旅游总收入达6430亿元;绿色金融发展指数排名全国第4位,绿色贷款余额达3609亿元,增长39.5%;出台环评领域"放管服"改革12条措施,将环评豁免、告知承诺、应急补办等环评审批正面清单常态化、制度化,全力服务全省"项目大会战"。

加快完善环保基础设施。全省累计建成城镇污水管网约2.3万多千米、城镇污水处理率达95.70%;全面完成县级及以上城镇污水处理设施提标改造,建成建制镇生活污水处理设施547座,建成农村污水处理设施5531座;107个省级以上开发区均建成一体化监控平台,均建有集中式污水处理设施,配套建成污水管网约5700千米。深入开展土壤环境质量提升行动,建成生活垃圾焚烧处理设施38座、日处理能力达3.25万吨,危险废物、医疗废物年处置能力分别提高到59万吨、5.6万吨。

推进现代环境治理体系建设。国家生态文明试验区建设阶段性成果获国家肯定,35项改革经验和制度成果加快落地实施,景德镇转型发展、赣江新区绿色金融改革获国务院表彰。生态环境监测网络实现水陆空全覆盖,城乡一体化生活垃圾收运处置体系基本实现行政村全覆盖,跨省流域上下游突发水污染事件联防联控合作实现全覆盖。全面施行《江西省生态文明促进条例》,常态化开展自然资源资产离任审计,深入推进省级生态环保督察和生态综合执法。绿色发展"靖安模式"、抚州生态产品价值实现机制、赣南山水林田湖草沙综合治理、九江央地合作共抓大保护模式等特色改革品牌持续打响。

(钟剑)

以产业链链长制推动工业高质量发展纪略

2020年4月,为落实中共中央"六稳""六保"决策部署,应对新冠肺炎疫情对企业复工复产和产业循环带来的冲击,省委、省政府制定出台《关于实施产业链链长制的工作方案》,率全国之先在省级层面实施产业链链长制,由省委、省政府领导担任14条省重点产业链链长,按照1名省领导、1个牵头部门、1名厅级负责人、1个工作方案、1套支持政策工作模式,着力畅通产业循环、市场循环。

一、2021年开展的主要工作

各地、各部门聚焦产业链供应链稳定持续发力,全力提升产业链供应链稳定性和竞争力。产业链链长制工作经验入选全省全面深化改革十佳案例,工信部在全国工信系统会议上表扬推广江西省经验做法。

坚持高位推动。省委、省政府高度重视产业链链长制工作,省第十五次党代会报告、省委常委会工作要点、省政府工作报告等重要文件报告均作出部署安排,省委财经委员会第九次会议、省工业强省建设工作领导小组会议进行专题调度推进。省委、省政府主要领导既挂帅又出征,既研究部署、协调推动全省产业链链长制工作,又担任重点培育的2个万亿产业链链长,推动有色金属、电子信息产业实现爆发式增长。其他担任链长的省领导也通过专题调研、座谈会、调度会等形式研究部署产业链链长制工作,省重点产业链链长共组织开展各类活动近100场。

坚持系统谋划。全面落实省委、省政府关于产业链链长制工作的总体部署,年初研究制定《江西省制造业产业链提升行动计划(2021—2023年)》《2021年全省产业链链长制工作要点》等全省性重要文件,14条省重点产业链和各设区市均对标对表省有关文件精神和会议部署制定年度工作要点,明确年度主要目标、重点任务、责任分工和进度安排。同时,根据工作推进中遇到的新情况新问题,有针对性地印发《关于进一步明确产业链链长制问题办理有关事项的通知》《关于加速推进产业链链长制工作的通知》等文件,进一步补充完善产业链链长制工作推进体系。

坚持问题导向。把纾困解难作为产业链链长制工作的重要抓手,全面摸排梳理产业链发展中存在的困难问题,并进行分层分类,列出问题台账、交办清单,实行挂图作战、销号管理,解决一大批企业生产经营和项目建设遇到的痛点难点问题。梳理14条省重点产业链堵点痛点难点问题100个,厘清产业链强链补链延链方向。全年收集梳理涉及产业链发展的具体困难问题817个,办结784个,办结率96%,剩余问题也在加快协调解决中。其中,14条省重点产业链收集问题337个,办结323个,办结率95.8%;各地收集问题473个,办结459个,办结率97%。

坚持精准施策。强化政策供给,

坚持一链一策、一企一策,既统筹解决产业链发展中的共性问题,又精准解决链主企业发展壮大中的关键难题。在公共支持政策方面,制定《江西省产业关键共性技术发展指南》《江西省产业链科技创新联合体建设方案》《重点招商项目手册》等文件。在产业专项政策措施方面,省级层面研究出台加快城市旅游发展的意见、加快江西省中医药产业发展的实施意见、加快虚拟现实技术应用推广等70多个产业链政策。在重点企业帮扶方面,建立帮扶专班机制,一个企业制定一个帮扶工作方案,帮助立讯智造、晶科能源、汉腾汽车等重点企业解决一批困难问题。

坚持重点突破。围绕"接断板、补短板、厚底板、锻长板",组织开展产业基础再造、企业技术能力提升、智能制造升级、重点创新产业化升级等专项行动,以及产业链产销对接、招商对接、产融对接、技术对接、人才对接等合作活动,逐项破解产业链优化升级的制约瓶颈,进一步提升产业链稳定性和竞争力。全省举办世界VR产业大会、中国商飞全球供应商大会、新能源汽车下乡巡展、中国(赣州)家具产业博览会、国际麻纺博览会、百县百日文旅消费季、信息安全产业园项目推介对接会等活动752场,推动签订产销合作项目1125个、金额1649.6亿元,引进各类人才9113人;14条重点产业链全口径融资余额8931.9亿元,其中信贷余额6779.2亿元。

坚持高效推进。建立月调度、季通报制度,及时调度、反映各方面动态情况,调动各地、各产业链积极性和主动性。每月调度各产业链、各设区市工作开展情况,编印《产业链链长制工作动态》。每季度组织链长制成员单位召开调度推进会,总结工作成效,交流工作经验,协调解决工作中遇到的困难问题,协商安排阶段性重点工作,并列成任务书、排出时间表,明确责任单位、责任人员和工作要求,推动各项工作任务按序时进度推进。

二、取得的主要成效

在产业链链长制的有力支撑下,2021年全省工业经济总体呈现高位开局、稳步恢复、质效双升的良好态势,主要指标增速好于预期、重回全国"第一方阵",全省规模以上工业增加值同比增长11.4%,均高出全国1.8个百分点、列全国第8位,为推动全省高质量跨越式发展、实现"十四五"良好开局作出重要贡献。

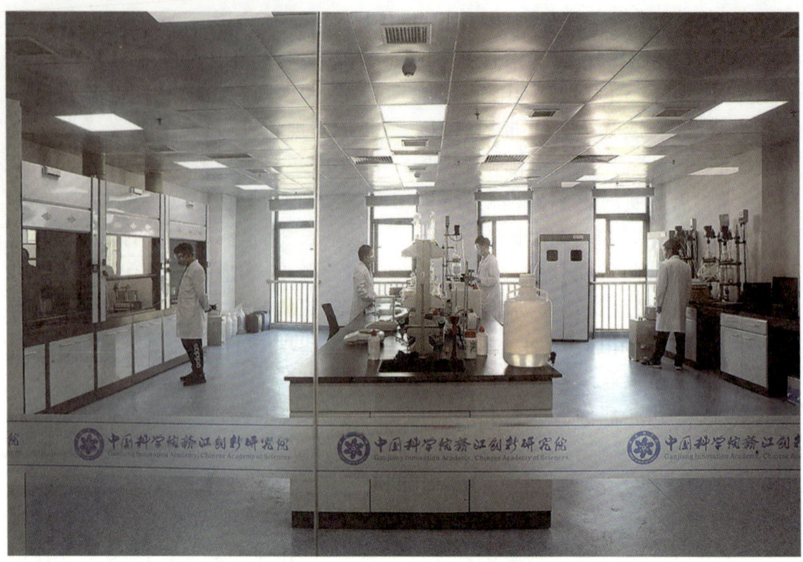

1月,中国科学院赣江创新研究院的工作人员在开展研究工作

海波摄

实现总量突破。江西省全部工业增加值、规模以上工业营业收入、利润总额等规模均实现历史性突破。全部工业增加值突破万亿元大关、达到1.08万亿元,全国排位前移1位至第13位。营业收入突破4万亿元,在全国排位前移1位至第12位;同比增长25.6%,列全国第8位。利润总额突破3000亿元,达到3122.4亿元,同比增长28.5%。

壮大产业规模。重点工业产业营业收入实现较快增长、规模进一步壮大,全省14个重点工业产业中,6个产业营业收入增速超过20%,6个产业实现"两位数、一字头"增长。其中,有色金属产业营业收入突破7000亿元,电子信息产业突破6000亿元,建材、钢铁过3000亿元,食品过2000亿元,纺织、汽车、医药、航空、新能源过1000亿元。

提升企业能级。全省规模以上工业企业数量比上年末净增1432户,总数突破1.5万家,列全国第11位。新增江铃集团、新钢集团2家企业营业收入过千亿元、总数达3家,新增过百亿元工业企业14家、总数达42家。

优化产业结构。新兴产业增势良好,全省战略性新兴产业增加值增长20.3%,占规模以上工业23.2%,提高1.1个百分点;高新技术产业增长15.2%,占规模以上工业38.5%,提高0.3个百分点。新产品快速增长,工业机器人产量增长139.8%,稀土磁性材料增长61.7%,微型计算机设备增长51.9%。

增添发展后劲。全省引进宁德时代100GWh锂电池、国轩高科锂电新能源等产业项目2140个、资金1.52万亿元;推进实施亿元以上工业项目3500多个,同比增加400多个;工业投资、技改投资分别增长15.4%、24.5%,分半列全国第9位、第5位。

培育发展平台。加快建设中国商飞江西飞机生产制造中心、中国中医科学院中医药健康产业研究所、江西省生物医药产业发展研究院、中国移动虚拟现实创新中心、全省工业互联网安全态势感知平台、南康家具产业智联网平台等产业平台加快建设,全省建成各类产业发展服务平台246个。

(杨轩林)

本类目编辑 徐佳佳

大 事 记

1月

1日 《寻梦滕王阁》大型实景演出在南昌滕王阁景区对外公演。

5日 第60次省政府常务会议召开。会议审议并原则通过《江西省公安机关警务辅助人员用人额度管理办法》《2020年长江经济带生态环境警示片披露江西省生态环境突出问题整改方案》《江西省农业综合行政执法事项目录》等文件。

8日 南昌市人社局向首批49名农民颁发职称证书。其中,10名农民取得中级职称,39名农民取得初级职称。这是江西省首次开展新型职业农民职称评定。

12日 江西省交通投资集团有限责任公司揭牌。

19日 省十三届人大常委会第二十六次会议在南昌举行。会议审议并表决通过江西省第十三届人民代表大会第五次会议列席人员范围、省人大常委会代表资格审查委员会关于代表资格的审查报告、《江西省人民代表大会常务委员会关于接受吴忠琼辞去江西省人民政府副省长职务的请求的决定》《江西省人民代表大会常务委员会关于接受朱希等辞去有关职务的请求的决定》。

25—28日 省政协十二届四次会议在南昌召开。会议通过省政协十二届四次会议决议和省政协十二届四次会议提案初步审查情况的报告。增补尹小明、刘文华、曹世强、蒋辉、池红、叶磊、胡汉平、江伟辉、陈朝清等为省政协十二届委员会常务委员。

26—30日 省十三届人大五次会议在南昌召开。大会表决通过《关于政府工作报告的决议》《江西省乡村振兴促进条例》《关于江西省国民经济和社会发展第十四个五年规划和二〇三五年远景目标纲要的决议》《关于江西省2020年国民经济和社会发展计划执行情况与2021年国民经济和社会发展计划的决议》等。周萌、朱虹、冯桃莲辞去江西省第十三届人民代表大会常务委员会副主任职务;补选赵力平、曾文明、张小平为省人大常委会副主任;补选马森述为省监察委员会主任;补选5名人员为省人大常委会委员。

同月 赣州农商银行与财政部签署《2021—2023年储蓄国债承销主协议》,这标志赣州农商银行正式成为2021—2023年储蓄国债承销团成员。赣州农商银行是江西省唯一一家获得国债承销资格的地方法人银行。

2月

1日 《江西省南昌汉代海昏侯国遗址保护办法》施行。

同日 省委常委会召开会议。会议审议并原则通过《关于全面推进乡村振兴加快农业农村现代化的实施意见》《关于实现巩固拓展脱贫攻坚成果同乡村振兴有效衔接的实施意见》等文件。

4日 第62次省政府常务会议召开。会议审议并原则通过《江西省企业破产处置府院联动机制工作方案》等文件。

8日 江西省确定并公布35个省级非物质文化遗产保护基地,其中生产性保护示范基地14个、研究基地3个、传承基地4个、传播基地14个。

18日 美的家电中远海运中欧班列专列,由南昌向塘国际陆港驶向俄罗斯莫斯科。这是江西开行中欧班列以来,首次为家电企业开行的出口专列,班列货价约148万美元。

19日 省委常委会召开会议。会议审议并原则通过《中共江西省委关于中央第五巡视组巡视反馈意见整改工作方案》等文件。

25日 成艳红等10人获评2020年度全国三八红旗手,南昌大学食物过敏创新团队等6个集体获评2020年度全国三八红旗集体。

同日 全国脱贫攻坚总结表彰大会在北京人民大会堂举行。江西省瑞金市叶坪乡获"全国脱贫攻坚楷模"称号,鲍峰庭等54名先进个人和赣州市扶贫办公室等39个先进集体受到表彰。

26日 省委常委会召开会议。会议审议并原则通过《中共江西省委、江西省人民政府关于深化落实中共中央总书记习近平视察江西重要讲话精神 奋力开启全面建设社会主义现代化新征程的意见》等文件。

同月 南昌籍现役军人射击运动员熊亚瑄,跳水运动员袁松,羽毛球运动员李诗沣、赵俊鹏在第七届世界军人运动会上获金牌,中央军委训练管理部为4名运动员颁发个人二等功奖章。

3月

1日 省委召开全省党史学习教育动员会。

同日 江西财经大学经济学等10个专业入选国家级一流本科专业建设点。

2日 省委深改委第十四次会议召开。会议审议并原则通过《省委深改委落实中央巡视反馈意见整改工作方案》《省委深改委2020年工作总结报告》等文件。

同日 省安委会全体成员会议召开。会议审议《2020年度全省应急管理考核结果》《江西省2021年安全生产工作要点》《江西省安全生产专项整治三年行动“十大攻坚战”工作方案》等文件。

3日 江西省首家血友病综合门诊在省人民医院红谷滩院区开诊。

4日 由南昌穗仓科技有限公司申报的江省第一票保税电商(即“1210”)出口海外仓业务落地。该批出口海外仓商品货值3.8万美元,经南昌昌北国际机场口岸运往位于比利时列日的海外仓,再根据线上平台订单送达欧洲消费者手中。

8日 江西省妇联融媒体中心揭牌暨“巾帼云”上线仪式在南昌举行。

同日 省民政厅、省文明办联合印发《关于开展婚丧领域移风易俗示范点建设的通知》,浮梁县、共青城市、青云谱区等12个县(市、区)为全省试点单位。

9日 全省第一批政法队伍教育整顿驻点指导组动员培训会在南昌召开。动员培训会后,12个驻点指导组分赴各地,对11个设区市和省属监狱、戒毒所开展驻点督导。

11日 第四次赣京经济合作交流座谈会在北京举行。

同日 农业农村部与江西省人民政府在北京举行工作座谈会,并签订共建江西绿色有机农产品基地试点省合作框架协议。

12日 2021年全省工业强省建设工作领导小组第一次会议召开。会议审议《江西省制造业产业链提升行动计划(2021—2023年)》《2021世界VR产业大会云峰会总体方案》等文件。

14—21日 第七届中国书法兰亭奖评奖工作在浙江省绍兴市举行。江西籍书法家欧阳荷庚、蒋卫平被评为入选作者。

17日 国家广电总局确定全国31档电视节目为中国共产党成立100周年重点节目,江西卫视“闪亮的坐标”“闪耀东方”等节目入选。

同日 道路货物运输驾驶员考试制度改革后,江西省发出首张普货驾驶员从业资格证。

22日 江西省赣南等原中央苏区振兴发展工作领导小组会议召开。会议审议《关于贯彻落实〈国务院关于新时代支持革命老区振兴发展的意见〉的实施意见》和《赣南等原中央苏区振兴发展2021年工作要点》。

同日 《江西省促进科技成果转化条例》贯彻实施情况执法检查组全体会议在南昌召开。

同日 江西日报社、省委党史研究室、省委教育工委共同启动寻根“江西红”联合行动,江西新闻客户端及赣鄱云70个融媒体中心客户端正式同步上线“红色”频道。

同日 省部共建轨道交通基础设施性能监测与保障国家重点实验室在华东交通大学揭牌成立。这标志华东交大实现国家重点实验室零的突破,江西省国家重点实验室数量增至6家。

24日 党史学习教育中央宣讲团在南昌举行宣讲报告会。

25日 江西省社会治理大数据平台正式上线,标志江西社会治理向“智治”迈出坚实一步。该平台是省委政法委、中国电信江西公司、省信息中心打造的一套集智能汇聚、智慧研判、智辅决策为一体的社会治理实战平台,也是全省综治信息平台2.0版。

25—26日 省十三届人大常委会第二十八次会议在南昌举行。会议表决通过《江西省人力资源市场条例》《江西省人民代表大会常务委员会关于批准〈景德镇市城市地下管线管理条例〉的决定》等文件以及人事事项;任命任珠峰为江西省人民政府副省长,王国强为江西省人民政府秘书长,钟志生为江西省人力资源和社会保障厅厅长,犹瑝为江西省科学技术厅厅长。

26日 全省组织部长会议暨市县乡换届工作会议在南昌召开。

同日 全省人才工作专项述职会议在南昌召开。

28日 江西省首家及唯一一家帕金森病一站式诊疗专病中心暨中国帕金森病诊疗培训基地启动及揭牌仪式在南昌举行,专病中心落户南昌大学第二附属医院。

29日 全国扫黑除恶专项斗争总结表彰大会在北京举行。江西省扫黑除恶专项斗争领导小组及扫黑办获全国先进单位一等奖,九江市扫黑除恶专项斗争领导小组、九江市纪委监委、抚州市委组织部、鹰潭市委宣传部、赣州市章贡区人民法院、宜春市人民检察院第二检察部、鄱阳县公安局、宜黄县陈辉民案专案组等获全国扫黑除恶专项斗争先进集体称号;16名个人获全国扫黑除恶专项斗争先进工作者称号,12名表现突出的厅局级干部获嘉奖。

30日 第64次省政府常务会议召开。会议审议并原则通过《关于进一步加强考古和石窟寺保护利用工作的意见》。

同日 全省法院少年法庭集中挂牌仪式举行。

同日 江西省教育评估监测研究院在南昌揭牌成立。

31日 市县乡领导班子换届工作领导小组会议召开。

同月 江西省政府下文批复同意设立南昌医学院,同时撤销江西中医药大学科技学院建制。

4月

2日 全国政法队伍教育整顿中央第八督导组与省委见面沟通会在南昌举行。

同日 北京大学南昌创新研究院在南昌揭牌。北京大学南昌创新研究院由南昌市人民政府与北京大学合作共建,落户于省高层次人才产业园,定位为高水平新型研发机构。

3日 赣剧《对花枪》在江西省首座大型水上戏台首演。

6日 省委外事工作委员会会议召开。会议审议并原则通过《外事工作助力江西内陆开放型经济试验区建设方案》等文件。

7日 中央第四生态环境保护督察组进驻江西,开展为期1个月的生态环境保护督察。

同日 省人民政府与中兴通讯股份有限公司在南昌签署战略合作协议。

同日 全省文化和旅游产业链链长制工作部署会在南昌市召开。

同日 “双区联动”跨境电商班列,从赣州国际陆港驶出,标志赣(州)深(圳)组合港开通运营。

8日 江西省与中国工程院在南昌举行科技座谈会。会上,双方签署全面战略合作协议和共建中国工程科技发展战略江西研究院合作协议,并举行揭牌仪式。

9日　省文明委全体会议召开。会议审议并原则通过《江西省文明委2021年工作要点》《关于评选表彰第七届江西省文明城市、文明村镇、第十六届江西省文明单位、第二届江西省文明校园、文明家庭的实施方案》等文件。

9—10日　全省旅游景区联盟第二次会议在宜春市召开。会议邀请相关专家围绕文旅IP、自驾车营地开发与自驾游目的地构建等主题作辅导报告。

12—13日　江西省党政代表团在上海、安徽学习考察。江西省党政代表团考察中国商飞上海飞机制造公司、拼多多、商汤科技公司、上药信谊药厂公司、江淮蔚来先进制造基地、荃银高科种业股份公司、科大讯飞股份公司等企业。

13日　2021中国商飞-江西大飞机产业培育会、中国商飞全球供应商大会-江西省航空产业推介会在南昌举行。

14日　江西与安徽在合肥举行交流合作座谈会，进一步提升赣皖合作水平。

14—16日　第四届江西省红色故事讲解员大赛暨第三届江西省红色旅游五好讲解员大赛在南昌举行。

15日　江西省与华润集团在南昌签署战略合作协议。

同日　全省第一批政法队伍教育整顿工作推进会在南昌召开。

同日　在中国·石城温泉产业发展高层论坛上，石城县被授予“中国温泉之城”称号。

15—21日　国务院安委会考核巡查组第四组在江西省开展安全生产和消防工作考核巡查。

16日　省政府召开全省商贸消费升级工作推进会，部署推动全力打好促进商贸消费升级三年行动收官战。

16—18日　由教育部主办的第十届中国大学生医学技术技能大赛护理学专业赛道华东分区赛在徐州医科大学举行。赣南医学院2017级本科护理学专业高妍、郭娟、陈刘吉和闫振龙组成的代表队获团体一等奖，晋级全国总决赛，其中郭娟获“肌内注射”单项奖。

17—18日　第十一届全国大学生数学竞赛决赛在武汉大学举行。江西机电职业技术学院学生官协获非数学专业组别一等奖。

19日　2021年全国先进女职工集体和个人表彰大会在北京人民大会堂举行。江西省10个集体获“全国五一巾帼标兵岗”称号，10人获“全国五一巾帼标兵”称号，其中1人获“全国五一巾帼奖章”。

20日　省委深改委第十五次会议召开。会议审议并原则通过《全省各地各部门主要负责人抓改革情况专项督察报告》《江西省贯彻落实〈深化新时代教育评价改革总体方案〉有关举措》《江西省人民代表大会常务委员会关于加强国有资产管理情况监督的决定》。

同日　江西、湖南、湖北、安徽四省六地市法院在九江市签订《长江中下游环资司法协作框架合作协议》。

21日　全省扫黑除恶专项斗争总结表彰大会在南昌举行。会议宣读《表彰江西省扫黑除恶专项斗争先进集体和先进个人的决定》。

同日　首届江西医学科技奖颁奖会在南昌举行，其中一等奖4项，二等奖6项，三等奖10项，科学普及奖4项。

23日　“中国美好生活城市(2020—2021)”发布盛典系列活动在成都交子公园举办。上饶市获评中国美好生活城市之十大秀美之城，是江西省唯一获此荣誉的城市。

24日　江西省数字经济学会成立暨第一届第一次全体会员大会在南昌市举行。

25日　共青团中央公布全国五四红旗团委(团支部)、全国优秀共青团员、全国优秀共青团干部表彰名单。其中，江西省南昌市政公用投资控股(集团)有限责任公司团委等6个团组织获全国五四红旗团委称号；国网江西省电力有限公司赣州供电分公司赣州智源电力勘测设计有限公司团支部等10个基层团组织获全国五四红旗团支部(团总支)称号；江西省女子监狱民警彭琳瑜、南昌大学马克思主义学院2018级马克思主义中国化研究专业硕士研究生梅博晗等16人获全国优秀共青团员称号；江西省水利厅直属机关团委书记吴瑶、江西省南昌市公安局团委书记谢志平等7人获全国优秀共青团干部称号。

同日　外交部组织中国周边国家驻华使节团一行抵达井冈山，对江西省进行为期5天考察访问。该使节团是在中国共产党百年华诞之际，首个到赣进行红色参访的重要外宾团组。

同日　首届全国文化创意产品推介展在北京开幕。江西省博物馆“锦上添花”首饰、书签夹套装2个系列，景德镇中国陶瓷博物馆“景德双绝”系列，新余夏布绣博物馆“寓见美好小有仙气”夏布绣背包系列等共13件文创产品入选该届推介展。

26日　省对口支援新疆工作领导小组会议召开。会议审议并原则通过《江西省“十四五”对口支援新疆克州阿克陶县经济社会发展规划》等文件。

同日　景德镇知识产权法庭挂牌成立，成为全国第3家非省会城市知识产权法庭。

同日　南昌市零工经济工会联合会成立暨第一次会员代表大会召开，标志南昌市零工经济工会联合会成立。这是全国范围内成立的第1家零工经济工会联合会，会员涵盖网约车司机、外卖骑手等。

27日　2021年庆祝“五一”国际劳动节暨“建功‘十四五’、奋进新征程”主题劳动和技能竞赛动员大会在北京人民大会堂举行。其中，南昌县莲塘第一中学等10个集体获“全国五一劳动奖状”，葛利伟等29人获“全国五一劳动奖章”，江铃汽车股份有限公司刘辉劳模创新工作室等33个集体获“全国工人先锋号”。

28日—5月4日　中国(赣州)第八届家具产业博览会在南康区家居小镇开幕。

同日　由团省委、中国青年报社、“1%工程”基金理事会、江西省金融控股集团有限公司联合主办的“青春心向党 奋斗新征程”——江西省各界青年庆祝中国共产党成立100周年青春歌会在南昌举行。

30日　第二届全球饶商大会在上饶召开。会上，为受表彰的“杰出饶商”“创新饶商”“优秀新饶商”“优秀回归饶商”“饶商公益人物”“先进饶商商会工作者”“先进饶商商会”进行颁奖；发布《饶商回归升级倡议书》;现场共签约项目45个,合同金额333.6亿元。

同日　中国信通院江西研究院在南昌高新区签约揭牌。

同日　由省农业农村厅、省供销联社、粤港澳大湾区"菜篮子"工作办公室、赣州市政府主办的粤港澳大湾区蔬菜产业合作交流大会(赣州)在信丰县召开。此次大会包括粤港澳大湾区"菜篮子"生产基地授牌、对接融入粤港澳大湾区现代农业招商推介会暨重大项目签约、现场观摩、高峰论坛等活动。其中,在现代农业招商推介会暨重大项目签约活动中,赣州市有23个重点农业项目集中签约,签约总资金168.2亿元。

同月　东华理工大学申报的"防灾减灾科学与工程"本科专业通过教育部审批,列入《普通高等学校本科专业目录(2021年版)》。这是江西省首个获批开设的"防灾减灾科学与工程"本科专业。

同月　江西武功山国家地质公园入选中国地质学会地学科普研学基地。江西武功山国家地质公园是江西省唯一入选单位。

5月

2日　南昌大学办学100周年发展大会暨科技自立自强助推江西产业高质量发展高峰论坛在南昌大学前湖校区举行。

6—7日,湖南省党政代表团在江西考察。在赣期间,湖南省党政代表团考察南昌VR科创城、南昌高新区、南昌航空城等园区和产业平台,江西日月明测控科技股份有限公司、江西兆驰半导体有限公司、中航工业洪都集团、华润江中制药集团、通瑞锂电隔膜项目、巴夫洛田园综合体。

7日　首届中国国际消费品博览会江西展区亮相。江西省精选36家江西品牌和"老字号"企业,140余家采购商组成江西交易团展示、交易。

同日　"情牵红土地"赣湘庆祝中国共产党成立100周年全媒体主题宣传活动在南昌小平小道陈列馆、长沙橘子洲毛泽东青年艺术雕塑广场同步启动。

同日　国务院办公厅发布通报,对2020年落实有关重大政策措施真抓实干成效明显的地方予以督查激励,并相应采取30项奖励支持措施,其中江西省13项工作获督查激励。

8日　第67次省政府常务会议召开。会议审议并原则通过《关于加快城市旅游发展的意见》。

同日　2021年全省巡视巡察工作会议暨十四届省委第十一轮巡视工作动员部署会在南昌召开。

同日　2021年全国体操锦标赛暨东京奥运会选拔赛、第十四届全运会体操资格赛进行多个单项争夺。邓娅兰获女子跳马决赛第一名,这是江西体操项目时隔12年后再次问鼎全国冠军。

9日　2021年全国射击冠军赛(步枪项目)在南昌湾里射击中心举行。

10—12日　2021年中国品牌日活动在上海举行。江西省遴选66家企业参会,其中29家企业参加线下展览。江西展馆以"赣出精彩"为主题,共设置"红色基因""古色底蕴""绿色家园""金色希望"4个展区集中展示江西省品牌发展成果。

11日　江西出口商品网上交易会(越南、印尼、泰国站——日用陶瓷专场)开幕,标志江西启动出口商品系列线上交易活动。600余家中外企业线上参加。

12日　南昌市第九医院护理部主任、红十字志愿者胡敏华获第48届南丁格尔奖章,成为江西省第三位获此荣誉的红十字志愿者。

同日　全省法院赣法民意中心上线。

13日　江西省与中国移动集团在南昌市签署战略合作协议,并举行中国移动虚拟现实创新中心揭牌仪式。

14日　中共中央宣传部在北京举行庆祝中国共产党成立100周年江西专题新闻发布会。

同日　江西省赣医联合总会成立揭牌仪式在南昌市举行。

16—23日　2021年中国网球巡回赛CTA800(日照站)在山东日照举行,江西网球队员获得1金、1银。

17日　省委常委会召开会议。会议审议并原则通过《江西省深化普通高考综合改革实施方案》。

17—19日　江西省首期强村培训班在中国村长学院举行。来自全省各地的近300名村干部、新型职业农民和现代农场主参加。

18日　"赣服通"4.0版上线运行,标志江西省建成全国首个全省统一"区块链+企业信用服务"平台,推出全国首个全省性融合评价分"赣通分"。

19日　2021年全省旅游产业发展大会在景德镇市举行。

24日　江西省零工经济就业群体入会服务工作启动仪式在南昌市举行。

25日　以"健康青年·健康中国"为主题的全国青年健康江西论坛在南昌市举行。

同日　省委农村工作领导小组会议暨省实施乡村振兴战略工作领导小组会议、省农村人居环境整治提升工作领导小组会议召开。会议审议并原则通过《2020年度实施乡村振兴战略情况报告》《关于成立乡村振兴走前列五个工作专项小组的通知》《关于加快推进乡村人才振兴的若干措施》等文件。

26日　江西省乡村振兴局挂牌成立。

26—28日　第十二届中国卫星导航年会在南昌绿地国际博览中心召开。开幕式上举行北斗奖、应用推进贡献奖、年会最佳论文奖和青年优秀论文一二三等奖颁奖仪式,以及江西省北斗产业项目集中签约仪式。

28日　第68次省政府常务会议召开。会议审议并原则通过《江西省开展美丽乡镇建设五年行动工作方案》《江西省推进北斗产业发展的若干措施》等文件。

29日　中国癌症基金会携手中国卫生健康思想政治工作促进会,在南昌启动"革命老区肿瘤中心建设红色培训项目"。

同日　首届"新长征杯"全国幼儿足球嘉年华活动在于都县体育中心举行启动仪式。

31日　省委常委会召开会议。会议审议并原则通过《法治江西建设规划(2021—2025年)》《江西省打造全国构建新发展格局重要战略支点开局起步行动计划》《关于建立健全生态产品价值实现机制的实施方案》等文件。

同月　永丰县蔬菜产业发展中心

挂牌成立，成为江西省首个县级政府设立的蔬菜产业发展中心。

6 月

3 日　安义县入选全国水系连通及水美乡村建设试点县。

4 日　围绕“江西，因你而美丽——‘人与自然和谐共生’”主题，省生态环境厅、省精神文明办等部门在南昌市联合开展江西省生态文明建设成就展示暨“6·5”世界环境日现场宣传活动，现场表彰康长安等 10 名“2021 年江西最美环保人”。

8 日　全国乡村振兴（扶贫）系统先进集体、先进个人表彰大会在北京举行。省乡村振兴局考核评估处、南昌市乡村振兴局计划财务科、浮梁县扶贫办公室、贵溪市扶贫办公室、万安县扶贫办公室 5 个集体被授予“全国乡村振兴（扶贫）系统先进集体”称号。张天乐、曾宪利、林帅婷（女）、何硕、朱耀盛、郭厚生、李华娇（女）、危水发、古小亮 9 名个人被授予“全国乡村振兴（扶贫）系统先进个人”称号。

10 日　2021 国际产学研用合作会议在南昌开幕。会上，南昌大学、南昌航空大学、江西理工大学及有关企业，与俄罗斯、白俄罗斯、乌克兰、韩国等国家科研机构举行创新平台揭牌、产学研用项目签约仪式。

同日　江西 18 项非遗项目入选第五批国家级非物质文化遗产代表性项目名录。

11 日　第七届中国国际“互联网+”大学生创新创业大赛“青年红色筑梦之旅”活动全国启动仪式在井冈山举行。

11—15 日　第一届中国米粉节在南昌市举办。中国米粉节由省商务厅与中国饭店协会共同策划举办，该项活动永久落户江西。

15 日　第 69 次省政府常务会议召开。会议审议并原则通过《关于加快推进海峡两岸产业合作区（江西）建设的实施意见》《大南昌都市圈市域（郊）铁路线网规划及实施方案》《江西省突发事件总体应急预案》等文件。

16 日　全省革命文物工作会议在南昌市召开。

17 日　省委深改委第十六次会议召开。会议审议并原则通过《江西省关于加快建立健全绿色低碳循环发展经济体系的若干措施》《江西省关于深化应急管理综合行政执法改革的实施方案》等文件。

18 日　中国商飞江西生产试飞中心首批下线的两架 ARJ21 飞机分别交付成都航空和江西航空。此次交付标志江西生产试飞中心自此具备生产试飞交付能力，中国商飞公司开启异地完工交付新模式。

同日　井冈山至韶山首趟红色专列正式发车。这标志以全国首条红色旅游铁路为纽带，井冈山和韶山两个红色圣地紧密连在一起。

同日　省委文化体制改革专项小组第十一次会议和省国有文化资产监督管理领导小组会议在南昌召开。会议审议并原则通过《关于完善江西日报社与江西报业传媒集团人员管理机制的意见》《关于建立健全江西日报社高层次人才工资分配激励机制的意见》《关于 2021 年江西省文化改革发展重点工作机制创新分工方案》等文件。

20 日　智荟赣鄱——江西省食品·环境与健康协调发展院士专家咨询会在南昌举行。会议邀请中国工程院院士曲久辉、朱蓓薇、徐祖信、李培武、任洪强、陈卫为江西省食品、环境与健康协调发展提供战略咨询。

21 日　省委、省政府授予邓明等 841 名人员“江西省脱贫攻坚先进个人”称号，授予赣州市纪委市监委机关等 396 个集体“江西省脱贫攻坚先进集体”称号。23 日，省委、省政府召开全省脱贫攻坚总结表彰大会。

同日　由全国妇联宣传部、中共中央网信办网络社会工作局主办，省妇联、中共江西省委网信办承办的“一路芬芳·红色江西”全媒体基层妇联行活动在南昌市启动。

同日　雅中—江西±800 千伏特高压直流工程竣工投产大会举行。该工程的竣工投产，标志江西迈入特高压时代。

22 日　江西航空研究院在南昌市揭牌。

24—27 日　李江燕以 71.60 米的成绩获 2021 年全国田径锦标赛暨全运会资格赛女子组链球比赛冠军。

25 日　省委授予邹德凤等 200 名共产党员“全省优秀共产党员”称号，授予刘伟平等 99 名党务工作者“全省优秀党务工作者”称号，授予煌上煌集团有限公司党委等 99 个基层党组织“全省先进基层党组织”称号。

25—26 日　由中国国际贸易促进委员会、全国政协人口资源环境委员会、国家林业和草原局、江西省人民政府联合主办的 2021 中国国际生态竞争力峰会在赣州市举行。

28 日　颜龙安、邹德凤、周裔开等 9 人被授予“全国优秀共产党员”称号；鲍峰庭、闵嗣生、李国华等 7 人被授予“全国优秀党务工作者”称号；瑞金市叶坪乡党委、煌上煌集团有限公司党委、九江市柴桑区特殊教育学校党支部等 13 个基层党组织被授予“全国先进基层党组织”称号。遂川县委书记张智萍，横峰县委书记饶清华，南昌县委书记、南昌小蓝经济技术开发区党工委书记熊运浪 3 人被授予“全国优秀县委书记”称号。

30 日　《江西省实施告知承诺制证明事项目录清单的通知》印发，341 个证明事项可以选择告知承诺方式办理，解决企业和群众办证多、办证难问题。

同月　江西省、湖北省签订《跨省流域上下游突发水污染事件联防联控协议》，实现跨省流域上下游突发水污染事件联防联控合作全覆盖。此前，江西省已与福建、浙江、广东、湖南、安徽五省签订相关协议。

7 月

1 日　江西省庆祝中国共产党成立 100 周年大会在井冈山市举行。

同日　南昌市综合保税区开通跨境电子商务“9710”和“9810”业务，标志全省首单跨境电商 B2B 出口业务通关。

同日　江西在全省范围内实施涉企经营许可事项全覆盖清单管理。

3 日　中国职业技术教育学会陶瓷艺术研究院在景德镇市成立。

5 日　工业和信息化部批复同意上饶建设国际互联网数据专用通道，标志全省首条国际“信息高速公路”获批建设。

7 日　峡江水利枢纽工程入选水

利部第三届水工程与水文化有机融合案例名单。这是江西省首次入选水工程与水文化有机融合案例。

8 日　江西省社会心理服务热线“966525”上线。

同日　2021 江西省首届（工美）“红色记忆”文创产品设计大赛作品展览在鹰潭市余江区韬奋小镇开展。

10 日　《三湾改编》全国首映式在中国共产党历史展览馆配套工程中影国际影城（党史馆影院）举行。

11 日　江西省艺术教育协会成立。

同日　江西省首例肺脏移植手术在省人民医院取得成功。

12 日　江西省与乌克兰敖德萨州建立友好省州关系。

13 日　省委常委会召开会议。会议审议并原则通过《江西省“十四五”省定乡村振兴重点帮扶村工作实施方案》。

15 日　江西省首届机收减损技能大比武在丰城市举行。

17 日　在 2021 中国县域健康大会暨 2021 中国县域医院院长联盟年会上，乐平市人民医院被授予“县域慢病管理中心”，成为全省首家县域慢病健康管理中心。

18 日　吴昊、肖霖昂在中国网球巡回赛长沙站男子双打决赛中夺冠。

19 日　“瑞金号”红色城市天启卫星冠名活动在瑞金市举行，在西昌卫星发射中心发射。

同日　瑞金中央革命根据地纪念馆的《人民共和国从这里走来——中华苏维埃共和国史》主题展览入选国家文物局 2021 年度“弘扬中华优秀传统文化、培育社会主义核心价值观”主题展览重点推介项目。

同日　新余开出全省首张电子烟广告罚单。

同日　国家机关事务管理局下发《关于“十三五”公共机构节约能源资源工作评估情况的通报》，江西省“十三五”公共机构节约能源资源工作综合得分位居全国第一。

22 日　高安市、资溪县、信丰县、婺源县入选全国农业科技现代化先行县共建名单。

23 日　“让老区人民过上好日子——江西脱贫攻坚成就展”在南昌开展。

同日　省科技厅、省委组织部等 8 个单位联合印发《江西省科技特派员助力乡村振兴行动计划（2021—2025 年）》。

24 日　智能农机装备高峰论坛暨国家农机装备创新中心江西研发基地启动仪式在抚州市东乡区举行。

25 日　2021 碳达峰碳中和高层论坛系列活动在南昌市举行。活动以“科技创新引领碳达峰碳中和”为主题，包括江西省碳中和研究中心揭牌仪式、2021 碳达峰碳中和高层论坛等活动。

27 日　江西省数字乡村研究院成立。

28—30 日　2021 上海合作组织传统医学论坛在南昌市举行。论坛以“传承、创新、互鉴、共享”为主题，发布《关于开展上海合作组织传统医学合作的南昌倡议》。

29 日　第五届中国出版政府奖获奖名单公布。二十一世纪出版社《巴颜喀拉山的孩子》获图书奖正式奖，该单位获先进出版单位奖；江西新华发行集团汤晓红和江西科学技术出版社徐健分别获优秀出版人物和优秀编辑；江西高校出版社《大国军魂》获图书奖提名奖，江西人民出版社《景德镇陶瓷史料（1949—2019）》（全 3 册）获印刷复制奖提名奖。

30 日　位于江西省大余县的南方红军三年游击战争纪念馆开馆。该馆占地 14 公顷，建筑面积 2 万平方米，建设有纪念馆主馆、红色文化街、梅岭三章干部学院等相关设施。

同日　江西人民出版社《新时代中国特色社会主义的世界意义》、二十一世纪出版社《点赞中国：超级工程 3D 立体互动百科》和红星电子音像出版社《共产党人的样子——感悟英烈家书的精神力量》入选中宣部 2021 年主题出版重点出版物选题。

同日　江西环境工程职业学院曾璐锋、李德鑫、彭洪君三人获人力资源和社会保障部“全国技术能手”称号。

8 月

1 日　雅中—江西特高压直流输电工程日输送电量首破 1 亿千瓦时。

2 日　萍乡市艺术研究所、吉水县文化馆、吉安市采茶歌舞剧院等 18 家单位入选国家级非遗保护单位。

同日　井冈山市茅坪镇、婺源县江湾镇、南昌市湾里管理局太平镇入选首批全国乡村旅游重点镇（乡）；于都县梓山镇潭头村、婺源县思口镇思溪村延村、瑞金市叶坪镇华屋村、庐山市白鹿镇秀峰村、浮梁县瑶里镇五华村、黎川县德胜镇德胜村、南昌市新建区溪霞镇店前村入选第三批全国乡村旅游重点村。

3 日　江西“万企兴万村”行动启动大会在南昌市召开。

4 日　《江西省“湿地银行”建设试点实施方案》印发。江西省成为全国“湿地银行”建设试点省份。

11 日　江西省人民检察院首次向社会公布干预、插手检察办案情况记录报告。

12 日　江西省信息安全（网络安全）产业园揭牌仪式在鹰潭市举行。

16 日　江西省汉代文化研究基地在江西省博物馆揭牌。

18 日　全省首家由设区市党报、广播电视台融合而成的市级新闻传媒中心（传媒集团）萍乡市新闻传媒中心（传媒集团）揭牌。

26 日　新余市罗坊会议纪念馆消防科普体验馆开馆。这是全省首个红色景区消防科普体验馆。

同日　省交投集团发行江西省首单革命老区及乡村振兴双标签债。

28 日　江西省公共卫生临床中心、南昌医学院第三附属医院新院区项目建设开工。

同日　赣州市人民医院国家Ⅰ期药物临床试验研究中心揭牌。

30 日　省委常委会召开会议。会议审议并原则通过《江西省新型城镇化规划（2021—2035 年）》。

同日　华东交通大学与南昌泰荣电子科技有限公司在江西省人民政府采购电子卖场完成首单交易。

9 月

1 日　“2020 年婺源篁岭土味晒秋节”入选文化和旅游部全国旅游宣传推广典型案例。

同日　江西省启动首批“完整居住社区”建设样本城市申报工作。

2 日　刘忠鑫获第十四届全运会武术套路决赛男子南拳、南刀、南棍全

9月21日，万乐天夺得第十四届全运会女子100米仰泳亚军
省体育局供

能银牌，实现全省武术套路本土队员全运会奖牌零的突破。

3日　张冬莲获第十四届全运会女子飞碟双向项目银牌。

同日　中山大学附属南昌医院药师团队获第七届MKM中国药师职业技能大赛全国总决赛冠军。

5日　省文联“万名文艺家下基层”点单服务项目向全省所有县（市、区）新时代文明实践中心开放。

6日　江西与菲律宾科技部举行科技合作项目备忘录视频签约仪式。

8日　江西省大黄花虾脊兰、霍山石斛成为国家一级保护野生植物，金线兰、建兰、蕙兰等27种成为国家二级保护野生植物。

同日　省未成年人保护工作委员会第一次全体（扩大）会议在南昌市召开。会议审议通过《江西省未成年人保护工作委员会工作规则》等文件。

同日　海关总署下发《关于2020年度综合保税区发展绩效评估结果的函》。南昌市综合保税区首次迈进中西部A类区。

9日　吉安市导游协会刘晓武、江西省环境国际旅行社有限公司刘洋和江西教之旅国际旅行社有限公司黄卫民完成文化和旅游部2020年“金牌导游”培养项目。

10日　长江中游三省协同推动高质量发展座谈会在武汉市举行。会议审议通过《深化协同发展 加快绿色崛起——长江中游三省战略合作总体构想》，审议并签署《长江中游三省协同推动高质量发展行动计划》《长江中游三省省会城市深化合作方案》《长江中游三省“通平修”绿色发展先行区建设框架协议》等6个合作文件。

13日　住房和城乡建设部与江西省人民政府通过视频会议形式，召开建立城市体检评估机制推进城市高质量发展示范省建设工作领导小组第一次全体会议。会议原则通过《江西省人民政府 住房和城乡建设部建立城市体检评估机制推进城市高质量发展示范省建设实施方案》《领导小组工作规则及办公室工作职责》等文件。

15日　全国工商联携手知名民营企业助推赣州革命老区振兴发展大会在赣州市召开。

同日　首届江西省技工院校学生创业创新大赛省级决赛在南昌市举行。

23日　国际鹤类基金会（ICF）与江西省鄱阳湖国家级自然保护区管理局共同合作的“鄱阳湖白鹤保护的探索与实践”案例入选“生物多样性100+全球典型案例”名单。

24日　2021年泛珠三角区域合作行政首长联席会议在四川成都召开。泛珠区域“9+2”各方行政首长审议通过《2021年泛珠三角区域合作行政首长联席会议纪要》，签署《泛珠内地九省区政务服务“跨省通办”合作框架协议》。

25日　江铜集团、江铃汽车集团、双胞胎集团、新余钢铁集团、晶科能源、南昌市政公用集团、正邦科技、江西建工集团8家企业上榜“2021中国企业500强”。

30日　江西省首条国际互联网数据专用通道在上饶上线。上饶成为江西省首个获批并建成国际互联网数据专用通道的城市。

同日　江西省互联网医院监管平台上线启动仪式暨江西省首批互联网医院授牌仪式举行，江西省人民医院、南昌大学第一附属医院、南昌大学第二附属医院、江西省儿童医院等12家互联网医院获首批授牌。

10月

1日　《江西省志愿服务条例》《江西省公共文化服务保障条例》施行。

8日　南昌市入选全国首批30家一刻钟便民生活圈试点地区名单。

9日　第一届氢能技术与产业（共青城）发展论坛在共青城市举行。

11日　国网江西电力琴城500千伏变电站4#主变5次冲击成功，标志琴城500千伏输变电工程投运。

12日　抚州市资溪县入选第5批“绿水青山就是金山银山”实践创新基地，九江市共青城市、赣州市石城县、吉安市吉安县、抚州市广昌县入选第五批国家生态文明建设示范区。

12—15日　第七届中国国际“互联网+”大学生创新创业大赛总决赛在南昌大学举行。

14日　致公党中央和江西省人民政府共同主办的“中国发展论坛·2021”在南昌市举行。

15日　中国工业互联网研究院江西分院分中心落地江西。

同日　中国南丁格尔志愿护理服务总队江西省110支分队成立大会在南昌市举行。

16日　景德镇市获全国版权示范城市授牌，成为中部地区首个、全国第13个版权示范城市。

16—18日　樟树第52届全国药材药品交易会在樟树市岐黄小镇举行。

16—22日　第二届庐山国际爱情电影周在庐山举行。电影周主题为“庐山天下恋，缘在此山中”，共有7大主题活动。

18—24日　2021中国景德镇国际陶瓷博览会在景德镇市举行。博览会包括开幕式、陶瓷艺术作品展及中国古陶瓷学会2021年年会暨首届"CHINA·文化"高端论坛、第六届中国(景德镇)原创陶瓷艺术大赛开幕暨颁奖仪式、中国博物馆协会陶瓷专业委员会成立大会等活动。

同日　江西师范大学数字产业学院揭牌。这是全省首家数字产业学院。

同日　万年仙人洞和吊桶环遗址、新干商代大墓、南昌西汉海昏侯墓、景德镇御窑厂窑址入选"百年百大考古发现"。

19—20日　2021世界VR产业大会云峰会在南昌市举行。会议以"VR让世界更精彩"为总主题、以"融合发展、创新应用"为分主题,包括1个主论坛和16个平行论坛,创新增设VR+体育、VR+健康、VR+美好生活等活动,全面覆盖技术、应用、平台全产业链,涉及文化、医疗、科技、教育等多个领域。

21—22日　全国水利工程标准化管理现场交流会在九江市举行。

24日　广东省广州市、深圳市、珠海市、佛山市、惠州市、东莞市、中山市7市与江西省南昌市战略合作框架协议签约仪式在广州市举行。

25日　省网络作家协会成立大会在南昌市召开。

26日　国家矿山安全监察局江西局在南昌市成立。

27日　省委深改委第十八次会议召开。会议审议并原则通过《江西省关于完善重要民生商品价格调控机制的实施意见》《江西省关于进一步深化预算管理制度改革的实施意见》《江西省规范民办义务教育发展专项工作方案》《江西省关于全面加强药品监管能力建设的若干措施》。

28日　赣南师范大学国家脐橙工程技术研究中心获全国专业技术人才先进集体称号。

同日　宁德时代投资建设的宜春时代新型锂离子电池生产制造基地项目在宜春经开区奠基。

29—31日　2021中国航空产业大会暨南昌飞行大会在南昌举行。

31日　九江庐山机场复航,并开通至西安和深圳2条航线。

11月

1日　江西公安全警情案件全流程智能监督管理系统上线试运行。按照全国扫黑办统一部署,全国扫黑办第14特派督导组进驻江西,开展为期半个月特派督导。

2—5日　赣州市召开首届职业农民中级职称评审会。赣州1682名"新农人"首次申报职称。

3日　省政协机关委员工作室挂牌启动仪式在南昌市举行。

4日　资溪县明德小学教师李丽从资溪农商银行获得8.8万元碳汇贷款。这是全省发放的首笔个人"碳减排"贷款。

5日　江西竺尚竹业有限公司、江西庄驰家居科技有限公司获全国首发CQC固碳产品证书。

同日　南昌市青山湖区石泉村村民万佐成、熊庚香当选全国助人为乐道德模范,奉新县澡下镇白洋教学点负责人支月英当选全国诚实守信道德模范,江西籍陆军步兵学院学员王亮当选全国见义勇为道德模范。

8日　江西省生物医药产业发展研究院成立。

8—9日　2021江西国际移动物联网博览会在鹰潭市举行。博览会以"智融万物 数赢未来"为主题,设移动物联网峰会,同步举行5G+物联网创新等6场分论坛及物联网产融对接会、应用场景体验等活动,并发布江西省移动物联网应用优秀成果。

10—11日　第七届中俄"长江—伏尔加河"青年论坛,以视频连线方式在俄罗斯伏尔加河沿岸联邦区各联邦及中国赣鄂湘皖川渝6省市同步举行。

12日　全国政法队伍教育整顿中央第八督导组向江西省反馈督导意见。

13—14日　医师资格考试江西考区首开医学综合考试第二试。

14日　江西泰豪动漫职业学院成功申领民办学校办学许可证电子证照。这是全国首张民办学校办学许可证电子证照,标志江西省民办学校办学许可实现全流程在线办理。

15日　南昌市高新区企业华维设计集团股份有限公司由"新三板"精选层平移为北交所上市公司,成为全省首家北交所上市公司。

17日　省碳达峰碳中和工作领导小组第一次全体会议召开。会议审议《关于完整准确全面贯彻新发展理念做好碳达峰碳中和工作的实施意见》等有关文件。

同日　第79次省政府常务会议召开。会议审议并原则通过《江西省产业链科技创新联合体建设方案》《关于推进康养旅游发展的意见》《关于深化高速公路、水运项目投融资改革的若干意见》《关于进一步提升江西米粉竞争力和附加值的实施意见》等文件。

18日　南昌大学教授谢明勇当选中国工程院院士。

19日　由省平安办与江西师范大学共建的江西省社会心理服务体系建设研究中心揭牌。

22日　吉安县桐坪镇枫冈村入选第二批全国乡村治理示范村。

24日　赣州市入选全国深化医疗服务价格改革试点城市。

26日　环鄱阳湖自行车精英赛被评为2021中国体育旅游十佳精品赛事。

29日　南昌陆港型国家物流枢纽入选国家发展改革委"十四五"首批国家物流枢纽建设名单。

29—30日　省政协十二届常委会第十八次会议在南昌召开。会议审议通过《中国人民政治协商会议江西省委员会专门委员会通则(修订)》。

30日　江西省康复医学会针灸技术与康复专业委员会成立。

同日　赣江新区出台《赋予科研人员职务科技成果所有权或长期使用权试点推进方案》。该文件标志全省首个地方科研人员职务科技成果所有权或长期使用权方案正式实施。

同月　全国首部专门保护候鸟省级地方性法规《江西省候鸟保护条例》出台。

12月

2日　江西省"油菜花"专项技能大赛启动。这是全省首次举办以短视频创作和直播营销为竞赛内容的专项职业能力大赛。

同日　省人民政府与国家医疗保障局在瑞金签订合作备忘录。

2—3日　第一届江西省退役军人"永远跟党走 建功新时代"主题活动在九江市举行。

4日 首届“新时代江西十大法治人物”颁奖仪式在江西日报传媒大厦举行,10名“新时代江西十大法治人物”悉数揭晓。

5—7日 第三届世界赣商大会在赣州市举行。大会分主体活动、专题活动和迎宾、特色活动三大板块。

7日 省政协主席会议召开。会议审议《住在自家 乐在社区——我省城市居家社区养老面临的问题及对策》课题报告及《关于发挥人民政协专门协商机构作用 推进“赣事好商量”协商平台建设的实施意见》。

10日 赣深高铁开通运营。赣深高铁由赣州西站至塘厦所(通过联络线引入深圳北站),全长434千米,设13个车站(不含深圳北站),设计速度350千米/小时。

同日 省十三届人大常委会第三十五次会议在南昌市举行。会议审议并表决通过省人大常委会代表资格审查委员会关于代表资格的审查报告,任命梁桂为江西省人民政府副省长。

10—12日 南昌航空大学教师冯占荣、邢普指导,刘鑫、段宇、郑紫仪、班乃骞、刘越、吴苏田、彭建军等学生完成的成果“履带双驱光伏智能越障椅”获第十四届全国大学生创新创业年会“最佳创意项目”。

11—13日 第二届鄱阳湖国际观鸟周活动在南昌市、九江市、上饶市举行。

12—14日 2021江西国际麻纺博览会在分宜举行。麻博会以“生态江西,时尚麻艺”为主题,设有麻纺织产业馆、麻纺服饰馆、麻艺生活馆、麻纺直播活动中心及麻艺时尚发布中心,举办2021中国麻纺织产业技术发展论坛、时装发布秀等系列配套活动。

14日 第80次省政府常务会议召开。会议审议并原则通过《关于加快发展保障性租赁住房的实施意见》《江西省全民科学素质行动规划纲要实施方案(2021—2025年)》《江西省“十四五”公共服务规划》《“十四五”时期江西省特殊类型地区振兴发展规划》《“十四五”时期江西省赣南等原中央苏区振兴发展规划》等文件。

同日 由江西理工大学、中铁科工集团有限公司联合研制的国内首辆磁浮空轨车辆“兴国号”在武汉市下线。

同日 2021中日韩陶瓷文化艺术与旅游周在景德镇市举行。

同日 纪念宁都起义胜利暨红五军团成立90周年座谈会在宁都县召开。

15—17日 2021年江西省对接粤港澳大湾区经贸合作活动在广州、深圳举办。经贸活动包括高层会晤、“1+7”系列活动、走访会见、设区市专题活动四大板块。

17日 江西省公共资源交易集团与上海环境能源交易所签署协议,共建全国碳市场能力建设(上海)中心江西分中心。

17—19日 江西省首届“天下赣医”眼科论坛暨江西省医学会眼科学分会第十五次眼科学术会议在赣州举行。

18日 江西省肛肠医院成立。

同日 由中国社会科学院、江西省人民政府和北京大学共同举办的纪念王安石诞辰1000周年学术研讨会在抚州开幕。学术研讨会为期2天,主要围绕“王安石生平、事迹和历史地位”“王安石文学及文献研究”“王安石与民族精神、时代精神”等议题进行研讨。

19日 2020年迪拜世博会中国馆江西活动日开幕式在南昌举行。江西活动日以“创新激发活力,共享发展机遇”为主题,包括宣传视频展示、云上巡馆、线上经贸展会等活动。

20日 江西省首届“赣服通”杯政务服务职业技能竞赛总决赛在南昌市举行。

21日 省农村宅基地改革和管理工作领导小组第一次会议召开。会议审议并原则通过《江西省农村宅基地改革试点和规范管理三年行动方案(2022—2024年)》《江西省农村宅基地改革和管理工作领导小组议事规则》等文件。

同日 省委深改委第19次会议召开。会议审议《赣州市深化改革打造新时代“第一等”的营商环境调研报告》,会议审议并原则通过《江西省全面深化改革攻坚行动方案(2022—2024年)》《江西省关于加快打造全国构建新发展格局重要战略支点的意见》《江西省关于省属国有企业在完善公司治理中加强党的领导的意见》等文件。

22日 江西省水生生物保护救助中心江豚科考队12支队伍,分别从永修县、余干县、都昌县等12个地点出发,开始江豚监测科考。这是江西首次低水位自主监测科考江豚。

23日 中国稀土集团有限公司在赣州成立。这是落户江西的首个央企总部。

25日 江西樟树国字山墓葬考古发掘成果专家论证会召开。会议推断,墓主有着很高的身份地位,或是越国王室贵族。国字山墓葬是迄今江西地区考古发现规模最大的东周时期墓葬。

26日 南昌—长沙1000千伏特高压交流工程竣工投产。

28日 景德镇市首票跨境电子商务B2B直接出口货物,在景德镇海关监管下完成通关,标志跨境电子商务B2B直接出口模式自此在景德镇市开启。

同日 2021年度巩固拓展脱贫攻坚成果同乡村振兴有效衔接考核评估省级工作对接会在南昌市召开。

29日 第82次省政府常务会议召开。会议审议并原则通过《江西省推进创新型省份高质量发展三年行动方案(2021—2023)》《江西省公共数据管理办法》《江西省公墓管理办法》等文件。

同日 江西省与三峡集团在南昌签署共同推进长江经济带高质量发展全面战略合作协议。

30日 省委常委会召开会议。会议审议并原则通过《关于进一步加强生态环境保护 深入打好污染防治攻坚战的意见》《关于加强基层治理体系和治理能力现代化建设的若干措施》等文件。

31日 全国首例涉古村落人文遗迹保护民事公益诉讼案在金溪县法院一审公开宣判。

(赵丹 汪凤娟)

本类目编辑 徐佳佳

江西概貌

历史沿革

【建置区划】 江西简称赣，因唐玄宗开元二十一年(733年)设江南两道监察区而得省名。江南西道辖区几经变化，到贞元四年(788年)，领洪州、饶州、吉州、江州、袁州、信州、抚州、虔州8州，辖37县，与今江西省的辖区大致相同。五代时期，江西地区先辖于吴，后辖于南唐。宋代改道为路，江西地区设9州、4军、68县，洪、虔、吉、袁、抚、筠6州及临江军、建昌军、南安军隶属江南西路，而饶、信、江3州和南康军隶属江南东路。南宋绍兴元年(1131年)，江州划归江南西路。元朝设江西等处行中书省，辖区包含今江西、广东两省的绝大部分地区。明朝洪武九年(1376年)，设江西承宣布政使司，领南昌、瑞州、九江、南康、饶州、广信、建昌、抚州、吉安、临江、袁州、赣州、南安13府，下辖宁州等1州77县，境域与今江西省境大致相同。清朝沿用明朝行省制度，到清末，江西省设13府、1直隶州，下辖80个县级行政区(75县、1州、4厅)。

中华民国初(1912年)，宁都直隶州恢复为县。民国2年(1913年)，改义宁州及莲花、定南、全南、铜鼓4厅为县。民国3年(1914年)，江西省划分豫章、浔阳、庐陵、赣南4道，分领81县。民国15年(1926年)年底，南昌设市，由省直辖。民国21年(1932年)，实施行政区制度，江西省划有第一至第十三行政区。民国23年(1934年)，安徽的婺源、福建的光泽2县划入江西。民国31年(1942年)，江西省的行政区调整为第一至第九行政区。民国36年(1947年)，婺源、光泽分别划回安徽、福建。民国末年(1949年1月1日至9月30日止)4月30婺源解放，5月1日中国人民解放军进入婺源，婺源县划江西省管辖。

中华人民共和国成立后，全省行政区划多有变更。1952年，全省设南昌、九江、鹰潭(后改上饶)、抚州、赣州、吉安6个专区和南昌直辖市，管辖5个县级市、82个县和庐山特别区。1997年，全省共设南昌、景德镇、萍乡、新余、九江、鹰潭6个直辖市，上饶、抚州、宜春、吉安、赣州5个地区，下辖99个县级行政区(71个县、15个县级市、13个市辖区)。随着改革开放和城市化进程加快，赣州、吉安、宜春、上饶、抚州地区先后改为设区市。

2021年，全省共设南昌、九江、景德镇、萍乡、新余、鹰潭、赣州、宜春、上饶、吉安、抚州11个设区市，下辖100个县级行政区(27个市辖区、12个县级市、61个县)。

【历史文化】 江西开发的历史，可以上溯到约4万至5万年前的旧石器时代，考古发现旧石器时代晚期遗址2处、新石器时代遗址近100处。万年县仙人洞和吊桶环遗址发现距今1.2万余年的水稻标本，该县被称为“世界稻作起源地之一”。“万年稻作文化系统”被联合国粮农组织确定为全球重要农业文化遗产保护项目。

商周时期，江西地区的水稻种植业和陶瓷业初显优势，而铜矿开采冶炼和青铜器铸造，在中国青铜文化中占有重要地位。新干县大洋洲商代大墓和瑞昌县商周古铜矿遗址出土大量精美青铜器和采炼工具，使江西赢得“青铜王国”美誉。

春秋战国时期，江西地区的文化呈现融合趋势。孔子弟子澹台灭明到南昌讲学，把儒家思想传入江西。

秦始皇统一六国后，南征百越，促进江西地区的开发和发展。秦军开辟的大庾岭山路和仙霞岭山路，成为后世由江西进入广东、浙江和福建的主要通道。

两汉时期，江西人口迅速增加，农业、陶瓷业、采矿业、造船业等较为发达，发现和使用煤做燃料。南昌西汉海昏侯墓的考古发现，显示出汉代高超的科学技术和器物制作水平，出土的竹简、木牍是中国考古史上极其重大的发现，具有十分重要的科学、历史、文学、艺术价值。南丰傩舞经吴芮传入，代代相传，有“中国古代民间舞蹈活化石”之称。徐稺(字孺子)被称为“南州高士”。张道陵在龙虎山炼丹修道，创立天师道。

三国吴、两晋、南朝时期，中原战乱，北方地区人口第一次大规模南迁，江西郡县数大增，农业生产水平得到很大提高。南朝时，京城以外的大粮仓三分之二在豫章郡(今南昌市)。许逊隐居豫章逍遥山修道，创净明道。慧远讲佛于庐山东林寺，被奉为佛教净土宗始祖。陶渊明是中国第一位影响深远的田园诗人。

隋唐五代时期，全国经济重心逐步南移。安史之乱后，中原人口第二次大规模南迁，江西地区得到广泛开发。大庾岭梅关和赣江水道日益繁忙，沿线的州城大邑商旅汇聚，青山翠林雅士云集。王勃在南昌作《滕王阁序》，成千古名篇。青原行思在吉安青原山净居寺弘法。马祖道一在南昌创洪州禅。百丈怀海在奉新立百丈清规。慧寂在袁州仰山创宗，与其师灵祐在潭州沩山所创宗派合称沩仰宗。希运在宜丰黄檗山弘法，法嗣义玄开出临济宗。良价在筠州洞山、本寂在抚州曹山创曹洞宗。韩愈到任袁州刺史，助推江西文风兴盛。李渤书堂、东佳书堂、华林书院等10余所书院培养出大批人才，进士及第者66人。江西地区第一位科举状元卢肇，与郑谷、贯休、王定保等闻名于世。

宋朝时期，江西经济文化空前繁盛，进入大发展时期。北宋末年的靖康之乱，开启中原人口南迁的第三次高潮。江西的人口比唐代增加约3倍，垦田数居全国之首，漕运至京师的稻米三分之一产自江西，茶叶产量占全国的四分之一。景德镇窑和吉州窑名扬四海。铜矿开采出现"坑丁10万人"的场景。南昌呈现大都市风貌。以经济发展为基础，文化教育独占全国鳌头。宋代全国书院203所，江西则有80所。江西举进士人数达5500余人，是全国的五分之一。出任宰相级的显宦25人。华林胡氏家族"一门三刺史，四代五尚书"。乐史著《太平寰宇记》。晏殊、晏几道开宋词繁荣昌盛先河，形成江西词派。方会创临济禅杨岐派，慧南创临济禅黄龙派。欧阳修领导北宋诗文革新，是开创一代文风的文坛领袖。王安石不仅与欧阳修、曾巩同列唐宋八大家，还创荆公新学，是中国历史上改革家的代表。周敦颐在南安教程颢、程颐寻孔颜乐处，被奉为宋明理学（含心学）鼻祖。黄庭坚创江西诗派。陆九渊创立儒家心学，被称为江西学派，影响深远。他与朱熹在上饶的"鹅湖之会"，是中国学术史上的著名盛会。朱熹兴复的白鹿洞书院，成为全国四大著名书院之一。洪迈著《容斋随笔》《夷坚志》，流传至今。董煟的《救荒活民书》是中国第一部救荒专著。文天祥成为中华民族精神与气节的标杆。以他们为代表的一大批政治家、思想家、哲学家、文学家、史学家为中华文化的繁荣发展作出重大贡献。

元朝时期，江西经济作物的种植、矿物的开采、制瓷业的规模均有所扩大，制茶、造船、印刷兴盛。吴澄是元初著名学者，融和朱陆。陈苑、李存、祝蕃、舒衍并称江东四先生，冒死弘扬陆九渊心学。马端临著《文献通考》，集古代中国典章制度之大成。程钜夫、虞集、危素、范梈、揭傒斯、汪大渊等闻名于世。

明朝时期，江西在政治、经济和文化方面仍居全国重要地位。樟树镇、吴城镇成为新兴的航运与商业中心，景德镇和河口镇则是著名的手工业中心，并称为江西四大镇。江西士人入阁拜相者甚众，出现"翰林多吉水，朝士半江西"的局面。新建书院164所。解缙、胡俨相继主修《永乐大典》。吴与弼躬耕讲学，开启明代学术的"后时之盛"。王守仁为官江西，创立致良知学说，同陆九渊的学说并称陆王心学，为中华学脉注入活力。以邹守益等人为代表的江右王门，是全国学术领军人物。罗汝芳等人把泰州学派发展到新高峰。胡居仁、罗钦顺、陈邦瞻等一大批学者名标中国学术史。弋阳腔响遍全国，汤显祖的《临川四梦》是文学艺术珍品。宋应星的《天工开物》在中国科技史上占有重要地位。谭纶是御倭名臣。

清朝时期，江西经济文化发展滞缓，逐渐落后于周边省份。谢文洊等人讲学于南丰，形成程山学派。宋之盛等人讲学于髻山，称为髻山七隐。魏禧等人讲学于宁都翠微峰，称为易堂九子。蒋士铨等人被称为江西四大家。罗牧、八大山人创江西画派。雷发达的"样式雷"是建筑艺术的瑰宝。黄爵滋提倡经世之学，发起禁烟（鸦片）运动。陈三立创同光体诗派。文廷式参与公车上书、倡立强学会。陈炽参与维新变法。詹天佑设计建造京张铁路。李有棠、龙文彬、李绂、皮锡瑞等有名于中国学术史。

中华民国时期，江西的近代工业、近代教育和文化得到一定程度的发展。赵醒侬、袁玉冰、方志敏是中国共产党早期江西地方组织的主要创始人，被称为江西三杰。周恩来在南昌领导八一起义，毛泽东在修水、铜鼓领导秋收起义，两支起义队伍在井冈山会师，建立第一个农村革命根据地和中央革命根据地。中华苏维埃共和国临时中央政府驻在瑞金。抗日战争中，中国军队在江西地区取得万家岭大捷和上高会战胜利，为打败日本帝国主义作出重要贡献。

1949年9月，江西全境解放。10月1日，中华人民共和国成立。江西历史文化进入发展新时期。

（朱家林）

自然环境

【区域位置】 位于长江中下游南岸，东经113°34′36″－118°28′58″，北纬24°29′14″—30°04′41″之间。东邻浙江、福建，南连广东，西靠湖南，北毗湖北、安徽而共接长江。东西宽约490千米，南北长约620千米。土地总面积16.69万平方千米，占全国陆地面积1.74%。

【地势地貌】 地势周围高中间低，从外向内，由南向北，渐次向鄱阳湖倾斜，构成一个向北开口的巨大红色盆地。地貌类型以山地、丘陵为主，山地占全省面积的36%，丘陵占42%，平原占12%，水域占10%，素有"六山一水二分田、一分道路和庄园"之说。

【山河湖泊】 山脉多分布于省境边陲，东北部有怀玉山，东部有武夷山，南部有大庾岭和九连山，西部有罗霄山脉，西北部有幕阜山和九岭山。境内水源汇聚，水网稠密。地表径流赣东大于赣西、山区大于平原。全省集水面积达10万平方千米以上河流有3700条，总长度1.84万千米，除边缘部分分属珠江、湘江流域及直接注入长江外。其余均分别发源于省境山地，汇聚成赣江、抚河、信江、饶河、修河五大河系，最后注入鄱阳湖，经湖口县汇入长江，构成以鄱阳湖为中心的向心水系，其流域面积达16.22万平方千米。鄱阳湖是中国第一大淡水湖，连同其外围一系列大小湖泊，成为江西省天然水产资源宝库，并对航运、灌溉、养殖、调节长江水位及湖区气候等起重要作用。

【土地资源】 全省土壤类型较多，主要有红壤、黄壤、山地黄棕壤、山地草甸壤土、紫色土、潮土、水稻土等。其中，红壤是全省分布范围最广的地带性土壤，总面积140万公顷；黄壤主要分布于山地中上部海拔700米至1200米之间，面积约25万公顷。黄壤土体厚度不一，自然肥力一般较高，适用于发展用材林和经济林。耕作土壤以水稻土最为重要，面积约30万公顷。土地资源利用以耕地、林地、牧草地为主。

【矿产资源】　江西矿产资源丰富，矿藏分布广泛。江西发现各种有用矿产187种，矿产地5000余处，查明有资源储量的133种。其中，能源矿产有煤、石煤、地热、铀、钍5种。黑色金属矿产有铁、锰、钛、钒4种。有色金属矿产有铜、铅、锌、铝、镁、镍、钴、钨、锡、铋、钼、锑12种。贵金属矿产有金、银2种。稀有稀土金属矿产有钽、铌、铍、锂、稀土、铷、铯等29种。非金属矿产有萤石、硫、磷、岩盐、水泥用灰岩、滑石、硅灰石、石膏、高岭土、膨润土、透闪石等79种。水气矿产有矿泉水、地下水等。保有资源储量居全国前10位的矿产资源有75种。其中，居全国首位的有钽、铷、铀、钍、伴生硫、化工用白云岩、麦饭石、滑石，粉石英9种；居第2位的有铜、钨、银、锂，锆、铯、碲、冶金用白云岩、冶金用砂岩、水泥用辉绿岩11种；居第3位的有铋、金、铌、铍、钪、萤石、化肥用蛇纹岩、化肥用灰岩、玻璃用砂岩、玻璃用砂、制灰用灰岩、水泥配料用页岩、海泡石粘土、饰面用板岩、透闪石15种。

【能源资源】　主要能源有水能、太阳能、风能及能源矿产等，其中新能源资源禀赋较弱。风电资源属国家最弱的四类地区，光伏资源属国家较弱的三类地区，发电可利用小时数低于全国平均水平。另外，江西省森林覆盖率高，生态红线划定范围广，生物质能利用基本饱和，新能源后续开发潜力不足。2021年，全省贯彻落实中共中央、国务院关于能源"双控""双碳"决策部署，坚决遏制"两高"项目盲目发展，扎实做好"六保"工作，全力保障能源安全稳定，能源消费增长放缓，能源结构持续优化，能耗强度保持下降，工业节能成效显著。其中，2021年全省规模以上工业发电量1425.20亿千瓦时，增长6.1%，增速比上年提高0.9个百分点。新型能源发电量167.04亿千瓦时，增长26.1%。其中，垃圾焚烧发电量22.93亿千瓦时，增长67.7%；风力发电量85.32亿千瓦时，增长31.7%；太阳能发电量41.44亿千瓦时，增长11.7%。

【生物资源】　全省记录有野生脊椎动物、高等植物6112种，列入《国家重点野生植物名录（第一批）》的植物有55种，生物资源种类位于全国前列。列入《国家重点保护野生动物名录》的野生动物有211种。境内鄱阳湖是国内外著名的"候鸟王国"和"淡水鱼库"。每年到鄱阳湖越冬的候鸟多达60万至70万只，其中国家Ⅰ级保护鸟类10种、Ⅱ级保护鸟类41种，越冬白鹤最高数量达4000余只，占全球98%以上。鄱阳湖长江江豚约450头，占整个长江江豚种群近一半。

【森林资源】　2021年，全省森林面积1021.02万公顷，森林覆盖率达63.1%，位居全国第2位。森林资源总量持续增长，生态功能较好的阔叶林和针阔混交林面积比例达到40%以上。国家级"绿水青山就是金山银山"实践创新基地累计达到6个，列全国第3位；"国家生态文明建设示范区"累计达到20个，列全国第5位。设立武夷山国家公园，江西省成为全国首批拥有国家公园省份。全省共建立自然保护区191处（其中，国家级16处、面积25.47万公顷；省级39处、面积37.50万公顷；市县级136处、面积47.01公顷），保护区总面积109.98万公顷，占全省国土面积的6.59%。

【风景名胜区】　2021年，江西建有风景名胜区45处，总面积44.93万公顷。其中，国家级18处，庐山、井冈山、三清山、龙虎山、仙女湖、三百山、梅岭—滕王阁、龟峰、高岭—瑶里、武功山、云居山—柘林湖、灵山、神农源、大茅山、瑞金、小武当、杨岐山、汉仙岩，面积29.36万公顷；省级27处，分别为陡水湖、麻姑山、翠微峰、通天岩、梅关—丫头、南崖—清水岩、白水仙—泉江、青原山等，面积15.57万公顷。江西省拥有国家级风景名胜区数量仅次于浙江（22处）、湖南（21处）、福建（20处），居全国第4位。

（徐佳佳）

人口发展状况

【概　况】　2021年，全省人口发展总体平稳，人口总量略有下降，老龄化程度进一步加深，城镇化水平持续提升。

【人口总量略有下降】　2021年，全省常住人口4517.40万人，比2020年第七次全国人口普查的4518.86万人略减1.46万人，下降0.03%。2021年年末全省常住人口中，男性人口2335.21万人，比2020年的2331.85万人增加3.36万人；女性人口2182.19万人，比2020年的2187.01万人减少4.82万人。男性人口比女性人口多153.02万人；总人口性别比（女性=100）为107.01，比2020年的106.62上升0.39，比全国水平的104.88高2.13。

全省人口总量下降主要受两方面因素影响：一是出生人口下降。2021年全省出生人口37.70万人，比2020年的42.74万人减少5.04万人；二是全省仍然是劳务输出大省，人口仍呈现流出的趋势。

【劳动年龄人口增加】　2021年年末全省常住人口中，0～15岁人口1021.09万人，占常住人口的22.60%；16～59岁劳动年龄人口2727.24万人，占60.37%；60岁及以上人口769.07万人，占17.02%（其中，65岁及以上人口560.05万人，占12.40%）。与2020年第七次全国人口普查相比，0～15岁人口减少40.29万人，占比下降0.89个百分点；16～59岁人口增加32.24万人，占比提高0.73个百分点；60岁及以上人口、65岁及以上人口分别增加6.59万人、22.95万人，占比分别提高0.15个百分点、0.51个百分点。

【人口老龄化加深】　江西省人口年龄结构呈现"低龄人口下降，其他年龄人口上升"的趋势，主要是受年龄结构变化的影响。0～15岁人口下降主要是：一方面2021年出生人口下降至37.70万人，另一方面根据第七次全国人口普查结果，2020年15岁的人达到69.14万人，导致2021年时进入0岁的人数远少于退出15岁的人数。16～59岁人口增加主要是2020年时59岁（1961年出生）的人仅有33.14万人，而2020年15岁的人为69.14万人，到2021年时进入16岁的人数（2020年15岁）远多于退出59

岁的人数。

全省人口老龄化程度低于全国水平。全省60岁及以上人口比重比全国的18.9%低1.9个百分点,65岁及以上人口比重比全国的14.2%低1.8个百分点。同时,按国际通行的划分标准,60岁及以上人口比重为10%至20%之间属于轻度老龄化阶段,江西省仍处于轻度老龄化阶段。

【城镇化水平持续提高】 2021年,全省常住人口中,城镇常住人口2776.40万人,比2020年第七次全国人口普查的2731.06万人增加45.34万人;乡村常住人口1741.01万人,比2020年的1787.80万人减少46.79万人,常住人口城镇化率(城镇常住人口占常住人口的比重)61.46%,比2020年的60.44%提高1.02个百分点,全省城镇化水平稳步提升,主要原因是全省经济较快发展,新型城镇化加快推进,乡村人口持续向城镇地区转移。

2021年年末,全省常住人口城镇化率与全国水平的差距进一步缩小,由2020年的3.45个百分点缩小至3.26个百分点;全省常住人口城镇化率在全国居第18位,中部第3位,低于湖北、山西,高于湖南、安徽、河南,位次没有变化。

【出生人口较快下降】 2021年,全省出生人口37.70万人,比2020年第七次全国人口普查的42.74万人减少5.04万人;死亡人口30.30万人,比2020年的29.70万人略增0.60万人。人口出生率8.34‰,比2020年的9.48‰下降1.14个千分点;人口死亡率6.71‰,比2020年的6.61‰上升0.1个千分点;人口自然增长率1.63‰,比2020年的2.87‰下降1.24个千分点。

【人口出生率走低】 2021年,全省出生人口比2020年减少5.04万人,出生人口自20世纪50年代以来首次低于40万人。出生人口下降主要是受婚育年龄推迟、“二孩政策”效应减弱、“三孩政策”效果还未显现等因素影响。全省出生人口下降导致人口出生率下降,在人口死亡率保持大体稳定的情况下,人口自然增长率走低。

(冷晴)

环境质量

【概 况】 2021年,江西省持续推动污染防治提档升级、环境保护提质增效、生态系统提量增值,环境质量主要指标保持中部领先、全国前列,取得4个“重大突破”。全省空气质量优良天数比率为96.1%,上升1.4个百分点,突破95%;PM2.5浓度为29微克/立方米,下降3.3%,突破30微克/立方米;市县两级饮用水水源地水质达标率均为100%,实现历史性突破;赣江干流33个断面全面达到Ⅱ类,实现赣江干流水质类别突破。江西国考断面水质优良比例为95.5%,全省受污染耕地安全利用率达90%左右、重点建设用地安全利用率达95%以上。

【水质量】 2021年,全省地表水水质总体优,断面(点位)水质优良(Ⅰ~Ⅲ类)比例93.6%,无劣Ⅴ类断面(点位)。与上年相比,全省地表水水质稳定为优,断面(点位)水质优良比例无变化。其中,主要河流断面水质优良比例99.4%,同比上升1.0个百分点;主要湖库点位水质优良比例39.4%,同比下降12.1个百分点,主要污染物为总磷。全省设区城市饮用水源地全年水质达标率为100%;地表水国家考核断面水质优良比例95.5%;“五河”和东江源头保护区出水断面监测点次达标率87.1%;省界水质优良比例100%,市界断面水质优良比例100%,县界断面水质优良比例为98.6%。与上年相比,设区城市饮用水源地全年水质达标率无变化;地表水国家考核断面水质优良比例上升1.6个百分点;“五河”和东江源头保护区出水断面监测点次达标率下降6.8个百分点;省界和设区市交界断面水质优良比例保持100%,县界断面水质优良比例上升1.4个百分点。

2021年,全省地表水总磷浓度年均值0.064mg/L,同比上升3.2%;氨氮浓度年均值0.23mg/L,同比无变化;高锰酸盐指数浓度年均值2.3mg/L,同比上升4.5%。

【空气质量】 2021年,全省设区城市环境空气质量优良天数比例均值为96.1%,11个城市优良天数比例范围为90.4%至99.5%。全省二氧化硫、二氧化碳、PM10和PM2.5浓度年均值分别为12、22、51和29微克/立方米,一氧化碳日均浓度第95百分位数平均值和臭氧日最大8小时平均值第90百分位数平均值分别为1.1毫克/立方米和126微克/立方米;六项污染物浓度年均值均达到或优于二级标准。

与2020年相比,全省设区城市环境空气质量优良天数比例均值上升1.4个百分点;二氧化硫、PM2.5浓度年均值、一氧化碳日均浓度第95百分位数平均值和臭氧日最大8小时平均值第90百分位数平均值浓度年均值分别下降7.7%、3.3%、8.3%和8.7%;二氧化碳、PM10浓度年均值持平。

【土壤质量】 2021年,监测土壤基础点位中镉、汞、砷、铅、锌、镍、六六六、滴滴涕和苯并a芘含量均低于农用地土壤污染风险筛选值(无风险);铬和铜含量低于风险筛选值点位比例均83.3%,铬和铜含量高于风险筛选值但低于风险管制值(中风险)点位比例均16.7%;无点位污染物含量高于风险管制值(高风险)。监测土壤风险点位中六六六和苯并a芘含量均低于农用地土壤污染风险筛选值;镉、汞、砷、铅、铬、铜、锌、镍和滴滴涕含量低于风险筛选值点位比例分别为:49.14%、97.79%、94.1%、89.68%、99.51%、89.68%、93.86%、99.51%、98.53%;镉、汞、砷、铅、铬、铜、锌、镍和滴滴涕含量高于污染风险筛选值但低于风险管制值点位比例分别为:47.9%、1.97%、5.16%、9.58%、0.49%、10.32%、6.14%、0.49%、1.47%;镉、汞、砷、铅含量高于风险管制值点位比例分别为:2.96%、0.24%、0.74%、0.74%。(注:2021年开展监测的土壤基础点位和风险点位有所调整,与上年无可比性)

【城市声环境质量】 2021年,全省设区市区域声环境昼间噪声均值为54.9分贝、总体水平为二级(较好),其中7个城市水平为二级(较好)、4

个城市水平为三级(一般);全省设区城市道路交通昼间噪声均值为 66.2 分贝、噪声强度为一级(好),其中 9 个城市强度为一级(好)、1 个城市强度为二级(较好)、1 个城市强度为三级(一般);全省设区城市功能区声环境噪声点位达标率均值为 87.9%,城市点位达标率范围 61.2%至 100%。(注:2021 年设区城市声环境质量点位有所调整,与上年无可比性。)

【降雨酸度】 2021 年,全省降水 pH 年均值为 5.49,酸雨频率为 25.4%。11 个城市降水 pH 年均值范围为 4.88 ~6.63,其中 3 个城市降水 pH 年均值小于 5.60。11 个城市酸雨频率范围为 0%至 82.7%。与上年相比,全省降水 pH 年均值上升 0.21,酸性程度减弱;酸雨频率下降 8.9 个百分点。

【农村环境质量】 2021 年,全省监测农村环境空气质量优良天数比例为 95.7%;饮用水源地水质达标率为 97.6%,主要污染物为总大肠菌群、菌落总数和铁;地表水断面水质优良比例为 92.3%;土壤未超过农用地土壤污染风险管制值点位比例为 99.7%。与上年相比,农村环境空气质量优良天数比例下降 3.9 个百分点,饮用水源地水质达标率上升 8.5 个百分点,地表水断面水质优良比例下降 2.7 个百分点;土壤未超过风险管制值点位比例上升 0.2 个百分点。

(肖军华)

气候状况

【概　况】 2021 年,全省平均气温 19.4℃,偏高 1℃,创 1961 年有完整气象记录以来新高,比上年偏高 0.4℃;全省平均年累计降水量 1524.8 毫米,偏少 1.1 成,为 1961 年以来第 21 低位。年内全省主要气象灾害有暴雨洪涝、高温干旱、局地强对流、低温冷冻害、寒潮等,主汛期没有出现流域性洪涝灾害。全省气候灾害年景评估结果为正常。气温偏高但波动起伏大。年内四季气温均偏高,其中 2 月和 9 月平均气温创当月历史新高,分别偏高 4.1℃和 3.2℃;3 月和 6 月平均气温均排历史同期第 3 高位;年初出现极端低温,多地气温创新低。中南部平均高温日数比常年偏多 24.9 天,创 1961 年以来新高,其中上犹、于都、南康和吉安等地高温日数达近 3 个月之久。降水偏少且时空分布不均。除春季外,其余各季降水均偏少,其中 5 月降水量创同期新高;赣中、赣南以及赣北的北部和西南部降水偏少,致使冬春(1—4 月)和伏秋(7—10 月)出现阶段性气象干旱,中南部旱情重。

主汛期赣东北出现洪涝灾害。5 月中下旬和 6 月下旬至 7 月初全省出现 2 次降水集中时段,部分支流出现超警戒水位,赣东北局部洪涝灾害重。

春季雷电天气频发,风雹影响重。春季全省主要出现 3 次较明显的区域性强对流天气过程,局部灾情重。

降水　全省平均降水量 1524.8 毫米,比常年(1721.3 毫米)平均偏少 11.4%,排名 1961 年以来第 21 低位。年内各月降水分布不均,1—4 月、6—7 月、9—10 月以及 12 月降水均偏少,5 月、8 月、11 月降水偏多,其中 5 月降水量创历年同月新高。

从全省 11 个设区市降水情况看,景德镇市年降水量 2108.4 毫米,为全省最多,赣州市年降水量 1236.9 毫米,为全省最少;较常年相比,景德镇市、鹰潭市、南昌市、上饶市较常年偏多,其中景德镇市偏多 11.4%为全省之最;赣州市、萍乡市、吉安市、抚州市、九江市、宜春市、新余市较常年偏少,其中赣州市偏少 22.7%为全省之最。

各地年降水量在 999.9 毫米(湖口)至 2242.8 毫米(婺源)之间。全省各地降水分布不均,赣中西部、赣南大部及赣北北部 1000~1400 毫米,赣北大部 1600 毫米以上,赣东北 2000~2200 毫米。与常年相比,全省除赣东北较常年偏多以外,其余大部分地区比常年偏少,偏少幅度为 0%~25%,吉安市北部、赣州市东南部和东北部偏少 25%以上,湖口偏少 31.4%为全省之最。降水量春季偏多,夏、秋、冬季偏少。

江西省雨季开始时间为 3 月 16 日,比常年偏早 5 天,结束时间为 7 月 3 日,接近常年略偏早。雨季期(3 月 16 日至 7 月 3 日)降水量北多南少,全省平均降水量 902.3 毫米,比常年同期(876.7 毫米)偏多 3%,各地降水量在 428.2 毫米(湖口)至 1522.0 毫米(广信)之间,赣东北地区降水量在 1000 毫米以上,其余大部地区降水量 600~1000 毫米。与常年同期相比,赣北大部及赣中的东北部较常年偏多,偏多幅度大部为 0%~25%,赣东北地区偏多 25%以上,其中,广信偏多 55.6%为全省之最;长江九江口、赣北的西南部、赣中的中西部和赣南等地较常年偏少,偏少幅度大部为 0%~25%,赣南东南部偏少 25%以上,湖口偏少 39.5%为全省之最。雨季期区域性暴雨接近常年略偏少,全省出现 11 个区域性的暴雨日(按 87 个国家站统计:≥10 站),区域性暴雨日较常年偏少 0.3 天。降水量 1000 毫米以上和暴雨日 6 天及以上的地区主要集中在赣东北。极端日降水量上饶(259.2 毫米,6 月 28 日)和广信(242.8 毫米,6 月 28 日)创历史新高。

全省平均降水日数 148.3 天(日降水量≥0.1 毫米),较常年同期偏少 8.8 天。各地降水日数在 119 天(湖口)至 179 天(夏坪)之间(高山站除外),其中赣北局部和赣南大部 120~140 天,赣北赣中大部 140~160 天,局部 160~180 天;较常年相比,全省除赣北中东部地区比常年偏多以外,其余大部分地区均偏少,其中赣中南部及赣南大部偏少 10~30 天,局部 30 天以上,安远偏少 34.4 天为全省之最。

全省平均暴雨日数 5 天(日降水量≥50 毫米),比常年偏少 0.8 天。大部分地区暴雨日数为 2~8 天,婺源暴雨日数 12 天为全省最多,遂川、夏坪、吉水、峡江、永新、安福、泰和等县暴雨日数 1 天为全省最少。较常年相比,全省大部分地区比常年偏少,其中吉安大部偏少 2~4 天,峡江偏少 4.5 天为全省之最;偏多地区赣北赣中赣南均有分布,其中婺源偏多 3.7 天为全省之最。

气温　全省平均气温 19.4℃,比常年偏高 1℃,排名 1961 年以来第 1 高位。全省 62 个县(市、区)创历史新高。年内各月平均气温与常年同期相比,4 月比常年偏低 0.6℃,11 月接近常年,其余月份均偏高。其中,2 月和 9 月平均气温创当月新高,分别偏高 4.1℃和 3.2℃。

全省11个设区市平均气温均比常年偏高,萍乡偏高1.4℃为全省之最。全省除南昌、景德镇平均气温排位历史第2高位以外,其他9个设区市均创历史新高。各地年平均气温在17.9℃(铜鼓)至21.6℃(于都)之间,赣北赣中大部18℃至20℃,赣南大部20℃至21℃;较常年相比,全省各地均比常年偏高,偏高幅度为0.5℃至1.5℃,西部大于东部,东部大多偏高0.5℃至1.0℃,西部大多偏高1.0℃至1.5℃,定南偏高1.7℃为全省之最。

全省各地年极端日最高气温35.3℃(湖口)至39.3℃(于都、遂川、广信)(高山站除外),全省大部分地区日最高气温37℃至39℃,9个县(市、区)高于或等于39℃,均出现在7月。各地年极端日最低气温零下8.8℃(婺源)至-2.2℃(于都)(高山站除外),大部分地区零下8℃至-4℃,赣南中部地区零下4℃至-2℃。

日照　全省平均年日照时数1693.1小时,较常年同期(1599.1小时)偏多94.0小时,历史同期排位第25高位。各地年日照时数1341.7小时(夏坪)至2002.2小时(龙南)。全省大部分地区1500~1900小时,赣南南部1900小时以上。较常年相比,全省大部分地区偏多0~200小时,赣南中南部偏多200~400小时,安远偏多434.3小时为全省之最。

季节转换　冬季(2020—2021年):入冬时间早、结束也早。全省大部分地区入冬时间为11月22日—23日;冬季持续时间除九江部分地区超过70天以外,赣北其他地区和赣中为50天至70天,赣南大部少于50天。与常年相比,冬季偏短,赣北和赣中大部分地区偏短20天至30天,部分地区偏短30天以上;赣南偏短10天至20天。

春季:入春时间特早,结束时间大部也偏早。全省入春时间为1月底至2月初;春季持续时间赣北赣中80天至90天,赣南大部65天至70天;较常年相比,赣北赣中大部偏长10天至30天,赣南大部偏短10天至20天。

夏季:入夏时间偏早,结束时间偏晚。全省入夏时间中北部在4月下旬至5月初,南部在3月下旬,南部入夏时间异常偏早。夏季持续时间赣北赣中大部160天至170天,赣南大部在190天至200天;较常年相比,全省大部分地区夏季持续时间偏长10天至30天,以安远偏长51天为最多。

秋季:入秋时间稍偏晚,结束时间大部偏早。全省10月中旬才入秋,较常年偏晚3天至5天,赣北部分地区偏晚时间超过一周。秋季持续时间除赣南外,其余地区40天至50天。较常年偏短10天至20天。

【主要气象灾害影响及评估】　暴雨洪涝　2021年全省平均洪涝指数237.5,达全省性明显洪涝标准。全年出现局部暴雨过程26次(3站开始,3站结束),较常年偏多2.7次;暴雨站次达434站(次),较常年偏少61站(次);暴雨起始日是2月10日,终止日为11月7日。区域性的暴雨日有13天,较常年偏少2天,区域性的暴雨日主要出现在5月中下旬、6月下旬至7月上旬。年内致灾的暴雨过程主要有:5月10日至13日、5月15日至17日、5月18日至23日、6月1日至4日、6月27日至7月2日,其中6月27日至7月2日的暴雨过程降水时空集中度高,洪涝灾害严重。

干旱　全省出现阶段性的气象干旱,主要干旱时段出现在1月至4月和7月至10月。其中,赣南全年降水偏少最多,出现明显的冬春连旱,以及汛期结束后又出现伏秋连旱。赣中和赣北的北部和西部也出现阶段性气象干旱,全省大部分地区年降水量偏少,旱情反复导致部分江河水位持续走低,个别河流站点出现有记录以来新低水位。

强对流　全省主要出现3次较明显的区域性强对流天气过程,分别为:3月29日至31日、5月10日至13日、5月15日至16日。其中,5月10日至13日的强对流天气过程影响最大。5月10日至13日全省中北部遭遇强对流天气袭击,部分地方出现冰雹、雷暴大风、短时强降水、强雷电等强对流天气。10日8时至14日8时,全省平均雨量63毫米,共有6个县(市、区)的11个测站雨量超过250毫米,62个县(市、区)的567个测站雨量介于100毫米至250毫米。10日8时至12日14时,21个县(市、区)出现冰雹,赣北赣中共有177个测站出现8级以上阵风,13个县(市、区)的15个测站阵风达10级以上;55个县(市、区)的236个测站出现1小时30毫米以上短时强降水;全省监测到闪电次数高达8.56万次。

高温酷暑　全省平均高温日数(≥35℃)48.4天,比常年偏多19.6天,排1961年以来第4高位;中南部平均高温日数58.3天,偏多24.9天,创1961年以来新高,有23个县(市、区)高温日数刷新历史纪录。各地高温日数5天(湖口)至90天(上犹),其中赣北的中北部20天至40天,赣北的西南部、赣中的中西部和赣南的中北部60天至80天,上犹、于都、南康和吉安等地超过80天,其余地区40天至60天。较常年相比,35.6%的站点偏多20天以上,其中赣中的中西部和赣南大部偏多20天至40天,赣南局部偏多超过40天。年内高温初始日为5月1日,终止日为10月10日,主要的高温时段出现在6月14日至20日、7月3日至23日、7月26日至8月9日、8月19日至9月6日、9月17日至10月5日。高温天气具有范围广、持续时间长、结束期晚等特点,一直持续到10月上旬才结束,从7月1日到10月7日仅有7天全省无高温站点,有31天高温范围达60站(共87站)。

寒潮或强冷空气　全省出现寒潮或强冷空气过程共有7次,分别是:1月5日至8日、1月16日至18日、3月18日至22日、11月7日至8日、11月21日至23日、12月16日至18日和12月24日至26日,影响较为明显的过程主要在1月中下旬和12月中下旬。

大雾　全省大雾主要集中在冬春季和秋季,区域性大雾日(≥15站)有38天,连续性大雾过程主要出现在2月中旬、3月中旬、4月中旬、5月下旬、11月上中旬和12月中下旬。

【气候影响专题评价】　气候与农业　全年光温水等气候条件对农业生产整体较好,气候条件有利有弊。全年洪涝灾害相对较轻,中南部和西部出现一定程度的农业干旱。省内主要农作物水稻、棉花为偏好年景,柑橘、油菜为偏差年景;全年农业综合年景为一般。1月上中旬的低温冷冻对越冬作物产生不同程度影响;主汛期2次降水集中期导致中北部地区农作物不同程度受淹;伏秋期降水少、高温时间长,中晚稻和柑橘受到一定影响。

气候与交通　出现的暴雨、强降水、局地强对流、大雾或浓雾以及由暴雨引发的次生灾害等,导致全省公路、航运、铁路等交通受到不同程度的影响。全年全省平均不利于交通运营的日数 70.0 天,较常年(86.7 天)偏少 16.7 天,排名历史第 3 低位。

气候与水资源　2021 年,全省平均降水量 1524.8 毫米,折合降水资源量 2503.41 亿立方米,较常年相比,偏少 167.9 亿立方米,属于正常年。全省降水时空分布不均,除 5 月降水异常偏多,11 月降水接近常年以外,其余月份降水量较常年偏少,全省干旱持续时间较长。

根据多源卫星资料对鄱阳湖水域面积的遥感监测,2021 年鄱阳湖水域面积较历史同期呈年初的冬春季偏小,5 月明显增加、比常年增多,随后夏季又较常年偏小,秋季略偏大的过程,直至 12 月,创历史新低。卫星遥感监测结果显示,2 月 3 日鄱阳湖水域面积为 980 平方千米,是 2021 年监测到的倒数第 2 低位的水域面积,之后鄱阳湖水域面积持续增大,直至 7 月 21 日监测到 2021 年最大水域面积,达 3119 平方千米,随后面积缓慢变小,至 12 月 30 日监测到的水域面积为 889 平方千米,创历史新低。

气候与人体健康　2021 年,全省平均舒适日数 212.6 天,较常年平均偏少 16.1 天,排 1961 年以来第 21 低位。除鹰潭、南昌及九江等地偏多 2 天至 26 天以上,其他地区均偏少,安远、进贤、渝水区、樟树和吉水等地区偏少超过 35 天。从舒适日数季节分布图上看,全省 2021 年冬、春季节偏多,夏、秋季异常偏少,其中秋季舒适日数创历史新低。

气候与能源　从夏季降温耗能评估模型的计算结果可以看出,夏季耗能以增加为主。6 月,全省平均气温较常年同期(26.0℃)偏高 1.1℃,高温日数偏多,导致降温耗能增大,除瑞金外,其余地区降温耗能以增加为主,大部分地区增加幅度为 40%至 90%。7 月,平均气温与常年同期(28.9℃)偏高 0.6℃,全省降温耗能变幅存在差异,赣北降温耗能主要以减少为主,大部分地区降幅 1%至 10%;赣中和赣南降温耗能主要以增加为主,增幅约 10%至 50%。8 月,平均气温较常年同期(28.3℃)偏高 0.2℃,赣北降温耗能以减少为主,赣中和赣南主要以增加为主,增加幅度约为 10%至 40%。

气候与生态　基于哨兵 2 号(Sentinel-2)卫星数据,对 2021 年鄱阳湖水体叶绿素 a 浓度进行遥感反演,结果显示:鄱阳湖水体叶绿素 a 浓度总体很低,均值为 0.031 毫克/升。相对高值区主要分布在近岸水域及五河入湖口附近水域,南部高于北部。

哨兵 2 号(Sentinel-2)卫星监测结果显示:鄱阳湖水体悬浮物浓度整体较低,但是随着各个季节水文特征的变化,悬浮物浓度的空间分布和浓度区间均有所改变,与水位呈负相关关系。春、秋两季鄱阳湖处于枯水季节,悬浮物浓度较高:春季平均为 41.35 毫克/升,秋季平均为 54.81 毫克/升。夏季鄱阳湖处于丰水季节,悬浮物浓度平均仅为 22.61 毫克/升。2021 年鄱阳湖水质整体良好,全年均低于轻度污染等级(水体污染指数大于 30 为轻度污染)。从季节变化来看,夏季,处于丰水期的鄱阳湖由于水体稀释和运移物质能力强等原因,水质较春、秋枯水季节更优。

气候与大气环境　2021 年,全省 11 个设区市空气优良天数比例平均为 96.1%,同比上升 1.4%,轻度污染天数比例为 3.7%,中度、重度污染天数比例分别为 0.1%、0.1%,无严重污染。与 2020 年相比,轻度污染和中度污染的污染日数比例均下降,重度污染日数比例持平(2020 年轻、中、重度污染天数比例分别为 5.0%、0.3%、0.1%)。

(钟微)

体制改革

【概　况】 2021 年,全省持续深化供给侧结构性改革,加快构建新发展格局;持续深化"放管服"改革,不断优化营商环境;持续深化国资国企改革,不断激发市场主体活力;持续深化开放型体制改革,不断拓展经济社会发展空间;深化财税金融改革,不断支撑经济社会持续健康发展;深化社会事业体制改革,不断增强人民群众的获得感。

【供给侧结构性改革】 出台加快打造全国构建新发展格局重要战略支点实施意见,制定行动计划,开展科技创新"铸魂"、产业升级"壮骨"、数字经济"赋能"、现代流通体系"强筋"、消费提质"跃升"、营商环境"攻坚"、开放合作"提升"、大南昌都市圈"强核"等八大行动。出台《建设高标准市场体系实施方案》,推动要素市场化配置改革,聚焦土地、劳动力、资本、技术、数据五大要素,破除阻碍要素自由流动的体制机制障碍。全面落实国家和省降成本政策,全年为企业减负超 1700 亿元。出台实施《培育壮大市场主体三年行动》,全年全省实有各类市场主体 402.5 万户,增长 26.1%。打通省市县"信息孤岛",实施电子信息、VR、信息安全等数字产业链链长制。出台《江西省"十四五"科技创新规划》和《关于加强科技创新支撑平安江西建设的实施方案》,推进创新省份建设,鄱阳湖国家自主创新示范区获批建设,中科院赣江创新研究院、中国工程科技发展战略江西研究院等重大创新平台落户,综合科技创新水平指数实现"七连进"。

【优化营商环境】 建立省人民政府主要领导担任组长的"1+18"省优化营商环境工作领导小组,构建以《江西省优化营商环境条例》为核心的"1+N"政策体系。实施优化营商环境攻坚行动,并纳入"我为群众办实事"实践活动重点民生项目,由省人民政府主要领导领题高位推进,每月调度、定期上报,实现重点领域办事环节再简化、时限再压缩、费用再降低、服务再提升。企业开办压减至 1.5 个工作日以内,不动产登记、抵押登记分别压减至 3 个、1 个工作日内,工程建设项目审批压减至平均 79 个工作日。首批聘任 56 名营商环境社会监督员和 15 名咨询专家,搭建江西营商全媒体平台,发挥监督和参谋作用。修订完善省营商环境评价实施方案,组织开展全省营商环境评价,评价范围由 11 个设区市、赣江新区扩大到 100 个县

(市、区),全省营商便利度水平87.49分,比上年提升3.87分,98.7%的企业对当地营商环境给予满意以上评价。乡镇(街道)赋权事项由98项调整至108项,经济发达镇赋权事项由160项调整至260项。全面推进“一照含证”改革,迭代升级到“一照通办”,入选刊登全国优化营商环境简报第49期。建成“赣服通”4.0版,推动“赣政通”扩面提质。率先开启“一网选中介”服务新模式,建成全省统一网上中介服务超市,获国务院办公厅通报表扬。

【国资国企改革】 出台《江西省国有经济“十四五”发展规划》《省委、省政府关于新时代推进国有经济布局优化和结构调整的实施意见》等文件,从省级战略层面引导国有资本布局加速优化调整,指导各监管企业编制本企业“十四五”战略规划,促进企业产业布局结构优化。推进企业瘦身健体,完成541户“僵尸企业”和15户重点亏损子企业处置工作,剥离国企办社会职能和解决历史遗留问题全面扫尾,推动企业轻装上阵、聚力发展。实施国资国企改革创新三年行动,出台《江西省省属国有企业混合所有制改革操作指引》,推动101户“百户企业”完成混改工作,引入90亿元社会资本,放大国有资本功能,“百户国企混改攻坚行动”收官。省出资监管企业集团和99%子企业实现董事会“应建尽建”,80%以上省出资监管企业集团和子企业经理层实现任期制和契约化管理,完成阶段性任务,江西在国务院国企改革办召开的推动混合所有制企业深度转换经营机制专题推进会上作典型经验交流发言。出台《省国资委推进出资监管企业上市三年行动计划》,近3年新增国有控股上市公司10家,全省国有控股上市公司已达到33家。在全国地方国企改革三年行动中期评估中进入第一档次,获国务院国企改革办通报表扬。

【开放型体制改革】 加快建设内陆开放型经济试验区,出台《江西内陆开放型经济试验区建设实施方案》,启动“赣深组合港”运营模式,探索“双飞地”发展模式,打造“衢饶”、湘赣边等跨省合作示范区,深入开展“三同”试点等,其中跨省边际合作、口岸“三同”试点、“关港联动”等方面创新做法,被国家发展改革委第941期信息刊登推介。举办以“融入双循环 推动新发展——内陆开放型经济试验区建设”为主题的“中国发展论坛·2021”,宣传江西省试验区建设成效,系列报道各地试验区建设成果。推进集群式项目满园扩园和开发区“两型三化”管理提标提档行动,实施重点产业集群提能升级计划。做实“开发区+主题产业园”“管委会+平台公司”模式,鼓励与沿海、境外共建“飞地园区”,推动全省开发区规划建设主题产业园218个。推进深赣港产城、海峡两岸(江西)产业合作区和赣粤、赣浙、赣闽等合作园区建设,海峡两岸产业合作区新引进台资项目14个,合同台资9.4亿美元,实际进资1.1亿美元。

【财税体制改革】 出台生态环境、自然资源、应急、公共文化领域财政事权和支出责任划分改革实施方案,健全省与市县财政体制。制定《关于进一步完善省级财政科研项目资金管理若干措施》,完善江西省财政科技投入机制,助力全省科技创新。出台《江西省人民政府关于进一步深化预算管理制度改革的实施意见》,强化预算管理顶层设计。出台《江西省财政厅关于深化进一步深化省直部门零基预算改革的通知》,从编制2022年预算起,在省直行政机关和参照公务员管理的事业单位基础上,省本级将改革扩大到公益一类事业单位,市县一级比照省级进一步扩大范围。出台《关于进一步深化税收征管改革的实施方案》,得到省领导肯定性批示,成为全国首批率先出台实施方案的省份之一。推进非税收入征管职责划转改革,土地闲置费、城镇垃圾处理费两项非税收入征管职责划转工作收官。

【金融体制改革】 全面实施《江西省地方金融监督管理条例》,进一步规范地方金融监管部门履职,强化地方金融组织监管。绿色金融改革走在全国前列,绿色金融支持碳达峰碳中和实践稳步开展,赣江新区20余项经验成果在全国推广,5项绿色金融创新成果被国家发改委列入国家生态文明试验区经验做法推广清单,江西绿色金融发展综合指数居全国第4位。“江西省推行绿色金融改革促进绿色经济稳步发展”列入国务院第8次大督查江西经验做法。普惠金融改革试验区建设势头良好,赣州市、吉安市普惠金融组织体系日益健全,金融服务质效持续提升。

【教育体制改革】 开展义务教育“双减”工作,出台若干措施,开展专项治理。全省关停义务教育阶段学科类校外培训机构1493个,规范营业1078个。开展规范民办义务教育专项工作,推进民办学校分类管理改革,明确15所“公参民”学校的转设路径。升级江西省民办教育公共服务平台,签发全国首张民办学校办学许可证电子证照。职业教育改革创新工作连续2年受国务院办公厅通报表扬,并在全国职业教育大会和2021年全国教育工作会议上作典型发言。

【医药卫生体制改革】 坚持常态化疫情防控与深化医改“两手抓”,深化“三医”联动改革,推进公立医院高质量发展,加快构建优质高效医疗卫生服务体系。江西省是全国唯一连续12年入选全国“推进医改、服务百姓健康”十大医改新举措(新闻人物)的省份;新余市作为仅有的2个发言单位之一,在全国推广三明医改经验现场会暨培训班上作经验交流。

【社会保障体制改革】 深化社会保险制度改革,以社会保障卡为载体建立居民服务“一卡通”。建设社会救助服务热线、南昌市青云谱区服务类社会救助、抚州市“党建+社会救助”3个国家级社会救助改革创新试点、10个省级社会救助改革创新试点。在全国率先出台机构抚养孤儿成年后安置政策、残疾孤儿和残疾事实无人抚养儿童照料护理补贴制度,全省设立区域性机构18个,孤儿区域性机构养育率达85%。改革公办养老机构,在全国率先推动省市县乡四级成立养老服务中心,“党建+农村养老服务”经验在全国推广。公益性殡葬基础设施和惠民政策基本实现全覆盖,步入全国前列。

(汪江)

国民经济和社会发展状况

【概　况】 2021年，全省地区生产总值2.96万亿元，同比增长8.8%。其中，第一产业增加值0.23万亿元，增长7.3%；第二产业增加值1.32万亿元，增长8.2%；第三产业增加值1.41万亿元，增长9.5%。三次产业结构为7.9 ∶ 44.5 ∶ 47.6，三次产业对地区生产总值增长的贡献率分别为7.3%、40.4%和52.3%。人均地区生产总值6.56万元，增长8.8%，按年平均汇率计算，折合1.02万美元。

全年全省居民消费价格比上年上涨0.9%，涨幅比上年回落1.7个百分点。分类别看，八大类商品和服务价格"四涨四降"，交通通信类价格上涨4.3%，教育文化娱乐类价格上涨3.0%，居住类价格上涨0.9%，生活用品及服务类价格上涨0.4%，医疗保健类价格下降0.1%，衣着类下降0.3%，食品烟酒类价格下降0.7%，其他用品及服务类价格下降1.3%。全年工业生产者出厂价格同比上涨10.5%，工业生产者购进价格同比上涨12.3%。农产品生产者价格同比下降3.9%。

【农　业】 全省农林牧渔业总产值3998.1亿元，同比增长9.0%。粮食种植面积377.28万公顷，增长0.01%。粮食种植面积中，谷物种植面积349.00万公顷，下降0.6%。油料种植面积71.34万公顷，增长5.2%。油料种植面积中，油菜籽50.45万公顷，增长6.1%。蔬菜种植面积68.63万公顷，增长3.8%。棉花种植面积1.1万公顷，下降68.5%。甘蔗种植面积1.34万公顷，下降1.3%。

全年全省粮食产量2192.3万吨，比上年增长1.3%。油料产量130.9万吨，增长6.7%。蔬菜及食用菌产量1730.6万吨，增长5.4%。棉花产量1.7万吨，下降67.5%。甘蔗产量60.7万吨，下降0.8%。烟叶产量2.6万吨，下降3.1%。茶叶产量7.4万吨，增长3.1%。园林水果产量518.4万吨，增长5.1%。

全年全省猪牛羊禽肉产量344.0万吨，比上年增长21.6%。其中，猪肉产量238.5万吨，增长32.0%；牛肉产量16.7万吨，增长9.9%；羊肉产量2.9万吨，增长11.4%；禽肉产量85.9万吨，增长1.6%。禽蛋产量62.6万吨，增长2.3%。牛奶产量8.3万吨，下降8.7%。水产品产量269.5万吨，增长2.6%。年末生猪存栏1683.2万头，比上年末增长7.2%；全年生猪出栏2910.4万头，比上年增长31.2%。

【工业和建筑业】 2021年，全省工业增加值1.08万亿元，同比增长9.0%；规模以上工业增加值增长11.4%。分经济类型看，国有控股企业增长8.8%；股份制企业增长11.9%，外商及中国港澳台商投资企业增长8.9%；私营企业增长11.4%。高耗能行业增加值增长6.3%，占比40.6%，同比提高1.5个百分点。非公有制工业增加值增长12.6%，占全省规模以上工业81.7%，对规模以上工业增长贡献率86.9%。

重点监测的437种主要工业产品中有320种产品产量同比实现增长。工业机器人、稀土磁性材料、3D打印设备、新能源汽车等工业新产品产量分别增长139.8%、61.7%、32.7%、29.1%。

全年全省规模以上工业企业实现营业收入4.40万亿元，同比增长25.6%；实现利润总额0.31万亿元，增长28.5%；每百元营业收入中的成本86.3元，增加0.3元。年末规模以上工业资产负债率53.5%，下降0.2个百分点。

年末全省开发区投产工业企业1.54万家，同比增加1118家。全年开发区工业增加值增长11.9%，比规模以上工业高0.5个百分点。实现出口交货值2283.0亿元，增长10.1%。招商签约资金1.70万亿元，增长34.3%；招商实际到位资金8837.8亿元，招商资金实际到位率51.9%。实现营业收入4.05万亿元，增长27.5%，比上年提高17.4个百分点；实现利润总额2887.7亿元，增长31.4%。营业收入超300亿元的开发区48个，增加12个；超500亿元开发区28个，增加7个；超1000亿元开发区8个，增加2个。全省规模以上工业生产原煤213.4万吨，比上年下降25.1%；原煤消费库存量387.6万吨，增长36.4%。原油加工量666.7万吨，下降5.0%。其中，汽油产量197.7万吨，下降6.6%；煤油产量45.7万吨，下降15.7%；柴油产量203.7万吨，下降14.0%。发电量1425.2亿千瓦时，增长6.1%。新型能源发电量167.0亿千瓦时，比上年增长26.1%。其中，垃圾焚烧发电量22.9亿千瓦时，增长67.7%；风力发电量85.3亿千瓦时，增长31.7%；太阳能发电量41.4亿千瓦时，增长11.7%。全省总承包和专业承包建筑业总产值完成9762.9亿元，比上年增长12.9%。其中，建筑工程产值完成8490.7亿元，增长14.2%，占全省建筑业总产值87.0%；安装工程产值完成701.6亿元，增长7.6%，占比7.2%；其他产值完成570.6亿元，增长1.8%，占比5.8%。资质以上总、专包建筑业企业共4815家，比上年增加946家。其中，总承包企业4224家，增加828家；专业承包企业591家，增加118家。按资质等级划分：资质等级为特、一级企业472家，增加47家；二级企业1167家，增加137家；三级及其他企业3176家，增加762家。

【固定资产投资】 2021年，全省固定资产投资比上年增长10.8%。分产业看，第一产业投资增长1.7%，第二产业投资增长15.5%，第三产业投资增长6.4%。民间投资增长16.1%，占全部投资68.4%，占比提高3.2个百分点。基础设施投资增长2.5%，制造业投资增长17.1%。全省施工项目2.31万个，增加4836个。其中，新开工项目1.25万个，增加3107个，完成投资占全部投资32.3%。施工项目中，全省亿元以上施工项目8999个，比上年增加1013个。其中，亿元以上新开工项目3240个，比上年增加382个。民生领域项目1713个，比上年增加291个，完成投资增长17.9%。其中，教育投资增长18.4%，卫生投资增长24.7%，体育投资增长58.1%。全省房地产开发投资同比增长6.3%，其中住宅投资增长10.3%。商品房销售面积7676.2万平方米，增长14.0%。其中，住宅销售面积6681.3万平方米，增长14.2%。商品房销售额5894.1亿元，增长12.9%。其中，住宅销售额

5110.0亿元,增长15.5%。商品房单位面积销售额7678元/平方米,比上年降低79元。年末商品房待售面积737.5万平方米,比上年末下降8.2%。其中,住宅待售面积324.6万平方米,下降20.6%。全年全省棚户区改造开工11.6万套,基本建成11.2万套。

【国内贸易】 全省实现社会消费品零售总额1.22万亿元,同比增长17.7%。其中,限额以上消费品零售额3960.3亿元,增长19.5%。按经营地统计,城镇消费品零售额1.03万亿元,增长17.4%;乡村消费品零售额1934.0亿元,增长19.0%。按消费类型统计:商品零售1.1万亿元,增长15.2%;餐饮收入1258.9亿元,增长45.5%。全省实物商品网上零售额1878.4亿元,增长26.9%。

【对外经济】 全省货物贸易进出口总值4980.4亿元,同比增长23.7%。其中,出口值3671.8亿元,增长25.8%;进口值1308.6亿元,增长18.3%。一般贸易进出口3698.7亿元,增长30.7%,占全省74.3%。民营企业进出口3638.3亿元,增长22.7%,占全省73.1%。对"一带一路"沿线国家进出口1424.3亿元,增长21.5%。全年全省新设外商投资企业633家,同比增加68家;合同外资金额96.1亿美元,下降22.1%;实际利用外商直接投资金额157.8亿美元,增长8.1%。利用省外项目实际进资9541.8亿元,增长9.0%。全年对外承包工程新签合同147份,比上年下降5.2%;合同金额36.1亿美元,下降7.6%;完成营业额41.2亿美元,增长1.4%。对外承包工程和对外劳务合作派出各类劳务人员1910人,增长50.7%。

【交通、邮电和旅游】 全省货物运输总量19.87亿吨,比上年增长26.4%;货物运输周转量4884.7亿吨公里,增长21.8%。南昌港完成货物吞吐量3700.6万吨,下降23.9%;完成集装箱吞吐量13.2万标准箱,下降5.5%。九江港完成货物吞吐量1.52亿吨,增长26.0%;完成集装箱吞吐量64.9万标准箱,增长6.3%。旅客运输量2.57亿人,比上年下降40.5%;旅客运输周转量603.9亿人公里,下降4.3%。昌北国际机场旅客吞吐量976.6万人次,增长3.6%。年末全省公路通车里程21.11万千米,比上年增长0.2%。其中,高速公路通车里程6308.9千米,增长1.2%。铁路营业里程4822.0千米,增长6.1%。年末全省民用汽车保有量717.8万辆,比上年增长8.5%。民用轿车保有量377.6万辆,增长8.6%。其中,私人轿车363.5万辆,增长9.0%。全年全省邮电业务总量626.8亿元。其中,邮政业务总量210.7亿元,增长30.5%;电信业务总量416.1亿元,增长30.0%。完成邮政函件业务745.0万件,下降37.1%;包裹业务33.6万件,下降8.6%。快递服务企业业务量16.0亿件,增长42.9%;业务收入144.3亿元,增长25.9%。年末固定电话用户474万户,比上年末下降1.7%。移动电话用户4496.8万户,增长5.8%。年末5G终端用户1392.7万户。年末互联网宽带接入用户(计算机互联网用户)1700.2万户,增长12.6%。全年全省旅游接待总人数7.43亿人次,比上年增长33.4%;旅游总收入6769.0亿元,增长24.8%。

【财政、金融、证券和保险业】 2021年,全省一般公共预算收入2812.3亿元,比上年增长12.2%。其中,税收收入1929.4亿元,增长13.4%,占一般公共预算收入68.6%。全省一般公共预算支出6778.5亿元,同比增长1.6%。民生方面支出5345.5亿元,占一般公共预算支出78.9%。年末全省金融机构人民币各项存款余额4.75万亿元,增长8.8%。全省金融机构人民币各项贷款余额4.69万亿元,增长13.3%。年末全省辖区内共有境内上市公司66家,其中主板公司44家,创业板公司17家,科创板公司4家,北交所公司1家。辖区内证券公司2家,分公司49家,证券营业部303家,证券交易额8.7万亿元;期货公司1家,分公司5家,期货营业部25家,期货代理成交金额4.6万亿元。全年全省保险公司保费收入909.6亿元,比上年增长2.3%。其中,财产险保费收入264.8亿元,寿险保费收入444.0亿元,健康险保费收入175.5亿元,意外伤害险保费收入25.3亿元。支付各类赔款及给付334.1亿元,其中财产险赔款及给付177.3亿元,人寿险赔款及给付62.1亿元,健康险赔款及给付87.4亿元,意外伤害险赔款及给付7.4亿元。

【教育和科学技术】 全省研究生教育招生2.2万人,在校生5.9万人,毕业生1.4万人。普通高等教育招生42.3万人,在校生134.9万人,毕业生31.0万人。成人高等教育招生16.9万人,在校生40.1万人,毕业生7.0万人。中等职业教育招生20.5万人,在校生51.9万人,毕业生11.8万人。普通高中招生39.7万人,在校生115.8万人,毕业生34.2万人。初中学校招生70.4万人,在校生216.4万人,毕业生74.4万人。普通小学招生59.8万人,在校生395.8万人,毕业生70.5万人。民办学校8673所,在校学生184.4万人。特殊教育在校生4.1万人,幼儿园在园幼儿161.8万人。学前教育毛入园率90.4%,小学阶段毛入学率101.5%,初中阶段毛入学率107.9%,高中阶段毛入学率93.3%。普通高考录取率83.5%,高等教育毛入学率55.2%。

全年全省研究与试验发展(R&D)经费支出占地区生产总值1.8%。年末共有国家工程(技术)研究中心8个,省工程(技术)研究中心351个;国家级重点实验室6个,省级重点实验室240个。全年授权专利9.7万件;签订技术合同6625项,技术市场合同成交金额414.0亿元。其中,技术开发合同成交额151.3亿元,技术转让合同成交额75.2亿元。年末全省获省级检验检测机构资质认定机构1699个。其中,国家产品质量监督检验中心10个,法定计量技术机构336个。全年强制检定计量器具118.4万台(件)。获CCC认证证书企业664家,获得CCC认证证书4638张。发放自愿性产品认证证书1.35万张,发放工业产品生产许可证907张。测绘部门为经济社会发展提供各种基本比例尺地形图2.64万幅,测绘基准成果730点,遥感影像成果568.5万平方千米。

【文化、卫生和体育】 全省共有公有制艺术表演团体75个，文化馆117个，公共图书馆114个，博物馆189个。广播电视播出机构96座，中、短波转播发射台17座。有线电视实际用户533万户，其中数字电视实际用户508万户。年末广播综合人口覆盖率99.2%，电视综合人口覆盖率99.6%。全年出版各种图书、期刊、报纸1.02万种，出版各类图书2.81亿册、期刊7860万册、报纸7.26亿份。年末全省有各类医疗卫生机构（不含村卫生室）9567个，其中医院、卫生院2532个，妇幼保健院（所、站）112个，专科疾病防治院（所、站）92个，疾病预防控制中心144个，卫生监督所（中心）110个。卫生技术人员30.5万人，其中执业医师和执业助理医师11.1万人，注册护士14.0万人。医院、卫生院床位数28.5万张，其中乡镇卫生院床位数6.1万张。年末全省有青少年俱乐部196个，青少年户外活动营地3个；国家级体育传统项目学校15所，省级体育传统项目学校237所，省级单项体育后备人才基地38个。全年新建村级农民体育健身工程89个，乡镇体育健身工程76个。在国际和国内重大比赛中共获38枚金牌、36枚银牌和44枚铜牌。

【居民收入消费和社会保障】 全年全省居民人均可支配收入3.06万元，同比增长9.3%，扣除价格因素，实际增长8.3%。按常住地分，城镇居民人均可支配收入4.17万元，增长8.1%，扣除价格因素，实际增长7.2%；农村居民人均可支配收入1.87万元，增长10.0%，扣除价格因素，实际增长9.3%。城乡居民人均可支配收入比值为2.23，比上年缩小0.04。全年全省居民人均消费支出2.03万元，比上年增长13.0%。按常住地分，城镇居民人均消费支出2.46万元，增长11.1%；农村居民人均消费支出1.57万元，增长15.3%。全省居民恩格尔系数为32.1%，其中城镇为31.4%，农村为33.3%。全省参加城镇职工基本养老保险1247.5万人，同比增加79.3万人。参加城乡居民基本养老保险2074.3万人，减少3.7万人。参加基本医疗保险4710.5万人，减少69.4万人。其中，参加城镇职工基本医疗保险608.2万人，增加9.2万人；参加城乡居民基本医疗保险4102.4万人。参加失业保险308.0万人，增加16.1万人。全省领取失业保险金人数4.7万人。参加工伤保险563.3万人，增加9.9万人。参加生育保险378.4万人，增加6.2万人。城市居民纳入政府最低生活保障人数31.1万人，城市低保标准765元/（人·月），向城市低保户发放低保金19.8亿元，月人均补差490元；农村居民纳入政府最低生活保障142.7万人，农村低保标准515元/（人·月），向农村低保户发放低保金63.7亿元，月人均补差355元。城市、农村特困供养标准分别为995元/（人·月）、670元/（人·月）。全年全省义务教育阶段免除学杂费学生612.2万人，义务教育阶段补助家庭经济困难寄宿生活费学生20.5万人，普通高中国家助学金资助人15.9万人，普通高中免学费补助人数8.0万人，资助考入大学（含民办高校独立学院）家庭经济困难学生3.0万人，中等职业教育（不含技工学校）国家助学金资助人11.6万人，中等职业教育（不含技工学校）免学费补助人43.2万人。年末全省共有提供住宿社会服务机构1928个，床位18.1万张，收养9.9万人。社区综合服务机构和设施2.2万个，其中社区服务中心1166个。全年销售社会福利彩票28.7亿元，筹集福利彩票公益金9.1亿元，直接接受社会捐赠10.7亿元。

全年全省城镇新增就业48.0万人，新增转移农村劳动力60.4万人，失业人员再就业15.2万人，就业困难人员就业4.9万人。全年城镇调查失业率平均值控制在预期目标5.5%以内。年末城镇登记失业率2.84%，同比下降0.31个百分点。

【资源、环境与安全生产】 全年全省PM2.5浓度为29微克/立方米，比上年下降3.3%，平均浓度达国家二级标准。全年优良天数比例为96.1%，比上年上升1.4个百分点，优良天数增加4天。空气中的二氧化硫、PM10、二氧化碳浓度均达到国家二级标准，二氧化碳和PM10浓度与上年持平，二氧化硫浓度下降7.7%。

全年全省地表水监测断面（点位）水质优良比例为93.6%，Ⅴ类比例为0.3%，劣Ⅴ类水质比例为0%。全省地表水国考断面水质优良比例为95.5%，上升1.6个百分点。长江干流10个断面均为Ⅱ类水质。赣江干流33个断面均为Ⅱ类水质。全省设区城市集中式饮用水源地达标率为100%。

全年全省完成人工造林6.94万公顷，完成低产低效林改造12.05万公顷。共建成各类自然保护地547处，其中，国家公园1处，自然保护区190处，风景名胜区45处，地质公园15处，世界遗产5处，湿地公园109处，森林公园182处；自然保护地总面积186.66万公顷。

全年全省平均降水量1524.8毫米，比常年偏少11.4%，排名1961年以来第21低位。平均气温19.4℃，比常年偏高1℃，为1961年以来第1高位。平均日照时数1693.1小时，比常年偏多94小时，历史同期排位第25高位。全年全省规模以上工业综合能源消费量6103.2万吨标准煤，增长2.9%；万元规模以上工业增加值能耗下降7.6%。

全年全省发生生产安全事故1293起，比上年减少453起。其中，道路运输业事故1000起，工矿商贸事故266起，铁路运输业事故20起。生产安全事故死亡932人，同比减少130人。其中，道路运输业事故死亡615人，工矿商贸事故死亡288人，铁路运输业事故死亡18人。亿元生产总值生产安全事故死亡0.03人。全年未发生重大以上事故。

（李金龙）

本类目编辑　徐佳佳

中国共产党江西省委员会

综 述

2021年，中共江西省委全面贯彻中共十九大和十九届历次全会精神，深入贯彻中共中央总书记习近平视察江西重要讲话精神，聚焦"作示范、勇争先"目标要求，团结带领全省干部群众从百年党史中汲取智慧和力量，统筹推进常态化疫情防控和经济社会发展，加快推动高质量跨越式发展，持续深化全面从严治党，如期与全国同步全面建成小康社会，实现"十四五"良好开局。

强化政治引领，坚决捍卫"两个确立"。省委常委会会议及时跟进学习贯彻中共中央总书记习近平重要讲话重要指示批示精神，省委理论学习中心组开展学习研讨14次，组建省委宣讲团，深入宣讲中共十九届六中全会和省第十五次党代会精神。省委、省政府主要负责人调整后，召开专题省委常委会（扩大）会议，重温中共中央总书记习近平视察江西重要讲话精神。出台《关于深化落实习近平总书记视察江西重要讲话精神、奋力开启全面建设社会主义现代化新征程的意见》，切实抓好中办回访调研反馈问题整改，组织开展省委、省政府综合督查。举办"学习贯彻党的十九届六中全会精神、提高政治判断力政治领悟力政治执行力"专题研讨班。精心组织中国共产党成立100周年系列活动，经中共中央批准在井冈山隆重举行江西省庆祝中国共产党成立100周年大会。发挥红色资源优势，推动党史学习教育走在前列，"我为群众办实事"实践活动扎实有效，全省为民办实事71.7万件。召开省第十五次党代会，对全面建设创新江西、富裕江西、美丽江西、幸福江西、和谐江西、勤廉江西作出明确部署。

完整准确全面贯彻新发展理念，高质量跨越式发展取得新成效。全年地区生产总值增长8.8%，人均突破1万美元，主要经济指标增幅保持全国前列。启动六大领域"项目大会战"，中国商飞江西飞机生产制造中心、赣深高铁、安九客专等重大项目建成投运，固定资产投资增长10.8%。开展商贸消费升级"五大行动"，举办首届中国米粉节、赣菜美食节及鄱阳湖国际观鸟周等活动，社会消费品零售总额增长17.7%。千亿元级产业增至13个，全省工业增加值1.08万亿元，规模以上工业营业收入4.4万亿元。扎实推进鄱阳湖国家自主创新示范区建设，开展创新型省份高质量发展三年行动，新增中国工程科技发展战略江西研究院、中国中医科学院中医药健康产业研究所等一批重大创新平台，新增1名本土培养的院士，高技术产业投资增长29.2%，战略性新兴产业、高新技术产业增加值占规模以上工业增加值比重分别达23.2%、38.5%。全省安全生产事故和死亡人数实现"双下降"。出台在新时代推动中部地区高质量发展中加快崛起的实施意见，深入推进"一圈引领、两轴驱动、三区协同"区域发展战略。

全面深化改革开放，发展动力活力实现新增强。召开省委深改委会议6次，"放管服"、国资国企、财税金融、农业农村、社会民生等重点领域改革不断深化。"赣政通"平台全面上线，建成"赣服通"4.0版，"数字政府""五型"政府建设成效明显。"百户国企混改攻坚行动"全面收官，江铜集团"三年创新倍增"、新钢集团"转型升级冲千亿"任务全面完成，中国稀土集团在赣州挂牌成立。农村土地"三权分置"改革和农村宅基地制度改革试点稳步推进。出台江西内陆开放型经济试验区建设实施方案，举办世界VR产业大会云峰会、世界赣商大会、对接粤港澳大湾区经贸合作等重大活动，全省实际利用外资增长8.1%，外贸出口增长25.8%。实施新一轮优化提升营商环境攻坚行动，建设全国政务服务满意度一等省份。出台建设高标准市场体系实施方案，推进"证照分离"改革。大力发展跨境电商、数字贸易、外贸综合服务等新业态。

促进全面绿色转型，美丽中国"江西样板"迈出新步伐。配合完成第二轮中央生态环保督察和国家遏制"两高"项目盲目发展专项检查等工作，深入实施长江经济带"共抓大保护"攻坚行动，长江重点水域禁捕退捕工作考核全国第1名，包括江西省部分区域的武夷山国家公园获批设立。全省空气质量优良天数比例96.1%，地表水国考断面水质优良率95.5%，长江干流江西段和赣江干流水质保持在Ⅱ类，土壤污染风险得到有效管控。编制《全省碳达峰实施方案》《江西省碳达峰核心指标测算报告》，组建省碳中和研究中心，率先开展省级绿色低碳县试点示范，排污权交易市场正式启动，发行全国首单有色金属行业碳中和债、首批碳中和资产支持票据。出台关于建立健全生态产品价值实现机制的实施方案，绿色金融发展指数排名全国第4名，推行绿色金融改革促进绿色经济稳步发展获国务院督查肯定。

扎实践行以人民为中心的发展思想，人民生活品质得到新提高。年初确定的51件民生实事全面完成，城镇新增就业48万人，新增转移农村劳动力60.4万人,城乡居民人均可支配收入分别增长8.1%、10%。认真做好"双减"工作,依法组织实施"三孩"生育政策,加强卫生、体育、养老等事业发展。从严抓实抓细常态化疫情防控各项工作,科学精准高效战胜上饶铅山突发疫情,全面完成重点人群加强针接种工作。做好巩固拓展脱贫攻坚成果同乡村振兴有效衔接,选定1841个"十四五"省定乡村振兴重点帮扶村强化支持。粮食总产量连续9年保持在2150吨以上,生猪产能全面恢复到2017年年底水平,"菜篮子"产量稳中有增。开展政法队伍教育整顿,完成中国共产党成立100周年大庆等维稳安保任务,扫黑除恶专项斗争综合绩效全国第3名,全省公众安全感和群众满意度分别达98.9%、98%,连续16年获评全国综治考评优秀省。

*大力发展社会主义民主法治,省域治理迈上新水平。*大力推进"江西数字人大"建设。全面加强新时代人民政协工作,打造"赣事好商量"品牌。召开全面依法治省工作会议。出台江西省贯彻落实《中国共产党统一战线工作条例》实施意见,完善大统战工作格局。深入学习贯彻中央民族工作会议精神、全国宗教工作会议精神,民族宗教领域和谐稳定局面持续巩固。大力推进市域社会治理现代化试点,形成"红色治理""农村社会治理综合体"等一批经验做法。坚持党管武装制度,国防动员各项任务有效落实。

*深入推进社会主义文化强省建设,宣传思想工作展现新气象。*全面落实意识形态工作责任制,扎实推进网络安全和信息化建设。出台关于深入推进红色基因传承的意见,9个项目入选长征国家文化公园建设,3家纪念馆入选全国爱国主义教育示范基地,新命名22家省级爱国主义教育基地。制定出台《关于深化拓展全省新时代文明实践中心建设的实施方案》等文件,建立新时代文明实践中心92个、实践所1554个、实践站1.36万个。在第八届全国道德模范评选活动中,江西4人当选,当选人数并列全国第1。深入推进文化体制改革,出台省属文化企业改革创新3年行动方案,全省规模以上文化企业及相关产业营业收入增长16.1%。

*持续深化全面从严治党,全省政治生态积极向上向好。*深入开展政治谈话,加强对"一把手"和领导班子的政治监督,扎实推进中央巡视反馈问题整改落实。纵深推进基层党建"三化"建设,全面落实好干部标准。严肃换届纪律、加强监督指导,市县乡村(社区)换届完成。深入贯彻中央人才工作会议精神,召开省委人才工作会议,人才服务环境得到优化。巩固深化落实中央八项规定精神,持续纠"四风"树新风,做好整治形式主义为基层减负工作。坚持"三不"一体推进,强化监督执纪问责,坚决全面彻底肃清苏荣案等案件恶劣影响,全力配合中央纪委做好肖毅案、龚建华案查处工作,完成十四届省委巡视全覆盖。全省纪检监察机关立案20048件、处分19891人,查处违反政治纪律案件217件、违反中央八项规定精神问题5315起。

(省委办公厅)

重要会议

【全省党史学习教育动员会议】 3月1日,省委召开全省党史学习教育动员会,省委书记刘奇出席并讲话。省委副书记、省长易炼红等省委、省人大常委会、省政府、省政协领导班子成员,省法院、省检察院主要负责人出席会议,省委副书记叶建春主持会议。会议对全省开展党史学习教育进行统一部署。会议以视频会议形式开到市县级。

【全省领导干部会议】 3月12日,全省领导干部会议在南昌召开,传达学习全国两会精神,部署全省贯彻落实工作。省委书记、省人大常委会主任刘奇主持并讲话。易炼红、姚增科、叶建春等省委、省人大常委会、省政府、省政协领导班子成员,省法院、省检察院主要负责人出席会议。会议传达中共中央总书记习近平在全国两会期间的重要讲话精神和全国人大常委会委员长栗战书在参加江西代表团审议时的讲话精神,传达十三届全国人大四次会议精神、全国政协十三届四次会议精神。

10月19日,省委召开全省领导干部会议。中共中央组织部副部长李小新出席会议并宣布中央决定:易炼红任江西省委书记,刘奇不再担任江西省委书记、常委、委员职务。刘奇主持会议并讲话,易炼红、叶建春讲话。现职省级领导干部,副省级以上老干部,省委委员、候补委员,省直单位主要负责人,各设区市党政正职,省属企事业单位和高等院校主要负责人,中央驻赣单位主要负责人,各民主党派主委、省工商联主要负责人出席会议。

11月12日,省委召开省委常委会(扩大)会议和全省领导干部会议,传达中共十九届六中全会精神,对全省学习宣传贯彻工作进行动员部署。省委书记易炼红主持会议。省委副书记、代省长叶建春传达中共十九届六中全会精神。省委委员、候补委员;不是省委委员、候补委员的在职省级领导干部出席会议。省委各部门、省直各单位(含中央驻赣单位、省属高校、省管企业)党组(党委)主要负责人,各设区市和省直管县(市)党政主要负责人出席会议。

【全省脱贫攻坚总结表彰大会】 6月23日,省委、省政府召开全省脱贫攻坚总结表彰大会。省委书记刘奇出席会议并讲话。会议强调,要大力弘扬脱贫攻坚精神,巩固拓展脱贫攻坚成果,扎实推进乡村全面振兴,加快高质量跨越式发展,确保"十四五"开好局、起好步。省长易炼红主持会议,省委副书记叶建春宣读表彰决定。省委、省人大常委会、省政府、省政协领导班子成员,省法院、省检察院,武警江西省总队主要负责人出席会议。

【江西省庆祝中国共产党成立100周年大会】 7月1日,经中共中央批准,江西省在井冈山举行庆祝中国共产党成立100周年大会,深入学习中共中央总书记习近平在庆祝中国共产党成立100周年大会上的重要讲话精神,弘扬伟大建党精神,昂首迈步新的征程,奋力谱写全面建设社会主义现代化国家江西篇章。省委书记刘奇出席并讲话,省委副书记、省长易炼红主持,省委副书记叶建春宣读《中共江西省委关于表彰全省优秀共产党员、全省优秀党务工作者和全省先进基层党组织的决定》，姚增科等在职省(军)级领导人、正省级老干部出席会议。会议表彰了全省优秀共产党员、全省优秀党务工作者和全省先进基层党组织，邱娥国、饶宇欢、谭翊泉3位全国、全省“两优一先”代表作发言。与会人员在井冈山集中收听收看庆祝中国共产党成立100周年大会实况直播和中共中央总书记习近平在大会上发表的重要讲话。

省委有关部门、省直有关单位，各人民团体主要负责人，各设区市和赣江新区党政主要负责人，井冈山、瑞金、兴国、于都等县(市)党委主要负责人，各民主党派省委会、省工商联主要负责人和无党派人士代表，老战士、老党员、老干部代表，革命先辈、革命先烈后代代表，全省获得党和国家功勋荣誉表彰的代表，全省优秀共产党员、优秀党务工作者和先进基层党组织代表，中共十九大基层一线代表，各界群众代表出席会议。

【中共江西省委十四届十三次全体(扩大)会议】 7月22日—23日，省委十四届十三次全体(扩大)会议在南昌召开，省委常委会主持会议，省委书记刘奇代表省委常委会作工作报告、部署全省推动中部地区高质量发展相关工作，省委副书记、省长易炼红作《关于江西在新时代推动中部地区高质量发展中加快崛起的实施意见(讨论稿)》的起草说明，省委常委、省委组织部部长刘强作《关于召开中国共产党江西省第十五次代表大会的决议(草案)》的说明。省委委员、省委候补委员出席会议，不是省委委员、省委候补委员的在职省级领导干部列席会议。

全会听取和审议省委常委会工作报告，讨论《关于江西在新时代推动中部地区高质量发展中加快崛起的实施意见》，审议通过《关于召开中国共产党江西省第十五次代表大会的决议》，审议通过《关于颜赣辉严重违纪违法问题的审查报告》和《关于追认给予颜赣辉开除党籍处分的决定》。不是省委委员、候补委员的在职省级领导干部，省委各部门、省直各单位党组(党委)主要负责人，各设区市、赣江新区、各县(市、区)党政主要负责人，部分基层党代表列席会议。

【中共江西省委十四届十四次全体(扩大)会议】 11月20日，省委十四届十四次全体会议在南昌举行。省委常委会主持会议，省委书记易炼红讲话，叶建春、姚增科、吴忠琼出席会议。全会听取省第十五次党代会报告起草情况的说明、省纪委工作报告起草情况的说明，并分组讨论、审议这2个报告，一致同意作修改完善后提交省第十五次党代会审议；确定省第十五次党代会于11月23日—26日在南昌召开；酝酿第十五届省委委员、候补委员，省纪委委员候选人预备人选名单。

省委委员、候补委员出席会议。不是省委委员、候补委员的省人大常委会、省政府、省政协党组成员，省两院党组主要负责人，各设区市市委书记，省纪委委员，省监委委员，不是省纪委委员、省监委委员的各设区市纪委书记列席会议。

【中国共产党江西省第十五次代表大会】 11月23日—26日，中国共产党江西省第十五次代表大会在南昌召开。易炼红代表中共江西省第十四届委员会向大会作题为《高举习近平新时代中国特色社会主义思想伟大旗帜 携手书写全面建设社会主义现代化江西的精彩华章》的报告。大会选举产生中共江西省第十五届委员会和第十五届纪律检查委员会，通过关于中共江西省第十四届委员会报告的决议、关于中共江西省第十四届纪律检查委员会工作报告的决议。大会的主题是：高举习近平新时代中国特色社会主义思想伟大旗帜，深入贯彻落实中共中央总书记习近平视察江西重要讲话精神，动员全省广大党员和干部群众，从党的百年奋斗重大成就和历史经验中汲取智慧和力量，大力弘扬伟大建党精神和井冈山精神、苏区精神、长征精神，咬定“作示范、勇争先”的目标要求，进一步解放思想、开拓进取，携手书写全面建设社会主义现代化江西的精彩华章。大会确立全省5年的奋斗目标。

在昌的地方副省级以上党员老干部、部队正军级以上党员老干部、“两院”院士等应邀出席开幕大会。不是本次党代会代表的第十四届省委委员、候补委员、省纪委委员，省委各部门、省直各单位、省属企业、省属高校党员主要负责人，省人大、省政协各专门委员会、工作委员会党员主要负责人，中央驻赣单位的党委(党组)主要负责人，各民主党派省委会主委、省工商联主席和无党派知名人士以及其他有关方面的负责人列席开幕大会。

【中共江西省委十五届一次全体会议】 11月26日，省委十五届一次全体会议在南昌举行。易炼红受中国共产党江西省第十五次代表大会主席团的委托，主持省委十五届一次全体会议。新一届省委委员出席会议，候补委员列席会议。新一届省纪委委员列席会议。全会以无记名投票方式，选举易炼红、叶建春、吴忠琼、梁桂、马森述、吴浩、李红军、任珠峰、张鸿星、庄兆林、鲍泽敏、史文斌、黄喜忠13人为中共江西省第十五届委员会常务委员会委员；选举易炼红为省委书记，叶建春、吴忠琼为省委副书记。全会通过中共江西省第十五届纪律检查委员会第一次全体会议选举结果的报告。

【省委经济工作会议】 12月27日，省委经济工作会议在南昌召开。省委书记易炼红主持会议并讲话。省委副书记、代省长叶建春对2022年经济工作作具体部署。姚增科、吴忠琼等省委、省人大常委会、省政府、省政协领导班子成员，省法院、省检察院主要负责人出席会议。省委各部门、省直各单位主要负责人，各设区市、县(市、区)党政主要负责人，赣江新区、国家级经济技术开发区、高新技术产业开发区党工委、管委会主要负责人等出席会议。

(省委办公厅)

重要文件

【制定《关于全面推进乡村振兴加快农业农村现代化的实施意见》】 2月10日，省委、省政府印发该实施意见。实施意见从实现巩固拓展脱贫攻坚成果同乡村振兴有效衔接、加快现代农业强省建设、实施乡村建设行动、深化农业农村改革、强化农业农村优先发展要素保障、加强党对农村工作的领导等 5 个方面提出明确要求，实现 2021 年粮食种植面积 377.28 万公顷、产量 2192.3 万吨，生猪生产全面恢复，蔬菜等农产品生产稳中有增，农民收入增长继续快于城镇居民，农业质量效益稳步提升，脱贫攻坚成果得到巩固，脱贫攻坚政策体系和工作机制同乡村振兴有效衔接，乡村建设行动全面启动，农村人居环境持续提升，农村改革重点任务深入推进，农村社会和谐稳定。

【印发《江西内陆开放型经济试验区建设实施方案》的通知】 2 月 8 日，省委、省政府印发该实施方案。实施方案提出的总体目标是：坚持党的全面领导，坚持高质量跨越式发展首要战略，坚持以深化供给侧结构性改革为主线，主动融入共建“一带一路”，积极参与长江经济带发展，深度对接粤港澳大湾区建设、长三角地区一体化发展、海峡西岸经济区建设，解放思想，对表一流，深化内陆开放型经济体制改革，推动资源要素自由高效流动，全域建设开放大通道、提升开放大平台、培育开放大产业、优化开放大环境，全力建设南昌、赣州、九江、上饶 4 大开放门户，以大开放促进大发展，以内陆双向高水平开放加快融入构建新发展格局，努力打造内陆双向高水平开放拓展区、革命老区高质量发展重要示范区、中部地区崛起重要支撑区，奋力谱写全面建设社会主义现代化国家江西篇章，描绘好新时代江西改革发展新画卷。

【制定《关于深化落实习近平总书记视察江西重要讲话精神奋力开启全面建设社会主义现代化新征程的意见》】 3 月 15 日，省委、省政府印发该意见。意见从坚定不移以中共中央总书记习近平视察江西重要讲话精神引领现代化建设新征程、坚定不移推动经济高质量跨越式发展、坚定不移加快构建国家新发展格局重要战略支点、坚定不移提高老区人民生活品质、坚定不移把江西打造成最讲党性最讲政治最讲忠诚的地方等 5 个方面提出明确要求，深化落实习近平视察江西重要讲话精神，聚集“作示范、勇争先”的目标定位和“五个推进”的重要要求，奋力开启全面建设社会主义现代化新征程，描绘好新时代江西改革发展新画卷。

【制定《关于新时代进一步推动江西革命老区振兴发展的实施意见》】 4 月 21 日，省委、省政府印发该实施意见。实施意见从总体要求、全面实施乡村振兴战略、夯实高质量发展基础、增强内生发展动力、筑牢绿色生态屏障、增进老区人民福祉、推进传承红色基因、完善政策保障体系、强化组织实施等 9 个方面提出明确要求，深入贯彻落实中共中央决策部署，全面完成《国务院关于新时代支持革命老区振兴发展的意见》涉及江西的目标任务，巩固拓展脱贫攻坚成果，推动高质量跨越式发展，让革命老区人民过上更加富裕幸福的生活。

【制定《关于江西在新时代推动中部地区高质量发展中加快崛起的实施意见》】 8 月 11 日，省委、省政府印发该实施意见。实施意见从总体要求；以创新驱动为引领，构建江西特色现代产业体系；以改革开放为动力，建设江西内陆开放型经济试验区；以融合共进为路径，促进城乡区域协同发展；以绿色低碳为导向，打造美丽中国“江西样板”；以优质均衡为目标，增进人民福祉；以安全高效为前提，夯实高质量发展支撑基础；抓好组织实施 8 个方面提出明确要求，切实担负起中共中央总书记习近平和中共中央赋予江西的重要历史使命，认真贯彻《中共中央、国务院关于新时代推动中部地区高质量发展的意见》精神，深入实施高质量跨越式发展首要战略，努力实现江西在新时代推动中部地区高质量发展中加快崛起。

【制定《关于完整准确全面贯彻新发展理念做好碳达峰碳中和工作的实施意见》】 12 月 31 日，省委、省政府印发该实施意见。实施意见从总体要求、深入推进产业绿色低碳循环发展、有序推进能源清洁低碳安全高效发展、加快形成绿色低碳交通运输方式、着力促进流通消费绿色低碳转型、系统推进城乡建设绿色低碳发展、大力加强绿色低碳科技创新、积极培育绿色低碳市场、建立健全绿色低碳循环发展政策法规制度、切实强化组织实施等 10 个方面提出明确要求，加快打造全面绿色转型发展的先行之地、示范之地，确保如期实现碳达峰、碳中和。

【印发《〈关于进一步减轻全省义务教育阶段学生作业负担和校外培训负担的若干措施〉的通知》】 9 月 30 日，省委办公厅、省政府办公厅印发该若干措施。若干措施从加强学生作业管理、提升课后服务水平、规范校外培训机构培训行为、提升教育教学质量、强化组织保障等 5 个方面提出明确要求，进一步减轻全省义务教育阶段学生过重作业负担和校外培训负担。

【印发《〈关于进一步推进文化强省建设的若干措施〉的通知》】 12 月 31 日，省委办公厅、省政府办公厅印发该若干措施。若干措施从对照“一流坐标系”，明确文化强省建设目标任务；推出“一流硬措施”，确保文化强省建设任务落地落实；着眼“一流好成效”，强化文化强省建设组织保障等 3 个方面提出明确要求，认真履行举旗帜、聚民心、育新人、兴文化、展形象的使命任务，持之以恒铸文化之魂、强文化之基、兴文化之业，进一步推进更具创造力、创新力、竞争力、影响力的文化强省建设。

（省委办公厅）

督查工作

【决策督查】 推动中共中央总书记习近平重要讲话重要指示批示精神和中共中央决策部署贯彻落实，对 2020 年综合督查发现的 70 个具体问题整改紧盯不放，分解整改任务，建立整改台账，逐个跟踪落实，持续推动问题整改到位。9—12 月，由省委办公厅、省政府办公厅牵头，会同省委政研室、省发改委等 8 家省直单位组成省委、省政府综合督查组，围绕深入学习贯彻中共中央总书记习近平视察江西重要讲话精神、推动江西省“十四五”规划开局起步、推进高质量发展、全面加强党的建设、持续推进整改工作 5 个方面重点内容开展综合督查，省委、省政府主要领导审定综合督查方案，省委常委会会议听取综合督查情况汇报，以省委办公厅、省政府办公厅的名义将综合督查报告及具体问题和责任单位清单印发全省各地各部门，持续深入推动中共中央总书记习近平对江西工作的重要讲话重要指示批示精神落地见效。抓好中央文件督办落实。建立健全有效的中央文件督办机制，坚持每月定期逐件发函调度、逐月汇总形成贯彻落实情况，持续抓好中央文件督办落实。2021年共督办中央文件132件。配合做好中办督查工作。配合中办开展贯彻落实中共中央总书记习近平对江西工作重要讲话指示批示精神情况回访调研、指尖上的形式主义整治、完整准确全面贯彻新发展理念、中央八项规定精神执行情况、为基层减负蹲点调研、“某长制”运行情况等督查或调研活动，完成各项任务。参与中央生态环保督察组进驻督察工作，完成江西协调组交办的各项工作任务。

【指示批示督办落实】 督办落实中共中央总书记习近平重要指示批示。2021年就中共中央总书记习近平面向全国关于宗教工作、革命文物工作、深化东西部协作和定点帮扶工作、打击治理电信网络诈骗犯罪工作、职业教育工作、湖北十堰燃气爆炸事故、红色教育机构规范管理、防汛救灾、农村厕所革命、疫情防控、老龄工作等11项工作所作出的重要指示批示落实情况进行督办，做到督办前有明确要求、落实中有跟踪督促、成果出来后有总结评估。跟踪督办省委主要领导指示批示。2021年督办省委主要领导指示批示事项327件、媒体曝光事项9件，形成批件督办专报48期，其中10—12月共梳理督办省委书记易炼红指示批示事项168件。聚焦省委中心工作、领导关注事项抓落实、重点督，先后就民营企业技改升级、现代物流体系建设、优化天然气价格形成体制、麦园垃圾场等中央环保督察反馈问题、新祺周分场毁林建墓违规出售、九江两地违建别墅，高标准农田管护建设、重点水域退捕禁捕、粮食“种、储、收”等重点工作，进行集中攻坚督办，切实推动问题解决，坚决防止举措落空或问题反弹，确保件件有着落、事事有回音。

【专项督查】 2021年，会同省直有关单位对加强和改进人民政协工作、做实做强主导优势产业、有关安可工程应用、国家级重大创新平台建设、全省国资国企改革创新三年行动进展、贯彻落实党的宗教政策、加强对“一把手”和领导班子监督等情况开展专项督查，推动省委决策部署落实落地，有关督查专报多次获省委、省政府主要领导批示。

【调研督查】 2021年，聚焦全省工作重点、社会关注的热点、群众关心的痛点问题开展调研督查，推动解决实际问题。对江西省种业安全、生活垃圾分类工作推进、全省经济发达镇行政管理体制改革、公立医院薪酬制度改革、农村生活污水治理、城镇老旧小区改造、南昌部分大型医院周边停车难停车贵、青少年防溺水问题、庐山管理体制改革等情况开展专题调研，形成调研报告，为省委决策提供参考。

【推进基层减负】 制定年度工作要点及责任分工，部署全年为基层减负工作，压紧压实各地各部门主体责任。出台《关于持续深化拓展整治形式主义为基层减负工作的若干措施》，推动为基层减负向纵深发展。印发工作简报14期，及时向省委报告工作情况，指导推动各地各单位抓好工作落实。发挥统筹协调作用，对文件会议、督查检查考核事项实行计划管理，制定2021年度省委督查工作计划，审核制定全省督查检查考核计划，推动文件会议每年只减不增，督查检查考核事项大幅减少。将省直单位计划开展的62项督查检查考核，统筹归并为41项，减少33.9%。坚决守住精文简会硬约束，坚持对文件会议、督查检查考核事项进行季度调度监测、动态分析，及时对出现超开超发苗头的10家单位点对点预警，对计划外开展督查检查考核事项的12家单位进行通报，督促整改纠正。紧盯问题抓整治。根据中办统一部署，再次开展“指尖上的形式主义”整治，清理全省政府机构微信和QQ工作群27649个；清理全省政务类APP38个。对企业、学校、医院、科研单位等行业领域形式主义问题整治情况进行“回头看”，持续跟踪问效。就一票否决、签订责任状事项，基层挂牌上墙、制度上墙等整治规范情况开展实地复核，持续巩固前期整治成果。聚焦基层反映县乡“主官”负担重、视频会议过多等突出问题，开展专题调研，出台规范性措施。

【创新督查工作机制】 构建省委大督查工作格局。聚焦短板不足，创新督查工作机制，制定《关于构建省委大督查工作格局的实施意见（试行）》，进一步完善“一统四分三保障”的省委大督查工作格局，推动形成抓督查促落实的强大合力。加强省委督查工作考核。组织开展上年度省委督查工作考核，考核结果抄送省纪委省监委、省委组织部、省委巡视办及省绩效办；在此基础上，对考核办法进行修改完善，制定《2021年度省委督促检查工作考核办法》。学习借鉴中办优良作风和科学方法，总结疫情防控工作中的好做法，利用大数据、云计算等信息化手段，创新督查方法，优化考核评比方式，不断提升督查实效。加大暗访力度，采取“四不两直”方式开展实地督查，深入基层一线掌握第一手资料。

（省委办公厅）

档案工作

【概　况】 2021年，全省有档案主管部门26个，国家综合档案馆113个。全省各级档案馆馆藏总量1362万卷、1489万件。鹰潭市档案馆新馆建成，泰和县等6个县级档案馆建成投入使用。至年底，全省100个县级档案馆中，已建成或在建的档案馆94个。印发实施《“十四五”江西省档案事业发展规划》，明确“十四五”时期江西档案事业发展的总体要求和主要任务。

【服务中心工作】 全省各级档案部门加大红色档案资源开发力度，通过举办展览、拍摄专题片等方式，挖掘档案里的党史故事，传承红色基因，赓续红色血脉。省档案局联合省委宣传部

9月30日，南昌市红谷滩区碟子湖小学的少先队员在省档案馆参观学习并开展主题实践活动

省档案馆供

等单位举办“初心耀征程——百件珍贵革命文物档案说江西”主题展。省档案馆联合《江西日报》推出微视频《档案里的共产党人》《档案里的江西故事》25期。抚州、上饶、赣州等8个设区市举办庆祝中国共产党成立100周年档案展览。积极参与国家档案局“档案话百年”全国征文活动，江西省选送的作品《档案记录扶贫路》获全国二等奖。主动融入脱贫攻坚和疫情防控工作大局，及时跟进做好相关档案收集归档。全省共形成脱贫攻坚档案29.19万卷、17.06万件、照片3.43万张，疫情防控档案21万余件、照片5万余张。

【档案法治建设】 省档案局对省直40家单位开展档案执法检查，南昌等9个设区市档案局对200余家单位开展执法检查，推动档案法律法规落实。完成全省统一行政权力清单编制实施和省市县三级权责认领等工作，通过江西省政务服务平台办理群众咨询和投诉101件。开展2020年度档案事业统计调查工作，完成全省6749家单位统计调查报表汇总上报。推进监督指导方式创新，在全国率先开发并上线“江西省档案业务监督指导系统”。加大档案法治宣传力度，各级档案部门结合“6·9”国际档案日和“12·4”全国法制宣传日，开展档案进机关、进企业、进学校、进社区活动，并通过网站、微博、微信公众号和电视、报刊等媒体，开展档案法治宣传活动。

【档案资源服务利用】 贯彻落实中共中央总书记习近平“让历史说话，用史实发言”的重要指示精神，持续加大档案资源开发力度，全年编纂出版档案史料50余种。赣州市上报中办信息《赓续档案工作的精神血脉——在追根溯源中央苏区档案工作史中汲取精神力量》获中共中央政治局委员、中央办公室主任丁薛祥批示。各级档案馆创新查档方式，提供网络微信查档、工作日延时查档、节假日预约查档和异地查档、跨馆出证等服务，全年接待社会各界利用者40多万人次。加大档案开放力度，省档案馆全年完成档案开放鉴定32.5万件，依法向社会开放档案7.4万余件。

【档案信息化建设】 继续推进纸质档案数字化，全省档案共享利用平台汇聚全省各级档案馆目录数据3616万条、数字副本2686万件，比上年分别增加342万条、459万件。联合省财政厅等单位开展增值税电子发票电子化报销、入账、归档试点工作，8家单位通过验收。青峰药业集团有限公司企业数字档案室建设试点工作通过国家档案局验收，实现江西省“全国企业数字档案室”零突破。启动省档案馆“全国示范数字档案馆”创建工作，推动省法院纳入“全国数字档案室”建设试点单位。

【干部队伍建设】 联合省人社厅制定印发《关于深化档案专业人员职称制度改革的实施意见》，进一步畅通档案专业人员职称评价渠道，为建设高素质的档案干部队伍提供制度保障。组织开展2021年国家档案局科技项目立项推荐工作，2个科技项目通过国家档案局立项审批。全省各级档案部门通过线上线下相结合的方式，先后举办多期培训班，对各级机关、团体、企业事业单位档案人员以及市县档案局长、馆长进行业务培训，提升全省档案干部的履职能力和业务水平。

【全省档案工作会议召开】 3月23日，全省档案工作会议在南昌召开。会议主要任务是，以习近平新时代中国特色社会主义思想为指导，深入贯彻中共十九届五中全会和省委十四届十二次全会精神，传达贯彻全国档案局长、馆长会议精神和省委领导对档案工作批示精神，全面总结2020年全省档案工作，部署2021年档案工作任务。省委办公厅督查专员汤俊峰作工作报告，省档案馆副馆长谭荣鹏主持会议并传达有关会议和领导批示精神。会议通过视频形式召开，省直单位办公室分管负责人、省直档案工作协作组组长单位档案员在主会场参加会议，各设区市、县（市、区）委办公室分管负责人以及档案馆馆长、副馆长、业务科长等在各市、县（市、区）分会场参加会议。

【国家档案局到江西开展档案工作综合检查】 10月18日—22日，国家档案局到江西开展档案工作综合检查。省委副秘书长、省委办公厅主任沈谦芳出席汇报会和反馈会。省委办公厅副主任徐建文、二级巡视员方丽萍全程陪同检查。检查组听取全省档案工作情况汇报，到南昌、高安、丰城、宜春、新余等地及省档案馆、省委党校、银雁科技江西分公司、中国瑞林公司、省林科院等单位，通过听取汇报、实地查看、查阅资料、交流座谈、人员访谈等方式，对江西省档案工作进行检查。

（省委办公厅）

组织工作

【概　况】　截至2021年年底，全省中共党员总数为235.2万名，比2020年年底净增9.9万名，增幅4.4%。女党员54.6万名，占党员总数的23.2%。少数民族党员1.1万名，占0.5%。大专及以上学历党员105.4万名，占44.8%。30岁及以下党员33.8万名，31~35岁党员24.6万名，36~40岁党员21.7万名，41~45岁党员22.1万名，46~50岁党员22.7万名，51~55岁党员22.6万名，56~60岁党员22.3万名，61岁及以上党员65.5万名。工人（工勤技能人员）11.6万名，农牧渔民81.6万名，企事业单位、社会组织专业技术人员30.6万名，企事业单位、社会组织管理人员21.8万名，党政机关工作人员23.1万名，学生7.9万名，其他职业人员18.1万名，离退休人员40.6万名。全省有党的各级地方委员会112个，其中省委1个，市委11个，县（市、区）委100个。全省有中共基层组织11.5万个，比2020年年底净增2000个，增幅2.2%。其中，基层党委7000个，总支部7000个，支部10.1万个。全省172个城市街道、1396个乡镇、4114个社区（居委会）、17007个行政村已建立党组织，覆盖率超过99.9%。向21.3万名符合条件的老党员颁发“光荣在党50年”纪念章。2021年，全省各级党组织共表彰优秀共产党员5.2万名，表彰优秀党务工作者1.8万名，表彰先进基层党组织1.3万个。抓好中共十九届五中、六中全会精神教育培训，全省共培训各级各类干部37.7万人次。举办全省领导干部“学习贯彻中共十九届六中全会精神，提高政治判断力政治领悟力政治执行力”专题研讨班。深入实施“传承红色基因教育培训计划”，全省各级共培训党员110万人次，开发党史党性教育优质课程66门、打造现场教学示范点38个。全力配合抓好党史学习教育，深入开展“我为群众办实事”实践活动。

【基层党组织建设】　全面完成全省17631个村、3247个社区“两委”换届，村（社区）干部队伍结构整体优化。印发《关于抓党建促乡村振兴的实施意见》，部署开展“乡村振兴模范党组织”创建活动，实施“新时代赣鄱乡村好青年”选培计划。持续向重点乡村选派驻村第一书记和工作队，全省各级选派驻村工作队5593个、驻村第一书记6188人、驻村工作队员11286人。排查整顿软弱涣散村党组织580个、社区党组织63个。大力发展村级集体经济，全省年经营性收入10万元以上的村达99.3%，15万元以上的村达54.2%。推进红色名村建设，共完成2批次150个。推进“党建+农村养老服务”，覆盖77.6%的行政村，惠及160万农村老人。统筹抓好各领域基层党建工作，推动各设区市出台社区工作者职业体系建设政策文件，在1846个社区探索开展社区物业党建联建，指导制定推进省直机关基层党建“三化”建设提质增效意见，健全完善高校党的组织体系、党建工作制度体系，制定省属国有企业在完善公司治理中加强党的领导的意见，在全国率先将园区非公企业党建纳入全省开发区考核评价指标体系，推动全省重点互联网企业全部成立党组织。全年共发展党员12.6万余人，全面推开农村发展党员违规违纪问题排查整顿工作，持续深化党员队伍分类管理试点。

【干部队伍建设】　平稳有序完成市县乡领导班子换届，优化各级领导班子结构。做好省第十五次党代会人事安排、组织选举。树立担当实干鲜明用人导向，在“三大”攻坚战、疫情防控、抗洪救灾等急难险重工作一线提拔或进一步使用干部1870人，在脱贫县党政正职中提拔19人，进一步使用13人。3人被评为全国优秀县委书记。开展容错纠错和澄清正名工作，稳妥处理不担当不作为干部。着力优化干部队伍专业结构，举办数字经济、城市建设等专题培训班18期，培训2000余人次，各级举办基层干部培训班2400余期，培训近34万人次。大力配备专业化干部，从省内中央驻赣金融机构等选派具有金融、经济等学科背景的年轻干部27人到县（市、区）、开发区挂职服务，市党政班子和县党政正职中具有相关专业背景的干部比例分别达87.8%、87.5%。加快培育选拔优秀年轻干部。持续深化干部日常管理监督，结合省委巡视，开展选人用人专项检查。领导干部个人有关事项报告查核一致率保持在全国第一方阵。扎实推进领导干部配偶、子女及其配偶经商办企业行为规范工作，常态化治理领导干部违规办理和持有因私出国（境）证件、“裸官”等问题。不断加强公务员队伍建设，纵深推进专业技术类和行政执法类公务员分类改革，持续抓好公务员职务与职级并行制度落实，大力推进乡镇机关公务员职级晋升，强化县直机关退出领导岗位职级公务员管理。选拔1608名“五方面人员”进入乡镇领导班子。统筹做好公务员工资津贴补贴清理规范工作，全面推行公务员平时考核，持续巩固深化乡镇绩效考核成效。深化拓展“人民满意的公务员”活动，胡唐武被中组部、中宣部评为“最美公务员”。

【优秀年轻干部培养选拔】　完善培养选拔优秀年轻干部常态化长效化工作机制，加强年轻干部的思想淬炼、政治历练、实践锻炼、专业训练。对全省各层级优秀年轻干部逐人建立“成长档案”。面向省内外高校定向招录选调生512人，其中北大、清华58人，实现历史性突破。依托省委党校中青年干部培训班，点名调训优秀年轻干部250名。安排18名厅级、30名县处级优秀年轻干部到省委巡视组、省委信访局实践锻炼。全年提拔45岁左右厅级干部61名，占新提拔厅级干部的17.8%。换届中，市级党政班子配备年轻干部48人，县级党政正职中配备年轻干部45人，比规定的比例要求分别多11人、20人。

【人才培育引进】　出台关于打造天下英才重要首选地意见，开展新一轮全省中长期人才发展规划纲要编制工作，修订完善《江西省高层次人才引进实施办法》。积极推进国家级重大人才工程申报推荐，新一批申报人数、入选人数比上年翻番。持续开展“才聚江西 智荟赣鄱”组团引才活动，举办海外“云引才”活动，全年引进高层次人才5000余名。实施院士后备人选支持计划，南昌大学教授谢明勇当选中国工程院院士。第三批省“双千计划”入选258名个人和21个团队。从首批115名高层次人才服务团成员中留任36人到县区(开发区、景区)、市直单位,有效打通人才流动渠道。做强做实省高层次人才产业园,集聚11名“两院”院士、106名高层次人才,签约落户项目87个。加强VR、生物医药、航空等产业人才队伍建设,设立南康家居小镇等4个省级服务支持人才创新创业示范基地。创新推出省高层次人才电子服务卡。加强人才工作信息化建设,依托“赣服通”平台,持续完善“江西人才云”平台功能。推动建设全省首个人才主题公园。

【市县乡领导班子和村(社区)“两委”换届完成】 把加强党的领导贯穿换届全过程,坚持事业为上、人岗相适、人事相宜,突出业绩导向、基层导向、实干导向,认真抓好全省11个设区市、100个县(市、区)、1396个乡镇领导班子和2万余个村(社区)“两委”换届工作,各级领导班子结构性配备要求全面达标或超额完成,组织提名的候选人均全票或高票当选,各级班子结构更加优化、功能整体提升。严格执行中央“十个严禁、十个一律”和江西省“八个严格、八个不得”换届纪律,整个换届纪律严明、导向鲜明、风清气正,相关经验做法在全国作典型发言。

【全省基层党建“三化”建设提质增效暨重点任务推进会召开】 4月21日—22日,全省基层党建“三化”建设提质增效暨重点任务推进会在南昌召开。会议贯彻落实全国组织部长会议、全国基层党建工作重点任务推进会议精神,以及省委部署和全省组织部长会议精神,以基层党建“三化”建设提质增效目标,对2021年基层党建工作重点任务作出具体安排。省委组织部副部长、省委非公有制经济组织和社会组织工委书记周训国出席会议并讲话。南昌市委常委、市委组织部部长李镇发出席并致辞。省委党建办专职副主任汤乐毅,省直机关工委、省委教育工委、省国资委党委、省委网信办、省民政厅、省卫健委、省工商联、省律师行业党委分管领导及相关职能部门负责人,省委组织部相关处室负责人,各设区市委组织部分管副部长、相关科室负责人参加会议。

会议系统总结了全省基层党建工作经验,强调2021年是基层党建“三化”建设提质增效年,要以完善组织体系为重点,以纵深推进基层党建“三化”建设为抓手,通过落实中共中央总书记习近平关于加强基层党建工作的重要要求以及中央和省委决策部署,在解决问题补齐短板弱项、整体推进各领域各层级基层党建工作、激发党组织生机活力、服务保障中心大局中提质增效。

会前,与会人员到南昌市青山湖区青山路街道潘坊社区、南昌师范附属实验小学教育集团、南昌高新区电子信息产业园、江西华邦律师事务所、南昌水业集团有限责任公司、南昌市洪都中医院、南昌市生态环境局、新建区长垓镇长垓村等地参观考察基层党建“三化”建设。会上,省国资委党委、南昌市、景德镇市、赣州市、宜春市、吉安市、抚州市等7家单位作发言,其他单位作书面交流。

(省委组织部)

宣传工作

【概　况】 2021年,全省宣传思想文化工作以习近平新时代中国特色社会主义思想为指导,贯彻落实中共中央和省委决策部署,以举旗帜、聚民心、育新人、兴文化、展形象为使命任务,围绕中国共产党成立100周年主线,牵头组织开展党史学习教育,着力提高社会文明程度、增强赣鄱文化软实力、掌握意识形态主导权。

【理论武装】 突出抓好理论学习。认真服务省委理论学习中心组学习,带头围绕中共中央总书记习近平党史学习教育动员大会重要讲话精神、“七一”重要讲话精神以及习近平生态文明思想、中共中央关于新时代推动中部地区高质量发展的决策部署等内容,开展14次集体学习,示范和带动全省各级党委(党组)中心组学习宣传贯彻。推进党委(党组)理论学习中心组学习制度化规范化建设,制定下发《党委(党组)理论学习中心组学习列席旁听实施办法(试行)》,不断完善中心组学习提示、抽查、通报等制度,提升各级党委(党组)理论学习中心组学习质量。创新开展理论宣讲。省委领导带头到基层宣传宣讲,中央宣讲团成员3次到赣宣讲。组建省委宣讲团和8000余支各类宣讲队伍,围绕中共党史学习教育、中共中央总书记习近平“七一”重要讲话、中共十九届六中全会精神等主题,发挥新时代文明实践中心、融媒体中心、“学习强国”学习平台等基层阵地作用,广泛开展对象化分众化互动化宣讲活动16.8万余场、受众2429万余人次。持续深化理论研究。举办纪念中央革命根据地创建暨中华苏维埃共和国成立90周年座谈会、2021江西智库峰会暨国家级大院大所产业技术及高端人才进江西等重大活动,完成中宣部“马工程”2020年度重大实践经验总结课题、“井冈山精神及其时代价值”研究工作,与中央党史和文献研究院、人民日报社、求是杂志社等中央有关单位联合筹建全国红色基因传承研究中心,发挥重点和特色马克思主义学院、重点新型智库等作用,持续推出一批重点理论文章、调研报告。全年以省中国特色社会主义理论体系研究中心名义在中央“三报一刊”共发表理论文章16篇,位居全国前列。

【中国共产党成立100周年主题宣传】 经中共中央批准,在井冈山举行江西省庆祝中国共产党成立100周年大会,省内外2200多万观众通过电视、网络等平台收听收看大会直播。承办中宣部庆祝中国共产党成立100周年江西专场新闻发布会,省委、省政府领导围绕“百年辉煌红土地 感恩奋进谱新篇”主题,介绍江西省传承红色基因、发扬革命精神、奋进新时代的辉煌历程,累计观众超1亿多人次。组织实施中国共产党成立100周年“江西采访线工程”,开展“奋斗百年路 启航新征程”等主题宣传活动,以省委、省委宣传部、省政府新闻办名义举办江西省庆祝建党百年专题新闻发布会、江西省第十五次党代会新闻发布会以及庆祝建党百年系列、全面建成小康社会系列、“十四五”规划解读系列等专题新闻发布会140场。统筹推进江西省庆祝建党百年26项重点活动,组织“永远跟党走”群众性主题宣传教育活动，推进以中共党史为重点的“四史”宣传教育，开展“红色走读”等特色活动，举办“百件珍贵革命文物档案说江西”“江西脱贫攻坚成就展”等系列主题展陈，立体化、全景式展示中国共产党百年历史成就。着力抓好文艺创作。聚焦建党百年重大主题，创作推出文献纪录片《从瑞金出发》、电影《三湾改编》《邓小平小道》等一批文艺作品，打造《跨越时空的回信》第4季和《闪耀东方》等红色题材节目，歌剧《山茶花开》、赣剧《血火熔炉》、赣南采茶戏《一个人的长征》、话剧《支部建在连上》等入选中宣部庆祝中国共产党成立100周年优秀舞台艺术作品展演剧目，电视节目《闪亮的坐标》被纳入国家广电总局庆祝中国共产党成立100周年重点节目。

【牵头开展全省党史学习教育】 部署组织实施。围绕“学好百年党史、传承红色基因、凝聚奋进力量，努力推动党史学习教育务求实效、走在前列”目标要求，省委主要负责人亲自抓、率先行，省委常委班子及成员带头开展专题学习、宣传宣讲以及“我为群众办实事”实践活动，带头加强对基层指导。省委学教办指导协调、服务保障、督促推动全省党史学习教育上下贯通、梯次开展、压茬推进。全省1.31万余个领导班子、3.2万余名县处级以上党员领导干部、11.4万余个基层党组织、233.1万余名党员参加学习教育。党史学习教育中央第六指导组在《关于江西省党史学习教育开展情况和实际成效的评估报告》中对江西省党史学习教育活动成效给予肯定。中央学教办简报共52期刊发江西省有关经验做法57次，上稿量居全国前列。深化学习教育。各级党组织集中学习和自主学习相结合，倡导党员干部每天学习1小时，采取有讲有评、互讲互评、知识问答、讨论沙龙等形式，组织党员干部学习中共中央总书记习近平“七一”重要讲话精神、中共十九届六中全会精神等重点内容和《论中国共产党历史》《中国共产党简史》等指定学习材料。推动党史学习教育与“四史”宣传教育相结合，开展“唱支山歌给党听”“青少年心向党”等群众性主题教育实践活动，发挥新时代文明实践中心、融媒体中心、“学习强国”学习平台、党史学习教育官网等作用，运用短视频、H5等方式开展“四史”宣传。弘扬红色文化。充分发挥江西红色资源优势，依托全省2900多处革命旧居旧址和革命纪念馆（博物馆），创新党史学习教育的内容、形式、方法，推介红色精品旅游线路、发布红色教育实践基地、展示珍贵革命文物、推出经典红色故事、创作红色经典文艺作品，推进节日里的党史学习教育。推动办实事。省领导带头聚焦“优化营商环境攻坚行动”“加强易地扶贫搬迁后续帮扶”“城镇老旧小区改造”等25个省级重点民生项目，到基层调研、进行现场调度。依托省“五型”政府建设平台，搭建“我为群众办实事”网上云平台，围绕“一网通达、成果共享”目标，对全省各级各类为群众办实事平台进行整合，实现群众线上“点菜下单”、党员干部线下“接单服务”。开展“将心比心终端检验”专项活动，对一些高频民生事项进行流程再造，以终端效果检验为群众办实事成效。确定“25+514+4938”省市县三级重点民生项目，实行“领办制”逐项推进，并分级分类组织群众评议、部门评价、综合评估，推动各项重点民生项目落地见效，其中省本级25项已完成96%，市县两级全部完成。动员机关和企事业单位党支部与村（社区）党支部结对共建，全省有108.8万余名党员参与志愿服务，为身边群众办实事好事71.7万余件。营造舆论氛围。组建宣传报道工作专班，建立新闻通气机制，推动全省新闻媒体加强与中央媒体对接沟通，宣传江西省开展党史学习教育相关实践。创新开展“我为群众办实事”蹲点调研采访活动，组织省直主要媒体新闻记者到基层蹲点调研采访，记录、跟拍实事办理典型事例，在重点版面、重要时段连续推出系列蹲点调研报道。至年底，中央主要新闻单位及其新媒体平台累计刊发报道江西相关稿件3116篇（条），省内新闻媒体密集刊播相关正面稿件4万余篇（条）。

【正面宣传】 组织庆祝中国共产党成立100周年大会、中共十九届六中全会、全国两会等宣传报道，围绕省第十五次党代会、全省两会、2021上海合作组织传统医学论坛、2021世界VR产业大会、第七届中国国际“互联网+”大学生创新创业大赛、江西省对接粤港澳大湾区经贸合作活动等省委、省政府重要会议、重点活动、重大部署开展主题宣传、形势宣传、政策宣传、成就宣传、典型宣传，中央主流媒体共刊（播）发江西重稿要稿4700余篇（条）。组织实施“纪录小康工程”，采取多种方式、运用多种载体，纪录好小康进程中的关键节点、典型人物、重要事件、成就变革。统筹做好重大经济政策和经济形势宣传，大力宣传全省贯彻新发展理念、实施高质量跨越式发展首要战略、打造全国构建新发展格局重要战略支点的政策举措，宣传全面深化改革、扩大开放的具体举措，宣传做好“六稳”工作、落实“六保”任务的进展成效。

【媒体融合发展】 制定出台江西省《关于加快推进媒体深度融合发展的实施意见》，持续完善“1+2+11+105+N”融媒体联动传播体系，加快推进市级融媒体中心建设，创新实施县级融媒体中心“1+1”协作发展模式，打造一批具有较强影响力和竞争力的新型主流媒体，其中分宜县融媒体中心入选2020年全国县级融媒体中心舆论引导能力建设十大典型案例。

【国际传播】 建立完善外宣工作联席会议机制，推进重塑外宣业务、重整外宣流程、重构外宣格局，强化成员单位沟通协作，形成外宣工作合力。实施江西“一带一路”文化交流合作行动，推进海外社交平台账号建设，围绕陶瓷、戏曲、海昏侯、白鹤等特色文化符号，打造一批富有江西元素的海外账号宣传江西。推动景德镇陶瓷文化品牌项目纳入中宣部“中华文化走出去”重点项目，联合央视制作推出《瓷都，景德镇》等系列外宣短视频，推动建立“文化强国”光明日报社协同推广平台景德镇工作站，提升江西文化影响力。

【文化体制改革】 制定《江西省“十四五”文化改革发展规划》《江西省“十四五”文化和旅游发展规划》等重要规划，出台省属文化企业改革创新3年行动实施方案，推动省属文化企业改革，江西报业传媒集团进入实质化运行。组建江西电影集团，进一步整合全省影视文化资源,打造电影产业链条和骨干影视企业,加快推动江西省电影产业发展。设立省文化产业投资公司,筹备设立省文投基金,完善"投贷奖补"联动机制,建立多元化、多层次、多渠道的投融资体系。

【文化事业】 加强文化遗产传承和保护,出台系列政策措施助推景德镇国家陶瓷文化传承创新试验区建设,编撰出版《江西文化符号丛书》,启动《江右文库》编撰工程,打造"天工开物"文创品牌,推动赣鄱优秀传统文化传承创新发展。出台《江西省公共文化服务保障条例》,加快城乡公共文化服务体系一体建设,萍乡市成功创建国家级公共文化服务体系示范区,鹰潭市获批建设国家城乡融合发展试验区。深入推进文化惠民工程,广泛开展"情暖赣鄱"惠民观影、"乡村阅读季""文化进万家""红色经典进校园"等活动,加大优质文化产品和服务供给。围绕建设全国红色基因传承示范区,出台《关于深入推进红色基因传承的意见》,构建传承红色基因的常态长效机制。持续抓好长征国家文化公园江西段建设,高质量推进中央红军长征出发纪念馆改扩建及景观提升等9个纳入国家层面规划的重点工程项目建设。实施网上数字展馆建设工程,打造24个爱国主义教育示范基地数字展馆,建设全省网上数字展馆云平台,会昌县革命历史纪念地、莲花一支枪纪念馆、罗坊会议纪念馆入选全国爱国主义教育示范基地。

【文化产业】 出台系列政策文件支持文化产业高质量发展,用好"文企贷"金融信贷产品,破解文化企业融资难题,培育壮大市场主体。举办文化强省推进大会、中国红色旅游博览会、文化产业发展高峰论坛、第二届庐山国际爱情电影周等重大活动,加强文化产业招商引资力度,推进文化产业重点县(市、区)、重点文化企业、省级文化产业园区、省级特色文化街区认定和创建工作,持续做强文化品牌、做大文化产业,全省规模以上文化企业及相关产业营业收入增长16.1%。

(陈燕清)

网信工作

【网络内容建设】 围绕庆祝中国共产党成立100周年,有序推进重大主题、重要会议活动和重点工作网上宣传引导,2021年涉赣正面稿件上人民网总网首页946条,新华网总网首页545条,央广网总网首页139条,增幅20%以上。在中国正能量"五个一百"网络精品评选活动中,江西有6部作品入选,数量列全国第五位。策划推出"'足迹'——庆祝建党100周年""永远跟党走""百年荣光百个故事""胸怀千秋伟业 恰是百年风华"等网络主题宣传活动,微博话题"百年党史中的江西足迹"阅读量1.2亿人次。江西组织制作的微视频《江西这百年》,获中央网信办全网推送,24小时内《人民日报》传播渠道播放总量超过2000万。策划推出"江西是个好地方"系列网络主题宣传活动,开设的相关话题阅读量近8亿人次。

【网络综合治理】 2021年,开展"清朗·春节网络环境""清风行动"等专项行动56次,关闭网站719家,关闭公众账号45个,下架应用程序423个,受理处置网络举报4200余件,审批发放64家单位互联网新闻信息服务许可资质,实现江西105个县级融媒体中心许可全覆盖。研究制定《江西省网信行政执法行为规范及流程》等一批管网治网制度规定。成立江西省网络社会组织联合会,推进行业自律。连续2年举办全省网信系统行政执法培训班,近300名一线执法人员申领了行政执法证。在2021全国互联网法律法规知识云大赛中江西获第一名。

【网络安全管理】 强化统筹协调,推进党委(党组)网络安全工作责任制落实,防范和化解网络安全风险挑战。建立健全联席会议、信息共享、安全检查、通报处置等工作机制,加强监测预警和应急演练,完善协调联动应急管理体系,提升网络安全防护能力。联合发改、金融、公安等部门重拳打击虚拟货币非法"挖矿"和交易。举办第八届"国家网络安全宣传周""赣政杯""百万网民学网络安全法"等活动,普及网络安全法律法规,提高社会网络安全意识。

【信息化建设】 2021年,江西累计新开通5G基站5.3万个,实现11个设区市主城区5G连续覆盖和全部县域核心区覆盖。IPv6规模部署和应用取得成效,移动、固定网络IPv6流量占比分别呈现翻倍式增长,鹰潭入选国家IPv6技术创新和融合应用综合试点城市。开展国家区块链创新应用试点申报,赣州入选国家区块链综合性试点城市,有9个项目入选国家区块链特色领域创新应用试点,入选数量位列全国第五位。组织开展省级数字乡村试点县(市、区)评选,评选产生16个省级数字乡村试点县(市、区)。起草《江西省公共数据管理办法》,推进数字经济"一号发展工程"和数字江西建设。

【"走进红色美丽村庄"网络主题宣传采访活动启动】 5月18日,"走进红色美丽村庄"网络主题宣传采访活动在于都县启动。中共中央组织部新闻办、中央网信办传播局、江西省委网信办有关负责人以及部分中央网络媒体记者参加启动仪式。江西省委组织部副部长、省委非公有制经济组织和社会组织工委书记周训国主持启动仪式。活动由中共中央组织部会同中央网信办共同组织,人民网、新华网、央视网、光明网、中国网、中国青年网等13家中央网络媒体记者,分3批对江西、湖南等6个省的50多个红色村进行采访报道,通过图文、短视频、全景、航拍等新媒体手段,展现全面加强农村基层党组织建设、全面实施乡村振兴战略取得的成绩。采访报道聚焦的红色村庄,主要是革命战争时期中共重要根据地或中共领导机关所在地,党重要历史事件或重大活动的发生地。

【全省党政机关首届"赣政杯"网络安全大赛举办】 8月27日,由省委网信办、省发改委主办,省大数据中心、国家安全中心江西分中心承办,云上江西、江西神舟信息安全评估中心、深信服科技、省信息协会协办的全省党政机关首届"赣政杯"网络安全大赛在省行政中心会议中心举办。全省党政机关共90余支队伍270余名选手参赛,大赛分初赛和决赛2个阶段。参赛队伍通过"理论知识+实操考核"线上初赛争夺12个决赛名额。决赛采用网络对抗(AWD)模式。9月12日,经角逐,省公安厅、省交通运输厅、南昌市大数据发展管理局分获前3名。10月11日,在江西省第八届"国家网络安全宣传周"启动仪式上举行了大赛颁奖仪式。

(省委网信办)

统战工作

【概　况】 2021年,省委高度重视统战工作,省委常委会专题研究统战工作7次,省委、省政府主要领导参加统一战线重要会议、活动10次,就统战工作作出批示指示51次。全年召开省委统战工作领导小组会议3次。2项理论成果获全国统战理论政策研究创新成果奖,2项特色工作获全国统战工作实践创新成果奖。加强省委统一战线工作领导小组及各领域专项工作协调机制的统筹整合。出台关于宗教工作、民营经济统战工作、党外知识分子和无党派人士工作、海外统战工作等一批重要文件,指导各领域统战工作实现新发展,不断构建和完善大统战工作格局。

【思想政治引领】 引导统一战线成员坚持正确政治方向。以"同心奋斗 听党话 携手前行跟党走"为主题,举办党外代表人士学习贯彻中共中央总书记习近平在庆祝中国共产党成立100周年大会上的重要讲话精神座谈会、文艺汇演、书画作品展、主题征文、网上党史知识竞赛等"五个一"系列活动,举办的中国共产党成立100周年党史知识竞赛活动共25.51万人参加。举办党史学习教育专题读书班、演讲比赛、红色经典诵读会、红色走读等系列活动。支持统一战线成员开展"四史"学习教育和各具特色的主题教育活动。开展"我为群众办实事"实践活动,解决一批统战系统"急难愁盼"问题。学习贯彻中共十九届六中全会精神,通过召开党外人士情况通报会,举办全省新任县(市、区)统战部部长培训班、民营企业家高级研修班等方式,及时传达全会的重大意义和主要精神。省委统战部领导到省直统战系统单位、各设区市、部分高校宣传宣讲。各级统战部门采取不同形式,推动会议精神进机关、园区、校园、企业。

【《中国共产党统一战线工作条例》贯彻落实】 邀请中共中央统战部负责人到赣为省委理论学习中心组作相关专题辅导报告。各设区市委、县(市、区)委均把条例学习纳入党委理论学习中心组学习内容。通过举办学习班、宣讲会,在党报、网站、公众号开辟专栏等广泛宣传条例。依托"赣鄱统战"微信公众号开展"学习《条例》网上知识竞赛"活动,共有232万人次参加。将条例作为全省县(市、区)党委统战部部长培训班的重要内容。制定江西省实施意见。以贯彻条例为抓手推动11个设区市党委统战部部长均由同级党委常委担任,100个县(市、区)党委统战部部长由同级党委常委担任或兼任;乡(镇、街道)均设置统战委员。

【多党合作制度效能提升】 协助省委制定《中共江西省委2021年度政党协商计划》,先后召开政党协商会议14次,就省党代会报告、经济工作、重要人士安排等听取党外人士意见建议。组织各民主党派、工商联和无党派人士深入开展大调研活动,形成加快南昌快速路外环规划建设、抢抓数字经济发展契机等调研报告10篇。引导各民主党派围绕江西"十四五"规划实施报送"直通车"建议25篇,其中17篇得到省委、省政府主要领导批示。协助民进中央在江西省开展长江生态环境保护民主监督,为高标准打造美丽中国"江西样板"提供智力支持。争取致公党中央在江西省举办"中国发展论坛·2021",助力江西省内陆开放型经济试验区建设。

【民族和宗教服务管理】 学习贯彻中央民族工作会议精神,铸牢中华民族共同体意识,开展民族团结进步宣传教育和创建工作。发挥全省183个流动少数民族服务管理工作站作用,以到赣少数民族学生和经商务工人员为重点,加强对流动少数民族人口教育服务管理。认真学习贯彻全国宗教工作会议精神,贯彻落实国务院《宗教事务条例》《江西省宗教事务条例》,开展党的宗教政策贯彻落实情况调研检查,防范抵御境外利用宗教进行渗透,依法处理宗教领域矛盾问题。加强民族宗教工作机构、队伍建设,11个设区市和76个县(市、区)设立民族宗教(或统战)服务中心,在全省宗教界开展"爱党爱国爱社会主义"主题教育活动,指导做好宗教场所疫情防控。

【港澳台工作】 举办全省港澳台代表人士国情研修班、在赣港人国情研修班。组织2021"云游江西·共话未来"赣港澳台青少年线上交流活动,累计观看点击量60.5万次。在三百山"饮水思源·香港青少年国民教育基地"开展深圳香港青年"思源之旅"等交流活动,50余名在深香港青年参加活动,增强港澳台地区青少年的国家意识和爱国精神。

【非公经济"两个健康"】 召开全省发展非公有制经济表彰电视电话会议,重点表彰江西省优秀中国特色社会主义事业建设者,进一步增强非公有制经济人士的荣誉感、获得感和责任感。大力推动构建亲清政商关系,畅通政企沟通渠道,召开"激发民间投资活力,促进民营经济高质量发展"民营企业座谈会,会上22家民营企业提出的63个问题或建议已全部办结。推动省非公有制企业维权服务中心高效运行,累计接到诉求反映2586次,受理实质性维权诉求648件,维护民营企业合法权益。加强民营经济人士思想政治建设,深入开展民营经济人士理想信念教育实践活动,引导民营企业和民营经济人士投身"万企兴万村"行动,助力全省乡村振兴战略实施。

【党外知识分子和新的社会阶层人士统战】 以省委统战工作领导小组名义印发文件,创新方式方法,加强党外知识分子的思想政治引领。鼓励他们立足岗位建功立业、围绕大局建言献策,组织开展"乡村振兴之县域特色产业”“发挥产业基金引导作用、服务我省经济发展”“教育‘双减’”等专题调研,引导他们在参与社会实践中受教育、作贡献,在个人成长和事业发展中增进政治认同。制定江西省《关于2021—2025年推动新的社会阶层人士统战工作发展的重点举措》,指导各地抓好文件的贯彻落实。推进省市县三级党委领导与新的社会阶层人士列名联系制度,组织开展“网络人士寻美江西”活动。落实中共中央统战部部署,支持景德镇重点加强自由职业工艺美术师统战工作创新,打造“景漂之家”品牌,激发新的社会阶层人士创新创业活力。

【侨务工作】 持续开展服务侨资企业品牌创建活动,为侨企解决困难和问题215个。侨务政务服务工作在全省政务服务“好差评”系统中获得100%好评率。组织浙籍侨商到赣投资考察,洽谈投资合作项目。开展“情系中华·爱我江西”海外华裔青少年书画、摄影、征文大赛,收到17个国家26个侨团(侨校)推荐作品269件。

【党外干部队伍建设】 召开省委组织部、省委统战部联席会议,协助做好市县两级人大、政府、政协换届中党外干部的推荐使用。以省社会主义学院为主阵地,全年举办班次42期,培训2500人次。推进南昌、赣州党外干部实践锻炼基地建设,选派第四批共20名县处级党外干部参加实践锻炼。

(曾鹏洲)

政策研究

【文稿服务】 服务省委贯彻落实中共中央总书记习近平视察江西重要讲话精神,起草省委《关于深化落实习近平总书记视察江西重要讲话精神、奋力开启全面建设社会主义现代化新征程的意见》,到省委党校、基层一线宣传宣讲中共中央总书记习近平视察江西重要讲话精神,推动落实习近平对江西工作重要要求。服务省委贯彻落实中共十九届六中全会精神,组织起草省委主要领导在全省领导干部会议、省委理论学习中心组学习会、省委经济工作会议、全省领导干部“学习贯彻党的十九届六中全会精神,提高政治判断力政治领悟力政治执行力”专题研讨班开班式上的讲话等系列文稿,在《人民日报》发表署名文章《赓续党的红色血脉,弘扬党的优良传统》,以及到赣州、宜春、九江等地的宣讲稿。服务省第十五次党代会,牵头大会秘书处材料组工作,高质量完成省党代会报告起草,完成省党代会期间领导讲话、主持词、大会决议草案、省委向中央的报告等系列文稿。服务省党代会精神学习贯彻,组织起草“六个江西”建设责任分工方案和学习宣传贯彻省第十五次党代会精神的通知等文件,以及省党代会精神传达提纲和宣讲提纲,组织编写学习贯彻省党代会精神辅导读本,室(办)为省委宣讲团成员作辅导报告,受邀到省电视台直播解读,到省委组织部、省委党校等单位作辅导宣讲,推动省党代会精神深入人心。服务省委重要文稿,组织起草省委主要领导在全省高质量发展综合绩效考核评价先进单位表彰暨“项目大会战”推进会议、文化强省建设推进大会、全省发展非公有制经济表彰电视电话会议上的讲话等系列文稿;起草《省委常委班子2020年度民主生活会和中央巡视整改专题民主生活会对照检查材料》《省委关于2021年工作情况的报告》《省委关于对2022年党中央重点工作的建议》等文稿。

【调研成果】 按照省委主要领导点题,组织开展关于抓工作落实的调研,形成《关于抓工作落实的调研与思考》,印发省级四套班子领导、省直单位主要负责人和各设区市、县(市、区)党政主要负责人。组织开展重点课题调研,形成《关于加快我省种业强省建设的调查与思考》《当前推进鄱阳湖国家自主创新示范区建设亟待解决的几个问题及建议》《深化农村宅基地制度改革和规范管理的江西实践》《关于加快推动景德镇陶瓷文化产业创新发展的调研报告》《我省高校意识形态工作面临的风险挑战和几点建议》等调研报告,相关成果转化为省委决策和工作举措。牵头指导全省调研工作,发布年度调研参考选题,联合《当代江西》杂志社开展调研征文。

【全省设区市市委政研室(改革办)主要负责人座谈会召开】 4月9日,全省设区市市委政研室(改革办)主要负责人座谈会在南昌召开。会议以“立足新发展阶段、贯彻新发展理念、构建新发展格局,进一步推动政研上水平、改革见实效”为主题开展交流研讨。会上,传达省委常委、省委秘书长、省委改革办主任赵力平对全省党委政研和改革工作的批示。省委副秘书长、省委政研室主任兼省委改革办副主任沈谦芳等领导班子成员及各处室、机关党委、省改革研究和促进中心负责人,省纪委省监委驻省委办公厅纪检监察组负责人,各设区市市委政研室(改革办)和赣江新区创新市发展局负责人参加会议。

(陈明玉)

改革工作

【概　况】 2021年,制定印发省委深改委2021年工作要点和8个改革专项小组年度工作计划,部署推进重点改革任务223项,以年度改革工作要点、中央深改委会议审议通过的需要江西贯彻落实的改革文件等“四本账”为抓手,创新完善台账管理、动态调度、上门对接、专题调研等抓统筹抓督办机制,规范有序推进各项改革落地见效。完成2020年度全面深化改革考评工作,共评出32个省直部门、6个设区市和30个县(区)为改革先进单位,协助中央改革办到赣督察江西省农村宅基地制度改革试点工作,开展全省各地各部门主要负责人抓改革情况专项督察和“国资国企改革创新三年行动实施方案落实情况”专项督查。各专项小组和省直有关单位也开展专项改革督察,倒逼改革落实。抓好中央巡视反馈有关改革问题整改落实,出台《省委深改委落实中央巡视反馈意见整改工作方案》,明确45条整改举措,真改实改。在省委党校举办全省全面深化改革专题培训班,增强改革系统抓改革的能力与水平。

【重点领域改革】 2021年,全省重点领域和关键环节改革取得新突破,改革红利加速释放。在经济体制改革领域,"放管服"改革有效激活各类市场主体活力,科技体制改革有力推动创新发展,国资国企改革创新三年行动取得重要进展,财税金融体制改革积极稳妥推进,江西内陆开放型经济试验区建设取得新成效;在生态文明体制改革领域,碳达峰碳中和推进体系和落实机制初步建立,现代环境治理体系加快形成,积极探索生态产品价值实现机制,生态保护和修复制度继续完善;在农业农村体制改革领域,巩固提升农村集体产权制度改革成果,持续深化农村土地制度改革,完善农业支持保护体系,健全城乡融合发展体制机制;在民主法制改革领域,推动人大制度、协商民主制度、统战制度、群团改革完善;在文化体制改革领域,文化管理体制改革继续深化,省属文化企业改革加快推进,公共文化服务体系更加健全;在政法改革领域,加快制约监督体系建设提升执法司法质效和公信力,社会治理创新提升平安江西建设水平,诉讼制度改革提升司法公正与效能,政法公共服务创新增强群众获得感,法治江西平安江西建设深入推进;在民生改革领域,教育综合改革助推教育强省建设,医疗卫生体制改革守护健康江西,就业创业领域改革不断深化,社会保障制度改革成效明显;在中共党的建设制度和纪检监察体制改革领域,推动政治监督具体化常态化,扎实推进中共党的基层组织建设制度改革,深化人才发展体制机制改革,不断完善一体推进"三不"体制机制。

【改革会议】 全年召开省委深改委会议6次,审议通过30个改革文件,听取中央巡视反馈有关改革问题整改落实进展情况和14项重点领域改革进展情况汇报,听取省财政厅、省商务厅、省民政厅、省金融监管局、省科技厅、省自然资源厅6个省直单位,景德镇、萍乡、新余、宜春、鹰潭、上饶6个设区市市委,丰城、瑞昌、芦溪、玉山、遂川、贵溪6个县(市、区)委主要负责人抓改革工作情况汇报,审议全省各地各部门主要负责人抓改革情况专项督察报告、全省国资国企改革创新三年行动进展情况专项督查报告、赣州市深化改革打造新时代"第一等"的营商环境调研报告,进一步压实各地各部门改革责任,推动解决一批改革重点难点问题。完善省委改革专项小组联络员定期会议协商机制,全年召开联络员会议4次,推动专项小组发挥牵头抓总作用,促进各领域改革落实。

【领导领衔推进改革】 制定省委深改委成员2021年领衔推进落实重大改革项目实施方案,省委深改委成员共领衔推进落实17项重大改革事项。省委书记易炼红领衔推进落实"建立红色基因传承长效机制"和"深入推进'放管服'改革"2个重大改革项目,省长叶建春接续领衔推进落实"深入推进'放管服'改革"和"研究制定巩固拓展脱贫攻坚成果同乡村振兴有效衔接的实施意见建立健全巩固拓展脱贫攻坚成果有效机制"2个重大改革项目,其他省领导也领衔推进其他重大改革项目。2021年,领衔推进落实的17项重大改革项目全部结项。

【改革宣传】 组织开展"百年辉煌红土地,感恩奋进谱新篇"江西省庆祝中国共产党成立100周年系列新闻发布会之全面深化改革专题新闻发布会,加强与中央和省内主流媒体对接,策划推出中共十八届三中全会以来江西改革综述等宣传报道。编发《江西改革动态》98期,编印《江西省党的十八届三中全会以来全面深化改革案例汇编》,推动改革经验在更大范围交流推广。中央改革办《改革情况交流》单期刊发九江市"三个一"改革典型推广应用机制、宜春市系统化推进"微改革"等改革典型。办好"江西改革"微信公众号,公众号关注数120多万人,采编《江西改革工作简讯》1421期,公众号关注数等综合传播力居全国同类公众号第2位。

【改革调研】 开展重点改革调研,组织开展"深化农村土地制度改革,推进乡村振兴的调查与建议"课题调研,形成《深化农村宅基地制度改革和规范管理的江西实践》调研报告及《江西省深化农村土地制度改革相关情况汇编》;总结优化营商环境"一号改革工程"经验做法,形成《赣州市深化改革打造新时代"第一等"的营商环境调研报告》;组织开展中共江西省第十五次党代会报告中有关改革工作的调研,形成《充分发挥全面深化改革在构建新发展格局中关键作用若干对策研究》;聚焦重点领域和关键环节,形成《高标准打造美丽中国"江西样板"——我省国家生态文明试验区建设情况跟踪调研报告》;开展中共党史学习教育"我为群众办实事"实践活动,形成《宜春经开区用改革思维和创新办法持续优化营商政务环境》调研报告。

【全面深化改革攻坚行动】 12月21日,省委深改委第十九次会议审议通过《江西省全面深化改革攻坚行动方案(2022—2024年)》。行动方案明确"一年全面铺开、两年重点突破、三年整体提升"攻坚行动总体目标,提出优化营商环境改革、深化科技体制机制改革、深入实施国资国企改革创新、深化乡村振兴体制机制改革、打造美丽中国"江西样板"改革、健全完善民生保障制度改革、深入推进市域治理现代化改革、深化人才发展体制机制改革、深化文化体制改革、深化一体推进"三不"体制机制改革等十大改革攻坚行动,并明确每项行动的具体攻坚目标、攻坚举措和相应责任主体。

(京方程)

巡　视

【概　况】 2021年,中共江西省委扛牢主体责任。全年召开省委常委会16次、书记专题会3次,研究部署巡视巡察工作,完成十四届省委巡视任务和全省巡视巡察全覆盖。省市县党委落实中央《关于加强巡视巡察上下联动的意见》要求,巡视巡察办主任均担任同级纪委班子成员,为全国5个全面落实到位的省份之一。省委书记以上率下,认真履行第一责任人责任。全年就巡视巡察工作发表讲话18次,作出批示7次,直接审定省委巡视工作方案,在书记专题会上坚持逐个听取巡视组汇报,点人点事点问题155件,省委巡视办逐一发函督办,并多次对巡视巡察工作作出指示批示。省委巡视工作领导小组履行组织实施责任，抓贯彻落实。领导小组组长马森述“一肩挑两职”，强化纪检监察机关与巡视机构协同合作，加强全过程领导指导，坚持巡前作动员部署、巡中到一线调研指导、巡后带队反馈压实整改责任，规范巡视工作流程、精准开展政治监督。领导小组副组长刘强高度重视巡视机构干部队伍建设，加强对选人用人专项检查工作的领导，将巡视成果作为市县换届的重要参考，推动组织工作与巡视工作深度融合。

【政治巡视巡察】 坚持巡视巡察监督与中央重大决策部署同步跟进。组织开展“推动巡视工作高质量发展大学习大讨论”。邀请中央巡视办和省直单位有关领导围绕深化政治巡视、落实“三新一高”战略部署、实施“十四五”规划等进行集中辅导，累计授课18场次，开办“一人一课”100余场次，撰写“一人一篇”80余篇，全省2000余名巡视巡察干部同步受教育。紧盯职能责任开展政治监督。修订完善《江西省委巡视监督参考要点》，保障中央各项决策部署在江西落地落实。认真落实中央《关于加强对“一把手”和领导班子监督的意见》要求，巡视组将“一把手”履行第一责任人职责和廉洁自律情况单独列出，探索形成“小报告”纳入巡视底稿。组织开展省委第十一轮巡视，完成对39个党组织的常规巡视和对全省317个党组织巡视全覆盖。统筹指导市县两级首次完成对9743个监督对象的巡察全覆盖，以及对全省20283个村(社区)党组织延伸巡察全覆盖任务。

【整改落实及成果运用】 完善巡视反馈机制。整改从反馈开始，反馈从问题抓起，出台《关于加强省委巡视反馈工作的意见》，省委、省政府领导带队反馈推动行业领域系统整改，设区市、县(市、区)跟进落实有关做法，进一步压实整改责任。2021年，共有9名省领导带队向18个党组织反馈。涉粮问题专项巡视监督检查集中反馈暨整改部署推进会覆盖省市县三级，8名省领导在主会场或分会场出席会议。创新开展巡视整改抽查。会同巡视整改日常监督相关责任单位和省委巡视组，对全省49个地方(单位)巡视整改和成果运用情况进行检查，发现一批巡视整改中存在的普遍性、典型性问题，并向全省通报，推动巡视反馈问题整改清仓见底。用好用足巡视成果。针对巡视巡察发现开发区存在的普遍性、倾向性问题形成综合分析报告，为省委决策和推动深化整改提供参考。省委主要负责人专门对巡视开发区分析报告作出批示，主持召开全省开发区主要负责人座谈会，印发问题通报，省纪委省监委联动下发工作提示，督促举一反三、落实整改。

【巡视巡察工作督导指导】 指导赣州落实中央巡视办“市级巡察机构在上下联动中更好发挥作用”试点工作。赣州50个项目清单中已完成或达到进度47项，构建起“省委巡视办统筹指导、赣州市具体实施、各市县同步联动”的工作格局，得到中央巡视办领导肯定。加强现场指导督导和日常指导。在对赣州市开展巡察现场指导督导试点的基础上，对10个设区市及10个省委巡视办规范化联系点的县(市、区)同步开展巡察现场指导督导。加强对市县和省直单位巡察工作的日常指导。在全省县(市、区)、开发区党政主要领导培训班上就如何扛牢市县党委巡察主体责任，传授思路和方法，传递压力和责任。在市县纪委书记培训班、巡察办主任培训班和新任职组织部长培训班上作巡视巡察专题辅导，实现对市县纪委书记、组织部部长、巡察办主任3个“关键少数”培训全覆盖。2021年，共批复18家省直单位开展巡察工作。

【涉粮问题专项巡视巡察和监督检查】 按照中央部署要求，省市县三级共派出120个涉粮问题专项巡视巡察监督检查组，进驻1879个地方(单位)开展专项巡视巡察监督检查，发现问题2615个，移交问题线索671件。全省11个设区市均查办了留置案件，全省各级纪检监察机关共立案132件174人，含主动投案23人，已留置46人，移送司法机关4人。各地各有关涉粮部门(国企)自查自纠出问题1577个，已整改879个。

【巡视巡察机构队伍建设】 推动中共党史学习教育成果转化。建立“四个一”督学促学机制，指导督促各巡视组推动解决群众反映的“放管服”改革举措落实不到位、个别省直单位因公出国(境)审批流程不够优化等问题。省委、省纪委党史学习教育简报先后6次刊发省委巡视机构有关经验做法。完善制度机制建设。在全国率先出台《关于进一步加强省委巡视机构干部队伍建设的意见》，围绕“政治过硬、本领高强”目标，就严格巡视干部的选育管用作出明确规定，破解巡视干部队伍建设中的重点难点问题，要求“市县党委巡察机构干部队伍建设工作参照执行”，中央《巡视巡察参考》全文刊载并全国推广。制定《关于抽调优秀干部到省委巡视岗位锻炼的意见》，明确抽调干部的人选条件、工作责任、工作程序、监督管理、考核评定、激励举措等相关要求。完成对十四届省委10个巡视组纪律作风评估全覆盖。针对巡视关键环节和重点工作，制定《关于省委巡视组与被巡视党组织主要负责人沟通情况的工作机制》等15项制度机制，修订《关于省委巡视移交工作的操作规程》等4项制度，规范流程管理。编写《省委巡视八项基本功操作指南》，强化基本功训练，提高业务操作水平。加强信息化建设和宣传工作。巡视巡察工作网络平台使用实现全省全覆盖，巡视巡察单机系统全面试用。积极推进巡视档案电子化，以信息技术助力巡视巡察工作提质增效。全年在《人民日报》《中国纪检监察报》等媒体刊发稿件50余篇，中央巡视办内网刊用24篇、《巡视巡察参考》刊发8篇。

(省委巡视办)

台湾事务

【概　况】 2021年，全省台办系统聚焦“作示范、勇争先”目标定位，围绕中心，服务大局，推进对台经济合作、交流交往、台胞服务等各项工作。10月，中共中央批准召开全国对台工作系统表彰会议，在20个全国对台工作系统先进集体和50名全国对台工作系统先进个人中，江西获1个先进集体和1个先进个人。做好在赣台胞疫苗接种，截至年底，共接种1490人3006剂次，无一例台胞感染新冠肺炎。

【对台招商引资】 围绕主导产业和优势产业扩链、延链、强链、补链，加大对台招商引资和产业承接力度，推动赣台经济合作量质齐升。2021年，全省新增注册及增资台资项目120个，实际进资13.1亿美元，位居中部省份前列，台资位居全省实际利用境外资金第2位。全省累计引进台资项目3839个，实际进资169.47亿美元。

【产业合作平台建设】 抓好海峡两岸产业合作区（江西）和海峡两岸青年就业创业基地建设，南昌产业园、赣州产业园、吉安产业园吸引利用台资保持良好增长势头。截至年底，产业合作区新引进台资项目24个，合同台资11.77亿美元，实际进资2.58亿美元，吸引台湾地区技术人才185人。恩邦电子、富士康工业互联智能制造等项目在南昌产业园、赣州产业园落地，为全省台资企业的数字化转型、高质量发展起到示范作用。7月，省政府印发《关于加快推进海峡两岸产业合作区（江西）建设的实施意见》，江西成为全国5个海峡两岸产业合作区中率先从省级层面出台支持措施的省份。

【台资企业服务】 按照“江西办事不用求人、江西办事依法依规、江西办事便捷高效、江西办事暖心爽心”营商环境工作标准，落实落细中央“31条”“26条”“农林22条”及“江西惠台60条”等惠台利民政策，帮助台资企业享受与大陆企业同等待遇。深化“放管服”改革，简化办事程序，减税降费降成本，为台资项目引进、落地、投产见效提供全流程跟踪服务。组织在赣台商台企参加第四届中国国际进口博览会、第十二届东莞台湾名品博览会，帮助企业拓展大陆内需市场。完善专员服务台企机制，实现省市县三级专员服务台企全覆盖。开展“办实事精准服务台企月”活动，省委书记易炼红到赣州龙南市台资企业联茂电子调研。省领导黄喜忠、陈小平等先后到鹰潭、南昌、景德镇、宜春、吉安、赣州市台资企业走访，听取意见建议，为企业解决实际困难。

11月12日，由省台办、江西师范大学、江西省美术家协会和台湾中华鬯庐书法学会共同主办的“共筑家园——第三届赣台高校书画联展”在南昌开展

省委台办供

【涉台矛盾纠纷化解】 做好涉台信访、矛盾纠纷调处、应急处理和法律服务，建立“一案一表”动态管理和每月推进调度制度，全年受理涉台信访事项246件，办结245件，办结率99.6%。省委台办与省法院、省检察院、省公安厅、省司法厅等部门建立常态化联系沟通机制，联合推动涉台纠纷化解，提升工作效率。制定台胞信访工作制度，完善江西省涉台商事仲裁中心职能。组织法律专家编印《涉台法律法规100问》。4起重点案件的调处化解工作得到国台办肯定。

【对台交流活动】 采用“云端”交流、“线上+线下”等新模式，围绕基层、青年、陆配和道教文化、陶瓷文化、客家文化、民俗文化举办15项国台办立项的重点对台交流活动。第十三届海峡两岸（鹰潭）道文化论坛、全国台企联第十一届青年精英特训营、第八届海峡两岸（南昌）青年学生交流营、第二届赣台婚姻家庭“我爱我的家乡”联谊、弘扬岳飞精神·传承忠孝文化——第五届海峡两岸岳飞文化夏令营、赣台（上饶）朱子文化国学教育教学交流、第十二届两岸青年学生中华传统文化研习营等活动，共有2000多名两岸同胞参与活动。全年为岛内媒体输送稿件200余篇，华夏经纬网——赣台心桥网、中国台湾网——江西台办视窗网发稿600余篇。邀请《澳门日报》等10余家媒体29名知名记者到赣开展采访活动。联系台湾地区《联合报》《经济日报》、“U台说”等媒体集中推介赣州市经济社会发展情况和人文风光。联合中央广播电视总台海峡飞虹专栏制作《此心安处“浔”见同乡》电视专访，在央视播出。省台办、赣州市台办、袁州区委办等被中央台办评为2021年两刊对台宣传工作先进单位。共同制作《赣台高校书画联展》画册、丛书《根与脉：千年文化》和台湾联合报系《大陆新发现（江西）》等对台宣传品。由省台办、江西师范大学、省美术家协会和台湾中华鬯庐书法学会共同主办的“共筑家园——第三届赣台（南昌）高校书画联展，有两岸35所高校210件书画作品参展。新华社、中国新闻社、中国台湾网、《江西日报》、江西卫视、香港凤凰网及台湾地区《中国时报》《联合报》、东森新闻云等数10家媒体进行报道。

【交流交往平台拓展】 发挥鹰潭龙虎山和景德镇中国陶瓷博物馆“国字

号”海峡两岸交流基地示范引领作用。出台《江西省对台交流基地管理工作意见》，推进设立省级对台交流基地建设。赣州市全南县雅溪客家古村成为全省首家省级对台交流基地。推进南昌职业大学、上饶鹅湖书院、九江德安万家岭会战遗址申报对台交流基地。国家民宗局、国台办联合批复设立吉安市永丰县“海峡两岸少数民族交流基地”。

【涉台调查研究】 编发《江西对台工作》6期，《江西对台工作简报》34期，反映全省对台工作新动态新举措，促进经验交流和工作提升。高质量完成《以惠促融开新局 同心同行谱新篇——江西坚决落实中央系列惠台利民政策措施》《探寻“一国两制”下民事诉讼制度的台湾方案》等调研课题。完善江西财经大学台湾研究所建设。

（张奇）

机构编制

【党政机构职能体系建设】 巩固机构改革成果，做好机构改革后续工作。围绕市场监管、生态环境、自然资源、应急管理等机构职能整合幅度较大的领域，细化职责边界、完善联动机制，推动理顺不动产权属争议调处、房地产调控、渔船检验和监督管理、救灾物资储备管理等职责关系，健全巩固防震减灾、森林防灭火、防汛抗旱、地质灾害等协同机制，深化拓展生态环境监测监察执法、药品生产环节监管等领域改革探索成果，相关做法得到中央编办和有关部委肯定。深化经济发达镇行政管理体制改革和乡镇（街道）机构改革，全面整合基层审批服务执法力量，完善职能体系、理顺条块关系、优化组织架构、健全运行机制，形成“六个强化”经验，在全国基层管理体制改革经验交流会上作典型发言。巩固深化生态环境、交通、农业、文化、市场监管、应急管理、城市管理7个领域综合执法改革，坚持“一个领域一支队伍”，压实属地责任。加强省级自然资源、应急管理、林业等部门执法监督力量，推动落实重大案件办理和指导监督市县执法行为等工作责任。

【事业单位改革试点】 履行改革试点政治责任，推进各项改革试点任务。把加强中共党的领导作为首要原则，充实加强党校、新闻舆论、网络安全等具有政治功能的机构，调整优化事业单位党组织和党建工作机构设置。以优化布局结构为主线，全面撤销“小散弱”机构，全面整合机关后勤中心、信息中心、干部教育培训等单位，一体落实各行业专项改革，趁势破解地质、农场等领域历史遗留难题，补齐生态文明、空间规划、工业与信息化融合、城镇发展等领域短板。全省纳入改革范围的事业单位由24131家减少到9556家，精简60.4%。探索创新事业单位制度机制，选择具备条件的单位开展政事权限清单、机构职能编制规定和完善章程管理“三个抓手”试点。完善配套政策，妥善做好人员安置，全省安置29.1万名在编人员，统筹11.1万名离退休人员和4.4万名编外聘用人员安排，确保试点平稳有序推进。

【重点领域体制机制保障】 跟进做好国家区域战略实施、创新驱动发展、人才强省等领域机构编制保障，赣江新区管委会由挂牌机构调整为实体化设置，在省商务厅加挂“省政府口岸管理办公室”牌子，及时研究保障江西中医药健康产业研究院、省碳中和研究中心等新型创新平台建设，深化高层次人才编制“周转池”制度，出台支持引进高技能领军人才编制保障政策。推动脱贫攻坚同乡村振兴有效衔接，优化乡村振兴组织架构，6月底前全面完成省市县三级乡村振兴机构挂牌组建任务，乡镇机构相应调整到位。落实中央部署，推动省应急管理部门有序承接煤矿监督管理4项职责。开发区管理机构体制机制创新，研究制定清理规范实施意见，因地制宜探索“一区多园”“政区合一”，精简管理机构。

【机构编制资源优化配置】 推动资源布局结构不断优化。严格总量管理，全省机构编制总量继续得到有效控制。强化内部挖潜，保障重点刚需，置换789名被占用的政法专项编制，做法得到最高检肯定推广。统筹事业编制使用，以履职评估为方向，严格把握用编事项，引导资源要素集聚民生重点。全省盘活沉淀低效编制资源6万名，其中收回4.1万名、调剂1.9万名。持续开展省属高校编制管理备案制和公立医院人员总量管理试点，编制管理方式由审批制转变为备案制，扩大单位用人自主权，省属高校编制管理备案制试点由最初的3家扩大到11家、公立医院人员总量管理试点由最初的2家扩大到6家。全面落实中小学教职工编制标准，全省核定42.98万名中小学编制，是中央编办、教育部认定的首批达标12个省份之一。助力乡村人才振兴，加大编制资源投入，保障“三支一扶”、定向医学生、农林水技术人员培养计划有效实施。

【推进机构编制法治化管理】 宣传贯彻《中国共产党机构编制工作条例》，推动机构编制法规制度纳入各级党委（党组）理论学习中心组、党校（行政学院）主体班、江西干部网络学院学习内容。以“深入学习贯彻条例，做好新时代机构编制工作”为主题，举办全省市县领导干部机构编制业务培训班。出台全省机构编制法规制度体系建设实施方案，制定印发实施“三定”规定、部门职责分工协调、统一归口领导管理、机构编制监督检查、机构编制管理评估等领域一批规范性文件。强化机构编制刚性约束，健全机构编制、组织人事、财政预算相互协调的约束机制。加强协同监督，加大机构编制违规违纪违法行为查处力度。规范市县内设机构设置，全面核销“二人科、一人股”。开展第二次全省机构编制核查。

（金煜）

机关党建

【概　况】 2021年，全省各级机关党建工作以党的政治建设为统领，全面推进机关党的各项建设，谋划打造模范机关。组建6个巡回指导组，指导督促省直单位扎实开展党史学习教育。以“三进三为”（进帮扶乡村、进共建社区、进困难企业，为基层解难、为群众解忧、为企业纾困）为主要方式，开展“我为群众办实事”实践活动，组织2.4万余名党员干部到基层，为群众办实事3729项。利用重要时间节点，采取情景党课等形式，创新学习教育载体，“三八”妇女节举办“扬巾帼之志、做党的女儿”主题活动，“五四”青年节举办“筑信仰之基、做忠实传人”主题团日，马克思诞辰日举办“追寻马克思足迹、学好当代中国马克思主义”主题党日，“七一”前后开展“唱支山歌给党听”——省直机关庆祝中国共产党成立100周年群众歌咏活动，开展省直机关红色文化交流展示活动。

以党建带群建。举办江西省第七届全民健身运动会暨省直机关系列体育比赛，组织篮球、乒乓球、气排球等多项赛事。开展“红色百年·热血献礼”无偿献血活动，120个省直单位的6236名干部职工献血176万毫升，缓解临床用血紧张。举办3场“春之舟”联谊活动，帮助机关干部解决婚恋方面的困难。

【思想政治建设】 推动省直单位党组（党委）严格执行第一议题制度，对各单位学习贯彻中共中央总书记习近平重要讲话重要指示批示精神情况进行专项督查，建立党组（党委）理论学习中心组学习列席旁听制度，成立414个青年干部理论学习小组。开展中共中央总书记习近平“七一”重要讲话和中共十九届六中全会精神宣传宣讲。深化落实中共中央总书记习近平视察江西重要讲话精神，第一时间部署省直单位传达贯彻10月20日省委常委会（扩大）会议精神，派员列席旁听82个单位中心组学习。连续第4年在省直机关开展“加强机关党的政治建设”调研督查，找差距补短板，推动政治建设落细落实。深化政治机关建设，严肃党内政治生活，推进政治谈话全覆盖，持续开展“今天是我的政治生日”活动。

【机关党建“三化”建设】 在全面推进标准化规范化建设的基础上，组织6个单位开展信息化建设试点，探索以现代信息技术赋能机关党建的有效途径。着力防范机关意识形态领域风险，专题召开省直机关意识形态工作座谈会，分析研判机关意识形态情况，开展专项督查，推动各单位加强网站、“两微一端”等阵地管理，加强舆论引导。抓两头带中间，制定加强分类指导推进省直机关“三化”建设提质增效的意见，分类培育示范典型，对8个软弱涣散基层党组织整治情况进行验收。对省直单位2018年以来发展党员工作情况进行专项检查，进一步规范发展党员工作，提高发展党员质量。在全面完成中央、省委巡视反馈意见整改任务的基础上，建立健全10个方面的制度机制。完善省直单位机关党委书记抓基层党建述职评议考核制度，压实党组（党委）主体责任。把省直单位落实“十四五”规划情况纳入机关党建考核重点内容，推动各单位把机关党建融入“十四五”全省发展的14个方面重点任务，融入单位主责主业。

【党风廉政建设】 持续加强作风监督、纪律监督，运用“四种形态”处理659人次，对18个机关部门及其直属单位落实中央八项规定精神情况开展2轮明察暗访，点名曝光典型案例4起，通报省行政中心大院交通违规行为82起。会同省纪委制定《关于加强省直单位机关纪委建设的意见》，健全机关纪检工作领导体制，厘清工作职责，完善工作机制，配齐配强工作力量。

（温尊寿）

高校党建

【概　况】 2021年，省委教育工委和高校各级党组织坚持以习近平新时代中国特色社会主义思想为指导，深入学习贯彻中共十九大和十九届历次全会以及省第十五次党代会精神，深入贯彻落实中共中央总书记习近平视察江西重要讲话精神，进一步加强党对高校的领导，推动基层党建“三化”建设提质增效，推进党史学习教育走深走实，推进全面从严治党向纵深发展、向基层延伸，巩固马克思主义在高校意识形态领域的指导地位，维护校园政治安全和谐稳定，教育事业发展向上向好。

【高校党史学习教育】 2021年，省委教育工委成立全省教育系统党史学习教育领导小组，推动党史学习教育展开。组建省委第九巡回指导组，成立6个巡回指导小组，加强对56所高校党史学习教育的指导督导。通过党委（党组）会议、理论学习中心组学习、宣讲报告会、“三会一课”、党团日活动、主题班会等多种形式，线上线下相结合。落实思政课集体备课，推动党史学习教育内容融入思政课程，组织开展全省教育系统“同上一堂党史课”17讲。挖掘省内红色资源，把握青少年学生思想特点和成长规律，创新推进“一系列教材、一系列竞赛、一系列演出、一系列活动”相融合的红色文化育人模式。聚焦教育改革发展和群众“急难愁盼”问题，建立清单台账，推进为群众办实事。全省教育系统共确立“我为群众办实事”3905项，已全部办结。加强工作统筹，组织召开动员部署会、阶段推进会、专题组织生活会、总结会等，推动党史学习教育和中心工作相结合。与人民网联合举办江西高校党史知识竞赛暨全省教育系统第六届党的基本知识竞答赛，102万余名师生共享党史金课。选派团队参加全国党史知识竞赛总决赛，获第9名和优秀组织奖，赣南师范大学学生薛芳在全国大学生党史知识竞答赛中获第5名。

【理论学习】 2021年，省委教育工委以学习宣传贯彻习近平新时代中国特色社会主义思想作为首要政治任务，建立工委会“第一议题”制度。制定《2021年省委教育工委理论学习中心组学习计划》，全年共召开工委中心组学习（扩大）会议12次。印发《关于进一步加强高校党委中心组学习管理和考核工作的通知》，建立高校党委中心组列席旁听制度，将学习中共十九届六中全会精神作为列席旁听课题，全省高校分片区开展交叉旁听，工委到高校开展随机旁听。每月将学习重点内容安排印发给高校参考，推动高校党委中心组学习制度化、规范化。召开全省高校统战工作会，统筹部署《中国共产党统一战线工作条例》的学习宣传贯彻工作，在教育厅官方微信开设“高校党委书记学条例谈统战”专栏，推送各高校党委书记心得体会文章58篇。组织近120万名师生参加《中国共产党统一战线工作条例》知识竞赛。采取多种形式，组织6.7万余名高校领导班子成员、统战干部、党员师生和1500余名民主党派、无党派人士参加230余场学习宣传和培训。

【高校基层党建“三化”建设】 在江西农业大学召开全省高校基层党建“三化”建设观摩推进会，部署推进高校基层党建“三化”建设提质增效，督促全省高校对照标杆，补短板、强弱项。全省高校基本完成“三化”建设的党组织占98.9%。制定《全省教育系统基层党建信息化平台建设方案》，推进全省高校基层党建信息化建设。召开高校发展党员工作座谈会，组织8个检查组对35所高校2018年以来的发展党员情况进行调研检查，提高党员发展工作质量。持续开展新时代高校党建示范创建和质量创优工作，获评培育全国高校党建工作标杆院系1个、样板支部25个、百个研究生样板党支部1个、百名研究生党员标兵1人。把党建品牌声势转化为促进发展的优势，形成南昌大学“党建双领双同”计划、江西财经大学“映山红”大学生党员先锋计划、江西农业大学“金扁担”等一批“一校一品”党建特色品牌。

【高校党组织建设】 2021年，省委教育工委会同省委组织部印发《关于学习宣传贯彻新修订的〈中国共产党普通高等学校基层组织工作条例〉的通知》，指导各地各高校找差距、补短板、强弱项。召开第二十六次全省高校党的建设工作会议，对全省高校党建和思政工作提出明确要求。持续加大民办高校党的建设，修订完善《江西省民办高校年检实施办法》，党建工作考核计分由3%提高到12%。首次面向全省教育系统表彰“两优一先”，激励各级党组织和广大党员。先后举办省管高校和民办高校发展党员工作专题培训班，全省高校党委书记、校长暑期研讨班，省管高校处级党员领导干部进修班，全省高知识群体入党积极分子培训示范班和大学生入党积极分子培训示范班，累计培训约1000人。

【思想政治工作】 2021年，省委教育工委改革创新思政课，在全省划定8个教学片区和牵头高校，推进问题式专题化团队教学改革，经验做法在中央教育工作领导小组简报《教育工作情况》刊发。开展高校思政课教师“一线课堂”活动，1086名思政课教师到一线挖掘465个典型案例融入思政教学，评选85门“一线课堂”优质微课。成立江西省大中小学思政课一体化建设指导委员会，组建思政课一体化建设联盟，全覆盖推进一体化建设。推动思政工作提质增效，开展“大学生讲思政课”公开课展示、“我心中的思政课”微电影拍摄活动，引导学生自觉学习习近平新时代中国特色社会主义思想。举办“赣鄱学子心向党”系列活动，组织6场“诵读红色家书 讲述英烈故事”巡演，开展“唱支山歌给党听”网络拉歌、组织讲述发生在江西红土地上的党史故事比赛、开展“红色走读”等活动，学生线上云游超过8516万次。举行第二届江西高校大学生红色文化论坛暨“红色走读”优秀作品展，获省领导肯定性批示。分类组织4场教师“课程思政”建设能力专题培训，线上参加培训教师达20余万人次。会同省文明办搜集基层需求清单1635项，根据需求组织高校志愿服务团队开展志愿服务，督促各高校通过多种方式实现“暑期思政工作、党史学习教育不断线”。加强思政工作队伍建设，会同省委组织部等5部门印发《新时代加快推进江西高校专职辅导员队伍专业化职业化建设的实施意见》。举办全省高校马克思主义学院（思政部主任）研修班等各类培训活动，省级层面已培训700名辅导员、500名思政课教师、126名心理健康教育教师，获全国第十三届“高校辅导员年度人物”及提名奖各1人。以中国共产党成立100周年为契机，在高校民主党派、无党派人士中开展“学党史、跟党走”主题教育活动，广泛开展“五个一”庆祝活动，营造良好氛围。开设“高校统一战线学习贯彻习近平总书记‘七一’重要讲话”专栏，通过专题学习培训、主题研讨、典型引领等方式，加强党外知识分子思想政治工作。

【人才队伍建设】 开展自主培养。印发《江西省“十四五”期间“双一流”建设实施方案》，通过“双一流”建设延揽吸引高层次人才。开展“井冈学者奖励计划”遴选，评选特聘教授29名、青年学者99名。高校全年新增培养国家级人才21人（其中院士1人），引进博士以上人才850余人。加强海外引才。举办国际产学研用合作会议，累计引进材料、食品、航空、环境工程等领域130余名高层次人才，实现新突破。开展校企合作。出台《关于进一步推动高等学校服务经济社会发展若干措施》等文件，激励博士、教授“走园入企”，对接服务86个开发区，累计服务企业4989家，帮助园区和企业提升创新能力。创新机制。开展省管高校党委书记人才工作专项述职评议，持续做好高层次人才子女就学工作，落实教育部《关于正确认识和规范使用高校人才称号的若干意见》。

【意识形态工作】 2021年，省委教育工委召开专题会议，修订并印发《江西省教育系统贯彻落实〈党委（党组）意识形态工作责任制实施办法〉的实施细则》，明确有关责任主体的主要职责，对责任落实、责任追究等作出具体规定。牵头抓好中央巡视意识形态专项检查指出的高校意识形态领域问题的整改，建立整改工作台账，确保整改措施全部落实，同时将中央教育工作领导小组秘书组《关于高校意识形态工作百校调查情况的通报》、全省意识形态工作专项督查、省纪委省监委“三个认同”调研等指出的相关问题的整改，与中央巡视指出的问题的整改结合起来，建章立制，形成工作长效机制。组织开展全省高校“两类教材”（外国语言类教材、其他学科专业类境外教材）专项排查工作，把好教材意识形态关。加强与省委宣传部、省委网信办、省委统战部、省委政法委、省公安厅、省民宗局等相关职能部门的协调联动，开展意识形态、思政、宗教等工作的调研检查和新一轮重点人排查，组织相应工作培训，推动网络意识形态工作责任、防范抵御宗教渗透和校园传教、校园及周边综合治理、重点敏感人员教育管控等各项工作的落实。印发有关抵御宗教渗透的规范性文件，提升全省教育系统宗教工作规范化、法治化管理水平。

【正风肃纪】 2021年，省委教育工委落实“三张清单”要求，进一步完善全面从严治党责任体系，推动教育系统特别是高校党委落实全面从严治党主体责任。召开全省教育系统全面从严治党工作会议和民办高校全面从严治党工作会议，不断推动全面从严治党向基层延伸、向纵深发展。分层分类开展政治谈话，形成“四结合”做法，进一步提升领导班子特别是“一把手”政治能力和全面从严治党工作水平，省属本科高校明确整改任务81项，制定整改措施290条，已完成整改措施261条，占90%。开展领导干部在民办学校任(兼)职摸排，对教育系统被公安机关查处的党员干部和教职员工酒驾醉驾情况进行全面排查梳理，持续整治有偿招生、学术不端等突出问题，实行师德失范“一票否决”。对个别高校开展专升本考试作弊事件调查，严肃追责问责。建立整改台账，注重联动整改，持续推进省委巡视“回头看”反馈意见整改工作，47项整改任务有40项已完成，7项部分完成并长期坚持；集中整改期间共开展11项专项治理，完善29项制度。

(省委教育工委)

党校工作

【概　况】 2021年，全省有各级党校112所，其中县(市、区)级党校100所，市级党校11所，省级党校1所。全省党校在职在编教职工2552人。全年各级党校共举办各类班次3611个，培训干部44.27万人。其中，举办常规主体班次1207个，培训学员17.76万人。

【干部培训】 省委党校全年举办常规主体班32期、培训学员1624人，专题培训班14期、培训学员1953人。完成全省市厅级主要领导干部、副厅级以上领导干部学习贯彻中共十九届五中全会精神集中培训，培训学员1484人。举办全省领导干部“学习贯彻党的十九届六中全会精神，提高政治判断力政治领悟力政治执行力”专题研讨班，培训学员469人。整合优化干部教育培训资源，各并入党校、干校举办高校、群团、行业等干部专题培训班61期，培训学员7080人。举办红色教育短期培训班110期、培训学员5860人。江西干部网络学院完成党员干部在线培训任务53.1万余人次。严把在职研究生培养质量关，新招录937人、毕业802人。

【教学管理】 开展精品课建设，加大“用学术讲政治”样板课打造力度，省委党校选送课程入选全国党校(行政学院)系统第六届精品课并获全国党校(行政学院)系统第五届教学管理优秀奖，入选中组部“学习贯彻习近平新时代中国特色社会主义思想全国好课程推荐目录”2门。获评省委组织部全省干部教育培训好课程5门，入选全省干部教育培训现场教学示范点1个。举办江西省“十四五”高质量跨越式发展论坛6期，邀请省委书记易炼红和中科院院士江风益作主旨报告，并将意识形态、统一战线、民族宗教、乡村振兴等纳入主体班教学内容。完善“党性教育与红色基因传承”教学单元课程设置，把开展中共党史学习教育作为党性锻炼重要内容，全年各主体班开展课前中共党史微课200次，其中中青班每周开展2次、其他主体班每周至少开展1次；更新完善“红色走廊”展陈内容，持续推进“红色剧目、红色剧团进校园”；举办全省党校(行政学院)系统庆祝中共建党百年文艺汇演；强化学员选调、课堂管理、学习考核、考勤、外出、请销假等制度执行，从严要求教育培训全过程。

【新型智库建设】 全年获批立项国家哲学社会科学基金项目3项，立项省部级项目18项，结项国家社科基金项目4项、省部级项目20项。设立校级专项课题10项、全省党校(行政学院)系统年度课题18项。在《光明日报》《学习时报》《江西日报》等重要报刊发表理论文章51篇，各类学术期刊发表论文231篇，出版著作8部、教材4部，获全省哲学社会科学优秀成果奖3项。校(院)刊《求实》保持C刊行列并入选北大全国中文核心期刊，《地方治理研究》首次入选C刊扩展版、中国人民大学复印报刊资料重要转载来源期刊。设立校级省情省策研究课题11项、协作调研课题11项。《领导论坛》等刊发调研报告获省级领导批示81篇次，其中省委、省政府主要领导批示8篇次。举办全省党校(行政学院)系统庆祝中国共产党成立100周年理论研讨会，入选全国党校(行政学院)系统庆祝中国共产党成立100周年学术研讨会论文3篇。省基层党建协同创新中心全年发表研究成果36篇、出版专著3部，参编《中国化的马克思主义党建理论体系概论》(党建读物出版社)一书获中共中央总书记习近平重要批示。新时代党建创新与江西实践研究所获首批省级重点培育智库。

【党校机构改革】 落实事业单位改革试点任务，完成省直机关工委党校、省委教育工委党校、省农业干部学校、省工商行政管理干部学校、省总工会干部学校、省团校、省妇女联合会干部学校等单位及相关职能并入省委党校(行政学院)工作。省委党校(行政学院)增设干部培训三处、群团干部培训处、群团理论教研部、高校干部培训部。聘任改革划入人员岗位112人次，完成在职涉改人员安置和编制划转127人，接收在职和离退休涉改人员档案200人。

【举办全省市厅级主要领导干部学习贯彻中共十九届五中全会精神专题研讨班】 3月18日—20日，全省市厅级主要领导干部学习贯彻中共十九届五中全会精神专题研讨班在省委党校举办。省委书记刘奇出席开班式并作辅导报告。姚增科等省委、省人大常委会、省政府、省政协领导人，省法院、省检察院主要负责人出席。省委副书记叶建春主持。

【举办首届“十四五”江西高质量跨越式发展论坛】 4月21日，省委党校举办首届“十四五”江西高质量跨越式发展论坛。省委副书记、省长易炼红出席并发表主旨演讲。易炼红总结了“十三五”时期江西经济社会发展取得的成就，分析“十四五”时期面临的新形势新要求新任务，系统阐述“十四五”时期江西经济社会发展的重点路径。

【举办全省领导干部“学习贯彻党的十九届六中全会精神,提高政治判断力政治领悟力政治执行力”专题研讨班】 12月24日—26日,全省领导干部“学习贯彻党的十九届六中全会精神,提高政治判断力政治领悟力政治执行力”专题研讨班在校院开班,省委书记易炼红作开班动员和辅导报告,省委副书记、代省长叶建春作结业讲话。研讨班期间,省委常委、常务副省长梁桂以《奋力开创新时代江西经济高质量跨越式发展“第一等工作”》为题,省委常委、省纪委书记、省监察委员会主任马森述以《以自我革命精神推进全面从严治党 为全面建设社会主义现代化江西提供坚强保证》为题,省委常委、省委政法委书记张鸿星以《在加强和创新社会治理上“作示范、勇争先” 努力建设更高水平的平安江西》为题,省委常委、省委宣传部部长庄兆林以《加强党对宣传思想工作的全面领导 做好舆论引导和舆情管控工作》为题,省委常委、省委统战部部长黄喜忠以《加强党对统一战线工作的集中统一领导 认真做好我省民族和宗教工作》为题,副省长殷美根以《把金融摆在更加突出位置 更好服务江西“作示范、勇争先”》为题,副省长胡强以《奋力打造新时代乡村振兴样板之地》为题为主体班学员授课。

(刘艺)

信访工作

【概　况】 2021年,全省信访总量件(人)次,与2019年同期相比(下同)下降16.84%;受理群众来信件次下降13.19%;到省访人次下降50.29%;到京越级上访人次下降18.28%;到京非接待场所涉访人次下降66.9%;到省行政中心来访人次下降15.6%。江西省2021年信访工作考核获全国优秀等次;全省有6个县(市、区)获评全国信访工作示范县,获评数量高于全国平均水平;景德镇市委信访局副局长、珠山区委信访局局长姚石玉获评全国“最美信访干部”。

【推进治理重复信访化解信访积案专项工作】 省信访工作联席会议制定《关于落实部门和属地责任解决当前信访突出问题的实施方案》,推动解决重点领域和重点群体问题3.72万件,化解率84.7%。强力推进治理重复信访化解信访积案专项工作,全面落实县级以上领导包案,精准分类化解,突出重点领域、重点群体、重点问题、重点人员打好攻坚战,建立双交办双建账、双包案双化解、双结案双签字、双核查双督办工作机制,国家信访局交办江西省的第一批重复信访事项化解率达97.52%。其中,化解10年以上信访积案358件、20年以上的76件,化解进度和质量列全国第一方阵。

【开展“三大专项活动”】 开展“大督查大接访大调研活动”。先后4次派出由厅级干部带队的督导组到各地,统筹开展中央交办信访事项、重要节点信访保障、年度工作督查活动,做到带案督查,面见信访人,推动案结事了。推进全国信访工作示范县创建活动,全省有6个县(市、区)获评全国信访工作示范县,1632个乡镇(街道)全部设立信访工作联席会议,常态开展领导干部包案和接访下访,运用“百姓说事”等群众工作平台,实现“小事不出村、大事不出镇、矛盾不上交”。开展“寻找最美信访干部”活动。严格规范程序、自下而上推荐、层层审核把关、群众广泛参与,评选出10名全省“最美信访干部”。

【信访制度改革】 以信访工作信息化、法治化、专业化为改革目标,全面提升信访工作效能。打造网上信访主渠道直通车,构建“信、访、网、视频”一体格局,完善人民网网民留言工作制度,做到信访事项快受理、快办理、快回复,全省网上信访占信访总量67.88%,网上信访一次性化解率84.56%。制定《关于进一步加强和改进信访业务工作的若干措施》,完善信访业务标准体系,建立受理、办理、评价的工作闭环,加强和改进信息分析研判处置、业务办理、重复信访治理、重点群体疏导等工作,信访事项及时受理率99.97%、按期办结率99.78%。

【全省信访工作电视电话会议召开】 2月25日,全省信访工作电视电话会议在南昌召开。会议主要任务是贯彻落实中央、省委相关工作会议精神,总结2020年信访工作情况,部署2021年信访工作和全国两会期间信访稳定工作。会议由省委常委、常务副省长殷美根主持,省委常委、省委政法委书记尹建业出席并讲话,省公安厅厅长秦义出席并传达全国信访部门电视电话会议精神。省委信访局领导班子成员,省委有关部门、省直有关单位分管领导和办公室(信访处、室)负责人,省委信访局机关处室主要负责人参加会议。各设区市、县(市、区)党委政府分管信访工作的领导、各乡镇(街道)党委书记和市、县(市、区)信访局相关人员在当地分会场参加会议。

【省信访工作联席会议全体(扩大)视频会议召开】 10月14日,省信访工作联席会议全体(扩大)视频会议在南昌召开。会议主要任务是贯彻落实中央、省有关信访工作部署要求,通报全省信访形势,部署做好当前全省信访稳定工作,全力推进“治理重复信访、化解信访积案”专项工作。会议由省委常委、常务副省长殷美根主持,省委常委、省委政法委书记尹建业出席并讲话,南昌、景德镇、萍乡、新余市信访工作联席会议召集人和省国资委负责人作表态性发言。省信访工作联席会议成员单位负责人,各设区市信访工作联席会议第一召集人和信访工作联席会议办公室主任(信访局局长),省委信访局领导班子成员和机关处(室、中心)主要负责人参加会议。各设区市、县(市、区)信访工作联席会议召集人,各设区市、县(市、区)信访工作联席会议成员单位分管领导、各乡镇(街道)党委书记和市、县(市、区)信访局相关人员在当地分会场参加会议。

【举办全省信访局长培训班暨年度务虚会】 12月14日—16日,全省信访局长培训班暨年度务虚会在南昌举办,并以视频形式开到市、县(市、区)信访部门。培训班进行业务培训,组织理论学习,总结并谋划信访工作,省委副秘书长、省委信访局局长乐文红出席并讲话,省委信访局班子成员分别根据自身分管工作提出具体工作要求,办信处、投诉受理处、业务指导处、驻京工作处、接访一处、接访二处、督查处、接访中心等业务处室负责人进行业务讲解，各设区市信访局局长围绕“今年怎么看、明年怎么干”分别提出意见建议。

（省委信访局）

老干部工作

【概　况】 截至年底，全省有离退休干部44.3万人。其中，离休干部4572人，退休干部43.7万人；省级老干部59人（其中正省级6人、副省级53人）；老红军1人，抗战离休干部317人，解放离休干部4255人。离退休干部中党员26.69万人，离退休干部党组织6057个。

【离退休干部党建】 组织老干部参加中共党史学习教育，学习中共中央总书记习近平“七一”重要讲话精神、中共十九届六中全会精神和中共江西省第十五次党代会精神，组织老干部学习习近平《论中国共产党历史》等学习资料，收听收看党史学习教育网上专题报告会。举办“传承红色基因 弘扬方志敏精神”专题报告会，各地依托“不忘初心 牢记使命”老干部巡回宣讲团，开展党史宣讲5000多场，强化党性教育。落实《关于加强新时代离退休干部党建工作的意见》，推进干部荣誉退休制度，开展“迎建党百年·守初心使命”主题征文，举办“千名老书记万名老党员”培训、离退休干部党建工作培训班，召开老党员老干部座谈会。推进全省离退休干部“示范党支部”创建活动，联合省委组织部核查评选首批141个全省离退休干部“示范党支部”。

【离退休干部作用发挥】 开展“我看建党百年新成就”专题调研、文艺演出、书画摄影展和“我为党送祝福”等庆祝中国共产党成立100周年系列活动，刊发《老干部好声音》，评选表彰10名全省“最美老干部”和10名“最美老干部”提名，各级党政领导带头向老干部颁发“光荣在党50年”纪念章。创造条件、搭建平台，打造“银耀赣鄱”志愿服务品牌，组建近2万名老干部参加志愿服务团队，通过“党建+志愿服务”模式，开展乡村振兴、矛盾调节、帮扶帮教、捐资助学、“珍爱生命，防止溺水”等各类志愿服务活动。10多万名“五老”开展“传承红色基因，弘扬井冈山精神”“树家风、育新人”主题教育、党史宣讲等活动。

【离休干部服务管理】 印发《关于开展离休干部生活待遇政策落实情况自查自纠工作的通知》《关于开展离休干部“一人一策”精准服务工作的通知》，落实老干部生活待遇，解决老干部急难愁盼问题。走访慰问老干部，提高离休干部医疗待遇和生活补贴标准，发放困难补助金1700万元、生活补贴3137万元。精准落实各项医疗待遇，不断优化老干部看病就医、药费报销等流程。主动对接民政、卫健、医保等部门，指导各地各单位采取政府购买服务、志愿服务等形式，为离休干部提供助餐、助洁、助行、助购，家庭签约医生、适老化设施改造等居家养老服务。

【老干部工作部门建设】 开展先进典型选树，2个老干部工作先进集体和6名老干部工作先进个人受到中央组织部表彰，全省评选出40个先进集体和60名先进个人。开展局机关党史学习教育，深化“我为群众办实事”实践活动，扎实推进37项实事项目，高标准完成省委巡视反馈的31个问题和局系统7个事业单位改革工作。有序推进信息化建设，优化升级“银耀赣鄱”APP，全省20.6万名老干部安装使用，“离退休干部工作”和“赣鄱老干部”用户数量大幅增加，关注率位居全国前列。注重能力培养，举办全省老干部局（处）长培训班，调研课题《县乡离退休干部支部规范化建设研究》获省社科基金立项，《老友》杂志被评为华东地区优秀期刊和江西省优秀期刊。

【全省老干部局长会议召开】 3月17日，全省老干部局长会议在南昌召开，省委副书记叶建春出席并讲话。会上，叶建春要求全面贯彻落实中共中央总书记习近平关于老干部工作的重要指示精神，统筹抓好离退休干部党的建设、服务管理、发挥作用等各项工作，推动江西老干部工作开展。省委组织部副部长、老干部局局长肖洪波主持会议。会议对“全省最美老干部”和全省老干部工作创新案例单位进行通报表彰。

【在昌老干部“传承红色基因 弘扬方志敏精神”专题报告会召开】 6月17日，在南昌离退休干部党史学习教育专题报告会召开，省人大常委会原党组书记、副主任周萌从“方志敏同志是我们党的骄傲、人民的骄傲”“方志敏精神是我们党的宝贵精神财富”“方志敏精神熔铸在党的精神族谱之中”“新时代要大力弘扬方志敏精神”等4个方面，回顾方志敏的革命人生，方志敏精神的内涵和在中国共产党的精神谱系中的重要地位，并对新时代如何弘扬方志敏精神提出见解。在南昌离退休干部等400余人参加报告会。

（谢高龙）

党史工作

【概　况】 2021年，重点做好中国共产党成立100周年庆祝系列活动：编撰出版《中国共产党100年江西简史》《中国共产党100年江西大事记》；联合开展“百年赣鄱耀中华——庆祝中国共产党成立100周年江西省大型美术书法诗词创作展”；联合开展“初心耀征程——百件珍贵革命文物档案说江西”大型主题展；联合举办“中国共产党人入党誓词发展暨中国共产党人初心使命”等系列理论研讨会；完成“百年百场”党史报告会。出席江西省庆祝中共建党百年专题新闻发布会，并就中国共产党人精神谱系的内核和特质回答记者提问；参与江西卫视“光荣与梦想”江西省庆祝中国共产党成立100周年庆祝大会现场直播特别节目，解读中共中央总书记习近平“七一”重要讲话精神，手机江西台客户端总观看量1200万次；举行“百年辉煌红土地 感恩奋进谱新篇”江西省庆祝中国共产党成立百年系列新闻发布会之党史工作专题新闻发布会。在2021年组织的2016—2020年全国党史和文献部门优秀科研成果评选中,江西共有10项成果获奖。江西党史工作成绩,被中央办公厅以《江西发挥红色资源优势,着力推动党史工作高质量发展》为题作单篇信息采用刊发。在人力资源和社会保障部、中央党史和文献研究院联合举办的全国党史和文献部门先进集体、先进个人评选表彰中,江西获得"双优"表彰。

【推进中共党史学习教育】 按照"走在前列,务求实效"要求,积极推进中共党史学习教育。认真履行省委党史学习教育领导小组成员单位职责,室主任任领导小组办公室副主任;抽调1名室领导和4名业务骨干参加省委党史学习教育领导小组办公室工作,具体负责材料简报组工作,派员承担督导指导组、宣传报道组工作。中央《党史学习教育简报》报道江西党史学习教育情况52期57条,位列全国第一方阵。编辑江西《党史学习教育简报》140余期60余万字,发挥简报的引导作用。室领导作为省委宣讲团成员参加宣讲工作,并撰写《讲党史课要严格把握的几个问题》供省委宣讲团参考。室领导班子成员和部分业务骨干到中直单位、省直机关、高校、企业、市县基层开展宣传宣讲150余场,取得良好社会反响。联合到解放军陆军步兵学院举行"传承红色基因,为部队办实事暨送红色地图送红色书籍进军营"活动,得到部队官兵肯定。联合开展"传承红色法治基因、建设更高水平法治江西"为主题的"百万网民学党史、悟思想"专场知识竞赛活动,并获"优秀组织奖"。

【著作编撰和资料征编】 编撰出版《中国共产党100年江西简史》《中国共产党100年江西大事记》《永恒的力量》《红色文化》,其中,《中国共产党100年江西简史》被纳入"新华荐书"年度好书推荐;《红色文化》被媒体誉为"江西对外宣传和形象展示的金色名片",并翻译成外文向世界推介江西红色文化。编撰完成《江西省志·党史研究志》《江西抗疫纪事》(增补版)、《旧貌换新颜——江西省精准扶贫工作纪实》《江西小康大事记》。完成《江西——中国工人运动摇篮》初稿约7万字、《八一南昌起义全史》初稿约3万字。协助推进《全国革命老区县发展史》丛书江西各卷编撰工作。稳步推进"江西脱贫攻坚口述史"资料征集,已征集口述材料约42万字。完成中共党组织系统、地方军事系统、统战系统和群团系统的资料汇总和编纂,共约45万字。完成《中国共产党江西省第十五次代表大会文献汇编》《江西党史大事记》《省委书记江西工作纪事》。

【课题研究】 开展中国共产党的重大理论问题研究,合作完成《建党100年来党的建设光辉历程》《新民主主义革命时期中国共产党宣传工作史》《伟大建党精神的生动实践——以中央苏区为例》《深入研究大力弘扬安源精神》《新时代要大力弘扬八一精神》等课题研究,其中全国党建研究会重点课题《建党100年来党的建设光辉历程》获全国三等奖;协调推进中国共产党人精神谱系研究,着重深化井冈山精神、苏区精神、长征精神及安源精神等研究,有序推进八一精神、血防精神等相关课题研究,成功申报并启动中央党史和文献研究宣传专项引导资金重点项目《八一精神新论》《血防精神的精神实质和时代价值研究》。在省级以上党报党刊发表《百年党史中的"江西红"》《我们的军旗》《修好党史必修课 做好红色传播人》等党史研究宣传文章10余篇。

【宣传教育】 参与承办在北京召开的中央革命根据地创建暨中华苏维埃共和国成立90周年座谈会;联合开展纪念中共湘鄂赣省委、省苏维埃政府成立90周年理论研讨会、"学习百年党史 凝聚奋进力量——学习弘扬方志敏精神专题座谈会""安源精神"学术研讨会;参加"水利是农业的命脉"暨中央苏区水利史学习研讨会、纪念宁都起义胜利暨红五军团成立90周年座谈会。联合江西日报社共同打造省级移动媒体"红色频道",共宣发内容2000余条,阅读量超过5000万次;上线运行"江西党史学习频道",将5G信息技术应用于党史学习教育,每天向超过1000万用户发送短信;举办"四史"学习教育知识竞赛、红色江西全民网上朗诵大赛征集活动、"红动永新·百年沧桑看巨变——庆祝中国共产党成立100周年摄影大赛暨摄影展"和"红色铜鼓·初心如磐向未来——2021全国主流融媒体看江西"。配合省广播电视台制作40集《闪亮的坐标》,阅读量超过6.8亿次;推出《跨越时空的回信》第四季。联合省委网信办制作《系列党史故事漫画——有盐同咸、无盐同淡》,在人民网、新华网、大江网等主流网络全网推出。联合团省委制作红色动漫《十七棵"信念树"的故事》,阅读量超过1048万次。联合江西日报社、江西新闻客户端推出30个"党史30秒"短视频,阅读量超过900万次,其中《"共和国第一军嫂"陈发姑》在国家广电总局举办的"红色记忆·唱支山歌给党听"第三届"三月三"网络视频大赛上被评为优秀作品。配合新华社江西分社完成短视频《来看看90年前的严禁"公马私骑"》,平台阅读量超过120万次。联合省自然资源厅制作5集红色动漫系列片《红色故事会》,阅读量超1500万次。组织参加"知史爱党、知史爱国"——全国党史故事短视频展播活动,获"积极组织奖",参展作品《兴国调查》获中共党史事件类作品三等奖。积极发挥江西党史网、《党史文苑》《党史赣鄱说》等室管媒体平台载体作用,开设"庆祝中国共产党成立100周年""党史学习教育"专栏,持续做好"反对历史虚无主义"专栏等,主动掌握意识形态领域涉及中共党史内容的话语权,全年编辑、出版《党史文苑》12期,刊登文章200余篇,120余万字,其中20余篇文章被中央党史和文献研究院官网、人民网、"学习强国"等媒体转载。在全省教育系统"同上一堂党史课"活动中,室领导在南昌大学开展的首场在线直播宣讲《树立正确党史观 反对历史虚无主义》,网上阅读量超过630万次。室宣教处在中央网信办和中央党史和文献研究院联合举办的"清朗·整治网上历史虚无主义"专项行动中获评"成绩突出集体",室副主任彭勃获评"成绩突出个人"。

(省委党史研究室)

本类目编辑 张志勇

江西省人民代表大会

综　述

2021年,江西省各级人民代表大会1508个,其中省级人民代表大会1个、设区市级人民代表大会11个、县级人民代表大会100个、乡(镇)人民代表大会1396个。各级人大代表近12万名,其中全国人大代表78名、省人大代表589名。省十三届人民代表大会常务委员会组成人员实有52名,其中主任1名、副主任5名、秘书长1名、委员45名。省十三届人民代表大会设有监察和司法委员会、财政经济委员会、教育科学文化卫生委员会、农业和农村委员会、环境与资源保护委员会、法制委员会、社会建设委员会7个专门委员会;省十三届人民代表大会常务委员会下设办公厅、法制工作委员会、选举任免联络工作委员会、外事华侨民族宗教工作委员会、预算工作委员会5个工作机构。

*扎实开展党史学习教育。*开展庆祝中国共产党成立100周年系列活动。围绕纪念中华苏维埃第一次全国代表大会召开90周年,组织实施“出版1本研究专著、开展1次论文征集、采编1本纪念专刊、举办1次网络知识竞赛、承办1次专题理论研讨会”的“五个一”工作,推动红色基因传承。

*加强自身建设。*强化思想政治建设,纪律作风建设,机关效能建设。启动修改省人民代表大会议事规则,大力推进江西数字人大建设。

*加强重点领域立法。*坚持质量与效率并重,深入推进科学立法、民主立法、依法立法。全年制定修改地方性法规29件,其中一揽子修改15件,批准设区的市法规、决定25件。同时,探索建立协同立法工作机制,着力提升设区的市立法的针对性、适用性、可操作性,形成省市立法上下衔接、相互促进、协调配合的良性互动。

*正确、有效、依法履行监督。*把握依照法定职责、限于法定范围、遵守法定程序的原则,开展法律监督和工作监督,确保法律法规全面有效实施,确保行政权、监察权、审判权、检察权依法正确行使,确保中央决策部署和省委工作要求在人大工作中得到全面贯彻和有效落实。全年听取和审议专项工作报告12项,开展专项工作满意度测评1次,检查4部法律法规实施情况,对166件规范性文件备案审查。

*充分发挥人大代表主体作用。*健全落实省人大常委会组成人员联系代表、代表联系人民群众的“双联系”制度,推进代表联络工作站优化布局、延伸覆盖、提质增效。各条战线的人大代表立足岗位、发挥特长,依法履职尽责。主动为代表依法履职搭建平台,办理代表建议575件,邀请210余名代表列席常委会会议、参与预决算审查、专题调研、执法检查等履职活动,推动代表对常委会和专工委工作的全方位全过程参与。

(省人大常委会办公厅)

重要会议

【省十三届人大五次会议】　1月26日—30日,省十三届人大五次会议在南昌召开。大会应到代表598名,实到代表581名,符合法定人数。不是省十三届人大代表的在职省领导,特邀曾担任正省级领导职务的老领导和历任省人大常委会副主任参加会议。省政协委员和省直各部门主要负责人等列席会议。大会听取和审议省长易炼红所作的政府工作报告、省人大常委会副主任周萌所作的省人大常委会工作报告、省高级人民法院院长葛晓燕所作的省高级人民法院工作报告、省人民检察院检察长田云鹏所作的省人民检察院工作报告,审查和批准《关于江西省国民经济和社会发展第十四个五年规划和二〇三五年远景目标纲要的报告》《关于江西省2020年国民经济和社会发展计划执行情况与2021年国民经济和社会发展计划草案的报告》《关于江西省2020年全省和省级预算执行情况与2021年全省和省级预算草案的报告》,批准江西省2021年国民经济和社会发展计划、江西省2021年省级预算,听取和审议省发改委主任张和平受省政府委托所作的关于国家生态文明试验区(江西)建设情况的报告,审议省人大常委会关于提请审议《江西省乡村振兴促进条例(草案)》的议案。大会经过认真审议,通过关于上述9项报告的决议。省十三届人民代表大会监察和司法委员会、财政经济委员会、教育科学文化卫生委员会、农业和农村委员会、环境与资源保护委员会、法制委员会、社会建设委员会分别向大会提交工作报告(书面)。

大会代表提出议案1件,其内容属于省人民代表大会及其常委会职权范围内的事项,符合代表议案的基本要求。根据《江西省人民代表大会议事规则》和《江西省人民代表大会代表议案处理办法》有关规定,建议该件代表议案不列入会议议程,会后交由省人大监察和司法委员会审议并提出审议结果报告,经专门委员会全体会议审议通过后,提请省人大常委会会议审议,并印发代表大会下次会议。

大会收到建议、批评和意见共575件，闭会后统一交由有关机关和组织研究办理。

【省人大常委会会议】 2021年，举行常委会会议10次，即省十三届人大常委会第二十六次会议至第三十五次会议。

省十三届人大常委会第二十六次会议于1月19日在南昌举行。省人大常委会主任刘奇，副主任周萌、朱虹、马志武、冯桃莲、胡世忠，秘书长韩军和委员共54人出席会议。省监察委员会代理主任马森述，副省长陈小平，省高级人民法院院长葛晓燕，省人民检察院检察长田云鹏列席会议。列席会议的还有省人大常委会副秘书长、省人大各专门委员会成员、省人大常委会各工作部门负责人。刘奇主持第一次全体会议，周萌主持第二次全体会议。会议审议《江西省人民代表大会常务委员会工作报告（讨论稿）》，决定提请省十三届人大五次会议审议；审议《省十三届人大五次会议议程（草案）》《主席团和秘书长名单（草案）》，决定提请省十三届人大五次会议预备会议审议；审议通过省十三届人大五次会议列席人员范围；听取和审议省人大常委会选任联工委《关于省十三届人民代表大会第四次会议代表建议、批评和意见办理情况的报告》；审议《江西省人民政府关于江西省第十三届人民代表大会第四次会议代表建议、批评和意见办理情况的报告（书面）》；听取和审议省人大常委会代表资格审查委员会关于代表资格的审查报告。

省十三届人大常委会第二十七次会议于1月24日在南昌举行。省人大常委会副主任周萌、朱虹、马志武、冯桃莲、胡世忠，秘书长韩军和委员共50人出席会议。省人大常委会选任联工委有关负责人列席会议。周萌主持第一、二次全体会议。会议听取和审议省人大常委会代表资格审查委员会关于代表资格审查报告。

省十三届人大常委会第二十八次会议于3月25日—26日在南昌举行。省人大常委会主任刘奇，副主任赵力平、马志武、胡世忠、曾文明、张小平，秘书长韩军和委员共54人出席会议。副省长罗小云，省高级人民法院院长葛晓燕，省人民检察院检察长田云鹏，省监察委员会负责人列席会议。列席会议的还有省人大常委会副秘书长、省人大各专门委员会成员、省人大常委会各工作部门负责人，各设区的市人大常委会负责人、省直管县（市）人大常委会主要负责人，部分省人大代表。刘奇主持第一次、第二次全体会议。会议学习贯彻中共中央总书记习近平2021年全国两会重要讲话精神、十三届全国人大四次会议精神；审议通过《江西省人力资源市场条例》；审议《江西省矛盾纠纷多元化解条例（草案）》《江西省人民代表大会常务委员会关于常态化开展扫黑除恶斗争巩固专项斗争成果的决定（草案）》；审查批准《景德镇市城市地下管线管理条例》《鹰潭市建设工地扬尘污染防治管理办法》《鹰潭市烟花爆竹销售燃放管理条例》《上饶市爱国卫生条例》；审议通过《江西省人民代表大会常务委员会关于县、不设区的市、市辖区人民代表大会代表名额的决定》《江西省人民代表大会常务委员会关于各设区的市人民代表大会常务委员会组成人员名额的决定》《江西省人民代表大会常务委员会关于县、不设区的市、市辖区人民代表大会常务委员会组成人员名额的决定》；听取审议省人大法制委关于2020年规范性文件备案审查工作情况的报告；审议通过省十三届人大常委会代表资格审查委员会组成人员补充名单。

省十三届人大常委会第二十九次会议于4月21日在南昌举行。省人大常委会副主任赵力平、马志武、胡世忠、曾文明、张小平，秘书长韩军和委员共47人出席会议。副省长孙菊生，省高级人民法院院长葛晓燕，省人民检察院检察长田云鹏，省监察委员会负责人列席会议。列席会议的还有省人大常委会副秘书长、省人大各专门委员会成员、省人大常委会各工作部门负责人。赵力平主持第一次、第二次全体会议。会议审议通过省人大常委会关于批准2021年新增地方政府债务限额以及2021年省级预算调整方案的决议。

省十三届人大常委会第三十次会议于5月31日—6月2日在南昌举行。省人大常委会主任刘奇，副主任赵力平、马志武、胡世忠、曾文明、张小平，秘书长韩军和委员共56人出席会议。副省长秦义、任珠峰，省人民检察院检察长田云鹏，省监察委员会、省高级人民法院、省人民检察院负责人列席会议。列席会议的还有省人大常委会副秘书长、省人大各专门委员会成员、省人大常委会各工作部门负责人，各设区的市人大常委会负责人、省直管县（市）人大常委会主要负责人，部分省人大代表。刘奇主持第一次全体会议，赵力平主持第二次、第三次全体会议。会议审议通过《江西省矛盾纠纷多元化解条例》《江西省人民代表大会常务委员会关于常态化开展扫黑除恶斗争巩固专项斗争成果的决定》《江西省人民代表大会常务委员会关于加强国有资产管理情况监督的决定》；审议《江西省志愿服务条例（草案）》《江西省生活垃圾管理条例（草案）》《江西省公共文化服务保障条例（草案）》；审查批准《萍乡市烟花爆竹燃放管理条例》《新余市颐养之家条例》《赣州市燃气管理条例》；听取和审议《关于我省水利工程建设与管理情况的报告》《关于我省侨务工作情况的报告》《江西省物业管理条例》《江西省促进科技成果转化条例》实施情况的报告。

省十三届人大常委会第三十一次会议于7月27日—28日在南昌举行。省人大常委会主任刘奇，副主任赵力平、马志武、胡世忠、曾文明、张小平，秘书长韩军和委员共54人出席会议。副省长罗小云，省高级人民法院院长葛晓燕，省人民检察院检察长田云鹏，省监察委员会、省人民检察院负责人列席会议。列席会议的还有省人大常委会副秘书长、省人大各专门委员会成员、省人大常委会各工作部门负责人，各设区的市人大常委会负责人、省直管县（市）人大常委会主要负责人，部分省人大代表。刘奇主持第一次全体会议，赵力平主持第二次全体会议。会议审议通过《江西省志愿服务条例》《江西省生活垃圾管理条例》《江西省公共文化服务保障条例》《江西省人民代表大会常务委员会关于修改〈江西省各级人民代表大会常务委员会规范性文件备案审查条例〉等4件地方性法规的决定》《江西省人民代表大会常务委员会关于修改〈江西省医疗纠纷预防与处理条例〉等11件地方性法规的决定》,审议《江西省人民代表大会议事规则修正案(草案)》《江西省铁路安全管理条例(草案)》,审查批准《南昌市荣誉市民条例》《九江市水利工程管理条例》《宜春市住宅物业管理条例》《上饶市文明行为促进条例》《吉安市殡葬管理条例》《抚州市门前三包管理规定》,审议通过《江西省人民代表大会常务委员会关于批准江西省契税具体适用税率等有关事项的方案的决议》,听取和审议《关于2021年上半年国民经济和社会发展计划执行情况的报告》《关于2020年省级决算和2021年上半年预算执行情况的报告》,审议通过《江西省人民代表大会常务委员会关于批准2020年省级决算的决议》,听取和审议《关于2020年度省级预算执行和其他财政收支的审计工作报告》《关于我省“七五”普法规划实施情况和“八五”普法工作安排情况的报告》,审议通过《江西省人民代表大会常务委员会关于开展第八个五年法治宣传教育的决议》,听取和审议《关于我省退役军人工作情况的报告》《关于全省法院推进一站式多元解纷和诉讼服务体系建设工作情况的报告》《关于代表资格的审查报告》。

省十三届人大常委会第三十二次会议于9月27日—28日在南昌举行。省人大常委会主任刘奇,副主任赵力平、马志武、胡世忠、曾文明、张小平,秘书长韩军和委员共51人出席会议。省监察委员会主任马森述,副省长孙菊生、张鸿星,省人民检察院检察长田云鹏,省监察委员会、省高级人民法院有关负责人列席会议。列席会议的还有省人大常委会副秘书长、省人大各专门委员会成员、省人大常委会各工作部门负责人,各设区的市人大常委会负责人、省直管县(市)人大常委会主要负责人,部分省人大代表。刘奇主持第一次全体会议,赵力平主持第二次全体会议。会议审议通过《江西省人民代表大会常务委员会关于修改〈江西省人口与计划生育条例〉的决定》;审议《江西省社会信用条例》《江西省养老服务条例(草案)》《江西省水路交通条例(草案)》《江西省革命文物保护条例(草案)》《江西省候鸟保护条例(草案)》;审查批准《南昌市中心城区农贸市场管理条例》《景德镇市陶瓷文化传承创新条例》《鹰潭市文明行为促进条例》《上饶市道路交通安全条例》《江西武功山风景名胜区——萍乡武功山景区条例》《江西武功山风景名胜区——宜春明月山景区条例》《江西武功山风景名胜区——吉安武功山景区条例》;审议通过《江西省人民代表大会常务委员会关于批准2021年新增地方政府债务限额以及2021年省级预算调整方案的决议》;听取和审议《关于我省优化营商环境情况的报告》;审议《关于2020年度全省国有资产管理情况的综合报告(书面)》;听取和审议《关于2020年度全省行政事业性国有资产管理情况的专项报告》《关于〈江西省人民政府关于2020年度全省国有资产管理情况的综合报告〉和〈江西省人民政府关于2020年度全省行政事业性国有资产管理情况的专项报告〉的初步审议意见》《关于我省巩固拓展脱贫攻坚成果、防止返贫致贫情况的报告》《关于开展反腐败国际追逃追赃工作情况的报告》《关于全省未成年人检察工作情况的报告》《关于检查〈江西省爱国卫生工作条例〉实施情况的报告》《关于检查〈中华人民共和国固体废物污染环境防治法〉实施情况的报告》。

省十三届人大常委会第三十三次会议于10月21日在南昌举行。省人大常委会副主任赵力平、曾文明、张小平,秘书长韩军和委员共47人出席会议。副省长任珠峰,省高级人民法院葛晓燕,省人民检察院检察长田云鹏,省监察委员会有关负责人列席会议。列席会议的还有省人大常委会副秘书长,省人大各专门委员会成员,省人大常委会各工作部门负责人。赵力平主持第一次、第二次全体会议。

省十三届人大常委会第三十四次会议于11月17日—19日在南昌举行。省人大常委会副主任赵力平、马志武、胡世忠、曾文明、张小平,秘书长韩军和委员共47人出席会议。省政府副省长胡强、秦义,省高级人民法院院长葛晓燕,省人民检察院检察长田云鹏,省监察委员会负责人列席会议。列席会议的还有省人大常委会副秘书长、省人大各专门委员会成员、省人大常委会各工作部门负责人,各设区的市人大常委会主要负责人、省直管县(市)人大常委会主要负责人,部分省人大代表。赵力平主持第一次、第二次全体会议。会议学习贯彻中共十九届六中全会精神、中央人大工作会议精神;审议《江西省人民代表大会议事规则修正案(草案)》,并决定将修正案草案提请下一次省人民代表大会会议审议;审议通过《江西省铁路安全管理条例》《江西省社会信用条例》《江西省养老服务条例》《江西省水路交通条例》《江西省革命文物保护条例》《江西省候鸟保护条例》;审议《江西省实施〈中华人民共和国土地管理法〉办法(修订草案)》《江西省征收土地管理办法(修订草案)》《江西省物业管理条例(修订草案)》;审查批准《九江市环境卫生管理条例》《新余市人民代表大会常务委员会关于修改〈新余市仙女湖水体保护条例〉等3件地方性法规的决定》《鹰潭市大上清宫遗址保护管理规定》;决定省十三届人大第六次会议于2022年1月中旬在南昌召开;审议通过《江西省人民代表大会常务委员会关于促进和保障长江流域江西重点水域禁捕工作的决定》《江西省人民代表大会常务委员会关于支持和保障碳达峰碳中和工作促进江西绿色转型发展的决定》;听取和审议《关于2020年度省级预算执行和其他财政收支审计查出问题整改情况的报告》,并召开联组会议,听取和审议《关于2020年省级预算执行和其他财政收支审计查出问题整改督办情况的报告》,对9个部门提交的2020年度部门预算执行和决算草案审计查出问题整改情况的报告、17个市县(市、区)政府经济发展环境专项审计调查发现问题整改情况的报告进行了满意度测评;听取和审议《关于我省长江流域生态环境保护工作情况的报告》《关于我省旅游新业态发展情况的报告》《关于开展2021年助推乡村振兴活动情况的报告》《关于开展2021年环保赣江行活动情况的报告》,并观看2021年环保赣江行暗访专题片。表决通过补选十三届全国人大代表办法,采取无记名投票方式补选叶建春为十三届全国人大代表,其代表资格由全国人大常委会确认并公布。

省十三届人大常委会第三十五次会议于12月10日在南昌举行。省人大常委会副主任赵力平、马志武、曾文明、张小平，秘书长韩军和委员共45人出席会议。省政府副省长胡强，省高级人民法院院长葛晓燕，省人民检察院检察长田云鹏，省监察委员会有关负责人列席会议。列席会议的还有省人大常委会副秘书长，省人大各专门委员会成员，省人大常委会各工作部门负责人。赵力平主持第一次、第二次全体会议。会议听取和审议省人大常委会代表资格审查委员会副主任委员徐忠所作的关于代表资格的审查报告。

（省人大常委会办公厅）

监督工作

【听取和审议专项工作报告】　省人大常委会听取和审议省政府《关于我省水利工程建设与管理情况的报告》《关于我省侨务工作情况的报告》《关于我省“七五”普法规划实施情况和“八五”普法工作安排情况的报告》《关于我省退役军人工作情况的报告》《关于我省优化营商环境情况的报告》《关于2020年度全省国有资产管理情况的综合报告（书面）》《关于2020年度全省行政事业性国有资产管理情况的专项报告》《关于我省巩固拓展脱贫攻坚成果、防止返贫致贫情况的报告》《关于我省长江流域生态环境保护工作情况的报告》《关于我省旅游新业态发展情况的报告》，省监委《关于开展反腐败国际追逃追赃工作情况的报告》，省法院《关于全省法院推进一站式多元解纷和诉讼服务体系建设工作情况的报告》，省检察院《关于全省未成年人检察工作情况的报告》。

【计划预算监督】　省人大常委会听取和审议省政府关于2021年上半年国民经济和社会发展计划执行情况的报告、关于2020年省级决算和2021年上半年预算执行情况的报告、关于2020年度省级预算执行和其他财政收支的审计工作报告、关于2020年度省级预算执行和其他财政收支的报告，对省检察院、省政府办公厅、省发改委、省民政厅、省人社厅、省农业农村厅、省侨联、省粮食和储备局、省社科院9个省级部门和九江市、景德镇市、萍乡市、新余市、鹰潭市、赣州市、宜春市、上饶市、吉安市、抚州市10个设区的市级政府以及南昌县、共青城市、赣县区、龙南市、瑞金市、丰城市、吉安县7个县级政府审计查出问题整改情况进行满意度测评。通过《关于批准2020年省级决算的决议》《关于批准2021年新增地方政府债务限额以及2021年省级预算调整方案的决议》。

【法律法规实施情况检查】　省人大常委会对《江西省物业管理条例》《江西省促进科技成果转化条例》《江西省爱国卫生工作条例》《中华人民共和国固体废物污染环境防治法》实施情况进行检查。

【专项监督】　以“生活富裕”为主题，持续组织开展助推乡村振兴专题监督活动，推动江西省乡村全面振兴，促进农民增收，实现共同富裕；积极策应长江经济带“共抓大保护”攻坚行动，以“聚焦流域上下游水污染防治，促进水资源可持续利用”为主题，以推动“五河两岸一湖一江”全流域整治为重点内容，继续组织开展环保赣江行活动。

【创新开展监督】　学习贯彻中共中央总书记习近平关于宪法的重要论述，召开第八个国家宪法日座谈会，健全落实宪法宣誓、宪法知识任前考试制度，推动省“一府一委两院”、全省各级人大全面开展宪法宣誓工作，引导国家公职人员自觉增强宪法意识、弘扬宪法精神、树立宪法权威。环保赣江行活动通过“线上转办+线下监督”方式，助推人民群众“急难愁盼”的生态环境问题；采用明察暗访与水样检测相结合，有效提升人大监督的权威效力；在“赣服通”平台设立人大生态环境监督服务专区，搭建一条人大代表、人民群众反映问题的便捷通道。

（省人大常委会办公厅）

决定重大事项

【关于县、不设区的市、市辖区人民代表大会代表名额的决定】　省十三届人大常委会第二十八次会议根据《中华人民共和国全国人民代表大会和地方各级人民代表大会选举法》第十二条、第十三条的规定，重新确定江西省各县、不设区的市、市辖区人民代表大会代表名额。

【关于各设区的市人民代表大会常务委员会组成人员名额的决定】　省十三届人大常委会第二十八次会议根据《中华人民共和国地方各级人民代表大会和地方各级人民政府组织法》第四十一条规定，确定江西省各设区的市新一届人民代表大会常务委员会组成人员名额。

【关于县、不设区的市、市辖区人民代表大会常务委员会组成人员名额的决定】　省十三届人大常委会第二十八次会议根据《中华人民共和国地方各级人民代表大会和地方各级人民政府组织法》第四十一条规定，确定江西省各县、不设区的市、市辖区新一届人民代表大会常务委员会组成人员名额。

【关于加强国有资产管理情况监督的决定】　省十三届人大常委会第三十次会议就贯彻中共中央关于加强人大国有资产监督职能的决策部署，落实中共江西省委关于建立省政府向省人大常委会报告国有资产管理情况制度的意见，根据宪法和有关法律法规，参照《全国人民代表大会常务委员会关于加强国有资产管理情况监督的决定》，结合江西省实际，作出江西省《关于加强国有资产管理情况监督的决定》。

【关于批准江西省契税具体适用税率等有关事项的方案的决议】　省十三届人大常委会第三十一次会议审查了省政府提交的关于江西省契税具体适用税率等有关事项的方案（草案）。同意省人大财经委提出的关于江西省契税具体适用税率等有关事项的方案（草案）的审查报告，决定批准江西省契税具体适用税率等有关事项的方案。

【关于开展第八个五年法治宣传教育的决议】　省十三届人大常委会第三十一次会议就深入学习宣传贯彻习近平法治思想，使法治成为社会共识和基本准则，提升全民法治素养和社会治理法治化水平，根据《全国人民代表大会常务委员会关于开展第八个五年法治宣传教育的决议》，结合江西省实际，作出江西省《关于开展第八个五年法治宣传教育的决议》。

【关于批准2020年省级决算的决议】 省十三届人大常委会第三十一次会议听取省政府《关于2020年省级决算和2021年上半年预算执行情况的报告》《关于2020年度省级预算执行和其他财政收支的审计工作报告》，结合审议审计工作报告，对《江西省2020年省级决算（草案）》和省级决算的报告进行审查，同意省人大财经委提出的《关于2020年省级决算草案的审查报告》，决定批准《江西省2020年省级决算》。

【关于批准2021年新增地方政府债务限额以及2021年省级预算调整方案的决议】 省十三届人大常委会第二十九次会议和第三十二次会议审查了省政府提交的2021年新增地方政府债务限额以及2021年省级预算调整方案（草案），同意省人大财经委提出的《关于2021年新增地方政府债务限额以及2021年省级预算调整方案（草案）的审查报告》，决定批准2021年新增地方政府债务限额931亿元；批准2021年省级预算调整方案。同时，省政府及相关部门要进一步严格遵守预算法相关规定，在省人民代表大会或其常务委员会审查批准当年省级预算或预算调整方案之前，不得提前组织发行新增地方政府债券。

【关于促进和保障长江流域江西重点水域禁捕工作的决定】 省十三届人大常委会第三十四次会议就做好长江流域江西重点水域禁捕相关工作，加强生态环境保护和修复，实施长江大保护，保障生态安全，根据《中华人民共和国长江保护法》《中华人民共和国渔业法》以及相关法律、法规，结合江西省实际，作出江西省《关于促进和保障长江流域江西重点水域禁捕工作的决定》。

【关于支持和保障碳达峰碳中和工作促进江西绿色转型发展的决定】 省十三届人大常委会第三十四次会议就贯彻落实以习近平为核心的中共中央关于2030年前实现碳达峰、2060年前实现碳中和的重大战略决策，深入贯彻中共中央总书记习近平视察江西重要讲话精神，促进经济社会发展全面绿色转型，加快推动高质量跨越式发展，以更高标准打造美丽中国“江西样板”，省人大常委会围绕“作示范、勇争先”目标定位，根据有关法律、行政法规，作出江西省《关于支持和保障碳达峰碳中和工作促进江西绿色转型发展的决定》。

【关于召开江西省第十三届人民代表大会第六次会议的决定】 省十三届人大常委会第三十四次会议表决通过《江西省人民代表大会常务委员会关于召开江西省第十三届人民代表大会第六次会议的决定》，决定2022年1月中旬在南昌召开省十三届人大六次会议。

（省人大常委会办公厅）

选举和任免

【省人民代表大会选举任免】 1月26日—30日，省十三届人大五次会议在南昌召开，会议接受周萌、朱虹、冯桃莲辞去省人大常委会副主任职务的请求；补选赵力平、曾文明、张小平为省人大常委会副主任、马森述为省监察委员会主任；补选邱凌、徐忠、高鹰群、董晓健等为省人大常委会委员。

【省人大常委会选举任免】 省十三届人大常委会第二十六次会议，决定接受吴忠琼辞去省政府副省长，朱希辞去省人大常委会委员、教科文卫委主任委员，马健、蔡社宝辞去省人大常委会委员职务的请求，并报省十三届人大五次会议备案；免去蔡社宝的省人大财经委副主任委员职务；任命许朝杰为省监察委员会副主任、饶利萍为省监察委员会委员；免去万细泉的省高级人民法院审判员职务，免去赵征东的江西省人民检察院南昌铁路运输分院检察委员会委员、检察员职务。

省十三届人大常委会第二十八次会议，决定任命任珠峰为省政府副省长；免去聂道宏的省人大常委会外侨民宗工委主任、省人大法制委委员职务，周山印的省人大常委会预算工委主任职务；任命王国强为省政府秘书长，钟志生为省人社厅厅长，李小豹（2022年接受纪律审查和监察调查）为省文旅厅厅长，犹瑾为省科技厅厅长；免去张小平的省政府秘书长职务，万广明的省科技厅厅长职务，刘三秋的省人社厅厅长职务，池红的省文旅厅厅长职务；免去夏克勤的省高级人民法院副院长、审判委员会委员、审判员职务；接受聂道宏辞去省人大常委会委员职务的请求，并报省十三届人大六次会议备案。

省十三届人大常委会第三十次会议，决定接受吴浩辞去省政府副省长，张振球辞去省人大常委会委员、省人大财经委主任委员职务的请求，并报省十三届人大六次会议备案；任命张鸿星为省政府副省长；任命张强为省司法厅厅长，免去王国强的省司法厅厅长职务；免去黄永茂的省监察委员会委员职务。

省十三届人大常委会第三十一次会议，免去熊金文的宜春市人民检察院检察长职务；任命陈健为省高级人民法院立案一庭庭长，汤媛媛为省高级人民法院刑事审判第一庭庭长，熊杰为省高级人民法院民事审判第一庭庭长，郑红葛为省高级人民法院民事审判第三庭庭长，孙明为省高级人民法院立案一庭副庭长，胡媛为省高级人民法院立案二庭副庭长，沈伟、吴玉萍为省高级人民法院民事审判第一庭副庭长，周辉为省高级人民法院民事审判第二庭副庭长，王慧军、程绍新为省高级人民法院环境资源审判庭副庭长，万进福为省高级人民法院行政审判庭副庭长，胡爱菊为南昌铁路运输法院副院长、审判委员会委员、审判员；免去陈建平的省高级人民法院刑事审判第一庭庭长职务，杜玉东的省高级人民法院民事审判第三庭庭长、审判委员会委员职务，陈健、程绍新的省高级人民法院立案一庭副庭长职务，熊杰、彭海鹏的省高级人民法院民事审判第一庭副庭长职务，郑红葛的省高级人民法院行政审判庭副庭长职务，胡爱菊的省高级人民法院审判员职务，免去夏波的省人民检察院检察委员会委员、检察员职务，陶菁的省人民检察院检察员职务，王仁云的省人民检察院南昌铁路运输分院检察员职务。

省十三届人大常委会第三十二次会议，决定接受龚绍林辞去省人大常委会委员、省人大社会委主任委员职务的请求，接受陈日武、郭兵辞去省人大常委会委员职务的请求，并报省十三届人大六次会议备案；任命李江河为省人大社会委副主任委员，免去陈日武的省人大农委副主任委员职务，郭兵的省人大法制委副主任委员职务，杨泽民的省人大常委会办公厅副主任职务；任命喻德红为省高级人民法院副院长、审判委员会委员、审判员；任命张雪群为江西省高级人民法院审判委员会委员、审判员；免去孙传循、解小明的省高级人民法院审判员职务，姜素平的南昌铁路运输中级法院审判员职务；任命吴曙明、葛春瑜为省人民检察院检察员，蔡迎春为江西省宜春新华地区人民检察院检察长，雷武为江西省南昌长埈地区人民检察院副检察长、检察委员会委员、检察员；免去张玉华、蔡迎春的省人民检察院检察员职务，葛春瑜的省人民检察院南昌铁路运输分院副检察长、检察委员会委员、检察员职务，吴曙明的江西省南昌长埈地区人民检察院检察长职务，史瑞华的江西省宜春新华地区人民检察院检察长职务。

省十三届人大常委会第三十三次会议，决定接受易炼红辞去省政府省长职务的请求，并报省十三届人大六次会议备案；任命叶建春为省政府副省长，决定叶建春代理省政府省长职务。

省十三届人大常委会第三十四次会议，决定接受胡永新辞去省人大常委会委员职务的请求，并报省十三届人大六次会议备案；免去胡永新的省人大监察司法委副主任委员职务，公艳萍的省人大教科文卫委副主任委员、省人大法制委委员职务；免去罗小云的省水利厅厅长职务；批准任命刘鸿斌为南昌市人民检察院检察长，燕晓华为九江市人民检察院检察长，涂平贵为景德镇市人民检察院检察长，邓文忠为萍乡市人民检察院检察长；刘立斌为新余市人民检察院检察长，张江为鹰潭市人民检察院检察长，熊良明为赣州市人民检察院检察长，张乐为宜春市人民检察院检察长，张继田为上饶市人民检察院检察长，赵志明为吉安市人民检察院检察长，温珍奎为抚州市人民检察院检察长；任命陈健、汤媛媛、熊杰、郑红葛、彭海鹏为省高级人民法院审判委员会委员，龚雪林为省高级人民法院民事审判第二庭庭长，徐坚为省高级人民法院审判监督庭庭长、审判委员会委员；免去龚雪林的省高级人民法院立案二庭庭长职务，胡俊涛的省高级人民法院民事审判第二庭庭长、审判委员会委员、审判员职务，徐坚的省高级人民法院民事审判第四庭庭长职务，田甘霖的省高级人民法院审判监督庭庭长、审判委员会委员、审判员职务，刘建玲的省高级人民法院民事审判第三庭副庭长、审判员职务，温珍奎、徐宏、李平、王安新的省高级人民法院审判员职务，谭闻的南昌铁路运输中级法院副院长、审判委员会委员、审判员职务；任命江阶虎为省人民检察院检察委员会委员、检察员，吴曙明、胡燕、张诗美、葛春瑜为人民检察院检察委员会委员，宋智勇为省人民检察院南昌铁路运输分院检察委员会委员、检察员；免去周有智的省人民检察院检察委员会委员、检察员职务，刘立斌的省人民检察院检察员职务，张江的省人民检察院南昌铁路运输分院副检察长、检察委员会委员、检察员职务。

省十三届人大常委会第三十五次会议，决定接受张鸿星辞去省政府副省长职务的请求，并报省十三届人大六次会议备案；决定任命梁桂为省政府副省长。会议确认龚建华(2021年接受纪律审查和监察调查)省十三届人大代表职务终止，依照选举法有关规定，龚建华的省人大常委会副主任职务相应终止。

（省人大常委会办公厅）

代表工作

【县乡人大换届选举完成】 省人大主动加强对全省县乡人大换届选举工作的指导，统筹调度推进，严明换届纪律，确保人民选举权利依法行使、选举工作风清气正，共选出县乡人大代表近12万人、县乡国家机关领导人员1.2万余人，一批政治素质高、群众基础好的先进分子当选县乡人大代表，一批适应高质量跨越式发展需要的优秀干部进入县乡领导班子，夯实基层政权基础。

【代表建议办理】 省十三届人大五次会议期间，代表围绕财政经济、教科文卫、农业农村、社会建设、环境资源、监察司法等方面，向大会提交建议575件。会后，省人大常委会将这些建议通过代表履职服务系统交由74家承办单位办理。其中，代表所提问题已解决或基本解决的占78.26%，正在解决或列入规划逐步解决的占13.22%。

【“双联系”工作制度落实】 健全落实常委会组成人员联系代表、代表联系人民群众的“双联系”制度，改进联系方式、优化联系内容、拓宽联系渠道，更好倾听人民群众意见和建议。推进代表联络工作站优化布局、延伸覆盖、提质增效，指导各地创建星级联络站、网络工作站、流动联络站共3581个，推进代表中的各级领导干部带头，人大代表常态化进站履职。

【代表履职服务保障】 主动为代表依法履职搭建平台，邀请210余名代表列席常委会会议、参与预决算审查、专题调研、执法检查等履职活动，推动代表对常委会和专工委工作的全方位全过程参与。加强代表履职能力建设，举办省人大代表专题培训班，强化人大代表履职服务系统的学习功能，引导全省各级人大代表履职尽责。认真落实全国人大关于加强和改进代表工作意见，建立完善代表履职活动经费管理办法，提高经费使用效能，为代表执行职务创造条件、提供支持。

（省人大常委会办公厅）

本类目编辑 张志勇

江西省人民政府

综　述

2021年，全省政府系统坚持以习近平新时代中国特色社会主义思想为指导，深入贯彻中共中央总书记习近平视察江西重要讲话精神，全面落实中央决策部署，扎实开展党史学习教育，大力弘扬伟大建党精神，统筹常态化疫情防控和经济社会发展，统筹发展和安全，扎实做好“六稳”工作、全面落实“六保”任务，推动江西高质量跨越式发展取得新成效，实现“十四五”良好开局。全年地区生产总值增长8.8%，一般公共预算收入增长12.2%，规模以上工业增加值增长11.4%，固定资产投资增长10.8%，社会消费品零售总额增长17.7%，外贸进出口增长约23.7%，实际利用外资增长约8.1%，地区生产总值人均突破1万美元。

*自觉对表看齐，政治定力不断增强。*自觉从百年党史中汲取智慧和力量，深刻领会“两个确立”的决定性意义，切实增强“四个意识”、坚定“四个自信”、做到“两个维护”，不断提高政治判断力、政治领悟力、政治执行力。始终胸怀“两个大局”、牢记“国之大者”，持续在学懂弄通做实习近平新时代中国特色社会主义思想上下功夫，重温中共中央总书记习近平视察江西重要讲话精神，深刻领会蕴含其中的马克思主义立场、观点、方法，使之内化于心、外化于行，成为政府各项工作的行动指南和根本遵循。

*精准扩内需扶实体防风险，经济增长稳定恢复。*深入实施“项目建设提速年”活动，开展“项目大会战”，扩大有效投资，年内江西成为全国先进。大力开展商贸消费升级“五大行动”，发布赣菜“十大名菜”“十大名小吃”和“十大消费品牌”。在全国率先出台减税减费减租减息减支“32条”等措施，全年为企业减负超1700亿元。企业直接融资首次年度突破5000亿元、增长28%，新增上市公司13家、总数突破100家。开展培育市场主体三年行动，实有市场主体增长26.1%。建立政府平台公司债务风险定期核查机制，地方政府隐性债务存量有序化解；稳妥推进高风险银行风险化解处置，高风险法人金融机构全部清零；实施持续整治规范房地产市场秩序三年行动，房地产市场总体平稳。

*深入推进创新驱动发展，转型升级步伐加快。*深入推进鄱阳湖国家自主创新示范区建设，大力实施国家级创新平台攻坚行动，中国工程院科技发展战略江西研究院、中国信通院江西研究院等平台落户。发布首批30项关键技术和企业需求“揭榜挂帅”项目清单并成功对接。发明专利授权量增长53%，万人有效发明专利拥有量5.11件，增加1.43件。深入开展“2+6+N”产业高质量跨越式发展行动，启动制造业产业链提升行动和新一轮技术改造工程，出台省级工业园产业集群综合评价办法，实施鞭策后进“蜗牛奖”，工业技改投资增长约24.5%，省级产业集群营业收入增长约35%，战略性新兴产业、高新技术产业增加值占规模以上工业增加值比重分别达23.2%、38.5%。

*全面深化改革扩大开放，市场活力加速释放。*深化“放管服”改革，在全国率先实现省市县乡村五级政务服务事项清单管理全覆盖，统一政府权力清单制度全面建立并覆盖省市县乡四级政府，涉企经营许可事项清单管理实现全覆盖；全面推行证明事项和涉企经营许可告知承诺制，企业开办时间减至1.5个工作日以内；网上中介服务超市成为全国先进，中介服务采购时长平均压缩70%；“赣服通”4.0版正式上线，“赣政通”全面运行。实施新一轮优化提升营商环境行动，98.7%的企业对当地营商环境给予满意以上评价，民间投资增长约16.1%。深入推进国资国企改革创新三年行动，江铜集团三年创新倍增、新钢集团转型升级冲千亿元目标完成，国有企业营业收入突破万亿元，中国稀土集团在赣州成立。

*强化区域城乡统筹协同，发展格局更加优化。*启动大南昌都市圈“强核行动”，争取国家对口支援赣南等原中央苏区政策延续至2030年，编制完成赣东北开放合作、赣西转型升级、新宜吉转型合作示范区“十四五”发展规划，11个设区市地区生产总值全部达到千亿元。长江中游三省协同发展工作机制建立。大力开展城市更新行动，计划开工的城镇老旧小区改造任务全部开工。推进巩固拓展脱贫攻坚成果同乡村振兴有效衔接，健全防止返贫监测和帮扶机制，选定1841个重点帮扶村给予倾斜支持。全面推行城乡供水一体化，城乡一体化生活垃圾收运处置体系基本实现行政村全覆盖。

*全面推进绿色转型发展，生态优势巩固提升。*推进长江经济带“共抓大保护”攻坚行动和“五河两岸一湖一江”全流域治理，生态环境监测网络实现水陆空全覆盖。设区城市PM2.5浓度29微克/立方米，空气质量优良天数比率96.1%，国考断面水质优良比例95.5%，设区城市集中式饮用水水源地达标率100%，赣江干流断面水质达到Ⅱ类标准。出台全国首部专门保护候鸟的省级地方性法规

《江西省候鸟保护条例》,长江重点水域禁捕退捕工作考核全国第一,武夷山国家公园获批设立。在全国率先启动"湿地银行"建设试点,完成碳达峰碳中和总体设计,中国南方生态产品交易平台上线,排污权交易市场启动。

扎实办好民生实事,人民生活水平日益提高。年初确定的51件民生实事全部兑现,"我为群众办实事"实践活动省级25项重点民生项目基本完成。全年各级财政民生类支出5345.5亿元,占一般公共预算支出78.9%。在全国率先完成城镇困难群众脱贫解困工作,是首个向残疾孤儿发放专项照料护理补贴、成立首家零工经济工会联合会的省。强化就业优先政策,城镇新增就业48万人、新增农村转移劳动力60.4万人,分别完成年计划的126.4%、116.1%。实施中等收入群体培育行动,健全工资合理增长机制,城镇和农村居民人均可支配收入分别增长8.1%、10%。做好保供稳价工作,居民消费价格指数涨幅约0.9%。

持续推进"五型"政府建设,履职效能明显提升。坚持省政府集体学习制度,围绕"数字经济与数字生态""提升产业链供应链稳定性和竞争力"等主题开展集体学习,提升谋划落实工作的能力和水平。落实集中破解制约江西高质量跨越式发展突出问题长效机制,如期办结第四、第五轮梳理的229个问题,第六轮梳理的75个问题正在破解。开展"服务怎样我体验、发现问题我整改"专项活动,深入整治"指尖上的形式主义"。深化法治政府建设示范创建,全面实施行政执法"三项制度"。严格落实过紧日子要求,全省"三公"经费支出连续8年压减。

(省政府办公厅)

重要会议

【省政府全体会议】 1月30日,省长易炼红召开省政府全体会议,学习贯彻全省两会精神,部署省《政府工作报告》重点任务落实工作,常务副省长殷美根,副省长孙菊生、秦义、胡强、陈小平、吴浩、罗小云,省政府秘书长张小平出席会议。

【省政府常务会议】 全年召开23次常务会议。1月5日,省长易炼红主持召开第60次省政府常务会议。常务副省长殷美根,副省长孙菊生、秦义、胡强、陈小平、吴浩、罗小云,省政府秘书长张小平出席会议。会议学习贯彻中共中央总书记习近平在中央农村工作会议上的重要讲话精神,听取并原则同意省公安厅关于江西省公安机关警务辅助人员用人额度管理办法的汇报,听取并原则同意省生态环境厅徐延彬关于2020年长江经济带生态环境警示片披露江西省生态环境突出问题整改方案的汇报,听取并原则同意省交通运输厅王爱和关于成立江西省推进交通强省建设领导小组的汇报,听取并原则同意省农业农村厅胡汉平关于加强农业综合行政执法的汇报,听取省水利厅姚毅臣关于全省"十四五"水安全保障规划编制情况的汇报,原则同意提出的下一步工作安排。

1月19日,省长易炼红主持召开第61次省政府常务会议。常务副省长殷美根,副省长孙菊生、胡强、吴浩、罗小云,省政府秘书长张小平出席会议。会议传达学习省部级主要领导干部学习贯彻中共十九届五中全会精神专题研讨班精神,研究全省政府系统具体落实举措。听取并原则同意省政府研究室李能关于《政府工作报告(讨论稿)》的汇报。听取并原则同意省发展改革委张和平关于江西国民经济和社会发展第十四个五年规划和二〇三五年远景目标纲要的汇报。听取并原则同意省农业农村厅胡汉平关于全面推进乡村振兴加快农业农村现代化实施意见的汇报。听取并原则同意省扶贫办史文斌关于实现巩固拓展脱贫攻坚成果同乡村振兴有效衔接实施意见的汇报。听取并原则同意省气象局詹丰兴关于推进更高水平气象现代化助力江西高质量跨越式发展意见的汇报。听取并原则同意省司法厅王国强关于江西省人民政府2021年立法计划的汇报。听取省卫生健康委王水平关于全国疫情防控工作电视电话会议精神的汇报,原则同意提出的贯彻落实意见。听取并原则同意省发展改革委张和平关于国家生态文明试验区(江西)建设情况的报告。听取省农业农村厅胡汉平关于防止耕地"非粮化"稳定粮食生产工作实施意见的汇报。

2月4日,省长易炼红主持召开第62次省政府常务会议。常务副省长殷美根,副省长孙菊生、秦义、胡强、吴浩、陈小平、罗小云,省政府秘书长张小平出席会议。会议传达学习中共中央总书记习近平在十九届中央纪委五次全会上的重要讲话精神。传达学习中共中央总书记习近平在1月28日中共中央政治局会议上的重要讲话精神。传达学习中共中央总书记习近平在中共中央政治局第二十七次集体学习时的重要讲话精神。听取并原则同意省法院赵九重、省发展改革委张和平关于江西省企业破产处置府院联动机制工作方案的汇报。听取并原则同意省发展改革委张和平关于鄱湖安澜百姓安居工程总体方案的汇报。听取省人力资源社会保障厅刘三秋关于第六批及时奖励评选情况的汇报,会议研究省政府2月重点工作。

3月2日,省长易炼红主持召开第63次省政府常务会议。常务副省长殷美根,副省长孙菊生、胡强、陈小平、吴浩、罗小云、任珠峰,省政府秘书长张小平出席会议。会议传达学习中共中央总书记习近平在中央全面深化改革委员会第十八次会议上的重要讲话精神。传达学习中共中央总书记习近平在党史学习教育动员大会上的重要讲话精神。传达学习中共中央总书记习近平在会见探月工程嫦娥五号任务参研参试人员代表并参观月球样品和探月工程成果展览时的重要讲话精神。传达学习中共中央总书记习近平在全国脱贫攻坚总结表彰大会上的重要讲话精神。传达学习中共中央总书记习近平在中共中央政治局会议上的重要讲话精神。传达学习中共中央总书记习近平在中共中央政治局第二十八次集体学习上的重要讲话精神。传达学习中共中央总书记习近平在审阅中央政治局委员、书记处书记,全国人大常委会、国务院、全国政协党组成员,最高人民法院、最高人民检察院党组书记述职报告时的重要要求。传达学习中共中央总书记习近平在2021年春季学期中央党校(国家行政学院)中青年干部培训班开班式上的重要讲话精神。听取省总工会吴福才关于江西工人文化宫建设投资情况的报告,研究省政府3月重点工作。

3月30日,省长易炼红主持召开第64次省政府常务会议。常务副省长殷美根,副省长孙菊生、秦义、胡强、陈小平、吴浩、罗小云、任珠峰,省政府秘书长王国强出席会议。会议传达学习中共中央总书记习近平在中央财经委员会第九次会议上的重要讲话精神。传达学习中共中央总书记习近平在福建考察时的重要讲话精神。听取第二专项整改工作组张和平关于中央巡视反馈意见第二专项整改工作有关情况的汇报,原则同意下一步工作安排。传达学习《政府督查工作条例》。听取并原则同意省疫情防控应急指挥部办公室王水平关于江西省新冠病毒疫苗接种工作实施方案的汇报。听取并原则同意省文化和旅游厅关于进一步加强考古和石窟寺保护利用工作意见的汇报。听取并原则同意省工业和信息化厅杨贵平关于深化新一代信息技术与制造业融合发展实施意见的汇报。研究省政府4月重点工作。

4月15日,省长易炼红主持召开第65次省政府常务会议。副省长孙菊生、秦义、胡强、吴浩、罗小云、任珠峰,省政府秘书长王国强出席会议。会议传达学习中共中央总书记习近平对深化东西部协作和定点帮扶工作的重要指示精神。传达学习中共中央总书记习近平对打击治理电信网络诈骗犯罪工作的重要指示精神。传达学习中共中央总书记习近平对职业教育工作的重要指示精神。传达学习4月9日国家经济形势专家和企业家座谈会精神,听取省发展改革委张和平、省工信厅杨贵平、省财政厅朱斌、省农业农村厅胡汉平、省商务厅谢一平、省金融监管局韦秀长、省统计局曾永生关于全省一季度经济运行情况的汇报,分析全省一季度经济形势,部署下一阶段工作。听取并原则同意省发展改革委张和平关于减税减费减租减息减支“32条”政策措施的汇报。

4月29日,省长易炼红主持召开第66次省政府常务会议。常务副省长殷美根,副省长孙菊生、秦义、吴浩、陈小平、罗小云、任珠峰,省政府秘书长王国强出席会议。会议传达学习中共中央总书记习近平在领导人气候峰会上的重要讲话精神。传达学习中共中央总书记习近平在广西考察时的重要讲话精神。听取中央巡视反馈意见第二专项整改工作组张和平关于第二专项整改情况的汇报,原则同意提出的下一步工作安排。听取并原则同意省民政厅刘金接关于加快推进新时代民政事业高质量可持续发展意见的汇报。听取并原则同意省民政厅刘金接关于江西省设立镇(街道)标准的汇报。听取并原则同意省生态环境厅陈钊关于江西省碳达峰核心指标测算的汇报。听取并原则同意省司法厅张强、省住房和城乡建设厅卢天锡关于江西省生活垃圾管理条例的汇报。听取并原则同意省司法厅张强、省文化和旅游厅关于江西省公共文化服务保障条例的汇报。听取并原则同意省司法厅张强、省民政厅刘金接关于江西省志愿服务条例的汇报。听取并原则同意省司法厅张强、省粮食和物资储备局喻志勇关于江西省省级储备粮管理办法的汇报。研究省政府5月重点工作。

5月8日,省长易炼红主持召开第67次省政府常务会议。常务副省长殷美根,副省长秦义、陈小平、吴浩、罗小云、任珠峰,省政府秘书长王国强出席会议。会议传达学习中共中央总书记习近平4月30日在中共中央政治局会议上的重要讲话精神。传达学习中共中央总书记习近平在中共中央政治局第二十九次集体学习时的重要讲话精神。听取并原则同意省文化和旅游厅关于加快城市旅游发展意见的汇报。听取并原则同意省教育厅郭杰忠关于江西省深化普通高考综合改革实施方案的汇报。听取并原则同意省农业农村厅胡汉平关于调整完善土地出让收入使用范围优先支持乡村振兴实施意见的汇报。听取并原则同意省财政厅朱斌关于江西省省以下法院检察院财物市级统一管理改革方案的汇报。听取并原则同意省医保局梅亦关于成立江西省深化医疗保障制度改革领导小组的汇报。

5月28日,省长易炼红主持召开第68次省政府常务会议。常务副省长殷美根,副省长孙菊生、胡强、陈小平、罗小云、任珠峰,省政府秘书长王国强出席会议。会议传达学习中共中央总书记习近平在推进南水北调后续工程高质量发展座谈会上的重要讲话精神。传达学习中共中央总书记习近平在中央全面深化改革委员会第十九次会议上的重要讲话精神。传达学习中共中央总书记习近平在全球健康峰会上的重要讲话精神。传达学习5月26日国务院常务会议精神。听取省审计厅辜华荣关于全省经济发展环境审计调查情况的汇报,原则同意提出的下一步整改工作安排。听取并原则同意省发展改革委张和平关于江西省打造全国构建新发展格局重要战略支点开局起步行动计划的汇报。听取并原则同意省发展改革委张和平关于江西省建立健全生态产品价值实现机制实施方案的汇报。听取并原则同意省住房城乡建设厅吴昌平关于江西省开展美丽乡镇建设五年行动工作方案的汇报。听取并原则同意省司法厅张强关于修改12件地方性法规修正案及废止4件和修改16件省政府规章的汇报。听取省科技厅犹瑝关于2020年度江西省科学技术奖评审工作的汇报,研究省政府6月重点工作。

6月15日,省长易炼红主持召开第69次省政府常务会议。常务副省长殷美根,副省长孙菊生、秦义、胡强、陈小平、罗小云、任珠峰,省政府秘书长王国强出席会议。会议传达学习中共中央总书记习近平在中国科学院第二十次院士大会、中国工程院第十五次院士大会、中国科协第十次全国代表大会上的重要讲话精神。传达学习中共中央总书记习近平在5月31日中共中央政治局会议上的重要讲话精神。传达学习中共中央总书记习近平在青海考察调研时的重要讲话精神。传达学习中共中央总书记习近平致世界环境日主题活动的贺信精神。传达学习中共中央总书记习近平对湖北省十堰市张湾区艳湖社区集贸市场燃气爆炸事故的重要指示精神。传达学习6月9日国务院常务会议精神。听取并原则同意省台办邓保生关于加快推进海峡两岸产业合作区(江西)建设实施意见的汇报。听取并原则同意省发展改革委张和平关于大南昌都市圈市域(郊)铁路线网规划及实施方案的汇报。听取并原则同意省司法厅张强关于江西省铁路安全管理条例的汇报。听取并原则同意省应急厅龙卿吉关于江西省突发事件总体应急预案的汇报。听取并原则同意省发展改革委张和平、省市场监管局王福平关于培育壮大市场主体三年行动计划的汇报。听取并原则同意省科学院宋德雄关于江西省碳中和研究中心组建方案的汇报。听取并原则同意省财政厅朱斌关于2021年第二批新增政府债务限额安排意见的汇报。

7月2日，省长易炼红主持召开第70次省政府常务会议。常务副省长殷美根，副省长孙菊生、秦义、胡强、陈小平、罗小云、任珠峰，省政府秘书长王国强出席会议。会议传达学习中共中央总书记习近平在庆祝中国共产党成立100周年大会上的重要讲话精神。传达学习中共中央总书记习近平致金沙江白鹤滩水电站首批机组投产发电的贺信精神。传达学习6月22日国务院常务会议精神。听取并原则同意省农业农村厅胡汉平、省乡村振兴局路文革关于分类推进县乡村振兴和重点帮扶村乡村振兴的汇报。听取并原则同意省发展改革委张和平关于"十四五"时期新宜吉转型合作示范区发展规划的汇报。听取省发展改革委张和平关于中共中央、国务院坚决遏制"两高"项目盲目发展决策部署精神和江西省贯彻落实情况的汇报，原则同意提出的下一步工作安排。听取省"五型"政府建设领导小组办公室王国强关于2020年度全省政府系统"五型"政府建设先进集体和先进个人评选情况的汇报。研究省政府7月重点工作。

7月14日，省长易炼红主持召开第71次省政府常务会议。常务副省长殷美根，副省长孙菊生、胡强、陈小平、罗小云、任珠峰，省政府秘书长王国强出席会议。会议传达学习中共中央总书记习近平在中央全面深化改革委员会第二十次会议上的重要讲话精神。传达学习中共中央总书记习近平关于中国共产党成立100周年庆祝活动的重要讲话精神。传达学习7月7日国务院常务会议精神。传达学习国务院总理李克强在经济形势专家和企业家座谈会上的重要讲话精神，听取省发展改革委张和平、省工信厅杨贵平、省财政厅黄平、省农业农村厅胡汉平、省商务厅谢一平、省金融监管局韦秀长、省统计局曾永生关于全省上半年经济运行情况的汇报，分析全省上半年经济形势，部署下一阶段工作。听取并原则同意省发展改革委张和平关于江西在新时代推动中部地区高质量发展中加快崛起的实施意见的汇报。听取并原则同意省财政厅黄平关于2020年省本级决算草案的汇报。

7月29日，省长易炼红主持召开第72次省政府常务会议。常务副省长殷美根，副省长孙菊生、秦义、胡强、陈小平、罗小云、任珠峰，省政府秘书长王国强出席会议。会议传达学习7月14日、7月21日国务院常务会议精神。听取省公安厅关于全省公安机关贯彻落实中共中央总书记习近平重要指示批示精神工作情况的汇报，原则同意提出的下一步工作安排。听取省卫生健康委曾传美关于全国医改工作电视电话会议和全国优化生育政策电视电话会议精神的汇报，原则同意提出的贯彻落实意见。听取省卫生健康委曾传美关于7月28日国务院联防联控机制电视电话会议精神的汇报，原则同意提出的贯彻落实意见。听取省自然资源厅张圣泽关于全国国土空间规划纲要与统筹划定"三区三线"座谈会议精神的汇报，原则同意提出的贯彻落实意见。听取省信访局王新有关于2021年以来全省信访工作的汇报，原则同意提出的下一步工作安排。听取并原则同意省应急厅龙卿吉关于江西省"十四五"应急体系规划的汇报。听取并原则同意省金融监管局韦秀长关于新时代推动江西资本市场高质量发展若干措施的汇报。听取并原则同意省司法厅凌云、省文化和旅游厅丁新权关于江西省革命文物保护条例的汇报。听取并原则同意省司法厅凌云、省发展改革委宁全关于江西省政府投资管理办法的汇报。听取并原则同意省农业农村厅胡汉平关于成立江西省现代种业发展工作领导小组的汇报，研究省政府8月重点工作。

8月18日，省长易炼红主持召开第73次省政府常务会议。常务副省长殷美根，副省长孙菊生、秦义、胡强、陈小平、罗小云、任珠峰，省政府秘书长王国强出席会议。会议传达学习中共中央总书记习近平在中共中央政治局第三十二次集体学习时的重要讲话精神。传达学习中共中央总书记习近平对当前疫情防控工作的重要指示精神。传达学习中共中央总书记习近平在中央财经委员会第十次会议上的重要讲话精神。传达学习7月28日、8月16日国务院常务会议精神。听取并原则同意省气象局詹丰兴关于推进人工影响天气工作高质量发展实施意见的汇报。听取并原则同意省生态环境厅徐延彬关于江西省贯彻落实中央生态环境保护督察报告整改方案的汇报。听取并原则同意省民政厅刘金接关于加快推进养老服务高质量发展实施意见的汇报。听取省发展改革委邱啟旻关于第八次全国对口支援新疆工作会议精神的汇报，原则同意提出的贯彻意见。听取省教育厅郭杰忠关于中共中央、国务院减轻义务教育阶段学生作业负担和校外培训负担主要精神的汇报，原则同意提出的贯彻落实意见。听取并原则同意省工业和信息化厅杨贵平关于2020年度全省开发区工业发展"蜗牛奖"评定情况的汇报，以省工业强省建设工作领导小组名义印发并在全省工业强省推进大会上通报。听取并原则同意省水利厅罗传彬关于切实加强全省水库除险加固和运行管护工作实施方案的汇报。

8月25日，省长易炼红主持召开第74次省政府常务会议。常务副省长殷美根，副省长胡强、陈小平、罗小云、任珠峰，省政府秘书长王国强出席会议。会议传达学习中共中央总书记习近平致中国-上海合作组织数字经济产业论坛、2021中国国际智能产业博览会的贺信精神。听取并原则同意省发展改革委张和平关于江西省新型城镇化建设发展规划（2021—2035年）的汇报。听取并原则同意省发展改革委张和平关于江西省"十四五"消费升级发展规划的汇报。听取并原则同意省财政厅朱斌关于江西省财政"十四五"规划的汇报。听取并原则同意省科技厅犹瑾关于江西省"十四五"科技创新规划的汇报。听取并原则同意省司法厅张强、省发展改革委张和平关于江西省社会信用条例的汇报。听取并原则同意省司法厅张强、省民政厅刘金接关于江西省养老服务条例的汇报。听取并原则同意省司法厅张强、省林业局邱水文关于江西省候鸟保护条例的汇报。听取并原则同意省机关事务管理局严佛元关于前湖小区二期项目建设方案的汇报。研究省政府9月重点工作。

9月1日,省长易炼红主持召开第75次省政府常务会议。常务副省长殷美根,副省长孙菊生、秦义、陈小平、任珠峰、张鸿星,省政府秘书长王国强出席会议。会议传达学习中共中央总书记习近平在河北承德考察时的重要讲话精神。传达学习中共中央总书记习近平在中央民族工作会议上的重要讲话精神。传达学习中共中央总书记习近平在中央全面深化改革委员会第二十一次会议上的重要讲话精神。传达学习中共中央总书记习近平在8月31日中共中央政治局会议上的重要讲话精神。传达学习8月25日国务院常务会议精神。听取省发展改革委张和平关于全国坚决遏制“两高”项目盲目发展电视电话会议精神的汇报,原则同意提出的贯彻意见。听取省审计厅辜华荣关于2020年度中央预算执行和其他财政支出审计涉及江西省问题、省级预算执行和其他财政收支审计查出问题的汇报,原则同意下一步整改工作安排。听取并原则同意省发展改革委张和平关于“十四五”时期赣东北扩大开放合作发展规划、赣西转型升级发展规划的汇报。听取并原则同意省工业和信息化厅杨贵平关于江西省“十四五”制造业高质量发展规划的汇报。听取并原则同意省卫生健康委王水平关于江西省“十四五”卫生健康发展规划的汇报。听取并原则同意省林业局邱水文关于加快推进竹产业高质量发展意见的汇报。听取并原则同意省司法厅张强、省交通运输厅王爱和关于江西省水路交通条例的汇报。听取并原则同意省司法厅张强、省应急厅龙卿吉、省消防救援总队于建国关于江西省消防安全责任制实施办法的汇报。听取并原则同意省农业农村厅胡汉平关于加快推进粮食生产全程机械化实施意见的汇报。听取并原则同意省文化和旅游厅关于推进文化和旅游高质量发展若干措施的汇报。

9月22日,省长易炼红主持召开第76次省政府常务会议。常务副省长殷美根,副省长孙菊生、秦义、胡强、陈小平、罗小云、张鸿星,省政府秘书长王国强出席会议。会议传达学习中共中央总书记习近平在中央党校(国家行政学院)中青年干部培训班开班式上的重要讲话精神。传达学习中共中央总书记习近平在陕西考察调研时的重要讲话精神。传达学习中共中央总书记习近平在金砖国家领导人第十三次会晤、上海合作组织成员国元首理事会第二十一次会议、第六届东方经济论坛全会开幕式上的重要讲话致辞、致第18届中国-东盟博览会和中国-东盟商务与投资峰会的贺信精神。传达学习中共中央总书记习近平致第32届国际航空科学大会、可持续发展大数据国际研究中心成立大会暨2021年可持续发展大数据国际论坛、国际粮食减损大会、首届北斗规模应用国际峰会、中国质量(杭州)大会的贺信精神。传达学习中共中央总书记习近平在2021年中国国际服务贸易交易会全球服务贸易峰会上的致辞精神。传达学习中共中央总书记习近平给全国高校黄大年式教师团队代表的回信精神。传达学习9月1日、8日、15日国务院常务会议精神。听取并原则同意省农业农村厅胡汉平关于江西省“十四五”农业农村现代化规划的汇报。听取并原则同意省卫生健康委王水平关于江西省“十四五”医疗卫生服务体系规划的汇报。听取并原则同意省司法厅张强、省卫生健康委王水平关于修改《江西省人口与计划生育条例》的汇报。听取并原则同意省科技厅陈金桥关于加快江西省新型研发机构发展10条措施的汇报。听取并原则同意省发展改革委郭新宇关于江西省支持国家区域医疗中心建设政策清单的汇报。听取省教育厅郭杰忠关于第七届中国国际“互联网+”大学生创新创业大赛江西省筹备工作情况的汇报,原则同意提出的下一步工作安排。研究省政府10月重点工作。

10月12日,省长易炼红主持召开第77次省政府常务会议。常务副省长殷美根,副省长孙菊生、胡强、罗小云、任珠峰、张鸿星,省政府秘书长王国强出席会议。会议传达学习中共中央总书记习近平在纪念辛亥革命110周年大会上的重要讲话精神。会议传达学习中共中央总书记习近平在中共中央政治局第三十三次集体学习时的重要讲话精神。会议传达学习中共中央总书记习近平在中央人才工作会议上的重要讲话精神。会议传达学习中共中央总书记习近平关于第四个中国农民丰收节的重要指示精神。会议传达学习中共中央总书记习近平致2021年世界互联网大会乌镇峰会的贺信精神。会议传达学习中共中央总书记习近平向2021中关村论坛视频致贺精神。传达学习中共中央总书记习近平在第七十六届联合国大会一般性辩论上的重要讲话精神。会议传达学习9月22日、10月8日国务院常务会议精神。听取并原则同意省住建厅卢天锡关于进一步对城市政府落实房地产市场调控主体责任加强监督指导的汇报。听取并原则同意省农业农村厅胡汉平关于促进和保障重点水域禁捕工作的汇报。听取并原则同意省发展改革委张和平、省工信厅杨贵平、省财政厅苏昌平、省农业农村厅胡汉平、省商务厅谢一平、省金融监管局韦秀长、省统计局万庆胜关于全省前三季度经济运行情况的汇报,分析前三季度经济形势,部署下一阶段工作。

10月28日,代省长叶建春主持召开第78次省政府常务会议。副省长孙菊生、秦义、陈小平、罗小云、任珠峰、张鸿星,省政府秘书长王国强出席会议。会议传达学习中共中央总书记习近平在山东考察调研并主持召开深入推动黄河流域生态保护和高质量发展座谈会时的重要讲话精神。传达学习中共中央总书记习近平在中华人民共和国恢复联合国合法席位50周年纪念会议上的重要讲话精神。传达学习中共中央总书记习近平致中央广播电视总台央视奥林匹克频道及其数字平台开播上线的贺信精神。传达学习中共中央总书记习近平致人民出版社成立100周年的贺信精神。传达学习中共中央总书记习近平对全军装备工作会议作出的重要指示精神。传达学习中共中央总书记习近平在参观国家“十三五”科技创新成就展时作出的重要指示精神。传达学习10月20日国务院常务会议精神。听取并原则同意省生态环境厅徐延彬关于江西省“十四五”生态环境保护规划的汇报。听取并原则同意省交通运输厅王爱和关于江西省“十四五”综合交通运输体系发展规划的汇报。听取并原则同意省自然资源厅张圣泽关于江西省第三次全国国土调查主要情况的汇报。听取并原则同意省司法厅张强、省自然资源厅张圣泽关于修订《江西省实施〈中华人民共和国土地管理法〉办法》的汇报。听取并原则同意省司法厅张强、省自然资源厅张圣泽关于修订《江西省征收土地管理办法》的汇报。听取并原则同意省司法厅张强、省住房和城乡建设厅卢天锡关于修订《江西省物业管理条例》的汇报。研究省政府11月重点工作。

11月17日,代省长叶建春主持召开第79次省政府常务会议。常务副省长殷美根,副省长秦义、陈小平、罗小云、任珠峰、张鸿星,省政府秘书长王国强出席会议。会议学习贯彻中共十九届六中全会精神。传达学习中共中央总书记习近平在第四届中国国际进口博览会开幕式上的主旨演讲精神。传达学习中共中央总书记习近平在二十国集团领导人第十六次峰会第一阶段会议上的重要讲话精神。传达学习中共中央总书记习近平在参加北京市区人大代表换届选举投票时的重要讲话精神。传达学习中共中央总书记习近平向《联合国气候变化框架公约》第二十六次缔约方大会世界领导人峰会书面致辞精神。传达学习中共中央总书记习近平致2021北外滩国际航运论坛的贺信精神。传达学习中共中央总书记习近平在亚太经合组织工商领导人峰会上的主旨演讲、亚太经合组织第二十八次领导人非正式会议上的重要讲话精神。传达学习中共中央总书记习近平同美国总统拜登举行视频会晤时的重要讲话精神。传达学习中共中央总书记习近平向第六届中非民间论坛致贺信精神。传达学习《中共中央关于新时代坚持和完善人民代表大会制度加强和改进人大工作的意见》。传达学习10月27日、11月2日国务院常务会议精神。听取并原则同意省科技厅犹瑾关于江西省产业链科技创新联合体建设方案的汇报。听取并原则同意省文化和旅游厅关于推进康养旅游发展意见的汇报。听取并原则同意省交通运输厅王爱和关于深化高速公路、水运项目投融资改革若干意见的汇报。听取并原则同意省残工委何剑锋关于江西省“十四五”残疾人保障和发展规划的汇报。听取并原则同意省妇女和儿童工委王庆关于江西省妇女发展纲要(2021—2030年)和江西省儿童发展纲要(2021—2030年)的汇报。听取并原则同意省司法厅张强关于江西省法治政府建设实施纲要(2021—2025年)的汇报。听取并原则同意省管局严佛元关于成立省直党政机关和事业单位办公用房清理工作领导小组的汇报。听取并原则同意省商务厅谢一平关于进一步提升江西米粉竞争力和附加值实施意见的汇报。会议对统筹做好当前疫情防控与经济社会发展工作作出部署。

12月14日,代省长叶建春主持召开第80次省政府常务会议。常务副省长梁桂,副省长殷美根、任珠峰、孙菊生、秦义、胡强、陈小平、罗小云,省政府秘书长王国强出席会议。会议传达学习中共中央总书记习近平在11月18日中共中央政治局会议上的重要讲话精神。传达学习中共中央总书记习近平在第三次“一带一路”建设座谈会上的重要讲话精神。传达学习中共中央总书记习近平在中央军委人才工作会议上的重要讲话精神和对全军后勤工作会议的重要指示精神。传达学习中共中央总书记习近平在全国宗教工作会议上的重要讲话精神。传达学习中共中央总书记习近平在12月6日中共中央政治局会议和党外人士座谈会上的重要讲话精神。传达学习中共中央总书记习近平在十九届中共中央政治局第三十五次集体学习时的重要讲话精神。传达学习中共中央总书记习近平致首届中国网络文明大会贺信精神。传达学习中共中央总书记习近平致第四届世界媒体峰会、中国人民对外广播事业创建80周年、中俄科技创新年闭幕式、第三届中俄能源商务论坛、俄罗斯统一俄罗斯党成立20周年、2021·南南人权论坛的贺信精神,致“声援巴勒斯坦人民国际日”纪念大会、中冰建交50周年的贺电精神,向2021年“读懂中国”国际会议(广州)开幕式、“2021从都国际论坛”开幕式、中国-拉共体论坛第三届部长会议发表的视频致辞精神,在中非合作论坛第八届部长级会议开幕式上的主旨演讲精神,在与老挝人民革命党中央总书记、国家主席通伦举行视频会晤并出席中老铁路通车仪式时的重要讲话精神。传达学习11月17日、11月24日、12月1日国务院常务会议精神。听取省卫生健康委王水平关于全省常态化疫情防控工作情况的汇报,原则同意提出的下一步工作安排。听取并原则同意省生态环境厅徐延彬关于深入打好污染防治攻坚战实施意见的汇报。听取并原则同意省住建厅卢天锡关于加快发展保障性租赁住房实施意见的汇报。听取并原则同意省民政厅刘金接关于加强基层治理体系和治理能力现代化建设实施意见的汇报。听取并原则同意省科学技术协会史可关于江西省全民科学素质行动规划纲要实施方案(2021—2025年)的汇报。听取并原则同意省发展改革委张和平关于江西省“十四五”公共服务规划的汇报。听取并原则同意省发展改革委张和平关于“十四五”时期江西省特殊类型地区振兴发展规划和“十四五”时期江西省赣南等原中央苏区振兴发展规划的汇报。听取并原则同意省药品监督管理局上官新晨关于成立江西省药品(疫苗)安全工作领导小组的汇报。

12月18日,代省长叶建春主持召开第81次省政府常务会议。常务副省长梁桂,副省长殷美根、孙菊生、秦义、胡强、罗小云、任珠峰,省政府秘书长王国强出席会议。会议传达学习中共中央总书记习近平在中国文联十一大、中国作协十大开幕式上的重要讲话精神。传达学习中共中央总书记习近平同俄罗斯总统普京举行视频会晤时的重要讲话精神。传达学习中共中央总书记习近平致2021年大湾区科学论坛的贺信精神。传达学习12月15日国务院常务会议精神。听取省发展改革委张和平关于中央经济工作会议精神的汇报,原则同意提出的下一步贯彻落实举措。听取并原则同意省政府研究室李能关于叶建春在省委经济工作会议上讲话稿的汇报。听取并原则同意省发展改革委张和平关于2021年全省计划执行情况和2022年经济工作建议的汇报。听取并原则同意省财政厅朱斌关于2022年民生实事工程安排方案的汇报。听取并原则同意省国资委陈德勤、省金融监管局韦秀长关于构建江西省产业投资大平台方案的汇报。听取并原则同意省财政厅朱斌关于2022年财政预算安排意见的汇报。

12月29日,代省长叶建春主持召开第82次省政府常务会议。常务副省长梁桂,副省长殷美根、任珠峰、孙菊生、秦义、胡强、陈小平、罗小云，省政府秘书长王国强出席会议。会议传达学习中共中央总书记习近平在中央全面深化改革委员会第二十三次会议上的重要讲话精神。传达学习中共中央总书记习近平对全国老干部工作作出的重要指示精神。传达学习中共中央总书记习近平对全国党内法规工作作出的重要指示精神。传达学习中共中央总书记习近平致厦门经济特区建设40周年的贺信精神。传达学习中共中央总书记习近平与德国总理朔尔茨通电话精神。传达学习中共中央总书记习近平给中国国家话剧院艺术家的回信精神。传达学习国务院常务会议精神。听取省农业农村厅胡汉平关于中央农村工作会议精神的汇报，原则同意提出的下一步工作安排。传达贯彻省委经济工作会议精神，研究政府系统落实工作。听取并原则同意省政府研究室李能关于政府工作报告的汇报。听取并原则同意省人力资源和社会保障厅钟志生关于推进社会保障卡居民服务"一卡通"意见的汇报。听取并原则同意省农业农村厅胡汉平关于江西省种业振兴行动实施方案的汇报。听取并原则同意省科技厅犹瑾关于《江西省推进创新型省份高质量发展三年行动方案(2021—2023年)》的汇报。听取并原则同意省发展改革委张和平关于国家生态文明试验区(江西)建设情况的汇报。听取并原则同意省市场监管局王福平关于2021年江西省食品药品安全工作情况的汇报。听取并原则同意省司法厅张强、省民政厅刘金接关于江西省公墓管理办法的汇报。听取并原则同意省司法厅张强、省委网信办梅毅关于江西省公共数据管理办法的汇报。听取并原则同意省教育厅郭杰忠关于"十四五"江西省一流大学和一流学科遴选工作情况的汇报。研究省政府2022年1月重点工作。

【省政府党组会议】 1月5日，省政府党组书记易炼红主持召开省政府党组(扩大)会议，传达学习中共中央总书记习近平在中共中央政治局民主生活会上的重要讲话精神，审议《省政府党组2020年工作总结和2021年工作要点》，党组副书记殷美根，党组成员秦义、胡强、陈小平、吴浩、罗小云、张小平出席会议。副省长孙菊生列席。

2月9日，省政府党组书记易炼红主持召开省政府党组会议，学习贯彻中共中央总书记习近平重要讲话、重要指示精神；传达学习中共中央总书记习近平听取十九届中央第六轮巡视汇报时的重要讲话精神和十九届中央第六轮巡视视频反馈会议精神，研究政府系统对中央巡视反馈意见的整改工作。党组副书记殷美根，党组成员胡强、陈小平、吴浩、罗小云、张小平出席。副省长孙菊生列席。

2月20日，省政府党组书记易炼红主持召开省政府党组(扩大)会议，学习贯彻中共中央总书记习近平重要讲话、重要指示精神(在2021年春节团拜会上的讲话；在中国-中东欧国家领导人峰会上的主旨讲话)，审议《2020年度省政府党组民主生活会和巡视整改专题民主生活会班子对照检查材料(讨论稿)》，听取中央巡视反馈意见整改工作第二专项整改组近期工作情况汇报。党组副书记殷美根，党组成员秦义、胡强、陈小平、吴浩、罗小云、任珠峰、张小平出席会议。副省长孙菊生列席会议。

2月23日，省政府党组书记易炼红主持召开省政府党组民主生活会和巡视整改专题民主生活会，认真学习贯彻习近平新时代中国特色社会主义思想，加强政治建设，提高政治能力，坚守人民情怀，抓好中央巡视反馈意见整改，夺取决胜全面建成小康社会、实现第一个百年奋斗目标的伟大胜利，开启全面建设社会主义现代化国家新征程。党组副书记殷美根，党组成员秦义、胡强、陈小平、吴浩、罗小云、任珠峰、张小平出席会议。副省长孙菊生列席，中央纪委国家监委第六监督检查室三处张佐军受邀列席。

3月17日，省政府党组书记易炼红主持召开省政府党组会议，以习近平新时代中国特色社会主义思想为指导，深入学习贯彻中共中央总书记习近平在党史学习教育动员大会上的重要讲话精神，紧紧围绕学懂弄通做实党的创新理论，坚持学习党史与学习新中国史、改革开放史、社会主义发展史相贯通，学好百年党史、传承红色基因、凝聚奋进力量，做到学史明理、学史增信、学史崇德、学史力行，推动党史学习教育务求实效、走在前列，在全面建设社会主义现代化新征程上披坚执锐、勇立新功，以优异成绩迎接中国共产党成立100周年。党组成员秦义、胡强、陈小平、罗小云、任珠峰、张小平出席会议，副省长孙菊生列席会议。

6月2日，省政府党组书记易炼红主持召开省政府党组会议，学习贯彻中共中央总书记习近平重要文章《用好红色资源，传承好红色基因，把红色江山世世代代传下去》，学习贯彻中共中央总书记习近平致世界马克思主义政党理论研讨会的贺信；学习贯彻《关于新时代加强和改进思想政治工作的意见》，学习贯彻《关于当前意识形态领域形势的通报》，研究省政府领导分工。党组副书记殷美根，党组成员秦义、胡强、陈小平、任珠峰、张鸿星、王国强出席会议。副省长孙菊生列席。

6月29日，省政府党组书记易炼红主持召开省政府党组会议，听取关于省政府系统"我为群众办实事"实践活动进展情况的汇报；传达学习中共中央总书记习近平在参观"'不忘初心、牢记使命'中国共产党历史展览"时的重要讲话；在中共中央政治局第三十一次集体学习时的重要讲话；在"七一勋章"颁授仪式上的重要讲话。党组成员秦义、胡强、罗小云、任珠峰、张鸿星、王国强出席会议，副省长孙菊生列席。

7月4日，省政府党组书记易炼红主持召开省政府党组会议，围绕中共中央总书记习近平在庆祝中国共产党成立100周年大会上的重要讲话发言。党组成员秦义、胡强、陈小平、罗小云、任珠峰、张鸿星、王国强出席会议，副省长孙菊生列席。

7月25日，省政府党组书记易炼红主持召开省政府党组会议，学习贯彻中共中央总书记习近平重要讲话、重要指示批示精神(在西藏考察时的重要讲话精神；在亚太经合组织领导人非正式会议上的重要讲话精神；对防汛救灾工作作出的重要指示，对深入推进农村厕所革命作出的重要指示)；传达学习贯彻中共江西省委十四届十三次全会精神。党组副书记殷美根，党组成员胡强、陈小平、罗小云、任珠峰、张鸿星、王国强出席会议。副省长孙菊生列席。

10 月 20 日，省政府党组书记叶建春主持召开省政府党组（扩大）会议，传达学习 10 月 18 日中共中央政治局会议精神，深入贯彻中共中央总书记习近平视察江西重要讲话精神，进一步推进新形势下“五型”政府建设。党组副书记殷美根，党组成员胡强、陈小平、罗小云、任珠峰、王国强出席会议，副省长孙菊生列席会议。

11 月 29 日，省政府党组书记叶建春主持召开省政府党组会议，学习贯彻中共十九届六中全会精神；学习贯彻省第十五次党代会精神。省委常委、省政府党组副书记梁桂，省委常委任珠峰，党组副书记殷美根，党组成员秦义、胡强、陈小平、罗小云、王国强出席会议。副省长孙菊生列席。

（省政府办公厅）

重要文件

【印发《“赣服通”4.0 版建设工作方案的通知》】 1 月 20 日，省政府办公厅印发该通知，从构建综合信用评价体系、建设综合信用评价平台、推动信用评价场景应用等 3 方面制定 9 项重点任务，将信用植入“赣服通”平台，建设全省综合信用评价体系，将“赣服通”评价分逐步推广应用，开启“区块链+信用服务”新模式。

【印发《关于防止耕地“非粮化”稳定粮食生产的实施意见》】 2 月 2 日，省政府印发该意见，毫不放松抓好粮食生产，推动“藏粮于地、藏粮于技”落实落地，巩固提升粮食综合生产能力，落实好国家下达给江西省的耕地保护目标任务。

【印发《2021 年民生实事工程安排方案的通知》】 2 月 4 日，省政府印发该通知，继续实施民生实事工程，着重围绕就业和创业、社会保险、抚恤和社会救助、医疗保障等 8 个方面，集中办好涉及群众切身利益的 51 件实事。

【印发《江西省国民经济和社会发展第十四个五年规划和二〇三五年远景目标纲要的通知》】 2 月 5 日，省政府印发该通知，重点对“十四五”期间国民经济和社会发展作出总体部署，同时提出二〇三五年国民经济和社会发展远景目标。

【印发《江西省“项目大会战”（2021—2023 年）实施方案的通知》】 2 月 8 日，省政府办公厅印发该通知，从 2021 年开始，全省开展为期 3 年的工业、农业、服务业等 6 大领域“项目大会战”，力争每年完成投资 1 万亿元以上。

【印发《关于以新业态新模式引领新型消费加快发展的实施意见》】 3 月 16 日，省政府办公厅印发该意见，从推动线上线下消费深度融合、推进新型消费基础设施建设、加强新型消费服务保障能力建设等 5 个方面提出 16 条措施。

【印发《关于减税减费减租减息减支 32 条政策措施的通知》】 4 月 20 日，省政府印发该通知，为加大实体经济帮扶力度，持续推进减税减费减租减息减支，充分激发市场主体活力，制定了 32 条具体政策措施。

【印发《关于加快城市旅游发展的意见》】 5 月 13 日，省政府办公厅印发该意见，从着力完善规划体系、优化提升供给体系等 5 方面提出措施，进一步激发消费潜力，促进旅游产业高质量发展。

【印发《关于服务“六稳”“六保”进一步做好“放管服”改革有关工作的实施意见》】 6 月 11 日，省政府办公厅印发该意见，从推进就业创业、减轻市场主体负担等 7 个方面提出 22 条措施，进一步转变政府职能，打造“四最”营商环境，有效激发市场主体活力和社会创造力。

【印发《培育壮大市场主体三年行动计划（2021—2023 年）的通知》】 6 月 30 日，省政府办公厅印发该通知，从实施现代农业市场主体培育行动、实施先进制造企业培育行动等 7 个方面制定 21 项重点任务，更好发挥政府引导和帮扶作用，充分激发创新创业活力。

【印发《关于加快建立健全绿色低碳循环发展经济体系的若干措施的通知》】 7 月 8 日，省政府印发该通知，从健全绿色低碳循环发展的生产体系、健全绿色低碳循环发展的流通体系等 7 个方面提出 21 条措施，加快建立健全绿色低碳循环发展经济体系，确保实现碳达峰、碳中和目标。

【印发《关于新时代推动江西资本市场高质量发展若干措施的通知》】 8 月 18 日，省政府办公厅印发该通知，力争“十四五”期间，江西省每年新增境内外上市公司 10 家，包括大力推进企业上市工作等 3 方面 16 项工作措施。

【印发《关于加快推进养老服务高质量发展的实施意见》】 8 月 27 日，省政府办公厅印发该意见，从推进养老服务设施建设、优化养老服务供给等 5 方面提出 30 条措施，加快建设居家社区机构相协调、医养康养相结合的养老服务体系。

【印发《江西省“十四五”制造业高质量发展规划的通知》】 9 月 7 日，省政府印发该通知，明确“十四五”时期江西要着力构建以数字经济为引领、以先进制造业为主体、先进制造业与现代服务业融合发展的现代产业体系，着力打造中部制造业高质量发展示范区、全国传统产业转型升级高地和新兴产业培育发展高地。

【印发《江西省“十四五”卫生健康发展规划的通知》】 9 月 30 日，省政府办公厅印发该通知，规划主要从卫生事业、健康产业等 5 个方面对未来 5 年卫生健康发展谋篇布局，从经济社会发展更安全、人民健康生活更美好等 6 大板块，谋划 11 个方面 69 项重点任务，提出 11 个方面 42 个重点工程。

【印发《关于加快江西省新型研发机构发展十条措施的通知》】 10 月 22 日，省政府印发该通知，从财政资金支持、非财政性资金支持等 10 个方面提出措施加快江西省新型研发机构发展。

【印发《关于常态化疫情防控背景下支持中小微企业和个体工商户健康发展若干措施的通知》】 11月3日，省政府办公厅印发该通知，从实施税收优惠、用好再贷款政策等15个方面提出措施，进一步加大对中小微企业和个体工商户帮扶支持力度。

【印发《关于严格高耗能高排放项目准入管理的实施意见》】 11月3日，省政府办公厅印发该意见，从明确“两高”项目范围、加强“两高”项目审查论证等5个方面提出14条措施，严格落实能源消费总量和强度双控目标任务，坚决遏制“两高”项目盲目发展。

【印发《江西省“十四五”全民医疗保障发展规划的通知》】 11月3日，省政府办公厅印发该通知，规划主要阐明“十四五”时期江西省全民医疗保障发展的总体思路、发展目标、主要任务和重大政策措施，提出下一步医疗保障改革发展的主要任务，并对医疗保障不足等方面作出相应安排。

【印发《江西省村(社区)公共服务事项指导目录(2021版)的通知》】 11月5日，省政府办公厅印发该通知，目录涵盖社保类、医保类等7个类别共60项服务事项，推进村(社区)组织服务群众规范化、制度化，全面提高村(社区)事务工作水平。

【印发《关于加快农村寄递物流体系建设的实施意见》】 11月19日，省政府办公厅印发该意见，制定加强寄递物流体系建设、完善农产品上行发展机制、保障农村地区寄递渠道畅通稳定3个方面10件重点任务。

【印发《江西省“十四五”综合交通运输体系发展规划的通知》】 12月11日，省政府办公厅印发该通知，提出以交通强省建设为统领，着力构建“大通道+大枢纽+大融合”的综合交通运输发展格局。

(省政府办公厅)

督　查

【重点督查】 跟进落实重要批示。落实中共中央、国务院领导的重要指示批示，建立工作台账，细化分解任务，落实工作责任，定期梳理落实进展。全年督促办理党和国家领导人批示33件。跟进落实重点任务。梳理形成国务院《政府工作报告》涉及地方的133项重点工作任务清单，并印发《2021年国务院〈政府工作报告〉重点工作任务跟进落实分工方案》，建立工作台账，定期调度梳理，督促各地、各部门主动对接、抓好落实，全力完成所涉事项。跟进落实重要文件。登记转办国务院及国办印发的重要文件，每季度调度落实进展情况，并印发《江西政务督查》，督促相关处室抓好贯彻落实。全年共调度国务院及国办印发重要文件67件。跟进落实国务院督查激励。根据国办发〔2018〕117号文件精神，专门召开对接争取工作部署会，落实责任分工，明确目标要求，2020年共有13项工作、累计14次获得国务院督查激励，列全国前列。跟进落实国务院大督查。做好行程安排、材料起草、问题梳理、服务保障、解释说明等工作。针对督查反馈的21个问题，经过实地督办，基本整改到位并上报国务院。同时，积极向督查组推荐典型经验做法，江西“建立网上中介服务超市”等3项工作得到国务院通报表扬。

【职责职能履行情况督查】 围绕省委、省政府中心工作，实时跟进经济社会发展主要目标任务和重点工作进展着力督查落实。开展综合督查。推动中共中央总书记习近平视察江西重要讲话精神在全省的落实，与省委办公厅共同牵头组成督查组，采取暗访抽查、实地察看、座谈访谈等方式，对景德镇市、省商务厅、省科学院等地和单位开展实地督查，发现5个方面20条具体问题，并列出问题清单，落实整改责任，推动问题解决。抓好省《政府工作报告》落实。全省两会结束后梳理出166项省《政府工作报告》相关重点任务，并印发《2021年省〈政府工作报告〉重点工作责任分工方案》，明确牵头领导、牵头部门和责任单位，并形成快速分解、定期督办、年底交账的督查落实机制，主要经济指标和51件民生实事全面完成。全力服务省长决策。抓省长批示指示和调研接访、现场办公等场合交办事项的督办落实，进一步完善“规范管理、按责转办、高效办理”的工作机制，定期梳理落实进展，适时开展随机抽查，强化全程跟踪督办。全年共督办落实省长批示968件、调研交办事项95项。开展专项督查。根据省政府主要领导的指示要求，根据全省经济社会发展的堵点、痛点、难点，结合工作实际，不定期开展各类专项督查。全年围绕62个重大产业项目建设、省政府与国家部委(含央企、民企、高校等)签署的战略合作协议、省长调研交办事项等主题先后开展10余次专项督查。

【民生实事督查】 认真办理“互联网+督查”问题线索。对国务院“互联网+督查”平台转来的问题线索，第一时间分类转办，依法依规调查核实，按时上报核查结果，确保客观、真实、准确。全年转办落实一般问题线索1731件，重点问题线索106件，同时，在平台上选取一批重点问题线索，以“四不两直”方式进行实地核查和暗访督查，并印发2期通报，得到省政府主要领导批示肯定。督促办理代表建议和政协提案，全年督促承办单位办理全国人大代表建议8件、全国政协委员提案2件、省人大代表建议550件、政协提案581件，办复率均达100%。系统完善人大代表意见建议及时反馈机制，坚持当日意见建议当日转办，增强办理的时效性、互动性。及时处理省“五型”政府建设监督员建议。充分发挥省“五型”政府建设监督员倾听民声、体察民情、汇聚民智的独特作用，认真办理监督员建议，组织开展“直通省政府——我为高质量跨越式发展提建议”专题活动。全年转办落实相关意见建议156条。

【督查减负增效】 坚持督查增效与基层减负并举。推行“带着线索去、跟着问题走、盯着问题改”的线索核查法、“四不两直”暗访工作法和“两个三分之二”的工作机制，切实提升督查质效。注重“督帮一体”，进一步完善协调联动机制，在62个重大产业项目建设核查、重要问题线索核查等活动中帮助基层解决一批需要跨地区、跨部门协调的困难和问题，做到边督查、边协调、边解决问题。严格控制各类督查检查的总量和频次，每年制定省政府督查工作计划，严格实行清单式管理。2021 年，省政府只开展 1 次综合督查，并与省委综合督查联合进行，有效减轻基层负担。坚持内强素质与外延触角并举。以深入贯彻落实《政府督查工作条例》为主线加强队伍建设。省政府常务会议对该条例进行专题学习和研究部署，在政府网站、主流媒体等平台，对该条例进行全方位、多层次宣传。举办全省政府督查系统业务培训班，邀请专家对该条例进行专题辅导。充分发挥外部督查力量，形成多维度的督查模式。进一步用好"互联网+督查"手段、第三方评估、新闻媒体等，提升督查工作的敏锐性。坚持从严审核把关，对原有 100 名监督员履职情况进行综合评估、优化调整，吸收参与相关线索核查和项目督查，进一步延伸督查触角。

（省政府办公厅）

办理人大代表建议和政协委员提案

【概　况】　2021 年省两会期间，省人大常委会选任联工委、省政协提案委共向省政府系统交办省人大代表建议、省政协委员提案 1131 件，其中省十三届人大五次会议代表建议 550 件，省政协十二届四次会议提案 581 件。所有省人大代表建议、省政协委员提案均在规定时间内办结。

【建议提案办理机制】　经省政府同意，省政府办公厅专门印发《关于认真做好省十三届人大五次会议代表建议和省政协十二届四次会议提案办理工作的通知》，通过制度来保障建议提案办理的质量。强化分析研究。要求各承办单位认真梳理分析建议提案中的热点难点问题和合理化意见建议，提炼、汇总其中的信息资源和智力资源，提出工作对策。既加强对每一件建议提案的个案研究，又注重对同类问题的综合研判，发挥建议提案办理推动政府工作的积极作用。强化依法办理。各承办单位注重依法解决实际问题。对代表委员所提问题能够解决的，采取有效措施，促使相关问题依法妥善解决。对体制性、前瞻性较强的建议提案，通过研究论证采纳吸收，发挥建议提案的决策参考作用。强化答复要求。以抓好答复文书的规范化为切入点，进一步推动办理规范化。明确要求各承办单位答复建议提案时要实行"四对照"（对照时限要求、格式要求、公开要求、抄送要求），严把质量关。强化督促检查。把建议提案办理工作纳入省政府各部门绩效考评内容，加强工作指导和检查调度，重点了解各承办单位的领导重视情况、办理工作制度、办理进度、问题的解决程度、与代表委员的沟通情况等。

【建议提案办理落实】　省政府主要领导重视提案办理落实，明确要求省政府系统进一步重视并加强建议提案办理。联系人大政协工作的常务副省长对建议提案办理工作作出具体部署，要求各承办单位明确责任、细化分工，提高办理质量。其他省政府领导结合各自分管工作，对建议提案办理工作进行具体安排，协调并解决办理过程中的矛盾和问题。省政府办公厅与省人大常委会选任联工委、省政协提案委通过联合立案、联合督导、联合考核等形式，形成多层面、全方位工作协商格局。各主办单位与省人大代表、省政协委员加强沟通交流，采取电话沟通、登门拜访、座谈交流等方式，以"开门办案""集中走访"等活动为载体，与代表委员"面对面"协商。对涉及多个单位的建议提案，主办单位和协办（会办）单位协同配合，特别是针对综合性强、涉及面广、办理难度大的建议提案，主办单位发挥牵头抓总作用，会同协办（会办）单位及时推动办理工作扎实开展，确保建议提案办理按时保质完成。

（省政府办公厅）

外事工作

【概　况】　2021 年，全省外事部门服务国家总体外交。参与"一带一路"、中俄"两河流域"地方合作、中国-中东欧国家合作、保加利亚外交专项等各项区域合作机制，主动承接外交部组织的 2 批涉及亚非欧等 27 个国家的 41 名驻华使节以及北京大学"东方奖学金"研学团组到赣参访活动。助力全省开放发展。省委外事工作委员会第四次会议审议并原则通过《外事工作助力江西内陆开放型经济试验区建设方案》等文件。参与举办 2021 上合组织传统医学论坛、2021 世界 VR 产业大会云峰会、2021 中国景德镇国际陶瓷博览会、第二届鄱阳湖国际观鸟周和第四届中非地方政府合作论坛江西分论坛等重要涉外活动。组织"上合组织江西行——传统医学之旅"线下交流活动和"守护共同家园　中外青少年鄱阳湖观鸟"线上交流活动，联合长江中游三省（江西、湖北、湖南）签署外事合作协议，聚焦中医药、陶瓷等特色优势产业打造"Talk and Show 江西""外国人看中医"等对外宣传品牌，搭建江西国际交流合作的新平台。推进民间友好交流。贯彻中共中央总书记习近平"三个一批"重要指示，召开省人民对外友好协会第十一届理事会会议和全省友城工作会议，全年新增国际友好城市 3 对，总数 105 对。举办海伦·福斯特·斯诺纪念图片巡回展、2021 年东北亚青年可持续发展研习营江西分团、"外国留学生看江西"和对美友城经贸交流等系列活动，先后组织与俄罗斯巴什科尔托斯坦共和国、俄罗斯彼尔姆边疆区、加纳北部省、乌拉圭赛罗拉尔戈省、韩国全罗南道和日本岐阜县、冈山县等国际友城开展"云上"交流，推动中国江西（美国盐湖城）陶瓷文化中心、中国江西（新西兰东丰盛湾大区）文化中心等海外文化阵地建设。

【外事服务】　做好涉外防疫。落实中共中央和省委、省政府疫情防控各项决策部署，发挥涉外疫情防控组长单位职责作用，压实"五个闭环"管理机制，落实"六稳""六保"政策，协调争取快捷通道，充分发挥江西海外企业疫情防控专家咨询委员会作用，为江西中煤集团等海外企业组织专场视频咨询会，做好江西省海外企业人员和外籍在赣人士疫苗接种工作。深化外事"放管服"改革，用足用好江西省外事综合服务管理平台，开展外事知识进党校、进园区、进企业活动，举办全省领导干部民间外交专题讲座，聚焦一批外向型企业关心问题，宣传APEC商务旅行卡等外事惠企政策，服务企业复工复产复市，不断提升外事服务效能。防范化解涉外安全风险，发挥江西省“一带一路”安全保障机制、海外利益安全工作协调机制、对外投资企业信息共享机制等涉外安全保障体系作用，指导企业妥善处置尼日利亚、海地人质绑架案等涉外案(事)件，全力维护江西省海外安全利益。加强外国驻华使领馆和外国记者的归口管理与服务工作，有效防范和妥善处理涉外安全风险。

【全省外办主任工作座谈会召开】 5月8日，2021年全省外办主任工作座谈会在南昌召开，会议传达省委外事工作委员会第四次会议和中央部委有关会议精神，聚焦推动全省外事及中国港澳地区工作高质量发展进行研讨。省外办党组书记、主任赵慧出席并讲话。省外办副主任李雨强主持会议。办机关各处室主要负责人、各设区市外办主任参加座谈。会上，省外办副主任胡志扬、省对外友协专职副会长涂安波分别围绕外事助力内陆开放型经济试验区建设和推动全省友城工作创新发展作主题发言，各设区市外办主任围绕贯彻落实省委外事委员会议精神，对创新做好本地区外事工作进行研讨。

【与乌克兰敖德萨州正式签署结好协议】 7月12日，江西省与乌克兰敖德萨州举行建立友好省州关系视频签字仪式。省长易炼红、敖德萨州州长格里涅维茨基代表双方政府签署结好协议书。副省长陈小平、敖德萨州第一副州长沃洛先科夫代表双方签署合作备忘录。中国驻敖德萨副总领事陈玉荣、省外办副主任李雨强出席仪式。

【《长江中游三省(江西、湖北、湖南)外事合作备忘录》签署】 为策应长江中下游三省协同推动高质量发展座谈会以及会上签署的六个合作协议精神，10月11日，长江中游三省(江西、湖北、湖南)外事合作签约仪式暨第一次联席会议在南昌召开，江西省外办主任赵慧、湖北省外办主任秦宇、湖南省外办主任徐正宪出席仪式并致辞。会上，三方共同签署《长江中游三省(江西、湖北、湖南)外事合作备忘录》，在共同打造对外合作品牌、互通共享对外交往资源、协力开展外事人才培养、积极推动智库建设、建立联席协作机制5个方面加强合作。

【驻华使节代表团访赣】 10月15日—18日，外交部组织俄罗斯、斯洛伐克、塞浦路斯、马里、津巴布韦、布基纳法索、马达加斯加、冈比亚、朝鲜、博茨瓦纳、瓦努阿图、匈牙利、日本、泰国、多米尼加、巴基斯坦16国驻华使节18人到江西省井冈山、南昌、景德镇访问，并出席2021中国景德镇国际陶瓷博览会。外交部部长助理吴江浩陪同参访，省委书记刘奇在南昌会见代表团一行。

【江西外事展示厅在南昌揭牌】 3月31日，由省外办打造的江西外事展示厅在南昌揭牌。副省长陈小平、省政府副秘书长邱向军、省外办主任赵慧与白俄罗斯驻上海总领事安德烈·安德烈耶夫、韩国驻武汉总领事姜承锡、哈萨克斯坦驻上海总领事拉合莫夫·拉合穆江共同为江西外事展示厅揭牌。韩国、日本、匈牙利、乌克兰等23个友城领导和友好组织负责人先后发来寄语江西视频和贺信，并提供大量当地特色产品和宣传册供展示。展厅通过460余幅照片和160余件实物，全方位展示江西省对外交流合作成果及友城风貌。

(肖迎椿)

港澳事务

【概　况】 2021年，全省港澳事务工作部门围绕服务中央港澳工作和江西高质量发展，推进赣港澳交流合作。联系并争取应善良基金会向江西省中医药大学30名贫困学子捐赠款项共42万元。全力做好在赣港澳籍人士疫苗接种工作；办理10批13人次外邀，确保在赣港澳企业复工复产必要人员往来；为赴港澳团组在审批和办理时间等方面开辟“绿色通道”，支持全省各部门和高校与港澳地区的经贸和学术交流；全年受理审批因公赴港澳团组22批122人。先后接待港澳团组5批30人次，联合举办“云游江西 共话未来 2021赣港澳台青少年线上交流”等活动。

【赣港澳交流合作】 12月17日，由省政府主办的2021年江西省对接粤港澳大湾区投资合作推介会在深圳举行，签约项目共94个，投资总额达2367.5亿元。省主要领导参加2021年泛珠三角区域合作行政首长联席会议，与中国香港和澳门特别行政区首长进行会见交流，达成多项合作共识。省委书记易炼红与香港行政长官林郑月娥互致信函，拓展赣港全方位、多领域、深层次的务实合作。接待中国香港特区政府驻武汉办事处

3月31日，江西外事展示厅在南昌揭牌。图为展示厅内部场景一角

周谊军摄

主任郭伟勋一行,安排在南昌和赣州考察港资企业,协助举办以"十四五"规划为主题的专题讲座;接待香港贸发局华东、华中首席代表吕剑一行,向其介绍江西经济社会最新发展情况,增进其对内地发展的了解和认同。

【青少年交流】 7月20日,配合省委统战部,联合其他港澳台青少年交流基地共建单位,举办"云游江西·共话未来"2021赣港澳台青少年线上交流活动。贯彻落实江西省与中国澳门特别行政区深度合作的战略要求,协调井冈山大学与澳门爱国教育青年协会签订战略合作协议,推动澳门青年爱国教育,促进澳门青年与内地的交流。依托安远三百山"饮水思源·香港青少年国民教育基地",组织在深圳香港青年到赣开展"思源之旅"活动,加强粤港澳大湾区青少年国情教育。

(肖迎椿)

政策研究

【调查研究】 聚焦加快打造全国构建新发展格局的重要战略支点、加快全流程创新链条升级、大力发展平台经济、推进高等教育"双一流"建设、拓展"两山"转化通道、发展绿色金融体系、"三医"联动、推进大南昌都市圈建设等重大问题,组织力量到设区市及外省(自治区、直辖市)开展专题调研,采取召开座谈会、实地考察、与企业家和基层干部群众面对面交谈以及抽样调查等方式,听取各方面意见,使调研成果汇集民意民智,提升解决问题的针对性和实效性。2021年,形成专题调研报告29篇,其中刊发《赣府研参》27篇,17篇获省领导肯定性批示,部分政策建议被批转相关部门作为重要参考。

【政策咨询服务】 发挥六方会商机制作用,每季度牵头召开由省统计局、国家统计局江西调查总队、人行南昌中心支行、省工商联、南昌大学以及部分企业参加的六方经济形势分析会,对全省经济形势进行分析研判,归纳形成包括经济总量、增速、排位、占比以及与全国主要经济指标的动态数据对比等14组图表数据参考和相关对策建议,为省委、省政府决策提供重要参考;对中央、省委和省政府及省直部门拟出台的7个政策性文件提出21条修改意见建议。主动为企业提供政策咨询服务并开展帮扶,组织人员到南昌前海国际等挂点企业,就外贸通关、出口补贴和融资等问题进行专题调研,牵头召开省直相关部门和有关设区市政府等参加的企业帮扶调研座谈会,协调有关部门促成相关问题解决。

【智库建设】 持续推动国务院发展研究中心与省政府合作备忘录明确的各项任务落实落地,委托国务院发展研究中心完成"江西发展枢纽型经济研究"重点课题调研;推动国务院发展研究中心分别与吉安市政府、铜鼓县政府合作建立"国务院发展研究中心区域高质量发展调研基地"和"国务院发展研究中心生态文明建设调研基地";协调国务院发展研究中心、航天信息股份有限公司合作建立营商环境数字监测平台并落户铜鼓县,使江西省与国务院发展研究中心共建调研基地增加到4个。进一步健全与省社联的合作机制,制定《省政府研究室2021年度重点研究课题管理办法》,规范和改进课题申报、招标、结题等工作,促进课题研究质量提升。进一步优化特约研究员工作机制,增强特约研究员建言献策的积极性,围绕省委和省政府中心工作,精选7个重点课题并列入江西省社科基金项目,优选专家学者领题开展调研,7个重点课题全部完成,其中3个课题获省领导批示。

【政府工作报告起草完成】 10—12月,政府工作报告起草小组采取多种方式,听取省直单位、企业、专家学者和基层干部群众的意见建议,并与省内相关媒体共同发起"2022江西两会策划——'我为《政府工作报告》出点子'网上建言献策"活动,网页浏览量超过160万次,收到网友建言9200多条,使政府工作报告起草能够吸纳各方面的意见建议。起草过程中,起草小组以习近平新时代中国特色社会主义思想为指导,贯彻落实中共中央总书记习近平视察江西重要讲话精神,对标对表中共中央和国务院决策部署,全面落实中共江西省第十五次代表大会精神和省委经济工作会议部署要求,做到目标任务明确、举措精准有力、内容简洁精辟。政府工作报告经省政府常务会议讨论、省委常委会会议审议后,提请省十三届人大六次会议审议通过。

(省政府研究室)

机关事务

【概　况】 2021年,省机关事务管理局推进项目建设,省直机关公务人员周转住房全面封顶,省直机关第六保育院2021年秋季开园,省人民来访接待中心项目结构主体封顶,信息化系统建设扎实推进,前湖小区二期项目完成立项审批,省文印中心项目动工建设。抓好常态化疫情防控,聚焦省行政中心、会议中心、保育院等重点部位及时动态调整疫情防控措施,确保省级集中办公区、生活区疫情"零输入"。抓好制止餐饮浪费工作督导检查,全省各级党政机关食堂餐厨垃圾总量实现下降10%以上目标。助力乡村振兴,在集中办公区开设"江西地方名优特产品展示厅",展销12期、销售额154.6万元。落实"六稳""六保"政策,2021年所属国有房产减免租金291户、241.15万元,稳定所属企业就业岗位,加大返岗力度。贯彻依法依规、公开透明、服务为先的招生原则,实行幼儿入托省直单位统一申报、入园资格专班审核、自主申请就近入园等措施;开设托幼班,增设临时托管、延时服务等。首次开展全省党政机关办公用房考核、公务用车巡检考核、机关事务系统服务技能竞赛。完成中共江西省第十五次代表大会后勤保障。省机关事务管理局获评全国机关事务理论研究"先进集体"。

【机关事务工作"十四五"规划出台】 9月,《江西省机关事务工作"十四五"规划》印发实施。该规划全面总结"十三五"时期全省机关事务工作情况,对"十四五"时期全省机关事务工作和机关运行保障进行系统谋划和统一要求,构建机关事务治理新格局。

结合江西省公共机构节能面临的形势,按照国家"十四五"公共机构节能规划等有关要求,制定出台《江西省公共机构节约能源资源"十四五"工作规划》,明确"十四五"时期公共机构节能工作指导思想、基本原则、主要目标,提出十大绿色行动计划,着力推进公共机构绿色低碳转型发展。

中共江西省第十五次代表大会期间,省机关事务管理局全力做好用车服务保障

省机关事务管理局供

【办公区服务保障】 全面加强省级集中办公区治安防控体系建设,通过增设测速抓拍设施、彩色斑马线等措施规范交通行为。开展消防设备保养、故障维修4600余起,妥善处理群体性上访事件。组织开展"进机关食堂,品中华美食"活动,改变单一自助餐模式,增设特色专区。全年用餐人数增加15%,菜品质量满意率从87%上升到95%。会议预订智能化,研发"按会场预订""按时间预订"两套系统,开发会议室分布导引查询系统。全年保障会议1629场次、参会人员12.7万人次。增设健身房、自助洗车场、省中医院中医药特色治疗中心,引进生鲜冷链自提柜,增设80多个充电插座及充电桩,改建健身场地、引进菜鸟驿站、增设机动车停车位80余个。

【公共机构节能管理】 2021年,江西创建首批节约型机关3321家、第三批省级节约型公共机构示范单位80家、全国水效领跑者6家、省级机关节水型单位创建率100%,完成省行政中心能耗监测平台升级、光伏发电项目。创新开展公共机构低碳积分制(绿宝碳汇),注册人数达19.8万人,累计绿币2410.7万个。在"十三五"公共机构能源资源评估中,江西综合得分位列全国第一。

【办公用房管理】 全面启动省直机关办公用房集中统一管理,完成13家省直单位21处办公用房权属统一登记,收储6500平方米、调配4200平方米。盘活用好低效运转及闲置资产,推动经营性资产全部公开挂牌竞租,全年组织非税收入2400余万元,增长19%。全面摸排南昌市老城区省级党政机关办公用房处置利用情况,启动省直党政机关、事业单位办公用房和省属各类学校相关土地房产清理工作,推进资产集中统一管理。

【公务用车管理】 全面完成省直单位公务用车集中采购和统一配发,省产汽车采购同比增长93%,新能源汽车采购达到国家要求。首次承办全国性公务用车专项领域示范点验收评审会,在全国率先启动省级示范点建设。启动省直事业单位车辆编制核定,全年集中处置旧车354辆,受理并核实投诉12条。抓好公务用车"全省一张网"的规范运行,累计网上派单192.12万单。

【赣勤集团项目发展】 赣勤集团转企改制基本完成,精简合理配置内设机构,全年完成营业收入8.9亿元,缴纳税金1743.7万元;中标工程总造价约3.2亿元,获江西省优良工程1项、主体优良工程2项、江西省优秀设计三等奖1项。赣勤定制饮用水破局营销,汽销公司广昌路综合维修点投入运营,玉泉岛大酒店基本完成装修改造,龙馨苑项目完成主体结构及精装样板房施工,前湖酒店获"全国绿色饭店领跑者TOP100企业"和"会议接待服务酒店TOP20",省政府印刷厂赣州分厂投产。

(省机关事务管理局)

本类目编辑 张志勇

中国人民政治协商会议江西省委员会

综　述

2021年,省政协坚持以习近平新时代中国特色社会主义思想为指导,聚焦"作示范、勇争先"目标要求,一手抓队伍建设,一手抓全面履职,专门协商机构作用进一步发挥,服务高质量跨越式发展交出新答卷,新时代人民政协价值更加彰显。

持续强化理论武装。深入学习习近平新时代中国特色社会主义思想。跟进学习中共中央总书记习近平最新重要讲话重要指示精神,持续学习中共中央总书记习近平关于加强和改进人民政协工作的重要思想、中央政协工作会议精神,专题学习中共中央总书记习近平"七一"重要讲话、中共十九届六中全会精神,增强做到"两个维护"的思想与行动自觉。扎实推进党史学习教育。坚持"一天一经典,党史天天读"。党员常委带头讲党课,党外常委用情讲党史。开展"红色走读赣鄱行"。创新"悦读政协·学习政协",组织委员参加全国政协网上书院读书活动。举办人民政协知识网络竞赛。编辑学习《合作初心》等"政协读影"150期。以民心为主旋律的《江山》短视频获奖,"学习强国"推送全国。征集《咱政协的人》词曲。组织科技、医卫、教育界别委员"三下乡",开展义诊助学,举办健康讲座。

围绕中心履职尽责。聚焦全面履行职能,举办协商会议50多场,形成政协专报、建议案、委员作业等履职成果5000多件,质量水平持续提升,服务"十四五"开好局、起好步。助推经济发展。考察学鉴全国18个新区经验做法,针对赣江新区发展瓶颈难题觅破解之策。接续调研大南昌都市圈建设,提出20多条具体建议。坚持一年"围读"一座山,继协商深化庐山体制改革,又建言"做实唱响'龙虎天下绝'品牌"。跨年度调研江西省"十四五"加快建成中医药强省,开展生物医药产业发展课题协商。召开"推动消费升级与促进'双循环'"提案办理协商会。围绕江西省航空产业发展,所提"争取大型飞机客改货"等建议转化为职能部门实际举措。聚焦营商环境优化,组织委员走访1300多家企业。首次举行专家协商会,与6名院士共话江西干细胞产业发展。助推深化改革。针对江西省国企改革进入"深水区"亟待攻坚之题提出建议。调研百所高校科技创新成果转化应用。蹲点总结上饶学鉴运用余江宅改经验并创新发展成功做法。就省内外高校毕业生留赣到赣意愿开展万人问卷调查,探讨优化江西省人才政策。助推生态文明建设。调研抚州生态产品价值实现试点情况。接续开展"学鉴闽黔两省做法经验,助推江西省国家生态文明试验区建设"调研。召开"赣抚尾闾综合整治"情况通报会。跟踪鄱阳湖水情变化对湿地生态影响,提出科学保护省鸟白鹤20条建议。助推乡村振兴战略实施。连续2年调研江西省林质林效提升,所提建议国家林草局多次给予肯定,并作为专门文件出台的参考依据。着眼发展壮大新型农村集体经济,提出"分类推进、盘活资源"等对策建议,全国政协课题组肯定并研究鉴用。紧扣有效衔接乡村振兴关键,蹲点调研25个脱贫县,形成《产业扶贫向产业振兴转变》报告。做好政协全会20个大会典型发言成果转化运用文章,《紧紧抓住竹基新材料科技创新重大机遇》受到职能部门重视。深入探究山东诸城、潍坊、寿光"三个模式"可学可鉴理念和路径。助推民生改善。围绕城市居家社区养老和"双减"政策落地等"一老一小"难题提出对策。从完善行业服务标准体系等方面建言优化小区物业管理。持续协商推动既有住宅加装电梯。建议江西省公共场所普及自动体外心脏除颤仪、在社区加快推进常见恶性疾病早筛查全覆盖、在赣服通平台开通"预存宝"等社情民意,件件有果。助推培根铸魂。开展"加强和改进高校思政工作"研究,到院校和师生代表开展个别交流、集体座谈。开展"充分发挥我省红色资源优势"研究,省委文件吸纳所提建议。组织港澳委员和特邀海外侨胞代表返赣视察、参加对接粤港澳大湾区经贸合作活动。推进民主监督。针对江西省"映山红行动"实施中存在的难点,深入调研10多家企业,助推"采矿权证变更"等制约上市的历史难题破解。考察学习青岛崂山经验,助力将南昌打造为VR产业的"中国高地"。调研保护鄱阳湖"一湖清水",所提"科学保护珍稀物种江豚"等建议,成为长江经济带11个省市共享成果。跨年度开展"旅游+康养"调研,所提建议写入省政府专门文件。

夯实履职基础。以政治建设为统领,严抓实抓队伍建设。在全国政协系统党的建设工作经验交流会、宣传思想工作座谈会、地方政协秘书长工作座谈会上,作典型发言。邀请省纪委省监委负责人作全面从严治党形势报告。制定《省政协委员和机关干部60个廉政风险点及防控措施》。邀请党外副主席参加党内组织生活会。落实省委要求,层级开展政治谈话。坚持"缺会补会、缺学补学、缺训补训"和《优良作风典型事例》《不严不实突出问题》双通报。制定改文风转会风清单。推行重要协商会前“试讲+点评”。支持省委巡视组和省纪委省监委派驻机构开展工作。做好经常性工作。立案并办结665件提案。征集“辛亥革命”“新中国成立”专题“三亲”文史资料。在中央媒体刊发《全过程人民民主很真实》等一批理论研究成果。创新运用“委员履职手账”方式,宣传展示新时代赣鄱委员风采。推进项目负责人制、工作品牌化建设。落实《关于加强改进专委会工作实施意见》,修订专委会通则。打造“农情农声直通车”等20多个工作品牌。围绕“先进制造业高质量发展”等课题,组织开展视察考察等界别活动190余次。强化上下联系指导。参与全国政协20多个课题调研,承办全国政协华东六省一市政协提案工作座谈会等活动。配合开展落实中共中央《关于新时代加强和改进人民政协工作的意见》和省委实施意见专项督查。制定省政协《“赣事好商量”协商平台建设实施意见》,指导市县政协搭建“赣事好商量+”协商议事平台1万多个。

(省政协办公厅)

重要会议

【省政协十二届四次会议】 1月25日—28日在南昌召开。省委书记刘奇、省长易炼红等领导出席会议,并于会前会见港澳委员和特邀海外侨胞代表,刘奇在闭幕会上发表讲话。会议审议批准姚增科代表政协江西省第十二届委员会常务委员会所作的工作报告;审议批准刘晓庄代表政协江西省第十二届委员会常务委员会所作的提案工作情况报告;通过省政协十二届四次会议决议。委员列席江西省第十三届人民代表大会第五次会议,听取、讨论并赞同易炼红所作的政府工作报告;讨论并赞同《江西省国民经济和社会发展第十四个五年规划和二〇三五年远景目标纲要(草案)》;讨论并赞同省高级人民法院工作报告、省人民检察院工作报告和其他报告。会议举行选举大会,以无记名投票方式,增补尹小明、刘文华、曹世强、蒋辉、池红、叶磊、胡汉平、江伟辉、陈朝清、万明、熊彤等为十二届省政协委员会常务委员。

【省政协十二届常委会第十四次会议】 1月19日在南昌召开。省政协主席、党组书记姚增科出席并讲话。副主席李华栋、谢茹、汤建人、刘晓庄、陈俊卿、张勇、刘卫平、雷元江,秘书长汪爽出席。会议决定,省政协十二届四次会议于1月25日—28日在南昌召开。会议审议通过《政协江西省第十二届委员会第四次会议议程和日程(草案)》《政协江西省第十二届委员会常务委员会工作报告(审议稿)》《政协江西省第十二届委员会常务委员会关于省政协十二届三次会议以来提案工作情况的报告(审议稿)》。听取省政协各专门委员会2020年工作情况汇报。会议协商讨论《政府工作报告(征求意见稿)》;通过有关人事事项。

【省政协十二届常委会第十五次会议】 1月27日在南昌召开。省政协主席、党组书记姚增科主持会议。受省委委托,省委常委、省委统战部部长陈兴超作有关人事事项说明。省政协副主席李华栋、谢茹、汤建人、刘晓庄、陈俊卿、张勇、刘卫平、雷元江,秘书长汪爽出席会议。会议审议通过《省政协十二届委员会增补常务委员人选名单(草案)》《省政协十二届四次会议选举办法(草案)》《省政协十二届四次会议选举大会总监票人、监票人建议名单(草案)》《政协江西省第十二届委员会人事任免名单》。审议并原则通过《政协江西省第十二届委员会第四次会议决议(草案)》《政协江西省第十二届委员会提案委员会关于省政协十二届四次会议提案初步审查情况的报告(草案)》。

【省政协十二届常委会第十六次会议】 3月23日在南昌召开。会议以住赣全国政协委员说参会感受、省政协专委会讲认识打算等方式,宣讲解读全国两会精神,交流分享学习体会,研究部署贯彻落实措施。省政协主席、党组书记姚增科出席并讲话,副主席李华栋、谢茹、汤建人、刘晓庄、刘卫平、雷元江,秘书长汪爽出席。会议通过人事事项:邓杰为省政协港澳台侨和外事委专职副主任;邹英香为省政协办公厅副主任;孙晨为省政协经济委专职副主任(试用期一年)。会议决定,撤销熊汉鹏政协江西省第十二届委员会委员资格。

【省政协十二届常委会第十七次会议】 7月28日—29日在南昌召开。围绕省委、省政府“践行‘两山’理论,做实唱响‘龙虎天下绝’品牌”要求,协商议政研究策论。省政协主席、党组书记姚增科出席并讲话。副省长胡强到会听取发言并作情况介绍。副主席李华栋、谢茹、汤建人、刘晓庄、陈俊卿、张勇、刘卫平、雷元江,秘书长汪爽出席。刘晓庄就调研报告起草情况作说明。杨小华、汪桂昌、周海涛、李绍华、余红艳、古屿鑫、曾广亮等省政协常委、委员和专家学者作大会发言。会议邀请省纪委副书记、省监委副主任许朝杰作党风廉政形势报告,邀请全国政协常委、中国美协副主席、中国美术馆馆长吴为山作《丹心铸魂》讲座。

【省政协十二届常委会第十八次会议】 11月29日—30日在南昌召开。会议深入学习贯彻中共十九届六中全会精神、中共江西省第十五次代表大会精神,围绕推进赣江新区高质量发展协商议政。省政协主席、党组书记姚增科出席并讲话。副省长殷美根到会听取发言并作情况介绍。副主席李华栋、谢茹、汤建人、刘晓庄、陈俊卿、张勇、刘卫平,秘书长汪爽出席。谢茹就调研报告起草情况作说明。张知明、谢林翰、杨惠珍、彭继增、郑璐、肖玉文作大会发言。会议审议通过《中国人民政治协商会议江西省委员会专门委员会通则(修订)》,通过有关人事事项。会议决定,省政协十二届五次会议于2022年1月中旬在南昌召开。

(省政协办公厅)

重要活动

【推动全面解决市县政协“两薄弱”专题座谈会】 3月23日,围绕贯彻落实中共中央总书记习近平重要讲话精神,中共中央和省委政协工作会议精神,省政协召开推动解决市县政协“基础工作薄弱、人员力量薄弱”问题座谈会,总结交流情况,对做好下一步专题调研工作提出要求。省政协主席、党组书记姚增科主持并讲话，副主席陈俊卿、秘书长汪爽出席。省政协专题调研组，省有关部门负责人，各设区市政协、省直管县政协与部分市县政协负责人参加会议。南昌市政协、寻乌县介绍经验做法。会议强调，要从讲政治的高度，对标对表抓落实，推动市县政协“两薄弱”变“两加强”。

【住设区市省政协委员异地视察】 6月，省政协分4个片区组织住设区市省政协委员开展“重温百年党史 考察发展变化 凝聚奋斗力量”异地视察。分别实地考察中共浮梁县委旧址、爱国主义教育基地九江舰、罗坊会议纪念馆等56个考察点，与有关人员、企业负责人、基层干部群众面对面交流沟通，学习党的百年历史。133名省政协委员参加视察，实现11个设区市全覆盖。

【中共党史学习教育中央第六指导组在省政协召开座谈会】 7月20日在南昌召开，调研省政协党组中共党史学习教育开展情况。中共党史学习教育中央第六指导组组长陈强、副组长何瑞参加调研座谈，省政协主席、党组书记姚增科出席并讲话。省领导施小琳、陈俊卿、张勇、刘卫平参加调研或座谈。会上，姚增科作情况汇报，介绍省政协党组结合政协工作实际，开展党史学习教育的经验做法及取得的成效。陈强肯定江西省政协党史学习教育“务实高效、走在前列”。

【省委领导到省政协机关座谈交流】 10月20日，省委书记易炼红到省政协机关走访，看望机关干部，并开展座谈交流。省委副书记、省政府党组书记叶建春参加走访。省领导姚增科、吴浩、谢茹、汤建人、刘晓庄、陈俊卿、张勇、雷元江参加有关活动。易炼红表示，省委全力支持政协工作，积极为各党派团体和社会各界人士参政议政、民主监督搭建平台、创造条件、提供支持，同时对省政协工作提出要求。叶建春表示，全力支持省政协开展工作，主动接受政协民主监督，认真研究办理政协提出的重大专题报告、视察报告以及各种建议案，全力支持政协履职尽责。

【省政协参加全国政协委员读书活动】 7月7日，省政协在南昌召开读书活动动员会，并在全国政协网上书院开设“弘扬井冈山精神，助推‘十四五’规划实施”主题读书群。活动历时3个月，委员参与率、发言率均达100%，“速读”“听读”“影读”等经验做法，得到全国政协主席汪洋批示肯定，全国政协副主席张庆黎在读书群内回复点赞委员发言。11月3日，召开读书活动工作总结会议进行总结。

（省政协办公厅）

调查研究

【“践行‘两山’理论，做实唱响‘龙虎天下绝’品牌”调研】 研读国内相关文化旅游发展规划、专家解读文章、研究报告，横向比较国内佛教、道教名山文旅融合发展经验材料，查找案例近百个。拜访省民宗局、省文化和旅游厅、鹰潭市政府和龙虎山管委会等单位，与相关领导及业务骨干、专家学者面对面交流探讨。到鹰潭市、龙虎山、武当山、青城山、茅山、崂山等地开展实地调研，以普通游客身份体验等方式，运用一对一访谈、网络调研、小分队调研等形式，与干部群众、旅游业内人士一起“围读”龙虎山，撰写整理书面材料33篇。7月底，召开常委会会议，围绕做实唱响“龙虎天下绝”品牌协商议政。省政协主席、党组书记姚增科出席并讲话，副省长胡强到会听取发言并作情况介绍。

【“全国新区考察与赣江新区高质量发展思考”调研】 先后到赣江新区各组团和湖南湘江新区、贵州贵安新区、四川天府新区、重庆两江新区、南京江北新区和苏州工业园5区1园调研，坚持一地一总结。先后参阅新区资料80余万字，组织召开调研座谈会12次、报告“围读”会5次，征求相关部门负责人、政协委员、政协机关干部意见30余人次，主席会议审议2次，修改近50稿，形成“基于不改变现行管理体制的对策建议”与“基于条件成熟时改革完善现行管理体制的对策建议”一调研两报告。11月，召开常委会会议，围绕推进赣江新区高质量发展协商议政。省政协主席、党组书记姚增科出席并讲话，副省长、赣江新区党工委书记殷美根到会听取发言并作情况介绍。

【“全面深化省属国有企业改革”调研】 两次到山东学习考察，深入学鉴省属国企改革相关经验做法。9月，到北京开展学习考察和高端访谈，与国务院国资委领导开展面对面学习讨教、座谈交流，实地考察中国交通建设集团、中国节能环保集团、中智集团等央企。到赣州、景德镇等设区市及江西铜业集团、省出版集团等企业调研，在调研基础上向23家省属国企书面发函征求意见，收到100余条建议。10月，召开专题协商会，副省长任珠峰出席会议并讲话，5名委员先后发言，省国资委等部门与委员面对面互动交流。12月，到深圳市开展补充调研，形成学习考察报告，以专报形式呈报省委、省政府。

【“发展壮大新型农村集体经济”调研】 到陕西、甘肃、山东等外省市和抚州、赣州、上饶等省内设区市，实地察看39个村、48个项目，访谈63名经营主体、132名村“两委”带头人及群众，召开13次座谈会。经15次围读、40余次修改，历时8个月形成《打造乡村振兴“新引擎” 发展壮大新型农村集体经济的对策建议》，提出“分类推进、盘活资源、选好带头人”等5个方面18条对策建议。10月底，召开专题协商会，副省长胡强出席并讲话。会议安排2名基层代表介绍情况，6名委员、专家交流发言。省委组织部、省财政厅等部门回应委员关切问题；针对基层提出的问题，现场办公，为基层发展排忧解难。

【“抚州市生态产品价值实现机制试点情况”调研】 与省发改委、抚州市政协合作，组织相关委员、专家、职能部门人员成立2个调研组，分别到抚州9个县区实地调研。认真梳理抚州典型经验，针对有关问题，从形成共识和工作合力、健全价值核算评估体系、推动价值核算结果应用等10个方面提出对策建议。10月，召开对口联动协商会，6名委员及专家在会上发言，抚州市政府和省发改委、省财政厅等8个省直部门与委员、专家交流互动，对下一步如何推动生态产品价值实现进行探讨，进一步形成共识。

【"发挥高校思政工作培根铸魂、启智润心作用"调研】　会同省委宣传部、省教育厅等部门，组织近20名委员及专家学者成立课题组，到省内10余所高校开展调研，召开座谈会20余次，现场听取《毛泽东思想概论》等思政课15场次，与200余名高校思政课教师、辅导员及学生代表进行"一对一"的交流互动。开展"省内高校师生万千问卷大调查"。召开30余次专题围读会，征求全国政协委员、高校思政工作"一线"工作者和长期研究该领域专家学者、职能部门负责人等40余人的意见建议。9月，召开专题协商会，副省长孙菊生出席并讲话，7名委员、专家交流发言，省教育厅副厅长刘小强介绍江西省高校思政工作有关情况。

【"居家社区养老服务体系建设与城市养老服务高质量发展"调研】　开展面向全省11个设区市老年人的问卷调查，形成从3693名调查对象看全省老年人养老需求的调查分析报告。到吉安等9个设区市15个县(市、区)实地调研，走访有关部门和服务机构，深入社区和家庭访谈老年人及家属，邀请专家座谈研讨。8月，召开对口协商会，7名委员围绕协商议题发言，省直有关单位负责人与委员交流互动。综合调研和协商情况，形成《住在自家乐在社区——我省城市居家社区养老面临的困难问题和对策建议》呈报省委、省政府，针对城市居家社区养老存在的育人留人用人难等"五难"问题，提出7方面的破解对策。

【"发挥我省红色资源优势，增强红色基因传承效果"调研】　搜集查阅省内外资料200余万字。走访省委宣传部、省委教育工委、省文旅厅等相关省直职能部门，召开情况通报会。5月至9月，到赣州、南昌、吉安、上饶、抚州等地进行实地调研，运用专家协商会形式，邀请干部学院、党史研究协会、各高校专家加入调研组，组织专家、委员及职能部门负责人交流6次。9月底，召开对口协商会，6名委员围绕协商议题发言，省直有关部门负责人结合调研报告，与委员进行互动交流。10月中旬，到四川、宁夏开展学习考察，学鉴经验做法，对调研报告进行修改完善。

（省政协办公厅）

专门委员会工作

【提案委员会】　全年收到提案753件，立案665件，全部办结。探索实践高位领衔督办、提案座谈商办、委员现场察办、上门走访催办、"三办"联合问办、社会公众评办的"六方联动"促办理工作模式，经验做法得到全国政协肯定。开展2021年度优秀提案、先进承办单位和先进提案工作者评选，以省政协名义通报表扬。到山东、河南知名企业开展比较调研，形成《关于我省西医药产业发展省内外比较调查与建议》，获省委书记、省长等3名省领导批示。采取小切口、大民生、多维度、务实型的方式解读农村消费问题，完成"促进乡村消费，推动乡村振兴"调研报告。选择群众关注度高、社会影响力大、提案较集中的问题，3次组织委员现场察看承办单位提案办理成效。充分运用各种媒体对提案进行报道，有关老旧小区加装电梯提案，获10余家媒体宣传。派员参加全国地方政协提案工作经验交流座谈会，承办华东六省一市政协提案工作座谈会。举办全省政协提案工作座谈会。加强对市县政协提案工作指导，坚持每月到市县开展一次提案工作调研。

【经济委员会】　就"全面深化省属国有企业改革"，到赣州等市、江铜等企业调研。到北京、深圳、山东学习考察，在京开展高端访谈，学鉴国企改革相关经验做法、厘清思想认识误区。就"积极推进干细胞产业发展"到国家卫健委等开展高端访谈，调研北京汉氏联合集团，组织院士等6名专家座谈。开展"映山红行动"专报落实情况民主监督，组织"十四五"规划、"VR产业"两个课题"回头看"，强化跟踪问效。完成全会第一联组有关组织协调、服务保障工作。组织委员围绕"推进我省经济高质量跨越式发展"开展主题读书群交流研讨。主动与省工信厅等部门沟通协调，落实好重点提案督办。邀请委员对全省住房租赁市场情况进行调研，形成调研报告上报。派员参加全国政协经济委工作会议。与湖北政协联名提交《关于加快长江中游城市群交通一体化的建议》。接待广东省政协到赣调研。召开全体委员会议和设区市政协经济委工作会议，就年度主要课题和开展活动进行交流。

【农业和农村委员会】　围绕"发展壮大新型农村集体经济"，实地察看39个村、48个项目，访谈近200名经营主体、村"两委"带头人及群众，形成《打造乡村振兴"新引擎" 发展壮大新型农村集体经济的对策建议》。接续调研推进乡村产业发展课题，形成《从产业扶贫到产业振兴——基于对我省25个脱贫县的调查与建议》。报送"上饶宅基地管理情况"专报，为省农村宅基地改革三年行动方案制定提供参考。组织委员参与全国政协委员读书活动，部分讨论建议转化为部门举措。将草产业课题调研成果转化为专委会提案。围绕"助力我省科技成果转化"等专题组织委员视察。服务保障全国政协农委到江西省调研工作，受全国政协农委委托，会同省农业农村厅，联合上饶、赣州市政协，围绕"推进农村人居环境整治"开展协同调研，并报送调研报告。参与全国政协农委线上讨论活动并作引导发言。接待四川等4省政协到赣调研。与省直涉农单位建立联系机制。与省社科院等单位建立课题合作机制。

【人口资源环境委员会】　就"抚州市生态产品价值实现机制试点情况"课题，分别到抚州9个县区调研，提出10个方面对策建议。围绕"鄱阳湖'一湖清水'保护行"持续发力，形成《支持鄱阳湖水利枢纽建设 推进长江流域生态系统修复》《加强江豚等珍稀物种保护 推进长江经济带绿色发展》，在长江经济带省市政协研讨会上交流发言。接续开展"学鉴闽黔两省做法经验，助推江西省国家生态文明试验区建设"调研。延伸开展"提升林质林相 推进林业强省建设"调研，有关建议被国家林草局吸纳到文件中。召开会议为赣抚尾闾综合整治提供意见建议。召开省关注森林活动组委会第一次工作会议。组织妇联界别委员开展“关爱女性健康，促进构建生育友好型社会”调研。承担省政协十二届四次会议第六联组讨论组织工作。完成《积极推动绿色金融改革创新发展，建设美丽中国江西样板》提案督办。协办2021中国国际生态竞争力峰会，做好全国政协领导考察赣州服务工作。服务保障全国政协到江西开展“银发经济”调研等工作。

【教科卫体委员会】 围绕“发挥高校思政工作培根铸魂、启智润心作用”，会同省委宣传部、省教育厅等部门，组织近20名委员及专家学者开展协商。开展“推动肺癌等常见恶性肿瘤早筛查全覆盖和早诊治工作”调研，提出实行肺癌筛查优先行动等6方面建议。提交“在我省公共场所普及自动体外除颤仪（AED）”提案，纳入省政府51件民生实事之一。关注“南昌昌北国际机场区域性智慧空港物流中心”建设，提出货运航线布局等4方面12条建议。组织委员参与全国政协“学习贯彻‘七一’重要讲话”专题读书交流活动。协调委员深入10余家民营企业走访调研，推动解决企业困难和问题。围绕推动“健康‘三送’下基层”，成功让全国政协组织医卫界别委员及专家学者10余人到赣开展卫生“三下乡”活动。接待山西、河南等多省政协到赣开展党史学习教育及调研课题。结合课题调研，召开区域性地市政协专委会座谈。邀请民进省委会就年度协商议题开展协同调研、联动协商。密切与省直职能部门协作沟通，服务保障委员知情明政。

【社会和法制委员会】 配合全国政协在赣开展“建立健全经常性社会心理服务疏导和预警干预机制”调研。调研“居家社区养老服务体系建设与城市养老服务高质量发展”，针对城市居家社区养老资源整合难等问题，提出7方面的破解对策。接续调研“提升我省基层社会治理能力与发扬基层协商民主”，形成《关于城市小区物业管理的调查与建议》。围绕社会治安防控体系现代化建设等热点话题，组织委员开展自主调研。召开立法协商座谈会，围绕《江西省矛盾纠纷多元化解条例（草案）》提出意见建议。围绕职场怀孕妇女权益保障问题召开座谈会，到赣州等4个地市开展界别视察。督办重点提案《关于加强灵活就业群体职业伤害保障的建议》。组织委员围绕法治领域课题开展调研视察和民主监督。制定《省政协机关2021年度推进全面依法治省工作要点》《关于省政协机关开展“践行习近平法治思想 提升人民群众法治获得感满意度”主题实践方案》。到同和药业股份有限公司等民营企业考察调研。组织委员开展读书活动，做法经验在全国地方政协社法委工作座谈会上作大会发言。接待江苏、广西等省（自治区）政协到赣学习考察。

【民族和宗教委员会】 首次承担常委会专题议政性协商课题任务，“围读”龙虎山，形成《践行“两山”理论，做实唱响“龙虎天下绝”品牌的主要难题与对策建议》。提交《关于给佛教活动场所解决有关历史遗留问题的建议》提案，推动办好东林寺等重点寺院宗教用地的权属登记手续。与省佛协开展联合调研，推进南昌市观音阁恢复重建。调研“宗教场所（土地、山林）确权登记问题”，推进个案问题解决，凝聚“不动产确权登记不能一刀切”共识。组织委员到铅山、峡江开展“少数民族乡村振兴”调研。到省天然气管道公司及其用气单位参观建设成果。分批次组织委员走进重点宗教场所开展调研视察活动。组织委员参与全国政协委员读书活动，实现读书活动收官。结合常委会协商课题，到四川、湖北、山东、江苏等省考察。对口接待安徽、辽宁、青岛3省（市）政协到赣考察。与鹰潭市政协联合调研龙虎山课题，邀请住鹰潭市省政协委员参加调研。注重与市县政协民宗委的上下联动，及时分享上级政策、研究资料，及时通报情况。

【港澳台侨和外事委员会】 开展“全国新区考察与赣江新区高质量发展建议”常委会会议协商课题调研。提交《康养旅游：后疫情时代必然刚需与对策建议》报告，助推省政府出台《关于推进康养旅游发展的意见》。调研“发挥江西特色文化资源优势，促进赣港青少年交流”，了解上海、湖南、浙江、青海等省市政协与港澳青少年交流情况，组织港澳委员到景德镇围绕“依托陶瓷文化，促赣港青少年交流”返赣视察。以视频形式为港澳委员和特邀海外侨胞代表宣讲中共十九届六中全会、中共江西省委第十五次代表大会精神。组织委员参与读书活动，建立“香港委员读书群”和“澳门委员读书群”。组织台盟、侨联等界别委员到高安调研侨资企业。走访李江山等7名在赣港澳委员和特邀海外侨胞代表。与省外办合作，为在昌港澳人士接种新冠肺炎疫苗。联合省侨联举办“江西省侨界庆祝中国共产党成立100周年文艺演出”活动，举行“爱国·同心”奖学金颁发仪式，颁发奖学金245万元。

【文化文史和学习委员会】 调研“发挥我省红色资源优势，增强红色基因传承效果”。就落实省委、省政府主要领导批示、支持庐山改革最新举措跟踪问效，推动“做实唱响‘庐山天下悠’品牌”建言落地。就辛亥革命、中华人民共和国成立2个专题挖掘文史资料，助力全国政协“三亲”文库编纂。开展“全省各级政协委员亲友革命故事”征集工作，收集60余篇素材稿。开展“江西‘小三线’建设”史料征集。开展全面整理、盘点，推进文史资料库数字化。承担4次会议大会发言组织协调工作。牵头承办省政协参加全国政协委员读书活动。先后视察江西融媒体、庐陵人文谷建设和“03专项”试点工作推进情况，围绕“以全域旅游发展引领生态价值实现”到抚州开展专题视察。走访联系委员9人，收集“鼓励支持委员自主领题、自主调研”等意见建议14条。参加全国暨部分地方政协文史委工作座谈会并作典型发言。协助做好全国政协副主席刘奇葆一行、文史委副主任王儒林一行到赣视察调研接待工作。接待内蒙古等4个省、自治区政协到赣调研。召开全省设区市政协文史委工作座谈会。

（省政协办公厅）

本类目编辑　张志勇

纪检监察

综　述

2021年，省纪委常委会坚决捍卫“两个确立”，不断增强“四个意识”、坚定“四个自信”、做到“两个维护”，围绕全省经济社会发展大局，稳中求进、坚定稳妥推进全面从严治党、党风廉政建设和反腐败斗争，坚持在知信行合一中加强思想武装，坚持在强化政治监督中推动做到“两个维护”，坚持在站稳人民立场中践行初心使命，坚持在增强监督质效中压实“两个责任”，坚持在一体推进不敢腐、不能腐、不想腐中提升治理腐败效能，坚持在深化政治巡视中发挥利剑作用，坚持在守正创新中深化纪检监察体制改革，坚持在严管厚爱中锻造过硬队伍，充分发挥监督保障执行、促进完善发展作用，推动纪检监察工作高质量发展取得新成效，全省政治生态积极向上向好。

12月29日，涉粮问题专项巡视监督检查集中反馈暨整改部署推进会在南昌召开

省委巡视办供

站稳人民立场。坚定不移贯彻以人民为中心的发展思想，以维护人民群众利益作为日常监督和查办案件的根本遵循，把工作着力点放在促进干部廉洁用权、为民用权上，以全面从严治党成效赢得群众信赖和支持，不断厚植党的执政基础。牢固树立履行好职责使命就是为群众办最大实事的理念，聚焦教育医疗、养老社保、安全生产、生态环保、执法司法等重点领域，推动解决群众“急难愁盼”问题。围绕全面推进乡村振兴加强监督，惩治涉黑涉恶腐败和“保护伞”，协同推进政法队伍教育整顿，部署开展群众身边腐败和作风问题专项治理，不断提升人民群众获得感、幸福感、安全感。全省共查处群众身边腐败和作风问题5202件6812人。持之以恒纠“四风”树新风，紧盯“四风”新变异新变种，开展严防吃喝送礼歪风变异回潮，以及党员干部和公职人员酒驾醉驾及背后“四风”问题的专项治理。全省共查处违反中央八项规定精神问题5315起，处理6983人。

加强思想武装。省纪委常委会坚持监督别人首先武装好自己，以更高标准、更严要求学深悟透习近平新时代中国特色社会主义思想，持续深化班子成员领学、邀请专家辅导、机关室主任和派驻机构及巡视机构负责人列席学习、下发学习纪要等机制，示范引领各级纪检监察机关学思践悟。把党史学习教育作为贯穿全年的重大政治任务，深入学习中共十九届六中全会精神、中共中央总书记习近平“七一”重要讲话精神。坚持既武装自己，又督促党员干部深入学习，省纪委班子成员利用调研座谈、谈心谈话、巡视反馈、辅导讲座、警示教育大会等场合，积极宣讲习近平新时代中国特色社会主义思想，引导深入领会精神要义，切实增强政治认同、思想认同、情感认同。

全面贯彻中央巡视工作方针，一体谋划推进巡视巡察。高质量完成省委巡视、市县巡察和延伸巡察村（社区）3个全覆盖。创新工作机制，省市县三级上下联动开展涉粮问题专项巡视巡察和监督检查，协助省委抓好集中反馈和推进整改，中央巡视办给予肯定。全面落实巡视巡察办主任担任同级纪委班子成员。把巡视作为培养锻炼干部的重要平台，出台《关于进一步加强省委巡视机构干部队伍建设的意见》，选优配强巡视干部。部署开展十四届省委巡视整改和成果运用抽查，推动巡视反馈问题整改“清仓见底”。针对省委巡视开发区发现共性突出问题，形成综合分析报告，协助省委督促抓好整改。中央巡视办评价江西巡视巡察工作位居“全国第一方阵”。

（陈超）

重要会议

【省纪委十四届六次全会】 2月2日—3日,中共江西省第十四届纪律检查委员会第六次全体会议在南昌召开。出席全会的有省纪委委员44人,列席318人。省委书记刘奇出席全会并讲话。省委常委,省人大常委会、省政府、省政协领导人,省法院、省检察院主要负责人出席会议。全会由省纪委常务委员会主持。全会落实省委十四届十二次全会部署要求,回顾2020年纪检监察工作,部署2021年任务。会议审议通过马森述代表省纪委常委会所作的《围绕党和国家大局忠诚履职尽责,以优异成绩庆祝中国共产党成立100周年》工作报告。全会提出2021年纪检监察工作总体要求:以习近平新时代中国特色社会主义思想为指导,全面贯彻中共十九大和十九届二中、三中、四中、五中全会以及十九届中央纪委五次全会精神,深入贯彻中共中央总书记习近平视察江西重要讲话精神,认真落实省委十四届十二次全会部署要求,增强"四个意识",坚定"四个自信",做到"两个维护",坚定不移全面从严治党,忠实履行党章和宪法赋予的职责,全力推动中共中央决策部署有效落实,围绕现代化建设大局发挥监督保障执行、促进完善发展作用,一体推进不敢腐、不能腐、不想腐,深化纪检监察体制改革,扎实推进规范化法治化建设,弘扬严实深细作风,锻造高素质专业化队伍,推进纪检监察工作高质量发展,为江西经济社会发展开好局、起好步以及中国共产党成立100周年庆祝活动提供坚强保证。

【新提任省管领导干部集体廉政谈话会召开】 5月20日,省纪委省监委召开新提任省管领导干部集体廉政谈话会,对2019年10月至2020年4月部分新任的省管领导干部进行集体廉政谈话。省纪委副书记、省监委副主任魏晓奎出席会议并讲话,省纪委常委郑光泉、庄国良出席会议,省监委委员黄永茂主持会议。会议强调,要讲忠诚,坚决做到"两个维护"。要讲担当,落实全面从严治党政治责任。要讲示范,自觉参与、接受监督。要讲干净,做廉洁从政的表率。会上,全体人员集中观看警示教育片。委机关相关监督检查室主要负责人参加会议。

【省属企业全面从严治党工作座谈会召开】 5月21日,省属企业全面从严治党工作座谈会在南昌召开。省委常委、省纪委书记、省监委主任马森述出席并讲话。马森述强调,要学深悟透习近平新时代中国特色社会主义思想,坚持从政治上看国有企业全面从严治党、党风廉政建设和反腐败工作,坚决扛起管党治党政治责任,持续建设风清气正政治生态,推动省属企业实现高质量发展。

【省纪委省监委派驻机构2020年度述职会议召开】 5月26日,省纪委省监委召开派驻机构2020年度述职会议,省委常委、省纪委书记、省监委主任马森述出席并讲话。10家派驻机构主要负责人现场述职。马森述对2021年省纪委省监委派驻机构的工作给予肯定并强调,要学深悟透习近平新时代中国特色社会主义思想,贯彻落实中央纪委国家监委深化地方派驻机构改革工作座谈交流会精神,忠诚履职担当,进一步推动全省派驻监督工作开展。

【设区市纪委书记座谈会召开】 6月10日,省纪委省监委召开设区市纪委书记座谈会,总结2021年上半年工作,围绕纪检监察工作高质量发展交流经验体会、提高思想认识,研究部署2021年下半年工作,省委常委、省纪委书记、省监委主任马森述出席会议并讲话。

【省直单位全面从严治党工作座谈会召开】 7月12日,省委常委、省纪委书记、省监委主任马森述在省交通厅调研,并主持召开省直单位全面从严治党工作座谈会,宣讲中共中央总书记习近平"七一"重要讲话精神。马森述强调,要深入学习贯彻中共中央总书记习近平"七一"重要讲话精神,弘扬伟大建党精神,坚决扛起管党治党政治责任,持续建设风清气正政治生态,为江西经济社会发展提供坚强保障。省直单位要率先贯彻落实中共中央决策部署和省委、省政府要求,把党和人民的利益放在最高位置,作为一切工作的出发点和落脚点。要树立正确的政绩观、大局观,勇于担当、敢于负责,当好省委、省政府参谋助手,加强对市县的指导协调,认真履职尽责,通力协作,贯彻落实好中共中央和省委、省政府关于高质量发展的部署要求。

【中共江西省纪委十五届一次全会举行】 11月26日,中共江西省纪委十五届一次全会在南昌举行。出席会议的省纪委委员45人。受省第十五次党代会主席团的委托,马森述主持会议。全会以无记名投票方式,选举产生了中共江西省第十五届纪律检查委员会常务委员会委员和书记、副书记,并经省委十五届一次全会通过。马森

11月26日,中国共产党江西省第十五届纪律检查委员会第一次全体会议召开。图为会议现场

段文革摄

述、魏晓奎、许朝杰、范小林、王仁辉、饶利萍、庄国良、郑志军、王爱东、包静、严正当选为中共江西省纪律检查委员会常务委员会委员，马森述当选为书记，魏晓奎、许朝杰、范小林、王仁辉当选为副书记。马森述在会上指出，新一届省纪委要全面按照中共江西省第十五次代表大会对纵深推进全面从严治党、党风廉政建设和反腐败斗争作出的部署。推动大会精神贯彻落实，保障大会确定的目标任务顺利实现。

【全省市县纪委书记提升履职能力专题培训班开班】 10月10日，全省市县纪委书记提升履职能力专题培训班在省纪委省监委靖安廉政教育中心开班。省委常委、省纪委书记、省监委主任马森述出席开班式暨党史学习教育交流汇报会，与参训学员座谈交流。这是省纪委省监委首次以"书记教书记"的方式，对换届后新任市县两级纪委书记共120人进行集中培训。培训为期5天，围绕习近平新时代中国特色社会主义思想、纪检监察职能职责、"三新一高"等主题开展。

【十五届省纪委常委会第一次会议召开】 11月29日，十五届省纪委常委会第一次会议召开。省委常委、省纪委书记、省监委主任马森述主持会议并作领学讲话。会议指出，全省各级纪检监察机关要学习贯彻中共十九届六中全会精神和中共中央总书记习近平对江西工作重要要求，在学习中贯彻落实中共江西省第十五次代表大会部署要求。在全省经济社会发展大局中充分发挥监督保障作用，以精准有力地监督推动实现中共江西省第十五次代表大会提出的各项发展要求。会议强调，要坚持使命引领和问题导向，围绕忠诚履职尽责，切实加强纪检监察队伍自身建设。要强化政治引领，以更高标准、更严要求学深悟透做实习近平新时代中国特色社会主义思想，准确把握"两个确立"的重大意义和实践要求，坚定不移强化政治监督，全面履行"两个维护"根本职责使命。要坚持和加强党的领导，不断提高监督执纪执法能力，提升工作规范化、法治化、正规化水平。要加强自我革命，自觉接受最严格的约束和监督，打造忠诚干净担当的纪检监察队伍。

（陈超）

党风廉政建设与反腐败

【政治监督】 把中共中央总书记习近平和中共中央关心关注的问题作为监督重点，围绕统筹疫情防控和经济社会发展、"三新一高"、碳达峰碳中和、"双减"等"国之大者"，发现问题及时纠正，督促解决突出问题。协助省委坚决全面彻底肃清苏荣案恶劣影响，全力配合中央纪委做好史文清案、肖毅案、龚建华案等案件查处。全省共查处违反政治纪律案件217件，处分227人。推进中央巡视、中央生态环保督察反馈问题整改，对部分地区毁坏林地、违建别墅等问题严肃问责。保障粮食安全，监督推动开展全省高标准农田项目建设领域自查自纠，扎实开展粮食购销领域腐败问题专项整治。严肃换届纪律，严把党风廉政意见回复关。针对日常监督和查办案件暴露出"巡回看变化"活动中的形式主义、虚拟货币"挖矿"、违规上马"两高"项目等一批问题，举一反三，第一时间发出通报或工作提示，推动全面整改。

【推进"两个责任"落实】 履行协助职责和监督专责，采取务实举措，推动一体履行"两个责任"。协助省委建立政治谈话制度，改进党风廉政建设责任制考核，推动出台分管省领导带队反馈巡视情况等制度，推进主体责任和监督责任一体落实，督促以上率下履行"一岗双责"。以"一把手"和领导班子为监督重点，通过深化开展政治谈话、创新任前廉政谈话、改进函询工作、探索巡视单独形成"一把手"履职情况报告、有针对性加强对县委书记监督等方式，织牢织密监督网。用监督加压、用信任加力，精准运用"四种形态"，积极开展澄清正名工作，严肃查处诬告陷害行为。全省运用"四种形态"批评教育帮助和处理6.75万人次，其中第一、二种形态处理6.38万人次，占94.52%。注重发挥问责利器作用，全省对1814个问题进行问责，问责党组织324个、2272人。通过做深做实日常监督，督促层层压实管党治党责任，推动形成全面从严治党靠全党、管全党、治全党的局面。

【治腐效能提升】 着重从政治上提升防腐反腐效能，不仅查清违纪违法事实、惩处腐败分子，更加注重政治生态修复。强化系统思维，将"不敢""不能""不想"作为一个有机整体推进。保持高压震慑，全省纪检监察机关立案2万余件、处分1.98万余人。其中，省纪委立案厅局级干部51件，严肃查处了叶国兵、刘积福、周才柬、倪美堂、叶华林、赵海东、胡江萍、肖志华等一批腐败分子。推进反腐败国际追逃追赃工作，全省保持无新增外逃党员和国家工作人员。强化"不敢"的同时谋划推进"不能""不想"，从立案开始，统筹做好查办案件前后半篇文章，同步考虑止损挽损、做深做实警示教育、深化以案促改等工作，逐个领域推进治理，将思想政治工作贯穿全过程，惩治震慑、制度约束、提高觉悟一体发力，促进监督、处置、治理有机结合，实现政治效果、纪法效果、社会效果有机统一。结合案件查处情况，分别召开南昌、九江、宜春、抚州和相关省直单位全面从严治党工作座谈会或警示教育大会，共有2万余名党员干部现场接受警示教育。2021年，全省共有1263名党员干部主动向组织投案。

【监察工作】 深化纪检监察体制改革。把深化纪检监察体制改革与推进规范化、法治化、正规化建设结合起来，推动纪检监察工作全流程创新。调整优化省纪委机关内设机构设置，力量配备向监督执纪执法一线倾斜。自觉接受党的领导，完善细化请示报告制度。首次向省人大常委会报告专项工作。完善纪检监察制度机制，细化监督检查、审查调查、案件监督管理、案件审理等方面流程规定，为纪检监察工作高质量发展提供制度保障。推进规范化建设。健全省纪委机关与派驻机构联系指导机制，优化派驻机构考核办法，改进派驻机构述职会议形式，启动向省管高校派出监察专员试点工作，提升派驻监督质效。实现与中央驻赣单位纪检机构协作全覆盖，构建全方位、常态化"室组地"协作机制，与中央纪委国家监委派驻工信部、银保监会、中国银行、中国建设银行等单位的纪检监察组联合办案。

【纪检监察队伍建设】 省纪委常委会坚持从自身做起，把队伍建设作为“一把手工程”来抓，发挥示范引领作用。首次举办市县纪委书记提升履职能力专题培训班，通过“书记教书记”，上好履职“第一课”。举办学习贯彻中共十九届六中全会精神暨新颁法律法规专题培训班，全省1万余名纪检监察干部同上“一堂课”，不断强化法治意识和法治思维。加强基本功和专业训练，实行办案培训一体模式，对办案人员进行多岗位历练、培养“多面手”，贯通全省办案人员力量，实行大兵团作战，坚持“一案一总结”“一事一总结”。坚持刀刃向内，全省共处理纪检监察干部418人。利用何根生案开展警示教育，深刻汲取熊剑案教训，全面梳理廉政风险点，加强对借调干部的监督管理。

（陈超）

制度建设

【制定《关于加强新时代全省纪检监察干部队伍建设的意见》】 为深入贯彻落实中共中央总书记习近平关于新时代纪检监察干部队伍的重要论述和视察江西重要讲话精神，推动纪检监察工作高质量发展，建设江西风清气正的政治生态，4月15日，省纪委省监委印发《关于加强新时代全省纪检监察干部队伍建设的意见》，这是近10年来第一个以省纪委名义印发的干部队伍建设规范性文件。该意见贯彻中央精神，结合江西实际，立足当前，着眼长远，围绕推动政治过硬、强化本领，提出15条措施。

【制定《关于做好纪检监察建议工作的指导意见》】 为提高纪检监察建议规范化法治化水平，增强严肃性权威性实效性，6月23日，省纪委省监委印发《关于做好纪检监察建议工作的指导意见》。该意见坚持党对纪检监察建议工作的全面领导，严格执行请示报告制度，确保正确政治方向。坚持依规依纪依法，严格依照职责及授权开展工作，做到纪法有据、规范有序、权威高效。坚持问题导向、目标导向、效果导向，强化提醒纠偏、标本兼治功能，实现政治效果、纪法效果和社会效果有机统一。坚持全周期管理，规范工作流程，紧盯责任主体，加强统筹协调，形成研判问题、分析成因、推动整改、跟踪问效、监督问责工作闭环。

【修订《中共江西省第十五届纪律检查委员会常务委员会工作规则》】 为坚决落实全面从严党政治责任，加强和规范省纪委常委会工作，根据《中国共产党章程》及中央纪委、省委有关规定精神，十五届省纪委第3次常委会暨省监察委员会会议对《中共江西省第十五届纪律检查委员会常务委员会工作规则》进行修订，并于12月31日印发。该规则分为总则、职责、会议、文件审批、组织原则、其他6个部分，对省纪委常委会各项工作作出进一步明确规定。

【制定《省纪委省监委机关问题线索处置工作流程》】 3月29日，省纪委办公厅印发《省纪委省监委机关问题线索处置工作流程》，该规定进一步规范问题线索处置工作，对问题线索筛选分办、研究处置、监督督办等环节逐一进行规范，探索实行“两会三研究”的线索处置模式。

【制定《自然因素引发的重大事故调查协作配合办法（试行）》】 5月13日，省纪委监委机关、省委宣传部、省应急管理厅联合印发《自然因素引发的重大事故调查协作配合办法（试行）》。该办法（试行）共21条，对自然因素引发的重大事故调查从实体和程序上作出具体规定，明确纪检监察机关与政府部门在事故调查中的职责、权限和协助配合事项，填补相关领域制度空白。

【改进和完善函询工作】 为科学规范开展函询工作，提高函询监督针对性、实效性，压紧压实管党治党“两个责任”，5月17日，省纪委办公厅印发《关于进一步改进和完善函询工作的通知》，从建立函询通报制度、明确审核把关责任、完善后续处理机制等3方面，进一步改进完善对党委（党组）主要负责人的函询工作。

【制定《省纪委省监委贯彻落实〈中共中央关于加强对“一把手”和领导班子监督的意见〉任务清单》】 为贯彻落实《中共中央关于加强对“一把手”和领导班子监督的意见》精神和省委常委会部署要求，6月4日，省纪委办公厅印发《省纪委省监委贯彻落实〈中共中央关于加强对“一把手”和领导班子监督的意见〉任务清单》。该文件梳理了涉及纪检监察职责的内容36项，以任务清单形式印发纪检监察系统，同时抄送给相关党委（党组），提醒其对照梳理、认领任务，督促把监督融入日常、抓在经常。

【加强对县委书记监督】 为更好发挥设区市党委、纪委对县委书记的近距离、常态化监督优势，6月7日，省纪委办公厅印发《关于加强对县委书记监督的工作提示》，督促设区市党委落实对县委书记监督的主体责任，设区市纪委协助省纪委加强对县委书记的监督，对存在苗头性、倾向性问题的及时进行谈话，对存在严重违纪违法问题的及时向省委、省纪委省监委报告。

【建立与中央驻赣单位纪检机构协作配合机制】 为贯彻落实十九届中央纪委五次全会有关健全“室组”联动监督、“室组地”联合办案制度机制的部署要求，形成监督合力，6月21日，省纪委省监委印发《江西省纪委省监委关于加强与中央驻赣单位纪检机构协作配合的函》，从邀请列席会议、共享教育培训资源、共享信息、邀请参与监督和办案工作、畅通沟通联系渠道等5个方面，加强与中央驻赣单位纪检机构协作配合。

【加强涉案款项处置工作】 为贯彻落实好“收支两条线”等财经法规，依规依纪依法开展涉案款项处置工作，7月2日，省纪委办公厅印发《关于严格落实“收支两条线”要求加强涉案款项处置工作的通知》，推动涉案款项处置工作规范化。

（陈超）

本类目编辑 张志勇

民主党派和工商联

中国国民党革命委员会江西省委员会

【概　况】　2021年,民革江西省委会共有地方组织12个,其中省级组织1个,设区市组织11个;基层组织315个,其中基层委员会11个、总支委员会38个、支部265个、小组1个。全省民革党员总数5516人。党员中担任全省各级人大代表的约140人,各级政协委员的约650人。其中,全国人大代表2人(其中常委会委员1人),全国政协委员2人,省人大代表10人(其中常委会副主任1人、常委会委员2人),省政协委员35人(其中常委9人)。全省党员中有省部级实职干部1人,厅局级实职干部17人,处级以上实职干部190余人。年内,根据民革中央统一部署,民革江西省委会启动对口帮扶贵州省纳雍县羊场乡乡村振兴工作。依托民革江西省企业家联谊会开展实地考察,就牛肉深加工、能源储备等项目达成初步合作协议。

【组织建设】　2021年,民革江西省委会新发展党员167人,平均年龄37.9岁。其中,大学以上学历166人,占99.4%(包括硕士34人、博士14人);中高级职称60人,占35.9%;中上层人士65人,占比38.9%;民革重点分工领域134人,占80.2%。推荐民革党员20余人参加民革中央、中共江西省委统战部举办的各类培训。4人被续聘、增聘为江西省"五型"政府建设监督员;4人获省三八红旗手、省五一劳动奖章、省科学技术进步奖;5人获民革全国组织工作先进个人。举办1期民革全省骨干党员培训班和1期民革省直基层组织负责人培训班。新成立1个省直基层委员会、3个省直基层支部。完成11个地市组织及36个省直基层组织换届。开展第一批民革示范支部"回头看"活动和第二批示范支部评选活动,8个支部被评为民革中央第二批示范支部。全省共建成民革党员之家65个,5个被评为民革全国第二批优秀民革党员之家。2个基层组织获民革全国组织工作先进集体称号。加强党内纪律作风建设,召开2次全省范围内的警示教育会议。

【参政议政】　2021年,民革党员中的全国人大代表在十三届全国人大四次会议上,提交建议议案6篇,其中《关于"十四五"时期加强义务教育学校规划建设 促进义务教育均衡发展的建议》得到教育部重视。民革党员中的全国政协委员在全国政协十三届四次会议上提交个人提案21篇。在省政协十二届四次会议上,民革省委会提交大会发言10篇(口头1篇、书面9篇),集体提案11篇。集体提案《聚焦乡集镇品质建设,打造"十四五"乡村振兴新窗口》被评为优秀集体提案。2021年省委会大调研成果《关于加快南昌快速路外环规划建设,实施高改快工程的建议》,得到中共江西省委、省政府主要领导肯定。2020年省委会重点调研成果《促进乡村建设用地集约高效的建议》《推动乡镇镇区建设的意见和建议》相关内容被省政府2021年出台的《江西省开展美丽乡镇建设五年行动方案》采纳。2篇直通车协商成果得到中共江西省委、省政府主要领导批示。在征求党外人士对全省经济工作的意见建议座谈会上提交的《关于县城"补短板""强弱项"工作的若干建议》,得到省政府主要领导肯定,要求省政府督查室转请相关部门研究,有关落实情况均已反馈。参加中共江西省委或委托中共江西省委统战部主持召开的党外人士协商会、座谈会、情况通报会等14次,围绕重要人事安排、学习中共中央总书记习近平"七一"重要讲话精神、全省经济工作、法院和检察院工作等提出意见建议。2021年,共向民革中央、中共省委、省政协、中共省委统战部报送社情民意信息300余篇,5篇被全国政协采用,11篇被民革中央采用,3篇被中共省委采用,29篇被省政协采用,3篇得到省领导批示。成立长江生态环境保护民主监督工作领导小组,印发《民革江西省委会对口湖北省咸宁市、黄石市开展长江生态环境保护民主监督工作方案》,到湖北省咸宁市、黄石市开展调研,形成2021年度监督工作报告,有关意见建议被民革中央采纳。

【思想宣传】　以庆祝中国共产党成立100周年为契机,强化思想政治引领。成立民革省委会党史学习教育工作领导小组,印发《民革省委会关于开展党史学习教育的实施方案》。围绕"学习中共中央总书记习近平在庆祝中国共产党成立100周年大会上的重要讲话精神""学习贯彻中共十九届六中全会精神"等召开理论学习中心组学习会、主委学习会、机关理论学习会等。省委会领导班子成员率队到井冈山、云南会泽扩红馆、江西省革命烈士纪念堂、南昌市新四军纪念馆等地开展红色走读活动,并分别到全省各市宣讲中共中央总书记习近平"七一"重要讲话精神、中共十九届六中全会、省第十五次党代会精神等。组织开展以"庆祝中国共产党成立100周年"为主题的"五个一"系列活动,即一次征文比赛、一次红色经典诵读、一次线上文艺演出、一次党史知识竞赛、一次短视频比赛。依托江西中山书画院,与民革陕西省委会、云南省委会在井冈山、云南会泽联合开展"百年中国梦、风雨同舟情"庆祝中国共产党成立100周年系列书画展活动,并在进贤县、南昌市进行巡展。成立民革江西省委会瓷画院,举办庆祝中国共产党建党100周年大型陶瓷艺术创作巡回展。

(邓俊萍)

中国民主同盟江西省委员会

【概　况】 至年底,全省有基层民盟组织273个,其中基层委员会20个、总支40个、支部210个、小组3个。11个设区市均设有市委会;共有盟员9037人,其中有中高级职称的占76.76%。盟员中有担任省政协副主席1人、省政协专委会主任1人、省政协副秘书长1人、设区市副市长1人、省工商联副主席1人、省文联副主席(专职)1人、设区市人大常委会副主任1人、设区市政协副主席3人、大学副校长3人;担任各级人大代表、政协委员的共1010人次,其中全国人大代表3人、全国政协委员2人(常委1人)、省人大代表13人(常委会委员2人、专委会副主任1人)、省政协委员46人(常委7人、专委会主任1人、副主任1人)。担任副处级以上的盟员共280余人,其中在政府及司法部门担任副处级以上职务40余人;21人担任省级及以上特约监督员(其中最高人民法院特约监督员1人),6人担任省文史馆馆员。

【思想政治建设】 盟省委理论学习中心组围绕中共十九届五中、六中全会精神、中共中央总书记习近平"七一"重要讲话精神、《中国共产党统一战线工作条例》等重要内容进行专题学习,持续推进习近平新时代中国特色社会主义思想入脑入心。及时转发民盟中央关于开展专题学习的文件,督促全省各级民盟组织抓好贯彻落实。中心组成员带头撰写《深刻把握统一战线"头发论"》《同心奋斗听党话　携手前行跟党走》等多篇体会文章,在《人民政协报》《中国统一战线》《中央盟讯》等重要报刊上发表。盟省委领导制作《追寻"民主新路"的历史足迹》《多党合作:中国式民主很管用》等多个中共党史、民盟历史、全国两会精神的专题课件,深入基层宣讲,在盟内外有较大影响。全省各级民盟组织积极响应盟省委部署,认真组织开展中共党史等政治理论学习,广大盟员在形式多样、内容丰富的学习中不断提高政治判断力、政治领悟力、政治执行力,增强"四个意识",坚定"四个自信",坚决做到"两个维护",进一步夯实团结奋斗的共同思想政治基础。2021年,盟省委获"全盟思想政治建设和宣传工作先进单位"称号,一批民盟组织和盟员获专项表彰。

【建言资政】 盟省委领导牵头完成的大调研课题《推动我省医疗器械产业高质量发展的调研报告》,得到省领导重视;向中共江西省委报送4篇政策建议专报,其中《关于加快推进我省3岁以下托育服务体系建设的建议》《发展第四方物流　助力乡村振兴》《关于加强城市养犬管理工作的建议》3篇专报得到省委、省政府领导批示;完成民盟中央合作调研课题《科学构建农用地休耕休养生态补偿机制》。在省政协十二届四次会议上,提交大会发言18篇,集体提案16件,其中《积极构建"产业创新中心"打造我省经济高质量发展"先行军"》被列为重点督办提案。全国两会和省两会期间,盟员人大代表、政协委员的建议、提案受到人民网、《人民政协报》、江西电视台等主流媒体关注。在江西省"十四五"规划编制建议征集活动中,8名盟员的专题建议获奖,其中教授胡海胜撰写的《关于我省"十四五"文化和旅游发展的几点建议》获一等奖。向民盟中央、省政协、中共江西省委办公厅及统战部报送信息1800余篇次,其中省政协采用136篇、全国政协采用23篇、中共江西省委办公厅采用24篇,15篇获省领导批示。信息报送量、采用量均位居全省各民主党派前列。盟省委获民盟中央"社情民意信息工作三等奖""参政议政优秀成果奖"。

【组织建设】 加强领导班子建设,届中补选1名副主委、任免秘书长,领导班子年龄梯次和专业知识结构更加合理;启动2022年盟省委换届工作。与市、县(区)人大、政府、政协换届相衔接,积极培养、推荐盟内代表人士。11名市级组织主委中,当选市人大常委会副主任1人、市政府副市长1人、市政协副主席1人,另有2名盟员当选市政协副主席。新成立2个总支、1个支部,对11个基层组织进行换届。发展新盟员101人,其中重点领域74.5%;培训盟员210人。依规开展盟内监督工作,对全省盟内监督工作开展调研,派员列席盟省委领导班子换届专题民主生活会。吴岚、徐岚、付庆芳、吴丽萍、毛璐、刘亚洁、罗丽萍等一批盟员获国家级和省级表彰奖励。

【中国民主同盟成立80周年庆祝大会举行】 6月10日,盟省委举行中国民主同盟成立80周年庆祝大会,中共江西省委常委、省委统战部部长陈兴超到会祝贺并讲话。省政协副主席、盟省委主委刘晓庄出席并致辞。大会由盟省委副主委何建洋主持。大会表彰民盟南昌市进贤县总支等30个先进集体和毛国典、章金媛等166名盟员。大会最后举行"万水朝东　美美与共"文艺演出,演员用歌唱、朗诵、器乐、舞蹈等艺术形式,表达坚持中国共产党领导的信念和决心。

【开展系列庆祝活动】 围绕庆祝中国共产党成立100周年、民盟成立80周年,盟省委筹划并举办多项主题鲜明、特色突出、盟员喜爱、反响良好的主题征文、微信知识竞赛、书画展、文艺演出等活动。其中,3篇盟员优秀征文被《群言》选登;在民盟中央庆祝民盟80周年微视频工作专项表彰中,盟省委宣传部等被评为优秀集体,9人被评为优秀个人,2个视频获评优秀作品;5名盟员的征文被中共江西省委统战部评选为庆祝中国共产党成立100周年优秀征文。盟省委汇编庆祝民盟成立80周年优秀征文;对在庆祝中国共产党成立100周年"四史"微信知识竞赛中表现优异的6个市委会、22个省直基层组织、150名参与者进行表彰。

【社会服务】 民盟省市县三级联动在上高县南港镇中心学校开展教育帮扶，举行庆祝第37个教师节暨“烛光行动”示范基地捐赠活动，向该校捐赠价值15万元的教学设施。联合省直综合教育支部，先后在赣州、南昌、九江等地学校开展多场“烛光行动”科普讲堂，让学生感受科学的奥秘。在省女监为干警举办医疗健康知识讲座，并将视频资料向监区服刑人员播放。民盟省市区三级联动在青云谱区洪都街道洪西社区开展社区困难居民走访慰问活动。联合盟员书法家，在西湖区丁公路街道恒茂国际华城社区举行“送春联送祝福进社区”活动。在洪西社区开展重阳节走访慰问及送医送药活动。先后主办“万水朝东 美美与共”——民盟成立80周年文艺演出、“永远跟党走”——庆祝中国共产党成立100周年主题书画作品展，承办全省统一战线“齐绘同心圆 共筑中国梦”——庆祝中国共产党成立100周年主题书画作品展。2021年，盟省委获“民盟脱贫攻坚先进集体”称号，一批民盟组织和盟员获专项表彰。

【开展中共党史学习教育】 盟省委及时制定下发《关于开展中共党史学习教育的通知》，成立以盟省委主委刘晓庄为组长的领导小组，同时作出部署安排。领导小组在盟省委全会、盟省委领导班子与盟市委主委座谈会等会议上进行强调督促；领导班子成员先后到赣州、萍乡、吉安等市委会以及省直基层组织开展调研、宣讲、督导，切实加强组织领导，压实传导责任。全省各级民盟组织采用多种形式，举办中共党史学习教育学习会近300次，座谈会120余次，讲座60余次，开展现场教学活动200余次，为群众办实事240余件，发布学习内容及活动报道近700篇次，涌现出一批先进组织和先进盟员。民盟中央副主席张平和邓秀新率队分赴井冈山、瑞金开展党史学习教育现场教学活动，盟省委认真做好相关工作，受到民盟中央肯定。

【参加民盟中央系列论坛】 盟省委积极发挥参政议政专委会作用，发动盟员专家参加民盟中央举办的各类论坛，提交的《老工业基地振兴：国际借鉴与中国实践》《双循环新发展格局下赣南革命老区发展战略支点选择》获评第七届民盟经济论坛优秀论文；《高校就业生态体系的诊断与建议》获评第九届民盟教育论坛优秀论文；《法治保障视角下的省际交界区域协调发展研究——以赣皖浙闽毗邻区为例》获民盟法治论坛优秀论文一等奖；《提高城市职业女性生育意愿的法治保障》获评第十二届民生论坛优秀论文。

（民盟江西省委会）

民盟省委会盟员在修水县庙岭中小学校举办“烛光行动”科普讲堂

民盟省委会供

中国民主建国会江西省委员会

【概　况】 2021年，民建江西省委会共有地方组织12个，其中省级组织1个、省辖市级组织11个；基层组织267个（其中基层委员会6个、总支部36个、支部225个），另有小组3个，会员5319人，当年会员发展率4.42%，净增率3.99%。会员中大专以上学历占86.94%，中、高级职称占44.67%，中上层会员占66.44%，经济界会员占75.6%，民营经济人士占22.3%，新的社会阶层会员占12.31%；担任政府机关及司法部门科级以上领导职务350人。担任全国人大代表2人、全国政协委员3人，省人大代表18人、省政协委员33人。基层组织建设制度化、规范化水平进一步提高。截至2021年年底，全省累计建成民建“会员之家”109个，正式挂牌“会员之家”79个，有4个省直基层组织完成换届。民建江西省委会获民建中央组织管理工作先进单位。

【思想政治宣传】 组织集中学习中共十九届五中、六中全会精神，中共中央总书记习近平“七一”重要讲话精神以及江西省第十五次党代会精神。深入开展中共党史学习教育。分别邀请全国人大常委会副委员长、民建中央主席郝明金，民建中央副主席周汉民，民建中央副主席兼秘书长李世杰到会指导中共党史学习教育，组织部分骨干会员到弋阳方志敏故居、方志敏纪念馆接受革命传统教育。参加“同心奋斗听党话 携手前行跟党走”江西统一战线庆祝中国共产党成立100周年系列活动并承办其中的征文朗诵活动，并获优秀组织奖；制作“同心永向党 百年再启航”大型瓷板画；编辑中国共产党百年华诞特刊；加强外宣工作，获民建中央新闻宣传先进单位、民建中央网站组稿一等奖。

【专题调研】 做好专题调研。报送的《关于调查反映我国湿地生态系统面临四大危机亟待国家加大保护力度的建议》调研成果被评为全国各民主党派、工商联、无党派人士为全面建成小康社会作贡献建言献策优秀成果。《关于加快打造南昌全国性消费中心城市的对策建议》的报告在省各民主党派大调研协商座谈会上得到省领导肯定。4篇“直通车”建言材料获中共江西省委主要领导的批示肯定。面向全省各级民建组织和会员开展课题申报，形成调研成果150余篇。提升社情民意工作成效。全年收到社情民意信息 614 篇,向省政协和民建中央编报 156 篇,省政协采用 50 篇,民建中央采用 24 篇,全国政协采用 5 篇。3 篇得到省委、省政府主要领导批示。民建江西省委会获评民建中央反映社情民意信息工作先进单位。

【大会发言与提案】 省政协十二届四次会议期间,围绕乡村振兴、粮食安全、农村改革等重点热点问题建言献策,共提交大会口头发言 1 篇、书面发言 26 篇、集体提案 18 件。省政协委员张明林代表省委会作题为《高标准农田建设后续问题应予高度关注》的口头发言,省委、省政府主要领导分别作重要批示。5 名民建界别委员在联组会议上发言。民建江西省委会集体提案《推动消费升级,促进经济发展》被选为会中办理提案取得较好成效。1 件省委会集体提案和 3 名民建界别政协委员个人提案被省政协评为"优秀提案"。

【社会服务】 依托江西民建企业家协会、江西省民建同心扶贫基金会和江西省思华环保基金会等平台,动员广大民建会员特别是其中的非公经济人士,支援河南抗击洪灾、参与社会公益以及服务会员。捐款捐物折合人民币共计 1100 余万元。捐建"音乐教室"15 间。设立"温暖基金",2021 年春节前走访慰问生活困难民建会员 20 多人,送上温暖慰问金额 4 万多元。江西思华环保基金会共与各地法院或案件当事人签订公益信托合同 84 份,接收生态环境修复监管资金 1623.19 万元,完成公益信托项目 33 个,在建项目 6 个,已监管使用生态环境修复资金 591.5 万元。

(民建江西省委会)

中国民主促进会江西省委员会

【概　况】 2021 年,民进江西省委会有市级委员会 9 个、市级工作委员会 2 个,共有 270 个基层组织(其中基层委员会 12 个、总支 20 个、支部 238 个)。全年发展会员 166 人,成立民进省委会青年工作委员会。截至年底,全省会员总数为 4645 人,平均年龄 51.7 岁。其中,中高级职称会员占比 76.9%;中上层人士会员占比 86.5%;会员中共有 696 人次担任各级人大代表、政协委员;共有 47 人在政府及司法机关担任副处级、四级调研员及以上职务职级。共有 7 个市级组织主委进入市级领导班子,1 人担任市人大常委会副主任、6 人担任市政协副主席。完成省直 18 个基层组织换届。4 人被提拔为市政协副主席,5 人被提拔为正处级领导干部,一批会员获第八届全国道德模范提名奖、第五届中国出版政府奖优秀出版人物奖、生态环境部生态环境监测"技术骨干"、教育部思政教学名师、2021 年江西省五一劳动奖状、江西省第四批骨干教师、河南省防汛救灾优秀志愿者等荣誉。

【思想宣传】 组织主委会、常委会(扩大)会议等集体学习活动 20 余次。开展党史学习教育,启动"党史学习教育——1%工程 · 2021 年志愿阅读活动",省委会精心选取一批党史相关图书资料,在江西民进网站、微信公众号等会内媒体平台持续刊载,不断加大学习宣传力度,2021 年共推送 89 期。与民进中央开明画院共同主办"在正道上行——庆祝中国共产党成立 100 周年江西开明美术摄影作品展"。参加民进中央、中共江西省委统战部征文活动,与江西日报社等单位联合举办"庆祝建党 100 周年江西省教育改革与创新研讨会",收到征文数千篇;与团省委联合举办"学党史 · 强信念 · 跟党走"江西省高校青年学生庆祝中国共产党成立 100 周年《长征组歌》歌唱大赛,由优胜单位演出的"青春心向党 奋斗新征程"——江西省各界青年庆祝中国共产党成立 100 周年青春歌会,吸引线上线下近 300 万人次参与;与中共江西省委宣传部、省教育厅等部门联合举办江西省"1%工程"音体美大学生支教农村学校学生"感党恩 永奋进"合唱比赛,全省 400 余所农村学校参加。举办"不忘走过的路——'1%工程'志愿红色走读活动""在正道上行——党史学习教育演讲比赛""路在脚下——长江生态环境保护和民主监督工作研讨会"等系列主题活动。2021 年,省委会获评 2021 年民进省级组织新闻宣传工作先进单位。

【建言献策】 2021 年,《江西民进信息》共出刊 248 篇,获中共中央统战部《零讯》采用 1 篇、全国政协采用 6 篇、民进中央采用 22 篇、中共江西省委办公厅采用 8 篇、江西省政协采用 58 篇。其中,《关于切实保障医护人员人身安全 构建更加和谐医患关系的建议》等 3 篇信息得到省委、省政府主要领导批示,相关部门采纳落实。2021 年,江西民进 9 个组织和 10 名胜古迹个人分别获民进全国反映社情民意信息工作先进集体和先进个人。民进省委会获评 2021 年民进省级组织参政议政工作先进单位。承办民进中央基础教育改革座谈会(2021 · 江西);参与重大协商工作,就江西省第十五次党代会工作报告起草工作、江西在国际国内"双循环"中的优势与短板等发表意见建议。多项调研成果分别获民进中央年度参政议政成果一、二、三等奖。全年报送《关于打造金融"省队"实现金融人才集中力量办大事、办成事的建议》《关于加强我省农村学校美育工作的调研报告》《提升干部数字素养 助推数字经济"一号工程"实施》《"1%工程"凝聚新乡贤力量 全力助推建设社会主义现代化江西》4 篇调研报告,得到中共江西省委、省政府主要领导等批示 7 篇次。全国两会期间,江西民进会员中的全国人大代表、全国政协委员共提交建议、提案 19 篇,《关于提升中小学教师在线教育教学能力的提案》被选为全国政协十三届四次会议重点办理的提案。政协江西省十二届四次会议期间,民进省委会共向大会提交发言材料 20 篇,集体提案 23 件。《关于深化新时代文明实践中心建设,推进乡村全面振兴的建议》《关于紧紧抓住竹基新材料科技创新重大机遇的建议》被列为 2021 年省政协重点督办提案。《关于紧紧抓住竹基新材料科技创新重大机遇的建议》获得中共江西省委、省政府主要领导批示,相关部门办理落实。联组发言《推动公共场所普及 AED(自动体外除颤仪),让"救命神器"护佑生命安全》,获得省领导重视,现场要求落实推进。围绕党史学习教育,提出关于开展《寻访"先烈精诚寄托的那朵花"活动的建议》等 3

篇平时提案，得到相关部门重视办理。《关于深化新时代文明实践中心建设，推进乡村全面振兴的建议》等3件提案评为2021年度省政协优秀提案。

【长江生态环境保护民主监督】 2021年起，民进中央对口江西省开展为期5年的长江生态环境保护民主监督工作。中共江西省委成立江西省支持民主党派中央、无党派人士开展长江生态环境保护民主监督工作领导小组，小组办公室设民进江西省委会。同时，民进省委会成立民进江西省委会长江生态环境保护和民主监督工作项目组，配合协助民进中央落实各项要求，协助民进中央在南昌召开长江生态环境保护专题务虚会、启动会、反馈会，配合民进中央举办专题培训会，服务民进中央主要领导和专家在赣5市20县市区开展9批次集中调研、随机调研、定点调研等。全年协调江西省相关部门整理报送多批次近百万字知情明政材料，特别是有关对《2021年长江生态环境保护民主监督报告征求意见稿》的意见建议和对2022年民进中央对口江西省开展相关工作的建议。组织召开领导小组会议和领导小组办公室会议各2次。代拟领导小组工作机制，明确工作原则、主要职责，指导推动各设区市成立领导小组和办公室。

【"1%工程"公益慈善和志愿服务】 设立"1%工程·芒果青年助学基金"，将连续5年每年投入40万元资助省内20所高校贫困大学生，2021年度已资助200名大学生，每人发放助学金从1000元提额至2000元，并向兴国中学发放12万元奖(助)学金，资助59名贫困学生；继续携手北京明伦公益基金会开展"1%工程·一个都不能少"第二年度公益助学和爱心帮教活动，资助50名家庭贫困的服刑人员子女，每人2000元。7月，"1%工程"志愿者率队(萍乡市阳光救援队)自发主动赶赴河南抢险救灾，累计救援服务时长1200余小时，出动车辆18次，行程3000余千米，发放救灾物资3000余份，转移群众890人次，其中转移病人159人、婴儿31人、重症病人41人。组织"1%工程"志愿者服务队到全省农村、社区、文化馆等基层文化场所开展"春联万家"活动14场，参与书画家志愿者153人次，参与群众逾3000人，为各地群众书写楹联、新春福字近5000余副。携手太平人寿江西分公司向老区人民群众和支教农村学校的音体美大学生志愿者捐赠价值59万元的运动鞋2748双。

(熊剑文)

7月29日至8月1日，由农工民主党省委会等单位主办的第七届中国中医药信息大会暨中医药健康及信息产品博览会在南昌召开

农工民主党省委会供

中国农工民主党江西省委员会

【概　况】 2021年，农工党江西省组织有省级委员会1个，设区市委会11个，县级市委会1个，县级基层委员会1个，基层组织342个。全年发展新党员281人，平均年龄38.9岁。其中，高级职称37人、中级职称123人，硕士研究生64人、博士研究生19人。年底，全省党员总数6324人。其中，医药卫生界占47.2%，人口资源和生态环境界占6%，文化教育和经济科技界占30%，政府机关占8.6%；担任各级人大代表153人，各级政协委员706人，最高人民法院特约监督员、最高人民检察院特约监察员、公安部特邀监督员1人，省政府及有关部门特约人员8人，省监察委员会、省高级人民法院、省高级人民检察院特约人员4人，厅级领导干部21人，县处级领导干部167人。

【履职平台拓展】 成立农工党江西省委会数字创意产业研究机构，助力和服务江西省数字创意产业发展工作。邀请农工党中央科技工作委员会到赣开展热敏灸健康产业投资发展等中医药产业发展调研。组织省政协农工党界别委员开展"加快推进后疫情时代江西基层公共卫生体系建设"专题视察。主办第七届中国中医药信息大会暨中医药健康及信息产品博览会。

【意识形态工作】 全年在中央和省部级主流新闻媒体上刊发宣传稿件236篇，宣传次数642次。全年制作推送微信公众号256期，编辑刊发稿件1442篇，阅读量17.64万人次。微信公众号获农工党中央2021年农工党省级组织微信公众号优秀级表彰。开展"践行习近平法治思想、提升人民群众法治获得感满意度"主题实践活动、宪法宣传周活动，开展传统节日、重要纪念日和节庆日文化主题活动。围绕学习贯彻习近平新时代中国特色社会主义思想以及中共中央总书记习近平重要讲话和重要指示批示精神等举办4次主题宣讲报告会、主题座谈会，开展4次理论学习中心组学习、36次机关专题学习。开展庆祝中国共产党成立100周年系列活动。组织开展主题宣讲报告会、专题研讨、书画作品展、主题征文、理论征文等庆祝活动，选送理论征文、主题征文、书画作品、文艺节目参加农工党中央、中共江西省委统战部举办的中国共产党成立100周年庆祝活动。理论征文工作获农工党中央授予的省级先进组织奖，理论征文一等奖，获奖总数在参评的农工党全国省级组织和中央专委会中列第一位。主题征文获奖总数、获一等奖总数在参评的农工党全国省级组织中列第一位。

【参政议政职能履行】 全年报送各类专报和社情民意信息1229件，被全国政协采用15件，农工党中央和中共江西省委、省政协采用179件，其中《应对安全风险防控严峻形势，夯实应急管理工作四大保障平台》等6件得到中共江西省委书记易炼红与中共江西省委副书记、省长叶建春批示。省委会1件集体提案和7件党员个人提案获评省政协年度优秀提案，列各民主党派省委会第一；《积极推动绿色金融改革创新发展，建设美丽中国江西样板》提案被列为省政协重点督办提案。向农工党中央报送全国政协集体提案候选材料6篇，采用3篇，列农工党全国省级组织第六。组织开展以"抢抓我省数字经济发展契机，打造构建全国新发展格局的重要战略支点"为主题的统战大调研活动，提交的《从我省2020年数字经济"两个数字"看江西发展》调研报告得到易炼红批示。

【社会服务】 打造九江瑞昌、赣州瑞金、吉安吉水、抚州临川4个农工党服务乡村振兴示范点，组建医疗健康、文化教育、乡村产业、绿色生态、法律帮扶5个服务乡村振兴专家帮扶团，到示范点开展农村实用技术培训、专题讲座和农业技术现场指导、科普大篷车进校园等活动，共开展农业技术培训200余人次、法律宣讲100余人次、科普大篷车受益学生400余人、义诊群众300余人次，捐赠药品、医疗器械价值10万余元。到贵州省大方县举办猕猴桃种植技术培训班，为大方县达溪镇捐赠价值74.6万元的净水设备和电子胃镜。在井冈山市举办"健康中国·助力乡村振兴"脑心同治走基层公益活动，培训基层医生100余人次，捐赠药品价值55.5万余元。开展"2021年环境与健康宣传周"暨服务广昌乡村振兴活动。省委会及10个设区市委会和基层组织获农工党中央"脱贫攻坚工作先进集体"表彰，21名党员获农工党中央"脱贫攻坚工作先进个人"表彰。连续举办26期"健康江西大讲堂"，直播网络观众点击量达253.84万人次；连续举办5期"生态江西大讲堂"，直播网络观众点击量达41.65万人次。

【组织建设】 创新开展"主委接待日"和党员"政治生日"活动，开展对市委会工作的年度综合考评，常态化开展支部评优创建工作。强化代表人士队伍建设，9名党员获江西省自然科学奖、科学技术进步奖。全年发展新党员283人。完善农工党党内监督制度体系，制定《关于深化党内监督工作的十二条意见》《民主党派纪律处分文件图解》等制度。创新开展对11个设区市委会的政治督导，重点督导落实党内监督主体责任情况。在全省担任实职的党员中推行"廉洁自律承诺书"和"廉政报告"制度。建立"廉洁风险预警提示工作群"，实现对担任政府相关部门和公立医院领导实职的400多名党员的全覆盖。印发《关于全面落实中共中央关于加强中国特色社会主义参政党建设的部署的工作方案》，明确20项具体举措。举办《中国共产党统一战线条例》主题宣讲报告会，组织机关干部视频学习中共中央统战部"统一战线深入学习贯彻《中国共产党统一战线工作条例》研讨班"精神，组织全省党员参加中共江西省委统战部《中国共产党统一战线条例》知识竞赛。

（农工民主党江西省委员会）

九三学社江西省委员会

【概　况】 2021年，九三学社在江西的组织有省级委员会1个，市级委员会9个，市级工作委员会2个，省直基层委员会20个，支社委员会7个，小组1个。社员总数4158人，主体界别占71%，高、中级职称占82%。社员中，有省文史馆员3人，特邀监察员10人；全国人大代表2人，全国政协委员2人；省人大代表10人，省政协委员31人；市级人大代表45人，市级政协委员185人；县（区）级人大代表46人，县（区）级政协委员234人。

【全国青年健康江西论坛召开】 5月25日，九三学社江西省委会联合九三学社中央青工委、省高级人民法院、省教育厅、省卫健委、团省委举办的全国青年健康江西论坛在南昌召开。论坛以"健康青年·健康中国"为主题，旨在呼吁全社会进一步关注青年健康问题，引导青年更加重视自身健康问题，做明大德、立大志、成大才、担大任的新时代中国青年。全国政协副主席、九三学社中央常务副主席邵鸿，中共江西省委常委、省委统战部部长陈兴超出席论坛并致辞。江西省政协副主席张勇，九三学社中央秘书长刘晓梅，九三学社中央组织部部长、青工委常务副主任杨玲出席。中科院院士、同济大学副校长、九三学社上海市委员会副主委陈义汉作论坛主旨演讲，6

5月25日，全国青年健康江西论坛在南昌召开。图为会议现场

九三学社省委会供

名专家学者作主题发言,28 名青年代表作交流发言。论坛发表了《全国青年健康江西论坛倡议书》和论坛主题歌曲《中国好青年》。全国各省、市、区青年代表和江西部分在昌学生代表共 240 余人出席论坛。

【九三学社全国组织工作会议在宜春召开】 5 月 26 日,九三学社全国组织工作会议在江西宜春召开。会议的主要任务是:学习贯彻《中国共产党统一战线工作条例》和参政党建设系列文件精神,部署谋划省级组织换届工作,谋划组织工作高质量发展的方向路径。全国政协副主席、九三学社中央常务副主席邵鸿出席会议并讲话。江西省政协副主席、党组副书记陈俊卿出席。中共宜春市委书记于秀明,中共江西省委统战部副部长刘文华,九三学社江西省委会主委、南昌大学一附院院长张伟分别致辞。九三学社中央秘书长刘晓梅主持会议。九三学社中央组织部副部长周群英、二级巡视员陈晓英,宜春市政协主席陈荣,中共宜春市委常委、市委统战部部长徐绍荣,宜春市副市长、九三学社宜春市委会主委兰亚青出席。

【主题教育活动举办】 举办"中国共产党党史学习教育和'百年荣光 · 照我前进'主题教育活动"。在九三学社省委八届六次全体会议上举办中国共产党党史学习辅导报告会,召开庆祝中国共产党成立 100 周年座谈会,承办江西统一战线庆祝中国共产党成立 100 周年文艺汇演。承办九三学社中央书画院"妙笔生辉讴歌党 · 同心共筑中国梦"宜春笔会活动,其间举行九三学社中央书画院、江西九三学社书画院宜春写生研创基地挂牌仪式。举行江西九三学社书画院在昌南体育中心挂牌仪式。遴选作品参与全省统一战线庆祝中国共产党成立 100 周年书画作品展,举办全国青年健康江西论坛,开展"百年同庆感恩党 同心共筑中国梦"为主题的省直属基层组织乒乓球技艺交流活动,组织全省社员参与九三学社中央、全省统一战线和九三学社省委会庆祝中国共产党成立 100 周年党史知识竞赛,遴选优秀作品参与社中央和全省统一战线征文比赛。为全省社员搭建旨在交流展示科技创新与创业成果的"赣九创新创业"平台,遴选 16 家单位 28 个优秀科技成果项目参加 2021 年中国创新创业成果交易会。

【建言资政】 向省政协十二届四次会议报送大会发言 22 件,其中《做好新型安全公共卫生服务体系建设必答题》为大会口头发言,大会发言得到省主要领导肯定批示。6 名九三学社省政协委员进行联组发言。提交集体提案 24 件,立案 23 件。《关于常态化疫情防控时期培育消费热点支持服务业发展的建议》为会中办案,《关于加快构建新型安全公共卫生服务体系的建议》列为重点督办提案。向九三学社中央报送提案报告 6 篇,其中《关于进一步完善我国钨矿资源管理的提案》《关于加快解决稀土行业突出环境问题的提案》得到采用,以九三学社中央名义提案向全国政协十三届四次会议提交。向省政协、中共江西省委办公厅、九三学社中央报送社情民意信息 347 篇,向中共江西省委统战部报送通讯 47 篇。2020 年第四季度至 2021 年第三季度,有 138 篇次信息获得采用。其中,省政协采用 72 篇(含省政协直报全国政协 24 篇),中共江西省委采用 24 篇,社中央采用 36 篇,全国政协采用 6 篇。《东江源水资源水环境亟待改善》获全国政协单篇采用,9 篇获省主要领导批示。编印《议政建言》直通车专报 5 期,报送中共江西省委、省政府以及九三学社中央领导。4 篇报告得到全国政协副主席、九三学社中央常务副主席邵鸿肯定性批示,部分内容被用于九三学社中央高层协商等参政议政基础材料。省委会《高度重视种粮大户"退租潮"现象》等 8 件提案被省政协评为 2020 年度"优秀提案"。江西省 13 名社员主持或参与完成的 11 个项目获奖,张伟团队完成的《新型冠状病毒肺炎患者重型化预测模型和综合诊治体系建立及应用》获省科技进步一等奖。

(闵国华)

台湾民主自治同盟江西省委员会

【概　况】 2021 年,台盟江西省委会有省级组织 1 个、基层支部 2 个,盟员 40 人。盟员中担任各级人大代表、政协委员 14 人,占盟员总数 35%。其中,全国政协委员 1 人,省政协委员 6 人(常委 3 人)。担任副处级以上干部 5 人,其中厅局级 3 人、县处级 2 人。担任省级及以上特约监督员 5 人。台盟江西省委会担当民主监督责任,助力乡村全面振兴,宣传中央、省委、省政府重要会议和文件精神,传播全省盟员、台胞先进模范事迹。3 月,召开台盟江西省一届三次全会,传达学习中共中央总书记习近平在中共党史学习教育动员大会上的重要讲话精神和全国两会精神。审议通过台盟江西省委会年度工作报告。表彰年度工作先进集体和先进个人,通过台盟江西省一届三次全委会会议决议。

【参政议政】 2021 年,台盟江西省委会累计完成《建设江西高水平内陆开放型经济试验区 助力构建新发展格局》《关于加强农村基本公共文化服务建设的调研报告》等 8 篇重点课题。累计上报《建议大力吸引台湾"首来族"青年来大陆交流考察》《建议加快推进台胞证在全国政务服务领域和公共服务领域的便利使用》等信息 11 篇。做好省政协大会发言和提案工作,提交大会发言材料 4 篇,上报集体提案 5 篇,上报个人提案 10 余篇。参与台盟中央长江重庆段生态环境保护专项民主监督工作,参与相关专题学习和调研,集合盟内外专家智力,建言献策;台盟江西省委会获台盟中央参政议政先进集体三等奖,《弘扬客家文化 凝聚"九二共识"》获评省政协优秀建言资政成果奖,《细化落实惠台措施 激发中小台企创业活力》获评省政协重点提案。

【对台交流】 2021 年,台盟江西省委会克服疫情困难,开展对台联络,组织和举办两岸融合发展交流营、第十二届中部博览会在赣台商考察团、第八届大江论坛江西分论坛、两岸姊妹湖协作会议、两岸同名乡镇联谊周等涉台交流活动,推动赣台交流交往;加强与台湾统一联盟党、中华青年发展联合会、台北江西同乡会等统派社团的联络。

【赣浙滇三省盟员培训班举行】 5月24日—28日，由台盟江西省委会、台盟浙江省委会、台盟云南省委会共同举办的2021年赣浙滇台盟台联组织青年骨干盟员台胞培训班在江西省社会主义学院举行。江西、浙江、云南的青年盟员、台胞、台盟台联机关干部等35人参加培训。培训班理论学习部分设置3个模块，分别是政治共识，学习习近平新时代中国特色社会主义思想和百年党史，重点掌握新时代统一战线团结奋斗的共同思想政治基础；统战政策，学习《中国共产党统一战线工作条例》，中共中央总书记习近平关于加强和改进统一战线重要思想；能力提升，以中共党史学习教育为契机，提升骨干盟员台胞能力素质。培训班现场教学部分，组织全体学员到江西省博物馆参观《红色摇篮——江西人民革命历史陈列》主题展，回顾毛泽东、周恩来、刘少奇、朱德、邓小平、陈云等在江西的革命事迹以及井冈山精神、苏区精神和长征精神。培训班分组研讨部分，学员通过自学《习近平论中国共产党历史》《习近平新时代中国特色社会主义思想学习问答》及《中国共产党简史》等中共党史学习辅导用书，在分组研讨上交流学习心得。

【两岸融合发展交流营举办】 5月28日—31日，由台盟中央主办、台盟江西省委会承办的两岸融合发展交流营江西分营，在南昌、井冈山举办，台盟江西省委会主委曾鲁台，台盟中央联络部副部长张骏出席开营式。中华青年发展联合会理事长王正，全国台企联副秘书长庄秋万和北京、上海、福建、江苏、浙江和江西本地的台生、台青和台商代表30多人参加交流营。交流营期间，营员参观了南昌八一起义纪念馆，开展"革命年代的群众路线"讲座，并在井冈山历史博物馆、茨坪毛泽东旧居、黄洋界等地开展现场教学活动。

（聂冬晖）

江西省工商业联合会

【概　况】 2021年，省工商联以把握非公有制经济健康发展和非公有制经济人士健康成长为工作主题，各项工作成效显著。开展16项"将心比心终端检验"专项活动，服务中小微企业纾困解难。指导江西民营经济研究中心更名为江西省民营经济研究院，成为全国首家工商联直属民营经济研究院。在全国工商联2021年万家民营企业评营商环境中，全省营商环境位列全国第11位，比2020年跃升7位。省工商联工作获得全国政协副主席、全国工商联主席批示1次，省级领导批示52次；获全国工商联奖励15项，省级奖励8项。

【参政议政】 围绕民营企业反映典型性、集中度高的问题，撰写提案，反映社情民意。省两会期间提交团体提案10件，其中1件列为会中办案并为省领导重点督办提案，1件大会口头发言获省主要领导批示。向全国工商联提交团体提案15件，其中3件选送全国政协，1篇获全国工商联团体提案优秀调研成果三等奖。向省政协报送社情民意信息172篇，2篇获省主要领导批示；向全国工商联报送社情民意信息139篇，1篇获全国工商联社情民意优秀调研成果二等奖。

【非公经济发展服务】 积极履行省促进非公经济发展领导小组办公室职责，加强对全省民营经济工作的统筹协调，承办省委、省政府召开全省发展非公有制经济表彰电视电话会议。引导民营企业践行新发展理念，加强自主创新，加快转型升级，坚持绿色发展。创新开展云直播宣讲活动和金融政策主题直播活动，创新"商会+银行+担保+民企"四维一体助贷模式，为企业缓解融资难题。助推优化营商环境"一号改革工程"，形成"1+2+12"系列营商环境企业评报告，评价成果获江西省第十九次社会科学优秀成果一等奖。

【非公企业维权服务】 发挥各级非公有制企业维权服务中心作用，提升非公企业维权服务工作质效，累计接到诉求反映2586次，受理实质性维权诉求648件，办结率80%，指导各地有序推进"万所联万会"机制建设，省市县三级工商联及省属商会均与律师事务所建立联系合作机制。开展"宪法进民企"主题活动，向民营企业家宣传涉企法律法规、政策文件，增强民营企业提升防范化解风险的能力。省非公企业维权服务中心获"全省服务非公有制经济发展先进单位"称号。

【引导企业践行社会责任】 加强江西民营经济档案库建设，编辑出版《当代赣商志》《当代江西商会志》《2020年江西民营经济发展报告》《2019年江西民营经济年鉴》。实施乡村振兴战略，开展"万企兴万村"行动暨回报家乡专项行动，2021年引导民营企业新增投资总额70362.91万元，新增公益捐赠总额12284.02万元。在回报家乡专项行动中，引导民营企业新增投资总额99265.43万元、新增公益捐赠总额11171.27万元。承办全国工商联携手知名民营企业助推赣州革命老区振兴发展大会，发布民营企业社会责任报告。省工商联社会服务处获"江西省脱贫攻坚先进集体"称号。

【商会组织建设】 指导所属商协会完成换届，对2家商协会进行整顿，依法依规撤销1家协会。出台加强基层商会建设的意见，召开全省基层商会建设暨工业园区工商联分会建设推进会，扩大基层商会组织覆盖面，健全商会组织网络体系。加强民营企业人才库建设，省工商联被全国工商联评为2021年民营企业及民营企业家人才库建设先进单位。加强商会组织党建工作，持续开展"四项提升"行动，推进"三化"建设，推动非公党建工作从"有形"覆盖向"有效"覆盖转变，江西省4家商协会党支部入选全国工商联商协会党建工作示范单位。建立省非公党委所属商会和省工商联机关党建共建机制，举办党务干部暨所属党组织入党积极分子培训班，指导各所属党组织培养发展51名预备党员，将16家非公企业党组织隶属关系转入南昌市属地管理。

（林繁）

本类目编辑　张志勇

群众团体

江西省总工会

【概　况】 2021年,全省各级工会主动担当作为、全面履行职责,各项工作取得新成效。截至年底,全省基层工会7.92万个,职工867.4万人,工会会员822.5万人,专职工会工作人员4.86万人,兼职工会工作人员15.2万人。

【完成2021年江西工会服务职工“十件实事”】 2021年,省总工会完成工会服务职工“十件实事”。全省“赣工贷+”业务发放贷款5.13亿元,带动就业3.68万人;组织2152名一线艰苦行业人员疗休养,带动引领各基层工会组织1.3万名职工参加疗休养;组织“携手小康”职业技能培训活动,开展母婴护理、养老护理等培训478个班次,实名制培训2.1万人;为1.7万名民营企业女职工开展“两癌”筛查;完成单身青年职工联谊活动106场,近1.3万人参加;第三届全省职工网上文化艺术节收到参赛作品近3000份,总参与人数超48万人;建设职工子女假期爱心托管班165家,服务职工2万多人;开展关爱乡村教师健康行动,全年完成4万多人的体检。新就业形态劳动者入会服务和制造业产业工人技能提升行动均超额完成预期目标。

【推进零工经济就业群体入会服务工作】 3月3日,江西省总工会在全国工会系统率先出台《关于推进零工经济就业群体入会及服务工作的实施方案》,《人民日报》以评论文章《为零工经济就业群体赋能》对方案出台给予肯定。4月26日,南昌市零工经济工会联合会成立暨第一次会员代表大会召开,标志着南昌市零工经济工会联合会正式成立。这是全国范围内成立的第一家零工经济工会联合会,会员涵盖网络直播从业者、网约车司机、网络送餐员等多个零工经济就业群体。全市各零工经济行业的61名会员代表参加大会,会议选举产生南昌市零工经济工会联合会第一届委员会和经费审查委员会。5月24日,江西省零工经济就业群体入会服务工作启动仪式在南昌举行。中华全国总工会副主席、书记处书记、党组成员蔡振华出席并讲话。截至年底,全省有45.8万名新就业形态劳动者加入工会,全年新增15.8万人。

【全省产业工会工作会议在宜春召开】 4月2日,全省产业(局、系统)、直属基层工会工作会议在宜春温泉工人疗养院召开。会议主要任务是总结2020年全省产业工会工作,确定2021年主要任务,持续推动产业工会工作创新发展。省总工会党组书记、常务副主席候选人邹绍辉出席并讲话,省总工会党组成员、经审会主任吴丽云主持会议。全省67个省产业(局、系统)、直属基层工会主席和省总有关部门负责人参加会议。国电投江西公司工会、洪都集团公司工会、省直机关工会和省农信社工会4个单位的负责人作经验介绍,其他各产业工会作书面交流。会后,全体产业工会聚焦开创全省产业工会工作新局面,分组开展交流和讨论。

【全省庆祝“五一”国际劳动节暨全省五一劳动奖和工人先锋号表彰大会在南昌召开】 4月29日,全省庆祝“五一”国际劳动节暨全省五一劳动奖和工人先锋号表彰大会在南昌举行。省委副书记叶建春讲话,勉励全省各条战线劳动者以习近平新时代中国特色社会主义思想为指导,弘扬劳模精神、劳动精神、工匠精神,勇当改革创新发展先锋,推动高质量跨越式发展。省委副秘书长方向军出席。省总工会党组书记、常务副主席候选人邹绍辉主持并宣读表彰决定。江西省五一劳动奖章获得者代表、新余钢铁公司自动化部二钢自动化车间副主任张文卫在会上宣读倡议书。

【举办2021年江西省第三届“天工杯”示范性劳动和技能竞赛】 6月27日,2021年江西省第三届“天工杯”示范性劳动和技能竞赛在全省7个赛区同时启动。此次集中开赛的7项赛事是5G维护优化暨云网融合支撑技能竞赛、第三届虚拟(增强)现实职工职业技能竞赛、食品行业职工职业技能竞赛、铜行业职工职业技能竞赛、第三届电子行业职工职业技能竞赛、第十七届南昌铁路职业技能竞赛、江西电力新基建劳动竞赛。另外3项赛事陆续开赛,7月6日,第三届全省中小学青年教师教学竞赛在景德镇一中举办;10月23日,全省护理技能竞赛在南昌举办;10月24日,大飞机制造职工职业技能竞赛在江西洪都航空工业集团有限责任公司厂区举办。

【江西省职工服务中心揭牌成立】 6月28日,江西省职工服务中心挂牌成立。根据省委编办批复,撤销省总工会机关后勤服务中心和省职工对外交流中心,新组建省职工服务中心,作为省总工会管理的正处级公益一类事业单位。省职工服务中心是江西省总面向职工群众的重要的窗口,承担维权帮扶窗口服务、职工普惠服务、网络建设、信访接待、对外交流、省工人文化宫建设管理等多项职责。

【大型情景歌舞史诗《奋斗者之歌》到江西演出】 为庆祝中国共产党成立100周年，6月30日晚，由江西省总工会主办、中华全国总工会文工团演出的大型情景歌舞史诗《奋斗者之歌》在江西艺术中心开演，劳模工匠、产业工人、抗疫人员、环卫工人、零工经济群体、解困脱困代表1000余人受邀现场观看。7月2日晚，《奋斗者之歌》在航空工业昌飞职工俱乐部演出。7月4日晚，在井冈山巡演。

【参加第七届全国职工职业技能大赛】 10月14日上午，第七届全国职工职业技能大赛决赛在成都西部国际博览城开幕。来自全国各地的32支代表队500多名选手进行钳工、焊工、数控机床装调维修工、工业机器人操作调整工、网络与信息安全管理员、砌筑工6个工种的比赛。江西代表队18位选手参赛，省总工会党组成员、副主席任春山全程陪同。江西省总工会获大赛优秀组织奖及工业机器人操作调整工、砌筑工2个工种团体奖。

【全省工会创新创业工作现场会在赣州召开】 12月2日，全省工会创新创业工作现场会在赣州召开。现场会展示工会组织在创新创业中发挥的重要作用，总结交流上一阶段“双创”工作经验，研究探讨“双创”工作深度融入、服务产业工人队伍建设改革的有效途径。会上，南昌、赣州、抚州三地总工会就职工创新创业工作作了经验介绍。新命名的4个省级职工创新创业服务站在会场授牌。

（叶荣江）

共青团江西省委员会

【概　况】 截至2021年年底，全省共有各级团组织110825个，其中团的领导机关112个，团委4897个，团工委411个，团总支2741个，团支部74059个。全年新发展共青团员12.6万人，有团员249.77万人，团的领导机关团干部877人，基层团干部25.13万人。

【推动县域共青团基层组织改革试点】 团省委在全省20个县（市、区）推动县域共青团基层组织改革试点，推动聘任青少年事务工作者、强化青年志愿者协会管理运营、用好“青年之家”活动阵地、加大“乡村好青年”培养力度、常态化招募大学生志愿者5项改革举措。至2021年年底，相比于改革前，20个试点县专职团干部增加16人，增幅23%；挂职干部增加14人，增幅175%；基层团组织工作力量增加3216人，增幅48%；新聘用青少年事务工作者53人，新建56支志愿者队伍；新建“两新”团组织1052家、“青年之家”291家、团办青年社团61个，基层团组织工作力量得到有效增强。

【打造江西共青团新媒体平台】 江西共青团新媒体平台进驻抖音、B站等12个网络主阵地，推出“团团晚安电台”等文化产品，“江西共青团”全平台粉丝总量突破2000万名。策划的世界VR大会、中国米粉节、赣深高铁开通等直播活动超2亿人次观看。组建1.4万名青年网宣员队伍，在中美贸易战和涉港、涉台、涉疆等舆论斗争中发声，弘扬青春能量。

【组建赣青突击队】 团省委通过社会化方式发起组建赣青突击队，协助各级应急部门开展应急救援和参加各类志愿服务活动。至2021年年底，全省共建有队伍112支，招募队员5400余名。7月，百余名核心队员驰援郑州洪灾、浙江西塘台风救援一线，协助安置群众2000余人。省直单位防汛救灾青年突击队获评全省防汛救灾先进集体。

【开展大中专学生志愿者暑期文化科技卫生“三下乡”社会实践活动】 团省委联合省委宣传部、省文明办、省教育厅、省学联开展2021年大中专学生志愿者暑期文化科技卫生“三下乡”社会实践活动，全省301所大中专院校、31.9万名学生、3347支实践团队开展暑期基层实践锻炼、赴新疆西藏社会实践、大学生向社区（村）报到等7个专项行动，走进乡村、街道、社区、企事业单位，远赴新疆、西藏等地，开展宣讲、农技推广、环境治理、健康普查、义务支教等活动，举办培训、宣讲2710场，印发宣传材料28.6万份，维修家电2995件，义诊近2万余人次。

【开展“扬帆计划”·省直机关、企事业单位大学生实习计划】 团省委开展2021年江西省“扬帆计划”·省直机关、企事业单位大学生实习计划，主动与同级直属机关、企事业单位沟通联系，与全省千余家机关、企事业单位达成合作，为全省1.49万余名大学生提供实习岗位，其中港澳台学生17人。

【共青团江西省委十六届四次全体（扩大）会议召开】 3月23日，共青团江西省委十六届四次全体（扩大）

7月，赣青突击队队员在河南抗洪抢险中转移被困群众

团省委供

会议在南昌举行。省委副书记叶建春出席会议并讲话。团省委副书记邱凌主持会议并代表第十六届团省委常委会作报告。会议审议通过《关于在谱写全面建设社会主义现代化国家江西篇章中组织动员广大团员青年建功立业的实施方案》《江西共青团2021年工作要点》,并就2020年度全省共青团工作评议情况进行通报。

【实施“新时代赣鄱乡村好青年”选培计划】 4月15日,“新时代赣鄱乡村好青年”选培计划部署动员会在南昌召开。会议明确从2021年起,用5年左右时间,在全省累计选树培养乡村好青年10万名左右,建设一支懂农业、爱农村、爱农民的农村青年骨干力量。2021年,通过村级提名、乡镇研究、县级推荐等环节,全省遴选首批乡村好青年22165人。

【开展各界青年庆祝中国共产党成立100周年系列活动】 4月21日,学党史、强信念、跟党走——江西高校青年学生庆祝中国共产党成立100周年《长征组歌》歌唱比赛决赛在赣州兴国举行,省政协副主席汤建人出席。4月28日,省委书记刘奇、省委副书记叶建春到江西师范大学、省青年互联网信息中心、红谷滩行政服务中心青年志愿服务站调研指导,看望慰问青年。同日,“青春心向党 奋斗新征程”——江西省各界青年庆祝中国共产党成立100周年青春歌会在南昌举行,省委副书记叶建春,省委常委、省委宣传部部长施小琳,省人大常委会副主任胡世忠,省政府副省长吴浩,省政协副主席刘卫平出席。

【开展江西省青年马克思主义者培养工程】 8月23日,团省委、省教育厅、省民政厅、省农业农村厅、省国资委等5部门联合下发《关于高质量推进全省青年马克思主义者培养工程的实施意见》,着力构建覆盖高校、企业、农村、社会组织、少先队辅导员等各领域优秀青年的培养体系,为党培养和输送青年政治骨干。至2021年年底,省级“青马工程”班培养768人,高校领域培养7000余人,市、县培养近8000人。

【打造“希望工程·壹元捐”公益项目】 5月30日,团省委、省青少年发展基金会推出全民公益项目“希望工程·壹元捐”,参与者通过手机可向希望工程捐赠1元钱。项目有利于促进希望工程与互联网深度融合。至2021年年底,累计参与125.3万人次,筹集金额181.6万元。

【实施《江西省中长期青年发展规划(2018—2025年)》】 7月12日,《江西省中长期青年发展规划(2018—2025年)》实施工作厅际联席会议第三次全体会议在南昌召开,省委副书记叶建春出席会议并讲话,省委常委、省政府常务副省长殷美根主持会议。会议研究审议《省直单位对青年发展规划试点县(市、区)的支持举措》《关于高质量推进全省青年马克思主义者培养工程的实施意见》《关于深化全省青年婚恋工作的实施意见》。至2021年年底,联席会议推动各地实施青年发展项目300余项,提供大学生就业实习岗位44万余个,让3.2万名青年顺利脱单,资助低收入家庭青少年3100余名。

【成立江西省红领巾巡讲团】 8月30日,江西省红领巾巡讲团成立暨试讲考核会以视频会议形式举行,23位巡讲团成员进行集中展示,评审专家对成员的试讲内容进行点评和考核。会议为省红领巾巡讲团成员颁发聘书。至2021年年底,全省建立省级23人、市级175人、县级687人的三级红领巾巡讲团队伍,开展宣讲2134场,覆盖少先队员128.15万名、少先队辅导员3.35万名。

【举办全省学校共青团第五届“微团课”大赛】 10—12月,江西省第五届“微团课”大赛青年教师组、团干教师组、学生组、中学中职组等4个组别共计举办18场复赛、4场决赛,覆盖全省105所高校,11个设区市,推动省市(高校)县(院系)校(班级)四级联动,300多个团课作品参加比赛,累计300余万人次线上线下观赛。大赛通过“微团课”形式,以赛促学,扩大团员青年集中听团课、接受党史团史教育的覆盖面和影响力。

【江西省青年志愿者协会第九次会员代表大会召开】 10月29日,江西省青年志愿者协会第九次会员代表大会在南昌召开,会员代表近250人参加会议。大会审议通过协会工作报告、财务收支报告、协会章程,发布《关于建立江西省青年志愿者协会专项志愿服务队与关于建立江西省青年志愿者协会专项志愿服务队工作制度的决定》,选举产生江西省青年志愿者协会第九届理事会,胡剑峰当选第九届理事会会长。

【江西省青少年网络文化协会成立】 12月3日,江西省青少年网络文化协会成立大会暨第一次会员大会在南昌召开,全省80余个新媒体企业和新媒体人及各设区市、高校团委宣传部负责人参会。会议选举产生第一届理事会,庄全当选会长。协会旨在打通各领域、各类别青少年新媒体平台间的联系渠道,推动平台共通、人才共用、资源共享,形成“协调行动、集中发声”的集团化优势。

【江西省青年科技工作者协会第二次会员大会召开】 12月10日上午,江西省青年科技工作者协会第二次会员大会在南昌召开,全省各地第二届江西省青科协会员100余人参会。大会审议通过协会工作报告、协会章程,研究部署协会今后一段时期的主要工作,选举产生新一届理事会,王小磊当选第二届会长。

【江西省少先队工作学会第五次会员代表大会召开】 12月28日,江西省少先队工作学会第五次会员代表大会在南昌召开,110余名会员代表参加会议。大会审议通过协会工作报告,研究部署协会今后一段时期的主要工作,选举产生新一届理事会,罗华当选会长。会议决定,学会设置少先队理论研究、学科建设、组织建设、辅导员、宣传教育工作、社会化工作6个专业委员会,深化少先队学科建设和理论研究,推进少先队工作科学发展。

【江西希望工程30周年颁奖典礼暨捐赠仪式在南昌举行】 12月29日,提供新助力,播种新希望——江西希望工程30周年颁奖典礼暨捐赠仪式在南昌举行。爱心企业、受助青年、爱心人士代表等 400 余人参加典礼，20 家爱心集体线上线下捐赠款物 8050 万元。截至 2021 年 10 月，江西希望工程累计募集善款 7.5 亿元，援建希望小学 1420 所，资助贫困学生 20 余万人，援建希望图书馆、希望电脑室、希望厨房等 2376 个，救助大病青少年儿童 2000 余人次，江西省青少年发展基金会 2 次获评 5A 级基金会。

（钟云路）

江西省妇女联合会

【概　况】　2021 年，省妇联实施“巾帼科创六大行动计划”，引领女科技工作者在航空装备制造、中医药、VR 科技等江西优势产业领域贡献力量。召开全省乡村振兴巾帼行动推进会，部署妇联组织参与乡村振兴各项工作。实施“高素质女农民”培养计划，举办全省创业女农民培训班，开办母亲技能培训“流动课堂”，开展“送技到家”技能培训，培养农村女能人和返乡女大学生等乡村振兴女性人才，各级妇联举办妇女技能培训 790 期。出台《江西省扶持妇女就业创业的若干举措》，推动在技能培训、基地创建、金融服务等十个方面做好妇女就业创业服务。举办家政服务行业技能培训、家政服务行业技能大赛、寻找“最美家政人”活动，提升家政服务从业人员的综合素质和职业技能。组织参加全国妇女手工创新创业大赛，多个项目晋级全国总决赛，其中“新余夏布绣”非遗传承项目获成长型企业组冠军。

【全省女性进“两委”和村妇联换届工作完成】　2021 年，全省 20878 个村（社区）“两委”换届，实现 100% 有女性进“两委”班子，100% 有女性进村委会，且村民委员会成员中女性比例达 30.7%，实现妇女发展纲要目标。村“两委”班子中女性成员和女性正职比例均高于上届。在全省村“两委”书记、主任“一肩挑”、正职职数减半的情况下，该届村“两委”女书记占 5.7%、女主任占 5.6%，比上届提高 2 个百分点。全省配齐村妇女小组长 18 万余人。优秀村妇女小组长被纳入村“两委”和村妇联换届候选人。6664 名村妇女小组长当选村妇联主席，210 名村妇女小组长当选村书记（主任）。全省新任村（社区）妇联主席、优秀村妇女小组长示范培训班在瑞金干部学院举办。

【开展“赣鄱巾帼心向党 扬帆奋进新征程”主题宣讲】　“赣鄱红色娘子军”宣讲团围绕“赣鄱巾帼心向党 扬帆奋进新征程”主题，在全省开展庆祝建党 100 周年宣讲活动。3 月 23 日，首场宣讲在南昌举行，省委副书记叶建春出席。宣讲会以“永葆初心”“决战决胜”“众志成城”“乘风破浪”“扬帆远航”5 个篇章，由红色故事宣讲者、脱贫攻坚奋斗者、抗击疫情逆行者、搏斗洪水志愿者以及航空报国科技工作者 5 个群体代表，通过视频、宣讲、访谈相结合的形式，多维度展现赣鄱女性的新时代风采。省妇联领导分别率“赣鄱红色娘子军”宣讲团赴 11 个设区市开展巡回宣讲。全省各级妇联组织“赣鄱红色娘子军”宣讲团开展宣讲 2000 余场。

【出台《关于进一步深化妇女“法律明白人”培养工程的通知》】　11 月 2 日，省妇联、省司法厅联合出台《关于进一步深化妇女“法律明白人”培养工程的通知》，推进“法律明白人”培养工程向城市社区拓展，要求到 2022 年年底把全省社区妇联主席全部培养成为“办事依法、遇事找法、解决问题用法、化解矛盾靠法”的“法律明白人”骨干，社区妇联干部培养成为“法律明白人”；要求从带动家庭学法用法、参与矛盾纠纷预防化解、参与妇女儿童普法维权、参与基层法治实践等方面强化农村妇女“法律明白人”培养质量和作用发挥；要求结合全省培育农村学法用法示范户工作，发动全省行政村妇联主席家庭参与农村学法用法示范户培养；结合“平安家庭”“最美家庭”等家庭文明创建活动，发挥妇女“法律明白人”学法用法示范作用。

【全省“乡村振兴巾帼行动”现场推进会召开】　12 月 21 日至 22 日，江西省妇联召开全省“乡村振兴巾帼行动”现场推进会，总结交流全省“乡村振兴巾帼行动”工作情况，部署推进下一步工作。省妇联党组书记、主席王庆就进一步推进“乡村振兴巾帼行动”工作的实施提出三点意见。省乡村振兴局二级巡视员吴路宁介绍乡村振兴系统机构概况、工作进展情况以及全省乡村振兴的工作安排。抚州市委副书记李高兴代表中共抚州市委、市政府致辞。省妇联党组成员、副主席刘丽主持会议。省妇联党组成员、副主席吴艳玲，省乡村振兴局产业指导处相关负责人出席会议。各设区市妇联主席、各县（市、区）妇联主席，省妇联机关各部室负责人、乡村振兴定点帮扶队队员参加会议。赣州、宜春、上饶、吉安、抚州市妇联主席分别围绕夯实妇联基础、如何让女性人才在乡村振兴中出彩、生态文明建设、推动红色文化传承发展以及女性创业创新等方面发言。与会人员分组交流经验做法、认识体会、工作思路，并考察抚州市“乡村振兴巾帼行动”、巩固拓展巾帼脱贫成果与乡村振兴有效衔接以及妇女参与社会治理等方面的情况。

（省妇联）

江西省科学技术协会

【概　况】　2021 年，江西省科协建有院士工作站省级 31 家、市级 36 家，市级专家工作站 11 家，柔性引进院士进江西开展学术交流、科技服务和项目合作 158 人次；推动 3 个国家级学会进江西签约、建站，累计建立国家级学会服务站 35 个；引进 7 个国家级“科技服务团”进江西开展科技服务，26 个省级学会科技服务队深入园区、企业、农村开展志愿服务 38 次；70 家海智工作站累计引进海外专家 336 人，开展合作项目 225 项。新成立省数字经济学会等 8 个省级学会。100 多个省级学会和高校科协分别主办、承办 300 多场学术交流活动，50 多位两院院士到赣或通过视频方式作学术交流报告。承接全国性、区域性、专业性的学术会议 30 余场次。指导市科协、县科协主办各类学术交流活动 100 余场次。推动 10 余个省级学会承接 49 项政府转移职能。成立“江西省乡村振兴科技联盟”,实施“乡村振兴产业技术升级培训”项目30个。与省委组织部联合开展“农村党员创业致富带头人培训”12期,培训1000余人。新成立12家科技小院,19个“科技小院”开展农技培训25期,培训1650余人,技术咨询服务317次,解决实际技术问题3项。成立江西科技人才发展基金会,开展首届“江西青年科技奖”评选,评选出20人。推选江西省2人为2021年中国工程院院士候选人。建立10万余人的科技志愿者队伍,开展科普讲座、农技培训、技术帮扶、航空科普进校园等志愿服务活动1130场,受益群众约60万人次。面向社会发布重点决策咨询课题4项,形成《决策咨询专报》6期,其中3期获4位省领导批示。组织全省13个国家级站点和15个省级站点上报有效信息125篇,德安县科协、省医学会、吉水中学上报的信息被中国科协“科情调查”刊发,完成中国科协专题调查任务。

【江西省航空产业省校合作座谈会召开】 5月17日,江西省航空产业省校合作座谈会在南昌召开。省政府副省长罗小云、南京航空航天大学校长单忠德院士出席会议,省科协主席史可主持会议。南京航空航天大学副校长宋迎东、省政府办公厅副主任杜章彪、南昌航空大学党委书记罗嗣海、省科协副主席蔡震峰、省委军民融合发展委员会办公室副主任郭志军、省科技厅副厅长鄢帮有、省国资委副主任卢正大、省工信厅一级巡视员王亦斌、省委人才办二级巡视员刘寒松出席会议。南京航空航天大学、南昌市政府、景德镇市政府有关部门负责人以及洪都航空工业集团公司、航空工业昌河飞机工业(集团)有限责任公司有关领导参加会议。南昌市政府、景德镇市政府、南昌航空大学、洪都航空工业集团公司、航空工业昌河飞机工业(集团)有限责任公司分别提出与南京航空航天大学合作的意向。

【2021年“全国科技工作者日”江西主场活动在南昌举行】 6月2日,2021年“全国科技工作者日”江西主场活动在南昌举行。省委副书记叶建春出席活动并讲话。省委副秘书长方向军、省科协主席史可、省委宣传部副部长吴永明出席活动。省科协党组书记曾萍主持活动。会议传达学习中共中央总书记习近平在两院院士大会、中国科协第十次全国代表大会上的重要讲话精神,为10名2021年江西省“最美科技工作者”和10名2021年江西省“最美科技工作者”提名人员颁发证书。2021年江西省“最美科技工作者”学习宣传活动主办单位领导,省全民科学素质工作领导小组成员单位领导,2021年江西省“最美科技工作者”和2021年江西省“最美科技工作者”提名人员,省级学会、院校科协、三甲医院科协、企业(园区)科协代表,省科协机关、直属单位干部共200余人参加活动。

【举办“科创中国”技术路演——俄罗斯新型生产材料与制造(江西鹰潭)专场活动】 7月8日,“科创中国”技术路演——俄罗斯新型生产材料与制造(江西鹰潭)专场活动举办。中国科协党组成员、书记处书记王进展,俄罗斯科工联副主席、第一书记彼得罗维奇,江西省科协党组书记曾萍出席活动并致辞。活动采用线上线下结合方式,围绕江西鹰潭铜智能制造、铜基新材料,聚焦新型生产材料与制造领域,俄罗斯科学工程协会联合会、彼得大帝圣彼得堡理工大学有关专家带来6个项目技术路演,江西省进行园区推介和专家点评对接交流。

【举办2021虚拟现实产业创新大赛】 10月,以“激发VR创新活力”为主题的2021虚拟现实产业创新大赛由江西省科协与南昌市政府、虚拟现实产业联盟共同主办,南昌市红谷滩区政府、红谷滩区虚拟现实产业发展推进中心、北京赛迪出版传媒有限公司、中国电子报社共同承办。大赛分创新应用、企业/团队2个赛道,200多家企业/团队参赛,10月19日、20日在南昌分别举行两个赛道的决赛,各评选出一等奖1个、二等奖2个、三等奖3个、优胜奖6个。省政府副省长罗小云出席颁奖典礼并颁奖。

【举办2021中国航空产业大会】 10月29日至30日,由省科协牵头承办的2021中国航空产业大会在南昌召开。中国航空学会名誉理事长刘高倬、中国工程院院士赵振业应邀出席,中国航空学会和航空制造、市场运营、维修保障等有关方面企业、投融资机构以及相关高等院校、科研院所的行业精英、专家学者、企业名流齐聚南昌,围绕“新开端、新视角、新服务”的大会主题,共同探讨航空产业高质量发展。大会与南昌飞行大会在高新区瑶湖机场联合举办开幕式。省委书记易炼红出席并宣布开幕,省委副书记、代省长叶建春致辞。副省长罗小云主持开幕式,并全程参加各项活动。省政府副秘书长杜章彪,省科协党组书记曾萍,省科协主席史可,省科协副主席蔡震峰,省科技厅、省工信厅、省国资委、南昌市政府、南昌经开区、航空工业洪都公司、南昌航空大学、江西经济管理干部学院、江西航空职业技术学院、省航空学会等单位负责人出席大会。大会组织主旨报告会、院士专家研讨会、产业对接会,以及无人机智能技术发展论坛、航空产业发展论坛、航空维修及运行保障论坛、航空制造业低碳发展论坛等系列活动,其间签约4个项目共120亿元。

(袁悦)

江西省归国华侨联合会

【概 况】 2021年,省侨联围绕中心、服务大局,以侨为本、为侨服务,扎实做好各项工作。融入“一带一路”,促进“江西省一带一路文化交流中心——丝路侨胞之家”项目及匈牙利中小企业孵化基地落户江西。增设特聘专家委员金融分会、青年分会,增加华东交通大学、南昌大学第一附属医院为侨情专报直报点,2021年共报送侨情专报70篇,被中国侨联采用17篇。组织承办8期28个营的“亲情中华·为你讲故事”网上夏(春秋冬)令营,来自西班牙、美国、加拿大、印尼等16个国家和地区、23个海外华文教育机构的2682名海外华裔青少年参加江西营活动。争取中国华侨公益基金会项目资金100万元,支持余干县洪家嘴乡修建爱心桥项目。

【基层组织建设】 强化基层组织建

设,实现市县两级侨联组织全覆盖。建立健全“地方侨联+高校侨联+校友会”和“基层侨联(涉侨社团组织)+海外华侨华人社团”工作机制,指导市级侨联成立“景漂之家”等涉侨组织,指导县(市、区)侨联成立樟树旅德侨眷联谊会、万载新华侨侨属侨眷联谊会等多个涉侨社团。全省首个省级医院“侨胞之家”成立,中央红军长征出发地纪念园、詹天佑祖居纪念馆获批“中国华侨国际文化交流基地”。

【做强“侨联四海 情满赣鄱”爱心助学品牌】 举办江西师大“爱国·同心”奖学金发放仪式,由爱心侨胞捐助3年期奖学金245万元,受助学生共计490人;争取“董妈妈基金”向江西师大捐资25万元助学金;浙江省新华爱心教育基金会在赣州、九江、吉安设立3个“珍珠班”,每年资助学生费用共计27.5万元。

【江西省人民医院“侨胞之家”成立】 11月12日,江西省首个省级医院“侨胞之家”在江西省人民医院揭牌成立。省侨联党组书记、主席张知明,省卫生健康委党组成员、省人民医院党委书记钭方芳,省人民医院院长陈志平,省侨联副主席、省人民医院副院长徐余波,省侨联副主席陈桂辉出席并为省人民医院“侨胞之家”揭牌。省人民医院党委委员徐仁佃以及医院归侨侨眷、归国留学人员代表等40余人参加活动。

(省侨联)

江西省台湾同胞联谊会

【概　况】 2021年,省台联围绕两岸关系和平发展主题和全省经济社会发展大局,团结全省台胞,发挥乡情亲情优势,认真履职尽责,深化赣台民间交流交往。全年完成重点调研课题8篇,上报信息11篇,为12名台籍考生办理高考加分证明。在省政协大会提交大会发言材料4篇,上报集体提案5件,上报个人提案10余件。

【对台交流】 2021年,省台联克服疫情困难,开展对台联络,加强与岛内、海外台胞和在赣台商联系,注重与台湾社团、代表性人士和基层民众的联络交往,密切与省内台籍同胞的联系。在南昌、井冈山举办“两岸融合发展交流营”活动,中华青年发展联合会及北京、上海、福建、江苏、浙江和江西等地的台青、台生30余人参加交流营;组织20余名台商赴山西参加第十二届中部博览会,推动两地台企交流;参加第八届大江论坛、两岸姊妹湖协作会议、两岸同名乡镇联谊周等品牌活动;加强与台湾中华青年发展联合会、台北江西同乡会等统派社团的联络;深入南昌、九江、抚州、吉安、赣州等地市联络台商,拜会当地台企协。7月,省台联牵线搭桥,协助全国台企联青委会在南昌举办第十一届青年菁英特训营,110余名台商二代、台湾青年企业家共同学习、交流,共同探寻大陆创新创业发展机遇。

【团结联谊】 2021年,省台联开展“我为群众办实事”实践活动,重点为台胞、台商解决工作、生活难题,提升为民服务、为民办事的实效。累计为12名台籍考生办理高考加分证明,推动惠台政策落到实处;推动台企矛盾纠纷排解,解决台胞就业生活困难;组织开展春节、中秋等传统节日台胞联谊活动,持续建设“台胞之家”。

【建言献策】 2021年,省台联围绕全省发展大局和两岸民生实际,参政议政、建言献策,累计组织完成《建设江西高水平内陆开放型经济试验区助力构建新发展格局》《关于加强农村基本公共文化服务建设的调研报告》等重点调研课题8篇。累计上报《建议大力吸引台湾“首来族”青年来大陆交流考察》《建议加快推进台胞证在全国政务服务领域和公共服务领域的便利使用》等信息11篇。发挥台联界别委员作用,做好省政协大会发言和提案工作,提交大会发言材料4篇,上报集体提案5件,上报个人提案10余件,得到有关部门的积极评价。2021年,获得参政议政先进集体三等奖,《弘扬客家文化 凝聚“九二共识”》获评省政协优秀建言资政成果奖,《细化落实惠台措施激发中小台企创业活力》获评省政协重点提案。

【江西省台联九届四次理事会召开】 3月30日,江西省台联九届四次理事会在南昌召开,省委常委、省委统战部部长陈兴超到会祝贺并讲话。省委统战部分管日常工作的副部长刘文华,省委统战部副部长张继钦,省委台办副主任沈兵秋,台盟江西省委会主委曾鲁台出席开幕式。省台联会长徐友洪,副会长吕少军、俞红光、杨奕、林峻、温建新出席会议。会议学习传达中共中央总书记习近平在党史学习教育动员大会上的重要讲话精神和全国“两会”精神,审议通过江西省台联年度工作报告,表彰年度工作先进集体和先进个人,通过省台联九届四次理事会会议决议。

(聂冬晖)

江西省文学艺术界联合会

【概　况】 截至2021年年底,江西省文联团体会员34家。全省11个设区市、96个县(市、区)成立了文联组织。全省各级文艺家协会会员10万余人,其中国家级会员3294人,省级会员21774人。

【文艺创作成果】 剪纸《早市地摊》获第十五届中国民间文艺山花奖;长篇小说《琵琶围》入选中宣部“2020年优秀现实题材文学出版工程”;歌曲《有你就幸福》《饮水思源》入选中国当代歌曲创作精品工程“听见中国听见你”2021年度全国优秀歌曲,《七十七双草鞋》《好日子说来它就来》入选“百年百首”全国优秀新创歌曲,《是你一直想着我》入选中宣部“中国梦主题新创作歌曲”;舞蹈《许你一生》《苏区母亲》入选第十二届中国舞蹈“荷花奖”当代舞终评,实景舞蹈《井冈星火》入选中国文联“学党史、传精神、跟党走”——中国文艺志愿者在行动主题活动;欧阳荷庚、蒋卫平入选第七届中国书法“兰亭奖”;油画《中印战争中的张国华将军》《战斗在黎明前的黑暗——南昌解放》、版画《从秋收起义到革命征途》被中国共产党历史展览馆馆藏;鄱阳大鼓《唱首赞歌给党听》入选中国曲协“庆祝中国共产党成立100周年曲艺精品创作展演工程”优秀曲艺作品，萍乡春锣《唱起春歌赞青松》获第十届中部六省曲艺展演优秀节目奖，鄱阳大鼓《重启幸福》获第十六届中国人口文化奖二等奖；评论文章《家国情与岭南风：舞剧〈醒·狮〉的民族审美建构》获评第六届啄木鸟杯评优活动优秀作品，评论文章《“云模式”下的综艺众生相》入选第五届“啄木鸟杯”中国文艺评论年度推优暨第二届网络文艺评论优选汇优秀评论文章；剧本《市长还乡》获中国视协重点现实题材电视剧剧本资助。

【文艺人才队伍建设】 加强文艺界思想政治引领，举办“江西文艺·名家讲堂”以及文联系统干部履职能力提升暨新媒体应用培训班等60余场培训活动。面向基层举办主题版画创作人才培养班、全国网络电影创作学习班、曲艺创作骨干培训班、《星火》驿站写作训练营、摄影公益大讲堂等各类培训，提升基层文艺创作水平。推动校园美育开展，建立健全高雅艺术进校园常态化机制，以公益讲堂、文艺辅导、展览展演等方式让优秀文艺走进校园。组织青少年文艺创作和比赛，举办“小白鹭”少儿舞蹈展演、少儿戏曲“小梅花”大赛、少儿曲艺大赛以及全省少年儿童美术摄影工艺作品展等活动。以艺术考级为推手，加强青少年艺术培养。2021年省文联艺术考级超过20.5万人次。

【举办庆祝中国共产党成立100周年主题文艺创作展览展演活动】 举办“百年赣鄱耀中华”——庆祝中国共产党成立100周年江西省大型美术书法诗词创作展，展览于6月29日在江西美术馆开幕，省四套班子领导出席开幕式，省政协、省国资委、省卫健委等100多家单位的党员干部和社会各界近2万人观展。该展于8月12日至22日在中国美术馆展出，并先后在江西科技师范大学、南昌大学巡展。举办“永远跟党走”江西谷雨诗会主题诗歌晚会，晚会以诗歌朗诵、音乐、舞蹈等艺术形式呈现中国共产党百年辉煌历程。举办《井冈颂》大型原创交响组歌音乐会，以音乐的形式讴歌跨越时空、历久弥新的井冈山精神。举办“党的光辉照我心”江西省党史题材原创舞蹈展演，以舞蹈的形式演绎百年党史中江西的重大历史事件、典型故事、英雄人物。与中国评协共同举办建党百年红色文艺经典研讨会，回顾总结百年来红色文艺创作的辉煌成就和宝贵经验，共同探讨红色文艺经典的时代价值和未来发展。举办“学党史、感党恩、跟党走”书法展览，以书法展现中国共产党的历史。举办“百年党史红色印迹”党史文物遗址摄影展，聚焦江西红色文化资源，展现100幅江西境内具有鲜明历史印迹的革命文物遗址的摄影作品。在全省范围组织开展“幸福欢歌”走进新时代文明实践中心云接力活动，回顾中国共产党的艰辛历程。举办“百年丰碑——100位老红军的时代画像”主题画展，用100幅肖像作品表达当代艺术家对英雄、先烈的礼赞。举办庆祝建党百年现代京剧名段名家票友演唱会、庆祝建党百年主题版画创作、“风展红旗如画”——原创江西风格作品音乐会、“百年风云奋斗路·万子牵红跟党走”庆祝建党100周年书法作品展等展览展演展示活动。

【举办有江西特色的主题文艺创作展览展演活动】 联合中国民协举办中国民间文艺山花奖·优秀民间艺术表演作品（舞龙）赛事，举办全国颜体书法展、南城麻姑文化节、“回望大湖·迈步小康”鄱阳湖渔俗文化摄影展、全省剪纸刺绣民间绘画作品展、第四届汤显祖戏剧奖暨江西地方戏曲优秀剧目展演等具有赣鄱特色的品牌活动，展现江西传统文化的悠久历史。聚焦乡村振兴、脱贫攻坚，组织开展《影像江西——五个村庄的脱贫故事》画册创作、乡村振兴和现实题材中短篇小说重点作品征集、“风起赣鄱”原创长篇小说重点作品扶持工程征集等活动，主编出版《红土地的脱贫报告》《新世纪江西文学精品选2000—2019》丛书等。

【开展主题文艺实践和文艺惠民活动】 开展“万名文艺家下基层”文艺志愿服务，全年举办活动401场次，服务时长11598小时，受众近10万人次。《江西日报》以《“百花”对沃土的情意》整版报道“万名文艺家下基层”送文化、种文化的场景。创作的文艺志愿服务快闪视频《学习雷锋好榜样》在学习强国、中国文明网、全省公益大屏上滚动播出。开展“推动移风易俗、促进乡风文明”行动。针对高价彩礼、薄养厚葬等陈规陋习，组织创作多种艺术形式的移风易俗主题作品，组成“时代新风进万家”移风易俗专场演出及主题漫画和摄影展览，在全省开展巡演巡展。依托江西省新时代文明实践志愿服务平台，建立文艺志愿服务“项目库”，形成“群众点单、文联派单、文艺家接单、受众评单”服务机制。印发《关于进一步推进全省文艺志愿服务工作的实施意见》，完善文艺志愿、文艺采风、文艺创作、人才培养、文艺惠民“五位一体”的服务体系，建立健全招募注册、星级评定、奖励激励等制度。

【加强“文艺两新”工作】 2021年，省文联继续加强“文艺两新”（新文艺组织和新文艺群体）工作，服务新文艺组织和新文艺群体。首次召开全省文联“文艺两新”工作座谈会，成立省文联“文艺两新”工作委员会和工作领导小组，推动10家省级文艺家协会和8个设区市文联成立“文艺两新”工作机构。举办“文艺两新”人才研修班、“文艺两新”庆祝中国共产党成立100周年摄影展、“魔术之星‘两新’风采”江西省第三届魔术展演等活动，拓展服务内容。制定出台《关于加强新文艺组织和新文艺群体工作的意见》，从加强组织引领、密切联络协调、加强培育引导、优化扶持服务、促进规范发展等方面对全省“文艺两新”工作提出针对性强、切实可行的工作措施。

【江西省文联文艺工作者职业道德和行风建设委员会成立】 9月10日，江西省文联文艺工作者职业道德和行风建设委员会成立大会在南昌召开。省委宣传部副部长黎隆武、省文联党组书记马玉玲，省文联党组成员、主席叶青，省文联党组成员、副主席张越、邬定忠，省文联兼职副主席、省作协主席李小军，省文联副主席毛国典，省文联党组成员、挂职副主席温燕霞等出席会议。省各文艺家协会主席、驻会负责人、文艺家代表、新文艺群体代表，各设区市文联主要负责人，省文联机关干部参加会议。会议审议通过《江西省文联文艺工作者职业道德和行风建设委员会章程（草案）》《江西省文艺工作者职业道德守则》《江西省文联文艺工作者职业道德和行风建设委员会委员履行职责暂行办法》，发布《江西省文艺工作者遵守职业道德共同宣言》。会议推举叶青为江西省文联文艺工作者职业道德和行风建设委员会主任，张越、邬定忠、李小军、毛国典、温燕霞为副主任，成员由省内各艺术门类文艺家代表、各省级文艺家协会主席及驻会负责人（协会职业道德建设委员会主任）、省文联有关职能部门负责人、新文艺群体优秀代表和法律专业人士组成。

【首届映山红文艺论坛在南昌市举办】 9月27日，首届映山红文艺论坛在南昌市举办。论坛由江西省文艺评论家协会发起，广西壮族自治区、陕西省、湖北省、贵州省文艺评论家协会共同参与。来自5省（自治区）的40余名文艺评论家和文艺评论工作者参加。该论坛旨在加强文艺评论阵地建设、强化文艺评论工作组织保障、推进重点文艺评论工作创新发展。

【江西省网络作家协会成立】 10月25日，江西省网络作家协会成立大会在南昌召开，全省各地的101名代表参加会议。会议审议并原则通过工作报告及《江西省网络作家协会章程》，选举产生江西省网络作家协会第一届理事会主席团。李涛（净无痕）当选为江西省网络作家协会主席。

（陈聪）

江西省残疾人联合会

【概　况】 2021年，江西省11个设区市、100个县（市、区）和1592个乡（镇、街）成立有残联。全省有残疾人283万人，占全省总人口6.39%。其中，视力残疾人46.6万人，听力残疾人63.8万人，言语残疾人4.8万人，肢体残疾人85.2万人，智力残疾人25万人，精神残疾人19.6万人，多重残疾人38万人。有持证残疾人122万人。省残联夯实残疾人事业发展基础，推动出台《江西省"十四五"残疾人保障和发展规划》，建立残疾人"两项补贴"动态调整机制，完善残疾人适配基本型辅具补贴制度，巩固拓展残疾人脱贫攻坚成果，健全残疾人社会保障体系，提高残疾人公共服务水平，残疾人文化活动及竞技体育取得新突破。

【《江西省"十四五"残疾人保障和发展规划》出台】 11月，省政府出台《江西省"十四五"残疾人保障和发展规划》。《规划》结合解决残疾人急难愁盼问题和提升残疾人"平等、参与、共享"水平，提出"4+2"重点任务，即建设普惠型的残疾人社会保障、可持续的残疾人就业创业、高质量的残疾人特殊教育、精准化的残疾人康复服务等四个体系，打造活力型的残疾人文化体育品牌、更可及的残疾人无障碍环境等两项重点工作。构建"8+6"模式，即围绕社会保障、就业创业、特殊教育、康复服务、文化体育服务、平等参与环境、科技助残、基层基础八个方面，设置6个专栏，提出37项具体举措及26项重点工作。

【巩固拓展残疾人脱贫攻坚成果】 江西省5801名边缘易致贫残疾人、6875名脱贫不稳定残疾人和2252名突发严重困难户分别纳入监测范围。建立残疾人"两项补贴"动态调整机制，惠及94.9万人。1.28万名困难重度失能残疾人享受照护和托养服务补助政策。扶持584家农村阳光助残就业基地，带动2452户困难残疾人家庭实现就业增收。落实"六稳""六保"工作，省残联压缩一般性支出1256万元支持乡村振兴重点帮扶县等，100万元支持上饶疫情防控工作。

【残疾人康复服务】 围绕实现残疾人"人人享有康复服务"目标，强化顶层制度设计，出台"十四五"残疾人康复服务实施方案。探索构建互联网+辅具申购模式，为残疾人提供更加便捷高效的辅具适配服务。制定出台江西省残疾儿童康复专家资源库管理办法，构建完善康复服务第三方评估机制。推进精准康复服务行动，为15.9万名残疾人提供基本康复服务，为5.5万名残疾人提供辅助适配服务，8329名残疾儿童得到康复救助，残疾人基本康复服务率和辅具适配率均超过95%，80所高校156名残疾大学生享受辅具适配服务。

【残疾人教育就业】 江西省残疾儿童少年义务教育入学率96.7%。资助661名残疾大学新生，符合录取政策的上线残疾考生录取率100%。修订江西省教师资格申请人员体检办法，肢体、视力、听力残疾人直接受惠。扶持85所特教学校，为3618名初中、高中阶段残疾学生提供职业技能教育，为362名残疾人提供劳动技能培训。出台江西省超比例安排残疾人就业企业奖励办法。实施民生实事工程，为1.51万名残疾人购买公益性岗位，2.01万名残疾人接受技能培训，新增1.46万名残疾人就业。持续开展"帮扶心贴心，服务面对面"盲人按摩送教上门志愿者服务，培训500余人。

【打造更可及的残疾人发展环境】 推进无障碍环境建设，为10776户困难重度残疾人家庭实施无障碍改造。做好为行动不便重度残疾人集中办理残疾人证工作，为1.2万名重度残疾人提供残疾评定上门服务工作。建立智能化网上残疾人服务事项，实现残疾人办证"跨省通办""省内通办"。推广和使用国家通用盲文和通用手语，推荐的《手语有爱 沟通无碍》作品代表江西省参加全国语言文化品牌活动案例展示。

【开展残疾人文艺活动】 5月，组织8场中国残疾人艺术团公益巡演活动走进省委党校、革命老区。6月，举办"永远跟党走"江西省第九届残疾人艺术汇演，首次以在线直播方式演出，在线观众50多万人。借助景德镇国际陶瓷博览会平台，联合举办肢体残疾人书画文化节、聋人工艺美术作品展，首次以VR形式线上展示残疾人优秀书画作品。江西省选送残疾人文艺节目在全国艺术汇演上获1个一等奖、2个二等奖、4个三等奖的成绩，10幅特殊儿童绘画作品获全国特殊儿童绘画大赛奖项，1首残疾人歌曲入选中国残联"心向党·颂党恩"建党百年主题歌曲全国十大金曲。

【邓雪梅获第十六届夏季残奥会金牌】 8月24日至9月5日，第十六届夏季残奥会在日本东京举行，江西省举重运动员邓雪梅以153公斤的成绩夺得女子举重86公斤以上级金牌。邓雪梅，女，汉族，江西大余县人，1991年12月出生，6岁因车祸失去右腿，2004年入选江西省残疾人举重队。17年来，她先后获2014年仁川亚残运会、全国第十届、十一届残运会女子举重86公斤级以上金牌。2021年首次参加东京残奥会，在女子86公斤以上级决赛中，她第一次举起147公斤，第二次举起151公斤，第三次加举以153公斤的成绩，获得该项目金牌。2021年，被授予中国青年五四奖章、全国五一劳动奖章、全国三八红旗手称号。

【参加全国第十一届残运会暨第八届特奥会】 2021年10月，全国第十一届残运会暨第八届特奥会在陕西举行。江西省体育代表团参加28个项目比赛（其中残运会11个项目、群体项目8个项目、特奥会9个项目），参赛运动员198人，获55金、41银、46铜。其中，残运会参加田径、游泳、乒乓球、举重、盲人柔道、赛艇、越野滑雪、冬季两项等19个项目的比赛，获得17金23银24铜（含群体项目），1人超世界纪录，2人破全国纪录，奖牌数超越上届残运会。特奥会参加田径、游泳、举重等9个项目，获得38金18银22铜。残运会比赛中，举重运动员邓雪梅以160.5公斤的成绩获女子86+公斤级金牌，超世界纪录，破全国纪录；田径运动员李启正以13.25米的成绩获男子F20铅球金牌并破全国纪录；何珊珊以2分26秒和4分57秒的成绩，分别获得女子T11级800米、1500米2枚金牌；盲人柔道运动员冯斌以绝对优势力克对手，获得男子-90公斤级和男子-81公斤级以上无差别2枚金牌。

（谢怡洁）

江西省红十字会

【概　况】 2021年，省红十字会募集捐赠款物4.7亿元。“99公益日”网络众筹发起330个项目，动员195.2万人次捐款、筹集8859.68万元善款，位居全国红十字系统第一位、全省公募机构榜首。培训救护员12.35万人，普及应急救护知识102.94万人。实现器官捐献215例、造血干细胞捐献39例。实施“红十字天使计划”人道救助项目，为白血病患儿发放1134万元救助。省红十字会定点扶贫村程家坊村党总支部被中共中央、国务院授予“全国脱贫攻坚先进集体”称号；红十字志愿者胡敏华获“第48届南丁格尔奖章”；省红十字会被评为全国第六届文明单位、江西省第十六届文明单位、全省全面深化改革工作先进单位、节约型机关，省红十字会事业发展中心被全国妇联授予“巾帼文明岗”称号。

【重点领域改革创新】 2021年，全省红十字会治理结构、组织体系、基层基础等领域的改革取得明显成效，走在全国红十字系统前列，得到总会肯定。全省县级以上红十字会全部理顺管理体制，成立党组，召开会员代表大会，成立理事会、常务理事会、执委会、监事会。打造特色亮点工作，基层基础、监事会、养老服务、应急救护工作初见成效。出台《江西省红十字会监事会工作规则》《监事会监督规范化操作手册》《江西省红十字会条例释义》《红十字会工作法律法规实务指南》等工作制度与资料。建成省市县三级红十字会云视频会议系统，对接“赣政通”实现移动办公，在“赣服通”建立红十字会专区，商用密码改造方案通过专家评审。

【开展组织体系建设年活动】 召开“强基攻坚战”动员部署会和推进会，加强乡镇、街道、学校等红十字会基层组织建设，发展壮大红十字会会员、志愿者队伍。全年新增红十字会基层组织943个，发展红十字团体会员1146个，个人会员55164人，发展红十字志愿者10619人。采取嵌入新时代文明实践中心、党群服务中心和其他公共服务设施的形式，建设博爱家园、红十字救护站、生命健康安全体验馆等基层阵地412个，强化服务功能。参与城乡社区治理，将“红十字服务事项”融入乡镇、街道、社区便民服务中心民政、计生等窗口，动员组织社区居民共同开展人道服务项目、活动，参与社区事务，打造群众身边的红十字会。

【组织系列主题宣传】 开展“汇聚党旗下，携手为人道”“奋斗百年路，启航新征程”主题宣传活动，回顾百年党史和百年红十字运动史。开展“红十字救在身边”红十字博爱周主题宣传活动，传播应急救护知识。开展2021年“生命的乐章”捐献者清明追思缅怀主题宣传活动，得到社会各界关注，新华社、新华每日电讯、学习强国、江西卫视、《江西日报》等中央、省内主流媒体进行报道。开展第48届南丁格尔奖获得者胡敏华系列宣传活动，举办胡敏华先进事迹报告会、研讨会、新闻发布会等。开展寻找“最美救护员”活动，推出“最美红十字人”系列人物视频，宣传红十字会员、志愿者典型人物事迹和感人故事，传播红十字精神。举办全省红十字志愿服务项目大赛和“有爱就会红——光影下的红十字志愿者”摄影大赛。加强红十字理论研究，在各类媒体刊发理论研究文章49篇，有9篇作品获奖。

【开展红十字活动】 2021年，全省红十字会参与重大赛事服务保障109场。推进健康养老服务工作，成立省市县三级红十字南丁格尔志愿服务队113支，开展“关爱老人·情暖夕阳志愿服务”活动，受益人数15.37万余人。实施生命延续工程，建成县级以上遗体捐献纪念园13个，在二级以上医院设立“三献”咨询平台351家，对捐献者困难家庭进行人道救助1066.3万元。6月，举办省红十字应急救护大赛暨第六届全国红十字应急救护大赛选拔赛，推进5A级景区救护站全覆盖，建成20个高速公路服务区救护站，全省各景区救护站开展紧急救护处置563起。7月，全省红十字会共派出15支红十字应急救援队赴河南水灾地搜救和转移受灾群众9488人，并筹集款物1621.11万元，支援灾区开展紧急救援和灾后重建。11月，各级红十字会派遣红十字志愿者深入上饶市铅山县开展疫情防控工作，紧急调拨防疫物资驰援抗疫。

【举行“2021—江西省红十字应急救援综合演练”】 9月18日，省红十字会举行“2021—江西省红十字应急救援综合演练”。省政府副秘书长王前虎出席。中国红十字会监事会副监事长李立东莅临指导并对演练进行点评。省红十字会党组书记、常务副会长龚建辉讲话。演练模拟省内某地发生特大洪涝灾害,采取实景现场模拟方式,赈济、水上救生、心理援助、现场搜救等四类红十字救援队实施救援。来自省、市红十字会的5支红十字应急救援队90余名队员和红十字志愿者参加演练。

(罗星星)

江西省社会科学界联合会

【概　况】　全省有设区市社联11个、县(市、区)社联96个、高校社联25个、省属社科类社会组织109个,市县区社联所属学会超过1100个。2021年,全省国家社科基金年度项目获立项114项,较上年增加8项,其他类别项目获立项23项,获资助经费3295万元,较上年增加85万元。省社科基金各类项目立项821项,资助经费1091.7万元,较上年增加161项,资助经费增加352.1万元。

【智库建设】　参与承办2021江西智库峰会暨国家级大院大所产业技术及高端人才进江西活动。中国科学院副院长、党组成员、院士张涛以及来自60多家国家级院所的领导、院士和专家出席。遴选江西社会科学青年创新团队。经过自愿申报、单位推荐、专家评审、省社联党组审议等环节,遴选5个青年创新团队。完成第十九次社科优秀成果奖评选。评选出获奖成果359项,较上次评奖增加近90项。办好《智库成果专报》。2021年《智库成果专报》共出刊36期,获省部级领导书面肯定性批示30人次,正省级领导批示3人次。

【社科普及】　打造“百年党史江西篇”主题列车,为党的百年华诞献礼。举办党史知识、中共中央总书记习近平“七一”重要讲话精神和中共十九届六中全会精神网上有奖竞答活动,省内外参与答题突破250万人次。2021年全省社科普及宣传周活动以“永远跟党走,建功新时代”为主题,聚焦宣传宣讲习近平新时代中国特色社会主义思想和中共十九届六中全会精神、中共中央总书记习近平“七一”重要讲话精神、党史知识学习、“四史”教育,面向基层群众开展宣传宣讲近千场。

【社团管理】　制定省社联领导联系学会及专家工作的实施办法,全年开展联系活动20余次。召开学会党建工作会议,为江西省社会科学学术团体加强党的建设提供制度遵循。举办全省基层社联业务骨干培训班和省属学会秘书长会议暨党务人员培训班。深入基层社联、高校社联开展调研、征求意见,摸清基层社联建设、社科人才队伍建设以及高校社联组织建设中存在的问题。

【期刊发展】　《苏区研究》入选CSSCI(2021—2022)扩展版来源期刊和中国人大“复印报刊资料重要转载来源期刊(2020年版)”,获评国家哲学社会科学文献中心学术期刊数据库政治学学科最受欢迎期刊,获第七届华东地区优秀期刊、第六届江西省优秀期刊二等奖,刊发文章入选由中宣部出版局主办的第五届“期刊主题宣传好文章”。《老区建设》获第六届江西省优秀期刊奖。

【持续办好“江西社科大讲堂”】2021年,“江西社科大讲堂”以主题化、系列化方式,全年开展线上线下宣传宣讲56场,受众达5万余人。举办庆祝建党100周年和党史学习教育主题宣讲10余场次。邀请党史专家学者先后到南昌职业大学、南昌公交集团、南昌水业集团、江西长运集团、南昌市图书馆等单位作党史知识专题讲座,教育引导广大干部群众听党话、感党恩、跟党走。举办学习宣传贯彻中共中央总书记习近平“七一”重要讲话精神专题讲座20余场。7月起,“江西社科大讲堂”与市县社联共同推出“一周一讲”专题宣讲活动,到学校、机关、企业、社区(村庄)、新时代文明实践中心(站、所)进行宣讲。举办中共十九届六中全会精神专题宣讲近10余场。把学习贯彻中共十九届六中全会和学习贯彻中共中央总书记习近平视察江西重要讲话精神结合起来,贯彻落实中共江西省委第十五次党代会精神,组织全省宣传思想文化领域理论界高层次人才深入基层、深入群众开展宣传宣讲。举办“家庭家风家教”专题空中云课堂8讲。省社联联合省属社科学术社团推出“家庭家风家教”专题空中云课堂,助推中共中央总书记习近平关于家庭家风家教建设重要论述在广大家庭落地生根。

【举办系列研讨培训活动】　2021年,省社联举办一系列研讨培训活动,加强社科普及工作。7月16日,省社联和省委宣传部共同举办学习贯彻中共中央总书记习近平“七一”重要讲话精神座谈会暨党史学习教育省委宣讲团理论研讨会。12月7日,省社联和省委宣传部共同举办全省学习贯彻中共十九届六中全会理论研讨会。10月25日至28日,举办2021年全省基层社联业务骨干培训班,来自全省各设区市社联、部分县(市、区)社联负责人及业务骨干代表共50人参加培训。12月14日,召开省属学会秘书长会议暨党务人员培训班,省属学术社团秘书长及党务工作人员近90人参加培训,围绕社团管理制度化、工作规范化、活动常态化及学会组织建设、党的建设等内容开展培训、交流研讨。7月21日至24日,举办江西省社科普及人才培训班,全省社科普及工作者代表50余人参加培训。12月8日至11日,举办江西省社科普及基地负责人培训班,全省37个社科普及基地负责人或相关人员参加培训。

(省社联)

本类目编辑　邓诚君

法　治

地方立法

【概　况】 2021年，做到立法决策与改革发展决策相衔接，立法项目与地方治理需求相呼应，立法机制与法治建设要求相适应，加强重点领域立法，健全立项、起草、论证、协调、审议机制，探索建立协同立法工作机制，加强对设区的市立法工作指导，不断提高地方立法的针对性和实效性。全年制定修改地方性法规29件，其中一揽子修改16件；批准设区的市法规和决定25件；对166件规范性文件进行备案审查。

【重要领域立法】 修改人口与计划生育条例，江西成为全国第二个落实“三孩生育政策”的省份。在全国省级人大常委会作出首个支持保障“双碳”工作的决定，助推江西绿色转型发展。作出常态化开展扫黑除恶斗争巩固专项斗争成果的决定，推动扫黑除恶斗争常态化、机制化。一揽子修改医疗纠纷预防与处理条例等11件地方性法规，确保与上位法保持一致、与机构改革要求相衔接。制定社会信用条例，助推高质量社会信用体系建设。制定矛盾纠纷多元化解条例，把各类矛盾纠纷化解在基层、消除在萌芽。制定革命文物保护条例，建立健全革命文物保护和传承运用体制机制。制定全国首部候鸟保护条例，以法治方式加大对省鸟白鹤等珍稀候鸟的保护力度。制定生活垃圾管理条例，构建垃圾分类制度。围绕促进和保障长江流域江西重点水域禁捕工作作出决定，为改善和修复长江流域生态环境提供法治保障。制定人力资源市场、公共文化服务保障、养老服务、志愿服务、水路交通、铁路安全管理等方面的地方性法规。

【提高立法质量】 坚持党对立法工作的领导，立法计划制定、立法项目调整、重要法规制度都及时向省委请示报告。发挥人大在立法工作中的主导作用，健全立项、起草、论证、协调、审议机制，对综合性、全局性、基础性的重要法规起草探索工作专班制度，防止部门利益法制化。扩大社会各方有序参与立法途径，所有法规草案全文公开征求意见，注重发挥基层立法联系点和立法顾问作用。探索建立协同立法工作机制，与福建省协同开展铁路安全立法，指导协调萍乡、宜春、吉安三市协同开展武功山保护立法，以法治方式破解“一山三治”问题，相关做法在全国地方立法工作座谈会上作典型发言。完善提前介入、跟踪审查机制，加强对设区的市立法工作指导，提升设区的市立法的针对性、适用性、可操作性，形成省市立法上下衔接、相互促进、协调配合的良性互动。

·资料·

2021年江西省地方性法规目录

法规名称	通过日期
一、制定地方性法规13件	
1.江西省乡村振兴促进条例	(2021年1月30日省十三届人民代表大会第五次会议)
2.江西省人力资源市场条例	(2021年3月26日省十三届人大常委会第二十八次会议)
3.江西省矛盾纠纷多元化解条例	(2021年6月2日省十三届人大常委会第三十次会议)
4.江西省人民代表大会常务委员会关于常态化开展扫黑除恶斗争巩固专项斗争成果的决定	(2021年6月2日省十三届人大常委会第三十次会议)
5.江西省志愿服务条例	(2021年7月28日省十三届人大常委会第三十一次会议)
6.江西省生活垃圾管理条例	(2021年7月28日省十三届人大常委会第三十一次会议)
7.江西省公共文化服务保障条例	(2021年7月28日省十三届人大常委会第三十一次会议)

（续表）

法规名称	通过日期
8.江西省铁路安全管理条例	（2021年11月19日省十三届人大常委会第三十四次会议）
9.江西省社会信用条例	（2021年11月19日省十三届人大常委会第三十四次会议）
10.江西省养老服务条例	（2021年11月19日省十三届人大常委会第三十四次会议）
11.江西省水路交通条例	（2021年11月19日省十三届人大常委会第三十四次会议）
12.江西省革命文物保护条例	（2021年11月19日省十三届人大常委会第三十四次会议）
13.江西省候鸟保护条例	（2021年11月19日省十三届人大常委会第三十四次会议）
二、修改地方性法规16件	
1.江西省各级人民代表大会常务委员会规范性文件备案审查条例	（2021年7月28日省十三届人大常委会第三十一次会议）
2.江西省职工代表大会条例	（2021年7月28日省十三届人大常委会第三十一次会议）
3.江西省厂务公开条例	（2021年7月28日省十三届人大常委会第三十一次会议）
4.江西省企业工资集体协商条例	（2021年7月28日省十三届人大常委会第三十一次会议）
5.江西省医疗纠纷预防与处理条例	（2021年7月28日省十三届人大常委会第三十一次会议）
6.江西省行政执法监督条例	（2021年7月28日省十三届人大常委会第三十一次会议）
7.江西省劳动保障监察条例	（2021年7月28日省十三届人大常委会第三十一次会议）
8.江西省防震减灾条例	（2021年7月28日省十三届人大常委会第三十一次会议）
9.江西省河道管理条例	（2021年7月28日省十三届人大常委会第三十一次会议）
10.江西省赣抚平原灌区管理条例	（2021年7月28日省十三届人大常委会第三十一次会议）
11.江西省湖泊保护条例	（2021年7月28日省十三届人大常委会第三十一次会议）
12.江西省企业权益保护条例	（2021年7月28日省十三届人大常委会第三十一次会议）
13.江西省企业负担监督管理条例	（2021年7月28日省十三届人大常委会第三十一次会议）
14.江西省实施《中华人民共和国人民防空法》办法	（2021年7月28日省十三届人大常委会第三十一次会议）
15.江西省邮政条例	（2021年7月28日省十三届人大常委会第三十一次会议）
16.江西省人口与计划生育条例	（2021年9月29日省十三届人大常委会第三十二次会议）
三、批准设区的市法规、决定25件	
1.景德镇市城市地下管线管理条例	（2021年3月26日省十三届人大常委会第二十八次会议）
2.鹰潭市建设工地扬尘污染防治条例	（2021年3月26日省十三届人大常委会第二十八次会议）
3.鹰潭市烟花爆竹销售燃放管理条例	（2021年3月26日省十三届人大常委会第二十八次会议）
4.上饶市爱国卫生条例	（2021年3月26日省十三届人大常委会第二十八次会议）
5.萍乡市烟花爆竹燃放管理条例	（2021年6月2日省十三届人大常委会第三十次会议）
6.新余市颐养之家条例	（2021年6月2日省十三届人大常委会第三十次会议）
7.赣州市燃气管理条例	（2021年6月2日省十三届人大常委会第三十次会议）
8.南昌市荣誉市民条例	（2021年7月28日省十三届人大常委会第三十一次会议）
9.九江市水利工程管理条例	（2021年7月28日省十三届人大常委会第三十一次会议）
10.宜春市住宅物业管理条例	（2021年7月28日省十三届人大常委会第三十一次会议）
11.上饶市文明行为促进条例	（2021年7月28日省十三届人大常委会第三十一次会议）

（续表）

法规名称	通过日期
12.吉安市殡葬管理条例	（2021年7月28日省十三届人大常委会第三十一次会议）
13.抚州市门前三包管理规定	（2021年7月28日省十三届人大常委会第三十一次会议）
14.南昌市中心城区农贸市场管理条例	（2021年9月29日省十三届人大常委会第三十二次会议）
15.景德镇市陶瓷文化传承创新条例	（2021年9月29日省十三届人大常委会第三十二次会议）
16.鹰潭市文明行为促进条例	（2021年9月29日省十三届人大常委会第三十二次会议）
17.上饶市道路交通安全条例	（2021年9月29日省十三届人大常委会第三十二次会议）
18.江西武功山风景名胜区——萍乡武功山景区条例	（2021年9月29日省十三届人大常委会第三十二次会议）
19.江西武功山风景名胜区——宜春明月山景区条例	（2021年9月29日省十三届人大常委会第三十二次会议）
20.江西武功山风景名胜区——吉安武功山景区条例	（2021年9月29日省十三届人大常委会第三十二次会议）
21.九江市环境卫生管理条例	（2021年11月19日省十三届人大常委会第三十四次会议）
22—24. 关于修改《新余市仙女湖水体保护条例》等3件地方性法规的决定（新余市仙女湖水体保护条例、新余市畜禽养殖污染防治条例、江西仰天岗国家森林公园保护条例）	（2021年11月19日省十三届人大常委会第三十四次会议）
25.鹰潭市大上清宫遗址保护管理规定	（2021年11月19日省十三届人大常委会第三十四次会议）

（省人大常委会办公厅）

政法委

【概　况】　2021年，省委政法委在防风险、护安全、保稳定、促发展各项重大任务上履行政法职能，推动政法工作取得新业绩。全省社会大局持续保持稳定，连续16年获评全国平安建设（综治工作）考评优秀省，连续2年在中央政法工作会议上作大会经验交流发言，全省公众安全感和群众满意度分别达98.53%、98%。全省有4个设区市、6个县（区）分别被评为平安中国建设示范市、示范县，5个集体和5名个人分别被评为先进集体、先进个人，受表彰单位和个人总数位居全国第三。江西省扫黑除恶专项斗争领导小组、省扫黑办双获全国先进单位一等奖，是受表彰、嘉奖数量最多的省份之一。

【政治建设】　连续5年举办全省政法领导干部专题研讨班，省领导带头讲党课，推动分类分级开展全员全覆盖政治轮训，全年全省政法系统举行政治轮训880多期。开展党史学习教育，开展现场教学2246场、受教育政法干警7.5万余人次，举办党史学习教育专题讲座2150场。开展“我为群众办实事”实践活动，围绕保民安、纾民怨、解民忧、增民利、促民享、暖民心，全省政法系统推出便民利民措施8000余条。出台《关于加强全省政法机关政治建设筑牢政治忠诚的若干意见》，修订完善政治轮训、政治督察和纪律作风督查巡查等工作机制。制定印发《关于彻底肃清周永康等流毒影响切实加强政治建设的通知》等文件，开展专题警示教育331次，清除讲话、批语、图文信息等847项，开展选人用人专项检查11次。

【防范化解各类风险】　2021年，制定实施《建党100周年大庆维稳安保工作方案》，召开专题会议部署调度，推动各项工作措施落地。组织开展重点场所公共安全隐患排查整治，派出暗访组、巡回督查组分赴各地开展明察暗访。排查化解涉稳风险，常态化开展影响社会稳定矛盾问题集中摸排化解专项行动，全省影响社会稳定矛盾问题化解率达91.6%，同比提高9.6个百分点。重点督办调度24件重大涉稳问题，稳控率100%。组织对4044件重大决策事项开展稳定风险评估，其中3个案例被中国社会风险评估与治理工作委员会评为全国“首届重大决策社会稳定风险评估与治理优秀案例”。

【市域社会治理现代化试点提质加速】　按照“一年聚焦突破、两年基本达标、三年巩固提升”的试点总体安排，推动市域社会治理现代化试点工作提质加速。推进“红色文化+社会治理”，打造“红色治理”江西品牌，赣州“红色治理”经验在全国试点交流会上作介绍；萍乡市、乐平市等地分别打造“农村社会治理综合体”“帮帮团”等一批市域治理特色亮点。省市县乡村五级2.3万个综治中心、6.97万个全省统一的全要素社会治理网格和8.34万名网格员高效运转。在省人大常委会颁布施行《江西省矛盾纠纷多元化解条例》的基础上，配套制定《江西省社会矛盾多元化解处置工作规程》，发挥省市县三级专业调解平台作用，全省排查化解矛盾纠纷54.73万件，化解率99.76%。宜春市市域社会治理大数据平台禁毒实战模块获2021中国数字政府特色案例“治理运行创新奖”。

【常态化开展扫黑除恶斗争】 6月，省委、省政府出台《常态化推进扫黑除恶斗争的若干措施》，省人大常委会在全国率先作出《关于常态化开展扫黑除恶斗争巩固专项斗争成果的决定》。将原有“1+N”机制体系整体拓展为“2+20+N”体系。2021年，全省新打掉涉黑涉恶组织30个；新立案查处涉黑涉恶腐败和“保护伞”案件218件，处理603人；判决生效且已进入执行程序的涉黑案件已全部处置完毕。由政法系统省级领导领衔督办境外目标逃犯任务，取得重大突破。制定《关于深入推进行业领域整治的框架意见》，在中央部署四大行业领域整治的基础上，结合江西省实际将农业农村、水利资源一并纳入，深化信息网络、自然资源、交通运输、工程建设等六大行业领域整治，带动其他行业领域整治深入开展。全省扫黑除恶满意度达98.01%。

【推进平安江西建设】 加强社会治安防控体系建设，“雪亮工程”建设经验在中央政法委调度会上推介，接受中央验收的南昌市、上饶市、赣州市3个设区市通过验收，全省行政村视频监控实现全覆盖。省社会治理大数据平台、966525省社会心理服务热线全面运行。全省平安志愿者发展到222万余人，群众自治组织3万余个。加强鄱阳湖区综合治理，保障禁捕退捕政策实施和水域社会秩序稳定。建成6529个智能安防小区，建成小区基本实现“零发案”。将打击整治电信网络诈骗犯罪上升到省委、省政府层面推动，开展全民反电诈集中宣传“春风”行动，波次掀起“长风”集群战役，2021年全省侦破电信网络诈骗案件数、抓获犯罪嫌疑人数同比分别上升54.67%、81.94%。

【优化法治化营商环境】 贯彻落实《关于进一步优化营商司法环境依法支持民营经济市场主体健康发展的若干意见》等指导文件，推动省政法各单位跟进配套。推动建立失信被执行人信用承诺和信用修复激励机制，助推社会信用体系建设。推动落实涉民营企业刑事案件“少捕慎诉”政策，组织公安机关开展涉民营企业刑事诉讼“挂案”专项清理，排查192件，清理90件。推动全省611家律师事务所与省工商联所属商会建立联系合作机制。推进生态环境公益诉讼，省法院建立的生态环境案件裁判规则在世界环境司法大会上作经验介绍。全国工商联发布的2021年度“全国万家民营企业评营商环境”调查显示，江西法治环境位居全国第二名。

【举办全省政法领导干部学习贯彻习近平法治思想和习近平“七一”重要讲话精神专题研讨班】 8月22日—27日，省委政法委在南昌举办全省政法领导干部学习贯彻习近平法治思想和习近平“七一”重要讲话精神专题研讨班。省委常委、省委政法委书记尹建业，副省长、省公安厅厅长秦义，省法院院长葛晓燕，省检察院检察长田云鹏出席开班式，并分别为学员作辅导报告。其间，邀请中国社科院学部委员、中国法学会学术委员会副主任李林作习近平法治思想专题辅导报告，举行政法队伍教育整顿警示教育报告会、政法英模代表先进事迹报告会。省委政法委、省政法各单位厅级干部，各设区市委政法委书记、常务副书记和政法单位主要负责人，各县(市、区)党委政法委书记，省委政法委机关处长共300余人参加研讨。

(省委政法委)

7月8日，江西省社会心理服务热线“966525”启动仪式在南昌举行

省委政法委供

公 安

【概 况】 2021年，全省公安机关弘扬伟大建党精神，落实防风险、保安全、护稳定、促发展、强队伍各项措施，完成党史学习教育、队伍教育整顿和系列重大安保维稳等任务，为庆祝建党百年和开局“十四五”提供持续安全稳定的政治社会环境与忠诚可靠的公安队伍保障。全省公众安全感、群众对公安工作的满意度分别达到98.53%、96.7%。

【政治建设】 深入组织学习习近平法治思想、习近平“七一”重要讲话和关于加强新时代公安工作的重要论述、重要训词精神，在全省同步举行警旗升旗、入警宣誓仪式，推动省委、省政府高规格召开江西省“全国公安系统二级英雄模范”命名表彰大会，定期开展党委理论学习中心组集体学习等学习讨论活动，深入革命遗址旧址等接受教育，组织红色家书主题巡演、歌咏比赛等特色活动。统筹推进中央、省委巡视和公安部党委政治督察、队伍教育整顿中央督导组反馈意见整改，全面彻底肃清周永康、苏荣、孙力军等流毒影响和叶国兵等严重违纪违法恶劣影响。加快推动部省合作共建的中国公安政治学院和以瑞金红色资源为依托的赣州市人民警察学校等建设，分批举办厅级、正处级和新任市县公安局局长、派出所所长等省级政治轮训班。建立实行政治谈话制度，省市公安机关党委书记全部“下谈一级”、落实主体责任。专门出台政治委员(教导员、指导员)工作规范，试点后、将逐步在全省推广。成立4个常设政治巡察督察组，推动整改一批

普遍性、倾向性问题，实现对厅直单位党组织政治巡察和各设区市公安局党委政治督察全覆盖。

【社会安定】 高度警惕各种风险、挑战，打击处置一批非法组织及其相关人员。严密防范暴恐活动，统筹落实隐患排查等措施，精准预警各类重大风险，为党委、政府妥善应对提供支持。注重风险监测预警、强化源头化解，部署开展风险排查，做到重大安保期间“大事没出、小事也没出”。保持对“黑拐枪”“黄赌毒”“盗抢骗”等违法犯罪的主动进攻态势，集中优势警力连续打响“云剑”、缉枪治爆、“赣鄱百日缉毒”等专项行动，及时侦破、查处一大批刑事案件、治安案件。严格落实公安武警联勤武装巡逻和“1、3、5分钟”快速反应处置措施，部署推进“新型警力护校园”行动，推动完成6200余所中小学、幼儿园安防建设改造。保障大型群众性活动安全有序进行，持续整治“三超一疲劳”、农村“两违”等重点交通违法行为，全省发生适用一般程序处理的道路交通事故起数同比下降，森林火灾发生起数和受害面积实现“双下降”。

【建设法治公安】 织密执法制度体系，建立健全异地办案协作等一批执法制度，深化落实专兼职法制员制度，制定出台深入推进执法监督管理机制改革意见，创新执法办案智能监督管理模式，对警情和案件综合开展网上巡查、审核、考评，及时纠正执法瑕疵，严防执法过错。成立打击防范金融犯罪研判中心，重点加强对重大风险主体的研判预警，严防经济金融风险外溢。组织“歼击”“猎狐”“昆仑”“长江禁渔”等专项行动，破获一大批经济犯罪以及涉生态环境和食品药品安全犯罪。全面落实涉企案件报备审核规定，开展违规插手经济纠纷、干预工程建设等专项整治，最大限度减少执法司法行为对企业正常生产经营的影响。提升政务服务质效，公安“放管服”改革入选中共十八届三中全会以来江西省40佳改革案例。推进户籍制度改革，全面取消参保、就业和居住年限等落户限制。推行“证照分离”改革，全面落实告知承诺制和容缺审批制，将公章刻制和旅馆业等事项审批办结期限压降至1个工作日，部分事项实现“即办即审”。与福建省探索新生儿落户、居民身份证首次申领“跨省通办”，二手车异地交易登记在江西省第一批试点，全省派出所综合窗口办理高频交管业务拓展到18项。深化网上为民办事服务，加快对接“赣服通”4.0版，新增身份证、驾驶证等6类常用电子证照和补换领身份证等11项网上“无证办理”事项，推出“长者专区”及亲友代办等适老化产品，深化外国人永居证便利化应用，住宿登记、无犯罪记录证明等服务事项实现“刷脸办”“网上开”，高频交管业务网上办理率达90%，为群众提供网上办事服务超4352.7万人次。

9月28日，江西省“全国公安系统二级英雄模范”命名表彰大会在南昌举行

省公安厅供

【构建现代警务】 推进警务体制机制变革，在厅机关优化调整相关部门警种机构设置和职责分工，设立赣江新区公安局并试点机构设置指导意见，推动构建高效率的机构职能体系。深化信息化警务(勤务)机制，构建派出所信息化警务(勤务)新模式。推进实施《江西省公安机关警务辅助人员条例》，建立辅警层级化管理架构，出台辅警人员过渡、薪酬管理、招聘规定等配套制度，全面启动辅警过渡工作。推进基层基础建设工程，固化“交所融合”“森治合一”做法，15人以上派出所“一室两队”改革基本完成，5人以下派出所问题全部解决，全省派出所民警达1.51万人，全省“一级公安派出所”170个。推广城区“一区一警两辅”和农村“一村一辅警”工作模式，全省配备社区(驻村)民警6812人、辅警1.3万人。推进高速公路警务管理机制改革，在全省高速公路服务区配套建立警务室。部署开展“转作风、下基层、促落实”主题调研、“万警千车下基层”活动，定期组织厅机关民警下沉对口联系派出所开展调研走访。

【江西省“全国公安系统二级英雄模范”命名表彰大会举行】 9月28日，省委、省政府在南昌举行江西省“全国公安系统二级英雄模范”命名表彰大会。省委书记刘奇对弘扬英模精神、践行担当使命提出要求。全国政法队伍教育整顿中央第八督导组组长周波，省领导尹建业、梁桂、赵力平、秦义、刘晓庄出席。省委副书记叶建春讲话。会上，对全省公安系统15名获“全国公安系统二级英雄模范”称号的民警进行集中命名表彰。“全国公安系统二级英雄模范”代表作了发言。

(省公安厅)

检 察

【概 况】 2021年，全省检察机关落实重大事项请示报告制度，向省委、最高检、省委政法委请示报告274件次，首次向省委、省委政法委专题报告年度法律监督工作。开展政法队伍教育整顿，加大检察人员违纪违法问题线索核查力度，全省86名检察人员被立案查处。对2018年以后经审判监督程序改判无罪的5起案件，严肃追责问责22名检察人员。首次启动司法惩戒程序，追究2名检察官司法责任。与10家省直单位建立司法救助与社会救助衔接机制，开展司法救助2317人，发放救助金3568万余元，同比分别上升149%和102%。刑事、民事、行政、公益诉讼检察工作实现新提升，15个案例入选全国指导性案例和典型案例，18项工作在全国交流推介，32项核心业务质效进入全国前列。全省检察机关有107个先进集体、86名先进个人获省级以上表彰。

【刑事检察】　全省检察机关批准逮捕各类犯罪嫌疑人2.88万人、起诉5.04万人，同比分别上升7%、7.6%。严厉打击敌对势力颠覆渗透破坏活动，办理危害国家安全、利用邪教组织破坏法律实施等案件，起诉198人。依法惩治妨害疫情防控、扰医伤医等犯罪，起诉184人。常态化开展扫黑除恶斗争，起诉黑恶犯罪849人、起诉黑恶势力“保护伞”21人。严惩故意杀人、抢劫等严重暴力犯罪，起诉3757人。推进“断卡”等专项行动，严惩电信网络诈骗、帮助信息网络犯罪活动等犯罪，起诉8270人，同比上升172.6%。维护金融安全，起诉破坏金融管理秩序、金融诈骗等犯罪1202人，同比上升36%。加强介入侦查引导取证、自行补充侦查，提高办案效率，审查起诉平均时长由2020年的44天缩短至29.5天。落实“两高”常见罪名量刑指导意见，会同省法院出台实施细则。加强刑事立案、侦查和审判监督，监督立案276件、监督撤案416件，同比分别上升32.7%和62.5%；追捕392人、追诉509人，同比分别上升22.9%和43%；对刑事裁判提出抗诉201件。受理各级监察委员会移送贪污贿赂等职务犯罪337人，决定逮捕210人、起诉268人，其中起诉厅级干部10人、县处级干部39人。依法对颜赣辉、叶国兵、周光华等一批腐败分子提起公诉。履行司法工作人员渎职侵权犯罪侦查职能，配合政法队伍教育整顿开展“百日攻坚行动”，立案侦查徇私枉法、刑讯逼供、虐待被监管人等犯罪57人，同比上升171%。开展监狱、看守所巡回检察57次，发现并纠正安全隐患及执法不规范问题442个。开展减刑、假释、暂予监外执行专项监督，筛查1990年至2021年的相关案件36万余件，监督纠正947件。加强社区矫正和财产刑执行监督，纠正管理不到位问题1222人次，纠正执行不当案件169件。

【民事检察】　办理民事诉讼监督案件2922件，同比上升15.8%。运用专家咨询、一体化办案等机制增强监督精准性，对民事生效裁判提出抗诉和再审检察建议182件，对审判程序和执行活动违法情形提出纠正意见719件。支持老年人起诉追索赡养费20件。深化虚假诉讼监督，办理涉民事虚假诉讼监督案件145件，同比上升14.2%。

【行政检察】　办理行政诉讼监督案件642件，同比上升19.6%；办理生效裁判监督案件中，向审判机关提出抗诉和再审检察建议3件，向行政机关发出检察建议7件；对审判程序和执行活动违法情形提出纠正意见282件，同比上升48.4%。化解拆迁补偿、社会保障等领域行政争议269件，同比上升74.7%。开展土地执法查处领域行政非诉执行专项监督，提出检察建议97件，推动解决土地行政处罚决定执行难问题。

【公益诉讼检察】　办理公益诉讼案件5788件，其中民事公益诉讼447件、行政公益诉讼5341件。聚焦安全生产、公共卫生等新领域立案2046件，同比上升127.6%。运用诉前磋商等方式，促成99%的行政公益诉讼在诉前解决问题。持续跟进监督，向法院起诉326件，法院支持率100%。与省生态环境厅联合出台《关于加强生态环境损害赔偿与公益诉讼衔接的办法》，与省司法厅联合出台《关于建立健全检察公益诉讼中生态环境损害司法鉴定管理和使用的意见》，与省自然资源厅联合印发《关于加强行政检察、公益诉讼与自然资源行政执法的衔接工作的意见》，加强公益诉讼与生态环境损害赔偿、自然资源行政执法的衔接协作；在11个设区市25个单位开展公益诉讼观察员制度试点，选聘观察员127人，构建公益保护支持体系。

【营造法治化营商环境】　起诉危害企业生产经营犯罪645人，起诉破坏市场经济秩序犯罪3429人，起诉侵犯知识产权犯罪349人。会同公安机关清理涉民营企业刑事“挂案”219件。密切与工商联、非公维权中心协作配合，办结非公企业诉求681件，提供法律咨询、风险提示3123件次。联合省侨联修订《依法服务和保障侨资侨属企业健康发展的意见》，为侨资侨属企业发展提供法律帮助。

【护航美丽江西建设】　贯彻长江经济带“共抓大保护”部署，协同农业农村、生态环境、公安等部门开展整治非法捕捞水产品、打击涉危险废物违法犯罪等专项行动，起诉破坏生态环境资源犯罪2131人。结合中央环保督察、省人大“环保赣江行”反馈问题整改要求，深化“守护鄱阳湖”公益诉讼专项监督，办理生态环境和资源保护领域公益诉讼案件2268件，督促修复受损生态。深化“河(湖、林)长+检察长”协作，省林长办公室向全省推广鹰潭“林长+检察长”做法。

【服务保障乡村振兴】　严厉打击“村霸”和宗族恶势力，严惩寻衅滋事、敲诈勒索、强迫交易、制售假冒伪劣农资等犯罪，起诉179人。严格耕地保护，严厉打击非法占用农用地犯罪，起诉146人。维护农民工权益，起诉拒不支付农民工劳动报酬犯罪39人，支持农民工起诉讨薪555件。加强农村生态环境保护，办理公益诉讼案件943件。

【助力社会治理创新】　贯彻落实“少捕慎诉慎押”刑事司法政策，不批捕1.3万人、不起诉1.21万人，同比分别上升152%和73.7%，诉前羁押率降至47.1%。对决定不起诉的也不放纵违纪违法行为，移送有关部门处理。深化落实认罪认罚从宽制度，依法适用5.56万人，适用率90.7%，一审服判率96.3%。针对社会治理中的突出问题，结合办案制发检察建议691件，配合有关部门完善监管制度，加强行业整治。落实普法责任制，突出以案释法，开展“百院千人万里行”普法活动。全省检察机关22个集体和个人获评全省“七五”普法先进。

【呵护未成年人健康成长】　落实新修订的未成年人保护法和预防未成年人犯罪法，对侵害未成年人犯罪“零容忍”，对未成年被害人“一站式”救助全覆盖。对涉罪未成年人坚持教育为主、惩罚为辅，批准逮捕869人、起诉1003人，不批捕1784人、不起诉640人，附条件不起诉1246人。未成年人重新犯罪率3.7%。会同教育、公安等部门落实入职查询和强制报告制度，清退或不予录用有违法犯罪记录的教职工57人，发现并办理侵害未成年人案件58件。督促落实家庭监护制度，发出督促监护令1304份，会同妇联等组织同步开展家庭教育指导。2100多名检察人员担任法治副校长，开展法治宣讲3527场次。

【全国首例操纵“新三板”市场证券案】　2017年5月至2018年6月，周某某等人与部分“新三板”股票所在公司高管、原始股东或代理商串通，以事先约定的时间、价格和方式低价购得股票，又采取自买自卖、频繁虚假交易方式恶意拉升、控制股票盘面价格，编造股票即将通过IPO审核、短期内将转入A股上市等虚假内幕信息，诱导投资者在高价位盘面接盘其掌控的“新三板”股票，非法获利1.4亿余元。案发后，省检察院和宜春市检察院主动提前介入引导侦查取证。2020年4月，宜春市检察院以周某某等人涉嫌操纵证券市场罪提起公诉。2021年9月，周某某等人分别被判处有期徒刑1年至7年，周某某等人全部认罪服判。

【吉安暴力伤医（故意杀人）案】　1月，曾某某因对被害人胡某某、赵某某的医疗行为不满而产生怨恨，持匕首捅刺胡某某、赵某某，致胡某某死亡、赵某某轻微伤。案发后，检察机关立即介入侦查引导取证。2月，吉安市检察院提起公诉，指控曾某某犯故意杀人罪，建议判处死刑、剥夺政治权利终身。9月，吉安市中院一审判决全部采纳公诉意见。曾某某不服，提出上诉。省检察院派员出庭，建议二审法院驳回上诉，维持原判。12月，省法院裁定驳回上诉，维持原判。

【潘某某虚假诉讼系列案】　2011年以来，以潘某某为首的恶势力犯罪集团，通过暴力、威胁或者其他手段，在上饶市广丰区范围内，为追讨高利贷债务，多次实施虚假诉讼、诬告陷害、非法拘禁、寻衅滋事、敲诈勒索等违法犯罪活动，以伪造、变造证据等方式在上饶市广丰区提起虚假民事诉讼并获判决支持。2018年10月，上饶市检察院在办理一起民事诉讼监督案件中发现潘某某涉嫌虚假诉讼，经进一步调查取证，先后查实12起涉案金额达1500万余元的民事虚假诉讼案件。2020年11月至2021年9月，检察机关将上述案件均向法院提出抗诉，至年底，法院改判6件，6件在审理中；向上饶市广丰区法院发出1件类案检察建议，5件审判违法检察建议均获采纳。同时，检察机关以涉嫌枉法裁判罪对该系列案中上饶市广丰区法院原法官黄某某立案侦查，配合监察机关对上饶市广丰区公安局经侦大队原大队长蒋某某等5人涉嫌徇私枉法案审查调查，将潘某某等4人涉嫌刑事犯罪线索移送公安机关立案查处。至年底，上述人员均被依法追究刑事责任。

（袁宗评）

法　院

【概　况】　2021年，全省法院结案率连续4年位居全国前两名，一审服判息诉率等主要质效指标继续稳居全国前列；执行工作“3+1”核心指标，3项位居全国第一、1项位居全国第二。“审判e管理”获评首届人民法院改革创新奖。3个案例入选联合国环境规划署2021年度公布的十大典型案例；3篇论文在全国法院评比中获一等奖，舆论宣传工作在全国法院评比中获25个奖项；22个案件裁判文书在全国法院评比中获奖，其中3个案件裁判文书获评一等奖，获奖总数和一等奖数量均创历史新高；在全国法院学术讨论会上，江西法院首次取得全国第一。全省法院受理案件79.13万件，同比上升13.98%；结案76.08万件，同比上升11.48%；一审服判息诉率91.38%。其中，省法院受理案件7511件，结案6749件。

【优化法治化营商环境】　出台服务保障“十四五”规划实施、全面建设社会主义现代化江西的司法意见，制定5个助力优化法治化营商环境文件，建立营商环境司法指标考评机制。加强产权和企业家权益司法保护，健全与非公维权中心的常态化联系机制，开展“扶企助企”主题活动，集中攻坚涉民营企业案件，审执结涉企案件37万余件，省法院被评为全省服务非公有制经济发展先进单位。依法平等保护中外投资者合法权益，审结涉外商事案件203件。依法维护市场公平竞争秩序，审结涉案金额1.4亿余元的周某某等人操纵证券市场案。出清“僵尸企业”，争取最高法院指导重大企业重整，审结破产案件202件，重整企业13家，盘活土地248.13公顷、房产174万平方米，清理债务59.3亿元，稳住就业1.15万人。探索破产审判工作新模式，推动府院联动机制“全覆盖”，规范企业破产援助资金使用和管理，实现破产审判提质增效，结案周期同比缩短167天。

【维护社会安全稳定】　全面贯彻总体国家安全观，审结刑事案件5.43万件（含减刑、假释案件）。依法严惩间谍窃密、邪教组织等犯罪，维护国家政治安全。依法全面从严从重从快惩处电信网络诈骗及关联犯罪，参加“断卡”等专项行动，审结案件3617件。依法从重判处财产刑，铲除其再犯的经济基础；强化追赃挽损工作，为被害人挽回经济损失4914万余元。依法严惩故意杀人、抢劫、绑架、毒品等严重危害社会治安犯罪，审结案件6748件。其中，判处五年以上有期徒刑、无期徒刑、死刑1977人。严厉惩处暴力伤医行为。依法严惩非法集资等涉众型金融犯罪活动，审结案件346件。依法严惩网络赌博、网络传销、侵犯公民个人信息等犯罪，审结案件2760件。加强人权司法保障，对25名被告人依法宣告无罪。履行省委反腐败协调小组成员单位职责，依法严惩腐败犯罪，审结颜赣辉、周光华等职务犯罪案件267件。落实进一步推进受贿行贿一起查的意见，依法严惩行贿犯罪。

【民生权益保护】 审结涉及教育、就业、医疗、社会保障等民生案件3.53万件。落实房地产涉稳风险化解处置工作要求，依法审理房地产、建设工程等案件4.38万件。深化家事审判方式和工作机制改革，审结婚姻家庭、继承案件4.7万件，与省妇联建立健全妇女儿童保护工作机制。实行人身损害赔偿"同命同价"，统一交通事故损害赔偿纠纷的处理标准，工作举措在全国法院推广。出台实行律师调查令的办法，依法保障律师执业权利，共发出律师调查令1500余份。加大国家赔偿、司法救助工作力度，审结案件2513件，发放司法救助金3508万元。开展送法进军营活动，办理司法救助退役军人遗属案，维护军人军属合法权益。

【生态环境司法保护】 审结环资案件4063件。在全国率先适用《中华人民共和国民法典》破坏生态惩罚性赔偿条款，加大对生态环境保护力度。严厉打击对生态资源进行掠夺式生产经营的行为，用法治保护长江母亲河。服务全面推进河长制，在"一江一湖五大河流"流域和部分重点区域设立11个环资法庭，集中审理相关环资案件。出台《进一步加强长江流域生态环境保护意见》，与安徽、湖北、湖南三省法院建立环资司法协作机制，推进长江江豚一体化保护。创新环境公益诉讼案件执行方式，委托第三方管理和监督使用生态修复资金，有84件案件适用该方式，涉及修复资金1600余万元。在世界环境司法大会上，江西法院作为全国8家法院之一，受邀参会并作经验介绍。

【赣法民意中心建立】 2021年，省法院在12368司法服务热线一号通办基础上，整合线上线下资源和省市县三级法院力量，建立赣法民意中心，中基层法院同步成立分中心。中心坚持

2021年11月19日，全国首例"古村落"保护民事公益诉讼案在金溪县人民法院开庭

省法院供

"当下治"和"长久立"相结合，在全国首创民意工单回访系统，以主动请群众参与、让群众监督、由群众评价方式，做实群众诉求"一竿子插到底"办理，确保从源头上减少信访问题发生，强化"发现问题、堵住漏洞、健全机制"综合效应。全年接待处理诉求18.5万余个，其中95%的诉求均一次性办理到位，群众满意度98.6%，推动全省法院出台制度举措399个。推动解决立案相关问题1748个，联系法官等其他群众反映突出的问题1.5万余个。上线裁判文书生效证明核查平台，当事人的证明材料"一网可查""一网通办"。

【完善一站式多元解纷机制】 全省法院诉讼服务中心入驻137个党政综合治理中心，建成118个标准化调解速裁中心，引入"两代表一委员"等特色调解工作室335个，新余、鹰潭、宜春、上饶等地法院因地制宜，建立系列特色多元解纷机制。省法院联合13个部门，建立行业纠纷一体化处理工作机制，推动劳动争议、医疗纠纷等快速化解。强化诉调对接工作，全省法院诉前多元化解纠纷24.63万件，占一审民事立案数的55.03%；平均化解时限6天，其中在线调解6.7万件。

【加强司法权力制约监督】 聚焦执法办案关键环节，出台全流程制约监督30条举措，完善审判权力和责任清单，细化"四类案件"监管情形，共监管"四类案件"9220件。进一步规范全省法院减刑、假释、暂予监外执行案件的审理程序和裁判标准，防止"纸面服刑"问题。发布全省法院首批参考性案例，统一裁判尺度。落实人大及其常委会决议决定，对代表审议意见，逐项进行落实，吸纳52条意见，转化为15项改进工作的制度举措。向人大常委会专项报告一站式多元解纷和诉讼服务体系建设工作情况，落实《江西省矛盾纠纷多元化解条例》。办理代表建议，逐件跟踪督办，及时沟通反馈。邀请代表视察法院、出席会议、旁听庭审4602人次。走访接待政协委员2511人次。贯彻《中共中央关于加强新时代检察机关法律监督工作的意见》及省委实施意见，出台依法支持配合检察机关法律监督工作17条措施。审结抗诉案件267件。加强与新闻媒体互动，主动接受舆论监督。与省司法厅联合出台《人民陪审员参审工作规程》（试行），规范和保障人民陪审员依法有序参加审判活动。

【保护"古村落"人文遗迹民事公益诉讼案】 2020年4月，被告徐某、方某偷盗一块"甲第里"石匾时造成石匾掉落摔断，偷盗一块"三公旧第"石匾时造成石匾摔断及门楼整体性垮塌，非法获利2200元。经评估，两门楼修复工程费用10万余元。检察机关提起刑事附带人文遗迹保护民事公益诉讼。2021年5月，金溪县法院作出刑事判决，两被告因犯盗窃罪分别被判处有期徒刑1年4个月、1年3个月，并各处罚金1万元。2021年12月，金溪县法院作出民事判决，根据鉴定机构评估和参考专家意见，判决两被告

赔偿修复费用10万余元,赔偿人文生态资源损失30万元,以及鉴定评估费用1万余元。该案敲响保护“古村落”民事公益诉讼案的全国“第一槌”,《法治日报》、人民网、《人民法院报》等媒体进行报道。

【首份《家庭教育令》发出】　2013年10月,王某与张某登记离婚。双方在离婚协议书中约定,两个儿子与王某共同生活,张某每月给付抚养费2500元。但自2015年9月起,张某作为父亲便未支付小孩抚养费,亦未履行其他监护责任。故王某起诉至法院,要求张某按每月2500元的标准给付小孩抚养费。南昌市青云谱区法院经组织调解,双方就小孩抚养费达成调解协议。同时,该院依据《中华人民共和国未成年人保护法》《中华人民共和国家庭教育促进法》等规定,对监护人张某发出《家庭教育令》,裁定张某与孩子母亲、学校教师保持至少每周一次的联系频次,了解孩子的详细情况;裁定张某定期通过电话、网络视频等方式与孩子交流沟通,保持至少每周一次的联系频次,引导孩子健康成长和全面发展。

(陈书玲)

司法行政

【概　况】　2021年,进一步完善党政主要负责人述法工作制度。对标中央“一规划两纲要”的法治建设顶层设计,在全国较早编制出台江西省规划、纲要和方案。开展“践行习近平法治思想 提升人民群众法治获得感满意度”主题实践,推动全面依法治省重点任务落实落地。启动“八五”普法,“法律明白人”培养工程经验在全国法治宣传教育工作会议上作典型发言,并被写入全国“八五”普法规划。开展首届新时代“全省十大法治人物”评选宣传活动。制定服务和保障全省高质量跨越式发展16条工作意见。完成13件省级地方性法规、5件省政府规章的立法项目,有的立法项目是全国首创的省级地方性法规。严格落实规范性文件备案审查和合法性审核制度,制定3个工作指引规定,发挥三级法律顾问团作用,全省依法审查审核1.3万件。全面推行行政执法“三项制度”,深化“双随机一公开”监管,探索建立柔性执法清单管理制度,推动轻微违法违规行为免予行政处罚,会同有关部门加强知识产权执法司法全链条保护。推动行政监督一体化,深化行政复议体制改革,实现同级政府行政复议工作“一个窗口”对外,行政机关负责人出庭应诉率不断提高。深入开展矛盾纠纷排查化解专项行动,组织“七一”安保战时行动,邪教类罪犯教育转化“百日攻坚”实现两个清零的历史性突破,加强律师重点人员教育管控,强化意识形态阵地监督管理,确保全系统未发生重大安全事件。持续抓好监所常态化疫情防控,坚守监狱“四无”目标成果,推进统一戒毒模式,全省监所总体保持安全稳定。推动行业性、专业性人民调解组织建设,化解各类矛盾纠纷18万件。做好重点人群服务管理工作,刑满释放人员安置帮教率稳中有升,社区矫正机构实现全覆盖、社矫对象重新违法犯罪率远低全国平均水平等经验在全国推广。开展“我为群众办实事”实践活动。深化“放管服”改革,推行证明事项告知承诺制,扩大“最多跑一次”办事事项范围,完成远程视频法律服务“乡乡通”工程建设。完善以“三台融合”为主体的公共法律服务体系功能,12348热线提供服务32.46万件次,四级公共法律服务机构提供法律服务102.39万件次,办理法律援助案件6.2万件。组织开展律师行业“万所联万会”“民营企业法治体检”和“江西律师公益集结号”等活动,在“赣服通”开设公证专区,建立妇女儿童司法鉴定援助中心,全省仲裁案件审理实现量质双升。分2批开展队伍教育整顿,开展警示教育和英模教育,评选全系统“十大先锋人物”。开展监狱综合治理和律师、公证、司法鉴定行业突出问题专项治理,全系统整改顽疾问题6233个。

【依法治省】　2月19日,省委召开高规格全面依法治省工作会议,就学习贯彻习近平法治思想、推动全面依法治省工作高质量发展作出全面部署。制定贯彻落实工作会议重点任务分工方案,分解55项重点任务,逐一明确责任单位和责任领导。11月15日,省委主要领导主持召开深入学习贯彻习近平法治思想座谈会。省委依法治省办加强统筹调度,紧抓“关键少数”,推动习近平法治思想纳入各地各部门党委(党组)中心组学习重要内容;举行新提任厅级领导干部法律法规知识考试,277人参加法治“赶考”;召开年度重点工作任务推进会,推动年度重点任务落地见效。同时,举办专题培训、开展专项调研、组织专场竞赛,指导各类基层普法阵地建立习近平法治思想专区、专栏。建立推动贯彻落实习近平法治思想有效机制。在全省部署开展“践行习近平法治思想、提升人民群众法治获得感满意度”主题实践,紧盯群众“急难愁盼”问题,围绕推进公开公示、民主决策、减证便民等7个方面,部署开展19项重点任务。主题实践开展以来,全省推出法治为民实招硬招5423条,实施法治为民项目工程2125项,办理法治为民实事难事5.79万件。建立主题实践“四项机制”,召开主题实践推进会,推动重点任务落地落实。研究实施“十四五”法治建设顶层设计。在全国较早编制出台江西省规划、实施方案和纲要。把出台《法治江西建设规划(2021—2025年)》纳入省委常委会工作要点,以省委文件印发。制发《江西省法治社会建设实施方案》,从推进全社会增强法治观念、推进社会治理法治化、依法治理网络空间等方面提出22项具体举措。编制印发《江西省法治政府建设实施纲要(2021—2025年)》,提出10个方面30条具体措施。在全省确定27个立法工作基层联系点,推动制定13件地方性法规、5件省政府规章。推动出台《江西省候鸟保护条例》《江西省革命文物保护条例》,是全国首部相关领域的省级地方性法规。推进法治政府建设,全面推行行政执法“三项制度”,持续推进“双随机 一公开”监管,打造“赣服通”“赣政通”等移动政务服务平台。持续深化法官检察官员额制改革和职业保障制度改革。出台深化监狱体制改革意见,深化社区矫正工作机制改革,省市县三级社区矫正委员会、社区矫正机构实现全覆盖。出台《江西省法官、检察官与律师、基层法律服务工作者交往正负面清单》,规范司法人员与律师接触交往。增强全民法治信仰,"七五"普法收官、"八五"普法启动。集中开展宪法宣传周、民法典宣传月等重大主题法治宣传教育活动。加强法治文化建设,瑞金市中华苏维埃司法人民委员部旧址、南昌市赣江十里法治廉政文化长廊被命名为全国法治宣传教育基地。

【监狱管理】 按照政法领域全面深化改革部署,推进认罪认罚从宽制度改革、刑罚执行一体化制度改革。制定《关于进一步加强提请减刑假释暂予监外执行案件实质性审查工作的规定(试行)》。推行集中办案、交叉办案模式,通过"一案四查"举措,有效堵塞执法管理工作漏洞,促进执法质量和执法公信力提升。加强五型机关建设,获全国第一批"节约型机关"称号。参与"ZF801 工程"建设,不断加强信息网络安全,建立省局—监狱网络快速反应防火墙,打造新一代监狱安全运营管理中心,被《法治日报》评为"2021 政法智能化建设智慧司法创新案例",并向全国司法行政系统推介。

【全省司法行政系统队伍教育整顿动员部署会召开】 3 月 10 日,省司法厅召开全省司法行政系统队伍教育整顿动员部署会,学习贯彻中央和省委、司法部、省委政法委关于开展政法队伍教育整顿的精神和要求,安排部署全省司法行政系统队伍教育整顿工作。江西省政法队伍教育整顿第十二驻点指导组对省属监狱、戒毒所干警队伍教育整顿工作开展驻点指导,受理反映省属监狱、戒毒所干警问题的来信来电。省司法厅党组书记、厅长王国强作动员部署,省政法队伍教育整顿第十二驻点指导组组长、副组长出席会议,指导组组长郭兵作指导讲话,厅党组成员、副厅长江涛主持会议。

【强制隔离戒毒管理】 2021 年,全省司法行政戒毒系统以开展统一戒毒模式提质升级为主题的"五项示范工程"创建活动为主线,推进队伍教育整顿,整治队伍顽瘴痼疾,构建"1+4"廉政风险防控体系。发挥责任落实、重点防控、应急管理、执法监督、四种形态应用安全治理"五项机制"固本作用,建立横向到边、纵向到底的安全工作责任制。推进统一戒毒模式提质升级,"五大中心"作为正科级机构得到省编办批复,在全国率先实现组织机构实体化,6 个收治场所全面建成统一戒毒模式,省永桥所、省赣西所被评为全国统一模式示范所。在全国司法行政戒毒系统率先建立戒毒执法资格管理制度,率先探索戒毒执法责任体系改革与建设,建立全省戒毒执法 1+5 责任体系,推动"执法审批"向"执法办案"转变。巩固常态化疫情防控"三零"成果,打赢庆祝中国共产党成立 100 周年安保维稳攻坚战,连续 7 年实现全省戒毒场所安全稳定工作"六无"(无毒品流入,无人员脱逃,无非正常死亡,无所内案件,无生产安全事故,无重大疫情)。

(省司法厅)

法治政府建设

【概　况】 2021 年,制定出台《江西省法治政府建设实施纲要(2021—2025 年)》,系统谋划"十四五"时期全省法治政府建设的路线图和施工图。推进"放管服"改革,全面推行证明事项告知承诺,省本级取消证明事项 341 项。探索推进 16 大领域 205 种轻微违法违规行为免予行政处罚。推进行政复议体制改革,实现同级政府行政复议工作"一个窗口"对外。推荐抚州市、南昌县、湖口县 3 个综合候选地区,景德镇市"护航国家陶瓷文化传承打造知识产权保护新高地"、南昌市"三大"超简审批改革、抚州市法治护航推动生态产品价值实现机制改革、九江市浔阳区建立多元调解服务中心打造新时代枫桥经验新高地、赣州市南康区法治赋能家具产业"一链办改革"助推产业提档升级 5 个单项候选项目参与全国法治政府建设示范创建全国评选。推动制定 13 件地方性法规、5 件省政府规章,清理地方性法规和省政府规章 272 件。在全省确定 27 个立法工作基层联系点。建成全省统一的"江西省政府规章库",集中发布现行有效的省政府规章 111 件,并汇聚 11 个设区市现行有效规章 95 件。制定《江西省行政规范性文件合法性审核工作指引》《关于认定行政规范性文件的指导意见》《江西省行政规范性文件审查建议办理规定》等 3 项规定,严格落实规范性文件合法性审核制度和备案审查制度,基本形成规范性文件"有件必备、有备必审、有错必纠"格局。全省法制审核部门共审核重要规划、文件、协议等 1.24 万件。全面推行行政执法"三项制度",深化"双随机、一公开"监管,全省司法行政机关共审核执法部门"双随机"年度检查计划 1.7 万个,开展联合检查 3119 次,设立行政检查监测点 3000 多个。全省行政复议机关收到行政复议申请 4698 件,经过行政复议,实质性化解行政争议率 77%,行政复议案件综合纠错率 48.4%(其中省本级综合纠错率为 20.45%)。在全国率先出台《关于加强和改进行政机关负责人出庭应诉工作的意见(试行)》,全省各级行政机关负责人出庭应诉率 85.1%。

【行政复议体制改革】 按照国家行政复议体制改革方案要求,省司法厅研究起草的《江西省行政复议体制改革实施方案》,经 2 月 19 日召开的省委全面依法治省委员会第四次会议审议通过,并由省委全面依法治省委员会于 3 月 3 日印发。该方案要求,从 7 月 1 日起,除实行垂直领导的行政机关、税务和国家安全机关外,省市县实现一级政府行政复议工作由政府行政复议机构"一个窗口"对外,构建科学、统一的行政复议体制;县级以上司法行政部门作为同级政府行政复议机构,统一承担本级政府的行政复议工作职责,并以同级政府行政复议办公室名义开展工作。6 月 21 日,经省政府同意,省政府行政复议办公室发布《关于集中行使行政复议职责有关事项的通告》,要求除实行垂直领导的海关、金融、税务、外汇管理和国家安全机关外,省市县三级人民政府分级统一集中行使行政复议职责,实行"集中受理、集中审理、集中决定、集中送达",政府部门不再行使行政复议职责。至 12 月底,省市县三级政府均集中行使行政复议职责,实现一级政府的行政复议工作"一个窗口"对外;全省 11 个设区市及 86 个县级政府成立行政复议(咨询)委员会;市县两级政府行政复议队伍建设得到加强，其中，设区市级行政复议机构增加编制26个（其中24个事业编制）、增设科室4个，县级行政复议机构增加编制67个（其中50个事业编制）、增设科室27个。此外，为推进行政复议体制改革，省司法厅先后配套出台《关于进一步完善行政复议工作机制的指导意见》《江西省行政复议委员会工作规则》等制度。

【行政执法监督】　2021年，全省司法行政系统全面推进“双随机”监管，优化法治营商环境，共审核执法部门年度检查计划2.04万个，推动开展联合检查3844次，减少入企检查频次。加强涉企检查的专门监督，设立近4000个行政检查监测点。严格行政执法人员资格管理，共组织行政执法人员资格考试44场，全省有1.73万人通过考试取得执法证。开展调研督导，推进行政执法“三项制度”落实。省司法厅、省市场监管局印发《江西省市场监管领域轻微违法行为不予处罚指导意见》《江西省市场监管领域轻微违法行为不予处罚清单（第一版）》，督促指导多个设区市建立多领域免罚清单制度试点，推动实施包容审慎监管。推行证明事项告知承诺制。组织梳理省市县三级《实行告知承诺制的证明事项目录清单》等，按规定实行告知承诺制的341个。

【全省司法行政系统法制审核与行政执法监督人员培训班在井冈山举办】

10月27日至29日，全省司法行政系统法制审核与行政执法监督人员培训班在井冈山举办。省司法厅一级巡视员刘晨华出席开班式并作动员讲话。培训班邀请省人大常委会法工委二级巡视员万祥裕和江西财经大学法学院教授王柱国分别就依法做好新时代备案审查工作、《行政处罚法》修订解读等内容进行专题授课。设区市司法局业务骨干围绕行政处罚案件评查实务操作和《江西省县级以上人民政府重大行政决策程序规定》解读等相关内容进行业务交流和经验分享。厅合法性审查处、行政执法协调监督处和各设区市司法局分管领导、县（市、区）司法局从事行政执法监督或法制审核工作有关人员共150余人参加培训。

（省司法厅）

仲　裁

【概　况】　2021年，江西省仲裁机构共受理案件1.47万件，同比增长53%，其中，线下案件4774件，网络仲裁案件9967件。涉案标的额160亿元，同比增长30%；调解和解案件1793件。

【贯彻落实仲裁法律制度】　编制全省仲裁发展“十四五”规划。规范登记工作，全年发生仲裁机构组成人员变更备案4件，住所变更备案1件，同意景德镇仲裁委加挂“景德镇国际仲裁院”牌子。全省仲裁机构严格按照规定设立分支机构、派出机构，全年新增分支机构22个。各级司法行政部门履行联系仲裁工作职责，支持仲裁机构依法独立开展工作。仲裁机构主动向社会提供公益服务，九江仲裁委连续3年结对帮扶20名贫困中学生，资助其完成学业；萍乡仲裁委派出人员赴莲花县荷塘乡寒山村驻村扶贫，拨付15万余元支持扶贫工作，向红十字会、社区捐赠6万余元资助公益事业。

【推动内部治理结构综合改革】　省政府批复同意萍乡仲裁委改革工作方案。全省仲裁机构完善以章程为核心的内部管理制度，全年有3家仲裁机构修改完善章程，经市政府批准后，报省司法厅备案。全年各仲裁机构共出台内部管理制度文件61件、修订制度文件36件，其中涉及案件管理制度48件。景德镇仲裁委为确保案审质量，专门成立专家评查小组，对仲裁庭作出的裁决进行全方位评查，形成质量评查报告向社会公布。全省仲裁机构改进仲裁员选聘和管理，全年新增仲裁员456人。

【仲裁宣传推广】　全省各仲裁机构“官网”全部开通运行，10家仲裁机构开通微信公众号。全年各仲裁机构走访各类市场主体130余次，举办各类宣传活动56场次。南昌仲裁委创新开设“仲裁大讲堂”，在省市重点企业聘任45名仲裁工作联络员，向行业内外宣传推介仲裁法律制度。省仲裁法学研究会全年举办20次研究交流活动，打造具有江西特色的仲裁理论学术研究阵地。

【支持和监督仲裁工作】　将仲裁事业发展纳入省市法治政府建设考核评价体系，加大政府支持力度。省司法厅举办2021年全省仲裁管理人员培训班，国内知名专家到赣授课。开展2021年“双随机一公开”执法检查，全年处理11件仲裁投诉案件。开展司法部仲裁案例选编入库工作，全年报送21篇，入库16篇。全省仲裁机构加强与法院系统协调互动，全年仲裁裁决被法院撤销0件，不予执行3件，协议无效1件。实现仲裁进驻公共法律服务实体、热线、网络三大平台，全省各仲裁机构通过“官网”、微信公众号、实体信息公开栏等形式主动公开章程、仲裁规则、服务流程及收费标准等信息，接受社会监督。

【印发《关于在金融纠纷化解中进一步发挥仲裁职能作用的通知》】　10月25日，省司法厅、省地方金融监管局、人民银行南昌中心支行、省银保监局、省证监局印发《关于在金融纠纷化解中进一步发挥仲裁职能作用的通知》，提出支持金融仲裁发展和创新，打造金融仲裁专业平台，明确发展互联网+仲裁，旨在通过仲裁途径妥善快速化解金融纠纷，有效防范金融风险，优化金融生态环境，促进全省金融业健康发展。

【印发《关于开展旅游投诉调解与仲裁衔接工作的通知》】　11月22日，省文旅厅、省司法厅印发《关于开展旅游投诉调解与仲裁衔接工作的通知》，指导各设区市文广新旅部门联合仲裁机构共同搭建旅游投诉纠纷仲裁平台，明确平台运行机制和工作职责。并在九江市、上饶市开展旅游投诉调解与仲裁衔接工作试点，合力化解旅游领域矛盾纠纷，维护旅游市场稳定，推动旅游业高质量发展。

（周家隆）

本类目编辑　毛珏珺

军 事

江西省军区

【概　况】 2021年,省军区党委团结带领广大官兵坚定维护核心、看齐追随,闻令而动、令出行随,真抓实干、狠抓落实,各项建设迈上新台阶、实现新发展。

思想政治建设。规范落实四个季度党委中心组理论学习,举办上校以上军官网上理论培训,推行"周学习""理论夜校"跟进学习中央军委主席习近平最新重要讲话。开展党史学习教育,细化踩实7项重点内容、5个规定动作,构建"4+4+7"党史教育课程体系,采取红色场所话血脉、革命前辈讲传统、主题党日强党性、社会课堂看发展等多种形式组织现地式、互动式教学,聚焦为战助力、为兵解忧、为民服务开展"我为群众办实事"实践活动。贯彻全军和军委国防动员部思想政治教育工作会议精神,运用红色资源深化铸魂育人,开展向新时代卫国戍边英雄群体学习活动,制作11部"红色基因代代传"专题片,举办第二届红色故事会,抢救性挖掘整理134份红色档案、30余万字老干部口述历史,完成江西革命军事馆展陈大纲编撰。加强舆论宣传和典型培养,召开"红土地最美奋斗者"暨优秀共产党员先进事迹报告会,评选表彰142名"矢志强军梦·最美国动人",新闻宣传工作走在省军区系统前列。

国动援战准备。落实军地联合指挥机构实名编组,组织参谋战时指挥技能和"战训法、整组法"集训。贯彻军委军事训练会议精神,按纲落实首长机关普训普考和基干民兵基地轮训,依案组织对口保障军兵种对接联训。规范战备值班备勤运行,完成民兵分队战备任务周期轮换试点,普及师团单位等级部署演练试点成果,推开4级6类战备基础设施规范化建设。深化军事职业教育,完善民事力量报情体系,立项论证省军区"十四五"网信建设,更新作战数据,开展应急通信军地联合演练。统筹加强应急能力建设,组织指挥官兵和民兵完成抢险救灾、疫情防控和应急搜救等任务。

后装综合保障。纵深推进后装备战"供给侧"与"需求侧"精准对接,衔接配套7类后装保障方案,接领调配民兵装备,清查核对武器弹药。指导4个军分区老旧营房改造和3个人武部民兵训练基地、新营院搬迁建设。持续深化后勤重点行业领域整肃治理攻坚,整改落实6个方面27类142个问题,规范制度落实,严肃财经纪律。完成军队资产大清查工作,清查原始账目26.4万条、115.42万件(套)。

【国防动员建设】 围绕深化国防动员体制改革展开多回合研究论证,召开国防动员领域"十四五"规划开局工作任务部署会,组织编制国防动员和民兵建设"十四五"规划年度计划,协调相关建设任务纳入地方"十四五"规划安排。组织军事训练转型大讨论,形成8个专题31篇理论成果。贯彻军委国防动员部"新域新质动员建设运用推进会"精神,深挖征储优势潜力资源,开展军地联合潜力核查,落实潜力数据日常"点名",采集审核潜力数据。深化民兵调整改革,编实基干民兵队伍,先后组织7次数据审核、6次业务培训、2次阶段推进、2次专项督导帮带。贯彻"一年两征"改革部署,基于大数据科学调整兵员征集结构,推广应用"征集办公云平台",在全国率先出台高级技工参军入伍优惠政策,开展廉洁征兵军地联动监管试点和机制完善工作,完成义务兵征集和士官招收任务。全面展开"智慧动员"系统实践运用,与江西邮政签订12项为军服务协议。

【基层建设】 持续深化"四帮"(帮理思路、帮查弱项、帮强素质、帮解难题)挂钩帮带机制,开展"理论、法律、心理服务走基层"活动,推进"四个秩序"(战备、训练、工作、生活)规范化建设。狠抓省军区直属队正规化建设,强化组织功能,严格教育管理,开展"深谈心、查隐患、抓整改"活动,巩固风气建设成果。加强休干机构建设,探索构建亲情化、规范化、标准化、社会化新型服务保障体系,开展"正风气、严纪律、强责任"作风纪律教育整顿,组织干休所全面建设达标考评,超额完成年度师以下退休干部移交任务。深入推进基层武装部建设,聚焦高质量发展分类型展开试点、分专题组织攻关,形成"五种类型"(乡镇街道、开发区、企业、高校、事业单位)基层武装部高质量发展工作运行机制、业务实施细则、达标考评规定等成果;探索完善专武干部培训内容体系,完成2批260名新任专武部长集训。

【军地组织退役军人学雷锋系列活动】 3月,江西省军地组织11.8万名"新长征"退役军人志愿者,开展参与社会治理、公益志愿服务、助力就业创业、关爱特殊群体等16项便民服务活动。开展党史学习教育、雷锋精神、法律法规等宣传活动5600余场,配合做好退役军人思想教育、化解矛盾纠纷等社会治理工作2400余件,帮助解决退役军人就业创业难题5649个。走访关爱退役军人家庭5.5万余户、援助解困资金 895.3 万余元，参与疫情防控、应急救灾、平安创建活动，开展移风易俗、生态保护、厉行节约等公益活动 4900 余场。组织退役军人志愿者进农田、进社区，帮助农户采摘农产品，开展义务献血，免费提供常规体检、帮居民理发等服务。

【组织开展第五期国防专题培训】　3 月 8 日—12 日，省军区组织省委党校中青班 101 名党政干部在兴国县民兵训练基地开展第五期国防专题培训，设置习近平强军思想、国防法规知识、军事技能训练和作风纪律养成等专题内容，突出运用兴国红色资源开展党史学习教育实践活动，进一步强化各级领导干部国防意识，锤炼作风养成，提高党管武装和履行国防职责的能力。

【组织设区市党管武装工作考评】　3 月 15 日—30 日，省军区组织设区市党管武装工作考评。考评区分设区市、县(市、区)2 个层级，围绕党管武装基本制度落实、民兵工作、征兵工作、基层武装工作和实际问题解决 5 大类指标，采取自查自评、综合评定、抽查核实相结合的方式，对照考评标准逐个审核设区市、县(市、区)自评材料，进行量化评分，考评成绩进入全省设区市高质量发展考评体系，达到以考促管、以考促建的目的。

【全省民兵工作会议召开】　4 月 9 日，全省民兵工作会议在南昌召开。省委常委、省军区司令员吴亚非出席并讲话，省民兵工作领导小组组长、副省长胡强明确有关要求，省民兵工作领导小组副组长、省军区副司令员吴学军讲评 2020 年民兵工作建设情况、部署 2021 年民兵工作重点。会前，还召开了省民兵工作领导小组会议，审议 2021 年度民兵工作要点。省市县三级民兵工作领导小组全体成员和省军区三级领导机关、基层武装部部长参加。

【组织警卫勤务队战备基础课目训练】　4 月 23 日，省军区警卫勤务队区分紧急出动和机动展开 2 个阶段，采取“训演结合、临机导调”的方式开展训练。通过训练，进一步强化官兵练为战、保为战思想认识，打牢战备基础，锤炼战斗作风和意志品质。

【开展“党史主题展览进军营”活动】　为深化党史学习教育，进一步弘扬红土地上优良传统，7 月 27 日—29 日，省军区邀请省博物馆“初心耀征程——百年珍贵革命文物档案说江西”主题展讲解团队，采取云展览的方式，赴省军区机关和直属队、南昌警备区、干休所等 6 个单位，开展“党史主题展览进军营”活动。同时，邀请南昌新四军革命旧址陈列馆 4 名优秀红色故事讲解员，为警卫勤务队官兵宣讲红色故事和革命传统。

【组织上校以上军官网上理论集训】　8 月 9 日—13 日，省军区以学习贯彻中央军委主席“七一”重要讲话精神为统领，以“学党史、悟思想、强党建、抓备战”为主题，组织上校以上军官网上理论集训，采取专题学习、专家辅导、研讨交流、理论测试等形式，把学党史、学理论、学传统、学典型结合起来一体设计。深钻细研“七一”重要讲话，学习掌握军队党的建设政策法规，重温红土地革命传统，学习卫国戍边英雄群体和身边典型事迹。

【开展“理论、法律、心理服务走基层”活动】　10 月 20 日—22 日，省军区邀请陆军步兵学院、省检察院、武警江西总队医院和江西科技师范大学的专家及机关干部，到警卫勤务队、新兵中队和南昌第一、二、三干休所开展“理论、法律、心理服务走基层”活动。通过理论宣讲、政策解读、现场咨询、互动交流等方式，传授理论普及和党务工作的基本方法，开展心理行为训练调节心理情绪，宣传刑法、民法、涉军维权等与官兵切身利益相关的法律知识，先后为基层官兵作授课辅导 15 课次，发放相关书籍和宣传资料 650 余册，现场咨询和解答理论、法律、心理方面的问题疑惑 50 余人次。

【军地联合开展国防利益和涉军权益保护专项行动】　2021 年，军地司法部门密切协作，开辟涉军维权绿色通道，守护国防利益和军人军属权益。重点打击破坏军事设施等犯罪行为，及时办理涉军信访申诉案件，批准逮捕危害国防利益犯罪 6 人，提起公诉 10 人，妥善处理涉军群众来信 29 件。开展“守护红色军事文化史迹”检察公益诉讼专项行动，立案办理英烈纪念设施、红色遗存保护公益诉讼案件 236 件，涉及红色军事文化史迹 436 处。会同省检察院建立司法协作机制，走进军营解决官兵婚姻家庭、网络诈骗等 10 类涉法难题，为 6 起现役军人维权案件提供法律援助。优先受理审查涉退役军人司法救助案件线索，办理退役军人军属司法救助案件 46 件，发放司法救助金近 83 万元，同比分别上升 230% 和 138%，让军人军属享受“司法尊崇”。

【全省基层武装部建设高质量发展试点工作】　2021 年，省军区安排南昌、赣州、九江、抚州 4 个军分区(警备区)对不同类型武装部高质量发展目标要求、指导原则、蕴含内涵和建设机理作全面探索，其余 7 个军分区围绕专武干部培养、民兵党组织建设、军地联动抓建、建设达标考评等重难点问题集智攻关、重点突破。试点坚持边研究、边实践、边总结，在开展理论攻关的同时组织实践验证，加强军地协调，推进解决机构设置、队伍建设、经费保障等实际问题。协调基层武装部建设经费，结合乡镇换届调整专武部长 1091 人，推荐重用 466 人，专武干部本科以上学历和退役军人、公务员比例分别提高 12.4%、7.3%、2.6%。结合试点初步形成“五种类型”基层武装部建设高质量发展工作运行机制、业务实施细则、达标考评规定等成果体系，各级军地联合出台政策文件 58 份。12 月 17 日，依托视频系统组织全区 11 个军分区(警备区)、100 个人武部 3613 名干部、文职、职工及各县(市、区)联系武装工作的领导、基层武装部部长，召开全省基层武装部建设高质量发展工作推进会，聚力抓好试点成果的巩固发展和转化运用，深入推进基层武装部建设高质量发展。

【首次组织集中选调少校以下军官统一考试】　省军区编报 19 个少校以下军官岗位计划面向全军集中选调。11 月 30 日至 12 月 2 日，省军区在南昌集中组织体格检查、笔试和面试，共有 108 名军官参加。省军区成立专家考评委员会，笔试现场随机抽取试卷，严密组织监考，指定专人密封阅卷。面试按照“十步法”流程和“三随机、三现场、双匿名”（随机确定各组面试考官、随机确定考生面试顺序、随机抽取面试考题，考生现场答题、考官现场评分、成绩现场公布，考官、考生匿名）的方式实施，全程稳妥有序，公平公正，综合衡量考生成绩、任职经历、综合表现、廉洁反映等情况，择优遴选17名少校以下军官为选调对象。

（刘以华　赵子龙）

人民防空

【概　况】　2021年，牵头抓好人防专项审计整改，对所积累的824个问题，至12月初整改787个，整改率96%。组织“赣盾”实战演习，突出人员疏散掩蔽、空袭后果消除、跨区机动支援等使命课题专攻精练，有关做法获国家人防办推广交流。出台《江西省结合民用建筑修建防空地下室审批实施细则》，解决人防审批疑难问题。会同省自然资源、住建部门建立联审联批联验等6项制度机制。深化“证照分离”改革，取消省内人防工程设计、监理资质认定和人防设计、监理甲级资质单位开展业务告知性备案，全面落实告知承诺、网上办理、容缺办理等服务。出台《江西省人防工程标识标牌设置及制作规范图册（2021版）》，系统推进政策、标准和管理创新，在全国率先实现设置工作全覆盖。

【2021年度全省人防开训动员大会召开】　3月9日，省人防办以视频会议方式，组织召开2021年度全省人防开训动员大会。省人防办党组书记、主任李绪先出席会议并作开训动员讲话，省人防办党组成员、副主任林显君主持会议，省人防办党组成员、副主任钟斌部署2021年度训练工作。会议还组织观看江西省人民防空“十三五”实战化建设纪实短片，赣州市人防办主任张龙彪、上饶市人防合成救援专业队和抚州市重要经济目标试点单位领导分别作表态发言。

【开展人民防空专题讲座进党校活动】　3月31日，省人防办党组书记、主任李绪先到省委党校市厅级党员领导干部进修班、县处级干部进修班、中青年干部培训班、理论研修班，作题为《牢记习近平总书记殷殷嘱托 铸就坚不可摧的“地下长城”》的人民防空专题讲座。李绪先围绕人防“要不要防 怎么防”“要不要建 怎么建”“好不好用 怎么用”3个社会关切问题，从国家安全形势、人民防空建设要求、人民防空职能使命3个方面，对人民防空工作的重要性和必要性进行分析阐述，重点介绍现代人民防空体系和人民防空在防灾救灾、城市建设、服务民生、乡村振兴等方面发挥的作用。320余名市厅级和处、科级干部学员聆听讲座。

【开展人防专项审计整改督查工作】　6月16日—17日，省人防办党组书记、主任李绪先带领省人防专项审计整改督查组一行赴南昌市、鹰潭市、赣江新区督查人防专项审计整改情况，并召开专项审计整改工作督查座谈会。南昌市副市长宋铀、鹰潭市副市长张志坚、赣江新区管委会主任肖玉文等市区领导，相关市直单位和县区分管领导、人防办主任出席会议。督查期间，省人防专项审计整改督查组通过听取南昌市、鹰潭市、赣江新区人防审计整改工作汇报，聚焦典型问题的整改方式和整改进度，以及现场查阅佐证资料等方式，对南昌市、鹰潭市、赣江新区前期人防审计整改工作给予肯定，并就整改中的重点、难点提出新要求。

【2021年全省人防指挥工程维护管理工作现场会在上饶召开】　7月9日，由省人防办主办、省人防0719工程服务保障中心承办、上饶市人防办协办的2021年全省人防指挥工程维护管理工作现场会在上饶召开。省人防办党组成员、副主任钟斌出席并讲话，省人防办指通处处长周小华主持会议。现场会上，学习中共中央总书记习近平关于人防工作的重要指示精神和省人防办主任李绪先关于人防高质量发展有关要求，分析国内外应对强敌的严峻安全形势和江西省战略防空的区域特殊性。省人防办指通处、省人防0719工程服务保障中心相关人员，各设区市人防办分管领导及业务科长等50余人参会。

【组织开展人防指挥部联席会议暨“赣盾—2021”实战化演练活动】　9月18日，组织开展人防指挥部联席会议暨“赣盾—2021”实战化演练活动。副省长、省人防指挥部指挥长张鸿星出席并讲话，省军区副司令员吴学军出席并下达全省防空警报试鸣命令，省人防指挥部副指挥长、省人防办党组书记、主任李绪先，省人防指挥部副指挥长、省军区战备建设局局长封晓冰出席活动，活动由李绪先主持。活动中，李绪先介绍省人防指挥部工作开展情况，与会人员观看全省人防建设专题片，并通过视讯会议系统同步观摩由景德镇市、赣州市、新余市、吉安市分别组织4个实兵科目演练。省市县三级人防指挥部领导和成员、人防系统及实兵演练人员共4130余人参加。

【省人防办与中国安能集团第二工程局签订战略合作协议】　12月7日，省人防办与中国安能集团第二工程局在南昌签订战略合作协议，建立联席会议、应急联动、资源共享等制度。省人防办党组书记、主任李绪先，中国安能集团第二工程局党委书记、执行董事卢路生出席并讲话。省人防办党组成员、副主任钟斌和中国安能集团第二工程局党委常委、副总经理刘剑作为双方代表在战略合作协议上签字。签约结束后，双方举行江西省人民防空训练基地挂牌暨江西省人民防空抢险抢修专业队授旗仪式。

（王皓锦）

本类目编辑　詹跃华

应急管理

安全生产

【概　况】 2021年,全省发生各类生产安全事故1293起、死亡932人,同比分别减少453起、130人,下降25.95%、12.24%;发生较大事故17起、死亡69人,同比分别减少3起、3人,下降15%、4.17%;未发生重特大事故。

【压实安全生产责任】 6月,组织人员对南昌、萍乡、宜春、上饶、吉安5个设区市及赣江新区开展安全生产专项巡查,延伸巡查40个市直部门、49个县(区),个别谈话党政领导228人、检查企业151家,督促整改问题隐患680条;同步对其他6个设区市开展综合督查,推动党政领导责任落实。省政府向11个设区市、赣江新区和45个省安委会成员单位下达安全生产责任书,组织修订《江西省安全生产工作职责暂行规定》,压实部门监管责任。首次组织企业“一报告、双签字”制度落实情况专项检查,分级与6040家企业主要负责人开展谈心谈话,强化督查检查、暗察暗访和线上线下监管相结合,夯实企业主体责任。省安委会制定印发《安全生产挂牌警告管理暂行办法》,省政府对事故频发的设区市政府提级约谈,并进行黄牌警告;推动对66起事故进行挂牌督办或提级调查,对2起较大交通事故进行现场督导,省纪委机关、省监委机关、省委宣传部、省应急管理厅印发《自然因素引发的重大事故调查协作配合办法》,加大追责问责力度。

【开展安全生产专项整治】 把安全生产专项整治三年行动作为覆盖全省、贯穿全年安全生产工作的主抓手,从根本上消除事故隐患。至12月底,省级层面明确的106项、市级层面1067项攻坚任务清单全部完成。全年“回头看”重大安全风险点6345处,全部管控到位;排查整治隐患72.29万条,其中重大隐患234条;共组织检查组3.5万个,检查单位26.38万家,责令停产整顿3361家,暂扣吊销证照102家,关闭取缔258家,经济处罚1.79亿元,移送司法机关245人,联合惩戒510家;关闭煤矿3处、退出煤炭产能21万吨/年,关闭非煤矿山51座、销号尾矿库60座,整顿退出烟花爆竹生产企业189家;整顿退出铝加工企业2家,注销危险化学品安全生产许可证59家,淘汰21辆非专用校车,吊销118台车辆《道路运输证》。

【加强风险防控】 年初,开展集中治理百日行动,辨识管控风险点11.67万处,排查整治隐患18.25万条。省安委办联合交通、公安、住建、水利等部门进行专题调研,分别出台交通运输领域安全生产高质量发展“50条”、建筑施工领域安全生产高质量发展“40条”意见。10月开始,在全省开展“打非治违”百日行动,突出打击无证、无资质、证照不全或过期等15类具有共性的非法违法行为。全年检查企业4.1万家次,警示约谈2000余家,责令停产整顿609家,暂扣吊销证照18家,关闭取缔47家,处罚2600余万元。

【筑牢安全基础】 全省193家1~4级危化品重大危险源、491家烟花爆竹生产企业、101座尾矿库和所有在生产煤矿实现线上监测预警;应用省安全生产监管信息系统,线上注册企业1.72万家,常态化自查自报自改隐患135万余条;全面推行“互联网+执法”,执法系统应用率排名全国前列;开展关停企业违规生产电力监测预警系统试点,接入220家企业用电信息数据。建立17类专业655人的专家库,1项科研成果获省科技进步一等奖、5项获国家安全科技进步奖。省政府修订《江西省安全生产事故隐患排查治理办法》《江西省合用场所消防安全治理规定》,省安委会印发《安全事故查处挂牌督办工作规程》,省应急管理厅出台《江西省安全生产培训考核实施细则(暂行)》,联合省发改委印发《江西省“十四五”安全生产规划》。国家安全生产应急救护(瑞金)体验中心建成并投用;完成九江危化品实操培训基地规范提升,南昌、新余分别建成冶金煤气作业人员实操培训基地;开展“安全生产月”“119消防宣传月”和“平安校园创建”等活动,推进公共安全知识“五进”(进企业、进农村、进社区、进学校、进家庭)活动。

(省应急管理厅)

消防救援

【概　况】 2021年,全省消防救援队伍共处置警情5.55万起(其中火灾扑救2.36万起、应急救援9653起、社会救助1.67万起、公务执勤及其他出动5527起),出动执勤车辆10.7万辆次、指战员67.3万人次,营救疏散遇险群众3.32万人,抢救财产价值30.9亿元。

【完善消防管理体系】 省政府出台

《消防安全责任制实施办法》《"十四五"消防救援事业发展规划》,将3项消防行政执法权限赋予乡镇(街道),9个设区市批准部分事业编制并试点成立乡镇消防所或消安委。省消安委发送提示建议函500余份、组织约谈50余次,联合23个省直部门开展校外培训机构、文物建筑、危险化学品、易地扶贫搬迁安置点等专项治理,推动13个省直部门开展行业标准化管理,195家大型商业综合体完成达标创建。省消防救援总队联合省公安厅出台火灾调查协作规定,11个设区市均出台以消防为主导的火灾事故调查处理规定。

10月31日,全国消防行业职业技能大赛闭幕,江西省消防救援总队获1金、1银、1铜,并摘得灭火战斗员项目金头盔

省消防救援总队供

【优化消防治理质效】 全面铺开"双随机、一公开"监管,承诺制管理、信用监管、互联网+监管等新型监管模式逐步成形。以消防安全专项整治三年行动攻坚为抓手,统筹推进防盗窗网、打非治违、易地扶贫安置点、"九小"场所、电动自行车、消防产品质量等20余个专项整治,梯次开展危化品重大危险源企业、革命文物建筑、油气长输管道等领域排查检查,全年检查社会单位2.9万家,督改隐患4.3万处,临时查封432家,责令"两停"366家,惩戒失信行为200余起,挂牌督办重大火灾隐患单位156家。首推"文明实践+消防"模式,培训准消防员176万人。融入"物联江西""03专项",打造"智赣119"消防物联网品牌,探索规范化管理、市场化应用和保费奖补等保障机制,建成市级以上"智赣119"平台15个,实现30余万家社会单位在线监测。

【提升应急救援能力】 举办练兵考核和比武竞赛50余次,分层级强化潜水、山岳等救援专业培训,定期组织战例研讨和桌面推演,常态化开展实战演练,率先推开总队指挥、支队作战、大队和站战斗三级体系建设。抓实基层指挥员异地交叉轮岗驻训,分批举办基层大队主官和站级干部指挥能力培训班,组织2期全勤指挥部能力考评暨作战指挥长培训。在全国首届消防行业职业技能大赛中获1金、1银、1铜,摘得灭火战斗员项目金头盔。总队、支队、大队三级主官进入同级政府应急委及下设专业指挥部,与16个省直部门签订战略合作协议,将10余支社会救援力量纳入119统一指挥调度。7个支队级指挥中心完成实战化升级改造,消防实战指挥和应急通信两大系统接入省突发事件预警信息平台,初步构建起"政府统一领导、消防主战主调、多方联动协同"的应急救援网络。

【消防救援综合保障】 全省地方消防经费预算28.73亿元,同比增长8%。7个设区市编制出台市级"十四五"消防规划。开工建设消防站77个、建成投用38个;新增专职队员1111人、市政消火栓1.30万个;投入资金1.56亿元,新购消防车208辆、装备2.5万余件(套);90%的特勤和一、二级城市消防站配齐"4+1"装备。省消防救援总队出台应急物资装备储备规划,建强3个区域性储备分基地,并与铁路、民航、交通等部门和三一重工及部分装备物资生产企业加强"代储代供、紧急调用"合作,开辟输运投送"绿色通道";联合省交通厅出台专职队高速免费通行政策,推动10个设区市出台专职队公用经费保障标准。

【"3·1"吉安县浬田镇飞机坠落事故救援】 3月1日15时19分,北大荒通用航空公司机号B-10GD飞机在执行人工增雨任务过程中,坠落吉安县浬田镇湖头村,引发民房起火。吉安市消防救援支队接警后,立即调派4个消防救援站共10车46人赶赴现场处置。至19时5分,经过近4个小时的搜救和救助,完成事故处置。

【援豫抗洪抢险救援】 7月17日—23日,河南省遭遇历史罕见特大暴雨,发生严重洪涝灾害。接到应急管理部消防救援局命令后,江西省消防救援总队迅速调集南昌、九江、景德镇、鹰潭、抚州5个支队共419人、68辆车、52艘舟(艇)、2套大型排涝设备及4000余件套救援装备,星夜驰援河南郑州,并连续奋战13个昼夜。援豫期间,共参加抗洪抢险行动132起,出动人员3873人次、救援车辆360台次、舟艇1002艘次,营救和转移遇险群众1.03万人,排水排涝65.3万吨,清淤排障4.4万平方米,转运物资26.6吨,场地消杀133.8万平方米,为民送水341吨,以占全国增援力量10%的兵力,完成营救被困群众总量29.5%、清淤总量46.3%、消杀总量82%的救灾任务。

【"11·22"江西赣江新区原白马庙制药厂职工宿舍楼坍塌救援】 11月22日18时46分,江西赣江新区原白马庙制药厂一栋职工宿舍楼发生局部坍塌,造成4名群众被埋压。接警后,南昌市消防救援支队先后调集1个重型机械大队、10个消防站、4个专职队,共24辆消防车、3辆挖掘机、3辆推土机、6条搜救犬、180名指战员赶赴现场救援。总队、支队全勤指挥部第一时间到场指挥。18时55分,首战力量神农大道消防站到达现场;19时5分增援力量相继到场。经过10小时全力救援,营救被困人员9人,搜寻出埋压人员4人。

【"12·14"南昌经济技术开发区费森尤斯卡比医疗器械有限公司火灾扑救】 12月14日15时41分,南昌市消防救援支队指挥中心接到报警称：位于南昌经济技术开发区青岚大道1701号费森尤斯卡比(南昌)医疗器械有限公司厂房发生火灾，厂房过火面积约1630平方米。接警后，支队指挥中心先后调派25个消防站、36辆消防车、3辆挖掘机、1套远程供水系统、243名指战员赶赴现场处置。15时45分，首战力量到达现场后立即组织内攻侦察和人员搜救，第一时间搜救出4名被困人员并送往医院救治；23时4分，现场明火被基本扑灭。经过全体参战指战员奋力扑救，共疏散营救被困人员400余人，保护了毗邻的一层生产车间、二层职工餐厅、北侧办公区域和东面一个进口原料仓库，控制了大火蔓延。

(袁政)

防灾减灾救灾

【概　况】 2021年，全省各类自然灾害造成573.3万人受灾，因灾死亡11人，紧急转移安置7.2万人，需紧急生活救助6.5万人，直接经济损失46亿元。省减灾办组织应急管理、气象、水利、自然资源、林业、地震等涉灾部门召开联合会商会12次，分析研判各类自然灾害风险形势，研究针对性防范应对措施，编制月度灾害风险分析报告12期。

【完善体制机制】 调整省减灾委员会组成成员单位，由43个精简至34个。省应急管理厅联合省发改委印发《江西省“十四五”综合防灾减灾规划》，谋划总体目标、主要任务、重点工程和保障措施。省应急管理厅印发《江西省“十四五”应急物资保障和应急管理装备规划》，推动构建应急物资保障和现代化应急管理装备体系；出台《江西省自然灾害监测预警制度》，配套制定自然灾害风险预警信息制度及发布管理细则，规范灾害风险预警及信息发布工作，向社会公众提供准确、权威、统一的预警信息。联合省财政厅在全国率先印发《关于做好受灾群众集中安置点规范化建设的指导意见》，规定100~300人、300~500人、500人以上集中安置点分别给予不低于20%、25%、30%资金或物资(折价)支持。建立健全全省应急物资储备体系，提高应急处置和物资保障能力。印发《江西省家庭应急物资储备建议清单》，引导居民储备必要的家庭应急物资。

【自然灾害综合风险普查】 7月14日，召开全省自然灾害综合风险普查工作电视电话会议，并印发省级实施方案，开设普查信息网，制作普查宣传片《“数”说答卷》，发布《致全省人民群众的一封信》，组织各主要牵头部门在省政府网站开展在线访谈。争取中央补助资金6731万元，省市县三级财政安排普查资金6.4亿元。大余、兴国2个试点县基本完成普查任务。应急管理、自然资源、交通、水利、林业、地震、气象7个行业调查任务全面完成。其中，应急管理领域完成承灾体、减灾能力、历史灾害等调查数据29.52万条。

【创建综合减灾示范单位】 整合资源力量，省应急管理厅联合省气象局、省地震局共同部署、共同督导核查，以综合减灾示范单位创建推动基层应急管理能力建设，创建省级综合减灾示范县1个、示范乡镇15个、示范社区80个。

【开展防灾减灾日系列宣传活动】 在全国防灾减灾日期间，开展以“六个一”(组织一次网络知识竞赛活动、打造一批综合减灾示范单位精品、开设一个防灾减灾宣传专栏、开展一次防灾减灾宣教“五进”活动、开展一系列应急演练、组织一系列宣传报道)为主要内容的防灾减灾日系列宣传活动。举办系列网络知识竞赛，全省参赛610万人次，浏览近2000万人次。省减灾办、省应急管理厅联合九江市政府举办大型集中宣教活动，参与人数峰值超5000人。制作公益宣传片1部、科普音频3条、公益短信10条，累计播放次数120万余次，发送短信4000万条次、覆盖全省86%的人口。

【开展灾害救助】 启动省级四级救灾应急响应1次，下拨省级应急救灾资金600万元。向上饶、南昌、鹰潭等地调拨帐篷、折叠床等救灾物资1.4万余件(套)，支持做好疫情防控工作。协调省住建厅将因灾倒房需重建农户中的30户“六类对象”纳入农村危房改造，下拨省级倒房重建资金486万元，完成1017户因灾倒损房重建维修任务。及时下拨中央和省级冬春救助资金2.6亿元，向6个设区市44个县(区)调拨棉被、大衣等冬春救助物资近4万件(套)，保障群众温暖过冬。拨付省级应急管理专项资金442.6万元，支持59个县(市、区)1.64万名灾害信息员队伍建设。

【提升备灾能力】 争取中央提升基

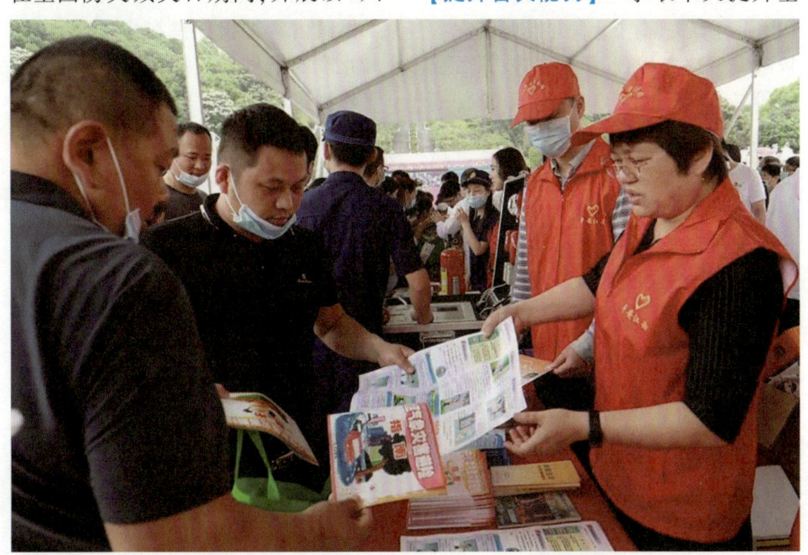

5月12日，江西开展“5·12”防灾减灾日系列宣传活动。图为省减灾办向社会公众发放宣传资料

省应急管理厅供

层备灾能力建设资金 2.37 亿元，在偏远山区和多灾易灾乡镇设置 1002 个物资储备点（库）。省应急管理厅协同省粮食和物资储备局完成省本级 1200 万元（13.5 万件棉被、折叠床、军大衣等救灾物资）采购储备工作，协调省财政厅安排 1600 万元用于冬春救助物资采购。省级航空应急救援装备物资综合储备库项目建议书获省发改委批复通过，会同省财政厅安排 1000 余万元作为前期土地购置定金。

（省应急管理厅）

地质灾害防治

【概　况】 2021 年，向社会制作发布省级地质灾害气象风险预警产品 17 期，其中橙色预警 2 次、黄色预警 10 次、蓝色预警 5 次；发送预警短信 1.67 万条。全省发生地质灾害灾险情 196 起，造成直接经济损失 632.12 万元，未出现人员伤亡。与 2020 年同期相比，灾害发生数量和直接经济损失分别减少 44.73% 和 57.65%，死亡减少 1 人。地质灾害突发后，各级应急管理和自然资源部门派出专家组 349 批次、1152 人次，参与灾险情处置 173 起。其中，开展应急调查 140 批次、442 人次。

【风险隐患巡查排查】 各设区市、县（市、区）有关部门组织开展地质灾害风险隐患巡查排查、汛中巡查、汛后复查等 7.64 万批次、19.88 万人次，巡查隐患点 37.86 万点次。

【实施综合治理】 中央和省级财政投入地质灾害防治专项资金 2.85 亿元（其中中央特大型地质灾害防治补助资金 1.86 亿元、省级财政资金 9899 万元），实施地质灾害防治项目 168 个，部署 56 个县（市、区）开展地质灾害风险调查评价，建成地质灾害普适型专业监测点 890 个，治理隐患点 106 处，预期可保护受地质灾害威胁群众 3.58 万人，保护财产 12.76 亿元。

【防治培训及演练】 全省各级有关部门通过“4·22”世界地球日、“5·12”防灾减灾日及安全生产月等活动，采用群众通俗易懂、喜闻乐见的方式，结合专群结合监测预警项目实施，组织开展地质灾害防治培训 208 次，参加培训 9590 人；开展避险演练 1056 次，参加演练 2.05 万人。

（省应急管理厅）

防汛抗旱

【概　况】 2021 年，江西平均降雨量 1535 毫米，比多年均值偏少近 1 成，共 34 次明显降雨过程，其中强降雨 10 次。洪涝灾害造成全省 248.4 万人受灾，紧急避险转移和安置 9.8 万人次，农作物绝收面积 0.95 万公顷，倒塌房屋 342 间，直接经济损失 24.1 亿元。

汛前储备物资价值近 4.9 亿元，其中抢险救援装备 26 万余件（台、套）、生活类救灾物资 35 万余件（套）。统筹建立物资装备、应急力量分布一张图和兵力预置方案。组织全省防汛大检查，对发现的 8 个方面 60 项具体隐患问题，实施台账管理，以“一市一单”下达整改通知，跟踪督促、动态清零；推进全省 4507 处水毁水利工程汛前全部完成修复，督促各行业 285 个在建跨汛期涉水工程落实度汛方案。

【落实防汛责任】 省防汛抗旱指挥部继续由省长担任总指挥，分管应急和水利的副省长任指挥长，明确日常工作由省应急管理厅承担。压实各级防汛责任，实施省领导防汛抗旱工作包片分工责任制，11 名省领导实时实地指导，逐级下达防汛目标任务书并向社会公示省市县三级行政和重要水工程防汛责任人，明确水库防汛责任人 1 万多人、山洪地质灾害防御责任人 2.6 万余人。

【防汛抗旱培训及演练】 省防汛抗旱指挥部编印《江西省防汛抗旱应急管理实务》读本，分级组织市县防汛抗旱指挥人员和业务骨干 3300 余人进行专题视频培训，各地组织开展培训 325 场次、参加培训 2.16 万人次。组织鄱阳湖流域超历史大洪水防御复盘演练，各地开展各类演练 320 余场次，参加演练 2.19 万人次。

【应急响应处置】 各级防汛抗旱指挥部共组织防汛会商、视频调度等 1482 次，分析发展趋势，研究应对措施。水利部门调度省调大中型水库 80 余次，提前预泄腾库 1.73 亿立方米、拦蓄洪水 6.57 亿立方米。省级发布各类预报、预警 4000 余次，发送预警短信 9800 万人次。根据逐 6 小时降雨落区预报和山洪地质灾害等风险预警信息，下发防范通知 20 余次，电话抽查 80 余个县、30 余座水库和 200 余名乡村两级责任人值班履职情况，督促各地做好群众转移避险、妥善安置。全省转移避险安置群众 9.8 万人次，无一人伤亡。省防汛抗旱指挥部先后紧急提前启动防汛Ⅳ级应急响应 2 次，6 个设区市、40 余个县（市、区）启动响应，其中Ⅲ级响应 10 个、Ⅱ级响应 1 个。响应期间，5 个应急工作组集中办公，派出 17 个工作组或联合工作组赴各地检查督导。

【抢险救援】 全省抢护处置小险情 791 处，投入抗洪抢险救援力量 17.26 万人次、机械设备 5386 台（套）、救援舟艇 437 艘次、土石方 395.75 万立方米、编织袋 344.44 万条，消耗物资总价值 7247 万元，减淹 102.61 万人、面积 781.32 平方千米。投入抗旱力量 51.9 万余人、资金 2.75 亿元，减少农业因旱经济作物损失 20.27 亿元，减少粮食损失 22.67 亿元。

（省应急管理厅）

森林防火

【概　况】 2021 年，把森林防灭火工作纳入安全生产责任体系，省政府与有关部门和各设区市签订责任书。划定省森林防灭火指挥部成员单位对口联系区域，开展由成员单位厅级领导带队的专项督查。全省发生森林火灾 50 起，过火面积 676.5 公顷，受害森林面积 303.23 公顷，造成 2 名乡镇半专业扑火队员死亡，森林火灾保持历史低位。

【加强火险防控】 组织开展森林防

火宣传教育进校园暨中小学生森林防火主题海报设计比赛,各地选送参赛作品440幅。部署开展平安春季行动,9个设区市、78个县(区)获“森林防火平安市(县)”称号。开展野外火源治理和查处违规用火行为专项行动,排查火险隐患1107处,查处森林火灾案件和违规用火650起,处罚问责1376人。制定《关于建立林区输配电线路火灾联防联控机制的意见》,开展林区输配电设施火灾隐患专项排查治理行动,排查治理隐患1793处。组织森林火险形势会商4次,精准落实预警响应措施。

【提升森林防火保障能力】 鹰潭、宜春、新余森林火灾应急能力项目3个获批,总投资1.14亿元,其中中央资金8195万元。31支森林消防专业队新建或改建营房,配发指挥车32辆、运兵车102辆。林业方面争取中央资金3820万元,支持庐山区域森林火灾高风险综合治理和赣州、抚州2市生物防火林带建设,编制《林火阻隔系统建设规划(2022—2025年)》,建设生物防火林带1612千米。省级财政安排5000万元,统筹推进林火视频监控升级改造和生物防火林带建设。

【森林消防队伍建设】 贯彻落实《江西省专业森林消防队建设管理办法》,开展专业队建设三年行动,安排补助资金600万元。编印专业队教育训练大纲,开展大练兵大比武活动。择优选择17支专业队开展以水灭火试点。部署开展全省乡镇半专业扑火队培训专项行动,培训乡镇半专业扑火队1485支4.43万人。森林经营管理单位新组建半专业扑火队274支。

【规范火情处置】 11月12日,省政府办公厅颁布实施新修订的《江西省森林火灾应急预案》。省森林防灭火指挥部办公室制定《值班运行机制》,开展扑火安全警示教育整治周活动,组织驻赣森林消防大队和航空消防飞机靠前驻防,累计安全飞行299架次。严格落实24小时值班和领导带班制度,做好火情热点核查,科学处置火情。

(省应急管理厅)

救援协调

【航空应急体系建设】 以提升航空应急救援能力为核心,以构建“六大体系”(航空救援指挥体系、基础设施体系、低空空管体系、力量体系、保障体系、产业体系)为重点,航空应急体系全国试点省18项建设任务、43个具体工作内容基本完成,省应急救援靖安机场挂牌成立,核定内设机构3个、人员编制26名,初步实现“看得见、听得到、控得住”目标。

【开展应急救援实战演练】 2月4日,省防汛抗旱指挥部采取桌面推演和视频录播方式,设置汛情告急、逐级响应、恢复重建及灾后总结4个阶段,全流程复盘2020年应对鄱阳湖流域超历史大洪水过程,组织开展防御演练。12月17日,省应急管理厅在南昌瑶湖机场开展航空应急救援综合训练,使用米—26、米—171、EC135 3架直升机,开展伤员救助转运、索滑降救援、道路清障等科目训练,省航空护林局、驻赣森林消防五大队、洪都航空工业集团有限责任公司等单位参加。

【开展应急救援培训】 12月8日—10日,举办全省救援协调和预案管理业务培训班,各设区市、赣江新区和县(区)应急管理局分管领导及救援协调和预案管理负责人140余人参训。12月8日—14日,举办全省社会应急救援力量骨干集训班,采取准军事化管理,安排应急管理业务知识培训和救护技能实操训练,并进行应急救援员理论和实操考核,104名社会救援力量骨干参训。

【组织专业和社会力量援豫】 河南郑州等地“7·20”特大暴雨灾害后,按照省委、省政府决策部署和省防汛抗旱指挥部统一指挥,从全省各地抽调83名专业力量,携带6辆大型排涝车、30套便携式排水单元、13台指挥和保障车辆,分2批次赴郑州支援抢险救援。经过10余个昼夜、24小时持续作业,累计出动人员648人次,共排涝177.05万立方米,解困水淹车辆814辆,解救被困群众13人,15个村(社区)、16个安置区、10条道路、28家企业、7万余名群众受益。号召社会力量参与,协调往返高速免费通行,全省社会救援力量出动队伍69支515人、车辆109辆、舟艇102艘,驰援河南期间共出动2176人次、车辆413辆次、舟艇404艘次,解救1980人,转移3.40万人。

【突发事件应急处置】 协助属地及有关单位做好突发事件应急救援工作,指导参与“3·1”吉安飞机坠毁事故处置、“5·26”黎川县福山源水库渗水处置、“11·22”南昌白马庙制药厂职工宿舍坍塌事故处置等工作。做好中共十九届六中全会、省委十四届十三次全体(扩大)会议、省第十五次党代会和第二届鄱阳湖国际观鸟周活动等重大活动安全防范和应急处置工作,其间没有发生较大及以上事故。

(省应急管理厅)

本类目编辑　詹跃华

国家区域发展战略

国家生态文明试验区建设

【概　况】 2021年，国家生态文明试验区35项改革经验和制度成果落地实施，景德镇转型发展、赣江新区绿色金融改革获国务院表彰，与福建共同创建武夷山国家公园，成为全国首批拥有国家公园省份之一。全省森林覆盖率稳定在63.1%，保持全国第二。空气优良天数比率96.1%，国考断面水质优良率95.5%，污染防治攻坚战终期考核评为优秀等次。举办第二届鄱阳湖国际观鸟周，江豚的"微笑"成为江西新名片。省人大常委会在全国率先出台《关于支持和保障碳达峰碳中和工作促进江西绿色转型发展的决定》，率先全域开展生态产品价值实现机制试点。主要经济指标增速在全国排位逐季前移，持续保持全国前列。推进城乡环境综合整治，实施城市功能品质提升项目6000余个，整治改造老旧小区、城中村1万余个，城市建成区绿地率保持全国前列。吉安被评为全国"最具生态竞争力城市"，赣州、上饶分获中国十大"心仪之城""秀美之城"。推行"五定包干"管护机制，安排补助资金13.9亿元、完成村组整治1万个，农村卫生厕所普及率达94.1%。推进国家生态综合补偿试点省建设，连续6年实施全流域生态补偿，累计下达流域补偿资金210.9亿元，推进第三轮东江流域跨省补偿。全省公益林补偿面积340万公顷，选聘生态护林员2.4万人，安排补偿资金2.4亿元。举办第二届鄱阳湖国际观鸟周、2021江西森林旅游节，连续两年开展生态文明宣传月活动，创建节约型机关、清洁家庭、绿色社区，开展"河小青"志愿活动，"绿宝"碳普惠平台上线运行。6家单位获批国家级水效领跑者称号，新增国家"两山"实践创新基地1个、国家生态文明示范市县4个，总数均居全国前列。

【推进碳达峰碳中和】 成立省委、省政府主要领导任双组长的碳达峰碳中和工作领导小组。科学编制碳达峰碳中和实施意见、碳达峰实施方案，部署谋划40项重点领域、重点行业、重点区域专项方案，加快构建"1+N"政策体系。成立省碳排放统计核算工作组，开展八大行业碳排放数据核查，完善碳排放统计核算体系。成立省碳中和研究中心，设立碳达峰碳中和科技创新专项，加强储能、锂电、资源综合利用等领域节能降碳关键技术攻关。建立碳达峰碳中和项目库，首批入库项目69个，总投资623亿元。发行全国首单有色金属行业碳中和债、首批公交碳中和票据，45家发电企业纳入全国碳排放权交易市场。建立"两高"(高耗能、高排放)项目管理清单，出台严格"两高"项目准入管理实施意见，落实高耗能行业能效标准，"两高"项目盲目发展势头得到遏制。坚持和完善能耗双控制度，加强能耗指标统筹，保障优质重大项目用能。281家重点用能单位建成能耗在线监测系统，200余家重点企业完成节能诊断，加快健全省市县节能监察体系。全省规模以上工业增加值能耗同比下降7.5%，能耗双控基本达到序时目标。可再生能源装机容量2248.65万千瓦，占全口径装机46.4%，可再生能源电力消纳量达547.25亿千瓦时。

【生态文明制度体系构建】 构建生态保护制度，落实主体功能区规划，"四级三类"国土空间规划形成阶段性成果，调整优化生态保护红线，"三区三线"完成第二轮试划工作。在全国率先出台省级国土空间生态修复规划，开展全域土地综合整治试点，推进新一轮自然资源确权登记，完善自然资源储备保障机制。建立武夷山国家公园局省联席会议机制，加快构建以国家公园为主体的自然保护地体系。构建环境治理体系，制定新一轮深入打好污染防治攻坚战实施意见，率先发布推行河湖长制地方标准，出台完善林长制实施方案，推进以五级河湖林长制为核心的全要素监管体系。出台全省生活垃圾管理条例，开展塑料污染治理专项行动。全省"生态云"大数据平台建成运行。构建目标责任体系，施行生态文明建设促进条例，落实生态环境损害赔偿和责任追究制度，常态化开展自然资源资产离任审计，推进省级生态环保督察和生态综合执法。首次开展全省生态文明先进表彰。构建生态司法制度，推行生态环境公益诉讼制度，完善属地与流域相结合的环资审判体系。全年查办破坏生态环境犯罪2423件，提起公诉2047件。

【生态环境综合治理保护】 实施生态环境污染治理"4+1"工程和十大攻坚行动，141座非法码头整治基本完成，关闭退出化工企业89家。河湖划界工作全面完成，重点水域禁捕退捕获国家肯定。启动实施"部省共建"江豚保护基地五年规划，江西省成为长江流域唯一享有该政策的省份。长江经济带披露问题完成整改47个，全省长江大保护工作机制、与三峡集团央地合作模式获国家推广。开展空气质量提升行动，实施"控煤、减排、管车、降尘"等专项整治，全省PM2.5浓度降至29微克/立方米，中部地区最优。深入开展水环境质量提升行动，完成117座城镇污水处理设施提标改造，累计建成污水管网2.1万千米。开展土壤环境质量提升行动，建成垃圾焚烧处理设施33座、日处理能力2.85万吨，危废、医废年处置能力分别提高到59万吨、5.6万吨。实施国土绿化五年行动，完成人工造林6.93万公顷、低产低效林改造12.07万公顷、森林抚育38.93万公顷。开展森林督查、湿地保护、野生动植物资源保护等专项行动，完成湿地综合治理3800公顷、矿山生态修复3466.67公顷、水土流失综合治理1388平方千米。赣州入选全国水土保持高质量发展先行区，萍乡海绵城市建设经验在全国推广，鹰潭获批全国海绵城市建设示范市，九江长江“最美岸线”、赣江中游生态经济示范区、昌铜高速生态经济带等形成示范亮点，推进南昌城市滨湖地区、赣南山地丘陵地区、吉安千烟洲小流域等打造综合治理新模式。

【绿色产业】 在全国率先出台生态产品价值实现机制实施方案，制定实施生态系统生产总值核算技术规范、“两山银行”运行管理规范等省级地方标准，打造“江西绿色生态”区域公用品牌。加快推行资溪“两山银行”建设经验，中国南方生态产品交易平台上线运行，在全国率先启动“湿地银行”试点。绿色贷款余额3893.79亿元，同比增长40.24%；“古屋贷”“畜禽洁养贷”等改革经验在全国推广。发展生态农业，新建高标准农田21.13万公顷，完成高效节水灌溉改造2.11万公顷。推出“赣鄱正品”全域认证品牌，“两品一标”农产品数量3894个，农产品抽检合格率稳定在98%以上。高标准打造现代林业产业示范省，林业经济总产值突破5500亿元。发展中医药、大健康、生态旅游等产业，推进中国（南昌）中医药科创城、宜春“生态+”大健康试点、上饶国家中医药旅游示范区建设，全省旅游接待总人次、总收入分别增长32.9%、10.7%。培育壮大新兴产业，全省航空产业营业收入增长17.7%，电子信息产业营业收入突破5500亿元。开展传统产业优化升级专项行动，工业技改投资增长24.5%，新增绿色园区14家、绿色工厂40家、绿色技术创新企业20家，总数均居全国前列。

（肖礼圣　林绪强　钟凌鹏）

赣南等原中央苏区振兴发展

【概　况】 年内，国务院出台《关于新时代支持革命老区振兴发展的意见》，国务院办公厅印发《新时代中央国家机关及有关单位对口支援赣南等原中央苏区工作方案》；省委、省政府出台《关于新时代进一步推动江西革命老区振兴发展的实施意见》，编制《“十四五”时期江西省赣南等原中央苏区振兴发展规划》；省直单位持续加大政策、资金、项目支持力度，推动一批重大政策、重大项目纳入省“十四五”相关规划，省财政累计安排各类资金1388亿元，合力推进赣南等原中央苏区振兴发展。2021年，赣南等原中央苏区地区生产总值1.31万亿元，占全省的44%以上，赣州、吉安、抚州3市地区生产总值分别增长9.1%、9.0%、8.0%。

【现代产业发展】 赣州有色金属、电子信息和樟树医药产业营业收入突破1000亿元，吉安电子信息产业营业收入突破1900亿元。中国稀土集团总部落户赣州，新钢集团成功转型升级冲千亿元，抚州百亿元企业实现零的突破。吉安数字视听、鹰潭高新区移动物联网纳入国家级创新型产业集群试点。渝水区、金溪县、于都县、贵溪市获批创建国家农村产业融合发展示范园，吉水县入选全国首批农业现代化示范区，广昌县获批创建国家现代农业产业园。国家油茶产品质量检验检测中心（江西）获批成立。新增境内外上市企业6家，吉安大自然药业成为省内首家中医药境外上市企业。新增国家4A级旅游景区12家，井冈山至韶山红色旅游专列开行，3条线路入选“建党百年红色旅游百条精品线路”。抚州入选国家文化和旅游消费试点城市，2个街区入选首批国家级夜间文化和旅游消费集聚区。

【基础设施建设】 赣深高铁、兴泉铁路通车运营，瑞梅铁路可研报告正式批获，莲花至萍乡高速公路建成通车，寻乌至龙川（江西段）、信丰至南雄（江西段）、大广高速南康至龙南段扩容等项目全面推进。瑞金电厂二期全面投产，信丰电厂一期首台机组具备并网条件，西气东输三线向赣州供气。赣江井冈山航电枢纽、信江双港航运枢纽、信江界牌船闸改建工程、吉安泰和沿溪综合货运码头工程等项目建成运营，花桥水利枢纽基本建成，赣州赣县五云综合码头一期、袁河航道提升工程等项目有序推进，白云山灌区续建配套工程开工建设。

【生态文明建设】 54个革命老区县完成造林绿化面积17.75万公顷。赣州空气质量优良天数比例全省第一，抚州PM2.5年均浓度平均值全省考核排名第一，苏区县级及以上城市集中式饮用水源地水质达标率100%。吉安、抚州市成功创建省级生态园林城市，全南被授予“中国天然氧吧”称号。赣州入选全国绿色矿业发展示范区、全国水土保持高质量发展先行区，吉安市获评中国最具生态竞争力城市，抚州市在“美丽中国江西样板”高质量发展考核中排名第一。石城县、吉安县、广昌县获批国家生态文明建设示范区，资溪县入选“绿水青山就是金山银山”实践创新基地。

【改革创新】 中科院赣江创新研究院投入运行，国家稀土功能材料创新中心建成运营。新增2家国家技术创新示范企业，49家企业获批省级企业技术中心。中国（赣州）知识产权保护中心获批建设，抚州通过国家知识产权试点城市考核验收，萍乡获评国家产业转型升级示范区建设年度评估优秀城市。赣州对标大湾区深化“放管服”改革，333个政务事项“全程网办”、90个高频事项“跨省通办”。吉安400多项高频服务事项免证办理，打响“吉事即办”政务服务品牌，抚州“最多跑一次”事项比例达97%以上。赣州国际陆港实现国际贸易“起运港”功能，赣深组合港、抚州海西综合物流园铁路专用线开通运营，鹰潭国际综合港经济区正式揭牌。赣州在全省率先开展跨境电商+中欧班列B2B业务试点，井冈山综保区获批增值税一般纳税人资格试点。

【民生工程】 安排财政衔接推进乡村振兴补助资金 56.5 亿元，1240 个村列入“十四五”省定乡村振兴重点帮扶村。下达义务教育薄弱环节改善与能力提升资金 14.6 亿元。安排医疗卫生项目资金 36.9 亿元，2 家医院列为全省互联网医院建设试点单位。新增全国爱国主义教育示范基地 3 家，4 剧目入选庆祝中国共产党成立 100 周年优秀舞台艺术作品展演。加大低收入群体扶持力度，开展补贴性培训超 30 万人次，提供政策性岗位 8.4 万个，城乡低保标准分别达到每人每月 765 元、515 元，城镇特困和农村特困失能半失能人员供养标准达到每人每月 995 元，农村特困供养标准达到每人每月 670 元。

（聂伟庆　欧阳雯霞）

儒乐湖新城展新貌

赣江新区管委会供

赣江新区

【概　况】 2021 年，赣江新区地区生产总值同比增长 10.1%，固定资产投资同比增长 14%，社会消费品零售总额同比增长 19.3%，实际利用外资同比增长 10.2%，均列全省首位。新区财政一般公共预算收入同口径增长 20.1%，一般公共预算收入增速、税收占比连续 5 年位居全省首位。其中，经开（临空）组团跨境电商产业 6 项指标全省第一，永修组团规模以上工业企业净增数列九江市第一，共青组团全年财政总收入总量、增幅均列九江市第一，持续巩固“两领跑”和“三个走在前列”的发展态势。

【产业发展】 坚持实体经济发展导向，建立健全产业链“链长制”工作机制，出台“1+2+3+X”产业高质量跨越式发展行动计划，推动产业走向中高端。2021 年，新区六大主导产业完成营业收入 2027.7 亿元，同比增长 11.5%。其中，智能装备、新能源新材料，对规模以上工业营业收入贡献率达 32.8%，有机硅、生物医药产业较快增长，增速均保持在 30% 以上。经开（临空）组团规模以上光电信息企业 43 家，营业收入 424.4 亿元；永修组团规模以上有机硅企业 71 家，营业收入 224.83 亿元；共青组团规模以上纺织服装企业 99 家，营业收入 228.16 亿元。发挥项目的“主引擎”作用，掀起“项目大会战”，新区重大重点项目全年完成投资 633.42 亿元，完成率 121.21%；214 个重点工业项目完成年度投资的 107.2%。中国电信云和大数据中心、星火有机硅年产 20 万吨有机硅单体及配套装置等一批重大项目开工建设，新绿色中医药现代中药生产基地、江铃新能源汽车生产基地等一批核心项目竣工投产。投资 140 多亿元推动 66 个技术改造项目，新增规模以上工业企业 30 家、省级“专精特新”中小企业 12 家，新增潜在独角兽企业 2 家、潜在瞪羚企业 6 家。

7 月 28 日—30 日，上海合作组织传统医学论坛在南昌举办

赣江新区管委会供

【城市建设】 按照“以产兴城、以城聚产、产城融合”要求，加快推进城市新区和重点片区建设。中医药科创城先期启动的 3 平方千米片区基本建成，一期规划的 12 平方千米产城融合新区正在建设；按照开发性 PPP 模式建设的中医药国际生态科技城正式启动，实现政府不举债、不担保、不兜底；国家级技能人才培养综合园区全面开工建设，首个入园技校项目有序推进。神农岭本草科技园建设铺开，基本实现“道路成型、水系连贯、种植成规模、景观成初效”。儒乐湖新城国际中学投入使用，南大一附院赣江新区医院、师大附中赣江新区中学建设有序推进，主干路网、地下综合管廊、儒乐湖生态治理等基础设施项目加紧实施。此外，临空空港新城、永修湖东新城、共青南湖新城等新城建设步伐加快，城市功能品质不断提升。

【深化改革】 按照“系统集成为原则、不集成为例外”的要求，推动完成 31 项改革任务，实现改革由“分散式”向“集成式”迈进。绿色金融改革事项被列入国家生态文明试验区经验做法推广清单，创新推出全国首单中医药研发费用损失保险、全省首支碳中和基金等绿色金融产品，重大创新事项累计26项，获国务院大督查通报表扬。完善混合产业用地(M0)供应和地价计算规则，全省首宗混合产业“M0”用地——江西省转化医学研究院项目开工建设；探索“点状用地”改革，出台全省首个“点状用地”实施办法。创新推出城管、市场、交通、环境等“1+7”全领域综合行政执法改革，实现“一支队伍管处罚、队伍之外无处罚”。纵深推进“放管服”改革，在全省率先实现建设工程消防“无纸化”审查和发包备案电子化“秒批”，招投标实行事后备案和“零见面”全流程在线审批。新区不动产登记中心正式揭牌并投入运营，实现数据多跑路、群众少跑腿的“互联网+不动产登记”模式。

【科技创新】 围绕产业链部署创新链，依托创新链布局产业链，在中医药科创城加快建设以赣江中药创新中心、中药资源与制造技术创新中心等“国字号”平台为引领的24家创新平台。其中，中国中医科学院中医药健康产业研究所获中央编办批复，成为全省第二家中央直属科研院所分支机构。全区省级以上科创平台62家，高新技术企业累计351家，入库科技型中小企业402家。加快构建“政产学研用金”协同创新机制，聚焦中医药创新平台科技成果转化，联合上海赛领资本注册20亿元基金，重点支持生物医药、医疗健康等行业项目；引进国内中医药CRO龙头企业——广州博济医药生物技术公司，共同设立一期2亿元的医药研发基金，投资的I类新药“清咽利喉胶囊”等6个项目签约落地；成立5亿元的健康产业投资基金，支持博安医药鼻喷雾剂仿制药开发等3个项目建设，全省第一张依托医疗器械注册人制度的医疗器械生产许可证在新区首发。智慧物联研究院、工业过程智能研究院、国科医工技术研究院等科研机构有9项成果实施产业化，其中，智能生物传感器研究院“高性能植入式柔性脑电极”项目获红杉中国种子基金领头的9700万元融资，其“免开颅微创植入式高通量柔性脑机接口”项目获世界人工智能大会最高奖项。在全省率先推出科技成果赋权改革，并率先实施成果转换项目揭榜挂帅；健全市场导向的引才用才机制，修订完善新区人才引进和扶持政策66条，出台“赣江英才服务卡”制度实施办法，高标准打造高层次人才服务中心和人才公寓。新区国家级领军人才增至51人，省级重点人才工程增至71个，直管区引进博士以上高层次人才93人，中医药创新平台集聚科研人员400多人。

【对外开放】 坚持走出去与引进来相结合，持续扩大双向开放，举办江西省2021年唯一一场外交主场活动——2021上海合作组织传统医学论坛。经开(临空)组团承办第十二届中国卫星导航年会，打响“北斗”产业品牌。新区全年举办10余次专场招商推介活动，中央和省领导以及外地到新区调研考察规模和次数均创新区成立以来之最。全年新签约项目176个，总投资1465.65亿元。其中，直管区签约项目31个，总投资272.65亿元；统筹区签约项目145个，总投资1193亿元。引进“152项目”26个，比上年增加3个，总投资1103亿元。其中，超100亿元项目2个，超50亿元项目9个，超20亿元项目15个。欣旺达南昌动力电池生产基地、顺丰智慧产业基地、海克斯康华中区双智赋能中心及智能制造产业基地等引爆性、旗舰型项目相继签约落户。

10月21日，赣江新区金融支持碳达峰碳中和产品发布暨绿色金融政银企对接会在南昌召开

赣江新区管委会供

【赣江新区金融支持碳达峰碳中和产品发布暨绿色金融政银企对接会举行】 10月21日，赣江新区金融支持碳达峰碳中和产品发布暨绿色金融政银企对接会在南昌举行。会上，省金融监管局发布2021年全省第二批绿色项目，恒邦财险发布全国首单中医药研发费用损失保险，乐信集团发布赣江新区个人碳账户，建设银行省分行宣传推介绿色金融改革创新经验。赣江新区管委会与建设银行省分行、乐信集团三方围绕绿色金融签订战略合作协议，有关金融机构与企业签署相关合作协议。

(王杰　朱星辰)

对口支援新疆阿克陶县

【概　况】 2021年，江西省共安排援助资金2.25亿元，其中省财政安排2亿元，统筹“十三五”结余资金2535万元；实施援疆项目71个。省委、省政府捐赠阿克陶县委、县政府500万元资金、500万元物资，支持阿克陶县建设；省内社会各界捐赠计划外资金物资约881.8万元。

【智力援疆】 实施乡土人才培训工程，组织举办农机人才、特色种植、旅游人才、电商人才、畜牧养殖等培训班8期，培训394人。组织15名有乡村振兴经验的管理人才，以及阿克陶县急需的农林水牧、交通、审计等各类专业技术人才开展支援工作，结对帮扶10个县直单位。首次在纪检监察系统实施柔性引才，组织6名省纪检监察系统干部进疆开展业务指导。组织省农科院、省科技厅等专家赴阿克陶县指导水稻生产,面对面提供栽培技术指导服务;通过省林科院提供技术支持,引进三叶木通、红果榆等树种进行引种、抗旱、抗寒试验。在阿克陶县人民医院开设神经内科,重启重症医学科(ICU 科),规范儿科新生儿病房、口腔科室,筹建儿科门诊雾化室、远程医疗中心,引进超声引导下股神经+坐骨神经阻滞术、角膜溃疡穿孔结膜瓣修补术等 23 项新技术,举办赣医大讲坛、院内科内讲座学习等培训,开展下乡义诊、送医赠药活动。全年诊疗人次 2.3 万人次、会诊 451 人次、手术 617 例、抢救危重病人 150 人、教学查房 2183 次、培训 2500 余人次。

【产业援疆】 以共生稻、香菇园、水产养殖及有机肥加工为主体架构,并结合农家乐、农产品展销及大数据管理等配套设施,打造 23.33 公顷集种养结合、产娱一体的综合性循环经济产业园,带动就业 110 人。推进阿克陶县江西工业园区"智慧园区"配套建设,完善信息化、大数据等功能,提升阿克陶县工业园区平台服务功能。统筹县技工学校、县城乡职业教育培训中心和各行业部门,组织开展各类职业技能技术培训 374 期 2.05 万人次。推进大众创业、万众创新,营造氛围,实现新增创业 1780 人,创业带动就业 2006 人。开展线上招商 29 次,与 18 家企业、9 个商会协会开展洽谈,对接客商 166 次,签约意向项目 3 个。在江西南昌克州特色农产品展销交流中心、缘疆佳园设立消费扶贫专馆、专柜,通过新疆阿克猫举办网络直播带货活动,拓宽扶贫产品爱心消费覆盖面,帮助销售克州阿克陶县巴仁杏、冰川雪米、帕米尔牦牛肉干等 46 种特色农产品 4900 余吨,助推受援地乡村振兴。

【民生工程】 全年安排民生领域项目 63 个,安排援疆资金 1.88 亿元,占年度计划的 84%。推进基础设施建设,完成 778 户前后院改造、围墙修补以及改厨、改厕、改圈任务。扶持阿克陶县 2 个集体经济薄弱村发展林果、畜牧等特色产业以及劳动密集型产业。推进富余劳动力转移就业,实现疆内有序转移就业(含结转)2445 人次;与广东、福建、浙江等 6 个省市 13 家企业建立用工合作关系,实现疆外有序转移就业(含结转)2528 人次。完善提升公共卫生防治医疗体系,对 118 名肺结核阳性患者进行集中隔离救治;开展妇女宫颈癌、乳腺癌筛查和孕产妇产前筛查服务,保障阿克陶县妇女身心健康,降低新生儿遗传疾病发生率。搭建对口支援新疆阿克陶县远程医疗系统,构建"1+15"模式远程医疗协作网,以阿克陶县人民医院为中心,远程对接江西 15 家省直医院,"全链条"组团式帮扶,让阿克陶县各族群众在家门口共享江西甚至国内外优质医疗资源。

【文化教育援疆】 以国家通用语言文字培训为重点,强化培训乡镇场村、社区干部,集中强化培训乡村干部 200 余人。在阿克陶县雪松中学设立"赣陶宏志班""赣陶远志班"。选派 20 名阿克陶县骨干教师到江西省示范类本科院校研修学习。奖励全县中小学 266 名优秀教育工作者、优秀教师和 1604 名中小学内初班、内高班、非毕业班优秀学生;对 550 名疆外全日制高校在读的阿克陶籍学生进行补助,保障家庭经济困难学生接受高等教育的机会。以"小组团式"援助为重点,先后选派 296 名援疆支教教师集中在克州江西实验中学和克州江西实验小学,参与学校教育教学管理,开展师徒结对、传帮带、示范公开课、名师工作室等系列帮扶举措,全年参与受援学校管理人员 33 人次,担任班主任工作 63 人次,师徒结对 208 人次。推广"赣教云"教学通 2.0、名校同步课堂、远程互动教室等教学方式,探索"云+5G"智慧教育模式,与当地共享江西线上线下名师课堂、教学微课、精品课件等各类优质教育资源,缓解当地教育资源不足现状。强化"红杜鹃"品牌引领,打造以红色校园为载体,集书香校园、人文校园、和谐校园、魅力校园于一体的综合性示范样板学校,以阿克陶县克州江西实验小学、克州江西实验中学 2 所学校为试点,以党史、新中国史、改革开放史、社会主义发展史等为主要内容,通过雕塑、展示展览、宣传栏、多媒体等多种形式,加强在赣新疆籍学生红色文化教育。创建江西"文化润疆"教育工作室,开展"文化润疆"教育课题研究,对中国优秀传统文化教学资源以及教学策略进行整合。

【赣新交往交流】 援疆干部开展"民族团结一家亲"活动,与受援地农牧民家庭结亲,推进双带帮扶,50 名援疆干部人才共结亲 83 户,挂点帮扶 8 个乡镇。选派阿克陶县文化卫生教育、农林、商贸旅游等系统 38 名一线工作者,到江西开展为期 1 周的红色文化交流。组织受援地基层干部、致富带头人、民族团结模范等各类社会群体到江西交往交流。推进青少年"手拉手"活动,组织阿克陶县和江西省中小学生开展双向参观学习。

(曾毓)

本类目编辑 毛珏珺

农业农村

综述

2021年，全省农林牧渔业总产值3998.1亿元，同比增长9.0%；农村居民人均可支配收入1.87万元，同比增长10.0%。

农业供给质量提高。粮食生产再获丰收，总产量2192.3万吨，超额完成任务，产量连续9年超215亿千克，其中早稻产量增幅居全国第一位，双季稻比重居粮食主产省第一位。全年肉类总产量344万吨，增长21.6%；生猪产能全面恢复，生猪存栏1683.2万头、出栏2910.4万头，分别增长7.2%、31.2%；蔬菜及食用菌产量1730.6万吨，增长5.4%，设施蔬菜基地面积8万公顷；水产品产量269.5万吨，增长2.6%。禽蛋奶、果茶油产量均稳定增长。水果种植面积42.73万公顷，产量518.4万吨。同时，茶叶种植面积达到11.71万公顷、产量7.4万吨，中药材种植面积21.07万公顷（含林下药材），产量约67万吨。

物质装备水平提升。贯彻落实藏粮于地、藏粮于技战略，实施现代种业提升工程，组织科研院所、种业企业开展联合攻关，“中芯一号”打破欧美种猪育种技术壁垒，丛枝菌根抢占水稻育种新高地，年产稻种5000万千克以上，主要农作物良种率96%。先后开展“百日大会战”“专项整治”“耕地质量保护提升”等行动，全省高标准农田建设总面积达到153.71万公顷，划定水稻生产功能区18.68万公顷。江西农业科技进步贡献率达61.5%，建成省级现代农业产业技术体系24个。引进国家农机装备创新中心、中国一拖、中联农机等落地投产、建设基地；补齐水稻机械化种植短板，2021年江西主要农作物耕种收综合机械化率77.1%，水稻机收损失率平均下降0.5个百分点。

乡村产业实力增强。实施绿色食品产业链链长制行动，培育壮大农业全产业链，培育省级以上龙头企业963家，国家重点龙头企业69家、新增17家。江西26家企业入围2021（第五届）中国农业企业500强名单，在中部省份排名第一位。打造小龙虾、富硒蔬菜、鄱阳湖稻米三大国家级产业集群，创建国家级农业产业强镇32个，国家现代农业产业园6个、省级现代农业产业园37个。全省引进农业项目580个，实际进资369.8亿元，再创历史新高。实施“赣鄱正品”品牌创建3年行动，“赣鄱正品”商标成功注册，认证2批共150个品牌。深入实施“生态鄱阳湖·绿色农产品”品牌战略，推动江西优质农产品营销体系建设，持续发布“二十大区域公用品牌”“企业产品品牌百强榜”，连续5年在央视黄金时段开展宣传，赣南脐橙、南丰蜜橘、庐山云雾茶等5个地理标志产品荣登全国百强榜。

绿色生态优势凸显。启动部省共建江西绿色有机农产品基地试点省建设，与粤港澳大湾区建立农产品检测结果互认制度，全省绿色有机地理标志农产品达4413个、净增931个，创建全国绿色食品原料标准化生产基地49个、居全国第六位，主要食用农产品监测合格率连续7年保持在98%以上。持续抓好农业农村领域污染防治七大专项行动，全省畜禽粪污综合利用率达到80%以上，秸秆综合利用率在93%以上，农膜回收利用率达86.7%。全省重点水域禁捕秩序持续向好，生物多样性、旗舰物种栖息地、大龄鱼类资源均逐步恢复。截至年底，全省建设各类绿色防控示范面积8.8万公顷，建设化肥减量增效示范面积2.73万公顷，农药化肥用量连续多年实现负增长，利用率均达42%以上。

农村人居环境改善。推进农村人居环境整治提升，全省农村水冲厕普及率95.53%、卫生厕所普及率82.75%，城乡环卫一体化垃圾收运处置体系实现行政村全覆盖，82个县（市、区）实现城乡环卫“全域一体化”第三方治理，建成村庄污水处理设施5778座。实施新农村建设“五大专项”提升行动，截至年底，全省76%的自然村基本完成整治建设，创建美丽宜居乡镇513个、美丽宜居村庄6089个、美丽宜居庭院66万余个、美丽宜居示范带470条。创新搭建“万村码上通”5G+长效管护平台，82个市、县（区）基本完成或正在建设平台。发展新业态，创建全国休闲农业重点县2个、中国美丽休闲乡村53个。

改革创新活力激发。有序推进农村承包地“三权分置”，土地经营权抵押贷款“地押云贷”试点，农村土地流转率达53.6%、比上年提高3.3个百分点，累计发放“地押云贷”贷款7380万元，发展农民专业合作社7.55万家、家庭农场9.3万余家。巩固提升农村集体产权制度改革成果，推动发展壮大新型农村集体经济，村级集体股权证发放比例约98%，有68个涉农县建立农村产权交易中心、完成交易27.35亿元，村集体经济年经营性收入10万元以上的行政村达90%以上。制定全省农村宅基地改革试点和规范管理3年行动方案，在全省17个县（市、区）开展农村宅基地规范管理示范先行创建行动。在全省26个产粮大县开展水稻完全成本保险试点，创新开展农业巨灾保险试点，发展农业政策性保险，农业保险保费补贴达12.5亿元。健全“财政惠农信贷通”工作机制，累计发放贷款795亿元，累计受益15.72万余户，贷款余额91.41亿元。

（黄大山　何维）

种植业

【概　况】　2021年，江西粮食面积377.28万公顷、产量219.23亿千克，分别比上年增加0.04万公顷、2.83亿千克，超额完成国家下达的粮食生产目标任务。其中，早稻产量增量全国第一，获农业农村部通报表扬；全年产量连续9年稳定在215亿千克以上，粮食主产区地位更加巩固。全省粮食作物单产5811千克/公顷，比上年增加75千克/公顷，增长1.3%，呈现恢复性增长。早、中、晚稻单产同比均实现增长，其中中稻增幅最大，达93千克/公顷。全年蔬菜（含西甜瓜、食用菌）种植面积68.63万公顷、产量1730.6万吨，面积、产量分别同比增长5%左右。水果面积42.73万公顷，园林水果产量518.4万吨，同比增长5.1%。全省茶园面积稳定在12.8万公顷左右，比上年增长0.13万公顷。全省中药材种植面积21.07万公顷（含林下药材6.73万公顷），比上年增长0.33万公顷。

【稳定粮食生产】　2021年，首次实行粮食安全党政同责，省委、省政府以上率下，带动全省形成五级书记抓粮食生产的工作格局。省委、省政府相继出台《关于防止耕地“非粮化”稳定粮食生产的实施意见》《关于做好稳定粮食生产工作的通知》等系列文件，强化粮食安全责任制考核，落实关键环节和措施。市县乡村四级压实地方党政主体责任，激发农民和种粮大户等经营主体积极性，把面积任务落实到户、到田。省农业农村厅会同省财政厅在2020年年底，提前下达2021年中央支粮稳粮政策资金55.03亿元，为种粮农户购买种子、化肥、农药等农资提供资金支持；同时针对早稻种子可能短缺的趋势，提前加强种子调度和储备。为有效应对农资价格上涨对实际种粮农民增支影响，又陆续下拨中央新增产粮大县奖励资金4.15亿元、稻谷补贴资金14.47亿元、一次性种粮补贴资金6.45亿元。在不同时段，针对当季作物，接连下发《关于全力稳定粮食生产加快推进种植业高质量发展的通知》《关于积极扩种秋杂粮夺取秋粮丰收的指导意见》等多个指导文件，指导各地一季接着一季抓落实。在早稻、中晚稻的关键农事时期，不间断派出工作调研组、技术指导组，实行驻县蹲点，狠抓稳面和增产措施落实。

【推进种植业结构调整】　2021年，印发《江西省人民政府办公厅关于推进食用菌产业高质量发展的实施意见》。省政府在崇仁召开全省蔬菜产业发展座谈会和现场推进会，部署推动蔬菜产业高质量发展工作。将蔬菜产业纳入全省高质量发展考核范畴，强化对“菜篮子”生产的绩效考核。两次召开食用菌产业发展座谈会，推动食用菌产业发展。全省安排设施蔬菜资金1亿元，水果产业发展资金8000万元、茶叶产业发展资金3000万元、中药材产业发展资金2000万元，推进设施蔬菜、标准化水果、茶叶和道地药材种植，提升产业发展水平。突出品种培优，每个设区市支持新建1个水果良种繁育基地，在宜春、吉安、抚州、九江等重点产区各新建1个中药材良种繁育基地。在6个县开展经济作物绿色高质高效创建行动，全面提升菜、果、茶等经济作物绿色生产水平。以鄱阳湖周边地区为重点，持续推进农药化肥减量增效行动，推进经济作物生产方式绿色化。全年新建设施蔬菜基地2.33万公顷，总量达8万公顷。新建标准水果、中药材基地各3300公顷，茶叶基地1300公顷。推进果业区域品牌+企业品牌创建，重点支持赣南脐橙、南丰蜜橘、马家柚、井冈蜜柚4个重点品牌开展创建，每个品牌择优扶持1个区域品牌和3个企业品牌。赣南脐橙以品牌强度895、品牌价值678.34亿元位列全国区域品牌（地理标志产品）第六、水果类第一，入选全国首批中欧地理标志协定保护名录。主动对接融入粤港澳大湾区，建成中农批、华东城批发市场和大湾区“菜篮子”配送中心，全省有粤港澳大湾区“菜篮子”生产基地33个。

（车洪杰　刘松）

茶产业

【概　况】　2021年，江西省茶叶种植面积11.71万公顷，茶叶产量7.4万吨，增长3.1%。全省有91个县（市、区）产茶，修水、婺源、浮梁、遂川4个县进入全国茶业百强县。全省有机茶园面积2.23万公顷，增长2000公顷；婺源县被授予“国家有机产品（茶叶）认定示范县”称号，婺源有机茶出口占全国有机茶出口的60%。“四绿一红”品牌总价值122.5亿元，比“十二五”末期增长95.5%，平均排名上升7位。春茶销售额57.9亿元，比“十二五”末期增长83.8%，比上年增长5%。

【茶产业发展】　2021年，以“四绿一红”为代表的江西茶叶品牌持续发力。九江市统一组织在北京、上海、广州、深圳以及省会、副省会等大中城市开设专营店、连锁店，发展“庐山云雾和宁红茶”的经销、代理。吉安市引进中茶集团，扶持在全国地级市以上城市建立中茶“狗牯脑”销售门店。5月21日，江西十余家赣茶企业抱团参展第四届中国国际茶叶博览会，中央农办主任、农业农村部部长唐仁健到江西展馆参观。全省各地以第二个“国际茶日”为契机，先后举办靖安、遂川、婺源茶文化旅游节、开园直播、线上售茶等活动，江西凤凰沟生态茶园获评T20最美生态茶园，婺源县入选区域特色美丽茶乡，浮梁、婺源、遂川等入选百条红色茶乡旅游路线，全省涌现茶叶采摘、加工展示、茶艺表演、茶文化体验、茶研学游等茶文旅项目。

【成功选育庐山云雾茶良种“庐云1、2、3号”】　九江市成功选育出庐山云雾茶良种“庐云1、2、3号”，并大范围推广，提升茶叶一致性和品质。庐云1号：无性系，早生种。营养芽物候期较对照（龙井长叶）早5~8天，春茶一芽二叶含茶多酚 17.2%，氨基酸 3.7%，咖啡碱 3.5%，水浸出物 47.4%。适制茶类绿茶，制庐山云雾茶外形兰花形、嫩黄润；汤色浅黄明；香气清高，滋味鲜醇，甘爽；叶底细嫩、显芽、匀齐、嫩黄。产量高，较对照增产 35%~55%。抗病虫性、抗寒性较对照弱；抗旱性强。庐云 2 号：无性系，早生种，营养芽物候期较对照（龙井长叶）早 7~9 天。春季一芽二叶含茶多酚 20.8%，氨基酸 3.6%，咖啡碱 3.3%，水浸出物 48.7%。适制茶类绿茶，制成的庐山云雾茶外形兰花形、较挺直、显毫、较嫩绿润；汤色黄明；香气清香，滋味尚浓醇；叶底细嫩、显芽、匀齐、较嫩绿明亮。抗病虫性、抗寒性和抗旱性强。产量高，比对照增产 50%。庐云 3 号：无性系，中生种，营养芽物候期较对照（龙井长叶）迟 4~7 天。春季一芽二叶含茶多酚 16.8%，氨基酸 5.0%，咖啡碱 3.4%，水浸出物 47.3%，适制绿茶，制庐山云雾茶外形兰花形，显毫、嫩黄润；汤色浅嫩黄、较明亮；香气尚高爽、有嫩香；滋味醇和、较甘滑；叶底细嫩、显芽、匀齐、嫩黄。产量高，比对照增产 36%~130%。抗病虫性、抗寒性与抗旱性与对照相当，均为强。

（车洪杰）

林　业

【概　况】 2021 年，实现林业总产值 5747 亿元，增长 8%。其中，第一产业 1306 亿元，增长 4%；第二产业 2683 亿元，增长 9%；第三产业 1758 亿元，增长 7%。国务院正式批复同意设立武夷山国家公园，江西省成为全国首批拥有国家公园的省份之一；省政府与国家林草局合作共建现代林业产业示范省（全国仅有 2 个）；出台全国首部专门保护候鸟的省级地方性法规——《江西省候鸟保护条例》。举办第八届中国（赣州）家具产业博览会、第二届鄱阳湖国际观鸟周、2021 江西森林旅游节等重大活动。

【森林培育】 全省完成人工造林 7.41 万公顷，封山育林 8.35 万公顷，退化林修复（低产低效林改造）12.2 万公顷。其中，完成重点防护林工程 5.68 万公顷，重点区域森林“四化”建设 1.62 万公顷；利用中央基建投资及政策性银行贷款，完成国家储备林建设任务 1.55 万公顷。

【林业经济】 实施千家油茶种植大户、千万亩高产油茶、千亿元油茶产值的油茶产业“三千工程”，全省油茶营造林完成面积 4.65 万公顷，油茶林总面积 108 万公顷，总产值 416 亿元。省政府办公厅出台《关于加快推进竹产业高质量发展的意见》，完成毛竹低产林改造 1.69 万公顷，笋用林（笋材两用林）基地建设 4113.33 公顷，全省竹林面积达到 117.67 万公顷。省油茶产业协会制定出台《江西山茶油团体标准》《江西山茶油公用品牌标识管理办法》。全省森林药材新增种植面积 1.57 万公顷，新增香精香料种植面积 1426.67 公顷。开展省级以上林下经济示范基地动态监测工作，有国家级林下经济示范基地 34 家，省级林下经济示范基地 132 家。出台《江西省森林康养产业发展规划》（2021—2025 年），新增 29 家省级森林康养基地，省级森林康养基地数量达 99 家。制定《江西省林木育种中长期规划（2021—2035）》，建成国家和省级林木良种基地 21 处、种质资源库 24 处，审（认）定林木良种 9 个，新育造林绿化苗木 10.02 亿株，提供油茶良种穗条 7.51 万千克。全省有国家林业重点龙头企业 39 家，省级林业龙头企业 361 家，国家林业产业示范园区 2 家。油茶、森林药材特色保险累计投保面积 35.98 万公顷，为种植主体提供风险保障 103.25 亿元。挂牌交易刺猬紫檀（方料）、微凹黄檀（方料）、油茶籽、油茶籽粕、普洱茶等品种，平台累计交易额 5.32 亿元。

【林业改革】 省林业局设立执法监督处，加强对全省林业执法队伍体系化和规范化建设。印发《关于进一步完善林长制的实施方案》，推动江西省林长制再完善、再提升。深化集体林权制度改革，出台《江西省林地适度规模经营和示范性新型林业经营主体奖补办法》，扶持培育新型林业经营主体，推荐 14 家林业专业合作社获评国家农民合作社示范社；出台《江西省林业局关于支持抚州市林业综合改革试点若干措施》，支持抚州开展全国林业改革发展综合试点市建设；与省自然资源厅共同指导抚州市开展清理规范林权确权登记历史遗留问题试点；抚州市深化林业金融创新，组建 7 家生态支行、6 个生态金融事业部和 1 个绿色保险创新实验室；支持资溪等地做好重点生态区位非国有商品林赎买试点提升工作。联合省政府金融办印发《关于依托江西省林业金融服务平台建立林权贷款林银协同服务机制的通知》，累计开展林权贷款 289.98 亿元、林农信用贷款 8.5 亿元，森林保险在保面积 873.33 万公顷。下达第二批“百场兴百业、百场带百村”项目，扶持 26 个国有林场发展特色产业。启动“湿地银行”建设，出台《江西省“湿地银行”建设试点实施方案》，在万年等 7 个县开展“湿地银行”试点建设。深化“放管服”改革。出台《关于实施告知承诺制的证明事项及告知承诺书样本的公告》，14 项证明事项实施告知承诺制；印发《江西省林业局深化“证照分离”改革实施方案》，12 项涉企经营许可事项分别按照直接取消审批、实施告知承诺、优化审批服务的方式推进改革。

【林业科技】 编制完成《江西省“十四五”林业科技发展规划》。联合省科技厅、省教育厅、省科协印发《关于加强林业科普工作的实施意见》。联合省委组织部、省科技厅、省财政厅等 8 部门印发《江西省科技特派员助力乡村振兴行动计划（2021—2025 年）》，瞄准油茶、竹类、森林药材、香精香料、苗木花卉、森林康养等产业链科技需求，推进科技特派员工作，开展科技服务。印发《关于重新组建省级科技创新团队的通知》，组建杉木、松类、竹类、阔叶树、木本油料、木本香料、森林药材、森林生态与碳汇、森林康养、林业有害生物防治、湿地与草地、野生动植物与自然保护地、林产加工利用共 13 个创新团队，确定各团队首席专家、方向带头人及“十四五”重点工作目标。首次设置种业长期攻关项目、青年人才项目、自筹资金项目，新设林业碳汇、林机装备等研究内容。对科研院校承担的项目，实行“推广+科研”模式，将科研创新纳入考核内容。启动实施2021年科技创新项目31个；立项2022年科技创新项目40个，下达项目经费630万元。与南京林业大学、北京林业大学合作创新项目4个，下达经费100万元，重点支持木竹材加工、林业碳汇、生态产品价值实现等社会关注热点。深入实施中央财政林业科技推广示范项目，启动实施2021年项目25个，下达项目资金2000万元，推广国家林草科技推广成果库成果26个、贯彻相关标准9个，委托第三方完成2020年度立项的25个项目的中期绩效评价工作。完成2020年到期项目集中验收，19个项目全部通过验收，共营建示范林1006.67公顷、采穗圃3.67公顷、育苗圃6.53公顷，繁育各类苗木366万余株。新增国家林业草原栀子工程技术研究中心、江西退化红壤森林植被恢复国家长期科研基地2个国家林草科技平台。发布28项林业地方标准，涉及小微湿地、红花油茶、森林药材等领域。新增"情缘"（檵木属）、"银盏"（栀子属）、"纵横"（栀子属）3个林业植物新品种。组织开展全省林业"百团千人送科技下乡助力乡村振兴"服务活动。组织编写出版《江西乡土树种识别与应用》，省林科院等17家单位被中国林学会命名为全国林草科普基地。

【资金投入】 2021年，争取中央和省级财政资金和投资达50.03亿元，比上年增长5.7%。其中，争取中央财政首批国土绿化试点示范项目资金1.5亿元；中央林业有害生物防治资金1亿元；中央财政安排江西省奖补资金7385万元；湿地补助资金1.68亿元，增长107%；野生动植物保护补助中央基建生态保护修复资金5.89亿元，增幅98%；中央财政衔接推进乡村振兴补助资金4474万元，增长60%；新增武夷山国家公园首批建设资金1490万元。

【助力乡村振兴】 联合省发改委、省财政厅、省乡村振兴局印发《关于推进巩固拓展生态脱贫成果同乡村振兴有效衔接的实施方案》；联合省科技厅、省委组织部、省教育厅、省财政厅、省人力资源和社会保障厅、省农业农村厅、省乡村振兴局印发《江西省科技特派员助力乡村振兴行动计划（2021—2025年）》，进一步激发科技特派员服务热情和创新创业活力，发挥科技特派员在乡村振兴中的重要作用。开展全省林业"百团千人送科技下乡助力乡村振兴"服务活动，组织林业科技服务团155个，选派科技服务人员1065名，对接服务林农1.13万户、林企和基层组织789家，指导服务基地建设6.9万公顷，解决各类技术需求882项。安排24个重点帮扶县林业项目资金16.4亿元。完成兴国县龙口镇睦埠村驻村帮扶工作，启动兴国县龙口镇文院村驻村帮扶和兴国县江背镇华坪村对口帮扶工作。完成2.38万名生态护林员意外险投保工作。

【举办第二届鄱阳湖国际观鸟周活动】 12月11日—13日，由江西省政府和中国野生动物保护协会主办，省林业局、省文化和旅游厅、南昌市政府、九江市政府、上饶市政府共同承办的第二届鄱阳湖国际观鸟周活动在南昌、九江、上饶市举办。活动邀请新西兰驻华大使傅恩莱等11个国家的政府要员，联合国粮农组织驻华代表文康农等10个国际组织的代表，国家林业和草原局副局长李春良及相关司局领导，全国27个省（自治区、直辖市）林业和草原主管部门代表，阿拉善SEE生态协会第四任会长冯仑等知名企业家，国内外高校科研院所专家学者等共800余名嘉宾出席。活动以"鹤舞鄱湖、牵手世界"为主题，以"精心""精致""精彩""精美"为标准，通过开幕式、专题论坛、嘉宾观鸟暨鄱阳湖国际观鸟赛、公众自然教育、"鄱湖卫士"推选等一系列活动，向全世界展示江西深入贯彻落实习近平生态文明思想、纵深推进国家生态文明试验区建设、高标准打造美丽中国"江西样板"所取得的成就，展示江西的山水之美、人文之美、发展之美。第二届鄱阳湖国际观鸟周活动相关资讯浏览总量超过5.4亿次。

【2021江西森林旅游节在靖安县举行】 7月25日，由省林业局、省文化和旅游厅、宜春市政府共同主办的2021江西森林旅游节主会场活动在靖安县举行，副省长陈小平、省人大常委会原副主任朱虹等450余名嘉宾出席开幕式。森林旅游节在南昌湾里、铅山葛仙村、庐山西海、大余县等地设立分会场。主要活动包括开幕式活动、主体活动、经贸活动、宣推活动等4大类10项活动。活动期间，全国50多家主流媒体报道，中央和省内主要媒体共发布专版5版、稿件154条，全网浏览超过3.5亿人次。

【吴城保护管理站党支部获"全国先进基层党组织"称号】 6月28日，全国"两优一先"表彰大会在北京举行。会上，鄱阳湖保护区吴城保护管理站党支部获"全国先进基层党组织"称号。30多年来，鄱阳湖保护区吴城站党支部全体党员守护鄱阳湖区70余万只湿地候鸟和鄱阳湖"一湖清水"，建立全国首家由"三级法院"（省高院、市中院、县法院）与保护区共同建立的生物多样性司法保护基地，成立江西省首个环资生态法庭，连续审判3起涉及破坏湿地、猎杀候鸟的案件。将"自然教育基地""候鸟救护中心"等绿色生态元素融入党建品牌，打造红色"党建示范基地"，组织党员利用休息时间，义务进行服务讲解。对外开放"鄱阳湖湿地与候鸟展馆"网上预约参观系统，作为全国首批授牌的"自然学校"，组织党员开展湿地和候鸟知识宣传，每年接待1万余名群众参观。投身扶贫助学、帮老助残、抗洪抢险等活动，被8家公益组织联合授予公益特别贡献奖。2017—2018年度，吴城保护管理站获评全国青年文明号。

（饶利军　张媛媛）

畜牧业

【概　况】 2021年，全省肉类总产量344万吨，同比增长21.6%；禽蛋产量62.62万吨，增长2.3%；牛奶产量8.32万吨，下降8.67%。生猪存栏1683.23万头，增长7.22%，其中能繁母猪存栏161.72万头，增长12%，出栏2910.38万头，增长31.2%；家禽存栏2.32亿只，下降5.5%，出栏5.77亿只，增长1.5%；牛存栏269.68万头，下降2.1%，出栏146.52万头,增长8.44%;羊存栏132.3万只,增长7.16%,出栏171.55万只,增长8.29%。

【生猪稳产保供】 推进生猪稳产保供,出台《江西省农业农村厅 江西省发展和改革委员会 江西省财政厅 江西省生态环境厅 江西省商务厅 中国银行保险监督管理委员会江西监管局关于促进生猪产业持续健康发展的实施意见》《江西省生猪产能调控实施方案(暂行)》,保持用地、财政、金融、保险等扶持政策的延续性、稳定性。落实产能调控实施方案目标要求,紧盯能繁母猪、规模猪场保有指标,加强分析研判、监测预警、服务指导,做好分级调控,缓解"猪周期"波动,避免生产大起大落。2021年,生猪生产全面恢复,生猪产能超过正常年份水平,生猪外调695万头。

【重大动物疫病防控】 开展非洲猪瘟常态化防控,狠抓监测排查、调运监管、屠宰监管、生物安全提升等关键防控措施,全年未发生非洲猪瘟等区域性重大动物疫情。实施生物安全防护提升行动,2021年累计消毒6.8万场次,1.3万家养殖场、屠宰场等实施生物安全设施改造,建成区域性洗消中心35个。完善县、乡、村联动机制,严格实施动物疫病防控网格化管理,由县级政府组织,县级农业农村部门、乡镇政府密切配合,每个行政村配备1名村级动物防疫员,每个自然村配备1个村组干部定点联系养殖场,做好动物疫病防控工作。加强畜禽调运监管,严防动物疫情跨区域传播。屠宰企业100%落实官方兽医派驻和非洲猪瘟自检两项制度。构建从养殖到屠宰全链条监管。

【产业转型升级】 贯彻落实《江西省人民政府办公厅关于推进牛羊产业高质量发展的实施意见》,组织实施牛羊产业建设项目,建设6个肉牛、肉羊大县,全省牛羊肉产量19.58万吨、同比增长10.1%,牛羊肉产量占肉类总产量比重为5.7%。推动出台《江西省人民政府办公厅关于推进家禽产业高质量发展的实施意见》,加快产业转型升级,全省禽肉产量85.86万吨、同比增长1.6%,禽肉产量占肉类总产量比重24.9%。推进畜禽养殖标准化示范创建,推广吉安生猪生态循环养殖经验做法,开展生猪规模养殖场标准化示范建设试点,新增畜禽养殖标准化示范场91家,全省示范场总数914家;生猪、肉牛、羊、蛋鸡规模养殖比重分别超过80%、29%、53%、81%。科学合理规划生猪屠宰产业布局,开展标准化示范创建,全省有6家大型企业建设生猪屠宰生产线,新增年屠宰能力383万头。推动全省畜禽粪污资源化利用整县推进和绿色种养循环农业试点项目实施,在万载县开展全国粪肥还田和养分平衡管理试点,全省畜禽粪污综合利用率继续保持在80%以上,规模养殖场粪污处理利用设施装备配套率99%,均高于全国平均水平,获评农业农村部2020年延伸绩效管理考核优秀等次;累计建成病死畜禽无害化集中处理场41个,日处理能力达327吨,全省病死猪无害化集中处理率78%以上,全省未出现一起出售、加工和抛弃病死畜禽等违法犯罪事件。

【兽医公共服务能力建设】 按照每个乡镇配备官方兽医不少于2名的要求,配齐配强官方兽医力量,建设正规化、专业化、规范化防检疫队伍,全省有官方兽医5890人。在万年、铜鼓两县启动畜牧兽医体系建设试点。省级财政投资3000万元,在17个县(市、区)实施基层兽医防疫体系建设项目,重点支持乡镇畜牧兽医机构防疫检疫设施设备和县级兽医实验室升级改造,11个设区市和93个县(市、区)具备非洲猪瘟检测能力。省财政安排非洲猪瘟等防控经费350万元,用于疫病监测、应急处置等。省本级补充应急物资350余万元,及时发放防疫物资400余万元;市县财政加大动物疫情防控财政投入,配套经费7600万元。

(甄丽卿 程国新 付小伟)

水产业

【概 况】 2021年,全省水产养殖面积40.33万公顷;稻渔综合种养面积15.67万公顷,同比增长2.27万公顷。全年水产品产量达269.5万吨,同比增长2.6%。其中,养殖产量266万吨,捕捞产量3.4万吨。名特优水产品产量102.8万吨,同比增幅3.09%。

【绿色健康养殖】 全面完成河湖水库禁养区"三网"养殖清理,严厉打击河湖水库投肥养殖行为。开展健康养殖示范创建,共创建18个水产健康养殖和生态养殖示范区。水产绿色健康养殖技术推广多点开花,全省发展稻渔综合种养面积15.67万公顷、陆基循环水圈养桶2000多个、鱼菜共生生态种养面积533.33万公顷、池塘循环流水养殖槽100余条;水产养殖尾水治理及资源化利用试点数量达170个以上,全省近88个县(市、区)开展养殖尾水治理试点示范,覆盖涉渔县区

定南县生态循环农业示范园

省农业农村厅供

比例96%。

【渔业产业结构调整】 加快推动建设虾蟹、龟鳖、鳅鳝等3个百亿产业，做强鳗鱼、黄颡鱼、鲈鱼等优势特色品种养殖，提高优势特色水产品供应能力和生产水平，名特优水产品产量102.8万吨，同比增幅3.09%。江西鄱阳湖小龙虾产业集群效应逐步显现，产业格局开始由分散向集中、发展方式由粗放向集约、产业链条由单一向复合转变。全省小龙虾养殖面积14.33万公顷，产量22万吨，一产产值80亿元。年繁育虾苗100亿尾以上，年加工能力10万吨（消耗原料虾）以上。各地因地制宜发展地方特色产业集群，以龟鳖、鲟鱼、鳜鱼、鲈鱼为特色的产业格局正在形成。

【渔业三产融合发展】 依托一产支撑，培育加工、活储物流等龙头企业，补齐加工短板、拓展休闲渔业。开发烤鳗、小龙虾、酒糟鱼等多种类型的加工产品，水产品加工率达25.83%。发展小龙虾冷链物流系统，实现水产品在京东、天猫、拼多多等平台网上销售。“鄱阳湖”“军山湖”获“2020中国农业品牌公共服务平台水产品推荐品牌”“江西省二十大区域公用品牌”等称号。全省各地举办“鄱阳湖”小龙虾在线销售和节庆文化活动10余场，鄱阳湖小龙虾餐饮店有4000余家。

【重点水域禁捕退捕】 2021年，取得“四个百分百”的阶段性成效。渔船处置完成率100%。全省回收退捕渔船3.78万艘，回收清理网具1629.76万千克。渔民退捕率100%。全面注销捕捞证，签订退捕协议，6.82万名捕捞渔民全部“洗脚上岸”。适龄渔民参保率100%。为6.3万名符合条件的退捕渔民办理养老保险，实现应保尽保。有劳动能力和就业意愿渔民就业率100%。帮助全省5.15万名退捕渔民实现全部就业，“零就业”家庭动态持续清零。

【长江江豚养护】 全面加强以长江江豚为重点的水生生物保护，加快渔业种群资源恢复，维护水域生态环境。2021年共完成增殖放流3.9亿尾。进一步健全江豚信息报送网络，建立江豚遇险、死亡报告制度，提高江豚监测保护和遇险救护能力，江豚种群及其数量稳中有升，约457头，占全国50%。

【渔业安全生产管理】 开展水产品质量安全抽检，全省产地水产品质量抽检合格率98%以上。扎实开展渔业安全生产专项整治三年行动，聚焦船东、船员、渔船等安全主体，深入开展问题整治和隐患排查，强化渔业船舶安全执法监管，出动渔政执法人员12.8万人次，查获涉案人员838人，司法移送案件61件、移送涉案人员82人，集中清理整治涉渔“三无”船舶1124艘。渔业船舶安全风险管控到位，全年没有发生水产品质量安全事故和渔业生产安全事故。

（曾智勉）

农　　垦

【概　况】 2021年，全省农垦拥有独立核算单位163个，其中垦殖场、企业集团156个，独立核算的工业企业2个，独立核算的农垦农工商公司5个。拥有土地总面积68.91万公顷，其中耕地面积7.90万公顷，林地面积48.12万公顷，水面面积3.01万公顷，茶桑、果园面积1.68万公顷，分别占土地总面积的11.46%、69.83%、4.37%、2.43%。农垦年末总人口141.2万人，从业人员38.7万人；居民人均可支配收入1.64万元，同比减少6.72%。

全年农垦经营情况增加值290.78亿元，同比增长3.57%。其中，第一产业增加值37.34亿元，增长2.63%；第二产业增加值166.99亿

12月14日，湖口县南北港水产场和舜德乡小桂港生态水产养殖基地正在进行冬捕

省农业农村厅供

元,增长 4.06%;第三产业增加值 86.45 亿元,增长 3.03 %。完成工农业总产值 798.91 亿元,同比增长 3.4%;固定资产总投入 270.20 亿元,同比增长 3.28%;出口商品总金额 3.43 亿元,同比下降 39.7%。

全年完成农林牧渔业总产值 70.62 亿元,同比增长 1.95%,占工农业总产值的 8.84%。其中,农业产值 34.91 亿元,占农林牧渔业总产值 49.43%;林业产值 6.81 亿元,占农林牧渔业总产值 9.64 %;牧业产值 14.15 亿元,占农林牧渔业总产值 20.04%;渔业产值 10.38 亿元,占农林牧渔业总产值 14.70%;农林牧渔专业及辅助性活动产值 4.37 亿元,占农林牧渔业总产值 6.19%。农作物方面,农作物播种总面积 13.99 万公顷,同比增长 0.5 %。其中,粮食作物 10.89 万公顷,增长 0.02 %;油料 1.35 万公顷,增长 4.25%;棉花 980 公顷,减少 2.31%;糖料 0.03 万公顷,增长 0.78%;蔬菜瓜果 1.21 万公顷,增长 1.37%;烟叶 88 公顷,减少 12%;药材 770 公顷,减少 22.02%;其他作物 0.32 万公顷,增长 7.04%。粮食作物 71.61 万吨,同比增长 2.45%;油料产量 3.04 万吨,同比增长 2.79%;棉花产量 0.25 万吨,同比减少 7.68%;糖料产量 1.03 万吨,同比增长 8.49%;蔬菜瓜果产量 24.25 万吨,同比增长 3.12%。畜牧业方面,肉类总产量 6.08 万吨,同比增长 3.29%;禽蛋产量 1.75 万吨,同比减少 16.8%。水产业方面,水产品养殖面积 1.96 万公顷,其中虾 0.049 万公顷;水产品产量 7.32 万吨,其中养殖产量 6.78 万吨、占水产品产量 92.62%。

全年实现工业产值 764 亿元,同比增长 3.11%。其中,5 亿元以上的行业 763 个,完成工业产值 741.98 亿元,占工业总产值的 97.1%。其中,纺织服装、服饰业产值 219.99 亿元,增长 6.60%;纺织业产值 78.02 亿元,增长 4.93%;非金属矿物制品业产值 55.60 亿元,增长 3.16%;计算机、通信和其他电子设备制造业产值 31.4 亿元,增长 3.09%。

【垦区集团化农场企业化改革】 深化垦区集团化农场企业化改革,指导有条件的农垦场筹建集团公司,引导已改制的企业创新经营管理模式,完善现代企业制度,提升统一经营管理和服务能力。全省区域性农垦企业集团达 24 家,全民所有制农场 64 家,公司制农场 1 家。国有土地经营管理持续完善,开展确权成果建库上图集中录入攻关,上图入库率达 97.14%,高于全国垦区平均水平。

【垦区产业转型升级】 对接部局产业发展项目,做好恒湖稻米、庐山茶叶企业质量提升示范项目,推广水稻绿色优质高效技术模式,加强质量追溯体系建设。对接省厅产业支持政策,新增优质稻产业发展 4138.3 公顷,新增 1 个国家现代农业产业园——上饶县高泉垦殖场,占地面积 100 公顷,产值 1.2 亿元;1 个休闲农业和乡村旅游项目——江西省宜春市黄岗山垦殖场,占地面积 66.7 公顷,产值 600 万元;1 个农业产业强镇示范——江西省上饶市大茅山集团有限责任公司,进一步提升垦区农业发展质量。

【民生保障】 加快美丽垦区建设,全省垦区建成 307 个省级村点,1 个美丽宜居示范县(共青城市)、13 个美丽宜居示范乡镇、86 个美丽宜居示范村庄。全面完成 2021 年 1.24 万套改造任务考核目标,对接下达专项财政补助资金 1.86 亿元,其中中央资金 9802 万元、省级资金 8783 万元。截至年底,项目开工 1.24 万户,开工率 100%;基本建成 7656 户,建成率 61.8%。接续支持欠发达国有农场巩固提升,拟定"十四五"时期欠发达国有农场名单,开展 2022—2025 年欠发达国有农场项目储备库建设,培育壮大农场优势特色主导产业,稳步增加农垦职工收入。

(彭欢)

绿色食品

【概　况】 2021 年,全省绿色有机地理标志农产品总数达 4413 个(其中绿色食品 1316 个,有机产品 2996 个,地理标志农产品 101 个),同比增长 931 个,增长率超 20%。全省有全国绿色食品原料标准化生产基地 49 个,面积 57.75 万公顷;全国有机农产品基地 6 个,面积 1.29 万公顷;省级现代农业全产业链标准化基地 63 个;省级绿色有机农产品示范县 46 个。

【"三品一标"认证登记】 完成 315 家绿色食品企业 602 个产品的初审上报工作,全省有 175 家企业的 351 个产品取得绿色食品证书,有效使用绿色食品标志的产品 1316 个,企业 656 家,比上年分别增长 23.7%和 23.8%,产品批准产量达 219.12 万吨;组织对江西威敌生物科技有限公司申报的 8 个农药类别绿色食品投入品进行现场检查和审核上报;完成中绿华夏 23 家有机企业 112 个产品再认证、1 家企业 4 个产品的新申报及 1 家企业 4 个产品再认证的现场检查及材料上报。靖安白茶、浮梁大米、赣南脐橙等 13 个产品通过农产品地理标志登记专家评审委员会评审;广昌白莲、军山湖大闸蟹等 12 个产品获 2021 中国品牌价值评价通知书;遂川金桔、万载百合等 8 个产品通过名录外产品专家评审会,纳入农产品地理标志受理范围;开展井冈红米、奉新猕猴桃等地理标志农产品现状调研和全省 101 个地理标志农产品调查摸底。

【推动部省共建】 3 月 11 日,省政府与农业农村部签订《共建江西绿色有机农产品基地试点省合作框架协议》;9 月 1 日,出台《共建江西绿色有机农产品基地试点省工作方案(2021—2025 年)》;10 月 25 日,建立部省共建联席会议制度,推进品种培优、品质提升、品牌打造和标准化生产,发展绿色有机地理标志农产品,全面推行食用农产品达标合格证制度,着力在江西全域打造统筹推进农业生产和产品 2 个"三品一标"的样板。2021 年,部省共建围绕"三部走"策略,印发《2022 年部省共建江西绿色有机农产品基地试点省工作要点》,出台《2022 年部省共建江西绿色有机农产品基地试点省农产品质量安全重点工作实施方案》,争取省委、省政府支持,将部省共建同时写入 2022 年省委 1 号文件及省政府工作报告,同时主动争取财政支持,省财政专门安排 5000 万元支持部省共建工作,推进大数据监管平台全省共用共享,构建基层“五员”网格化监管体系,落实《江西省农产品质量安全监管对象名录制度》,推行“区块链溯源+合格证”合二为一开具模式,探索合格证开具与市监部门“赣溯源”的信息共享、互联互通,推动农产品凭合格证准出、市场查验合格证准入制度落实,加大对涉农企业质量安全大巡查。全年全省开具合格证 103.76 万张。

【2021 年绿色食品、有机农产品和农产品地理标志工作座谈会在南昌召开】 5 月 25 日,2021 年绿色食品有机农产品和农产品地理标志工作座谈会在南昌召开。会议肯定“十三五”时期绿色有机地标农产品工作成效,部署“十四五”目标任务及 2021 年重点工作,确保绿色有机地标工作开好局、起好头。会上江西介绍典型经验。

【开展 2021 年绿色食品宣传月活动】 7 月,江西省农业农村厅在南昌举办春风万里 绿食有你——2021 年江西省绿色食品宣传月活动,邀请相关专家科普农产品质量安全知识,组织了浮梁茶、狗牯脑茶、三江萝卜腌菜、鄱阳大米、麻姑米粉、千秋、温汤佬、乡意浓等 30 余家省内绿色有机地标农产品生产企业在江西绿色有机地标产品交易中心设展位,宣传和展示江西优质农产品品牌,展销江西优质绿色农产品,让公众能亲密接触江西的绿色有机地标农产品,广大市民踊跃参与交流互动和品鉴咨询。活动结合“线上+线下”形式,现场向参与活动的市民发放农产品质量安全知识手册等宣传资料 200 余份,通过观看农产品质量安全科普宣传片、权威专家宣讲、绿色有机地标农产品品牌展、“为群众办实事——你送我检”活动、农产品质量安全知识线上有奖竞答等一系列活动,宣传绿色食品认证过程、绿色食品基本知识等,提升绿色食品品牌公信力和影响力。省农业农村厅有关处室和相关单位负责人、各设区市农业农村局农产品质量安全监管部门负责人、全省绿色有机地标农产品企业代表、农产品质量安全志愿者、群众代表等 200 余人参加。

(余峰　冯艳)

农业机械化

【概　况】 2021 年,全省农机总动力 2694 万千瓦,水稻机械化种植率 44.7%,水稻耕种收综合机械化率 82.8%,主要农作物耕种收综合机械化率 77.1%,分别比上一年度增长 4.5、1.5、1.2 个百分点。丰城市、樟树市、吉安市青原区、鹰潭市余江区被农业农村部认定为全国第六批率先基本实现主要农作物生产全程机械化示范县。

【农机购置补贴政策】 2021—2023 年农机购置补贴政策实施年度,纳入补贴机具的种类品目由 2020 年的 93 个增加到 134 个,将水稻育秧中心、温室大棚、畜牧用车辆消毒(清洁)等设施装备纳入农机新产品补贴范围。将履带自走式旋耕机、插秧机、有序抛秧机、履带式拖拉机 4 种机具补贴额测算比例提高到 35%,将轮式拖拉机补贴额测算比例降低至 25%,促进农机装备结构优化。补贴办理审查核验和资金兑付时间缩减到 49 天,取消成套设备企业备案制,简化补贴手续。开展农户购机贷款贴息试点工作,通过省级集中谈判,选定推荐参与银行,推动贷款利率平均下降一个百分点。全年为 4.11 万户农民购买的 5.59 万台(套)农机具办理购置补贴,实施补贴资金 5.77 亿元。

【农机装备产业】 中国一拖与江西企业合资成立的江西东方红拖拉机厂在南昌市小蓝经开区注册成立,中联江西智能农机制造基地在鹰潭市余江区开工建设,中科院所属中科微至与信丰县签订投资协议,国家农机装备创新中心江西研发基地落户东乡。举办首届中部(江西)农业机械及零部件展览,展出面积 2 万多平方米,参展产品 1000 多种。全省农机试验鉴定能力达 70 个品目,比上一年度增加 56 个品目,实现省产农机产品的“应鉴尽鉴”。

【农机社会化服务】 9 月 28 日,省农业农村厅印发《江西省全程机械化综合农事服务中心建设办法》,按照“定期监测、动态管理”的原则,强化对全程机械化综合农事服务中心的后续运营管理。全年建成省级全程机械化综合农事服务中心 38 个,服务带动 3500 多户小农户的水稻全程机械化生产面积近 6.67 万公顷。依托高素质农民培育项目,共培训专业机手 6527 人。发展农机服务组织 1.22 万个,其中农机专业合作社 1311 个,农机户 103.47 万个,农机作业服务专业户 35.61 万个;农机服务收入超 164 亿元。

【农机安全生产】 开展农机安全生产交叉检查,排查隐患 308 个,及时整改到位;开展联合执法 142 次,整治变拖违法行为。实施农机报废补贴政策,全年报废老旧农机 3895 台,结算报废补贴资金 3269.82 万元,受益农户 3359 户。举办全省农机安全监理培训班,强化监理人员的岗前考试,发放农机安全监理员证 264 个。

(李星　黎邹邹)

科教兴农

【概　况】 2021 年,全省各级科教环能部门实施乡村振兴战略科技支撑行动,为乡村全面振兴提供坚实支撑。全省农业科技进步贡献率 61.5%,比上年提高 1.3 个百分点。纵深推进“一村一名大学生工程”,全年招录 5000 名左右乡村大学生,累计培养“工程”学员 7.2 万人,每个行政村平均有 4 名“不走的农民大学生”,全年培训高素质农民 3.04 万人,为全省“三农”事业发展培育和储备了一大批在乡大学生、乡村治理人才。

【现代农业产业技术体系建设】 2021 年,建设水稻、生猪、大宗淡水鱼、茶叶、猕猴桃、蔬菜、柑橘、油菜、家禽、特种水产、中药材、稻田综合种养、牛羊、蜂业、休闲农业、葛业、花卉、花生芝麻、薯类、食用菌、农机装备应用、棉花、蚕桑、豆类 24 个省现代农业产业技术体系,聘用 24 名首席专家、119 名岗位专家、85 名综合试验推广站站长。全年引进和培育新品种 441 个,获得发明专利 38 项,集成和推广新技术76项,制定生产技术操作规程28个,形成产业发展报告32份、产业调研报告29份。

【开展2021年江西农业大讲堂下基层宣讲活动】 省农业农村厅联合省文明办,开展以“学党史、悟思想、办事实、促振兴”为主题的2021年江西农业大讲堂下基层宣讲活动。活动共组织93个宣讲团1490多名农业农村干部和专家,深入全省1146个乡镇、7235个村,开展集中宣讲3241场次,现场服务5682次,帮助解决问题2264个。

【一村一名大学生工程】 采取“政府出钱、大学出力、农民受益”方式,将高等教育延伸到农村,以办好农民满意的职业教育为目标,抓实“精选对象、精准培养、精建体系、精心服务”四个环节,2021年再招录1000名本科层次和4000名左右大专层次的乡村大学生。同时,遴选部分优秀学员“回炉”再造,组织93个县乡村大学生创新创业协会会长开展专题培训,发挥优秀乡村人才先进事迹的典型示范作用,营造乡村大学生“乡创”氛围,扩大“一村一名大学生工程”品牌效应。

【农民培训】 2021年,在96个县(市、区)实施高素质农民培育项目,共培训农民3.04万人。全省根据现代农业产业发展对人才的需求,围绕“保供固安全、振兴畅循环”,分省市县三级开展培训。省级承担行业示范班、农业职业经理人、创业女农民等重点人群培训班,共培训1680人;市县级聚焦稳产保供、脱贫衔接、“十年禁渔”、创业创新、乡村建设等,开展新型农场经营与服务主体能力提升、种养加能手技能培训、农村创新创业者培养、乡村治理及社会事业发展带头人培育4大培训行动,共培训2.87万人。经培训,其中3人被评为2021年度农民教育培训“百优保供先锋”,11人获“全国乡村振兴青年先锋”称号。

【农技推广体系改革与建设】 全省安排项目县91个,落实基层农技推广体系改革与建设补助资金1.03亿元。全省举办农技员培训班86期,培训农技人员3774人。其中,农技骨干培训班7期,培训农技骨干630人。全省新招录定向生174人,向基层农技推广一线输送定向生259人。省级遴选确定农业主推技术30项,各项目县共遴选推广主推技术911项次。省级重点建设5个国家现代农业科技示范展示基地,各项目县共建设农业科技示范展示基地224个。各项目县共培育农业科技示范主体2.66万个。在33个县(市、区)招募特聘农技员330人,在22个生猪大县和6个家禽养殖大县招募特聘动物防疫员562人;8100余名县乡两级农技指导员对接服务4万余名农户。

(杨远东 史业)

巩固拓展脱贫攻坚成果和乡村振兴

【概 况】 2021年,按照中共中央、国务院关于巩固拓展脱贫攻坚成果同乡村振兴有效衔接工作部署,巩固“两不愁三保障”和饮水安全,推进防返贫监测和产业帮扶、就业帮扶、创业帮扶以及搬迁后扶、扶贫项目资产管护。2021年脱贫户人均收入1.44万元,比2020年人均纯收入1.26万元增加1784.4元,同比增长14.1%。脱贫户人均收入以及脱贫地区农民人均可支配收入的增幅,均高于全省平均增幅。

全省投入财政衔接推进乡村振兴补助资金78.73亿元,其中中央投入38.59亿元、省级投入40.14亿元。脱贫人口小额信贷新增贷款26.47亿元、5.83万户。全省2259个县域内定点医疗机构均坚持“先诊疗后付费”和“一站式”即时结算,建设产权公有村卫生室1.26万个,农村困难群众基本医保参保率100%。教育资助农村脱贫家庭学生133.1万人次,发放资助金10.4亿元。动态排查新增脱贫户和监测对象居住危房户1026户2764人,全部竣工验收。全面摸排脱贫户和监测对象饮水安全状况,对排查监测问题户22户78人,加强饮水工程管护和水质管理。组织脱贫人口和监测对象开展就业技能技术培训3.0万人,“雨露计划”完成中高职业补助9.0万人2.2亿元。全省脱贫劳动力实现就业135.2万人,比上年增加4.3万人,就业率78.0%。其中,帮扶车间2799个吸纳2.6万人,公益岗位安置15.9万人。培育有带动脱贫户和监测对象增收功能的龙头企业、农民合作社、家庭农场、创业致富带头人“四类带动经营主体”5.11万个,建设村级(联村)扶持产业基地1.46万个,带动脱贫户及监测对象发展产业28.52万户,稳定就业18.65万人。建设扶持产业基地直接带动脱贫户及监测对象发展产业17.02万户、稳定就业8.03万人。全省培育创业致富带头人3.3万人,带动15.69万户脱贫户和监测对象增收。在全省推行易地搬迁后扶“点长制”,聚焦3.5万户13.47万名搬迁脱贫群众,落实产业就业帮扶。全省886个安置点周边累计建设产业基地529个,改造升级产业基地177个,带动1.29万户2.68万名搬迁脱贫群众发展产业。强化安置社区治理,完善配套基础设施,推动26个较大规模安置点成立专门社区,23个800人以上安置点配套建设“一站式”服务窗口,安置住房产权办证率100%。全省清查扶贫项目资金总规模654.07亿元,项目资产总规模636.7亿元,形成资产占比97.35%。

将全省100个县(市、区)划为18个乡村振兴先行示范县、57个乡村振兴整体推进县、25个乡村振兴重点帮扶县,分类指导帮扶。支持井冈山市、资溪县争取2021年中央彩票公益金1亿元,配套整合地方财政、社会资本8.19亿元,帮扶打造乡村振兴示范区。确定乡村振兴重点帮扶村5902个,其中省级选定“十四五”重点帮扶村1841个(含巩固提升村1074个、补短强弱村767个),指导组织各地确定市级重点帮扶村737个,县级重点帮扶村3324个,推动各地统筹资金、项目、政策等给予倾斜支持。

【印发《关于实现巩固拓展脱贫攻坚成果同乡村振兴有效衔接的实施意见》】 2月20日,省委、省政府印发《关于实现巩固拓展脱贫攻坚成果同乡村振兴有效衔接的实施意见》,明确实现有效衔接的总体要求是聚焦脱贫县、脱贫村、农村低收入人口三类对象以及聚焦建立健全巩固拓展脱贫攻坚成果长效机制、推动脱贫攻坚工作体系全面转向乡村振兴、健全农村低收入人口常态化帮扶机制三大任务,并提出10个方面35条衔接举措。

【瑞金市叶坪乡获“全国脱贫攻坚楷模”荣誉】 2月25日，全国脱贫攻坚总结表彰大会在北京人民大会堂举行。全国脱贫攻坚总结表彰大会对全国脱贫攻坚楷模荣誉称号获得者颁奖，对全国脱贫攻坚先进个人、先进集体进行表彰。江西省54名个人、40个集体获中共中央、国务院表彰，瑞金市叶坪乡获“全国脱贫攻坚楷模”称号（全国共10个集体获此称号）。叶坪乡以脱贫攻坚统揽经济社会发展全局，推进基层党建“三化”建设，推行“党建+精准扶贫”模式，全乡创办领办致富带富项目124个，建立党员创业基地16个，支持党员贴息贷款486万元，带领780户贫困户发展种养、实现就业，涌现出红军村华屋等一批先进基层党组织。创新精准扶贫“五个一”（一室、一橱、一袋、一牌、一卡）管理模式，实现“识别精准、管理精准、帮扶精准”，被全省复制推广；率先探索贫困人口商业补充医疗保险，有效解决贫困户看病贵问题；实施产业扶贫“五个一”（选准一个产业、打造一个龙头、创新一套利益联结机制、扶持一笔资金、培育一套服务体系）机制及农村集体资产折股量化模式，成为2017年在瑞金市召开的全国产业扶贫流动现场会经典案例。开展乡风文明行动和赣南新妇女运动，引导村民组建红白理事会、巾帼志愿服务队和义工组织，塑造文明乡风。开展“三讲一评颂党恩”、脱贫攻坚“乡村夜话”和评选脱贫标杆等活动，充分激发群众内生动力。

【江西省脱贫攻坚总结表彰大会召开】 6月23日，省委、省政府在南昌召开脱贫攻坚总结表彰大会。会议全面总结中共十八大以来江西脱贫攻坚伟大成就，表彰841名个人“江西省脱贫攻坚先进个人”称号、396个集体“江西省脱贫攻坚先进集体”称号，号召全省上下大力弘扬脱贫攻坚精神，激励全省广大党员干部群众牢记初心使命，接续奋斗，推进巩固拓展脱贫攻坚成果，全面实施乡村振兴战略。

【《让老区人民过上好日子——江西脱贫攻坚成就展》举办】 7月23日，《让老区人民过上好日子——江西脱贫攻坚成就展》在江西省展演中心展出。江西脱贫攻坚成就展由省委农村工作领导小组办公室、省乡村振兴局、省委宣传部共同主办，为3年常展。展陈面积3450平方米，共分为“庄严承诺 伟大光荣”“深情牵挂 亲切关怀”“尽锐出战 勠力同心”“精准施策 力拔穷根”“攻坚战场 精彩纷呈”“时代大考 奋斗有我”“决胜战报 铸就辉煌”“接续奋斗 振兴乡村”8个部分。成就展通过1000余张照片、65组视频、810余件实物、9组大型互动装置、6组实景还原和2部主题宣传片等展示媒介，全方位、全景式呈现中共中央总书记习近平关于扶贫工作重要论述在赣鄱大地的实践，记录广大党员干部群众战贫斗困的攻坚足迹和脱贫故事，展现老区人民的幸福生活。

【防返贫动态监测】 开发江西省防返贫监测平台，动态监测脱贫不稳定户、边缘易致贫户、突发严重困难户三类对象，采取农户自主申报、干部走访排查、部门信息比对“三线预警”机制，快速发现、预警提示、及时帮扶。全省共有监测对象3.3万户11.5万人，通过分类施策、精准帮扶，监测对象66.3%消除返贫致贫风险。

（龚亮保）

农村工作

【概　况】 2021年，全省“三农”工作重心转向全面推进乡村振兴，启动实施乡村建设行动，推动脱贫攻坚与乡村振兴有效衔接。全省农村居民人均可支配收入达1.87万元，增长10%，高于城镇居民1.9个百分点；创建39个全省美丽宜居示范县、513个美丽宜居乡镇、6089个美丽宜居村庄、66万余个美丽宜居庭院。井冈山市获国务院农村人居环境整治督查激励，横峰县“农村基础设施全域升级打造秀美乡村新样本”被评为第三批全国公共服务典型案例。

【《江西省乡村振兴促进条例》施行】 1月30日省十三届人大五次会议表决通过《江西省乡村振兴促进条例》，3月1日起施行。这是江西省第一部由省人民代表大会审议的实体性法规，分总则、产业发展、生态宜居、乡风文明、乡村治理、城乡融合、人才支撑、保障措施、法律责任、附则10章共65条，全面系统地把省委、省政府推进乡村振兴的重要政策举措，以及各地行之有效的实践探索，进行规范化、法定化，确立江西乡村振兴的目标任务、基本原则、实施路径和保障措施。

【乡村振兴战略实绩考核】 省委农村工作领导小组根据《江西省实施乡村振兴战略实绩考核暂行办法》，对2020年度全省11个设区市和93个有农业农村工作的县（市、区）开展实施乡村振兴战略实绩考核。6月20日，省委办公厅、省政府办公厅印发《关于2020年度全省实施乡村振兴战略实绩考核情况的通报》，赣州市、九江市、吉安市、上饶市、萍乡市、宜春市6个设区市和南昌县等32个县（市、区）考核为“优秀”，南昌市、新余市、抚州市、景德镇市、鹰潭市5个设区市和石城县等61个县（市、区）考核为“一般”。

【村庄整治建设专项提升行动】 江西省社会主义新农村建设暨农村人居环境整治工作领导小组办公室印发《2021年全省新农村建设实施方案及未来五年工作指引》，聚焦集聚提升、城郊融合、特色保护等宜居村庄，以村内道路、户厕、供水、公共照明、排水沟渠、河塘、搭靠“三房”等的整治建设和村庄环境日常管护为重点内容，安排省级补助资金8.90亿元，选择5935个村点开展省市县三级共建，并引导市县加大投入，安排7000个市县自建点。各地按照“连点成线、拓线扩面、突出特色、整体推进、产村融合、建管同步”的布局要求，依据村庄规划，整治建设自然村1万个，75万户近300万名农村群众受益。

【“整洁庭院”整治专项提升行动】 组织农户集中整治庭院内外、房前屋后环境，突出“两清两整一美化”（清除废品，清扫卫生，整治破乱围墙、胡乱涂画、杂乱舍棚、凌乱线绳、乱搭乱挂及乱窜家禽等现象，整齐摆放生活用品、生产工具和农资器材，美化环境),推动落实“门前三包”责任,建设整洁庭院乃至美丽庭院,提升居住品质。24个县(市、区)和153个乡(镇)开展试点,年度开展村庄整治建设自然村重点推进,全省共整治庭院100多万户。

【美丽宜居示范县创建专项提升行动】 2021年,以美丽宜居为目标,以示范创建为手段,开展美丽宜居示范县和美丽宜居乡镇(村庄、庭院)创建活动。省社会主义新农村建设暨农村人居环境整治工作领导小组办公室印发《关于认定全省第二批美丽宜居示范县和实施示范县动态监管推进示范创建提升的通知》,召开全省“美丽宜居示范县”情况通报会,对考核认定的宜丰等20个第二批美丽宜居示范县授牌。全省同步建设美丽宜居乡镇165个、美丽宜居村庄1799个、美丽宜居庭院28万个,打造美丽宜居示范带161条。

【村庄环境长效管护专项提升行动】 省农业农村厅采取定期调度、随机暗访、第三方评估、考核通报等方式,推动农村全域落实“五定包干”村庄环境长效管护,并依据考核结果差异化拨付省级财政补助资金,激励各地多措并举巩固新农村建设暨农村人居环境整治成果,持久保持“新村新貌”。大力推进“万村码上通”5G+长效管护平台建设,截至年底,95个市、县启动或基本完成平台建设,5.9万个村庄纳入省级平台监管,群众关注量超100万人,收到群众管护问题投诉2万多条,受理办结率95%,群众满意率99%。

【“美丽活力乡村+民宿”联动建设专项提升行动】 省委农村工作领导小组办公室、省农业农村厅出台《江西省“美丽活力乡村+民宿”联动建设专项提升行动实施方案(2021—2025年)》,选择安义县等20个县(市、区、局)开展“美丽活力乡村+民宿”联动建设试点。聚焦“四证”(营业执照、卫生许可证、食品经营许可证、特种行业许可证)齐全、“四带动”(带动农村闲置农房和宅基地盘活、带动村民就近就业、带动地方农副产品销售、带动村集体经济发展)有力、“五品”(设计有品韵、建设有品相、服务有品质、体验有品味、营销有品牌)凸显,有序开展星级休闲乡村民宿评定工作。依托南昌县黄马乡凤凰沟农民培训基地,区分省市两级,举办10期培训班,880名休闲乡村民宿从业人员参训。全省休闲乡村民宿数量达4058家。

【新农村建设促进会建设】 按照“有办公地点、有机构章程、有专人管事、有工作制度、有信息平台、有筹资成果、有服务参与”的“七有”标准,在新农村建设促进会县级全覆盖基础上,乡镇分会组建比例达90%,年度发展新乡贤会员5082人,累计筹资23亿元。进贤县新农村建设促进会等15个新农村建设促进会和邹细保等16名新乡贤入选全省新农村建设最佳促进会和具有时代精神的最美新乡贤。

【农村人居环境整治】 全面开展农村户厕问题摸排整改,持续推进农村厕所革命,全省农村水冲厕普及率为95.53%,卫生厕所普及率为82.75%。全省农村生活垃圾收运处置体系基本实现行政村全覆盖;82个县落实城乡环卫“全域一体化”第三方治理。全年完成520个建制村环境综合整治及26个国家监管农村黑臭水体整治年度任务;全省累计建成农村污水处理设施6285座。

【乡村治理体系建设试点】 先后在新余市渝水区、南昌县召开全省乡村治理体系建设试点示范暨发挥新乡贤积极作用现场会、全省在乡村治理中推广运用清单制暨试点工作流动现场会议,推进南昌县、鹰潭市余江区等19个县区(其中5个国家级)开展乡村治理体系建设试点,部署开展乡村治理体系建设中期评估。南昌县幽兰镇、永修县梅棠镇、铜鼓县棋坪镇3个乡镇为第二批全国乡村治理示范乡镇,南昌县蒋巷镇柏岗山村等27个村为第二批全国乡村治理示范村。

【推进农民合作社规范发展】 修水县、彭泽县、浮梁县、分宜县、贵溪市、上犹县、石城县、宜春市袁州区、上饶市广丰区、泰和县10个县(市、区)列为全国农民合作社质量提升整县推进试点县。开展省级农民合作社示范社和国家农民合作社示范社监测,289家国家农民合作社示范社、774家省级农民合作社示范社监测合格。全省农民合作社7.55万家,出资总额1691.48亿元。

【农业农村人才队伍建设】 将农业农村人才建设纳入全省乡村人才振兴进行布局。修订《江西省农业农村厅高层次人才引进培养实施办法》,实施现代农业产业技术体系、基层农技人员“三定向”培养计划、基层农技人员知识更新工程和农技推广特聘服务计划;实施农民教育培训、“一村一名大学生工程”、农村实用人才带头人示范培训,培育壮大农村实用人才队伍;修订《全省农业技术人员职称申报条件》《基层农业技术人员职称申报条件》,向吉安、赣州两地下放农业系列副高级职称评审权限。2021年,柔性引进2名高层次农业农村人才入选“省双千计划”,培训农村实用人才带头人600人,212名农业技术人员取得农业系列高级职称,其中正高20人、副高192人,基层农业技术人员取得高级职称161人,占75.94%。

【省委农村工作领导小组会议召开】 5月25日,省委农村工作领导小组会议在南昌召开。省委书记、省委农村工作领导小组组长刘奇主持会议并讲话,省领导易炼红、叶建春、殷美根、胡强出席。会议审议并原则通过《2020年度实施乡村振兴战略情况报告》《关于成立乡村振兴走前列五个工作专项小组的通知》《2020年度乡村振兴实绩考核结果》《关于调整完善土地出让收入使用范围优先支持乡村振兴的实施意见》《关于加快推进乡村人才振兴的若干措施》。会议套开省实施乡村振兴战略工作领导小组会议、省社会主义新农村建设暨农村人居环境整治提升工作领导小组会议。

(王学铭)

本类目编辑 毛珏珺

工　业

综　述

2021年，全省规模以上工业增加值增长11.4%，列全国第八、中部第三；全部工业增加值首次突破1万亿元，达1.08万亿元。营业收入总额突破4万亿元，达4.40万亿元，增长25.6%，总量前移至全国第十二、增速列全国第八。利润总额突破3000亿元，达3122.4亿元，增长28.5%，列全国第二。制造业增加值占地区生产总值的33.5%，提高1.5个百分点。对经济增长贡献率32.3%，拉动经济增长2.8个百分点。

工业生产高位恢复性增长。全省规模以上工业38个大类行业中，34个行业增加值实现增长。其中，废弃资源、电子信息、电气机械等21个行业增加值保持两位数以上增长态势。从产品产量看，全省重点监测的437种主要工业产品中，320种产量增长，其中243种实现两位数以上增长，工业机器人、稀土磁性材料、3D打印设备、新能源汽车等工业新产品产量分别增长139.8%、61.7%、32.7%、29.1%。关联指标支撑有力，全省工业用电达1185.9亿千瓦时，增长16.3%。其中，制造业用电812.3亿千瓦时，增长17.1%。公路货运量18.1亿吨，增长27.6%；铁路货运量4817万吨，增长7.3%；水路货运量1.3亿吨，增长20.1%。PPI逐步走高，全年累计增长10.5%。铜、钢铁、化工等大宗商品价格处于高位，年末铜价7万元/吨，上涨19.6%；钨精矿10.9万元/吨，上涨28.2%；高线4910元/吨，上涨4.9%。

产业结构加快优化升级。装备制造业、战略性新兴产业、高新技术产业增加值分别增长17.8%、20.3%、15.2%，分别比全省规模以上工业增速高6.4个百分点、8.9个百分点和3.8个百分点；分别占规模以上工业比重的28.0%、23.2%、38.5%。加快创新提质，实施龙头骨干企业研发机构全覆盖行动，新增省级企业技术中心104家、总数508家，新增省级产业技术研究院4家、总数13家；实施“赣出精品”工程，评选发布首批136项制造业精品；推动设计创新和技术创新相结合，新认定国家级工业设计中心3家、引进1家。加快绿色转型，组织编制工业领域“1+4”碳达峰实施方案，打好工业污染防治攻坚战，构建绿色制造体系，新增省级绿色工厂40家、绿色园区14家、绿色供应链管理企业1家；全年规模以上单位工业增加值能耗下降7.6%，比上年同期降幅扩大6个百分点。

重点产业规模实力壮大。“2+6+N”行动计划纵深推进，全省14个重点工业产业中13个营业收入实现正增长。其中，有色产业7641.1亿元，增长43.3%；电子信息6688亿元，增长25.4%；轻工5775.4亿元，增长17.6%；石化3915.5亿元，增长24.8%；建材3896.5亿元，增长12.3%；钢铁3332.7亿元，增长31.5%；食品2264.7亿元，增长13.8%；电气机械2241.4亿元，增长28.8%；纺织1939亿元，增长11.8%；医药1481.2亿元，增长16.6%；航空1413.3亿元，增长17.3%；汽车1338亿元，增长8.9%；锂电503.5亿元，增长40%。光伏710.9亿元，下降2.7%。

重大项目投资稳步推进。全省工业投资增长15.4%，比全国平均水平高4个百分点，列全国第九、中部第二；占固定资产投资比重的51.6%，提高2个百分点。其中，工业技改投资增长24.5%，比全国平均水平高14.2个百分点，列全国第五、中部第二，技改投资占工业投资比重的42.2%，提高3个百分点。深入实施项目大会战，工业领域项目1304个，累计完成投资9464.1亿元，占总投资的60%。其中，378个投资20亿元及以上重大工业项目在当年完成投资3469亿元，占年度计划投资的101.6%，计划新开项目开工率98.6%，续建项目完工投产率58.7%。全年引进“5020”项目171个、总投资5390亿元，中国中车、吉利科技、国轩高科、格力电器等企业落地实施一批投资超百亿元的大项目，宁德时代在赣总投资500亿元、是江西省历史上单体投资最大的产业项目。

优强企业群体梯次培育。全省规模以上工业企业数量突破1.5万家，达1.51万家，列全国第十一位，净增1432家。出台《关于培育发展制造业优质企业的政策意见》，培育壮大领航企业，江铜集团等108家重点企业纳入省级制造业领航企业培育库，发布首批26家领航企业名单。全年新增上市企业12家，境内外上市公司总数达100家(境内69家、境外31家)。新增过百亿元工业企业14家，总数达42家。新增过千亿元工业企业2家、总数达3家，中国稀土集团在赣州挂牌成立，成为首个总部在江西的央企；江铜集团营业收入突破4500亿元、达4551.8亿元，新钢集团(1070.7亿元)、江铃集团(1041.1亿元)携手迈入千亿元企业行列。专业化企业加速成长，新增国家级专精特新“小巨人”企业109家、总数144家，新增国家级制造业单项冠军企业4家、总数12家。新认定省级专精特新中小企业1086家、专业化“小巨人”企业64家、制造业单项冠军14家，总数分别达2878家、221家、55家。全省有效期内高新技术企业总数6299家、净增超700家，新增独角兽(潜在、种子)企业

16家、瞪羚(潜在)企业140家,累计培育独角兽(潜在、种子)、瞪羚(潜在)企业321家。

集群园区发展载体不断夯实。加快实施产业集群提能升级计划,新增调整一批省级(培育)产业集群,总数111个(省级91个、省级培育20个),全年省级重点产业集群营业收入3.27万亿元,增长28%。新增营业收入50亿~100亿元省级培育产业集群6个、过百亿元集群12个、过千亿元集群1个,评定五星级产业集群5个、四星级14个、三星级13个、产业集群高质量跨越式发展示范园区5个。支持鹰潭铜、上饶光伏、赣州南康智能家居等6个产业集群争创国家先进制造业集群。加快园区改革创新,全省开发区工业企业营业收入4.05万亿元,增长27.5%,开发区首位产业集聚度平均超过58%,其中60%的开发区超过50%。新增过百亿元开发区9个、过500亿元7个、过千亿元3个,开发区亩均投资强度、亩均营业收入均超过400万元。提升公共服务水平,全面推广实施工业企业亩产效益综合评价,累计建成服务平台246个、入驻企业1500多家,累计建成标准厂房超1亿平方米,平均入驻率75%以上。深入实施"节地增效"行动,全省开发区新工业用地按照"标准地"制度供地超80%。加快推进开发区绿色发展,国家级、省级开发区循环化改造率分别达100%、65%。

产业链链长制纵深推进。制定出台《江西省制造业产业链提升行动计划(2021—2023年)》,调整完善重点产业链链长分工安排,加强横向、纵向链长制支撑单位之间互动对接,形成产业链整体合力。突出精准施策,坚持问题导向、目标导向,聚焦企业需求,累计出台加快中医药产业发展、虚拟现实推广应用、低空经济发展等产业链相关政策70多个。聚焦问题办理,健全问题分层分级办理机制,梳理汇总用工、用地、融资、审批等方面问题817个、办结784个,厘清堵点痛点难点100个,省级层面协调推进的7个重大问题办理取得重要进展。开展对接活动,全年举办产销对接、产融对接、技术对接、人才对接等各类活动750多场,推动签订产销合作项目1125个、金额1649.6亿元;14条重点产业链全口径融资余额8931.9亿元,其中信贷余额6779.2亿元,增强产业链韧性,维护供应链稳定。特别是举办2021世界VR产业大会云峰会,吸引10多个国家和地区VR行业代表参会,签约项目114个、金额突破700亿元,进一步完善VR产业链条。

(梅斌)

2021世界VR产业大会云峰会上的虚拟主持人

马悦摄

煤炭工业

【概　况】 至年底,全省有煤矿30处、核定生产能力434万吨/年。按规模分,30万吨/年及以上煤矿6处、核定生产能力271万吨/年,30万吨/年以下煤矿24处、核定生产能力163万吨/年。按权属分,省属煤矿7处、核定生产能力299万吨/年,市县乡镇和其他煤矿23处、核定生产能力135万吨/年。全省煤矿生产原煤262.08万吨,减少52.42万吨。省产商品煤销售257.43万吨,减少37.99万吨。省产煤炭销售价格以省属煤矿为例,商品煤综合售价(含税)1096.06元/吨,上涨289.43元/吨。其中,精煤1871.41元/吨,上涨609.1元/吨;原煤590.99元/吨,上涨143.51元/吨。

【煤矿安全专项整治攻坚战】 3月25日,省安全生产委员会办公室出台《江西省煤矿安全专项整治三年行动攻坚战实施方案》。4月30日,省应急管理厅印发《关于切实做好煤矿安全专项整治三年行动2021年工作的通知》,将煤矿安全生产大排查与煤矿安全专项整治攻坚战有机结合,组织所有复产煤矿开展两轮自查自改工作,组织各级煤矿安全监管监察部门全覆盖开展排查,累计排查出煤矿隐患5341条,其中重大隐患15条。8月,省应急管理厅会同江西煤矿安全监察局开展评估工作,推动落实专项整治攻坚战各项措施。通过专项整治,全省煤矿安全生产形势持续稳定,全年未发生较大及以上事故。

【淘汰煤炭落后产能】 6月10日,省化解过剩产能工作领导小组办公室印发《关于认真开展煤矿领域淘汰落后产能攻坚战的通知》,要求综合运用产业政策、安全、环保等法律法规和标准的约束机制,进一步深化淘汰煤炭落后产能工作。省发改委(省能源局)、省应急管理厅等部门严格小煤矿监督管理和执法检查,推动不符合条件的小煤矿应退则退。萍乡市关闭3处9万吨/年及以下落后小煤矿,淘汰煤炭落后产能21万吨/年。省投资集团聘请中介机构对所属煤矿进行全面研究论证,并根据沿沟煤矿资源枯竭、灾害无法治理、长期亏损且扭亏无望的论证结果,及时作出关闭沿沟煤矿的决定,按标准实施关闭退出,淘汰煤炭产能45万吨/年。

【煤炭稳定供应保障】 2021年,全国煤炭市场形势紧张,江西省保障煤炭稳定供应任务艰巨。省发改委(省能源局)组织省内煤矿积极增产增供。发挥省属煤炭企业保供骨干作用。组织省投资集团及其所属安源煤业集团、江能物贸有限公司发挥国企担当,在省内煤炭供应最紧张时段暂停省属煤矿的市场煤销售,优先保障电煤需求;发挥江西陕赣煤炭销售有限公司的平台作用,全年调入煤炭 176 万吨;发挥江西煤炭储备中心的码头转运作用,全年转运煤炭 655 万吨。重点加强电煤调运。按照高峰可用 18 天以上存煤目标,督促省内燃煤电厂做好电煤调运工作。协调对接晋陕蒙煤炭主产区煤源,组织企业四季度补签 350 万吨电煤中长期合同。在供应最紧张时段,及时协调国铁集团下达调度令,有效遏制电煤库存快速下降势头。全年组织燃煤电厂调运电煤 4360 万吨,有效支撑电力迎峰度夏和迎峰度冬。

【煤炭产能指标交易完成】 2021 年,全省有可交易的退出煤炭产能指标 304 万吨,部分指标临近有效期。各地化解煤炭过剩产能牵头部门帮助企业多方推介产能指标,同时积极对接省产权交易所采取公开挂牌、集中交易等方式,组织开展产能指标交易,最终完成全部煤炭产能指标交易工作,实现交易收益 2.78 亿元,助推去产能煤矿做好职工安置、处置债务以及转型转产等工作。

【安源煤业集团改革】 安源煤业集团推进改革创新三年行动,深化三项制度(劳动、人事和分配)改革,至年底完成管理层级压缩、“处僵治困”“三供一业”移交、去产能收尾等工作,有序出清“僵尸”企业,减少组织机构 65 个,减少各层级管理人员 187 人,净减少从业人员 1468 人。实施煤炭主产业“走出去”战略,指导乐矿能源公司在陕西韩城、铜川两市签订 9 对煤矿托管协议,总产能 470 万吨/年,并妥善安置一批去产能煤矿职工。

(陈小飞)

电力工业

【概　况】 至年底,全省全口径装机容量 4846.6 万千瓦,增加 445.8 万千瓦。其中,水电 677.3 万千瓦,增加 17.6 万千瓦;火电 2711.2 万千瓦,增加 256.3 万千瓦;风电 547 万千瓦,增加 36.7 万千瓦;太阳能发电 911.1 万千瓦,增加 135.2 万千瓦。度夏期间,统调用电最高负荷 2782 万千瓦(7 月 14 日);度冬期间,统调用电最高负荷创历史新高,达 2679 万千瓦(12 月 28 日),较前一年最高值提高 132 万千瓦。全省共有±800 千伏直流换流站 1 座,线路长 769 千米;1000 千伏变电站 1 座,变电容量 600 万千伏安,线路长 454 千米;500 千伏变电站 29 座,变电容量 4000 万千伏安,线路长 5808 千米;220 千伏变电站 187 座,变电容量 5913 万千伏安,线路长 1.59 万千米;110 千伏变电站 620 座,变电容量 4922 万千伏安,线路长 1.96 万千米。全年火电投资约 60.2 亿元(瑞金二期 24.7 亿元、丰城三期 13.5 亿元、信丰电厂 16.7 亿元、新余二期 5.3 亿元),抽水蓄能电站投资约 1.51 亿元(奉新抽水蓄能项目),水电(龙头山水电站)投资 3.55 亿元。电网基建投资 177.5 亿元,其中特高压直流投资 16.5 亿元,1000 千伏特高压交流投资 16.6 亿元,500 千伏电网投资 21.5 亿元,220 千伏电网投资 24.6 亿元,110 千伏电网投资 22.5 亿元,35 千伏及以下电网投资 75.9 亿元。

【用电量】 2021 年,全省全社会用电量 1862.52 亿千瓦时,增长 14.49%。其中,一产用电量 12.32 亿千瓦时,增长 34.92%;二产用电量 1213.51 亿千瓦时(其中工业用电量 1185.89 亿千瓦时),增长 16.29%;三产用电量 315.28 亿千瓦时,增长 16.89%;城乡居民生活用电量 321.41 亿千瓦时,增长 5.57%。

【工业用电量】 2021 年,全省工业用电量累计 1185.89 亿千瓦时,增长 16.29%。制造业 31 个行业总用电量 812.34 亿千瓦时,增长 17.08%。其中,制造业中用电量前五的行业分别为:钢铁行业用电量 98.19 亿千瓦时,增长 10.66%;水泥行业用电量 52.49 亿千瓦时,增长 0.67%;有色行业用电量 66.85 亿千瓦时,增长 22.65%;化工行业用电量 56.01 亿千瓦时,增长 20.31%;计算机、通信和其他电子设备制造用电量 83.02 亿千瓦时,增长 23.38%。

【省间电量交易】 2021 年,全省累计购入电量 237.76 亿千瓦时,增长 58.89%。其中,雅湖直流电量 110.53 亿千瓦时,三峡电量 66.20 亿千瓦时,华北电量 12.32 亿千瓦时,西北电量 16.28 亿千瓦时,西南弃水电量 8.59 亿千瓦时,葛洲坝电量 6.78 亿千瓦时,湖北电量 7.07 亿千瓦时,湖南电量 2.27 亿千瓦时,高峰临时购电 7.27 亿千瓦时。

【电力直接交易】 2021 年,在年度、月度交易基础上,首次开展时段交易,组织开展月内连续融合交易;持续扩大市场化交易规模,增加交易频次。全年组织开展交易 88 次,增加 38 次,累计达成市场化交易电量 679.37 亿千瓦时。其中,常规交易电量 314.41 亿千瓦时,时段交易电量 364.96 亿千瓦时。交易结算电量 677.52 亿千瓦时,超过全年目标的 4.23%,增长 15.27%。

【新能源发展】 至年底,全省可再生能源全口径装机容量 2248.7 万千瓦,占全省总装机容量的 46.4%。其中,水电(含抽蓄)677.3 万千瓦、风电 547.0 万千瓦、太阳能发电 911.2 万千瓦、生物质发电 113.2 万千瓦。全省水电新增装机 17.6 万千瓦,风电新增装机 36.7 万千瓦,太阳能发电新增装机 135.3 万千瓦,生物质发电新增装机 33.4 万千瓦。全省可再生能源发电量 371.2 亿千瓦时,增长 20%。可再生能源电力消纳总量 546.1 亿千瓦时。其中,非水电力消纳量约 244.4 亿千瓦时,总量消纳权重 29.3%(国家下达指标 25.6%),非水消纳权重 13.1%(国家下达指标 12%),连续 3 年超额完成国家下达可再生能源电力消纳责任权重目标。

【电网建设】 2021 年,投产 110 千伏及以上电网项目 116 项,变电容量 2253.3 万千伏安,线路长 3660.1 千米。其中,特高压项目 2 项,变电容量 600 万千伏安,换电容量 996 万千瓦,线路长 1223 千米;500 千伏电网项目 10 项,变电容量 725 万千伏安,线路长 607.9 千米;220 千伏项目 31 项,变电容量 564 万千伏安,线路长 877.5 千

3 月 12 日，雅中至江西±800 千伏特高压线路航拍

朱如涛摄

米；110 千伏项目 73 项，变电容量 364.3 万千伏安，线路长 951.7 千米。新开工 110 千伏及以上电网项目 68 项，变电容量 835.3 万千伏安，线路长 1467.4 千米。其中，新开工 500 千伏电网项目 4 项（南昌向塘、吉安东，南昌 1000 千伏变电站 500 千伏送出工程，南昌 500 千伏变电站 2 号主变增容工程），变电容量 300 万千伏安，线路长 359.4 千米；220 千伏项目 16 项，变电容量 282 万千伏安，线路长 349.2 千米；110 千伏项目 48 项，变电容量 253.3 万千伏安，线路长 758.8 千米。

【雅中至江西±800 千伏特高压直流输电工程建成投运】 6 月 21 日，全省首项特高压直流入赣工程——雅中至江西±800 千伏特高压直流输电工程建成投运。雅中至江西±800 千伏特高压直流工程起于四川省凉山州盐源县雅砻江换流站，线路途经四川、云南、贵州、湖南、江西 5 省，落点为江西省抚州市东乡区鄱阳湖换流站，新建±800 千伏线路长 1696 千米，额定输送容量 800 万千瓦。其中，在江西境内途径萍乡、吉安、抚州 3 市 10 县（区），长度约 320 千米，新建铁塔 641 基。工程总投资 244.25 亿元，其中江西境内投资 73.96 亿元。

【华能秦煤瑞金电厂二期扩建工程全面建成投产】 12 月 14 日，全国首座采用国有知识产权控制系统百万千瓦级二次再热火电厂——华能秦煤瑞金电厂二期扩建工程全面建成投运。该工程是国务院支持赣南等原中央苏区振兴发展规划中的首个能源类项目，总投资 71.9 亿元，建设 2 台 100 万千瓦超超临界燃煤发电机组。项目由江西水电公司、山东电建一公司、河北工程公司等中国电建成员企业共同参建，2019 年 5 月 20 日开工建设。

【南昌至长沙 1000 千伏特高压交流工程建成投运】 12 月 26 日，全省首项特高压交流工程——南昌至长沙 1000 千伏特高压交流工程建成投运。该工程于 2020 年 12 月获国家发改委核准，2021 年 3 月开工建设。工程新建南昌、长沙 2 个 1000 千伏变电站，变电容量各 600 万千伏安；新建线路 2 条，均长 344 千米，铁塔 975 基，总投资 104 亿元。

（周鹏　刘雨辰　曹洪睿）

钢铁工业

【概　况】 2021 年，在大宗商品价格大幅涨跌的复杂环境下，全省钢铁行业保持快速增长，营业收入突破 3000 亿元大关，达 3332.71 亿元，增长 31.52%；利润 255.6 亿元，增长 51.97%；销售利润率 7.67%，增加 1.41%。生产粗钢 2710.96 万吨，增长 1.08%，完成国家下达的粗钢产量压减任务。钢材及铁合金出口量大幅增长。其中，钢材出口 63.38 万吨，增长 35.9%；出口值 79.36 亿元，增长 155.7%。铁合金出口 6154 吨，增长 79.6%；出口值 7661 万元，增长 85.1%。

【钢材价格】 受资源垄断、资本炒作等因素影响，进口铁矿石价格保持高速增长，最高价涨至 230 美元/吨，在国家大力治理下，进口铁矿石价格从 7 月初开始呈直线下降，到 12 月下旬，价格腰斩，降至 105.61 美元/吨。同时，受环保限产、澳洲煤炭进口缺失等多重因素影响，动力煤、双焦（焦煤、焦炭）价格大幅上涨，7 月焦煤价格 2050 元/吨，到 9 月底价格涨至 4080 元/吨，到 12 月价格保持在 3000 元/吨左右。在原材料价格影响下，钢材价格跌宕起伏，三级螺纹钢上半年价格一度冲至 6060 元/吨。下半年，国家对大宗商品价格多次调控，相继出台提高部分钢铁产品出口关税、对生铁及废钢等实行零进口暂定税率、取消部分钢铁产品出口退税等政策，价格逐步下降，到 12 月底，降至 4780 元/吨。

【钢铁产业链协同发展】 坚持问题导向，全年链长制办公室收集 24 个困扰企业发展的难点问题，办结率 100%。坚持项目为王，发挥新余特钢基地招商引资平台作用，加大特色产业集群招商、特钢产业链招商、配套项目招商力度。全年新引进钢铁产业链签约项目 56 个，签约金额 279.56 亿元。其中，签约中联重科工程机械生产、江苏晟联集团产品精深加工技术改造等 20 亿元以上项目 5 个，签约金额 168.6 亿元。萍乡市引进旭阳集团，投资 50 亿元建设玻焦联产项目。坚持矿山复产，支持寻乌新天地铁矿有限公司和崇义县矿冶有限公司铁矿山复产。坚持做大企业，常态化调度新钢转型升级冲千亿元进展情况，及时协调、解决企业发展过程中出现的问题。年内，新钢集团粗钢产量过千万吨，营业收入首次突破 1000 亿元，达 1070.7 亿元，增长 34.68%，成为江西 3 家千亿元企业之一。坚持智库支撑，鼓励、支持钢铁企业开展产学研合作。新钢集团稀土钢关键技术领域取得突破，新钢高品质稀土钢实现 5 炉以上板坯连续浇铸，稀土在钢中收得率 40%以上，且已将稀土应用到模具钢、耐磨钢、海洋工程用钢等 8 个中厚板产品的生产，并申请 10 项专利，其中 1 项获国际专利。新余华峰特钢、本通特锻 2 家企业获批省级企业技术中心。

【产业优化升级】 推进项目建设,新钢公司投资25亿元的综合料场项目全面投入使用,投资19亿元的4.3米焦炉改造项目、投资2.4亿元的尘泥综合治理项目于7月投入运行。台鑫钢铁投资24亿元的技改项目全面投产。

【环保绿色发展】 推进实施《江西省钢铁行业超低排放改造计划方案》,推广应用成熟适用的环保改造技术,年内重点钢铁企业主要排放工序基本完成超低排放改造。推动高效环保节能的生产工艺装备改造。新钢、萍钢、方大特钢等长流程企业均完成料场大棚建设;3家短流程钢铁企业总投资超过50亿元进行先进冶炼设备的技术改造,冶炼电耗由600千瓦时/吨钢降到350千瓦时/吨钢以下。推进循环经济发展。重点推进钢铁企业煤气发电机组改造,强化冶金渣、尘泥等固体废弃物的综合利用。全年全省重点钢企自发电量59.4亿千瓦时,占重点钢企总用电量的58.26%;可节约标准煤73.02万吨,减少温室气体二氧化碳排放量198.63万吨。推动钢铁行业碳达峰工作。聘请冶金工业规划研究院编制《江西省钢铁行业碳达峰碳减排实施方案课题研究》,草拟《江西省钢铁行业碳达峰实施方案》,摸清全省钢铁行业碳排放量,科学制定碳达峰目标、碳减排路径,指导全省钢铁行业2030年前实现碳达峰。结合装配式钢结构住宅试点省份建设,推动钢铁企业与钢结构企业开展对接,按照高强度、耐腐蚀、长寿命的要求,鼓励开发与钢结构建筑构件需求相适应的定制化、个性化的高品质产品。

(余时财)

有色金属工业

【概　况】 2021年,全省有色产业营业收入7641.1亿元,利润442亿元,分别增长43.3%、70.1%。其中,重点铜、钨、稀土产业营业收入分别增长44.6%、22.3%、42.2%。

【有色产业链协同发展】 5月,召开全省有色金属产业链链长制工作调度会,印发《2021年有色金属产业链链长制工作要点》,修订产业链链长制问题台账,统筹解决一批产业发展难题。构建产销对接。9月,在兴国召开中国(赣州)新材料产业供需对接会,搭建有色企业与军工企业产销对接平台。11月,在鹰潭举办江铜集团与市属铜企业产销对接会。国家稀土功能材料创新中心获工信部1亿元建设资金支持,稀土永磁悬浮轨道交通系统产业化项目获省工信厅500万元资金支持。"赣南离子型稀土资源基地典型固废循环利用集成示范"国家重点研发计划项目在赣州启动。中国"稀金谷"稀土永磁电机产业园项目一期200公顷已建成,江钨赣州产业园项目在赣县高新区落地,中科三环高端磁材项目投产。

【完善政策链】 6月,出台省级重点新材料首批次保险补偿政策,破解新材料产业"好材不敢用"的困境。9—10月,先后出台《江西省"十四五"有色金属产业高质量发展规划》《江西省"十四五"新材料产业高质量发展规划》。11月,省政府印发《关于废止赣府厅字〔2017〕112号文件的通知》,产业政策体系进一步优化。年内,完成发放新材料首批次应用保险补助资金887万元,共19家企业36个保单。江西耶兹铜箔年产1.5万吨电解铜箔技改项目等13个有色项目获省工信厅2480万元资金支持。贵溪铜及铜加工产业集群、鹰潭高新区铜合金材料产业集群获400万元资金支持。

【企业培育】 9月9日,腾远钴业IPO获深交所创业板上市委员会审议会议通过。年内新增百亿元企业7家。江铜集团"三年创新倍增"进展顺利,全年营业收入4427.6亿元。江钨集团整体实现扭亏为盈,全年营业收入增长66.8%。铜产业工业互联网标识解析二级节点建设方案通过中国信通院组织的专家评审。江西鑫铂瑞科技利用"5G+工业互联网"技术生产出全球领先的3.5微米铜箔。宜春钽铌矿数字化矿山项目完成建设并投入运营。7月,开展全省有色冶炼企业淘汰落后产能排查工作,全年完成9个设区市302家企业淘汰落后产能验收工作。8月,启动有色金属行业碳达峰行动方案编制工作。江钨稀有金属新材料公司等5家企业获批省级绿色工厂,江铜耶兹铜箔有限公司获批绿色供应链管理企业。

【中国稀土集团在赣州挂牌】 12月23日,中国稀土集团在赣州挂牌成立,填补全省无央企总部及注册地的空白。该集团是由中国铝业集团有限公司、中国五矿集团有限公司、赣州稀土集团有限公司为实现稀土资源优势互补、稀土产业发展协同,引入中国钢研科技集团有限公司、有研科技集团有限公司2家稀土科技研发型企业,按照市场化、法治化原则组建的大型稀土企业集团。

(尚晓霞)

机械工业

【概　况】 2021年,全省机械工业经济总量约占全省工业的16%,规模以上企业2621家,机械产品品种数8000余种。全省装备工业营业收入6800.6亿元,增长19.3%;利润418.5亿元,增长33.0%。其中,装备制造业(不含汽车)营业收入5462.6亿元,提前2年完成"2+6+N"的目标任务。

【行业实力增强】 汽车领域,江铃集团在国内高端商用车市场产品技术和制造领先优势,4J系列柴油发动机一直保持着国内轻卡、皮卡柴油发动机标杆地位,福特Eco Boost145米勒循环涡轮增压直喷发动机是世界领先的汽油发动机,麦格纳DCT双离合变速器技术达到国内领先水平,孚能科技三元软包动力电池装机量连续两年位列全国软包第一,综合排名在全国前十。远成板簧汽车悬挂系统、江铃底盘驱动桥、辉门密封发动机垫片、华翔汽配内饰件、新电汽车空调系统、荣成机械拉杆和转向球头、群星机械同步器等在行业内具有较大优势。同时,在变电设备、电瓷、电线电缆、电机等核心支柱和特色优势领域,培育一批国际竞争力强的装备制造企业,太平洋电缆、金一电缆、明正变电、赣电电气、泰豪科技、中材江西电瓷等企业积极响应"一带一路"倡议,开拓东南亚、南美洲和非洲等市场。

【汽车市场复苏】 2021年,汽车行业营业收入1337.9亿元,增长8.9%;利润47.2亿元,增长41%。整车产销量分别为43.6万辆和43.7万辆。其中,新能源汽车延续向好态势,累计产销量分别为2.03万辆和2.13万辆,分别增长128%和76%。汽车产业建立从整车到关键零部件的设计、研发、制造、物流、营销、服务等较完整的产业链,新能源汽车形成整车到"三电系统"较完备的产业链。龙头企业江铃集团面对市场下行压力不减、大宗原材料价格上涨等不利因素,坚持以数字化转型为契机,走高质量发展道路,打造科技江铃、特色江铃,年内营业收入超千亿元,其中轻客产品市场份额继续保持行业第一,皮卡保持行业第二,轻卡上升到行业第四。同时,江铃集团响应国家"一带一路"倡议,抓住出口市场机遇,全年出口汽车3.4万台,增长96%。新能源汽车由单一的出口电动轻卡延伸到电动皮卡、电动特顺轻客等产品,市场也由单一的智利市场拓展到哥伦比亚、墨西哥等8个拉美国家市场。

【智能装备技术】 从供给端发力,重点培育227家智能装备企业,引导装备制造企业突破关键短板技术并实现产业化。中微半导体公司研制具有自主知识产权的深紫外MOCVD设备,是当前紫外LED领域产能最高的高温MOCVD设备;联创光电超导应用公司自主研发的兆瓦级高温超导磁体感应加热装置,各项技术性能指标均达到国际领先水平;赛维LDK太阳能公司自主研制的旋式铸造单晶硅炉,采用独特的旋式定向凝固生长方式,电池转换效率达24.1%,技术水平国际领先。

【产业集聚】 2021年,重点培育打造南昌高新区智能装备制造产业集群等16个产业集群。其中,南昌高新区智能装备制造产业集群涵盖智能机器人、智能化成套装备、智能检测设备、智能装备零部件等高端装备领域,正冲刺200亿元规模;抚州崇仁变电设备产业集群形成知名度高、美誉度好、竞争力强、附加值高的区域品牌,中低压变电设备产品全省市场占有率80%以上,配电变压器全国市场覆盖率居前三;芦溪电瓷产业集群实现特高压棒形瓷绝缘子、复合材料绝缘子、玻璃绝缘子、电瓷配套产品全覆盖,形成从瓷土开采到电气设备制造较完整的产业链。

【江铃汽车富山工厂投产】 9月9日,江铃汽车富山工厂全面投产。江铃汽车富山工厂是省重大建设项目,也是省机械行业迈向智能制造的重要举措。富山工厂占地面积100公顷,总投资约128亿元,具备30万整车的生产能力。年内,已投产江铃福特领界、江铃福特领裕、JMC品牌轻卡产品,涵盖传统燃油和新能源汽车。工厂自动化率高达98%。

【江西省首届新能源汽车下乡活动举行】 由省工信厅、省农业农村厅、省商务厅、省能源局及相关设区市政府联合主办,省汽车工业协会承办的江西省首届新能源汽车下乡活动举行。活动以"绿色、低碳、智能、安全——一步跨入'新'时代,助力全面推进乡村振兴"为主题,分别于6月中旬、7月中旬、7月下旬在萍乡、南昌、鹰潭举办3站活动,省内车企江铃新能源汽车、博能上饶客车、北汽昌河、国机智骏汽车、爱驰汽车、江铃汽车销售公司、江铃晶马汽车、赣州凯马汽车、吉利新能源商用车、凯马百路佳客车以及江西五十铃汽车参与。各新能源汽车企业在已有政策基础上,配合国家新能源汽车下乡活动,推出针对农村购车的"惠民行动"。

(罗冰)

航空产业

【概　况】 2021年,江西省航空企业总收入1413.26亿元,增长17.3%,增加值、利润较2020年同期均实现增长。制定印发《江西"十四五"航空产业高质量发展规划》《支持低空经济发展的若干措施》。

【航空产业链协同发展】 5月,组织召开2021年全省航空产业领导小组暨航空产业链链长制工作会议,部署推动全年航空产业发展工作,发布《2021年江西航空产业工作要点》。利用产业链链长制、驻企特派员等平台,为航空企业和项目解决19个发展中遇到的困难和问题,问题办结率100%。创新产业链招商模式,2021中国商飞-江西大飞机产业培育会、中国商飞全球供应商大会-江西省航空产业推介会于4月在南昌举行,全球100余家供应商代表现场参会或远程视频参会,供应商代表近400人在主会场参会,有超330人通过线上直播参会。其间,还举行2021中国商飞全球供应商大会,国产化原材料、标准件采购工作推进协调会,合资公司工作推进及经验交流会3场系列活动,共吸引超150家国内外航空产业供应商及潜在供应商参会,涵盖设计、研发、制造等相关领域。会议推动省内企业参与国产大飞机研制生产,融入到中国商飞的全球航空产业链。年内,中国航空产业大会、南昌飞行大会等系列重要会议、重要活动在江西召开,共签约项目24个,总金额265亿元。

【产业集聚】 至年底,全省航空行业布局重点项目100个(其中在建项目69个,完工或部分投产31个),总投资903亿元。以南昌航空城和景德镇航空小镇为依托,加快推进南昌、景德镇国家级通航产业综合示范区建设。50平方千米的南昌航空城、12平方千米的景德镇航空小镇基本建成,南昌航空城落户项目67个,景德镇航空小镇落户项目37个。省政府与航空工业集团签署战略合作备忘录,联手航空工业集团在"十四五"时期共同打造南昌-景德镇航空产业集群。吉安桐坪航空小镇完成总体规划、产业发展规划、起步区控制性详规以及城市设计。在景德镇成立江西航空产业配套协会,促进航空产业铸链、强链、补链。

【重大项目建设】 6月,中国商飞江西飞机制造中心竣工投产,并完工交付首批2架ARJ21飞机,全年完工交付5架ARJ21飞机。江西航空公司接收了5架ARJ21飞机并实现商业化运营,探索国产民机运营的"江西模式"。多型无人机实现首飞。中发天信航空发动机生产科研基地、宝航新材料研发基地建成完工。国产商用发动机飞行台落户江西,使江西集聚了全国航空三大央企,接上商用航空发动机维修、改装、试飞的产业链短板。

【通航市场】 年内,推动贯彻落实

《购买通用航空公共服务的暂行办法》,各设区市积极购买通用航空公共服务,支持通用航空产业发展。全省已有长江通航、华夏九州、江西快线、江西腾宇通航、金汇通航等通航运营单位 13 家。12 月,江西快线开通省内第三条固定时刻航班短途运输航线,实现省内第一条“南昌—赣州—景德镇”航线串飞。3 月,南昌市政府与中信海洋直升机股份公司签署战略合作协议,把中信海直—华夏九州通航总部项目落户南昌高新区,进一步打通民用直升机的生产、运营、维修综合产业链。江西低空空域管理改革试点拓展方案获国家空管委批复,赣州被中国民航总局批复为全国首批 13 个民用无人驾驶航空试验基地(试验区)之一。“通航+旅游”“通航+运动”“通航+应急”等通航服务新业态蓬勃发展。

【产业发展平台】 民航江西适航审定中心业务范围拓展,年底同时开展 9 款民机适航取证。华赣航空产业投融资平台全面运营,参与中国商飞江西生产试飞中心、华彬航空南方总部基地项目、航空飞行器交易中心项目等多个航空产业重大项目投融资。建成覆盖南昌、景德镇、鄱阳 3 地的低空航管服务保障系统,实现 3 地互联互通。江西先进复材研发中心、北航江西研究院等一批新型研发机构全面运营。6 月,江西航空研究院挂牌,进一步提升江西省航空产业的研发设计能力。

(张毅)

轻工业

【概　况】 2021 年,江西省轻工业(含食品)规模以上工业企业营业收入 8039.9 亿元,增长 16.5%;利润总额 700.1 亿元,增长 12.1%。其中,食品工业营业收入 2264.5 亿元,增长 13.8%;利润总额 190.6 亿元,下降 16.8%。

2021 年全省轻工业重点子行业效益

名称	营业收入(亿元)	增长(%)	利润(亿元)	增长(%)
农副食品加工业	1566.40	13.40	109.00	-32.10
食品制造业	408.30	16.23	36.40	9.50
酒、饮料和精制茶制造业	289.90	12.35	45.20	28.10
烟草制造业	243.20	7.30	16.40	10.30
皮革、毛皮、羽毛(绒)及其制品业	593.40	17.43	55.10	23.30
家具制造业	597.70	20.43	43.60	28.00
造纸及纸制品业	429.40	15.03	38.40	7.60
工艺美术及礼仪用品制造业	320.30	14.34	28.60	15.60
塑料制品业	732.40	22.94	70.20	25.60
陶瓷制品制造业	574.30	15.00	60.30	26.30
金属工具及金属制轻工制品制造业	433.40	19.70	36.60	37.60
电池制造业	681.70	30.20	61.70	135.10
家用电力器具制造业	144.80	0.90	2.90	12.50
照明器具制造业	244.50	22.30	19.50	13.90
焰火、鞭炮产品制造业	109.40	10.47	11.70	12.20

2021 年全省轻工业重点产业集群主要经济指标

名称	主营业务收入(亿元)	增长(%)	利税总额(亿元)	增长(%)
赣州南康家具产业集群	2315.50	16.90	89.60	3.70
樟树金属家具产业集群	380.00	28.80	21.00	10.50
武宁绿色照明产业集群	236.10	28.70	20.50	93.50
宜丰绿色高效储能系统产业集群	212.00	38.20	8.60	6.30
景德镇高新区家电产业集群	56.40	24.80	1.50	38.70
上高制鞋产业集群	99.00	10.90	6.50	36.70

（续表）

名称	主营业务收入（亿元）	增长（%）	利税总额（亿元）	增长（%）
景德镇陶瓷产业集群	75.00	31.80	7.00	30.60
余江眼镜产业集群	70.20	31.00	2.30	32.20
新干箱包皮具产业集群	58.40	11.50	5.40	24.40
黎川陶瓷产业集群	82.60	45.30	3.70	51.20
永新工业园区超纤复合新材料产业集群	88.20	3.70	9.60	122.20
鹰潭高新区水工产业集群	292.00	41.00	14.10	90.00
余江雕刻工业产业集群	61.60	30.20	3.30	18.00
上高绿色食品产业集群	117.20	9.60	7.70	25.40
万载有机食品产业集群	88.00	2.30	22.60	20.50
南丰工业园区绿色食品产业集群	65.40	80.20	5.70	30.10
濂溪区绿色食品产业集群	84.30	24.20	8.60	34.00
修水工业园区绿色食品产业集群	69.00	41.00	20.30	22.50

2021 年全省陶瓷制品制造业规模以上工业企业主要经济指标

名称	主营业务收入（亿元）	增长（%）	利润总额（万元）	增长（%）
日用陶瓷制品制造业	33.00	5.37	29913.00	-1.27
卫生陶瓷制品制造业	3.50	-26.90	-200.00	-134.20
特种陶瓷制品制造业	396.80	15.23	469743.00	30.20
陈设艺术陶瓷制造业	97.30	22.50	63447.00	25.00
总计	530.60	15.40	562903.00	27.40

2021 年全省陶瓷制品制造业产业集群主要经济指标

名称	主营业务收入（亿元）	增长（%）	利润总额（亿元）	增长（%）
萍乡湘东工业陶瓷产业集群	159.60	22.60	16.00	18.60
景德镇陶瓷产业集群	75.00	31.80	7.00	30.60
黎川陶瓷产业集群	82.60	45.30	3.70	51.20

【食品产业】 开展食品工业企业诚信管理体系培训，全省共计 160 余人参加。制定《江西省食品工业“十四五”发展规划》，进一步明确食品工业 8 个发展重点行业，提出优化发展环境、加大政策支持、强化人才支持、提升创新能力及加强安全监督 5 项保障措施。年内，全省食品工业（不含烟草制品业）规模以上企业新增 36 家，总数达 1034 家，资产总计 1906.0 亿元，增长 6.06%。

【烟草产业】 协调相关部门，加快推动南昌卷烟厂就地技改项目建设。全省 4 家卷烟厂均完成技术升级改造。支持江西中烟工业公司以省级企业技术中心为平台，推进科技创新、精准研发和新品培育，抓好博士后工作站、共建实验室、研销协同等创新平台建设，研发推进系列新品。年内，“金圣”牌卷烟商业销量首次突破 80 万箱大关，增长 10%，增幅在全国排名第五。“金圣”一类烟销量 2.8 万箱，增长 70%，成为省产烟扩销量、提结构的主力军。烟草工商两家实现税利 326.42 亿元，增长 6.96%。其中，烟草工业（江西中烟工业公司）实现税利 180 亿元，增长 8.4%；烟草商业（江西省烟草专卖公司）实现税利 146.42 亿元，增长 5.31%。

【家具行业】 安排挂点帮扶人员加强与家具龙头企业沟通和联系，梳理企业存在的问题，协调相关部门解决。做好南康家具产业优化升级试点工作绩效评估工作，推动家具产业优化升级。赣州成功打造国际木材集散中心，建成国家科技重大专项“一网五中心”家具产业智联网。会同省市监局开展调研，收集家具企业问题，提请省直有关单位研究解决。年内，全省家具工业规模以上企业 693 家，营业收入 597.7 亿元，增长 20.4%；利润总额 43.6 亿元，增长 28.0%；资产总计 333.7 亿元，增长 8.4%。

【落后烟花爆竹生产企业整顿退出工作完成】 省工信厅联合省应急管理厅发挥牵头协调作用，按照“依法依规、积极稳妥”的原则，克服新冠肺炎疫情带来的不利影响，通过落实资金保障、定期调度、定期通报等方式，多措并举推进全省烟花爆竹生产企业全面整顿工作。经过 3 年整顿，至年底全省共关闭退出 888 家烟花爆竹生产企业，退出比例 66%，完成既定目标任务（879 家、60%）。

【2021 中国(赣州)第八届家博会召开】 4月28日—5月4日,2021 中国(赣州)第八届家博会在南康市召开。专业观展人数超 18 万人,线上线下交易额突破 150 亿元,居然之家等 13 个重大项目签约金额 375 亿元。其间,举办首届国际进口木材贸易博览会,南康市先后获"国家进口松木板材利用试点县""国际进口木材贸易博览会永久举办地"称号,150 多家国内知名进口木材经销企业参展参会,助推南康打造世界木材集散地。同步举办木工技能大赛、展会评奖、南康家具品牌影响力二十强企业评选等活动。

【2021 中国景德镇国际陶瓷博览会召开】 10月18日—24日,2021 中国景德镇国际陶瓷博览会在景德镇市召开。博览会由商务部、文旅部、中国国际贸易促进委员会、中国轻工业联合会和江西省政府共同主办。其间,30 多个国家和地区的客商团组、800 多家企业线上线下参展,线下观展达 50.68 万人次。展览开设先进陶瓷成果展,共邀请国内 8 家科研院校,115 项科研技术成果进行展示,主要涉及新材料、节能环保、3D 打印、电子通讯、生物医疗、智能传感等先进陶瓷研究领域。另外,还有 16 家本地先进陶瓷企业和 11 家外地招商引资先进陶瓷企业参展。瓷博会实现总交易额 91.45 亿元,签约一批重大投资项目,总额 466 亿元,同时带动文旅商贸消费 28 亿元。

(李湘丽)

石化工业

【概　况】 2021 年,全省有规模以上企业 1590 家,营业收入 3915.55 亿元,增长 24.84%;利润 365.67 亿元,增长 40.6%。石化产业经济总量占全省工业的 8.9%,比上年提升 0.8 个百分点。石化产业 7 个省级重点产业集群中,营业收入超 400 亿元的 2 个(九江石化产业集群 490 亿元、永修有机硅产业集群 460.5 亿元),超 300 亿元的 2 个(乐平精细化工产业集群 381 亿元、湖口新材料产业集群 300 亿元),超 200 亿元的 1 个(彭泽精细化工产业集群 259 亿元),超 100 亿元的 2 个(新干盐卤药化产业集群 166 亿元、金溪香料产业集群 120.8 亿元)。

【江西省第一批认定合格化工园区名单公布】 4月14日,省工信厅、省发改委、省应急管理厅、省生态环境厅、省自然资源厅联合印发《关于公布全省化工园区名单(第一批)的通知》,全省有 26 家化工园区通过认定,包括 2020 年 10 月省政府专门批准成立的九江石化产业园。

2021 年江西省第一批认定合格化工园区名单

序号	化工园区(化工集中区)名称	所在地
1	江西安义工业园区化工集中区	南昌市安义县
2	九江石化产业园	九江经开区
3	江西永修云山经济开发区星火工业园	九江市永修县
4	江西湖口高新技术产业园区	九江市湖口县
5	江西彭泽工业园区矶山化工园	九江市彭泽县
6	江西瑞昌经济开发区码头工业城	九江市瑞昌市
7	九江市濂溪区化纤工业基地	九江市濂溪区
8	江西乐平工业园区	景德镇市乐平市
9	新余高新技术产业开发区化工集中区	新余高新区
10	贵溪硫磷化工基地	鹰潭市贵溪市
11	江西会昌氟盐化工产业基地	赣州市会昌县
12	江西龙南经济技术开发区化工集中区	赣州市龙南县
13	江西樟树盐化工业基地	宜春市樟树市
14	宜春丰城高新技术产业开发区化工集中区	宜春市丰城市
15	江西省袁州医药工业园化工集中区	宜春市袁州区
16	江西上高工业园区黄金堆化工集中区	宜春市上高县
17	江西万载工业园区化工集中区	宜春市万载县
18	江西省德兴市硫化工及精深加工产业基地	上饶市德兴市
19	江西万年高新技术产业园区凤巢工业园化工集中区	上饶市万年县
20	江西新干盐化工业城	吉安市新干县
21	江西吉水工业园区化工集中区	吉安市吉水县
22	江西峡江工业园区化工集中区	吉安市峡江县
23	江西永新工业园区化工集中区	吉安市永新县
24	江西金溪工业园区化工集中区	抚州市金溪县
25	江西东乡经济开发区化工集中区	抚州市东乡区
26	江西抚北工业园区化工集中区	抚州市临川区

【重大项目平台发展】 推动高校、化工科研院所与省石化产业集群及大型骨干企业联合,加快江西省有机硅产业创新研究院和江西省有机硅产业联盟建设,推进企业技术中心、科研工作站等建设。永修有机硅产业集群全面对接中蓝晨光院等院校,在永修设立专门实验室,通过与浙江大学、江西蓝星星火有机硅有限公司及江浙地区创投基金共同建设江西省有机硅创新中心,为有机硅新材料、高端装备、新型电子和孵化器"3+1"产业发展提供技术支持。新干县盐卤药化产业集群与南昌大学就"产学研融合"达成合作协议,为盐卤药化企业在科技研发、成果转化、人才培养等方面提供多层次、全方位的创新服务。至年底,化工行业省级企业技术中心总数达36家。九江石化芳烃项目进入全面收尾阶段,配电间、机柜间主体结构封顶。2月,九江心连心化肥有限公司一期年产60万吨合成氨、52万吨尿素项目竣工投产,结束江西省5年多没有尿素生产装置的历史。

【禁化武履约宣传指导】 组织开展《禁止化学武器公约》生效24周年暨第6个国际禁止化学武器组织日(4·29)宣传活动。组织各地市工信部门加强公约和禁化武组织日宣传。制作展出宣传海报,印制宣传手册,在省工信厅门户网站、履约微信群宣传禁化武履约相关知识和工作等,进一步扩大禁化武工作宣传效果。督促指导地市工信部门到企业现场检查监控化学品管理,强化企业履约意识。组织专家到监控化学品企业,指导企业加强禁化武管理,增强履约能力。

【产业智能化绿色化发展】 落实工业绿色发展3年行动计划,推进智能改造。九江石化作为国内炼油行业智能工厂第一家试点示范企业,致力于从集中管控模式逐步升级到智能管控模式,数字化炼厂平台及应用、企业级中央数据库(ODS)及集中集成、生产运营主数据标准化等先进技术在炼化企业首次使用。蓝星星火有机硅打造的"5G+智能化工平台"上线运营,成为全省首批"5G+工业互联网"试点示范企业。推进绿色低碳发展。九江石化应用电动机变频调速节能技术,对重要生产装置的关键电气设备进行变频调速系统配套和完善,取得明显节能效果,每年节约电费2000多万元,节约设备维修费、材料费100多万元。蓝星星火有机硅开展有机硅绿色关键工艺系统集成项目建设,与传统间歇式生产工艺相比,废气污染减少20%,节能7%,生产效率提升50%以上。同时推动行业企业打造绿色工厂,至年底全省有九江石化、蓝星星火有机硅等12家国家级绿色工厂,理文化工、善水科技等23家省级绿色工厂。

(王上文)

纺织工业

【概　况】 2021年,全省纺织服装行业共有规模以上企业1562家,营业收入1939亿元,增长11.8%;利润135亿元,增长23.2%;实际出口56.5亿美元,增长46.9%。其中,营业收入和利润分别占全省工业的4.4%、4.3%,出口占全省的9.94%。11个设区市中,除萍乡外,其他设区市均实现不同程度增长。主要子行业中,服装行业营业收入963亿元,增长12.2%;棉纺行业525亿元,增长4.1%;化纤行业152亿元,增长39.8%。主要产品中,服装产量13.6亿件,增长17%;布产量9.6亿米,增长13.4%;化学纤维产量107.7万吨,增长20.2%。

【政策支持】 3月23日,省工业强省建设工作领导小组办公室印发《关于推动全省纺织服装产业高质量发展的意见》,提出行业发展目标、重点任务,从财税、金融、人力、用地、科技和市场六方面提出支持举措。10月,印发《江西省"十四五"纺织产业高质量发展规划》。

【举办3场大型活动】 年内,全省纺织服装行业举办3场大型活动。12月12日—14日,在分宜县举办2021江西国际麻纺博览会,吸引140余家企业参展参会,集中签约项目15个,总投资额64.9亿元。12月16日—18日,在共青城市举办2021江西纺织服装周暨第二届共青城市羽绒服装周,签约项目43个,总投资额231.3亿元,线上线下累计交易额突破1亿元。12月27日—29日,在于都县举办第二届中国(赣州)纺织服装产业博览会,签约项目20个,总投资额129.1亿元。

【出口创2015年以来新高】 2021年,全省纺织服装行业出口实现较快增长,全年实际出口56.5亿美元,创2015年以来新高。其中,服装出口41.2亿美元,增长66.2%;纺织品出口15.3亿美元,增长11.9%。出口快速增长主要受三方面原因影响:欧美国家出台经济刺激政策,国际需求上升;南亚和东南亚国家疫情形势严峻,开工率降低,大量订单回流到国内;随着大宗商品上行,纱线、织物、制品和服装等出口产品价格呈现上涨态势。

【棉花价格大幅上涨】 2021年,得益于国内良好的疫情防控措施,棉纺织市场开局良好,上半年棉花需求强劲,加上海外订单回流,棉花价格大幅上涨。到9月底,受大宗商品市场价格上涨等因素影响,国内外棉花价格进一步上涨,最高达2.29万元/吨,创2012年5月以来新高。至年底,3128B级棉花价格为2.22万元/吨,比年初上涨48.2%。

(郑宜涛)

建材工业

【概　况】 2021年,全省水泥产量1.01亿吨,增长3.2%;瓷质砖产量12.9亿平方米,增长12.3%。全省建材行业主营业务收入3896.6亿元,增长12.3%;利润420.7亿元,增长13.7%。其中,水泥制造行业主营业务收入515.2亿元,增长12.6%;利润101.9亿元,下降1.1%。水泥制品制造行业主营业务收入767.6亿元,增长10.0%;利润62.4亿元,增长15.0%。建筑陶瓷行业主营业务收入422.3亿元,增长13.3%;利润42.9亿元,增长7.9%。玻璃纤维及制品制造行业主营业务收入139.7亿元,下降1.0%;利润21.0亿元,增长87.8%。

【产品价格波动】 2021年，全省水泥行业销售价格变化特点明显，水泥、熟料当月均价均比全国平均水平高。短时间内价格波动剧烈，水泥价格从9月初的480元/吨上涨到10月的745元/吨，一个月内涨价幅度达55%。价格波动区间大，全年最高价和最低价之间相差300元/吨以上。

【开展产业研究】 年内，开展行业发展白皮书的编制工作，先后编制完成水泥、预拌混凝土行业发展白皮书，总结和分析行业发展情况。完成《江西省建材工业高质量发展的有关情况》，联合省建材科研院完成《江西省建材工业智能制造数字转型研究报告》《江西省建材工业智能化数字化转型三年行动计划（2022—2024）》及水泥、混凝土行业运行情况分析报告。联合省科学院完成《江西省建材工业碳达峰碳中和实施方案（征求意见稿）》。

【规范行业发展】 3月30日，召开全省机制砂石行业高质量发展推进会。印发《江西省机制砂石行业规范条件》，规范机制砂石行业发展。印发《关于进一步加强全省预拌混凝土行业监管的通知》，提请省人大、省政府适时修订《江西省促进散装水泥和预拌混凝土行业发展条例》和制定《江西省预拌混凝土行业管理办法》，规范预拌混凝土行业发展。制定《江西省水泥玻璃行业产能置换实施细则（试行）》，规范水泥平板玻璃产能置换。12月13日，召开全省工信部门和预拌混凝土生产企业行风建设视频会。指导省散预协会开展预拌混凝土行业"加强行业自律、依法生产经营、规范健康发展"宣传教育专题活动。

【开展专项整治行动工作】 9月7日，联合省直相关单位印发《全省打击预拌混凝土行业非法生产违规经营专项整治行动方案》，并于10月26日召开集中整治工作推进会。其间，各设区市共自查发现各类问题390个，年底有209个问题完成整改。4月1日—10月31日，开展对17家预拌混凝土生产企业的"双随机一公开"行政检查，被检查企业均100%使用散装水泥，未发现有使用袋装水泥的情况。从12月10日开始，开展对设区市、县市（区）工信部门依法行政专项检查，各级工信部门进一步加强《江西省促进散装水泥和预拌混凝土行业发展条例》的学习，同时结合丰城发电厂"11·24"特大事故涉及预拌混凝土行业管理的原因分析，逐步增强依法依规行政的意识。按照中央环保督查组的要求，提出对宜春红狮水泥相关问题的整改措施。

【万年青水泥生产线试生产】 12月，江西万年青水泥有限公司2条5000吨/天新型干法熟料水泥生产线建成试生产，该生产线于2017年底取得省工信厅产能置换方案的公告，2018年开始动工建设，2021年建成投产。

【陶瓷行业装备】 陶瓷企业广泛采用大型高效窑炉、大型辊压机等先进设备。九江诺贝尔陶瓷引进全球最大的陶瓷打印设备，开创中国乃至全球独一无二的大板瓷抛砖生产工艺。高安罗斯福陶瓷有限公司引进西班牙进口EFI喷墨机匹配优质墨水，实现8×2级（16通道）灰度打印，设备性能国际一流。

（毛敦）

医药工业

【概　况】 2021年，江西医药行业营业收入1481.20亿元，增长16.58%，增幅上升5.83个百分点，比全国医药行业平均水平低2.52个百分点；营业收入占全国医药行业的4.48%，下降1.26个百分点。利润155.09亿元，增长20.04%，增幅上升3.97个百分点，比全国医药行业平均水平低48.66个百分点。

2021年全省医药工业运行情况

类别	营业收入（亿元）	增长（%）	利润（亿元）	增长（%）
医药工业	1481.20	16.58	155.09	20.04
一、中药	429.04	11.90	49.10	17.18
中成药	286.96	6.56	39.91	14.12
中药饮片	142.08	24.51	9.19	32.62
二、化学药	523.78	13.45	56.73	8.28
化学原料药	407.35	18.38	45.25	6.31
化学药品制剂	116.43	0.96	11.48	16.86
三、医疗设备（包括卫生材料，制药机械）	360.25	22.15	27.39	6.09
医疗仪器设备及器械	170.45	22.90	13.79	36.62
卫生材料及药用品制造	168.99	20.06	11.60	18.08
药用辅料及包装材料	14.92	24.13	1.65	21.39
制药专用设备	5.89	70.72	0.35	69.85
四、生物药	168.13	28.75	21.87	140.41

【产业集中度】 全省医药产业规模以上企业新增80家,总量达553家;其中受新冠肺炎疫情防控需要拉动,医疗设备子行业中的相关企业收益大幅增长,规模以上企业增加54家。全省医药产业列前20位企业的营业收入600.35亿元,增长8.57%;利润81.82亿元,增长14.91%,分别占全行业的40.53%、52.86%,产业集中度持续上升。济民可信集团、仁和集团进入全国医药工业2020年度百强,分列第11位、第64位。

【大品种保持稳定】 全省年销售额过亿元的优势品种新增5个,总数达60个。其中,过10亿元的大品种分别是济民可信集团的金水宝、醒脑静注射液、康莱特注射液/软胶囊、盐酸多柔比星脂质体注射液,江中的健胃消食片。

【产业集群】 全省7个主要医药制造业产业集群,包括进贤医疗器械产业集群、樟树医药产业集群、袁州医药产业集群、南昌小蓝经开区医药产业集群、永丰生物医药大健康产业集群、峡江工业园区生物医药产业集群以及章贡高新区生物医药产业集群,共实现工业营业收入748.72亿元,占全行业的50.54%。

2021年全省医药制造业产业集群主要经济情况

序号	集群	营业收入(亿元)	增速(%)
1	进贤医疗器械产业集群	228.00	15.09
2	樟树医药产业集群	176.50	33.05
3	章贡高新区生物医药产业集群	83.83	3.27
4	永丰生物医药大健康产业集群	80.10	13.30
5	南昌小蓝经开区医药产业集群	71.79	20.30
6	袁州医药产业集群	61.50	30.20
7	峡江工业园区生物医药产业集群	47.00	17.90

【新药新品研发】 济民可信集团5.1类新药LSSLDJ胶囊正式获批在国内上市销售,这是全国首个批准用于治疗局部晚期基底细胞癌的靶向药物;将具有自主知识产权的KRAS抑制剂JMKX1899在大中华区以外的开发、生产及商业化权利独家许可给沪亚生物。仁和集团的苯磺酸氨氯地平片获一致性评价,青峰医药集团的恩替卡韦片获药品注册证书并上市,仁和集团的温经汤、桃红四物汤等经典名方进行中试生产。

【疫情防控物资保障】 在新冠肺炎疫情常态化防控形势下,按月调度28家重点医疗物资保供企业的生产库存情况。做好重要时间节点物资保供工作,加强重点医疗物资生产调度,实施周调度,督促企业加大生产保供力度,加强相关生产要素的保障和准备。制定《关于我省新冠病毒疫苗接种注射器保供实施方案》,督促洪达、三鑫2家企业完成2000万支0.5毫升注射器保供任务;应对铅山县、九江市柴桑区的突发疫情,紧急将省级储备的医疗物资,口罩、防护服、隔离衣等调往两地,驰援抗疫一线。印发《江西省专用应急政府储备(医疗物资)工作方案》,完善医疗物资储备工作机制,及时印发《关于下达省专用应急政府储备(医疗物资)计划清单的通知》,下达储备任务给承储企业江西南华医药有限公司。

【产业链链长制工作】 会同省药监局印发《2021年度全省生物医药产业链链长制工作方案》,促进产业链供应链创新链价值链深度融合。梳理生物医药产业链状况,厘清生物医药产业发展痛点、难点、堵点,全年共解决97家药品生产企业、医疗器械生产企业、工业园区的117个问题,涉及用工、资金、融资、市场、用地等方面,解决率100%。

(龚一鸣)

本类目编辑 游桃琴

信息化建设

综　述

2021年，全省加快构建以数字经济发展为引领的现代产业体系，推进信息化发展顶层设计。贯彻落实国家深化新一代信息技术与制造业融合发展决策部署，出台5G、两化融合、区块链、和信息安全发展统筹规划布局，发布《江西省"十四五"信息化和工业化发展规划》《江西省"十四五"区块链高质量发展规划》《江西省"十四五"信息安全产业发展规划》等一系列政策文件，对"十四五"信息化工作任务进行部署。

推进新一代信息基础设施建设。推进信息网络基础建设，推动"双千兆"网络协同发展，年内新开通5G基站2.4万个，累计开通突破6万个，实现11个设区市主城区5G网络连续覆盖和全部县城核心区覆盖。南昌国家级互联网骨干直联点启动建设，上饶、九江开通国际互联网数据专用通道。推动企业工业互联网内外网改造，推广高带宽虚拟专网、工业无源光网络、5G、IPv6等新型网络技术部署。工业互联网标识解析节点加快建设，完成接入国家顶级节点的二级节点6个，在建4个。

开展数字化转型，推进两化深度融合。全省两化融合经营管理数字化普及率63.4%，数字化研发设计工具普及率67.9%，关键工序数控化率46.7%。持续开展两化融合管理体系贯标和自评估、自诊断，全省新增通过两化融合管理体系评定企业36家，累计238家。新培育省级两化融合示范企业54家、示范园区1家。分行业推进制造业数字化转型，分别在石化、电子信息行业召开数字化转型暨供需对接会，搭建国内优秀数字化服务商和全省企业、园区现场交流合作平台，成立"5G+智慧化工"产业联盟、"5G+电子信息"产业联盟，为企业提供数字化转型系统解决方案，制造业数字化转型能力提升，在化工、陶瓷等行业建设一批行业级、企业级工业互联网平台，全面实施企业"上云上平台"，出台企业上云行动计划，推进企业上云向广度和深度迈进，提高企业上云数量和质量，全省企业上云数量突破10万家。

推动新一代信息技术应用。推进5G、区块链、工业互联网等新一代信息技术融通创新，推进5G赋能千行百业，组织开展第四届"绽放杯"江西区域赛，全省443个项目报名参赛，评出49个奖项，并组织力量对获奖项目进行刊发巡展，发布江西省5G"扬帆"标杆案例，宣传推广典型应用场景，发挥示范引领作用。推进"5G+工业互联网"，打造"5G+工业互联网"应用场景15个、示范项目20个、示范园区3个。开展"区块链+"融合应用，在稀土、脐橙、电商、家具、生产制造等领域开展区块链应用试点，开通赣州链、橙链、长征链、木材链等区块链应用平台。引导金融机构加强区块链等先进技术产品创新和服务，推广供应链和区块链金融产品，推荐省区块链应用项目申报"国家区块链应用试点项目"。

电子信息行业持续壮大。全省电子信息产业营业收入6688亿元，新增超1400亿元，全国排名第七；利润417.2亿元，增长52.2%，全国排名第五。全省形成18个电子信息产业集群，南昌和吉安高新区电子信息产业基地入选中西部地区为数不多的国家新型工业化（电子信息）产业示范基地。软件和信息服务业产业稳中向好。

大数据产业保持良好发展势头。一批重要项目投入使用或取得重大进展，赣州大数据产业园一期示范中心完成建设、验收并正式投入运营，已入驻企业4家；中国电信江西云和大数据中心一期项目数据中心、动力中心土建部分基本完工，机电部分设备基础、管线预埋完工，设备材料采购等工作完成；抚州卓朗联通云计算数据中心所有的大型设备均已到场安装实施，数据中心各系统初步安装完成。江西电信信息产业有限公司等20家企业被评为2021年江西省大数据示范企业。

（陈飞）

信息基础设施

【概　况】　2021年，全省电信固定资产投资97.2亿元，建成移动电话基站28.1万个，光缆线路总长233.9万千米，5G网络实现县县通。广电网络建成通达11个设区市及各个县（市、区）的干线传输网络。全省共有数据中心49座，已建成运营43座，可折算标准机架6.5万个，11个设区市均有数据中心分布。

【"双千兆"网络建设】　2021年，新建5G基站1.8万个，建成5G基站4.14万个，5G网络覆盖11个设区市主城区、100个县（市、区）核心区及87%的乡镇。全省千兆光纤网络覆盖家庭1643.4万户，家庭覆盖率116.8%，万兆无源光网络及以上端口规模26.7万个。南昌、上饶、九江3设区市获评全国首批千兆城市。

【广电信息基础设施建设】 江西广电网络已建成通达11个设区市及各个县(市、区)的干线传输网络、5个完整的网络传输及业务平台,乡镇和行政村光缆通达率100%,拥有省级光缆传输干线网1.05万千米、乡镇网主干线3.5万千米、本地网光缆40万千米,覆盖900万用户。江西广电网络覆盖全省农村用户277万户,架设支干线光缆7.98万千米,有线电视光缆通达行政村覆盖率100%,自然村覆盖率90%。全省有线电视用户829.51万户,双向覆盖用户730万户(数字整转率95.2%),全省下发高清互动机顶盒95万台,网内传输的高清频道85套,数字电视节目频道220套。有在线互联网用户52万户,接入能力100 Mbps以上,户均入户宽带50 Mbps以上。

【移动物联网建设】 2021年,全省NB-IoT基站共部署7.2万个,开通3万个;eMTC基站共部署7.7万个,开通2.9万个。4G基站全面支持4G-CAT1制式并向行政村深度延伸,支撑建立NB-IoT、4G和5G协同发展的移动物联网综合生态体系。全省移动物联网终端用户2052万户,其中2021年新增558.8万户、增长39.3%;NB-IoT联网终端数286.2万个。全省5个项目案例入选工信部移动物联网应用领域优秀案例,覆盖生活智慧化、治理智能化、产业数字化三大重点方向,入选案例总数居全国第二位。

【IPv6能力提升】 2021年,开展IPv6流量提升三年(2021—2023)专项行动,从网络能力、应用生态、固定终端、安全保障四方面进一步促进全省IPv6规模部署从“能用”到“好用”。经持续改造通信基础设施升级IPv6支持能力,江西移动网络IPv6流量占比提升至35%,固定网络IPv6流量占比提升至8%,IPv6活跃用户数4167万户。

(殷丽萍)

信息技术应用

【江西省网上中介服务超市平台运行】 1月13日,抚州市自然资源局高新区分局土地储备交易中心通过江西省网上中介服务超市,现场选取中介服务机构。这是省中介超市运行以来全省首单成交业务。该平台建成于2020年11月底,可实现“一个平台、全省共用,一地入驻、全省通行,一处失信、全省受限,一体管理,分级使用”,投入使用后有省内外优质中介服务机构近2000家正在或完成入驻。

【“赣服通”平台开展“入赣(返乡)登记”线上服务】 2月6日,“赣服通”平台开发上线“入赣(返乡)登记”服务,方便入赣人员信息采集和分类管理。“入赣(返乡)登记”线上服务避免返赣人员信息少填少报,减少其来回奔波社区(村组)麻烦,避免线下登记人员交叉感染;方便社区(村组)对返乡人员摸排,做到疫情防控精细化、网格化。春节期间,共有27万余人在“赣服通”完成入赣登记。

【江西省首届数字经济高峰论坛暨物联网产业发展大会召开】 6月26日,江西省首届数字经济高峰论坛暨物联网产业发展大会在南昌市红谷滩区召开。大会由省发改委、省工信厅、省科技厅、省科协主办,省数字经济学会、红谷滩区政府承办,以“数字驱动新经济 物联江西新时代”为主题,为全省优质数字经济企业构筑互通桥梁,加快推进物联网行业与数字经济产业形成“双向联动”。会上,引进一批具有代表性的物联网重点企业落户江西,签约数字经济项目总额约3亿元。

【全省首单跨境电商B2B出口业务通关】 7月1日,赣江新区海关放行全省首单跨境电商B2B出口业务。该业务是南昌综合保税区开通的跨境电子商务“9710”和“9810”业务。首批“9710”出口货物为价值73万美元、货重46吨的望远镜及配件等产品,由南昌宏远到家供应链管理有限公司在昌北机场海关申报,在7月1日零点申报后,于当日上午搭乘江西国际货运航空有限公司航班运往比利时布鲁塞尔;首票“9810”出口货物为价值1万美元、货重153千克的电子产品,由南昌穗仓科技公司在赣江新区海关以报关单申报模式完成单据申报后,在深圳湾通关经香港运往德国的亚马逊海外仓。“9710”全称“跨境电商B2B直接出口”,适用于跨境电商B2B直接出口到境外企业的货物;“9810”全称“跨境电商出口海外仓”,适用于跨境电商出口至海外仓的货物。

【第四届“绽放杯”5G应用征集大赛江西区域赛颁奖仪式举行】 10月20日,第四届“绽放杯”5G应用征集大赛江西区域赛颁奖仪式在南昌举行。江西区域赛由省5G发展领导小组办公室(省工信厅)、省通信管理局、省科技厅主办,中国信通院江西研究院和省5G产业联合会承办,以“5G赋能·赣出精彩”为主题。经过30余位业内专家初赛盲审、第一轮和第二轮决赛评审,评选出5个一等奖(南大一附院的基于新一代宽带无线移动通信网的互联网医院创新探索与示范应用项目、5G赣南果业大数据服务平台项目、江钨数控涂层刀片智能车间5G应用建设项目、南康家具5G共享备料中心智能工厂项目、江铜集团基于5G网络的矿山智能化改造项目)、19个二等奖、25个三等奖、3个最佳组织单位奖及3个最佳贡献单位奖。

【首次申领居民身份证可闽赣“跨省通办”】 10月24日,按照公安部部署要求,经过充分技术准备和协调对接,江西省和福建省两地公安机关试点启动首次申领身份证跨省通办。两省间跨省工作、学习、生活的户籍居民,首次申领身份证时选择居住地所在的公安窗口申请即可,免去跨省来回跑的烦琐。

【江西法院裁判文书生效证明核查平台上线】 11月1日,江西法院裁判文书生效证明核查平台正式上线运行。从当日起生效的案件,当事人在全省法院内不再需要提交裁判文书生效证明,只需凭身份证即可向法院办理申请执行、申请再审、申请诉讼退费等事项。裁判文书生效证明可用于当事人办理诸多法律业务。平台上线后,全省各级法院诉讼服务中心统一设立裁判文书生效信息查询岗,为当事人提供相关查询服务。当事人申请开具生效证明时,可凭有效身份证件就近向全省任何一家法院提出申请,即可查询办理。

【2021 江西国际移动物联网博览会举行】 11 月 8 日—9 日,2021 江西国际移动物联网博览会在鹰潭举行。博览会由省科技厅、省工信厅、省商务厅、鹰潭市政府联合主办,以"智融万物 数赢未来"为主题,设主论坛和"5G+"物联网创新、物联网网络安全、智慧城市、工业互联网、物联网生态创新发展 6 场分论坛,以及产融对接、投联贷等多个专项活动,同时设移动物联网最新成果和产品展览展示。

(陈飞)

电子信息制造业

【概 况】 2021 年,全省电子信息产业营业收入 6688 亿元,利润 417.2 亿元,营业收入和利润在中部地区居第一。产业集聚快速形成,全省培育出一批营业收入超百亿元集团、50 亿元企业。"十三五"期间,全省电子信息产业营业收入年均增长超 18%,大幅高于全省平均水平,也高出全国同行业平均水平 10 个百分点以上。电子信息产业规模先后在 2017 年突破 2000 亿元、2019 年突破 4000 亿元、2020 年突破 5000 亿元,规模排位从"十二五"末的全国第 12、中部第三上升为 2020 年的全国第八、中部第一。

【骨干企业】 2021 年,全行业规模以上企业 1787 家,新增 294 家。新增勤胜电子、美晨通讯、龙旗信息、赣州同兴达 4 家百亿元企业,总量达 9 家。全省手机产量超 1 亿部,比上年增加 1 倍多。11 个设区市有 8 个把电子信息产业作为首位产业,县区基本实现电子信息企业全覆盖。LED 产业多项原创核心技术达到国际先进水平,联创电子在全球高清广角镜头市场占有率超 70%,菱光科技的接触式影像传感器产品占全球市场的 40%,晶能光电手机闪光灯出货量占全球市场 25%,江西沃德尔的汽车传感器、晶创公司的滤光片分别占有国内市场的 8 成和 7 成以上的份额。

【主导产业】 到 2021 年,全省电子信息产业从电子元器件为主的单一产业结构,向整机+关键元器件逐步转变,形成智能终端和电子元器件两大主导产业。其中,智能终端产业营业收入占全行业收入比重从 2019 年的 23.2%上升至 2021 年的 29.3%,电子元器件产业营业收入占全行业收入比重从 2019 年的 26.1%上升至 2021 年的 27.9%。智能终端领域拥有从 PCB 板及配套材料、摄像头生物识别模组、触控屏到移动智能终端整机的全产业链,产品本地配套率 90%以上。电子元器件领域,印制电路板逐步向多层板、软板等高端产品发展,半导体照明逐步向通用照明、信息显示、汽车照明等高端应用领域高速发展。

【全省电子信息产业供应链大会召开】 7 月 28 日,由省工信厅和吉安市政府共同主办的全省电子信息产业供应链大会在吉安召开。副省长任珠峰出席大会,省直单位和各设区市政府有关负责人、省内外重点企业负责人等近 450 人参会,吉安市电子信息企业和国内外上下游配套企业近 1000 人在线上参会。大会共签约项目 299 个,总金额 1108.6 亿元。其中,现场签约 53 个,金额 529.16 亿元(含供需采购项目 24 个、金额 55.86 亿元,产业招商项目 24 个、金额 448.30 亿元,金融对接项目 5 个、金额 25.00 亿元)。

【江西省与粤港澳大湾区电子信息产业投资合作对接会举行】 12 月 16 日,江西省与粤港澳大湾区电子信息产业投资合作对接会在深圳举行,省委常委、副省长任珠峰出席并致辞。大会共签约项目 33 项,投资总额 384 亿元。

(雷挺)

软件和信息服务业

【概 况】 2021 年,全省软件服务业营业收入 324.4 亿元,增长 9.5%;软件业务收入 242.11 亿元(其中软件产品收入 122.2 亿元、信息技术服务收入 109 亿元),增长 10.8%;信息安全收入 2.6 亿元,嵌入式系统软件收入 8.5 亿元;软件业务出口 0.9 亿美元。全省软件产业实现利润 36 亿元,增长 16.1%。

【骨干软件企业营业收入】 全省共 42 家企业营业收入过亿元,主营业务收入占全省软件产业近 9 成,集聚效应明显。江西贪玩信息技术有限公司、阿里巴巴(江西)有限公司、先锋软件股份有限公司、北方联创通信有限公司、捷德(中国)信息科技有限公司 5 家企业营业收入超 10 亿元,其中江西贪玩信息技术有限公司、阿里巴巴(江西)有限公司 2 家企业营业收入超 30 亿元。

【产业帮扶】 抓好资金支持,为江西科骏实业有限公司、南昌市小核桃科技有限公司等 20 家企业争取扶持资金近 1300 万元。根据《国务院关于印发新时期促进集成电路产业和软件产业高质量发展若干政策的通知》及国家发改委等部委《关于做好享受税收优惠政策的集成电路企业或项目、软件企业清单制定工作有关要求的通知》等文件要求,江西金格科技股份有限公司、思创数码股份有限公司入选国家重点软件企业名录。落实国家优惠政策,组织专家开展软件企业减免税评估认定,帮助 14 家软件企业减免税金。继续开展全省虚拟现实产业创新创业优秀人才团队评选工作,遴选出 10 支创新创业优秀人才团队,从省人才专项资金中予以 1000 万元支持。

【推广应用示范】 在全国率先制定《虚拟现实应用推广工作方案》,连续两年遴选发布省级 VR 应用示范项目,2021 年遴选出 10 个省级 VR 应用示范项目。组织开展"VR+教育""VR+文旅""VR+党史学习教育"等 VR 应用项目路演推介会。VR 在全省教育、文旅、工业、医疗保健、交通、军事、文娱影视、党建、商贸、应急救援等众多领域都有较好的应用场景,推动实现智慧城市、智能制造和智享生活。

【2021 世界 VR 产业大会云峰会召开】 10 月 19 日—20 日,2021 世界 VR 产业大会云峰会在南昌召开。大会由工信部、江西省政府主办,中国电子信息产业发展研究院、省工信厅、南昌市政府、虚拟现实产业联盟承办。大会主题为"VR 让世界更精彩——融合发展创新应用",采取线上为主、线下结合的方式举行。大会活动包括开幕式和

主旨演讲、主论坛、平行论坛、赛事、展示展映等32场活动，其中包括奥地利和韩国2个海外分会场以及1个全国VR领域的顶级学术会议ChinaVR 2021。与上届相比，新增平行论坛8场、海外分会场1个、VR电影展1个、高层次人才招聘会1个、VR 50强路演1场。参会嘉宾主要包括国家有关部委领导，国内知名专家学者、行业协会和金融机构代表、VR产业主导企业和应用企业代表、新闻媒体记者等。线上线下嘉宾共5000余人，其中线下3000余人，线上2000余人。演讲嘉宾总数超260位，其中海外演讲嘉宾80余位。大会共签约项目114个，签约项目总金额首次突破700亿元，达704.15亿元。

（艾九江）

大数据产业

【概　况】 2021年，全省大数据产业营业收入约834.65亿元，增长约43.9%，29个重点大数据中心投入运营，投入使用机柜超过8000个，存储能力5000PB。全省政府网站检查实现每季度100%全覆盖，政务新媒体检查每季度不低于30%。

【2个项目被列入工信部试点示范项目名单】 9月18日，工信部印发《关于公布2021年大数据产业发展试点示范项目名单的通知》，江西铜业股份有限公司的“基于大数据的智慧冶炼知识平台”项目和江西昌河航空工业有限公司的“基于大数据的直升机制造故障知识体系构建”项目被列入工信部试点示范项目名单。其中江铜项目是铜冶炼领域入选的唯一项目。

【《江西省大数据企业示范工作管理办法（试行）》出台】 8月26日，省工信厅印发《江西省大数据企业示范工作管理办法（试行）》，这是全省首部大数据领域企业管理办法。办法共5章13条，包括总则、基本条件、工作程序、过程管理、附则。

【推广工业数据分类分级应用典型案例】 7月29日，省工信厅印发《关于推广我省工业数据分类分级应用典型案例的通知》，向全省大数据主管部门推广新余钢铁集团有限公司、江西融合科技有限责任公司两家应用典型案例企业。江西融合科技有限责任公司数据类型总体数量82种，其中二级数据50种、一级数据32种。新余钢铁集团有限公司数据类型总体数量135种，其中二级数据54种、一级数据81种。

【开展全省大数据示范企业认定】 12月13日，省工信厅印发《关于公布2021年江西省大数据示范企业名单的通知》，认定江西电信信息产业有限公司等20家企业为2021年江西省大数据示范企业。

2021年全省大数据示范企业名单

企业名称	企业名称	企业名称
江西电信信息产业有限公司	江西北斗云智慧科技有限公司	上饶市新华龙物流有限公司
建投物联股份有限公司	江西山水光电科技股份有限公司	江西省供销大数据有限公司
数字江西科技有限公司	云上（江西）大数据发展有限公司	江西海默科技有限公司
江西冠英智能科技有限公司	江西通慧科技集团股份有限公司	江西神起信息技术有限公司
云上（南昌）大数据运营有限公司	江西高创保安服务技术有限公司	江西裕丰智能农业科技有限公司
新余市数字产业投资发展有限公司	云上（江西）密码服务科技有限公司	宜春市大数据产业集团有限公司
江西金虎保险设备集团有限公司	江西云堤科技有限公司	

【举办全省大数据产业推进会】 10月27日，省工信厅在赣州市举办全省大数据产业推进会，解读《江西省大数据企业示范工作管理办法（试行）》，公布2021年大数据专家库新增20名专家名单以及全省入选2021年工信部大数据试点示范项目，推广工业数据分类分级应用典型案例。

【开展大数据企业专家行活动】 8月20日，省工信厅组织省大数据专家到南昌市开展大数据企业专家行活动并召开座谈会。专家现场与10多家企业开展交流，当场解答企业提出的20余个涉及大数据领域的相关问题，并针对企业的发展提出意见和建议。

（廖赛韩）

无线电管理

【概　况】 年内，全省有各类无线电台26.55万台（部），其中公众移动通信基站25.95万台、广播电台434台、船舶电台43部、集群移动通信电台1397台、卫星地球站154台、微波站270台、其他电台3653台。

【重大活动无线电安全保障】 保障重要节假日、重大活动、汛期期间无线电安全。6月3日，“无线电点亮革命征程”短波通联活动举行，全国共18个通联地点参与活动，江西的井冈山和瑞金入选，是数量最多的省份。江西成功与北京指挥中心进行短波通联。组织开展中国共产党成立 100 周年期间全省无线电电磁环境大规模整治专项行动。5 月 20 日—7 月 19 日，在全省开展电磁环境大规模整治专项行动。其间，共查获违法案件 19 起，确保中国共产党成立 100 周年期间全省无线电安全有序。保障 2021 世界 VR 产业大会云峰会等活动无线电安全，排查有害干扰 12 起。先后保障高考、公务员考试等各类考试 115 场次，出动保障人员 1350 人次，保障考场 2.8 万余个，查处作弊案件 12 起。特别是高考保障，得到省主要领导肯定。

【重点行业用频】 组织赣西无线电监测中心采集萍乡市城区的 30～3000MHz 频率数据，分析各频段使用情况。保障各行业用频需求。在保障民航、地铁、高铁、通信等各重点行业用频需求基础上，完成弋阳海螺水泥有限责任公司、赣州市气象局等重点企业无线电频率指配。组织开展瑞金机场、赣州多普勒雷达站选址电磁环境测试工作。

【5G 网络建设】 持续推进 5G 基站干扰协调工作，至年底全省三大运营商完成 5G 基站建设 6.38 万个（其中电信 1.84 万个、联通 1.84 万个、移动 2.70 万个），涉及需要干扰协调的卫星地球站 126 个，完成协调 126 个。开展无线电发射设备销售备案专项工作。全年共检查无线电发射设备销售门店 1197 家，共备案经营主体总量 2331 家，备案型号总量 8.79 万个。开展无线电频率和台站“双随机一公开”行政检查。共检查设台单位 12 家，完成检查事项 2 项，形成检查报告 2 份，现场发现问题 7 个，并及时完成整改，按要求网上公开。

【打击非法设置电台】 5 月 16 日—7 月 15 日，在全省开展集中打击“伪基站”“黑广播”违法犯罪专项行动。监测发现“黑广播”“伪基站”线索 32 条，查处“伪基站”案件 1 起，“黑广播”案件 22 起。加强民航铁路专用频率和移动通信基站安全保护。全省共排查各类无线电干扰 76 起，其中民航 14 起、铁路 16 起、公众移动通信干扰 22 起、其他干扰 24 起。

（朱智松）

信息安全

【概　况】 2021 年，江西省编制印发《江西省“十四五”信息安全产业发展规划》。以省工业强省领导小组办公室的名义制定并印发《江西省促进信息安全产业发展的实施意见》《江西省信息安全产业创新驱动三年行动计划（2021 年—2023 年）》。组织对全省市（县、区）信息安全企业、项目、科研平台、人才情况进行普查，完善信息安全产业链“四图五清单”。

【信息安全保障体系建设】 3 月 1 日，召开工业互联网安全态势感知平台建设工作推进会，完成省级工业互联网安全态势感知平台收尾验收工作，印发《关于进一步加强我省工业互联网安全态势感知平台管理的通知》，指导和督促地市级平台和行业级平台建设，加快全省工业互联网安全监测预警体系建设。每季度编制印发《江西省工业信息安全情况通报》，督促相关单位整改修补安全漏洞。印发《关于做好全国两会和庆祝建党 100 周年信息安全保障工作的通知》，指导各地市加强重大节假日信息安全保障工作。制定出台《江西省工业控制系统信息安全事件应急预案》，举办 2021 年江西省工业控制系统信息安全应急演练，提高工信部门、工业企业应急处置能力。5 月 19 日，启动全省工业信息安全威胁指数评价试点工作，在国家信息安全发展研究中心指导下，在南昌、赣州、九江、上饶、鹰潭和新余 6 个地区开展工业信息安全威胁指数评价实验验证试点，印发试点工作方案，召开试点工作会议。12 月 14 日，发布江西省工业信息安全指数，推动全省信息安全评价体系建设。

【信息安全人才队伍培育】 4 月 26 日，召开省政府部门、重点行业网络安全应急响应队伍工作会议，完善考评机制及管理办法，发布《江西省 2020 年度网络安全应急响应态势分析报告》，遴选出由 18 支专业安全技术队伍组成的江西省网络安全应急响应队伍，为全省网络安全事件提供应急响应服务。8 月，指导应急响应队伍、信息安全产业联盟征集庆祝中国共产党成立 100 周年活动信息安全应急保障优秀实践案例，征集优秀案例 7 个，并为入选优秀案例的企业颁发荣誉证书。开展全省工业信息安全技术技能实训基地申报工作，支持高校、企业和机构建设信息安全技术技能实训基地。省网络安全讲师团开展网络信息安全培训线上线下共 102 场次，累计培训 110 余万人次。

【信息安全产业发展】 5 月 12 日，召开全省信息安全产业链工作推进会。支持南昌高新区以密码与信创应用为主题创建信息安全产业园、上饶经开区创建省级工业互联网信息安全产业园、鹰潭高新区建设以物联网安全为特色的产业园区。开展产业链对接活动，指导南昌高新区召开“2021 年中国（南昌）密码与信创产业创新峰会”“信息安全产业园项目推介对接会”等活动，引进国内密码企业，推动信息安全项目签约。组建省信息安全标准化委员会，召开成立会议暨第一次全体委员会议。对原有的联盟组织架构进行重组优化，支持赣州市信息技术应用创新联盟升级为省级信息安全产业联盟。组织重点企业申报国家车联网身份认证和安全信任试点项目，中交（上饶）汽车综合试验有限公司的上饶市车联网身份认证和安全信任试点项目入选工信部试点示范。

【参与和举办各类赛事】 10 月 27 日，参加全国工业互联网安全技能大赛。全国 1700 支队伍 4900 余名选手参赛。江西师范大学获学生组一等奖、江西神舟信息安全评估中心有限公司获企业组三等奖、江西警察学院获学生组三等奖，省工信厅获优秀组织奖，江西师范大学获院校优胜奖，江西神舟信息安全评估中心有限公司获企业优胜奖。10 月 12 日，联合省人社厅、省通信管理局、省总工会、团省委、上饶市政府共同举办 2021 年江西工业互联网安全技术技能大赛暨全国大赛江西选拔赛。省内 233 支队伍近 700 人报名参赛。国网江西省电力有限公司获职工组(含教师组)一等奖,中国移动通信集团江西公司、鹰潭泰尔物联网研究中心有限公司获职工组(含教师组)二等奖,江西神舟信息安全评估中心有限公司获职工组(含教师组)三等奖,江西师范大学获学生组一等奖,江西理工大学、江西警察学院获学生组二等奖,8 支队伍代表江西参加全国决赛。国网江西省电力有限公司参赛选手陈明亮获评江西省五一劳动奖章。10—11 月,联合省委网信办组织开展“2021 江西省网络安全知识竞赛”活动,参赛总人次超 153 万人。印制《网络安全知识手册》,累计发放 1000 余册,宣传网络安全工作。联合省公安厅共同主办江西省第二届“赣网杯”网络安全大赛。联合省科技厅等 10 部门举办第四届江西省公共安全创新创业大赛。

【信息安全监测检查】 采取工具检测和人工验证相结合的方式对全省重要工业控制系统进行安全检测和检查工作,全年完成 2000 余次,下发漏洞情况通报 6 次,累计通报中高危漏洞 132 个,涉及工业企业 132 家。调研全省工业互联网企业 210 家,涉及电力、能源、石化、制造、建筑等行业,覆盖 11 个设区市及赣江新区,主要针对生产控制设备、网络通信设备、管理信息系统、生产信息系统、工业网络安全设备、工业主机设备等各类工控资产。对全省 236 家规模以上工业企业进行工业数据调研,通过远程监测、企业自查和现场抽查 3 种方式相结合,对工业数据使用情况、安全保障情况、保持环境、生产设备与资产分析、风险分析等方面进行检查。

(邹海波)

通信与互联网

【概 况】 2021 年,《江西省“十四五”信息通信行业发展规划》发布实施。全省电信业务总量 416 亿元,增长 30.0%,比全国平均水平高 2.2 个百分点;电信业务收入 339 亿元,增长 9.4%。5G 手机终端连接数 1393 万户,千兆光网覆盖 1643 万户家庭,光纤用户占比 96.3%,位居全国第 10 位。全省互联网企业业务收入 106.6 亿元,增长 23.9%。江西巨网科技有限公司成为中国互联网综合实力前百家企业。

【国家级关键信息基础设施实现零的突破】 8 月,南昌国家级互联网骨干直联点获工信部批复支持,建成后可成为全国互联网骨干互联枢纽,具备全国范围网间流量疏通能力。9 月底,上饶、九江国际互联网数据专用通道建成开通运行,均实现零的突破。

【实施 2021 年度电信普遍服务试点工程】 年内,江西省 2021 年度电信普遍服务试点项目获工信部支持,11 个设区市全部入选试点,获中央财政补助资金 6852 万元,带动基础电信企业投入 2.5 亿元,新建 571 个 4G 基站,已开通 101 个站点,打造完成 10 个以上智慧乡村示范项目。

【老旧小区配套设施改造】 全省通信行业投入资金 1.8 亿元,整治通信线缆 1.52 万千米,解决“线乱拉”问题 4325 处。完成老旧小区通信配套设施改造 780 个,改建光纤网络 4546 千米。

【工业互联网设施建设】 围绕全省“2+6+N”重点产业,建成工业互联网标识解析二级节点 7 个,二级节点平台注册企业 223 家,标识注册量 2530 万个,标识解析量 3.24 亿次,位居全国第 11 位。与省工信厅联合举办电子信息行业“5G+工业互联网”现场会,远程设备操控等典型应用场景加快推广。

【助力中小企业发展】 年内,落实通信资费惠企政策,全省中小企业宽带及专线资费分别下降 47% 和 10.2%,提前超额完成国务院政府工作报告提出的企业宽带和专线平均资费再降 10%的年度目标任务,惠及 110 余万用户,让利 1.3 亿元。将增值电信业务许可审批时限压缩 77.1%,非经营性网站备案核准时限压缩 61%,行政审批实现“一次不跑”。全省新增增值电信企业 393 家,总量达 1105 家。支持江西贪玩信息技术有限公司等企业上市。

【服务质量提升】 江西省通信管理局实施八项民生实事重点项目,用心用力解决民之所需所盼。组织开展适老化服务,全省 65 岁以上老年人线上服务实现人工一键接入,线下营业厅均开设老年人爱心专席,累计服务 200 余万名老年人,112 万余户脱贫户、残疾人、老年人享受到 5 折通信优惠资费,让利 5.2 亿元。全省移动流量资费 2.7 元/G,下降 17.9%;月户均流量 13.9G,增长 26.3%。持续优化电信用户携号转网服务,累计携转 129 万人次,保障用户选择权。

【电信网络诈骗犯罪打击治理】 依托省通信大数据平台,全年累计拦截涉诈呼叫 338.4 万次、诈骗号码 57.4 万个,向省反诈中心推送互联网高度疑似受骗号码 39.2 万个,封堵涉诈域名和网址 96.3 万个,发送反诈提醒短信 3 亿条,累计将 6.4 万个涉诈电话用户纳入不良通信信用名单,协助公安机关捣毁“猫池”窝点 30 余个,避免群众财产损失超 10 亿元。加强网络安全合规性监管,对 3 家基础电信企业违规行为实施行政处罚,责令企业处理问责 244 个代理渠道、276 名行业从业人员。

【行业数据安全和个人信息保护】 2021 年,开展 APP 违法违规收集用户个人信息专项整治,整改处置 63 款问题 APP。6—8 月,开展摄像头网络安全集中整治,监测处置发现联网摄像头漏洞事件 821 起,有效消除摄像头安全隐患问题,保护用户隐私安全。

【治理互联网网络安全威胁】 组织基础电信企业处置网络安全威胁事件 252 起,处置移动恶意程序感染事件 166 万起,木马和僵尸网络控制主机 1.44 万个,恶意 IP、域名、URL 等网络资源 22.38 万个。组织企业关停骚扰电话 30 万个,拦截骚扰电话 3420 万次,骚扰电话投诉举报及时处置率 100%。

(殷丽萍)

本类目编辑 游桃琴

园区经济

综　述

2021年，全省园区营业收入首次突破4万亿元，达4.05万亿元、增长27.5%，占全省规模以上工业营业收入的92.05%；利润总额2887.7亿元，增长31.4%，占全省规模以上工业利润的93.15%。新增营业收入过百亿元园区9个，总数82个。其中，新增500亿元园区7个，总数27个。新增的7个500亿元园区中，过千亿元园区2个，总数达到8个。

*抓好助企稳产，确保稳健运行。*突出抓好园区工业经济运行调度和企业帮扶减负，协同发力保持园区工业经济实现平稳运行。强化经济运行监测调度。定期召开工业经济运行分析调度会，建立“月通报、季约谈”工作机制，做好热点难点问题会商研判，稳定园区工业增长良好预期。健全企业帮扶工作体系。制定产业救济部门协调机制、重点行业重点企业纾困解难帮扶专班工作机制、省领导挂点帮扶园区企业等文件，对重点企业实行专班帮扶。强化企业特派员制度，省市县为每家规模以上企业派驻1名特派员，实现1.4万家规模以上企业全覆盖。推动企业减负。推进降成本优环境工作，加大清欠工作力度，清理拖欠中小企业账款超亿元。组织开展全省涉企保证金专项整治，涉及整改金额170多亿元。

*打好项目会战，增强后劲支撑。*深化“项目为王”理念，实施工业项目大会战专项行动，分类施策推进园区重大项目建设攻坚、提速增效。强化重大项目储备实施。建立创新工业项目调度推进体系，打造“1+1+5”项目调度推进系统（建设运行全省工业项目管理调度平台，延伸拓展高分卫星观测等5个应用，构建项目调度推进和投资分析体系）。全年调度入库亿元以上项目3677个，增加384个。推进“5020”项目建设。强化抓谋划、抢开工、促在建、重投产流程管理，实现“5020”项目全省园区全覆盖，全省园区新开工、新投产“5020”项目200个。推动项目建设达产达效达标。加快建成投产项目达产达标、入库入统。全省园区投产工业企业1.54万家，增加1118家。

*推动集群升级，提升发展动力。*实施产业集群提能升级计划，进一步做强做大做优产业链，增强园区的综合实力和竞争力。推进产业集群提能升级。明确产业集群提能升级计划责任分工，建立实施工作联动和调度推进工作机制，强化工作落实，形成合力推动产业集群扩规模、提能级。开展省级产业集群梯队建设，培育发展一批省级产业集群和省级培育产业集群，实行“有进有退”动态管理，加快实现园区全覆盖。认定省级（培育）产业集群14个，新增调整后省级（培育）产业集群111个。启动制造业高质量发展试验区建设工作，探索推动制造业高质量发展试验区建设的机制和体系。开展产业集群发展指数研究，建立产业集群发展指数指标体系，进一步加强产业集群发展引导。组织指导鹰潭铜、上饶光伏、赣州稀土、南康家具、南昌电子信息、吉安电子信息等产业集群参加工信部先进制造业集群竞赛，赣州稀土、南康现代家具在全国130多个参赛集群中突围上榜，实现国家级先进制造业产业集群突破。纵深推进产业链链长制。坚持统筹谋划、高位推动、问题导向，制定《江西省制造业产业链提升行动计划（2021—2023年）》等计划方案，组织开展专题对接，推动签订产销合作项目1283个，金额2242亿元；收集梳理涉及产业链发展的各类问题871个，办结784个，办结率90.3%。强化产业高质量发展考评。修改完善省级产业集群综合评价办法，开展2020年度综合评价工作，实行分类施策和星级评价，评定一批五星级（5个）、四星级（14个）和三星级（13个）产业集群。强化亩产论英雄导向，修订亩产效益评价工作细则，将评价范围拓展到全省。印发《江西省开发区工业发展“蜗牛奖”评定办法（试行）》，评定2020年工业发展“蜗牛奖”，加强对园区工业高质量考评。省级产业集群营业收入突破3万亿元、达3.27万亿元，占全省园区营业收入的80.74%。营业收入过百亿元产业集群88个，其中过500亿元的产业集群新增5个，达13个。500亿元产业集群中，过千亿元产业集群新增1个，总数3个。

*加快平台建设，构建功能体系。*聚焦提升园区综合功能，支持园区基础设施和公共服务平台建设，加快构建完善功能体系。加强标准厂房建设。摸排园区标准厂房建设使用管理情况，形成《关于全省标准厂房建设情况使用情况的报告》，获省领导肯定批示。制定加强和改进标准厂房建设指导意见。启动2019年第二批省级标准厂房专项资金项目申报，2021年支持45个园区新建标准厂房专项资金1600万平方米，可承接500家招商引资中小企业入驻。标准厂房奖补政策实施以来累计建设标准厂房超过1亿平方米，平均入驻率75%。完善综合公共服务平台。建设园区产业创新服务综合体，累计培育3批16个产业创新服务综合体，开展前2批产业创新服务综合体建设成效评估工作。

开展公共服务平台建设和使用情况摸底调查，全省园区建成基础型、引导型和发展型平台246个，其中技术、信息、金融、物流等综合服务平台106个，入驻企业近1500家。全省园区完成基础设施投资2526.6亿元，增长32%。

促进数字转型，培育新兴动能。实施数字经济一号工程，完善园区数字化平台建设，推动园区数字化转型升级，着力赋能创新发展。推动园区智慧云平台全覆盖。建设全省统一的园区数字化管理服务平台——省工业园区智慧云平台，贯通全省96个园区以及援建的新疆阿克陶江西工业园、4.2万家企业(其中规模以上企业1.4万家)，成为全国第一个也是唯一一个实现省、市、县、园区、企业一体化“横向互联、纵向互通”的园区数字化管理服务平台。2021年，平台新增VR产业数据、汽车产销等应用模块，上线应用用电、亩产效益、安全环保等监测功能，建设产业链精准招商功能。推动产业数字化改造赋能。出台新一代信息技术与制造业融合发展实施意见。实施万企“上云上平台”行动，企业上云数量突破10万家，实施智能制造升级工程，累计推动1.91万台(套)制造装备智能化管控，建成786个数字化车间(工厂)，推动70个智能装备产品创新应用，培育9个智能制造公共服务平台，江西省智能制造能力成熟度居全国第八位。

(江海)

南昌高新技术产业开发区

【概　况】 全区总面积286平方千米，辖2镇、2管理处。总人口约45万人。全区共有企业2.4万家。其中，规模以上工业企业214家、高新技术企业600家；世界500强、中国500强和民营企业500强共23家，上市公司总部在高新区的18家。2021年，园区财政总收入122.46亿元，同比增长7.16%；地方一般公共预算收入32.93亿元，增长8.73%，同口径增长19.34%。2021年，地区生产总值920.38亿元，同比增长9%；园区总收入6109亿元，增长20%；工业营业收入3049亿元，增长28.6%。规模工业增加值增长12.0%。固定资产投资增长15.2%，其中工业投资增长29.4%。社会消费品零售总额246.96亿元，增长19.7%。

【产业发展】 2021年，南昌高新区打造了电子信息、新材料2个营业收入千亿元产业。电子信息产业营业收入1302.2亿元，增长31.5%。移动智能终端产业整机出货量1.2亿部。新材料产业营业收入1180.4亿元，增长28%。航空制造产业营业收入186.2亿元，增长30.7%。举办第三届南昌飞行大会，中国商飞江西生产试飞中心正式启用，首批下线ARJ21国产客机完成试飞并交付使用，初步形成整机零部件配套及通航服务为一体的产业链。医药健康产业营业收入183亿元，增长47.6%。10个省大中型项目、11个市重点推进项目全部开工建设，开工率100%。祥喆五金等一批项目签约、建成、投产、见效均在年内完成。

【营商环境】 2021年，南昌高新区全面推行企业开办全流程零成本、1小时办结制，在全省首推“办不成事兜底办”专窗，开设全省首家企业开办“政银合作”示范点，实行市场主体住所(经营场所)登记告知承诺制，打造“5G+智慧政务”实体政务大厅。深入实施“一企一策、一企一方案、一企一专班”工作机制，定期举办“高新下午茶”等政企交流活动，为企业制定个性化政策和全生命周期服务。先后召开2021中国商飞-江西大飞机产业培育会、中国商飞全球供应商大会·江西省航空产业推介会、2022华勤技术全球核心供应商大会，出台区内企业配套采供双方按销售额各奖1%的激励举措，打出政策组合拳，形成订单牵引和成本优势两大抓手，打通全产业关键链条。组建高新招商集团，发挥国有平台在投融资、项目建设上的主力军作用，与央企及省市区市场化投资机构合作设立江西省高层次人才产业基金、映山红专项基金、电子信息基金、航空产业基金等多个市场化投资基金平台。深入开展安全生产大排查大整治、打非治违“百日行动”、安全生产三年整治等专项活动，营造和谐安宁的社会环境。

【科技创新】 2021年，南昌高新区高起点搭建创新平台，建设北京大学南昌创新研究院、中国信通院江西分院等9个大院大所研发机构。实施3亿元以上工业企业研发机构全覆盖，建成江铜研究院、正邦农业科学研究院等，加快推进华勤图灵研究院、天珑研究院建设。全区新认定省级平台3个，累计拥有国家级科研平台16个、省级平台123个。积极培育和申报科技成果，引进南昌大学技术转移中心、南昌科技广场、江西省技术交易中心等成果转化交易平台落户高新区。全区专利授权4632件，增长23.19%。其中，发明专利授权689件，增长68.46%。累计专利授权量3万件。R&D经费占地区生产总值的4.33%。高新区成为全省唯一入选火炬中心企业创新积分制试点的单位。高水平引育创新人才。实施“瑶湖英才计划”，出台人才产业园“双十条”政策，兑现省市区三级人才政策资金1.1亿元。累计拥有各类人才16.7万人，其中自主培养或引进院士30人、国家级人才61人、省级人才68人，高新区已成为省市高层次人才的重要聚集区域。年内，高新区为园区企业召开专场招聘会100多场，招引大专以上人才1.5万余人、技能人才3万余人。高质量开展双创工作。全区拥有国家级科技企业孵化器5家、省级科技企业孵化器7家、市级科技企业孵化器9家，国家级备案众创空间6家、省级备案众创空间12家、市级备案众创空间12家。积极举办“双创”活动，开展的中国创新创业大赛国际第三代半导体专业赛、江西省公共安全创新创业大赛等一批创新创业大赛和活动，参与达到1.6万人次。

【基础设施建设】 2021年，南昌高新区内地铁1、3、4号线全面接入，建成区面积从2015年的60平方千米扩展到100平方千米。构建“一区多园”发展模式，在每个专业园区均配套建设产业综合服务邻里中心，打造集标准厂房、办公研发、员工公寓、餐饮购物、文体娱乐于一体的现代产业服务综合体。实施“白改黑”“暗改亮”“上改下”“面改美”“堵改疏”“荒改绿”

"绿改彩"等工程,推进"雪亮工程"和智慧平安小区建设,城市管理更智慧。新建改造鱼尾洲、南塘湖和艾溪湖、瑶湖等一批生态公园,配套建成一批城市绿道。南昌高新区把安置房建设、分配作为民生"一号工程",安置房建设标准对标商品房,累计建设 500 余万平方米,安置 10 万人以上。8 所中小学校、公办幼儿园投入使用。南昌大学第一附属医院高新医院建成投入使用。

【民生工程建设】 2021 年,南昌高新区高标准打造 15 个"1+5+X"社区邻里中心市级试点。美术馆、鱼尾洲西岸艺术街区、雅言人艺术街区、凤凰仓艺术 Park 文创园等一批公共文化空间建成开放。"深夜图书馆"累计运营超 1326 小时,举办音乐会、读书会、艺术展览、文艺沙龙等活动近 60 场,夜间入馆人次超 29 万人次。第三届中国当代陶瓷艺术大展、第二届鄱阳湖国际观鸟周、2021 环鄱阳湖自行车精英赛等重大活动在区举办。"奋斗百年路,启航新征程"有奖答题活动、"鹤舞鱼尾,夜中秋"赏月活动、江西非遗购物节南昌地区巡展活动等一批群众性文化活动在区举办。麻丘敬老院"公建民营"品牌得到民政部肯定。上线高新区市域社会治理网格化信息平台,形成社会治理"一张网"。持续开展扫黑除恶专项斗争,抓牢抓实禁毒摘帽工作。

(李志恒)

新余高新技术产业开发区

【概　况】 新余高新区总面积 266 平方千米,园区规划面积 100 平方千米,辖 1 镇、2 街道办事处。常住人口 18 万人。2021 年,园区财政收入 35.76 亿元,增长 34.1%;税收收入 33.92 亿元,占园区财政收入的 94.85%。园区生产总值 169.39 亿元,增长 8.4%。工业企业总产值 760.1 亿元,增长 27.37%;营业收入 758.3 亿元,增长 25.82%;工业增加值增长 12.7%;利税总额 59.45 亿元。实际利用外资 2.53 亿美元,增长 14%。外贸出口 45 亿元,增长 14.8%。新签约项目 115 个(其中亿元以上项目 38 个),签约总额 522 亿元。亿元以上项目中,"2050"项目 11 个,其中"20"项目 6 个、"50"项目 5 个。省市重点项目开工率 100%,实际完成投资占年度投资计划的 126%。新增规模以上工业企业 43 家,总数 233 家;新增高新技术企业 5 家,总数 94 家。

【产业集群发展】 2021 年,园区锂电产业链基本打通,建成锂盐产能 15.95 万吨,占全球的 25%、全国的 39%;赣锋锂业锂盐产能跃居全球第一,东鹏化工成为全球最大的铷、铯生产商。光伏产业快速复苏,赛维公司重整后,电池、组件项目加速推进,赛维公司成功研制出世界首个旋式铸造单晶炉,成本降低 20%。智能制造产业汇聚中高端机电、轻质铝合金、汽车零配件等先进制造业集群,全区年用钢量突破 190 万吨。

【"放管服"改革】 63 个办事窗口全部进驻政务服务大厅,一窗式受理率 100%。推动"就近办"工作,打造乡镇版 15 分钟办事圈。推行一站选中介,统一中介服务事项。依托"赣服通"平台,实现高频个人事项网上办、掌上办、无证办,完成"一次不跑"和"只跑一次"改革。探索财税金融体制改革、城市管理体制改革,稳妥推进农村宅基地制度改革试点。制定《新余高新区国家自主创新示范区发展规划(2021—2025)》《新余高新区"十四五"科技创新发展工作方案》,推进高企培育和研发平台建设。

【营商环境】 2021 年,成立新余首个退役军人创业孵化基地及新余高新区首个大学生创业孵化基地。累计为创业企业补贴资金 451.32 万元;入驻新余高新区孵化基地企业 83 家,带动就业 1500 余人。持续推动"高新恳谈"平台深化政企交流,先后举办 5 期高新恳谈,问题解决率 90% 以上。创新企业帮扶新模式,探索法律服务外包,出资聘请 2 家律师事务所作为园区法律服务单位。建设智慧园区平台,为企业提供产品展销及供求展示、跟踪帮扶服务等。修订《新余高新区积极响应映山红行动 大力利用资本市场推动高质量跨越发展暂行办法》,支持企业境内外直接上市、并购后间接上市、总部迁移"植入式上市";出台《新余高新区关于进一步提升营商环境的若干意见》《高新区关于构建亲清新型政商关系的实施意见》,优化营商环境,推动重大项目落地见效,鼓励优强企业转型升级,加快推进高质量跨越式发展。

【环境治理】 2021 年,高新区在建城市功能配套项目 44 个,投资约 8.84 亿元。配套项目中,年内完成对赛维人道、阳光人道、南源路等区内主、次干道破损路面维修;完成 16 个易涝点整治,彻底消除涝点问题。新建污水处理厂投入使用,矿山问题整治基本完成。关停"散乱污"企业 20 家,完成提升改造 19 家,停产整顿 39 家。落实河长制、林长制,总投资 2.3 亿元的污水处理厂异地提标项目正式投入使用,全区水质稳定在Ⅲ类水以上。开展"蓝天行动",空气优良率 97.7%,被国家发改委列入环境污染第三方治理园区,获评国家级绿色工业园区。全面推进受污染土地修复治理,前卫土壤污染治理国家试点项目已报验收,完成受污染土地安全利用面积 201.67 公顷,完成率 100.8%。

【新余博迅汽车有限公司应急消防安全教育基地、应急消防科技体验馆揭幕仪式暨博迅消防新品发布会举行】 7 月,新余博迅汽车有限公司应急消防安全教育基地、应急消防科技体验馆揭幕仪式暨博迅消防新品发布会在高新区举行。基地内设应急消防科普体验馆、大应急实践体验馆、应急消防演练场和试飞场。基地占地面积 4.33 公顷,总投资 1.5 亿元,是国内最大的消防安全教育基地。馆内设有 ABCD 4 个展区,分别为安全科普体验馆、消防技术装备馆、应急救援体验馆、学习考核综合馆,拥有知识科普、救援现场、设备体验、模拟逃生、心肺复苏、防溺水及居家安全演练等多个功能区,超 30 个体验项目。每个展区通过文字、图片、视频等形式向参观者普及应急消防救援知识,并运用声、光、电、VR 等技术,真实还原火灾及自然灾害场景,实现全民沉浸式安全体验和交互式深度学习。

【江西东鹏新材料有限责任公司被纳入第三批国家专精特新"小巨人"企业】 9月,江西东鹏新材料有限责任公司被工信部纳入第三批国家专精特新"小巨人"企业。东鹏新材料成立于2000年10月,2018年8月7日东鹏新材料与中矿资源(股票代码002738)重组上市。2021年,公司有员工约453人,主要从事锂盐、铷盐、铯盐等轻稀有色金属的研发、生产与销售。公司为世界上独家工业化规模生产铷盐产品的企业,是世界上3家专业化生产铯盐产品的厂家之一,也是国内最大的铯盐、铷盐生产商和供应商以及国内锂电池材料的主要供应商。

【江西沃格光电股份有限公司获批国家级工业设计中心】 11月,江西沃格光电股份有限公司光电玻璃工业设计中心获批工信部国家级工业设计中心。沃格公司成立于2009年12月,2018年4月在上海证券交易所上市(股票代码603773),2021年有员工3000余人,拥有2个分公司和13个子公司,产业布局智能终端、电子元器件、VR、新型电子信息等。公司为创新型科技企业,拥有200多项自主知识产权,先后获批国家高新技术企业、国家企业技术中心、国家工业设计中心、国家博士后科研工作站、国家知识产权优势企业、AEO高级认证企业,综合实力位居国内行业前三名。公司聚焦以智能手机、平板电脑、高阶笔电等为代表的移动智能终端显示市场和以电子大屏、智能手表、穿戴手机、VR头显等为代表的专业显示市场,细分业务包括光电玻璃基板减薄、镀膜、切割等智能终端模组加工业务,消费电子终端精密结构件、薄膜器件、薄膜开关、触控按键、精密集成电路加工等电子元器件业务及Mini LED显示、UTG柔性玻璃等新型电子信息业务。2021年,沃格本部实现年产能720万片,营业收入超7亿元,出口2800万美元。

(冯思宇)

景德镇高新技术产业开发区

【概　况】 位于景德镇市昌江区,规划面积34.87平方千米。2021年,园区营业收入670亿元,同比增长22.94%。规模以上工业增加值增长12%。固定资产投资增长9.2%,其中工业投资增长16.2%。社会消费品零售总额增长16%。财政总收入14.67亿元。内资进资120.51亿元,增长8.56%;外资进资4924万美元,增长7%。外贸出口35.3亿元,增长52.48%。签约项目27个,总投资258.36亿元。其中,"50"项目2个、"20"项目5个。

【航空小镇学前教育中心项目开工】 1月,航空小镇学前教育中心项目正式开工。至12月,项目整体土建主体建筑工程、室内外装修工程、市政配套管网及绿化工程、运动场及附属工程基本完工,年底已交付昌江区教体局使用。该项目总投资9500万元,占地面积约5.53公顷,建筑面积2.73万平方米,主要建有幼儿园、小学部、初中部、食堂、运动场、道路、绿化小品及相关附属设施。

【中乌直升机公司项目签约】 7月26日,由景德镇高新区国资创投公司与乌克兰DB Aerocopter公司共同投资设立的中乌直升机公司项目举行签约仪式。乌克兰DB Aerocopter公司研制的AK1-3直升机为2人座,起飞重量650千克,最大速度186千米/小时,巡航速度160千米/小时,航程320千米。2001年实现首飞,2006年取得乌克兰国家航空局颁发的型号合格证。该款机型广泛用于飞行培训,私人飞行,低空旅游,电力、管线、道路巡查等领域,已销售到全球17个国家,累计销量100余架。景德镇高新区与乌克兰DB Aerocopter公司的合作,可推进AK1-3系列民用直升机的国产适航取证、认证和规模化生产。

【智能物流装备产业项目开工】 11月,景德镇智能物流装备产业项目(一期)开工。项目由江西音飞智能物流设备有限公司建设,高新区景德镇合盛产业投资发展有限公司代建,一期占地面积6.67公顷,总投资3.0亿元,总建筑面积约7.07万平方米。其配套工程包括道路及铺装、绿化及小品、围墙、室外给排水管网、室外电力管线及照明等,此外还生产AVG、RGV物流专用车、普通仓储货架,智能仓储货架,堆垛机及其他仓储设备等。

【市电镀中心项目开工】 11月,景德镇市电镀中心项目开工。至年底,完成厂房桩基基础工程及部分主体工程建设。该项目由景德镇合盛产业投资发展有限公司负责建设,占地面积12万平方米,总投资4.82亿元(其中厂房建设4.12亿元、设备7000万元)。项目拟建56条全自动/半自动电镀生产线,年加工处理能力446万平方米(不含电泳)。

【高新区职业教育学校交付使用】 年底,高新区职业教育学校建设全面完成并交付教体局使用。该项目于2020年12月开工,总投资1.35亿元,包括综合教学楼、职业教育中心、教师办公楼、图书馆、多功能会议室、食堂、宿舍楼、智慧校园和1个标准400米环形操场、2个篮球场、6个排球场,以及包含大门、钟塔、围墙、垃圾房、护坡、道路、广场、绿化、排水、供电等相关配套附属设施。

(程立梅)

鹰潭高新技术产业开发区

【概　况】 位于鹰潭市城区西南部,分白露科技园、龙岗产业园,辖1街道办事处。总面积43平方千米,其中规划面积28平方千米,建成区面积15平方千米。总人口3.6万人。2021年,规模以上工业营业收入863亿元,增长35%。工业增加值增长13.6%。固定资产投资55.34亿元,增长11.5%。财政总收入32.8亿元,增长31%。财政支出29.4亿元,增长9.8%。现汇进资1568万美元,增长53.3%。新增规模以上工业企业17家,总数124家。签约项目74个(其中"20"项目3个、"50"项目2个),签约资金333.52亿元。新增国家级专精特新"小巨人"企业1家、瞪羚企业2家。

【科技创新】 园区规模以上企业研发投入占营业收入比重连年增长。

100家企业进入国家备案科技型中小企业库。鑫铂瑞科技获得国际专利2项，实现园区国际专利零的突破。三川智慧、江南新材等企业成功入选省级领航企业培育库，10家企业获批省级专精特新企业。成立人才公司和人才发展服务产业联盟，通过企业化、市场化的方式，开展引才、育才、用才以及人才服务工作。获批国家移动物联网创新型产业集群试点、全省首批5G产业示范基地和省级绿色园区。中国信通院江西研究院在鹰潭泰尔物联网研究中心揭牌。

【基础设施建设】 梳理落实4个海绵城市项目，完成15千米污水管网清淤、3千米截污干管、十二小迁建教学楼主体工程建设。启动国道320和206交叉口改造工程。完成小英、杨塘等地3个自然村秀美乡村建设。高新区智联小镇智能化标准厂房建设项目（一期）开工。省信息安全产业链领导小组、省工信厅、省科技厅、省通信管理局、南昌大学、鹰潭市政府6方共建省级信息安全（网络安全）产业园签约。

【八戒（鹰潭）物联网产业园获批中国科协海智计划工作基地】 11月，经中国科协海智计划领导小组批准，同意设立中国科协海智计划工作基地江西八戒（鹰潭）物联网产业园。该基地是中国科协在鹰潭市批准成立的第一家，也是全省唯一一家以企业为主体的海智计划工作基地，填补了鹰潭海智计划工作基地的空白。产业园基于鹰潭市各项人才引进政策及行动，开展海智人才及项目引进工作，建设搭建高层次人才创新创业基地、鹰潭市人才云平台以及移动物联网科技成果转移转化综合服务平台，引进海智人才12名，并与浙江省海创院、科威特华人华侨协会达成合作。

【第六届中国创新挑战赛（江西·鹰潭）现场赛在高新区举行】 12月30日，由科技部火炬高技术产业开发中心、省科技厅主办，鹰潭市政府承办的第六届中国创新挑战赛（江西·鹰潭）现场赛在高新区举行。南昌大学、中国移动通信集团江西有限公司、江西鑫鸟信息技术有限公司分别获优胜奖，并与3家有技术创新需求的企业进行项目签约。该挑战赛于7月28日启动。

（严志征）

抚州高新技术产业开发区

【概　况】 总面积158.6平方千米，辖1镇、2街道办事处。常住人口约19万人。2021年，营业收入612.3亿元，增长20.2%。规模以上工业增加值增长8.5%。净增规模以上工业企业27家。固定资产投资155亿元，增长12%。其中，工业投资117亿元，增长15%。工业用电量10.83亿千瓦时，增长5.1%。财政收入25.46亿元，增长12.3%。其中，税收占比94%。外贸出口36亿元，增长15.18%。利用外资1.15亿美元，增长7%。

【重点项目签约落户】 2021年，高新区新签约2000万元以上项目74个，其中亿元以上项目48个。亿元以上项目中，20亿元以上项目10个。引进世界500强、全球新能源汽车头部企业比亚迪集团投资的新能源汽车科技产业园、零部件产业园、动力电池产业园等项目，其中零部件产业园项目从洽谈到开工用时不到3个月，动力电池产业园项目从洽谈到动工用时23天。

【科技创新】 至2021年，全区投入研究与发展经费7.19亿元，占地区生产总值的2.99%；专利授权量1651件，增长36.25%；有效发明专利拥有量383件，每万人有效拥有量为20.59件。通过高新技术企业认定21家，总数79家。科技型中小企业增至99家。5家企业获评瞪羚（潜在）企业；抚州市双菱磁性材料有限公司、江西明正智能电气有限公司获批国家级专精特新“小巨人”企业；13家企业获批省级专精特新中小企业；4家企业获批省级专业化“小巨人”企业。抚州比克电池有限公司获“第十届中国创新创业大赛优秀企业”称号。抚州中科院数据研究院被认定为省级新型研发机构，实现全区省级新型研发机构零的突破；东华理工大学科技园获批国家大学科技园，是全省第四家国家级大学科技园，至年底全区拥有国家级创新平台17个、省级创新创业平台38个。工业互联网标识解析综合型行业二级节点申报工作通过国家评审，成为国家工业互联网标识解析建设的重要布局节点。

【营商环境】 采取网格化模式推进企业营商环境测评工作，党员干部联系市场主体10万余人次。上线网上中介服务超市平台，1月13日完成江西省网上中介服务超市中介服务采购第一单，邀请进驻中介服务机构47家，全年累计完成采购业务461单，共为企业办理担保、供应链、周转金等各项业务1236笔，金额43.42亿元，为企业节约成本2.32亿元。纬八路、玉茗大道、金柅大道南延伸段等道路竣工、验收、通车，进一步消除城市死角。智慧商显科技园、半导体产业园、铜箔科技园等项目基本竣工。

【民生事业】 抓好巩固脱贫攻坚成果与乡村振兴有效衔接，实现1人以上就业家庭222户，脱贫家庭就业率100%。26个村集体收入均超过10万元，其中2个超百万元。农村自然村自来水安装率80%。市第二实验学校、金巢实验学校提升改造三期、高新区第一保育院等项目交付使用。

（洪县昌）

赣州高新技术产业开发区

【概　况】 位于赣州市赣县区，规划面积125平方千米。2021年，地区生产总值186.81亿元。工业增加值增长12.9%。营业收入353.98亿元，增长35.59%；利润总额24.11亿元，增长82.35%。工业固定资产投资69.38亿元，增长29.24%。实际利用内资88.07亿元，实际利用外资1.60亿美元。进出口总额62.52亿元。新开工项目4个，新投产项目2个。新签约项目13个，签约金额287.1亿元，签约项目中“152”项目7个，签约金额274.5亿元。

【机构改革】 年内，园区撤销创业服

务中心、产业服务中心、投资服务中心3个事业单位，成立项目建设服务中心和综合执法大队，原企业服务中心重新组建为企业综合服务中心，相应职能及人员进行调整。专职副书记一职由正处级调整为副处级。

【稀土稀有金属新材料及应用产业发展】 坚持稀土稀有金属新材料及应用首位产业，推动产业向稀土高性能磁性材料、稀土功能材料、稀土永磁电机等下游产业发展，形成勘探、开采、冶炼分离、加工、检测、科研、贸易等全产业链。重点培育中科三环、粤磁稀土、腾远钴业、寒锐钴业、中科拓又达等一批稀土稀有金属产业链上下游龙头企业发展，打造稀土钨新材料、新能源动力电池材料、稀土永磁电机、先进智能装备制造4个超百亿元产业集群。12月22日，证监会同意赣州腾远钴业新材料股份有限公司在创业板IPO注册，填补园区无本土上市企业的空白。

【科技创新】 2021年，园区积极引导创新要素集聚，中科院赣江创新研究院一期新建项目、中科融合赣江源创新产业园建设项目、国家稀土功能材料创新中心建设项目、中科育成科研成果转移转化示范项目开工，特别是国家稀土功能材料创新中心建设项目年内开工、完工。全区技术合同成交额4.95亿元；科贷通放贷11家，放贷金额2850万元；新增独角兽、瞪羚企业等企业2家，瞪羚（含潜在）企业累计5家；新增高新技术企业21家，累计71家。新增“小巨人”企业2家，累计2家。2家企业入选省级企业技术中心；中科拓又达、诚正稀土申报的省级揭榜挂帅项目入榜公示；引进培养创新人才和团队23人（个）。

【一区三园管理改革】 年内，赣州高新区实施“一区三园”管理改革，在全市构建管理协同、资源协同、产业协同、政策协同、空间互补的“一区三园”（一区为赣州高新区，三园为赣州高新区、赣州高新区章贡园区、赣州高新区信丰园区）发展格局，构建创新共同体，打造千亿元级高新技术产业集聚区。“一区三园”在空间规划上，赣州高新区规划面积由52平方千米调整为101.88平方千米。在产业布局上，赣州高新区重点打造稀金新材料产业园，赣州高新区章贡园区重点打造生物医药产业园，赣州高新区信丰园区重点打造电子信息产业园。在管理机制上，坚持统筹协调、资源共享、科学发展；坚持统一领导、统一政策、统一规划、统一招商、统一建设；坚持将优势资源、优质项目、优良企业向“一区三园”集中。至年底，“一区三园”经济总量达996亿元。

【赣州高新区获批“中国稀金谷”国家级专家服务基地】 4月8日，赣州高新区获人社部批复为“中国稀金谷”国家级专家服务基地。基地充分发挥专家服务基层的平台作用，以中科院赣江创新研究院为重心，多次组织中科院赣江创新研究院院士专家与赣州高新区企业开展交流对接活动。专家团队与赣州中科拓又达智能装备科技有限公司、江西粤磁稀土新材料科技有限公司、赣州诚正稀土新材料股份有限公司、赣州稀土友力科技开发有限公司等35家企业展开深度交流互动，就进一步解决技术难题，加强院企、院区合作进行探讨，达成共识。

【赣州高新区获评国家级大宗固体废物综合利用示范基地】 12月27日，国家发改委下发《关于加快推进大宗固体废弃物综合利用示范建设的通知》，赣州高新区获评国家级大宗固体废物综合利用示范基地。在基础设施建设、配套公共服务项目安排上优先向示范基地倾斜。

（陈婧）

吉安高新技术产业开发区

【概　况】 2021年，园区企业主营业务收入607亿元（其中电子信息首位产业主营业务收入490亿元），增长9.93%；利润54.7亿元，增长12.85%。工业增加值增长13.6%。基础设施投入20.1亿元，增长29.8%。从业人员6万多人。财政收入6.5亿元，财政支出7.6亿元。新增瞪羚企业1家，新增国家级平台1个。招引亿元以上项目29个。其中，“50”项目2个，“20”项目2个；27个项目开工建设，7个项目竣工。

【科技创新】 2021年，入库科技型中小企业55家。吉安高新区数字视听创新型产业集群项目纳入科技部火炬中心2021年度创新型产业集群试点（培育），博硕科技获批国家企业技术中心，立讯智造入选国家智造业单项冠军；鑫泰科技获批省级“瞪羚”企业，立讯智造获批省级产业技术创新战略联盟，奕方农业科技获批省级企业技术中心。3人入选省第三批“双千计划”人才项目。科技与金融深度融合，发放科贷通贷款4800万元。

【全市“大改革引领大发展”工作】 体制机制综合改革、“企业评部门，园区评干部”、创新电子信息首位产业链式集群发展机制等改革不断深化。设立吉安高新区科技创新发展基金；发行江西庐陵建设发展有限公司5亿元债券，成立6家全资子公司，扩充收入渠道。创新产业园、智能制造产业园、线缆产业园建设进展顺利，新入驻企业16家；组织60家企业对单位、干部进行评价；电子信息产业链“四图”“五清单”编制完成，建立区内产业协作配套体系，畅通基础零部件和原材料供应等渠道。

【江西大自然药业股份有限公司在美国纳斯达克上市】 3月23日，江西大自然制药有限公司在美国纳斯达克证券交易所挂牌上市，股票代码UPC。江西大自然制药有限公司是一家高新技术企业，始建于1968年，公司前身是国有企业吉安县庐陵制药厂。1998更名为江西大自然药业有限公司；2004年7月由佛山市商羽投资控股有限公司收购，改制为江西大自然制药有限公司。公司拥有26个国药准字号品种，主要产品有蕲蛇药酒、固本延龄丸、养血当归糖浆、强力枇杷露、板蓝根颗粒等。

【江西宇宙科技产业园签约落户】 1月，江西宇宙科技产业园签约落户。江西宇宙电路板设备有限公司项目签约后，即实现试产。该项目投资方东莞宇宙电路板设备有限公司有33年印制电路板装备、研发和生产的经验，是业内领军科技企业。项目规划面积 12.33 公顷，规划建筑面积超 30 万平方米，是集线路板设备研发、制造、销售、服务于一体的产业园。签约后就租赁标准厂房开始生产，2021 年实现营业收入 1.5 亿元，上缴税金 1200 万元，同时一期厂房正在加紧建设。

（陈飞跃）

九江共青城高新技术产业开发区

【概　况】　园区由 2 个区块组成。核定面积 2.93 平方千米，实际面积 35 平方千米，已建成区约 15 平方千米。全区共有企业 272 家，其中规模以上企业 119 家（新增 11 家）。全年营业收入 517.6 亿元，增长 13.7%；利润 55.8 亿元，增长 30.9%；税收 2.54 亿元，增长 57%。

【产业发展】　高新区纺织服装产业集群列入全省 100 个重点产业集群，举办 2021 江西纺织服装周暨第二届共青城市羽绒服装周活动，带动交易额超 10 亿元，“鸭鸭”羽绒服销售额突破 70 亿元。举办第一届氢能技术与产业发展论坛。新引进工业项目 51 个，合同资金 298.4 亿元。其中，引进武汉纺织大学研究院及鸭鸭产业园等“5020”项目 6 个。新开工项目 23 个，总投资额 156.58 亿元。新投产项目 17 个，总投资额 127 亿元。

【科技创新】　高新区构建以企业投入为主体，财政、金融、社会等资本共同助力的多元投入体系，2021 年县域科技创新能力在全省排第 13 位。新增高新技术企业 14 家，总数 81 家。新增瞪羚（潜在）企业 4 家，培育科技型中小企业 68 家，新增省级专精特新中小企业 8 家、省级智能制造标杆企业 3 家、省级管理创新示范企业 1 家。亚华电子、江中食疗上榜首届“赣出精品”名单，3 家企业产品获“江西名牌产品”称号。艾丽曼获第十九届（2021）中国畜牧业博览会创新大赛“减抗替抗产品类”银奖。

【产城融合】　2021 年，高新区通过实施“一企一策”盘活闲置低效工业用地 54.27 公顷，新建高新区门楼侧面公共快充充电桩，布局“电滴”停车点 6 个。连锁餐饮品牌“万方圆”开业，青年公园对外开放运行。投入资金 200 余万元，修复破损路面、损坏路灯，完善绿化体系、环卫保洁。开展环境保护专项整治，实施高新区北片区未纳入市政管网企业接驳工程、甘露花园南区（含海联安置点）排水（污水管网）改造工程，检测修复高新区重点企业和重点路段雨污管网，推动绿色低碳发展。深入企业和工地开展安全生产隐患排查和综合整治，督促 44 家“三合一”场所企业完成整改，组织安全生产培训和知识竞赛，实现企业安全生产责任和意识全覆盖。

【营商环境】　2021 年，高新区开展营商环境提质年行动，常态化召开“共青共商”恳谈会，建立规模以上企业“一对一”帮扶、规模以下企业、个体户“一对多”帮扶机制，帮助企业解决融资难、用工难等发展难题 521 个。为 100 余家企业发放政策兑现资金 1.04 亿元，为 38 家企业申请财园信贷通、8 家企业申请工融通，放贷 1.2 亿元。实行小微企业“送电上门”，完成 25 家企业水电安装服务。代办服务项目 117 个，多个项目全程实现线上办理业务，帮助项目落户。企业服务中心为 209 家企业提供（咨询）服务。完成九江共青城高新区企业商会第二届理事会换届。

（蔡娟　李超）

宜春丰城高新技术产业开发区

【概　况】　2021 年，宜春丰城高新区工业总产值 940.19 亿元，增长 31.52%；主营业务收入 934.04 亿元，增长 33.93%；利润总额 91.85 亿元，增长 40.4%。工业固定资产投资在库项目 149 个，总投资突破 400 亿元。其中，完成投资 156.81 亿元，增长 16.67%。签约项目 71 个，签约资金突破 400 亿元。其中，亿元以上项目 45 个；亿元以上项目中“50”项目 2 个、“20”项目 7 个。开工项目 46 个，投产项目 29 个，开工、投产率分别为 64%和 40%。

【产业升级】　做强首位产业，巩固经济总量。提升首位产业集聚度，全年循环经济产业营业收入 636 亿元，增长 52%，首位产业集聚度达 69.3%，提升 8 个百分点，增长 12.7%。做大主导产业，增强内生动力。全年新能源新材料产业主营业务收入 95 亿元，增长 9.68%，占营业总收入的 10.32%。现代家居产业主营业务收入 79 亿元，增长 0.52%，占比 8.59%。做好新兴产业，提升发展能级。规模以上战略新兴企业 43 家增加值占高新区工业增加值的 30.26%，增长 92.74%；成功申报 10 家战略新兴企业，引进机械电子产业项目 24 个。做优传统产业，提高发展质量。制定《企业“亩产效益”综合评价实施办法》，倒逼企业向智能制造要效益。指导和美陶瓷、新高焦化等 80 余个项目进行技术改造，总投资 132.28 亿元。

【科技创新】　立足资源优势和产业特色，开发新产品、新技术，科技创新实现多点开花。丰临医疗和春光新材料获批省级瞪羚（潜在）企业，实现丰城市零的突破，格林循环获批国家级两化融合示范企业，国家“小巨人”企业恒顶食品正在申报国家重点“小巨人”。认定 10 家高新技术企业，新增 15 家科技型中小企业；获批国家级载体 3 个、省级平台及载体 18 个。全年专利累计授权量 1137 件，增长 40%。其中，发明专利授权 38 件，增长 123.5%。R&D 研发经费投入占主营业务收入的 1.12%，提升 0.26 个百分点，增长 30.23%。

【获批国家级绿色园区】　2021 年，高新区开展细致调研和深入研究，认真分析绿色发展面临的挑战，编制《绿色工业园区自评报告》，启动《绿色五年行动计划》，为园区 13 家高耗能企业量身打造节能减排实施方案，高新区单位工业增加值能耗降低 60%，成功申报并获批国家级绿色园区、省级绿色园区。

（程亮　曾泽）

南昌经济技术开发区

【概　况】 位于南昌市北郊，辖2镇、1街道办事处、2管理处。辖区面积310平方千米。常住人口53.75万人。2021年，地区生产总值721.3亿元，同比增长8.4%。规模以上工业增加值增长11.6%。固定资产投资增长13.3%，其中工业投资增长27%。社会消费品零售总额214亿元，增长20%。地方一般公共预算收入20.99亿元，增长15.1%。实际利用内资540.8亿元，增长7.03%；实际利用外资13.1亿美元，增长7.79%。出口总额100.4亿元，增长12%。新开工重大项目126个，完成投资额33.11亿元；新投产重大项目102个，完成投资额46.29亿元。

【招商引资】 聚焦产业龙头、区域总部、创新平台等，开展精准招商。全年共签约亿元以上产业项目84个，投资总额891.51亿元。其中，"152"项目12个，总投资额544亿元。主要有欣旺达南昌动力电池、华创新材超薄锂电池铜箔、科达利电池精密结构件生产等项目，为新能源汽车及动力电池产业集群发展打下坚实基础。承办第十二届中国卫星导航年会，现场签约项目9个，总投资额约154亿元。承办第三届中国航空产业大会，现场签约项目4个，总投资额约120亿元，扩大经开区航空产业的影响力。

【创新驱动】 2021年，南昌经开区围绕电子信息、新能源汽车、装备制造等产业发展，探索实行"揭榜挂帅"模式，攻克关键技术领域核心难题。培育一批专精特新"小巨人"企业、高新技术企业、独角兽企业、瞪羚企业。在新一轮干部人事制度改革中，专门设立创新发展局。全年新增高新技术企业62家，累计拥有高新技术企业216家，各级各类研发中心150多家，国家级科技企业孵化器3家，省级科技企业孵化器2家，国家级众创空间6家、省级众创空间3家。争取中国工业互联网研究院江西分院和国家工业互联网大数据中心江西分中心落户南昌经开区。与江西农大、华东交大等3所大学签订战略合作框架协议，完成技术合同交易额9.8亿元，培育壮大规模以上数字经济企业16家，数字经济全年营业收入6.09亿元。做好招才引智和服务人才工作，采取线上线下相结合方式，开展招聘会18场，协助到岗4000余人，建立四平台、一中心的"互联网+人力资源服务"服务平台，服务企业3100余家；成立高层次人才创新创业基地和大学生创业孵化基地，吸引5个高层次人才创业项目和20余个大学生创业项目入驻，解决大学生就业100余人。

【城市基础设施建设】 2021年，提升改造市政道路33条，打通断头路2条；完成老旧小区改造4个；新建停车场11个、标准化公厕2座；建成城市绿道3条，城市公园3个，"邮票绿地"5个。依托数字城管平台，持续开展"马路本色"行动，加快推进"暗改亮"工程，推进城市"邮票绿地"建设，全面加强城市日常运转的精细化管理。建成45个智慧平安小区，其中青秀城小区全市规模最大，连续10个月实现零发案；启动"雪亮工程"三年提升行动，新建"天网探头""智慧云眼"各1800个，智能探头比例达60%，实现对区域内信息数据的全面掌握。启动江西农业大学"三家村"棚改工作、瀛上村黄家湖周边农房征收项目。

【文体产业培育】 2021年，南昌经开区培育中昌红网、雷公坳文体中心等重点文化产业集聚区，推动文化产业提速增效。全面完成村（社区）基层综合文化服务中心融入新时代文明实践站建设；完成经开书房2个分馆（黄家湖西书房、南齿北书房）建设并已运营；完成龙潭公园红色驿站（24小时智能微型图书馆）建设，推动文体中心夜间、无休日运营模式，为全区群众提供"第三空间"。推进文化产业管理机制，出台《经开区做大文旅产业经济总量三年行动实施方案（2021—2023年）》。根据《南昌市重点文化企业认定管理办法》，推进区内文化产业园认定及文化企业认定管理。

【营商环境】 2021年，南昌经开区出台重点改革措施16项、专项改革措施82项，梳理"全市通办"175项，推行"无证办理、不见面审批"，网上可办事项968项。企业开办压缩至0.5个工作日，实现2.5个小时完成发票申领、发放税务Ukey、免费公章刻制等工作。持续推进"六多合一"集成审批和重大重点项目"三大超简"审批改革。围绕企业全生命周期，坚持问题导向，"e心帮"团队推出"上门办、集中办、帮代办"服务632件次，办结率、满意率均为100%。建立"一办一图一灯"推进机制，对重大重点项目实行"链条式推进、封闭式管理"。通过两轮"企业大走访"活动收集问题271个，办结率100%。区企情中心协调解决193家企业236个问题，办结率100%。发放创业担保贷款9424万元，为企业减税降费3.73亿元，财园信贷通帮扶企业融资3.1亿元。

【获评全国首批绿色低碳示范园区】 9月7日，由中国国际投资促进会主办的第六届中国国际绿色创新发展大会在福建省厦门市举行。会议授予12家园区"2021绿色低碳示范园区"称号，南昌经开区入选。作为江西省首批生态工业园区、循环化改造示范试点园区，南昌经开区发挥数字技术对生态环境治理的作用，创新构建智慧环保信息平台，全面提升园区环境管理智慧信息化水平。一张地图看生态。通过"园区概述"系统，以一张园区地图清晰展示工业企业入驻情况，可按地区、主导行业、污染物类型、总产值及企业规模筛选查询企业基本信息，园区主要污染物排放量信息、企业工业总产值排名及污染物行业占比变化趋势。通过"生态环境"系统，全面展示园区大气环境国控监测点、空气质量微站、水环境地表水在线监控点、企业在线监测点、工业废水排放企业及土壤环境工业固废排放企业地图分布信息、生态红线信息，形成园区环境质量点位总览图。一个数据库观全局。通过打通底层数据库，实现数据协调和接口无缝对接，将在线监测数据连接至系统平台储存，做到提前预警、历史分析、溯源溯责。依托辖区4个水质监测站及14个大气监测站，全方位对辖区10余家重点排污单位及3个污水处理厂进水口进行实时监测,实时掌握数据的变化情况,并且利用“统计分析”系统对园区环保指标与省内其他园区排名进行数据对比分析,明确指标上升方向,真正实现一个数据观全局。一份档案全周期。依托“一企一档”系统平台载体,形成园区重点工业企业环保全生命周期储存档案,统一管理自入驻园区以来所有环保信息及动态,并按行业类别、企业名称实现随查随用,建立企业环保档案一体化管理。通过“环境管理”平台系统,结合环保工作实际,将环境影响评价、排污许可、检查记录、立案处罚及应急预案等子系统进行电子化归档,并按归档时间、企业名称、证书状态、风险等级进行动态化更新,真正实现一档全周期。一朵智慧云早预告。通过打造一套软硬结合的云平台,以微型空气站、水质监测点为基础,捕捉空气质量演变过程,形成异常事件档案,从而分析污染成因,研究污染物排放规律,为后期监管指明方向。该系统通过数据分析功能,能够实现对空气异味的精准识别、辅助区内国控监测点位的数据分析,精准施策,靶向治理,从“先投诉后治理”变为“提前预警,及时整改”。

(万志平)

南昌小蓝经济技术开发区

【概　况】 位于南昌市南部,辖2个管理处。规划核准面积18平方千米,已建成面积约33平方千米。2021年,常住人口约15万人。开发区营业收入、工业总产值、财政总收入分别为1596亿元、1529.75亿元和80.8亿元,分别增长15.47%、14.17%和12%。财政支出8.7亿元。进出口总额148.82亿元。实际利用外资7.83亿美元,增长11.24%;实际利用内资337.27亿元,增长1.07%。签约引进亿元以上项目60个,总投资额493.25亿元。其中,“152”重大项目7个;18个项目投产,15个项目新开工。

【产业建设】 2021年,小蓝经开区获批国家发改委“国家县城开发区转型升级示范园区”,获评国家外贸转型升级基地(汽车及零部件)。汽车及零部件产业、绿色食品产业、生物医药产业三大主导产业工业总产值813.8亿元,增长7.62%,占园区总产值的53.2%;营业收入861.82亿元,增长9.79%,占园区总收入的54.37%。新增国家级专精特新“小巨人”企业4家,获批省专精特新中小企业2家,获批省智能制造标杆企业2家,被认定为省级企业技术中心3家。中国移动VR创意产业园、华为(江西)智能网联汽车产业创新中心、中国联通虚拟现实(VR/AR)基地等一批科技型项目开业运营。完成股改企业5家;新增上市企业3家,区内上市企业增至47家。10月21日,百胜智能在深圳证券交易所上市,为南昌市年内首家IPO企业。

【营商环境】 2021年,园区双创特色项目“大中小企业融通型载体”在全国58个开发区中小企业发展专项资金绩效评价中获财政部认可。通过财园信贷通、洪城科贷通等产品,为区内572家次企业解决融资需求75.13亿元,放款户数、额度分别增长30.5%、12.1%。开展“蓝精灵”代办帮办试行服务,代办帮办从企业注册到生产经营所需的各类证照以及各项扶持政策的兑现等服务,变企业开办“多次跑”为“最多跑一次”,变“自己办”为“政府无偿办”。全省率先上线“惠企帮”“蓝财通”政策兑现在线平台,全年为236家企业实现政策兑现12.38亿元;组织指导90余家(次)企业申报省市县(区)相关惠企政策,申报扶持奖励4.4亿元。

【生态建设】 2021年,对52家2016—2020年中央和省环保督察信访件涉案企业、46家“散乱污”企业和140家涉VOCs企业进行全面“回头看”。持续推进市政雨污管网清淤、CCTV检测、修复及错漏接改造“四位一体”市政管网综合治理工程。增设高空瞭望系统、雷达液位计、空气监测点和水质监测点,全面提升生态环境管理水平。完成13个水环境综合治理项目,全面明渠清淤截污、排水管网综合整治工程,排水管网总里程27.6千米。

(刘韬)

九江经济技术开发区

【概　况】 位于九江市中心城区西部,有城西港区、综合保税区、出口加工区、科技工业园、汽车工业园、石化产业园六大发展板块。总面积80平方千米,辖1乡、1场、3街道办事处。总人口约20万人。2021年,地区生产总值420亿元。园区营业收入1463亿元。财政总收入110.15亿元。规模以上工业营业收入1153.8亿元,规模以上工业增加值增速10.9%。实际利用外资3.4亿美元。新增就业6000人,社会消费品零售总额153.2亿元。

【创新发展】 R&D经费12.82亿元,增长25.8%;区内有科研投入企业83家,累计完成专利授权953件,其中发明专利授权量42件。技术合同交易额5亿元。成功创建国家级中小企业公共服务示范平台,4家企业成为国家级专精特新“小巨人”企业;11家企业成为省级专精特新企业。新增高新技术企业45家,德福科技连续两年被评为全省潜在独角兽企业;安天新材料、蓝科半导体被评为瞪羚或潜在瞪羚企业。新增1家国家级企业技术中心,即九江德福科技股份有限公司企业技术中心。

【开放平台】 发挥沿江临港优势,放大九江综保区开放平台功能,抢抓江西内陆开放型经济试验区、九江跨境电商综合试验区机遇,主动融入大开放格局。城西港铁路专用线建成通车,形成“公、铁、水”多式联运枢纽。跨境电商“1210”监管模式完全打通,九米跨境电商进出口综合服务平台上线运营,实现“买全球”到“卖全球”。海淘跨境电商产业园累计落户企业839家,全年跨境电商累计出口8.06亿美元。

【人才工作】 完善区党工委统一领导、人才办牵头抓总、成员单位各司其职、相关部门密切配合的人才工作机制,进一步营造“尊重劳动、尊重知识、尊重人才、尊重创造”的氛围。开创性实施高层次人才产业园和人力资源服务产业园两园共建模式，推进高水平人力资源产业快速聚集，统筹推进招商引资和招才引智工作。进一步深化“科研院所引才聚智，项目合作柔性聚智，载体创新衍化聚智”新模式。组织区内51家规模以上企业，到国内知名院校开展毕业生招聘，建立长期合作意向。提升本土人才的综合素质与技术能力，全年培训各类人才5000余人次。持续兑现人才政策，集中拨付2批次24人共26万余元的引进人才首次购房补贴款，发放2批次19人新引进大学生生活补助26万余元，发放5类项目资金共1个团队25名个人共300万元的市级人才扶持资金，并对持有人才绿卡的高层次人才及近两年获评省市人才工程奖项的9名专家开展免费体检，为66名企业高管和高层次人才提供住房、落户、子女就学、家属就业等全方位服务。

【社会综合治理】 全力做好常态化疫情防控，压实“五方责任”，紧盯“外防输入”重点，认真落实“四早”要求，协调抓好“人、物”共防，全年排查风险人员2300余人，完成采样检测3123份次，开展核酸检测2.44万人次，接种疫苗28.73万剂，有效管控境外到区人员270人，及时发现并科学处置“3·16”全市首例境外输入病例。以平安建设为主线，为中国共产党成立100周年系列庆祝活动提供平安稳定的社会环境。持续打造智能防控体系，建成“天网四期”工程、“雪亮工程”和“智能安防小区”项目，实现全区196个“智慧小区”建设的全覆盖。

（全明）

赣州经济技术开发区

【概　况】 位于赣州市中心城区西北部，代管6乡（镇、街道办事处、管理处）和1综保区、1高铁新区，总面积228平方千米，建成区面积54.5平方千米，常住人口38万人。2021年，工业营业收入1160亿元，增长35%。财政总收入82.84亿元。实际利用省外资金150亿元，增长10.8%；实际利用外资3亿美元，增长12%。进出口总额首次突破200亿元，出口总额首次突破150亿元。

【营商环境】 持续深化“放管服”改革，最多跑一次比例95.8%、一次不跑比例超61%。推行政务服务事项网上办，为企业和群众网上办件80万件，网上办件率由40%提升到80%。开展“六减一增”专项行动，69项政务服务事项审批时限压减53.62%。推行“容缺审批+承诺制”改革，在全市率先启动不见面开标和惠企政策免申即享。承接省市143项权限下放，实现园区事园区办、群众事身边办。组建运行“招商项目落地马上办”，推动企业报建环节优化85%、材料精简85%。推行一线工作法和践诺工作法，常态化全覆盖帮扶企业，全年为企业解决问题1000余个。持续深化“政银担企”对接机制，坚持每季度举办产融对接活动，帮助企业解决市场化融资需求419亿元，赣州数字金融产业园正式开园，获批全省首个QFLP业务试点。

【工业发展】 新能源及新能源汽车产业汇聚相关企业103家，实现营业收入180亿元、增长36.54%。整车产销1.8万辆，是2020年的2倍。电子信息产业汇聚相关重点企业206家，形成“芯、屏、端、网、器”产品体系，实现营业收入420亿元，增长60%，获评江西省四星级产业集群。培育营业收入超10亿元企业22家、年内净增6家，其中同兴达科技等4家企业营业收入超100亿元。立德电子营业收入超70亿元。金力永磁营业收入超40亿元，成为全球单体最大的钕铁硼生产工厂。宝明显示营业收入6.12亿元，成为世界单体最大的减薄工厂。

【科技创新】 2021年，全区有国家级、省级研发和检测机构59个，其中国家级科技创新平台19个；有院士工作站、海智计划工作站、博士后科研工作站等11个。全年引进高层次人才项目10个、高层次人才53名（其中国家级人才11名），全区共汇聚院士、博士等高层次人才856名；引进行业急需紧缺人才215名。建成创新创业平台9个，孵化面积101万余平方米，在孵企业2250家，恒科东方科技企业孵化器获评全国创业孵化示范基地，全省唯一的“2021年中国创新创业成果交易会成果转化基地”，与中国科技开发院合作共建“科创飞地”。加大研发经费投入，R&D经费支出占地区生产总值的3.15%。全区科学技术财政支出增长10%以上，达4.04亿元。新增规模以上工业企业57家，总数292家。新增高新技术企业50余家，总数212家。新增发明专利授权1302件、企业发明专利授权407件、PCT专利申请106件。新增国家级专精特新“小巨人”企业3家，省级专精特新中小企业26家，省级专业化“小巨人”企业1家。培育种子独角兽企业1家、潜在独角兽企业1家、瞪羚企业5家、潜在瞪羚企业1家。

【招商引资】 实施“四个一”（“一办”，招大引强追梦办；“一院”，与清华大学经管学院合作组建的产业政策研究院；“一军”，社会化招商盟军；“一杠”，用小财政撬动大资本，吸引大项目落户）招大引强机制，年内签约项目137个、签约资金1314.38亿元。签约资金1亿元以上项目95个，其中10亿~50亿元项目34个、50亿~100亿元项目7个、100亿元以上项目4个，引进世界500强企业项目6个、服务业民企100强1家，特别是引进总投资300亿元的吉利（赣州）42GWh动力电池项目和总投资101亿元的富士康智能制造项目。

【产城融合】 赣州新能源科技城、赣州现代电子科技城、赣州综保区规划总面积71.7平方千米，已建成面积31.3平方千米。赣州新能源科技城完成“七横五纵”循环路网、唐龙公园、科技城学校等配套设施建设，江西理工大学三江校区、南方新能源汽车工程研究中心、区技工学校投入使用。赣州现代电子科技城建成“两横三纵”47.1千米循环路网，叶山大道—横江大道—涌泉大道“小循环”全面畅通，涌泉科技园、泉岗科技园、秋葵科技园建成。赣州综合保税区新建成RCEP东盟产业园，开行至东盟跨境直通车，全年进出口总额120.3亿元。实施工业标准厂房“梧桐树”计划，开工建设578万平方米，其中建成面积超300万平方米。安能物流、顺丰物流创新产业园项目投入运营，台湾部落民俗文化村、五彩城花博园、共享农庄对外开放，"城市之眼"嘉福万达广场综合体封顶，锦晖广场、中环广场建成运营。打好污染防治攻坚战，PM2.5 浓度首次达到世界卫生组织第二阶段标准，在全省设区市建成区排名第三。

【区属国有企业改革】　持续做大做强赣州建控集团、赣州经开区工发集团、赣州保税实业集团、赣州国瑞新能源公司四大国有投融资平台。赣州建控集团总资产突破 900 亿元、增长 23.47%，累计获得 3 家资信机构 AA+ 信用评级，全市首个 28 亿元"险资入赣"项目落地，发行全市首单 2.7 亿美元境外债。区工发集团总资产突破 100 亿元。赣州保税实业集团总资产突破 50 亿元，为企业提供供应链服务 51.6 亿元、增长 78%，实现跨境电商单量 52.14 万单，为企业提供报关服务超百亿元。

【乡村振兴】　2021 年，区内脱贫户人均纯收入 17480 元，增长 9.6%。村集体经济经营性收入总额 6308 万元，15 个村经营性收入超 100 万元，黄金岭街道大坪、金星 2 个村经营性收入超 1000 万元。三江乡新江村获评全国民主法治示范村，黄金岭街道杨梅村获评全国示范性老年友好型社区。全区 61 个行政村自来水、太阳能路灯全覆盖，建成新农村建设点 40 个、美丽村庄 4 个、美丽庭院 635 户。

【民生实事】　2021 年，全区民生支出 26.62 亿元，占一般公共预算支出的 66.93%；投入资金超 82 亿元，办好 40 件 120 项民生实事。新（改、扩）建各类学校 18 所，增加学位 1.1 万个；与清华大学附属中学实现合作办学，与江西理工大学共建金岭学校。"双减"政策落地，义务教育学校课后服务实现全覆盖。为所有公办中小学校、幼儿园安装空调和直饮水。区第二人民医院（湖边镇卫生院）住院楼、区第三人民医院（科技城医院）住院楼、黄金岭社区卫生服务大楼完工，新增城乡养老服务站点 8 个。完成返迁安置房建设总建筑面积约 205 万平方米，累计安置 9060 户、分配 1.8 万套。为全区所有村、社区安装路灯。常态化抓好疫情防控，全年排查"三站一场"人员 350 万余人次、接种 74.65 万剂新冠肺炎病毒疫苗。

（施恩沁　王颖）

井冈山经济技术开发区

【概　况】　位于吉安市城南，包括井冈山经开区本部、吉州工业园、河东园区和富滩园区，总规划面积 116.43 平方千米，建成区面积 36 平方千米。2021 年，全区有企业 4300 多家，其中规模以上企业 301 家、高新技术企业 111 家。"一区四园"实现营业收入 1375.65 亿元，增长 23.58%。规模以上工业增加值增长 12.7%。固定资产投资增长 13.5%。财政收入 30.28 亿元，增长 10.5%。实际利用外资 3.03 亿美元，增长 7.9%；实际利用内资 161.07 亿元，增长 9.3%。出口总额 16.08 亿美元，增长 73.6%。

【招商引资】　2021 年，全区签约亿元以上项目 43 个，总投资 343.5 亿元，其中 50 亿元以上项目 3 个。电子信息首位产业签约"龙头+配套"项目 20 个，引资规模 142 亿元。签约先进装备制造产业项目 8 个，引资规模 130 亿元，其中 50 亿元项目 3 个。做足"老树发新枝"文章，推动红板、满坤科技、南亚新材料等 8 家企业增资扩产，投资超 100 亿元。

【项目建设】　全年铺排重点项目 51 个，总投资 727 亿元，其中 45 个市重点项目、23 个省大中型项目完成投资率分别达 105%和 115%。红板 5G 高阶 HDI 和 IC 载板、米田精密科技等项目试运营，吉钢、优特利、新君生物等项目基本完工。加快金鸡湖创新小镇建设和运营，创新大厦、创新工业设计中心、人才公寓等完成主体竣工；深圳大道口商业综合体居住用地开工建设；庐陵大道全线贯通。15 个专项债券入库，获批专项债资金 4 亿元；向上争资超 7000 万元。

【产业发展】　2021 年，首位产业电子信息产业营业收入 587.7 亿元，增长 25.9%。其中，营业收入超 15 亿元的企业 12 家。吉安市木林森实业有限公司营业收入 154.08 亿元。主导产业生物医药产业营业收入 222.25 亿元，增长 22.6%；先进装备制造业营业收入 136.64 亿元，增长 37.4%；新能源新材料营业收入 160.21 亿元，增长 29.8%。5G 智能硬件制造产业基地被认定为全省首批 5G 产业基地。

【科技创新】　组织培育认定科技型中小微企业 61 家，新增高新技术企业 19 家、瞪羚企业 3 家，新增国家级平台 1 个、省级平台 8 个。与湖南大学院士王耀南团队共建机器人视觉感知与控制技术国家工程研究中心吉安分中心和吉安市机器人智能感知与高端装备联合研发中心。江西普正制药股份有限公司获评 2021 年国家技术创新示范企业，获省科学技术进步奖三等奖；江西威科油脂化学有限公司获省科学技术发明奖三等奖。

【"放管服"改革】　深入谋划"2+4+12"重点改革项目，金庐陵集团化改革、"综保区管理局+平台公司"改革、拿地即开工、惠企政策兑现"免申即享"等改革取得明显实效。打造"吉事即办"政务服务品牌。推进惠企政策免申即享，建设政策兑现系统平台，首批推出 26 项惠企政策，共受理审批产业扶持、外经贸扶持、厂房租金、科技创新等 107 笔，金额 8685 万元。推进"企业评部门、园区评干部"改革试点，建立日常评价和年度集中考评相结合机制，利用评议成果，倒逼部门和干部提升工作作风。海关总署批复通过井冈山综合保税区的验收，建立"综保区管理局+平台公司"运营模式，组建招商引资、跨境电商、保税物流 3 家平台运营公司，完成一线进出口业务总额 6 亿美元，增长 155%。

（黄何林）

上饶经济技术开发区

【概　况】　位于上饶市中心城区西部，代管 1 乡、1 街道办事处、1 办事处。总面积 207 平方千米，规划面积 104 平方千米，已建在建面积近 50 平方千米。总人口14万余人。2021年,园区营业收入1497.3亿元,增长44.65%。开工纳入省商务厅统计项目86个,实际进资额285.6亿元。财政收入30.7亿元,增长22.9%;一般公共预算财政收入14.5亿元,增长21.2%;利润总额60.6亿元,增长37.8%;固定资产投资160.2亿元,增长12.3%。外贸进出口总额192.2亿元,增长23.1%。实际利用外资3.7亿美元,增长16.2%。签约项目106个,签约金额752.5亿元。其中,"100"项目3个,"50"项目3个,"20"项目6个。

【产业发展】 通过依靠头部企业、集聚配套企业,形成以晶科、捷泰、彩虹、海优威等为代表的光伏,以凤凰、超联等为代表的光学,以长城、吉利、爱驰、蜂巢为代表的汽车三大主导产业;以一舟、上上半导体等为代表的电子信息和以国际细胞谷为代表的生物医药两大先导性产业;以江铜为代表的基础性产业"3+2+1"产业格局。通过引进长城盘活汉腾,长城汽车6月签约。通过引进吉利盘活中汽瑞华,吉利客车2月签约,7月投产下线。通过引进蜂巢能源盘活星盈科技,蜂巢能源在盘活原来2 GW电池项目基础上,还在一基地、二基地分别增加2 GW和20 GW两个项目,不仅盘活了存量,还增加了22 GW的增量。通过引进东柏实业助力爱驰汽车做大做强,东柏实业已注资11个亿控股爱驰。江铜集团在上饶总投资128亿元的3个项目7月正式签约,其中铜杆、铸造项目12月已开工。捷泰科技8月借壳上市。

【产城融合】 全域集成推进"一个中心、五大板块"六大组团建设。信江科创城板块定位为可持续发展的产业新城、马鞍山板块定位为高质量发展的示范区、笔架山板块定位为主导产业的核心区、龙凤湖板块定位为人才集聚的核心区、老城区品质提升板块定位为城市品质提升的样板区,滨江国际商务中心定位为"城市客厅""城市阳台"。年内,谋划实施82个产城融合项目,总投资240亿元,开工率100%,其中35个项目年内谋划、开工、建成。滨江商务中心3平方千米核心区同步推进,年初集中开工项目30个,总投资100亿元。其中,重大项目20个。龙门北大道、滨江西路、创新大道、学府大道、一舟大道、彩虹大道等15条标志性道路全面建成通车。笔架山公园、马鞍山公园、市民休闲公园、滨江商务中心公园、迎宾大道公园5个公园全部开放。

【营商环境】 持续向改革创新要动力活力,致力于打造营商环境一流的"聚宝盆"。将每月5日确定为工业服务日,所有挂点干部深入挂点企业,提供系统化、标准化、信息化、个性化、专业化"五化"和妈妈式"一式"以及零打扰"510"服务。将每月10日确定为项目推进会诊日,通过现场看、现场问、现场研究的方式,集中解决项目推进过程中遇到的疑难杂症。成立投资促进一体化工作领导小组,整合相关职能,一体推进企业服务,从项目洽谈到投产达产"一管到底"。创新推进"4499"极简审批和验收,工业项目从审批到验收仅用18天完成,实现"拿地即开工"。成立一体化推进办公室,一体推进土地经营"征拆安调报平收让"工作,破解用地问题。

(陈鹏)

萍乡经济技术开发区

【概　况】 位于萍乡市中心城区东北部,总面积126.96平方千米,辖52个村(社区)。人口26万人。2021年,地区生产总值300.74亿元,同比增长7.8%。规模以上工业总产值696.4亿元,增长19.1%;规模以上工业增加值增长8.2%。财政总收入30.72亿元,增长10%;公共财政预算支出26.9亿元,增长1.2%。固定资产投资增长10.5%。引进外资2.29亿美元,增长9.43%;现汇进资2286万美元。外贸出口91亿元,增长30%。引进省外2000万元及以上项目44个,实际进资120.35亿元,增长8.34%。城镇新增就业2092人,新增转移农村劳动力2742人,省内转移就业2288人。

【项目建设】 2021年,全区新签约项目37个,引进亿元以上项目22个,总签约资金350亿元。其中,"50"产业项目2个(投资52亿元的宝明光学材料/LED背光模组项目、投资50亿元的中金智谷电子信息产业园项目)、"20"项目9个。

【科技创新平台】 获批省级双创示范基地、省级两业融合示范基地;新增省级企业技术中心2家;3家企业获评国家级专精特新"小巨人"企业,2家企业获批国家重点支持"小巨人"项目,佳鼎光电连续2年获评瞪羚企业。至年底,全区有"四上"企业226家,其中规模以上工业企业105家。拥有主板上市企业2家,国家高新技术企业53家,专精特新中小企业42家,国家科技型中小企业42家。国家级星创天地、国家级众创空间、国家级实验室、国家小型微型创新创业示范基地(企创)及国家博士后科研工作站各1家;省级科技企业孵化器1家,省级博士后科研创新实践基地2家;省级科技协同创新体5家;省级创新技术联盟3家;省级企业技术中心、工程研究中心、技术创新中心等科技创新平台26家。

【营商环境】 实施一个项目、一名挂点领导、一个挂点服务单位、一位挂点服务专干、一套服务工作方案"五个一"的项目服务模式。安排挂点领导和特派员为规模以上工业企业提供专人服务。拓展项目承载空间,推进调区扩容,盘活工业用地。围绕电子信息、新能源双首位产业,制定产业链图谱,单独出台招商政策,加大厂房装修、税收奖励、生产设备借款等方面支持力度,用好、用活、用足金融政策,组建产业引导基金,优先支持首位产业企业申办财园信贷通、科贷通等融资贷款,全力扶持首位产业做大做强。推进"放管服"改革,成立行政审批局,实行一枚印章管审批,建立投资项目帮办代办和"容缺审批+承诺"机制,精简涉企行政审批事项,办理依申请类政务服务事项7万余件,承诺时限办结率100%。

【基础设施建设】 总投资4.57亿元,新建萍乡市首条快速化市政道路中环北路,总长3.22千米。投资9000万元,启动雨污分流建设,新建雨水管网5.02千米、污水管网8.75千米。新建续建萍福南路、振工北路,共34

千米,形成“六横六纵一环”城市路网格局。打造金融商务区、中鼎国际商务楼等地标性建筑。打造爱琴海购物公园、绿地铂瑞酒店、格兰云天国际大酒店等商业配套设施。投资 10 亿元新建的翠湖学校,如期开学。完成群众体育馆建设,完成登岸小学等人行天桥架设。新建 2 个区域级绿道,总长 40.5 千米。打造玉湖、聚龙、翠湖和萍水湖四大公园。完成农贸市场提升改造。投资 1.65 亿元,改造老旧小区 14 个。完成背街小巷“白改黑”改造。增设停车位近万个。建立环境监控预警平台,建设安装空气质量网格化监控系统。完成西区污水处理厂提标改造、周江污水处理厂建设。

【第三次调区扩容完成】 2021 年,萍乡经开区完成第三次调区扩容,净增管辖面积 69.39 平方千米,增加常住人口 6 万人。成立上栗县彭高镇、福田镇、赤山镇丰泉村和五丰湾社区、安源区下柳源村委托萍乡经开区管理交接工作领导小组,完成上栗县彭高镇和福田镇成建制委托管理,上栗县丰泉村和五丰湾社区、安源区下柳源村委托管理。

(王姣龙)

宜春经济技术开发区

【概　况】 位于宜春市中心城区北部,辖 1 街道办事处。规划面积约 55 平方千米,建成区面积约 26.5 平方千米。常住人口约 6 万人,人口自然增长率 5.29‰。2021 年,全区工业营业收入 388.9 亿元,增长 42.5%;利润总额 34.5 亿元,增长 129.8%。财政总收入 33.95 亿元,增长 6.8%;财政支出 11.1 亿元,增长 31.2%。实际利用外资 1.21 亿美元,增长 4.16%;实际利用省外资金 121.82 亿元,增长 10.3%。进出口总额 9.62 亿元,增长 44.2%。新增规模以上工业企业 23 家,总数 121 家。

【锂电新能源产业发展】 2021 年,引进“4+2+N”产业亿元以上项目 35 个,签约总金额近 500 亿元。其中,“100”项目 2 个、“50”项目 1 个、“20”项目 6 个。宜春时代 100 GWh 电池和国轩高科 30 GWh 电池“双超百亿元”项目半年内相继落地,推动锂电新能源初步呈现“三电一车”头部引领产业发展新格局,三元电池、磷酸铁锂电池、固态电池三大领域头部企业齐聚宜春经开区,形成近 150 GWh 动力和储能锂电战略性新兴产业布局。

【营商环境创建】 坚定实施营商环境“一号改革工程”,强化和建立“政企圆桌会”“企业特派员”“企业吹哨、部门报到”、营商环境“红黄榜”等惠企机制,“急事急办、特事特办、难事帮办”成为服务企业新常态。兑现园区 165 家企业 2021 年度做大做强、智能智造、科技创新等奖励共 3100 万余元;全面落实小微企业所得税优惠政策,确保应享尽享,优惠政策落实面 100%,全年有 3655 户次完成退税,涉及税款 2864 万元,并通过财园信贷通、科贷通、推荐担保等方式为 96 家企业放贷 4.66 亿元,有效解决企业融资难、融资贵问题。进一步深化“放管服”改革,加快推行“一窗受理”“容缺办理”“一链办理”“全程代办”,主动承接省市赋权的 359 项审批事项,将赋权事项集中至行政服务中心综合窗口“一窗受理”,梳理编制 31 项审批事项容缺受理清单,企业办事由代办员全程代办、帮办、代跑,切实为企业提供一对一、精准化“妈妈式”服务。

【改革创新】 深入探索“科技+资本+平台”产业发展新模式,宜春高层次人才产业园开园,国轩高科入驻中国宜春高新材料研究院,引进硕士以上高层次人才 23 名,引进股权投资机构 8 家,培育省“映山红行动”重点企业 16 家。全年新增种子独角兽、瞪羚和潜在瞪羚企业 4 家,宝弘纳米实现宜春市独角兽企业零的突破,新培育省级以上专精特新中小企业 15 家,新增国家高新技术企业 11 家,新增省级及以上平台或载体 4 个,R&D 经费投入占规模以上工业营业收入 2.7%。

(李强)

龙南经济技术开发区

【概　况】 位于龙南市境内。全年工业增加值增长 12.9%;营业收入 314.5 亿元,增长 40.4%;利润总额 17.04 亿元,增长 58.9%;园区税收 12.59 亿元,增长 10.04%。实现进出口总值 70.5 亿元,增长 15.1%。其中,出口总值 52.1 亿元,增长 6.56%。

【招商引资】 全年集中签约 17 次,签约招商引资项目 58 个,签约资金 390.67 亿元。其中,1 亿~10 亿元项目 36 个、10 亿~20 亿元项目 10 个、20 亿~50 亿元项目 3 个、50 亿元以上项目 2 个(佳纳新能源项目和新涛亚克力项目)。开展“当日签约当日推进,当场签约当场推进,明天签约今天推进”提速增效行动,佳纳、天奇、嘉元、广臻、华卓等上市公司投资项目开工,恩嘉、柔驰、祥益鼎盛、亿铖达等项目试产投产。

【产业集群发展】 推动电子信息、新材料双首位产业和食品药品、现代轻工等产业加速集聚发展。获批全省首批数字经济集聚区、5G 产业基地、新型工业化产业基地(电子信息)。电子信息产业科技城落户电子信息企业 150 余家。其中,92 家规模以上电子信息企业(含配套企业)营业收入 195.3 亿元,增长 43.32%。产业集聚度 63.43%,培育形成 PCB 产业群、PCB 装备制造产业群和电子化学品产业群。净增规模以上工业企业 50 家。年营业收入超 10 亿元企业 9 家,其中福鑫钢铁营业收入突破 50 亿元。

【平台建设】 投资 5.2 亿元,推动园区基础设施建设。建成道路约 20 千米,完成土方平整 120 公顷,为企业落户供地 173.33 公顷。新建成标准厂房面积 96.59 万平方米,其中政府资金投资建设标准厂房面积 39.4 万平方米。富康大道、富祥大道、八纬路、志浩路与龙湾大道十字路口和柔驰企业周边等园区主干道完成绿化提升,富康大道、富祥大道、联茂大道、八纬路、骏亚大道、新圳大道延伸段等主干道约 12 千米实施“白改黑”工程,改造提升志浩路与龙湾路节点、齐畅厂区对面节点、第二人民医院对面空地处节点等 9 个园区重要节点。改造完成 31 家企业外立面和 12 家企业烟囱,西多利、格仕乐、隆南药化等 15 家企业的实体墙改造成文化墙。经开区规划环评获生态环境部批复。优化修编赣州电子信息产业科技城、富康工业园西南片区等园区系列规划，启动高宗脑片区、共大片区、综合物流园等项目建设工作。建投控股集团新增孚润石油化工等9家子公司，主体评级提升至AA，全年到位融资金额13.49亿元，筹集1亿元支持汇森公司在香港上市，筹集8850万元支持道氏公司定向增资。三南发投公司到位融资资金9.4亿元，推进5G智能产业科技园项目建设，20栋厂房主体工程全面完成。220千伏东江2号主变建成投用。中国赛宝实验室龙南检验检测认证服务中心成立。龙南至深圳铁海联运班列开通运行。跨境电商网购保税进口交易额增长5倍。

【改革创新】 在深圳举行江西“三南”园区一体化发展暨对接融入粤港澳大湾区电子信息产业合作推介会，签约项目19个，签约总金额207亿元。实施科技创新赋能行动，彩艺、骏能化工、鑫龙业、亿铖达4家企业获批组建赣州市技术创新中心，龙钇稀土获批省级工程技术研究中心，新正耀、骏亚精密、诺威获批省级企业技术中心和省级潜在瞪羚企业。骏亚电子入选国家专精特新“小巨人”企业，天奇金泰阁入选国家级绿色工厂，志浩“5G+数字孪生智能工厂应用”示范项目纳入2021年江西省“03专项”及5G应用示范项目。新增国家高新技术企业21家，总数51家。新增授权专利92件。兑现企业科技创新企业奖等奖励金额2656.17万元。

【开展集中攻坚活动】 出台《龙南“腾笼换鸟”专项行动计划》《龙南“腾笼换鸟”工作实施方案》等文件，开展“腾笼换鸟”集中攻坚活动。腾退一批，把有限资源配置给大项目、好项目，探索出具有龙南特色的工业园区土地高效利用新路。通过集中攻坚，“腾换”低产能、低产值、低贡献的“三低企业”和占据厂房资源却生产停滞的“僵尸企业”38家企业，盘活工业用地约93.33公顷、厂房38.4万平方米，43家低效促履约企业全部签订承诺书。同时，严格按照“高大上”“链群配”要求，围绕电子信息和新材料双首位产业招引项目，引进22家企业。

【打造“龙易办”营商品牌】 以打造“龙易办”营商环境品牌为着力点，践行“七个一”(1个网格、1名网格长、1个企业、1名责任领导、1个部门、1套方案、一抓到底)安商服务机制，安排13名网格长、48名县处级以上领导、70余家单位(部门)，挂点服务320家企业的全方位需求。设立企业服务专区，实现一窗进、一窗出、一窗通办。全年兑现工业发展奖励资金9300万元，发放财园信贷通贷款5.59亿元，办结企业诉求205个、办结率96.39%。举办线上线下招聘会17场，累计帮助企业招工2861人。抓实抓细园区疫情防控工作，动员3.7万余名企业员工接种疫苗，在园区设立6个核酸检测应急采集点，大罗园区、科技城等核酸采集点开展“真采真检”核酸检测实战演练。

(廖星雨)

瑞金经济技术开发区

【概　况】 位于瑞金市西部，总规划面积66平方千米，其中核心区规划面积25平方千米，已开发面积13平方千米。2021年，全区落户各类工业企业259家，其中规模以上企业100家；工业营业收入280亿元，增长29.4%；利润总额23.15亿元，增长43.9%；工业增加值64.28亿元，增长12.4%。实际利用外资1.02亿美元，增长8.47%。其中，现汇进资1402万美元，净增874万美元。进出口总额46亿元，增长37.08%。安排劳动就业1.09万人。

【主导产业集聚】 2021年，瑞金经开区新增规模以上企业22家；培育产值超40亿元的骨干企业3家、产值15亿~40亿元的骨干企业2家，税收超亿元的企业4家；围绕以电子电气及材料为首位产业，食品医药、轻工纺织为特色产业，港口经济、节能环保、智能制造、数字经济等为新兴产业的“1+2+N”产业体系，深入实施产业链长制，出台《电子电气及材料产业扶持政策》《关于推进企业入园发展提升工作的实施意见》等政策措施，筛选产业领军企业予以重点扶持。全年引进昊宇重工、明葳电子等产业项目44个，其中50亿元以上项目1个、20亿元以上项目2个；签约资金507.89亿元，增长10.37%，促进产业集群集聚发展。金一电缆集团入选年度中国线缆产业最具竞争力企业100强，营业收入70.26亿元；金纳铜业、恒吉铜材入选省制造业百强企业，3家企业入选省制造业领航企业培育名单。

【平台建设】 2021年，瑞金经开区获建设融资10.7亿元，开工建设标准厂房200万平方米，建成标准厂房38.4万平方米，收购标准厂房14.76万平方米，建成通车道路9.1千米。至年底，全区共建成标准厂房61.12万平方米，建成35千伏及以上变电站4座和日处理能力1.5吨工业污水处理厂1座，铺设电力线路总长271.25千米、污水管网67.5千米；建成经开区幼儿园、经开区小学、沙洲坝中学、职工活动中心等教学场所；投入运营瑞金国际陆港，开通瑞金至厦门铁海联运班列，打通铁海联运门对门“最后一公里”。

【科技创新】 2021年，全区新增高新技术企业7家，总数37家；新增省级专精特新中小企业9家，总数19家；新增国家科技型中小企业21家，总数56家；新增省级以上科技研发平台1个，总数9个；新增省级以上科技创新载体2家，总数2家；新增发明专利授权25件，总数137件。高新技术产业产值104.08亿元；R&D研发投入3.29亿元，占地区生产总值的1.88%。获评省级绿色技术创新培育企业1家，入选“苏区之光”人才计划项目1个。设立博士工作站2个。

【改革创新】 瑞金经开区继续探索人事和薪酬制度改革，出台岗位设置、岗位聘用管理、绩效考核等系列改革方案，完成全员聘用、岗位设置等工作。全面实行绩效管理，通过对招商引资、重点项目攻坚、企业网格化服务等工作进行细化量化考核，初步建立人岗相适、能上能下的选人用人制度和考核严格、奖惩分明的绩效考核管理模式。深入推行“管委会+平台公司”模式,深化工投公司改革,通过资产注入、土地竞买等方式,快速做大工投公司资产规模。引入赣州市国有资产投资集团,在产业园区开发运营、土地综合整治开发、工业引导资金设立、表面处理中心建设及数字经济发展等领域开展合作。

(郭经伟　李媛)

· 资料 ·

全省省级以上开发区(园区)一览

南昌市

1. 南昌高新技术产业开发区(南昌综合保税区)
2. 南昌经济技术开发区
3. 南昌小蓝经济技术开发区
4. 青山湖高新技术产业园区
5. 新建经济开发区
6. 安义工业园区
7. 进贤产业园

九江市

8. 九江经济技术开发区(九江综合保税区)
9. 九江共青城高新技术产业开发区
10. 瑞昌经济开发区
11. 九江沙城工业园区
12. 武宁工业园区
13. 修水工业园区
14. 永修云山经济开发区
15. 德安高新技术产业园区
16. 庐山工业园区
17. 湖口高新技术产业园区
18. 都昌工业园区
19. 彭泽工业园区
20. 濂溪产业园

景德镇市

21. 景德镇高新技术产业开发区
22. 乐平工业园区
23. 景德镇陶瓷工业园区
24. 浮梁产业园

萍乡市

25. 萍乡经济技术开发区
26. 莲花工业园区
27. 芦溪工业园区
28. 湘东工业园区
29. 安源工业园区
30. 上栗工业园区

新余市

31. 新余高新技术产业开发区
32. 分宜工业园区
33. 新余经济开发区

鹰潭市

34. 鹰潭高新技术产业开发区
35. 贵溪经济开发区
36. 余江工业园区

赣州市

37. 赣州经济技术开发区(赣州综合保税区)
38. 章贡高新技术产业园区
39. 赣州高新技术产业开发区
40. 南康经济开发区
41. 信丰高新技术产业园区
42. 大余工业园区
43. 上犹工业园区
44. 安远工业园区
45. 龙南经济技术开发区
46. 定南工业园区
47. 宁都工业园区
48. 全南工业园区
49. 于都工业园区
50. 兴国经济开发区
51. 会昌工业园区
52. 瑞金经济技术开发区
53. 寻乌产业园
54. 崇义产业园
55. 石城产业园

宜春市

56. 宜春经济技术开发区
57. 樟树工业园区
58. 宜春丰城高新技术产业开发区
59. 靖安工业园区
60. 高安高新技术产业园区
61. 奉新高新技术产业园区
62. 上高工业园区
63. 宜丰工业园区
64. 万载工业园区
65. 袁州产业园
66. 铜鼓产业园

上饶市

67. 上饶经济技术开发区
68. 上饶高新技术产业园区
69. 玉山高新技术产业园区
70. 横峰经济开发区
71. 铅山工业园区
72. 弋阳高新技术产业园区
73. 婺源工业园区
74. 万年高新技术产业园区
75. 鄱阳工业园区
76. 余干高新技术产业园区
77. 德兴高新技术产业园区
78. 信州产业园
79. 上饶茶亭经济开发区

吉安市

80. 井冈山经济技术开发区(井冈山综合保税区)
81. 吉州工业园区
82. 吉安高新技术产业开发区
83. 吉水工业园区
84. 永丰工业园区
85. 新干工业园区
86. 安福高新技术产业园区
87. 峡江工业园区
88. 泰和高新技术产业园区
89. 遂川工业园区
90. 永新工业园区
91. 万安工业园区
92. 井冈山产业园

抚州市

93. 抚州高新技术产业开发区
94. 抚北工业园区
95. 崇仁工业园区
96. 金溪工业园区
97. 南城工业园区
98. 南丰工业园区
99. 广昌工业园区
100. 东乡经济开发区
101. 宜黄工业园区
102. 黎川工业园区
103. 乐安产业园

(江海)

本类目编辑　游桃琴

旅　游　业

综　述

2021年，全省接待游客人数7.43亿人次，增长33.40%，恢复至2019年的93.72%；旅游收入6769.02亿元，增长24.83%，恢复至2019年的70.10%。

举办“百县百日”文旅消费季活动。 10—12月，组织开展“百县百日”文旅消费季活动，全省累计开展文旅消费活动1.6万余场，近6.8万家文旅企业参与，总人流量达6500余万人次。创新举办文旅直播带货大赛，10小时直播带货销售额1.99亿元。消费季探索出一条全域、全时、全龄的文旅消费促进路径，为新冠肺炎疫情防控常态化背景下促进文旅消费提供样板、作出示范。

旅游市场营销有新成效。 推出“嘉游赣”产品服务品牌IP，抖音上同名话题播放量突破16亿次，“江西风景独好”海外社交媒体账号月月上榜全国省级文化和旅游新媒体传播力指数TOP10榜单，多项指数稳居全国前三名，“江西风景独好”抖音号多次上榜全国省级文旅新媒体传播力指数TOP10榜单。“景秀江西·正当燃”“江西春天的样子”“戏出抚州”3个宣传片入选文旅部、国家广电总局首届全国旅游公益广告作品，“2020年婺源篁岭土味晒秋节”案例入选国内旅游宣传推广典型案例。

持续精准做好文化和旅游市场新冠肺炎疫情防控以及旅游安全防范工作。 下发《关于进一步做好文化和旅游市场疫情防控工作的紧急通知》《关于开展文化和旅游场所疫情防控工作专项督查检查工作的通知》《关于加强常态化疫情防控工作的通知》《关于进一步加强新冠病毒疫苗接种工作的通知》《关于从严从紧做好疫情防控工作的紧急通知》等文件，做好全省文化和旅游系统疫情防控各项工作。印发《关于进一步做好春节期间文化和旅游市场安全工作的通知》《关于做好2021年全国两会期间文化和旅游安全工作的通知》《关于做好2021年清明节、劳动节、端午节期间文化和旅游安全及市场秩序工作的通知》等文件，督促文化和旅游行业经营场所、A级旅游景区做好节假日和重大活动期间的消防、汛期等旅游安全工作。

持续开展旅游市场秩序整治行动。 印发《关于开展旅游安全生产隐患排查整治工作的通知》《关于开展文化和旅游公共经营性房屋建筑安全隐患专项整治工作的通知》《2021年旅游市场秩序整治行动方案》，出动检查执法1.7万人次，检查旅行社、景区景点、民宿酒店、网吧等各类文化和旅游场所7876家次，发现问题限期整改71个，办理案件119个，查处未经许可开展旅行社业务8家，协调处理文化和旅游投诉507起，查处低价游团队1个，约谈企业5家，全年罚没资金141.11万元，理赔9.65万元，有效打击各类违法违规经营活动。

（肖士维）

景区建设

【概　况】　2021年，全省有A级旅游景区489家，其中5A级景区13家、4A级景区193家、3A及以下景区283家。

【景区品牌创建】　2021年内，上饶市鄱阳县饶州古镇旅游休闲街区创建为首批国家级旅游休闲街区。赣州市于都县梓山镇潭头村等7家村落入选第三批全国乡村旅游重点村，全国乡村旅游重点村总数44家。井冈山市茅坪镇、婺源县江湾镇、湾里管理局太平镇入选第一批全国乡村旅游重点镇（乡）。新增国家4A级旅游景区25家、省级全域旅游示范区13家、省级生态旅游示范区4家、省级旅游休闲街区12家、省级5A乡村旅游点6个、省级4A乡村旅游点22个、第四批“绿水青山就是金山银山”省级实践创新基地8家。

【景区管理】　指导全省旅游景区严格落实“限量、预约、错峰”要求，完善日常新冠肺炎疫情防控工作方案。重要节假日前，对全省景区景点有序开放提前作出部署，节中通过省级智慧旅游监控平台，对全省A级旅游景区实行“一对一盯防”措施。委托第三方专业机构对全省60家高等级景区景点进行暗访复核，给予16家不达标景区警告处理、限期整改，取消上饶市鄱阳湖大草原景区等4A级旅游景区质量等级。多次召开省深化庐山管理体制改革协调组会议，庐山机构改革全面到位，“市局合一”运行。智慧旅游全面落实。2021年，全省所有国有景区全部完成预约系统建设，向游客提供在线预约预订服务，并将智慧旅游建设纳入2022年4A景区创建内容。

【全域旅游】　建立7家国家全域旅游示范区与18家省级全域旅游示范区结对帮扶试点，实行“一对二或对三或对四”帮扶，提升全省国家全域旅游示范区创建质量。总结7家国家全域旅游示范区创建经验和先进做法，进行材料汇编，供各地学习借鉴。

【红色旅游】 举办2021中国红色旅游博览会。吸纳江苏、重庆、新疆3省加入中国红色旅游推广联盟，成员单位增至29家。推进长征国家文化公园江西段建设，做好长征文物资源与景区旅游、乡村旅游融合开发。推出12条精品红色旅游线路，其中5条入选由文旅部等国家4部委发布的“建党百年红色旅游百条精品线路”。推进全省红色文化资源保护与开发利用。制定《江西省红色研学旅游示范基地评选规范》《江西省红色旅游优质服务示范景区评定标准》，编制《江西省红色文化资源保护与利用总体规划》。打造一批高品质红色景区，南昌市小平小道陈列馆、新余市罗坊会议纪念馆成功创建4A级旅游景区，萍乡市袁水源红色文化园等红色景区通过创4A级旅游景区景观质量评审。完善全省红色讲解员队伍建设，举办第四届江西省红色故事讲解员大赛暨第三届江西省红色旅游五好讲解员大赛、“五个一百”红色主题活动、“百名红色讲解员讲百年党史”宣讲活动和2021年江西省红色旅游创意产品征集展示活动。推荐6名优秀红色讲解员参加文旅部在全国范围开展的党史巡讲活动，3名讲解员入选2021年全国红色旅游五好讲解员培养项目。

2021年江西省“建党百年红色旅游精品线路”

线路名称	具体路线	发布时间	途经地区
井冈之路·星火燎原	江西省吉安市井冈山会师纪念馆—茅坪八角楼毛泽东故居—黄洋界哨口—五龙潭红军洞—小井红军烈士墓—小井中国红军第四军医院旧址—大井朱毛旧居—北山革命烈士陵园—茨坪革命旧址群—遂川县工农兵政府旧址—井冈山革命博物馆	5月31日	江西省吉安市
英雄城·红色城	江西省南昌八一起义纪念馆—南昌起义总指挥部旧址—新四军军部旧址(陈列馆)—二十军指挥部旧址—江西革命烈士纪念堂—朱德军官教育团旧址—方志敏纪念馆—南昌市新建区小平小道陈列馆	5月31日	江西省南昌市
红色摇篮·革命赣南	江西省瑞金市叶坪革命旧址群—沙洲坝革命旧址群—瑞金共和国摇篮景区—中华苏维埃共和国中央革命军事委员会旧址—于都县中央红军长征集结出发地纪念园—安远县天心整军旧址—寻乌县毛泽东寻乌调查纪念馆—大余县大余整编旧址—崇义县上堡整训旧址—兴国县苏区干部好作风纪念园—宁都县中央苏区反“围剿”战争纪念馆	5月31日	江西省赣州市
秋收起义·湘赣红旗	江西省九江市修水县秋收起义修水纪念馆—宜春市铜鼓县秋收起义铜鼓纪念馆—萍乡市秋收起义广场—萍乡市莲花县莲花一支枪纪念馆—吉安市永新三湾改编旧址—湖南省株洲市炎陵县毛泽东水口连队建党旧址—株洲市炎陵红军标语博物馆—浏阳市文家市秋收起义会师旧址纪念馆	5月31日	江西省九江市、宜春市、萍乡市、吉安市；湖南省株洲市、浏阳市
古徽州·新农村	安徽省六安市金寨县花石乡大湾村——黄山市翡翠新村——黄山市黟县宏村——黄山市黟县西递村——黄山市歙县雄村——江西省上饶市婺源县晓起村——上饶市婺源县江湾景区——上饶市婺源县篁岭	5月31日	安徽省六安市、黄山市；江西省上饶市

【乡村旅游】 做好乡村中的党史故事推荐，评选出10个乡村中的党史故事推荐至文旅部，其中《赣南三整》《中国第一个全国性的工农民主政权》《三湾改编》《第一面军旗的诞生》《将军农民甘祖昌》5个故事入选文旅部乡村中的党史故事名录。向世界旅游联盟秘书处推荐靖安中源乡和龙南虔心小镇旅游助力乡村振兴案例。会同省发改委做好第三批全国乡村旅游重点村和第一批全国乡村旅游重点镇(乡)遴选推荐工作，推荐全国乡村旅游重点村7家，全国乡村旅游重点镇3家，全部通过文旅部认定；现场验收省级5A乡村旅游点6家、4A乡村旅游点22家。

【旅游业态融合】 加强顶层设计，组织编写《关于推进康养旅游发展的意见》，并以省政府办公厅名义印发；组织编制《江西省康养旅游中长期发展规划(2021—2030)》《鄱阳湖生态旅游发展规划》。推进浙皖闽赣4省交界城市联手促跨域旅游协同发展，上饶市联合浙江衢州、安徽黄山、福建南平构建风景共同体，为全省跨域旅游协同发展提供示范。联合省生态环境厅开展省级生态旅游示范区和第三批“绿水青山就是金山银山”省级实践创新基地创建，九江市庐山市等8个地区被认定为“绿水青山就是金山银山”省级实践创新基地，与省林业局共同主办2021江西森林旅游节和2021鄱阳湖国际观鸟周。

· 资料 ·

2021年A级旅游景区分布情况

单位：家

等级	2020年	2021年	增长
5A	13	13	—
4A	167	193	26
3A	246	249	3
2A	35	34	-1
1A	—	—	—
总数	461	489	28

· 资料 ·

2021年4A级及以上旅游景区名录

序号	景区名称	所在地市	等级	评定时间	上一等级评定时间	最近复核时间
1	滕王阁旅游区	南昌市	5A	2018年	2001年	2018年
2	庐山风景名胜区	九江市	5A	2007年		
3	庐山西海风景名胜区	九江市	5A	2020年		
4	古窑民俗博览区	景德镇市	5A	2013年		
5	萍乡武功山景区	萍乡市	5A	2020年		
6	龙虎山景区	鹰潭市	5A	2012年		
7	“共和国”摇篮旅游区	赣州市	5A	2015年		
8	明月山旅游区	宜春市	5A	2015年		
9	三清山风景名胜区	上饶市	5A	2011年		
10	江湾景区	上饶市	5A	2013年		
11	龟峰景区	上饶市	5A	2017年		
12	井冈山风景旅游区	吉安市	5A	2007年		
13	资溪大觉山景区	抚州市	5A	2017年		
14	凤凰沟	南昌市	4A	2013年	2010年	
15	溪霞怪石岭生态公园	南昌市	4A	2015年	2013年	
16	李渡元代烧酒作坊遗址	南昌市	4A	2018年	2015年	
17	安义古村群	南昌市	4A	2017年	2010年	2021年
18	南昌八一起义纪念馆	南昌市	4A	2008年		2018年
19	南昌新四军军部旧址陈列馆	南昌市	4A	2014年		
20	天香园	南昌市	4A	2006年		2019年
21	梅岭狮子峰景区	南昌市	4A	2013年		2019年

（续表）

序号	景区名称	所在地市	等级	评定时间	上一等级评定时间	最近复核时间
22	竹海明珠	南昌市	4A	2014 年		2018 年
23	洪崖丹井	南昌市	4A	2016 年		2019 年
24	303 观光厅	南昌市	4A	2016 年		
25	八大山人梅湖景区	南昌市	4A	2021 年	2010 年	
26	南昌汉代海昏侯国遗址公园	南昌市	4A	2021 年		
27	南昌市小平小道陈列馆	南昌市	4A	2021 年	2011 年	
28	融创文化主题乐园	南昌市	4A	2017 年		2021 年
29	庐山西海国际温泉度假村	九江市	4A	2010 年		
30	星子庐山天沐温泉度假村	九江市	4A	2007 年		
31	汤太宗（原龙湾温泉度假村）	九江市	4A	2006 年		
32	湖口石钟山景区	九江市	4A	2013 年		
33	共青城富华山景区	九江市	4A	2013 年		
34	武宁西海湾景区	九江市	4A	2014 年		
35	修水南崖——马家洲景区	九江市	4A	2014 年		
36	彭泽龙宫洞景区	九江市	4A	2014 年		
37	九江县中华贤母园景区	九江市	4A	2014 年		
38	濂溪区南山景区	九江市	4A	2014 年		
39	八里湖景区	九江市	4A	2015 年		
40	武宁阳光照耀 29 度假村	九江市	4A	2015 年		
41	湖口台山公园景区	九江市	4A	2015 年		
42	修水东浒寨景区	九江市	4A	2017 年		
43	九江市修水县双井黄庭坚故里景区	九江市	4A	2020 年		
44	九江市德安县博阳河景区	九江市	4A	2020 年		
45	九江市永修县鄱阳湖吴城候鸟小镇景区	九江市	4A	2020 年		
46	九江市武宁长水景区	九江市	4A	2021 年		
47	九江市修水陈门五杰故里景区	九江市	4A	2021 年		
48	九江市庐山市秀峰景区	九江市	4A	2021 年		
49	九江市浔阳区浔阳江文化旅游景区	九江市	4A	2021 年		
50	九江市瑞昌市铜源剪影文化园景区	九江市	4A	2021 年		
51	九江市都昌县鄱阳湖南山风景区	九江市	4A	2021 年		
52	高岭·瑶里风景区	景德镇市	4A	2005 年		
53	浮梁古县衙	景德镇市	4A	2005 年		
54	洪岩仙境风景区	景德镇市	4A	2008 年		
55	江西怪石林景区	景德镇市	4A	2014 年		
56	皇窑景区	景德镇市	4A	2015 年		
57	陶阳里御窑景区	景德镇市	4A	2015 年		
58	江西直升机科技馆	景德镇市	4A	2018 年		
59	陶溪川文创街区	景德镇市	4A	2018 年		
60	高岭·中国村	景德镇市	4A	2021 年		
61	三宝国际瓷谷	景德镇市	4A	2021 年		
62	名坊园	景德镇市	4A	2021 年	2016 年	

（续表）

序号	景区名称	所在地市	等级	评定时间	上一等级评定时间	最近复核时间
63	江西省安源路矿工人运动纪念馆	萍乡市	4A	2010年		2021年
64	江西省萍乡市荷花博览园	萍乡市	4A	2014年		2021年
65	江西省萍乡市杨岐山景区	萍乡市	4A	2014年		2021年
66	江西省萍乡市芦溪仙凤三宝农业休闲观光园	萍乡市	4A	2019年		2021年
67	江西省萍乡市麻山幸福村景区	萍乡市	4A	2020年	2013年	2021年
68	仙女湖景区	新余市	4A	2006年		
69	昌坊度假村	新余市	4A	2015年		
70	罗坊会议红色景区	新余市	4A	2021年		
71	双林夏布文化旅游景区	新余市	4A	2021年	2020	
72	中国洞都景区	新余市	4A	2016年		
73	江西省鹰潭市眼镜产业园景区	鹰潭市	4A	2016年		
74	江西省鹰潭市余江区中国血防红旗博览区景区	鹰潭市	4A	2020年	2012年	
75	江西省鹰潭市贵溪市青茅境景区	鹰潭市	4A	2021年	2016年	
76	江西省赣州通天岩风景名胜区	赣州市	4A	2006年		2019年
77	江西省赣州市崇义县阳明山国家森林公园	赣州市	4A	2008年		2019年
78	江西客家博物院	赣州市	4A	2009年		2019年
79	江西省赣州市定南九曲度假村	赣州市	4A	2009年		2021年
80	江西省赣州市龙南关西围屋景区	赣州市	4A	2009年		2019年
81	江西省赣州市安远三百山景区	赣州市	4A	2009年		2019年
82	江西省赣州市五龙客家风情园景区	赣州市	4A	2010年		2020年
83	江西省赣州市会昌汉仙岩景区	赣州市	4A	2011年		2019年
84	江西省赣州市石城通天寨景区	赣州市	4A	2011年		2019年
85	江西省赣州市大余丫山风景区	赣州市	4A	2011年		2019年
86	江西省赣州市宁都翠微峰景区	赣州市	4A	2012年		2019年
87	江西省赣州市阳明湖景区	赣州市	4A	2014年		2019年
88	江西省赣州市兴国苏区干部好作风纪念园	赣州市	4A	2016年		2019年
89	江西省赣州市瑞金罗汉岩景区	赣州市	4A	2017年		2021年
90	江西省赣州市宁都小布镇景区	赣州市	4A	2017年		2021年
91	江西省赣州市龙南虔心小镇景区	赣州市	4A	2017年		2021年
92	江西省赣州市安远东生围景区	赣州市	4A	2017年		2021年
93	江西省赣州市龙南县南武当山景区	赣州市	4A	2018年		2020年
94	江西省赣州市全南县雅溪古村景区	赣州市	4A	2018年		2021年
95	江西省赣州市信丰县中国赣南脐橙产业园景区	赣州市	4A	2018年		2020年
96	江西省赣州市江南宋城历史文化旅游区	赣州市	4A	2020年		
97	江西省赣州市南康区家居小镇景区	赣州市	4A	2020年		

（续表）

序号	景区名称	所在地市	等级	评定时间	上一等级评定时间	最近复核时间
98	江西省赣州市崇义县上堡梯田景区	赣州市	4A	2020 年		
99	江西省赣州市全南县天龙山景区	赣州市	4A	2020 年		
100	江西省赣州市寻乌县青龙岩景区	赣州市	4A	2020 年		
101	江西省赣州市于都县中央红军长征集结出发地纪念园景区	赣州市	4A	2020 年	2010 年	
102	江西省赣州市会昌县小密花乡景区	赣州市	4A	2020 年		
103	江西省赣州市石城县八卦脑景区	赣州市	4A	2020 年		
104	江西省赣州市瑞金市浴血瑞京景区	赣州市	4A	2020 年		
105	江西省赣州市信丰县谷山景区	赣州市	4A	2020 年		
106	江西省赣州市定南县桃源乐境景区	赣州市	4A	2020 年		
107	江西省赣州市于都县屏山旅游区	赣州市	4A	2021 年	2016 年	2021 年
108	靖安三爪仑景区	宜春市	4A	2007 年	2002 年	2018 年
109	明月山天沐温泉度假区	宜春市	4A	2007 年		2019 年
110	靖安中部梦幻景区	宜春市	4A	2013 年		2018 年
111	奉新百丈山景区	宜春市	4A	2014 年	2010 年	2019 年
112	宜春禅都文化博览园	宜春市	4A	2015 年		2018 年
113	樟树中国古海养生旅游度假区	宜春市	4A	2015 年		2018 年
114	樟树阁皂山景区	宜春市	4A	2015 年	2008 年	2018 年
115	宜丰九天国际生态旅游区	宜春市	4A	2015 年		2018 年
116	铜鼓秋收起义纪念地	宜春市	4A	2016 年		2019 年
117	铜鼓汤里文旅康养度假区	宜春市	4A	2016 年		
118	万载恒晖艺术农业景区	宜春市	4A	2017 年		
119	上高五谷村丛林酒博园景区	宜春市	4A	2017 年		
120	高安巴夫洛景区	宜春市	4A	2018 年		
121	铜鼓天柱峰	宜春市	4A	2019 年		
122	万载古城	宜春市	4A	2019 年		
123	宋城明月千古情	宜春市	4A	2019 年		
124	靖安中华传统文化园	宜春市	4A	2019 年		
125	丰城爱情花卉小镇	宜春市	4A	2019 年		
126	高安百峰岭园艺风景区	宜春市	4A	2020 年	2018 年	
127	宜丰洞山景区	宜春市	4A	2020 年	2008 年	
128	宜春花博园	宜春市	4A	2019 年		
129	宜阳新区蜂窝农场）	宜春市	4A	2019 年		
130	宜春市奉新县天工开物文化园景区	宜春市	4A	2021 年	2015 年	
131	江西省上饶市婺源县大鄣山卧龙谷景区	上饶市	4A	2006 年		2018 年
132	江西省上饶市婺源县灵岩景区	上饶市	4A	2008 年		2020 年

（续表）

序号	景区名称	所在地市	等级	评定时间	上一等级评定时间	最近复核时间
133	江西省上饶市上饶集中营景区	上饶市	4A	2009 年		2019 年
134	江西省上饶市婺源县文公山风景区	上饶市	4A	2009 年		2020 年
135	江西省上饶市婺源县鸳鸯湖景区	上饶市	4A	2009 年		2019 年
136	江西省上饶市婺源县李坑景区	上饶市	4A	2010 年		2019 年
137	江西省上饶市婺源县思溪延村景区	上饶市	4A	2010 年		2019 年
138	江西省上饶市鄱阳县鄱阳湖国家湿地公园景区	上饶市	4A	2010 年		2019 年
139	江西省上饶市婺源县汪口景区	上饶市	4A	2010 年		2020 年
140	江西省上饶市三清山田园牧歌景区	上饶市	4A	2013 年		2020 年
141	江西省上饶市婺源县篁岭景区	上饶市	4A	2014 年		2020 年
142	江西省上饶市婺源县严田风景区	上饶市	4A	2014 年		2020 年
143	江西省上饶市万年县神农源风景区	上饶市	4A	2014 年	2009 年	2018 年
144	江西省上饶市德兴市大茅山景区	上饶市	4A	2014 年		2019 年
145	江西省上饶市上饶灵山景区	上饶市	4A	2015 年		2018 年
146	江西省上饶市婺源县熹园景区	上饶市	4A	2015 年		2019 年
147	江西省上饶市广丰区铜钹山景区	上饶市	4A	2016 年	2009 年	2019 年
148	江西省上饶市广丰区广丰红木文化创意产业园景区	上饶市	4A	2016 年		2020 年
149	江西省上饶市横峰县葛源景区	上饶市	4A	2016 年	2013 年	2020 年
150	江西省上饶市婺源县翼天文化旅游城景区	上饶市	4A	2016 年		2019 年
151	江西省上饶市铅山县鹅湖书院风景名胜区	上饶市	4A	2016 年	2015 年	2019 年
152	江西省上饶市余干县大明花海景区	上饶市	4A	2017 年		2021 年
153	江西省上饶市玉山县怀玉山风景区	上饶市	4A	2017 年	2015 年	2020 年
154	江西省上饶市铅山县葛仙山风景名胜区	上饶市	4A	2017 年	2002 年	2019 年
155	江西省上饶市三清山玉帘瀑布景区	上饶市	4A	2018 年		2020 年
156	江西省上饶市婺源县源头古村景区	上饶市	4A	2018 月		2020 年
157	江西省上饶市玉山县七里街景区	上饶市	4A	2018 年	2018 年	2020 年
158	江西省上饶市余干县忠义文化园景区	上饶市	4A	2018 年		2020 年
159	江西省上饶市广信区望仙峡谷小镇景区	上饶市	4A	2019 年		2021 年
160	江西省上饶市广信区灵山工匠小镇景区	上饶市	4A	2019 年		2021 年
161	江西省上饶市婺源县水墨上河景区	上饶市	4A	2020 年		
162	江西省上饶市三清山神仙谷景区	上饶市	4A	2020 年	2019 年	
163	江西省上饶市广信区云谷田园生态小镇景区	上饶市	4A	2021 年	2020 年	
164	婺源五龙源景区	上饶市	4A	2014 年	2021 年	
165	渼陂古村	吉安市	4A	2009 年		
166	吉安市青原区陂下古村景区	吉安市	4A	2021 年		
167	庐陵文化生态园景区	吉安市	4A	2013 年		
168	吉安县吉州窑景区	吉安市	4A	2015 年		

（续表）

序号	景区名称	所在地市	等级	评定时间	上一等级评定时间	最近复核时间
169	吉安钓源景区	吉安市	4A	2014 年		
170	天祥景区	吉安市	4A	2013 年		
171	青原山景区	吉安市	4A	2014 年		
172	燕坊古村景区	吉安市	4A	2015 年		
173	万安农民画村景区	吉安市	4A	2017 年		
174	羊狮幕	吉安市	4A	2017 年		
175	永新县三湾改编景区	吉安市	4A	2018 年		
176	青原区东固景区	吉安市	4A	2018 年		
177	吉安市新干县海木源景区	吉安市	4A	2020 年		
178	吉安市吉水县中国进士文化园	吉安市	4A	2021 年		
179	吉安市永丰县恩江古城景区	吉安市	4A	2021 年		
180	吉安市泰和县蜀口生态岛景区	吉安市	4A	2021 年		
181	吉安市遂川县桃源梯田景区	吉安市	4A	2021 年		
182	吉安市庐陵新区古后河人文谷景区	吉安市	4A	2021 年		
183	抚州名人雕塑园	抚州市	4A	2013 年		2021 年
184	抚州市梦湖景区	抚州市	4A	2014 年		2021 年
185	南丰桔文化旅游产业集聚区	抚州市	4A	2016 年		2021 年
186	乐安流坑古村	抚州市	4A	2016 年		2021 年
187	崇仁县源野生态山庄	抚州市	4A	2016 年		2021 年
188	金溪竹桥古村	抚州市	4A	2017 年	2014 年	2021 年
189	宜黄曹山景区	抚州市	4A	2017 年	2014 年	2021 年
190	南城麻姑山景区	抚州市	4A	2017 年		2021 年
191	广昌中国莲花景区	抚州市	4A	2017 年		2021 年
192	黎川古城景区	抚州市	4A	2017 年		2021 年
193	东乡佛岭国际公园	抚州市	4A	2018 年		2021 年
194	抚州三翁花园	抚州市	4A	2018 年		2021 年
195	乐安金竹飞瀑景区	抚州市	4A	2018 年	2014 年	2021 年
196	东临新区灵谷峰	抚州市	4A	2018 年		2021 年
197	资溪御龙湾景区	抚州市	4A	2018 年		2021 年
198	文昌里景区	抚州市	4A	2018 年		2021 年
199	同胜九曲东黎景区	抚州市	4A	2019 年		2021 年
200	乐安县九瀑峡景区	抚州市	4A	2020 年	2017 年	2021 年
201	资溪县真相乡村景区	抚州市	4A	2020 年		2021 年
202	金溪县香谷小镇景区	抚州市	4A	2020 年	2018 年	2021 年
203	临川区仙盖山景区	抚州市	4A	2020 年	2017 年	2021 年
204	资溪县大觉溪旅游区	抚州市	4A	2021 年		2021 年
205	乐安县大华山蝶栖谷景区	抚州市	4A	2021 年		2021 年
206	南丰县曾巩文化园景区	抚州市	4A	2021 年	2016 年	2021 年

（刘长桂）

旅游促销

【全面融入共建粤港澳大湾区】 在2021年江西省对接粤港澳大湾区经贸合作活动期间，整合各设区市和重点旅游景区的营销资源和营销政策，组织开展面向粤港澳大湾区的系列旅游宣传推广活动。12月16日在深圳市举行“红土情深 · 嘉游赣”粤港澳大湾区（深圳）旅游宣传推介会。推介会上，省政府与深圳航空签订战略合作框架协议，启动2022“深航邀您嘉游赣”江西旅游宣传推广活动。通过新华网、一直播等平台在线观看的总人数达3300万人。同时，联合吉安市政府、萍乡市政府等设区市在深圳、惠州等地举办多场“红土情深 · 嘉游赣”系列推介会，并将各设区市的优惠政策整合成“优惠大礼包”，通过当地的高铁、机场、地铁、户外LED、社区电梯、商业圈购物中心与电视、网络等融媒体进行宣传，总曝光量近1亿次。

【“景秀江西 · 正当燃”旅游推介会举行】 5月18日，“景秀江西 · 正当燃”旅游推介会在景德镇举行。推介会以线上线下相结合、全网直播的形式进行，并同步通过“云游江西”平台进行“天工开物坊”秒杀活动。推介会现场近2小时总点击量2000多万人次。

【2021中国红色旅游博览会在井冈山举行】 10月26日—29日，由江西省政府、湖南省政府主办的2021中国红色旅游博览会在吉安市井冈山市举行，29个中国红色旅游推广联盟成员单位参与，全国400多家重点红色景区、文旅企业代表参会。除井冈山主会场外，还在吉安市城区以及南昌市、赣州市、萍乡市设置4个分会场。赣湘两省携手举办开幕式、主题展、文艺晚会、高峰论坛四大主体活动和10个系列活动，并首次设立“网上红博会”云展馆，全方位地展示中国红色旅游推广联盟29个省（自治区、直辖市）成员单位、湘赣边红色文化旅游共同体24县在拓展区域合作、共同推进红色旅游发展方面的新创造、新成果、新亮点。活动入选“2021年度中国旅游影响力节庆活动案例”。

【严格落实新冠肺炎疫情防控措施促进四季度旅游消费工作推进会召开】 9月24日，省旅游产业发展领导小组办公室召开严格落实疫情防控措施促进四季度旅游消费工作推进会，以省政府办公厅名义下发《关于严格落实疫情防控措施促进四季度旅游消费的通知》，要求全省统一以“江西老俵嘉游赣 全力冲刺四季度”为主题，组织开展系列活动，推动“本地人游本地、周边人游周边、江西人游江西”。同时，省市县三级联动，落实文件精神，推出一系列扩大文化和旅游消费的举措，多方式促进国庆黄金周全省旅游消费强劲复苏实现“双超”。国庆期间，全省累计接待游客6586.74万人次，实现旅游收入405.10亿元，分别增长5.30%和6.75%。

【开展“红土情深 · 嘉游赣”系列推广活动】 从4月开始，省文旅厅与各设区市政府联合，陆续在上海、广州、福州、杭州、南京、厦门、西安、宁波等重点客源市场，组织开展多场“红土情深 · 嘉游赣”系列文旅推介活动，以“线上+线下”的形式推广江西各地文旅资源和“全国学子嘉游赣”“嘉游赣 · 有好礼”活动。并通过与客源市场所在地文旅部门签署合作协议、开展联动宣传、相互支持旅游节事活动等形式，加强宣传推广。

【开展“激情一夏 · 嘉游赣”夏季旅游系列推广活动】 7月，以“激情一夏 · 嘉游赣”为主题，策划推出全省夏季旅游系列推广活动。联合美团开展“美好生活嘉游赣”主题活动，新浪微博同名话题阅读次数7837万次；联合小红书开展“标记生活嘉游赣”主题活动，在小红书开设“江西风景独好”话题，浏览量703.7万次；联合携程开展“重走长征路”主题活动，在新浪微博开设“携手同行嘉游赣”话题，阅读次数1.5亿次。

【开展“百万学子研学行 品读江西嘉游赣”活动】 9月23日，省文旅厅与省教育厅联合下发《关于联合开展“百万学子研学行品读江西嘉游赣”的通知》，各设区市文广新旅局与教育局转发通知，推动全省研学旅行有序发展，“云游江西”平台仅国庆期间就新增学生用户15.62万人，至年底共有26.3万名学生通过研学活动出游。

【“嘉游赣”文旅电子护照推出】 依托“云游江西”小程序，将“学子卡”“英雄卡”“友邻卡”等用户权益卡进行整合，推出“嘉游赣”文旅电子护照，记录用户在江西的出游轨迹，装入全省各景区门票和旅游饭店住宿、餐饮、文创等二次消费及不同时间的活动优惠政策，打造一套游客积分奖励玩法，引导游客到江西各地打卡，实现“一次游江西、次次有优惠”的目标。至年底，“云游江西”平台累计用户1049.7万人，与3月17日“嘉游赣”文旅电子护照发布前相比，增长近4倍。

【开展“全国学子嘉游赣”活动】 从5月1日起，组织全省4A级以上景区对全国大、中、小学生进行免大门票的活动。至年底，通过“云游江西”平台注册的学子卡累计271.4万人，与4月30日“全国学子嘉游赣”活动发布前的58.2万人相比，增长近5倍。

【开展2021年“红五月 · 嘉游赣”宣传营销活动】 全省各地各景区在统筹新冠肺炎疫情防控和假日旅游工作的基础上，开展以“红五月 · 嘉游赣”为主题的旅游宣传营销推广活动，开展对劳模、参与抗疫医护人员免门票活动、全国学子嘉游赣 · 免票游江西活动、“嘉游赣 · 有好礼”活动等。“五一”期间，全省旅游接待人次、旅游综合收入分别较2019年同期增长4.11%、0.83%。

【建立全省重点旅游景区宣传推广联盟抱团营销机制】 年内，召开4次联盟会议，组织联盟成员单位开展联动宣传、相互宣传、抱团营销，共同策划并承办四季旅游宣传推广系列活动，相互参加联盟单位举办的第二届庐山国际爱情电影周等重大旅游节事活动。组团参加2021西安丝绸之路国际旅游博览会（获最佳参展组织奖、最佳展台人气奖）、2021广东国际旅游产业博览会(获优秀组织奖)、2021中国-东盟博览会旅游展(获最佳创意奖)。编印完成涵盖各重点旅游景区的AR/VR宣传资料"JIANGXI,CHINA",在各景区的活动现场、户外广告、门户网站、宣传资料、线上推文等处统一规范使用"江西风景独好"和"嘉游赣"LOGO并进行相互宣传。举办2021年全省文化旅游宣传推广培训班,对全省4A级以上旅游景区宣传推广一线工作人员进行业务培训。

(钟佳骏)

行业管理

【"放管服"改革】 按照文旅部的要求,调整娱乐场所和上网服务场所审批有关事项,全面放开外商投资娱乐场所限制,推动政策落地实施;明确幼儿园周边不得设立娱乐场所和上网服务场所,切实保护未成年人合法权益;持续关注新业态发展,加强对密室逃脱、轰趴馆、电竞酒店等的调查研究,指导各地按照包容审慎原则做好审批工作。聚焦企业诉求,出台《关于取消游艺娱乐场所游戏、游艺机台数限制的通知》,落实有关规范卡拉OK领域版权市场秩序的文件。至年底,共审批涉外营业性演出40件,涉及境外演员33人;审批网络文化经营单位43件。全省有文化市场经营单位4215家,从业人员2.95万人,资产总计60.25亿元,营业收入25.11亿元,营业利润总额2.28亿元。加强对行业协会业务指导。指导江西省文化娱乐行业协会举办2021舞蹈艺术展演暨国标舞全国公开赛、2021中国江西"文旅融合 美好生活"文化娱乐年系列活动。

【民宿业管理】 年内,省级层面从旅游发展专项资金中支出91万元,专门用于全省旅游民宿联盟的成立和运营。省文旅厅联合光大银行南昌分行、中国银行江西分公司和江西银行等多家金融机构推出文旅贷项目,累计贷出300万余元支持和促进民宿发展。全省2823家民宿全部完成证照工作。全国首批评定的等级旅游民宿中,上饶市婺源县厚塘庄园民宿获评甲级旅游民宿,上饶市婺源县花田溪民宿和赣州市龙南县栖一树民宿获评乙级旅游民宿,另有18家民宿评定为丙级旅游民宿。

【旅行社管理】 推动省政府出台措施,鼓励旅行社为党政机关、企事业单位的公务、疗休养、工会活动提供交通、住宿、餐饮、会务等服务,鼓励中小学校选择有资质、管理规范的旅行社开展省内研学旅行。贯彻落实《文化和旅游部关于加强政策扶持进一步支持旅行社发展的通知》等文件,组织旅行社办理暂退旅游服务质量保证金业务,为旅行社纾困解难,至年底全省共办理975家旅行社暂退旅游服务质量保证金1.3亿元。向文旅部申请作为使用保险替代现金或银行保函交纳旅游服务质量保证金试点工作地区,获得批准通过;12月,组织开展旅行社保险办理和质保金置换工作业务培训。

【全省旅游饭店服务职业技能大赛举行】 10月,全省旅游饭店服务职业技能大赛颁奖大会在南昌举行。大赛由省文旅厅联合省人社厅、省总工会、团省委、省妇联共同举办,共设置前厅服务员、客房服务员、中餐服务员和西餐服务员4个岗位。经过初赛和复赛,11个设区市共66人参加全省决赛,鹰潭市沁庐豪生大酒店李瑞云、南昌恒大酒店龚思琴、江西饭店邓红柳、新余市北湖宾馆张琴慧分别获前厅服务员、客房服务员、中餐服务员和西餐服务员岗位第一名,南昌、九江、新余、鹰潭、赣州、上饶市文广新旅局获突出贡献奖,景德镇、萍乡、宜春、吉安、抚州市文广新旅局获优秀组织奖。

【导游管理】 自5月1日起,在全省范围组织导游参加"导游云课堂"在线培训工作,全省近2万名导游参加在线培训工作。9月起,按照个人申报、单位推荐、省级审核、社会公示的程序,从全省遴选出刘冀、欧阳芳、舒小华、陈衡萍、庞文娟5名高级导游,推荐并入选全国2021年"金牌导游"培养项目。4月1日,省市场监督管理局批准发布《导游星级划分与评定》江西省地方标准。

【开展旅游诚信退赔试点工作】 为推动《江西省旅游者权益保护条例》贯彻实施,年初省文旅厅在上饶市开展旅游诚信退赔工作试点,初步构建"五个一"的诚信退赔工作机制,即一个退赔中心管到底、一部实施细则定规矩、一批维权渠道应诉求、一笔专项资金先赔付、一支执法队伍解难题。年内,上饶市共受理退赔409起,先行理赔金额103.6万元,全市旅游综合收入突破2000亿元,对经济贡献率超过20%,为全面推动先行赔付机制广泛实施树立标杆和样板。

【旅游饭店管理】 年内,瑞金荣誉国际酒店通过全国星评委会五星级旅游饭店评定性检查,宜春迎宾馆和南康大酒店通过全国星评委会五星级旅游饭店评定性复核检查;全省新评定四星级旅游饭店8家、金树叶级绿色旅游饭店5家,取消五星级旅游饭店2家,取消四星级旅游饭店6家。江西省三清山风景名胜区和赣州市南康大酒店获评首批国家级文明旅游示范单位。

· 资料 ·

2021年江西省星级饭店统计

设区市	五星级	四星级	三星级	二星级
南昌市	4	22	18	1
赣州市	3	31	53	1
九江市	2	17	25	3

（续表）

设区市	五星级	四星级	三星级	二星级
宜春市	2	16	11	1
上饶市	1	28	17	
吉安市	1	16	17	2
抚州市	2	11	12	
鹰潭市	1	3	6	
景德镇市	1	4	4	
新余市	1	3	1	1
萍乡市		1	4	

·资料·

2021年江西省五星级饭店分布情况

酒店名称	设区市	县(区)	地址
江西宾馆	南昌市	东湖区	八一大道368号
锦峰大酒店		西湖区	江西省南昌市西湖区站前西路281号
江西嘉莱特和平国际大酒店		西湖区	南昌市广场南路10号
南昌力高皇冠假日酒店		西湖区	沿江中大道266号
赣州锦江国际酒店	赣州市	经开区	江西省赣州市金东北路88号
南康大酒店		南康	赣州市南康区天马山大道9号
瑞金市荣誉国际酒店有限公司		瑞金	瑞金市红军大道6号
九江远洲国际大酒店	九江市	浔阳区	九江市南湖路116号
九江信华建国酒店		浔阳区	九江市滨江路299号
宜春迎宾馆	宜春市	袁州区	袁州区泸州北路669号
江西明月山顺天置业有限公司维景国际温泉度假酒店		袁州	温汤镇泉都北路26号
荣誉国际大酒店	抚州市	金巢经济开发区	金巢经济开发区迎宾大道566号
抚州凤凰开元名都大酒店		临川区	迎宾大道288号
江西伯爵文山酒店有限公司	吉安市	吉水县	江西省吉安市吉水县春雨路88号
紫晶宾馆	景德镇市	昌江区	昌江区紫晶路9号
江西婺源县瑞怡宝婺度假酒店	上饶市	婺源县	婺源县清华东路88号
新余市融城大饭店	新余市	渝水区	渝水区劳动北路799号
鹰潭沁庐酒店经营管理有限公司豪生大酒店分公司	鹰潭市	月湖区	站江路12号

（黄春平）

风景名胜区

【概　况】　全省建立风景名胜区45处，总面积4493平方千米，占全省国土总面积的2.7%。其中，国家级风景名胜区18处，面积2936平方千米；省级风景名胜区27处，面积1557平方千米。国家级、省级风景名胜区均设有管理机构。全省国家级风景名胜区数量在全国排名第四。

【管理人员培训】　12月26日—28日，省林业局在南昌市湾里管理局举办全省风景名胜区管理培训班；培训方式采取讲座授课与现场参观相结合，培训内容为风景名胜区的设立、保护、利用和管理，风景名胜区规划和项目选址论证等，并组织现场参观国家级灵山风景名胜区；培训班上对风景名胜区工作的改革和创新提出具体要求。11个设区市林业局和45个风景名胜区管理机构领导和专业技术人员共100人参加培训。

· 资料 ·

江西省国家级和省级风景名胜区

单位:公顷

序号	名称	批准年份	所在位置	面积	资源类型	管理机构
一、国家级风景名胜区						
1	庐山国家级风景名胜区	1982 年第一批	九江市	33042	山岳、纪念地	庐山风景名胜区管理局
2	井冈山国家级风景名胜区	1982 年第一批	吉安市	33300	山岳、历史圣地	井冈山风景名胜区管理局
3	三清山国家级风景名胜区	1988 年第二批	上饶市	22950	山岳、特殊地貌	江西省三清山风景名胜区管理委员会
4	龙虎山国家级风景名胜区	1988 年第二批	鹰潭市	22000	特殊地貌	鹰潭市龙虎山风景名胜区管理委员会
5	仙女湖国家级风景名胜区	2002 年第四批	新余市	19470	湖泊	仙女湖风景名胜区管理委员会
6	三百山国家级风景名胜区	2002 年第四批	赣州市（安远县）	19700	山岳	安远县三百山风景名胜区管理局
7	梅岭—滕王阁国家级风景名胜区	2004 年第五批	南昌市	14400	山岳	梅岭风景名胜区管委会、南昌市林业局
8	龟峰国家级风景名胜区	2004 年第五批	上饶市（弋阳县）	9700	特殊地貌	龟峰风景名胜区管委会
9	高岭—瑶里国家级风景名胜区	2005 年第六批	景德镇市（浮梁县）	8600	纪念地、民俗风情	瑶里风景区管委会
10	武功山国家级风景名胜区	2005 年第六批	宜春、萍乡、吉安市	13900	山岳	安福武功山风景名胜区旅游管理委员会、萍乡武功山风景名胜区管理委员会
11	云居山—柘林湖国家级风景名胜区	2005 年第六批	九江市	49500	湖泊	庐山西海风景名胜区管理委员会
12	灵山国家级风景名胜区	2009 年第七批	上饶市（上饶县）	10150	山岳	上饶县灵山风景名胜区管理委员会
13	神农源国家级风景名胜区	2012 年第八批	上饶市（万年县）	4313	岩洞类、纪念地	神农源管委会
14	大茅山国家级风景名胜区	2012 年第八批	上饶市（德兴市）	14300	山岳	大茅山风景名胜区管委会
15	小武当国家级风景名胜区	2017 年第九批	赣州市（龙南县）	3080	特殊地貌	龙南县旅游发展委员会
16	汉仙岩国家级风景名胜区	2017 年第九批	赣州市（会昌县）	4150	特殊地貌	会昌县汉仙岩风景名胜区管理委员会
17	瑞金国家级风景名胜区	2017 年第九批	赣州市（瑞金市）	5338	特殊地貌	瑞金罗汉岩管理局
18	杨岐山国家级风景名胜区	2017 年第九批	萍乡市（上栗县）	5720	岩洞、山岳	杨岐山风景名胜区管理委员会
二、省级风景名胜区						
1	通天岩省级风景名胜区	1995 年	赣州市	600	壁画石窟	赣州市通天岩风景名胜区管理局
2	翠微峰省级风景名胜区	1995 年	赣州市（宁都县）	1600	特殊地貌	宁都县翠微峰风景名胜区管理处

（续表）

序号	名称	批准年份	所在位置	面积	资源类型	管理机构
3	梅关—丫山省级风景名胜区	1995 年	赣州市（大余县）	6100	纪念地、山岳	大余县风景名胜区管理局
4	陡水湖省级风景名胜区	1995 年	赣州市（上犹县）	2900	湖泊	赣州阳明湖景区管委会
5	聂都省级风景名胜区	1995 年	赣州市（崇义县）	11000	岩洞	崇义县聂都乡政府
6	麻姑山省级风景名胜区	1995 年	抚州市（南城县）	4800	山岳	南城县麻姑山风景名胜区管理委员会
7	秦山省级风景名胜区	1995 年	九江市（瑞昌）	10300	岩洞	秦山风景名胜区管理处
8	南崖—清水岩省级风景名胜区	1995 年	九江市（修水县）	5000	岩洞、江河	修水南崖—清水岩风景名胜管委会
9	洪岩省级风景名胜区	1995 年	景德镇市（乐平市）	10000	岩洞	乐平市洪岩风景名胜区管理局
10	白水仙—泉江省级风景名胜区	1995 年	吉安市（遂川县）	2900	江河	遂川文化广电新闻出版旅游局
11	青原山省级风景名胜区	1995 年	吉安市	1900	山岳	青原山风景名胜区管委会
12	玉笥山省级风景名胜区	1995 年	吉安市（峡江县）	4800	山岳	峡江县林业局
13	玉壶山省级风景名胜区	1995 年	萍乡市（莲花县）	5100	岩洞	莲花县林业局
14	灵岩洞省级风景名胜区	1995 年	上饶市（婺源县）	3800	岩洞	大鄣山灵岩风景名胜区管委会
15	百丈山—萝卜潭省级风景名胜区	1999 年	宜春市（奉新县）	15500	山岳	百丈山风景名胜区管理委员会
16	华林寨—上游湖省级风景名胜区	2006 年	宜春市（高安市）	17800	山岳、湖泊	华林山镇政府
17	洞山省级风景名胜区	2006 年	宜春市（宜丰县）	8000	山岳、民俗风情	洞山风景名胜区管理局
18	象湖省级风景名胜区	2007 年	南昌市	700	湖泊	南昌市象湖风景区管理处
19	葛源省级风景名胜区	2013 年	上饶市（横峰县）	3100	纪念地	葛源镇政府
20	潭湖省级风景名胜区	2013 年	抚州市（南丰县）	4500	湖泊	南丰县潭湖风景名胜区管理委员会
21	流坑省级风景名胜区	2013 年	抚州市（乐安县）	5100	民俗风情	乐安县流坑管理局
22	船屋省级风景名胜区	2014 年	抚州市（黎川县）	3400	民俗风情	船屋风景名胜区管理委员会
23	天门岭省级风景名胜区	2016 年	抚州市（金溪县）	3050	山岳	金溪县园林绿化局、何源镇政府
24	相山省级风景名胜区	2016 年	抚州市（黎川县）	1232	山岳	崇仁县乡相山风景名胜管理局
25	大华山省级风景名胜区	2017 年	抚州市（乐安县）	4115	山岳	乐安县园林局
26	青龙湖—龙凤岩省级风景名胜区	2017 年	抚州市（广昌县）	11500	山岳、湖泊	广昌县林业局
27	车磨湖省级风景名胜区	2017 年	抚州市（南丰县）	4800	湖泊	南丰县车么岭水库管理局

（省林业局）

本类目编辑　游桃琴

商贸服务业

综　述

2021年，全省商贸消费市场保持“稳中加固、稳中向好”的态势。全省社会消费品零售总额1.22万亿元、增长17.7%，增速居全国第四；两年平均增长10.1%，居全国第二。消费对地区生产总值增长的贡献率达52%，成为全省经济增长的第一拉动力。

商贸消费3年行动圆满收官。深入实施“优品、兴市、强商、旺客、捷运”五大行动，创新开展最受欢迎的十大消费品牌评选活动，高频举办“相约春天消费季”“金秋购物消费季”“赣品网上行”等促消费活动8000余场，发放消费券超2亿元。改造提升特色商业街区15条、夜间经济街区150条、县乡农贸市场120个，新增国家电商进农村综合示范县6个、绿色商场6个。南昌获批国家商品市场优化升级试点城市和全国首批城市一刻钟便民生活圈试点。推动百家重点零售企业列入省营商办第一批“白名单”，支持引进盒马鲜生、海蓝之谜等高端品牌25个，新认定江西老字号34个，完善重要产品追溯体系建设。

赣菜品牌推广爆点纷呈。全面启动打造赣菜品牌3年行动，“打响赣菜品牌”历史性写入省第十五次党代会报告。成功打造中国米粉节和赣菜美食文化节两大活动平台，开展“十大赣菜”“十大名小吃”、赣菜“百城千店”评选，首次在央视1套和13套投放赣菜广告宣传，“江西美如画　赣菜香天下”的口号逐步深入人心。

新兴业态动能日益彰显。认定电商示范基地30家，新增国家电商示范基地2家，打造物流产业集群15个，新增A级物流企业37家。举办规模以上展会187场，拉动直接消费超160亿元。策划发起2021最受欢迎的江西十大消费品牌评选活动，评选出十大地域消费品牌、十大企业消费品牌、十大网货品牌。景德镇瓷器、赣南脐橙、南康家具等十大品牌入选2021最受欢迎的江西地域消费品牌；江铃汽车、煌上煌(卤制品)、YAYA鸭鸭(羽绒服)等十大企业入选2021最受欢迎的江西消费品牌；珍视明(护眼用品)、汇仁(医疗保健)、黑鲨(通讯手机)等十大网货品牌入选2021最受欢迎的江西十大网货品牌。

全省商贸消费升级工作推进会和全省商贸消费工作调度会召开。4月16日，省政府在南昌召开全省商贸消费升级工作推进会，深入贯彻落实中共中央、国务院全面促进消费决策部署和省委、省政府工作要求，进一步激发消费潜力，提升消费水平，增强消费对经济发展的基础性作用，全力打好全省促进商贸消费升级3年行动收官战。9月7日，全省商贸消费工作调度会在南昌召开。会议全面落实中共中央、国务院决策部署和省委、省政府工作要求，围绕促进商贸消费升级“三年大跨越”目标，打好商贸消费升级3年行动收官战，进一步释放商贸消费潜力，提升商贸消费水平，以商贸消费拉动高质量跨越式发展，加快把江西省打造成全国构建新发展格局的重要战略支点。

(刘仁文)

市场秩序建设

【概　况】　全省商务部门加强商务领域市场监管和信用体系建设。推进“双随机　一公开”监管制度常态化。对涉及重大安全、社会关注度高的领域和区域，以及投诉举报多、列入经营异常名录、有严重违法违规记录等情况的市场主体，纳入重点抽查范畴，增加抽查比例和频次，加大检查力度。严格落实清单之外无检查。全年开展省级双随机抽查14次、抽查企业214家，涵盖内贸、外贸、外资等各领域，做到随机抽查事项达到全厅监管执法事项的全覆盖，强化商务领域的事中事后监管。依托全省“双随机　一公开”行政执法监督平台和国家企业信用信息公示系统(江西)部门协同监管平台，会同市场监管等相关部门开展联合检查，共开展省级联合抽查5次、抽查企业184家，做到“进一家门，查多项事”，减轻行政检查对企业生产经营的干扰，提高监管效能。推进全省商务领域信用信息系统建设，完善江西省商务领域信用信息平台和信用信息查询制度，保障信用信息共享机制落到实处。向国家企业信用信息公示系统(江西)推送2996条信用信息，向江西省公共信用信息平台推送2175条信用信息。

【环鄱阳湖区联谊联防】　为预防水上非法经营成品油现象发生，环鄱阳湖各级商务主管部门重点对成品油市场出现的非法流动加油车和非法储油库进行整治。全年环鄱阳湖各级商务主管部门联合市场监管等层面开展执法检查和专项行动共179次，出动执法人员1514余人次，查处非法流动加油车80辆，捣毁非法储油窝点3处、非法加油站点13处，缴获非法成品油130余吨。加强组织协调，强化日常监管。环湖各级商务主管部门结合成品油企业年检、成品油市场专项整治、安全生产工作督导等工作,采取“双随机 一公开”、暗查暗访等方式,对环鄱阳湖水域成品油零售经营企业持续开展监督检查,维护成品油市场的安全稳定。

【农村假冒伪劣食品整治】 按照《农村假冒伪劣食品整治行动方案(2020—2022年)》要求,督促各级商务主管部门配合相关部门加强农村假冒伪劣食品问题治理,净化农村食品市场环境。根据统一部署,8月11日—12日,省商务厅牵头组织第三调研组对上饶市和鹰潭市的农村假冒伪劣食品整治工作进行调研指导,实地察看上饶市广信区、铅山县、鹰潭市贵溪市的10个调研点,多角度了解农村假冒伪劣食品整治工作情况。推进农贸市场标准化、智慧化、规范化改造,同步推动活禽“集中屠宰、杀白上市”工作。改造后的农贸市场基本实现禽肉白条上市。

【保健食品行业专项清理整治】 做好复核工作。按照《直销管理条例》《直销行业服务网点设立管理办法》要求,对已同意设立的直销企业分支机构、服务网点进行再核查,重点查看是否符合规定要求,有无擅自更换地点等问题。经核查,未发现存在擅自更换地点等问题。开展全面排查工作。各级商务主管部门对辖区内直销企业分支机构、服务网点开展全面排查,重点排查直销企业是否存在产品虚假宣传和欺诈消费者等违法违规行为。经排查,未发现存在产品虚假宣传和欺诈消费者等违法违规行为。对检查中发现的问题逐一登记建立台账,督促其进行整改。加强宣传教育。开展“诚信兴商宣传月”活动,持续开展直销行业、保健食品、消费者权益保护等方面的政策解读及科学知识宣传教育,提高消费者的识别能力和维权意识。

【防控商务领域金融风险】 年内,相继印发《江西省商务厅办公室关于印发单用途商业预付卡领域非法集资风险排查方案的通知》《关于建立全省单用途商业预付卡备案企业服务联系人制度的通知》等文件,要求全省各级商务主管部门加强对单用途商业预付卡、直销、电子商务平台、批发零售等领域的预付消费风险防控工作,有效防范商务领域预付消费非法集资风险隐患,防止发生商务领域重大风险。经排查,2021年商务领域预付消费无非法集资风险隐患。

(冷萧)

市场体系建设

【电子商务进农村综合示范建设】 2021年,全省新增丰城市、浮梁县、于都县、永修县、樟树市、寻乌县6个县(市)列入国家电子商务进农村综合示范县,每个示范县可获中央财政2000万元资金支持。江西连续8年开展电子商务进农村综合示范建设,先后有52个县58次列入国家电子商务进农村综合示范范畴,累计争取中央财政扶持资金10.36亿元。

【县乡农贸市场建设改造】 省政府连续9年将县乡农贸市场建设改造列入全省51项重点民生工程之一。2021年,省级财政安排1290万元用于全省县乡农贸市场建设改造,累计安排1.65亿元专项资金用于县乡农贸市场建设改造,累计建设改造县乡农贸市场1036个,带动各地投资超过20亿元。

【农产品产销对接】 组织省内优质特色农产品企业参加广州世界农业博览会暨直供粤港澳大湾区农产品产销对接会、2021长三角及对口地区农产品产销对接会、2021全国农商互联暨乡村振兴产销对接大会等各类产销对接活动,共支持展位费近30万元,签约金额近500万元,进一步拓宽江西省农产品销售渠道,加大江西省特色农产品品牌推广力度。

【农产品冷链物流建设】 加强农产品冷链物流统计分析和行业指导,推动全省冷链物流行业持续健康发展。全年全省冷链物流总额1933.28亿元,增长21.6%,占全省商贸物流总额的8.44%;全省冷链物流总收入92.48亿元,增长29.1%,占全省商贸物流总收入的9.2%。全省有冷库容量269.7万吨,增长15.9%;有冷藏车1324辆,增长8.3%。

【汽车消费促进】 2021年,出台全省汽车展览展销事项资金管理使用指导意见,在省级商务发展专项资金中安排1000万元,支持各设区市组织汽车展览展销活动及汽车下乡活动,把新能源汽车销售作为开展汽车下乡活动的重要内容。指导市县开展汽车展览展销及汽车下乡活动,全省举办车展(含县、区)约90场,销售金额约50.3亿元。全省汽车类销售总额1079.2亿元,增长18.8%,高于全国11.2个百分点。

(周勤)

商贸服务管理

【餐饮业发展】 2021年,江西省餐饮收入1258.9亿元,增长45.5%,高出全国26.9个百分点。全省新增餐饮门店2.3万家,总量26.4万家;新增米粉门店5000余家,总量3.5万家。

【支持江西米粉产业发展】 4月6日,省商务厅印发《关于推广使用江西米粉统一标识的通知》,对外发布江西米粉统一标识,树立统一品牌形象,并将其作为公益标识用于江西米粉宣传推广。12月18日,省政府办公厅出台《关于进一步提升江西米粉竞争力和附加值的实施意见》,提出通过实施产业集群发展、品牌价值提升、营销渠道拓展、食材供给保障、质量标准建设五大工程,做大做强江西米粉产业,扩大品牌知名度和影响力,有效提升竞争力和附加值。

【江西2021相约春天消费季启动】 3月21日,由省商务厅、南昌市政府联合主办的“江西2021相约春天消费季暨南昌约惠牛年·乐购洪城”活动启动仪式在杉杉奥特莱斯举行。其间,省市县三级举办近千场促消费活动,引导3000多家重点企业采取直降、立减、折扣、秒杀、满赠、拼团等方式让利销售。活动紧扣汽车、家电、家具等重点商品,采取线上线下相结合的方式,举办2021南昌首届云车展等系列汽车展销会、家具博览会，开展江西双品网购节、淘宝特价江西产销对接会等线上促销活动。举办凤凰沟樱花节、婺源油菜花节、明月山花痴节、龙虎山景区第二届道都花海寻梦半程马拉松大赛、第二届赣南红石奇石文化交流会等系列文体消费活动，推动全省社会消费品零售总额稳定增长。1—5月，全省社会消费品零售总额4493.29亿元，增长34.5%，比全国平均水平高8.8个百分点。其中，限额以上1547.8亿元，增长36.6%，比全国平均水平高6.7个百分点。

【实施赣菜扬名行动】 评选推广赣菜“十大名菜”“十大名小吃”，在央视1套和13套投放宣传广告，开展赣菜走进2021年服贸会推广活动。评选认定1000家赣菜“百城千店”特色门店，“品牌榜20强”和“人气榜30强”，塑造赣菜名店榜单。赣菜主题餐厅——沁庐·江西菜在北京大兴国际机场开业。推进赣菜进景区，打造在省内外有知名度和影响力的特色美食街区。举办首届赣菜厨王争霸赛，推动赣菜技艺交融创新。针对赣菜“十大名菜”“十大名小吃”，面向全省开展赣菜烹饪技艺免费培训。

【举办首届中国米粉节】 6月11日—15日，由省商务厅联合南昌市政府、中国饭店协会共同主办的第一届中国米粉节在南昌举办。大会展览面积超3万平方米（其中主展区绿地国际博览中心展示面积2.5万平方米），展位近1000个，省内外550家米粉生产、加工、预包装食品、调味品、餐饮等上下游企业、10余个省市政府及行业协会参展参会，同期举办2021中国米粉产业发展大会、中国优质米粉供应链峰会等活动。活动期间，共吸引80.65万人次到场采购消费，其中主会场吸引15.1万人次、分会场吸引65.55万人次。实现合同成交1.5亿元，意向金额2.6亿元。

【举办2021赣菜美食文化节】 12月21日—23日，省商务厅联合萍乡市政府、中国饭店协会、省农业农村厅、省文旅厅在萍乡市举办2021赣菜美食文化节。美食节设置论坛会议、线下展销、线上展销、特色活动四大板块，举办赣菜高峰论坛、食材对接会、厨王争霸赛等17项专题活动，展览面积超2万平方米，展位560个，省内外350家上下游企业参展。美食节线上线下交易额及意向订单投资额超10亿元，其中现场交易额6700万元、线上成交额4200万元、意向订单交易额和食材产业链合作投资额9.4亿元。

【中华米粉美食街开街运营】 12月31日，由省商务厅、南昌市政府共同培育打造的中华米粉美食街在南昌市西湖区开街运营。街区位于西湖区三眼井街校场东巷，长125米，沿街33个店铺，约6000平方米，以“一碗米粉慰藉千古乡愁”为主题。包括煌家徐妈卤汁拌粉、周真真米粉、麻姑米粉、春丝米粉、饶滋汇等省内11个设区市知名米粉品牌，以及重庆酸辣粉、湖南米粉等部分省外知名特色米粉企业入驻。

【繁荣夜间消费】 依托特色街区（商圈）、商业综合体、知名旅游景区等载体，培育打造夜间消费集聚区，扩大夜间经济规模，全省累计培育夜间经济街区超150个，其中重点打造的夜间经济街区23个。相继举办“烟火夏日、夜享生活”“中秋国庆夜团圆”等夜间主题活动，每次主题活动参与商家均超过1万家，夜市人流量超千万人次。

（付蓉）

市场运行调节

【开展消费促进活动】 重点围绕季节性消费热点和重要节假日，开展江西2021相约春天消费季、2021江西消费促进月、2021江西金秋购物消费季等促消费活动6000余场。召开国庆促进消费调度会，派出6个联合督查组落实国庆消费促进工作，国庆期间销售增长35.64%，实现既定目标。加大政策供给力度，安排全省扩内需、促消费专项资金7700万余元，出台促进消费政策措施12条，全省累计发放消费券超2亿元。举办2021年赣品“两上三进”对接会，现场采购100万余元，达成采购意向7000万元。

【扩大重点领域消费】 重点培育商贸主体，加大新增限额以上企业的奖励力度，评选发布全省100家重点零售企业名单。全年限额以上企业净增1904个，总数1.15万个。限额以上零售额3960.3亿元，增长19.5%，比全国高6.1个百分点。培育壮大大宗消费，推进汽车促销、家电下乡、家装进户。限额以上汽车零售额增长18.8%，家电音像、建筑装潢零售额分别增长22%和30.7%。

【2021年全国（江西）消费促进月启动】 4月30日，由省商务厅、南昌市政府联合主办的2021年全国（江西）消费促进月暨南昌红五月（春暖青山湖）活动启动仪式在青山湖区万达广场举行。活动为期1个月，坚持政府搭台、企业参与、市场运作，坚持民生导向、利企惠民、简约务实，坚持上下联动、兼顾城乡、联通内外的原则，全省组织举办500余场促消费活动，参与活动的商家1.5万家。

【应急保供工作】 10月31日，上饶突发新冠肺炎疫情后，省商务厅第一时间指导上饶等疫情地区加强市场保供，帮助联络对接蔬菜基地、批发市场，深入南昌深圳农产品批发市场开展调研，每日监测和调度供应情况，与发改部门、供销社会商研究支持上饶保供对策措施。针对蔬菜等生活必需品市场舆情，通过江西卫视等媒体引导居民理性消费，全力支持上饶市做好疫情防控期间生活物资保障供应工作。针对全省商务领域疫情防控工作，提出强化商贸场所防控举措、加强进口冷链食品防控、做好促消费活动防疫等6条措施要求。全省建立约280家重点应急保供队伍名单，启动500~850吨省级冻猪肉储备工作。

【成品油流通市场监管】 编制《江西省成品油零售体系“十四五”发展规划》。加强加油站日常监督管理，督促成品油经营企业切实落实安全生产主体责任，不定期开展安全隐患大检查。8—9月，印发《江西省商务厅关于对全省成品油经营企业违法违规经营行为开展督查的通知》，会同省生态环境厅、省应急管理厅、省税务局、省消防救援总队组成督查组到吉安、赣州、宜春、萍乡随机开展实地督查,共督查加油站42座,发现问题9个并全部整改到位。

(刘仁文)

现代物流

【概　况】 2021年,全省商贸物流总额2.29万亿元,增长24.7%,两年平均增长15.5%,比地区生产总值增速(8.8%)高15.9个百分点;商贸物流总收入978.3亿元,增长13%。

【商贸物流顶层设计】 编制完成《江西省商贸物流"十四五"发展规划》,印发《江西省商贸物流高质量发展专项行动方案(2021—2025)》《加快农村寄递物流体系建设实施意见》等;南昌国际陆港、赣州国际陆港、九江区域性航运中心、南昌航空物流枢纽建设列入省"十四五"发展规划,在全省优化布局15个重点物流产业集群。

【商贸物流产业链链长制工作】 进一步完善"四图五清单"和项目库、专家库,编印《商贸物流产业链链长制工作要点》《全省邮政快递业推进产业链链长制工作方案》。赣州、南昌入列国家物流枢纽建设名单。编印《江西省县级物流园区标准化建设指南》,引导县域物流园区规范发展,建成各类物流园区123个、配送中心150个,快递直达100%的建制村;建成1个省级、6个市级和3个县级物流公共信息平台。

【示范试点工作】 年内,开展城乡高效配送专项行动评估,鹰潭、宜春、赣州、南昌4个全国城乡高效配送试点城市全面完成试点任务。开展省级重点商贸物流园区(中心)和重点企业的标准修订和评价认定,新认定省级区域性物流中心1家、省级重点商贸物流园区8家、配送中心2家、省级重点商贸物流企业15家。启动城乡高效配送车辆"三统一"便利通行试点。

【重大项目主体引育】 新引进重大物流项目29个,总投资351.3亿元。其中,投资50亿元以上项目1个(九江航运中心柴桑全产业链基地)、40亿元项目1个(韵达江西快递电商总部)、30亿元项目2个(庐山粮食物流和粮油加工园、向塘宇培冷链中心)、20亿元项目9个。京东亚洲一号、传化公路港、韵达江西总部、南昌和鹰潭邮件中心等建成运营。全省累计认定区域性物流中心2家(南昌国际陆港、抚州国际陆港)、重点商贸物流园区(配送中心)30家、重点商贸物流企业99家;培育商贸物流"链主"型企业14家;新增A级物流企业37家,总量290家,其中5A级4家、4A级111家,4A级以上物流企业总数居中部第三。新华龙物流园区评为全国物流示范园区;三志物流入列全国零担快运30强,主营业务收入46亿元。

【开放合作】 年内,举办江西省商贸物流产业链高峰论坛暨招商推介大会,推动成立深赣物流联盟和江西物流招商中心,协同市县多次到上海、深圳等地开展物流专题招商引才。推动建立重点商贸物流企业联系机制,全省25家重点商贸物流园区和99家重点企业主动承担抗疫物资和民生物资运输、配送任务。推动组建商贸物流产业科技创新联合体,协调省建行等推出物流企业惠企产品,为企业融资75.52亿元。

(蔡金伟　王东华)

电子商务

【概　况】 2021年,全省网络零售额1926.2亿元,列全国第14位,增长24.3%,增速比全国高12.3个百分点,居全国第四位。其中,实物商品网络零售额1654.0亿元,增长28.3%,比全国高17.1个百分点,对同期社会消费品零售总额增长贡献率超23%。

【新型线上消费】 全省围绕"相约春天、爽惠盛夏、乐购金秋、欢庆新年"四季主题线上消费,开展品牌品质赣品上行、跨境优品消费、数字生活服务、网红直播、电商助农、线上线下联销、商旅文融合、电商物流协同八大类线上消费活动,先后举办"赣鄱电商年货节""第三届双品网购节·江西专场""线上家博会""618电商节""赣品网上行·江西米粉产销对接会""金秋网购季""2021江西科创产品直播节"等300多场专题活动和近3000场企业活动,累计带动节假日线上消费超400亿元。

【新业态新模式推广】 推广直播电商、社区电商、内容电商等新业态,邀请赣籍明星为家乡产品直播代言,举办"琪遇江西·走进井冈山"专题直播,联动开展"百县百日直播消费季",累计带动网络销售超10亿元。评选认定全省首批直播村播学院和省级电商直播基地6个,推动江西省流量经济产业园等一批直播基地建设运营。深化与阿里、京东等战略合作,推动盒马鲜生、淘菜菜、京东无人超市等社区新零售落户江西。创新应用拼单团购、优惠减免等网络营销手段,协调电商交易平台、线上支付平台等累计投放1.11亿元消费券助力扩大消费。

【产业电商】 家具、服装鞋饰、日用品、粮油食品、化妆品等特色优势产业累计网络零售额超1300亿元,占全年网络零售额的67.6%,形成南康家具、九江羽绒服、景德镇陶瓷、新干箱包、南城校具、赣南脐橙、南昌化妆品等知名网货产销集聚区,培育出雪玲妃等近400个年网络零售超千万元的江西电商品牌,认定珍视明、魅丝蔻等2021年最受欢迎的江西十大网货品牌。

【示范试点】 全省新增国家电商示范基地2家(南昌市大学生电子商务创业孵化基地和江西省企创产业园),累计4家;新认定洪大电商产业园等省级电商示范基地30家。累计获评淘宝村57个、淘宝镇76个。推荐江西金利达电子商务有限公司等7家省级电商示范企业和江西正邦科技股份有限公司等8家数字商务企业参加商务部示范项目综合评价,"无人机物流科技创新助力乡村振兴"项目和"网优资源循环利用综合大数据平台建设"项目获评商务部商业科技创新应用优秀案例。协同开展数字乡村示范县、增值税电子发票电子化试点、金融科技、电商绿色发展等试点建设。

【电商惠民惠企】 实施电商惠民惠企行动，协助解决渝水鸡蛋和高安辣椒销售难、永修鞋业上线难等问题，建设京赣缘旗舰店打通赣品进京渠道。实施“数商兴农”，在南昌、赣州、抚州、鹰潭等地开展公益直播电商培训，培训超5000人次。开展“三品一标”农产品可电商化培训，帮扶脱贫地区电商企业38家。落实省政府关于加强易地扶贫搬迁后续扶持工作要求，推动安置点培育网商网点426个，开展电商帮扶农副产品销售383次，促成农产品销售6443.9万元，带动60个安置县农产品网络零售30.6亿元。

【电子商务顶层设计】 制定出台《关于以新业态新模式引领新型消费加快发展的实施意见》，推动电商新业态新模式创新应用，规范省级电子商示范基地创建，指导开展电商促消费系列工作，促进全省电子商务高质量发展。联合省电商发展研究中心，完善全省网络零售数据监测分析，逐月编印电商数据报告。联合省电商协会，推进省级电子商务公共服务平台建设，提升产销对接、人才招聘、服务企业质量，宣传电商发展动态。

（孟理政）

粮食流通

【概　况】 2021年，全省粮食库存处历史高位。年粮食收购总量953.5万吨，年外销稻谷超600万吨。粮油加工业总产值1000.3亿元。

【粮食收储销售】 统筹抓好市场化收购和政策性收购，市场化收购率占比96.4%。早稻收购呈现价格高、品质优、需求旺、市场稳的良好形势，平均收购价格比上年每50千克高10元左右。发挥粮食政策性收购托底作用，争取国家部委支持，在全省及时启动中晚稻托市收购，守住农民“种粮卖得出”底线。粮食收购贷款信用保障基金作用有效发挥，全省有28个市（县）财政和21家企业参与，基金规模2.89亿元，贷款余额1.11亿元。针对新冠肺炎疫情防控形势和粮油应急保供需要，增加30万吨地方储备粮，夯实区域粮食安全保障基础。优化储备粮结构，指导各设区市建立成品粮油储备。完善应急体系建设，组织遴选22家省级粮食应急重点加工企业，调整更新承担粮食应急供应保障任务的粮油应急加工、运输、供应企业，确保应急状态下有效运转。做好军供粮油统筹供应，军粮质量合格率及部队满意率均为100%。深化粮食产销合作，在南昌举办首届全国籼稻交易大会，现场签订意向合同成交150万吨，网上竞价交易成交22.5万吨，成交额6.5亿元。

【粮食储备管理】 5月11日，《江西省省级储备粮管理办法》颁布。落实国家新修订的《粮食流通管理条例》，江西省在全国率先出台《江西省粮食收购管理办法》，切实加强粮食收购事中事后监管，维护粮食收购市场秩序。规范地方储备粮管理，省政府办公厅印发《关于进一步加强地方粮食储备安全管理的意见》，省局出台《推进省级储备粮规范化、专业化、精细化、生态化管理的意见》等文件，提高储备粮现代化管理水平。规范粮食执法监管，出台《江西省粮食储备管理失职失责行为调查和责任追究暂行办法》，明确涉粮企事业单位及其工作人员行为规范。规范省级生活类救灾物资储备日常管理，实行定岗、定责、定人的“三定”监管，做到保质、保量、保安全、保急需的“四保”，确保储备物资处于良好状态。全年向47个县（市、区）调拨冬春救助、救灾物资共5.7万件；向受强降雨等因素影响的9个县（市、区）调拨救灾物资共7839件；上饶等地突发新冠肺炎疫情期间，紧急调拨救灾物资1.4万件。

【粮食流通基础设施建设】 协调落实省财政资金6.65亿元，支持粮食仓储设施改造、粮食应急保障能力提升等基础设施建设。推进规范化、专业化、精细化、生态化“四化”粮库建设和管理，13个“一年执行项目”全面开工建设，此做法被国家粮食和物资储备局转发全国交流。推进粮食仓储物流设施建设，争取中央预算内投资6300万元，支持新建仓容22万吨；争取省财政专项资金，支持新建仓容25万吨，维修仓容119万吨，绿色储粮改造提升仓容95万吨。粮食产后服务体系项目建设全面完工并投入使用，全省326个粮食产后服务中心全年累计烘干粮食526万吨，清理粮食483万吨，带动全省农民增收近3亿元。推广绿色储粮技术应用，全省国有企业充氮气调仓容65万吨，低温、准低温储粮仓容145万吨，其中3家企业被国家粮食和物资储备局评为绿色储粮标准化试点单位。推进军民融合军粮供应工程建设，项目建设进度位居全国前列。推动已建成的“智慧赣粮”平台应用，按时保质完成粮库数据对接至国家平台。

【粮食流通执法】 9月起，根据中央纪委国家监委统一部署，省纪委省监委组织开展粮食购销领域腐败问题专项整治工作。全省粮食部门突出问题导向，进行全覆盖和“大起底”自查自纠，坚持立查立改、边查边治，共自查出问题1606个，完成整改1604个。探索从根上治、能治病根的举措，在省级层面推动出台18项制度措施，其中1项被国家粮食和物资储备局转发交流、1项为全国最早出台、1项工作被确定为全国试点。开展库存粮食监管，按照市级普查、省级抽查两阶段开展检查，市级普查覆盖率100%，省级抽查比例超40%。加强粮食收购监管，组织开展早、中晚稻收购专项检查，严查各类违反国家政策、坑农害农行为。开展粮食流通“亮剑2021”专项执法行动，通过12325热线、网站公布举报方式、赣粮执法公众号等，拓展监督举报渠道。江西被确定为信用监管平台试点应用省份（全国2个）。

【储粮安全】 推进安全生产专项整治3年行动，压实部门监管责任，组织各地加强日常性、季节性的指导检查和巡查，针对“两个安全”隐患开展全面排查治理，完善风险预防管控，进一步落实企业安全生产主体责任，全系统未发生一起安全生产事故。结合粮食行业特点，突出简易仓、罩棚仓、低洼处粮仓和化学药剂管理等重点方面，做好防汛保粮工作，确保全省粮食行业安全度汛。出台《江西省省级储备粮仓储管理办法》等规范性文件，强化粮油储存安全管理、改善粮油仓储保管条件、提升仓储管理智能化水平等工作，对全省粮油仓储物流设施拆迁，规模、用途发生变化等情况加大监督管理力度，按照“功能不降、先建后拆”的原则，严格审核批复程序，确保全省国有粮油仓储物流设施总量、布局及结构满足粮食安全需要。

（陈志伟）

供销合作

【概　况】 2021年，全省供销合作社商品销售总额3522.72亿元，利润总额10.41亿元，分别增长35.77%、77.57%。省供销联社本级社有企业营业收入21.94亿元，增长125.37%；利润总额2.23亿元，增长194.06%。年末所有者权益12.22亿元。

【综合改革】 调整修订“三定”方案，优化职能配置和机关机构设置，从无到有建立各级理事会、监事会组织机构。赣州市、吉安市、南昌市先后召开社员代表大会，11个设区市供销合作社和79个县级供销合作社设立理事会、监事会。探索建立现代企业管理运行机制，修订《江西省供销合作社联合社社有资产监督管理办法》，完善省供销集团及冷链公司等社有企业现代企业制度和现代企业法人治理结构。推动各级社有企业设立基层党组织和监事会。实行与市场经济相适应的企业薪酬分配制度，逐步推行超额利润分享、虚拟股权、项目跟投、员工持股等中长期激励措施。对无实质经营、长期亏损、有潜在风险的省本级各层次的212家社有企业进行清理整顿。

【冷链物流骨干网建设】 年内，累计签约25个冷链物流项目，投入资金30多亿元建设14个冷链物流项目，初步建成信丰等9个区域性冷链物流园，购置冷链冷藏车100余辆，冷冻冷藏库容达27.5万吨。先后与省邮政管理局及省移动公司、顺丰、京东、麦金地等数十家品牌企业签署战略合作协议，开展生鲜配送、中央厨房、冷链仓储物流服务等业务；与主板上市企业立昂技术股份有限公司签订合作协议，建成大数据管理中心。创立“供销江南”品牌，在79个省直企事业单位、居民社区开展“生鲜网络销售+冷柜自提”业务，并签约284个社区。成立“供销壹号”合资企业，在试点布局田间地头移动式冷柜的同时，建成全省首家五星级智慧农贸市场——沁园农贸市场。

【供销集配体系建设】 年内，全省“互联网+第四方物流”供销集配体系在93个设有供销合作社的县（市、区）实现全覆盖，仓储面积突破72.12万平方米，集配网点8624个，完成上下行物流配送5.24亿件，实现城乡流通商品货值370多亿元，县乡村配送效率提升70%左右，流通成本降低20%左右，780多万乡村群众享受到供销集配的快捷服务。该供销集配体系得到中央农办、商务部肯定，并在全国供销系统推广。

【中医药产业发展】 策应省委、省政府中医药强省战略，年内全省供销合作社采取“公司+合作社+农户”的模式，累计领办创办中药材种植农民专业合作社543家、种植面积3.24万公顷，涵盖10余种省内主要中药材品种。省供销中药材产业发展有限公司建成药材通（江西）云服务平台，采用最新种植技术在上高县建设7.67公顷全国最大的石菖蒲单品中药材种苗基地，在省内部分松材线虫病较为严重的县创新茯苓种植栽培技术，实现变废为宝（有松材线虫病害的县本来无法种植茯苓）。

【农业生产服务】 年内，全省供销合作社土地托管服务面积54.79万公顷。累计开展农业生产社会化服务22.31万公顷，其中配方施肥服务70.29万公顷次、统防统治服务223.07万公顷次、农机作业服务77.25万公顷次，服务领域覆盖农业生产“耕、种、管、收、加、储、销”等全过程。

【现代流通服务】 把农产品批发市场与生产基地深度融合、与冷链物流骨干网高效对接，实现江西农产品批发市场与全国并网。年内，全系统累计升级改造、合作共建农产品批发市场52个、同城生鲜配送中心47个，发展消费品经营企业125家、经营网点920个，建成农村电商服务站408个。

【产销对接服务】 组织农特产品参加展示展销会135次，举办农特产品展示展销会89次，累计助力销售农特产品2.06亿元。特别是与省财政厅、省乡村振兴局共同推进江西脱贫县农产品在全国“832”平台线上销售工作，累计上线农副产品1.79万种，成交额6.63亿元。

【基层组织建设】 全省累计发展基层供销合作社1673个、农民专业合作社4937个、各级农民专业合作社联合社212个、农村综合服务社1.79万个。全系统9家农民专业合作社被农业农村部等8部委评为2020年度国家级示范社，51家农民专业合作社被全国供销合作总社评为2020年度全国供销合作社系统示范社，获评数量均创历年新高。

【人才培育】 2021年，省供销合作社联合社牵头启动2021年江西省乡村振兴人才“头雁”培育计划。年内，与中国农业大学等国内高校合作，录取培育人员224人，其中中国农业大学录取66人。乡村振兴人才“头雁”培育计划由江西供销职业教育集团组织实施，负责制定落实人才培育计划。该计划以“围绕产业办专业，办好专业促产业”为原则，围绕农业种养、加工、销售、物流配送、农村电商等乡村振兴产业人才需求，立足新产业、新业态，构建全领域、多层次、开放式的乡村振兴人才培育体系，打造面向广阔农村、广大乡村居民的乡村振兴人才职业教育大平台，为江西乡村振兴挖掘新潜力、培育新动能、打造新引擎，锻造一支爱农村、爱农民、爱供销、懂农业、善技术、会管理的乡村振兴“头雁”队伍，助推乡村产业振兴和现代农业高质量发展。

（刘行宾）

本类目编辑　游桃琴

对外贸易与国内经济合作

综　述

2021年，全省商务系统统筹推进新冠肺炎疫情防控和商务发展，加大招商引资力度，推进对外贸易高质量发展，提升国际经济合作水平，加快推动高水平对外开放，实现国内外市场更好联通、相互促进，全省开放型经济保持稳中向好、稳中有进的态势。

招商引资量质双升。始终坚持项目为王、招商为要、发展为上，大抓招商、抓大招商，引进增量、盘活存量、做大总量、激活变量、提高质量，聚焦首位产业、主导产业，瞄准粤港澳、长三角、京津冀、成渝等重点区域，持续开展“5020”“三请三回”“三企”入赣、“三百工程”“产业链招商”五大招商引资专项行动，举办世界赣商大会、对接粤港澳大湾区经贸合作活动、跨国公司（上海）合作交流会、瓷博会以及药交会等7场重大经贸活动，集中引进一批“5020”等重大合作项目。全年各地申报引进“5020”项目169个，投资总额5257.2亿元，比上年分别增长5.6%、5.8%。其中，引进百亿元项目7个，比上年多3个；引进六大优势产业项目146个，占项目总数的86.4%，比上年高7.9个百分点；引进“三个500强”等企业投资项目97个，占项目总数的57.4%，比上年高30.5个百分点。全省招商引资突破1万亿元，其中利用省外项目资金9541.8亿元，增长9%；实际利用外资157.8亿美元，增长8.1%。现汇进资22.9亿美元，增长21.3%，增速比全国平均水平高1个百分点。

对外贸易持续加力。推广运用江西数字外贸、出口转内销、“赣货通全球”等线上服务平台，举办江西出口商品网上交易会34场，开展出口产品转内销活动18场，组织2000多家企业双线参加进博会、服贸会、消博会、广交会等境内外展会，新认定“江西出口名牌”企业26家（总量103家）、省级外贸综合服务企业5家，新获批国家外贸转型升级基地6个。开展“春融行动”提升工程，制定金融保险帮扶18条措施，帮助600余家外贸企业获得银行贷款和保单融资395亿元。全省外贸进出口4980.4亿元，增长23.7%。全省贸易方式优化提升，南昌综保区在绩效评估中从全国第70位跃居第40位，赣州综保区调整至赣州国际港获批，景德镇市获第二批国家级文化出口基地。

国际经济合作稳步发展。深度融入共建“一带一路”，赞比亚江西经济合作区一期建设基本完成，赞比亚卢萨卡机场、加纳阿克拉互通立交桥、莫桑比克科隆马纳大坝等一批重大项目顺利移交。江西国际、江西中煤、中鼎国际、江联重工、江西水建、江西建工6家企业再度入选全球最大国际承包商250强，数量居全国第三、中西部第一。中煤集团中标纳米比亚首都机场公路项目合同金额4.48亿元，单体援外项目创历史新高。江铜、晶科能源、赣锋锂业等新增一批对外投资项目。实施援外人力资源培训，全年线上培训31个发展中国家432名政府官员。加强对外投资合作风险管理指导，建立风险排查和新冠肺炎疫情防控机制，指导企业妥善应对境外疫情及合规风险。核准外国人到华邀请，涉及78家企业220人次。全省对外承包工程营业额41.2亿美元，增长1.5%，总量居全国第九、中部第二，连续6年进入全国前九。

（曾令铭）

货物贸易

【概　况】　2021年，以人民币计价，全省外贸进出口4980.4亿元，增长23.7%，为2012年以来最快增速。其中，出口3671.8亿元，增长25.8%；进口1308.6亿元，增长18.3%。进出口、出口增速分别比全国平均水平高2.3个百分点和4.6个百分点。以美元计价，全省外贸进出口770.8亿美元，增长32.8%。其中，出口568.2亿美元，增长35.1%，首次突破500亿美元；进口202.5亿美元，增长26.8%，首次突破200亿美元。

【多元化多业态发展】　全省有进出口实绩企业净增767家，总量6153家。其中，民营企业5496家，进出口3638.3亿元，增长22.7%，占全省外贸总值的73.1%；外商投资企业、国有企业进出口分别为1139.7亿元、201.2亿元，分别增长25.9%、35.2%。江西与全球224个国家及地区有贸易往来。对东盟、美国、欧盟前三大贸易伙伴进出口分别为797.3亿元、691.2亿元和521.8亿元，分别增长22.6%、36.4%和15.2%。对“一带一路”沿线国家合计进出口1424.3亿元，增长21.5%，占全省外贸总值的28.6%。其中，出口1244.6亿元，增长20.8%；进口179.7亿元，增长26.5%。全省跨境电商“1210”“9610”“9710”“9810”业务全面开通，迈入零售与批量“并举”、寄递与货运“并进”时期，全年通过海关跨境电商管理平台进出口497亿元，拉动全省外贸增长11.7个百分点。一般贸易方式进出口3698.7亿元，增长30.7%；占全省外贸总值的74.3%，比上年提高4个百分点。全省4个综保区合计进出口457.7亿元,增长156.3%;占全省外贸总值的9.2%,比上年提高4.8个百分点,拉动全省外贸增长6.9个百分点。

【营商环境】 出台《江西省对外贸易发展"十四五"规划》、稳外贸支持政策。开展"大培训、大提升"活动,组织2000余家外贸企业参加商务部举办的4场线上专题培训,以及省商务厅举办的1场外贸综合业务线下培训和7场线上专题培训,累计培训5000人以上。争取商务部等国家部委支持江西重点外贸企业纳入全国大型骨干外贸企业名单。开展"春融行动"提升工程,会同人行南昌中心支行出台江西省"本币结算示范企业"认定及授牌方案。6次召开全省外贸调度会,制定2条"我为群众办实事"项目清单,17次深入基层开展惠企政策宣讲等帮扶活动,助力11家防疫物资出口企业列入商务部白名单。"三级帮扶、多方联动稳外贸工作机制"做法被纳入全国典型推广范围。

【线上线下开拓市场】 推广运用江西数字外贸、"赣货通全球"等线上服务平台,举办34场江西出口商品网上交易会、1场江西品牌商品出口网上交易会,组织千家企业双线参加广交会等境内外重点展会,达成意向成交额10.2亿美元。对"江西出口名牌"企业进行宣传报道。打造省出口产品转内销线上平台,支持各地举办18场优质出口产品转内销活动。新获批6个国家级外贸转型升级基地,总量18家;新认定6个省级基地,总量22家。在《国际商报》等报刊媒体上对基地进行全方位宣传推介。推进赣州国际陆港创建国家进口贸易促进创新示范区。

【新业态发展】 加快南昌、赣州、九江跨境电商综合试验区建设,新开通跨境电商B2B出口模式,实现跨境电商全业务覆盖、全模式运行。组织跨境电商综合试验区以及有关设区市商务主管部门参加2021年春秋两季中国跨境电商交易会,组织100多家企业参加2021中国(中部)国际跨境电商贸易展。推动赣州跨境电商综合试验区与匈牙利中欧商贸物流合作园区开展"双区联动"合作。认定南昌前海国信等5家企业为省级外贸综合服务企业。推动景德镇市陶溪川文创街区申报市场采购贸易方式试点。支持企业布局海外仓,累计在全球建成海外仓100余个。

【扩大进口】 完善优化全省开放型经济考核中外贸考评指标体系,推动江西省进出口平衡发展。指导帮助31家外贸企业获得国家进口贴息资金2628万元。组织1500余家采购商参加第四届进口博览会、第二届中东欧博览会,累计达成意向采购3.25亿美元。

(毛金柱)

服务贸易

【概　况】 2021年,全省服务外包合同额64.2亿美元,增长20.43%。服务外包执行额51.2亿美元,增长19.64%。离岸合同额19.4亿美元,增长48.54%,比全国高26.27个百分点。离岸执行额13.8亿美元,增长18.73%。全省新增服务外包企业237家,增长7.64%;新增从业人数1.95万人,增长5.64%。服务贸易进出口额23.97亿美元,下降5.56%。其中,出口10.20亿美元,增长2.51%;进口13.77亿美元,下降10.76%。服务贸易逆差3.57亿美元,下降34.85%。技术进出口总额1.33亿美元,下降23.56%。签订引进技术和进口设备合同项目98个,合同金额0.77亿美元,下降39.84%;签订技术出口合同项目55个,合同金额0.56亿美元,增长21.74%。

【景德镇获批第二批国家文化出口基地】 8月26日,商务部、中宣部会同文旅部、国家广电总局公布第二批国家文化出口基地名单,景德镇为全国16家入选基地之一。景德镇市有陶瓷文化创意产业产学研实体6773家,规模以上企业119家,省级文化出口基地1家,省级以上文化产业基地20家,陶瓷艺术工作室2722家,并定期举办享誉中外的中国景德镇国际陶瓷博览会。全球40多个国家和地区的数万名"景漂""洋景漂"艺术家在景德镇交流创新创作。景德镇以瓷为媒,先后与"一带一路"沿线国家的21个产瓷地建立友好城市关系,进行战略合作,并着力打造经贸合作平台,外贸出口保持高速增长。"陶瓷+互联网"的融合,促进景德镇电子商务爆发式增长,网商发展指数列全省首位。

【4家企业入选国家文化出口重点企业】 8月,商务部、中宣部、财政部、文旅部、国家广电总局共同认定的2021至2022年度国家文化出口重点企业名单公布,江西教育出版社有限责任公司、二十一世纪出版社集团有限公司、江西美术出版社有限责任公司、景德镇市望龙陶瓷有限公司入选。江西教育出版社有限责任公司成立于1985年,是以出版教材教辅、教育科学理论读物、社科人文学术读物、3~8岁少儿读物等出版物为特色的专业出版社。出版社长期致力于"讲好中国故事,传播好中国声音",与加拿大、美国、法国、日本、韩国、印度等85个国家的出版社在版贸工作方面有着长期交流与合作。二十一世纪出版社集团有限公司成立于1985年,主要出版青少年图书、杂志与相关音像电子产品,尤以出版儿童文学、知识漫画、图画书和低幼读物见长。曾获世界知识产权组织颁发的国际版权金奖,博洛尼亚书展最佳童书出版社大奖。江西美术出版社有限责任公司成立于1989年,是全国百佳优秀出版社。江西美术出版社出版了一批具有极高学术价值和艺术价值的图书,尤其在陶瓷、绘画、书法、雕塑等领域的系列图书令同行瞩目。出版社与法国、英国、以色列、马来西亚、越南、韩国等国出版机构建立良好的长期合作伙伴关系,图书版权合作遍布多个国家。景德镇市望龙陶瓷有限公司生产和销售青花玲珑瓷、陈设艺术瓷和城市景观瓷,产品多次获全国金奖。在陈设艺术瓷和景观瓷领域独树一帜,相继为人民大会堂、中南海、中组部和外国友人精制藏瓷。

【组织企业参展】 9月,省商务厅组织科技、文化、医药、赣菜等55家企业参加2021年中国国际服务贸易交易会线上线下展览,以“江西美如画 赣菜香天下”和“天下米粉看江西”为主题,展示赣菜及江西米粉的历史文化、绿色生态、传承技艺和发展成果,重点推介江西米粉预包装食品、名优特产品、景德镇陶瓷等。赣菜“十大名菜”“十大名小吃”展示区成为网红打卡点,参观及咨询人数达2.3万余人次,吸引中央电视台东方时空、朝闻天下、央视新闻等栏目,新华社、人民网、《人民日报(海外版)》《光明日报》以及西藏、黑龙江、湖北等中央和省外媒体对江西综合展区采访,累计阅读量达6000万余人次,吸引万达集团、山东德赛帮餐饮等众多知名企业洽谈合作。展会期间,达成意向合作近1200万元。

(毛小涛)

利用外资及中国港澳台资

【概　况】 2021年,全省新设外商及中国港澳台商投资企业633家,增长12.04%;合同金额96.06亿美元,下降22.06%。实际使用外资及中国港澳台资金额157.78亿美元,增长8.05%。其中,现汇进资23.71亿美元,增长21.3%。新设企业中,中国港澳台资企业546家,实际使用资金135.37亿美元。其中,新批港资企业423家,实际使用资金123.95亿美元;新批台资企业75家,实际使用资金10.12亿美元;新批澳资企业48家,实际使用资金1.3亿美元。中国香港现汇进资总额18.49亿美元,占全省现汇进资总额的78%。到赣投资前四位国家(地区)现汇进资总额2.87亿美元,分别为开曼群岛(1.24亿美元)、新加坡(0.59亿美元)、英属维尔京群岛(0.54亿美元)、中国澳门(0.50亿美元)。

【利用外资及中国港澳台资行业分布】 2021年,新设二产外商及中国港澳台商投资企业287家,合同金额48.26亿美元,实际利用金额101.5亿美元,分别占全省比重的45.34%、50.24%、64.33%;新设三产外商及中国港澳台商投资企业330家,合同金额46.48亿美元,实际利用金额54.38亿美元,分别占全省比重的52.13%、48.39%、34.47%;新设一产外商及中国港澳台商投资企业16家,合同金额1.31亿美元,实际利用金额1.9亿美元,分别占全省比重的2.53%、1.37%、1.2%。

【全省开发区利用外资及中国港澳台资】 2021年,全省开发(工业园)区实际利用外资及中国港澳台资133.87亿美元。其中,19个国家级开发区实际利用外资54.36亿美元,增长9.44%,比全省平均增幅高1.39个百分点。排名前四位的分别为南昌高新区、南昌经开区、南昌小蓝经开区、上饶经开区。

【六大重点产业利用外资及中国港澳台资】 2021年,全省新设六大重点产业外资及中国港澳台资企业142个,其中电子信息99个、装备制造24个、中医药1个、新能源6个、新材料12个。全省六大重点产业合同外资及中国港澳台资金额和实际利用外资金额分别为26.7亿美元和19.15亿美元。

【外商及中国港澳台商投资企业增资】 2021年,全省有159家企业增资,增加合同资金23.07亿美元。其中,合同增资1000万美元以上企业47家,共增加合同金额19.96亿美元。增资前四的企业分别是时富新能源(江西)有限公司增资2.36亿美元,赛得利(中国)纤维有限公司增资1.82亿美元,江西曼卓贸易有限公司增资1.47亿美元,江西蓝星星火有机硅有限公司增资1.41亿美元。

【赣南等原中央苏区外资利用】 2021年,赣南等原中央苏区新设外商及中国港澳台商投资企业310家,增长15.24%;合同金额38.32亿美元,下降16.72%;实际利用金额49.84亿美元,增长8.14%。

【举办2021年江西省对接粤港澳大湾区经贸合作活动】 12月16日—17日,2021年江西省对接粤港澳大湾区经贸合作活动在深圳举办。活动由省政府主办,省商务厅承办,采取省市联动的方式,以“1+7”形式举办1场主题推介会和7场专题活动,省直部门举办特色产业对接活动,景德镇市围绕国家陶瓷文化传承创新试验区、赣州市围绕打造对接融入粤港澳大湾区桥头堡等主题举办专题对接活动。各市(县、区)利用活动平台,举办16场专题对接活动。活动共签约项目94个,投资总额2367.5亿元。其中,外资及中国港澳台资项目10个,投资总额20.88亿美元。

【举办2021江西省与跨国公司(上海)合作交流会】 11月3日,2021江西省与跨国公司(上海)合作交流会在上海举办。活动由省政府主办,省商务厅承办,是江西省连续第六年在上海举办的重大招商活动,是省政府在长三角地区举办的唯一以利用外资为主题的经贸合作交流活动。活动邀请福特汽车、麦格纳、林德、阿斯利康、爱立信、爱特思、雀巢、赛默飞世尔等世界500强和昕诺飞、索普瑞玛、佛吉亚、丹纳赫、默克、宜家家居等跨国公司高管,以及德国工商大会、加中贸易理事会、上海美国商会、香港贸发局、上海市外商投资企业协会等重点商(协)会负责人参会。大会签约外资合作项目34个,投资总额34.88亿美元。

【优化外商投资营商环境】 贯彻落实《中华人民共和国外商投资法》《中华人民共和国外商投资法实施条例》等法律法规,开展不相符的法规、规章和规范性文件清理。深入推进外资领域“放管服”改革,复制推广自贸试验区外资领域改革试点经验,全面落实外商投资准入前国民待遇加负面清单管理制度。建立健全外商投诉工作机制,建立省市县三级外商投诉工作网络,出台《江西省外商投资企业投诉工作机构办事指南》,明确外商投诉受理流程,为依法妥善处理外商投诉事项提供解决途径。落实外商投资信息报告制度。启动国际投资“单一窗口”建设,为外商投资提供“一站式”全流程跟踪服务。

(陈星)

对外经贸合作

【概　况】 2021年,江西企业完成对

外承包工程营业额41.22亿美元,增长1.43%。签订对外承包工程合同项目147个,新签合同金额36.07亿美元;承包工程的主要项目及国别(地区)为非洲和亚洲,完成营业额前十大主要市场为加纳、埃塞俄比亚、赞比亚、肯尼亚、阿尔及利亚、莫桑比克、印度、沙特阿拉伯、纳米比亚和越南。对外直接投资8.96亿美元,增长3%。

【对"一带一路"沿线国家投资合作】 2021年,江西企业在"一带一路"沿线国家承包工程新签合同额3.30亿美元,完成营业额11.31亿美元。项目主要集中在交通运输建设类、电力工程建设类和一般建筑类。全年对"一带一路"沿线国家投资稳步推进,对外直接投资1.35亿美元,前三大主要投资国家为马来西亚、阿拉伯联合酋长国和越南。

【对外承包工程企业发展】 省商务厅贯彻落实《关于做好对外承包工程企业国外工程项目业绩和奖项认可有关事项的通知》惠企政策,指导企业申请国外工程业绩认可。至年底,共有4家企业27个项目获得认可,并上传至相关企业在江西省公共资源交易网、住建云等平台的业绩库内,企业可凭上述业绩参加工程项目投标及申报相应资质。指导和推动江水建设、海力控股、昌建建设3家企业获批国家对外援助成套项目总承包企业资格,为企业开拓国际市场,参与"一带一路"共建提供新渠道。推动包括上榜ENR250强在内的7家对外承包工程企业列入江西省外贸企业白名单,支持企业申报海关认证企业,享受进口免担保验放等创新服务政策以及出口信用保险等支持政策,降低企业国际物流成本。

【对外直接投资】 晶科能源在越南生产基地建设年产5GW太阳能电池组件及5GW太阳能电池生产线项目和年产10GW单晶硅片生产线。赣锋锂业通过海外并购获得南美等地锂矿项目,海外项目为国内新能源电池生产提供90%以上的矿石资源。江铜股份通过引入央企战略投资者增资开发建设哈萨克斯坦钨矿项目。拓展境外研发领域投资。在美欧对中国获取技术类投资项目陆续收紧的背景下,江西汉氏药业通过收购法国汉氏联合有限责任公司股权在法国开展干细胞新药研发。赞比亚江西经济合作区一期建设基本完成,赞比亚政府依法批准其多功能经济区地位,合作区还与赞比亚发展署签订投资促进与保护协议,为加快招商提供保障。

【援外综合效应发挥】 指导国际商务官员江西研修基地——江西外语外贸职业学院实施援外人力资源培训项目,全年举办13期线上培训,培养31个发展中国家的432名学员,并与江西林恩茶业有限公司、江西凯马百路佳客车有限公司、江西龙卿堂科技有限公司、江西鑫通机械制造有限公司、中国瑞林工程技术有限公司、赣锋锂业股份有限公司等省内企业进行对接。借助援外培训,搭建"家门口"的对接平台,通过云参观企业,调动发展中国家与江西开展产业合作的积极性、主动性。

【落实境外企业风险防范工作】 印发《关于加强对外投资合作风险管理工作的通知》,为企业梳理常见对外承包工程业务风险点,指导企业妥善应对境外合规风险;在省商务厅网站开设"境外安全风险防范"专题专栏,实时更新境外国别预警、安全形势分析、世界各国新政策等内容,帮助企业规避海外风险;与中信保江西分公司合作,印发《江西企业"走出去"国家风险分析报告》,依托中信保庞大的数据库和国别风险研究专长,为企业提供专业的国别风险识别和控制建议,帮助企业有效开拓国际市场。

(周颉)

国内经济合作

【概 况】 2021年,全省实际引进省外项目资金9541.76亿元,增长9.03%,引进电子信息、航空、先进装备制造、新材料、新能源、生物医药六大新兴产业项目聚集度进一步提升。省外资金来源地主要集中粤港澳大湾区、长三角及京津冀地区,前六位依次是广东、浙江、上海、江苏、福建、北京,6地区引进资金占全省引资的79.06%。

【第三届世界赣商大会召开】 12月5日—7日,第三届世界赣商大会在赣州市召开。珠海格力电器集团董事长兼总裁董明珠,宁德时代联合创始人、副董事长李平等千余名知名赣商赣才代表,驻赣异地商会的新赣商代表、有意愿投资或已投资江西的企业家代表、赣籍知名专家学者,致力于江西经济社会发展的知名人士参会。会上,表彰了50名回乡投资优秀赣商。大会共签约项目135个,签约总额2003.75亿元。其中,大会现场签约项目30个,签约金额747.6亿元。

【区域合作活动】 2021年,江西以参加经贸展会为主线,加强与西部的区域经济合作交流。先后派员参加第五届丝绸之路国际博览会暨中国东西部合作与投资贸易洽谈会、第三届中国西部国际投资贸易洽谈会、首届中国(青海)国际生态博览会、第二十七届中国兰州投资贸易洽谈会开幕式暨丝绸之路合作发展高端论坛、第二十二届中国·青海绿色发展投资贸易洽谈会、第十八届中国西部国际博览会、第十三届全国对口支援三峡库区经贸洽谈会等,展示推介江西高质量发展成就,宣传一流的营商环境。其间,走访陕西、重庆、甘肃、青海、四川等地的省级江西商会。

(喻敏辉)

本类目编辑 游桃琴

交通邮政

公路

【概　况】 2021年,全省普通国省道投资完成185.2亿元,下降36.7%;农村公路投资完成190.5亿元,下降31.7%;枢纽场站投资完成14.3亿元,增长74.4%。抚州东外环王安石特大桥、萍莲项目建成通车,遂大项目、樟吉改扩建及沪昆高速梨东段改扩建项目施工辅道开工建设。南昌市、上饶市创建全国“四好农村路”市域示范创建单位,安义县、寻乌县、新干县、安福县、靖安县、玉山县创建全国“四好农村路”示范县。省级“四好农村路”示范市累计2个,省级“四好农村路”示范县累计50个。安福县、安远县、泰和县农村物流项目入选第2批全国农村物流服务品牌。11个设区市、92个县(市、区)出台深化农村公路管理养护体制改革实施方案,所有涉农县实行农村公路“路长制”。全省公路总里程21.11万千米。其中,高速公路6308.9千米;普通国省道1.8万千米,普通国道2级及以上里程占比93.26%,普通省道2级及以上里程占比61.26%;农村公路18.5万千米,县道3级以上里程占比57.25%。普通国省道升级改造602.4千米,完成养护大中修工程1509千米,危桥改造109座。266个第2批不停车检测点基本建成,实现全省普通国省干线公路重要路段全覆盖。推进卫星遥感与路网数据结合应用,推广使用远程视频监控普通公路建设项目施工全过程。

全省有道路旅客运输经营业户422户,道路货物运输经营业户8.15万户,机动车维修经营业户9276户,机动车驾驶员培训业户829户。城市公交车辆1.56万辆,营运线路2312条,营运线路总长度5.19万千米。出租汽车1.75万辆,营运里程13.84亿千米。等级客运站176个,货运站57个。

【农村公路】 县道升级改造936千米,窄路面拓宽改造1479千米,乡道双车道改造1575千米,旅游路、资源路、产业路、公益事业路、路网联通路建设完成944千米,县乡道路面改造197.7千米。建成旅游公路116千米,扶贫公路476.4千米。建桥撤渡工程开工桥梁12座,通路撤渡工程开工建设74千米,全面完成客运替渡工作。危桥改造完成556座,完成率139%;安全生命防护工程完成2144千米。完工崇仁县汽车站1个,在建吉水县、泰和县、武功山金顶、芦溪县、上栗县、德兴市南门、永新县7个县级客运站。打造客货邮融合发展样板,建成客货邮融合站16个,开通客货邮合作运营线路48条。

【公路桥梁和隧道】 全省国省干线公路桥梁累计117.6万延米/9951座,比上年增加1.5万延米/15座。其中,高速公路桥梁累计86.9万延米/4561座,比上年增加1.1万延米,减少3座。普通国省道桥梁累计30.7万延米/5390座,比上年增加3857.62延米/18座;一、二类桥梁5169座,占比95.9%;危桥68座,占比1.26%。

【公路运量与周转量】 2021年,全省完成公路客运量1.49亿人次,减少55.48%;旅客周转量97.7亿人公里,减少45.98%;完成货运量18.1亿吨,增长27.57%;货运周转量3960.1亿吨公里,增长21.96%。客运平均运距65.24千米,货运平均运距218.76千米。城市公交客运量9.41亿人次,减少0.13%;巡游出租汽车客运量4.11亿人次,增加0.2%。南昌轨道交通线网开通4条运营线路,运营里程128.5千米,拥有车站94座(含换乘站9座,不重复计算);客运量2.56亿人次,增加88%,日均运送乘客70.14万人次;旅客周转量16.53亿人公里,增加77.6%;运营车公里6552.6万车公里,增加69.65%。

【“宁都至定南高速公路智慧运营与服务提升科技示范工程”项目通过验收】 1月12日,省交通投资集团承担“宁都至定南高速公路智慧运营与服务提升科技示范工程”项目通过交通运输部验收。该示范工程于2017年在交通运输部立项,成为全国第1批以智慧高速为主题科技示范项目。该项目依托宁都至定南高速公路工程建设,以“智慧运营”和“服务提升”为目标,开展交通要素监测、智慧运行监管、出行信息服务三大类18个子项技术科技攻关、集成创新与推广应用,攻克面向高速公路基础设施结构安全动态监测、基于北斗卫星定位导航高速公路综合应急指挥调度、连续隧道与特长纵坡交织复杂路况安全行驶预警等关键技术,形成智慧高速公路建设标准体系。

【普通国省干线公路养护管理】 在“十三五”全国干线公路养护管理评价中,江西省综合排名全国第8名(不含直辖市),比“十二五”前进2名,创历史最好成绩,江西省交通运输厅获“十三五”全国干线公路养护管理工作先进单位。省综合交通中心开展全省普通国省干线公路服务设施星级评定工作,自2021年起,每年择优选出星级服务区(公路驿站)、星级停车区,全面提升服务设施建设质量、服务品质、运营管理和公众出行体验。经设区市自评、省综合交通中心复评、网上公众号投票、复核确定等评定步骤,评出武宁澧溪服务区等23个星级服务设施。

【省交通投资集团所属公路开发公司吉安分公司成立】 5月10日,省交通投资集团所属公路开发公司吉安分公司成立运营,成为集团首个路段管理单位资产经营试点单位。公司对吉安管理中心闲置房屋、机械设备、水电站等资产实行市场化经营、规范化管理,挖掘闲置资产市场价值,提高闲置资源使用效率,在实现闲置资产保值增值上发挥作用。

【江西4个公路水运工程在建项目入选交通运输部首批"平安百年品质工程创建示范项目"】 6月8日,交通运输部发布平安百年品质工程创建示范项目(第1批)清单,江西4个公路水运工程在建项目入选,分别是德州至上饶高速公路赣皖界至婺源段新建工程、宜春至遂川高速公路新建工程项目宜春至安福段、吉安市G105北京至澳门公路吉水县醪桥至青原区草坪桥段改道工程、信江航运枢纽工程。项目建设单位结合工程实际,充分吸纳借鉴已有经验和创新成果,加强设计、施工组织、材料、工艺工法、机具装备、检测监测、智能技术应用等创新创建,推动精细化管理,落实品质工程和绿色发展理念,严守安全生产底线,打造安全可靠、质量耐久、经济环保高品质工程项目。

【王安石抚河特大桥建成通车】 7月31日,王安石抚河特大桥建成通车。王安石抚河特大桥,位于抚州市湖南乡摆上郑家附近,是抚州东外环高速公路连接线控制性工程,全桥桥孔布置共9联,全长1.42千米,设双向6车道,设计时速80千米/小时。该桥是江西省高速公路项目建设史上第1座飞燕式钢混组合梁系杆拱桥,被誉为"江西高速第一拱",作为高速公路及市政道路共用桥梁,开辟高速公路项目省市共建模式新领域。该桥建成通车,增强抚州地区东西向运输通道功能,对完善区域高速公路网络结构,加速赣东地区经济社会发展意义重大。

【萍乡至莲花高速公路通车仪式举行】 9月25日,萍乡至莲花高速公路通车仪式在萍乡举行。萍莲高速公路是江西省高速公路网规划地方加密线,贯穿萍乡南北地区,起点位于萍乡经济技术开发区,与萍洪高速公路相连,终点位于莲花互通枢纽,与泉南高速公路连接。路线途径萍乡经济技术开发区、安源区、湘东区、莲花县等4个县(区)、9个乡(镇);全长75.3千米,主线采用双向四车道高速公路标准,设计速度80千米/小时,项目概算93.3亿元;全线有59座桥梁、5座隧道,有4处互通立交、4个收费站、1处服务区;桥隧比高达43.2%,是全省高速公路史上单位里程造价最高、地质条件最复杂、施工难度最大高速公路。项目建成通车,实现与昌栗高速、沪昆高速、泉南高速连接,对接湖南省长沙至浏阳高速公路,成为江西省西部地区快速通道,对于完善全省高速路网结构,改善地方交通条件,优化区域资源配置,带动沿线经济社会快速发展意义重大。

【交通一卡通推广】 全省11个设区市中心城区以及全国303个地级以上城市实现交通一卡通互联互通,方便群众乘公交车出行。全年全省发放交通一卡通211万张,覆盖全省883条公交线路、9725辆公交车。交通一卡通服务覆盖全省42个县级以上城市,赣州市实现18个县(市)全覆盖,吉安市在16条客运班线上实现一卡通刷卡支付。7个城市实现异地卡同城优惠,4个城市实现一卡通手机充值,赣州市、吉安市、九江市、萍乡市实现社保卡乘坐公交车。

【南昌公交集团做优家校专线】 2021年,南昌公交集团结合党史学习教育,以"一切为了孩子更好出行"为工作出发点和落脚点,提升家校专线运营质量,量身定制各大中小学专属出行方案。全年开学季,全市新增20余条家校专线。结合家校专线运营情况,从优推出单趟(往返)月票、单趟(往返)学期票、周票等多种乘车优惠政策。南昌公交集团以多样化、特色化服务方式满足各类群体出行需求,做到百姓有需求、公交有回应。在学生扫码验票上车后,掌上公交App会推送即时短信告知家长。学生家长可登录掌上公交App,查看专线运行轨迹,获取学生出行位置信息,提升学生家长安全感和便捷感。

【新版道路运政管理信息系统上线】 11月1日,新版道路运政管理信息系统上线。省综合交通运输事业发展中心加快新运政系统后期的应用推广,成立专班、压实工作责任、加强协调调度,对系统框架作调整和优化。全面提升道路运输服务、监管和决策水平,实现行业信息动态采集、实时传输、统一储存、共享应用,推进部省系统互联互通、行业内外信息交换、市县业务协同办理。

【南昌市轨道交通4号线开通运营】 12月26日,南昌市轨道交通4号线开通运营,线路制式为地铁,采用双线单向右侧行车。全线长39.60千米,至此南昌轨道交通线网长度达到128.45千米。4号线共设有车站29座,含4座高架站、25座地下站,其中换乘车站5座,实现与1号、2号、3号线换乘。

【网约车行业合规化发展】 2021年,全省89家网约车平台取得网约车公司经营许可证198张,共有合规网约车2.1万辆,合规司机7.97万人。全省合规驾驶员完成订单率84.8%,全国省份排名第6位;合规车辆完成订单率46.1%,全国省份排名第22位;人车双合规完成订单率39.23%,全国省份排名第17位。

【网络平台道路货物运输新业态发展】 2021年,江西省获得网络货运经营许可,接入江西省网络货运信息监测系统企业87家,监测完成运单规模52.77万单,整合社会车辆规模3.69万辆,整合驾驶员规模3.65万人,货运总量882.87万吨,货运周转量18.78亿吨·公里,运输费用总额11.83亿元。

12 月 28 日,遂川至大余高速公路新建工程暨樟吉改扩建项目开工动员会在崇义县召开

田慧供

【2 个项目开工动员会召开】 12 月 28 日,遂川至大余高速公路新建项目、樟树至吉安高速公路改扩建项目开工动员会在崇义县召开。省交通运输厅党委书记、厅长王爱和出席动员会并下达项目开工令,厅党委委员、副厅长刘震华发言。省交通投资集团党委书记、董事长王江军主持会议,省交通投资集团党委副书记、副董事长、总经理谢兼法介绍项目概况。赣州市副市长陈阳山、吉安市副市长胡海洋及 2 个项目参建单位代表分别作表态发言。省直有关单位和 2 个项目沿线市、县(市、区)政府负责人,项目参建单位代表参加动员会。遂川至大余高速公路是全省“10 纵 10 横 21 联”高速路网中第 9 纵最南段,起点位于吉安市遂川县,与在建宜遂高速相接,一路向南途经赣州市上犹县、崇义县,终点位于赣州市大余县,与南韶高速康大段相连,线路总长约 127 千米,建设工期 48 个月,项目概算投资 244.5 亿元,全线采用双向四车道标准建设,共设桥梁 103 座、隧道 18 座、互通立交 8 处、服务区 3 处、收费站 6 处。项目桥隧比高达 56%,穿越 10 个环境敏感区,均创全省高速公路建设史上之最。樟树至吉安高速公路是江西省高速公路“十字形”主骨架纵向主干道中一段。此次改扩建起于沪昆高速、东昌高速、樟吉高速交叉樟树枢纽,与八车道 G60 沪昆高速昌樟段相接,与在建 G45 大广高速吉康改扩建项目相接,路线全长 105 千米,投资概算 124.2 亿元,全线按双向八车道标准进行扩建,改建和新建枢纽互通 7 处、服务区 2 处、桥梁 85 座。

(胡晓　田慧)

铁　路

【概　况】 2021 年,中国铁路南昌局集团有限公司管辖赣闽 2 省全部和湘鄂浙皖 4 省部分铁路。部分铁路分界站(点)分别为京九线北端(蔡山站)K1277+000 处与武汉局集团公司分界,京九线南端(定南站)K2008+200 处与广州局集团公司分界;沪昆线东端(新塘边站)K502+200 处与上海局集团公司分界,沪昆线西端(灯芯桥站)上行线 K1043+446 处、下行线 K1043+445 与广州局集团公司分界;皖赣线(倒湖站)K342+500 处与上海局集团公司分界;武九线(西河村站)K185+809 处与武汉局集团公司分界;合九线(孔垄站)K278+871 处与上海局集团公司分界;铜九线(香隅站)K164+000 处与上海局集团公司分界;吉衡线(睦村站)K127+508 处与广州局集团公司分界;赣韶线(珠玑巷站)K66+819 处与广州局集团公司分界;沪昆高速线东端(江山站)K429+202 处与上海局集团公司分界;沪昆高速线西端(醴陵东站)K1006+798 处与广州局集团公司分界;合福高速线(黄山北站)K1307+230 处与上海局集团公司分界;武九客专(枫林站)K153+696 处与武汉局集团公司分界;衢九线(德兴东站)K96+416 处与上海局集团公司分界;分茶线(茶陵站)K206+349 处与广州局集团公司分界;浩吉线(吉安站)K1813+460 处与武汉局集团公司分界;河下联络线(河下站)上行线 K0+058 处、下行线 K0+055 处与武汉局集团公司分界;京港高速线(黄梅东站)K1347+973 处与上海局集团公司分界;京港高速线(定南南站)K2058+881 处与广州局集团公司分界。

【营业里程】 2021 年,集团公司管辖营业里程 8990.6 千米(江西境内 4822.0 千米)。其中,国家铁路营业里程 3738.8 千米(江西境内 2485.0 千米),合资铁路营业里程 5251.8 千米(江西境内 2337.0 千米)。线路总延展里程 1.84 万千米。复线里程 5504.6 千米,复线率 61.2%;电气化里程 7482.9 千米,电化率 83.2%。

【客货运输】 2021 年,旅客发送 1.71 亿人,完成计划 91.6%,同比增长 10.5%(江西铁路旅客发送 8942.8 万人,同比增长 12.3%);货物发送 8900.1 万吨,完成计划 100.6%,同比增长 8.0%(江西铁路货物发送 4770.4 万吨,同比增长 6.3%)。换算周转量 1528.20 亿吨公里,完成计划 99.0%,同比增长 12.3%。其中,旅客周转量 750.57 亿人公里,完成计划 94.3%,同比增长 10.5%;货物周转量 777.63 亿吨公里,完成计划 104.0%,同比增长 14.1%。

【重点物资运输】 2021 年,发送煤炭 2416.3 万吨,同比增长 13.9%;发送粮食 7.2 万吨,同比下降 13.9%;发送化肥 5.5 万吨,同比下降 51.7%;发送石油 177.8 万吨,同比下降 16.6%;发送金属矿石 1751.6 万吨,同比增长 1.1%;发送钢铁 889.2 万吨,同比增长 8.0%。

【南昌车站疫情防控】 2021 年,南昌车站落实常态化疫情防控“外防输入、内防反弹”工作,实施“重点人群闭环管理”。在进(出)站口配置测温仪15台、手持测温枪43支、自动口罩发售机4台,处置发热旅客252人次,转运入境旅客1222人次。为职工发放一次性医用口罩26.12万个、N95口罩2.58万个、医用一次性橡胶手套1.72万副、护目镜1055副、防护服275套、防护面罩619个。根据疫情变化,对人员出行限制进行动态调整,实现“职工零感染、铁路零传播”目标。组织职工疫苗接种,完成疫苗第二针接种862人,应接人员接种率97.5%;完成疫苗第三针接种588人,到期接种率81.7%。

【江西首家中欧班列进口商品保税店“南铁易购”营业】 2月20日,江西首家中欧班列进口商品保税店“南铁易购”营业,销售产品涵盖美妆个护、母婴用品、糖果酒水、居家用品等400余种。“南铁易购”中欧班列进口商品保税店采用“全球直采”加“1210保税跨境电商合作”方式运作,采用全球先进RFID防伪技术对所售商品实现全程追踪、溯源,从试点门店至后期规划建设门店,实施同城同质同价供货;融合多种促销方案和营销渠道,配备赣闽2省农特产品售卖专区,为消费者提供“一键购买+门店自提+物流送达”购物服务。

【井冈山至韶山红色专列首发仪式举行】 6月18日,井冈山至韶山红色专列首发仪式在井冈山市举行,省长易炼红宣布发车,省委副书记叶建春讲话,常务副省长殷美根主持仪式,省领导吴忠琼、胡强出席,中国铁路南昌局集团有限公司总经理汤立新致辞。同日7时49分,首趟井冈山至韶山红色专列从井冈山站开出,沿途经过江西吉安,湖南湘潭、株洲等县市,串联起赣湘边区红色文化区域。途经吉衡线、醴茶线、沪昆线、韶山支线,沿途停靠炎陵、茶陵南、醴陵、湘潭等站,同日13时40分,抵达终点站韶山站。井冈山中学200名学生乘坐该专列,开展回访伟人故里“红色走读”研学活动。

【九江首趟中欧(亚)班列开行】 8月28日,一列满载纺织品、布料、服装、家具等日用生活物资中欧(亚)班列从九江驶出,经霍尔果斯口岸出境,驶向哈萨克斯坦,通过阿腾科里站将货物分拨转运至中亚各地。这趟班列运送集装箱50箱,货物总重1200吨,总价值1500万美元,在江西省九江市南站集结成组,通过铁路运送出境,运输全程4500千米,用时7天,相比原来缩减运输时间和成本。该班列是赣北地区开行首趟中欧(亚)班列,为中国长江中下游地区与“一带一路”沿线国家贸易往来新增1条国际通道,有利于加快推进长江经济带一体化建设和九江区位优势发挥。

【赣州国际陆港第1000列中欧班列开行】 9月24日,一列满载小家电、日用品、电子产品等50车货物X8098次中欧班列,从赣州国际陆港驶出,经阿拉山口口岸出境,于17天后抵达匈牙利布达佩斯。该班列是赣南地区自2017年4月23日开行首趟中欧班列以来第1000列中欧班列。

【T147次“红领巾号”首发列车开行】 10月12日,由共青团中央、全国少工委、国铁集团共同命名T147次“红领巾号”首发列车从南昌站驶出,经由中国少年儿童运动发源地萍乡,向北京行进。“红领巾号”列车开行,是铁路共青团探索服务青年发展创新举措,通过选拔优秀团员青年担任乘务班组、强化铁路青马讲师宣讲能力、创建青年文明号优质团队等形式,助力铁路青年在岗位成长。

【赣深高铁开通运营】 12月10日,赣(州)深(圳)高铁开通运营。赣州至深圳最快铁路旅行时间由5小时32分压缩至1小时49分,南昌经赣州至深圳最快铁路旅行时间由9小时31分压缩至3小时30分。同日9时,G2197次列车从赣州西站发车,驶向深圳北站。江西省委副书记、赣州市委书记吴忠琼,省委常委、副省长任珠峰,中国铁路南昌局集团公司党委书记、董事长王培等领导出席首发仪式。赣深高铁即京港高铁赣深段,是国家“八纵八横”高速铁路京港通道重要组成部分,北起江西省赣州市,南至广东省深圳市,设计时速350千米,线路全长434千米,共设车站13座。开通运营后,北接昌赣高铁,南连广深港高铁和杭深高铁,形成华中地区连通粤港澳大湾区快速客运通道,为推动赣州市建设成为省域副中心城市、“一带一路”重要节点城市和对接粤港澳大湾区桥头堡发挥作用;结束江西省信丰县、龙南县、定南县不通高铁历史,赣南地区首次开行直达广东高铁列车。至此,江西出省铁路通道20条。

【安九高铁开通运营】 12月30日,安(庆)九(江)高铁开通运营。至此,京港高铁商丘至深圳段全部贯通。南昌经九江至合肥最快铁路旅行时间由4小时压缩至2小时。安九高铁即京港高铁安九段,是国家“八纵八横”高速铁路京港通道重要组成部分,北接合安、合蚌、京沪高铁,南连武九高铁,与武九铁路、武九高铁、昌九城际铁路、京九铁路在庐山站交会,和九景衢铁路共同形成九江地区“十字形”高速铁路网。安九高铁线路全长176千米,设计时速350千米,起于安徽省安庆市,经湖北省黄梅县,终到江西省九江市。全线设安庆西站、潜山站、太湖南站、宿松东站、黄梅东站、黄梅南站、庐山站7个车站。安九高铁连通安徽省西南部安庆地区、湖北省东南部黄梅县和江西省北部九江地区,对完善长江经济带区域铁路网布局、服务长江经济带高质量发展、促进沿江城市间人文经贸交流具有重要意义。

(曾进)

民　航

【概　况】 2021年,江西省机场集团有限公司(省机场集团)完成起降架次13.5万架次,增长9.9%;旅客吞吐量1376万人次,增长7.8%;货邮吞吐量17.8万吨,下降4.8%。其中,南昌昌北国际机场完成起降架次8.8万架次,增长3.7%;旅客吞吐量976.6万人次,增长3.6%;货邮吞吐量17.3万吨,下降5%。

【疫情防控】 2021年,省机场集团落实“外防输入、内防反弹、人物同防”总要求,坚持“思想不松、标准不降、力度不减”,围绕客货防控、员工防控和紧急运输3条主线,严格落实验码、测温、佩戴口罩等要求,加大航站楼消毒频次，做好旅客转运工作，全年省机场集团登记转运境外旅居史旅客8073人次。落实国际货运防控“四指定”“四固定”“两集中”要求，设置专用保障区域通道，强化国际货物消杀，压实“7+7+7”闭环管理举措，共实施22批次集中居住管理。落实核酸检测要求，全年累计开展员工核酸检测18.64万人次。推进疫苗接种，省机场集团员工及合约商共接种6304人，接种率98.89%；完成加强针接种4759人，应接尽接率98.63%。

【生产运输恢复】 2021年，南昌昌北国际机场加密首都、大兴等11条干线，新开9个支线航点。协调4家基地公司和国航、南航等加大对南昌机场主干航线运力投入。支线机场共新开8个空白航点，上饶机场实现通达北京2场，九江机场实现复航。南昌至列日、洛杉矶货运航线稳定运行，新增南昌至纽约货运航班。南昌机场推出“飞昌快”广深快线服务和“经昌飞”中转服务品牌，提升旅客出行效率和中转服务体验。推出“最强登机牌”产品，增强“引客入赣”吸引力。新开南昌至修水、高安等5条机场直通车，新增安义城市候机楼。精准投放补贴政策至萍乡、三明、南平等高铁沿线客源市场，拉动“空铁联运”旅客增长。开展票价直减、主题营销，南昌空空中转旅客同比翻两番。

【货运发展】 2021年，南昌昌北国际机场年货邮吞吐量17.3万吨，下降5%。全国机场货运量排名20位，比上年下降2位。其中，国内货邮6.1万吨，下降42%；国际货邮11.2万吨，增长46.2%。货运航线网络方面，在原有南昌至列日、洛杉矶货运航线稳定运行基础上，新增南昌至纽约货运航班。

【航线网络拓宽】 2021年，省机场集团争取民航华东地区管理局对江西机场航班增量支持。冬航季航班换季后，南昌机场日均计划航班量近390架次（不含国际及地区航班），加密首都、大兴、虹桥、浦东、成都、昆明、青岛、重庆、南宁、海口、兰州等航线，新开西宁市、福州2个省会城市航线，实现适宜通航省会城市全覆盖，新增忻州等9个支线航点，航线网络覆盖面持续拓宽。

【服务质量提升】 2021年，省机场集团持续践行“真情服务”，航班正常性保持较好水平。全年南昌机场放行正常率91.10%，在全国旅客吞吐量占0.2%，机场排名第19位。南昌机场ACI旅客满意度达到4.95分，高于年度目标值，全部支线机场ACI满意度达到年度目标。完成全国两会、“全国脱贫攻坚表彰大会”“建党100周年”等重大运输保障任务。

【重点项目建设】 2021年，省机场集团抓好重点项目建设管理，推进重点建设项目。南昌机场3期扩建工程，T2航站楼C指廊房建工程、场道工程西站坪施工基本完成。全面启动南昌机场3期扩建前期工作，项目建议书获国家发展改革委批复；先行项目主进场路跨线桥开工建设，“两站一池”迁改工程可研获批。

（王若羊）

水　路

【概　况】 2021年，全省水运建设完成投资95.6亿元。18个水运重点项目加紧建设，信江枢纽界牌船闸和八字嘴枢纽东大河船闸主体工程已完工，双港枢纽船闸基本建成，信江具备三级通航条件。全年全省拥有港口11个，港区58个；生产泊位465个，泊位长度28.43千米；非生产用泊位27个，泊位长度2024米；千吨级以上泊位185个，最大靠泊能力5000吨级。全省通航里程5716千米。其中，Ⅰ级航道156千米，Ⅱ级航道175千米，Ⅲ级航道540千米，Ⅳ级航道87千米，Ⅴ级航道89千米，Ⅵ级航道313千米，Ⅶ级航道1067千米，等外级航道3289千米。全省经核查营运船舶共2223艘、423.27万载重吨、1.29万客位、6025箱位。

全省完成港口吞吐量2.29亿吨，集装箱78万TEU，增长22.1%和3.7%；完成客运量159.2万人，旅客周转量2407万人公里，增长40.6%和36.2%；完成货运量1.28亿吨，周转量354亿吨公里，增长20.1%和33%。全省船闸过闸1350次，增长92.6%；过闸船舶1779艘，增长98.9%；过闸船舶总吨位170.01万吨，增长82.3%；货物通过量98.75万吨，增长286.3%，其中货运量增速位列全国第2位，中部第1位。全省水路运输经营业户213家，增长6.5%；运输船舶2302艘，增长3.6%；船舶总运力533.9万载重吨，增长26.1%；船舶平均载重吨2319吨，增长21.8%。

全年接收船舶垃圾374.8吨、生活污水3.09万立方米、油污水757.5立方米，转运率和处置率均达80%。改造产生生活污水运输船舶1904艘。淘汰老旧运输船舶92艘。推进岸电设施改造，391艘运输船舶完成受电设施改造安装。全年全省岸电设施使用2.72万艘次，增长113%；使用32万小时，增长167%；使用30.5万千瓦时，增长134%。全年全省完成765座桥梁桥区水域航道安全风险隐患排查及治理工作。开展水路承载体普查工作，航运枢纽及通航建筑物等数据采集完成率100%。

【“九江智慧港航一张图”项目获批复立项】 2月15日，省交通运输厅下达2022年第1批科技项目立项名单，九江市港口航运管理局申报“九江智慧港航一张图”项目通过评审立项。九江市港口航运管理局按照《江西省交通运输厅关于组织开展2022年度科技项目计划申报工作的通知》要求，精心调研和谋划，成立专班推进工作小组，结合九江港航实际，从提升港航科学管理水平角色出发，明确“九江智慧港航一张图”项目研究和建设内容。“九江智慧港航一张图”项目以九江港地形地貌、建筑物分布和集疏运配套等资源为底图，融合港航资源、统计报表、货物流向、安全风险、视频监控等要素汇聚于1套图系上，为港航企业和港航管理人员等用户提供可视的、多维度、效率高、空间数据，丰富二、三维一体化智慧港航1张图。九江市港口航运管理局根据省交通运输厅要求，做好项目研究及建设工作，确保任务按时按质完成。

【《吉安港总体规划（修订）》获批】 5月21日，江西省人民政府批复《吉安港总体规划(修订)》,将吉安港分为新干县、峡江县、吉水县、中心城区、吉安县、泰和县、万安县7个港区,规划港口岸线38.20千米。吉安港以发展能源、原材料、产成品、矿建材等大宗散、件杂货运输为主,发展集装箱运输和旅游客运,形成布局合理、功能完善、绿色安全、高效便捷综合性港口。《吉安港总体规划(修订)》获批,有效指导吉安港口资源保护开发和利用,发挥高等级航道优势,推进现代化港口体系建设,为吉安市1批储备港口项目建设提供重要依据,实现全省水运大繁荣提供支撑。

【界牌枢纽船闸改建工程投入试运营】 5月29日,信江(鹰潭段)高等级航道建设工程——界牌枢纽船闸改建工程通过交工验收,投入试运营。改建后船闸有效尺度长180米,宽23米,门槛水深4.5米。新建电站装机总容量4兆瓦,新建鱼道总长570米,宽3米,池室长度4米。改建后船闸设计水平年单向通过能力1519万吨。界牌船闸改建工程建设是信江航道等级提升重要基础设施,对于畅通信江全线水运,提升信江航道服务能力,带动信江沿线地区经济发展,助推赣东北发展战略,助力江西建成“两横一纵”高等级航道网络,建设畅通高效平安绿色现代水运体系具有重要意义。

【信江航运枢纽工程项目东大河虎山嘴船闸试运行】 8月22日,信江航运枢纽工程项目东大河虎山嘴船闸试运行,对信江航运经济复苏具有推动作用。信江八字嘴航电枢纽是全省水运重点建设项目,对信江流域经济发展起着重要作用。虎山嘴船闸试运行,初步实现信江水运“大动脉”贯通。通航条件大幅提升,给水运物流成本降低带来直接效益。船闸试运行后,通航等级由Ⅶ级航道提升至Ⅲ级航道;年设计运输能力由2016年2150万吨提升至3420万吨,船舶过闸时间仅需40分钟。

【新干航电枢纽库区航道宋家滩疏浚工程交工验收】 8月31日,江西省航道工程局承接新干航电枢纽库区航道宋家滩疏浚工程完成交工验收。新干航电枢纽库区航道宋家滩疏浚工程位于峡江枢纽下游5千米位置,距新干航电枢纽坝址49千米,疏浚长度2千米。航道建设标准航宽60米,水深2.2米,弯曲半径480米,通航保证率95%,设计最低通航水位32.15米(黄海高程),设计河底高程29.95米。宋家滩疏浚工程完工,极大改善赣江通航条件,提高船舶通航能力,保障赣州—南昌3级通航要求。

【九江港货物吞吐量突破1亿吨关口】 至8月底,九江港累计完成港口货物吞吐量1.08亿吨,提前完成进度目标。九江港拥有长江岸线152千米,是全国内河28个主要港口之一,是江西省唯一通江达海外贸口岸。九江港沿江形成“一港五区”发展格局,集装箱、散杂货、液体危货等港区主功能定位明确,港口货物吞吐量在全省占比80%。新建4个现代化集装箱泊位红光国际港投入运营,开通集装箱水路穿梭巴士,实现港区联动。设计吞吐能力600万吨城西砂石集散中心将投入运营。新增城西港区铁路专用线将以政府引导、市场操作、港铁港企合作全新模式投入运营。江西—哈斯克斯坦中亚班列顺利开通。九江港全年港口货物吞吐总量突破1.52亿吨,创造吞吐量历史新高。

【九江港集装箱货轮“穿巴航线”开行】 9月2日,“荆淮99号”集装箱货轮从九江城西港启航,于同日抵达九江红光国际港,标志着九江港集装箱货轮“穿巴航线”正式开行。“穿巴航线”是九江港现有2个集装箱码头间定点、定时、对开集装箱班轮航线。通过将集装箱货物付载“穿巴航线”,2个港周边企业可实现集疏港运输“公改水”以及就近提、还箱,将降低企业运输成本,优化九江物流运输结构。“穿巴航线”开行,将九江城西国际集装箱码头与红光国际港2个港连为1个港,实现货物在2个港间高效、自由流转;航线有序分配,将集装箱船舶“两靠”减为“一靠”,提高九江港船舶和货物转运效率,为区域航运中心发展赋能。

【信江八字嘴航电枢纽工程5个标交工验收会召开】 10月14日,信江八字嘴航电枢纽工程BW1、BW3、BW4、BW7、BW8标交工验收会召开。此次验收会议成立验收委员会,特邀5名专家组成验收专家组。验收委员会成员和专家组实地查看工程现场,查阅相关资料,听取有关情况汇报。经讨论后,信江八字嘴航电枢纽工程BW1、BW3、BW4、BW7、BW8标交工验收范围内工程,外观质量良好,内业资料齐全,工程质量合格,具备交工验收条件,一致同意通过验收。信江八字嘴航电枢纽工程交工验收是信江航运枢纽工程重要项目节点,此次验收确保信江实现全线三级通航。

【《江西省水路交通条例》表决通过】 11月19日,江西省十三届人大常委会第34次会议表决通过《江西省水路交通条例》,于2022年3月1日正式施行。该条例出台,是贯彻落实《中华人民共和国航道法》《中华人民共和国港口法》,推动全省水路交通高质量发展重要举措,填补江西省水路交通综合性立法空白,对于破解全省水路交通发展难题,适应全省交通运输发展具有重要意义。

【九江城西港区铁路专用线全线开通】 11月30日,九江城西港区铁路专用线全线开通,实现城西港区由“公水联运”向“铁水联运”降本增效迈进。九江城西港区铁路专用线是长江沿线8省(市)12条铁路专用线建设项目之一,是国家发展改革委员会督办重点工程。工程全长11.344千米铁路专用线,主要包括路基、桥涵、站场、通讯、电力、房屋、给排水、大临工程及附属工程等。该项目自2019年8月31日开工建设,2021年11月30日全线贯通,实现九江港与京九线等国铁干线无缝衔接,打通港口集疏运“最后一公里”;发挥铁路运输量大、能耗低、污染小等优势,构建江西综合立体物流交通走廊,对促进江西省在中部地区率先崛起,推动长江经济带绿色发展具有重要意义。

【九江港湖口港区船舶LNG加注工程通过交工验收】 12月20日,九江港湖口港区船舶LNG加注工程通过交工验收,标志着长江干线江西省范围内首个船舶LNG加注码头完工。该项目为过往船舶提供清洁能源、岸电、供水、环保接收、船舶维修、便利购物、医疗保健、交通驿站等多项服务，把九江港湖口港区打造成为“长江水上绿色综合服务区”，填补江西省在该领域空白。该工程采用 LNG 加注站与水上加油站“油气合一”集约化共建方式，在长江岸线 180 米范围内建设 5000 吨级 LNG 加注码头 1 个（兼顾柴油加注）；设计年通过能力 1.91 万吨，其中 LNG 加注能力 1.10 万吨，柴油加注能力 0.81 万吨。

（胡文斌）

邮　政

【概　况】 2021 年，全省邮政行业业务总量完成 210.69 亿元，增长 30.51%；业务收入完成 200.93 亿元，增长 15.69%，业务量增速位居全国第 3 名。其中，快递业务量完成 16.09 亿件，增长 42.93%；业务收入完成 144.31 亿元，增长 25.86%，业务量增速位居全国第 5 名。全省人均年使用快递服务 86 次；支撑网络零售额 1600 亿元。邮政普遍服务和快递服务满意度稳中有升，消费者申诉处理满意率达到 98%，为消费者挽回经济损失 194.1 万元。抓好“放管服”改革，优化营商环境，推进“两进一出”工程，提升行业治理效能，发挥邮政快递业服务经济社会发展作用，畅通经济循环、助力乡村振兴和促进民生改善。

【优化营商环境】 2021 年，推进“放管服”改革，优化许可流程，缩短办理时限，实现许可全流程“一网通办”。开通快递业务经营许可证寄递服务，实现“不见面”审批，为企业提供优质、便捷、高效政务服务。包容审慎推进新业态监管，全省累计发放智能快件箱、公共服务站许可共 17 件。开展“服务怎样我体验，发现问题我整改”专项活动，强化许可规范化管理工作，受理许可申请 225 起，许可延续 63 起，许可变更 107 起，依法注销企业 199 家。

【“两进一出”工程】 2021 年，开展“快递进村”百日攻坚行动，上下协同，政企联动，采取座谈会、调度会、推进会等形式，督促邮政快递企业履行主体责任。统筹各方资源，邮快、交邮、邮供、快快等多模式并进，实现省市县邮快合作全覆盖，基本实现 3 个以上品牌快递服务进村全覆盖。新余市率先实现“快递进村”攻坚目标。吉安市安福县“交邮商农供融合发展”、泰和县“电子商务+农村物流”、赣州市安远县“智运快线+数字平台”等获交通运输部第 2 批农村物流服务品牌。培育快递服务现代农业“一地一品”项目 30 个，支撑农业产值 27.6 亿元。赣州脐橙、宜春竹木产品、萍乡豆制品被国家邮政管理局授予“2021 年快递服务现代农业金牌项目”。推进“快递进厂”，联合省工信厅印发《关于促进邮政快递业与制造业深度融合发展的实施意见》，培育快递服务先进制造业项目 90 个，支撑工业产值 136.7 亿元。推动省产汽车产业发展，鼓励引导邮政快递企业采购江铃汽车 2927 台。推动“快递出海”，发挥南昌国际邮件互换局和国际快件监管中心核心作用和辐射效应，南昌跨境电商实现国际邮件、快件、跨境电商监管“三关合一”。加强国际寄递服务网络建设，寄递通达地新增全球 11 个国家或地区，累计完成跨境邮快件业务量 962.5 万件。

【绿色邮政建设】 2021 年，实施“2582”工程，开展重金属和特定物质超标包装袋、邮件快件过度包装 2 个专项治理，推进末端网点绿色化标准化提升工程，全行业可循环快递箱（盒）使用量 7.47 万个，电商快件不再 2 次包装率 85%，新增设置标准包装废弃物回收装置邮政快递网点 3160 个，新能源汽车保有量 1031 辆，全面完成年度目标任务。制定行业生态环保工作要点，组织专题培训，开展以“践行绿色发展·弘扬绿色文化”为主题生态文明宣传月活动，加大《固废法》《邮件快件包装管理办法》宣传贯彻，行业贯彻实施《固废法》情况得到全国人大执法检查组肯定。推动省政府办公厅转发省发展改革委等 8 部门制定《关于加快推进快递包装绿色转型的若干措施》，参与全省塑料污染治理联合专项行动，将行业生态环保内容纳入双随机执法和日常执法检查内容，查处生态环保违法行为 27 起，推进快递包装绿色转型。

【完善基础设施网络】 2021 年，全省有较大投资项目 24 个，投资额 190 亿元，市县 2 级快递园区数量 77 个，快递服务乡镇覆盖率 100%，建制村实现 100%邮件直投。推进京东亚洲 1 号、南昌昌北邮件综合处理中心和鹰潭邮件处理中心等重大项目建设，赣州市顺丰丰泰产业园、抚州市快递电商产业园等入选全省重点建设项目。邮快件自动化分拣设施、X 光安检机和信息化系统普遍应用，推进货机专线、高铁运邮、智能快件箱和末端配送网络建设等工作，全省建成智能快件箱超 1 万组，村级寄递物流服务站 1.48 万个，完善城乡寄递物流配送体系。

【从业人员权益保障】 2021 年，落实中共中央总书记习近平关于关心关爱快递小哥重要指示精神，经省政府同意，联合省交通运输厅等 7 部门印发《关于做好快递员群体合法权益保障工作的实施意见》。联合团委、工会等部门开展快递青年服务月和关爱快递员“暖蜂行动”，走访慰问快递小哥 1.55 万人次，发放慰问品、慰问金累计 108 万元，开展法律援助和心理疏导 1300 人次，为快递员争取公（廉）租房 312 套。各级快递企业内部罚款项目压减 30%，罚款金额同比减少 1620 万元。落实职业技能培训“246”工程要求，累计培训 5447 人次，获得财政补贴资金 255.6 万元。开展快递工程技术人员职称评审工作，通过初级认定 52 人。推荐人员申报邮政行业科技英才和技术能手。联合省人力资源社会保障厅举办 2021 年江西省“振兴杯”职业技能大赛邮政行业职业技能竞赛，以赛促训，提升从业人员技能。培树先进典型，江西圆通客服部、江西顺丰营销部和南昌百世获全国青年文明号。

（范志奇）

本类目编辑　刘清林

金　融

综　述

2021年，江西省金融系统面对复杂多变内外部环境和持续波动疫情影响，围绕“六稳”“六保”工作，强化金融部门责任担当，金融运行态势良好，支持实体经济力度不减，实现“总量适度、结构优化、利率下降、风险可控”等目标。年末，江西省有银行业金融机构(中国银行保险监督管理委员会江西监管局统计口径，不含人民银行机构数)7095个，比上年增加7个；从业人员10.59万人，比上年增加905人，增长0.86%。其中，政策性银行3家，机构96个，从业人员2356人；国有商业银行6家，机构3271个，从业人员5.15万人；全国性股份制商业银行11家，机构278个，从业人员5999人；城商及民营银行5家，机构793个，从业人员1.46万人；农村商业银行87家，机构2280个，从业人员2.48万人；村镇银行77家，机构174个，从业人员4516人；非银行金融机构6家，从业人员1909人；金融资产管理公司4家，从业人员194人；外资金融机构4家，从业人员56人。

社会融资规模增长同名义经济增速相匹配。全年全省社会融资规模增量8291亿元，比上年少259亿元；社会融资规模增量占全国比重2.6%，比上年上升0.2个百分点。全省社会融资规模在全国排名第14位，在中部6省排名第5位，均与上年持平。从结构看，全年全省对实体经济发放人民币贷款增加5552亿元，少增365亿元，占全省社会融资规模67.0%，低2.2个百分点，比全国占比高3.4个百分点；对实体经济发放外币贷款(折合人民币)增加10亿元，少增68亿元。表外融资方面，全年表外融资减少1207亿元，多减383亿元。其中，委托贷款减少28亿元，少减131亿元；信托贷款减少1186亿元，多减691亿元；未贴现银行承兑汇票增加7亿元，多增177亿元。直接融资方面，全年全省直接融资增加1713亿元，多510亿元，占全省社会融资规模20.7%，高6.6个百分点，比全国占比高6.2个百分点。具体来看，企业债券净融资1527亿元，多471亿元，占全省社会融资规模18.4%，高6.1个百分点。其中，短期融资券增加245亿元，中期票据增加289亿元，公司债增加850亿元；非金融企业境内股票融资186亿元，多39亿元，占全省社会融资规模2.2%，高0.5个百分点。其他方面，全年政府债券净融资1781亿元，少13亿元；保险公司赔偿263亿元，多31亿元；贷款核销176亿元，少5亿元；小额贷款公司贷款增加3亿元，多增35亿元。

存款增速保持平稳。年末，全省本外币各项存款余额4.75万亿元，比年初增加3843亿元，余额增长8.8%。从排名看，12月末，存款增速在全国排名第14位、中部6省第3位；余额在全国排名第16位。从地方法人金融机构看，12月末，地方法人金融机构(含外省)人民币各项存款余额2.06万亿元，比年初增加1956亿元；存款增长10.5%，增速高于全省水平1.7个百分点。

贷款增速排名居全国前列。年末，全省金融机构本外币各项贷款余额4.69万亿元，比年初增加5506亿元，余额增长13.3%。从排名看，12月末，贷款增速在全国排名第9位、中部6省第1位；余额在2月末首次超过重庆，在全国排名前移1位至15位。从地方法人金融机构看，12月末，地方法人金融机构(含外省)人民币各项贷款余额1.60万亿元，比年初增加2207亿元；贷款增长16%，增速高于全省水平2.8个百分点。

债务融资工具发行创新高。全年全省有67家企业累计发行246只债务融资工具，发行金额1982亿元，比上年多发行374亿元，增长23.3%。发行金额创历史新高，在全国排名第11位。债务融资工具加权平均发行利率3.59%，低于同期人民币贷款加权平均利率1.96个百分点，可节约企业融资成本25亿元。

证券保险市场发展创新高。全年江西新增A股上市公司(含过会待发)13家、在审企业16家、辅导备案企业23家，创历史最高水平；北交所上市公司首家突破，公司债券发行创多个“第一”，中航证券首次评为A类券商并首批纳入证券公司“白名单”，基础设施公募REITs首批获准发行。全年辖区资本市场融资1859.19亿元，增长38.25%，公司债券(含ABS)余额突破3000亿元，债券余额增速居全国第2位。ST昌九完成出清式重大资产重组，公司债券市场延续“零违约”，私募基金风险妥善处置。全省保费收入910亿元，增长2.28%，保险业累计赔付支出334亿元，增长8.41%。

(柳翠)

地方金融监管

【概　况】 2021年，全省地方金融监管系统按照“忠心向党、尽心履职、精心治理、真心为民、凝心聚力、正心养廉”要求,坚持稳字当头、稳中求进,深化金融供给侧结构性改革,印发《关于促进供应链金融规范和创新发展的指导意见》,做好金融改革发展各项工作,全省金融业保持健康发展,实现“十四五”良好开局。至年底,全省“7+4”类地方金融组织519家,注册资本总额748.53亿元,资产总额1269.60亿元,全口径统计提供各类融资服务1613.05亿元。

【服务实体经济】 2021年,推进“国家—省—市—县”四级担保体系和银行机构共同参与“五级风险”分担机制建成,体系成员增至84家,合作银行机构22家,全省担保放大倍数增至5.65倍。省信用担保集团注册资本规模增至34.35亿元,与省融资担保集团、省农业信贷担保公司形成市场化与政府性互补。各设区市、赣江新区组建大型政府性担保机构,县区通过财政出资或入股市级担保机构方式提升担保实力。全年全省有融资担保机构161家,注册资本金332.23亿元,在保余额2430.51亿元,比年初增长100.11%;平均综合担保费率0.82%;融资性直保放大倍数4.98倍,融资担保放大倍数6.0倍。全面对接企业上市“映山红行动”,建设省重点上市后备企业资源库系统,为中小微企业提供改制辅导、融资转让、财务顾问、信息咨询、管理培训、路演宣传、培育孵化等一揽子服务,全年江西联合股权交易中心累计挂牌展示企业6868家,托管股本795.87亿股;累计为企业融资845.25亿元,其中私募可转债融资352.01亿元,股权质押融资384.01亿元。江西联合股权交易中心申报获批纳入国家区块链试点,入选全国8个试点地区之一,旗下赣投基金公司发行7只私募基金产品,管理认缴总规模48.73亿元。全年融资租赁资产总额336.06亿元,比上年增加110.20亿元,增长48.79%;加大服务链上中小微企业力度,促进经济良性循环,全年行业资产总额43.87亿元,增长40.16%,发放保理融资款36.12亿元,增长55.11%;小额贷款行业惠及县乡基层、支农支小作用明显,全年全省小额贷款公司142家,发放贷款731.68亿元,贷款余额158.42亿元,其中纯农贷款和单户50万元以下贷款余额占比73.19%。至年底,全省设立地方资产管理公司2家,资产总额181.97亿元,利润总额4.80亿元。

【维护金融稳定】 2021年,平稳化解证券机构、上市公司、平台公司相关风险,保持全国唯一债券零违约。出台《关于进一步加强地方法人银行风险防范工作的通知》,草拟《江西省金融领域招商引资防风险工作指引》,防范金融领域输入型风险。全面总结金融放贷领域扫黑除恶专项斗争经验成果,推进扫黑除恶斗争常态化。研究制定《江西省民间融资机构转型小额贷款公司实施指引》,17家民间融资机构退出,存量机构业务余额下降27.53%,投资人下降43.33%。发挥“赣金鹰眼”非法集资监测预警平台作用,搭建“非法集资随手拍”平台,落实非法集资举报奖励制度。制定印发江西省涉非涉稳矛盾问题化解有关行动方案和实施办法,率先在全国出台《关于加强养老机构预付费管理的指导意见》,被国家处非联办专报刊登并全国推广。开展江西省第二轮存量案件风险3年攻坚战,化解存量案件138件,重点涉稳案件稳控率100%,维护重要节点社会稳定。组织全省开展防范非法集资宣传月活动,开展“无非法集资示范县(市、区)”创建工作,开展防范非法集资宣传。压降交易场所存量风险,督导各类交易中心化解存量业务40%,督导处置违规批设“资产备案中心”机构16家,压降存量110亿元。防范私募基金风险,印发《江西省私募投资基金风险防范处置工作方案》,成立省私募基金风险防范处置工作推进组,全年压降私募基金存量风险110亿元,被部际联席会议全国推介。开展网贷机构风险专项整治行动,及时化解股权众筹、虚拟货币交易等金融风险。打击不良校园贷高压态势,印发《关于进一步加强校园贷规范管理工作的通知》,开展针对性校园贷整治工作,全年“不良校园贷”线索“零接报”。

【加强行业监管】 2021年,组织召开省政府金融工作议事协调机制会议,研究部署打好地方法人金融机构防范化解金融风险攻坚战、区域金融改革、地方征信平台建设有关事项,央地金融监管合力增强。发挥省金融统计分析联席会议办公室职能,加强与各有关单位沟通联系,定期印发重要金融指标表、金融统计信息报表。率先在中部省份出台实施《江西省地方金融监督管理条例》,地方金融活动监管步入法治化轨道。先后制定印发地方金融监管行政处罚程序规定、行政处罚自由裁量权适用规则等配套制度,督促指导各地做好贯彻落实工作,规范行政处罚流程。起草《江西省防范和处置非法集资条例实施细则(初稿)》,申请纳入2022年省政府立法重点调研项目。落实各级处置非法集资牵头部门职责,指导各地办理执法证件,保障执法力量,非法集资行政处罚实现零突破。草拟《江西省金融领域招商引资防风险工作指引》,开展各类地方金融组织现场检查。深入推进“互联网+监管”,打造江西省地方金融综合监管与服务平台,提高监管效率和数据质量。起草《江西省小额贷款公司监督管理办法》,开展小贷行业分类监管评级工作,清理停、歇业小贷公司。研究制定融资租赁、商业保理、典当三类机构监管指引、审批指引,提升监管效能。修订地方金融资产管理公司监管办法。规范区域性股权市场可转债业务,全年可转债下降17.46%。全面梳理和排查各类开展信用合作业务农民专业合作社,及时整治违法违规经营行为。

【营商环境优化】 2021年,规范行政权力运行,严格执行政府权力清单、市场准入负面清单、公平竞争与合法性审查制度,对全省地方金融监管系统行政权力25大项104小项进行调整增补,调整23项,其中增补11项。利用“赣服通”、江西政务服务网等平台,实行政务服务“一网通办”,全年平台公示许可信息317条。推动“赣服通”4.0版建设应用,将“赣通分”应用到地方金融组织准入审批领域。制定《政务数据接入和应用工作方案》,实现“赣金普惠”平台与省电子政务共享数据统一交换平台跨网共享政务数据。指导省征信公司完成备案公示,成为全省唯一一家持牌企业征信机构。制定《加强行政审批作风建设整治窗口腐败行为实施办法》,对窗口工作人员值守考勤、请假离岗、仪表着装、政务服务、廉洁守纪、责任追究等方面进行全面规范,做法经验、工作亮点先后被省政府网站等媒体报道24次,收到锦旗、表扬信13件次。政务服务事项群众"好差评"评价满意度100%,在省集中办事大厅窗口考评中排名前列。

(黄俊豪)

银行保险业监管

【概　况】 2021年,江西银保监局落实国家金融方针政策,盘活存量、用好增量、做大总量、提高质量,提升金融服务实体经济。聚焦江西"作示范、勇争先",制定《银行业保险业支持江西工业强省战略实施的指导意见》,召开支持制造业发展座谈会,探索供应链金融新模式,督促引导银行保险机构加大对重大战略和重点行业、重点企业、重点项目支持。年末,全省存款余额4.59万亿元,增长8.81%,比全国高0.71个百分点;贷款余额4.71万亿元,增长13.33%;比全国高2.03个百分点。存款增速位列全国第12位、中部省份第3位,贷款增速位列全国第6位、中部省份第1位。全年实现保费收入910亿元,增长2.28%;保险赔付支出334亿元,增长8.41%。

【打造普惠金融样板】 制定《江西银行保险业2021年普惠金融行动方案》《关于支持赣州吉安普惠金融改革试验区建设的意见》,实施普惠金融联系点制度,构建普惠金融工作大格局。推进普惠金融服务中心创建,指导各地把普惠金融服务中心建成政策宣传传导中心、借贷主体信用信息中心、信贷业务撮合中心、信贷增信中心、金融知识培训与咨询中心,打造"一站式"金融服务平台。全省建成普惠金融服务中心28个,累计发放贷款80.65亿元。开展小微企业金融服务监管评价,坚持按月监测、按季通报、按年考核,推动完善"敢贷愿贷"机制。年末,全省普惠型小微企业贷款余额5674.64亿元,比年初增长25.79%,高于各项贷款增速13.21个百分点;贷款户数104.72万户,比年初增加11.56万户;新发放普惠型小微企业贷款平均利率5.61%,下降0.33个百分点。制定《关于支持省级乡村振兴重点帮扶县的实施意见》,开展金融服务乡村振兴创新示范区创建,探索巩固脱贫攻坚成果与乡村振兴有效途径。全年涉农贷款余额1.56万亿元,比年初增长11.89%;全省脱贫人口小额信贷累计发放194.46亿元、43.91万户。全年农业保险实现保费收入27.29亿元,增长32.59%。

【绿色金融发展】 2021年,开展绿色信贷考核评价,制定《江西保险业加快发展绿色保险的指导意见》,率先在全国开展绿色保险统计,督促引导银行保险机构加快推进绿色金融改革创新,扩大绿色金融供给。支持培育绿色专营机构,推进绿色金融改革创新,全省设立绿色金融事业部、绿色金融中心14家,绿色保险创新实验室4家,累计评选赣江新区绿色分(支)行14家(次),生态支行13家。江西银保监局作为2家银保监局代表之一在银保监会"聚焦碳达峰碳中和目标 加快发展绿色金融"推进会上作经验交流。

【保护消费者合法权益】 2021年,坚持做好消保工作,召开全省消费者权益保护工作会议,强化市场行为监管,严厉打击侵害消费者权益行为,推动建立健全投诉处理机制,完善合规管理体系,压紧压实银行保险机构主体责任,保护消费者合法权益。开展金融知识宣传教育,提升涉老服务水平,及时发布消费者风险提示。加快纠纷多元化解机制建设,指导省保险协会成立江西省保险业人民调解委员会。督促寿险销售落实"双录"(录音和录像),成为全国第2个实现全渠道"双录"省份。全年12378热线接听来电满意度99.48%。

【金融风险防范】 2021年,牢记"有风险没有及时发现就是失职、发现风险没有及时提示和处置就是渎职",按照"稳定大局、统筹协调、分类施策、精准拆弹"总体思路,推进风险防控和处置,构建常态长效机制,巩固和拓展防范处置金融风险成果。紧盯风险防范处置目标,坚决扛起监管责任,坚持把监管资源向法人监管倾斜,凝聚风险防控处置合力。全年处置不良贷款450亿元,年末不良率1.15%,比上年下降0.1个百分点。配合参与打击非法金融活动、电信诈骗和整治网贷平台,江西银保监局获评全国扫黑除恶专项斗争先进单位。

【银行保险机构治理】 2021年,坚持综合施策、标本兼治,整治市场乱象,重拳出击违法违规行为。全年对155家次机构、277人次实施行政处罚,罚没款共7281.38万元,吊销业务许可证1家次,禁止从业12人次,取消任职资格3人次。提升公司治理水平,组织92家法人机构开展公司治理自评,对39家机构开展现场监管评估,将公司治理纳入46家法人银行保险机构综合性现场检查内容。

【江西省保险业人民调解委员会成立大会暨新闻发布会召开】 11月25日,江西省保险业人民调解委员会成立大会暨新闻发布会在南昌召开。经省司法厅批准,由江西省保险行业协会及中国人寿江西省分公司、人保财险江西省分公司等会员单位倡导并共同发起设立调解保险业纠纷的群众性组织,受理、调解消费者购买或接受江西省辖内保险产品或服务过程中产生纠纷。委员会有7名专职调解员,聘任高校、司法、律师、保险公司等领域31名学者专家作为兼职调解员。成立江西省保险业人民调解委员会是贯彻落实最高人民法院、人民银行、银保监会等3部委关于建立完善金融业多元化纠纷解决机制工作要求的重要举措,为江西省保险业消费纠纷化解提供一个专业性和中立性新平台,有助于满足保险业消费者咨询、调解、引导等维权需求,培育公平竞争和诚信保险业市场环境,提升金融消费者信心,维护金融安全与稳定,防范和化解金融风险,促进江西保险业持续健康发展。

(何凤远)

金融服务

【概　况】 2021 年,江西省金融系统围绕服务实体经济、防控金融风险、深化金融改革三大工作任务,开展金融保链强链专项行动,助力江西经济高质量发展,保持金融总量合理适度,用好用足再贷款再贴现等货币政策工具,稳固金融支柱产业。全年全省金融业增加值 1975.03 亿元,增长 9.2%,占地区生产总值 6.67%。

【服务实体经济】 2021 年,全省累计发放再贷款 754 亿元,增长 45%;再贴现 614 亿元,增长 14%;发放普惠小微贷款延期政策激励资金 6 亿元,信用贷款支持计划零利率资金 93 亿元,有效引导法人金融机构加大普惠小微信贷投放。信贷结构不断优化,全年全省普惠小微贷款余额 5874 亿元,增长 23%,高于各项贷款增速 9.8 个百分点;推进利率市场化改革,加强利率自律机制建设,融资成本稳中有降,企业贷款平均利率低于 5%,创统计以来新低,1—12 月 4.97%,下降 11BP。其中,小微企业贷款利率 5.23%,下降 24BP。

【服务重点领域】 2021 年,出台加大制造业中长期贷款等金融支持 12 条举措,融资余额 2381 亿元。年末,全省制造业贷款余额 3281 亿元,增长 15.9%。高技术制造业增长 34.6%;先进制造业中长期贷款增长 31.7%;普惠小微贷款余额 5874 亿元,增长 23%;贷款户数 120.3 万户,增长 15.2%;涉农贷款余额增长 10.4%,比上年同期上升 1.4 个百分点。房地产贷款集中度逐步向全国平均水平收敛。12 月末,全省房地产贷款集中度 30.0%,比上年末下降 1.8 个百分点;个人住房贷款集中度 22.3%,比上年末下降 0.7 个百分点。

【区域金融改革】 2021 年,指导金融机构围绕碳排放配额、林业碳汇等碳资产开展碳金融创新实践,2 家企业发行碳中和债券,"江西省推行绿色金融改革促进绿色经济稳步发展"被国务院第 8 次大督查通报表扬。全年全省新增绿色项目 523 个,总投资 1915 亿元。年末,全省绿色贷款余额增长 40.2%,高于各项贷款增速 27.0 个百分点。推进普惠金融改革试点,制定出台《关于支持赣州市、吉安市普惠金融改革试验区建设的指导意见》,推动革命老区、赣南等原中央苏区振兴发展。创新探索金融科技赋能,推广"江西省企业收支流水大数据征信平台",采集省内 657 万户企业信息,支持企业融资 125 亿元,支持 4 家银行研发"流水贷"相关在线信贷产品,发放小微企业信用贷款 24 亿元;打造江西省小微客户融资服务平台"线上首贷中心",促成 21 万户企业获贷 4162 亿元。

【优化金融服务管理】 2021 年,做好减费让利各项措施,降低小微企业和个体工商户支付手续费,全省累计降费 3700 万元,惠及 82 万户市场主体。制定适老化支付服务专项方案,解决老年人运用智能技术困难问题,累计上门办理老年人支付业务 2.8 万次,6357 个营业网点开辟老年人支付服务"绿色通道"。加大原封新券投放力度,推动残损人民币回收,全省流通中人民币整洁度 84.4%,提高 9.7 个百分点。开展"沉睡国债"兑付活动,累计提醒兑付国债笔数 1096 笔金额 7569 万元。完善金融消费权益保护纠纷化解机制,累计完成金融纠纷调解 815 笔、调解 596 笔。运用大数据技术提升金融消费者权益保护监督检查水平,建立省级金融广告智力合作机制。推动出台《江西省社会信用条例》,加强信用信息合规监管,实现征信信息安全零风险。开展工业园区信用建设试点,打造园区服务信用体系,推动应收账款资产池融资 29.7 亿元。发挥反洗钱在追踪资金运行轨迹、透视资金性质等方面特定优势,配合有关部门开展调查协查,涉案资金超 75 亿元,维护国家安全和经济社会稳定。

【应收账款资产池融资业务推介会召开】 5 月 26 日,应收账款资产池融资业务推介会在南昌召开。中国工商银行、中国农业银行、中国银行、中国建设银行、中国交通银行等 14 家参与试点驻南昌省级银行机构和法人银行机构分管领导及相关部门负责人参加会议。会上,探索提出基于企业收支流水应收账款资产池融资模式,具体阐述基于企业收支流水应收账款资产池融资试点思路和现实意义,主要缓解中小微企业融资面临抵押担保不足,帮助银行拓展业务空间解决放贷难问题,并部署下阶段具体工作。

【江西省金融机构支持景德镇国家陶瓷文化传承创新试验区建设产融对接大会召开】 7 月 30 日,江西省金融机构支持景德镇国家陶瓷文化传承创新试验区建设产融对接大会在景德镇市召开。由省政府金融办、人民银行南昌中心支行、江西银保监局、江西证监局、景德镇市政府联合举办。对接会上,人民银行南昌中心支行、江西银保监局、江西证监局负责人先后讲话。农业发展银行江西省分行、工商银行江西省分行、招商银行南昌分行、省农村信用联社、人保财险江西省分公司、中航证券总公司负责人分别在会上作发言。10 家省级金融机构和京东集团与景德镇市政府签订战略合作协议。现场签约项目 39 个,金额 219.78 亿元。其中,银企融资项目 34 个,金额 208.76 亿元;债券发行、企业上市、保险、融资担保等项目 5 个,金额 11.02 亿元。

【金融支持萍乡市重大建设项目融资对接会举行】 12 月 23 日,由萍乡市人民政府、江西省地方金融监管局、人民银行南昌中心支行、江西银保监局联合主办,金融支持萍乡市重大建设项目融资对接会在萍乡市举行。萍乡市委、市政府主要负责人出席会议,省内 39 家银行机构、保险公司、证券公司负责人参加会议。对接会上,金融机构与萍乡市 1 批重点企业和重大建设项目签订合作协议,共对 32 个重大项目达成合意合作资金 134 亿元。国开行江西省分行、进出口银行江西省分行、农发行江西分行、工行江西省分行、农行江西省分行等金融机构负责人就金融支持项目建设作交流发言;萍乡市发展改革委、各县区、萍乡市经开区、武功山风景名胜区管委会推介市、县重点项目。

12月6日—7日，江西省普惠金融改革试验区建设现场推进会在吉安市举办。图为江西省普惠金融综合服务平台（赣金普惠）上线企业收支流水大数据征信平台产品发布会

柳翠供

【江西省普惠金融改革试验区建设现场推进会举办】 12月6日—7日，人民银行南昌中心支行联合省地方金融监管局在吉安市举办江西省普惠金融改革试验区建设现场推进会。会上，展示南昌中心支行《征信赋能 助力普惠》宣传片和中国建设银行基于企业收支流水大数据征信平台开发“收支流水云贷”产品，发布江西省普惠金融综合服务平台（赣金普惠）暨企业收支流水大数据征信平台产品。围绕普惠金融改革工作情况，吉安市、赣州市和泰和县、南康区及中国工商银行江西省分行、中国农业银行江西省分行、省农村信用联社、人保财险江西分公司、省融资担保集团公司有关负责人分别作交流发言。

（柳翠）

外汇管理

【概 况】 2021年，全省外汇管理部门提升跨境贸易投资便利化水平，完善外汇市场微观监管，打击外汇违法违规行为，外汇市场在复杂环境中保持稳中向好态势。全省跨境收支总额642.26亿美元，增长28.3%；银行结售汇370.73亿美元，增长34.9%。跨境收支累计实现顺差109.77亿美元；银行结售汇累计实现顺差83.77亿美元。

【深化外汇管理改革】 2021年，便利化试点实现扩容增量，贸易外汇收支便利化扩大至全省6个地区，新增15家试点银行、企业，涵盖货物贸易及服务贸易，全省办理贸易外汇收支便利化业务68.09亿美元，增长4.5倍；资本项目收支便利化业务7.96亿美元，增长29倍，业务占比率位居全国前列。推进“我为群众办实事”，解决“一带一路”企业境外账户开立、跨国公司经常项目集中收付、重疾险赔偿入账等30余项实际难题，得到市场主体肯定。引导企业通过跨境金融区块链服务平台、境外发债等方式融资，全年全省通过平台融资5.31亿美元，境外发债募集资金14.98亿美元。推进汇率风险中性管理，开展汇率避险“首办户”拓展专项行动，试点设立汇率避险财政奖励专项资金，支持中小微企业开展汇率避险。年末，江西省外汇衍生产品履约额增长29.89%，中小微企业占全部签约企业比例75%。

【提升外汇业务管理】 2021年，推进国际收支统计与存量权益登记工作，全省直接申报企业扩容至40家，统计数据差错率实现连续多年下降，境外投资企业登记率97%。推广税务备案网上核验系统，便利银行快速办理核验业务，有效节省企业时间成本和脚底成本。年末，累计办理核验业务734笔，惠及323家企业，付汇金额13.27亿美元。优化外商直接投资企业环境，全面落实准入前国民待遇加负面清单管理，外商直接投资企业资本金实际流入17.03亿美元。优化政务服务网上办理，梳理实施行政许可办理标准化流程，落实全省“一网通办”，全省办理行政许可业务1927笔，网上办理比率61.54%。运用“好差评”功能接受市场主体监督，外汇业务办理满意率100%。

【完善外汇风险管控】 2021年，完善跨境资金流动风险监测分析、会商评估和处置管理机制，建立集指标监测、问题排查与定量预测为一体系统化监测分析模式，定期跟踪监测变动较大企业，有针对性开展专项核查和随机抽查，降级或注销问题企业63家。实时动态监测九鼎集团、新力地产等6大集团及全国地方国企等重要性机构外汇风险，发现关注问题20余个。搭建非现场线索智能筛查体系，提升非现场精准打击能力，相关经验材料在全国推广。案件查处紧跟中共中央决策部署，查处虚拟货币交易外汇违规、虚假出口骗退税、虚拟招商引资等大案要案。全年查处案件124起，向公安移交涉嫌地下钱庄交易线索5起，直接涉案金额3920万美元，联合公安破获南昌“7·9”网络赌博案。

【江西省企业汇率风险管理宣导会举办】 5月25日，国家外汇管理局江西省分局联合江西省外汇和跨境人民币业务展业自律机制在南昌举办江西省企业汇率风险管理宣导会。50家重点涉外企业高管人员及江西省自律机制各成员单位负责人160余人参加。会上，专家分别对外汇市场形势、汇率风险管理策略以及远期结售汇、外汇掉期、期权等外汇衍生产品进行详细介绍和互动交流，2家企业代表分享汇率风险管理先进经验，印发企业汇率风险管理手册，便于企业理解汇率风险中性理念，了解汇率保值产品。

（柳翠）

证券期货

【概 况】 2021年，辖区共有上市公司66家，另有晶科能源、腾远钴业2家企业过会待发，播恩生物、天键电声等17家企业首发申请在证监会正常审核，38家公司在江西证监局正常辅导。全年辖区66家上市公司市值8457.65亿元，比上年上升34.54%；新三板挂牌企业98家，其中创新层挂牌企业17家。全年辖区有证券公司2家，证券分公司49家，证券营业部303家；期货公司1家，期货营业部25家；备案私募基金管理人273家，备案基金产品860只，管理基金规模1611.52亿元。证券经营机构开立资金账户总数911.33万户，托管客户资产6889.17亿元；全年累计证券交易金额8.71万亿元；期货经营机构客户总数6.41万户，客户总权益50.55亿元，全年累计代理成交金额4.60万亿元。全年辖区证券公司累计实现营业收入35.75亿元，增长11.62%；累计实现净利润10.77亿元，增长46.53%。辖区证券分支机构全年累计实现营业收入29.84亿元，增长8.71%；净利润8.74亿元，减少101.7%。辖区期货经营机构全年累计实现营业收入2.06亿元，增长46.51%；净利润0.25亿元，增长192.83%。

【强化市场主体监管】 2021年，强化上市公司分类监管、精准监管，依托监管"大数据"，增强分析准确性。紧盯股票质押、财务舞弊、资金占用、违规担保、商誉减值、异地迁址等风险领域，将监管资源向重点公司和重点领域倾斜。突出合规稳健，加强证券期货基金经营机构监管。落实《健全证券期货基金经营机构治理的工作方案》，督促相关机构加强内控合规管理。严把高管人员"入口关"，强化法人证券公司合规总监、首席风险官定期约谈，督促合规总监履职尽责，传导监管压力。关注辖区期货公司内控及治理情况，对公司风控体系开展专业化评估，压实大股东职责，督促公司管理层平稳过渡。发挥私募产业园统一管理作用，规范到赣注册异地经营私募机构登记管理。推进新三板挂牌公司治理专项活动，建立公司治理监管档案；对新挂牌公司开展"监管第一课"培训，提高挂牌公司合规意识。开展新增债券发行人自查，指导企业主动规范整改，提升辖区债券市场规范水平。召开辅导监管会议，加大非现场督导力度，引导发行人及辅导机构及早适应注册制改革要求。严格备案管理，做实全面检查，督促审计评估机构履职尽责，优化执业生态。

【防范市场风险】 2021年，做好上市公司、新三板挂牌公司、债券发行人风险画像。定期调整风险分类，建立每日监测、每周更新、每月报送股票质押风险监测常态化机制；加强监管协作，保持风险意识，一司一策，强化与地方政府风险通报，严防输入性风险。建立债券风险预排查机制，逐月滚动式监测分析，及时研判、动态把握债券风险，妥善化解个案风险。强化证券期货经营机构及私募机构风险监测，开展法人证券公司债券业务、两融业务、标准化票据业务、业绩对赌等10项专项风险排查，摸清风险底数，排查风险隐患。强化对期货居间业务监管，及时对居间业务情况和合规管控情况进行摸排和评估，提出明确监管要求，对违规问题及时采取行政监管措施，推动完成整改。开展私募基金风险排查，推进私募基金风险分类整治，举办全省私募风险分类整治工作交流会，全省私募风险得到防控化解。

【服务实体经济发展】 2021年，江西资本市场健康稳定发展，新增上市公司11家，新增IPO在审企业16家，新增正常辅导企业26家。资本市场服务实体经济能力提升，全年江西资本市场融资1859.19亿元，其中6家公司首发融资56.39亿元，5家上市公司发行股票再融资70.63亿元，16家新三板公司发行股份融资7.92亿元，67家债券发行人发行公司债券126只、融资1036.51亿元，发行资产支持证券65只、融资637.73亿元，江西股交中心发行私募可转债融资50.01亿元。全省证券期货经营机构服务实体经济全面提升，辖区证券经营机构帮助省内企业发行债券、中期票据、定向工具、资产支持专项计划等融资1039.72亿元，增长20.58%。辖区证券经营机构协助江西省交通投资集团发行全国首单碳中和短期公司债、九江置地发行省内首单公租房资产支持专项计划、中航首钢生物基础设施公募REITS首批获批发行。实施13个"保险+期货"项目，总保费1386.49万元，项目数量增长85.71%，金额增长70.65%，惠及农户1万余户，全国首个养殖类"保险+期货"县域覆盖项目在赣州于都结项。

【打击证券违法活动】 2021年，推进健全完善全省打击证券违法活动工作机制，与南昌中级人民法院、省人民检察院签署合作备忘录，建立协作机制。深化与公安司法部门协作，在线索研判、案件侦办、性质认定、联合宣传、行刑衔接等方面配合，打击证券期货违法犯罪活动。全年6件案件被当地公安机关侦破，进入或即将进入司法审判程序。开展场外配资平台专项清理排查，彻底摸清平台实况，逐一分类妥善清理，及时向省通管局、省市场监管局通报风险。全年作出行政处罚决定5件，累计罚没金额1372.39万元，涉刑移送1件，申请法院办理强制执行2件。

【投资者合法权益保护】 2021年，开展"3·15"消费者权益保护日、"5·15"打击防范经济犯罪宣传日（投资者保护宣传日）、"12·4"宪法宣传日等活动，遵守疫情防控政策，采取线上、线下相结合形式，有针对性地开展一系列防非宣传活动，普及证券期货相关知识，提高投资者风险防范意识。制作场外配资、非法荐股、股市黑嘴3部原创短视频投教产品，联合省金融监管局、省公安厅开展《防范和处置非法集资条例》线上培训，组织辖区各类市场主体及投教基地利用"两微一端"、营业场所、进高校、进社区、健康跑等开展各类防非宣传教育，保护投资者合法权益。

（胡文静）

本类目编辑　刘清林

财 政 税 务

财 政

【概 况】 2021年，全省经济稳定恢复，稳中加固，全省财政部门预算执行情况良好。一般公共预算收入2812.23亿元，总量居全国15位，增长12.2%，增幅居全国9位；一般公共预算支出6778.87亿元，总量居全国13位，增长1.6%，增幅居全国8位。质量稳中有升，税收收入占一般公共预算收入68.6%，比上年上升0.7个百分点。产业税收增势强劲，有色金属、计算机通信电子、医药等行业税收增长较快。一般公共预算支出结构不断优化，保重点、压一般特征明显。全省各级财政用于民生方面支出5345.5亿元。全省政府性基金预算收入2971.8亿元，下降4.2%；全省政府性基金预算支出3594亿元，下降10.4%。全省国有资本经营预算收入96.9亿元，增长33.6%；国有资本经营预算支出27.1亿元，下降14.9%。全省各项社会保险基金收入2445.4亿元，增长21.7%；全省各项社会保险基金支出2224.7亿元，增长11.3%。全年收支结余220.7亿元，年末滚存结余2067.8亿元。

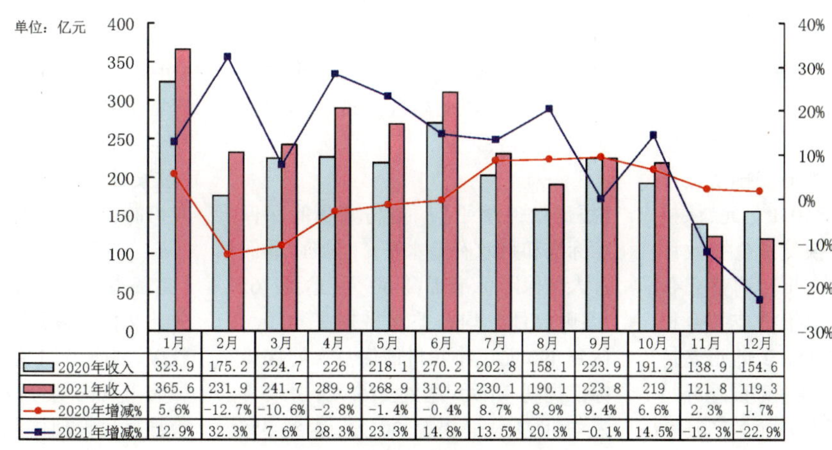

	1月	2月	3月	4月	5月	6月	7月	8月	9月	10月	11月	12月
2020年收入	323.9	175.2	224.7	226	218.1	270.2	202.8	158.1	223.9	191.2	138.9	154.6
2021年收入	365.6	231.9	241.7	289.9	268.9	310.2	230.1	190.1	223.8	219	121.8	119.3
2020年增减%	5.6%	-12.7%	-10.6%	-2.8%	-1.4%	-0.4%	8.7%	8.9%	9.4%	6.6%	2.3%	1.7%
2021年增减%	12.9%	32.3%	7.6%	28.3%	23.3%	14.8%	13.5%	20.3%	-0.1%	14.5%	-12.3%	-22.9%

一般公共预算收入分月情况

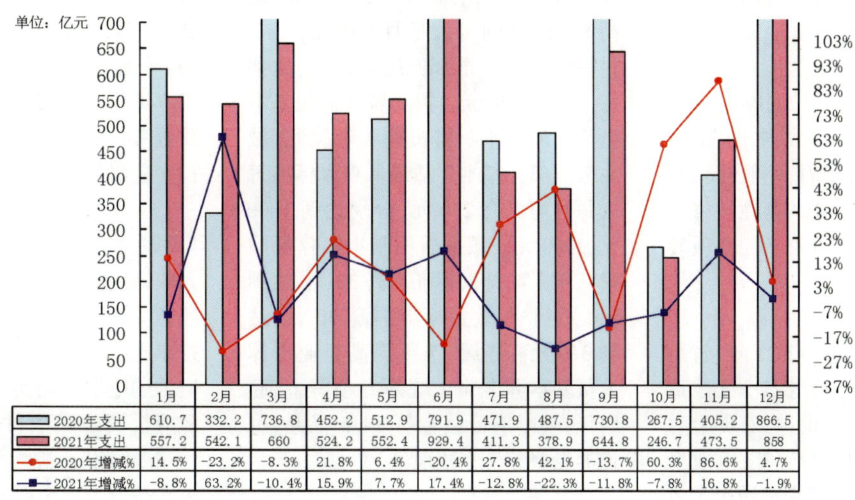

	1月	2月	3月	4月	5月	6月	7月	8月	9月	10月	11月	12月
2020年支出	610.7	332.2	736.8	452.2	512.9	791.9	471.9	487.5	730.8	267.5	405.2	866.5
2021年支出	557.2	542.1	660	524.2	552.4	929.4	411.3	378.9	644.8	246.7	473.5	858
2020年增减%	14.5%	-23.2%	-8.3%	21.8%	6.4%	-20.4%	27.8%	42.1%	-13.7%	60.3%	86.6%	4.7%
2021年增减%	-8.8%	63.2%	-10.4%	15.9%	7.7%	17.4%	-12.8%	-22.3%	-11.8%	-7.8%	16.8%	-1.9%

一般公共预算支出分月情况

【支持经济高质量发展】 持续激发创新动力，连续8年大幅增加省级科技专项投入，重点支持重大创新平台建设；出台优化科研项目资金管理17条硬措施，赋予科研机构和人员更大自主支配权；安排3.4亿元支持“双千计划”等重大人才工程实施。安排12.8亿元支持传统产业转型升级，下达4.3亿元做优做强新能源产业，统筹资金推动数字经济、现代服务业等融合发展。释放内需潜力，发行地方政府债券2290.7亿元；统筹306.5亿元专项资金，重点支持“两新一重”、保障性住房等基础设施建设；支持旅游、汽车、电子商务等消费扩容提质。全面提升开放张力，统筹112.4亿元推动通道体系建设；促进江西内陆开放型经济试验区等国家级战略平台建设。提升市场活力，落实落细中央和省出台系列减税降费政策，全省为企业减税降费连续3年超1000亿元；运用“财园信贷通”“财政惠农信贷通”、融资担保等财政金融工具撬动社会资本2468亿元，缓解市场主体融资难题。

【推进乡村振兴】 2021年，严格落实“四个不摘”要求，省财政安排衔接推进乡村振兴补助资金40.1亿元，保持力度不减，财政专项扶贫资金绩效评价连续4年全国优秀；出台调整完善土地出让收入使用范围优先支持乡村振兴实施意见，安排151.2亿元支持高标准农田建设和水利基础设施补短板，统筹54.9亿元强化农业生产补贴和种质资源保护，开展地方特色农业保险和水稻完全成本保险试点，夯实粮食安全基础。

【争取中央财政支持】 2021年，中央财政下达江西省各类补助资金2947.9亿元。分类型看，一般性转移支付2402.9亿元，其中均衡性转移支付788.6亿元、占全国4.3%；专项转移支付251.9亿元。

【提升城市功能品质】 2021年，省财政拨付93.3亿元支持老旧小区改造等保障性安居工程建设；统筹资金对既有住宅加装电梯进行奖补；争取全国首批系统化全域推进海绵城市示范落户江西省，获中央奖补资金10亿元，提升城市防洪排涝及生态修复能力。

【落实就业优先政策】 2021年，省财政下达17.6亿元支持高校毕业生等各类群体就业；运用贴息及奖补资金撬动发放创业担保贷款179亿元；延续实施普惠性稳岗返还、失业保险扩围等减负稳岗扩就业政策。

【支持常态化疫情防控】 2021年，省财政统筹安排83.9亿元，用于疫情防控救助、应急物资保障和疫苗免费接种资金；安排1亿元，支持全面打赢上饶市铅山县突发新冠肺炎疫情阻击战、歼灭战。

【支持教育强省建设】 2021年，省财政安排15.8亿元推动高校“双一流”建设，统筹安排6亿元支持南昌大学打造世界一流大学；下达111.3亿元促进义务教育均衡发展和城乡一体化，推动“双减”等政策全面落地；下达16.7亿元扩大普惠性学前教育资源，推动公办幼儿园在园幼儿比例超过50%；国家职业教育虚拟仿真示范实训基地运营。

【提高社保水平】 提高城乡低保保障标准和财政补差水平。将城市低保月人均保障标准提高60元，达到765元；财政月人均补差水平提高40元，达到490元。将农村低保月人均保障标准提高45元，达到515元；财政月人均补差水平提高30元，达到355元。提高城乡特困人员救助供养标准。将城镇特困人员救助供养标准提高80元，达到每人每月995元；将农村特困人员供养标准提高55元，达到每人每月670元。提高城乡孤儿基本生活保障水平。将机构养育孤儿、城乡散居孤儿基本生活最低养育标准每人每月均提高250元，分别达到1600元、1200元。城乡居民基本医疗保险财政年人均补助标准提高30元，达到580元；个人缴费标准提高30元，达到310元。连续17年提高企业退休人员基本养老金。统筹专项资金、政府债券、彩票公益金等14.5亿元，推进养老服务体系建设。

【加强污染防治】 节能环保支出连续7年增加，统筹68.8亿元支持打好污染防治攻坚战，推进生态保护和重点生态系统修复，统筹40.2亿元构建“纵向全覆盖、横向多层次”流域生态补偿机制，加大碳达峰碳中和研究投入保障。推动文化强省，下达20亿元文旅资金健全公共文化体系，统筹3亿元支持长征国家文化公园建设；研究制定增强民生政策措施和可持续性实施意见，推进基本公共服务均等化。

【预算管理制度改革】 提请省政府印发《关于进一步深化预算管理制度改革的实施意见》，为新一轮预算管理改革明确方向；零基预算改革在上年行政和参公事业单位“全覆盖”基础上，省级“扩围”至229家公益一类事业单位，11个设区市本级和57个县区实施改革试点；推进预算绩效管理，评价范围拓展到国有资本经营预算和社保基金预算，首次对设区市政府财政运行进行综合绩效评价，全省水利发展资金绩效评价获全国第1名，财政专项扶贫资金绩效评价连续4年获全国优秀；预算管理一体化系统省市县三级全面上线，实现预算项目全周期管理和全链条追踪；落实“过紧日子”各项硬举措，健全支出压减机制，收回结余结转资金形成常态。

【完善省以下财政体制】 出台实施公共文化、生态环境、自然资源、应急救援、国防等领域省与市县财政事权和支出责任划分改革方案；完善省直管县财政管理体制，赋予设区市更大预算管理权限，压实其对所辖县市财政监督、绩效管理、倾斜支持等责任；制定《省对县市均衡性转移支付办法》等政策文件，首次设立省对设区市本级均衡性转移支付，建立财政高质量考核体系；全面完成省以下法院、检察院财物设区市统一管理改革。

【财政“放管服”改革】 推动非税收入收缴“跨省通办”，教育缴费、交通违章等非税缴款实现“掌上办理”，医疗票据电子化改革走在全国前列，政府采购电子卖场实现全省“一张网”，政府投资建设项目预决算评审做到“一次不跑”。契税法、城市维护建设税法授权事项全面完成。

【政府债务管理】 落实人大对政府

债务审查监督各项要求，出台防范化解地方政府隐性债务风险17条硬举措，将防范化解政府隐性债务风险列入省委、省政府年度综合督查事项；开展建制县区隐性债务风险化解试点，建立政府融资平台公司债务风险定期核查机制，全省隐性债务增量有效遏制、存量有序出清。

【基层“三保”管理】 2021年，省财政下达直达及参照直达管理资金1310.5亿元，支出进度98.5%，实现民生补助资金直达监控全覆盖；提高基层组织运转保障水平，将乡镇（街道）和行政村（社区）补助标准分别提高到160万元和13万元；加强县级“三保”（保基本民生、保工资、保运转）预算审核，健全全省财政运行监测机制，加大对困难县区转移支付力度，强化县级财力基本保障，全省县级“三保”运行总体平稳。

【社保基金管理】 加强企业职工基本养老保险基金省级统筹，推动建立基金缺口分担和绩效考核激励约束机制；基本医疗保险基金、失业保险基金实行市级统收统支；统一规范全省职工基本医保政策；开展城乡居民养老保险基金和职业年金委托投资运营；推进国有资本划转社保基金工作，基金抗风险能力增强。

【财政资金安全整治】 牵头开展全省“小金库”专项清查和会计信息质量检查，开展粮食购销领域腐败问题专项整治，抓好巡视、审计、检查等反馈问题整改，提升财政管理科学化规范化水平。针对机构改革后乡镇财政管理弱化趋向，联合省委编办印发《关于进一步加强乡镇财政管理工作的通知》，兜牢兜实基层财政资金安全防线。

（钟芳根）

税　务

【概　况】 2021年，江西省税务局聚焦带好队伍、干好税务，锚定税收现代化目标，团结带领全省税务干部职工抓改革、优环境、保稳定，各项税收工作取得新成效，连续4年获评全国税务系统和省直单位绩效考核“优秀”等次。开展党史学习教育，推进党的建设高质量发展，党建质量不断提升，政治生态不断优化。在党建考核中，省税务局机关和各设区市税务局全部获得优秀等次；鄱阳县税务局机关党委被中共中央评为“全国先进基层党组织”。统筹推进减税降费和组织收入，守正创新抓好税收征管改革，优化税务执法方式，推进智慧税务和法治税务建设，做好税收风险防控，税收治理能力稳步提升。坚持抓班子优结构、提素质激活力、夯基础强管理，完善“带好队伍”机制制度体系，干部干事创业氛围浓厚。全省税务系统有150个单位、30名个人受到省部级以上表彰，3人次获得“全国五一劳动奖章”“全国三八红旗手”“全国税务系统最美税务人”称号。

【税收收入】 全年完成各项税收收入3827.91亿元（含海关代征增值税、消费税，未扣减出口退税、个人所得税代扣代缴手续费退库），比上年增长11.8%。其中，税务部门组织收入3729.86亿元，增加391.58亿元，增长11.7%；海关代征完成98.05亿元，增加11.49亿元，增长13.3%。办理出口退税221.96亿元，减少4.60亿元，下降2.0%。税收收入增幅列全国第14位、中部6省第3位。全省中央级税收入库1793.12亿元，增长11.4%；地方级税收入库1936.74亿元，增长12.0%。税收规模在全国列16位，占全国税收比重2.2%。

【税收征管改革】 6月30日，省委办公厅、省政府办公厅印发《关于进一步深化税收征管改革的实施方案》，是全国最早一批出台实施方案省份之一。全国首笔不动产交易登记税务区块链业务在江西办理，首个“全国警税合成作战示范基地”落户宜春，省政府领导肯定“行动早、举措实、亮点多、成效好”。各级税务局采取召开新闻发布会、开设网站专栏、制作宣传视频、组织专题辅导，以及领导干部带头宣讲和撰写文章，营造改革良好氛围。制定6大方面27类100项改革措施、256个节点任务路线图、时间表，完成首批10个重点项目。

【税收法治】 2021年，开展“践行习近平法治思想、提升人民群众获得感满意度”主题实践活动，推动契税、城市维护建设税地方授权事项和资源税优惠措施落地，落实行政执法“三项制度”（行政执法公示制度、执法全过程记录制度、重大执法决定法制审核制度），更新设区市及以下税务局权责清单，推行税务证明事项告知承诺制，推出首批“首违不罚”清单，全年对2万余件首违行为免予处罚。全省税务系统17个单位被评为全省普法工作先进单位和依法治理创建活动先进单位。

【税费政策落实】 2021年，统筹推进减与收，既收好税又减好税，激发市场主体活力，促进经济稳中向好。按照江西省政府“五减”（减税、减费、减租、减息、减支）部署，出台落实减税降费、服务高质量发展25条措施，抓实宣传辅导、抓细纳税服务、抓准风险应对、抓深效应分析，推动减税降费直达快享。全年全省减免税业务办理量2107.6万户次，比上年增长42.7%；新增减税降费242.81亿元，为煤电企业减缓税7.6亿元，为中小微制造企业缓税32.5亿元，激发市场主体内生动力。

【社会保险费】 全年累计入库社会保险费（含职业年金）1381.53亿元，比上年增收648.75亿元，增长88.53%。剔除企业社会保险费征收职责划转和阶段性减免社会保险费等不可比因素影响，同口径比上年增收151.82亿元，增长12.35%。其中，企业职工基本养老保险费638.44亿元，机关事业单位基本养老保险费210.52亿元，城乡居民基本养老保险费29.62亿元，职工基本医疗保险费210.36亿元，城乡居民基本医疗保险费153.45亿元，失业保险费16.76亿元，工伤保险费10.50亿元，职业年金78.35亿元，其他社会保险费33.54亿元。

【非税收入】 全年累计组织非税收入及代征工会经费186.2亿元，比上年增长32.4%。其中，教育费附加71.1亿元，地方教育附加47.4亿元，残疾人就业保障金4.5亿元，可再生能源发展基金19.6亿元,大中型水库移民后期扶持基金8.0亿元,国家重大水利工程建设基金2.2亿元,水土保持补偿费3.4亿元,防空地下室易地建设费16.2亿元,废弃电器电子产品处理基金、地方水库移民扶持基金等其他非税收入1.6亿元,工会经费12.2亿元。做好土地闲置费、城镇垃圾处理费、国有土地使用权出让收入、矿产资源专项收入划转工作,实现有序对接。

【税收经济分析】 “税电景气指数”被纳入观察江西省经济运行指标库,“税眼”看经济更精准、更深入。开展区域发展比较、重要产业走势、新业态新模式等专题分析,全年有28篇分析报告得到国家税务总局和江西省领导批示肯定,有11篇在《中国税务报》刊发,有5篇被国家税务总局《税收分析报告》刊用。

【税种管理】 按照契税法和城市维护建设税法实施有关要求,研究制定实施工作方案,全面落实授权事项。会同财政部门起草《关于江西省契税具体适用税率等有关事项的方案(草案)》,由江西省人民政府提交江西省第十三届人民代表大会常务委员会第31次会议审查批准。发布《关于我省契税有关事项执行口径的公告》,联合省财政厅下发《关于确定江西省城市维护建设税纳税人所在地具体地点的通知》。推进个人所得税“核改查”(核定征收改查账征收)试点,开展文娱领域综合治理。

【国际税收】 2021年,创新反避税选案方式,突出“高风险、低遵从”“境外关联交易金额大、经营时间长”等标准,组织团队开展选案分析和立案会审,精准确定2起反避税案件调查对象。办结1起间接股权转让案,入库税款8284.74万元。联合赣州国际陆港管理委员会举行税港合作备忘录签约仪式暨税收服务“一带一路”政策宣讲会,签署《对接大湾区建设桥头堡合作备忘录》,围绕税收服务“一带一路”政策、对外投资合作业务简介及政策、“一带一路”与中欧班列监管和“走出去”企业风险管理进行宣讲。

【办税缴费服务】 开展“我为纳税人缴费人办实事暨便民办税春风行动”,国家税务总局提出100项措施全部落实到位,完成财产和行为税“十税”合并申报和增值税主附税申报整合,推广电子退库,90%以上出口退税实现全流程无纸化办理。转型升级办税服务厅,完成12366纳税服务热线归并工作。全省4个综合保税区全部纳入增值税一般纳税人资格试点范围,做好10个产业链链长制对接工作,优化高新技术企业认定流程。国务院第8次大督查对江西省“办税更快、负担更轻”新变化给予肯定,《人民日报》作出报道。在全国纳税人满意度调查中,江西省纳税人满意度“排名进步幅度”位居第3位,“综合得分提升”位居第6位。

【征收管理】 完善纳税人分类分级管理,深化税收管理员制度改革,构建办税服务员、网格管理员、调查审核员、风险应对员、税务稽查员“五员”管理体系,取消税收管理员固定管户关系,实行管事与管户相结合管理制度,提升专业化、集约化、差异化管理水平。合理划分各职能部门管理职责,结合税收征管操作规范,确定469项税收业务涉及岗位流程,逐步形成“职责清晰、分工明确、衔接顺畅”省市县三级税收业务岗责体系。

【税务稽查】 2021年,落实国家税务总局、公安部、最高人民检察院、海关总署、中国人民银行、国家外汇管理局常态化打击虚开骗税违法犯罪工作部署,全年查处虚开骗税案件1343起,涉税金额94亿元,移送公安256起,抓捕犯罪嫌疑人192人。运用信息化新战法查办抚州市虚拟货币“挖矿”企业偷逃税案,积累对新业态新模式稽查有益经验,得到国家税务总局和江西省纪委省监委领导肯定。5月18日,首个“全国警税合成作战示范基地”在江西省宜春授牌,构建“运转高效、信息共享、配合有力”警税协作新格局。

【电子税务】 发票电子化改革试点运行稳定,新办纳税人“开出票”、接受方准确“接到票”,建立发票全链条风控机制。制定《关于推进以数治税工作的意见》和落实“四个有人管”(税收风险没发现有人管;没及时科学推送有人管;推送没及时有效处置有人管;处置并上报处置情况及建议,但有关部门没改进,也要有人管”)办法等4个配套制度,完善电子税务局、大数据智慧服务平台等信息系统,打造江西省政府区块链税务专域,夯实智慧税务。国家税务总局在江西召开不动产交易登记税务区块链技术应用现场推进会,江西省政务服务管理办公室、江西省自然资源厅、江西省住房和城乡建设厅、江西省税务局、江西省信息中心联合发文予以推广。网络安全平稳运行,在“赣网杯”“赣政杯”网络安全大赛上获奖。

【大数据与风险管理】 2021年,按照“四个有人管”和“主动防控风险”要求,围绕系统治理、依法治理、专项治理目标,确定“各税协同、立体防控、层层负责、人人有责”主动防控风险思路,筑牢日常管理、风险评估、打虚打骗“三道防线”。全年风险应对入库税款19.18亿元,比上年增长145.27%。针对批发零售、现代服务、交通运输、医药、再生资源、设备租赁、人力资源、平台企业等重点行业和部分风险区域,撰写风险分析报告12篇。扫描全省税收异常增长情况,查摆出11个行业存在问题并及时整改。开展进贤县医疗器械行业专项整治,该行业发票领用量、发票开具金额等指标大幅下降,遏制税收异常增长。人力资源、平台企业、现代服务业大量开具6%税率发票现象大幅减少,铜加工等再生资源加工行业所得税税负率逐步提高,行业风险防控态势整体向好。

(李希明)

本类目编辑 刘清林

经济管理与监督

综合管理与调控

【概　况】 2021年，全省立足新发展阶段，贯彻新发展理念，构建新发展格局，落实高质量发展要求，统筹推进疫情防控和经济社会发展，做好"六稳"工作，落实"六保"任务，高质量发展迈出新步伐。全年实现地区生产总值2.96万亿元，增长8.8%；一般公共预算收入2812.23亿元，增长12.2%；规模以上工业增加值增长11.4%；固定资产投资增长10.8%。社会消费品零售总额1.22万亿元，增长17.7%。外贸出口3671.8亿美元，增长25.8%；实际利用外资157.8亿美元，增长8.1%。城镇居民人均可支配收入4.17万元，增长8.1%；农村居民人均可支配收入1.87万元，增长10.0%。超额完成全年目标任务，实现"十四五"良好开局。全省经济社会发展"实现新跨越，取得新突破，展现新活力"，主要经济指标增速在全国排名逐季前移，持续保持全国前列，GDP增速排名全国第4位，人均GDP跨越1万美元台阶，在全国排名前移2位，上升到第15位。规模以上工业企业营业收入突破4万亿元；城镇居民人均可支配收入突破4万元；外贸出口总额突破3000亿元；铁路运营里程新增278千米，突破5000千米。赣深高铁和安九客专开通运行、"大十字"高铁通道全面形成，首个央企总部中国稀土集团落户江西，宁德时代等一批100亿元级项目落地，江西在全国构建新发展格局中位势得到提升。

【内需潜力释放】 2021年，坚持"项目为王"理念，推进"项目大会战"，实施一批打造全国构建新发展格局重要战略支点标志性工程，省大中型项目完成投资1.2万亿元，完成年度计划123.8%；省重点工程完成投资4455亿元，完成年度计划125.5%。赣深高铁、安九客专、兴泉铁路、井冈山航电枢纽、南昌地铁4号线、雅中至江西和南昌至长沙特高压、瑞金电厂2期、萍莲高速、中国商飞江西生产制造中心等建成投运。全力打好商贸消费升级三年行动收官战，举办中国红色旅游博览会、首届中国米粉节、赣品网上行、百县百日消费季等促消费活动，抢抓国庆消费黄金期，优化疫情防控政策，促进消费复苏。全省网上零售额增长25.5%。旅游接待总人次增长33.4%，旅游总收入增长24.8%。

【产业创新升级】 实施国家级创新平台攻坚行动，举办国际产学研用合作会议、第七届中国国际"互联网+"大学生创新创业大赛等活动，启动30项科技攻关"揭榜挂帅"项目，全省发明专利授权量增长53%。新增1名中国工程院院士，中国信通院江西研究院、中国工程科技发展战略江西研究院等平台落地，江西省自主设计家猪育种基因芯片打破欧美技术壁垒。推动14个产业链链长制落实，实施传统产业改造升级行动，出台促进医药、集成电路、北斗等产业发展系列政策措施，战略性新兴产业、高新技术产业增加值占规模以上工业增加值比重分别达23.2%和38.5%，工业技改投资增长24.5%，占工业投资比重提高3个百分点，江铜集团3年创新倍增，新钢集团转型升级冲1000亿元目标完成。实施数字经济做优做强"一号发展工程"，出台"智联江西"建设3年行动方案，南昌国家级互联网骨干直联点启动建设，累计开通5G基站超6万个，11个设区市主城区、全部县城核心区、13个5A级景区实现5G网络全覆盖。推动服务业提质升级，启动新一轮服务型制造专项行动，服务业增加值增长9.5%。

【深化改革开放】 实施营商环境优化升级"一号改革工程"，完成市县营商环境评价，全国首个营商全媒体平台上线。出台建设高标准市场体系实施方案，推动要素市场化配置改革。推进"放管服"改革，深化"五型"政府建设，建成"赣服通"4.0版、"赣政通"政务平台，省市县乡四级政务服务中心实现全覆盖，政务服务365天"不打烊"。出台"一照含证"改革实施意见，企业开办时间压缩至1.5个工作日以内。启动培育壮大市场主体3年行动，全年新增市场主体128.9万户，其中净增83.4万户。落实减税降费系列政策，出台减税减费减租减息减支"32条"、支持中小微企业和个体工商户健康发展"15条"等政策，全年为市场主体减负超1700亿元。加大金融扶持实体力度，新增本外币贷款5505.8亿元，企业直接融资5694.7亿元，上市公司13家，总数突破100家。深化重点领域改革，出台《进一步深化预算管理制度改革意见》，国资国企改革工作走在全国前列，农村集体经济经营性收入10万元以上行政村达90%以上。推进内陆开放型经济试验区建设，开通运营"赣深组合港"，在全国首创"跨省、跨关区、跨陆海港"通关新模式，创建南昌陆港型国家物流枢纽。开展"三请三回""三企入赣"活动，举办2021世界VR产业大会云峰会、世界赣商大会、江西与跨国公司合作交流会等活动，推进开发区集群式项目"满园扩园"行动，宁德时代宜春新型锂电池、蜂巢能源上饶动力电池、华勤技术1000亿元产业园等一批重大项目相继落地。积极应对疫情和经贸摩擦冲击，发展跨境电商、数字贸易、海外仓等新业态，外贸出口增长25.8%。

【区域城乡发展】 主动融入国家区域战略，推动江西省与长三角、粤港澳大湾区战略合作事项落地，推进江西省在新时代推动中部地区高质量发展中加快崛起，建立长江中游3省协同发展机制、签署一批重大合作事项，提升在全国发展格局中位势。完善省内区域布局，启动大南昌都市圈“强核行动”，实施昌北机场3期扩建、南昌绕城高速西二环等重大项目。争取国家对口支援赣南等原中央苏区政策期限延续至2030年，赣州打造对接融入粤港澳大湾区“桥头堡”迈出新步伐。出台实施赣东北开放合作、赣西转型升级“十四五”发展规划，争取国家出台《湘赣边区域合作示范区建设总体方案》，推进浙赣边际合作(衢饶)示范区建设。推进以人为核心新型城镇化，省政府与住房和城乡建设部共建城市高质量发展示范省，南昌市、景德镇市入选全国首批城市更新试点，县级及以上城市体检实现全覆盖。鹰潭市国家城乡融合发展试验区建设取得新成效。实施乡村振兴战略，全域推进省部共建绿色有机农产品基地试点省建设，与粤港澳大湾区建立农产品检测结果互认制度。粮食总产量21.93万吨，连续9年保持21.5万吨以上。生猪产能全面恢复，“菜篮子”产品供给充足。

【生态文明建设】 2021年，出台江西省碳达峰碳中和工作实施意见和碳达峰实施方案，初步构建组织管理、工作运行、政策制度“三大体系”。率先在全国出台建立健全生态产品价值实现机制实施方案，启动现代林业产业示范省建设，国外优惠贷款助力绿色低碳循环发展、生态产品权益类贷等经验在全国推广。包括江西在内武夷山国家公园获批设立，举办第2届鄱阳湖国际观鸟周等活动，提升江西生态美誉度。严格落实能耗双控制度，系统梳理排查在建、拟建及存量“两高”项目并进行分类处置，完成国家对江西省“十三五”能耗双控考核。实施长江经济带“共抓大保护”攻坚行动，配合第2轮中央环保督察，抓好中央巡视反馈问题整改，生态环境质量保持优良，设区城市空气质量优良天数比率96.1%，国考断面水质优良比例95.5%，赣江干流断面水质达到Ⅱ类标准。

【民生福祉改善】 推进“我为群众办实事”实践活动，51件民生实事全面完成。做好巩固拓展脱贫攻坚成果同乡村振兴有效衔接，强化防止返贫动态监测，夯实产业帮扶、就业帮扶、易地搬迁后续扶持等基础。落实减负稳岗扩就业系列政策，促进农民工就业创业，支持多渠道灵活就业，城镇新增就业48万人，新增转移农村劳动力60.4万人，分别完成年度计划126.4%和116.1%，城镇调查失业率控制在预期目标之内。居民收入稳步增长，城镇居民人均可支配收入4.17万元，增长8.1%；农村居民人均可支配收入1.87万元，增长10%。做好保供稳价工作，全年居民消费价格指数上涨0.9%。全面落实义务教育“双减”政策，义务教育大班额比例降至3.75%，公办幼儿园在园幼儿比例超过50%。与7家输出医院签订建设国家区域医疗中心框架协议，跨省异地就医备案全面实现网上办，实现跨省门诊费用直接结算。完成养老服务体系建设发展3年行动计划，养老服务中心实现市县乡3级全覆盖，“党建+农村养老服务”经验全国推广。

(曾铭　蔡昌辉　帅晶)

重点工程建设

【概　况】 2021年，全省开展“项目大会战”活动，推进重点项目建设，全面完成年度各项目标任务。围绕基础设施、重点产业、社会民生和生态环保等领域分2批安排省重点工程共530项，总投资1.66万亿元，年度计划投资3549.14亿元。其中，建成投产项目77项，续建项目201项，计划新开工项目238项，预备项目14项。全年省重点项目建设完成投资4454.63亿元，占年计划125.5%，超额完成年度计划投资任务。其中，计划建成投产项目完成投资776.18亿元，占该计划125.5%；续建项目完成投资2196.26亿元，占该计划131.7%，24项续建项目提前建成投产；计划新开工项目完成投资1482.19亿元，占该计划117.3%，开工率89%，1项预备项目提前开工。112项总投资50亿元以上项目完成投资1876.73亿元，占该计划128.1%，建成率100%，开工率86.5%。

【基础设施项目建设】 2021年，118个基础设施项目完成投资1371.41亿元，占该计划117.3%。铁路基础设施建设方面，赣州至深圳铁路、兴泉铁路、安庆至九江铁路开通运营；昌景黄铁路江西段进展有序；昌九客专先行段开展征迁准备工作。公路基础设施建设方面，萍莲高速公路通车运营；宜春至遂川高速公路、大庆至广州国家高速公路南康至龙南段扩容工程、寻乌至龙川高速公路等进展顺利。港航基础设施建设方面，赣江井冈山航电枢纽工程建成投产，信江双港航运枢纽工程交工验收。机场基础设施建设方面，南昌昌北国际机场T2航站楼C指廊延伸及飞行区配套工程完工；江西瑞金民用机场项目进展有序；南昌昌北国际机场3期扩建先行工程交通导改主进场路跨线桥、共青城通用机场项目及景德镇浮梁通用机场项目开工建设。能源基础设施建设方面，华能瑞金电厂2期工程全面建成投产，雅中至江西±800千伏特高压直流工程、南昌—长沙1000千伏特高压投产送电，赣浙国华信丰电厂新建工程、江西丰城电厂3期扩建工程进展顺利。通信基础设施建设方面，中国移动通信集团江西有限公司全年5G网络3期建设项目全部完工，共开通1.2万个，累计开通5G基站2.32万个；江西电信建设(联通共享)5G网络新建工程全年新增基站超8000个，全省规模达到1.8万个，实现全省所有县城以上区域连续覆盖，1700个全省乡镇点亮覆盖。地铁基础设施建设方面，南昌市轨道交通4号线1期工程年底开通运营；南昌轨道交通1号线东延、北延及2号线东延开工建设。

【产业项目建设】 2021年，360个产业项目累计完成投资2882.33亿元，占该计划131.5%。建成投产吉安米田科技有限公司精密制造产业园项目,实现年销售收入50亿元,新增3000个就业岗位。江西仰立新材料有限公司年产2万吨苯二甲胺等产品项目,年实现产值14亿元,年实现利税4亿元。江西耐乐铜业有限公司年产6万吨5G商用及制冷高精度铜管智造技改扩建项目,年销售收入55.32亿元,其中出口1.6亿美元,新增利税5.8亿元。江西锦宝科技有限公司年产15亿条连接线及相关产品生产、浮梁县荻湾乡村振兴开发、安福县文溪天泰田园综合体等续建项目提前建成;中林华中智能家居、九江石化芳烃、江西箭冠科技有限公司箭冠汽配易损易耗件产业化、高安红狮水泥有限公司4000t/d新型干法熟料水泥智能生产线及配套技改、江西正博实业有限公司年产2000万双智能布鞋、行者物流公司高安物流云谷(总部基地)建设项目、井冈山经开区巴斯巴新能源汽车核心零部件研发和生产、正邦集团500万头生猪产业链、江西中烟工业有限责任公司南昌卷烟厂制丝工艺创新提质技术改造等项目如期建成;萍乡市联锦成科技有限公司5G通信电源电子科技园项目等项目进展有序。

【社会民生项目建设】 2021年,全省推进社会民生保障工作,实施民生幸福工程。38个社会民生项目累计完成投资130.14亿元,占该计划115%。江西樟树中医药职业学院、新余袁河医院、景德镇近现代陶瓷工业遗产综合保护开发续建等项目建成;江西老年大学搬迁改造工程、南大附属口腔医院红谷滩新院、江西长天医养象湖养老有限公司南昌象湖老年养护中心建设项目、南昌大学第二附属医院红角洲分院2期(含重大疫情救治基地)建设项目、国家职业教育虚拟仿真示范实训基地、九江职业技术学院濂溪校区扩建、江西省赣抚平原灌区“十四五”续建配套与现代化改造工程等项目进展顺利。

【生态环保项目建设】 2021年,推动生态环境保护工作,实施生态环保工程。14个生态环保项目累计完成投资70.75亿元,占该计划93.7%。南丰县生活垃圾焚烧发电、吉水县赣江西堤综合治理工程等项目建成;推进新余市孔目江流域洪水防控及环境治理工程、九江市中心城区水环境系统综合治理2期等项目建设。

【重点项目管理】 2021年,组织召开现场协调会议15次,下发协调会议纪要9份;会同各地和省有关部门协调解决皖赣界至婺源高速公路等在建项目征迁个案、施工环境、施工许可办理等问题;会同省水利厅开展全省项目建筑用砂供应保障情况调研,按照省政府领导在专报上批示要求抓好落实;配合省自然资源厅围绕省重点项目需要进行国土空间规划调整,配合省林业局为重点项目建设争取国家林地指标。落实项目日常调度制度,按月编制发布《重点建设信息》。各地政府和省有关部门领导对《重点建设信息》高度重视,对涉及本地、本部门问题,高位推动,及时解决,为重点项目推进发挥作用。不定期赴项目现场督导,察看项目建设情况,协调解决问题,推动项目建设各项工作任务落实到位。

(陈平　刘志坚　杨芳英)

国有资产管理

【概　况】 2021年,全省国有企业资产总额5.86万亿元,增长15.5%;净资产2.27万亿元,增长13.8%。全年营业收入1.14万亿元,增长30.1%;完成增加值1515.4亿元,增长26.5%;利润总额459.1亿元,增长39.3%;净利润367.9亿元,增长49.5%。收入、增加值2年平均增长25.3%和11.8%,利润总额、净利润2年平均增长19.4%和20.3%,收入、净利润年均增速分别是全国地方国有企业2.2倍和1.7倍。省属国有企业资产总额1.75万亿元,增长12.2%;营业收入8177.4亿元,增长30.6%;利润总额299.9亿元,增长50.7%。资产总额、营业收入、净利润分别列全国第17位、第9位和第11位。23家重点企业盈利面超过9成,超8成盈利企业实现正增长。10个地级市实现收入增长,增收面超9成。江铜集团、新钢集团、建材集团分别实现利润80.2亿元、51.4亿元和31.3亿元,占省属企业利润50%。南昌市实现利润总额73.7亿元,占地市利润46.3%。

【国企改革发展】 至6月,在全国国企改革三年行动重点任务评估中位列全国第2位,省第十五次党代会把国企改革列为走在全国前列3项改革工作之一给予肯定。至年底,三年行动综合完成率93%。7家“双百企业”综合改革完成阶段性目标,177项改革措施完成153项,完成率86%,江铜集团获全国A类评级。“双百行动”“科改示范行动”等专项行动取得实效,3户企业被评为全国标杆。17家省属企业年度完成投资904亿元,增长10.5%。开展“省企入景”“省企入饶”行动,共签约合作项目42个,投资总额1439.4亿元。开展对标一流管理提升行动,监管企业年化净资产收益率7.8%,提升2.5个百分点,100元营业收入支付成本费用下降0.5元,全年提质增效增利超过40亿元。

【混合所有制改革】 “百户国企混改攻坚行动”全面收官,引入非国有资本合计超过90亿元。推动混合所有制企业转换经营机制,混改工作在全国国企改革月例会上作典型发言。省属440余家混合所有制企业全部建立董事会或设立执行董事,4/5以上实现外部董事占多数。江盐集团向中国证监会提交IPO申报材料,景德镇市收购上市公司广东正业科技股份有限公司股权。

【现代企业制度建设】 省国资委监管企业集团和重要子企业100%实现董事会“应建尽建”,列入清单监管企业100%实现外部董事占多数;93%监管企业集团建立董事会向经理层授权管理制度。监管企业集团层面100%实施任期制和契约化管理,其中18%实行职业经理人制度。实现员工公开招聘、签订劳动合同、全员绩效考核“3个100%”,35%企业管理人员实行竞争上岗,5%监管企业管理人员实行末等调整或不胜任退出。

【企业科技创新】 实施重大科研项目“揭榜挂帅”制度,公开发布第1期省国资系统"揭榜挂帅"10 项重大技术需求榜单。全年安排 2000 万元国有资本经营预算专项资金支持重大科技项目。省出资监管企业全年研发投入 128.55 亿元,增长 47.59%,工业企业 R&D 投入强度 3.22%,省国资委连续 3 次被评为加大全社会研发投入攻坚行动优秀省直单位。至年底,全省国有企业拥有国家级创新平台 12 个、省级创新平台 80 个,高新技术企业 95 家,博士后科研工作站 8 家、院士工作站 2 个。江铜集团、江西建工、江咨集团等企业分别与院校、科研机构合作成立多个研究院。江铜集团石墨-铜(铝)复合材料取得重大突破,江西国控子企业生产电容器应用于航空航天领域。

【重点企业"创新倍增"】 江铜集团"三年创新倍增"提前实现,全年营业收入、利润总额均创历史最好成绩,分别为 2016 年年末 2 倍和 4.5 倍;全年世界 500 强排名 225 位,比上年前移 118 位。新钢集团"转型升级冲千亿"如期完成,营业收入、利润总额分别为 2016 年末 3 倍和 14.8 倍,经济效益进入 84 家大中型钢铁企业前 20 位。

【优化国资监管】 整合财务、法务、审计、监事会等监督资源,与派驻纪检监察组共同建立情况通报、会商研判常态化工作机制,重大事项及时通报。探索实行总审计师制度,8 名监事会主席兼任或协管审计工作。健全完善全面风险管理制度,探索形成风险管理常态化监管、督导机制。全年监管企业排查 907 项风险事项,形成处置清单,化解 682 项,化解率 75.2%。推进经营性国有资产集中统一监管,省直机关列入分类处置清单 267 户企业,处置完成 216 户,完成率 81%。各地市加大集中统一监管力度,南昌市资产规模连跨 2 个 1000 亿元台阶,达到 8699 亿元,赣州市和上饶市资产规模超 7000 亿元,吉安市资产总额增长 43.3%。规范出资企业责任追究工作机制,开展综合监督检查和粮食购销领域问题专项整治工作,建立健全企业内部监督体系,提高监督效能。全年省国资委及出资监管企业开展追责项目 37 个,追责 342 人次,挽回损失 3814.19 万元。

【国企承担社会责任】 省属企业职工人数 18.8 万人,新吸纳就业 0.8 万人;实现税费 225.9 亿元,增长 43%,是全省税收收入增速 2 倍;累计实现出口产品销售收入 424.9 亿元,增长 60.6%,快于全省出口增速 30 个百分点;减免租金 2.1 亿元,惠及服务业小微企业、个体工商户 3.5 万户。鹰潭市工控公司应对疫情扶持铜产业若干措施获省政府及时奖励。省投资集团打好能源保供攻坚战,累计发电 76 亿千瓦时、日均供气突破 1100 万立方米。大成国资集团获"江西省脱贫攻坚贡献企业"称号,大成仓消费扶贫案例获"2021 年全国消费帮扶助力乡村振兴典型案例"。长天集团"一老一小"做法得到中央电视台等媒体点赞。省旅游集团首创举办第 4 届"全民旅游消费节"。省出版集团、省文演集团、江西报业传媒集团、江西广电传媒集团围绕庆祝建党百年等重大主题,推出一系列精品力作,形成讴歌建党百年光辉历程"大合唱"。省金控集团、江西银行、省融资担保集团践行责任担当,提升服务实体经济能力水平。

(曾红梅)

煤矿安全监察

【概　况】 2021 年,全省有煤矿 31 处,其中省属煤矿 8 处,地方及乡镇煤矿 23 处。全省煤矿发生事故 4 起,死亡 4 人,同比事故起数减少 1 起,死亡人数减少 1 人,均下降 20%。杜绝瓦斯、水害、火灾事故,连续 27 个月未发生较大事故,连续 6 年未发生重大及以上事故,全省煤矿安全生产形势平稳向好。

【煤矿安全专项整治三年行动】 聚焦"集中攻坚"阶段目标任务,全面开展大排查,对所有煤矿全系统各环节开展全覆盖监察和重点抽查,定期研判排查安全风险和问题隐患,完善更新问题隐患和制度措施"两个清单",共查找问题 38 条,制定制度措施 43 条。督促全省煤矿对标对表开展两轮全面自查自改,共自查隐患 1154 条。对全省 4 个产煤设区市开展全覆盖安全生产大排查专项检查,督促地方政府组织专家对 7 处自查不深入煤矿"开小灶"。针对省属煤矿系统性安全风险,向省投资集团下达意见书,推动省投资集团对省属国有煤矿全部开展经济技术论证,研究提出加强煤矿安全发展意见和措施。通过专项整治集中攻坚,煤矿安全基础及保障能力得到提升。

【防范化解重大安全风险】 落实《煤矿重大安全风险预判防控实施办法》,聚焦煤矿安全生产存在重大风险、突出问题和薄弱环节,定期对全省煤矿逐矿研判风险,"一矿一册"列出风险清单,"一矿一策"制定防控措施,提高执法精准性。全年研判风险 127 矿次,排查管控风险点 1052 处,其中重大风险点 237 处。对曲江煤矿"12 · 7"煤与瓦斯突出第一时间责令停产撤人,及时化解事故风险。针对全省关闭煤矿较多、周边矿井相互连通等问题,组织开展水文物探查井下水体情况,督促煤矿做好雨季"三防"(防汛、防雷击、防排水),关注雨情水情和井下涌水量变化,及时发布预警信息,发现险情及时督促停产撤人,全省煤矿实现安全度汛。

【煤矿安全监察执法】 针对两会、建党百年大庆等重点时段风险防范,先后部署开展煤矿安全集中监察百日行动、煤矿安全专项监督检查等专项执法行动,及"一通三防"(通风、防治瓦斯、防治煤尘、防灭火)、防治水、防溃水溃砂、采掘接续等专项监察,严厉打击煤矿违法违规行为。全年煤矿安全监察机构共监察煤矿 269 矿次,查处隐患 1715 条,其中重大隐患 6 条。责令停产整顿矿井 5 处,暂扣安全生产许可证 7 处;行政罚款 1015.22 万元,其中监察罚款 791.30 万元、事故罚款 223.92 万元。查处 4 起重大违法违规行为,对照《国务院关于预防煤矿生产安全事故的特别规定》依法实施处罚,均责令停产整顿、罚款 53 万元,对曲江煤矿"12 · 7"煤与瓦斯突出参照事故进行调查处理。

【煤矿安全许可】 严把发证审核关,受理审查煤矿安全生产许可证延期申请 11 处、企业公司安全生产许可证延期申请 3 处,逐矿制定审查方案、逐矿实施现场核查。严格审核标准，对1处不具备安全生产条件煤矿给予延期发证。加强许可证管理，依法注销关闭矿井安全生产许可证6处。强化事中事后管控措施，对延期矿井书面提出重点监管意见和要求，发挥行政许可源头治理作用，推动延期矿井安全监控系统建设、重大灾害治理、矿管公司施工队管理、多水平开采、超定员生产等方面存在重大安全风险和难点问题得到整改解决。6月底，煤矿安全生产许可事项移交省应急管理厅。

【煤矿事故查处与警示评估】 对事故矿井实施停产整顿、暂扣安全生产许可证，结案事故3起，罚款224万元，给予党纪政纪处理27人次，对2处事故煤矿矿长撤销职务。召开全省煤矿事故警示教育会议，通报事故情况、剖析事故原因，分析全省煤矿安全存在突出问题和薄弱环节，部署针对性措施。对2020年以来6起煤矿事故处理落实情况开展评估，对事故防范措施落实和责任人员处理情况开展专项检查，切实以事故教训推动工作。

【煤矿安全信息化】 发挥煤矿复合灾害监测预警系统作用，落实专人动态监控，每日分析通报，常态化开展远程监察，对瓦斯、一氧化碳等气体超限、超定员作业、领导带班下井等进行实时监控，重大风险及时监测预警、及时核实处置、及时化解消除，矿井瓦斯超限次数同比减少25%。

【国家矿山安全监察局江西局挂牌成立】 9月1日，中央编办下发《关于国家矿山安全监察局设在地方的机构设置有关事项的通知》，明确国家矿山安全监察局各省局主要职责等“三定”规定。10月11日，国家矿山安全监察局下发《关于印发江西局主要职责、内设机构和人员编制规定的通知》，明确江西局主要职责、内设机构及人员编制“三定”规定。10月26日，国家矿山安全监察局江西局挂牌成立。国家矿山安全监察局江西局实行国家矿山安全监察局与江西省政府双重领导，以国家矿山安全监察局为主的管理体制，负责江西省行政区域内矿山安全监察工作。该局主要职责是贯彻落实中共中央关于矿山安全生产工作方针政策和决策部署，负责辖区内矿山安全国家监察工作，监督检查地方人民政府矿山安全监管工作，依法对辖区内煤矿企业进行监管执法、对辖区内非煤矿山企业进行抽查检查，参与矿山事故应急救援，依法组织煤矿和参与非煤矿山重大及以下生产安全事故调查处理。

（毕兴南）

价格管理

【概　况】 2021年，江西各级价格主管部门面对国内外风险挑战增多复杂局面，坚持稳中求进工作总基调，立足新发展阶段，全面贯彻新发展理念，构建新发展格局，按照“作示范、勇争先”目标定位和“五个推进”更高要求，加强改进价格调控，巩固拓展价格改革成果，强化灵敏价格秩序监管，完善市场价格机制，完成各项价格工作任务，为江西经济社会稳定健康发展创造良好价格环境。1—12月，江西居民消费价格指数CPI同比平均上涨0.9%，与全国平均水平持平，低于省委、省政府价格总水平控制在3%调控目标要求；工业生产者出厂价格指数PPI同比平均上涨10.5%，高于全国平均水平2.4个百分点。

【稳控价格总水平】 2021年，围绕价格总水平调控目标，统筹谋划，综合施策，完成各项调控任务。全年CPI同比累计上涨0.9%，实现预期目标，为江西经济社会发展价格环境发挥“稳定器”作用。实施跟踪蔬菜、猪肉等65种生活必需品价格变化，坚持“一周两报”。定期对钢材品种、水泥以及河沙等价格实施“一周一报”。全年上报《江西应急价格监测》103篇。完善定期会商制度，坚持指数“一月一通报”，形势“一季一会商”，先后4次会同相关省直单位召开市场价格形势分析座谈会，6次向省委、省政府领导专报价格形势，均获得肯定性批示。完善政府调控长效机制，研究制定重要民生商品价格调控政策举措，搭建重要民生商品调控。开展猪肉逆周期调节，先后制定完善政府猪肉储备调节机制，做好猪肉市场保供稳价工作实施方案和省级冻猪肉储备工作方案等政策举措。面对突发疫情，指导上饶市、九江市启动“日监测、日报告”制度，及时协调应对。针对蔬菜、水产品价格上涨，及时对南昌市深圳农产品中心批发市场实施“点对点”调度监测。围绕春节等重点时段，组织省直10个保供稳价重点单位及时落实国家视频会议精神。

【深化价格改革】 2021年，按照国家工作部署，有序放开全部燃煤发电电量上网电价，扩大市场交易电价上下浮动范围，明确原则上均不超过20%，推动工商业用户全部进入市场，取消工商业目录销售电价，保持居民、农业、公益性事业用电价格稳定，推动建立有利于行业平稳健康发展市场化机制。指导督促各地建立健全天然气上下游价格联动机制，落实国家天然气价格政策，加强天然气输配价格和终端销售价格监管，助力天然气管道安全运行和行业高质量发展。组织召开农业水价综合改革现场推介会，研究出台《江西省2021年度农业水价综合实施方案》，向国家发展改革委等4部委报送《江西省“十四五”农业水价综合改革实施计划》，推动江西农业水价制定、调整工作有序开展，完成改革任务。

【价格政策优化】 2021年，围绕惠企业出台政策措施，全年清理取消城镇供水供电供气供暖行业不合理收费项目减负金额累计超3.1亿元，取消向用户收取接入工程费用减负超55.3亿元。降低电梯检验收费标准，全年降费2566万元。出台货车通行高速公路优惠折扣差异化收费政策，全年减免车辆通行费超2.4亿元。落实国家降低小微企业和个体工商户支付手续费政策。围绕惠民生，加强义务教育阶段学科类校外培训收费监管，制定线下和线上学科类校外培训基准收费标准和浮动幅度。出台《普通高校学分制收费管理办法》及《中小学服务性收费和代收费管理办法》。制定实施规范非营利性民办学校收费行为政策，核定部分高校全日制专业硕士和省直机关第5、第6保育院保教费收费标准，核定全年度中小学教材、教辅价格。制定非免疫规划疫苗预防接种服务收费标准,调整降低非免疫规划疫苗储存运输收费标准,降低疾病预防控制机构新型冠状病毒核酸检测收费标准。指导鼓励各地春节期间结合实际为困难群众发放一次性节日价格补助或临时生活补助,全省发放2408.32万元。健全价格临时补贴联动机制,将艾滋病毒感染儿童纳入保障范围。落实国家稻谷最低收购价政策,协助做好启动执行预案相关工作。制定实施排污权有偿使用费与交易价格政策,促进生态文明建设。高质量牵头做好"用水用气价格""获得电力费用"2项营商环境指标评价工作。开展降低重点国有景区门票价格"回头看"工作,加强对景区门票及配套服务价格监管,落实国家有关景区门票价格减免政策和"嘉游赣"活动,减轻游客负担。动态调整政府定价经营服务性收费目录清单,缩减公证服务收费项目,放开2项收费项目;降低2项收费标准,最高降幅58%。

【价格基础夯实】 2021年,研究制定"十四五"价格工作行动方案,修订完善定价目录。开展供水价格、稻谷价格等调研活动,形成20余篇高质量调研报告。研究起草完善峰谷分时电价政策和非居民餐厨垃圾处理计量收费政策。推进重点领域和民生项目监审,对赣抚平原灌区等3个省属灌区骨干工程农业供水开展成本监审,核减不合理成本费用8563.10万元。紧扣公益性服务价格,开展高校、中外合作办学成本和省直保育院保教成本监审,分别核减不合理成本费用22.94亿元和846.08万元。完成江西污水处理成本监审数据专项统计。完成江西省检验检测认证总院特种设备检验检测研究院电梯检验检测成本调查。完成各项农产品成本调查任务。先后完成早中晚籼稻等20个重要农产品常规调查任务、8个农产品直报调查任务、3个专项调查及粮食化肥价格周报应急调查任务。受国家发展改革委委托,完成全年全国晚籼稻数据审核、汇总、分析等相关工作。全年完成涉纪检监察案件价格认定工作24件,价格认定金额1.54亿元;涉刑事案件价格认定工作6件,价格认定金额1100万元;监察涉案物品价格咨询服务工作2件,提供办案依据。

(徐帆)

市场监督管理

【概　况】 2021年,全省市场监管系统推进"一照含证"改革升级为"一照通办",推动改革向其他部门延伸,《全国优化营商环境简报》等相继刊登。优化企业开办"一网通办"平台,把企业开办时间压缩至1.5个工作日内。晶能光电(江西)有限公司、靖安县靖窑陶瓷坊技工伍映方获第4届中国质量奖提名奖。省万人有效发明专利拥有量5.11件,首次突破5件整数关,增长1.43件,增幅38.9%。在全省系统全面推行免罚清单制度。全省市场监管领域安全态势平稳向好,食品安全评价性抽检合格率99.37%,高于全国平均水平,人民群众对食品药品安全满意率稳步提高。鹰潭市月湖区商事制度改革、事中事后监管工作获国务院督查激励。

【市场准入改革】 落实《江西省培育壮大市场主体三年行动计划(2021—2023)》,推进企业注册、注销便利化改革,支持市县率先将改革向其他部门延伸,新余市82项、鹰潭市72项、赣江新区31项涉企行政许可事项纳入改革事项清单。创新设立"办不成事"反映窗口。推行企业注销等业务免费网上公告服务,直接为企业节省费用3600余万元。下放白酒、乳制品等审批权限,推进检验检测机构资质认定、计量标准器具复查考核承诺制改革。全年全省新登记市场主体128.9万户,增长102.7%。其中,企业26.3万户,增长19.9%。至年底,全省实有各类市场主体402.5万户,增长26.1%。其中,企业114.4万户,增长17%;个体工商户280.5万户,增长31.1%。

【质量提升行动】 省质量强省领导小组印发《江西省质量强省2021年工作要点》,明确全省产品、工程、服务和环境等质量工作领域46项重点工作。围绕"深入实施质量提升行动 大力推进质量强国建设"主题,开展"质量月"活动,全省累计开展活动570项,参与企业4088家次,参与群众6.29万人次。深化质量提升行动,推进质量提升行动项目化运行,聚焦各地制约产业发展质量问题,遴选、确定20个全年全省质量提升项目,加大政策和经费支持力度。开展长三角质量月共同行动,重点抓好全省电子信息、现代家具2个长三角质量提升示范试点项目,联合发布苏浙皖赣沪质量管理方法案例50个和优秀企业文化案例50个,支持江西理工大学加入长三角高校质量发展工作联盟。推进"首席质量官"能力提升工程,开展网络平台学习,培训企业管理人员1900余人,引导企业推行"首席质量官"制度。开展制造业质量状况分析,编写《2021年江西省质量状况白皮书》,为质量监管和质量提升提供依据。加强消费品缺陷召回管理,全年监督指导企业完成召回10次。

【标准化工作】 经中央批准新设"江西省标准创新贡献奖"。发布《湿地修复与建设技术规程》等地方标准223项,新建计量标准106项。完成217个品规中药饮片立项、48个省级中药配方颗粒质量标准审核。强化标准监管,推动省内企业声明公开企业产品和服务标准,全省5298家企业上报标准4.46万项,涵盖产品6.78万种。开展2021年度企业标准、团体标准自我声明"双随机、一公开"抽查,抽查标准合格率76.95%。新批复成立省艺术陶瓷标准化委员会、省信息安全标准化委员会、省卫生健康标准化委员会等3家标准化委员会。推动现代家具产业发展升级,组织《江西省现代家具产业发展报告(2021)》课题调研,专项研发"南康家具产品担保贷",支持家具产业发展。实施企业标准"领跑者"制度,向国家标准委推荐2021年全国企业标准"领跑者"重点产业领域。"江西吉安城镇脱贫解困标准化试点"获批成为国家标准委第7批社会管理和公共服务综合标准化试点项目。"国家油茶标准化区域服务与推广平台""国家现代农业标准化区域服务与推广平台"获批成为国家级农业标准化区域服务与推广平台项目。

【认证认可工作】 批复支持寻乌县等6个县(区)创建省级有机产品认证示范区;全省有机产品认证证书1590张,位居全国第3位;获证组织1015家,位列全国第5位。开展小微企业质量管理体系认证提升行动,在家具、纺织、陶瓷、食品、光电及金属制品等6个行业,确定22家小微企业进行质量认证提升。联合省生态环境厅、省自然资源厅等部门开展检验检测机构资质认定监督抽查工作,重点对机动车检测、生态环境监测、建工建材、食品等社会关注行业实施检查,全省抽查获证检验检测机构489家,限期责令改正或自行整改331家,注销17家。开展2021年强制性产品认证专项监督检查工作,以儿童用品、消防产品、电动自行车、汽车及配件等强制性认证产品为重点,依法查处强制性产品认证违法行为,全省出动执法人员2779人次,查处案件8起。围绕“我为群众办实事——认证认可检验检测在行动”主题,开展“世界认可日”宣传活动,全省36家检验检测机构参与活动,提供免费咨询4572人次,为企业减免检测费用1032批次。

【计量工作】 研究编制江西省“十四五”时期计量发展规划,印发《关于加强“十四五”期间社会公用计量标准建设与管理的通知》,出台《江西省地方计量检定规程和计量校准规范制修订程序》。报国家市场监管总局批复同意,在宜春市、九江市等地开展计量标准器具复查考核告知承诺制试点工作,提高计量标准复查考核审批效能。开展民生计量专项行动,全省检查眼镜制配场所、商场超市、集贸市场、加油(气)站7325家,检查计量器具3.48万台,查处计量违法行为44件。印发《关于开展民用“三表”计量专项监督检查的通知》,对全省首次检定、到期轮换和新建住宅民用“三表”开展监督抽查,保证民用“三表”量值准确。开展“计量保春耕”专项监督检查,抽查经营种子、农药、化肥等农资类定量包装商品生产、销售企业1953家,查处计量违法案件21件,其中立案查处9件。开展粮食市场计量秩序专项整治,组织全省计量技术力量主动上门对国有粮库粮站计量器具开展检定,完成全省国有粮库粮站在用地磅检定全覆盖。联合江西都市频道开展“计量守护民生,助力江西高质量跨越式发展”在线直播。

【商标品牌建设】 推进商标注册便利化,升级省市场监管局本级商标注册申请受理窗口为商标、专利业务综合窗口,实现商标专利注册申请和质押登记“一窗通办”。争取国家知识产权局支持,新增鹰潭市、瑞昌市2个商标业务受理窗口。挖掘全省特色资源,加强地理标志商标注册指导。全省现有有效注册商标67.16万件,增长31%。其中,全国驰名商标169件,地理标志商标119件。加强品牌宣传推广,开展“讲好商标品牌故事”系列活动。成立江西绿色生态品牌建设促进会,发布“江西绿色生态”团体标准17项,首批通过认证企业40家。“江西绿色生态产品品牌价值实现及服务平台建设项目”获省发展改革委批准立项。全省5个产品入围2021年中国品牌价值评价前100强,其中“赣南脐橙”获地理标志区域品牌价值榜第6名。组织银企对接活动,办理商标质押融资6.9亿元,增长97%。推进打击商标侵权假冒工作,组织商标执法专项行动,严厉打击侵犯注册商标专用权违法行为,全省查办各类商标违法案件304件,移送公安机关案件11件,纠正社区未规范使用庆祝中国共产党成立100周年特殊标志宣传行为2起。

【质量基础建设】 印发《江西省质量基础设施“一站式”服务线上平台建设方案》,推进质量基础设施“一站式”服务。全省系统立项科研计划项目28个,拨付补助资金206万元;向国家市场监管总局推荐申报科技计划项目10个,向省科技厅推荐申报科技计划项目5个。省检验检测认证总院以副理事长单位加入国家商用飞机产业计量测试联盟,与上海飞机制造有限公司签署合作协议;与新余市政府签署战略合作协议,共建总院赣西基地;博士后创新实践基地通过验收。省钨与稀土产品质量监督检验中心获批2021年度国家中小企业公共服务示范平台,新增水和废水中色度等检测资质。国家市场监管重点实验室(稀土产品检测与溯源)获批筹建,国家油茶产品质检中心(江西)获批成立,批准成立省陶瓷产业计量测试中心。筹建国家钨与稀土产业计量测试中心、国家水表型评实验室。推进省能耗在线监测平台建设,完成300家重点用能单位数据接入方案初设和4家单位能源审计。

【重点监管执法】 加大反垄断、反不正当竞争执法力度,维护全省公平竞争市场秩序。查处纠正行政垄断案5起。查办预拌混凝土行业涉黑垄断案9件,罚没2.86亿元。常态化开展扫黑除恶斗争并获市场监管总局通报表彰,出台《全省市场监管领域常态化开展扫黑除恶斗争的实施细则》《江西省市场监管系统扫黑除恶斗争涉黑涉额涉乱线索管理规定》。推进“禁捕退捕 打非断链”专项行动。通过“净化”“守护”“清理”“打击”“销毁”等措施,加大侵权假冒打击力度,查处“4·25”特大制售假冒国际名牌化妆品案,涉案资金10亿元。开展2021民生领域案件查办“铁拳”行动,全省系统查办民生领域案件1.27万起,移送司法机关案件114起。健全防范和打击传销长效机制,查处网络传销案件48起、罚没1.15亿元。在全省市场监管执法稽查条线开展执法办案“大回访、听诉求、再释法”活动,回访案件885件,收到回访表879份,收集和吸纳问题建议270条。

【价格监督检查】 加强重点时段价格监督检查,针对春节、“五一”、中秋、国庆等重要节假日,密切关注供应偏紧、价格上涨较快商品,加大检查频次,依法查处囤积居奇、哄抬价格、串通涨价等违法行为;加强民生重点领域价格监督检查,聚焦社会和群众反映强烈防疫用品、医疗、教育、转供电、就业和生活必需品等重要民生领域,以及防疫物资及其原辅材料等,加大价格违法行为惩处力度;启动2021年“治理涉企收费 减轻企业负担”专项行动工作,紧扣企业反映集中“痛点”问题,聚焦中介机构、水电气、商业银行、行业协会商会等五大重点领域和环节,持续加强涉企收费行为监管。全年全省市场监管系统对医疗、水电气、金融等相关领域主体价格收费行为开展检查4.26万家次,查处案件数

364 件，实施经济制裁总额 6070.06 万元，组织督促各类主体自查清退、整改规范涉及金额 8.15 亿元。印发《江西省粮食市场秩序专项整治实施方案》，开展粮食购销领域扰乱市场秩序和违法交易行为检查，维护粮食收购和流通秩序，推动国家粮食价格政策执行到位。

【药品安全监管】 起草《江西省关于全面加强药品监管能力建设的若干措施》，经省委深改委审议通过后以省政府办公厅名义印发实施。加强流通领域新冠肺炎疫苗质量安全监管，组织检查疫苗配送企业、疾控机构和接种单位 1.08 万家次，责令 20 家疾控机构、55 家接种单位进行整改，确保新冠肺炎病毒疫苗质量安全。强化"四类"重点药品监测，开发四类重点监测药品购买登记小程序系统在全省推广使用，实现对重点监测药品登记情况智能化、规范化。开展中药饮片、口罩、儿童化妆品专项整治，推进进贤县医疗器械经营领域问题整治。加强疫情防控药械产品质量监管，将医用口罩、防护服、额温枪等疫情防疫物资生产企业纳入重点监管企业名单，对 30 家问题企业实施飞行检查，对 128 家企业实施监督检查，对 8 家企业下达停产整改通知。建成省级药品追溯系统，率先完成全国药品智慧监管平台一体化建设试点任务。推进生物医药产业链发展，制定《2021 年全省生物医药产业链链长制工作方案》，与江西邮储银行签署全面合作协议，为 193 家生物医药企业贷款 29.86 亿元。解决医药企业反馈各类问题 117 个，办结率 100%。

【特种设备安全监管】 推进特种设备专项治理"百日行动"，集中整治企业安全责任不落实、不到位等突出问题，突出开展重点领域安全风险隐患治理，共检查特种设备 1.35 万台，整改隐患 851 处，下达特种设备监察指令书 576 份，立案调查 31 起。全面启动特种设备专项整治三年行动"攻坚战"行动，整改隐患 1064 处，下达安全监察指令书 1623 份，立案调查数量 219 起。开展基层单位特种设备安全监察技能"千人大比武"，全省 1000 名基层监管人员报名参加，全省 11 个设区市参赛队 55 名选手参加，受到国家市场监管总局肯定。启用江西省特种设备智慧监管大数据平台，开展气瓶质量安全追溯平台建设。开展"安全生产月""质量月"等专项活动。组织省级特种设备事故救援演练，联合九江市人民政府在彭泽县矶山工业园江西兄弟医药有限公司举办 2021 年江西省特种设备事故应急救援综合演练；9 月 24 日，在赣州市安远县三百山景区开展客运索道应急救援演练，江西省电视台二套节目现场直播，网上观众关注量达 500 万人次。

【工业产品质量安全监管】 围绕社会和民生需求，突出消费品、食品相关产品、涉及安全健康、节能环保产品和江西省主导产业、产业集群、合格率低产品，科学编制《江西省重点工业产品质量安全监管目录（2021 版）》和《2021 年产品质量省级监督抽查计划》，明确重点监管产品和重点抽查产品。做好产品质量省级监督抽查，完成 92 种 2467 批次产品检验，发现不合格产品 115 批次，不合格产品发现率 4.7%，对抽查发现不合格产品均依法进行处理。加强产品质量安全风险监测，完成儿童玩具、学生用品、竹木餐具等产品风险监测 490 批次，对发现问题产品均依法进行风险处置。联合开展口罩质量提升专项整治行动，组织对口罩及关键原材料生产企业进行全面排查，组织开展监督抽查。开展儿童和学生用品安全守护行动，抽查产品 776 批次，查处违法案件 32 起。先后开展查处打击制售不合格油品和黑加油站点专项行动、建筑用钢材质量专项整治、电线电缆质量安全"联查联打联治"专项行动、塑料污染治理专项工作等专项行动。

【广告市场监管】 按照国家市场监管总局部署，在全省开展违法违规商业营销宣传集中整治行动，坚决查处借庆祝中国共产党成立 100 周年名义和借党史学习教育之名从事商业谋利活动、擅自制作庆祝中国共产党成立 100 周年纪念币（钞）等违法行为。聚焦人民群众反映强烈医疗、药品、教育培训等民生领域，组织开展"守护夕阳红——医疗、药品、保健食品虚假违法广告整治行动"和"呵护青少年健康成长——教育培训类广告清理整治行动"、打击"神医""神药"虚假违法广告"铁拳"行动等专项整治行动。全省行政约谈 45 次，责令整改 23 起，立案查处"护苗助老"典型违法广告案件 91 件。结合"双减"工作要求，及时发布《江西省市场监管局关于规范教育培训类广告发布重点内容提示》，依法查处各类校外培训违法违规广告行为。推进全省广告监测系统建设，实现对省市县三级传统媒体以及 100 家重点互联网媒体广告发布情况全覆盖监测。组织庆祝中国共产党成立 100 周年主题优秀公益广告作品推荐工作。指导和帮助南昌"豫章 1 号"、九江"792 创意园"等省级广告产业园建设发展。

【企业信用监管】 印发《关于加强重点领域信用监管的工作方案》，对不同信用风险程度重点领域企业设置不同抽查检查比率和频次，全年共抽查重点领域企业 1500 余户，占总数 24%。加大企业信用信息归集力度，归集重点领域企业信息 7934 条，其中行政许可信息 6228 条、行政处罚信息 104 条、抽查检查信息 1402 条、信用承诺信息 200 条。加强严重违法失信名单管理，将 5.5 万户次严重违法失信名单信息向社会公示。强化信用风险预警，提前筛选列异即将届满 3 年企业，发送提示性短信 3 万余条，避免 1.2 万余户企业列入严重违法失信名单。推进部门联合"双随机、一公开"监管工作，牵头开展部门联合抽查 4 次，参与部门 10 家，检查市场主体 329 户；配合省发展改革委、省税务局、南昌海关开展联合抽查 3 次，检查市场主体 43 户。严格控制抽查频次，将企业双随机抽查比例从 5% 降至 3%，中小微企业和个体工商户抽查比例从 3% 降至 1%，现场检查数同比降低 50%。依托国家企业信用信息公示系统，开设网上办信用修复服务，全省依法依规企业 1.46 万家，办理个体工商户经营异常状态移出（恢复）业务 13.64 万户，办理行政处罚信息信用修复 404 件。

【食品安全监管】 8 月 4 日，召开全省食品安全风险交流座谈会，探讨研究全省食品安全工作难点和重点。严格落实“四个最严”要求，全力以赴查风险、除隐患，确保全省市场监管领域安全平稳，全年无重特大事故和有社会影响事故发生。10月11日，召开2021年江西省食品安全委员会全体(扩大)会议，常务副省长及分管副省长出席会议，宣读《关于命名首批全省食品安全治理示范城市(示范县)的通报》并授牌，通报全省食品安全工作情况和全省农产品质量安全监管工作情况，审议《2021年度评议考核设区市人民政府食品安全工作方案》。制定《农村集体聚餐管理规范》等省级地方标准5项。开展大米、乳制品、婴幼儿配方乳粉、肉制品，以及食品小作坊提升行动，建设食品小作坊示范点1000家。开展2021年度“护校行动”，约谈学校食品安全负责人887人次，撤换食品原料供应商75个，全省校园食堂明厨亮灶率超99%。组织食品生产和餐饮服务环节违法添加物等专项整治。推进特殊食品安全监管体系检查。强化涉疫冷链食品市场排查和应急处置。完成重大活动食品安全保障69次。开展“你点我检”“你送我检”“餐饮安全 你我同查”。全年完成食品安全抽检监测任务20.67万批次，食品检验量达到4.5批次/千人。升级运行“赣溯源2.0版”，实现全省入赣进口冷链食品去向可追、来源可溯。印发《厉行节约制止餐饮浪费行为实施方案》，推动形成文明理性用餐、杜绝餐饮浪费良好社会风气。

【消费者权益保护】 推进线上线下一体化监管，加大新业态、新模式监管力度，规范网络商品交易行为，提高商品服务消费供给质量。开展网络市场监管专项行动，针对“6·18”“双十一”等网络购物集中促销期，重点打击销售假冒伪劣商品、虚假宣传、价格欺诈、刷单炒信等违法违规行为，全省共查处网络市场违法案件377件，罚没款3401.7万元。召集阿里、美团、京东等12家电商企业，召开行政指导座谈会，督促平台履行主体责任，规范网络商品交易行为，维护公平竞争环境，保护消费者权益。联合消协组织开展“3·15”期间系列活动，举行“3·15”新闻发布会，发布年度《江西省消费维权报告》《江西省网络购物分析报告》《江西省12315消费维权数据分析报告》、“江西网络交易违法10大典型案例”等，营造安全放心消费环境。优化12315管理体制，重构投诉举报处置流程，探索运用即时通信工具远程视频调解，做好12315平台ODR企业发展引导工作，提升在线纠纷解决质效，降低消费者维权成本。全年受理消费投诉举报23.5万件，为消费者挽回经济损失8199.2万元。

(陈福恪)

10月11日，2021年江西省食品安全委员会全体(扩大)会议在南昌召开

陈福恪供

知识产权

【概　况】 2021年，江西省市场监管局(江西省知识产权局)落实知识产权强国建设纲要，紧扣全省创新发展战略部署，推进特色型知识产权强省建设。开展产业知识产权联盟建设工作，围绕全省新一代信息技术、新能源新材料等战略性新兴产业和特色、支柱产业，立项支持建设产业知识产权联盟25个。优化服务、实干担当、改革创新，提升全省知识产权创造、运用和保护整体水平。

【知识产权创造】 实施创新驱动发展战略，全省每万人口高价值发明专利拥有量列为全省“十四五”规划纲要主要指标之一。开展发明专利提质倍增3年行动，落实专利费减缴政策，拓宽专利申请绿色通道，全年完成专利费用减免备案3.54万件，为企业节省申请阶段费用6800万元。系列措施有效激发创新主体创造活力，推动专利质量和结构明显改善，全年全省专利授权9.74万件、增长21.4%，发明专利授权0.67万件、增长53%；万人有效发明专利拥有量5.11件、增长38.9%。

【知识产权转化运用】 联合省财政厅制定出台《关于实施专利转化专项计划 助力中小企业创新发展工作方案》，报请国家知识产权局备案，争取中央财政资金支持。依托南昌大学等3所高校开展高校知识产权转移转化提升工作，建设全省高校院所专利转移转化平台，建立校级知识产权运营中心，促进高校院所创新成果更多惠及中小微企业。知识产权金融服务不断创新，全省办理专利权质押登记344项，融资金额40.52亿元，增长65.72%。

【开展知识产权执法行动】 开展知识产权执法专项行动、地理标志证明商标保护行动、商标专项执法行动、专利商标代理“蓝天”专项行动、商业秘密反不正当竞争专项行动等。全年全省查处专利案件995件，其中专利侵权纠纷案件684件，其他纠纷案件11件，假冒专利案件300件。推进专利代理行业“蓝天”专项行动，现场约谈国家知识产权局发布需重点关注全省10家专利代理机构。

【知识产权体系建设】 1月，省委编

办批复成立江西省知识产权保护中心。7月,中国(赣州)知识产权保护中心获国家知识产权局批复设立。江西理工大学和省科学院战略研究所获批国家知识产权信息公共服务网点备案网点,省保护中心获批 TISC(国家技术与创新支持中心)。将专利代办处职能与商标代办服务窗口职能进行整合,实现"一窗通办"。推动成立鹰潭市知识产权仲裁调解中心、上饶市新能源汽车知识产权纠纷调解中心等调解仲裁工作机构。建立省市县三级知识产权维权援助工作体系。

(陈福恪)

自然资源管理

【概　况】　截至 2020 年年底,全省发现矿产 144 种(以亚矿种计 193 种)。查明有资源储量矿产 108 种(以亚矿种计 153 种),其中能源矿产 5 种、金属矿产 49 种、非金属矿产 52 种(以亚矿种计 97 种)、水气矿产 2 种。列入 2020 年江西省矿产资源储量表矿产 103 种(以亚矿种计 130 种)。

【国土空间格局】　完成省级国土空间规划公示,完善 11 个设区市、赣江新区规划,各县(市、区)规划编制取得阶段性成果。完成"三区三线"2 轮试划并提交试划成果。完善生态保护红线评估调整成果,经省政府同意上报国家。省级国土空间规划"一张图"实施监督信息系统上线运行,11 个设区市"一张图"系统建设基本完成。95 个县(市、区)和赣江新区过渡期土地利用总体规划延续方案批复实施,共保障 3729 个项目、1.64 万公顷建设用地纳入规划。联合有关部门开展"多规合一"实用性村庄规划编制专项行动,村庄规划编制技术指南修订完成,全省累计开展村庄规划 1000 余个。南昌市、景德镇市完成国土空间规划城市体检评估工作。

【要素保障】　完善建设用地"增存挂钩"机制,会同有关部门推动符合规定单独选址项目纳入国家、省重大项目清单,建立与省发展改革委重大项目前期沟通协调机制,提请省政府办公厅出台执行土地征收成片开发标准指导意见,保障包括 2 个国家项目、47 个省重大项目在内一大批项目及时落地。全年安排新增建设用地 1.47 万公顷(含使用国家配置 343.33 公顷);审批建设用地 788 件,总面积 1.7 万公顷;供应土地 2.24 万公顷,土地出让总价款 2156.17 亿元。增减挂钩节余指标省域内调剂 193.33 公顷,成交金额 6.16 亿元;跨设区市补充耕地省级统筹调剂耕地指标 1033.33 公顷、水田指标 1500 公顷、产能指标 1304.11 万千克,资金交易额 32.16 亿元;全年为省级财政贡献调剂资金 7.88 亿元。

【耕地保护】　完成 2020 年度市县政府耕地保护责任目标考核和"十三五"时期省级政府耕地保护责任目标考核自查工作。规范耕地占补平衡管理工作,提出"六严禁、一规范、两严格"具体要求,强化补充耕地项目全过程监管,纠正补充耕地中存在违法违规行为。实行每半年 1 次耕地卫片监测,重点加强对耕地转为林地、园地、草地等非耕农用地监测监管,坚决遏制耕地"非农化"、防止耕地"非粮化"。组织开展重大项目占用和补划永久基本农田论证 22 个,确保永久基本农田面积不减、质量提升、布局稳定。会同有关部门出台《江西省设施农业用地巡查抽查办法(试行)》,完成设施农业用地上图入库项目 3.19 万个,面积 1 万公顷,使用耕地面积 1406.67 公顷。

【节约集约用地】　推进"节地增效"行动,省级以上开发区(园区)按"标准地"出让 946 宗面积 3800 公顷,占园区出让工业用地比例 83%;编制完善《江西省城镇低效用地调查评估技术指南》,萍乡市城镇低效用地再开发试点成果丰富。推进全省批而未用土地清数建账工作,加强违规供地、虚假处置抽查力度,加快存量土地消化处置进度和质量提升,全年消化 2008—2020 年批而未用土地 1.46 万公顷,处置 2009—2018 年批而未供土地 6766.67 公顷,处置闲置土地 4893.33 公顷,超额完成自然资源部下达批而未供和闲置土地处置任务。支持 5 个省级开发区扩区调区和 1 个新设省级产业园区。信丰县园地分等国家试点工作完成,31 个市县城区基准地价完成更新,17 个市县国有农用地基准地价完成制订。

【矿产资源管理】　编制完成《江西省矿产资源总体规划(2021—2025 年)》并通过省政府审核。争取省级财政资金 1.2 亿元,部署实施 32 个矿产勘查项目,武宁县青岭钨铜矿、安远县石头坪离子型重稀土矿、萍乡大坪里紫砂陶土矿达到大型-超大型规模。全年公开出让矿业权 62 宗,成交金额 81.85 亿元。其中,不同程度"净矿"出让建筑石料采矿权 9 宗,以出让金额+矿业出让收益率形式出让高风险矿、地热水和矿泉水探矿权 16 宗。加强露天矿山管理,严格露天矿山准入,严格依法依规审批,规范矿区环境整治。提请省政府办公厅印发《江西省绿色矿山管理办法(试行)》,出台省级、市级绿色矿山评价指标和绿色矿山第三方评估管理办法,会同有关部门开展绿色矿山建设"回头看",将 22 家矿山企业移出绿色矿山名录。

【国土空间生态修复】　率先在全国印发实施《江西省"十四五"国土空间生态修复规划》,制定市县国土空间生态修复规划编制指南。完成赣南等原中央苏区农村土地整治重大工程 3.34 万公顷建设任务竣工验收和成效评估,初步形成南方丘陵山地山水林田湖草综合治理全国示范样板,寻乌县山水林田湖草综合治理入选联合国《生物多样性公约》第 15 次缔约方大会典型案例。兴国县、永新县、横峰县等 10 个国土空间生态修复试点县吸引社会资金 22 亿元,投入 1.5 亿元,完成修复面积 200.27 公顷。完成长江经济带(江西)10 千米范围内废弃露天矿山生态修复重大项目绩效评价和部级抽查工作。组织开展全省矿山生态环境问题大排查大整治专项行动,共发现问题 1.01 万个,完成整改 9948 个,整改率 98.4%。

【重点领域改革】　完成省自然资源厅直属事业单位改革,厅属事业单位从改革前 21 家精简整合至 8 家。深化"放管服"改革,编制形成省市县 3

级统一权力清单细化表和权责清单；矿业权“一网申报”系统上线省政务服务网，矿业权审批登记实现“跨省通办”；“多测合一”管理服务平台上线，测绘资质办理、测绘作业证办理、测绘项目备案、测绘成果目录汇交实现“全程网办”“一次不跑”“跨省通办”。启动全民所有自然资源资产所有权委托代理机制试点，编制形成省级试点总体方案和九江市、萍乡市、赣州市3个试点市实施方案并上报自然资源部。赣江新区混合产业用地（MO）试点和“点状用地”探索取得新突破。鹰潭市探索开展集体经营性建设用地入市，全年新增入市成交集体经营性建设用地41宗，面积39.19公顷，成交价款6251.7万元，鹰潭市入市成交乡镇覆盖率100%。《江西省建设用地使用权转让、出租网上交易规则（试行）》等系列政策印发执行，省级土地2级市场信息汇集和监测监管平台通过验收并投入使用。

【维护资源权益】 全省实现一般不动产登记3个工作日、抵押登记1个工作日内办结，抵押登记延伸服务点合计1200余个，“赣服通”4.0平台上线“不动产登记专区”，共办理不动产登记业务387.6万件，颁发不动产权证书223.9万本、不动产登记证明83.9万份。全省农村房地一体确权登记发证工作基本完成，累计发放证书731.7万本。规范住宅用地供应计划、存量住宅用地信息公开，发挥信息公开对房地产市场预期引导作用。出台《江西省土地征收社会稳定风险评估暂行办法》。规范办理行政复议行政诉讼案件262件，答复依申请信息公开231件。厘清省突发地质灾害应急指挥机构和省自然资源厅、应急管理厅地灾防范应对工作职责边界，争取中央和省级财政资金2.85亿元，全面部署县级地灾风险普查工作，实施综合治理、基层防灾能力建设项目103个，全年未发生人员伤亡，灾害发生数量、直接经济损失分别减少44.07%和57.61%。信访总体形势呈现向好态势，厅本级受理群众信访总量下降33.2%，人次下降37.7%。

【执法监督】 规范自然资源违法违规案件查处，出台《江西省自然资源厅立案查处自然资源违法行为工作规范》《江西省自然资源厅挂牌督办、督办、交办和公开通报违法违规案件暂行办法》，联合省检察院出台《关于加强行政检察、公益诉讼与自然资源行政执法衔接工作的意见》。与铁塔公司江西分公司签订战略合作协议，构建“天上看、地上查、视频探、群众报、网上管”全方位自然资源监管体系。全省立案查处土地案件1849宗，矿产案件142宗，省级督办案件15宗，移送违法用地“清单”9件（涉及问题7300余个），发送《工作提示函》5份，有效震慑违法行为，卫片执法检查连续11年实现国家层面“零约谈”“零问责”。自然资源领域扫黑除恶工作进入常态化，系统累计摸排问题线索315条，向公安机关移送涉黑涉恶问题线索49条。

【基础支撑建设】 经省委常委会、省政府常务会议审议通过，全省“三调”主要数据成果向社会公开发布。推进地下水动态监测、地理国情监测及自然资源调查监测成果分析，完成矿产资源国情调查任务。编制印发《江西省“十四五”基础测绘规划》，完成全省第3轮6192幅1∶1万基本比例尺地图测制更新与建库验收工作，完成大南昌都市圈及周边6.26万平方千米0.5米分辨率航空摄影及质检验收，制作全省10米DEM格网、2米分辨率地形级地理场景，智慧南昌时空信息云平台通过自然资源部验收。建成自然资源江西省卫星应用技术中心，为经济社会发展提供遥感数据量100TB。完成九江市等9个市级卫星中心建设。编制印发《江西省自然资源“十四五”科技创新发展规划》，首次获批“离子型稀土资源与环境重点实验室”“环鄱阳湖区域矿山环境监测与治理重点实验室”2个部重点实验室。

（罗艳）

统计管理

【概　况】 2021年，全省各级统计部门贯彻落实中共中央总书记习近平关于统计工作重要论述，履行统计职能，深化统计改革，优化统计服务，强化统计监督，《江西统计年鉴（2021）》在第八届全国地方志优秀成果（年鉴）评比中获评一等年鉴，《江西省志·统计调查志》通过验收交付印刷，完成《经济社会发展分析手册》《经济运行数据手册》等统计服务资料。

【统计法治建设】 抓好统计督察整改，如期完成涉及省委、省政府29个问题、省统计局24个问题整改落实。省委、省政府办公厅出台《关于防范和惩治统计造假弄虚作假的具体措施》；联合省纪委省监委印发《统计违纪违法案件移送制度》；争取省委组织部支持，将《中华人民共和国统计法》纳入各级党校领导干部教育培训必修课；联合省委巡视办印发《关于建立省委巡视机构与省统计局协作机制的意见》。开展统计执法监督，对9个设区市14个县（市、区）160家“四上”企业统计数据质量开展“双随机”统计执法检查，对全省4家具备涉外调查机构资格企业进行行政检查。做好立法普法工作，起草《江西省统计管理条例（修订草案草稿）》。

【统计制度改革】 深化统计管理体制改革，巩固拓展三大核算改革成果，完成2021年各季度地区生产总值统一核算工作，开展2019年全省资产负债表编制工作，组织自然资源资产负债表编制工作。研究试编服务业生产指数，成为全国第一批开展试算省份之一；探索生态产品价值核算，参与制定生态产品价值核算江西标准；探索开展全省社会消费商品和服务零售总额、服务零售额测算工作；开展知识产权产品投资统计监测；修订江西数字经济统计调查监测方案，开展数字经济统计调查，测算数字经济核心产业增加值；优化非公经济核算方法，完成2021年非公经济增加值统一核算；聚焦构建新发展格局，协助国家局开展供给侧改革和需求侧管理统计指标体系研究。推进统计基础创新，在全国率先开发并建成统计调查单位监测平台，与税务部门共享企业应税数据，实现数据自动筛选、监测情况实时平移，识别达到规模标准而未入库企业信息。制定试点方案部署推进企业电子统计台账试点工作。

【重大普查和常规调查】 做好人口普查各项工作，及时发布江西省第7次全国人口普查公报，全面解读普查主要数据。修订2011年至2019年市县两级常住人口主要数据。首次建立普查微观数据库，开展人口发展形势研究，充分开发利用普查资料。开展各项常规统计调查，组织实施农业、工业、建筑业、房地产业、服务业、能源、投资、消费、社会科技等常规调查，开展人口、企业用工等专项调查。开展"公众安全感""生态环境满意度""基本公共服务满意度""省直机关绩效管理年终公众评价"等社情民意调查，高质量服务社会管理和绩效评价工作。

【统计监测和统计分析】 做好经济运行监测预警，加强月度、季度、年度经济走势研判，及时为省委、省政府和有关部门提供决策依据和工作建议。全年累计撰写统计分析报告116篇、统计专报54篇。其中，69篇次获省领导批示，其中26篇次获省主要领导批示；全年向省委、省政府办公厅报送信息246篇，采用103篇次；向国家局网站报送信息140篇，采用64篇。开展重大战略统计监测，组织开展2020年市县高质量发展考评，及时修订《2021年江西省高质量发展综合绩效考核评价实施意见》；完成2020年长江经济带发展统计监测报告以及"十三五"长江经济带经济社会发展课题研究；提交江西全面建成小康社会统计监测收官报告；探索建立乡村振兴统计监测体系。加强统计数据宣传解读，发布国民经济和社会发展统计公报，及时解读各专业统计数据。举办江西省"第十二届中国统计开放日"现场活动。

（涂姗华）

审计监督

【概　况】 2021年，全省审计机关聚焦"作示范、勇争先"目标要求，紧扣省委、省政府工作中心，依法履行审计监督职责，完成各项工作任务，实现业务工作与党建工作双丰收。省审计厅继续保留全国文明单位称号，荣获综治、节能、全面深化改革等先进荣誉，连续4年获省直机关绩效考评"优秀"等次。全国优秀审计项目评选中，江西省经济发展环境专项审计调查项目获全国省级审计机关优秀项目一等奖。

【坚持党对审计工作领导】 坚持党对审计工作集中统一领导，协助做好江西省委审计委员会第5次、第6次会议召开，推动会议精神贯彻落实。落实重大事项请示报告制度，向中共中央审计委员会及中审办报送各类文稿、报告、信息及重大问题线索等42件。制定《"十四五"江西省审计工作发展规划》，明确"十四五"时期江西审计13个重点领域审计工作目标、主攻方向和重点措施。

【经济发展环境专项审计调查成果利用】 全省经济发展环境专项审计调查共查出各类问题7055个，金额1042.90亿元。其中，查出违法违规违纪问题6438个，金额916.54亿元；需要政府核实与整改问题617个，金额126.36亿元。向各级纪委监委、公安以及相关主管部门移送问题线索1289条，涉及人员1438人。4月，针对审计发现突出问题，省审计厅向省委、省政府呈报18篇审计专报，获得省领导肯定和批示。截至11月，审计查出7055个问题，整改6667个，整改率94.50%；整改问题金额866.77亿元，缴入各级财政资金22.19亿元；相关部门根据审计移送线索共处理处分责任人1320人。

【财政审计】 2—5月，开展2020年度省级预算执行及决算草案情况审计，完成对省级一级预算部门预算执行审计全覆盖。审计发现预算编制及执行不严格、财政管理不到位、行政支出压缩不到位、财务制度执行不严格等问题。省长易炼红主持召开省政府常务会议专题研究部署审计整改工作，要求各地各部门严肃认真抓好审计整改。省人大常委会对9个省直单位、17个县（市、区）政府审计整改情况进行满意度测评。

【金融审计】 对赣州银行、上饶银行进行审计，全年对省属银行审计全覆盖。审计发现赣州银行违规向政府融资平台提供融资形成地方政府隐性债务、违规向不符合条件客户提供融资、信贷资金违规流入房地产和"两高一剩"等限制性行业、实际不良贷款率突破5%监管红线、内外勾结骗取贷款以及部分案件隐瞒不报、重案轻处造成重大损失等问题。向省领导作出专题汇报，并得到省领导重要批示。

【新农村建设资金审计】 3—5月，对11个设区市、29个县（市、区）新农村建设资金进行审计，揭示部分地区政策落实不到位、资金筹集管理使用不规范、项目实施管理不合规等问题625个，涉及资金29.69亿元。撰写综合报告得到省长易炼红肯定性批示，要求有关部门抓好整改。经审计督促，625个问题全部完成整改。

【地方政府专项债券审计】 3—8月，对省本级、11个设区市本级及南昌县等29个县（市、区）专项债券管理情况进行审计。查出103个项目申报不实、85.47亿元专项债券资金被挪用、225.56亿元专项债券资金结存1年以上等问题。向省领导呈报专题报告，并得到省领导肯定性批示。

【经济责任审计】 全省审计机关全年组织实施经济责任审计项目3026个，省审计厅汇总56名省管领导干部任期经济责任审计情况，向省委省政府作专题报告，省委书记刘奇、省长易炼红均作出肯定性批示。至10月底，专题报告中反映628个问题完成整改580个，整改率92.36%。

（张良）

口岸管理

【概　况】 2021年，江西省口岸完成进出口货运量658.36万吨，下降3.83%；国际集装箱45.32万重标箱，下降4.57%。全省赣欧班列累计开行401列，共3.89万标箱。

【国际航空货运发展】 2021年，新开通南昌至纽约国际货运航线，稳定运行6条全货机航线,实现国际货运倍增,全年完成国际货邮吞吐量11万吨,增长45%。昌北机场全货机货运航线通航点高峰期达14个,每周运力高峰期47班,比上年分别增长75%和27%。全省航空货运结构全面优化,国际货源中本省占比从2020年5.11%提高至29.48%。组织各有关单位开展航空客货运研讨会并赴国家民航局拜访恳请支持江西货运航空发展,协调解决因疫情停飞航班、防疫物资短缺等问题,保障外交部亚洲4国出入境口岸临时开放工作。畅通全省跨境电商产业国际物流通道,借助航线开通,在列日和纽约设立公共海外仓。

【九江区域航运中心建设】 2021年,九江港集装箱吞吐量实现增量进位,完成集装箱65万标箱,增长6%,保持在同等区位港口中排名第2位。稳定运营九江至上海"天天班",平均每天超2班。推动九江城西、红光两港集装箱"穿巴航线"开行,提高九江港船舶和货物转运效率。九江港扩大开放建设进展顺利,彭泽红光国际港海关监管场所通过验收。搭建九江智慧港航信息平台和多式联运信息化系统平台,实现与港口、航运和物流等部门数据互联互通,可通过该系统进行"三同"(进境与沿海同价到港、出境与沿海同价起运、通关与沿海同样效率)政策资金审核拨付,实现"一网通办",提高资金使用效率。

【完善口岸平台功能】 加强口岸平台建设,完善口岸功能。4月,九江进境水果指定监管场地获海关总署批复。9月,赣州黄金机场纳入国家口岸开放"十四五"规划。南昌昌北国际机场"一货站三中心"(新国际货站、国际邮件互换局、国际快件监管中心、通关中心)稳定运营;3个进境指定监管场地(进境水果、冰鲜水产品、食用水生动物)建设完成,通过预验收。南昌机场海关监管业务量持续提升,加快通关效率,南昌航空口岸出口货物整体通关时间0.24小时,居全国第1位。

【综合保税区发展】 举办全省综保区培训班,承接全国综保区高质量发展工作交流会,组织赴北京、海南等地学习调研。组织人员赴国家口岸办、海关总署等国家部委沟通汇报,争取支持。全省综保区发展全面提升,南昌综保区比上年度大幅前进30位。11月,赣州综合保税区调整规划获批。全年综保区签约引进项目72个,总投资421.25亿元。全省综合保税区完成进出口额430亿元,增长141%。

【物流服务创新】 开展水运"三同"政策宣讲,省商务厅牵头组织航空、港口等一批重点货运代理龙头企业赴地市开展"服务进园区,畅通双循环",搭建省内重点生产型企业与承运企业供需交流平台,编印《江西省国际物流服务企业名录》,协调解决企业国际货物运输中遇到的问题。先后在南昌龙头岗综合码头实现"抵港直装"和"船边直提"监管作业方式,提升口岸通关效率,降低物流运营成本,实现到港即提"零延时"通关。九江至上海舱位费平均下降150元/标箱,"天天班"航行时间缩短25%。

【铁海联运稳步运行】 2021年,强化口岸区域合作开辟绿色通道,南昌、上饶至宁波、赣州至深圳3条"天天班"稳定运行,全年累计开行1724列,增长1.4%,铁海联运开行线路、运量均位居中部省份第1位,保持全国前列。落实中央巡视反馈问题整改,全省开行至宁波铁海联运班列859列,南昌、上饶至宁波"天天班"稳定运行,完成整改任务。

【赣欧班列稳中提质】 2021年,赣州跨境电商综试区与匈牙利中欧商贸物流合作园区"双区联动"国际合作项目列入"中国-中东欧国家领导人峰会"成果清单,先后开行"跨境电商""江西制造"等特色班列,形成白俄罗斯列、乌兹别克斯坦列、俄罗斯列3条精品线路,全年累计开行401列,增长8.67%。

【"单一窗口"运用率提升】 深化国际贸易"单一窗口"改革创新,牵头组织新上线功能培训17场。全年江西国际贸易"单一窗口"共上线运行114项政务申报功能,运行11项地方特色功能,年日均申报业务量1.08万余票,增长48%。全年使用江西国际贸易"单一窗口"全国用户达1.49万家,增长54%。其中,江西外贸企业1900余家,增长53%。

(江斌)

海　关

【概　况】 2021年,南昌海关聚焦"作示范、勇争先"目标定位,贯彻《国务院关于新时代支持革命老区振兴发展的指导意见》,推进落实海关总署与江西省人民政府签署《署省合作备忘录》,统筹口岸疫情防控和促进外贸稳增长,推动江西高水平开放高质量发展。强化口岸新冠肺炎疫情防控,实现"零输入、零漏检、零感染",完成4国外长包机入境等重大卫生检疫任务,促进江西外贸进出口总值4980.40亿元,增长23.70%,创10年最快增速。推动"双区联动"项目列入中国与中东欧国家领导人峰会成果,打造中欧内陆"南线"物流新通道,赣欧班列年内开行399列。打击"水客""洋垃圾"、濒危野生动植物及其制品等走私,查办案件30起,率先建立海关查获走私固体废物移交地方处置机制。助力乡村振兴,驻村工作队被评为最高等次"好",驻村第一书记被人民日报社、中国民生发展论坛评为全国"最美奋斗者"。

【口岸疫情防控】 筑牢新冠肺炎疫情外防输入"第一道防线",坚持"人、物"同防,落实"三查三排一转运"(筛查环节100%查验健康申报、体温筛查、医学巡查,排查环节严格实施流行病学排查、医学排查、实验室检测排查,处置环节对疑似病例和阳性病例一律转运地方卫生健康部门妥善处置),严格实施进口冷链食品、农产品和高风险非冷链集装箱货物监测检测和预防性消毒监督工作,严格"14+7+7"封闭管理。全年检疫监管航空器1353架次、出入境人员7607人次、闭环交接524人次,登临检疫作业短片被选为海关总署货机检疫示范片。

【口岸平台建设】 落实江西省口岸发展"十四五"规划,推动赣州黄金机场纳入全国口岸"十四五"规划,支持九江口岸扩大开放，指导彭泽港区和瑞昌港区海关监管场地规划建设。7月1日，新开通9710、9810业务，实现跨境电商业务全覆盖、全模式运行、全链条打通，年内跨境电商进口442.41万票，增长10.61倍；出口301.51万票，增长2.31倍，进出口规模居全国第5位。畅通国际航空物流通道，8月19日，新增“南昌—纽约”全货机航线开航，全年南昌空港国际货邮吞吐量11.21万吨，增长46.2%。11月29日，彭泽港区红光码头监管场所完成建设验收。落实《综合保税区管理办法》，支持4个综保区健康发展、做大做强，年内赣州综保区调整至赣州国际陆港获批，井冈山综保区正式封关运作，全年综保区进出口457.7亿元，增长1.6倍，南昌综保区绩效排名从全国第70位跃居第40位。

4月7日，南昌海关保障首列“赣深组合港”模式出口班列开行

金衍供

【营商环境优化】 深化“放管服”改革，强化“双随机、一公开”监管，推进“海关改革2020”，制定促进跨境贸易便利化措施51条。全年“两步申报”率72.47%，全国第1位，“证照分离”14项改革全部落地，“船边直提”“抵港直装”扩大试点范围。全国首创“跨省域、跨关区、跨海陆港”“赣深组合港”通关模式，促进“老区+特区”共赢发展。连续3年实施“通关与沿海同样效率”专项行动，全年进口、出口整体通关时间分别为11.03小时（扣除国内运输段）和0.28小时，比2017年压缩72.73%和98.87%，通关效率保持全国前列，大幅超过国务院提出压缩50%目标要求。在国家营商环境评价中，南昌市、九江市跨境贸易指标评价均为优秀。

【融入“一带一路”建设】 指导赣州港做好基础设施、提升信息化水平等项目承接准备，支持中国（赣州）跨境电子商务综合试验区、赣州港运营方与“双区联动”项目承办方进行对接，推动匈牙利中欧商贸物流合作园区与中国（赣州）跨境电子商务综合试验区“双区联动”合作协议落地。1月26日，《匈牙利中欧商贸物流合作园区与中国（赣州）跨境电子商务综合试验区“双区联动”合作协议》在赣州签约。2月9日，作为53项成果之一纳入中国-中东欧国家领导人峰会成果清单。4月7日，南昌海关保障首列“赣深组合港”模式出口班列开行。全年累计开行“双区联动”班列31列、赣欧班列399列，助力江西打造中欧内陆“南线”物流新通道，为国家战略决策提供“江西方案”“海关智慧”。

【检验检疫】 严防重大动植物疫情传入传出和外来物种入侵，开展“国门绿盾2021”专项行动，开展国门生物安全监测工作，截获外来有害生物144种类、1514种次；保障活猪供应香港8.7万头，供香港澳门数量居全国第3位。落实食品安全“四个最严”要求，完成进出口食品化妆品检验监管1.05万批、44.50亿元，分别增长16.80%和23.50%，全年未发生系统性、区域性进出口食品安全事件。开展安全生产专项整治3年行动，加强危险化学品、烟花爆竹等重点敏感商品监管，检出各类进出口商品不合格343批，查发进口“涉危不报”案件3起，查发出口超安全生产许可范围等案件10起。

【打击走私违法活动】 开展打击走私“国门利剑”2021专项行动，刑事立案30起，增长7.1%；案值4.9亿元，增长3.3倍；偷逃税额9124.1万元，增长3.2倍；行政立案117起，案值2.1亿元。侦办“3·01”走私雪茄网络系列案，现场查扣雪茄烟4万余支，被国家烟草专卖局、海关总署缉私局列为联合挂牌督办案件；侦办淫秽物品走私案1起，查获疑似淫秽书刊及非法出版物38万余册，被全国扫黄打非办、海关总署评为全国打击走私十大典型案件。

（金衍）

本类目编辑 刘清林

城乡建设

综　述

2021年，江西省住房城乡建设事业实现“十四五”良好开局，连续3年被评为全国农村危房改造工作积极主动、成效明显省，鄱阳县农村危房改造工作获国务院督查激励。省住房城乡建设厅获“全国扫黑除恶专项斗争先进单位”“全国脱贫攻坚先进集体”“全国首批节约型机关”等称号。

提升城市功能与品质。建立“部省共建”协调推进机制。争取住建部与省政府高位推动，签订战略合作框架协议，成立高规格领导小组，印发实施方案，实施“六大工程”、22项重点任务，推进城市高质量发展示范省建设。健全“以城市体检发现问题、以城市更新诊疗问题”成果转化机制。抓好全国样本城市试点工作，率先推进城市体检县城及以上城市全覆盖。新增南昌市入选全国城市体检样本城市，南昌市、景德镇市入选全国首批城市更新试点城市。坚持“定期调度、栏目跟踪，分级考核、年度评比”工作落实机制。开展“项目大会战”扩大有效投资，共实施城市功能与品质提升项目6000余个，完工2900余个，在建3100余个，完成投资6730亿元。城市社区15分钟健身圈覆盖率92%以上。每万人拥有足球场0.8块，高于国家规划目标。普惠性幼儿园覆盖率居全国前列。南昌市入选全国首批一刻钟便民生活圈试点地区。开展公共停车设施提质增量补短板，新增停车泊位26万个。启动开展城市地下市政基础设施建设补短板。推进城市居住社区建设补短板。开展高品质智慧社区建设试点，确定首批12个试点社区（项目）。新增创建506个绿色社区。加强历史文化街区和历史建筑保护，禁止“大拆大建、拆古建新”。公布省级历史文化街区75片，总量全国第3位；公布历史建筑3177处。抚州市获批国家历史文化名城。打造城市高质量发展“南昌样板”。开展城镇园林绿化提升专项行动和生态园林城市（城镇）建设。新建改建城市公园、小游园等488个1670公顷，新增城市绿道584千米，闲置裸露土覆绿或软覆盖418公顷。城市园林绿化覆盖率、绿地率全国第2位。达标创建生态园林城市（城镇）8个。市县累计建成海绵城市建设项目3379个756平方千米。江西省海绵城市建设工作被国家部委评为“成效第一档”7个省份之一，鹰潭市入选全国系统化全域推进海绵城市建设示范城市。

开展城乡环境综合整治。推进城郊结合部、城中村、老旧小区、背街小巷、市场和商圈等重点区域环境整治，开展“净水净土净空”“治脏治乱治堵，净化美化序化”“百日攻坚”和线缆“线乱拉”等专项整治行动。开展“三线六边”区域环境整治“回头看”，持续补短板、提成效，打造一条美丽“风光带”。全面启动美丽乡镇建设5年行动，实施“一深化、三提升”创建活动。抓好中央环保督察反馈和长江经济带警示片曝光问题整改，推进城镇生活污水处理提质增效，率先在全国完成县级以上城镇生活污水处理厂一级A提标改造，城市生活污水处理总量、BOD消减量和设区市城市污水集中收集率分别提高15.12%、16.97%和6.9%。全省33个地市的黑臭水体全部完成整治。在全国率先开展县级城市黑臭水体排查整治，排查出黑臭水体46个，完成整改措施29个。完善生活垃圾分类收运体系，新增生活垃圾焚烧发电设施9座，日处理能力0.64万吨；总数38座，日处理能力3.25万吨，焚烧设计处理能力走在全国前列。新增投入运营厨余垃圾集中式处理设施4座，日处理能力640吨；总数30座，日处理能力1683吨。生活垃圾实现无害化处理，原生生活垃圾实现“零填埋”。开展城区扬尘治理专项行动，强化远程视频监控和“百差工地”评比，落实设区市中心城区建筑工地“六个百分之百”。启动《江西省物业管理条例》执法检查和立法修订，加强住宅专项维修资金管理，开展“加大物业服务收费信息公开力度、共建美好家园”专题活动。南昌市、上饶市入选全国首批“加强物业管理、共建美好家园”试点城市。推进乡村建设，出台农房和村庄建设现代化实施意见，制定技术导则，加强工匠培训。强化历史文化名镇名村、传统村落和传统建筑保护利用，省级层面在全国率先编制传统村落整体保护规划，新增省级传统村落100个，公布传统村落547个，传统建筑2万余栋，中国传统村落总数全国第8位。

改善人民群众住房。开展城镇老旧小区改造。全年42.42万户全部开工，完工31万户。江西做法入选全国《城镇老旧小区改造政策机制选编（2021年）》，先后3次在全国作经验交流发言。率先在全国整省推进既有住宅加装电梯工作，新增通过审批2247台、在建1298台、竣工879台，惠及群众10万人。加快发展保障性租赁住房。制定《关于加快发展保障性租赁住房的实施意见》，出台监测评价办法。南昌市作为首个发展保障性租赁住房全国试点城市，利用产业园区配套用地和集体建设用地，开工建设保障性租赁住房5457套（间），建成4828套（间）。全年新开工改造各类棚户区11.6万套,建成11万套。加强公租房建设管理。采取实物配租与租赁补贴发放相结合方式,分配公租房71.32万套,分配率98.7%。发放住房租赁补贴8.68万户。符合住房保障条件城镇困难群众实现"应保尽保"。出台《关于加强住房保障失信行为管理的通知》。推行公租房信息化建设。巩固拓展农村危房改造成果。抓好农村低收入群体等重点对象住房安全动态监测,开展"送服务"技术下乡行动,推进抗震设防烈度7度以上地区农房抗震改造。解决安置补偿历史遗留问题。完成拖欠过渡安置费、货币补偿款问题整治,涉及金额1.65亿元;完成未及时办证问题整治,整治3.2万户,整治完成率99.4%;推进逾期交付问题整治,整治11.4万户,整治完成率86.2%。提升住房公积金管理服务效能。优化公积金贷款担保保证金管理,缴存比例由10%下降至5%。住房公积金归集、提取和贷款三大指标呈稳健增长态势,全年发放个人公积金住房贷款292亿元,支持7.2万户家庭改善住房条件。

推动房地产市场平稳发展。紧扣稳地价、稳房价、稳预期目标,坚持"房子是用来住的、不是用来炒的"定位,全省房地产市场供求、销售价格、开发投资、入库税收总体平稳。印发《对城市政府落实房地产市场调控主体责任加强监督指导的意见》。指导城市制定"一城一策"工作方案,编制"十四五"住房发展规划。发挥房地产市场会商协调机制作用,加强房地产市场形势监测研判。开展房地产领域涉稳矛盾问题化解处置专项行动,化解楼盘烂尾、延期交房、房屋质量等突出问题。出台全装修成品住宅建设管理指导意见,强化全装修住宅项目全生命周期监管。抓好轻资产租赁企业监管。会同金融监管部门加强房地产金融监管,有序压降房地产贷款集中度。强化房屋交易网签备案和预售资金监管,实行预售资金全额监管。

有序推进建筑业发展。出台房地产建筑产业链提升行动计划、加快新型建筑工业化发展等文件,推动建筑工业化、数字化、智能化。加快推动装配式建筑发展,开工装配式建筑面积3285万平方米,占新开工总建筑面积24%。落实碳达峰碳中和目标要求,探索建立绿色建材认证制度,组织开展绿色建筑标识认定,深入推进建筑节能,加快发展绿色建筑。支持企业发展壮大。在企业落户、增产创优、资质升级等方面出台相关政策,支持企业做大做强。出台规范房屋建筑和市政基础设施工程建设领域保证金管理、工程款支付担保管理等文件,推行施工过程结算,减轻企业负担。以保函形式缴纳四类保证金452.8亿元,占比45.83%。在江西住建云上线国外业绩补录功能,鼓励建筑企业"走出去"发展,参与国内国际"双循环"。提升建筑工程质量。落实建设单位工程质量首要责任,推行大数据"智慧监管",开展"标准化示范工地"和"百差工地"认定,探索建立混凝土工程举牌验证、工程质量安全手册等制度,完善质量保证体系。出台推进全过程工程咨询服务发展实施意见,工程监理行业加快转型升级。开展标准立项、审批、编制,新增发布地方标准(图集)13项,构建起支撑高品质工程建设标准体系。出台培育新时代建筑产业工人队伍实施方案,新增2.3万余人通过二级建造师考试。建筑工人实名制服务信息平台项目更新率、项目管理人员到岗率均位居全国前列。

(省住房城乡建设厅)

城市建设与管理

【概　况】 2021年,印发《关于进一步加强城镇老旧小区改造工程质量安全监管的通知》,做法纳入住建部《城镇老旧小区改造政策机制选编(2021年)》在全国推广。全年全省城镇老旧小区改造任务1277个全部开工,完工率76.98%。改善城镇水环境质量,全省建成集中式城镇生活污水处理能力545万立方米/日,增加28万立方米/日,出水全部执行一级A标准。全省城镇生活污水处理厂年处理总量、BOD削减量和设区市城市污水集中收集率比上年提高15.12%、16.97%和6.9%。全省新建城镇生活污水管网1700千米,整改雨污管网混接错接点2177个、生活污水直排口133个。景德镇市获全省首个省级节水型城市。鹰潭市列入系统化全域推进海绵城市建设示范城市。全省城市园林绿化覆盖率、绿地率保持全国先进水平。全省新增停车泊位26.07万个;新增供水能力35.85万立方米/日,新增城市供水管网3660千米;全省新增城市建成区道路874千米。

【城镇老旧小区改造】 城镇老旧小区改造工作列入省委"我为群众办实事"实践活动25件重点民生项目。编制全省"十四五"城镇老旧小区改造专项规划。符合改造对象范围老旧小区"应入尽入",开展"处长走流程——蹲点改出新生活"活动。建立政府、专营单位、产权单位、居民出资共担机制,累计争取中央资金54亿元,省级财政资金2亿元,地方配套资金49.96亿元,产权单位出资3.45亿元,专营单位投资6.51亿元,争取国开行江西省分行战略性资金300亿元用于老旧小区改造。江西卫视对城镇老旧改造经验做法进行正面宣传报道,对群众满意度低和工程质量不高项目进行曝光并督促整改。出台江西省高品质智慧社区建设试点工作方案和工作指南。对全省申报24个社区(项目)进行审查,确定第一批12个试点社区(项目)。印发《关于做好江西省绿色社区创建有关工作的通知》,公布全省首批绿色创建达标小区444个,全省25%以上城市社区参与并达到绿色社区创建要求。

【城镇水环境治理】 组织对中央环保督察组反馈问题进行整改,制定整改方案,明确整改措施、整改时限及责任领导。进行暗访调研和"回头看"。对发现涉及住建领域突出生态环境117个问题下发整改工作提醒函;对媒体曝光2个典型案例(南昌县绿地山庄小区污水直排雄溪河和青山湖区艾溪湖旁生活污水直排形成臭水塘)进行现场核查;抽查23个县49个中央环保督察信访件。开展污水处理提质增效。现场督导南昌市、景德镇市、鹰潭市等中央环保督察反馈问题整改情况。调研萍乡市、新余市污水处理及黑臭水体整治情况。召开全省城镇生活污水处理提质增效工作推进视频会,对全省污水处理提质增效工作进行通报,组织省内外专家对城镇生活污水管网排查整治和污水处理提质增效工作进行授课培训。制定出台《江西省排水系统无化粪池技术指引》。制定出台县城及县级以上城市建成区黑臭水体大排查整治行动实施方案。组织县市对建成区内971个水体进行排查，确定46个为黑臭水体，完成整改措施29个。

【城市内涝整治】 编制《关于“我为群众办实事”加快推进城市内涝治理工作方案》。印发《江西省城市内涝治理实施方案》。全省发现203处易涝积水点，109处非系统性易涝积水点全部完成整治，94处系统性易涝积水点全部编制“一点一策”整治方案。推进海绵城市建设，开展省级层面推进海绵城市建设工作自查。全省9个城市申报2021年系统化全域推进海绵城市示范城市。组织专家对鹰潭市系统化全域推进海绵城市建设示范城市进行指导。开展对省财政支持南昌市、吉安市和抚州市海绵城市建设试点工作进行绩效评价。编制“十四五”海绵城市建设规划。至年底，全省建成海绵城市建设项目730个，建成面积128.7平方千米，完成投资225.54亿元。

【市政公用行业】 推进公共停车设施，全省“四个一批”（新建一批、改造一批、路划一批、开放一批）总任务数17.8万个，全年增加城市有效停车位供给26.07万余个，完成率146.46%。开展窨井盖专项治理，全省排查城市窨井盖277.58万个，发现问题窨井盖8.1万个，完成整改8.1万个。印发《关于加强城市地下市政基础设施建设工作的实施意见》。加大城镇燃气行业监管，出台《江西省方便企业获得用水用气报装攻坚行动方案》。连续3次开展全省城镇燃气安全隐患排查整治工作，检查城镇燃气企业589家，发现问题隐患8500个（处），完成整改8230个（处）。开展城市老旧管网更新改造情况调查摸底。印发《关于组织开展全省燃气经营企业从业人员专业培训和考核工作的通知》。起草《关于进一步加强全省城镇燃气安全监管工作的意见（送审稿）》。公布吉安市、抚州市、庐山市、定南县4个市、县为全年江西省生态园林城市。开展2021年度江西省优质建设工程奖（杜鹃花奖）园林绿化项目实地核查。推动供水节水建设管理，景德镇市创建首个省级节水型城市。印发《关于进一步加强全省城镇供水供气保障工作的通知》《关于组织开展城市二次供水设施排查摸底工作的通知》。

【城乡环境整治】 围绕乡镇驻地“补短板”、城市“攻难点”和城乡“回头看”三大行动，加强城郊结合部、城中村、老旧小区、背街小巷、农贸市场、老旧商圈和乡镇政府驻地等重点区域城乡环境综合整治。全省各地共清运生活垃圾1500万吨，清理卫生死角115万处，规范机动车停放229万辆次，整治出店经营行为163万次。

【城市管理执法】 加强城管执法队伍建设，开展“强基础、转作风、树形象”专项行动，召开“强基础、转作风、树形象”会议，组织城市管理执法骨干培训，线上线下推进“城管进社区，服务面对面”工作。全省城管进驻有固定服务场所社区572个，无固定场所但在社区有服务信息标识883个，采取线上服务进社区689个。推进数字化城市管理信息平台建设，制定省级城市综合管理服务平台工作方案和建设方案，11个设区市平台在全国率先完成与国家平台互联互通，省级平台建设按节点推进。

【市容环境卫生】 紧扣“我为群众办实事”活动要求，聚焦人民群众反映强烈的市容市貌环境突出问题和关键小事，部署开展市容市貌环境专项整治行动、环卫设施清洁行动，推动文明城市创建再上新台阶。加大对建筑工地周边和路面巡查力度，依法严厉查处无证运输行为，打击不按指定路线行驶、不使用密闭车辆及超高、超载、沿街撒落等问题，提高城市环境质量。举办2021年全省市容环卫暨城市管理执法业务骨干视频培训班。

【生活垃圾分类】 7月28日，江西省第十三届人民代表大会常务委员会第31次会议通过，出台《江西省生活垃圾管理条例》。印发《江西省生活垃圾管理条例》宣传贯彻工作方案。编制《江西省“十四五”生活垃圾分类和处理设施发展规划》，指导各地推动垃圾分类工作。加快分类设施建设，实现生活垃圾资源化利用，至年底，全省建成生活垃圾焚烧设施38座，设计日处理能力3.25万吨，设计日发电量1100万千瓦时，11个设区市城区生活垃圾基本实现“零填埋”；投入运营集中式厨余垃圾处理设施30座，日处理能力1683吨。

（省住房城乡建设厅）

村镇建设

【概　况】 2021年，实施农村危房改造3786户，全部开工并完工。全省农村生活垃圾收运处置体系基本实现行政村全覆盖。江西农村生活垃圾收运处置体系建设和非正规垃圾堆放点整治工作连续2年以100%合格率通过住建部现场核验。全省547个建制镇具备生活污水处理能力，覆盖率75%。开展第2批省级传统村落评定，100个村庄被公布为第2批省级传统村落，全省传统村落总数增加至547个。开展农房安全隐患排查整治，完成全省1.69万个行政村农村房屋全面排查，建立信息库。全面启动美丽乡镇建设5年行动，12月，召开全省美丽乡镇建设工作现场推进会。

【农村生活垃圾】 全省农村生活垃圾收运处置体系基本实现行政村全覆盖；82个县落实第三方治理，垃圾治理市场化率87%。江西农村生活垃圾收运处置体系建设和非正规垃圾堆放点整治工作连续2年以100%合格率通过住建部现场核验。探索农村垃圾分类减量和资源化利用取得阶段性成果，14个试点县（市、区）启动农村生活垃圾分类乡镇占比达到83%、行政村达到56%；依托美丽乡镇建设行动，各县（市、区）不少于1个乡镇启动生活垃圾分类工作，推动由“试点先行”逐步向“全面推开”转变。

【农房安全隐患排查】 至年底，全省共排查农房793万余户，安全隐患危房1.7万余户，危房占比0.21%。按照“C级维修改造、D级拆除重建、因地制宜保护有价值建筑”原则，对排查出危房进行整治。对“三层及以上、用作经营性(包括出租)、人员密集、擅自改扩建”四类重点农房进行复核排查,对经鉴定存在安全隐患1206户农房进行全面整治。制定出台《江西省农房设计和建设技术导则》等规范性文件。

【乡村建设评价】 全国选取81个样本县开展2021年乡村建设评价工作。江西省选取浮梁县、寻乌县、泰和县3个样本县开展乡村建设评价,从发展水平、服务体系、居住舒适、生态安全、县城建设等5个方面对乡村建设情况开展调研分析。采取第三方评价方式,委托省级专家团队调研收集数据、研究分析并形成评价报告。

【传统村落保护】 建立“市县编制、专家评审、省级备案”保护规划编制制度。组织专家对66个传统村落保护发展规划完成评审。100个村庄被评为第二批省级传统村落,全省传统村落总数增加到547个。从城建专项资金中拨出3990万元,对传统村落保护予以支持。各地市级财政投入资金680万元,县级财政投入资金2.5亿元,带动社会资本1.8亿元。部分市县通过保护发展基金、旅游收入反哺,用于支持传统村落和传统建筑保护修缮。

【建制镇生活污水处理】 分类梯次推进建制镇生活污水治理,印发《江西省建制镇生活污水处理设施建设技术导则(试行)》。至年底,全省547个建制镇具备生活污水处理能力,覆盖率75%,比上年提高7个百分点。其中,重点镇及长江鄱阳湖沿线建制镇实现生活污水处理设施全覆盖。

【对口帮扶工作】 推动“十三五”帮扶村重点援建项目“民心渠”通水运行,实施中心村片区品质功能提升改造、省级乡村森林公园创建、村民文化生活综合体改造等项目。深入调研新一轮驻村帮扶点、对口帮扶村、苏区振兴帮扶县、乡村振兴定点联系县、少数民族对口支援乡。采取查看现场、多方座谈等方式研究帮扶措施、协调帮扶资金,印发定点帮扶重点村工作方案和对口支援青原区苏区振兴工作方案。

【城镇人居环境】 支持养老服务业发展,开展国家无障碍环境建设示范市县村镇工作,推进无障碍环境建设,打造宜老宜居环境。南昌市、景德镇市、萍乡市、宁都县小布镇被授予“创建全国无障碍环境示范市县村镇”,赣州市章贡区、南昌县、靖安县、樟树市阁山镇被授予“创建全国无障碍环境达标市县村镇”。

【农村危房改造】 4月,江西省被住建部、财政部确定为2020年农村危房改造工作积极主动、成效明显省。宁都县、于都县、鄱阳县农村危房改造获国务院督查激励表彰。完成农村危房改造3786户。开展住房安全动态监测机制,发现并确认C、D级危房1213户,全部纳入年度改造计划组织实施。推进农房抗震设防烈度7度以上地区农房抗震改造工作,印发《关于开展农房抗震改造工作的通知》,安排4个抗震设防县(区)抗震改造资金2000万元。

【美丽乡镇建设】 印发《江西省开展美丽乡镇建设五年行动方案》。6月15日,召开全省城乡环境综合整治工作电视电话会议,对美丽乡镇建设工作进行部署,公布全省美丽乡镇建设分类名单。全省1330余个乡镇参与美丽乡镇建设5年行动,其中计划建成示范类乡镇372个(2023年前建成158个,2025年前再建成214个),提升类乡镇575个,基础类乡镇383个。出台《江西省美丽乡镇建设技术导则》。12月23日,在修水县召开全省美丽乡镇建设工作现场推进会。全年从城市建设专项资金和城市配套维护费中,共安排7500余万元对示范类美丽乡镇进行补助。

(省住房城乡建设厅)

·资料·

江西省国家级历史文化名镇名村

序号	设区市	镇村名称	公布批次	
			国家级	省级
1	南昌市	安义县石鼻镇罗田村	第四批	第一批
2	九江市	修水县山口镇	第七批	第四批
3	景德镇市	浮梁县瑶里镇	第二批	第一批
4		浮梁县勒功乡沧溪村	第五批	第二批
5		浮梁县江村乡严台村	第四批	第二批
6		浮梁县蛟潭镇礼芳村	第七批	第五批
7		浮梁县峙滩乡英溪村	第七批	第四批
8	萍乡市	安源区安源镇	第六批	第三批

（续表）

序号	设区市	镇村名称	公布批次	
			国家级	省级
9	鹰潭市	鹰潭龙虎山上清镇	第三批	第一批
10		贵溪市塘湾镇	第七批	第一批
11		贵溪市耳口乡曾家村	第七批	第一批
12	赣州市	赣县白鹭乡白鹭村	第四批	第二批
13		宁都县田埠乡东龙村	第六批	第三批
14		龙南县关西镇关西村	第五批	第一批
15		龙南县里仁镇新园村	第七批	第五批
16		寻乌县澄江镇周田村	第七批	第一批
17	宜春市	高安市新街镇贾家村	第三批	第二批
18		宜丰县天宝乡天宝村	第四批	第二批
19		樟树市临江镇	第七批	第二批
20	上饶市	婺源县江湾镇汪口村	第三批	第一批
21		婺源县沱川乡理坑村	第二批	第一批
22		婺源县思口镇延村	第四批	第一批
23		婺源县思口镇思溪村	第六批	第二批
24		婺源县浙源乡虹关村	第五批	第二批
25		婺源县江湾镇篁岭村	第七批	第五批
26		婺源县思口镇西冲村	第七批	第二批
27		铅山县河口镇	第六批	第一批
28		铅山县石塘镇	第六批	第一批
29		横峰县葛源镇	第四批	第一批
30	吉安市	安福县洲湖镇塘边村	第六批	第一批
31		安福县金田乡柘溪村	第七批	第二批
32		青原区富田镇	第五批	第三批
33		青原区文陂乡渼陂村	第二批	第一批
34		青原区富田镇陂下村	第四批	第二批
35		吉水县金滩镇燕坊村	第三批	第一批
36		吉水县金滩镇桑园村	第六批	第一批
37		吉安县永和镇	第六批	第二批
38		吉州区兴桥镇钓源村	第五批	第一批
39		峡江县水边镇湖洲村	第六批	第四批
40		泰和县螺溪镇爵誉村	第七批	第四批

（续表）

序号	设区市	镇村名称	公布批次	
			国家级	省级
41	抚州市	乐安县牛田镇流坑村	第一批	直接列为国家级
42		乐安县湖坪乡湖坪村	第七批	第四批
43		金溪县双塘镇竹桥村	第五批	第三批
44		金溪县琉璃乡东源曾家村	第六批	第四批
45		金溪县浒湾镇	第六批	第五批
46		金溪县合市镇游垫村	第七批	第五批
47		金溪县陈坊积乡岐山村	第七批	第五批
48		金溪县琅琚镇疏口村	第七批	第五批
49		金溪县合市镇全坊村	第七批	第五批
50		广昌县驿前镇	第六批	第一批

江西省省级历史文化名镇名村

序号	设区市	镇村名称	公布批次	中国传统村落公布批次
1	南昌市	安义县万埠镇梓源民国村	第五批	
2		进贤县架桥镇陈家村	第二批	第二批
3		进贤县文港镇周坊村	第五批	
4		进贤县温圳镇杨溪李家村	第五批	第一批
5		新建县大塘坪乡汪山村	第三批	
6		南昌县三江镇前后万村	第三批	第二批
7		青云谱区青云谱镇朱桥村	第五批	
8	九江市	修水县黄坳乡朱砂村	第五批	
9		都昌县苏山乡鹤舍村	第四批	
10	景德镇市	浮梁县浮梁镇旧城村	第四批	第一批
11		浮梁县西湖乡磻溪村	第三批	第二批
12		浮梁县瑶里镇高岭东埠村	第一批	高岭村为第一批
13		乐平市涌山镇涌山村	第四批	第二批
14	萍乡市	莲花县路口镇湖塘村	第三批	第二批
15	新余市	分宜县分宜镇介桥村	第三批	第二批
16		分宜县钤山镇防里村	第五批	第二批
17		渝水区罗坊镇下寸村	第五批	

（续表）

序号	设区市	镇村名称	公布批次	中国传统村落公布批次
18	赣州市	南康区坪市乡谭邦村	第五批	
19		赣县湖江乡夏府村	第三批	第二批
20		赣县大埠乡大坑村	第五批	
21		兴国县梅窖镇三僚村	第三批	第二批
22		兴国县兴莲乡官田村	第五批	第二批
23		于都县马安乡上宝村	第一批	
24		于都县葛坳乡澄江村	第五批	
25		瑞金市九堡镇密溪村	第一批	第二批
26		安远县镇岗乡老围村	第一批	第一批
27		定南县天九镇九曲村	第三批	
28		会昌县筠门岭镇羊角村(羊角水堡)	第五批	
29	宜春市	丰城市张巷镇白马寨村	第一批	第二批
30		丰城市筱塘乡厚板塘村	第一批	第二批
31		万载县株潭镇周家大屋	第二批	
32		铜鼓县排埠镇	第三批	
33	上饶市	婺源县江湾镇江湾村	第一批	第一批
34		婺源县江湾镇晓起村	第一批	第二批
35		婺源县秋口镇李坑村	第一批	第二批
36		婺源县镇头镇游山村	第二批	第二批
37		婺源县段莘乡庆源村	第二批	第二批
38		婺源县浙源乡凤山村	第三批	第二批
39		婺源县紫阳镇考水村	第三批	
40		铅山县篁碧畲族乡畲族村	第五批	
41		横峰县姚家乡兰子畲族村	第三批	
42		德兴市银城镇新营村	第四批	
43		德兴市海口镇	第四批	
44		广丰区嵩峰乡十都村	第五批	
45	吉安市	安福县洋门乡上街村	第五批	第一批
46		青原区新圩镇江头毛家村	第三批	
47		青原区富田镇横坑古村	第四批	第一批
48		青原区富田镇夽田村	第五批	第二批
49		吉水县金滩镇仁和店村	第二批	第二批
50		吉水县白沙镇桥上村	第四批	第二批
51		吉安县横江镇唐贤坊村	第二批	
52		吉安县敦厚镇圳头村	第五批	第二批
53		吉安县横江镇公塘村	第五批	
54		泰和县马市镇蜀江村	第四批	
55		峡江县水边镇何君村	第五批	第二批
56		峡江县水边镇沂溪村	第五批	第二批
57		峡江县巴邱镇	第五批	
58		永新县石桥镇樟枧村	第四批	

（续表）

序号	设区市	镇村名称	公布批次	中国传统村落公布批次
59	抚州市	乐安县牛田镇水南村	第三批	
60		崇仁县相山镇浯漳村	第四批	
61		黎川县华山场洲湖村	第四批	
62		金溪县浒湾镇黄坊村	第五批	
63		金溪县合市镇东岗村	第五批	
64		东乡区黎圩镇浯溪村	第二批	
65		东乡区黎圩镇上池村	第五批	
66		宜黄县棠阴镇	第一批	

建筑业与房地产业

【概　况】 2021年，全省完成建筑业总产值9762.95亿元，位列全国第13位，与上年持平；建筑业总产值增速12.88%，比全国平均增速高1.88个百分点，列全国第8位。全年新签合同额9456.35亿元，列全国第14位，增长7.8%。完成税收入库收入296.03亿元，增长5.1%，占全部税收总额7.74%。全省对外承包工程完成营业额41.22亿美元，增长1.43%，全国排名第9位，连续6年保持全国排名在前10位。江西国际、江西中煤、江水建设、中鼎国际、省建工集团、江联重工6家对外承包工程企业继续入选ENR全球最大国际承包商250强榜单，江西国际、江西中煤位列前100名，排名保持“全国领先、中西部第一”。全省施工总承包企业1.05万家。其中，特级企业23家，比上年增加1家；施工总承包一级企业472家，新增47家。全省建筑业企业完成产值超过100亿元企业8家，比上年增加1家，分别为江西建工第一建筑有限责任公司、江西省交通工程集团有限公司、中联建设集团股份有限公司、江西中煤建设集团有限公司、江西建工第三建筑有限责任公司、中大建设股份有限公司、发达控股集团有限公司、中恒建设集团有限公司；完成产值在50亿~100亿元之间企业18家，比上年减少5家；完成产值在20亿~50亿元之间企业42家，比上年减少11家；完成产值在5亿~20亿元之间企业221家，比上年增加16家。江西民营企业100强中建筑企业26家，与上年持平，总营业收入1654.5亿元，占100强企业总营业收入20%。全省有监理企业399家，综合甲级资质6家，甲级资质企业80余家。监理从业人员1.5万人，注册监理工程师5330人，比上年增加790人。美华建设有限公司、利达装饰集团有限公司、金昌建设有限公司获全国装饰百强企业；美华建设有限公司、利达装饰集团有限公司、宏发建设有限公司获全国幕墙百强企业。18个公共建筑装饰类项目、5个幕墙类项目、4个设计类项目获中国建筑工程装饰工程奖。

全省房地产开发完成投资2528.8亿元，增长6.3%，投资增速居全国第10位、中部第3位。其中，住宅开发完成投资1994.9亿元，增长10.3%，投资增速居全国第8位、中部列第3位。全省房屋施工面积2.52亿平方米，增长7.0%；房屋竣工面积2517万平方米，增长12.5%。全省新建商品房销售面积7676.21万平方米，增长14.0%。其中，新建商品住房销售面积6681.26万平方米，增长14.2%。全省商品房销售均价7437.7元/平方米，增长2.3%。其中，商品住宅销售均价7349.1元/平方米，增长3.6%。至年底，房地产开发贷款余额3176.9亿元，与上年持平；购房贷款余额1.09万亿元，增长9%；房地产贷款余额增长6.8%，余额占各类贷款余额30%，高于全国平均水平；全年房地产新增贷款901.5亿元，下降25.7%。全年全省商品房库存面积8656.3万平方米，去化周期18个月。其中，商品住宅库存4104.3万平方米，去化时间10个月，处于合理库存区间。全省商品房批准预售面积5459.1万平方米，下降11.8%。其中，商品住宅批准销售面积4465.6万平方米，下降19%。全省商品房用地供应面积4968.2万平方米，下降28.4%。其中，商品住宅用地供应面积3298.3万平方米，下降28%。全省商品房用地成交价款1919.8亿元，下降31.3%。其中，商品住宅用地成交价款1423.5亿元，下降30.3%。全省房地产业税收575.4亿元，下降4.4%，占全省税收总额15.03%。

【建筑企业发展】 出台《关于加强房屋建筑和市政工程领域工程款支付担保管理工作的通知》，成为全国最早印发工程款支付担保文件省份。全省实行工程款支付担保项目385个，担保金额65.5亿元。全年以保函形式缴纳四类保证金452.8亿元，占比45.83%，减轻企业在资金、财务方面成本。南昌市、九江市、鹰潭市、赣州市、宜春市、上饶市、吉安市、抚州市出台促进建筑业高质量发展实施意见。南昌市引进大型建筑企业落户，鼓励建筑企业增产创收做强创优和建筑企业资质升级。会同省教育厅等13部门印发《江西省加快培育新时代建筑产业工人队伍实施方案》。全省4家建筑企业被评为第三届年度功勋企业，2家企业被评为第三届脱贫攻坚贡献企业，1名被评为第三届脱贫攻坚企业家。全省通过二级建造师考试2.3万余人，比上年增加70%。

【装配式建筑发展】 全省有装配式建筑产业基地62家,其中装配式混凝土结构产业基地28家,钢结构企业33家,木结构企业1家。装配式建筑产业基地实现各设区市全覆盖。全省装配式混凝土结构企业设计产能248万立方米,钢结构企业生产能力130万吨。全省开工装配式建筑面积3285万平方米,占新开工总建筑面积24%。钢结构装配式住宅新开工面积70万平方米,比上年有所下降。

【建筑市场秩序】 制定出台《关于规范房屋建筑和市政基础设施工程施工发包承包行为加强标后人员管理的通知》,对存在质量安全问题、拖欠农民工工资行为项目实行“一案双查”。检查工程项目1.14万个,查处违法违规项目370个,处罚金额2989万元。开展建筑企业资质动态核查工作,对254个资质不合格企业限制承揽新的工程,给予3个月整改期限。开展建筑市场监督执法检查,对存在转包挂靠违法分包工程项目下发执法建议书。从严查处二级建造师“挂证”行为,撤销其注册许可,对109名二级建造师作出撤销注册资格行政处罚,3年不得再次申请注册。

【建筑工人管理】 推进建筑工人实名制管理,全省建筑工人实名制服务信息平台在建工程项目3401个,更新率、到岗率均列全国前列。对238家未落实建筑工人实名制建筑施工企业作出限制市场行为处理。会同省人力资源社会保障厅对《江西省建筑工人实名制管理实施细则》进行修订。全省各级住房城乡建设主管部门查处拖欠农民工工资案件384件,涉及金额1.06亿元。

【房地产市场整治】 印发《关于进一步对城市政府落实房地产市场调控主体责任加强监督指导的意见》,督促城市制定“一城一策”工作方案,落实月度监测、季度自评、年度报告制度。召开全省房地产市场会商协调小组会议,每月定期监测分析房地产市场运行情况,保持房地产市场稳定。个别房企停工逾期交付风险化解处置取得阶段性成效,实现全面复工。会同有关部门联合印发《江西省持续整治规范房地产市场秩序三年行动方案》,重点整治市场乱象,通报1批典型案例。

(省住房城乡建设厅)

勘察设计与建设科技

【概　况】 2021年,全省工程勘察设计单位716家,其中建设工程设计企业545家(建设工程设计甲级及以上企业125家、乙级企业147家、丙级及以下企业273家),建设工程勘察企业171家(综合甲级6家、甲级40家、乙级54家、丙级企业71家)。注册建筑师758人,其中一级451人、二级307人。各类注册勘察设计工程师2355人,其中注册结构工程师970人(一级623人、二级347人),注册公用设备工程师506人,注册化工工程师41人,注册土木(岩土)工程师453人,注册电气工程师385人。组织1314人参加2021年度全国一、二级注册建筑师考试,全年4568名参加全国勘察设计注册工程师考试。推荐1名专家申报2021年全国勘察设计大师,59名专家申报全国勘察设计专家。完成勘察设计企业业绩补录和完善全国勘察设计师信息填报。推荐16项课题申报2021年住建部科学技术计划项目,其中4项课题获住建部立项;推荐3项课题申报2021年江西省科学技术计划项目;指导推荐南昌市、省建工集团等单位“智慧工地”3项课题申报省“03专项及5G”科学研究计划。开展省、部级新技术应用示范工作,推进建筑业新技术应用。完成“南昌老年人活动中心”等1批省级项目验收,完成“赣州西站站房及相关工程”等住建部科技计划项目验收。印发第1批工程建设标准编制项目计划。批准发布11项工程建设地方标准和2本图集。

【“放管服”改革】 印发《关于改进房屋建筑和市政基础设施工程施工图设计文件审查工作的通知》。下发《关于同意赣州市开展施工图审查改革试点的函》,指导赣州市实行施工图分类审查制度。完成注册考试报名系统与缴费系统对接工作。增加注册建筑师、勘察设计注册工程师继续教育线上方式。

【绿色建筑发展】 核查项目307个,建筑面积1892万平方米。完成全省工程设计监督执法检查和全省建筑节能与绿色建筑“双随机一公开”检查。完成上年勘察设计行业统计调查工作。开展南昌市老年活动中心等5个项目优秀设计评审工作。编写《江西省绿色建筑基本级设计专篇》《江西省绿色建筑施工图审查技术要点》。编制完成《江西省绿色建筑标识常见问题答疑》,并在南昌市、赣州市、萍乡市等地市开展绿色建筑宣传贯彻。印发《关于加快国家机关办公建筑和大型公共建筑能耗监测工作的通知》。下发《关于明确我省绿色建筑标识认定相关工作的通知》。对全省绿色建筑标识专家库进行重新认定。

(省住房城乡建设厅)

本类目编辑　刘清林

水利

综述

2021年，省水利厅实施《江西省推进新时代水生态文明建设五年行动计划（2021—2025年）》，以水生态文明建设统领水利高质量发展，实现"十四五"良好开局。省水利厅被评为全国扫黑除恶专项斗争先进单位、获"全国五一劳动奖状"等荣誉。

水旱灾害防御扎实有效。坚持防汛抗旱"两手抓"，开展"我是共产党员，我先来"防汛抗旱主题实践活动，2次启动防汛Ⅳ级应急响应，强化预报、预警、预演、预案"四预"措施，科学调度大中型水库89次。联合调度万安县、峡江县等水库，降低赣江中游洪峰水位0.5米。调度大中型水库增蓄12亿立方米，保障灌溉面积10余万公顷。沿江滨湖地区引提水1.4亿立方米，灌溉面积7.54万公顷，满足城乡居民生活供水和灌溉用水需求。

水利建设加速推进。落实水利投资402亿元，比上年增加121亿元，增幅43%。在2021年国家水利发展资金绩效评价中，获全国第1名，连续4年评为优秀。长江干流江西段崩岸应急治理工程、赣抚尾闾综合整治工程开工建设，加快推进四方井、花桥水利枢纽建设。按照"5年任务3年完成"，推进病险水库除险加固。推进中小河流治理、万亩圩堤加固整治、洪患村镇河流综合整治及大中型灌区续建配套与现代化改造项目等。高安市、乐安县、德安县3个水系连通及美丽乡村试点县（市）建设完成。创建全国绿色小水电示范电站33座，省级水生态文明村104个。峡江水利枢纽获中国土木工程最高奖"詹天佑奖"。

水利管理成效明显。推进国家节水行动，加大水资源节约和管理，6家单位获国家级水效领跑者称号，10个县获国家节水型社会建设达标县称号，全省节水载体创建累计1.1万家。完成22条流域面积1000平方千米以上跨设区市河流水量分配。加强水土保持治理和监管，以及生态修复。强化河湖长制，建设幸福河湖，开展"清河行动"、河湖"清四乱"等专项行动。完成河湖管理范围划定、非法矮围清理整治。常态化推进水利工程标准化管理。强化水利建设市场监管和安全生产监督检查。水库移民工作职能顺利划转。

水利改革活力增强。推进水权水市场改革，累计成交水权交易项目18宗，鹰潭市1宗成交额超100万元。推进农业水价综合改革，完成改革面积83.4万公顷。推进小型水库管理体制改革，5个县确定为第2批全国改革"样板县"。9831座小型水库实行社会化物业管理。探索出以城乡供水一体化为平台的农村基础设施统一管护广昌模式。深化"放管服"改革，打造"四最"营商环境，13个证明事项实行告知承诺制。省市县三级颁发取水许可电子证照8042套，实现电子化。推进智慧水利建设，搭建水利事务业务平台，水文、水政、灌区、监督等领域智能化应用初见成效。

行业能力显著提升。构建省市县三级监督队伍，对小型水库、农村供水工程开展监督检查。完善水法规制度体系，对12件地方性法规、5件省政府规章、51件规范性文件、7件信用约束文件进行清理修订。开展"科技+水利"联合立项试点，"鄱阳湖水量水质水生态协同治理与安全保障关键技术研究及示范"首次纳入全省科技重大专项指南，《山洪灾害风险防控关键技术及应用示范》获省科技进步一等奖。升级改造原中华苏维埃临时中央政府山林水利局旧址陈列馆。潦河灌区入选世界灌溉工程遗产名录。

政治生态向上向好。把党史学习教育作为一项重大政治任务，开展学习研讨、宣传宣讲、问题检视、整改落实、实践活动等重点工作。抓实"我为群众办实事"活动，创新开展"百个支部办百件实事"，287项实事全面办结。狠抓6个方面巡视整改，确保整改实效。持续正风肃纪反腐，主动接受派驻监督。常态化开展水利系统扫黑除恶斗争。推进"五型"政府建设，精文简会，统筹督查检查考核调研事项，为基层减负，树立水利良好形象。

（万菁）

水利工程建设与管理

【概　况】　2021年，全省各级水利系统坚持弘扬新时代水利精神，加强水利工程建设，推进河湖管理、运行管理、市场管理各项工作，常态化推进"清四乱"、水利工程标准化管理等工作，选取4个水利工程项目开展"党建引领铸精品"进工地试点，全年完成1.3万余座（处）工程标准化管理常态化评价，水利年度建设目标任务完成较好，水利工程综合效益得到发挥。

【水利项目建设】　长江干流江西段崩岸应急治理工程开工建设，累计完成投资3.87亿元。12月31日，宜春市四方井水利枢纽下闸蓄水。鹰潭市花桥水利枢纽建设有序推进。莲花县寒山水库竣工验收。开工建设兴国县洋池口水库、于都县岭下水库等中型水库。4座大中型病险水库除险加固全部开工,57座列入水利部和省水利厅"我为群众办实事"清单小型水库除险加固全部完工,475座除险加固小型水库开工440座。74个主要支流治理和33个中小河流治理项目全部开工。万亩圩堤加固整治项目累计完工81座。14个新增洪患村镇河流综合整治项目全面开工。大中型灌区续建配套与现代化改造年度建设任务完成,共有6个大型灌区和20个中型灌区立项,总投资12.76万元,其中中央投资9.26亿元。潦河灌区入选第8批世界灌溉工程遗产名录。

【水利工程标准化管理】　印发《关于坚持常态化推进水利工程标准化管理的通知》,明确巩固提升标准化管理成果举措、工作机制及保障措施。推进标准化管理地方标准制定申报。《江西省水利工程维修养护技术标准》等8个地方标准通过省市场监督管理局批准予以发布。开展两轮标准化管理技术指导,现场督导165座(处)工程,指导解决突出问题。举办标准化管理培训班,培训各县水利行政主管部门、有关管理单位300余人。通过江西水库学习APP组织各地人员学习水库管理相关政策法规。完善激励机制,把工程标准化管理实施情况列入全省水利改革发展考核内容,将省级及以上水利工程维修养护补助资金与各地标准化管理工作成效挂钩。10月21日—22日,全国水利工程标准化管理现场交流会在九江召开,江西经验做法受推介。

【水库水闸安全运行管理】　指导各地落实全省水库大坝安全管理"五个责任人",按规定开展大中型水库日常安全监测工作。常态化做好水库注册登记和安全鉴定工作。至年底,全省注册登记水库大坝10593座,其中大型32座、中型257座、小(1)型1475座、小(2)型8829座,完成年度安全鉴定任务。

【小型水库管理体制改革】　开展小型水库管理体制改革示范县创建,采取县级政府申报、市级水利部门推荐的办法,结合各地小型水库日常运行管理情况,经水利部评估审核,丰城市、新余市渝水区、新干县、鹰潭市余江区和浮梁县被水利部确定为第2批深化小型水库管理体制改革样板县。探索小型水库管理新模式,推行管养分离,开展社会化、专业化维修养护和观测监测服务。全年全省共有9000余座水库实行社会化、物业化、专业化管护,有效提升工程运行管理水平。

【河湖综合管理】　2021年,排查河湖"四乱"问题514个,全部完成整改销号。推进河湖圩堤管理范围内房屋问题整改,累计完成16.32万栋房屋处置分类和2944栋房屋拆除整改工作。开展非法矮围清理整治工作,推动重点水域禁捕退捕工作,共处置完成41处非法矮围,拆除非法矮围49千米,恢复自然水面4466.67公顷。完成河湖管理与保护范围划定,完成河道划界999条、河道总长3.48万千米、管理范围线长7.72万千米,完成湖泊划界113座、管理范围线长4981千米。

10月21日—22日,全国水利工程标准化管理现场交流会在九江召开。图为10月22日交流会议现场

省水利厅供

【水利建设市场违法违规行为治理】　2021年,在全省水利工程招标投标领域及履约监管中推行"双随机、一公开"抽检模式,完成11个设区市全覆盖抽查,共发现23个水利建设项目有44个招投标领域问题。完成全省400余家市场主体信用评价工作,并在招标投标、市场监管工作中运用评价结果,引导市场主体加强自身信用建设。推广使用不见面开标系统,减少市场主体投标成本。开展根治欠薪工作,采取专业督查和日常监管方式,推广"六盒、一系统"(开工前材料盒、合同制落实情况盒、实名制落实情况盒、银行代发货币制落实情况盒、日常活动材料盒、劳动监察部门监管特别要求材料盒、省水利建设项目信息及农民工工资管理系统)管理台账模式,保障农民工工资权益。

(高云平　黄韬)

水资源管理

【概　况】　2021年,全省年平均降雨量1587毫米,比多年平均少3.6%。地表水资源量1400.59亿立方米,比多年平均值少9.8%。全年总供水量与总用水量持平,为249.36亿立方米。人均综合用水量553立方米,万元GDP(当年价)用水量84立方米,万元工业增加值(当年价)用水量45立方米,农田灌溉亩均用水量611立方米,农业灌溉水有效利用系数0.52。

【水权水市场改革】　列入省委全面深化改革委员会2021年工作要点台账。完成交易平台建设,印发《江西省水权交易可行性论证技术导则(试行)》,水权交易纳入《江西省公共资源交易目录(2020版)》,省公共资源交易集团在综合环境能源交易平台设立水权交易业务内容。永修县、宜黄县率先通过省公共资源交易平台完成

水权交易。累计成交水权交易项目18宗，交易水量1879万立方米。鹰潭市1宗完成交易额100万元。

【水资源管理与保护】 完成水资源管控指标划定。牛吼江、潦河、临水、武宁水4条重点河流生态流量保障实施方案经省政府同意印发实施，提前1年完成水利部下达8条重点河流生态流量保障目标确定任务。完成取用水管理整治提升，全省累计整改违法违规取水项目5993个，提前完成全国取用水管理专项整治行动任务目标。省本级完成赣抚尾闾整治工程取水许可批复，依法颁发取水许可证3套，审批取水许可申请7项，下达用水计划45份；征收水资源费3.05亿元，比上年增加3000万元。完成取水口监测计量体系建设方案编制，争取中央资金2028万元，重点补助全省规模以上非农取水口、大中型灌区和典型小型灌区渠首取水口在线监控计量设施建设。完成用水统计调查年度任务，全省入库取用水单位2390个。完成全省县级以上城市饮用水水源地安全保障达标评估工作。制定全省长江流域县级以上城市饮用水水源地名录164个。完成“国控”监测站点运维移交和入河排污口在线监测站移交。

【节水工作】 完成《江西省节水型社会建设“十四五”规划》编制。省水利厅、省发展改革委联合印发《江西省节水型社会建设“十四五”规划》。完成节水创建任务，全省水利行业节水型单位应建全建，景德镇市建成全省首家省级节水型城市。节水企业、节水高校、节水机构、节水小区、节水灌区全面加速创建。全省6家单位首次获得国家级水效领跑者称号，10个县获国家节水型社会建设达标县称号，全省节水载体创建累计1.1万家。开展重大节日和活动宣传。开展“世界水日”“中国水周”“江西省河湖保护活动周”节水宣传启动仪式暨健步行活动、省级节水型高校授牌暨第三届校园“节水大使”颁奖活动。制作《节水总动员之公共机构干部职工节水篇》获第2届“节水在身边”短视频大赛最高奖组委会特别奖，并获第2届全国节约用水知识大赛特别组织奖。

（陈芳）

水　文

【概　况】 2021年，江西水文贯彻落实中共中央总书记习近平“十六字”治水思路和关于治水重要讲话指示批示精神，完成水文机构改革，更名为省水文监测中心，按“流域+区域”整合设立7个正处级水文水资源监测中心，组建38个水文水资源监测大队，省委组织部重新认定全省水文为参照公务员法管理单位。3月19日和6月3日，国务院副总理胡春华和国务委员王勇分别在星子水文站与外洲水文站视察时，对江西水文工作给予肯定。全省119处基本水文站实现监测数据、预报预警信息可视化。编制完成《江西省水文基础设施“十四五”规划》。省水文监测中心获国家发展改革委、财政部等四部委联合颁发“节约型机关”称号、获评第十六届江西省文明单位。

【水文监测改革】 完成鄱阳湖区水文测站属地调整与全省水文测站考证，全面推行巡测管理。引进6项前沿技术和新仪器新设备89台套，水位、雨量和墒情实现100%自动监测。编制洪水测报预案和操作流程，为偏远地区重要水文站配置卫星电话95部，模拟赣江流域1982年超标洪水过程，举办全省水文综合应急演练，做好超标洪水防御准备。编制《国家基本水文(水位)站水位特征值手册》，全省970处基本监测站点与3359处非基本监测站点实现资料整编日清月结。

【水资源监管服务】 2021年，构建覆盖全省主要江河生态流量指标体系，推进水生态水环境监测自主试点工作。首次推出视频版《水资源公报》，开发完成水资源月报编制服务系统。全面完成847个取水监测计量设施设备的使用管理和运维移交工作，并为省市县各级水利部门开展技术培训。为省管取用水户提供取用水预警服务，结合取水户实际取水量与计划用水情况，通过邮件方式给取水户发送风险预警信息，获服务对象好评。

【水生态监测】 打造全方位立体水生态监测网络，实现“天空—地表—地下”水生态监测全覆盖。全省9个水质水生态监测实验室一次性通过国家资质认定复查评审，检测项目由58项增至116项。在全国水文系统率先引进环境DNA监测技术，完成藻类、鱼类、江豚等15个样本基因测序。开展鄱阳湖重点水域江豚智慧监测，申报中科院STS重点项目。成功应对3次突发水污染事件，环境水质应急监测展现新作为。

【水文科技创新】 2021年，全面实施“团队、项目、基地、人才、管理”五位一体水文科技发展战略，推动水文科学技术现代化。创建鄱阳湖水文生态监测研究重点实验室，集中梳理近10年来相关科技项目，并初步拟定2022—2024年重点实验室科技项目研究计划51项。全省水文发表论文94篇，其中SCI论文8篇。1项课题获江西省科技进步奖一等奖，2项课题获赣鄱水利科学技术奖二等奖。

（胡彧）

河湖长制

【概　况】 2021年，全省河湖长制工作坚持践行习近平生态文明思想，深入实施河湖长制，聚力河湖保护管理和治理，整治影响河湖健康突出问题，河湖水环境质量得到改善，河湖生态安全得到维护，河湖长制实现从“有名有实”到“有能有效”。制定印发《2021年河湖长制工作要点及考核方案》和《考核细则》，注重考核结果运用，将各级河湖长履职情况作为干部年度考核述职重要内容，将考核结果纳入市县高质量发展考核体系和流域生态补偿机制，将河湖长制重点工作任务和完成情况纳入省政府对省直责任单位绩效考核责任体系。开展流域生态综合治理，全省累计完成流域生态综合治理项目总投资889.44亿元。全年完成104个省级水生态文明自主创建村，累计完成711个省级水生态文明村试点和自主创建工作。

【河湖长工作】　落实区域和流域相结合的省市县乡村五级河湖长组织体系，9名省级河长湖长、116名市级河长湖长、983名县级河长湖长、6970名乡级河湖长、1.73万名村级河湖长共同织就覆盖所有水域责任网。结合城乡环卫一体化，全省在河湖管护"最后一公里"落实巡查员、保洁员、专管员9.42万人。采取设立民间河长、党员河长、"河小青"志愿者等方式，实现河湖管护链条全覆盖。各级河湖长开展巡河巡湖69万余人次，发现并解决问题4万余个。全省8个单位、14名个人获水利部全面推行河长制湖长制工作"先进集体""先进工作者"称号，11名获"全国优秀河（湖）长"称号。

【创新河湖长机制】　2021年，深化"河湖长+检察长"协作机制，联合推动落实执法办案信息共享、开展巡河、挂牌督办案件工作。制定发布《河湖（水库）健康评价导则》，启动幸福河湖标准研究，确定潦河、袁河等2条流域作为河湖健康评价试点，完成河湖健康监测，编制完成潦河、袁河健康评估报告初稿。推进与湘、鄂、皖、浙、闽、粤6个相邻省份签订《跨省流域水污染事件联防联控协议》，开展跨省流域水污染事件联防联控。全面实施流域生态补偿，开展生态价值转换试点，推进河权改革，开展生态环境综合执法，推行"多员合一"生态综合管护机制等。

【河湖污水治理】　2021年，召开省级总河（湖）长会议1次，编印工作简报12期、专报11期，省级下发督办函11件，省级督办重点问题350个。抓好专项整治，巩固提升工业污染防治攻坚战专项行动成果，全面完成33个地级市黑臭水体整治工作，率先在全国开展县级黑臭水体大排查整治行动。全年全省排查梳理"清河行动"问题2108个，全部完成整改。"清四乱"问题514个，全部整改销号。提前完成520个建制村环境综合整治及26个国家监管农村黑臭水体整治任务。全省346个地表水断面水质优良比例93.6%，同比无变化。国考断面水质优良比例95.5%，上升1.6个百分点。全省县级及以上城市集中式饮用水水源地水质达标率100%。

（申思佳）

水库移民

【概　况】　2021年，水库移民工作从省乡村振兴局（原省扶贫办）划转到省水利厅，市县两级同步划转。各级水利部门克服职能划转和乡镇换届影响，对急需召开大中型水利水电工程有关审查和验收事项，先开审查会议，划转之后再行文下发意见。坚持对基层项目实施和资金拨付进度按月通报和电话问询，沟通协调，帮助县级水库移民维稳工作骨干划转到水利系统，完成年度水库移民工作目标任务，库区和移民安置区社会保持稳定。全年大中型水库移民人均可支配收入1.75万元，与全省农村居民平均收入水平差距逐步缩小。年度中央水库移民扶持基金绩效评价成绩保持优秀，位居全国第4位。

【工程移民安置专题审查】　2021年，坚持依法依规、保证质量原则，抓紧重点工程进度，促进工程及早立项。对赣管局岗前闸项目出具可容缺立项意见函。岗前闸项目、宁都县梅江灌区工程和南昌市赣抚尾闾综合整治工程移民安置规划大纲和规划报告，以及上高县保丰水库工程移民安置规划报告调整和下闸蓄水阶段验收，做到1次会议审查，提高审查时效。配合业主需求，全年组织大中型水利水电工程移民安置专题审查17次。

【水库移民后期扶持】　2021年，用好用活全省大中型水库移民信息管理系统，对项目库建设、项目申报、实施情况和资金拨付情况等每月调度、通报。编制完成水库移民后期扶持"十四五"规划，提供后期扶持工作法规支撑。

【库区和移民安置区信访工作】　2021年，严格落实值班报告制度。在建工程移民信访方面，处理好四方井水利枢纽、龙南县茶坑水库移民征地拆迁信访问题。移民后扶信访方面，化解宜春高安市某信访事件。三峡移民信访方面，予以妥善处理上访事件。第二、三、四季度，三峡司统计省市县三峡移民信访量，江西省均为零。全年接待移民信访20余次，未发生较大规模群访。

（郑黎晶）

水利法治建设

【概　况】　2021年，水利法治建设工作立足依法治水管水，推行证明事项承诺制改革，将13项行政许可和行政确认办理中涉及证明事项纳入告知承诺制范围，编制工作规程，向社会公布。完善法规体系，梳理编制乡镇（街道）统一行政权力清单，由乡镇人民政府、街道办事处行使水事行政权力事项13项。规范行政审批事项办理全流程，解决企业群众办事过程中存在的问题，推进江西水利法治建设高质量发展。

【完善水法规制度体系】　2021年，探索推进流域管理立法，开展立法调研，系统梳理流域综合管理存在问题，提出立法调研报告。先后多次对12件地方性法规、5件省政府规章及行政规范性文件开展清理工作。完成《江西省河道管理条例》《江西省取水许可与水资源费征收管理办法》等3件地方性法规和1件省政府规章一揽子修改，废止信用约束文件2件。

【水法治监督管理】　2021年，按照水利部统一部署，围绕贯彻落实习近平法治思想、行政执法"三项制度"等情况，对市县水行政执法情况进行监督检查，对发现相关问题，举一反三监督整改落实。开展全省水行政处罚案卷评查活动，规范完善案件查处及案卷制作程序。规范开展"双随机一公开"检查，组织开展全省水利系统落实轻微违法行为不予处罚制度研究，修订完善行政处罚自由裁量权适用规则及适用标准，制作水行政处罚动漫教学视频，展示新《中华人民共和国行政处罚法》有关程序规定。

【水行政执法】　开展2020年风电项目专项执法行动回头看、打击非法采砂专项行动暨长江干流河道采砂统一清江行动、重点河道水域联合执法、取用水管理专项整治行动等多项执法行动,保持水行政执法高压态势。推进"清河行动",启动 17 个专项整治行动,对河湖问题进行全面排查;派出 48 批次、59 人参与鄱阳湖区联谊联防巡逻执法任务,助力长江鄱阳湖重点水域退捕禁捕工作。查处非法采砂船舶 114 艘、非法采砂机具 397 台,切割非法采砂船舶 61 艘、非法采砂机具 122 台,移送涉砂刑事案件 17 起。

【水法规宣传】 联合省管局、省教育厅举办 2021 年"世界水日""中国水周""江西省河湖保护活动周"节水宣传启动仪式暨健步行活动。开展"百万网民学水法"知识有奖答题活动,共 35 万人次参与。加强和改进对领导干部"关键人群"普法工作,将法律法规学习纳入党委中心组理论学习计划。组织厅领导及相关处室和厅直单位负责人参加法院行政诉讼案件旁听庭审活动,联合法律顾问单位开展法律服务进机关活动。做好《中华人民共和国长江保护法》《中华人民共和国行政处罚法》贯彻落实。《为新时代江西水利高质量发展保驾护航——江西省水利厅法治建设纪实》文章在《江西日报》专版刊发,宣传法治工作成效。

(郭鹤)

4 月 12 日,江西省农业水价综合改革现场推进会在宜黄县召开

省水利厅供

农村水电

【概 况】 2021 年,农村水电工作坚持服务巩固拓展脱贫攻坚成果,全面推进乡村振兴,落实小水电清理整改要求,推动全省农村水电绿色可持续发展,助力农村水利建设。全省 29 座电站申请一级达标创建,新增安全生产标准化二级 3 座、三级 44 座。全年全省农村水电安全生产达标创建电站 110 座。

【农业水价综合改革】 2021 年,全省部署任务面积 40 万公顷,年度完成改革面积 83.45 万公顷,超额完成年度改革面积 208.6%。4 月 12 日,江西省农业水价综合改革现场推进会在宜黄县召开,推介县区改革经验,总结"以县域为单元、以灌区为主体,以创新为动力、以考核为抓手"改革路径,形成宜黄县"农田水利一体化"、新干县"水利工程一体化"典型经验。建设农业水价综合改革成果展,搭建起省县改革政策"直通车"。组织全省农业水价综合改革业务培训班,对省市县三级改革人员进行系统培训。在省水利厅官网开设专栏,编写《江西省农业水价综合改革典型材料汇编》,宣传推广各地改革案例。

【城乡供水一体化】 开展城乡供水一体化服务承诺制工作,落实 84 个县(市、区)城乡供水一体化实施主体管护协议。完成 2 亿元农村供水工程维养任务和 64 亿元城乡供水工程投入,全省农村自来水普及率 85.8%。全面排查隐患,动态清零,保障节日期间、新冠肺炎疫情期间、防汛抗旱期间、寒潮期间全省农村供水稳定。配合扶贫部门开展农村饮水安全监测,巩固全省脱贫攻坚成果。3 个集体、7 名个人获全国农村饮水安全脱贫攻坚先进集体和先进个人称号。修水县渣津等 4 个水厂遴选为 2021 年度全国农村供水规范化水厂。

【小水电站管理】 2021 年,开展小水电清理整改巩固提升年活动,组织各地开展"回头看"活动,对纳入清理整改 4121 座农村水电站进行全覆盖排查,建立问题清单,实行销号管理,发现问题 187 个,整改 169 个问题。完善生态流量监测平台,对服务器进行优化,对农村水电站接入平台 IP 地址进行调整,提升平台性能及稳定性。全年全省 3660 座在营电站均已接入平台。组织 18 个督查组分片对各地三类坝水电站安全度汛情况进行综合督查,对发现 37 个安全隐患问题,及时督促整改到位。对全省 114 座农村病险水电站安全度汛情况进行全覆盖交叉检查,定期调度病险电站隐患整改情况和电站蓄水运行情况,落实空库运行或限制水位运行等非工程措施,确保度汛安全。全省累计创建绿色示范电站 58 座,绿色小水电申报数量及质量比上年有提升。

(黄韬 郑升杨)

本类目编辑 刘清林

生态环境

综述

2021年,全省围绕高标准打造美丽中国"江西样板"目标定位,强化造林绿化、资源管理、护绿提质,推进减污降碳协同增效,打好污染防治攻坚战,统筹抓好发展与保护。全省森林覆盖率63.1%,稳居全国第2位。开展森林乡村创建,430个行政村被认定为"国家森林乡村",完成第2批454个"省级森林乡村"建设,"省级森林乡村"1129个。完成"三年攻坚战"第2年除治任务。开展林业专项整治,狠抓生态环境问题整改,有效维护全省生态安全。

改善生态环境质量。实施新"八大标志性战役、30个专项行动",高标准打好"蓝天、碧水、净土"保卫战,推进全省生态环境质量高起点提升、高水平改善。建立健全蓝天保卫战"作战指挥、科技支撑、形势分析、预警提醒、分级响应"5项机制,推进"四尘三烟三气"治理,全年全省空气质量连续4年稳定达到2级标准,超额完成生态环境部下达目标任务。实施长江保护法等法律法规,自觉接受民进中央长江生态环境保护民主监督,开展入河排污口排查整治,全年全省地表水国考断面水质优良比例95.5%,上升0.8个百分点,长江干流10个断面稳定达到Ⅱ类水质,赣江干流33个断面首次达到Ⅱ类水质,11个设区城市集中式饮用水源地达标率100%,完成政府工作报告设定目标和国家下达年度考核目标。指导新余市渝水区入选全国农村面源污染治理与监督指导试点、萍乡市入选国家土壤污染防治先行区建设、抚州市入选国家地下水试验区建设,完成3076套集中式农村生活污水设施现场排查,以及520个行政村农村环境综合整治,重点建设用地安全利用有效管控,受污染耕地安全利用率90%。

构建现代环境治理体系。出台《关于构建现代环境治理体系的若干措施》,对涉及省生态环境厅53项工作全部进行内部分工,根据新时代发展要求,在全国较早制定《进一步加强生态环境保护 深入打好污染防治攻坚战的意见》,出台《江西省"十四五"生态环境保护规划》,明确"十四五"期间生态环境保护工作目标和努力方向。加强环境基础设施网络建设,建成64个国控、122个省控大气监测站,建成148个国控、198个省控、102个县级饮用水源地水质和119个长江经济带水质监测站,建成1380个国家土壤监测点和65个国控地下水监测点组成的环境质量监测体系。建成全省生态环境大数据平台,开发业务协同、目标管控、政务及公共服务三类、21个应用系统。深化生态环境管理体制创新,率先在全国通过生态环境监测系统"1+N"多场所国家级资质认定评审,开创监测系统"一张证书多个场所"资质认定评审先河,为全国探索多场所、异地、远程质量管理的江西模式。

国土绿化。中央财政投资1.5亿元,在赣南区域实施国土绿化试点示范项目,建成国家和省级林木良种基地21处、种质资源库24处,新增培育造林绿化苗木10.02亿株,提供油茶良种穗条75.1千克。新建城市公园287个、总面积1333.33公顷,改造提升城市公园201个、总面积333.93公顷,新增城镇绿道绿廊583.69千米,完成覆绿或软覆盖面积418.47公顷,对全省城市规划区内9723株古树名木全面实行挂牌保护,城市建成区绿化覆盖率46.35%,绿地率42.72%。完成1.3万个新农村建设点建设任务,创建165个全域美丽乡镇、1799个美丽村庄、28万个美丽庭院。新增矿山生态修复面积3466.67公顷。完成水土流失治理面积2.85万公顷、水利工程绿化面积920公顷。新建(改建)铁路绿化80.5千米。开展会议碳中和976次,参与人数5.2万人,使用全省林业碳汇抵销碳排放6634吨,成交金额11.53万元。中国绿化基金会、江西省绿化委员会、大自然家居控股有限公司在井冈山联合举办庆祝中国共产党成立100周年纪念林植树活动,栽植楠木、樱花、银杏、红枫等"四化"树种2500余株。各地结合"3·12"植树节、"国际森林日""防治荒漠化与干旱日""世界野生动植物保护日"等重要时间节点,组织开展纪念全民义务植树40周年系列活动,开展国土绿化主题宣传,营造"植绿、护绿、爱绿、兴绿"社会氛围。3月1日,省委、省人大常委会、省政府、省政协领导人,省军区、省法院、省检察院和部队主要负责人到南昌九龙湖市民休闲公园参加义务植树活动,为全省干部群众作出示范和表率,带动全省各地义务植树活动开展。各设区市和县(市、区)党政领导分别参加驻地新春义务植树活动。

森林管理。各地推深做实林长制,压实各级林长林业资源保护责任,强化林业资源源头管理。完善林长制工作,组织开展"护绿提质2021行动"和"抓示范、促提升"活动,强化森林资源保护,提升森林质量,以点带面推动全省林长制工作全面提升。全面完成林草生态综合监测样地监测工作,联合省自然资源厅印发《关于开展林草湿数据与第三次全国国土调查数据对接融合工作的通知》，制定《江西省林草生态综合监测图斑监测成果数据审核汇交管理规定》《关于组建江西省省级林草生态综合监测成果数据审核工作专班的通知》，通过省市县三级联审，将成果数据上报国家林草局华东院。签订天然商品林停伐管护协议面积214.35万公顷，全面完成国家下达江西省天然商品林停伐管护任务。印发《2021年江西省森林督查暨森林资源管理"一张图"更新工作方案》《2021年江西省森林督查暨森林资源管理"一张图"数据更新操作细则》，全年全面完成森林督查暨森林资源管理"一张图"更新工作。做好林权流转管理服务，江西省公共资源交易网共完成林权交易项目307项，成交金额4.52亿元。

湿地管理。争取中央财政湿地补助资金1.1亿元，创历史新高。制定出台《江西省湿地生态效益补偿项目管理办法》，受偿耕地面积5963.79公顷，涉及农户9441户，在湖区部分乡镇实施改水改厕、道路维修、设施修缮等环境整治项目62个，完成社区生态修复面积82.44公顷。建成38个视频监控点和9个湿地生态环境监测站，接入60多个各级有关管理部门视频监控，实现对鄱阳湖重要生态区域覆盖和全天候监测。制定《湿地修复与建设技术规程》地方标准，填补江西省湿地修复领域地方标准空白。组织编制完成《江西省湿地保护修复"十四五"规划》。新建小微湿地保护和利用示范点36处。开展湿地保护专项行动，对摸排发现问题进行重点督办，督促修复湿地38公顷，全年新增湿地面积274.53公顷，修复退化湿地面积2580.73公顷。全省符合《湿地公约》口径湿地面积127.6万公顷，占全省国土面积7.64%，草地面积8.87万公顷。全省湿地公园109个，总面积15.1万公顷，占全省国土面积0.9%；湿地面积11.9万公顷，占全省国土面积0.7%。推进草地管理工作，在萍乡等4个市、县开展草地改良工作，完成国家下达666.67公顷草地改良任务。

物种保护。11月19日，江西省十三届人大常委会第三十四次会议表决通过《江西省候鸟保护条例》，自2022年1月1日起施行。联合省委政法委等17个部门建立野生动植物资源保护联席会议制度，形成保护野生动植物工作合力。在修水县、崇义县、资溪县启动防控野猪危害综合试点，全省建立护农猎捕队34支，完成野猪猎捕639头。联合省内相关高校、科研院所、管理单位和部分专家学者，整理形成江西省国家重点保护野生动物和野生植物名录，涉及陆生野生动物188种（其中国家1级重点保护42种、国家2级重点保护146种），涉及林业部门管理野生植物80种（其中国家1级重点保护6种、国家2级重点保护74种）。组织开展2020—2021年度环鄱阳湖区水鸟同步调查，共记录到水鸟63.26万只。完成省内部分县市穿山甲资源调查工作，拍摄野生穿山甲10次，调查记录穿山甲洞穴200余个，救护并放生野生穿山甲2只。开展全省兰科野生植物资源专项调查工作，完成野生兰科植物91个物种外业调查。开展全省自然保护地外珍稀濒危野生植物保护小区（点）调查摸底工作，共向国家林草局上报全省66处保护小区（点）。开展霍山石斛回归相关工作，对在婺源森林鸟类国家级自然保护区（大鄣山片区）完成野外回归8000丛霍山石斛开展实时监测，加强霍山石斛野外回归基地管护。开展外来入侵物种防控工作，成立林业外来入侵物种防控工作领导小组和专家组，制定江西省林业外来入侵物种普查技术方案、物种清单等技术文件。开展第8个"世界野生动植物日""2021年国际生物多样性日"、第40届"爱鸟周"、首届"婺源观鸟节""保护野生动物宣传月""走进森林"短视频大赛暨"寻找最美乡村森林公园"摄影大赛等宣传活动。全年办理野生动植物行政审批838件，其中野生植物行政审批755起，野生动物行政审批83件。

（省生态环境厅　省林业局）

生态环境建设

【概　况】 2021年，全省完成营造林面积27.11万公顷，占国家下达江西省15.73万公顷任务172.3%。其中，完成人工造林（更新）6.94万公顷，封山育林8.12万公顷，退化林修复（低产低效林改造）12.05万公顷。完成重点区域森林"四化"建设1.62万公顷，栽植彩化和珍贵用材树种787万株。完成森林抚育38.91万公顷。推进国家生态保护修复专项、国土绿化试点示范、中央造林补助以及省级低产低效林改造等造林绿化工程项目，共投入项目建设资金13.5亿元。完成国家部署造林绿化落地上图工作。完成第2批454个"省级森林乡村"建设。完成《江西省国家储备林建设（2021—2035年）规划》和《2011—2020年木材战略生产基地建设总结》编制工作。利用中央基建投资及政策性银行贷款，完成国家储备林建设任务1.55万公顷，完成投资资金8.05亿元。全年参加义务植树2388.8万人次，义务植树1.29亿株。

【森林质量提升】 发布《多功能近自然森林经营技术指南》地方标准，为提升森林质量提供技术支撑。在全省24个县（市、区）及单位打造100个省级森林经营样板基地；实施重点区域森林"四化"建设1.62万公顷，占年度计划121.5%，栽植珍贵、彩叶树种786.6万株，"生态优良、林相优化、景观优美"成效逐步显现。省级低产低效林改造补助1.4亿元，国家珍稀树种示范基地项目资金1000万元，确保全省森林质量提升有基本资金保障。遴选24个县（市、区）和单位开展省级森林经营样板基地建设，完成100个示范样板林建设。在崇义县、全南县、永丰县、泰和县、万安县等地启动建设国家珍稀树种示范基地建设。

【森林城乡创建】 全省实现设区市创建国家森林城市全覆盖，全面推动县级城市创建国家森林城市，18个县（市、区）创建申请获得国家林业和草原局批复同意，新增推荐泰和县、石城县、修水县、于都县4个县创建国家森林城市；76个县（市、区）被命名为"江西省森林城市"，占应创建城市96.2%，位居全国前列；454个行政村创建"江西省森林乡村"，国家和省级森林乡村1559个；创建乡村森林公园120处，组织编印《江西森林乡村》宣传画册，通过绿韵乡村、古韵乡村、富韵乡村、文韵乡村等篇章以及40多个森林乡村实景画面,展示森林乡村建设成效,推动森林乡村建设深入开展。

【重点区域森林“四化”建设】 开展重点区域森林“四化”建设,对高速、高铁、长江岸线江西段等两侧山体、国家重要风景名胜区、重点乡村等重点区域,通过新造、补植乌桕、枫香、无患子等各类珍贵彩叶树种,实施“彩化江西”。完成重点区域森林“四化”建设面积1.62万公顷,占年度计划任务121.5%;共栽植重点区域森林“四化”建设树种786.6万株,其中彩化树种39.84万公顷,珍贵用材树种189万株;新增各类重点区域森林“四化”建设示范基地27个,面积达297.8公顷。

【印发《江西省林业发展“十四五”规划》】 7月5日,省林业局、省发展改革委联合印发《江西省林业发展“十四五”规划》。该规划分为9个章节,6个专栏、34项重点工程项目,全面总结“十三五”林业取得成就,分析“十四五”面临形势和挑战。主要目标到2025年,生态系统质量保持全国前列、森林资源总量质量稳步提升、自然生态保护体系更加健全、优质生态产品供给能力增强、创新支撑保障能力显著提高。全省森林覆盖率稳定63.1%,活立木蓄积量达到8.0亿立方米,乔木林单位面积蓄积量达到6立方米/亩,湿地保护率不低于62%,林业产业总产值达到8000亿元,林业科技进步贡献率达到65%,主要林木良种使用率达到85%。森林火灾受害率控制在0.9‰,林业有害生物成灾率控制在20‰以下,森林植被碳储量达到4亿吨。

【“湿地银行”建设】 8月4日,省林业局、省发展改革委、省自然资源厅联合印发《江西省“湿地银行”建设试点实施方案》,聚焦完善湿地总量管控机制、建立“湿地银行”运行保障机制、建立湿地占补平衡指标形成机制、健全湿地生态产品价值实现机制等4个方面,在万年县、进贤县、都昌县、资溪县、南丰县、上栗县、崇义县7个县开展“湿地银行”建设试点。“湿地银行”建设秉持向改革要效益思路,推进4项机制改革任务,打通湿地占补平衡指标流通各环节,释放湿地生态系统综合效益,促进湿地生态产品价值实现,调动社会主体参与湿地保护修复,推动湿地生态治理市场化和湿地修复投融资规范化,构建政府引导、市场运作现代化湿地生态治理体系,保障全省湿地总量不减少、质量不降低。8月启动试点工作以来,全省“湿地银行”促成湿地占补平衡指标交易额3000万元,利用社会资金完成湿地修复20公顷,成为全国湿地生态治理和湿地生态产品价值实现新典范。

【自然保护地建设】 9月30日,根据《国务院关于同意设立武夷山国家公园的批复》,做好武夷山国家公园(江西片区)建设。推进创建井冈山国家公园,吉安市委、市政府印发《关于推进建立井冈山国家公园工作领导小组的通知》,国家林业和草原局办公室下发《关于设立井冈山国家公园的复函》,要求江西省研究制定井冈山国家公园相关工作方案报送国家林草局,支持江西省启动井冈山区域科学考察及符合性认定、社会影响评估等工作。制定出台《省林业局关于进一步加强风景名胜区保护管理工作的通知》。武功山国家级风景名胜区总体规划通过部际联席审查会。通天岩总规获省政府批复,启动梅岭—滕王阁、麻姑山风景名胜区总规修编工作,完成百丈山—萝卜潭风景名胜区总规评估工作。龙虎山、龟峰、仙女湖、庐山西海4个国家级风景名胜区5个片区详规完成省级审查,4个片区详规完成国家林草局第1轮函审。向国家林草局报送江西武功山世界地质公园申报材料(中英文版)和庐山、龙虎山、三清山世界地质公园再评估报告。

(周亮)

生态环境保护

【概　况】 2021年,全省林地面积1021.02万公顷,占全省国土面积64.69%。全省湿地面积91.01万公顷,占全省国土面积5.45%;创建省级以上湿地公园109处(国家级40处、省级69处),认定省级以上重要湿地46处(国际重要湿地2处、国家重要湿地2处、省级重要湿地42处),设立湿地保护小区656个,受保护湿地面积56.41万公顷,湿地保护率61.99%。全省设立森林公园182处(国家级50处、省级120处、市县级12处),批复总面积52.91万公顷,占全省国土面积3.17%。全省建成自然保护地547处。其中,国家公园1处(武夷山国家公园江西片区),自然保护区190处(国家级15处、省级39处、市县级136处),风景名胜区45处(国家级18处、省级27处),地质公园15处(国家级5处、省级10处),世界遗产5处(世界自然遗产3处、世界文化遗产1处、世界文化与自然双遗产1处)。总面积186.9万平方公顷,占

9月30日,国务院同意设立武夷山国家公园(江西片区)

周亮供

全省国土面积 11.2%；其中，国家公园 2.79 万公顷，自然保护区 108.38 万公顷，风景名胜区 44.72 万公顷，地质公园 31.01 万公顷，分别占全省国土面积 0.17%、6.49%、2.68%、1.86%。

【林业有害生物防控】 省政府向各设区市政府下达《2021—2022 年度松材线虫病防控目标责任书》，制定《江西省松材线虫病疫情防控五年攻坚行动计划》《关于加强对松科植物及其制品检疫监管工作的通知》，完成“三年攻坚战”第 2 年除治任务。开展监测预报体系建设，完成江西省林业有害生物国家级中心测报点防治能力提升项目，开展松褐天牛、马尾松毛虫越冬代、银杏大蚕蛾等主要病虫害监测调查，启动全省草原有害生物普查。印发《关于加强林业有害生物社会化防治管理的通知》，做好防治减灾体系建设，将松材线虫病除治工作纳入各级林长巡林重要内容，国家林草局批准江西省在赣州市南康区开展松材线虫病疫区进口松木板材利用试点工作。开展全省首届“最美森林医生”评选活动，评选出 12 名“最美森林医生”。全省主要林业有害生物发生面积 59.35 万公顷，上升 2.05%。其中，病害 31.05 万公顷，下降 15.47%；虫害 28.3 万公顷，上升 32.09%。全年防治面积 49.93 万公顷，无公害防治面积 49.56 万公顷，无公害防治率 99.26%。

【林业专项整治】 出台《江西省林业行政执法与刑事司法衔接工作实施办法》，率先在全国林业系统制定《江西省林业涉刑案件移送案卷》。开展打击野生动物非法贸易专项行动，出动执法车辆 3300 余车次，执法人员 2.5 万余人次；监督检查各类场所 1.55 万处，其中野生动物栖息地 4700 余处，人工繁育场所 600 余处，经营利用场所 9200 余处，交通运输站点 100 处，口岸 10 余处；查办野生动物案件 100 余起，其中行政案件 20 余起，刑事案件 100 余起；打掉犯罪团伙 2 个，打击处理违法犯罪人员 100 余人；收缴野生动物 700 只，没收违法所得 10 万元，处罚款和罚金 30 万元。

【林长制完善提升】 11 月 17 日，江西省委书记、省级总林长易炼红签发 2021 年第 1 号总林长令——《关于切实加强森林资源保护工作的令》。省委办公厅、省政府办公厅印发《关于进一步完善林长制的实施方案》，推动江西省林长制再完善、再提升。抚州市出台《关于打造林长制升级版的指导意见》，发挥林长制在统筹山水林田湖草沙系统治理和乡村振兴重要作用。九江市出台《林长制责任追究办法》《县乡村林长制工作办法》，压实森林资源保护发展责任。赣州市出台《县乡村林长制工作办法》，对全市部分乡镇实行重点管理，在有效落实乡村 2 级林长和专职护林员责任进行探索。吉安市编制《吉安市林长制工作规范(试行)》，进行林长制标准化工作探索。鹰潭市建立“林长+检察长”联动工作机制，发挥检察机关在林长制工作中司法介入和助推作用。上饶市铅山县聘请县人大代表为监督员，对全县林长制工作落实情况进行监督，发挥社会各界力量推动林长制。全省各级签发总林长令 245 次，各级林长开展巡林 5975 人次，市县 2 级林长协调解决森林资源保护发展问题 3297 个，各级林长履职尽责意识增强。全省基层监管员由 2020 年 6725 人整合为 2021 年 5696 人，专职护林员由 2020 年 3.18 万人整合为 2021 年 2.56 万人，专职护林员人均年工资 1.93 万元，比上年提高 33%。

（周亮）

【生态文明示范创建】 2021 年，江西实施“点线面”工作法，优化生态示范创建模式，对获评国家级生态创建荣誉地区进行以奖代补，创建国家级“绿水青山就是金山银山”实践创新基地 6 个、列全国第 3 位，“国家生态文明建设示范市县”20 个、列全国第 5 位。储备省级“绿水青山就是金山银山”实践创新基地 25 个，省级生态县(市、区)34 个，省级生态乡镇 872 个，省级生态村 937 个。

【自然生态监管】 2021 年，江西统筹山水林田湖草沙系统治理，坚持削减破坏存量、做优环境增量、拓展生态容量并举，巩固提升江西生态优势。印发《江西省自然保护地生态环境监管暂行办法》，推进“绿盾 2021”自然保护地强化监督，全面开展联合实地核查，严肃查处破坏生态环境行为，推进自然保护地内问题整改，“绿盾”专项行动发现 716 个问题，整改完成 714 个，强化监督发现 164 个问题，整改完成 160 个。

【生物多样性保护】 2021 年，落实长江、赣江“十年禁渔”政策，完成《赣江流域水生态环境保护条例》立法调研，举办世界野生动植物宣传日、爱鸟周、生物多样性考察调研等 10 项活动，优良水质和良好生态推动全省生物多样性大幅提升，每年在鄱阳湖栖息水鸟达 60 余万只，长江江豚频繁进入赣江南昌段，全省保护生物多样性主题宣传片《万物江西》，在全球《生物多样性公约》缔约方大会第 15 次会议期间展播。

【生态环境问题整治】 协同开展矿山生态环境问题大排查大整治专项行动。成立工作组，指导督促各地推进矿产资源开发领域生态环境问题整治，强化矿山生态环境保护与生态修复。全年排查出生态环境问题 2260 个，完成整改 2244 个，完成率 99.3%。协同巩固 WJBS 专项整治行动，强化全省县级及以上饮用水水源保护区相关长效监管措施，推动专项行动取得实效。协同推进自然生态系统保护与修复，配合相关部门督促仙女湖、武功山风景名胜区等地推进生态环境破坏问题整治，坚决制止和惩处破坏生态环境行为。

（贺剑霞）

·资料·

江西省国家级和省级湿地公园

单位:公顷

序号	名称	所在地	通过验收时间	总面积	湿地面积	管理机构
一 国家湿地公园						
1	东鄱阳湖国家湿地公园	鄱阳县	2011年9月23日	37444.30	36275.40	东鄱阳湖国家湿地公园管委会
2	孔目江国家湿地公园	新余市	2013年10月8日	1125.31	720.09	孔目江国家湿地公园管理处
3	修河国家湿地公园	永修县	2014年12月31日	4556.81	3759.22	江西修河国家湿地公园管理局
4	东江源国家湿地公园	安远县	2015年12月31日	2675.70	547.00	东江源国家湿地公园管理局
5	丰城药湖国家湿地公园	丰城市	2015年12月31日	2574.21	2199.24	江西药湖国家湿地公园管理局
6	南丰傩湖国家湿地公园	南丰县	2015年12月31日	1727.00	372.50	江西南丰傩湖国家湿地公园管理局
7	武宁庐山西海国家湿地公园	武宁县	2016年8月16日	4016.30	3821.00	武宁县庐山西海国家湿地公园管理局
8	修水修河源国家湿地公园	修水县	2015年12月31日	4342.40	3577.20	江西修河源国家湿地公园管理局
9	赣县大湖江国家湿地公园	赣县区	2016年8月16日	6655.00	5353.70	江西大湖江湿地公园管理局
10	会昌湘江国家湿地公园	会昌县	2016年8月16日	1264.70	1038.80	江西会昌湘江国家湿地公园管理局
11	婺源饶河源国家湿地公园	婺源县	2016年8月16日	346.60	320.60	江西婺源国家湿地公园管理办公室
12	兴国激江国家湿地公园	兴国县	2017年12月22日	3577.00	2362.45	江西激江国家湿地公园管理局
13	赣州章江国家湿地公园	赣州市	2017年12月22日	1054.80	788.20	赣州市章江国家湿地公园管理处
14	万年珠溪国家湿地公园	万年县	2018年12月29日	1060.10	544.20	万年珠溪国家湿地公园保护中心
15	南城洪门湖国家湿地公园	南城县	2018年12月29日	7984.79	4208.81	南城洪门湖国家湿地公园管理局
16	景德镇玉田湖国家湿地公园	景德镇市	2018年12月29日	387.50	199.50	景德镇市玉田水库管理处
17	宁都梅江国家湿地公园	宁都县	2018年12月29日	6345.80	4471.20	宁都梅江国家湿地公园管理站
18	上犹南湖国家湿地公园	上犹县	2019年12月25日	752.77	733.51	上犹县林业局
19	三清山信江源国家湿地公园	玉山县	2019年12月25日	1053.04	672.73	玉山县林业局
20	遂川五斗江国家湿地公园	遂川县	2019年12月25日	897.30	447.80	遂川县林业局
21	鹰潭信江国家湿地公园	鹰潭市	2019年12月25日	1699.40	1483.67	鹰潭市林业局
22	南丰潭湖国家湿地公园	南丰县	2020年3月18日	1270.25	402.05	潭湖水库管理局
23	横峰岑港河国家湿地公园	横峰县	2020年12月25日	329.60	266.08	横峰县林业局
24	寻乌东江源国家湿地公园	寻乌县	2020年12月25日	1546.80	947.20	寻乌县林业局
25	芦溪山口岩国家湿地公园	芦溪县	2021年12月29日	1043.47	419.01	芦溪县林业局
二 国家湿地公园试点						
1	庐陵赣江国家湿地公园	吉安市	2014年12月31日	777.10	657.34	吉安市林业局
2	高安锦江国家湿地公园	高安市	2015年12月31日	2600.00	2255.00	高安市林业局
3	石城赣江源国家湿地公园	石城县	2015年12月31日	1254.60	982.10	石城县林业局
4	资溪九龙湖国家湿地公园	资溪县	2015年12月31日	367.14	127.64	资溪县林业局
5	崇义阳明湖国家湿地公园	崇义县	2016年12月30日	2122.96	2056.94	崇义县林业局
6	大余章水国家湿地公园	大余县	2016年12月30日	1468.40	636.70	大余县林业局
7	莲花莲江国家湿地公园	莲花县	2016年12月30日	755.07	622.34	莲花县林业局
8	全南桃江国家湿地公园	全南县	2016年12月30日	898.90	595.18	全南县林业局
9	万安湖国家湿地公园	万安县	2016年12月30日	4075.88	2052.98	万安县林业局
10	抚州凤岗河国家湿地公园	抚州市	2017年12月27日	734.17	596.49	抚州市园林局
11	峡江玉峡湖国家湿地公园	峡江县	2017年12月27日	1821.00	1174.60	峡江县林业局
12	广昌抚河源国家湿地公园	广昌县	2017年12月27日	579.30	232.96	广昌县林业局
13	抚州廖坊国家湿地公园	抚州市	2017年12月27日	2831.22	2158.50	廖坊水库管理局
14	瑞金绵江国家湿地公园	瑞金市	2017年12月27日	1802.89	927.67	瑞金市林业局

（续表）

序号	名称	所在地	通过验收时间	总面积	湿地面积	管理机构
15	吉水吉湖国家湿地公园	吉水县	2017 年 12 月 27 日	1293.00	1135.48	吉水县林业局
三 省级湿地公园						
1	上饶槠溪省级湿地公园	上饶县	2016 年 2 月 14 日	450.84	396.84	江西上饶槠溪省级湿地公园管理办公室
2	遂川遂川江省级湿地公园	遂川县	2016 年 2 月 14 日	665.93	519.73	江西遂川遂川江省级湿地公园管理站
3	浮梁三贤湖省级湿地公园	浮梁县	2017 年 11 月 8 日	41.36	23.19	浮梁县林业局
4	高安瑞州省级湿地公园	高安市	2017 年 11 月 8 日	56.00	55.00	高安市园林局
5	丰城玉龙河省级湿地公园	丰城市	2017 年 11 月 8 日	235.70	228.70	丰城市林业局
6	宜丰新昌湖省级湿地公园	宜丰县	2017 年 11 月 8 日	33.00	25.60	宜丰县林业局
7	德兴洎水河省级湿地公园	德兴市	2017 年 11 月 8 日	353.00	255.10	德兴市林业局
8	金溪白马湖省级湿地公园	金溪县	2017 年 11 月 8 日	629.56	375.85	金溪县林业局
9	进贤磨盘洲省级湿地公园	进贤县	2017 年 11 月 8 日	49.50	41.05	进贤县林业局
10	萍乡南岗口省级湿地公园	萍乡市	2017 年 11 月 8 日	102.00	63.90	萍乡湘东区林业局
11	南丰琴湖省级湿地公园	南丰县	2017 年 11 月 8 日	195.52	170.10	南丰县林业局
12	南城盱江省级湿地公园	南城县	2017 年 11 月 8 日	632.60	603.30	南城县林业局
13	黎川黎滩河省级湿地公园	黎川县	2017 年 11 月 8 日	150.75	116.64	黎川县林业局
14	彭泽长江省级湿地公园	彭泽县	2017 年 11 月 8 日	2929.11	2611.11	彭泽县林业局
15	南昌澄碧湖省级湿地公园	南昌县	2019 年 1 月 17 日	90.39	54.33	南昌县林业局
16	德安隆平省级湿地公园	德安县	2019 年 1 月 17 日	142.43	129.42	德安县林业局
17	庐山星湖湾省级湿地公园	庐山市	2019 年 1 月 17 日	2694.16	2497.37	庐山市林业局
18	乐平东湖省级湿地公园	乐平市	2019 年 1 月 17 日	36.50	27.65	乐平市林业局
19	萍乡玉湖省级湿地公园	萍乡市	2019 年 1 月 17 日	58.68	35.33	萍乡市林业局开发区分局
20	分宜万年湖省级湿地公园	分宜县	2019 年 1 月 17 日	207.12	190.78	分宜县万年湖省级湿地公园管理中心
21	贵溪大禾湖省级湿地公园	贵溪市	2019 年 1 月 17 日	86.09	62.80	三县岭营林林场管理
22	贵溪浮石省级湿地公园	贵溪市	2019 年 1 月 17 日	610.96	478.06	贵溪市林业局
23	南康蓉江河省级湿地公园	南康区	2019 年 1 月 17 日	153.10	93.10	南康区林业局
24	于都长征源省级湿地公园	于都县	2019 年 1 月 17 日	1150.66	858.84	于都县林业局
25	定南九曲河省级湿地公园	定南县	2019 年 1 月 17 日	130.57	115.69	定南县林业局
26	奉新潦河省级湿地公园	奉新县	2014 年 12 月 31 日	449.76	344.65	奉新县林业局
27	万载龙河省级湿地公园	万载县	2019 年 1 月 17 日	202.00	126.00	万载县林业局
28	铅山宋家源省级湿地公园	铅山县	2019 年 1 月 17 日	150.70	72.10	铅山县林业局
29	新干湄湘河省级湿地公园	新干县	2019 年 1 月 17 日	715.80	637.40	新干县林业局
30	安福泸水河省级湿地公园	安福县	2019 年 1 月 17 日	201.69	171.48	安福县林业局
31	崇仁乐丰省级湿地公园	崇仁县	2019 年 1 月 17 日	983.53	612.24	崇仁县林业局乐丰省级湿地公园管理中心
32	乐安龙潭省级湿地公园	乐安县	2019 年 1 月 17 日	135.55	119.24	乐安县林业局
33	宜黄百鹭洲省级湿地公园	宜黄县	2019 年 1 月 17 日	126.46	123.01	宜黄县林业局
34	南丰沧浪水省级湿地公园	南丰县	2019 年 1 月 17 日	57.82	56.75	南丰县园林局

（续表）

序号	名称	所在地	通过验收时间	总面积	湿地面积	管理机构
35	南丰九剧水省级湿地公园	南丰县	2019 年 1 月 17 日	159.30	148.46	南丰县农业现代示范园
36	余干琵琶湖省级湿地公园	余干县	2020 年 1 月 20 日	605.40	568.17	余干县林业局
37	龙南渥江省级湿地公园	龙南县	2020 年 1 月 20 日	71.26	32.84	龙南县林业局
38	龙南桃江窑头省级湿地公园	龙南县	2020 年 1 月 20 日	188.84	117.07	龙南县林业局
39	都昌北鄱阳湖省级湿地公园	都昌县	2020 年 1 月 20 日	3400.00	3099.00	都昌县林业局
40	鄱阳鸦鹊湖省级湿地公园	鄱阳县	2020 年 1 月 20 日	683.10	649.60	鄱阳县林业局
41	共青城珍珠湖省级湿地公园	共青城市	2020 年 1 月 20 日	122.10	79.00	共青城市农林局
42	景德镇昌南湖省级湿地公园	景德镇市	2020 年 1 月 20 日	187.76	136.10	景德镇市城昌南拓展区建设办公室
43	进贤青岚湖省级湿地公园	进贤县	2020 年 1 月 20 日	1343.00	1277.90	进贤县林业局
44	九江芳兰湖省级湿地公园	濂溪区	2020 年 1 月 20 日	249.40	218.60	九江市鄱阳湖生态科技城管委会
45	共青城南湖省级湿地公园	共青城市	2020 年 1 月 20 日	1702.80	1694.00	共青城市林业局
46	上栗枣木湖省级湿地公园	上栗县	2020 年 1 月 20 日	120.68	48.09	上栗县林业局
47	永丰恩江省级湿地公园	永丰县	2020 年 1 月 20 日	204.74	194.45	永丰县林业局
48	永新双江口省级湿地公园	永新县	2020 年 1 月 20 日	296.60	184.90	永新县林业局
49	东乡幸福省级湿地公园	东乡区	2020 年 1 月 20 日	423.82	306.26	抚州市东乡区林业局
50	南昌瑶湖省级湿地公园	高新区	2020 年 8 月 17 日	2055.47	1913.79	南昌市高新区管委会
51	安义北潦河省级湿地公园	安义县	2020 年 8 月 17 日	135.81	111.64	安义县林业局
52	泰和蜀水省级湿地公园	泰和县	2020 年 8 月 17 日	201.68	192.32	泰和县林业局
53	柴桑小城门湖省级湿地公园	柴桑区	2021 年 6 月 11 日	142.80	138.14	九江市柴桑区林业局
54	瑞昌安定湖省级湿地公园	瑞昌市	2021 年 6 月 11 日	192.65	167.91	瑞昌市林业局
55	永修鹤田省级湿地公园	永修县	2021 年 6 月 11 日	648.85	417.21	永修县林业局
56	信丰桃江省级湿地公园	信丰县	2021 年 6 月 11 日	463.71	349.80	信丰县林业局
57	樟树芗溪省级湿地公园	樟树市	2021 年 6 月 11 日	67.90	26.57	樟树市林业局
58	广丰丰溪省级湿地公园	广丰区	2021 年 6 月 11 日	103.68	103.09	上饶市广丰区林业局
四 省级湿地公园试点						
1	余江白塔河省级湿地公园	余江区	2010 年 9 月 28 日	621.00	516.30	鹰潭市余江区林业局
2	万安云洲省级湿地公园	万安县	2010 年 9 月 28 日	42.67	16.09	万安县林业局
3	奉新华林省级湿地公园	奉新县	2010 年 9 月 28 日	138.00	87.00	奉新县林业局
4	鹰潭白露河省级湿地公园	鹰潭市	2011 年 11 月 29 日	34.58	25.36	鹰潭市月湖区农林局
5	临川白鹭省级湿地公园	临川区	2013 年 12 月 31 日	103.28	62.10	抚州市临川区林业局
6	湖口洋港省级湿地公园	湖口县	2014 年 12 月 31 日	322.71	308.04	湖口县林业局
7	上高锦江省级湿地公园	上高县	2014 年 12 月 31 日	500.85	307.52	上高县林业局
8	吉安君山湖省级湿地公园	吉安县	2014 年 12 月 31 日	164.40	113.10	吉安县林业局
9	宁都黄陂河省级湿地公园	宁都县	2015 年 12 月 30 日	390.71	380.59	宁都县林业局
10	铜鼓定江省级湿地公园	铜鼓县	2015 年 12 月 30 日	136.11	130.20	铜鼓县林业局
11	弋阳信江省级湿地公园	弋阳县	2017 年 12 月 25 日	1031.98	737.70	弋阳县林业局

江西省国家级和省级森林公园

单位：公顷

序号	名称	批建时间	批复面积	经营管理单位
一 国家级森林公园				
1	三爪仑国家示范森林公园	1993年3月	12396.23	靖安县旅游局
2	庐山山南国家森林公园	1993年5月	3346.67	庐山市东牯山林场
3	梅岭国家森林公园	1993年5月	11173.10	梅岭国家森林公园管理办公室(湾里区林业局)
4	三百山国家森林公园	1993年5月	3330.00	安远县林业局
5	马祖山国家森林公园	1993年5月	666.67	九江市濂溪区林业局
6	鄱阳湖口国家森林公园	1993年5月	1280.00	湖口县三里林场
7	灵岩洞国家森林公园	1993年5月	3000.00	婺源县灵岩洞国家森林公园管理局
8	明月山国家森林公园	1994年12月	7842.00	宜春市明月山温泉风景名胜区管理局
9	翠微峰国家森林公园	1999年1月	7866.67	宁都县翠微峰管理委员会
10	天柱峰国家森林公园	2000年2月	20757.00	铜鼓县国有城郊林场
11	泰和国家森林公园	2000年12月	3000.00	泰和白鹭湖国家森林公园管理处
12	鹅湖山国家森林公园	2000年12月	7950.00	铅山县鹅湖山国家森林公园管理局
13	龟峰国家森林公园	2000年12月	7400.00	上饶市龟峰国家森林公园管理委员会(龟峰风景名胜区管理委员会)
14	上清国家森林公园	2000年12月	9684.89	鹰潭市龙虎山风景名胜区上清林场
15	梅关国家森林公园	2001年11月	5629.02	大余县林业局
16	永丰国家森林公园	2001年11月	7600.00	永丰国家森林公园管理局
17	阁皂山国家森林公园	2001年11月	6946.37	樟树市林业局
18	三叠泉国家森林公园	2001年11月	1650.97	庐山市海会镇三叠泉风景区管理处
19	武功山国家森林公园	2002年12月	25571.07	安福县武功山国家森林公园管理局
20	铜钹山国家森林公园	2002年12月	19500.00	上饶市铜钹山国家森林公园管理委员会
21	阳明山国家森林公园	2003年12月	6889.80	阳岭国家森林公园管理处
22	天花井国家森林公园	2003年12月	685.00	九江市林科所
23	五指峰国家森林公园	2003年12月	24533.00	上犹县五指峰林场
24	柘林湖国家森林公园	2004年12月	16450.00	永修县林业局
25	赣州阳明湖国家森林公园	2004年12月	22666.67	赣州阳明湖景区管理委员会(犹江林场)
26	万安国家森林公园	2004年12月	17160.44	万安国家森林公园管理办公室(万安湖国家湿地公园管理局)
27	三湾国家森林公园	2004年12月	15513.30	永新县三湾采育林场
28	安源国家森林公园	2004年12月	9642.23	江西省安源国家森林公园管理委员会
29	九连山国家森林公园	2005年12月	20063.00	龙南县九连山林场
30	岩泉国家森林公园	2005年12月	4885.39	黎川县岩泉生态林场
31	云碧峰国家森林公园	2005年12月	872.50	云碧峰国家森林公园管理委员会
32	景德镇国家森林公园	2005年12月	5479.70	景德镇市枫树山林场
33	瑶里国家森林公园	2005年12月	4471.00	江西省瑶里国家森林公园管理局

（续表）

序号	名称	批建时间	批复面积	经营管理单位
34	清凉山国家森林公园	2006 年 12 月	3397.82	资溪县株溪采育林场
35	峰山国家级森林公园	2006 年 12 月	20635.20	赣州市峰山森林公园管理处
36	九岭山国家级森林公园	2006 年 12 月	1266.16	武宁县林业局
37	岑山国家级森林公园	2008 年 1 月	955.00	横峰县林业局
38	五府山国家级森林公园	2008 年 1 月	1715.00	上饶县五府山林场
39	军峰山国家级森林公园	2008 年 1 月	1217.15	南丰县林业局
40	碧湖潭国家森林公园	2008 年 12 月	6838.70	萍乡市湘东区林业局
41	怀玉山国家森林公园	2008 年 12 月	3354.00	玉山县林业局
42	仰天岗国家森林公园	2009 年 8 月	2178.93	新余市仙女湖区仰天岗国家森林公园管理处
43	圣水堂国家森林公园	2009 年 12 月	4060.10	国营安义县峤岭林场
44	鄱阳莲花山国家森林公园	2012 年 1 月	6510.00	鄱阳县莲花山林场
45	彭泽国家森林公园	2013 年 1 月	2505.00	江西彭泽森林公园管理处(彭泽县林业局)
46	金盆山国家森林公园	2014 年 1 月	5981.85	信丰县金盆山林场
47	贵溪国家森林公园	2017 年 1 月	2982.71	贵溪森林公园管理委员会
48	罗霄山大峡谷国家森林公园	2017 年 12 月	2936.05	遂川县森林公园管理处
49	会昌山国家森林公园	2017 年 12 月	3423.87	会昌县会昌山森林公园管理局
50	洪岩国家森林公园	2019 年 1 月	3242.61	乐平市历居山林场
二	省级森林公园			
1	龙泉山省级森林公园	1990 年 12 月	353.33	安远县林业局
2	青山省级森林公园	1993 年 2 月	3400.00	瑞昌市青山林场
3	上高县省级森林公园	1993 年 2 月	160.00	上高县森林公园管理处
4	宜丰县省级森林公园	1993 年 2 月	2805.10	宜丰县林业局
5	狮山省级森林公园	1993 年 2 月	193.33	奉新县林业局
6	青原山省级森林公园	1993 年 2 月	450.00	吉安市林科所
7	玉笥山省级森林公园	1993 年 2 月	900.00	峡江县玉笥山林场
8	贵溪省级森林公园	1993 年 2 月	120.00	贵溪市林业局
9	水鸡岽省级森林公园	1993 年 2 月	7666.67	赣州市赣县区林业局
10	武当山省级森林公园	1993 年 2 月	533.20	龙南县小武当山风景区管理处
11	罗汉岩省级森林公园	1993 年 2 月	500.00	瑞金市林业局
12	西华山省级森林公园	1993 年 2 月	175.33	石城县林业局
13	三清省级森林公园	1993 年 5 月	666.67	德兴市林业局
14	象山省级森林公园	1993 年 5 月	1674.00	南昌市新建区象山集体林场
15	广昌县省级森林公园	1993 年 5 月	2852.00	广昌县盱江林场
16	百丈峰省级森林公园	1993 年 5 月	2133.33	新余市渝水区百丈峰林场
17	均福山省级森林公园	1993 年 6 月	1488.00	兴国县均福山采育林场
18	浮梁省级森林公园	1993 年 6 月	53.33	浮梁县银鸽林场

（续表）

序号	名称	批建时间	批复面积	经营管理单位
19	梦山省级森林公园	1993 年 1 月	2666.67	南昌市新建区红岭林场
20	南山省级森林公园	1994 年 1 月	536.67	赣州市南康区林业局
21	麻姑山省级森林公园	1994 年 9 月	4969.32	南城县洪门岭生态公益林场
22	玉壶山省级森林公园	1994 年 9 月	393.33	莲花县林业局
23	吉安县省级森林公园	1994 年 9 月	100.00	吉安县林业局
24	龙宫洞省级森林公园	1995 年 4 月	669.27	彭泽县龙宫洞旅游发展有限公司
25	罗田岩省级森林公园	1996 年 2 月	400.00	于都县罗田岩森林公园管理处
26	黄畲山省级森林公园	1996 年 1 月	600.00	寻乌县林业局
27	马岗岭省级森林公园	1997 年 8 月	26.67	国有余江区马岗岭林场
28	大东山省级森林公园	1997 年 11 月	4000.00	吉水县芦溪岭林场
29	玉华山省级森林公园	2000 年 11 月	666.70	泰和县澄江镇人民政府
30	遂川省级森林公园	2000 年 6 月	970.00	遂川县林业局
31	莲花洞省级森林公园	2001 年 2 月	1610.00	庐山莲花洞森林公园有限公司
32	郭璞峰省级森林公园	2001 年 4 月	733.00	景德镇市昌江区林业局
33	义门陈省级森林公园	2005 年 12 月	1050.00	德安县林业局
34	远泉省级森林公园	2005 年 12 月	428.94	江西远泉实业集团有限公司
35	三尖源省级森林公园	2006 年 9 月	12000.00	都昌县林业局
36	九龙庙省级森林公园	2006 年 9 月	4950.00	万载县九龙垦殖场
37	东江源桠髻钵山省级森林公园	2006 年 9 月	2980.00	寻乌县富寨林场
38	六石岩省级森林公园	2006 年 9 月	993.74	上饶市广丰区嵩峰乡人民政府
39	白云山省级森林公园	2006 年 9 月	2187.60	吉安市青原区白云山林场
40	太宝峰省级森林公园	2006 年 11 月	2038.00	新余市仙女湖风景名胜区东坑林场
41	香炉峰省级森林公园	2006 年 11 月	661.30	进贤县前岭林场
42	屏山省级森林公园	2006 年 11 月	4528.60	于都县林业局
43	兴农沙漠生态省级森林公园	2006 年 12 月	232.00	南昌县林业局
44	白鸡峰省级森林公园	2006 年 12 月	666.60	鹰潭市余江县高公寨林场
45	大南省级森林公园	2007 年 6 月	637.07	上饶市广丰区大南镇人民政府
46	通天寨省级森林公园	2007 年 6 月	2112.00	石城县林业局
47	大砻下省级森林公园	2007 年 6 月	675.00	分宜县大砻下林场
48	仙人寨省级森林公园	2007 年 8 月	1041.22	铅山县林业局
49	三尖峰省级森林公园	2007 年 8 月	630.80	萍乡市南坑林场(芦溪县)
50	寒山省级森林公园	2007 年 12 月	1168.00	莲花县林业局
51	理田源省级森林公园	2007 年 12 月	166.70	婺源县思口镇人民政府
52	翠云峰省级森林公园	2008 年 6 月	173.10	金溪县翠云峰森林公园管理委员会
53	小金山省级森林公园	2008 年 8 月	438.80	萍乡市安源区高坑镇人民政府
54	马形山省级森林公园	2008 年 8 月	800.00	宜丰县潭山镇店上村民委员会

（续表）

序号	名称	批建时间	批复面积	经营管理单位
55	睦州山省级森林公园	2008 年 10 月	1542.00	上饶市信州区林业局
56	芦泉湖省级森林公园	2008 年 11 月	946.00	高安市新街镇景贤村民委员会
57	仙隐洞省级森林公园	2009 年 12 月	920.00	宜丰县芳溪镇人民政府
58	龙口源省级森林公园	2010 年 7 月	303.00	瑞昌市林业局
59	东湖南山省级森林公园	2010 年 7 月	322.50	都昌县林业局
60	双尖峰省级森林公园	2010 年 7 月	579.00	彭泽县林业局
61	台山省级森林公园	2010 年 7 月	223.00	湖口县林业局
62	万寿寺省级森林公园	2010 年 7 月	473.30	浮梁县万寿山垦殖场
63	四亩里省级森林公园	2010 年 7 月	75.00	浮梁县林业局
64	风龙省级森林公园	2010 年 7 月	531.23	萍乡市安源区青山镇人民政府
65	鸡冠山省级森林公园	2010 年 7 月	1120.80	上栗县鸡冠营林林场
66	李畋省级森林公园	2010 年 7 月	379.33	上栗县林业局
67	湖仙山省级森林公园	2010 年 7 月	182.00	莲花县林业局
68	园岭省级森林公园	2010 年 7 月	3027.13	兴国县园岭森林公园管理局
69	李腊石省级森林公园	2010 年 7 月	112.90	石城县林业局
70	梅子山省级森林公园	2010 年 7 月	180.51	全南县林业局
71	大山脑省级森林公园	2010 年 7 月	337.90	赣州市南康区林业局
72	天工开物省级森林公园	2010 年 7 月	67.00	奉新县林业局
73	龙津湖省级森林公园	2010 年 7 月	210.00	丰城市总部经济基地办公室
74	东方禅文化省级森林公园	2010 年 7 月	68.00	宜丰县林业局
75	龙泉湖省级森林公园	2010 年 7 月	219.00	万年县林业局
76	李梅岭省级森林公园	2010 年 7 月	657.00	余干县李梅岭生态林场
77	黄金山省级森林公园	2010 年 7 月	107.85	上饶市信州区林业局
78	骆驼山省级森林公园	2010 年 7 月	389.90	铅山县林业局
79	珍珠山省级森林公园	2010 年 7 月	316.67	婺源县珍珠山林场
80	兴安省级森林公园	2010 年 7 月	87.47	横峰县林业局
81	广丰三山省级森林公园	2010 年 7 月	116.00	上饶市广丰区林业局
82	清水湾省级森林公园	2010 年 7 月	154.67	上饶市广信区罗桥街道办事处
83	冰江省级森林公园	2010 年 7 月	71.53	玉山县林业局
84	聚远楼省级森林公园	2010 年 7 月	647.97	德兴市凤凰湖景区管理委员会
85	龙山省级森林公园	2010 年 7 月	247.30	新干县林业局
86	君华省级森林公园	2010 年 7 月	222.95	吉安市吉州区林业局
87	西龙山省级森林公园	2010 年 7 月	285.90	吉安县林业局
88	白凤省级森林公园	2010 年 7 月	168.33	泰和县林业局
89	龙江省级森林公园	2010 年 7 月	81.60	井冈山市林业局
90	汝水省级森林公园	2010 年 7 月	70.67	抚州市林业局

（续表）

序号	名称	批建时间	批复面积	经营管理单位
91	乐安省级森林公园	2010 年 7 月	67.87	乐安县林业局
92	卓望山省级森林公园	2010 年 7 月	732.40	宜黄县林业局
93	泰伯省级森林公园	2010 年 7 月	66.73	资溪县林业局
94	龙华山省级森林公园	2010 年 12 月	153.33	上饶市广丰区桐畈镇人民政府
95	仙峰岩省级森林公园	2010 年 12 月	415.12	萍乡市安源区城郊管理委员会
96	山谷省级森林公园	2012 年 5 月	139.10	修水县林业局
97	东江源仙人寨省级森林公园	2012 年 5 月	620.00	寻乌县林业局
98	螺峰尖省级森林公园	2012 年 5 月	71.10	宜丰县林业局
99	老鹰山省级森林公园	2013 年 6 月	593.76	宁都县林业局
100	虎峰山省级森林公园	2013 年 6 月	484.25	鄱阳县田畈镇政府
101	芦溪狮山省级森林公园	2013 年 12 月	121.19	芦溪县林业局
102	贵溪象山省级森林公园	2013 年 12 月	988.43	贵溪市雄石办事处
103	罗山省级森林公园	2013 年 12 月	608.42	丰城市洛市镇政府
104	鹤坪省级森林公园	2013 年 12 月	408.20	靖安县林业局
105	日峰山省级森林公园	2013 年 12 月	69.40	黎川县林业局
106	豫宁省级森林公园	2013 年 12 月	120.85	武宁县林业局
107	安基山省级森林公园	2013 年 12 月	580.54	龙南县林业局
108	九仙岭省级森林公园	2014 年 7 月	134.10	德安县林业局
109	湖东省级森林公园	2014 年 7 月	108.40	永修县林业局
110	金鸡寨省级森林公园	2014 年 7 月	87.63	龙南县林业局
111	龙泉省级森林公园	2014 年 7 月	150.32	江西农业大学
112	中华贤母园省级森林公园	2014 年 7 月	72.53	九江市柴桑区中华贤母园管理处
113	株山省级森林公园	2014 年 12 月	436.80	丰城市株山林场
114	九峰省级森林公园	2014 年 12 月	792.00	上高县九峰林场
115	蒙岗岭省级森林公园	2014 年 12 月	97.40	安福县林业局
116	银凤岭省级森林公园	2015 年 12 月	731.85	萍乡市玉女峰林场
117	十八湾省级森林公园	2015 年 12 月	1581.08	芦溪县新泉乡人民政府
118	林湾省级森林公园	2016 年 5 月	36.91	南昌市湾里区生态公益林场
119	金山岭省级森林公园	2016 年 12 月	433.33	抚州市临川区林业局
120	定南神仙岭省级森林公园	2018 年 8 月	868.03	定南县林业局（江西定南神仙岭省级森林公园管理办公室）

江西省国家级和省级地质公园

单位：公顷

序号	名称	批准时间	面积	位置	管理机构
一	国家级地质公园				
1	江西庐山国家地质公园	2001 年第一批	29156.00	九江市	庐山地质公园管理委员会
2	江西龙虎山国家地质公园	2001 年第一批	25009.00	鹰潭市	龙虎山世界地质公园管委会
3	江西三清山国家地质公园	2005 年第四批	22950.00	上饶市	江西省三清山风景名胜区管理委员会
4	江西武功山国家地质公园	2005 年第四批	37830.00	萍乡市、吉安市、宜春市	武功山国家地质公园管委会
5	江西石城国家地质公园	2014 年第七批	2039.00	赣州市石城县	石城国家地质公园管理处
二	省级地质公园				
1	江西省柘林湖地质公园	2005 年	140000.00	九江市	江西省柘林湖地质公园管理委员会
2	江西省象山地质公园	2005 年	3276.00	鹰潭市贵溪市	贵溪市自然资源局
3	江西省万年神龙源地质公园	2007 年	6032.00	上饶市万年县	神农源管委会
4	江西省铜鼓地质公园	2010 年	1153.00	宜春市铜鼓县	江西铜鼓旅游产业开发有限公司
5	江西省五指峰地质公园	2012 年	10060.00	赣州市上犹县	五指峰省级地质公园管理局
6	江西省洪岩洞地质公园	2013 年	278.00	景德镇市乐平市	乐平市洪岩风景名胜区管理局
7	江西省灵山地质公园	2016 年	10150.00	上饶市上饶县	灵山风景名胜区管委会地质公园管理科
8	江西省兴国丹霞地质公园	2017 年	6581.00	赣州市兴国县	兴国县林业局
9	江西省杨岐山地质公园	2018 年	1145.00	萍乡市上栗县	杨岐山风景名胜区管理委员会
10	江西省信丰香山地质公园	2018 年	3865.00	赣州市信丰县	信丰县林业局

江西省国家级和省级林业自然保护区

单位：公顷

序号	名称	类型	所在地	面积	批建时间	管理机构
一	国家级自然保护区					
1	江西鄱阳湖国家级自然保护区	湿地	新建区、永修县、庐山市	22400.00	1988 年	江西鄱阳湖国家级自然保护区管理局
2	江西井冈山国家级自然保护区	森林	井冈山市	21499.00	2000 年	江西井冈山国家级自然保护区管理局
3	江西桃红岭梅花鹿国家级自然保护区	动物	彭泽县	12500.00	2001 年	江西桃红岭梅花鹿国家级自然保护区管理局
4	江西九连山国家级自然保护区	森林	龙南县	13411.60	2003 年	江西九连山国家级自然保护区管理局
5	江西官山国家级自然保护区	动物	宜丰县、铜鼓县	11500.50	2007 年	江西官山国家级自然保护区管理局
6	江西马头山国家级自然保护区	植物	资溪县	13866.50	2008 年	江西马头山国家级自然保护区管理局

（续表）

序号	名称	类型	所在地	面积	批建时间	管理机构
7	江西鄱阳湖南矶湿地国家级自然保护区	湿地	新建区	33300.00	2008 年	江西鄱阳湖南矶湿地国家级自然保护区管理局
8	江西九岭山国家级自然保护区	森林	靖安县	11541.00	2011 年	江西九岭山国家级自然保护区管理局
9	江西齐云山国家级自然保护区	森林	崇义县	17105.00	2012 年	江西齐云山国家级自然保护区管理局
10	江西阳际峰国家级自然保护区	森林	贵溪市	10946.00	2012 年	江西阳际峰国家级自然保护区管理局
11	江西赣江源国家级自然保护区	森林	石城县、瑞金市	16100.90	2013 年	石城赣江源国家级自然保护区管理局 瑞金赣江源国家级自然保护区管理局
12	江西庐山国家级自然保护区	森林	庐山市	20120.00	2013 年	江西庐山国家级自然保护区管理局
13	江西铜钹山国家级自然保护区	森林	广丰区	10800.00	2014 年	江西铜钹山国家级自然保护区管理办公室
14	江西婺源森林鸟类国家级自然保护区	动物	婺源县	12922.70	2016 年	江西婺源森林鸟类自然保护区管理局
15	江西南风面国家级自然保护区	森林	遂川县	10588.00	2017 年	江西南风面自然保护区管理局
二	省级自然保护区					
1	江西阳岭省级自然保护区	森林	崇义县	1880.00	1997 年	崇义县阳岭自然保护区管理站
2	江西水浆省级自然保护区	森林	永丰县	2000.00	1997 年	水浆自然保护区管理站
3	江西云居山省级自然保护区	森林	永修县	2480.00	1997 年	云居山省级自然保护区管理处
4	江西瑶里省级自然保护区	森林	浮梁县	3658.00	2001 年	浮梁瑶里省级自然保护区管理局
5	江西岩泉省级自然保护区	植物	黎川县	2460.00	2001 年	岩泉省级自然保护区管理委员会
6	江西三十把省级自然保护区	森林	万载县	2100.00	2001 年	万载县林业局
7	江西华南虎省级自然保护区	动物	宜黄县	58300.00	2001 年	宜黄华南虎省级自然保护区管理办公室
8	江西老虎脑省级自然保护区	森林	乐安县	14502.60	2004 年	老虎脑省级自然保护区管理办公室
9	江西都昌候鸟省级自然保护区	湿地	都昌县	41100.00	2004 年	都昌候鸟省级自然保护区管理局
10	江西峤岭省级自然保护区	森林	安义县	4490.00	2004 年	安义县林业局
11	江西羊狮幕省级自然保护区	森林	芦溪县	7188.00	2004 年	江西武功山林业局
12	江西鄱阳湖江豚省级自然保护区	动物	进贤县、南昌县	6800.00	2004 年	江西鄱阳湖国家级自然保护区管理局

(续表)

序号	名称	类型	所在地	面积	批建时间	管理机构
13	江西抚河源省级自然保护区	森林	广昌县	8187.70	2010 年	广昌县抚河源省级自然保护区管理局
14	江西七溪岭省级自然保护区	森林	永新县	10500.00	2010 年	永新县七溪岭省级自然保护区管理站
15	江西黄字号黑鹿省级自然保护区	动物	浮梁县	17356.20	2010 年	浮梁黄字号黑鹿省级自然保护区管理局
16	江西高天岩省级自然保护区	森林	莲花县	4780.00	2010 年	莲花县高天岩省级自然保护区管理站
17	江西章江源省级自然保护区	森林	崇义县	7973.00	2010 年	章江源自然保护区管理站
18	江西桃江源省级自然保护区	森林	全南县	11560.00	2010 年	全南县林业局
19	江西五指峰省级自然保护区	森林	上犹县	6081.78	2010 年	上犹县五峰指省级自然保护区管理局
20	江西修河源五梅山省级自然保护区	森林	修水县	14485.00	2010 年	修河源五梅山自然保护区管理局
21	江西信江源省级自然保护区	森林	玉山县	4535.00	2011 年	玉山信江源省级自然保护区管理办公室
22	江西凌云山省级自然保护区	森林	宁都县	10673.00	2011 年	宁都县林业局
23	江西玉京山省级自然保护区	植物	宜春市	1199.00	2011 年	宜春明月山林业局
24	江西南方红豆杉省级自然保护区	植物	瑞昌市	2500.00	2011 年	瑞昌市南方红豆杉自然保护区管理局
25	江西伊山省级自然保护区	森林	武宁县	11340.00	2011 年	武宁县伊山自然保护区管理局
26	江西潦河大鲵省级自然保护区	动物	靖安县	3486.00	2011 年	江西潦河大鲵自然保护区管理所
27	江西中华秋沙鸭省级自然保护区	动物	宜黄县	1693.54	2014 年	宜黄县林业局
28	江西铁丝岭省级自然保护区	森林	安福县	2046.86	2014 年	安福县林业局
29	江西五府山省级自然保护区	森林	广信区	5104.17	2014 年	上饶市广信区林业局
30	江西大龙山省级自然保护区	森林	宁都县	5238.16	2014 年	宁都县林业局
31	江西铜鼓棘胸蛙省级自然保护区	动物	铜鼓县	2686.00	2014 年	铜鼓县林业局
32	江西鲤鲫鱼产卵省级自然保护区	动物	都昌县、鄱阳县、余干县	48000.00	2014 年	江西鄱阳湖国家级自然保护区管理局
33	江西银鱼产卵场省级自然保护区	动物	进贤县、南昌县	17103.00	2014 年	江西鄱阳湖国家级自然保护区管理局
34	江西芙蓉山省级自然保护区	森林	南城县	3820.45	2015 年	南城县芙蓉山省级自然保护区管理站
35	江西井冈山大鲵省级自然保护区	动物	井冈山	703.08	2015 年	井冈山市大鲵自然保护区管理办公室
36	江西程坊省级自然保护区	森林	修水县	10759.76	2017 年	修水县林业局

(续表)

序号	名称	类型	所在地	面积	批建时间	管理机构
37	江西金盆山省级自然保护区	森林	信丰县	3711.70	2017 年	信丰县林业局
38	江西湘江源省级自然保护区	森林	会昌县	10353.00	2017 年	会昌县湘江源省级自然保护区管理局
39	江西笔架峰省级自然保护区	森林	贵溪市	2165.50	2020 年	江西笔架峰自然保护区管理站

江西省世界遗产

单位:公顷

序号	名称	类型	批准成立时间	面积	所在地	管理机构
1	庐山	世界文化遗产	1996 年	30200.00	九江市	庐山世界遗产管理委员会
2	三清山	世界自然遗产	2006 年	22950.00	上饶市	江西省三清山风景名胜区管理委员会
3	龟峰	世界自然遗产	2010 年	2189.00	上饶市弋阳县	龟峰名胜区管委会
4	龙虎山	世界自然遗产	2012 年	79510.00	鹰潭市	龙虎山风景名胜区管理委员会世界遗产保护管理办公室
5	武夷山(江西铅山)	世界文化与自然双遗产	2017 年	7069.00	上饶市铅山县	铅山县林业局

(周亮)

水土保持

【概　况】 2021 年,全省水土保持工作坚持推进“放管服”改革,持续强化人为水土流失监管,遏制增量,生产建设项目水土保持监管实现区域全覆盖、项目全覆盖、建设过程全覆盖。全年累计完成水土流失治理面积 1387.68 平方千米,超额完成年度目标任务。崩岗治理“赣南模式”和废弃矿山修复“寻乌经验”得到中央环保督察组肯定。赣州市列入全国 5 个水土保持高质量发展先行区之一,靖安等 2 个县和 5 个工程成功创建全国水土保持示范县(工程)。全国水土保持工作局(处)长及国家生态文明示范区水保工作座谈会在南昌召开,江西省经验得到推广。江西省在全国水土保持规划实施情况 2016 年至 2020 年度考核中获优秀等次。

【水土规划与考核】 2021 年,统筹完善规划前期工作,编制印发《国家水土保持重点工程 2021—2023 年江西省实施方案》,完成《江西省水土保持“十四五”改革发展实施方案(征求意见稿)》编制,全省 11 个设区市完成市级水土保持规划编制,51 个县(市、区)编制县级水土保持规划。确定水土保持率目标,完成江西省 2020 年现状水土保持率和 2025 年、2030 年、2035 年、2050 年水土保持率目标值分析测算工作,得到水利部确认。强化目标责任考核,完成 2016 年至 2020 年水土保持规划实施情况的考核自评工作。推进市县两级政府水土保持目标责任考核,优化精简 2021 年考核指标,开发《江西省水土保持综合管理平台》上线运行,减轻地方年终自评工作量。

【水土综合治理】 2021 年,全省国家水土保持重点工程安排在九江市、上饶市、抚州市、宜春市、吉安市、赣州市、萍乡市、新余市 8 个设区市 32 个项目县(市、区)实施,分解下达投资计划 2.40 亿元,其中中央水利发展资金 1.85 亿元,省级水利资金 0.55 亿元,建设规模为治理水土流失面积 510 平方千米。落实“四不摘”要求,推动巩固拓展脱贫攻坚成果与乡村振兴有效衔接,11 个脱贫县整合项目资金用于乡村振兴。整合治理任务 285 平方千米。至年底,共完成水土流失治理面积 286.57 平方千米,完成率 101%。11 个资金整合县通过整合资金返还和部门协同治理完成水土流失治理面积 373.92 平方千米。工程实施注重与乡村产业振兴和人居环境改善相结合,突出生态清洁小流域建设,实施治山保水、产业节水、疏河理水、生态净水、宣传爱水“五水共建”,推进治山、治水、治污、致富“四治(致)同步”,实现清洁家园、清洁田园、清洁水源“三清目标”。全年新增生态清洁小流域 9 条。全省各级水利部门细化水土流失治理任务安排,协调当地政府和有关部门履行水土流失防治义务,加大资金投入,调动社会力量参与水土流失治理,加快治理步伐,治理任务全部落实到项目、图斑。全年全省累计完成水土流失治理面积 1387.68 平方千米,超额完成年度 1090 平方千米目标任务。

【水土项目监管】 2021年,构建水土保持“三纵五横”监管体系,全年批复生产建设项目水土保持方案5245个,其中省级许可12个。开展水土保持方案质量抽查,对36个已批项目开展抽查,规范方案编制第三方市场,倒逼提高编制及审批质量。省市县三级对在建生产建设项目通过“双随机一公开”现场检查、书面检查、专项检查等方式,实现在建项目监管全覆盖。加密开展水土流失遥感监管工作,全年水利部和省级遥感监管共发现疑似图斑9440个,现场复核认定违法违规项目1721个,全部完成查处并下发整改通知书,推动解决历史遗留违法违规项目问题。全省各级水行政主管部门立案查处78起水土保持违法违规案件,先后约谈、通报批评21项违法违规项目,将4个生产建设项目水土保持市场主体列入水土保持“重点关注名单”及“黑名单”。推进矿山水土保持整治,全省2378个矿山水土保持问题100%完成整改销号。组织开展风电专项行动“回头看”,对全省93个风力发电项目再次进行排查,建立问题台账,重点抽取12个项目开展“回头看”现场检查,针对违法违规行为进行责任追究和信用惩戒。

【示范创建工作】 2021年,上犹县、靖安县2个县创建国家水土保持示范县,宁都县勾刀咀小流域、武宁县长水小流域、宜黄县曹水流域、赣江新干航电枢纽、全南县天排山风电厂5个项目成功创建国家水土保持示范工程,数量列全国第2位。赣州先行区建设勇争先,《赣州市水土保持高质量发展规划》和《赣州市水土保持高质量发展先行区建设实施方案》在5个先行区中率先通过专家审查和省水利厅复核,并经赣州市政府常务会审议通过。赣州市接续打造水土保持生态治理“赣州模式”,崩岗治理“赣南模式”和废弃矿山修复“寻乌经验”得到中央环保督察组肯定并向全国推广,水土保持相关成效和经验得到《人民日报》、新华社等主流媒体报道。

【水土流失动态监测】 2021年,完成省级负责76个县(市、区)年度水土流失动态监测工作。通过遥感解译与现场调查等工作相结合,获取全年度江西省省级监测区域76个县水土流失面积、分布、强度等信息,监测成果通过长江水利委员会抽查及成果复核审查。全面规范监测站网运行管理,制定运行管理工作方案和管理办法,“一站一策”更新监测设备,重新组建监测队伍,举办观测员培训班,规范观测流程和运行机制,推进标准化运行。全省纳入全国水土流失动态监测项目4个典型监测站成果全部通过验收,得到专家组认可。推进信息化应用,完成水利部遥感监管,自筹资金开展2期省级水土保持区域遥感监管。推动省市县三级购买第三方服务,开展生产建设项目建设过程信息化监管,以信息化手段解决基层监管力量不足问题。采用无人机、移动终端和卫星遥感等信息化手段,开展国家水土保持重点工程信息化监管。注重水土保持信息管理系统平台应用,及时录入数据信息,强化系统应用,提高管理效能。

【科技成果宣传】 2021年,强化水土保持科研攻关,以科技支撑推动水土保持高质量发展。全省水土保持科研立项达27项,完成课题验收44项,获省科技进步奖1项、大禹水利科学技术奖1项、赣鄱奖5项、专利36项。加大水土保持宣传教育工作力度,结合《中华人民共和国水土保持法》修订实施10周年,采用线上线下相结合模式,开展《中华人民共和国水土保持法》修订实施10周年知识有奖答题活动,线上参与群众6万余人,涉及全省11个地市和广东、湖南等8个外省市,影响覆盖面广。编制《江西省生产建设单位水土保持工作手册》《江西省生产建设项目水土保持监督管理手册》等,指导全省各类生产建设项目水土保持工作和基层水土保持部门水土保持监管工作。为基层和服务对象送法送技术上门,开展宣传培训累计110余次,开展水土保持进社区、进农村、进企业、进校园、进党校活动140余次。组织制作并发布全省首部水土保持科普动画片《垄宝大救援》,开展江西水土保持科普馆建设及布展,水土保持科普宣传工作取得新突破。

(应恩宇)

污染防治

【概　况】 2021年,江西围绕“三个治污”,抓好PM2.5与臭氧污染协同管控,整合省监测中心、省环科规划院和省驻点专家团队,每日预测研判空气质量形势,向各地提出针对性管控措施建议。召开复盘分析视频会,及时发布复盘情况通报,指导超标地市改进管控措施。对重点地区开展定点帮扶,指导地市打好大气污染防治攻坚战,全省空气质量改善实现新突破。全年全省空气质量整体优于国家2级标准,PM2.5浓度29微克/立方米,下降3.3%;优良天数比率达到96.1%,提升1.4个百分点;全年优良天数增加44天。

【水污染治理】 每月定期通报全省地表水及赣江干流断面水质,印发通报22份,召开预警提醒会10余次。枯水期每月召开视频推进会,督促各地强化风险断面管控措施,强化现场督导,对南昌市4个断面、抚州市3个断面、赣州市2个断面、萍乡市1个断面等开展督导帮扶,确保水质达标。妥善解决鹰潭市江南水厂、德兴市盘石山水库及弋阳县方塘水库水源地跨界问题,推动乐平市、婺源县饮用水水源地生态补偿资金落实。指导景德镇市、共青城市、遂川县、吉水县等地水源地保护区调整及划定;督导南昌市、九江市、宜春市完成备用应急水源建设。加强污染源排放监管力度。每月定期调度统计全省工业和城镇污水处理厂出水数据,重点关注出水异常情况,不定期采取视频检查。开展工业污水污染问题大排查整治行动。至年底,排查273个问题,完成整改267个,正在整改6个,整改完成率97.8%,督促建成应急事故池6座。现场检查南昌市、九江市、赣州市等地城镇污水处理厂,发现问题47个,完成整改11个。与省水利厅、省水文局沟通协调,完成14个入河排污口自动站移交工作。对全省传染病医疗机构和20张床位以上医疗机构污水处理设施开展摸底调查。组织各地检查相关定点医院129家、集中隔离点248

家、城镇污水处理厂 104 家,督促上饶市、九江市定点医疗机构及城镇污水处理厂落实余氯等监测。组建医疗污水处理帮扶工作群,及时解答各地医院相关问题。邀请生态环境部专家在线指导上饶市定点医院开展医疗废水消毒,防止新型冠状病毒肺炎通过医疗污水传播。

【大气污染防治】　推进“五控”(控气、控车、控烧、控尘、控防)防治,完成 64 个钢铁行业超低排放改造项目,推动全省 16 个重点园区落实“一园一策”VOCs 综合整治方案,开展重点行业固定污染源烟气排放连续监测系统专项整治;印发柴油车路检路查等 5 项工作指南,推进机动车路检路查和非道路移动源污染管控工作;印发《关于进一步加强秸秆禁烧管控工作的通知》,到鄱阳县、鹰潭市余干区、余江县等重点区域进行现场督导;全省除抚州市外,其余设区市均建立城市道路扬尘考核排名及资金奖罚机制。推进各地专家团队服务项目建设,除景德镇市外,省级和 10 个设区市都引入专家团队;推动各地开展臭氧源解析和动态更新大气污染源清单,完成 200 个街道、乡镇气站建设,建成 120 余套黑烟车抓拍和机动车尾气遥感监测系统。整合省内资源,深化与中国环科院、中科院大气物理所、华南理工大学等单位合作,组织召开空气质量形势分析会和应对“拉尼娜”等专题工作会议,及时分析全省秋冬季大气污染防治形势,提前部署污染管控措施,做到精准治污。督促落实中元节、国庆节等重点时段管控措施,中元节期间全省污染天数为 0,国庆节期间仅出现 3 个轻度污染天。对月度空气质量持续反弹市县发函提醒;要求前三季度空气质量反弹县(市、区)生态环境部门主要负责人向市级生态环境部门主要负责人汇报原因;对个别因秸秆火点数超过 3 个和 PM2.5 浓度反弹严重县(市、区)进行提醒谈话。

【固体废物处置与利用】　2021 年,江西督促 14 家企业 4.65 万吨危险废物清零,139 家危废经营企业在关键位置安装视频监控,93 家企业落实雨污分流。推进“无废城市”建设,赣州市、九江市、吉安市、萍乡市、抚州市申请开展“无废城市”建设。开展废铅蓄电池集中收集跨区域转运试点,全年规范收运废铅蓄电池 19 万吨,废铅蓄电池回收率 63%,远超国家 40%要求。全年全省新增小微单位危险废物收集平台 5 个,废铅蓄电池集中转移点 10 处,收集网点 42 个。全年新增医疗废物处置能力 36 吨/天(总处置能力 168.5 吨/天),推动 11 个地市印发医废收集体系建设方案并组织实施。推进危险废物处置能力建设,新增危险废物处置能力 10.53 万吨/年,解决铝灰渣处置难题,推动新干县危险废物集中处置项目刚性填埋场建设。严格危险废物经营单位环境监管,开展涉危单位年度规范化考核,对发现问题提出整改要求;针对部分危险废物经营单位存在危废贮存场所不符合要求等问题,从严审批跨省转移倒逼企业整改和规范环境管理。全年外省危废转入量 20.41 万吨,比 2019 年减少 22.23 万吨,连续 2 年维持较低水平。构建智慧化管理平台,全面实现危废转移“网上办”,将危险废物转移联单与运输车辆轨迹 GPS 对接,实现“全程留痕”危废转运机制。严格排查尾矿库污染治理情况以及日常环境管理情况,提升尾矿库污染防治质量。推动重金属污染物减排,完成年度重金属污染物减排目标,更新全口径清单、减排项目库,对监管发现问题及时整改。

【土壤污染整治】　2021 年,江西实行清单化管理和重点工作双周调度,农村生态环境保护工作得到加强,土壤和地下水污染风险得到管控。配合完成 15.19 万公顷受污染耕地安全利用任务,安全利用率实现 90%目标;污染地块安全利用风险基本可控。牵头完成年度污染地块再开发利用遥感核查,以及土壤污染状况调查报告抽查、通报和整改等工作,动态更新全省建设用地土壤污染风险管控和修复名录,36 个地块纳入名录、10 个地块移出名录管理,严格建设用地准入管理,重点建设用地安全率实现有效保障目标。开展源头防控,涉镉等重金属污染源整治清单动态更新 39 个,完成 25 个整治,超额完成国家下达 20%目标要求;动态更新土壤污染重点监管单位名录,364 家企业纳入并全部完成土壤污染隐患排查。

【地下水污染治理】　2021 年,开展国家地下水质量考核点位水质摸底,指导地方制定水质达标或提升方案。全年全省国家地下水考核区域 V 类水和“双源点”质量均优于国家考核目标;提前完成 2 个国家级开发区化工园区地下水调查评估,完成 10 个省级开发区化工园区地下水调查评估。指导抚州市入选国家首批地下水污染防治试验区城市,推进丰城市 2 个国家地下水试点工程。

【农村生态环境整治】　推进农村环境综合整治,超额完成 520 个建制村农村环境综合整治和 26 个国家监管农村黑臭水体整治年度任务,全省累计 4149 个建制村完成农村环境综合整治,覆盖率 24%。联合开展 3076 套建成集中式农村生活污水设施现场排查,督促各地制定实施整改方案,巩固和提升农村环境综合整治工作成效。推广试点示范经验。推进上犹县和瑞金市 2 个农村黑臭水体国家治理试点经验总结、筛选 15 个农村生活污水治理典型案例上报生态环境部。推进农业面源监督指导工作,印发《关于编制“十四五”畜禽养殖污染防治规划的通知》,启动“十四五”畜禽养殖污染防治规划编制。

(贺剑霞)

节能减排

【概　况】　2021 年,全省推进资源节约和环境保护,加快绿色低碳循环发展,全省节能减排工作取得新成效。推进服务区污水处理设施改造、绿色出行“续航工程”,全年实现高速公路服务区充电桩全覆盖,完成 44 对服务区污水处理升级改造。抓好公共机构合同能源管理及合同节水管理,全年全省公共机构推广合同能源管理、合同节水管理等项目 107 个,引入社会资金 1.1 亿元,实施空调系统节能改造面积 118 万平方米。推广新能源汽车,全省公共机构新增及更新公务用车配备新能源汽车数量 620 余台,推广新能源汽车 9900 余台，建设充电基础设施 7200 余套。全省万元地区生产总值下降 3%，完成年度节能目标任务。

【能耗双控提升】 2021 年，严格能耗双控目标考核，把遏制“两高”（高耗能、高排放）项目盲目发展作为能耗双控考核重要内容，开展各设区市能耗双控目标考核。强化能耗指标约束，及时把年度能耗双控指标分解下达至各设区市，建立能耗双控制度，加强能耗双控目标完成情况分析预警，对能耗强度完成较差的设区市进行“窗口指导”，指导地方严格落实节能措施，提高能源利用效率。加快建设重点用能单位能耗在线监测系统，281 家重点用能单位建成能耗在线监测系统。组织开展江西省 2021 年节能宣传周活动，副省长罗小云出席启动仪式，《江西日报》、江西电视台、江西电台等媒体对系列宣传活动全面报道，宣传节能减排理念与知识。

【遏制“两高”项目盲目发展】 2021 年，成立省坚决遏制“两高”（高耗能、高排放）项目盲目发展工作领导小组，统筹协调坚决遏制“两高”项目盲目发展重点工作、重大事项、重要问题，召开工作组第 1 次会议。省委财经委第 11 次会议、省政府第 70 次、第 75 次常务会议、第 26 次委党组专题会议、“两高”专项工作组第 1 次会议专门听取汇报和研究部署“两高”项目管理和能耗双控工作。开展“两高”项目联合梳理排查、“两高”项目问题专项检查，全面摸排拟建、在建、建成“两高”项目，建立项目清单、工作台账，明确分类处置意见，实施定期调度、动态监控。抓好突出问题整改落实，会同省生态环境厅组织开展中央环保督察九江市典型案例调查，以调查促整改，曝光 6 个项目中完成整改 5 个。

【建立健全政策体系】 2021 年，围绕

8 月 25 日，江西省 2021 年节能宣传周启动仪式暨公共机构低碳积分制（绿宝碳汇）平台“云”发布活动在南昌举行

省发展改革委供

能耗双控和坚决遏制“两高”项目盲目发展，构建“1+N”政策体系。推动出台《江西省人民政府办公厅关于严格“两高”项目准入管理的实施意见》《江西省发展改革委固定资产投资项目节能审查工作程序》《关于统筹能耗指标的管理措施》，从全面清查整治、严格项目准入、完善政策体系、加强能耗管控、强化日常监管、加强组织实施等方面着手，建立健全遏制“两高”项目盲目发展制度体系、监管体系、配套政策，形成长效机制，通过远近结合、标本兼治，构建一整套刚性管控制度体系。

【重点领域节能】 2021 年，加强工业、交通、建筑、公共机构等重点耗能领域实施节能改造。实施钢铁、水泥 2 个重点行业 86 家高耗能企业节能专项监察，开展全省 573 家企业实施节能诊断服务，提出节能改造措施建议 1000 余条。支持鼓励生产企业研发生产高效节能装备，累计推荐 3 项节能技术、21 项节能装备、6 项“能效之星”产品列入国家名单。全年单位工业增加值能耗下降 7.6%，六大高耗能行业单位增加值能耗下降 4.4%。强化全省绿色建筑技术力量，认定全省绿色建筑标识专家库专家 359 人，编写《江西省绿色建筑基本级设计专篇》《江西省绿色建筑施工图审查技术要点》《江西省绿色建筑标识常见问题答疑》，在南昌市、赣州市、萍乡市、九江市等地市开展绿色建筑宣传贯彻。下发《关于明确我省绿色建筑标识认定相关工作的通知》，把绿色建筑工程施工质量验收纳入建筑节能分部专项验收。开展 2021 年度全省建筑节能与绿色建筑“双随机 一公开”检查，通报 19 家设计单位、21 家监理单位、29 家施工单位。做好新能源车辆推广，重点推进城市公共服务车辆电动化替代，全省新增与更换公交车 838 辆，其中新增与更换新能源公交车 802 辆，占比 95.7%。推进港口岸电设施改造和使用，完成标准化改造岸电设施 22 套，全省累计岸电设施使用次数 2.72 万艘次，累计岸电使用时间 31.99 万小时，累计使用岸电电量 30.55 万千瓦时。

（肖礼圣 林绪强 胡晓）

本类目编辑 刘清林

教　育

综　述

2021年，全省教育系统坚持聚焦“作示范、勇争先”目标定位，强基础、抓改革、破难题、促提升，推动教育强省建设取得新成效。

立德树人根本任务有效落实。构建一体推进红色文化育人格局，联合教育部编写全国首套大中小幼一体化《红色文化》教材，在首届全国教材建设奖评选中获一等奖。承办全国“青年红色筑梦之旅”活动、教育部全国高校课程思政建设工作推进会并作典型发言，12门课程入选教育部“课程思政”示范项目，位居全国前列。发挥江西得天独厚红色资源优势，创新构建以“一系列教材、一系列活动、一系列演出、一系列竞赛”相融合“四个一”红色文化育人模式。推进思政课改革创新，成立全省大中小学思政课一体化建设指导委员会，组建思政课一体化建设联盟，创新开展思政课问题式专题化团队教学改革并得到教育部肯定，向全国推介。出台有关劳动教育、体育、美育、游泳教育、心理健康、近视防控光明行动等系列文件，抓好“五项管理”（中小学作业、睡眠、手机、读物、体质管理），在全省中小学开展体育美育“晒课表”活动，组队参加第14届全国学生运动会，位列金牌榜第9位，创历史最好成绩。承办第24届全国推广普通话宣传周重点活动、中国共产党建党百年语言文字事业历程展江西巡展，完善“家校社”（家庭、学校、社会）协同育人机制，促进学生全面发展。

教育供给不断优化。落实中共中央关于“双减”工作部署，成立校外教育培训监管处，组建工作专班，推动实行“分片包干”责任制，印发实施《关于进一步减轻全省义务教育阶段学生作业负担和校外培训负担的若干措施》，召开20余次省级会议密集调度、狠抓落实。12月31日，全省义务教育阶段学校课后服务实现应开尽开，学生课后服务参与率超96%；义务教育学科类校外培训机构全部实行“营转非”登记，压减率92%；江西省“智慧作业”入选教育部遴选10个典型案例之一。调整优化中小学校布局，统筹中央和省级资金14.6亿元，支持各地推进义务教育薄弱环节改善与能力提升项目实施；下达消除城镇义务教育学校大班额专项资金6亿元，义务教育“大班额”、普通高中“超大班额”基本消除（56人及以上大班额下降3.5%）。加强和规范中小学招生管理，严格落实义务教育就近免试入学和“公民同招”（公办、民办学校同步招生）政策，初中民办义务教育学校全面实行摇号录取。规范民办义务教育发展，将落实情况列入市县高质量发展综合绩效考核评价和市县党政领导履行教育职责督导评价。开展“我为群众办实事”活动，全省教育系统3905项实事全部办结，“江西教育”微信公众号被中央网信办评为“走好网上群众路线百个成绩突出账号”，是江西唯一获表彰账号。

社会贡献更加彰显。召开全省职业教育大会，国家职业教育虚拟仿真示范实训基地运营开班，高地建设60项试点任务、95个改革举措进展顺利，项目实施率100%，职教改革创新工作连续2年得到国务院通报表扬，在中共中央首次召开全国职业教育大会以及教育部召开年度全国教育工作会议上作典型发言，有关经验报告获国务院领导批示、面向全国推广。推进“双一流”建设和高等教育内涵发展，全省高校新增博士点17个，博士点申报通过率28.81%，高出全国7.7个百分点，新增数量并列全国第6位；全年新增自主培养国家级人才21人，南昌大学教授谢明勇当选中国工程院院士；高校获批国家重点实验室1个、国家级工业设计中心1个和大学科技园1个，获批国家杰出青年科学基金项目2项，国家优秀青年科学基金项目1项，实现新突破。发挥“校企通——江西省高校科技成果转化服务平台”功能，出台高校服务江西“十大举措”，与教育部举办第3届国际产学研用合作会议（南昌），促进高校科研成果转化为现实生产力。出台文件激励博士、教授“走园入企”，对接服务86个开发区，累计服务企业4989家，帮助园区和企业提升创新能力。与教育部等12个国家部委举办第7届中国国际“互联网+”大学生创新创业大赛，江西省获金牌24枚，名列全国第3位。抓好就业民生工程，2021届高校毕业生毕业去向落实率88.36%，高出全国平均水平2.76个百分点，位列全国第8位；留赣就业率57.65%，创有统计数据以来新高。推进教育助推乡村振兴工作，2个项目入选教育部第4届省属高校精准帮扶典型项目，居全国前列（全国共31项）。

综合改革稳步推进。印发实施《江西省深化新时代教育评价改革“两清单一安排”》，狠抓学习培训和规范清理，组织“教育评价改革大家谈”活动，确定29个省级试点单位，组建全省教育评价改革专家库。印发《江西省深化普通高考综合改革实施方案》，开展省、市、校三级宣讲培训，推动改革平稳启动、顺利实施。制定《教育督导委员会工作规则》，会同省人大教科文卫委开展《教育督导条例》执法调研。深化"放管服"改革，省委、省政府主要领导研究解决制约高校发展管理机制问题，推动出台有关改革文件；完善民办学校年检制度，出台民办学校分类登记实施办法，颁发全国首张民办高校办学许可证"电子证照"，在全国教育领域"放管服"改革推进会上作经验交流。

健全长效保障机制。科学有序推进"十四五"教育规划及相关子规划编制工作。坚持教育优先发展战略，推动省财政统筹安排60亿元专项经费支持"十四五"时期"双一流"建设，确保教育投入"两个只增不减"有效落实。推进教育依法行政、依法治理和青少年普法工作，省教育工委普法办获"2016—2020年全国普法工作先进单位"称号。加强教师队伍建设，将2021年定为"全省教师思政工作和师德师风强化年"，坚持"抓两头、带中间"，教师支月英当选全国道德模范，2名教师分别获"全国教书育人楷模"、全国"最美教师"称号；加大教师补充力度，共招聘中小学幼儿园教师1.16万人、中央"特岗计划"教师4973人；实施义务教育学校教师"县管校聘"管理体制改革，推动全省各县(市、区)全部建立义务教育教师工资待遇长效保障机制。统筹发展与安全，推进中小学幼儿园"三个百分之百"建设，完成6200余所中小学(幼儿园)"四个一"工程改建任务，全年全省学生非正常死亡人数比上年减少112人，下降27.7%。守住校园疫情防线，组织全省教育系统1076万余人接种新冠病毒疫苗，实现校园"零疫情"。

(省教育厅)

基础教育

【概　况】 2021年，围绕立德树人根本任务，推进改革创新，构建优质均衡教育公共服务体系，打造教育新生态，满足人民群众对教育美好需要。全省基础教育学生889.89万人。其中，小学在校生395.79万人，小学毛入学率101.46%；初中在校生216.43万人，初中阶段毛入学率107.93%；普通高中在校生115.84万人，高中阶段毛入学率93.26%；幼儿园1.58万所，在园幼儿161.83万人，学前教育毛入园率90.42%，比上年提高2.8个百分点。特殊教育学校92所，在校生4.05万人，比上年增长0.86%。

【"双减"工作】 印发《关于进一步减轻全省义务教育阶段学生作业负担和校外培训负担的若干措施》，推动建立"双减"工作省级联席会议制度和日调度、周报告、半月通报工作机制，举办全省"双减"工作培训班，多次召开全省"双减"工作部署会、推进会、调度会，推进全省"双减"工作落地。部署开展为期3个月全省校外培训机构专项治理行动，在秋季开学、国庆假期等关键节点，多次开展明察暗访，先后发布致中小学校长、教师、家长和培训机构公开信、告知书，开展"双减"政策宣讲。印发《关于做好义务教育学校课后服务工作的补充通知》，以作业管理为抓手，推动手机、睡眠、体质、读物"五项管理"落地。省级层面共出台"双减"配套政策文件46份；义务教育阶段学校课后服务全面实现"5+2"和2个"全覆盖"，全省参加课后服务学生460万人，参与率达到96%；全省9229所义务教育学校作业管理达标率100%，作业管理时长得到有效减轻；全省96.42%学生和96.54%家长对校内减负提质表示满意，全省"双减"工作初见成效。江西"智慧作业"赋能"双减"，被教育部列为全国10个"双减"典型创新案例。

【学前教育规范发展】 统筹安排中央和省级资金16.52亿元，支持普惠性学前教育资源建设，全年新增普惠性幼儿园学位11.3万个(其中公办7.4万个)，督促指导公办幼儿园搞好保教费标准动态调整。开展第2批全省学前教育质量提升实验园和指导专家遴选，部署实施"安吉游戏"推广计划和幼儿园跟岗帮扶计划；举办全省第10个学前教育宣传月活动；开展全省幼小衔接实验区和实验园(校)遴选，推进幼儿园小学科学衔接。建设全省学前教育评估评审专家库，开展省示范幼儿园实地评估和复评。

【义务教育城乡一体化】 印发《江西省人民政府办公厅关于进一步优化全省中小学校布局的指导意见》，推动各地动态调整优化中小学校布局。统筹中央和省级资金14.6亿元，支持各地推进义务教育薄弱环节改善与能力提升项目实施；下达消除城镇义务教育学校大班额专项资金6亿元，新建改扩建城区义务教育学校；争取省级教育共同事权转移支付资金3亿元，支持各地加强课后服务经费保障等。联合相关部门印发《关于进一步加强乡镇寄宿制学校建设和管理的实施意见》，推进城乡义务教育一体化改革发展。

【普通高中特色发展】 统筹中央和省级资金10亿元，指导各地推进教育基础薄弱县普通高中建设、普通高中改造计划等，完善高中学校办学条件，全年全省普通高中大班额下降3.5%，超大班额基本消除。召开全省普通高中学校特色发展现场推进会，认定南昌市第一中学等20所学校为省级特色高中，指导南昌第二中学做好2021年度海军航空实验班招生77人，推动普通高中特色发展。

【特殊教育】 争取中央和省级特殊教育专项补助经费3020万元，加强特殊教育资源建设。推进特殊教育融合发展和随班就读，建立定期通报机制。全年全省安排送教上门学生7000余人，普通学校随班就读学生2万余人，全省残疾儿童少年义务教育入学率达到95%。加强对全省19所"建设中示范性特殊教育资源中心"教育改革支持指导，提高随班就读成效。

【德育教育活动】 推动《习近平新时代中国特色社会主义思想学生读本》进教材、进课堂、进头脑，推进《红色文化》课程育人方式改革，确保中小学开齐开足红色文化课程。建设全省首批8个省级中小学思政课"名师工作室"，组建中小学思政课一体化联盟，推行中小学思政课一体化发展模式。开展"建党百年""四史"学习、"红色研学"等系列实践活动，举办全省中小学生党史暨"红色文化"知识专题竞赛，共有525万名中小学生参与线上竞答，答题人数830万人次，参与率超过75%；举办全省中小学红色文化课程教学比赛，109名选手教师获奖。

【规范中小学招生管理】 印发《关于做好 2021 年全省普通中小学招生入学工作的通知》，严格落实义务教育学校公办民办同步招生，严格过程管理，坚决做到“三个一律”，即学校一律不得有超大班额、起始年级一律不得新增大班额、存在超标准班额班级一律不得转入学生。首次明确禁止普通高中跨设区市招生，坚持“属地招生、公民同招、统筹调配”原则，规范自主招生，强调“十个严禁”，即严禁以任何形式提前组织招生、免试招生、超计划招生、违规跨区域招生、“掐尖”招生，严禁通过办理假户籍或无正当理由转移户籍等方式变相违规跨区域招生；严禁学校间混合招生、招生后违规办理转学；严禁公办高中以参与举办民办高中名义“掐尖”招生或公办学校参与举办民办学校以公办学校名义招揽生源；严禁与社会培训机构联合组织以选拔生源为目的的各类考试，采用社会培训机构组织考试结果作为招生依据；严禁以高额物质奖励、免收学费、虚假宣传等方式争抢生源；严禁招收被中等职业学校录取学生；严禁招收借读生、人籍分离、空挂学籍；严禁收取择校费、与招生入学挂钩赞助费以及跨学期收取学费；严禁公布、宣传、炒作中考“状元”和升学率。

【全国首个研学旅行地方标准出台】 7 月 28 日，江西省委教育工委、江西省教育厅，江西省市场监督管理局、江西师范大学、教育部教育发展研究中心在南昌联合召开新闻发布会，发布江西省《中小学研学旅行》标准（全国首个研学旅行地方标准）。江西省《中小学研学旅行》地方标准涵盖基地（营地）认定规范、课程设置规范、组织实施规范、评价规范等 4 个规范文件。基地（营地）认定规范用于指导建立研学旅行服务场所、完善基本条件；课程设置规范用于指导结合学生身心特点、接受能力和实际需要，科学设置课程，发挥研学旅行育人功能；组织实施规范用于指导制定研学旅行工作规程，做到“活动有方案，行前有备案，应急有预案”，建立安全保障机制，明确安全保障责任，落实安全保障措施，确保安全、有序开展研学旅行；评价规范用于指导对学校组织研学旅行、学生参加研学旅行情况和成效进行科学评价。

【新课程新教材新高考改革】 印发《江西省普通高中学业水平考试实施办法（2021 年修订）》等系列配套政策文件，组织开展新课程新教材省级骨干培训 2 万余人次，全面实施新课程新教材，全面使用高中学生综合素质评价信息管理系统，配合做好高考综合改革政策宣传，保障高考综合改革落实。推行基于初中学业水平考试成绩，结合综合素质评价高中阶段学校考试招生录取模式改革试点。联合省委组织部、省委宣传部等 8 部门印发《关于进一步激发中小学办学活力的实施意见》，推进教育治理体系和治理能力现代化。

【教材管理】 出台《江西省落实〈全国大中小学教材建设规划〉实施方案（2021—2025）》《江西省中小学教材管理实施细则（试行）》，明确江西省教材建设任务和工作举措，提高教材管理水平。开展新一轮全省中小学教辅材料评议工作，印发《江西省 2021 年中小学教辅材料推荐目录》。会同省委宣传部开展“首届全国教材建设奖”评选工作，获全国一等奖 2 项、二等奖 7 项。

【校园安全】 印发《江西省防范中小学生欺凌专项治理行动工作实施方案》，要求各地教育部门对辖区内全部中小学校开展全面排查欺凌事件，确保全覆盖、无遗漏。对可能发生欺凌行为做到早发现、早预防、早控制。开展省“一号检察建议”专题调研，推广乐安县“刘莹姐姐工作室”典型案例，编密织牢未成年人保护网。在全国中小学生安全教育日、“5·12”防灾减灾日、“12·4”普法日等重要时间节点，面向全省中小学生（幼儿）开展交通安全、消防安全、气象安全等安全教育活动。

（省教育厅）

职业教育与成人教育

【概　况】 2021 年，全省围绕职教高地建设，推进职业教育改革，事业发展取得新成效。全省有职业院校 465 所，在校人数总规模 142.28 万人。其中，高职院校 64 所（含职教本科），在校生 69.26 万人；中职学校 401 所（含技工学校 114 所），在校生 73.02 万人（含技工学校 21.1 万人）。

全年全省技工院校 117 所，在校生 21.14 万人。组织 15 期一体化师资培训研修，新增认定 1173 名教师具备上岗资格，参加全国技工院校学生创新创业大赛，一等奖数量、获奖总成绩位列全国第 1 名。增强技工教育服务能力，全年技工院校毕业生 4.52 万人，就业率 98%，留赣就业率 67.08%；规范技工院校专业设置管理，提升专业与产业契合度，深化产教融合、校企合作。开展开学第一课、技工教育活动周、世界青年技能日等宣传活动。勇于争先示范，作为全国 4 个省份之一在全国技工院校学生创业创新大赛视频部署会上作经验介绍，作为全国 6 个省份之一在全国技工院校教育教学研讨会上作经验介绍。

【职教高地建设】 出台《关于深入推进中高职一体化长学制培养技术技能人才工作的指导意见》《江西省高等职业学校与本科高校联合培养本科层次人才实施方案》，开展中高职对接试点工作，构建纵向贯通、横向融通现代职教体系。11 个设区市和 261 个中高本职业院校全部出台“一市（校）一策”实施方案。召开职教高地设区市调度会，总结工作落实情况，确保整省职教综合改革全面实施。对照职教本科专业设置条件，整体摸排全省高职院校“本科层次职业教育专业设置”达标情况。围绕区域经济社会发展重点产业领域，开展职教本科专业设置申报工作。启用部省共建职业教育创新发展高地工作任务管理平台，编制职教高地管理平台操作手册。把职业教育发展情况纳入全省高质量发展考核评价“教育发展考评”；会同省人力资源社会保障厅印发《江西省职业教育改革成效明显的设区市和县（市、区）激励实施办法（试行）》，自 2021 年起，对省内职业教育发展成效显著地区进行表彰激励。

【中职学校办学基础】 根据《关于印

发〈江西省中等职业学校分级标准(试行)〉的通知》要求,经省市2级分别组织专家评审,完成江西省中等职业学校首次分级评价工作,全省有190所符合条件中职学校参与分级评定。其中,27所学校评定A档,34所学校评定B档,91所学校评定C档,38所学校评定结果不达标。组织中等职业学校开展“少年工匠心向党 青春奋进新时代”主题教育活动,教育引导学生以实际行动迎接中国共产党成立100周年。

【职业院校提质培优】 重点建设1批高水平高职院校,开展省级“双高”(中国特色高水平高职学校和专业建设计划)项目建设验收工作。落实职业教育提质培优行动计划,全省高职院校、半数以上中职学校参与任务建设,布点总数4736个,依托江西省工业贸易职业技术学院设置“职业教育提质培优行动计划”推进办,开展数据采集工作。健全职业院校内部质量保障体系,先后召开中职学校教学诊改复核现场观摩会和工作部署会,推进全省中职学校教学诊改工作。完成省级高职教学诊断与改进第2批试点院校诊改复核工作,开展高职诊改数据平台联合采购。承办全国职业院校技能大赛高职组赛项2项。在全国职业院校技能大赛中,江西省高职组获奖赛项58项,其中一等奖6项、二等奖23项、三等奖29项,获奖总数位列全国第4名;中职组获奖赛项21项,其中一等奖2项、二等奖9项、三等奖10项,获奖总数位列全国第15名。在全国职业院校技能大赛教学能力比赛中,获一等奖4项、二等奖7项、三等奖8项。在全国职业院校技能大赛中等职业学校班主任能力比赛中,获一等奖1项、二等奖1项、三等奖4项。

【教育教学教材改革】 开展职业教育教学成果奖评审工作,全省职业院校推荐281项教学成果有关材料,根据网评以及专家会评结果,最终确定职业教育教学成果奖136项,其中高职110项(一等奖34项、二等奖76项),中职26项(一等奖6项、二等奖20项)。开展全省首批职业院校教师教学创新团队遴选工作,确定职业院校教师教学创新团队立项建设单位99个,其中高职院校79个、中职学校20个。实施职业院校教师素质提升计划,制定《江西省职业院校教师素质提高计划基地管理办法》《江西省职业院校教师素质提高计划项目管理办法》,遴选“十四五”期间职业院校教师素质提高计划项目基地。修订高职院校“双师型”教师认定标准,完成2021年江西省职业院校“双师型”教师认定工作。建设省级在线开放课程管理平台,组织全省高职院校开展精品在线开放课程认定,培育1批高质量开放课程资源。规范职业院校教材管理,制定《江西省职业院校教材管理实施细则(试行)》,开展中职学校“两类教材”排查,完成职业院校教材建设中期评估工作。

【产教融合】 会同组织、编制、发改等15个部门联合印发《关于推进职业院校混合所有制办学的指导意见(试行)》,鼓励地方政府和社会力量共同举办混合所有制职业院校,鼓励职业院校和社会力量共同举办混合所有制2级学院,支持职业院校和社会力量共同举办培训机构。建成以吉安职业技术学院木林森产业学院为代表的1批混合所有制产业学院。推进1+X证书制度试点工作,完成1+X在江西试点证书费用核定工作,遴选确定116名为全省1+X证书制度试点工作专家库人员,开展1+X现场抽查监测整改工作。遴选建设首批43个省级职业院校校企合作“双师型”名师工作室。

【国家职业教育VR示范实训基地建设】 推动筹措建设资金25亿元,打造职业培训、理论教学、师资培训、技能竞赛、学术研究、能力测试等“六位一体”国际领先示范职教实训基地,成为2021世界VR大会新亮点。举办VR实训师资培训班4期,接待全国各省区市、职业院校及企业考察调研参观200次,召开超1000人规模职业教育示范性虚拟仿真实训基地建设工作推进会和“国家虚拟仿真+职业教育”高端论坛,扩大基地影响力。中共中央政治局委员、国务院副总理孙春兰考察国家职业教育虚拟仿真示范实训基地时给予肯定。

【全省职业教育大会召开】 9月28日—29日,全省职业教育大会在南昌召开。省委书记刘奇、省长易炼红对打造职业教育创新发展高地、推动全省职业教育高质量发展提出要求。省委副书记叶建春出席并讲话。省领导梁桂、孙菊生出席。叶建春在讲话中总结全省职业教育改革发展成就经验,分析全省职业教育发展面临新形势新要求,部署当前和下步全省职业教育工作。副省长孙菊生传达刘奇、易炼红批示要求。会议强调,要打造部省共建职业教育创新发展高地,把中共中央总书记习近平对职业教育“大有可为”殷切期盼转化为江西职业教育“大有作为”生动实践。坚持一体推进,巩固中职教育基础地位,推进高职教育提质培优,发展本科职业

9月28日—29日,全省职业教育大会在南昌召开。图为9月28日省委副书记叶建春到会讲话

省教育厅供

教育,打破职业教育人才培养“天花板”,构建高质量职业教育体系。

【继续教育】 规范高等学历继续教育管理,制定《江西省高等学历继续教育专业设置实施细则》和《江西省成人高等教育函授站(教学点)设置与管理暂行规定(试行)》。启动高等学历继续教育教学点及成人培训机构检查工作。开展高等继续教育“二元制”人才培养模式改革试点,指导江西开放大学和江西科技学院先行先试,将高等继续教育与职业教育相结合,以行业(企业)与学校为二元主体,加大全省产业发展急需大量熟练工人培养力度,录取“二元制”学生 3563 人。完善《江西省市、县级“加快农村社区教育发展”评价指标体系》,部署农村社区教育考核评价工作。依托江西开放大学建立江西老年开放大学,开展“智慧助老”系列活动。12 月 17 日,以“庆建党百年华诞,谱终身学习新篇”为主题,开展全民终身学习活动周活动,省委副书记、代省长叶建春对推进全省全民终身学习提出要求。

(省教育厅)

【开展职业技能竞赛】 承办全国陶瓷行业技能竞赛、全国美容美发行业技能竞赛;举办江西省乡村振兴职业技能大赛并组队参加全国乡村振兴职业技能竞赛,获金牌 3 枚、银牌 1 枚、铜牌 2 枚和 10 个优胜奖。举办 2021 年江西省“振兴杯”职业技能大赛,涵盖 49 个项目,涉及竞赛职业(工种)244 个。支持省民政厅、省文化和旅游厅、省管局、省广播电视台等 17 家省直单位开展职业技能竞赛,涉及职业(工种)50 个。全年参加省级职业技能竞赛决赛人数 3 万人,带动岗位练兵 30 万人。

【技能人才评价制度改革】 推进技能人才评价制度改革,完善多元化技能人才评价机制,推行“互联网+职业技能等级认定”,全面推行职业技能等级认定制度,推进“1+3”技能评价制度改革。“1”,即规范开展焊工、消防设施操作员、轨道列车司机等准入类职业技能鉴定,“3”,即支持企业、技工院校开展自主评价以及社会培训评价组织面向社会开展第三方技能人才评价。在省属重点企业开展特级技师评聘试点。至年底,全省有职业技能等级认定机构 136 家,其中企业 44 家、技工院校 63 家、社会培训评价组织 29 家;备案专项职业能力考核考点 56 个。全年开展职业资格鉴定、技能等级认定 9.7 万人次,专项能力考核 9700 人次,新增高级工以上高技能人才 2.2 万人,新增技师、高级技师 2600 人,特级技师 13 人。

【技工教育办学规模扩大】 规范普通技工学校设立审批工作,印发《关于加强普通技工学校审批管理工作的通知》,要求根据区域经济发展、人口分布、产业布局,合理规划技工院校布局,合理确定本地区技工院校达到适度数量和规模。全年新设立高级技工学校 1 所,普通技工学校 24 所,全省技工院校 117 所。招生人数创历史新高,全年招生 9.15 万人,增长 24.8%,招生人数位居全国第 6 位;在校生 21.14 万人,增长 20.6%。

【技工院校办学素质提高】 开展全省技工院校考评,建立技工院校年度考核制度,对党建工作、学校管理、教育教学、办学保障和办学效果 5 个方面进行全方位考核,考核结果作为学校升格、资金项目分配、政策支持依据,全省 14 所技工院校考评结果为优秀等次。举办首次全省技工院校主要负责人高级研修班,提升校领导办学治校能力。

【技工教育服务产业发展】 规范技工院校专业设置管理,举办“技工教育专业链与产业链对接研究”高级研修班,提升专业与产业契合度,江西省技工院校开设与全省“2+6+N”重点产业相关专业 90 余个,涵盖电子、有色、汽车、计算机、电子商务、制造、中医药等,共有在校生 14 万余人,占比 66%,与 1857 家企业签订校企合作协议。

【提高教师职业能力】 开展全省技工院校思政、资助、一体化师资等培训班,参训教师 2000 余人。加强技工教育课题研究,出台《江西省技工教育研究课题管理办法》,设置特设课题、重点课题和一般课题等 3 个类别,分别给予 5 万元、2 万元和 1 万元课题经费支持,全年技工教育研究课题立项 35 个。推进技工院校教师持证上岗,全年认定 1173 名教师具备技工院校教师上岗资格。

【提升技工教育水平】 开展学生职业技能大赛,举办首届全省技工院校学生创业创新大赛,选拔 7 个项目参加全国技工院校学生创新创业大赛全部获奖,其中一等奖 3 项,二等奖 2 项,三等奖 2 项;省人力资源社会保障厅获优秀组织奖。9 月,在新疆举办全国乡村振兴职业技能大赛上,江西代表团获金牌 3 枚、银牌 1 枚、铜牌 2 枚和 10 个优胜奖,4 名选手获“全国技术能手”称号,金牌数列全国第 2 位,占总数 1/7,江西省获“突出贡献奖”。江西省入围第 46 届世界技能大赛国家集训队 26 个竞赛项目中,飞机维修、家具制作、网站设计与开发、印刷媒体技术、制冷与空调、汽车喷漆、木工、糖艺/西点制作、酒店接待 9 个赛项 11 名选手通过集训队首次阶段性考核(10 进 5),进入下一阶段考核(5 进 1),继续争夺代表中国参加第 46 届世界技能大赛参赛资格。

【学生资助工作】 全年全省技工院校申报国家助学金、免学费补助人数 34.98 万人次,比上年增加 5.76 万人次,增长 19.7%;申报金额 3.54 亿元,比上年增加 5930.17 万元,增长 20.1%。开展 2021 年“技能雏鹰”奖(助)学金、国家中职院校学生奖学金评定推荐工作,4 名获“技能雏鹰”奖学金,3 名获“技能雏鹰”助学金,165 名获国家中职院校学生奖学金。

(肖璟)

高等教育

【概 况】 2021 年,全省围绕高质量高等教育体系建设,促进科技成果转移转化,推进毕业生留赣就业创业,提升高等教育服务江西高质量跨越式发展能力。全省有普通高等学校、独立学院和成人高等学校 111 所,其中普通高等学校 106 所(含独立学院 7 所),成人高等学校 5 所。各类高等教育在学人数总规模 154.09 万人。高等教育毛入学率55.15%,比上年提高3.25个百分点。

【服务地方经济社会发展】　出台《关于进一步推动高等学校服务江西经济社会发展若干措施》,从高水平应用型人才培养、产教融合型专业建设、科技服务与科研成果在赣转化、促进大学生留赣创新创业就业、高校和教师考核评价改革等方面出台十大举措,推动高校助力江西高质量跨越式发展。组织召开全省部分重点产业链校企合作对接座谈会和江西省普通本科高校现代产业学院建设工作推进会,印发《江西省普通本科高校现代产业学院建设实施方案》,推动高校传统专业学院转型升级,组建现代产业学院,推进产教融合。江西理工大学主动对接江西省万亿级有色金属产业布局,依托冶金工程、金属材料工程等国家一流专业建设点,利用鹰潭市在铜产业链区位优势,与鹰潭市人民政府、江西铜业集团股份公司等多方共建先进铜产业学院,并获批入选教育部、工信部首批“现代产业学院”。

【教育教学改革】　全省98个国家级和43个省级一流本科专业建设点入选第2批教育部一流专业“双万计划”;开展第2批国家级一流本科课程和第3批国家级一流本科专业认定工作,分别向教育部推荐241门课程和283个专业;组织省级“五类”一流课程遴选。推进第2轮省专业综合评价,印发《江西省第二轮普通高等学校本科专业综合评价工作实施方案》,组建第2届专指委和教指委。按照“共同参与、共同可接受”原则,54个本科专业类教学指导委员会分别制定各专业类综合评价指标体系。拓展教师队伍建设,遴选183个江西省高水平本科教学立项建设团队,4个本科教师团队入选第2批“全国高校黄大年式教师团队”。举办首届江西省高校教师教学创新大赛,推荐6名教师参加全国比赛,获二等奖2项、三等奖4项。开展第2届江西普通高校金牌教师推选活动,推荐申报3个教育部虚拟教研室。

【高校毕业生就业创业】　联合省人力资源社会保障厅出台《关于进一步做好2021年全省高校毕业生就业创业工作的通知》,召开全省高校毕业生就业创业工作视频会议2次,推动高校严格落实“一把手”责任制。通过拓宽就业渠道、完善留赣就业创业政策、开展分类帮扶和指导、创新实施“一二三四”制度等举措,完成江西省2021届高校毕业生就业工作。江西省2021届高校毕业生毕业去向落实率,经教育部核定88.36%,比上年增长8.85个百分点,比全国平均落实率高2.76个百分点,全国排名第8位。毕业生留赣率57.65%,比上年增长2.32个百分点。相关工作做法被中央教育工作简报介绍推广。

【高校科技创新】　联合省科技厅、省财政厅印发《2021年江西省减轻科研人员负担、激发创新活力专项行动工作方案》《江西省科技计划项目“包干制”试点改革实施方案(试行)》《关于开展赋予科研人员职务科技成果所有权或使用权试点的工作方案》,优化科研管理,提升科研绩效,推动高校科技成果转移转化。南昌大学教授谢明勇当选2021年度中国工程院院士,实现江西省高校中国工程院院士零突破。科技部批复依托华东交通大学组建省部共建轨道交通基础设施性能监测与保障国家重点实验室,东华理工大学科技园被科技部、教育部认定为第11批国家大学科技园。东华理工大学“铀资源勘查与开发协同创新中心”被认定为省部共建协同创新中心。全省高校(含附属医院)新增江西省网络空间安全智能感知重点实验室等18个省重点实验室和1个省技术创新中心。高校获批国家自然科学基金项目934项,直接经费3.40亿元,分别占全省总量93.59%和94.54%。其中,国家杰出青年科学基金项目2项,国家优秀青年科学基金项目1项。

【江西省新文科建设启动大会召开】
6月9日,江西省新文科建设启动大会在南昌召开。教育部高等教育司司长吴岩,江西省教育厅副厅长刘小强,江西师范大学党委书记黄恩华,江西省新文科教育研究中心主任、江西师范大学校长梅国平,江西财经大学校长邓辉,南昌大学副校长刘耀彬,景德镇陶瓷大学副校长黄勇等出席大会。大会由江西师范大学副校长汪洋主持。新文科建设专家委员会专家、学者,江西省教育厅高教处,江西省45所本科院校领导、教务处长、文科院系负责人参加。此次大会全程网络直播,全省各高校10万名师生在线上收看大会实况。大会以“融合创新 以文化人”为主题,分2个阶段进行。开幕式上,吴岩、刘小强、黄恩华、梅国平为“江西省新文科教育研究中心”揭牌并分别致辞、宣读江西省新文科建设专家委员会名单、解读《江西省普通高校新文科建设实施方案》。大会第2阶段,汪洋、刘耀彬、邓辉、黄勇,分别以《践行新理念 开启新格局 实现新发展——江西师范大学新文科建设探索与实践》《经济学“新文科”建设的思考与实践——以南昌大学为例》《构筑新文科 深化新基建》《立足特色 多元融合——景德镇陶瓷大学新文科建设汇报》为题,开展高校新文科建设经验交流。

【江西省新农科建设推进大会召开】
6月28日,江西省新农科建设推进大会在南昌召开。省委教育工委副书记、省教育厅厅长郭杰忠,省委教育工委委员、省教育厅副厅长刘小强,江西省新农科教育研究中心主任、江西农业大学校长赵小敏,江西农业大学副校长贺浩华、黄英金,新农科建设专家委员会专家学者,省教育厅、省农业农村厅、省自然资源厅、省林业局、省乡村振兴局、省农业科学院、省林业科学院和省科学院等单位负责人,9所涉农本科高校领导、教务处长、院系负责人代表,以及9家涉农龙头企业共160余人参加会议,会议同步进行线上直播。会上,刘小强宣读“江西省新农科教育研究中心”成立文件。省教育厅高教处处长肖德征介绍《江西省加快新农科建设推进乡村振兴实施方案》。会议还进行新农科建设工作交流,来自江西农业大学、南昌大学、赣南师范大学、宜春学院、南昌市政公用生态农业有限公司、正邦集团有限公司等单位专家学者分别作主题报告。

【第七届中国国际“互联网+”大学生创新创业大赛总决赛举行】　10月12

日—15 日,第七届中国国际"互联网+"大学生创新创业大赛总决赛在南昌举行。由教育部等 12 个部委和江西省人民政府共同主办,南昌大学、南昌市人民政府和井冈山市人民政府承办。大赛主题为"我敢闯、我会创"。来自 121 个国家和地区 4347 所院校、228 万余个项目、956 万余人次报名参赛。大赛确定"1+6"系列活动。"1"是主体赛事,"6"是 6 项同期活动,包括"慧秀中外"国际大学生创新创业成果展、"慧智创业"中国民族品牌主理人"面对面"、"慧展华彩"历届大赛优秀项目对接巡展、"慧治创新"全球生态文明智慧化高端论坛、"慧云闪耀"全球数字化教育云上峰会、"慧聚未来"国际青年学者前沿思辩会。大赛新设"本科生创意组",设置单独晋级通道,保障在校大学生参赛,增加参赛人员年龄不超过 35 周岁限制,让青年学生有机会展示。经过角逐,南昌大学获得冠军,全省获金牌 24 枚、银牌 28 枚、铜牌 77 枚,名列全国第 3 名(部属高校均列入属地省份计算,前 3 名分别为江苏省、浙江省和江西省),南昌大学获金奖数量位列全国高校第 1 名。江西省获 2 个优秀组织奖、3 个先进集体奖和 3 个最佳单项奖。江西省获得历届大赛最好成绩,展示全省创新创业教育改革丰硕成果。

(省教育厅)

教师队伍建设

【概　况】 2021 年,全省各级强化新时代师德师风建设,拓展教师培养渠道,提升教师培训质量,保障编制提高待遇,切实为教师减负,各项工作取得成效。全年招聘中小学幼儿园教师 1.16 万人,中央"特岗计划"教师 4973 人。遴选 2490 余名音体美专业师范生赴农村小学实习支教。推动校长教师交流轮岗,各地共交流教师 1.18 万人,轮岗校长 949 人。选派"三区"人才优秀支教教师 1295 人。选派"银龄讲学计划"教师 270 人。设立学前教育巡回支教点 458 个,招聘支教教师 916 人。

【师德师风建设】 4 月和 12 月分 2 批向社会通报 12 起中小学教师违反师德师风典型案例。5 月在省教育厅网站首页开通"江西省师德师风问题反映平台",接受社会各界对师德师风监督举报。6—11 月,在全省教育系统开展师德专题教育,全员全过程提升教师师德素养。8—9 月,开展师德师风应知应会测试,全省 53 万名教师参加测试,合格率 96%。9 月 7 日,省委书记刘奇、省长易炼红在南昌市与全省优秀教师代表座谈,代表省委、省政府向全省教师和教育工作者致以节日问候。省领导马志武、孙菊生、汤建人等在教师节前,分别走访慰问一线教师代表。评选表彰 177 名省特级教师,为全省 1.1 万余名长期从教教师颁发长期从教荣誉证书。摄制教师节宣传短片《老师,您好!》,表达对教师感恩之情,浓厚尊师氛围。9 月 10 日,在各地各校地标性建筑上,用 LED 字幕滚动、飞字或灯光秀等方式为教师"亮灯",引导社会各界感念师恩、礼敬教师,营造节日氛围。将 2021 年确定为"全省教师思政工作和师德师风强化年"。全年东华理工大学周义朋、江西电子信息工程学校赖勋忠分别入选"全国教书育人楷模"和"全国最美教师",弋阳县方志敏中学占运雪家庭、江西开放大学邱娟家庭、江西科技师范大学陶军明家庭等 3 个教育家庭入选全国"首批教育世家"。开展"新时代学生心中的好老师"宣传推介活动,共遴选 2 批 235 名"好老师",发布宣传"好老师"事迹。

【教师培养培训】 2021 年,新增江西科技师范大学、赣南师范大学为本科公费师范生培养单位,招生计划由每年 1000 人增加至 2000 人。江西师范大学、赣南师范大学以培养普通高中教师为主,江西科技师范大学以培养中等专业学校教师为主,兼顾初中教师。2 月,省教育厅出台《江西省定向师范生教育培养和管理办法(试行)》,明确定向师范生教育培养、履约任教、保障措施等工作要求。10 月,省教育厅印发《关于加强省属师范大学公费师范生招生录取工作的通知》,促进高校招生培养与各地教师岗位需求有效衔接。全年从优秀初中毕业生中招收定向师范生 4900 余人,共安排国培计划资金 1.01 亿元,培训 4.1 万余人;安排省培计划资金 3200 万元,培训 2.5 万余人。继续组织实施"中小学名师名校长培养计划",遴选确定江西师范大学附属中学徐跃平等 90 名人员为全省第 3 期"中小学名师"培养对象、南昌市外国语学校万瑛等 45 名人员为全省第 6 期"中小学名校长"培养对象。遴选确定省教育厅教学教材研究室周自兴等 8 名人员为全省首批中小学思政课"名师工作室"主持人,省级予以每个工作室 10 万元经费支持。

【保障教师待遇】 江西省人民政府教育督导委员会办公室印发《关于巩固义务教育教师工资收入专项督导工作成果的通知》,建立月报制度和工作台账,加大动态监测和督促指导力度,督促各地巩固专项督导工作成果。全省 11 个设区市和 124 个县(市、区)(含 24 个各类新区、开发区、风景区)政府均建立义务教育教师工资待遇长效保障机制和随公务员工资收入动态调整机制。做好离岗退养民办教师最低生活补助提标工作,经报请省政府同意,7 月起将离岗退养民办教师离岗退养费最低标准从每月 600 元提高至 900 元。4 月,省教育厅印发《关于进一步落实〈江西省减轻中小学教师负担十八条措施〉的通知》,明确把减轻中小学教师负担工作纳入对设区市政府履行教育职责督导评价内容。要求所有县(市、区)党委、政府结合当地实际,出台中小学教师减负清单或落实举措,要求各地各校认真贯彻落实 2020 年出台《江西省减轻中小学教师负担十八条措施》。7 月,省教育厅印发《关于抓紧落实中小学教师减负整改工作的通知》,督促各县(市、区)提高思想认识,推进减负工作落实。

【教师编制管理】 加强学前教育师资队伍管理,要求各地按照每个幼儿班"二教一保"配备标准,配足配齐相关人员,确保幼儿园专任教师总数与在园幼儿总数之比不低于 1∶15。省委编办、省财政厅、省教育厅联合印发《关于做好 2021 年全省中小学教职工编制动态调整工作的通知》,建立中小学编制动态管理机制,明确全省中小学教职工编制总量,根据 2020 年公办中小学秋季入学在籍学生数进行重新调整。推动义务教育学校教师“县管校聘”管理体制改革,建立每月调度工作机制,举办全省2021年义务教育学校教师“县管校聘”管理改革专题研修班,督促指导18个“县管校聘”改革试点县(市、区),出台实施方案和配套措施。

【教师资格认定】 2021年,推进教育类研究生和公费师范生免试认定中小学教师资格改革。全年全省有446名教育类研究生和公费师范生享受免试认定政策。修订《江西省教师资格申请人员体检标准》,首次开通残障人员参加中小学教师资格考试试点工作,为残障人员提供人性化便利条件。严格实施教师资格制度,组织中小学教师资格面试、高校教师资格认定等工作。全年全省有16.64万名考生参加中小学教师资格面试,共认定高校教师资格3556人,处理撤销与丧失高校教师资格19人。

(省教育厅)

民办教育

【概　况】 2021年,全省各级各类民办学校8673所,在校生184.40万人,占全省在校生16.36%。其中,民办高校31所(本科11所、专科13所、独立学院7所),在校生34.13万人;民办中等职业学校98所,在校生14.80万人;民办普通高中192所,在校生24.27万人;民办初中181所,在校生20.79万人;民办小学49所,在校生14.93万人;民办幼儿园8118所,在园幼儿75.42万人;民办特殊教育学校4所,在校生701人。

【民办学校年检工作】 6月,修订完善《江西省民办高等学校年检实施办法(试行)》,明确每年4月上旬,民办高校自查;4—5月中旬,省教育厅牵头成立由第三方人员组成专家组进行实地核查。对“年检优秀”学校,将在专项资金分配、招生计划安排、评先评优等方面给予支持;对连续2年“年检基本合格”学校,视作为“年检不合格”;对“年检不合格”学校,责令其限期整改,并视情况依法给予公开通报、减少或停发专项资金、减少招生计划或者暂停招生等处理;对连续3年“年检不合格”学校,吊销其办学许可证。制定出台《江西省民办高等学校不良信用记分清单》《江西省民办普通中专年检实施办法(试行)》《江西省民办非学历高等教育机构年检实施办法(试行)》等文件,全面规范各类民办教育机构办学行为。7—11月,组织专家对全省民办高校2020年度依法办学情况进行年度检查。为确保年检结果更加科学合理、公平公正,11月24日,在南昌召开2020年度全省民办高校年检答辩会,省委教育工委副书记、省教育厅厅长郭杰忠主持并讲话。12月14日,通报18所民办高校年检结果,江西服装学院等5所高校获“优秀”等次。

【《江西省现有民办学校分类登记实施办法》出台】 10月9日,省教育厅等8部门印发《江西省现有民办学校分类登记实施办法》,推进民办学校分类管理改革。该《办法》明确可进行分类登记“现有民办学校”指2016年11月7日之前成立民办学校(含各级各类民办学校、幼儿园及教育培训机构)。“现有民办学校”举办者可以自主选择非营利性民办学校继续办学,或者变更登记为营利性民办学校。但出现以下8种情形,不得选择登记为营利性民办学校,实施义务教育民办学校;面向义务教育阶段学生学科类校外培训机构;公办学校举办或者参与举办民办学校(实施职业教育除外);以财政性经费、捐赠资产举办或者参与举办民办学校;办学条件不符合法律法规及规范性文件要求的;债权债务不清晰、资产存在争议或历史遗留问题尚未解决的;无法有效保障营利性民办学校登记中的国有资产、受教育者、教职工和举办者合法权益的;对营利性民办学校有禁止性规定的、或营利性民办学校登记条件不成熟的、或其他不适合登记为营利性民办学校情形的。

【民办学校办学许可证“电子证照”启用】 11月14日,在全省范围内全面启用民办学校办学许可证“电子证照”,全省各地一律不再颁发民办学校办学许可证纸质证照。此前取得纸质证照在有效期内可继续使用,到期后自然失效。电子证照按照教育部颁布民办学校办学许可证技术标准设计,分为正本和副本,与纸质证照具有同等法律效力,可作为民办学校办理相关政务服务事项依据。电子证照信息向社会全面公开,接受监督。社会公众可登录江西省民办教育公共服务平台或扫描电子证照上二维码,实时查询核验民办学校办学许可等信息。

(省教育厅)

国际合作与交流

【概　况】 2021年,各类公派留学累计113人次;中外合作办学项目145个;建立海外孔子学院14所,孔子课堂6所,汉语教学中心2个;外国留学生招收资格院校45所,在籍留学生4683人;聘专资格院校123所,在校外籍教师360余人;高校举办国际学术会议14次;中国政府奖学金资格院校8所;青年骨干教师出国研修项目资格院校10所,国别和区域研究中心4个。出台《江西省关于落实〈教育部等八部门关于加快和扩大新时代教育对外开放的意见〉的实施方案》,扩大全省新时代教育对外开放提供政策依据和发展方向,全省全方位、多层次、宽领域教育对外开放格局形成。

【江西省本科高校教育国际化水平排行榜(2020年)发布】 5月,省教育厅委托江西师范大学高等教育研究中心、江西省教育国际交流协会和江西省教育国际合作与教师发展中心联合成立课题组,对江西省2020年本科高校教育国际化水平进行评估。课题组以《江西省教育国际化评价指标体系》为依据,对34所本科高校2020年教育国际化相关信息和数据进行统计分析、综合评分,得出2020年江西省本科高校教育国际化总体水平和各单项得分及排序情况。12月,形成《2020年江西省本科高等教育国际化发展报告》,并在江西省教育网发布江西省本科高校教育国际化水平排行榜(2020年),总体水平前10位依次为江西财经大学、华东交通大学、南昌大学、江西中医药大学、江西师范大学、东华理工大学、江西理工大学、南昌航空大学、赣南师范大学、江西科技学院。

【2021 国际产学研用合作会议在南昌召开】 6月10日—11日，2021国际产学研用合作会议在南昌召开。教育部党组书记、部长陈宝生，省委书记刘奇出席开幕式并致辞。俄罗斯莫斯科大学国际科学和高等教育科学院院士特列夏林米哈伊尔尤里耶维奇，俄罗斯彼尔姆国立大学校长德米特里克拉希尔尼科夫，乌克兰哈尔科夫国立技术大学副校长哈萨诺夫玛格曼迪，乌克兰哈尔科夫国立航空航天大学校长尼古拉聂琦巴卢克通过视频致辞。省委副书记叶建春主持，省领导吴浩、孙菊生出席。会议邀请俄罗斯、白俄罗斯、乌克兰等25个国家中外嘉宾718人参会，其中外方嘉宾117人，中方601人；院士15人，其中外方院士10人，中方院士5人。会议以“产学研用、创新发展”为主题，围绕新材料、航空航天和稀土3个领域，深化国际科技合作，促进科技成果转化，推动产业转型升级。会议组织“超高温材料与装备”等论坛6个，进行邀请报告80场，签署合作协议11项，合作平台揭牌2个。

【国际中文教育】 10月，江西省孔子学院工作联盟联合江西师范大学文学院在江西师范大学举办江西省首届国际中文教育论坛暨国际中文教学技能大赛。北京语言大学教授李宇明、吴应辉，辽宁师范大学教授李宝贵，暨南大学教授邵宜，南昌大学教授徐采霞分别作主题报告；与会人员就孔子学院和汉语国家教育发展前沿话题进行研讨；南昌大学、江西师范大学等9所高校选手同台竞技，展现江西“汉教人”风采。做好国家公派出国教师（孔子学院）推荐遴选工作，配合中外语言交流合作中心，完成国际中文教师志愿者选派工作。

12月16日—17日，江西省第九届外国留学生汉语大赛在南昌举行。图为12月17日现场才艺展示

省教育厅供

【江西省第九届外国留学生汉语大赛举行】 12月16日—17日，江西省第九届外国留学生汉语大赛在南昌举行。来自五大洲30个国家在赣留学生报名参赛。大赛以“江西新篇章·美丽新画卷”为主题，全省高校25名留学生在大赛舞台上秀汉语、展才艺。此次大赛设“艺”彩纷呈才艺会、鄱韵流长故事会2个环节。经过角逐，江西财经大学卡门、乔治、米查和华东交通大学天佑、景德镇陶瓷大学夏天意（以上均用中文名）获前5名，华东交通大学、江西财经大学获最佳组织奖。

【全省教育外事工作会议召开】 12月13日，全省教育外事工作会议在南昌召开。副省长孙菊生出席并讲话，中国政府欧亚事务特别代表李辉和教育部国际合作与交流司司长、港澳台办公室主任刘锦出席并作专题辅导报告。此次全省教育外事工作会议，是时隔10年召开的教育外事工作会议，主要任务是回顾总结“十三五”江西省教育对外开放和外事工作，分析研究教育外事形势，全面部署“十四五”期间教育对外开放和外事工作重点任务。会上，九江市教育局、南昌大学、江西财经大学、九江职业技术学院作经验交流发言。

【《江西省外籍人员子女学校管理办法（暂行）》出台】 12月21日，印发《江西省外籍人员子女学校管理办法（暂行）》，规范江西省外籍人员子女学校审批和管理，为外籍人员子女在赣接受教育提供便利。明确在中国境内依法设立外国机构、外资企业、国际组织驻华机构和合法居留外国人，可申请举办外籍人员子女学校。学校可实施学前教育和普通中小学教育，办学条件应不低于所在地同级同类普通学校办学标准。学校经省教育厅批准设立并实行属地管理。各设区市、省直管县（市）教育局负责本地区所属学校日常管理工作，通过年检或开展认证评估促其提高教育教学质量。学校主要招生对象为在江西省合法持有外国人居留证件外籍人员随行子女（外籍）。学校可适当招收在省内合法居留中国港澳台地区居民子女以及在境外依法定居中国公民子女（外籍）和引进海外高层次人才子女（外籍）。学校不得招收境内中国公民子女入学。

（省教育厅）

本类目编辑　刘清林

科学技术

综　述

2021年，江西省因实施创新驱动发展战略，推进自主创新和发展高新技术产业成效明显，获国务院督查激励表彰；在科技部公布的全国高新区评价结果中，全省8个国家级高新区实现连续进位，其中南昌高新区上升至第26位。鹰潭高新区、赣州高新区、吉安高新区实现两位数进位；争取国家项目1027项，获经费支持5.39亿元；全省高新技术产业增加值占规模以上工业增加值38.5%，同比增长30%。

科技创新顶层设计。以省政府名义出台"十四五"科技创新规划，并召开规划专题新闻发布会。以省政府办公厅名义出台推进创新型省份高质量发展三年行动方案和产业链科技创新联合体建设方案。率先启动由江铜集团为牵头单位的铜产业创新联合体，支撑铜合金材料、铜金属材料制品等关键核心技术研究。

区域创新体系。召开鄱阳湖国家自创区领导小组会议，出台建设工作评价方案、五年行动计划等文件。南昌航空科创城、中国（南昌）中医药科创城、南昌VR科创城、赣州稀金科创城、上饶大数据科创城、鹰潭智慧科创城六大科创城成为全省重点产业与科技创新高度融合的"主战场"。新余市获批建设国家创新型城市。全省建有1个国家级和19个省级创新型县（市），全社会研发投入强度年均增长0.31%，高新技术产业增加值占比年均增长5.74%，增幅均高于全省平均水平。认定2020年独角兽（潜在、种子）企业和瞪羚（潜在）企业156家，同比增长36.8%；入库科技型中小企业8361家，同比增长30.6%；至2021年年底，有效期内的高新技术企业6712家。

重大创新平台建设。省部共建轨道交通基础设施性能监测与保障国家重点实验室获批组建，成为江西省第六个国家重点实验室。江西鄱阳湖湖泊湿地国家观测研究站、南大一附院生物样本库获科技部批准建设。中国中医科学院中医药健康产业研究所成为全省第二家中央科研院所直属事业法人单位。中国信息通信研究院江西研究院、中国移动虚拟现实创新中心、中国工程科技发展战略江西研究院、江西航空研究院等一批重大创新平台相继落地运行。赣江创新研究院首次牵头申报的国家重点研发专项获科技部立项；中药资源与制造国家技术创新中心建设的全球首套未来中医药智慧诊疗、制造、服务系统装备正式运行；中科院庐山植物园启动建设庐山植物园赣江新区中药植物研究院。瞄准世界科技前沿和国家复合半导体材料领域重大战略需求，组织南昌大学筹建首个江西省实验室。南昌大学食品科学与技术国家重点实验室主任谢明勇当选中国工程院院士。全省14名科技人才入选国家级人才计划。南昌大学、江西理工大学2个重点学科获批建设国家级学科创新引智平台。抚州"揭榜挂帅"引才模式获中组部系统全国人才工作最佳案例奖。以省政府名义出台加快江西省新型研发机构发展的10条措施。北京航空航天大学江西研究院等5家机构确定为2021年引进共建新型研发机构。东华理工大学科技园认定为国家级大学科技园。

创新成果应用。与科技部、工信部续签国家03专项成果转移转化试点示范三年框架协议，为全国首个续约省份。出台"智联江西"移动物联网发展三年行动方案，面向产业、民生和社会领域，打造3个百万级应用，"智赣119"连接数在全国率先突破300万，物联网核心及关联产业业务收入1500亿元。举办2021江西国际移动物联网博览会。网上常设技术市场平台接入"赣服通"，汇集省内外科技成果和专利技术2万余项，服务企业6689家。技术市场成交金额414亿元，同比增长77%，全国排名升至第17位。举办首届科技成果拍卖会，成交额2198万元，其中竞价最踊跃的科技成果溢价率达115.7%；举办首届科技创新产品直播节，带动网络零售额1.2亿元；发布首届技术转移服务业TOP10榜单。

科技创新。组织开展重大科研项目"揭榜挂帅"，有39个榜单被揭榜，金额4.79亿元。首次实施省市联合专项，会同南昌市支持虚拟现实重点应用技术研究；首次开展"科技+水利"联合计划，围绕全省水利领域开展技术攻关。抚州、南昌、赣州、新余、上饶、宜春、景德镇等地探索重大项目"揭榜挂帅"制度。联合省财政厅等5个部门共同开展"减负行动2.0"，推动22条措施落地见效，该做法被国家科改领导小组办公室作为典型经验推广。启动开展科技计划项目"包干制"试点改革，在省自然科学基金计划、高端领军人才培育项目等6类项目中试行包干制试点，其中高端领军人才培育项目经费不区分直接费用与间接费用。联合省发改委等8个部门在赣江新区和12家高校、科研院所开展赋予科研人员职务科技成果所有权或长期使用权改革试点，为460余项科技成果赋权。宜春市发放科技创新券。

惠民富民行动。出台科技特派员助力乡村振兴行动计划，推动服务领域从单一的农业技术服务，拓展到金融、技术、创业等多个领域。完善部省市县科技部门四级联动的科技帮扶工作机制，推动井冈山园区升建国家农高区，将井冈山市、永新县打造成科技帮扶创新驱动乡村振兴样板。利用野生稻资源选育出绿色高效优质水稻新品种，"再生稻"丰产增效技术突破双季亩产1166.1千克，自主设计的"中芯一号"家猪育种基因芯片达到国际领先水平，打破欧美技术壁垒。启动首批碳达峰碳中和科技创新专项。制定支撑平安江西建设实施方案，举办江西公共安全创新创业大赛，大赛成果吸引近10亿元投资。完善省临床医学研究中心网络布局，新增12个国家临床医学研究中心分中心落地江西。赣州青峰药业自主研发的抗肿瘤I类新药进入临床试验，抚州亿友药业研发的盐酸溴乙新颗粒以及分散片和博雅生物研发的凝血因子类产品层析技术填补国内空白。

（省科技厅）

科技发展计划

【概　况】 2021年，省级科技专项总预算14.22亿元，按照"1+5"科技计划体系，共安排各类省级科技计划项目2195项。推行重大科研项目"揭榜挂帅"制，分批次发布17项关键技术和30项企业需求榜单，共有39项完成对接揭榜，金额4.79亿元；推动与省水利厅共同研究并印发《江西省"科技+水利"联合计划项目管理办法》；结合实际修订《江西省科技计划项目管理办法》和《江西省科技计划项目验收（结题）工作实施细则》；联合多部门出台《关于进一步完善省级财政科研项目资金管理的若干措施》。对接省金融监管局，建立与国开行江西省分行、农发行江西省分行等金融机构的合作协商机制。推进"科贷通"等科技金融服务，全年"科贷通"累计贷款额46亿元，超额完成40亿元的年度目标。推动科技成果更高水平转化，以省政府名义出台加快江西省新型研发机构发展的十条措施；印发《关于开展赋予科研人员职务科技成果所有权或长期使用权试点的工作方案》，明确赣江新区和南昌大学等14家高校、科研院所改革试点，为460余项科技成果赋权；联合省财政厅等5部门共同开展"减负行动2.0"，出台《2021年江西省减轻科研人员负担、激发创新活力专项行动工作方案》，推动减表、解决报销繁杂等22条措施落地见效。该做法被国家科改领导小组办公室作为典型经验进行推广，并被国办信息采用；与省税务局联合，加快落实研发费用加计扣除新政；联合省教育厅等4部门开展12场科技政策宣传督导服务。

【科技金融融合】 发挥开发性、政策性和商业性金融机构在服务实体经济、服务地方发展中的重要作用，对接省金融监管局，全面建立与国开行江西省分行、农发行江西省分行、中行江西省分行、农行江西省分行、交行江西省分行、邮储行江西省分行等金融机构的合作协商机制。推进"科贷通"等科技金融服务。2021年，"科贷通"累计贷款额达46亿元，超额完成40亿元的年度目标。"科创通宝"企业融资总金额突破2亿元。推动农发行江西分行向井冈山国家农业科技园发放科创贷款1亿元；国开行江西分行向赣州稀土集团等4家企业发放科创贷款5.69亿元；全省银行机构为虚拟现实产业链重点企业提供融资余额44.28亿元、向38家科技协同创新体提供融资余额9.9亿元；10.6亿元的江西省物链创新发展基金，完成工商注册登记。举办第三届滕王阁创投峰会，帮助更多科技型企业打通融资渠道。落实"映山红行动"，建立上市后备企业培育推荐机制，协助江西兆驰光元、江西中天智能装备等6家高新技术企业上市。

【创新型省份建设专项计划】 2021年，创新型省份建设专项计划支持351项，经费9.06亿元。主要用于安排支持创新区域体系、创新供给体系、创新成果转移转化体系和创新保障体系4个方面建设。重点支持中科院赣江创新研究院建设经费5亿元；中药国家大科学装置预研经费1.4亿元；南昌大学开展科研项目经费包干制经费3077万元；中国中医科学院江西分院建设（江西中医药健康产业研究院筹建）经费1000万元；中科院庐山植物园建设经费1000万元；中国工程科技发展战略江西研究院建设经费1000万元；网上常设技术市场后补助1000万元；江西产业技术创新与育成中心建设经费500万元；鄱阳湖国家自主创新示范区建设经费3500万元；支持科创城建设2500万元；支持国家创新型城市建设300万元；省级创新型县（市、区）建设300万元；省实验室筹建1项，经费2000万元；独角兽企业瞪羚企业梯次培育项目157项，经费2880万元；支持03专项和5G项目133项，经费5066万元；研发投入后补助经费2460万元。

【试行重大科研项目"揭榜挂帅"制】 2021年，探索试行重大科技研发专项"揭榜挂帅"制，制定《2021年度江西省科技厅"揭榜挂帅"制项目实施方案》和《2021年江西省科技厅"揭榜挂帅"项目遴选工作方案》，分步分类开展工作。关键技术类发榜方是省科技厅，通过梳理制约产业发展的核心关键技术，发布揭榜任务和预期目标。省内外符合条件的创新主体均可主动揭榜，经专家论证通过后，进行立项确认和签订合同，组织实施攻关任务，省级财政提供相应项目研发费用支持。企业需求类主要由省内龙头、骨干企业提出技术难题或者重大需求，省科技厅发挥"牵线搭桥"作用，经论证遴选、公开张榜后，符合条件且具有研发能力的创新主体均可以主动揭榜，经供需对接达成协议后，组织实施攻关任务，研发经费由提出需求企业提供，省级财政提供相应研发费用补助。全年分批次发布17项关键技术和30项企业需求榜单，共有39项完成对接揭榜，金额达4.79亿元。

（省科技厅）

高新技术及产业

【概　况】 2021年，全省有高新区27个，其中国家级高新区9个，省级高新区18个。推广应用"揭榜挂帅"组织方式，通过省级科技计划项目支持高校、科研院所和重点优势企业在航空、先进装备制造、新能源、新材料、新一代信息技术、汽车等技术领域开展关键核心技术攻关，攻克一批“卡脖子”技术，推动重大科技成果实现转移转化。支持“揭榜挂帅”关键技术攻关项目7个、企业重大技术需求项目17个，支持省重点研发计划重大项目2个、重点项目22个、一般项目63个，下达省科技计划项目资金近7000万元。全省有国家级高新技术产业化基地28个、国家火炬计划特色产业基地8个，国家级软件园1个、省级高新技术产业化基地12个。实施科技型企业梯次培育，全省有效期内高新技术企业共6712家。全省共有高企评审专家1053人，对2017年出台的《江西省高新技术企业名称变更管理工作规程》进行修订完善。1月至10月，高新技术产业增加值占规模以上工业企业增加值37.7%，全省高新技术产业增加值增速为17.2%，同比提升7.6个百分点。享受高新技术企业所得税减免额54.6亿元，同比增长4.41%。

【高新技术产业开发区】 2021年，省科技厅牵头开展省级工业园更名为高新技术产业园区审核工作，提请省政府批复同意将江西安义工业园区更名为江西安义高新技术产业园区、江西上高工业园区更名为江西上高高新技术产业园区。按照科技部开展“百城百园”专项行动部署和要求，省科技厅指导南昌高新区开展电子信息产业建设，指导抚州高新区开展新一代信息技术产业建设。以中央引导地方项目资金形式，分别支持南昌高新区、抚州高新区各350万元。召开鄱阳湖国家自主创新示范区建设领导小组第一次会议。根据《江西省高新技术产业开发区提质增效综合评价办法（试行）》，对全省高新区进行综合考评，从科技经费中拿出1000万元资金，奖励2020年在全国高新区考评中进位的8家国家高新区和8家省级高新区。全省9个国家级高新区实现进位赶超。南昌高新区从上年的第26位上升至第24位，比2020年前进2位；景德镇高新区排名第70位，比2020年前进11位；新余高新区排名第71位，比2020年前进14位；鹰潭高新区排名第89位，比2020年前进13位；吉安高新区排名第108位，比2020年前进17位；赣州高新区排名第109位，比2020年前进15位；抚州高新区排名第86位，比2020年前进1位；九江共青城高新区排名第133位、宜春丰城高新区排名第136位，分别比2020年前进17位。

【鄱阳湖国家自主创新示范区建设】 11月15日，省长叶建春主持召开鄱阳湖国家自主创新示范区建设领导小组第一次会议，审议并原则通过《鄱阳湖国家自主创新示范区建设领导小组及其办公室工作规则》《推进鄱阳湖国家自主创新示范区建设五年行动计划（2021—2025年）》《鄱阳湖国家自主创新示范区建设工作评价方案（试行）》，12月9日正式印发。根据科技部2021年国家高新区评价结果，鄱阳湖国家自主创新示范区内7个高新区连续两年实现进位赶超。中国信息通信研究院江西研究院、北京大学南昌创新研究院、华为南昌创新中心、北航江西研究院、江西航空研究院在南昌高新区启动建设；中科院赣江创新研究院在赣州高新区落地挂牌；景德镇高新区哇陶众创空间小微企业创业创新基地被评为国家级基地。南昌大学国家硅基LED工程技术研究中心承担的“硅基氮化镓绿光和黄光LED”项目、北航江西研究院牵头承担的“航空发动机环形薄壁化铣件激光刻型技术与装备研发”项目、江西联创光电超导应用有限公司承担的“兆瓦级高温超导直流感应加热装置关键技术研究”项目等鄱阳湖国家自主创新示范区内的一批科研成果入选2021年江西省十大科技成果。

【举办第三届滕王阁创投峰会】 12月29日—30日，省科技厅牵头在南昌举办以“预见独角兽，启航新征程”为主题的第三届滕王阁创投峰会。峰会由省政府指导，省科技厅、省金融监管局、江西证监局、南昌市政府主办，南昌高新区管委会、南昌市科技局、江西预见独角兽孵化器有限公司、梅花创投承办。会议吸引全国优质科技企业、项目、技术、人才和资本向江西集聚，来自全国各地的知名学者、创业投资机构代表等300余名嘉宾参会。会后共有东旭集团、红杉资本、天风证券、孚能科技等16家企业对江西提出合作诉求。

【科技型企业梯次培育】 2021年，省政府印发《江西省“十四五”科技创新规划》，明确把持续提升科技创新主体能力作为重点工作。省科技厅优化顶层设计，完善“科技型中小企业—高新技术企业—高成长性科技型企业”的梯次培育体系。高新技术企业、独角兽企业、瞪羚企业数量培育均纳入全省高质量发展考评体系，连续举办三届“滕王阁”创投峰会。坚持对高成长性科技型企业一年一评选，定期发布评选企业榜单和发展报告，跟踪研究独角兽（潜在、种子）企业和瞪羚（潜在）企业发展态势；对于首次入选的独角兽（潜在、种子）企业和瞪羚（潜在）企业分别给予400万元及10万元不等的一次性入选奖励；对发展势头迅猛、技术创新特别突出、影响力极大的独角兽（潜在、种子）企业和瞪羚（潜在）企业采取“一企一策”方式给予支持。全省有科技型中小企业8361家，有效期内高新技术企业6712家，累计培育独角兽（潜在、种子）、瞪羚（潜在）企业321家。全省境内上市的69家企业中，44家是高新技术企业，占64%。

【科技孵化机构】 全省有省级以上科技孵化机构328家，其中科技企业孵化器97家（国家级22家、省级75家），众创空间215家（国家级57家、省级158家），大学科技园16家（国家级4家、省级12家）。纳入科技部火炬统计的科技孵化机构有238家，未填报科技孵化机构有29家，其中科技企业孵化器7家（国家级3家、省级4家）、众创空间22家（国家级5家、省级17家）。

（省科技厅）

农业科技

【概　况】 2021年，一些关键核心技术取得突破。设计的“中芯一号”家猪育种基因芯片打破育种芯片由欧美设计制造的技术壁垒，育成多肋生猪新品系3个；突破再生稻机械化丰产技术瓶颈,创造全省再生稻双季亩产1166.1千克新高。突破南方酸性土壤不适宜稻—虾蟹共作的瓶颈,集成稻渔生态健康养殖技术13项,示范带动农户1199户、年增收250余万元。开发大米蛋白(肽)等系列高附加值产品,集成创新脱除农残和重金属技术,高纯度大米蛋白(肽)达到国际食品安全标准。研制年转化10万吨早籼米或碎米的连续性、自动化和规模化生产配套设备,实现新增销售5.21亿元,利润2977.44万元,新增税收3243.73万元;出口创汇700多万美元。选派省科技特派员1393名,对接服务2031家企业,引进推广新品种、新技术1500多个,解决生产技术问题1000余个。培训技术骨干和带头人1360人次。获全国"大美科技特派员"微视频活动优秀组织奖。井冈山国家农高区实施红壤和绿色食品研发各级各类科技项目54项,与华南农业大学教授、中国工程院院士罗锡文合作研发丘陵小型智能农机、建设无人农场;与16家省内外院校签订合作协议,建设国家级和省级创新服务平台和载体24家;培育高新技术企业20家,绿色食品企业47家,园区实现总产值约120亿元。九江国家农业科技园区通过验收。全省国家星创天地累计开展创新创业服务活动1890次,服务8.5万人次,吸引入驻企业681家。获国家"三区"人才经费1590万元,争取国家重点研发项目1项、经费6300万元,课题4项、经费2100万元,共9990万元。

【"三区"人才专项】 2021年度中央财政、省财政分别下达"三区"人才支持计划科技人员专项计划经费分别为1590万元和2000万元,主要用于科技特派员开展科技服务工作、科技人员培训、考核管理等。具体为:科技特派员工作经费2786万元[选派科技特派员1393人,2万元/(人·年)],科技人员培训经费459万元,科技特派团管理考核工作经费200万元,配套乡村振兴帮扶经费145万元。先后出台《"三区"人才支持计划科技人员及科技特派员工作经费"包干制"实施细则》《江西省科技特派员助力乡村振兴行动计划(2021—2025年)》等文件。从155家科研院所、高校、企业等选派1393名中级以上职称科技人员,担任江西省科技特派员及"三区"科技人才,组建161个科技特派团、421名个人科技特派员开展服务,与2031家企业(合作社)、2797个村(其中重点帮扶村815个)等服务对象签订协议、开展服务。带动农户3.01万户,创办领办企业、合作社、农民协会等机构22个,发放种植养殖等技术资料1.5万余份,引进新品种1216种,举办培训场次663场。6月10日,江西省启动"三区"科技人员培训任务征集,分畜禽、水产、林业、果蔬、经济作物、粮油等6个班次开展,完成培训212人、3.28万天任务。确定江西农业大学、江西恒晖大农业科技有限公司、省林业科学院、吉安职业技术学院、省蚕桑茶叶研究所、上饶师范学院和省农业科学院7家单位,分别承担2021年"三区"人才支持计划科技人员培训。10月27日—30日,省科技厅与科技部农村中心在宜春共同举办全国骨干科技特派员能力素质提升培训班,来自赣、浙、鄂、皖4省共83人参加培训。

【农业科技园区】 2021年,全省有南昌、井冈山、新余、上饶、丰城、赣州、萍乡、宜春、九江和景德镇10个国家农业科技园区,省级农业科技园43个。10个国家农业科技园区核心区面积共3.65万公顷,政府投入12.4亿元,社会投入51.5亿元,年总产值391亿元,入驻企业924个,转化科技成果62个,引进技术84个,引进品种132个,引进设施93个,推广技术66个,推广品种81个,推广设施42个,开展技术培训5702万人次。升建井冈山国家农业高新技术产业示范区。通过中央引导地方科技发展资金支持井冈山园区实施"百城百园"行动,累计带动高新技术产业规模25.94亿元。推动农发行江西分行向井冈山园区发放科创贷款1亿元。井冈山园区与18家省内外院所校签订合作协议,与院士罗锡文、赵春江、任发政建立合作关系,推进园区智能农机、数字农业和食品产业发展;园区有科技型企业90余家,其中高企20家。

【科技帮扶】 出台《江西省科技特派员助力乡村振兴行动计划(2021—2025年)》,选派金融专业人员为科技特派员,推动服务领域从单一的农业技术服务,向金融、技术、创业等领域全面拓展。鼓励特派员参与揭榜挂帅项目,在基层一线解决问题、转化成果。制定《"三区"人才支持计划科技人员及科技特派员工作经费"包干制"实施细则》,解决科技特派员工作经费报账难等问题。对2019—2020年选派的1321名科技特派员开展绩效评价,取消71名绩效评价不合格人员的2021年科技特派员资格。央视《焦点访谈》以《送"智"下乡 点"识"成金》为题,报道科技特派员苏海兰助力井冈山老区乡村振兴情况。选派1393名科技人员为2021年科技特派员,到全省95个县(市、区)、7个国家农业科技园区开展农业科技服务。根据全国骨干科技特派员能力提升计划,与科技部农村中心举办江西省科技特派团团长综合能力提升培训班。搭建集需求征集、成果发布、技术服务等为一体的江西省科技特派员管理服务平台,为企业等经营主体提供"菜单式"科技服务。指导南昌大学牵头实施"蓝色粮仓科技创新"重点专项"井冈山绿色生态立体养殖综合技术集成与示范"项目,攻克南方丘陵地区稻—渔综合种养关键技术,突破南方酸性土壤不适宜稻—虾蟹共作的养殖瓶颈。组织实施"井冈绿菜沙培技术集成与示范""永新林下经济中药材种植""蜜蜂高效科学养殖技术集成示范"等项目24个,支持经费共2300万元。开展主题为"巩固脱贫攻坚成果 科技助力乡村振兴"的科技下乡活动,培训种植户、科技示范户、农业专业合作社代表等新型农民1000余人,发放技术资料2万余份,接受农民技术咨询5000余人次。做好对口支援民族乡村工作,省科技厅获评第五轮省直单位对口支援民族乡村工作优秀单位。推进升建井冈山国家农高区,围绕红壤主题和绿色食品产业发展,组织实施"红壤丘陵区井冈蜜柚提质增效技术研究"重大专项等科技项目37项。指导申报省级井冈蜜柚技术创新中心,推动规划建设红壤科技馆、植物工厂。推动园区食品企业和高校院所合作,申报高新技术企业5家。组织宜春、九江国家农业科技园区完成专家评估答辩等工作，指导景德镇等国家农业科技园区突出产业特色和科技含量。国家级星创天地累计开展创新创业服务活动1890次，服务人员8.5万人次，吸引入驻企业681家，推动入孵企业或创客1363家。

【科技下乡】 3月22日，以“巩固脱贫攻坚成果科技助力乡村振兴”为主题的江西省科技下乡主会场活动，在万载县三兴镇举行。省科技厅组织江西农业大学、省农科院、宜春学院、宜春市农科院等高校和科研院所的专家为农民群众开展农业科技服务，现场发放技术资料和书籍1000余份，赠送、优惠销售新农药、新兽药和新良种等。同时，专家们通过现场指导等形式，详细了解生产过程中存在的技术问题，将科学种植、园区管理等知识传授给菜农、果农，指导农民加强田间管理，提前做好防御农业气象灾害和病虫害的准备。全省11个设区市通过“集中培训+分类指导”“线上+线下”“请进来、走出去”等形式，培训种植户、科技示范户、农业专业合作社代表等新型农民共1000余人，发放技术资料2万余份，现场接受农民技术咨询5000余人次。

【创新型县(市、区)建设】 8月，江西省推进创新型省份建设领导小组办公室印发《关于开展第一批省级创新型县(市、区)建设评价工作的通知》，对2018年批复的第一批试点建设期满3年的5个省级创新型县(市、区)建设成效，组织专家开展综合评价。9月，省科技厅委托省科技事务中心按照《第一批省级创新型县(市、区)建设试点评价方案》要求，组织专家对5个县(市、区)自评材料进行会议评审。根据《第一批省级创新型县(市、区)建设试点评价方案》和专家评审结果，对评价结果为优秀的县(市、区)给予差异化的资金资助，分别为渝水区150万元、崇仁县100万元、章贡区50万元。支持继续开展创新型县(市、区)建设。

(省科技厅)

气　象

【概　况】 2021年，全省气象部门组织做好全年16次区域性、连续性暴雨、强对流过程气象服务，加强生态文明建设气象保障，推进气象现代化建设，深化气象改革。省市县三级气象规划全部列入政府专项规划目录清单，重点项目全部纳入当地发展规划纲要。省政府召开突发事件预警信息发布工作推进视频会议，加快推进项目建设和预警信息发布工作。推进第二批26个气象台站探测环境改善工程建设。制修订3部规范性文件。全面实行“县账市审”，开展内控建设试点，形成人机协同财务治理新模式。《气象灾害防御重点单位安全管理办法》列入立法计划。定点扶贫及工作队获中国气象局及省委表彰。

【气象防灾减灾】 全年发送预警短信9514.7万人次，电话叫应1.07万次。推进气象灾害风险普查成果应用，开展以人员转移为侧重点的强降水风险预警服务44期，气象服务材料获省领导批示49次。省政府改革应急启动条件，根据气象预报，提前2天启动防汛应急响应，5次指导提前转移群众近2万人，保障实现全年无一人因洪涝灾害伤亡。精准服务建党百年庆祝活动、中国国际“互联网+”大学生创新创业大赛，得到省委书记易炼红、代省长叶建春、副省长罗小云和中国气象局局长庄国泰肯定，获中国气象局通报表扬。中小水电普惠气象服务覆盖全省2329个农村中小水库电站。基于5G+人工智能技术，试点打造即时天气服务管家，开展高速公路恶劣天气行车安全灾害预警系统研究示范应用。

【生态文明建设气象保障】 在全国率先建成省市县三级生态与农业气象服务业务体系。探索气候资源价值转化，推动中国气候宜居城市、中国天然氧吧创建，举办第四届江西“寻找避暑旅游目的地”活动，助力各地生态旅游产业发展。实施粮食安全气象保障“十条”，推广农业气象适用技术10余项，联合省农业农村厅建立6个早播气象适用技术示范点，降低春季低温、寒露风的影响。组建中国气象局温室气体及碳中和监测评估江西分中心，与省生态环境厅签署2021年空气质量改善领域深化合作年度工作协议，污染潜势预报和空气质量预报时效从48小时延长至7天。推进国家(庐山)云雾物理试验基地建设，实施人影安全提升行动，常态化开展生态型人影作业1485次，累计影响约14万平方千米。

【气象现代化建设】 省政府印发《江西省人民政府关于推进更高水平气象现代化助力江西高质量跨越式发展的意见》，11个设区市政府、85个县(市、区)政府出台推进高质量气象现代化文件；省政府办公厅印发《关于推进人工影响天气工作高质量发展的实施意见》，与省住建厅、省自然资源厅联合印发《关于加强气象探测环境保护工作的通知》。省政府召开气象现代化建设领导小组会议，部署加快推进高质量气象现代化建设。气象工作纳入省委、省政府高质量发展考评体系，普发全国气象系统示范借鉴。新建智能气象自动站9个，X波段雷达3部。省突发事件预警信息发布系统接入“省应急指挥系统”和“省应急广播平台”，共享省平安办“平安江西”资源，实现重大预警信息对近200万名网格员和志愿者的点对点发布。启动实施“智气象战略”，列入“智联江西”发展规划和03专项试点示范。研发智能预测预报系统，部分业务质量排全国前列。实施“双百”人才选拔培养计划，新增7人通过正高评审，为历年最多。

【气象治理】 开展省市县三级的业务分工、流程以及岗位设置优化调整，推进以气象防灾减灾为重点的业务服务向以趋利避害并举的业务服务新格局转型。统筹国家和地方气象机构改革，获中国气象局局长庄国泰等批示肯定，要求总结推广。整合保留3家甲级资质企业，加强气象社会治理。开展防雷和升放气球安全专项整治三年行动，联合公安、文旅和应急管理部门，常态化开展重点领域安全隐患整治和交叉检查。制修订3部规范性文件，发布1项行业标准，5项地方标准，出版《江西省气象行政执法手册》。开展生态文明建设立法研究，省人大开展《江西省气候资源保护和利用条例》实施情况专题调研。

(钟微)

地　震

【概　况】 2021 年，全省境内发生有记录地震事件 69 次，其中 1.0～1.9 级地震 26 次，2.0～2.9 级地震 2 次，3.0 级以上地震 1 次。最大地震为 3 月 13 日鹰潭市余江区 3.1 级地震。全年速报国外 7.0 级以上地震 17 次，国内 5.0 级以上地震 32 次，省内及周边地区 2.0 级以上地震 4 次。有效处置省内 5 次强有感地震事件。全年发送震情短信约 14 万条。完成中国共产党成立 100 周年、全国两会、中共十九届六中全会及省第十五次党代会等重大活动、重要时段的地震安全保障服务工作。入选国家级防震减灾科普教育基地 1 个、国家级防震减灾科普示范学校 3 个。

【《江西省"十四五"防震减灾规划》印发实施】 1 月，江西省防震减灾规划项目纳入省"十四五"规划纲要第十四篇第二章"平安江西建设"专栏重点工程。6 月 24 日，经省政府同意，省地震局与省发改委联合印发《江西省"十四五"防震减灾规划》。该规划总结"十三五"期间江西防震减灾事业成效，分析全省防震减灾工作面临的形势和需求，提出"十四五"期间江西防震减灾事业发展的指导思想、发展目标、主要任务、重大项目和保障措施，涵盖地震监测预测预警能力、地震灾害风险防治能力等在内的 4 大类 17 项量化指标体系。8 月，省政府新闻办举行江西省"十四五"防震减灾规划新闻发布会。5 家中央媒体、16 家省内新闻媒体及境外媒体参加发布会。

【省防震减灾工作领导小组会议召开】 9 月 7 日，江西省防震减灾工作领导小组会议在南昌召开，省委常委、常务副省长、省防震减灾工作领导小组组长殷美根出席会议并讲话，省军区、省发改委、省财政厅等省防震减灾工作领导小组各成员单位负责人参加会议，省人大教科文卫委、省委编办、江西广播电视台负责人列席会议。会议传达国务院总理李克强批示、国务委员王勇致信精神，听取 2021 年全省震情形势汇报、回顾总结"十三五"时期全省防震减灾工作，研究部署下一阶段重点任务。

【《江西省防震减灾条例(修订稿)》发布实施】 7 月 28 日，江西省第十三届人民代表大会常务委员会第三十一次会议审议通过《江西省防震减灾条例(修订稿)》，并正式发布实施。新修订的《江西省防震减灾条例》，结合机构改革和防震减灾工作实际进行修订，明晰边界范围和工作职责，进一步提高全省防震减灾社会管理和公共服务水平。

【推进自然灾害防治能力建设两项重点工程】 2021 年，推进地震灾害风险普查和房屋设施加固工程两项自然灾害防治能力建设重点工程。地震灾害风险普查：4 月，完成 3 个试点县(市)调查任务，通过中国地震局验收。8 月，召开全省地震灾害风险普查推进会和培训会。11 月底，完成大余县的评估与区划工作。房屋设施加固工程：2018 年以来，各成员单位和瑞金、寻乌、会昌、安远 4 个高烈度区市县累计投入 138.33 亿元，加固面积 600.98 万平方米，涉及 7884 栋、3.6 万户、13.27 万人。11 月，加固工程自评估项目通过验收，形成评估报告。

(魏清亮)

社会发展科技

【概　况】 2021 年，支持省级科技计划项目 136 项，其中重大科技专项 1 项，重点项目 24 项，一般项目 49 项，应用研究培育 50 项，省级临床医学研究中心 5 项，"揭榜挂帅"榜单 7 项；投入科技经费 8050 万元。争取国家项目 2 项，获国拨专项经费 5209 万元。支持省科技学院开展"江西省碳达峰碳中和目标及实施路径研究"，组织起草编制《江西省科技支撑碳达峰碳中和行动方案》和技术路线图。围绕"减碳、降碳、低碳、固碳"四个方面，针对锂云母资源高效开发利用、高能耗行业协同节能减污降碳、低碳综合能源利用系统、农林减排固碳等行业技术需求，共设置 4 个专题 9 个方向，支持科技经费 2000 万元。省科技厅联合省发改委、省工信厅和省生态环境厅，在全国率先开展绿色技术创新企业培育工作，评选出 20 家省级绿色技术创新培育企业。优化临床医学研究中心布局。采取"牵头+联合"的组建方式，在康复医学、医学检验、中医骨科、皮肤病、血液系统疾病等疾病领域新组建 5 个省级临床医学研究中心，投入经费 250 万元；支持 12 个省临床医学研究中心新认定为国家临床医学研究中心分中心。开展对重点企业与科研院所的现场督导调研；对全省涉及人类遗传资源活动的 57 家单位开展调查，全面掌握江西省科技领域生物安全风险基本情况；及时叫停在江西省鄱阳湖流域开展的不符合国家要求的合作项目。南大一附院生物样本库建设申请获科技部审批同意，这是江西省第三家被科技部批复同意建设的生物样本库。博雅生物制药集团股份有限公司承担的 2017 年重大研发专项项目"血浆冷沉淀中凝血因子类产品深度开发及产业化"，获批"人凝血酶原复合物"《药品注册证书》，"凝血因子类产品层析技术"填补国内空白。江西浩然生物制药有限公司承担的 2018 年重大研发专项项目"高纯度尿促卵泡素等生殖激素原料及制剂产业化的关键技术开发"开发 3 种生殖助孕用促性腺激素产业化联产关键技术，建立注射用尿促卵泡素制剂产业化工艺路线，工艺稳定可靠，产品经法定机构检测质量达到国家药品标准。国家重点研发计划"固废资源化"重点专项课题"铜尾矿大规模建材化利用关键技术与示范"成果在江西省大规模应用示范，建立示范工程，规划用地面积 26.67 公顷，设计产能年消纳铜尾矿 250 万吨，总投资 12 亿元。"赣南钨尾矿制备绿色建材及其产业化的关键技术研究"，以 70%钨尾矿复合石屑废料、矿粉、粉煤灰及添加剂制备得到的新型建材(钨尾矿基复合改性矿物掺合料)，实现等量替代粉煤灰制备混凝土，有效解决钨尾矿和石屑带来的环境污染及土地占用问题。

【省级绿色技术创新企业】 2021 年，省科技厅联合省发改委、省工信厅、省生态环境厅出台《江西省绿色技术创新企业培育工作方案》，并评选出第一批省绿色技术创新企业培育名单。第一批20家培育企业涉及节能环保、清洁生产、清洁能源、生态保护与修复、城乡绿色基础设施、生态农业等领域，涵盖产品设计、生产、消费、回收利用等环节的技术。列入绿色技术创新企业培育名单的企业可享受同等条件下省级科技项目优先立项等优惠政策。绿色技术创新企业培育期为3年，实行动态管理，培育期满进行绩效评价。

【组建省级临床医学研究中心】 2021年，采取“牵头+联合”的组建方式，在康复医学、医学检验、中医骨科、皮肤病、血液系统疾病等疾病领域新组建5个省级临床医学研究中心，投入经费250万元。新增12家国家临床医学研究中心分中心。江西省共组建30个省级临床医学研究中心，对接23个国家临床医学研究中心。这些中心辐射11个设区市的网络成员单位200余家，帮助基层70余家医疗机构开展义诊、技术培训、健康教学等活动200多次，服务基层群众4万余人。

（省科技厅）

高校科研与成果转化

【概　况】 2021年，全省高校从事科技活动人员2.99万人。其中，科学家与工程师2.74万人，占91.64%。获科技经费40.34亿元，其中R&D经费30.33亿元。承担各级各类科技项目1.85万项，投入项目经费20.04亿元。其中，企事业委托科技项目4437项，投入经费8.1亿元。发表学术论文20599篇，其中国外学术刊物发表9476篇、SCIE收录8182篇、EI收录2532篇、ISTP收录409篇。出版科技著作145部，大专院校教科书185部。申请知识产权6419项，其中国（境）外55项、发明专利2585项、实用新型专利3372项、外观设计专利462项；获知识产权授权5540项，其中国（境）外46项、发明专利1416项、实用新型专利3572项、外观设计专利552项、其他知识产权593项。签订技术转让合同126项，合同金额7672.6万元，实际收入7363.9万元。全省高校获省部级以上科学技术奖励116项，其中一等奖25项、二等奖43项、三等奖48项。

【国家级科技项目】 2021年，全省高校获批国家自然科学基金项目934项，直接经费3.4亿元，分别占全省的93.59%和94.54%，立项数和经费数均创历史新高。南昌大学潘秉兴申报的“应激致情感障碍的脑机制”项目获国家杰出青年科学基金项目，项目经费400万元。

【科研平台建设】 2021年，科技部批复依托华东交通大学组建省部共建轨道交通基础设施性能监测与保障国家重点实验室，东华理工大学科技园被科技部、教育部认定为第十一批国家大学科技园。东华理工大学“铀资源勘查与开发协同创新中心”被认定为省部共建协同创新中心。全省高校（含附属医院）新增江西省网络空间安全智能感知重点实验室等18个省重点实验室和1个省技术创新中心。

【高校人才队伍建设】 高校2人获国家杰出青年科学基金项目资助，1人获国家优秀青年科学基金项目资助，8人入选长江学者奖励计划。高校（含附属医院）34人入选2021年度省主要学科学术和技术带头人培养计划领军人才，占比59.6%；52人入选青年人才，占80%。

【南昌大学谢明勇当选中国工程院院士】 11月18日，中国工程院公布2021年新增院士名单，南昌大学教授谢明勇当选中国工程院环境与轻纺工程学部院士，实现江西省高校中国工程院院士零的突破。谢明勇任南昌大学食品科学与技术国家重点实验室主任，中国食品科学技术学会副理事长；获国家科技进步二等奖和国际食品亲水胶体基金会大奖，2016年当选国际食品科学院院士，近4年连续入选科睿唯安全球“高被引科学家”榜单；指导的学生获杰青、优青、全国优博、IUFoST杰出青年科学家奖等。谢明勇长期聚焦食源性多糖与果蔬发酵方向开展研究，取得系列工程化创新成果，带领团队创制改善胃肠道功能和益生菌发酵果蔬等系列营养健康产品，并实现产业化，催生出全新的养胃食疗和果蔬发酵绿色制造产业。

（省教育厅）

科技合作与交流

【概　况】 2021年，省科技厅推动中国工程科技发展战略江西研究院落地；助力签订江西省与中国工程院战略合作协议、赣鄂湘三省科技合作框架协议、江西与菲律宾农林科技合作协议；获得第24届北京科博会优秀组织奖；争取立项中科院STS区域重点项目1项、国家重点研发计划“政府间国际科技创新合作”“战略性科技创新合作”等重点专项项目3项。省院共建中科院庐山植物园人才队伍建设、科研能力建设及科研产出稳步提升，中科院江西育成中心正式进入实体化运行。助力江西省与浙大、北航、上海交大、南航等知名高校开展科技合作，围绕航空、精密仪器制造、环保、新能源、电瓷电气等领域，引进共建5家高端研发机构。助推江西省与长三角、粤港澳大湾区、京津冀和鄂湘等开展区域科技合作，与湖北、湖南三省聚焦推进区域创新联动、技术协同攻关、科技创新资源共享等7个方面签订科技合作框架协议；组织参加进博会、科博会、粤港澳大湾区经贸活动等，促成与外省合作近40项，投资金额27亿元，建立销售渠道近10个，销售金额近3000万元。推动与美国、芬兰、以色列、日本、新加坡等发达国家科技合作，组织省内有关单位参加发达国家对接会6次，开展项目路演和案例分享等技术交流。推进与“一带一路”国家科技合作，筹划并举办中国江西省-菲律宾科技部合作项目备忘录视频签约，组织参加迪拜世博会、中国-阿拉伯、中国-东盟技术转移与创新合作大会等科技交流活动，推动东华理工大学、江西理工大学与俄罗斯、乌克兰、柬埔寨等“一带一路”国家科技合作。

【国际科技合作与交流】 组织省农科院、景德镇陶瓷大学、宜春大海龟公司、江西汇峰智能物流有限公司 4 家单位参加科技部中国-芬兰高技术领域对接会暨长三角中芬创新合作交流会,推荐宜春大海龟公司进行项目路演和案例分享;推荐南昌大学申报 2021 年度中日青少年科技交流计划基层对口项目,计划与日本朝日大学开展口腔医学方面的交流。推进新加坡南洋理工大学与江西财经大学通过视频会议就人工智能及虚拟增强现实领域进行初步对接;依托江西万科,举办以色列高科技产业精准对接会,组织省内有关单位与 14 家以色列高科技企业进行对接,促成省内 3 家单位与以方达成合作意向;加强与“一带一路”国家科技合作,通过电邮等形式与菲律宾科技部等部门保持沟通和协调,促成省农科院和省林科院与菲方就水稻和竹产业达成合作意向。筹划并举办中国江西省-菲律宾科技部合作项目备忘录视频签约仪式,省农科院和省林科院分别与菲方签订合作协议;东华理工大学 3 项活动列入“中俄科技创新年”活动清单,并在活动闭幕式上作为合作成果得到国家领导人好评。中俄质谱科学与仪器国际联合研究中心在“水自由基阳离子的制备及分析化学研究”和“新型冠状病毒肺炎呼气检测方法及装备的研发与应用”等项目中取得初步研究成果;依托江西理工大学与乌克兰国家科学院共建中乌新材料研究院,与乌方材料领域顶尖专家合作对新一代全固态电池、稀土磁性材料、高性能钨铜合金材料等关键技术领域开展技术攻关,通过改进技术实现磁晶各项异性纳米磁粉的可控制备,其烧结态磁体矫顽力突破 50kOe。基于利用扩散理论,通过多种工艺途径优化晶界扩散过程,实现大扩散深度、高性能的磁体制备技术的研发。制备系列钨铜电极产品,产品相继在株洲硬质合金集团有限公司和赣州澳克泰工具技术有限公司等单位试用,得到用户肯定。依托东华理工大学,继续实施科技部对发展中国家科技援助项目,与柬埔寨就共建“新能源与环保技术研究院”达成合作意向。参与筹备 2020 年迪拜世博会“江西活动日”。组织参加第四届中国-阿拉伯国家技术转移与创新合作大会,推荐 13 项省内优秀技术成果,全部编入大会筛选的 136 项成果汇编。其中,11 项成果作为大会 83 项亮点技术通过中阿技术转移中心平台对外发布。此外,东华理工大学江西省数字国土重点实验室教授吴伟成获邀参加大会专场对接会之一——地质科技创新暨第三届中阿地学合作推进会;组织参加第九届中国-东盟技术转移与创新合作大会。组织省内部分高校和企业参加东创会开幕式、主论坛以及节能环保专题技术对接会等活动。在节能环保专题技术对接会上,江西省 2 家企业现场参加推介,同时,其科技成果由中国东盟技术转移中心平台进行重点宣传,达成多项合作意向。

【区域科技合作与交流】 省科技厅组织参加第 24 届中国北京国际科技产业博览会(简称“科博会”),组织省内 16 家具有代表性的科技“领头羊”单位参展,江西展区获第 24 届中关村论坛展览(科博会)优秀组织奖,参展的金黄光智慧照明有限公司、丹巴赫机器人股份有限公司分别获最佳展示奖。会后,参展单位与外省达成科技合作协议 10 余项,建立销售渠道近 10 个,销售金额近 3000 万元。加大赣京科技合作支持力度。支持各类赣京科技合作项目 9 项,其中省级技术创新引导类科技合作专项 5 项、中央引导地方资金项目跨区域合作项目 4 项;财政经费支持 570 万元,引导自筹科技经费及社会资本投入 1327 万元,总经费 1897 万元。

省科技厅牵头主办江西省与粤港澳大湾区智慧产业投资合作对接会和江西省与粤港澳大湾区高层次人才座谈会,两个活动现场签约项目 26 项,总投资金额 27 亿元。推动中科院庐山植物园依托中科院华南植物园联合培养硕士;推荐江西中医药大学、赣江中药创新中心 3 名中药质量鉴定相关领域专业技术人员参加澳门第十届中药质量鉴定技术研修班。先后推动中国科学院广州电子技术研究所和赣州经开区就电子信息和智慧产业达成产学研合作;推动中科院华南植物园与赣南师范大学联合开展亚热带植物及其相关产业的基础和应用研究;推动中国科学院广州生物医药与健康研究院和“青峰药谷”开展再生医学战略咨询等。促进长三角科技资源向江西省汇聚。6 月,江西省科技厅与湖北省科技厅、湖南省科技厅正式签订长江中游区域协同创新合作框架协议,聚焦推进区域创新联动、加强技术协同攻关、共享科技创新资源、促进科技成果转化、强化科技创新创业、对接科技金融服务、携手国际与区域科技创新合作 7 个方面,实现科技资源共享、优势互补、协同创新、合作共赢。10 月,省科技厅通过视频连线方式参加沪赣科创论坛,省科技厅副厅长鄢帮有出席会议并致辞,号召两地专家学者助推上饶、南昌、新余、鹰潭等地先期参与 G60 科创走廊建设,推动科技资源互通共享。推动上海振兴促进会科技创新工作委员会(上海科促会)成立,并以科促会为平台,吸纳国内外优秀人才,深化沪赣两地产学研合作与成果转移转化。12 月,组织参加在湖北举办的 2021 中非创新合作大会。会上,鄂湘赣三省携手推动共建新时代中非命运共同体,举行中非科技合作项目签约活动、中非创新合作论坛、非洲国家驻华外交官科技创新荆楚行等系列线上线下专场活动。

【省院科技合作与交流】 4 月 7 日—10 日,由省政府、中国工程院联合主办,省委组织部、省科技厅、省科学院 3 家单位承办的“江西省人民政府 中国工程院全面战略合作系列活动”在南昌、景德镇、鹰潭、赣州、吉安等地举行。4 月 8 日,江西与中国工程院在南昌举行科技座谈会,双方签署全面战略合作协议和共建中国工程科技发展战略江西研究院合作协议。4 月 25 日,中国科学院深圳先进技术研究院与吉安冠佳新能源开发有限公司共建的“新能源材料与技术联合实验室”举行揭牌仪式,中科院在江西省创建的首家联合实验室“落户”万安县。6 月 17 日—20 日,中国科学院党组成员、副院长,中国科学院大学党委书记、校长李树深到赣考察调研。省院就共建南昌大学、中科院庐山植物园等合作事宜达成共识。7 月 7 日,副省长罗小云带队走访中国科学院及中科院国家天文台,与中科院党组成员、副院长张涛会谈,与中科院国家天文台台长、院士常进会谈,就组建国家稀土技术创新中心、中科院庐山疗养院纳入省院共建中科院庐山植物园体系、大口径射电望远镜建设等工作进行沟通交流。8月30日,罗小云走访中科院,就邀请中科院领导出席2021江西智库峰会暨国家级大院大所产业技术和高端人才进江西活动以及推进省院科技合作重点事项进行交流。张涛会见罗小云一行并参加座谈。9月16日—17日,由省委、省政府和中国科学院联合主办的2021江西智库峰会暨国家级大院大所产业技术进江西活动在南昌、上饶、萍乡、新余、吉安等地举行。活动在南昌主会场举办主论坛、成果展示、集中洽谈签约、科技成果路演等活动,还在上饶、萍乡、新余、吉安分别举办“创新驱动 融合发展”“创新与绿色融合 开放与合作共赢”“生态农业与新能源”“新型材料产业的创新与发展”专项对接会。9月,中科院STS区域重点项目——《鄱阳湖水系濒危水生动物保护创新研究示范》通过中科院科发局立项,经费预算1980万元,省科技厅与中科院科发局就此签署合作备忘录。2021年,中科院在江西实施的产业化合作项目138项,实现销售收入68.05亿元,实现社会效益125.39亿元。

【省校科技合作与交流】 1月26日,省科技厅党组成员、副厅长鄢帮有带队赴浙江大学,与浙江大学副校长严建华等座谈,围绕浙江大学拟在赣建立电磁研究机构事宜进行交流。2月1日—2日,鄢帮有陪同浙江大学信电学院教授尹文言一行在昌调研,主要了解南昌市相关企业在电磁兼容(安全)技术领域的研发、应用和市场需求情况。5月8日,省科技厅党组书记、厅长犹瑆赴北京航空航天大学沟通协调省校合作相关事宜,会见北京航空航天大学党委书记曹淑敏。7月8日,省科技厅协助北京航空航天大学江西研究院举办首期“瑶湖大讲堂”。10月,省科技厅正式立项,分别确定北京航空航天大学江西研究院、中山大学南昌研究院、(同济大学)南昌智能新能源汽车研究院为2021年江西省引进共建高端研发机构。

(省科技厅)

引进国外智力

【概　况】 江西理工大学、南昌大学相关学科入选2021年国家“高等学校学科创新引智计划”。9家企事业单位获批科技部高端外国专家引进计划11项,获批资助经费272万元。新增省主要学科学术和技术带头人培养计划领军人才57人、青年人才65人,遴选33人为2021年省高层次和急需紧缺海外人才引进计划入选人员。实施厅领导联系服务科技人才制度,举办2期省主要学科学术和技术带头人国情研修班。

【引育高端人才计划】 完成国家有关人才计划申报工作,遴选推荐50名人才申报国家有关海外引才计划、20名人才申报国家有关人才培养计划。14名人才入选,入选人数创历年新高。完成2021年科技部高端外国专家项目申报推荐工作,推荐上报16个项目,9个单位11个项目获批,资助经费272万元。完成2020年省“双千计划”自然科学类项目评审推荐工作,向省委人才办推荐拟入选项目245项。优化实施省高层次和急需紧缺海外人才引进计划,实行经费包干制,提高经费支持力度,扩大申报支持范畴,改进经费支持方式,加大对企事业单位引进海外人才的支持力度,遴选33人为2021年省高层次和急需紧缺海外人才引进计划入选人员,其中高层次海外人才项目16人、急需紧缺海外人才项目17人。

【搭建引智平台】 举办智荟赣鄱——江西省食品·环境与健康协调发展院士专家咨询会,邀请中国工程院环境与轻纺工程学部院士曲久辉(学部主任)、朱蓓薇、陈卫、徐祖信、任洪强以及农业学部院士李培武到赣,通过院士专家报告会、院士专家咨询会、深入企事业单位考察调研等形式,为江西谋划推动“十四五”乃至更长时期内食品、环境与健康协调发展提供战略咨询和科技服务。举办智荟赣鄱、合作共赢——江西省与粤港澳大湾区高层次人才座谈会,邀请院士等26名高层次人才参会,举行人才项目签约、江西省高层次人才联谊会粤港澳大湾区分会揭牌,吸引粤港澳大湾区高层次人才到赣创新创业。组织省内企事业单位参加第十九届中国国际人才交流大会,全省82家企事业单位近200人参会。通过组织参加大会网上张揭榜活动,面向海外发布人才和项目需求200余个,并在线下设置江西招聘展位,线上线下同步招聘人才。以“创新引领、智荟赣鄱”为主题,在线下高标准打造江西特装展区(同步在线上虚拟展厅展示),展示“十三五”以来江西经济社会发展特别是科技创新成就,宣传创新创业良好平台和环境,搭建人才引进和交流合作渠道。会同省委统战部举办海外人才江西行——侨商侨才专场活动,邀请11名侨商侨才到赣考察对接生物医药领域创新创业项目,与省内34家生物医药企业代表对接洽谈。配合省委人才办举办井冈山高层次人才对接活动。组织发动省内65家企事业单位86名代表,与中组部高层次人才国情研修班的专家开展对接交流,就柔性引才,破解技术难题,开展人才、项目合作进行洽谈。指导支持江西理工大学“稀有稀土资源高效开发与应用创新引智基地”、南昌大学“功能性碳水化合物创新引智基地”申报并入选2021年国家“高等学校学科创新引智计划”。

【引智管理服务】 会同科技部国外人才研究中心、中国科协调研宣传部,以“讲述中国共产党故事”为主题,组织来自丹麦、意大利、叙利亚、俄罗斯等国的外国专家在吉安、赣州两地开展国情调研考察活动,讲好江西故事,深化在华外国专家对中国国情的认识。指导南昌高新区做好外国人来华工作许可与居留许可“单一窗口”试点工作,至2021年年底,单一窗口共办件162件,其中A类高端人才43件。组织2021年中国政府“友谊奖”申报推荐,1名外国专家获奖。会同省教育厅、省外办、省民宗局下发《关于进一步加强外籍教师聘任和管理工作的通知》,加强全省各级各类学校和校外培训机构聘请外籍教师的监督管理工作。做好在赣外国人“两稳工作”,坚持每日宣传引导和日报告制度，向在赣外国专家发放新年贺卡、新春慰问信，宣传国家和江西抗疫成就，特别是统筹推进疫情防控和经济社会发展情况。至年底，在赣工作外国人597人，比年初增长8.7%。

（省科技厅）

科技成果与奖励

【概　况】 2021年，全省登记科技成果1218项，与上年相比增加148项，同比增长13.83%。其中，省直单位成果登记591项，占48.52%，比上年下降1.66%；设区市成果登记627项，占51.48%，比上年上升33.69%。全省登记的科技成果仍以应用技术成果为主，有1028项，比上年上升21.95%，占全年登记成果84.40%；基础理论成果190项，占15.60%，与上年相比下降16.30%。全省登记的成果评价方式以验收为主，机构评价、结题为辅，鉴定及其他评价方式并存。登记成果中验收项目459项，占登记成果37.68%，比上年上升6.50%；机构评价项目111项，占9.11%；结题项目144项，占11.82%；知识产权授权项目383项，占31.44%；鉴定、评审、评估、行业准入等其他评价方式项目121项，占9.93%。

【应用技术成果水平】 2021年，全省登记应用技术成果1028项，其中，达到国际领先水平48项，占应用技术成果4.67%；达到国际先进水平99项，占应用技术成果9.63%；达到国内领先和国内先进水平的成果共351项，占应用技术成果34.14%；国内一般水平的成果7项，占应用技术成果0.01%；未评价成果370项，占应用技术成果35.99%。

【科技成果专利与标准】 全省登记的科技成果中，已获专利授权2350件。其中，独立科研机构321件，占授权总数13.66%；大专院校452件，占授权总数19.23%；企业1450件，占授权总数61.70%；医疗机构83件，占授权总数3.53%；其他44件，占授权总数1.87%。在登记的科技成果中，制订标准共7件，其中国家标准4件、地方标准2件、企业标准1件。

【高新技术领域应用技术成果】 2021年，全省登记的1028项应用技术成果中，有790项属高新技术领域，占登记的科技成果64.86%。其中，电子信息193项，占登记的高新技术领域成果24.43%；先进制造120项，占登记的高新技术领域成果15.19%；航空航天11项，占登记的高新技术领域成果1.39%；现代交通11项，占登记的高新技术领域成果1.39%；生物医药和医疗器械99项，占登记的高新技术领域成果12.53%；新材料111项，占登记的高新技术领域成果14.05%；新能源与节能68项，占登记的高新技术领域成果8.61%；环境保护51项，占登记的高新技术领域成果6.46%；地球、空间与海洋17项，占登记的高新技术领域成果2.15%；核应用技术1项，占登记的高新技术领域成果0.13%；现代农业108项，占登记的高新技术领域成果13.67%。电子信息领域在全省高新技术领域中所占比例最高，其次先进制造和新材料占有较大比例。

【科技成果应用】 2021年，全省登记1028项应用技术成果，有已应用项目919项，其中已产业化应用项目688项、小批量应用项目231项，占登记应用技术成果89.40%。试用项目52项；未应用项目57项，未能应用的原因为资金问题的4项、市场问题的44项、管理问题2项、政策因素2项；已转化项目379项。替代落后技术、工艺、装备的项目331项，占已应用项目36.02%；替代进口项目55项，占已应用项目5.98%；填补国内空白306项，占已应用项目33.30%；降低成本的项目248项，占已应用项目26.99%。

【应用技术成果经济效益】 2021年，全省登记的1028项应用技术类成果中，产生经济效益的成果444项，占登记的应用技术类成果43.19%。这些成果产出的经济效益有自我转化总收入820.66亿元，净利润80.77亿元，实交税金26.20亿元，出口创汇33.40亿元，节约资金943.67亿元；合作转化收入79.71亿元；技术转让与许可收入2.44亿元，其中知识产权转让收入0.47亿元。

【科技奖励】 4月10日至11日，省自然科学奖评审委员会、省技术发明奖与省科技进步奖评审委员会分别召开评审会议，对候选项目进行复评。5月10日，省科技奖励委员会召开会议，对复评推荐的项目进行审议，拟同意2020年度省自然科学奖、省技术发明奖、省科技进步奖奖励项目共146项。5月28日，第68次省政府常务会审议同意，决定授予2020年度省自然科学奖、省技术发明奖、省科技进步奖共146项。其中，省自然科学奖47项（一等奖6项、二等奖17项、三等奖24项），省技术发明奖7项（一等奖2项、二等奖1项、三等奖4项），省科技进步奖92项（一等奖15项、二等奖26项、三等奖51项）。

（省科技厅）

技术市场

【概　况】 2021年，全省技术市场共登记各类技术合同6625项，成交金额413.99亿元，分别同比增长62.1%和77.4%；江西省技术合同成交额国内排名从2018年度的第22位升至2021年的第17位。全年登记技术服务合同2627项，成交金额161.35亿元，占“四技”合同成交总金额的39%。技术开发类合同2519项，成交金额151.3亿元，占“四技”合同总数和成交总金额近四成。以专利、软著、生物（医药）新品种等技术产权转让或专利许可形式交易的合同791项，成交金额75.2亿元。

【技术转移机构和网上技术市场平台培育】 省科技厅召开全省技术转移服务机构座谈会，推动建设“全省技术转移服务机构资源库”，汇集90余家技术转移服务机构资源，加快发展技术市场，将“江西省网上常设技术市场”打造成为集“展示、交易、共享、服务、交流、补助”六位一体的综合平台。至2021年年底，平台汇集省内外科技成果2.32万项，技术需求3454项，技术专家4.46万人。同时，推动“江西省网上常设技术市场”业务与“赣服通”综合平台对接，面向公众提供“科技成果发布信息查询、企业技术需求发布信息查询、省级科技奖励项目查询、科技成果登记信息查询、技术市场交易政策宣传”等服务功能。

9月18日，省科技厅联合新余市政府，举办江西新能源新材料产业科技成果在线对接会，供需各方实现技术对接387次、达成意向25次、现场签约8项；10月15日，省科技厅联合樟树市政府，举办江西（樟树）中医药强省科技成果在线对接会，供需各方实现技术对接346次、达成意向19次、现场签约9项。依托国家级技术转移人才培养基地，在赣州、九江、上饶开展3期初级技术经纪人培训，按照《国家技术转移人才培养教学大纲》内容，培训合格初级技术经纪人435人。至2021年年底，江西省有技术经纪人740人。全省有国家级技术转移示范机构5家，省级技术转移示范机构22家。全省5个国家级技术转移示范机构从业人员232人（其中技术经纪人25人），促进技术转移项目成交703项，促进技术转移项目成交金额3.28亿元，组织技术交易活动115次，组织技术转移培训3519人次，服务企业2023家，解决企业需求1721项，实现全年收入5428.31万元。

【2021年度全省科技成果与技术市场工作会在樟树市召开】 10月15日，省科技厅在樟树市组织召开2021年度全省科技成果与技术市场工作会。会议通报2021年1月—9月全省技术市场工作完成情况和江西省网上技术交易后补助政策落实情况，听取江西省技术转移产业联盟成立以来的运营工作情况介绍，重点交流下一步工作思路、目标任务、“江西省网上常设技术市场”建设和后补助政策落实举措。会上，开展技术交易补助政策宣讲、技术合同登记系统功能介绍等活动。各设区市科技局、赣江新区创发局的分管领导及科室负责人等共30余人参加会议。

【2021年江西省技术转移服务机构座谈会召开】 10月22日，省科技厅在南昌组织召开2021年江西省技术转移服务机构座谈会。会议介绍“江西省网上常设技术市场”建设和技术交易情况，交流各地各机构的工作经验做法，布置技术转移服务机构征集入库、榜单评选、成果拍卖等相关工作。各设区市科技局、赣江新区创发局的分管领导及科室负责人，以及江西省国家级技术转移示范机构、各地市重点技术转移服务机构的负责人等共70余人参加会议。

【完善技术转移转化配套政策】 5月，省科技厅对已试行一年的《江西省网上常设技术市场技术交易专项补助办法（试行）》进行修订完善。修订后的政策降低了门槛、提高了上限、明确不予补助的情形。对线上完成技术交易的受让方、转让方及中介服务机构，分别按照技术交易额的2.5%、1.5%、1.0%进行专项补助，单个项目上限分别为30万元、20万元、10万元；对技术拍卖（竞价）交易受让方按照实际技术交易额的10%进行补助，单个项目补助不超过50万元。

【举办2021年中国创新方法大赛企业创新方法区域赛】 10月15日—16日，省科协、省科技厅联合主办2021年中国创新方法大赛江西企业创新方法区域赛，省内87个创新项目团队，200余名企业科技工作者报名参赛，经过赛前培训、项目辅导、理论测试、区域初赛、决赛等环节，评选出江西省区域赛一等奖6名、二等奖10名、三等奖16名。其中，一等奖项目，代表江西参加全国总决赛。11月19日—20日，中国创新方法大赛受疫情影响改为线上展示，由省科协、省科技厅推荐的“提高硫化床内回收硅粉转化率”等5个创新项目团队参加全国总决赛，最终获得二等奖1项、三等奖2项、优胜奖2项。

（省科技厅）

科学技术普及

【概　况】 2021年，省科协推动落实《全民科学素质行动规划纲要（2021—2035年）》，编制《江西省全民科学素质行动规划纲要实施方案（2021—2025年）》，经省政府第80次常务会审议通过，以省政府名义印发。省委、省政府将科普和科学素质建设纳入省高质量发展综合绩效考核评价，并对11个设区市和100个县（市、区）开展科普和科学素质建设考核工作。省科协联合省委宣传部、省教育厅等单位共同组织开展2021年江西省全国科普日暨首届“好奇心”科普节活动。打造赣鄱科普大讲堂活动品牌，全年全省共开展200余场。为庆祝中国共产党成立100周年，牵头承办全国工艺美术红色主题作品展；联合省文旅厅、省文联、省工信厅承办“红星照耀中国——全国工艺美术红色主题作品展”；开展“红色百年路·科普万里行——全国科普大篷车庆祝建党100周年联合行动”。做好江西省2021—2025年度第一批、第二批全国科普示范县（市、区）推荐工作。组织开展2021年江西省科普教育基地的申报推荐和评估认定工作及全国科普教育基地申报创建工作。开展科普小镇创建工作，重点资助指导宜春丰城市中部教育装备城科普小镇等10个单位建设。加强“科普江西”抖音号管理，发挥“科普江西”抖音号更大效能。做好科普e站建设，建设全媒体传播网络，服务数字社会建设。开展科技志愿服务活动，推行“点单式”科技志愿服务，形成科技志愿服务制式清单登录新时代文明实践志愿服务平台，根据《中国科协办公厅关于公布2021年度科技志愿服务先进典型名单的通知》，罗晓敏选树为科技志愿者先进典型、新建区科技志愿服务大队选树为科技志愿服务队先进典型、南昌工程学院《“问渠”水利科技志愿服务行动》项目选树为科技志愿服务项目先进典型。初步形成以实体科技馆、数字科技馆、流动科技馆、科普大篷车为主要建设内容的现代科技馆体系。

【举办青少年科技活动】 4—12月，省科协联合省委国安办、省教育厅、团省委、省文旅厅、省科技厅举办以“喜迎建党百年、共筑国家安全”为主题的江西省第七届大学生科普动漫创作大赛，共收集参赛作品1326件，评出一等奖22个、二等奖82个、三等奖154个、优秀奖120个；评出优秀组织单位10

家,优秀指导教师 10 名。举办第五届全国青少年无人机大赛江西省选拔赛,全省 91 支队伍 127 名青少年选手参赛,评出一等奖选手 20 名、二等奖选手 26 名、三等奖选手 40 名。举办第三十六届江西省青少年科技创新大赛终评展示活动,收到参赛作品 586 项,评出青少年科技创新成果竞赛一等奖 27 项、二等奖 66 项、三等奖 92 项,科技实践活动一等奖 8 项、二等奖 20 项、三等奖 23 项,科幻画一等奖 37 项、二等奖 88 项、三等奖 120 项,辅导员创新成果一等奖 12 项、二等奖 30 项、三等奖 40 项。举办第七届全国青少年创意编程与智能设计大赛江西省选拔赛,共有 167 项作品参加线上视频答辩,最终评选创意编程一等奖 9 项、二等奖 20 项、三等奖 29 项,智能设计一等奖 4 项、二等奖 10 项、三等奖 12 项。举办暑期 2021 年青少年高校科学营,全省 370 名优秀高中生和 37 名带队教师参加云上科学营活动,选取 8 篇优秀营员征文上报中国科协青少年科技中心。组织举办中学生学科竞赛。全省生物竞赛参赛学生 828 人,评出一等奖 49 名、二等奖 200 名、三等奖 300 名,择优推荐参加全国生物奥林匹克竞赛的 12 名省队队员,取得 6 枚金牌、6 枚银牌。数学竞赛参赛学生 1260 人,评出一等奖 67 名、二等奖 521 名、三等奖 313 名,并由全国组委会批准,21 名学生参加全国冬令营。物理竞赛参赛学生 656 人,评选出一等奖 58 名、二等奖 277 名、三等奖 255 名。全国复赛总成绩前 15 名学生,代表江西省参加全国决赛,取得 6 金、7 银、2 铜;化学竞赛参赛学生 1100 余人,评出一等奖 68 人、二等奖 197 人、三等奖 243 人,19 名学生代表江西省入围全国决赛,获得 9 金、10 银,3 人入选国家集训队。

【科普信息化】 在"科普江西"微信公众平台上共开展"汲取红色精神科普成就未来"科普知识网络竞赛活动,全省参与活动总人数为 50.63 万人,答题人次为 463.52 万人次,答题满分人次为 11.55 万人次。"科普江西"抖音号更新视频 99 条,播放量 717.8 万次,点赞数近 3 万人次。推动"科普中国"落地应用,全省注册"科普中国"信息员 47.14 万人,全国排名第五位;传播量 947.53 万次,全国排名第 12 位。

【举办"送培下基层"科技辅导员培训班】 10 月 25 日—28 日,省科协在南昌举办"送培下基层"科技辅导员培训班,邀请知名专家学者江西省青少年科技教育协会理事长、南昌大学副校长朱友林分别传授《转基因植物及其食品安全》《总体国家安全观背景下青少年科技教育新发展》《中小学科技社团的组织与指导》等内容,共有 70 余名来自全省各地市的基层科技辅导员参加。

【开展 2021 年江西省全国科普日暨首届"好奇心"科普节活动】 9 月 12 日—19 日,省科协联合省委宣传部、省教育厅等单位共同组织开展 2021 年江西省全国科普日暨首届"好奇心"科普节活动。9 月 12 日,副省长罗小云出席江西省主场活动启动仪式。近 3000 名科技工作者、科技志愿者、社会公众参与省主场活动,1.3 万多网民参与网络直播,线上观看人数突破累计 12 万人次。《江西日报》、江西省电视台、江西广播电台等多家媒体报道。科普日活动期间,组织开展 500 多场科普宣传教育活动,利用网络等新媒介、新平台进行科普宣传,惠及公众 500 多万人次。南昌市科协等 12 家单位被中国科协评为全国科普日优秀组织单位,2021 年全国科普日江西省主场活动暨首届好奇心科普节等 7 个活动被评为优秀活动。

【流动科技馆江西巡展】 由中国科协主办、中国科技馆和江西省科协承办、江西省科技馆执行的流动科技馆江西巡展活动,面向全省各县(市、区)开展中国流动科技馆常规巡展(以下简称"常规巡展")和中国流动科技馆区域换展(以下简称"区域换展")。2021 年,在赣州、吉安 12 个县(区)开展区域换展,并由中科馆和省科协按照 6 : 6的比例配发 12 套展览资源定期轮换展出优质展教资源,每站展出半年。常规巡展在 2021 年期间完成濂溪区、瑞昌市、崇仁县、遂川县、弋阳县、武宁县、鄱阳县、宜黄县、修水县、万安县、横峰县、贵溪市、湘东区、安义县、吉水县 15 个站点巡展。巡展包含声光体验、电磁探索、健康生活、安全生活、VR 体验、生命奥秘、数学魅力、球幕电影、机器人表演等内容。2021 年,流动科技馆常规巡展和区域换展共接待 37 万人次。培训地方流动科技馆工作人员 200 余人,维修展品 300 余件次,确保展品完好率 90%以上。

【江西省科学技术馆试运行】 11 月 20 日,江西省科学技术馆进入试运行。其中,儿童科学乐园面向低龄儿童,常设展厅二至四层楼,设有展品 589 件。3D 巨幕影院首次投入使用,4D 影院进行放映测试,累计放映 39 场次。临展厅陆续推出古代科技展《榫卯的魅力展》等展览。依托常设展品资源,开展主题讲解、科学实验、科学课等活动 131 次。科技制作"五星红旗迎风飘扬"、科普剧《红色电波》,传承红色基因。科普剧《放牛娃杨惟义的昆虫梦》,获国际科学表演赛国际赛季军及最佳表演奖。邀请中科院院士江风益、刘嘉麒,中科院研究员王渝生,举办"赣鄱科普大讲堂"报告会。开展"小小科技辅导员"活动,30 名学生入选。开展"小小辅导员之《百年党史我来讲》"作品征集活动,征集作品 40 件。依托官方网站、手机 App、微信等平台,策划集视频、音频、图文和交流互动于一体的线上科普栏目。发布科普图文及音视频 70 期,微信公众号粉丝数 22.36 万。配合"科普江西"管理运行,发布推文 1000 余篇,微信粉丝数 100 万。联合《江西日报》、江西卫视、江西教育电视台、江西二套都市频道、大江网等媒体宣传报道,线上参与观众共 800 余万人次。2021 年,累计接待观众 26.17 万人,科普活动受益 40 余万人,线上科普参与 800 余万人。

(袁悦)

本类目编辑　毛珏珺

社会科学与地方志

综　述

2021年，围绕省委、省政府中心工作，推进理论研究、智库建设、学术交流、理论宣讲、期刊发展、方志编纂等各项工作。

理论研究。在“三报一刊”发表《在传承红色基因中激发创新创造伟力》《以红色旅游为抓手 推进乡村全面振兴》《建好长征国家文化公园 打造中华文化重要标志》等理论文章5篇；在《江西日报》等报刊发表《中国共产党开创百年辉煌的“密码”》《深刻认识全面建成小康社会的伟大意义》等理论文章75篇；在CSSCI、中文核心期刊发表专业学术论文59篇，比上年增长51.3%；推出《不让一个老区群众掉队——奋力书写脱贫攻坚的江西答卷》《新中国城市发展·江西卷》《赣南等原中央苏区振兴政策落实情况及绩效评估研究——以赣州市为例》等25部精品著作。

智库建设。发布《江西文化产业发展报告》蓝皮书、《江西经济社会发展报告》。推进省委委托的“建立红色基因长效机制研究”“新时代加强和改进思想政治工作研究”“江西省宣传思想文化系统人才专题调研”等重大课题项目，其中“建立红色基因长效机制研究”得到省委领导批示肯定，相关对策建议被吸收进《中共江西省委关于深入推进红色基因传承的意见》。开展省情大调研活动，有关决策咨询类报告获中央领导批示3件，省级领导批示101件，其中省委、省政府主要领导批示9件，中国社科院主要领导批示1件。作为中宣部舆情直报点，被综合采用39篇。

学术交流。先后举办各级各类学术活动40余场，其中国际性、全国性的学术研讨会、论坛11场。邀请全国政协参政议政人才库特聘专家、华夏新供给经济学研究院院长、财政部财政科学研究所教授贾康，省发改委党组成员、省生态文明办专职副主任刘兵，省政协副主席汤建人，上海交通大学城市科学研究院院长刘士林等省内外知名专家学者作学术讲座。

理论宣讲。围绕宣传贯彻中共十九届六中全会精神、省第十五次党代会精神，庆祝中国共产党成立100周年等系列活动，开展党史宣传宣讲，组建百年党史宣讲团；开展“社科专家走基层”活动，深入设区市分院、省情调研基地、院帮扶点、新时代文明实践中心、苏区振兴对口支援点等宣讲50余次，受众6000余人；依托江西电视台、《江西日报》、南昌电视台等新闻媒体，开展理论宣传78人次。

期刊发展。《江西社会科学》入选CSSCI来源期刊和北大中文核心期刊，并与《企业经济》共同获评第六届江西省优秀期刊学术类期刊一等奖、第七届华东地区优秀期刊奖。《企业经济》入选北大中文核心期刊，其中“企业战略”栏目获2020年度华东地区期刊优秀栏目。《农业考古》入选北大中文核心期刊，获评2016—2020年最受欢迎期刊。《鄱阳湖学刊》获评2016—2020年最受欢迎期刊和2020年度环境科学最受欢迎期刊，并受邀加入世界一流的EBSCO学术数据库。

方志工作。起草《全省地方志事业发展“十四五”规划纲要》。启动江西省扶贫志和全面小康志编纂工作。出版《南昌工业史话》及各类专业志鉴60余部。点校、影印各类旧志、族谱30余部，其中新余埠溪艾氏族谱获评全国第七届百家姓族谱评选活动最佳编修质量一等奖。举办全省地方志工作机构负责人会议暨业务培训班。完成第二轮《江西省志》97部分志验收并交付出版。完成《江西年鉴(2021)》编纂出版；全省三级地方综合年鉴均实现“一年一鉴、公开出版”，2020年卷省市县三级地方综合年鉴出版率和2021年卷启动编纂率均为全国排名第一。举办市县年鉴业务视频培训班，组织开展江西省第六届年鉴质量评比活动。在《解放军报》《学习时报》《江西日报》等刊物发表志鉴编纂理论及其他理论文章70余篇。进一步优化“方志江西”微信公众号制作，深度挖掘江西地域文化，提升核心用户体验。省方志馆全年征集、接收、交换各类省志、市县区志、年鉴等地情资料3000余册；向国家方志馆和各市县方志馆等捐赠地情资料5000余册。全省各级地方志工作机构在“六进”活动中赠送地情资料6000余册。

（省社科院）

学术活动

【“新文科背景下的叙事学研究”学术研讨会召开】　1月9日，由省社科院中国叙事学研究中心和江西师范大学叙事学研究中心、《叙事研究》编辑部主办的“新文科背景下的叙事学研究”学术研讨会在线上召开。省社科院党组成员、副院长龚剑飞出席开幕式并致辞。北京大学教授申丹、四川大学教授赵毅衡、上海大学教授董乃斌、南京大学教授赵宪章、云南大学教授谭君强、上海外国语大学教授乔国强、东南大学教授龙迪勇、上海交通大学教授尚必武、江西师范大学教授林珲和来自全国各高校及科研单位的1000余人参加线上专题论坛与小组讨论,网络直播平台点击量达10多万人次。

【中国社会科学院国情调研院基地项目《中央环保督察江西实践及影响效应调研》结项评审会举行】 2月5日,中国社会科学院国情调研院基地项目《中央环保督察江西实践及影响效应调研》结项评审会在线上举行。中国社会科学院学部委员、生态文明研究所原所长潘家华,省社科院党组副书记、院长蒋金法,中国社会科学院生态文明研究所副所长庄贵阳出席会议。中国社会科学院生态经济所课题负责人李萌就该项目的执行情况、调研发现及所取得的研究成果作全面介绍。5名评审专家分别对项目成果进行评价并提出修改意见和建议。省社科院课题组作为课题项目合作方参加评审会。

【开展2021年学术活动月活动】 3月9日至4月13日,省社科院以"学百年党史 传红色基因 谱社科新篇"为主题,开展2021年学术活动月活动,发布2020年省社科院重要研究成果。活动期间,举办党史专题讲座、鄱阳湖讲坛、青年学者沙龙、理论座谈会、开题报告会等系列活动。省社科院研究员余伯流作"从上海石库门到嘉兴南湖——党的一大新探"党史专题讲座,历史研究所研究员庞振宇作"中央苏区历史地图及历史地理文献的整理与互证"开题报告会,江西发展战略研究所副研究员张宜红主讲"如何写好应用对策文章和舆情报告"青年学者沙龙,复旦大学教授李煜作"调查的研究设计实务"学术讲座。召开"夏竦与宋代江西地域文化"学术论坛。省社科院各部门负责人、全体科研人员、编辑人员代表等100余人出席开幕式。

【"后疫情时代宏观经济形势与企业发展、个人理财机遇"学术讲座】 3月20日,全国政协参政议政人才库特聘专家、华夏新供给经济学研究院院长、财政部财政科学研究所教授贾康应邀到省社科院,作"后疫情时代宏观经济形势与企业发展、个人理财机遇"学术讲座。省社科院党组成员、副院长龚剑飞主持会议。贾康以中国现代化战略目标和中国发展的根本动力、外部环境为切入点,分析研判中国经济增长和世界经济发展态势,深入解读"扩大内需""双循环"的发展思路和市场主体的发展机遇与应对措施。他提出中国制造业和生产性服务业的发展是经济高质量发展的重中之重,要坚持以创新为核心,从"中国制造"升级为"中国智造"和"中国创造"。省社科院相关专业科研人员、编辑人员聆听讲座。

【"生态系统稳定性与'两山'双向转化"学术研讨会举行】 3月30日,省社科院在南昌举行"生态系统稳定性与'两山'双向转化"学术研讨会。省社科院党组书记田延光,党组副书记、院长蒋金法出席并讲话。省生态文明研究院院长彭小平作"江西'十四五'生态文明建设总体思考和若干重大问题"主旨报告;江西财经大学生态文明研究院院长谢花林、省科学院能源研究所所长范敏、江西农业大学新农村发展研究院执行院长朱述斌、省社科院江西发展战略研究所所长李志萌分别作"鄱阳湖地区土地生态安全预警与调控研究""江西农业特色资源的产业化转化理论与实践思考""碳达峰碳中和目标下江西省碳排放峰值研究""两山'双向'转化的实现路径"主题演讲。省社科院科研、科辅人员40余人聆听讲座。

【举办"鄱阳湖讲坛"】 3月31日,省社科院举行"鄱阳湖讲坛"开讲仪式。省委宣传部二级巡视员罗远东出席并讲话,省社科院党组书记田延光致辞。讲坛共举办5期,邀请省政府原副秘书长、省政府研究室原主任陈石俊,省发改委党组成员、省生态文明办专职副主任刘兵,上海交通大学城市科学研究院院长刘士林,省社科院党组副书记、院长蒋金法,省政协副主席汤建人分别作"新发展格局下江西制造业'危''机'之辩及对策""生态文明建设的江西实践""景德镇国家陶瓷文化传承创新试验区实施方案解读与发展路径""加快中部崛起 推进高质量发展""数字时代下的管理变革与创新"学术报告。来自各省级重点智库试点单位的80余名专家学者出席开讲仪式。

【举办"中国文学地理学会十周年·江西高端论坛暨华东交通大学五十周年校庆"学术论坛】 5月22日,中国文学地理学会、华东交通大学、省社科院在南昌举办"中国文学地理学会十周年·江西高端论坛暨华东交通大学五十周年校庆"学术论坛。省社科院党组成员、副院长钟小武出席开幕式并致辞,省社科院研究员夏汉宁作大会主题发言。论坛就文学地理学热点、焦点、难点以及走向问题展开讨论。省社科院"宋代文学与文学地理学"重点学科组成员和来自全国各地近40余名专家学者参加会议。

【中国新型工业化与城镇化发展论坛在宜春召开】 5月25日,宜春市政府、华东交通大学、省社科院在宜春召开中国新型工业化与城镇化发展论坛。省社科院党组副书记、院长蒋金法出席并作主旨演讲。论坛以"实施创新驱动战略,构建新发展格局"为主题,围绕宜春市推动锂电新能源产业做大做强、推进数字经济与实体经济、挖掘整合富硒资源、打造全国知名旅游目的地等议题展开讨论。中国工程院院士吴峰、国家信息中心信息化和产业发展部主任单志广、中国科学院物理研究所研究员黄学杰、文旅部"十三五"规划特聘专家彭中天、武汉大学教授雷爱文、华东交通大学原党委书记万明、国家功能农业科技创新联盟副理事长刘颖等专家学者、企业家以及宜春市有关部门代表300余人参加会议。

【"百年恰是风华正茂——中国共产党百年奋斗与历史巨变"学术研讨会在鹰潭召开】 5月28日,"百年恰是风华正茂——中国共产党百年奋斗与历史巨变"学术研讨会在鹰潭召开。研讨会由当代中国研究所,鹰潭市委、市政府,省社科院主办。当代中国研究所副所长李正华致辞并作主题报告;鹰潭市委书记黄喜忠,省社科院党组副书记、院长蒋金法出席。当代中国研究所原副所长张星星、中国井冈山干部学院副院长梅黎明、中国社会

5月28日，“百年恰是风华正茂——中国共产党百年奋斗与历史巨变”学术研讨会在鹰潭召开

省社科院供

科学院马克思主义中国化研究部主任刘志明、赣南师范大学副校长邱小云、复旦大学党建研究院院长刘红凛、武汉大学马克思主义学院教授左亚文等14名专家学者作主旨演讲。中国社会科学院、复旦大学等10个高等院校和科研机构的100余名专家学者参加会议。

【举办首届“瑞金论坛”】 6月5日—6日，首届“瑞金论坛”在瑞金举办。论坛由中国政策科学研究会和省社科院主办，省旅游集团和瑞金市委、市政府协办。全国政协原副主席、国家审计署原审计长李金华作主旨演讲。省委常委、赣州市委书记吴忠琼，省政协副主席刘晓庄出席会议。全国党史和理论界的18名专家学者作大会发言。论坛期间，举办“中国共产党治党治国历程及经验”学术研讨会，中央党校（国家行政学院）、中央党史和文献研究院、中国社会科学院、南开大学等高等院校和科研机构的9名专家学者作交流发言。全国近200余名党史和理论界的嘉宾、专家、代表参加会议。

【中国自然资源学会资源经济研究专业委员会2021年学术年会召开】 6月25日—26日，中国自然资源学会资源经济研究专业委员会、江西财经大学生态文明研究院和省生态文明制度建设协同创新中心在南昌召开中国自然资源学会资源经济研究专业委员会2021年学术年会。省社科院党组副书记、院长蒋金法出席并作“‘两山’双向转化的路径”主旨报告。年会以“资源经济与绿色发展”为主题，围绕“农业资源利用与环境”“气候变化与社会经济”“绿色发展与生态保护”等领域进行学术交流与探讨。国内近40所高校及科研机构的200多名专家学者、研究生代表参加会议。

【“新发展理念与中国社会现代化”学术研讨会在井冈山举行】 7月2日—4日，由中国社会科学院社会学研究所与江西财经大学主办，中国社会科学院社会发展战略研究所与省社科院协办的“新发展理念与中国社会现代化”学术研讨会在井冈山举行。省社科院党组副书记、院长蒋金法出席并致辞。省社科院江西社会科学杂志社社长高平、社会学研究所所长易外庚分别负责分论坛的主持和评议工作，省社科院社会学研究所副所长涂龙峰、研究员杨舸作学术报告。中国社会科学院、北京大学、中国井冈山干部学院、南开大学、吉林大学、上海大学、华东师范大学、中国农业大学、华东理工大学、云南大学、江西省委党校、江西财经大学等30多所高校与研究机构的100余名专家学者出席会议。

【2021年（第三届）中国再生铜产业链创新发展高峰论坛在上饶举行】 7月15日—17日，上海钢联电子商务股份有限公司、江西华辉铜业有限公司、上海期货交易所在上饶举行2021年（第三届）中国再生铜产业链创新发展高峰论坛。省社科院党组副书记、院长蒋金法出席并作“绿色：有色金属产业高质量发展最亮的底色”学术报告。中国有色金属工业协会、中国有色金属工业协会再生金属分会、江西省工信厅、江西省铜行业协会、上海期货交易所、广发证券、上海钢联电子商务股份有限公司、江西华辉铜业有限公司等政府部门、研究机构、行业协会、企业代表300余人参加论坛。

【《江西经济社会发展报告（2021）》成果发布暨打造全国构建新发展格局重要战略支点研讨会举行】 7月20日，《江西经济社会发展报告（2021）》成果发布暨打造全国构建新发展格局重要战略支点研讨会在南昌举行。研讨会由省社科院、社会科学文献出版社共同主办。省政府副秘书长、办公厅党组成员樊雅强，省委宣传部副部长、省文资办主任郎道先出席并讲话，社会科学文献出版社社长王利民作云致辞，省社科院党组副书记、院长蒋金法致辞并作主题报告。省工信厅总工程师谢志锋、江西财经大学现代产业发展研究院院长徐斌、省统计局研究员张启良、省社科院历史研究所研究员庞振宇分别作专题研讨发言。《江西经济社会发展报告（2021）》编委会成员单位代表、作者代表、专家学者、新闻媒体等近百人参加会议。

【《江西省中长期人才发展规划纲要》“宣传思想文化人才”专题研讨会召开】 8月25日，《江西省中长期人才发展规划纲要》“宣传思想文化人才”专题研讨会在南昌召开。省社科院党组书记田延光，省社科院党组副书记、院长蒋金法，省委组织部二级巡视员刘寒松出席；省社科院党组成员、副院长龚剑飞主持会议。省社科院发展战略研究所副研究员盛方富作“‘宣传思想文化人才’调研工作方案（讨论稿）”报告。省直宣传思想文化单位、课题组成员就完善工作方案、如何开展调研及收集有关数据资料进行交流探讨。

【“可持续发展目标的中拉互鉴”国际研讨会召开】 10月19日，中国社会科学院国际合作局、中国社会科学院拉丁美洲研究所和省社科院在南昌召开“可持续发展目标的中拉互鉴”国际研讨会。厄瓜多尔驻华大使卡洛斯·拉雷亚，中国社会科学院拉丁美洲研究所所长柴瑜，省社科院党组副书记、院长蒋金法致辞。8 名专家学者分别作主题演讲。厄瓜多尔、圭亚那、委内瑞拉、多米尼加、巴拿马、格林纳达、乌拉圭、古巴、巴巴多斯、秘鲁、墨西哥、苏里南、海地等 14 名使节和中国社会科学院拉丁美洲研究所、省社科院、江西财经大学、江西师范大学、江西农业大学等 60 余名专家学者出席会议。

【2021 江西文化产业发展高峰论坛在赣州举行】 10 月 21 日，由省委宣传部和赣州市委、市政府主办，省社科院承办的 2021 江西文化产业发展高峰论坛在赣州举行。省委常委、省委宣传部部长梁桂，省委常委、赣州市委书记吴忠琼出席并致辞。省委宣传部副部长、省文资办主任郎道先主持论坛。论坛以“红色基因传承与红色文化旅游创新发展”为主题，共设“金融助力红色文化旅游发展”“影视创作与红色资源开发”“红色文化与旅游融合发展”3 个专题论坛。论坛发布《江西文化产业发展报告（2021）》蓝皮书、《江西省红色经典旅游精品线路》。国内知名专家、企业家通过探讨江西在文化产业投融资、红色影视创作、红色文旅融合、文化产业园区建设等问题，为江西文化产业发展建言献策。

【“中国、俄罗斯国内市场消费发展的挑战和机遇”中俄学者学术座谈视频会议召开】 10 月 26 日，省社科院与俄罗斯科学院沃洛格达研究中心在南昌召开“中国、俄罗斯国内市场消费发展的挑战和机遇”中俄学者学术座谈视频会议。省社科院党组副书记、院长蒋金法，党组成员、副院长樊宾分别作开闭幕式致辞。省社科院研究员李小玉、副研究员盛方富分别作“‘双循环’背景下扩大江西农村消费研究”“中国网络零售发展现状与未来路径”主题演讲；俄方学者埃卡特琳娜·列奥尼多瓦、克谢尼娅·乌斯蒂诺娃、伊丽娜·德蒙伊娃分别作“俄罗斯国内需求：问题及推广方式”“创业是区域市场发展的一个因素”“疫情背景下的俄罗斯和地区消费者趋势”主题演讲。

【庆祝《企业经济》创刊 40 周年座谈会举行】 11 月 19 日，庆祝《企业经济》创刊 40 周年座谈会在南昌举行。省委宣传部副部长黎隆武作书面致辞；省社科院党组书记田延光作开幕式致辞，党组副书记、院长蒋金法主持开幕式。南昌大学教授黄新建、江西财经大学工商管理学院院长胡海波、江西财经大学当代财经杂志社常务副社长蒋尧明、江西师范大学学报杂志社社长余小江、南昌大学期刊社社长钟贞山、省社科院农业农村发展研究所所长孙育平、《企业经济》编辑部离退休代表陈齐芳作大会交流发言。省内专家学者代表、相关学术期刊社社长（总编）、历任工作人员代表、院相关部门负责人等 60 余人出席会议。

【“纪念中央革命根据地创建暨中华苏维埃共和国成立 90 周年”学术研讨会召开】 11 月 5 日，由省社科院主办的“纪念中央革命根据地创建暨中华苏维埃共和国成立 90 周年”学术研讨会在南昌召开。省社科院党组副书记、院长蒋金法出席并致辞。省社科院党组成员、副院长钟小武，江西师范大学副校长周利生，《苏区研究》主编万振凡，省委党史研究室原副主任何友良，省社科院研究员余伯流、庞振宇和副研究员张宜红 7 名专家学者先后发言。会议围绕苏区时期中国共产党执政经验、制度建设、政治动员、宣传思想工作、干部作风建设、苏区史的深化拓展和原中央苏区振兴等议题展开研讨。省社科院中国苏区史重点学科、宣传思想与文化发展重点学科全体成员及院内外 70 余名专家学者参加会议。

【庆祝《农业考古》创刊 40 周年暨《农业考古·中国茶文化专号》创刊 30 周年刊庆座谈会举行】 11 月 26 日，庆祝《农业考古》创刊 40 周年暨《农业考古·中国茶文化专号》创刊 30 周年刊庆座谈会在南昌举行。省委宣传部副部长黎隆武作书面致辞；省社科院党组副书记、院长蒋金法作开幕式致辞。省社科院原院长傅修延、原副院长万建强、《农业考古》创刊人陈文华夫人程光茜、江西师范大学教授黄今言、南昌大学历史系主任张芳霖先后发言。江西师范大学教授梁洪生、江西文物考古研究院研究员周广明分别作“江西古村落”“南方青铜文明圣殿——江西吴城商代遗址”学术报告。省内专家学者代表、相关学术期刊社社长（总编）、院内相关部门负责人等 90 余人出席会议。

【“纪念王安石诞辰 1000 周年”学术研讨会在抚州召开】 12 月 18 日—19 日，由中国社会科学院、江西省政府和北京大学主办，中国历史研究院、省文旅厅、省社科院和抚州市政府承办的“纪念王安石诞辰 1000 周年”学术研讨会在抚州召开。中国社会科学院副院长高翔，省委常委、省委宣传部部长庄兆林等出席并致辞。研讨会设抚州主会场和北京分会场，以“传承优秀传统文化，弘扬伟大民族精神”为主题，围绕“王安石生平、事迹和历史地位”“王安石文学及文献研究”“王安石与民族精神、时代精神”等议题展开研讨。中国社会科学院等 8 个单位和研究机构的专家学者以及省直有关单位、省内主要高校代表、抚州市各部门领导干部参加会议。

【《2021 年江西文情报告》编撰策划会暨江西文学研究座谈会召开】 12 月 29 日，《2021 年江西文情报告》编撰策划会暨江西文学研究座谈会在南昌召开。省社科院党组成员、副院长钟小武，省社科院研究员吴海、夏汉宁、倪爱珍，江西师范大学教授江腊生，南昌大学教授沈鲁，江西省艺术研究院副研究员蒋国江，南昌市文艺评论家协会副主席刘晓彬，江西科技出版社第一图书编辑部主任李贤平出席。与会专家学者及编写组成员针对《2021 年江西文情报告》专栏的设想与议题展开讨论。《2021 年江西文情报告》编写组全体成员参加会议。

（省社科院）

【承办 2021 江西智库峰会暨国家级大院大所产业技术及高端人才进江西活动】 9 月 16 日，2021 江西智库峰会暨国家级大院大所产业技术及高端人才进江西活动在南昌举行。活动由省委、省政府和中国科学院主办，省委宣传部、省社联等承办。省委书记刘奇出席，省长易炼红致辞，中国科学院党组书记、院长侯建国视频致辞。省委副书记叶建春主持。省领导梁桂、吴浩、赵力平、罗小云、谢茹，中国科学院党组成员、副院长、院士张涛以及来自60多家国家级大院大所的领导、院士和专家出席。在峰会上，中国宏观经济研究院院长王昌林，中国工程院院士邬贺铨、刘大响，中国科学院大气物理研究所碳中和研究中心主任刘毅等围绕峰会"'十四五'科技创新与开新局"主题，分别就信息产业、航空产业、数字经济、节能环保资源等议题发表主旨演讲。

【举办学习贯彻中共中央总书记习近平"七一"重要讲话精神座谈会暨党史学习教育省委宣讲团理论研讨会】 7月16日，省委宣传部、省社联在南昌举办学习贯彻中共中央总书记习近平"七一"重要讲话精神座谈会暨党史学习教育省委宣讲团理论研讨会。省委常委、省委宣传部部长施小琳出席并讲话。省社联党组书记、主席罗勇兵主持会议。会上，省委宣讲团成员、省社科院党组书记田延光，省委宣讲团成员、江西师范大学党委书记黄恩华，省委宣讲团成员、省委党史研究室一级巡视员卢大有，省社联党组成员、副主席汤水清，省委宣讲团成员、省委党校党史党建部主任江泰然，南昌大学马克思主义学院院长胡伯项，省委宣讲团成员、江西财经大学马克思主义学院院长陈始发从各自的工作实际与专业领域出发，围绕学习贯彻落实习近平"七一"重要讲话精神，分别以"推动江西社科发展""在'两个结合'中继续推进马克思主义中国化""领悟思想伟力、凝聚奋进力量""中国特色社会主义创造了人类文明新形态""践行以人民为中心的发展思想""深刻认识理论强党的历史逻辑、理论逻辑、现实逻辑""伟大征程深厚历史底蕴的深刻揭示"为题进行交流研讨。

【全省学习贯彻中共十九届六中全会理论研讨会召开】 12月7日，全省学习贯彻中共十九届六中全会理论研讨会在南昌召开。省委常委、省委宣传部部长庄兆林出席并讲话，省委宣传部副部长吴永明主持会议。省社联党组书记、主席罗勇兵出席会议。会上，中国井冈山干部学院常务副院长梅黎明，省委教育工委副书记、省教育厅厅长郭杰忠，省委党校（江西行政学院）常务副校（院）长曾志刚，江西师范大学副校长周利生，省社科院副院长钟小武，南昌大学马克思主义学院院长胡伯项分别围绕深入学习贯彻中共十九届六中全会精神，进一步深化拓展党史学习教育，结合省第十五次党代会的决策部署，进行研讨交流。研讨会由省委宣传部、省社联举办。省直宣传思想文化系统各单位主要负责人，省委党史学习教育领导小组办公室相关领导和在昌省属本科高校分管社科理论工作的校领导，在昌省重点马克思主义学院和特色马克思主义学院负责人，在昌省重点高端智库和培育智库主要负责人，在昌省直各中国特色社会主义理论体系研究中心主要负责人，省委宣传部、省社联、江西日报社相关处室（部门）负责人共70余人参会。

【举办第五届全国原苏区振兴高峰论坛】 10月23日—24日，由中国社会科学院农村发展研究所、省社联、江西师范大学主办，江西师范大学历史文化与旅游学院、《苏区研究》编辑部、江西师范大学苏区振兴研究院、江西省苏区精神研究会等承办的第五届全国原苏区振兴高峰论坛在瑞金召开。省社联党组书记、主席罗勇兵出席并致辞，省社联党组成员、副主席刘清荣主持主旨报告。中国社会科学院农村发展研究所研究员杜志雄、中国井冈山干部学院副院长匡胜、省社联《苏区研究》主编万振凡，分别作"苏区发展：做好衔接 促进高质量发展""苏区全面振兴必须昂起龙头""大历史观视野下的苏区史研究"主旨报告。中国社会科学院、中国浦东干部学院、中国人民大学等高校、科研院所的专家学者共100余人参会。

（省社联）

高校社科研究

【概 况】 2021年，全省高校有人文社会科学活动人员30330人，其中高级职称8760人、中级职称13870人、初级职称7700人。投入人文社会科学研究与发展经费5.13亿元。全省高校承担人文社会科学研究课题1.73万项；出版人文社会科学著作668部；发表论文8617篇，其中在国际学术刊物发表510篇；向有关部门提交研究咨询报告155篇，被采纳127篇。举办国际学术会议22次，参加会议151人次，提交论文313篇；举办国内学术会议217次，参加会议2927人次，提交论文1191篇。派出人员出国讲学22人次，国外人员受聘到校讲学26人次；派出人员国内讲学773人次（含港澳台地区讲学人次），国内人员受聘到校讲学826人次（含港澳台地区讲学人次）。出国进行社科考察23人次，国内进行社科考察680人次（含港澳台地区人次）；接受国外人员到校考察132人次，接受国内人员到校考察426人次（含港澳台地区人次）。派人出国进修学习96人次，派人国内进修学习1126人次；接受国外人员到校进修学习50人次，接受国内人员到校进修学习352人次。与国际合作研究课题23项，与国内合作研究课题223项。申请国家专利789项，授权707项。

【社会科学研究项目】 2021年，全省高校获国家社科基金项目117项（其中重点项目5项、一般项目69项、西部项目13项、青年基金项目28项、高校思政课研究专项2项），经费2430万元；国家社科基金重大项目立项4项，经费200万元。获教育部人文社会科学研究一般项目61项（其中规划基金项目19项、青年基金项目25项，教育部后期资助项目1项，辅导员和思政课教师专项共5项），经费428万元。组织开展2021年度江西省高校人文社科研究项目申报评审，899项研究课题通过专家评审，其中一般项目630项、高校思政工作专项155项、重点研究基地项目114项。

【举办全省高校哲学社会科学教学科研骨干研修班】 举办全省高校哲学社会科学教学科研骨干研修班，学习习近平新时代中国特色社会主义思想和中共中央总书记习近平在全国思想政治理论课教师座谈会上的讲话精神，学习贯彻中共十九届六中全会精神。全年举办研修班4期，每期21天，共360人参加研修。

（省教育厅）

社科成果与奖励

【组织申报2021年度国家社科基金项目】 1月7日，省社会科学规划办公室印发《关于组织申报2021年度国家社会科学基金项目的通知》，启动2021年度国家社科基金项目申报工作。3月，经过匿名初筛和资格审查，按全国社科工作办限额指标上报。9月，获2021年度国家社科基金项目立项114项，其中重点项目5项、一般项目69项、青年项目27项、西部项目13项；共获资助经费2355万元。此外，获国家社科基金其他类别项目立项25项，其中重大级别项目7项（含年度重大项目4项、研究阐释中共十九届五中全会精神重大专项1项、重大历史问题研究专项1项、冷门绝学研究专项团队项目1项），高校思政课研究专项3项，中华学术外译项目2项，后期资助暨优秀博士论文出版项目12项，重大转重点1项；资助经费1025万元。

【开展2021年江西省社会科学规划年度项目评审活动】 3月25日，省社联印发《关于开展江西省社会科学“十四五”（2021年）基金项目申报工作的通知》，启动2021年江西省社会科学规划年度项目申报工作。6—9月，开展初评和复评，评审结果提交省社联党组审定并进行公示，公示无异议后下发立项通知。2021年省社科基金项目共立项442项。其中，重点项目26项，每项资助经费3万元；一般项目233项，每项资助经费1万元；青年项目91项，每项资助经费1万元；联合资助项目92项（含一般项目79项、青年项目13项），省社联每项资助经费2000元，责任单位每项资助8000元。

【开展江西省第十九次社会科学优秀成果奖评选】 3月12日，省社联印发《关于开展江西省第十九次社会科学优秀成果奖评选的通知》，启动评选工作。按照著作类（含译著、古籍整理、工具书类等）、论文类、智库研究类和社科普及读物类4种成果形式进行分类，分成13个学科申报。8月，完成评选工作。经过材料申报、审核初筛、学科评审组初评和复评、省社联主席办公会审定，并报省委宣传部等环节，共评出获奖项目359项，其中一等奖38项、二等奖156项、三等奖165项。

【组织实施2021年江西省青年马克思主义者理论研究创新工程】 6月16日，省委宣传部、省委教育工委、省教育厅、省社联发布《2021年江西省青年马克思主义者理论研究创新工程申报工作公告》，启动申报工作。7—10月，组织初评、复评，评审结果提交省社联党组审定后，印发立项通知，共资助博士、硕士学位论文110篇，资助经费39.8万元。其中，博士学位论文34篇，每项资助经费5000元；硕士学位论文76篇，每项资助经费3000元。

（省社联）

志书编纂

【第二轮《江西省志》编纂全面完成】 江西省第二轮修志规划志书208部，其中第二轮《江西省志》规划97部。2月，省地方志研究院向第二轮省志相关承参编单位印发《关于加快第二轮〈江西省志〉编纂进度的工作方案》，进一步明确任务要求和时间节点。省地方志研究院倒排工期、挂图作战，统筹推进首批22部分志出版、第二批75部分志出版招标和各分志复审、验收等工作。至年底，《烟草志》《组织志》《出版志》3部分志已出版，剩余94部分志交付江西人民出版社出版，省志编纂任务全面完成。97部省志分志共有128家承、参编单位，最终完成志稿总字数约1亿字。此外，大部分分志编有资料长编，字数约为志稿的3~6倍。

【江西省扶贫志和全面小康志编纂启动】 江西是中宣部确定的全国“纪录小康工程”首批2个试点省份之一，编纂江西省扶贫志和全面小康志是全省“纪录小康工程”的重要组成部分。该工程规划编纂省市县三级扶贫志37部，省市两级全面小康志12部，总字数约4500万字，编纂周期5年。9月，印发《江西省人民政府办公厅关于开展编纂江西省扶贫志和全面小康志的通知》，明确两志编纂的指导思想、主要任务、时间节点、组织保障等内容，并成立以分管副省长孙菊生任主任的两志编纂委员会，具体领导两志编纂工作。10月26日，江西省扶贫志和全面小康志编纂工作启动大会暨业务培训会在南昌召开，省地方志研究院二级巡视员、编审周慧以《方志基本知识与“两志”编纂》为题进行授课，省地方志研究院班子成员，省扶贫志和全面小康志编纂工作责任单位分管领导、联系人，《江西省扶贫志》《江西省全面小康志》编纂室成员等共180余人在主会场参加会议；各市委宣传部、县（市、区）委宣传部、政府办、发改委、乡村振兴局和史志工作机构负责人及编纂工作人员通过视频方式在分会场参加。年内，九江市、吉安市、赣州市启动两志编纂工作。

【部门、行业志编纂】 年内，全省地方志工作机构组织编纂《修水县水利志》《修水县政协志》《瑞昌市人民医院志》《瑞昌市第六中学校志》《庐山市茶志》《庐山栖贤寺志》《安远县人民医院志》《安远县交通运输志》《宁都县人大志》《于都县卫生计生志（第三部）》《于都县疾病预防控制志》《于都宗教场所志》《于都盘古茶志》《会昌县人物志（2004—2009）》《会昌县林业志（1986—2020）》《会昌县人大志》《明月山志》《高安市司法行政志》《三清山风景名胜区志》《中国共产党上饶市党史研究志》《玉山县人民代表大会志（1949—2019）》《广丰区财政志》《上饶县政协志》《永丰县人民代表大会志》《遂川县工会志》《乐安县政协志》26部部门、行业志。

【乡镇（街道）、村志编纂】 年内，全省地方志工作机构组织编纂乡镇（街道）、村志10部。其中，《棉船镇志》《人和乡志》《银坑镇志（1949—2019）》《西江镇志（2001—2020）》《白土镇志》《高安市独城镇志》《固村镇志》《东馆镇志》8部，《尚庄街道志》1部，《新建村志》1部。

（黄诗惠）

年鉴编纂

【《江西年鉴(2021)》出版】 11月,江西省地方志编纂委员会编纂的《江西年鉴(2021)》由线装书局出版。该卷年鉴设特载、专记、大事记、江西概览等47个类目,收录图照136幅。系统记述全省2020年自然、政治、经济、文化和社会等方面情况,全方位展现2020年在工业、农业、信息化建设、旅游业、商贸服务业、城乡建设、生态环境、科学技术、教育、文化艺术、社会保障等领域的新发展、新成就、新变化。在卷首彩页、专记类目的选题选材上进行及时更新,抓住重点热点,突出反映决胜脱贫攻坚、抗击新冠肺炎疫情、全面建成小康社会、抗洪救灾、南昌汉代海昏侯国遗址公园开园、打造全球移动物联网产业高地、中医药改革发展等年度重点内容,体现江西的时代特征、地方特色、年度特点。全书158.7万字。

【市县综合年鉴编纂】 至年底,全省11个设区市2021年卷年鉴全部实现“一年一鉴,公开出版”目标,覆盖率100%。全省100个县(市、区)2021年卷年鉴均完成出版或交付出版。其中,《安远年鉴(2021)》入选中国年鉴精品工程。

【江西省第六届年鉴质量评比活动】 7月1日,省地方志研究院、省地方志学会印发《关于开展江西省第六届年鉴质量评比活动和做好第八届全国地方志优秀成果(年鉴类)评审推荐工作的通知》,启动江西省第六届年鉴质量评比活动。经各设区市地方志机构和省直有关单位择优推荐,共有66部市县综合年鉴和专业年鉴参评。7月26日,年鉴质量评比活动专家评审会在南昌召开,省地方志研究院班子成员、省市县三级地方志机构以及省直有关单位的16名年鉴评审专家分成2组,按市级综合年鉴、县级综合年鉴、专业年鉴3个类别进行审读。经各评审组提出年鉴建议等次,领导小组召开会议研究确定,共有34部年鉴获得等次,其中一等9部、二等11部、三等14部。

【市县年鉴业务视频培训班举行】 6月22日,市县年鉴业务视频培训班在南昌举行。省社科院党组成员、副院长兼省地方志研究院院长甘根华出席培训班并通报全省设区市、县(市、区)地方志工作机构改革情况和年鉴编纂进展情况。年鉴处处长、一级调研员詹跃华就地方综合年鉴条目编写进行专题培训。各设区市、县(市、区)地方志工作机构的撰稿人共340余人,以视频会议形式参加培训。

(黄诗惠)

方志馆和信息化建设

【方志馆建设】 年内,省方志馆进一步完善布展功能,及时调整板块内容,《江西方志展》《江西省情展》2个展厅重新布展完毕,对外开放。继续丰富馆藏资源,全年征集、接收、交换各类省志、市县区志、年鉴等地情资料3000余册。向国家方志馆和高校、市县方志馆等捐赠地情资料5000余册。至年底,省方志馆馆藏纸质文献约17万册,线装古籍698种近万册,影印古籍近6000册。加强与属地社区和省内社会团体、中小学校之间的联系,与江西电视台共同举办小记者研学活动4次。接待宜春史志办、上海通志馆、深圳市南山区档案馆等单位的参观者共11批次300余人。

九江市方志馆开馆,场馆总面积2032平方米。展馆运用大量珍贵历史影像、照片、文物,全面展示九江市自然、政治、经济、文化、社会等各方面的历史与现状。德安县利用县规划展览馆与方志馆融合,以多功能馆为雏形对方志馆进行改造提升。景德镇市浮梁县进坑村、昌江区徐坊村村史馆建成并开放。分宜县史志办指导钤山镇田心村、操场乡牛泥塘村建成村史馆并申报红色名村。赣州市新方志馆纳入市政府2021年50件民生实事项目。于都县方志馆指导打造车溪乡优胜村方志馆和梓山镇潭头村村史馆。

【地方志网站建设】 年内,江西省地方志研究院网站完成更名,更新信息230条,维护专栏专题9个,年度总访问量达79万次。吉安市数字方志馆网站、南昌市史志办网站继续进行全新的版面设计和栏目优化,实施市县一体化建设,逐步丰富完善数字方志馆馆藏,方便公众查找和使用。新干县数字方志馆网站完成改版。

【数字化建设】 江西省地方志数字化依托江西省方志馆网站建设。年内,网上展厅上线全新的《江西方志展》《江西省情展》数字展览;上传史志书籍104部约4080万字,上传地方志杂志6期。至年底,省方志馆累计数字化志书、年鉴等书籍共2600余册,其中省内出版的地情资料964册;江西省方志馆门户网站累计上传志书177部、年鉴23部、旧志100部、《江西地方志》杂志54期,年度总访问量达14.1万次。莲花县档案史志馆将部分馆藏资料予以数字化和信息化。石城县推进方志馆(资料库)电子化建设,新增党史书籍和资料入馆,系统收集和整理石城县家谱电子版。

【新媒体平台建设】 年内,“方志江西”微信公众号推送信息449篇,年阅读量18万余次,累计点击量突破155万次,核心粉丝量近4000人。推送内容涵盖江西地情、各级地方志机构工作动态、志鉴和地情书籍出版情况等,内容制作进一步优化,文章阅读量大幅提升。“江西省方志馆”微信公众号上线,设方志馆概况、数字图书馆、读者服务等栏目,推送文章13篇,年阅读量800余次。全省绝大多数设区市均开设微信公众号,部分市县地方志工作机构开设微博、抖音,这些新媒体平台成为深入挖掘地方志资源、传播赣鄱文化的重要载体。其中,于都县运营的微信公众号,抖音、快手、微视频等多个新媒体平台,阅读量达百万人次。

(黄诗惠)

方志开发利用

【旧志整理】 年内,南昌市点校明万历《新修南昌府志》;至年底已点校文字66万字,形成文稿91万字,进入三审三校阶段。九江市点校出版明正德《南康府志》,全书10卷,共20万字。贵溪市点校出版清同治《贵溪县志》。赣州市章贡区点校出版清道光《赣县志》《虔台志》。赣州市南康区点校出版清道光《南康县志》。宜春市影印出版清乾隆《袁州府志》。宜春市袁州区整理出版清道光《宜春县志》、清同治《宜春县志》,并对民国《宜春县志》进行数字化收集。樟树市重印出版明、清时期《清江县志》《临江府志》8部。高安市重印出版清同治《瑞州府志》《高安县志》。永丰县点校出版清同治《永丰县志》。遂川县点校清康熙《龙泉县志》基本完成。抚州市临川区点校出版清康熙《临川县志》(校注本)。乐安县点校出版清同治《乐安县志》。抚州市东乡区点校出版清同治《东乡县志》。吉安市点校出版明万历《吉安府志》、清光绪《吉安府志》、清顺治《吉安府志》。宜黄县点校清道光《宜黄县志》基本完成。

【信息咨询服务】　年内,全省各级地方志工作机构围绕党委、政府工作大局,建言献策,提供信息咨询服务。南昌市史志办参与编制《南昌历史文化名城保护规划(2020—2035)》,为提高南昌历史文化名城保护工作出谋划策。九江市史志办参加九江市申报国家历史文化名城文本《九江历史文化价值与特色研究》审核修改工作。永修县史志办编辑出版《遇见吴城》,为打造吴城候鸟小镇提供参考资料。共青城市史志办编印《档案里的共青城——重要报刊文章选编》,成为市委理论中心组学习和党史学习教育的重要读本。修水县史志办协助漫江乡党委、政府打造宁红茶茶码头、茶市古街、茶文化公园等宁红古镇体验区。德安县史志办为编写《德安地名志》提供史料,助力塘山辣椒、爱民花生、聂桥葡萄等一批特色农产品申报国家地理标志。庐山市史志办编写《致敬庐山》,为大庐山旅游发展规划、庐山市旅游新区发展规划编制提供翔实资料。芦溪县史志办围绕全县创建"世界电瓷之都"目标,提供电瓷发展相关史料。赣州市委党史研究室(赣州市地方志研究室)为编写《赣州市兵要地志》、赣南引进香猪情况、赣南脐橙申报国家地理标志产品提供资料。

(黄诗惠)

方志理论研究

【方志学术成果】　省地方志研究院院长甘根华撰写的书院系列文章被选入学习强国"江西学习平台",阅读量近10万人次。省社会科学基金项目一般项目"江西地名志编纂研究"正式立项。石城县撰写的《新一轮修志编修通纪志的必要性》在《中国地方志》2021年第1期发表;《地方综合年鉴的叙事本位及实感要求》在《中国年鉴研究》2021年第4期发表,并承担赣州市社科课题"赣南门额文化与传统价值观研究",形成《赣闽边界客家村落的时代变迁——以岩岭、小姑村落群为样本的考察》考察报告。省地方志研究院詹跃华撰写的《志鉴编纂述议》由百花洲文艺出版社出版,全书40.8万字。

【方志期刊建设】　年内,《江西地方志》出刊6期,刊发稿件73篇(其中志书编修研究12篇、年鉴研究7篇、史志关系1篇、方志馆建设1篇),共39.5万字。刊物主要设志鉴研究、地域文化、红色江西、特稿专递、动态信息等栏目,并紧跟形势热点,适时宣传造势,开设"庆祝中国共产党百年华诞""学习吴志宏、建功新时代"专题。

(黄诗惠)

方志文化宣传

【开展方志"六进"活动】　全省地方志系统坚持修志为用宗旨,开展方志"六进"(进机关、进学校、进企业、进军营、进社区、进乡村)活动。1月,省地方志研究院在省两会期间向人大代表和政协委员赠送《江西年鉴(2020)》;4月,向省委党校捐赠首轮《江西省志》1套;7月,向社会免费赠送一批志书、年鉴;11月,向江西老年大学赠送历年《江西年鉴》、首轮《江西省志》和市县志共207种208册,扩大地方志的社会影响力。南昌市史志办与市委《决策参考》、南昌日报社、大江网等媒体联动,合作开设专栏,共刊登文章30余篇,向读者讲述党史、国史、地方史,不断拓展史志文化的受众群和覆盖面。萍乡市史志办开展"进村宣讲""送书下乡"活动,向芦溪县珠亭村、萍乡学院赠送《萍乡年鉴》《昭萍韵谱》等书籍1000余册。鹰潭市史志办向社区赠送年鉴、《鹰潭地方史》等书籍30多套(本),向社区宣讲地方史等内容。高安市史志办向企业赠送《高安市志》《瑞州府志》等志书。

【开展"学习吴志宏、建功新时代"主题宣教活动】　根据中国地方志指导小组办公室的要求和部署,2月8日,省地方志研究院印发《在全省地方志系统开展"学习吴志宏、建功新时代"主题宣教活动实施方案》,在全省地方志系统开展"学习吴志宏、建功新时代"主题宣教活动。全省各级地方志工作机构迅速贯彻落实,做到规定动作保质量,自选动作有特色。"方志江西"微信公众号陆续刊发《矢志不渝扶贫路 殷殷为民赤子心》《追记红河州驻村扶贫干部吴志宏》和《向先进看齐》等系列文章;《江西地方志》设置专题彩页,集中宣传全省活动开展情况。

(黄诗惠)

本类目编辑　詹跃华

文化艺术

综　述

2021年，全省文化和旅游系统统筹推进常态化疫情防控和文旅发展，扎实做好"六稳""六保"工作，实现"十四五"文旅发展良好开局。

艺术创作出新出彩。聚焦中国共产党成立100周年，策划举办"2021年'茶香中国'第二届全国采茶戏汇演""重温百年党史传承红色基因——优秀舞台艺术作品巡演""红星照耀中华——全国工艺美术红色主题作品展"等一系列展演展览活动。实施文艺创作繁荣工程，指导创排赣南采茶戏《一个人的长征》、赣剧《血火熔炉》、歌剧《山茶花开》等一批优秀舞台艺术剧目。5部作品入选中共中央宣传部庆祝中国共产党成立100周年优秀舞台作品展演活动剧目，赣南采茶戏《一个人的长征》入选国家艺术基金庆祝中国共产党成立100周年大型舞台剧主题创作资助项目，赣南采茶戏《八子参军》入选2021全国舞台艺术优秀剧目网络演播活动作品名录，音乐剧《云上凤凰》在第六届全国少数民族文艺汇演中获优秀剧目奖。

公共文化服务优化完善。加快省级文化设施建设，有序推进省赣剧院新院建设、江西艺术职业学校置换迁建。精心培育群众文化品牌，组织开展"永远跟党走"全省广场舞展演、首届江西省现代地方小戏大赛等活动，开展中国民间文化艺术之乡推荐暨"江西民间文化艺术之乡"评审命名工作，6地入选"2021—2023年度"中国民间文化艺术之乡，命名31个"江西省民间文化艺术之乡"，在"华东六省一市现代地方小戏大赛"中获1金3银。实施公共文化服务惠民工程，开展2021年江西"最美基层文化人"学习宣传活动，启动"春雨工程""阳光工程""圆满工程"文化和旅游志愿服务工作。2021年，全省国有文艺院团组织送戏下乡、进社区演出9810场。加快提升服务效能，成立全省图书馆、文化馆联盟，新建一批融合图书阅读、休闲娱乐等服务业态的新型文化空间，智慧图书馆、公共文化云、数字文化馆智能提升工程加快推进，县级文化馆、图书馆总分馆制建设全面实施。提速智慧旅游建设，推进"一厕一码"和示范性旅游厕所创建，"云游江西"平台微信公众号、微信小程序及支付宝赣服通专区用户突破1000万个。

遗产保护利用卓有成效。加快推进景德镇国家陶瓷文化传承创新试验区建设，推动景德镇御窑厂遗址申报世界文化遗产，保护规划修编获国家文物局批准。考古发掘工作有力有效，制定出台《关于进一步加强考古和石窟寺保护利用工作的意见》《江西省省级考古遗址公园管理暂行办法》，实施吴城遗址、筑卫城遗址展示利用及南昌西汉海昏侯刘贺墓保护性设施建设等一批重点项目，4处遗址入选全国"百年百大考古发现"。加强全省汉代文化研究，印发《关于推进江西省汉代文化研究工作的意见》，构建"一中心五基地"平台体系。革命文物保护扎实推进，首次召开全省革命文物工作会议，对全省革命文物保护利用进行系统部署，组织开展革命文物资源普查、长征文物资源专项调查。展览展陈亮点纷呈，4个展览入选2021年度"弘扬中华优秀传统文化、培育社会主义核心价值观"主题展览，7个展览入选全国庆祝中国共产党成立100周年精品展览，江西省博物馆"江西古代历史文化陈列""江西革命史陈列"获全国博物馆十大陈列展览精品奖。博物馆建设水平稳步提升，新增6家一级博物馆、12家二级博物馆，新增数量名列全国第4位。非物质文化遗产保护工作成效显著，18个非遗项目入选第五批国家级非遗代表性项目名录，举办"视频直播家乡年·我的江西年"线上非遗展、"百艺庆百年""江西非遗购物节"等传承展示活动。

文化产业提质增效。召开全省文化和旅游产业链链长制工作部署会，印发产业链链长制工作要点，解决制约产业链发展的重大问题。激发文旅消费潜力，开展了"文化和旅游消费试点城市""夜间文旅消费集聚区"等创建培育工作，5地入选国家文化和旅游消费试点城市，5地入选国家级夜间文旅消费集聚区，7地评为首批省文化和旅游消费试点城市创建单位，14地入选首批省夜间文旅消费集聚区。策划启动"百县百日"文旅消费季活动，累计开展文旅促销活动3000余场，总人流达6586万余人次。优化投融资服务，推动出台《关于金融支持文化和旅游中小微企业发展的若干措施》，建立全省中小微文旅企业贷款风险补偿资金池，为78家企业新增授信金额达23.35亿元。

文化市场健康发展。深入推进文化市场综合行政执法改革，制定印发《江西省文化市场综合执法运行机制》《江西省文化市场管理工作领导小组成员单位分工协作机制》及《江西省文化市场综合行政执法事项指导目录》（2021年版），建立健全省级层面文化市场综合执法的组织领导、职责分工、协调联动、信息共享、执法保障等工作体系。在全省开展为期5个月文旅市场“风暴”整治行动、安全生产专项整治三年行动，严厉打击各类违法违规行为。全力做好疫情防控工作，及时出台加强疫情防控政策文件，不定期派出督查组实地督查，督促各地文旅场所严格按照“限量、预约、错峰”要求，落实“三验一戴”措施，压实疫情防控责任。

（肖世维）

文　学

【文学项目扶持】　完成中国作协2021年定点深入生活扶持项目、重点作品扶持项目的申报。温燕霞的长篇小说《虎犊》、凌翼的报告文学《迈上小康的共和国摇篮》、朝颜的散文《赣地风流》入选中国作协2021年重点作品扶持项目。实施“风起赣鄱”原创长篇小说重点作品扶持工程，温燕霞《凤凰飞》、阿袁的《生活式》、陈然的《藤》、杨帆的《柳树堰往事》、李伯勇的《别人的太阳》、范建民的《野庙碑》、朱仁凤的《近水胡家》、徐春林的《锯板桥》8部作品入选。实施乡村振兴和现实题材中短篇小说重点作品扶持项目，樊健军的《向水生长》、文非的《渔船来到雨庵镇》、罗聪明的《树》、王明明的《风筝知道天空的颜色》入选。

【文学创作成果】　2021年江西作家创作势头良好。陈世旭、阿袁、樊健军、王芸、文非等人的小说创作，陈世旭、李晓君、傅菲、朝颜、范晓波、安然、陈蔚文、王芸、朱强、洪忠佩等人的散文创作，及三子、林莉、吴素贞、林珊、林长芯、范剑鸣、滦宇勤、王彦山、刘义、周玲等人的诗歌创作，刘勇等人的电视电影文学剧本创作，都奉献十分优秀的文本，发表在《人民文学》《诗刊》《十月》《江南》《中国作家》等重要文学期刊上。江西散文现象持续发酵，《天涯》第五期推出“文学地理江西散文小辑”。全年27篇江西散文作品入选《散文选刊》《散文海外版》。卜谷、徐春林、凌翼的报告文学发表在《中国作家》《十月》等刊物。出版方面，刘勇、梅曙平、白勺、李宏川、黎润林、汪伟跃等出版长篇小说或小说集，李晓君、江子、阿袁、傅菲、陈蔚文、简心、滦宇勤、朝颜、周文、朱法元、吴志昆、李桂平、刘景明等人出版新散文集，刘义、天岩、滦宇勤等人出版诗集，龚奎林出版文学评论集，金朵儿出版系列儿童文学集。

【文学创作培训】　9月7日—10日，由省作协主办、江西干部学院承办的2021年江西网络作家党史学习教育主题培训研讨班暨第三期江西网络文学培训研讨班在井冈山举办。来自江西各地的30名网络作家在井冈山革命烈士陵园敬献花圈，聆听《井冈山道路与井冈山精神》为题的党史专题讲座，观看情景教学剧《革命历史是共产党人最好的营养剂》，并先后赴茅坪八角楼、神山村、大井朱毛旧居、小井红军医院等地参观，完成《坚定执着追理想》《实事求是闯新路》《支部引领 脱贫攻坚》《凝心聚力共向前》《艰苦奋斗攻难关》等现场教学课程的学习。组织推荐23名中国作协江西新会员参与中国作协会员线上培训，1名作家参加鲁迅文学院第39届中青年作家高级研讨班，1名作家参加中国作协创联部举办的“中华民族一家亲”2021年全国少数民族骨干作家培训班，11名地市作协负责人参加中国作协社联部举办的全国基层作协负责人著作权保护培训，30名江西网络作家参加中国作协网络文学中心举办的首期网络作家党史学习教育在线培训班，1名网络作家参加中国作协和共青团中央联合主办的新兴领域青年大学习暨全国青年网络作家“青社学堂”专题培训班。

【主题文学活动】　1—4月，与中国作协《诗刊》社共同举办“光荣与梦想”庆祝建党100周年诗歌大赛，面向海内外诗人和诗歌爱好者共征集3.2万余件作品。经过评审，评出一等奖2名、二等奖5名、三等奖10名、优秀奖100名。活动最后结集《星火·光荣与梦想庆祝建党100周年诗歌大赛专刊》出版。4月20日，由江西省文联、省作协与中国作协《诗刊》社共同主办的“永远跟党走”江西谷雨诗会主题诗歌晚会在江西艺术中心举办。晚会分“追寻”“奋进”“逐梦”“远航”四个篇章，精选“光荣与梦想”庆祝建党100周年诗歌大赛的优秀作品，邀请著名朗诵艺术家担纲朗诵，综合独唱、歌舞等艺术形式呈现中国共产党百年辉煌历程，为观众倾情奉献一场文学艺术盛宴。来自省内外著名诗人、评论家、作家、媒体记者及文学爱好者共600余人参加活动。

【文学作品研讨】　5月10日，联合中国作协创研部、人民文学杂志社、江西人民出版社在北京举办温燕霞《琵琶围》研讨会。7月5日，联合中国作协定点深入生活办公室、中国作协创联部、江西省卫生健康委在北京举办徐观潮长篇报告文学《中国健康档案》研讨会。7月29日，联合中国作协《诗刊》社、中国诗歌网在江西萍乡举办滦宇勤诗歌创作研讨会。9月16日至18日，在江西抚州举行江西省中青年作家中短篇小说创作研讨活动。12月7日至8日，在九江武宁举办2021江西小说笔会。12月21至22日，在南昌举办新时代江西散文创作研讨会。会上，向第十二届全国少数民族文学创作骏马奖散文奖获奖作家朝颜颁发了10万元奖金。

（李芬芬）

艺　术

【概　况】　2021年是中国共产党成立100周年，也是“十四五”规划开局之年，全省艺术工作者坚持以习近平新时代中国特色社会主义思想为指导，咬定“作示范、勇争先”目标要求，紧紧围绕中国共产党成立100周年和党史学习教育活动，加强顶层设计，紧抓创作生产，办好重大活动。

【印发4个指导性文件】　先后印发《关于深化国有文艺院团改革的实施意见》《“十四五”艺术创作规划》《关于进一步加强文艺评论工作的实施方案》《“十四五”时期濒危剧种保护扶持方案》4个指导性文件，为抓好今后一段时间的艺术创作工作提供基本遵循。其中，《关于深化国有文艺院团改革的实施意见》以省委办公厅、省政府办公厅的名义印发实施，提出“一县一团”“省市共建”等工作举措，成为全国第一批出台省级贯彻实施意见的省份。《“十四五”时期濒危剧种保护扶持方案》从院团建设、文献整理、剧目创作、演出交流、人才培养等5个维度提出保护扶持思路，力求从根本上解决濒危剧种有人传、有人演、有人看的问题，受到各地的好评。

12月12日，江西画院和江西省美术馆在江西省美术馆联合举办“不忘来时路——历史文化名迹名村写生创作邀请展”

江西省美术馆供

【剧目创作生产】 聚焦中国共产党成立100周年、决胜全面建成小康社会、开启社会主义现代化国家新征程等重大题材，各地创排优秀大型剧目近20部。其中，《一个人的长征》《山茶花开》《血火熔炉》《支部建在连上》《八子参军》5部作品入选中宣部、文化和旅游部、中国文联共同举办的“庆祝中国共产党成立100周年优秀舞台艺术作品展演”剧目；《一个人的长征》入选文化和旅游部“庆祝中国共产党成立100周年舞台艺术精品创作工程”（即“百年百部”）创作计划重点扶持项目、国家艺术基金（一般项目）庆祝中国共产党成立100周年大型舞台剧和作品主题创作资助项目；民族歌剧《山茶花开》参加第四届中国歌剧节和第十七届中国戏剧节展演，获优秀剧目奖；音乐剧《云上凤凰》在第六届全国少数民族文艺汇演中获优秀剧目奖。

【音乐、舞蹈、美术展演】 江西师范大学的红色题材群舞《苏区母亲》入选第十三届全国舞蹈展演；南昌师范学院的红色题材群舞《八个伢崽》获2020湖南红色旅游文化节“红动湘赣 礼赞中国”红舞邀请赛一等奖。上饶美术馆“石墨镌华·拓片里的书法史——上饶美术馆藏历代碑帖展”入选2021年全国美术馆馆藏精品展出季活动，实现江西省该项目零的突破；江西省美术馆徐娣策展的“人民的记忆——八一广场空间叙事暨美术创作展”入围2021年全国美术馆青年策展人扶持计划；省文化和旅游研究院孙晓晨雕塑作品《冰雪盛宴》（10件）参加中国国家画院主办的“天地人和——中国国家画院2022北京冬奥主题美术·书法作品展”；全省画院系统画家参加第七届全国画院美术作品展览，19幅作品通过终评。先后举办“红星照耀中华——全国工艺美术红色主题作品展”“百年赣鄱耀中华——江西省大型美术书法诗词创作展”“不忘初心 牢记使命——文化和旅游系统老同志、老艺术家庆祝中国共产党成立100周年书画作品展”“魅力红谷——第二届小幅漆画展”“不忘来时路——庆祝中国共产党百年华诞江西画院美术作品展”“人民的记忆——八一广场空间叙事暨美术创作展”“瓷意乡村——庆祝中国共产党成立100周年江西画院专题创作展”等一系列大型美术展览活动。

【举办2021年“茶香中国”第二届全国采茶戏汇演】 10月10日至20日，由文化和旅游部艺术司、省文化和旅游厅、抚州市人民政府共同主办的2021年“茶香中国”第二届全国采茶戏汇演在抚州市举行。此届汇演由开幕式、戏曲直播小讲堂、剧目展演、一剧一评、采茶戏传承与发展学术交流研讨会等共同组成。来自安徽、福建、江西、湖南、湖北、广东、广西7个省（自治区）的22个采茶戏院团的22个剧目陆续在抚州各剧院上演。

【优秀舞台艺术作品巡演】 5月至12月，省委宣传部、省文化和旅游厅策划推出“重温百年党史、传承红色基因——庆祝中国共产党成立100周年优秀舞台艺术作品巡演”。此次巡演采取“点单选剧”模式，以剧场演出和在线直播相结合的方式，推出话剧《支部建在连上》、赣剧《血火熔炉》、歌剧《山茶花开》、赣南采茶戏《一个人的长征》《八子参军》、现代京剧《望红关》《碧血慈云》、盱河高腔戏《忠诚》、大型木偶戏《红星照我去战斗》、杂技剧《山上那片红杜鹃》、交响音乐会《长征组歌》11部剧目，营造“党的盛典、人民的节日”浓厚社会氛围。

【举办第四届全省优秀青年戏曲演员展演】 12月3日至8日，由省委宣传部、省文化和旅游厅主办的“百年历程·梨园芬芳”2021年江西省第四届优秀青年戏曲演员展演在高安市举办，此次展演省市县三级院团同台竞技，国有和民营院团竞相献艺，汇聚全省14个代表队、120余名选手，参与配戏和伴奏的演员及演奏员达500余人。展演剧目112个，分为高腔皮黄和黄梅采茶2个组别，涵盖京剧、赣剧、越剧、徽剧、宁河戏、西河戏、弋阳腔、盱河高腔、黄梅戏、抚州采茶戏、赣南采茶戏、南昌采茶戏、高安采茶戏、瑞昌采茶戏14个剧种。

【举办全省编剧导演人才培训班】 10月14日至22日，由省文化和旅游厅主办，鹰潭市文广新旅局承办的全省编剧导演人才培训班在鹰潭举办。此次培训班采取“讲座+作品点评+观摩”的方式，邀请梅晓、曹向东、姚志强、周英、习志淦、吴傲君、曹宪成、林瑞武等全国知名编剧和导演，在课堂上讲授戏剧编剧和导演理论，来自全省的近40名编剧和导演参加培训。

【举办全省艺术管理干部暨艺术评论骨干培训班】 10月9日至13日，由省文化和旅游厅主办，江西艺术职业学院承办，抚州市文广新旅局协办的江西省艺术管理干部暨艺术评论骨干培训班在抚州市举行。此次培训邀请文化和旅游部艺术司领导和省内外多位专家授课，涵盖政策文件解读和戏剧、美术、舞蹈、音乐鉴赏及评论等内容，采取课堂讲授和剧目欣赏相结合的方式进行，来自全省各单位 50 余名文艺工作者参加培训。

（江美玲）

社会文化

【概　况】　2021 年，省文化和旅游厅坚持以习近平新时代中国特色社会主义思想为指引，深入贯彻落实中共十九届六中全会和省第十五次党代会精神，立足新发展阶段、贯彻新发展理念、构建新发展格局，以构建城乡一体、区域均衡、人群均等的现代公共文化服务体系为目标，加快构建适应大众旅游时代人民群众新需求的旅游公共服务体系，不断增强人民群众的获得感和幸福感。

【《江西省公共文化服务保障条例》出台】　《江西省公共文化服务保障条例》由省文化和旅游厅负责起草，先后与省人大教科文卫委、省司法厅、省人大常委会法工委组成联合工作组赴萍乡、赣州等 8 设区市及云南、广西、安徽、天津、陕西、甘肃等 6 省（自治区、直辖市）开展调研工作。其间，省人大常委会听取由省文化和旅游厅代省政府起草的《关于我省公共文化事业发展和公共文化服务保障情况的报告》。4 月至 7 月，条例先后提交省政府常务会议讨论、省人大常委会议审议。7 月 28 日，省第十三届人大会常委会第 31 次会议表决通过该条例，自 2021 年 10 月 1 日起施行。

【开展“永远跟党走”全省广场舞展演活动】　活动采取“层层发动、逐级选拔、全省联动”的形式，基层团队踊跃报名，参演团队达 3000 余支。参演群众通过“红歌+广场舞”的形式，向中国共产党百年华诞送上美好祝愿。通过遴选，20 个节目参加 6 月 28 日全省集中展演，评选出一等奖 4 个、二等奖 6 个、三等奖 10 个。展演在全国公共文化云平台进行直播，线上观众达 14 万人次，同时与 8 个省、直辖市进行网络联动直播，线上观众达 20 万人次。

【江西省 4 作品在第三届“华东六省一市现代地方小戏大赛”中获奖】　为推荐优秀作品参加在江苏射阳举办的第三届“华东六省一市现代地方小戏大赛”，省文化和旅游厅组织开展首届江西省现代地方小戏大赛。从各地推荐的 32 个优秀小戏原创作品中评选出一等奖 1 个、二等奖 3 个、三等奖 6 个。其中，4 个优秀作品代表江西省参加第三届“华东六省一市现代地方小戏大赛”决赛，赣南采茶小戏《春风化雨》获金奖，赣南采茶小戏《打狗棒》、丰城采茶小戏《本色》、九江现代采茶戏《梧桐树下》获银奖。

【6 地入选 2021—2023 年度中国民间文化艺术之乡】　根据文化和旅游部要求，在全省范围内开展 2021—2023 年度“江西省民间文化艺术之乡”申报命名工作。经各地申报、专家评审、省文化和旅游厅审核，共遴选出 7 个单位推荐申报“中国民间文化艺术之乡”，最终兴国县等 6 地入选。

【开展最美基层文化人学习宣传活动】　会同省委宣传部开展 2021 年江西“最美基层文化人”学习宣传活动。各设区市推荐乡镇（街道）、村（社区）文化志愿者各 36 人，从中评选出乡镇（街道）、村（社区）“最美基层文化人”各 10 人。

【第四届“赣鄱群星奖”评选】　自 2021 年 4 月第四届“赣鄱群星奖”启动以来，通过广泛发动、层层选拔，收集到音乐、舞蹈、戏剧、曲艺 4 个艺术门类共计 77 个作品，通过专家评审，40 个节目入围决赛，26 个作品最终获奖。赛事通过江西省文化馆数字平台和 10 余个省级文化馆数字平台同步直播。首日专场直播在线观看人次突破 60 万人次。

【提升旅游厕所智慧化水平】　推进旅游厕所“一厕一码”建设和示范性旅游厕所创建工作，继续抓好旅游厕所百度地图、高德地图线上标注工作。6 月下发通知，在全省范围内推进“一厕一码”旅游厕所在线评价反馈平台建设，统一为 2020 年至 2021 年已完工的 1000 多个旅游厕所制作带有唯一二维码识别的标志牌，接受游客在线评价反馈。

【制定《江西省“十四五”文化和旅游公共服务规划》】　为加快推进文化强省和旅游强省建设，贯彻落实《江西省国民经济和社会发展第十四个五年规划和二〇三五年远景目标纲要》、文化和旅游部《“十四五”文化和旅游发展规划》《“十四五”公共文化服务体系建设规划》，依据《江西省公共文化服务保障条例》《江西省“十四五”文化和旅游发展规划》，省文化和旅游厅制定《江西省“十四五”文化和旅游公共服务规划》，推进全省文化和旅游公共服务高质量发展。

（罗维）

非物质文化遗产

【举办庆祝中国共产党成立 100 周年系列活动】　5 月 28 日至 30 日，省文化和旅游厅联合省委网信办举办“百艺庆百年”江西省非物质文化遗产展，128 个非遗项目、191 名非遗传承人、31 件红色题材非遗原创作品参展。开展红色题材非遗作品创作评选活动，收到各类非遗传统工艺类作品 188 件（套），评出等级奖和优秀奖共 31 名。6 月 12 日至 7 月 11 日，组织参加“百年百艺 薪火相传”中国传统工艺邀请展。江西省有 25 件传统工艺类非遗精品参展、覆盖 16 个国家级非遗代表性项目。

【推进非遗代表性项目及其传承人体系建设】　5 月 24 日，国务院公布第 5 批国家级非遗代表性项目名录，江西省 18 个项目入选，数量居全国第 4 位，江西国家级非遗代表性项目达 88 项。省文化和旅游厅 9 月认定公布第 4 批省级非遗代表性传承人 135 人，江西省省级传承人达 542 人。率先试点认定非遗代表性项目省级代表性传承团体。按照“先定项目体系，后评传承团体”的原则，认定景德镇手工制瓷技艺省级代表性传承团体 119 人。

【开展系列非遗主题活动】　组织开展 2021 年“视频直播家乡年 · 我的江西年”活动。江西省上传至全国新媒体的推文和短视频超过 800 条，线上参与超过 1 亿人次，视频投稿量全国第 2 位，省非遗研究保护中心官方账号视频播放量全国第 10 位，“我的江西年”在“2021 我最喜欢的‘非遗过大年’视频评选活动”中总投票数全国第 8 位。省文化和旅游厅联合省商务厅组织开展“2021 江西非遗购物节”，全省 11 个设区市组织线上线下活动，上线非遗工坊 65 家、老字号企业 25 家；中秋节期间，江西非遗购物节走进南昌市胜利路步行街；各地陆续举办“2021 江西非遗购物节”进景区、进社区、进街区活动。6 月 6 日，文化和旅游部非遗司在江西赣州举办非遗中的红色资源寻访活动启动暨革命故事、红色歌谣新书发布仪式，该活动是 2021 年文化和旅游部“文化和自然遗产日”非遗宣传展示重点活动之一；江西省开展非遗中的红色资源寻访活动，发掘包括苏区歌谣、苏区舞蹈、苏区戏剧、红军医药等一批红色主题非遗资源。10 月，组织九江市代表江西参加“新疆是个好地方——对口援疆 19 省市非遗展”，并赴阿克陶县开展交流展示等活动；开展代表性传承人探访和评估活动；举办东河戏、赣剧声腔与表演（弋阳腔）、景德镇手工制瓷技艺等 3 期传承人群研修班；开展“古曲唱新词 讴歌新时代”全省传统表演艺术类非物质文化遗产代表性项目新词创作大赛，评选出创作奖 32 个、展演奖 9 个；12 月，在吉安永新举办江西省曲艺类非物质文化遗产交流活动，邀请湖南、湖北等省曲艺类非遗节目展演。

【发布和出版系列研究成果】 11 月，省文化和旅游厅印发《江西省“十四五”非物质文化遗产保护规划》，《规划》突出实践性、系统性、创新性，聚焦“做示范、勇争先”目标定位，提出一系列务实举措。委托省级非遗研究基地江西科技师范大学，编撰出版《江西非物质文化遗产发展报告（2021）》蓝皮书；依托非遗记录等成果，汇聚一批省内专家，编纂出版《江西非遗大典（陶瓷卷）》《江西非遗旅行线路》《百集非遗记录图集〈赣风〉》等书籍。

【非遗区域性整体保护】 3 月，率先公布第一批省级“非遗小镇”建设单位 17 个，其中脱贫地区 4 个。11 月，批复同意设立省级抚州戏曲文化生态保护实验区。江西省拥有国家级文化生态保护（实验）区 3 个，数量与青海省并列全国第 1 位，省级文化生态保护实验区 2 个。江西形成以国家、省级文化生态保护（实验）区为重点，特色非遗村镇、街区为支撑的整体性保护“江西样式”。

（申绍云　熊子薇）

图书馆

【概　况】 2021 年，全省公共图书馆从业人员 1680 人，其中高级职称 96 人，中级职称 395 人。全省读者持借阅证总量超 229.64 万个，全年总流通人次 2220.03 万人次，年书刊文献外借 1576.91 万册。全省公共图书馆馆舍总建筑面积达 58.99 万平方米，阅览坐席共 5.13 万个。

【开展全民阅读活动】 春节期间，全省 85 家图书馆围绕“赏春意，品书香，暖万家”主题，举办春节文化活动（含线上）2377 场，线上线下参与人次 105.6 万人次，接待到馆读者 56.7 万人次。围绕“庆祝中国共产党成立 100 周年”主题，全省图书馆开展“学党史，念党恩”“红色经典阅读，点亮爱党红心”“忆峥嵘岁月，看今朝辉煌”等系列阅读活动。其中，省图书馆向社会推出党史学习教育服务菜单，为省委办公厅、省公安厅等 246 家单位 1 万人，开展 298 场党史学习教育，举办党史系列讲座和“庆祝中国共产党成立 100 周年——峥嵘百年 · 不忘初心大型图片展”，累计 8 万人次参与活动。为加强青少年党史学习教育，省图书馆与南昌大学、江西师范大学、南昌凤凰城上海外国语学校等 13 家学校合作开展馆校课程及阅读活动，学习强国、江西卫视等媒体争相报道。以“我为群众办实事”实践活动为抓手，提升服务效能，广泛征求读者意见建议，制定台账，针对增加读者停车位、开放读者食堂、扩充借阅服务等 141 项问题逐一整改到位。

【江西省公共图书馆联盟成立】 11 月 5 日，江西省公共图书馆联盟成立会议以视频会议的形式在省图书馆举行。会议审议通过《江西省公共图书馆联盟章程》《江西省公共图书馆联盟机制工作方案》，并约定各成员馆将从开展阅读活动，组织公益讲座，促进学术研究研讨，强化人才教育培训，推进馆际文献流通和参考咨询业务等方面打通壁垒、加强合作，以第一流的工作成绩践行“作示范、勇争先”目标要求。

【提升办刊水平】 2021 年，由省图书馆学会、省图书馆主办的学术性专业期刊《图书馆研究》出版发行 6 期，共发文 101 篇，刊用率 9.2%。全年邮发数量 3330 册，增长 4%。同行关注度保持较好态势。据第三方评价机构 CNKI 发布的《中国学术期刊影响因子年报》（2021 版）统计，《图书馆研究》复合影响因子为 0.81，提升 30%；综合影响因子为 0.67，提升 32%。2 个指标均创出自 2008 年有统计数据以来的历史新高。

【省图书馆延时开放】 7 月 1 日起，省图书馆每日开放时间延长至21 : 00，每周开放时长达 72 个小时，居全国省级图书馆前列。延时开放区域包括：二层服务大厅、展厅、中文图书借阅区和三层中文报刊阅览区、中文图书借阅区。阅览区域面积约 1.4 万平方米，集藏、阅、借于一体。延时服务半年以来，江西省图书馆以温馨舒适的阅览环境、智能便捷的设施设备、热情细心的服务态度吸引众多读者前来体验，夜间接待读者 25 万人次，逐渐成为南昌市民夜生活的热门打卡地。

【古籍保护与利用】 依托中华古籍普查文化志愿服务行动，组织古籍普查文化志愿者赴临川区图书馆、庐山图书馆和修水县图书馆开展古籍普查帮扶，完成古籍 5059 部、4.40 万册，民国线装书 1176 部、5260 册的普查工作。完成《江西省图书馆馆藏古籍珍本丛书》第十一辑《江城名迹记》、第十二辑《吴草庐先生粹言》的影印出版和《江西省图书馆馆藏字画图集》《江西省图书馆古籍普查登记目录》的编纂出版工作。

（姚琴斯）

博物馆

【概　况】 2021年,江西省在省级文物行政部门登记备案的博物馆有192家,其中文化旅游系统管理136家,行业博物馆8家,非国有博物馆48家。国家等级博物馆61家,其中一级博物馆11家、二级博物馆27家、三级博物馆23家。以省级博物馆为龙头,市县级博物馆为主体,非国有博物馆为补充的具有地方特色的博物馆体系加速形成。

【举办庆祝中国共产党成立100周年活动】 全省各地博物馆在做好防疫工作前提下,围绕庆祝中国共产党成立100周年和党史学习教育,举办一系列线上线下活动。推出云观展、云讲座、云教育、云培训、云展演等,满足公众多元参与博物馆文化体验,发挥博物馆在文化传承中的枢纽作用。组织开展"庆祝中国共产党成立100周年全省博物馆讲解员大赛",评选出全省48名优秀讲解员,并选送选手参加全国决赛,获二等奖、三等奖各1名。

【展览工作】 江西省博物馆"江西古代历史文化陈列""江西革命史陈列"获全国博物馆十大陈列展览精品奖,这是江西省连续4年夺金。同时,江西省共有4项展览入选国家文物局向社会推介100项2021年度"弘扬中华优秀传统文化、培育社会主义核心价值观"主题展览,其中重点推介展览1项。全国陶瓷博物馆联盟秘书处和中国博物馆协会陶瓷专业委员会落户江西景德镇。组织开展2020年度全省博物馆陈列展览精品评选,选出10个陈列展览精品奖。

【打造特色博物馆】 支持中国陶瓷博物馆、八大山人纪念馆、庐山博物馆、黄庭坚纪念馆、汤显祖纪念馆等打造全国知名特色博物馆。支持鹰潭市、南昌市、樟树市、万年县、万安县、永丰县、上栗县、寻乌县、定南县等建设新馆,打造地域特色。支持江西鄱阳湖博物馆、龙南客家生态博物馆,以及南昌市中国工艺美术大师博物馆、邓希平颜色釉艺术博物馆、雷锋文化博物馆、九江植物标本馆等基层国有和非国有特色博物馆建设,提升文化传播力和社会影响。培育景德镇、吉安、抚州等市县博物馆6家。会同省财政厅制定发布全省扶持非国有博物馆暂行办法,落实省财政每年350万元专项补助资金。

11月,瑞金中央革命根据地纪念馆举办"人民共和国从这里走来——中华苏维埃共和国史"展览

省文化和旅游厅供

【文物征集】 启动6个市级博物馆和部分县级馆文物修复、预防性保护和数字博物馆项目,支撑博物馆文物保护、云展览和融媒体传播。制定下发加强文物征集,尤其是近代和现当代文物征集的指导意见,推动省文物交流中心与各级博物馆文物征集合作互动,以及博物馆向社会募捐革命文物专项工作。

【建立博物馆工作考评机制】 开展2020年度博物馆领域"双随机一公开"检查工作,建立每年1~2次检查工作长效机制,促进藏品建档、陈展审核备案、文物借展备案和文物保护修复报批等文物管理工作。加强博物馆免费开放考核评估工作。以陈列展览、青少年教育、线上互动体验以及与旅游融合发展等为考评主要内容,开展免费开放绩效评估工作,推出28家年度工作优博物馆案例,引领全省同行不断发展。

(艾菘)

文物保护与考古发掘

【概　况】 2021年,江西汉代海昏侯国考古遗址公园建设列入《中华人民共和国国民经济和社会发展第十四个五年规划和2035年远景目标纲要》,景德镇御窑遗址申遗列入国务院《"十四五"文物保护和科技创新规划》,紫金城城址与铁河古墓群、御窑厂(含湖田窑址、高岭瓷土矿遗址)等5处8点纳入国家文物局《大遗址保护利用"十四五"专项规划》。江西万年仙人洞、吊桶环遗址,新干商代大墓,南昌西汉海昏侯墓,景德镇御窑厂窑址等考古发掘入选"百年百大考古发现"。《南方文物》入选"中国最具国际影响力学术期刊(人文社会科学)"。樟树国字山墓考古取得重大成果,冲击"2021年中国六大考古新发现"和"2021年度全国十大考古新发现"。2021年江西省获国家文物保护专项资金2.14亿元,项目共84个。完成江西省石窟寺专项调查,出台《江西省省级考古遗址公园管理暂行办法》,启动《江西省"十四五"考古发展规划》《古建筑修缮工程消耗量定额(江西省单位估价表)及其费用标准》编制,制定江西省长江流域文物资源调查工作方案。完善不可移动文物资源管理机制,加强尚未核定公布为文物保护单位的不可移动文物基础信息填报工作,完成第八批全国重点文物保护单位保护范围和建设控制地带划定。

【基本建设与考古调查】 推进文物领域"放管服"改革,配合江西省各地做好大型基本建设考古工作。协调推进赣州七里镇窑址、吉安吉州窑等涉建项目考古勘探,继续推动南昌市新建区、红谷滩区、赣江新区以及上饶、赣州等地重点发展区域文物资源区域评估工作,完成寻乌工业园用地、宜春袁州区职业教育学校用地等文物区域评估工作,共配合基本建设开展文物资源调查评估20余项。

【主动性考古发掘】 开展樟树国字山墓葬、宜黄锅底山遗址、安福起凤山墓葬、九江荞麦岭遗址和景德镇御窑厂遗址西围墙5个主动性考古发掘项目。樟树国字山墓考古有重大成果,出土漆器、金属器、陶瓷器、玉石器等文物近2400余件(套),为构建和完善江西地区两周时期考古学文化序列谱系提供关键性资料。12月25日,在樟树市组织召开国字山墓葬考古发掘成果专家论证会,邀请40名考古专家学者,通过线上线下的形式共同对国字山墓葬考古发掘成果进行论证。新华社、人民网、央视等10多家新闻媒体进行报道,点击量超过100万次。

【考古科研及文物修复工作】 做好考古成果挖掘、整理和阐释,完成《赣州七里镇窑址考古发掘报告(1986—2016)》《大余县滩头窑址考古发掘简报》编写工作。12月,在2021年中国学术期刊未来论坛上,《南方文物》入选"中国最具国际影响力学术期刊(人文社会科学)",排名第21位。完成海昏侯文保站5666件文物的移交工作和鄱阳县明代淮王府遗址、赣州七里镇窑址出土文物的入库移交、登记工作。开展竹简保护修复招标工作,海昏侯文物中30件漆器的保护修复、300多件木漆器的干燥定型、20余件青铜器的保护修复工作完工。

【大遗址保护利用】 推动景德镇御窑厂遗址、南昌汉代海昏侯国遗址等国家考古遗址公园建设运营,使其成为江西文化旅游新名片和网红打卡地。完成景德镇御窑博物馆布展工作及试开馆前期筹备工作,景德镇御窑博物馆于5月18日开馆试运行。2021年共争取国家重点文物保护专项资金3000万元用于御窑厂明清制瓷作坊遗迹及瓷业文化堆积层保护展示、紫金城城址与铁河古墓群——祠堂岗墓区环境整治等文保工程项目。完成大遗址保护利用"十四五"专项规划编制调研工作,紫金城城址与铁河古墓群、御窑厂(含湖田窑址、高岭瓷土矿遗址)等5处8点纳入国家文物局《大遗址保护利用"十四五"专项规划》。推进首批省级考古遗址公园申报、评审、公示工作,筑卫城遗址、七里镇窑址等5处遗址进入首批省级考古遗址公园立项名单。

【世界文化遗产保护】 推进景德镇御窑遗址申遗工作,景德镇御窑遗址申遗列入国务院《"十四五"文物保护和科技创新规划》。联合印发《景德镇御窑遗址申报世界文化遗产三年行动计划及任务分工表(2021—2023)和《景德镇御窑遗址申遗2021年工作要点》,编制《御窑厂遗址"十四五"考古工作规划》。《景德镇御窑厂遗址保护规划(2020—2030年)》修编获国家文物局批准。推进万里茶道(江西段)申遗工作,与沿线省份共同制定出台《万里茶道联合申报世界文化遗产三年行动计划(2021—2023年)》,对江西省4处重点推荐申报和8处一般推荐申报的遗产点开展万里茶道遗产整体保护管理状况回顾性评估工作。完成《庐山国家公园2020年度监测年度报告》《庐山世界文化遗产第三轮定期报告》,开展汛期庐山世界文化遗产受灾及抢险保护调查。

【石窟寺保护利用】 加强江西省考古和石窟寺保护利用工作,推动重点石窟寺保护展示和数字化工程建设,完成江西省石窟寺专项调查,编制《江西省石窟寺文物名录》《江西省石窟寺专项调查工作报告》。以省政府办公厅名义印发《关于进一步加强考古和石窟寺保护利用工作的意见》,对科学做好石窟寺(摩崖造像)保护工作和提升石窟寺(摩崖造像)学术研究、展示利用水平作出具体要求。

【文物保护工程管理】 做好文物保护工程资质改革及相关换证工作,印发《关于规范文物保护工程资质申报审批年检工作流程的通知》,完善资质审批事项有关证明材料"告知承诺制"办事指南。批准文物保护工程施工二级资质1家和三级资质3家,勘察设计丙级资质1家。完成2021年度国保项目交叉检查工作,共检查文保工程项目110个,实现2016—2020年全国重点文物保护工程项目全覆盖。

【革命文物保护利用和宣传工作】 成立江西省博物馆学会革命纪念馆专业委员会,促进省内革命场馆交流合作。出台全国首部明确以革命文物为立法对象的省级地方性法规《江西省革命文物保护条例》;组织"十三五"时期革命文物保护项目检查、"七一"前革命旧址安全隐患大排查等;开展长征文物资源专项调查,推进长征文物保护展示项目申报。组织开展"百期音视频节目""百佳革命文物讲述人""百个革命文物展览""百处革命旧址保护利用优秀案例""百项红色主题社教活动"即"五个一百"红色文化主题活动;"七一"前夕,各地相继推出"灯塔照耀中国——中共中央驻地联展(1921—1949)"(瑞金)、"初心耀征程——百件珍贵革命文物档案说江西"(省博)、"百年回望 红心向党"(八一)等重磅展览。

【红色教育和赛事活动】 推出"跟着红歌学党史"合唱展示活动和"早安,红土地"晨读党史系列直播活动;开展"党的故事我来讲——争做红领巾讲解员"实践体验活动和"百名红色讲解员讲百年党史"进学校、进社区、进企业宣讲活动;南昌八一起义纪念馆打造情景讲述展演《八一军旗红》,传播红色文化。省博物馆"红色摇篮"展览获全国博物馆十大陈列展览精品奖;4人被列入全国百个革命文物讲述人名单;7个展览入选全国庆祝中国共产党成立100周年精品展览;南昌八一起义纪念馆《八一守护人》被评为"中华文物全媒体传播精品推介项";瑞金中央革命根据地纪念馆"人民共和国从这里走来——中华苏维埃共和国史"等入选国家文物局2021年度"弘扬中华优秀传统文化、培育社会主义核心价值观"主题展览;"百件革命文物说江西"获江西新闻奖二等奖。

(李艺璇　肖瑶)

文化交流

【概　况】 2021年,省文化和旅游厅克服新冠肺炎疫情致使对外文化线下交流与合作活动完全中断的影响,开展线上对外交流与合作活动,打造对外线上交流项目,拓展对外线上交流渠道与平台,对接国家"一带一路"建设,落实省委、省政府扩大双向开放的要求。

【参加 2021 年"欢乐春节"线上交流】 受新冠肺炎疫情影响,文化和旅游部 2021 年"欢乐春节"活动以线上方式开展,文化和旅游部要求各省最多申报 5 个项目。省文化和旅游厅通过沟通争取,实际申报项目 7 个,入库 6 个,超额完成入库任务。江西省入库项目被澳大利亚、德国、法国、保加利亚等国的中国文化中心及驻哥伦比亚、驻波兰大使馆等驻外机构海外平台选用 50 余次。

【完成 2021 年度对口合作工作】 江西省精品剧目《客家儿郎》《百戏梦幻夜》《八子参军》《山那边里个水那边》《牡丹亭》、非遗专题晚会《活色生香》、《非遗江西》纪录片中的《南昌瓷板画》《吉州窑》《新余夏布绣》《鄱阳脱胎漆品》、瓷乐演奏《步步高》《我在景德镇等你》《民歌联奏》、省博物馆"物华天宝——江西名窑吉州窑文物精品展"等项目通过巴基斯坦中国文化中心的官方微信、Facebook、Twitter 等平台向当地群众与侨胞播放。其中,《八子参军》是江西省红色题材大戏首次在海外线上平台播出;《非遗江西》系列纪录片 7 月 20 日上线巴基斯坦中国文化中心微信公众平台,日点击率达 1500 余人次。

【港澳青少年内地游学工作】 11 月 23 日,港澳青少年内地游学联盟工作会发布 2021 年度港澳青少年内地游学"推荐产品"10 项、"潜力产品"16 项。省文化和旅游厅推荐的"景德镇古窑"项目入选"2021 年度港澳青少年内地游学推荐产品";"'弘扬井冈山精神　争做红色传人'江西红色游学线路"项目入选"2021 年度港澳青少年内地游学潜力产品"。

【举办中日韩陶瓷文化艺术与旅游周】 12 月 13 日—17 日,省文化和旅游厅与文化和旅游部国际局、景德镇市人民政府联合举办中日韩陶瓷文化艺术与旅游周。该活动是落实中共中央总书记习近平"要建好景德镇国家陶瓷文化传承创新试验区,打造对外文化交流新平台"指示,构建中日韩陶瓷文化交流新平台,深化三国同文化和旅游领域务实合作,促进东亚文明交流互鉴与民心相通,扩大景德镇陶瓷文化在世界的影响力的举措。此次活动不仅有绘画、书法、陶艺等多门类艺术品集中展示,而且有来自中日韩的艺术家现场展演创作。

(胡一之　邹妍)

文化市场

【概　况】 2021 年,全省文化和旅游市场共出动检查 15.72 万人次,检查经营单位 5.68 万家次,责令改正 208 家次,当场处罚 158 件,立案调查 464 件,办结案件 462 件,警告 295 家次;罚款 398 家,罚款金额 478 万元,责令停业整顿 34 家次,吊销许可证 3 家,取缔 12 家。受理各类旅游投诉 672 起,已结案 667 起,办结率 99.3%;旅游投诉协调赔偿金额共 130.69 万元。

【文化市场综合执法队伍改革】 在完成省级层面文化市场综合执法改革任务的基础上,推动市、县两级文化市场综合执法队伍印发"三定方案"(职能配置、内设机构和人员编制规定)。整合组建、挂牌成立文化市场综合执法队伍,推动"同城一支队伍""局队合一"重点改革任务,统筹整合行使文化、文物、出版、广播电视、电影、旅游市场的综合执法职能。各设区市文化市场综合执法支队全部升格为副县级,落实"文化市场综合执法工作只能增强、不能削弱"的改革要求。充实完善江西省文化市场管理工作领导小组,由省委常委、省委宣传部部长担任组长,省政府分管副省长任副组长,省文化和旅游厅、省委宣传部、省委编办等 15 家单位为领导小组成员单位。发挥领导小组办公室职能作用,先后 4 次召开领导小组办公室会议,起草并审议《江西省文化市场综合执法运行机制》《江西省文化市场管理工作领导小组成员单位分工协作机制》,建立健全省级层面文化市场综合执法的组织领导、职责分工、协调联动、信息共享、执法保障等工作体系,形成工作合力。

【执法队伍建设】 落实《综合行政执法制式服装和标志管理办法》,完成全省文化市场综合执法制式服装和标志招投标工作,推动各级文化市场综合执法队伍服装、标志配备。制定《江西省文化市场综合行政执法事项指导目录》(2021 年版),指导各地执法队伍依照目录规范执法工作。贯彻落实《国务院办公厅关于进一步优化地方政务服务便民热线的指导意见》精神以及文化和旅游部关于政务热线归并整合工作部署,推动各级"12301""12318"热线采取整体并入的方式统一归并到地方"12345"政务服务便民热线。举办全省文化市场综合执法队伍负责人培训班,各地文化市场综合执法队伍主要负责人以及执法骨干参加培训,重点讲授新修订的《行政处罚法》和执法实践课程,提升执法队伍管理和办案水平。举办全省旅游投诉受理工作培训班,各地文广新旅局分管领导、旅游投诉机构负责人参加培训,提升旅游投诉受理业务水平和工作能力。组织开展全省文化市场综合执法证件申领培训班暨执法资格专业科目考试,落实文化和旅游部关于执法证件申领和管理有关工作要求。

【开展"风暴"专项行动】 围绕中国共产党成立 100 周年关键时间节点开展一系列专项整治行动,始终保持高压态势,对人民群众反映强烈,社会舆论高度关注的各类市场乱象重拳出击,营造健康有序的文化市场环境。以省文化市场管理工作领导小组办公室名义制定《2021 年全省文化和旅游市场"风暴"整治行动工作方案》,按照自查自纠、整治整改、巩固提高 3 个阶段,加强对全省互联网上网服务营业场所、网络文化市场、旅游市场、娱乐场所和演出市场执法检查,查处整治文化和旅游市场违法违规现象。加强重大案件查处力度,江西省 3 个案件入选全国文化市场重大案件。制作并公布江西省文化市场综合执法指导案例,其中 2 个案例入选文化和旅游部指导案例,震慑违法违规经营行为。推进扫黑除恶斗争常态化,省文化和旅游厅获全国扫黑除恶专项斗争先进单位,并在全省推荐一批扫黑除恶专项斗争先进单位和先进个人。

(郭贵拓)

本类目编辑　徐佳佳

新闻出版　广播电影电视

报纸期刊

【概　况】　至2021年年底，全省有报纸64种（其中党报14种、都市晚报7种、广电报6种、教辅报3种、高校报22种、其他类报纸12种），年度总发行量约7亿份；全省有各类期刊165种，年度总印数7860.14万册，年度总印张22.46万千印张，年度定价总金额4.9亿元。

【开展专项检查和社会效益考评】　坚持每半年对报纸等新闻单位开展一次"三审三校"工作专项检查，推动报纸等新闻单位健全审校机制、压实审校责任、提升出版质量。6月和10月，分别组织工作组赴11个设区市和部分省直新闻单位开展专项检查，检查各地报社等新闻单位40余家，召开座谈会20余场，印发检查通报2期。开展报纸出版单位社会效益考评，从舆论引导与社会责任、出版与管理、规模与效果、党的建设与人才培养4个方面开展综合评价，实行导向正确性"一票否决"制，推动报纸出版单位把社会效益放在首位，实现社会效益和经济效益相统一。在2—3月开展的报纸出版单位社会效益考评中，评定优秀等次19家、良好等次42家、合格等次3家。

【规范报纸日常管理】　1—12月，办理报纸变更主管主办单位、出版单位等行政许可事项13件，办理报纸法人代表变更、休刊等备案17件。对违规变更开版、未按期缴送样报的《江西广播电视报》《南昌晚报》等6家报纸采取相应处理措施，约谈相关负责人16人。全年先后开展报纸编校质量和出版形式质量专项检查2轮，累计抽检省内报纸30种（次）、90期，对存在问题的《新余日报》等3家报纸予以警示、责成整改。开展党报印制质量专项检测1轮，抽检南昌、上饶等6个设区市级党报30份，抽检合格率100%。在报纸年检中，围绕报纸主管主办单位职责履行情况、报纸编校质量和出版形式质量、报纸登记事项变更情况、新闻违法违规问题等重点内容开展核验，共约谈《江西工人报》《课程导报》等报纸出版单位6家，给予《萍乡日报》等4家报纸暂不参加年检处理，给予《江西商报》等2家报纸暂缓年检处理。

【加强期刊日常监督管理】　开展对全省165家期刊单位社会效益评价考核和年度核验工作，落实期刊审读，压实主管主办单位职责，推动主管主办单位共管共建，省新闻出版局组织人员审读期刊共238期。推进期刊滥发论文问题专项检查，组织工作专班深入《南昌大学学报》《当代财经》《陶瓷研究》等10余个期刊出版单位开展调研，指导期刊出版单位及时完善管理措施，健全长效机制，落实主体责任。严格落实期刊日常审批管理，全年完成165种期刊条码申请工作，办理增刊25个，办理变更审批37项。

【加强重大主题宣传审读】　落实《报纸期刊审读暂行办法》，坚持全面审读与重点审读相结合的原则，围绕宣传阐释习近平新时代中国特色社会主义思想、疫情防控、复工复产、建党百年、全面小康等重大主题开展报纸审读7轮，累计审读报纸145种次、1400余期，印发审读通报4期，实现报纸审读全覆盖。持续完善报纸新媒体审读机制，将报纸所办网站、客户端、微博、微信公众号等各类新媒体纳入审读范围，建立新媒体审读清单，组建审读专家库，利用新技术新手段开展重点审读，全年累计审读新媒体500余个次，整改问题30余个。

【推进报业融合发展】　3月，下发《关于推动我省报业深度融合发展相关事项的工作提示》，引导省内报纸强化融合发展意识。对246个报纸所办新媒体内容生产、运营状况、社会效益等情况开展常态化监测，精选推广媒体融合优秀案例，推动省内报纸深化业务交流、探索融合发展新模式新路径。开展2021年度中国报业深度融合发展案例征集，全省15家报纸出版单位申报特色案例17个，其中江西日报社的"'赣鄱云'融媒体智慧平台"获评全国优秀案例。12月，《江西日报》代表江西参加在北京举办的庆祝中国共产党成立100周年全国党报事业发展成就展。

（涂翔　陈晓斌）

图书和数字出版

【概　况】　至2021年年底，省新闻出版局批复图书、音像电子选题共13786个，其中新选题7384个（图书7178个、音像电子206个），重印再版选题6402个（图书6222个、音像电子180个）。

【出版质量监管】　省新闻出版局坚持正确的舆论导向和出版方向，落实意识形态工作责任制，加强选题批复、重大选题备案、书号核发、成书管理等关键环节把控，及时把中央精神和导向要求传达到各出版单位,做到有令必行、有禁必止。严格落实图书出版单位社会效益考核和音像电子出版单位年检工作,引导出版单位坚持把社会效益放在首位,坚决杜绝违反出版管理规定的苗头性、倾向性问题。加强对未成年人读物的审核把关,对动画片和2013年以来出版的未成年人读物进行专项检查,严禁血腥暴力、残忍惊悚等内容。开展全省图书"质量管理2021"专项工作,督促图书出版单位落实"三审三校"工作,提升出版物编校质量。全年组织人员审读书稿、调阅二审意见433种,报中宣部履行重大选题备案手续21个。

【加强主题出版物出版】 围绕庆祝中国共产党成立100周年这一重大主题,省新闻出版局加强红色主题出版物的策划调度,挖掘红色资源,讲好江西故事,打造一批培根铸魂、启智增慧的红色主题作品。2021年,重点组织出版《中国共产党100年江西简史》《中国共产党100年江西大事记》《永恒的力量》《画说中国革命精神》等80余种庆祝中国共产党成立100周年的红色主题出版物。紧扣开启新征程、开创新局面主基调,做好习近平新时代中国特色社会主义思想、全面建成小康社会、社会主义核心价值观等重点主题的创作出版。江西人民出版社《新时代中国特色社会主义的世界意义》等3种出版物入选中宣部2021年主题出版重点出版物选题。持续推进"纪录小康工程"活动,江西高校出版社《关键看老乡:江西老区脱贫攻坚纪实》、江西科学技术出版社《送瘟神:新中国抗击血吸虫病纪实》等5个项目获国家出版基金"纪录小康工程"专项资助。

【实施精品出版工程】 推动精品出版工程建设,通过规划引领、重点扶持,加强重点作品的跟踪服务,推出更多思想精深、艺术精湛、制作精良的优秀作品,形成江西原创品牌和独特标识。按照围绕主题、突出主线、特色鲜明原则,省新闻出版局编制《江西省2021年图书、音像、电子出版物重点选题出版计划》,策划省级重点选题140个,列入国家级重点项目22个。坚持以比促学、以奖促优,组织出版单位参与评奖评优活动。全年有78个出版项目获国家级重要奖项和荣誉,其中二十一世纪出版社《巴颜喀拉山的孩子》等6个项目获第五届中国出版政府奖,二十一世纪出版社《巴颜喀拉山的孩子》《逐光的孩子》入选第十一届全国优秀儿童文学奖,江西人民出版社《琵琶围》、二十一世纪出版社《独龙江上的小学》入选2021"农民喜爱的百种图书",江西美术出版社《艺术为人民——延安美术史》等8个项目入选2021年度国家出版基金资助项目,江西人民出版社《宋人笔记辑佚》入选2021年度国家古籍整理出版资助项目。

【推进重点工程】 严格按照"正""专""新""特""精""美"总体要求,抓好《江西文化符号丛书》编辑出版及宣传推介活动。6月28日,策划《江西文化符号丛书》首发暨出版座谈会,组织新闻媒体进行宣传,向读者宣传好、介绍好江西积淀丰富、影响广泛的特色文化和地域文化。启动《江右文库》编纂出版工程,由省委宣传部牵头组织省社联、江西出版传媒集团,深入广东、湖北等地开展调研,组织召开《江右文库》编纂出版专题工作会。

【深化出版融合发展】 省新闻出版局重视融合出版青年人才建设,推动出版单位健全完善出版业导师制等人才培养机制,促进培养一批熟悉传统出版和数字出版的复合型人才。组织理论、文艺、新闻等界别高层次人才与出版社、期刊社开展对接交流活动,搭建相互交流沟通平台,建立常态化活动机制,推动人才联系服务和出版工作发展双赢。加强数字出版精品项目创作,指导出版单位申报国家数字出版项目评选,争取资金和政策扶持。江西美术出版社《"瓷上世界"文化走出去融合发展与传播平台》入选2021年度数字出版精品遴选推荐计划,二十一世纪出版社《"耳语精灵"有声平台》入选2021年度数字出版精品遴选推荐计划提名项目。加强网络游戏出版审批管理,严把方向导向,控制出版数量,提高网络游戏内容质量。江西高校出版社申请出版的《国民传奇无双》等4款国产移动网络游戏获出版物号。深入推进网络游戏防沉迷检查巡查,统筹抓好全省网络游戏实名验证平台企业对接工作。至2021年年底,江西省重点游戏企业全部完成防沉迷实名认证工作。

(陈晓斌)

版　权

【概　况】 2021年,坚持新发展理念,把握新时代任务需求,推进版权治理体系和治理能力现代化,加大版权服务力度,对一批向上向善、反映人民群众为实现美好幸福生活而不懈奋斗的作品进行版权登记,全省作品登记量达3.53万件,同比增长近60%。

【版权执法】 省版权局以案件查办为抓手,与多部门通力合作,查办一批大案要案。南昌张某某等涉嫌销售侵权盗版图书系列案、九江"3·16"涉嫌侵犯著作权案2起案件由国家6部委联合挂牌督办;上饶"7·02"侵犯手机游戏著作权案、新余"7·13"侵犯影视作品著作权案2起挂牌案件判决。全省办结侵权盗版案件141起(含5起刑事案件),全省11个设区市案件查办实现全覆盖。

【版权服务】 4月,以陶瓷知识产权保护为重点的景德镇知识产权法庭挂牌成立;由省版权局主办,省赣鄱云融媒体中心和省知识产权学院承办的新著作权法与文化创新发展论坛在江西日报传媒大厦举行,论坛网络观看量达102万人次。7月,国家版权局批复同意设立景德镇国家陶瓷版权交易中心,这是全国唯一一家面向特定行业的国家级版权交易中心。9月,国家版权局批复授予景德镇市"全国版权示范城市"称号。根据中央网信办秘书局、中共中央宣传部办公厅等16个部门关于推进"区块链+版权"试点工作要求,经省版权部门推荐申报,景德镇新闻传媒有限责任公司获批全国"区块链+版权"试点单位。

【推进软件正版化工作】 3月26日,制订《2021年江西省推进使用正版软件工作实施方案》,在全省范围内部署开展2021年度江西省推进使用正版软件工作。7月，省使用正版软件工作领导小组办公室在井冈山举办专题培训班，参加培训150余人。9月23日，省使用正版软件工作领导小组办公室牵头，组织对省级党政机关软件正版化工作进行全覆盖核查。

【开展“剑网2021”专项行动】 6—10月，省版权局联合省公安厅、省互联网信息办公室等相关单位在全省范围内开展“剑网2021”专项行动。聚焦网络重点领域，开展版权专项整治，全省办结网络版权案件26起，其中刑事案件2起。

（何宏勇）

印刷复制

【概　况】 至2021年年底，全省有印刷复制企业1789家，其中出版物印刷企业144家、包装装潢印刷企业653家、其他印刷品印刷企业990家、专项印刷企业12家、专营数字印刷企业10家；全行业固定从业人员9.3万人。

【印刷企业】 2021年，江西省印刷产业朝着绿色、高效、数字化、智能化方向转型发展。全年实现工业总产值376亿元，比上年增长12.27%。其中，出版物印刷40.9亿元，占10.88%；包装装潢印刷186.5亿元，占49.6%；其他印刷品印刷141.4亿元，占37.61%；排版、装订等专项印刷7.2亿元，占1.91%。全省印刷企业资产总额301.4亿元，工业增加值76.5亿元，工业总产出394.6亿元，对外加工6.9万美元。全省规模以上重点印刷企业有70家，其中赣州20家、南昌17家、宜春13家，占全省规模以上重点印刷企业的71.43%。全省规模以上重点印刷企业实现工业总产值122亿元，占全省印刷工业总产值的32.45%；实现销售收入130亿元，利润4亿元。

【印刷复制企业监管】 开展印刷企业年度报告和国家印刷复制示范企业年度考核工作，共有1789家印刷企业通过年度核验，江西新华印刷集团继续保留“国家印刷示范企业”称号。加强印刷企业行政审批工作，落实“双随机、一公开”抽查制度，全面加强印刷复制企业事前事中事后监督管理。省新闻出版局全年审核审批出版物印刷和数字印刷企业12家，其中出版物印刷企业9家、数字印刷企业3家；审核审批图书、期刊印刷委托书1.94万项，网上受理行政审批事项1170项；审核2021年春秋季中小学教材和教辅材料价格及版别、印张、规格、开本、正文、封面、插页的用纸、印色等标准规格2663个品种，其中中小学教材816个品种、循环教材136个品种、教辅材料1711个品种。

【内部资料性出版物管理】 2021年，严格落实省直单位连续性内部资料性出版物审核换证和年度核验工作。省新闻出版局全年完成省直单位233种连续性内部资料性出版物审核工作，其中96种一次性通过核验、84种经过整改后通过核验、注销不合格连续性内部资料性出版物53种；约谈存在问题单位负责人10余家。3月，省新闻出版局会同省“扫黄打非”办公室等8个部门组成联合工作组，采取明察暗访的方式，对全省出版物市场、印刷复制企业进行联合检查，依法查处违规办理内部资料性出版物问题。推动“编印、发送一次性宗教内部资料性出版物”事项实现“一件事一次办”，精简审批程序，细化办事指南，提高办理效率。

（陈晓斌）

出版物发行

【概　况】 至2021年年底，全省有出版物发行单位2838家(不含省新华发行集团和省邮政公司下属的发行网点)，其中出版物发行批发单位353家、出版物发行零售单位2485家；从业人员4.7万人；实现年销售收入204.8亿元。

【主题图书发行】 围绕庆祝中国共产党成立100周年，统筹部署抓好党和国家重要文件文献、重点图书发行工作，推动习近平新时代中国特色社会主义思想深入人心。省新闻出版局组织指导江西新华发行集团开展建党百年主题图书展示展销活动，在全省各新华书店设立党史学习教育专题展台及书架，结合展板、海报、电子屏幕、微信公众号等方式进行店内外宣传推广；利用新华大讲堂、护苗行动、朗读者计划等平台，开展党史主题讲座、党史经典诵读、党史主题故事分享等文化活动，发挥新华发行集团思想文化宣传主阵地、主渠道作用。2021年，全省党史学习教育图书发行582.6万册，其中习近平《论中国共产党历史》123.3万册、《毛泽东邓小平江泽民胡锦涛关于中国共产党历史论述摘编》112.3万册、《习近平新时代中国特色社会主义思想学习问答》117.6万册、《中国共产党简史》141.1万册；确保党史学习教育必选书目全省党员、干部人手一册。

【出版物发行企业管理】 2021年，完成全省出版物发行单位年度核验工作，共有2840家出版物发行企业参加年检，其中通过年检的企业2692家、缓期登记的企业146家、注销和不予通过年检的企业2家。依法依规加强出版物批发企业行政审批工作，省新闻出版局全年批准新设立的批发企业88家，审批准予变更事项的批发企业65家。指导督促各级执法部门加强“双随机、一公开”抽查工作，提高事中事后监管效率。全省各级执法部门出动执法人员3290余人次，抽查出版物发行企业1200余家，抽查比例超30%，共查处违规经营企业24家，取缔违规企业7家，查缴各类非法出版物2.8万余本(份、张)。

【中小学教材发行】 省新闻出版局深入贯彻关于加强和改进新形势下教材建设的决策部署，面对周期短、任务重、要求高以及新冠肺炎疫情等不利因素，按照提前筹划、提前部署、提前准备要求，指导省新华发行集团科学筹划、靠前指挥，抓好2021年春秋两季中小学教材征订发行工作。春季完成中小学教材、免费教辅征订共6882万册，秋季完成中小学教材、免费教辅征订共9367万册；完成全省700多万名中小学生“课前到书、人手一册”任务。

【组织参加第30届全国图书交易博览会】 7月15日—19日，第30届全国图书交易博览会在山东举行。省新闻出版局组织全省10家出版传媒企业，聚焦“致敬建党百年 阅享盛世书香”主题，遴选《江西文化符号丛书》《信仰至上》《永恒的力量》等2500余种精品图书参与展览；开展各种展销营销活动，举办“艺术为人民”红色经典主题图书推介会、《琵琶围》读者见面会、“大中华寻宝系列”《山东寻宝记》阅读分享会等16场主题活动，线上、线下实现破纪录销售码洋407万元。经第30届全国图书交易博览会组委会评选，省新闻出版局获优秀组织单位，江西代表团展区获优秀设计展区和图书捐赠特别表扬，“江西出版集团之中文传媒童书专场”网络直播营销、“艺术为人民”——江西美术出版社献礼建党百年华诞主题图书巡礼两项活动入选优秀活动。

（陈晓斌）

出版物市场监管

【概　况】 2021年，围绕庆祝中国共产党成立100周年这条主线，统筹推进“扫黄打非”“正道”“新风”两大集中行动，扭住“风险排查、杂音清理、问题整治”3个环节，狠抓督查检查，在维护政治安全、清朗文化环境、夯实基层基础上落实见效。全省查缴各类非法出版物16万余件，查处各类“扫黄打非”案件297起，其中吉安“10·29”网络传播淫秽物品牟利案等7起案件被列为国家重点挂牌督办案件。

【开展“净网2021”专项行动】 立足网络主战场，开展“净网2021”专项行动，打击网络淫秽色情低俗信息，对网络文学、网络直播、网盘下载、搜索引擎、短视频等问题高发领域进行监测，清理传播淫秽色情及低俗信息网站、微信公众号927个，立案查处网络传播淫秽色情案件55起。

【开展“护苗2021”专项行动】 开展“护苗2021”专项行动，全年清查校园周边非法有害少儿出版物3.6万余册，查办违规编印教材教辅培训机构15家，收缴盗版盗印教材教辅出版物4100余册。省市县建立“护苗”联盟，在校园建设“护苗”工作站4000余家，开展“护苗·春蕾”法治进校园公益讲座2898次、“绿书签”名家公益讲座100余场，覆盖师生家长33万余人。

【开展重点领域整治】 开展风险隐患排查，各地“扫黄打非”办公室和相关成员单位通过内查职责机制、外查人员渠道和市场拉网检查等方式，发现并化解风险源风险点414个。及时清除杂音噪声，严密监控境内外网上责任账号和重点阵地，封堵各类谣言样本6万余个，查处省内造谣传谣人员548人。整治重点领域问题，监管各类讲座、论坛、报告会、研讨会、读书会、文化社团等活动，阻止并取缔不合规讲座、读书会、社团活动23场次，取缔涉非法宗教培训点7个，查缴非法出版物700余册。

【开展专项督查检查】 2021年，对各地出版物销售市场、印刷复制企业、邮政寄递渠道、宗教活动场所、内部资料管理等，开展多次联合督导、暗访检查、交叉检查，有26家出版物销售、印刷复制企业受到警告，6家单位被行政处罚；对全省7万多个网站进行24小时技术轮询，形成报告24期，累计处置各类有害信息短彩信51.2万余条；落实中央意识形态工作责任制巡视专项检查要求，督导各地和相关部门完善“扫黄打非”工作机制，加大阵地管理的管控力度，取缔3家不合规定报刊。

（涂淑婧）

电影电视剧

【概　况】 2021年，全省有营业影院387家、银幕2210块，其中新增影院29家、银幕171块。全省电影总票房13.47亿元，占全国总票房2.9%，位列全国第14位；观影人次3584.9万人，占全国观影人次3.1%。全年票房超1000万元的影院有21家。根据《江西省国家电影事业发展专项资金扶持电影创作生产实施细则》，下发《2021年度江西省国家电影事业发展专项资金扶持电影创作生产项目申报指南》，经过资格初审、初评、复评、部务会审议和网上公示，确定35个项目为扶持项目，对相关项目拨付扶持资金827.01万元。全省上报电影剧本备案56部，取得《电影剧本（梗概）备案回执单》33部。制作电影完成片11部，取得《电影公映许可证》10部。制定《关于进一步加强电视剧播出管理的通知》，全面规范电视剧播出工作，维护行业健康发展。

【电影创作生产】 2021年，为向庆祝中国共产党成立100周年献礼，江西省重点创作《三湾改编》《邓小平小道》等重大历史革命题材影片。其中，《三湾改编》自7月19日上映以来，得到各大媒体持续关注，至12月31日，影片票房达4395万元；《邓小平小道》于10月17日开始点映，至12月31日，点映票房400余万元。

【农村电影公益放映】 2021年，开展“红色经典进校园”“红色经典进万村”“我为群众办实事 优秀影片进基层”等主题公益放映活动。通过红色经典电影进校园、进乡村、进广场、进社区，筑牢基层意识形态主阵地，引导广大基层群众、学校师生牢固树立社会主义核心价值观。相关活动得到中宣部《每日要情》、中宣部电影数字节目管理中心、《中国电影报》、中央电视台电影频道的关注和报道。

【开展全国知名影视人江西采风、电影项目评审会暨全省影视创作与管理人才研修班活动】 10月9日—16日，组织开展全国知名影视人江西采风、电影项目评审会暨全省影视创作与管理人才研修班活动。培训采取“三合一”的模式进行，邀请部分全国知名影视人赴吉安市开展采风活动，推荐一批省内年轻编剧跟班学习；举办全省电影创作与管理人才研修班，为省内60名中青年影视创作人员授课，讲解剧本悬念设置、人物塑造等，交流创作经验；邀请参加采风培训活动的7名专家，开展2021年省级电影专项资金扶持电影创作生产项目复评工作。

【第二届庐山国际爱情电影周活动在庐山举行】　10月16日—22日，第二届庐山国际爱情电影周活动在庐山举行。电影周以“庐山天下恋，缘在此山中”为主题，共有爱情大道、主题盛典、国际爱情电影庐山论坛、电影《邓小平小道》全国点映启动仪式、经典爱情电影歌曲演唱会、集体婚典、爱情电影展映展播7大主要活动。活动邀请中国电影资料馆、中国电影家协会、中国电影文学学会、解放军文化艺术中心、上海电影集团、博纳影业集团负责人及影视界知名嘉宾出席，得到《人民日报》、新华社、中央广播电视总台、《光明日报》、学习强国、今日头条、抖音等主流媒体和新媒体平台的报道。

（何根晖）

【重点电视剧选题规划】　加强对重点电视剧选题的规划调度，发挥省广电局重点文艺创作生产协调推进小组作用，制定印发《关于进一步完善重点广电文艺创作生产协调推进小组工作机制的通知》《江西省广播电视局电视剧（重大理论文献电视片、电视动画片）审查工作实施办法》，对标重要时间节点，立足江西特色，挖掘重点选题资源，确定10部重点电视剧选题和5个重点电视剧选题线索，并纳入《江西省广播电视和网络视听“十四五”发展规划》，面向社会发布。

【电视剧创作生产】　围绕庆祝中国共产党成立100周年和迎接中共二十大，积极跟进重点电视剧的创作生产。电视剧《像我们这样奋斗》在南京市广播电视台影视频道首播；电视剧《井冈山儿女》获《国产电视剧发行许可证》；重大革命题材电视剧《大道薪火》通过立项，并根据国家广电总局的审读意见进一步打磨剧本；组织两轮审读重大革命题材电视剧《红土地，红五星》，并按照程序上报国家广电总局重大办。全年受理申报备案公示剧目9部，其中5部通过国家广电总局立项。

【优秀电视剧公益展播】　策划开展“庆祝中国共产党成立100周年江西省优秀电视剧公益展播”活动。精选出《可爱的中国》《井冈山》《领袖》《红色摇篮》《映山红》《红领章》《沙场点兵》《地下地上》《风云1911》《斩匪》《天下兄弟》《油菜花香》12部江西创作播出的优秀电视剧，供省广播电视台各地面频道、各设区市广播电视台公益播出。

（凌文勇　郭立）

广播电视宣传

【主题主线宣传】　指导督促全省各级广播电视台加强广播电视头条建设和网络视听媒体首页首屏首条建设，围绕庆祝中国共产党成立100周年这条主线，设立专题、开辟专栏，做好“奋斗百年路 启航新征程”主题报道，深入实施“纪录小康工程”，用心用情用功做好习近平新时代中国特色社会主义思想的宣传阐释。组织做好建党百年重要活动的直播、转播、重播工作。江西有3件广播电视作品获中国新闻奖二等奖，1件广播电视作品获中国新闻奖三等奖；4件作品获中国广播电视大奖2019—2020年度广播电视节目奖。建立江西省优秀广播电视作品片库，整合盘活优质节目资源148部2.33万分钟，涵盖广播电视节目、电视剧、公益广告、网络视听节目4个共享平台。

【广播电视作品创新创优】　指导江西广播电视台制作推出红色文化讲演节目《闪亮的坐标》、高端对话节目《闪耀东方》和红色人文节目《跨越时空的回信》（第四季），入选国家广电总局建党百年重点广播电视节目，获《广电时评》、国家广电总局《监管日报》专题点评表扬。联合制作的电视纪录片《红色银行之苏维埃国家银行》《从瑞金出发》、电视动画片《红色起点——从井冈山到瑞金》《红游记》（第二季）入选国家广电总局建党百年重点项目；联合制作的电视纪录片《鄱阳湖最后的渔民》获中国新闻奖、中国广播电视大奖。电视公益广告《致敬先烈》系列被国家广电总局纳入全国优秀广播电视公益广告作品库首页推荐作品，供全国广播电视播出机构展播，公益广告播放获国家广电总局《监管日报》点名表扬。

【广播电视宣传导向管理】　落实文娱领域综合治理工作，加强广播电视行业管理，印发《关于进一步加强广播电视和网络视听文艺节目及其人员管理的通知》，组织广电媒体对违法失德、丑闻劣迹艺人相关广播电视作品进行清理，组织省广电局监测中心对广播电视和网络视听涉违法失德、丑闻艺人相关节目情况进行排查。组织开展全省广播电视系统打击新闻敲诈和假新闻专项行动，以及“把握正确导向，抵制低俗、庸俗、媚俗”专项行动，打击广电系统新闻单位、机构及其人员的新闻违法活动，坚决抵制低俗、庸俗、媚俗，推动广播电视正本清源，守正创新。

（万里波　胡小玲）

广播电视科技

【概　况】　2021年，围绕中国共产党成立100周年等重要安全保障期，联合省委宣传部印发通知，对广播电视和网络视听安全播出保障工作进行部署，并深入市县基层，开展迎接中国共产党成立100周年全省广播电视行业安全播出大检查，做好安全播出各项工作，持续改造智慧广电监测监管系统、IPTV监测系统、移动互联网视听节目监测系统等，实现对全省设区市以上广播电视有线、无线、卫星和IPTV业务以及移动互联网视听业务24小时全天候全方位的实时动态监测和预警，做到及时发现问题，及时处置。

【推进广电媒体深度融合】　落实国家广电总局《关于加快推进广播电视媒体深度融合发展的意见》，组织省市两级广播电视台制定媒体融合三年行动计划，有步骤、分阶段启动重点项目，推进重点任务。推进有线电视网络整合和广电5G建设一体化发展，省广电网络公司和旗下96个分公司全部提前完成更名任务，受到国网公司表扬。同时，中国广电支持江西建设国家广电干线南昌中心节点，将其纳入全国广电骨干网络“五纵五横”向“七纵七横”发展建设规划，支持江西建设中国广电（江西）云数据中心

（江西广电网络数据中心）项目。由省广电局组织推荐的南昌广播电视台“基于广电 5G 架构的移动物联数字传媒”项目，入选第二批国家广播电视和网络视听产业发展项目库入库项目。

【全省应急广播体系建设】 完成省级应急广播系统建设（一期）项目，通过国家广电总局的功能测试和专家组的验收，实现与国家总平台的纵向无缝对接，同时实现与省应急管理厅和省气象局的横向对接，确保覆盖范围内应急广播分类型、分级别、分区域、多终端的快速高效精准传播。争取国家基层应急广播体系建设支持，全省49个革命老区及欠发达县（市）获补助资金 2.2 亿元。全省有 75 个县（市、区）开展应急广播建设，建成及在建的应急广播、村村响或大喇叭等覆盖终端数量近 4 万个，覆盖 755 个乡（镇）、8319 个行政村。

【推动广播电视向“人人通”“移动通”“终端通”升级】 至 2021 年年底，省内 700 兆基站建设数达 7653 站，实现县域以下 5G 信号的全覆盖；有线广播电视光缆网络乡镇及以上区域通达率 100%，行政村通达率 98%；无线地面数字广播电视发射台站 142 座，实现全省的全覆盖。拓展收听收看的终端渠道，按照中国广电部署，省广电局督促江西广电网络与中国广电对接，推进 5G NR 广播，让广播电视从“户户通”到“人人通”“移动通”“终端通”。

【2021 年江西省广播电视技术能手竞赛举行】 9 月 28 日—29 日，由省广播电视局、省人力资源和社会保障厅联合主办的 2021 年江西省广播电视技术能手竞赛暨第 26 届全国广播电视技术能手竞赛预选赛（江西赛区）在南昌举行。此次技术能手竞赛根据国家广电总局安排部署，分广播中心、电视中心和网络安全 3 个专业进行。省广播电视台、省教育电视台、各设区市文广新旅局、省广播电视局监测中心等单位选拔推荐一线技术骨干参加，参赛人数达 70 余人。经过激烈角逐，3 个专业的比赛共产生一等奖 3 名、二等奖 6 名、三等奖 10 名。

（蔡旦颖　杨成东）

9 月 28 日—29 日，2021 年江西省广播电视技术能手竞赛暨第 26 届全国广播电视技术能手竞赛预选赛（江西赛区）在南昌举行。图为 9 月 28 日竞赛现场

省广播电视局供

播出制作机构管理

【推动电视频道高清化建设】 2021 年，完成江西广播电视台经济生活频道，萍乡市广播电视台新闻综合频道，赣州市广播电视台综合、公共、教育频道，新余市广播电视台公共、教育频道，南昌市广播电视台都市、资讯、公共频道，宜春市广播电视台综合、公共频道 12 个电视频道的高标清同播审核转报国家广电总局工作，均获批复同意。全省经国家广电总局批准的电视频道有 39 个，已实现高标清同播或高清播出的电视频道 30 个，高清化率 76.9%。赣州、上饶、新余、吉安、九江、南昌、鹰潭、宜春 8 个设区市广播电视播出机构完成高清化。

【播出机构管理】 开展县级播出机构更名审批工作，将县级融媒体中心纳入播出机构范畴管理，完成全省 82 个县级广播电视台更名为融媒体中心工作。不断规范县级广播电视播出机构频率频道建设，开展县级播出机构开办频道频率审批工作，结合“双随机、一公开”检查，组织对广播电视播出机构开办频率频道情况进行监测，查处擅增频率频道、擅自变更节目设置、擅自变更呼号、专业节目比例不达标以及灰广播等违规行为，对违规问题下达违规整改通知书，并督促相关播出机构整改到位，推动广播电视播出机构依法依规运营。

【制作机构管理】 省广电局与省委宣传部印发《江西省国有影视企业社会效益评价考核实施方案（试行）》《关于开展 2020 年度国有影视企业社会效益评价考核工作的通知》，对全省 20 家国有影视企业开展社会效益评价考核。开展 2021 年度广播电视节目制作经营单位业绩审核工作，对 292 家持证机构执行广播电视法规、规章和规定的情况，以及节目制作、发行、播出、出口等经营业绩情况和落实《中共中央宣传部 国家广播电视总局关于印发〈国有影视企业社会效益评价考核试行办法〉的通知》的情况进行审核，准予换证的机构 206 家，不予换证的机构 75 家，主动注销的机构 11 家。

（徐家伟　徐俊）

本类目编辑　詹跃华

卫生健康

综　述

2021年，全省卫生健康系统主动作为、奋发有为、担当善为，统筹推进疫情防控和卫生健康事业发展。

疫情防控。始终把常态化疫情防控作为头等大事来抓，坚持科学、务实、精准的防控策略，全面推进“战疫情、促发展”两手抓、两手硬，保持连续610天无新增本地确诊病例的记录，累计成功处置100多起涉及人、物、环境等方面的输入性关联疫情。11月，上饶因旅游景区引发的突发疫情，只用13天时间就从速从快打赢上饶突发疫情阻击战、歼灭战，没有发生1例外溢病例，取得江西省常态化防控以来第一次处置德尔塔病毒突发疫情重大考验的胜利。2021年省政府工作报告把全面打赢上饶突发疫情阻击战、歼灭战列为全省2021年度两大标志性成果之一，央视新闻联播先后6次报道江西省疫情防控工作，《人民日报》《健康报》等中央及行业主流媒体分别作专版报道，肯定疫情防控的江西智慧、江西担当。

项目建设。在全系统实施“项目攻坚年”活动，全省储备补短板、强弱项的公共卫生项目770个，总投资859亿元。重新创办南昌医学院，加快补齐江西医学教育人才短板。实现国家区域医疗中心和委省共建P3实验室零的突破。成立赣医联合总会，打造“天下赣医”品牌，为共建共享健康江西奠定基础。获批国家中医药综合改革示范区，承办上海合作组织传统医学论坛。1人获国医大师、3人获全国名中医称号。先后推出卫生健康科技创新“八条”、高层次人才培养“十条”硬核措施，建立调动医务人员积极性的长效机制。

健康江西行动。在全国率先发布省级“十四五”卫生健康发展规划和医疗卫生服务体系规划，启动实施“15+3”健康江西行动，在全国率先开展中医药和家庭健康促进行动，省卫生健康委作为全国唯一省级卫健部门，在全国健康发展大会上作主旨演讲。推动“健康江西建设”纳入全省市县高质量发展考核评价体系，卫生城镇创建数量在全国实现进位赶超，江西73%的健康指标提前达到2022年国家目标值，在健康中国考核中，江西获中部第一名、全国第七名。

民生健康。持续深化“三医联动”改革，公立医院综合改革继续入选国务院真抓实干成效明显表彰单位，基本药物制度落实成效稳居全国第一方阵。全省公立医院门诊次均费用、平均住院费用均相当于全国平均水平的92%左右，基本实现城市居民15分钟、农村居民30分钟的有效就医圈。修订《江西省人口与计划生育条例》，依法实施三孩生育政策，计生协系统协同发力，促进全省人口长期均衡发展和量质齐升。

其他工作。统筹推进综合监督、政策法规、政务服务、老龄健康、外事援外、科技教育、妇幼健康、职业健康、宣传教育、爱国运动、干部保健、老干部服务、安全生产等各项工作。

（马晓平）

医疗改革

【概　况】　2021年，坚持以人民健康为中心，持续深化“三医”联动改革。丰城市入选国务院重大政策措施真抓实干成效明显地方表彰激励名单；新余市作为两个发言单位之一，在全国推广三明医改经验现场会暨培训班上作经验交流；省卫生健康委获评全省全面深化改革工作先进单位。

【公立医院综合改革】　1月25日，省政府办公厅印发《关于加强公立医院公共卫生职能建设的实施意见》。6月17日，省卫生健康委印发《2021年公立医院综合改革效果评价指标体系》，将考核结果与公立医院综合改革补助资金分配挂钩。全省公立医院收支结构进一步优化，医疗服务收入（不含药品、耗材、检查、化验收入）占医疗收入30.4%，人员支出占业务支出36%，医疗收入增幅2.7%，门诊次均费用增幅7.74%，住院平均费用增幅6.96%，协调落实第一批国家带量采购中选药品结余资金留用政策，全省拨付至医疗机构结余资金约2亿元。

【推广三明医改经验】　4月30日，省医改领导小组召开座谈会，深入学习贯彻中共中央总书记习近平关于三明医改重要讲话精神，借鉴三明医改经验，推动全省医改走深走实。6月，省委深改委第十六次会议听取深化医改工作情况汇报。12月15日—17日，举办全省学习推广三明医改经验暨全面启动紧密型县域医共体建设培训班。以省医改领导小组名义印发《深入推广三明医改经验　深化医药卫生体制改革的实施方案》，明确9个方面深入学习推广三明医改经验，并在8个方面开展试点探索，为深化改革积累经验。

【推行分级诊疗制度】　5月8日，召开全省城市医疗集团和紧密型县域医共体建设试点工作调度会，通报试点工作进展情况。组织15个试点县(市)填报紧密型县域医共体建设评判标准和监测指标体系。印发《全省省级专科联盟2020年工作情况通报》,推动全省专科联盟建设有序发展。全省110家省级专科联盟备案登记实现全覆盖。开展分级诊疗评估工作,并向国家报送分级诊疗相关数据以及典型案例。持续推进全省公立医疗卫生机构人才提能提质工程,全年组织选派373名公卫类、管理类、临床类学员赴西安交通大学进修学习,完成年度培训计划。

【深化医改重点工作】 8月20日,召开全省医改工作电视电话会议,部署推进全省医改工作。制定全省2021年医改重点工作任务,从深入推广三明市医改经验、推进分级诊疗体系建设、加强公共卫生体系建设、统筹推进相关领域改革4个方面明确20项重点改革任务。组织开展2021年度医改考评工作,向省考评办报送全省11个设区市、100个县(市、区)2021年高质量发展考评结果。

(吴思庭)

医政工作

【概　况】 2021年,江西省获批纳入国家区域医疗中心建设试点省份。成立省卫生健康委区域医疗中心建设领导小组,向国家卫生健康委申报呼吸、心血管病、神经疾病、创伤、癌症、传染病、骨科7个专业国家区域医疗中心。上线省级互联网医院监管平台,全年授予15家省市医院互联网医院牌照。开展第二届“江西省医师奖”评选活动,制作江西省第4个“中国医师节”特别献礼节目。开展“弘扬伟大抗疫精神 传承优良医德医风”专题活动,印发《关于进一步加强公立医院医德医风管理组织体系建设的通知》。制定公立医疗机构经济管理年、民营医院管理年等7项专项工作方案。

【新冠肺炎防治】 落实“四早”(早发现、早报告、早诊断、早隔离)防控措施和“四集中”(集中患者、集中专家、集中资源、集中救治)救治原则,建立健全救治体制机制。持续加强发热门诊和新冠肺炎救治定点医院建设,定点医院实现省市县三级全覆盖。构建应急状态下三级医疗救治网络和防、诊、控、治、融、康六位一体的医疗救治机制,保障正常医疗秩序。派出2000多名医护人员驰援上饶疫情防控阻击战,调度血液支援上饶。建立新冠肺炎医院感染防控督导检查和每月通报2项工作制度。

【机构人员准入】 探索出台江西省远程医学影像诊断中心设置标准和管理规范,率先在全国出台省级三级心脑血管病医院基本标准,修订江西省二、三级老年医院基本标准。出台《江西省医疗机构设置备案管理规范》,累计纠正不规范医院命名310余起。

【医疗服务能力建设】 实施城乡对口支援和县级医院服务能力提升工程,成立江西省卒中中心、创伤急救中心、胸痛中心、人类辅助生殖技术质量控制中心。总结国家社会心理服务体系建设赣州市试点和推进省级试点社会心理服务工作。加强儿童心理健康服务,牵头设立省级社会心理服务热线“966525”。在南昌大学探索开展大学生社会心理疏导和危机干预试点,江西省严重精神障碍管理治疗工作综合评分位居全国前列。

【医疗管理】 儿童血液病和恶性肿瘤救治新增12个病种,救治管理病种达22种。重大疾病救治免费救治人数保持全国最高。累计拨付应急救助资金5574万元,救助患者7629人次。持续推进国家和省级集中带量采购中选药品、国家谈判药品的配备和使用。强化重点监控药品、抗微生物药物和抗肿瘤药物临床使用监测,修订《江西省医疗机构麻醉药品和第一类精神药品使用及管理培训办法》。启动医疗机构合理用药考核和公立医疗机构总药师制度试点工作。

【医疗质量安全】 增设卒中中心、创伤急救中心、胸痛中心、人类辅助生殖技术质量控制中心4个专业的省级质控中心,出台院前医疗急救救护车装备基本标准(2021年版)。确定全省332家医疗机构电子病历应用水平分级。加强医院单病种质量管理和血液供应保障,全省无偿献血总人次数、采血量、供血量分别为50.20万人次、86.59万单位、1.67亿毫升,比上年同期上升9.00%、10.45%、10.54%。规范人体器官捐献和移植管理,落实专项整治要求,移植手术质控正向指标排名全国第一方阵。

【医院评审评价】 组织实施2020年度二、三级公立医院(非中医类)绩效考核。拟定第四周期江西省医院评审标准实施细则,印发第四周期江西省医院评审办法,成立第四周期医院评审领导小组。加强医院病案首页数据质量质控和结果应用,发布《江西省DRG绩效分析报告》4期。

【平安医院建设】 持续推进人防、物防、技防三防建设,东湖区智慧平安医院建设试点基本完成。强化医院安全秩序管理,推进医院实施安检。常态化推进扫黑除恶斗争,完成最高人民法院将江西省作为医疗纠纷一体化处理全国唯一试点任务。全省二级以上医院投诉窗口、接待场所和医疗纠纷调处办公室设置率100%,二、三级公立医院医疗责任险参保率100%。发挥人民调解主渠道作用,全年调解成功率91.1%。

(葛贤建)

基层与妇幼卫生

【概　况】 2021年,全省有社区卫生服务机构735个,其中社区卫生服务中心230个、社区卫生服务站505个;乡镇卫生院1622所,其中中心卫生院506所、一般卫生院1116所;村卫生室2.36万个,乡村医生4.58万人。启动宫颈癌检查联合HPV疫苗接种精准预防宫颈癌试点,为靖安县4000名农村妇女免费提供宫颈细胞学+HPV检测精准筛查,600余名适龄女性免费提供HPV疫苗接种。免费为全省困难家庭的1097名孕妇提供无创产前基因检测,936名孕妇提供地贫基因检测,1573名新生儿提供耳聋基因检测。发起让爱无缺公益行动,省级募集资金250余万元,免费为全省困难家庭孕产妇产前诊断,困难家庭新生儿先天性心脏病、遗传代谢性疾病及听力筛查,并提供后续诊断服务。

【城乡社区疫情防控】 2021年,全省排查170个国内中高风险地区到(返)赣人员61.4万人,重点人员全部落实排查管控。发挥基层医疗卫生机构"哨点"作用,规范基层机构发热诊室设置及发热病人接诊管理,全省设立发热诊室、发热哨点的基层机构达94.78%,全年未发生因基层医疗机构疫情管控不规范所导致的疫情传播情况。基层医疗卫生机构承担隔离场所管理、核酸采样、疫苗接种、流调溯源等工作,为全省连续610天无新增本地确诊病例贡献力量。

【巩固健康扶贫成果】 2021年,持续推进大病专项救治工作,累计救治大病患者175.28万例次。推进脱贫人口便捷就医,全省2259个县域内定点医疗机构均实现先诊疗后付费和"一站式"即时结算。持续做好脱贫人口家庭医生签约服务,家庭医生履约率稳定在95%以上。建立健全因病返贫致贫风险人群监测预警和精准帮扶机制,对脱贫人口和防止返贫监测对象大病、重病救治情况进行动态监测帮扶。持续巩固基本医疗有保障成果,全省实现乡村医疗卫生机构和人员"空白点"动态清零。

【基层医疗卫生服务能力】 深入推进优质服务基层行活动和社区医院建设。2021年全省评审达到国家推荐标准基层机构43家,累计180家,占全省乡镇卫生院和社区卫生服务中心总数的10.3%;全省评审累计达到国家基本标准838家,占全省乡镇卫生院和社区卫生服务中心总数的49%,超额完成国家要求40%的目标任务。全年建成社区医院20家,累计建成42家。实施基层卫生人才培训项目,中央财政安排培训经费1911万元,全省培训基层卫生人员3460人。落实重点帮扶县服务能力建设,投入资金1440万元,支持48家乡镇卫生院加强特色科室建设,提档升级医疗设备。省级确定修水县等10个县(市、区)为省级基层卫生健康综合试验区,巩固完善"公益一类保障、公益二类管理"运行新机制,促进提升服务能力。

【基本公共卫生服务项目】 推进基本公共卫生服务项目走深走实提质增效活动,明确12项工作内容,提高服务质量。2021年为全省1012万名城乡重点人群免费提供健康体检等服务,累计向居民开放居民电子健康档案1992.38万份。推进基层医防融合,明确10个方面融合的具体任务,老年人健康管理率69.85%,高血压规范管理率69.9%,糖尿病规范管理率70%,均比上年有所提升。推进家庭医生签约服务,全省组建家庭医生团队1.65万个,实现全人群签约率33%,重点人群签约率64.8%。

【乡村医生队伍建设】 全面落实乡村医生多渠道补偿机制,组织开展乡村医生执业资格考试,全省有1871名考生参加考试,其中1297名考生考试合格,可申请乡村医生执业注册。支持具有全日制大专以上医学学历应届毕业生免试申请乡村医生执业注册,全省乡村医生中执业(助理)医师比例提高到25%。加强村医定向医学生接收安置和服务管理,全年各地接收安置村医1369人,全部落实聘用制管理。

【母婴安全保障】 全省住院分娩活产数34.79万人。举办开放教学式孕产妇死亡、新生儿死亡省级评审及危重症救治案例联合评审,开展全省母婴安全技能大比武活动,组织专家编写产科急救流程图和《简明新生儿复苏手册》(2021版),对重点地区开展专家驻县蹲点。

【出生缺陷防治】 10月28日,省卫生健康委印发《关于统筹推进全省婚前孕前保健工作的通知》。免费为育龄妇女增补叶酸。审批新增2家产前诊断机构,全省产前诊断机构11家。利用中央资金对PKU、BH4D患儿实施救助,每人补助8000~20000元。

【实施妇幼公共卫生项目】 完成脱贫县农村妇女"两癌"免费检查28.7万人,完成城镇困难妇女"两癌"免费检查。免费为全省35.3万名孕产妇提供艾滋病、梅毒和乙肝检测,为阳性感染母子提供预防母婴传播服务。

【妇幼保健机构能力建设】 中央财政投入3000万元,支持15个县级妇幼保健机构能力建设。组织第三周期等级评审,景德镇市、新余市、赣州市、宜春市、上饶市、吉安市妇幼保健院通过评审批复为三级甲等妇幼保健院。开展云上妇幼项目建设。组织省级妇幼保健特色专科创建,评选出8家孕产期保健特色专科、6家更年期保健特色专科和8家新生儿保健特色专科单位。

(龚明亮 张辉丽)

疾病预防控制

【概 况】 2021年,全省法定传染病报告发病率379.75/10万。其中,甲类传染病无发病、死亡病例报告;乙类传染病报告发病率200.40/10万,发病数居前5位的病种分别为病毒性肝炎、肺结核、梅毒、淋病、艾滋病,占97.35%;丙类传染病报告发病率179.35/10万,发病数居前5位的病种依次为其他感染性腹泻病、手足口病、流行性感冒、流行性腮腺炎和急性出血性结膜炎,占99.98%。

【急性重点传染病防控】 推进国家致病菌识别网建设,入网6家市级疾控中心实验室完成2021年监测任务,2家市级疾控中心实验室处于入网验收准备阶段,1家实验室列入省级考核继续推进加入国家致病菌识别网。处置流感、诺如病毒病、手足口病、克雅氏病、布病、人感染猪链球菌等(不含新冠肺炎)急性传染病疫情94起,其中急性传染病突发公共卫生事件9起;疫情调查率、事件原因查明率均为100%。开展霍乱、鼠疫、人禽流感、伤寒、手足口、布病、流感等12种传染病监测工作,监测任务完成率100%,及时发现并快速处置外环境和海水产品中的霍乱弧菌疫情。

【新冠肺炎疫情防控】 2021年,全省报告新型冠状病毒肺炎24例,无死亡病例报告。累计管理密切接触者6382人(其中本地疫情3281人,外省协查3101人),密接接触者的密切接触者2.43万人(其中本地疫情8059人,外省协查16241人),入境人员隔离医学观察460人,接收并管理外省协查管理人员1.14万人,发送外省协查管理人员8881人;完成新冠肺炎疫情日会商367期、周评估42期、月分析12次,专题风险评估29期;处置新型冠状病毒肺炎疫情26起,其中本土聚集性疫情2起、境外输入及关联病例7起、境外输入复阳病例7起、疑似阳性病例10起。

【艾滋病防治】 至2021年年底,全省存活艾滋病病毒感染者和病人共2.15万人,符合治疗标准的感染者和病人接受抗病毒治疗比例为91.4%,疫情维持低流行态势。全省设立艾滋病丙肝监测哨点163个,新增艾滋病确证实验室2个、筛查实验室6个、检测点45个,全省有艾滋病确证实验室16个、筛查实验室494个、检测点1585个,全年检测925.8万人次。开展美沙酮维持治疗、宣传教育、心理支持、安全套发放、咨询检测、健康体检、转介治疗等综合干预服务,全年暗娼、吸毒者和男男性行为者月均干预覆盖率分别为85.6%、36.1%和51.7%。全年救治补助贫困家庭艾滋病机会性感染患者2213人,有效随访管理艾滋病患者2.06万人。

【结核病防治】 开展《江西省"十三五"结核病防治规划》终期评估工作,如期实现规划目标。新发现肺结核患者2.4万例,肺结核患者成功治疗率96.5%。结核病报告发病率53.04/10万、患者病原学阳性率58.50%、密切接触者筛查率99.91%、总体到位率98.78%,均达到国家规划要求。1—9月,实施新病原学阳性患者耐药筛查7882例,筛查率89.15%,比2020年同期增长2.77%。全年救助耐多药肺结核患者110例,发放救治补助资金54.92万元。全年发生学校结核病聚集性疫情12起,均及时处置。第七轮全国结核病分子诊断技术能力验证合格率98%,第十二轮药敏熟练度测试一线药优秀率100%。

【麻风病防治】 完成《江西省消除麻风病危害规划(2011—2020年)》终期评估工作,并通过国家考核验收,如期实现规划总体目标。开展麻风病新发病例诊断治疗管理质量控制,为基层麻防机构提供麻风病诊疗技术"精准帮扶",推进全省皮防机构"医防联合体"建设。推进全国麻风病防治管理信息系统2.0版上线运行。全省麻风病新增病例13例(新确诊病例11例、现症迁入病例2例),比上年增加2例;现症病人91例;100个县(市、区)除遂川县患病率大于0.1/万外,其他县(市、区)患病率均小于0.1/万。

【免疫规划】 开展江西省免疫规划信息系统升级改造工作,全省各级实现疫苗全程电子追溯。分阶段推进全省重点人群、18~59岁人群、60岁以上人群、12~17岁人群、3~11岁人群的新型冠状病毒疫苗基础免疫、加强免疫接种工作共8454.49万人次,审核医保8267.76万条接种数据。实施疫苗精细化管理,配送免疫规划疫苗约80批次780余万支。完成43.5万名新生儿建卡,全省全年接种免疫规划疫苗867万剂次,以乡(镇)为单位,乙肝、卡介苗等免疫规划疫苗接种率均达90%以上。开展常规免疫及新型冠状病毒疫苗共5000余例疑似异常反应病例的监测处置工作,各项监测指标均达到国家监测方案要求。全省维持无脊灰状态,无白喉病例报告,麻疹发病率降至0.04/10万;及时监测发现2例乙脑、172例百日咳、2例新生儿破伤风。完成2.3万余所小学、托幼机构约130万人预防接种证查验,补种35.6万剂次免疫规划疫苗。在九江市、吉安市、鹰潭市、萍乡市开展健康人群抗体水平监测。

【慢性非传染性疾病防控】 建成上栗县、分宜县2个省级慢性病综合防控示范区,新成立南昌市、赣州市2个市级癌症中心。启动第二阶段全民健康生活方式行动,组织现场活动与健康讲座493次,新建健康支持性环境237个。完成心血管病高危对象筛查9900余人,高危对象干预3300余人,短随2400余人、长随近1.5万人;脑卒中院外筛查干预3.6万余人,院内综合干预1.9万余人。对3.4万人实施窝沟封闭,为5.45万名儿童实施两次局部涂氟。完成农村高发地区大肠癌人群初筛1.1万余人,诊断性筛查956人;上消化道癌人群筛查1243人,机会性筛查8141人;完成城市癌症早诊早治筛查1.1万人,对7078人实施城市癌症高危人群问卷评估。继续推进国家级死因监测点和肿瘤登记监测工作,在5个县(区)开展慢阻肺高危人员筛查与干预试点项目。

【学校卫生监测】 全省儿童青少年近视调查覆盖11个设区市100个县(市、区),共调查26万余名中小学生;11个设区市36个县(市、区)开展学生常见病和健康影响因素监测与干预工作,共调查8万余名大中小学生。信丰县、景德镇市珠山区、进贤县、万年县入选第二批全国儿童青少年近视防控适宜技术试点县区。在17个县开展农村义务教育学生营养改善计划监测与评估工作。

【环境卫生监测】 2021年,城市水水质监测项目覆盖11个设区市100个县(市、区),设置1084个监测点,检测水样2167份;农饮水水质监测项目覆盖11个设区市97个县(市、区)1401个农村人口乡镇,设置监测点3384个,监测水样7768份。在德兴市、奉新县开展5个农村饮水安全工程卫生学评价工作。农村环境卫生监测项目覆盖11个设区市28个县(市、区)140个乡镇,在560个村设置监测点,对2800个监测户、274所农村中小学开展监测,监测内容包含基本信息、农村户厕类型、粪便无害化处理、生活垃圾、污水收集处理、病媒生物密度与防制、农村环境卫生管理、农户健康状况、农药使用情况以及农村校园环境卫生等情况。在南昌市青云谱区、青山湖区和婺源县开展空气污染(雾霾)对健康影响的监测,完成雾霾特征污染物监测和成分分析、环保和气象数据收集、小学生健康影响调查、人群出行模式调查等工作。在上饶市等5地开展公共场所健康危害因素监测。

【南昌市新建区、瑞昌市均达血吸虫病传播阻断标准】 12月22日—23日,根据《"健康江西2030"规划纲要》要求,省政府血吸虫病地方病防治领导小组办公室组织省卫生健康委、省农业农村厅、省林业局、省水利厅的血吸虫病防治专家,组成考核验收组,对南昌市新建区、瑞昌市血吸虫病传播阻断达标工作进行考核验收。考核验收组一致认为：南昌市新建区持续开展血吸虫病防治工作，自2015年以来连续7年未发现当地感染的血吸虫病人、病畜，2013年以来连续9年没有发现感染性钉螺，建立和健全了以区为单位敏感、有效的血吸虫病监测体系；瑞昌市持续开展血吸虫病防治工作，2015年起连续7年未发现当地感染的病人，2012年起连续10年未发现当地感染的病畜，2009年起连续13年没有发现感染性钉螺，建立和健全了以市为单位敏感、有效的血吸虫病监测体系。12月27日，省政府血吸虫病地方病防治领导小组对照国家《血吸虫病控制和消除标准》，确认南昌市新建区、瑞昌市均达血吸虫病传播阻断标准。

（闵文宇　李崇葵）

卫生应急与监管

【紧急医学救援】 1月26日，寻全高速发生一起7人死亡、7人受伤的交通事故。省卫生健康委迅速调派赣南医学院第一附属医院省级卫生应急队胸外科、普外科、重症医学科、骨科、神经外科5名专家赶赴寻乌县、安远县人民医院，参与指导伤员救治工作。赣州市卫生健康委派出赣州市人民医院胃肠外科、神经外科、创伤急救科、重症医学科4名专家赶赴寻乌县、安远县指导救治。1名极危重伤员经抢救伤情仍不稳定，动用航空救援转运至赣南医学院第一附属医院继续抢救，最大限度减少人员因伤致死致残。

【卫生应急体系建设】 省卫生健康委对国家紧急医学救援队（江西）队员作出优化调整，从驻昌各卫生健康单位选调8名“A照”驾驶员开展适应性训练，充实驾驶员队伍。结合机构改革和人员变动实际，对省级卫生应急队队员作出调整，省级卫生应急队伍达到29支511人。为国家紧急医学救援队（江西）购买1台移动PCR检测车和1台移动CT检测车。

【疫情防控卫生监督】 先后牵头组织省级疫情防控和疫苗接种联合督导检查8次，协调派出督导人员485人次，督导各类场所单位1187处，发现问题1537个，提出整改措施1429条。组织全省各级卫生健康监督执法机构，加强医疗卫生机构、医学隔离场所、公共场所、学校等重点部位疫情防控措施落实。江西省传染病防控监督工作经验在2021年全国卫生监督工作会议上作书面交流。

【卫生健康案件查处】 推动全省各级监督执法机构强化日常监督，健全案件查处定期通报机制，全省查处各类卫生健康相关案件1.79万件，罚没款4660.47万元，查办案件数量和罚没款金额分别比2020年上升9.6%、11.9%。持续开展优秀案例评查活动，其中1例执法案例被国家卫生健康委评为年度优秀典型案例。

【医疗卫生行业综合监管】 完善医疗卫生行业综合监管督察机制，联合省市场监管局、省药监局等单位开展2021年度医疗卫生行业综合监管省级联合稽查。推进“信用+综合监管”试点工作，组织指导上饶市、九江市搭建信用信息平台，探索创新监管手段，推广监管信息与信用系统的融合。举办全省医疗机构依法执业培训班，推进医疗机构依法执业自查工作常态化。探索部门联合抽查机制，组织各地联合抽查宾馆旅店120家；联合教育部门开展采光照明抽检，抽检托幼机构617所、校外培训机构415所、学校1334所。

【医疗卫生领域专项执法】 开展医疗卫生领域专项整治，妥善处理国务院督办的非法使用一次性医疗器械案，联合省网信办、省公安厅、省市场监管局印发《江西省2021年打击非法制售使用一次性医疗器械专项整治工作方案》《关于开展2021年度医疗美容综合监管执法行动的通知》《江西省2021年打击非法应用人类辅助生殖技术专项行动工作方案的通知》《江西省医疗机构多元化监管实施方案》，组织部署打击非法医疗美容乱象、非法运用人类辅助生殖技术、重复使用一次性医疗器械、规范健康体检等专项行动4次，监督检查相关单位3757家，立案查处335件，参与省人大组织的《固体废物污染环境防治法》落实情况综合检查；开展集中空调通风系统卫生专项治理，全省监督检查集中空调通风系统使用单位1385家，监督覆盖率99.7%，卫生合格率85.7%；组织开展二次供水卫生专项监督检查，全省检查二次供水单位1173家，发现问题728项，下达监督意见书921份，立案查处15件；开展涉水产品卫生专项监督检查，全省检查各类涉水产品生产经营单位1368家，发现无卫生许可批件产品37个，立案查处33件，罚款14.98万元；妥善处置《新京报》等媒体报道江西省个别企业消毒产品违禁添加引发舆情，在全省范围内组织开展消毒剂、消毒器械、抗抑菌制剂、卫生用品等专项整治行动，共监督检查消毒产品生产企业457家，发现问题产品15个，立案查处12件；开展放射卫生整治提升年活动，实施全省放射卫生技术服务机构评价报告质量考核和检测报告质量监测，组织进行2021年全省医疗机构放射治疗质量控制抽查评估工作，抽查开展放射治疗工作医疗机构18家，合格率50%，督办问题78项；开展职业卫生监督执法专项行动，按照省台办的统一部署，严查江西亚东水泥有限公司等4家台湾远东集团关联企业的职业病防治情况，立案查处10件，罚款53万元。

【深化卫生监督领域“放管服”改革】 规范公共卫生从业人员健康体检，印发《江西省公共卫生从业人员健康体检“省内通办”操作指南》，实现公共卫生从业人员健康体检“省内通办”，全省申报公共卫生从业人员预防性健康体检定点医疗机构328家；加强公共卫生第三方技术服务行业自律管理，指导成立江西省室内环境卫生行业协会，建立公共卫生专家库，制定集中空调清洗消毒团体标准，明确卫生检测和清洗消毒有关要求；调整核医学、放射治疗类放射诊疗许可现场审核工作机制，精简放射诊疗许可流程，举办各级卫生健康部门（行政审批部门）放射卫生许可业务培训班；规范江西省消毒产品卫生许可和备案工作，实现消毒产品卫生许可和产品卫生安全评级报告备案跨省通办，网上办件2132件。

【卫生监督基础建设】 加强信息化建设，在医疗机构推广运用医疗废弃物、医疗核辐射及压力蒸汽灭菌在线监测系统。建设公共卫生许可、集中空调清洗消毒、卫生检测管理系统，实现对所有公共卫生第三方卫生检测、清洗消毒机构的可追溯、全方位监管。完成江西省卫生健康信用信息平台筹建上线工作。推进卫生健康监督执法机构高质量发展，以余干县卫生健康监督执法机构为试点单位，高标准打造全省卫生健康监督执法机构高质量发展样板。实施职业卫生监督执法能力提升项目，安排资金2220万元，为全省111个设区市、县（市、区）卫生健康监督机构配备一批职业卫生监督执法设备装备。强化基层监管能力，组织开展消毒产品全过程监管网上培训、医疗机构执法能力培训、放射卫生管理人员线上培训等省级培训4次，培训监督员540人次、行政管理人员880人次。

（董永海　刘洋）

中医药工作

【概　况】 2021年，全省有公立中医医院104家，其中三级中医院37家；中医医院床位3.3万张，全省每千常住人口配置中医医院床位0.6张。强化市级中医院的支撑作用，抚州市整合设立市属公立三级中医医院。支持部分服务能力强的县级中医院设置升级，全年批复设置10家三级中医医院。遴选7家中西医临床协作试点建设单位，提升中西医结合救治能力。1773个社区卫生服务中心和乡镇卫生院建设中医馆，覆盖率100%。全省98.48%的社区卫生服务机构、100%的乡镇卫生院、72.93%的村卫生室具备中医药诊疗服务能力，基层中医药服务量占比32.42%，高于全国平均水平。全省中医医院门、急诊人次1704.14万人次，比上年增长29.7%；出院病人98.73万人，比上年减少21.3%；业务收入131.56亿元，比上年增长15.44%；人均业务收入33.38万元，比上年增长9.9%；中药收入21.64亿元，比上年增长10.46%；药品收入占业务收入36.52%，比上年降低5.92%；中药收入占药品收入45.51%，比上年增长23%。中医药人员6836人。

【中药材种植业】 实施中药材产业工程和森林药材产业工程，引导资源要素向赣产道地药材主产区汇集。全省拥有中药材资源3966种，道地中药材品种20多种，国家地理标志保护产品12个。与第三次中药资源普查相比，物种增加近1800种，发现江西新分布属2个，新分布种15种。全省中药材种植总面积21.07万公顷。培育道地药材品牌，打造“赣十味”“赣食十味”为主体的中药材赣药品牌，建设定制药园29个，逐步建立中成药和中药饮片从种植、加工生产到应用全链条可溯源体系。

【中医药加工业】 实施“2+6+N”产业发展行动计划，推动中医药产业提质增效。全省规模以上中药企业158户，其中中成药企业93户、中药饮片企业65户。全省全年中药行业实现主营业务收入429.05亿元，同比增长11.90%。全省医药行业有54个年销售额过亿元的品种，中医药占36个；有6个单品销售额过10亿元，中药品种占5个。拥有南昌小蓝和桑海、宜春樟树和袁州、赣州章贡、吉安峡江和永丰7个医药产业基地和集群，其中6个以中医药为主。中医药在全省医药基地和集群中的主营业务收入中约占50%。

【中医药大健康产业】 探索大健康产业新模式，推动中医药与健康养生、旅游、食疗食养等产业融合。江西热敏灸健康产业投资发展有限公司相继注册成立5个下属子公司，受支持的基层热敏灸综合服务区建设项目13个，覆盖全省各设区市。培育热敏灸相关产品企业近30家，年产值近5亿元，取得热敏灸类第二类医疗器械产品11个。江西省获批创建国家中医药健康旅游示范区1个、示范基地4个，成为获批创建全国中医药健康旅游示范区和示范基地最多的3个省份之一。成立江西省智慧食疗养生产业发展中心，开展铁皮石斛、杜仲叶、灵芝等三味食药物质试点工作，推动全省食疗养生产业高质量发展。

【中医药科研创新平台建设】 创新性培育中医药科研创新平台，投入资金525万元，建设中医药重点研究室19个、临床研究基地2个。中医药领域新增省级临床研究中心1个、省重点实验室3个。

【中医药高层次人才培养】 组织实施国家中医药领军人才支持计划，获批第五批全国中医临床优秀人才7人、2021年全国中医护理骨干25人。创新开展中医药中青年骨干人才培养，在中医临床、中医药科研、中药方面新增50名有所建树的中青年人才，给予重点培养。

【基层中医药人才培养】 推进住院医师规范化培训管理，全年考核通过结业462人，招录新生159人。组织基层医疗卫生机构中医全科医生转岗培训，在全省选拔50名具有执业（助理）医师资格的基层中医师。在各设区市建立1个基层中医药人才培养基地，给予530万元经费支持。开展基层医务人员中医药适宜技术知识培训4期550人，“西学中”培训15期822人。对612名疫情防控骨干人才库成员，开展以线上授课、线下情景模拟训练、现场演习为主的组建培训。举办国家级中医药继续教育27期。

【中医经典教育和项目管理】 推动高等教育中医药类专业设置，4个高职院校申报的4个专业，4个中职院校申报的6个专业，通过现场评估。组织申报中医药课题1800项，立项1159项，年度结题700余项。开展“杏林杯”中医知识竞赛，现场14支代表队参赛，千人观摩，网络平台参与人数达530万人次。

【开展第二届江西省国医名师评选工作】 2月18日，省委人才工作领导小组办公室、省人社厅、省卫生健康委、省中医药管理局印发《关于推荐评选第二届江西省国医名师的通知》，启动评选工作。通过单位推荐、初审、复审、公示等环节，评选出邓远明、严东标、张建华、饶旺福、洪广槐、黄存垣、曹正柳、龚千锋、谢强、熊墨年10名江西省国医名师。

【印发《关于加快中医药特色发展的若干措施》】 5月14日,省政府印发《关于加快中医药特色发展的若干措施》,围绕夯实中医药人才基础、提高中药产业发展活力、增强中医药发展动力、完善中西医结合制度、实施中医药发展攻坚行动、提高中医药发展效益、优化中医药发展环境7个方面,提出28条具体举措,破解全省中医药发展存在的问题,推动中西医相互补充、协调发展,加快中医药特色发展。

【2021上海合作组织传统医学论坛在南昌举行】 7月28日—30日,由省政府与上海合作组织睦邻友好合作委员会、国家中医药管理局联合主办的2021上海合作组织传统医学论坛在南昌举行。论坛以"传承、创新、互鉴、共享"为主题,包括参观考察、开幕式、全体会议以及4个分论坛。4个分论坛分别围绕"传统医学与人类健康""传统医学与产业发展""传统医学教育""传统医药物质科学"等主题展开讨论。论坛上,国家中医药管理局局长于文明发布《关于开展上海合作组织传统医学合作的南昌倡议》。

(刘中惠)

人口工作

【概 况】 2021年,全面落实《中共中央 国务院关于优化生育政策促进人口长期均衡发展的决定》,实施三孩生育政策及配套支持措施,改革服务管理制度,提升家庭发展能力,推动实现适度生育水平,促进人口长期均衡发展。

【修改《江西省人口与计划生育条例》】 开展《江西省人口与计划生育条例》修改工作,围绕实施三孩生育政策、取消影响生育的制约措施、配套实施积极的生育政策3个方面,细化实化对标中央要求,制定符合江西实际、贴近群众需求的政策措施,在短时间内完成起草、调研、协调和审核修改工作。9月29日,省第十三届人民代表大会常务委员会第三十二次会议表决通过关于修改该条例的决定,江西成为全国第2个完成条例修改的省份。

【优生优育服务】 12月8日,省政府印发《江西省妇女发展纲要(2021—2030)》和《江西省儿童发展纲要(2021—2030)》。严格落实母婴安全五项制度,实行妇女孕产期保健集中管理和0~6岁儿童健康集中管理,健全危重孕产妇和新生儿救治网络,全省建立5个省级、22个市级、108个县级危重孕产妇救治中心和6个省级、17个市级、91个县级危重新生儿救治中心。综合防治出生缺陷,全省99%的县(市、区)实现婚检和婚登机构的紧邻设置,免费婚前医学检查率达97.89%。实施困难家庭孕妇基因检测产前筛查,省财政提供补助资金,对困难家庭新生儿免费先天性心脏病筛查、遗传代谢性疾病筛查、听力筛查。规范人类辅助生殖技术的应用和管理,辅助生殖技术服务机构由18家增至21家。

【普惠托育服务】 指导各地争取中央预算内投资支持的普惠托育服务专项行动项目,全省申报项目130余个,项目全部建成后,增加普惠托位约1.55万个。加强托育机构登记备案管理,至年底,通过备案审核的托育机构225家。各地结合实际出台地方性支持政策,南昌市在4个区试点将托育服务嵌入"1+5+X"社区邻里中心建设,以政府购买服务、减免场地租金、发放建设和运营补贴等方式,引导社会力量提供普惠性托育服务。

【完善生育支持政策】 完善生育休假制度,对符合法律、行政法规规定结婚、生育的夫妻,除享受国家规定的假期外,增加婚假15日;增加产假90日,并给予男方护理假30日;在子女3周岁以下期间,给予夫妻双方每年各10日育儿假,假期工资和奖金照发,福利待遇不变。促进教育公平和优质教育资源供给,进一步优化全省中小学校布局,推进城乡义务教育一体化;推进城镇小区配套建设公益普惠幼儿园,2021年全省新增普惠性幼儿园学位10.3万个;将"双减"工作纳入高质量发展考核和地方政府履行教育职责考核指标,开展校外培训机构专项治理活动,压减学科类校外培训机构数量,查处学科类校外培训隐形变异行为;推行课后服务"5+2"模式,推动课后服务覆盖城区所有中小学校和乡镇中心学校,覆盖有需求的所有学生。落实生育保险待遇,印发《关于做好支持三孩政策生育保险工作的通知》,将参保女职工生育三孩的费用纳入生育保险待遇支付范围,按规定及时、足额给付生育医疗费用和生育津贴。推进婚俗改革,在19个县(市、区)开展试点,贵溪市被民政部确定为第二批全国婚俗改革试验区。保障女性就业合法权益,组织开展女职工产假等权益保护专项执法行动,检查女职工较多的纺织业、制造业、金融业等1988家单位;为因生育中断就业的女性提供就业岗位和培训服务,至11月底,共发放用于扶持女性创业的贷款35.46亿元,扶持2.53万人次。

【保障计划生育家庭权益】 加强政策调整有序衔接,对全面两孩政策调整前的独生子女家庭和农村计划生育双女家庭,继续实行现行各项奖励扶助制度和优惠政策。坚持将计划生育特殊家庭扶助关怀纳入省政府重大民生工程,落实发放扶助金和一次性抚慰金、提供再生育服务、优先入住公办养老院、开设就医绿色通道、实施家庭医生签约服务、开展免费体检等一系列帮扶保障政策。全省所有二级以上公立医院均开通计划生育特殊家庭就医绿色通道,凭统一制作的爱心就医卡,可享受优先挂号、就诊、取药、收费、综合诊疗等服务。

(马晓梅)

老龄工作

【老年人社会保障】 2021年,适度提高机关事业单位与企业退休人员基本养老金水平,将全省城乡居民基础养老金标准由110元提高至115元,为93.56万名困难老年人按月落实基本养老保险待遇。落实老年人参保优待政策,对参加职工医保且累计缴费达到法定年限的退休老人,无需再缴纳基本医保费;对符合条件的困难老人,其个人缴费部分由财政给予资助。减轻老年人就医负担,将糖尿病、高血压等纳入医保门诊特殊慢性病病种范围,由统筹基金支付,年度支付限额5000元。深化长期护理保险上饶市试点,将中度失能人员纳入保障范围,并提供辅具适配服务。落实经济困难的高龄、失能老年人补贴制度、高龄津贴制度,持续为老年人免费办理意外伤害保险。

【老年健康服务体系建设】　做实做细基本公共卫生服务项目,为老年人提供健康体检、中医药健康管理、高血压糖尿病管理和家庭医生签约等服务,建立健康档案、接受健康体检、落实健康指导的老年人达241.24万人,在13个县(市、区)探索推动医养结合与老年人失能评估服务。制定《老年医院基本标准(试行)》,推动省人民医院等4家省市三级综合医院开办老年医院。开展老年友善医疗机构建设,210家二级及以上综合性医院设置老年医学科,175家医疗卫生机构开展安宁疗护服务。支持医疗机构和养老机构融合发展,医养结合机构达122家,床位4.3万张,医养签约的机构5440对。实施医养结合质量提升行动,新增14家机构纳入国家远程协同服务试点,设立省级老年医学人才培训基地,培训1065名老年医学、医养结合和安宁疗护等领域的医疗卫生技术人员。建设国家老年疾病临床医学研究中心江西分中心2个,支持涉老领域科学研究、技术创新、产品研发和示范应用项目11个,纳入年度重点领域技术攻关"揭榜挂帅"项目1个。

【养老服务体系建设】　推进社区养老服务骨干网建设,建成社区嵌入式养老院和城镇居家社区养老服务设施3845个,建成具备综合功能的市辖区街道和县城城关镇(街道)养老服务机构278个,覆盖率100%。指导南昌、赣州、上饶、抚州开展家庭养老床位试点,新增家庭养老床位1400余张。对1.53万户特殊困难老年人进行居家适老化改造。健全省市县乡4级养老服务中心,11个设区市、100个县(市、区)、966个乡镇成立养老服务中心。实现县级失能专业照护机构建设全覆盖,完成乡镇敬老院改造提升340所,建成互助养老服务设施1.31万个,覆盖77.6%的建制村。健全留守老年人关爱服务日常探视、定期巡访、结对帮扶3项制度。加强养老服务领域防范非法集资风险宣传,在全国率先出台《关于加强养老机构预付费管理的指导意见(试行)》。开展养老机构等级评定以及12项地方标准研制,基本建成省级养老综合服务平台。

【维护老年人合法权益】　发布保健食品常见误区及老年消费常见行骗伎俩等消费警示,加强老年人消费教育、提示、培训。开展"护苗助老"关爱行动,加强老年用品产品质量安全监管。推进保健食品行业专项清理整治,累计检查生产经营主体近6万家次,责令整改2658家,责令停产停业11家,移送司法案件2件。利用公共法律服务实体、热线、网络三大平台办理老年人法律服务诉求,集中开展"关爱老人、公证同行"公益服务月活动和"普法夕阳红"法治宣传教育活动。加强老年人法律援助力度,办理老年人法律援助案件2000余件。打击"两抢一盗"、诈骗、涉食药环等伤害老年人人身安全和财产安全的违法犯罪行为,化解涉老家庭纠纷3000多起,救助和资助受困老年人4000多人次,查破侵害老年人合法权益违法犯罪案件2600多起。

(王超)

爱国卫生运动

【概　况】　2021年,制定《江西省关于深入开展爱国卫生运动的实施意见》《江西省国家卫生城镇长效管理办法》,为全省爱卫工作提供制度遵循。印发《关于开展健康影响评价评估制度建设国家、省级试点工作的通知》,在11个设区市试点开展健康影响评价评估工作。推进卫生城镇创建,提升城市功能品质。

【卫生城镇创建】　2021年,省爱卫办创新工作举措,制定《江西省卫生城镇暗访工作手册》,组织对9个市县进行不定期暗访抽查,对部分市县进行量化评分并报约谈未达标市县,推进卫生城镇长效管理。印发《关于进一步明确2020—2022周期江西省国家卫生乡镇创建有关事项的通知》,实行以市级评估为主,省级按比例随机抽查评估相结合的评审机制,简化程序,提升创建效率,提高省级抽查比例,确保创建质量。

【农村改厕工作】　7月8日,省卫生健康委印发《2021年江西省农村改厕技术指导巡回服务实施方案》,组织省级改厕服务团赴各设区市14个县(市、区)开展农村改厕技术指导巡回服务,带动各设区市开展市级巡回服务。省级巡回服务创新形式,把健康大讲堂搬到基层,共走访农户600余户,举办培训班14期,开展支部联学联建13次,培训改厕干部、施工人员等1000余人。

【健康江西控烟行动】　全面推进各级无烟党政机关建设,组织对各设区市开展技术指导和督查。省级全部完成无烟党政机关建设,全省无烟党政机关建设比例93.56%。6月11日,省卫生健康委印发《江西省2021年江西青少年烟草流行监测方案和控烟干预方案》,提前向国家提交调查问卷和加权信息等资料。举办2021年控烟行动推进会、控烟能力建设会等,以会代训400余人,持续加强控烟队伍能力建设。

【爱国卫生宣传】　4月29日,召开全省爱国卫生工作暨倡导文明健康绿色环保生活方式推进会,邀请国家卫生健康委规划信息司、全国爱卫办副主任毛群安及省政府有关领导出席并讲话。开展第33个全省爱国卫生月活动,倡导文明健康绿色环保生活方式。举行第34个世界无烟日主题活动暨江西省网络戒烟大赛启动仪式,现场开展戒烟服务咨询等控烟健康传播活动,发放材料14种共8000余份。筹备爱国卫生运动70周年宣传活动,组织各设区市、省爱国卫生与健康宣传促进中心收集相关历史资料,并整理筛选上报全国爱卫办。

(饶钦可)

本类目编辑　詹跃华

体　育

综　述

2021 年，做好“六稳”“六保”工作，巩固疫情防控成果，加快推进体育事业高质量跨越式发展。

群众体育建场地办活动成果丰。实施江西省“十四五”全民健身场地设施补短板行动，切实解决群众“健身去哪儿”问题。先后印发《关于加强全民健身场地设施建设发展群众体育的实施意见》《江西省全民健身实施计划（2021—2025 年）》。全年统筹中央和省级彩票公益金 3180 万元，支持建设 11 个城市社区全民健身场地设施示范工程、89 个农村社区全民健身场地设施示范工程和 65 个乡镇多功能运动场。组织相关部门，对 2019—2020 年中央及省级彩票公益金支持建设项目和大型公共体育场馆免费低收费开放情况进行检查。举办一级社会体育指导员培训班 9 期，培训一级社会体育指导员 690 人，评选优秀社会体育指导员 300 名。举办环鄱阳湖自行车精英赛、全省新年登高健身大会、“云健身，过大年”系列线上赛事活动。举办庆祝中国共产党成立 100 周年全民健身系列赛事活动 420 余场，参与人数 16.3 万余人次。开展科学健身指导进基层活动，举办线上、线下科学健身大讲堂 13 场，受众 5 万余人次。

竞技体育战奥运征全运成绩好。省体育局围绕奥运会和全运会两大赛事，制定备战参战方案，突出体能训练，发挥复合型训练团队作用，强化训练监控和指标分析，加强心理健康干预，狠抓作风建设和思想政治教育。全年在国际国内大赛中获 7 枚金牌、11 枚银牌、7 枚铜牌。全面深化体教融合，实施体育后备人才培养拔尖工程，举办青少年锦标赛、冠军赛、百县运动会等赛事 80 项。推动江西足球改革发展，支持省足球协会强化组织体系、竞赛体系、青训体系、省队体系和人才体系建设。举办江西省足球联赛和足协杯赛，比赛场次 2000 余场，参赛球队 700 余支，参赛运动员 1.2 万人。带动各级足球协会举办赛事近 5000 场，参赛运动员近 3 万人。

体育产业出规范参会展成效优。创建国家和省级体育产业基地，推动体育产业规模化、集聚化。全年推荐国家级体育产业基地 7 个、国家体育旅游示范基地 3 个，创建省级体育产业基地 10 个、省级示范健身步道 10 条。对 2020 年度体育产业进行专项调查，更新体育产业单位名录库。全省体育产业单位 2.96 万个，同比增长 135%。全省体育彩票销量 66.69 亿元，列全国第 12 位，同比增长 28.9%，高于全国平均水平 7 个百分点。以“2021 中国体育文化博览会·中国体育旅游博览会”为平台，组织省内非遗体育项目和体育旅游企业参展，推动体育与文化、旅游产业深度融合。全省入选体育旅游精品项目 11 个，入选中华体育文化优秀项目 1 个。

（王伟）

群众体育

【概　况】　2021 年，统筹做好新冠肺炎疫情防控和群众体育工作，因时因势调整群众体育赛事活动方式。举办环鄱阳湖自行车精英赛、全省新年登高健身大会、“云健身，过大年”系列线上赛事活动。举办“我要上全运”第十四届全国运动会群众比赛江西省选拔赛，选出各项目的参赛运动员，参加全国运动会决赛。继续举办天使健身大联赛和金融系统健身联赛，带动财政、审计、宣传等部门举办健身大联赛，以点带面，不断扩大影响力。加强体育赛事活动管理，开展体育赛事活动专项整治，防范和遏制各类安全事故发生。全省 282 个公共体育场馆免费向公众开放，安排专人值守，保障开放时间。

【社会体育指导员管理】　全年举办一级社会体育指导员培训班 9 期、国家级社会体育指导员培训班 2 期，培训一级社会体育指导员 690 人、国家级社会体育指导员 151 人。各设区市、县（市、区）举办二、三级社会体育指导员培训班。组织各设区市、县（市、区）开展全国社会体育指导员信息管理平台数据录入工作，加强社会体育指导员队伍信息化建设和相关数据统计。开展全省优秀社会体育指导员评选表彰活动，评选出优秀社会体育指导员 300 名。

【开展科学健身指导服务】　组织开展国民体质监测 5 场，共监测 500 余人；组织开展各类国民体质测试进单位、进企业、进社区活动，共测试 3000 余人，并将采集的数据进行综合统计分析，提出科学健身指导建议。开展科学健身指导进基层活动，举办线上、线下科学健身大讲堂 13 场，受众 5 万余人次。宣传普及科学健身知识，印发科学健身指导书籍 1 万余份（册），引导更多群众参与全民健身。为 986 名学龄前儿童开展身体活动测定和体质健康评价，为研究全省学龄前儿童每日身体活动量及身体素质等指标现状以及制定《江西省学龄前儿童身体活动指南》提供数据支撑。

【全民健身场地设施建设】 全年统筹中央和省级彩票公益金3180万元，支持、引导各级体育部门配置完善全民健身场地设施建设。其中，中央资金1300万元，支持65个乡镇建设多功能运动场；省级彩票公益金1880万元，支持建设11个城市社区全民健身场地设施示范工程、89个农村社区全民健身场地设施示范工程等。组织第三方对2019年、2020年中央及省级彩票公益金支持建设的全民健身设施建设项目、大型体育场馆信息化建设、硬件设施配备等情况进行实地检查，加强督促落实，保障资金使用效益。

【推广普及足球运动】 开展足球教练员培训，共培训92名合格业余足球教练员。推荐定南县、婺源县、瑞昌市3个县(市)为首批全国县域足球典型，22家单位为中国足球发展基金会首批县域足球赛事资助单位，并承办2021年全国县域社会足球赛事活动。

【开展全民健身赛事活动】 1月1日，在吉安市神冈山公园举办2021年全国新年登高健身大会(江西主会场)活动，共有1000余名健身爱好者参加。春节期间，在“运动江西”小程序推出“云健身，过大年”线上全民健身大礼包，包括线上赛事(瑜伽28天晨练、骑行排位赛、跑量挑战赛、14天步行减脂挑战赛和组团“迎新”健步走)、居家健身指导、健身知识小课堂、体育场馆资讯等内容，点击量达14.4万人次。印发《关于开展庆祝中国共产党成立100周年江西省全民健身系列活动的通知》，发动各市县体育部门及各级体育协会举办贴近生活、形式多样、便于群众参与的全民健身赛事活动，全省举办庆祝中国共产党成立100周年全民健身系列活动420余场，直接参与人数16.3万余人次。举办江西省第六届金融系统健身大联赛、第六届江西“天使”健身大联赛，不断扩大品牌赛事影响力，加大全民健身在不同行业系统的延伸力度。

【参加第十四届全国运动会群众赛事活动】 5—7月，举办“我要上全运”第十四届全国运动会群众比赛江西省选拔赛。选拔赛以第十四届全国运动会群众赛事活动项目为主，主要以设区市为单位组队参加，其中足球、篮球、气排球等集体项目及广场舞、广播体操、健身气功、太极拳等展演项目，以县、区或县处级以下的街道、乡镇、企事业单位为单位组队参赛。在全省范围内选出各项目的参赛运动员，参加全国运动会决赛。在11个比赛类项目和4个展演类项目比赛中，江西省群众体育代表队获比赛类项目金牌1枚、银牌1枚、铜牌3枚和展演类一等奖2个、二等奖10个、三等奖4个。

【江西省第十届“运动·同一片蓝天”全民健身志愿服务活动在遂川举行】

12月6日，由省体育局主办，吉安市教育体育局、省体育科学医疗中心、省社会体育指导员协会承办的江西省第十届“运动·同一片蓝天”全民健身志愿服务活动在遂川举行，遂川县阳光希望小学师生共300余人参加。活动期间，向遂川县阳光希望小学捐赠了一批篮球、足球、排球、乒乓球、羽毛球、跳绳等体育健身器材；遂川县阳光希望小学学生进行健身操和大课间展示，优秀社会体育指导员为在场师生表演花样跳绳、武术、气功等项目，并进行跳绳、篮球、健身操、气功、舞龙等项目的互动教学；省体育科学医疗中心的志愿者通过开展体质测试、向师生开具运动处方、讲授健身方法、发放健身指南等方式，宣传科学健身知识，传授健身方法。

(饶若枫)

竞技体育

【概　况】 2021年，江西省运动员在国际国内大赛中共获金牌7枚、银牌11枚、铜牌7枚。其中，在第三十二届夏季奥运会上获金牌1枚，第十四届全国运动会上获金牌5枚、银牌8枚、铜牌6枚，第十四届冬运会上获金牌1枚、银牌3枚、铜牌1枚。推动江西足球事业改革发展，支持省足球协会强化组织体系、竞赛体系、青训体系、省队建设体系和专业人才体系建设。举办江西省足球联赛和足协杯赛，比赛达2000余场，700余支球队和1.2万名运动员参赛。全省各级足球协会举办足球赛事近5000场，参赛运动员近3万人。实施体育后备人才培养拔尖工程，举办涵盖省专业运动队设项的青少年锦标赛、冠军赛30项，举办赛艇皮划艇训练营。深化体教融合，举办全省青少年锦标赛等青少年系列赛事80项。举办“奔跑吧·赣鄱少年”系列主题活动228项，15万人次参与各类青少年体育赛事活动。

【开展反兴奋剂教育】 编印《反兴奋剂基础知识应知应会》《“三品”兴奋剂风险防控指南》《反兴奋剂知识问答》等各类反兴奋剂知识读本，以及各类宣传海报，并在运动队开展反兴奋剂基础知识应知应会闭卷笔试，完成所有项目参赛运动员和辅助人员线上、线下教育准入工作，确保准入对象“人人过关，无一遗漏”，共举办反兴奋剂基础知识线下讲座和考试8次，参加人数576人；举办拓展活动1次，参加人数160余人。全年举办反兴奋剂教育活动31场，涵盖4800人次。其中，反兴奋剂教育准入9场，涵盖900人次；反兴奋剂教育拓展活动3场，涵盖800人次；反兴奋剂教育讲座19场，涵盖3100人次。

【开展“奔跑吧·赣鄱少年”主题系列活动】 根据国家体育总局《关于开展2021年“奔跑吧·少年”儿童青少年主题健身活动的通知》，省体育局先后组织开展以“奔跑吧·赣鄱少年”为主题的线下亲子运动会、游泳夏令营和冰雪冬令营等活动，对各年龄段青少年体育活动进行布局，确保全年龄段、全时间段都有体育赛事活动可供青少年参与，促进青少年课外锻炼；以亲子运动会为契机，培养父母与青少年儿童共同锻炼的习惯；以游泳夏令营为抓手，牢抓青少年儿童防溺水安全知识教育及游泳技能学习；以冰雪冬令营为手段，推动中国冰雪体育项目体验和北京冬奥会体育文化教育。全省举办“奔跑吧·赣鄱少年”主题系列活动228项，15万人次参与各类青少年体育赛事活动。

【参加第32届夏季奥林匹克运动会】

7月23日至8月8日，第32届夏季奥林匹克运动会在日本东京举行。江西籍运动员代表中国参加运动会的有男子马拉松彭建华、女子4×100自由泳接力程玉洁、女子跆拳道57公斤级周俐君、女子25米手枪熊亚瑄、女子飞碟双向张冬莲、女子皮划艇徐诗晓。运动会期间,江西籍运动员徐诗晓与山东籍孙梦雅搭档参加女子500米双人划艇,以1′55″495的成绩获冠军;江西籍运动员程玉洁与浙江籍朱梦惠、浙江籍吴卿风、湖北籍艾衍含搭档参加女子4×100米自由泳接力,以3′34″76的成绩获第7名,并破亚运会纪录。

【参加第十四届全国运动会】 9月15日—27日,第十四届全国运动会在西安举行。江西省竞技体育项目共派出186名运动员(含跳水和攀岩青少年4名),参加16个大项、116个小项的决赛,获金牌5枚、银牌8枚、铜牌6枚,共获524分。

【举办2021年江西省第七届青少年"未来之星"阳光体育大会】 10月15日—17日,2021年江西省第七届青少年"未来之星"阳光体育大会在上高举行,全省18个代表队的领队、教练员、运动员共487人参加。大会由省体育局、省教育厅、共青团江西省委联合主办,宜春市教育体育局、共青团宜春市委、上高县政府承办,上高县全民运动促进中心、上高县教育体育局、共青团上高县委、上高县体育总会协办。大会设有国际象棋、围棋、啦啦操、轮滑、气排球5个主项和跳绳、定向越野跑2个兼项的比赛。

【举办江西省青少年跨界跨项锦标赛】 12月24日—26日,由省体育局、省教育厅主办,奥飞文体集团、江西奥飞体育文化有限公司承办的2021年江西省青少年跨界跨项锦标赛在昌南体育中心举行,全省近700名运动员参赛。锦标赛设田径、射击、举重、自由跤、古典跤、跆拳道、拳击、乒羽、跳台滑雪、武术套路、武术散打、赛艇、皮划艇13个项目比赛。

(伍小玲)

体育产业

【概 况】 2021年,创建国家和省级体育产业基地,推动体育产业规模化、集聚化,做好"六稳""六保"工作。推荐国家级体育产业基地7个、国家体育旅游示范基地3个,创建省级体育产业基地10个、省级示范健身步道10条。南昌市、新余市创建体育消费试点城市。以"2021中国体育文化博览会·中国体育旅游博览会"为平台,推动体育与文化、旅游产业深度融合,多个项目获奖。开展2020年度体育产业专项调查,更新体育产业单位名录库。全省体育彩票销量66.69亿元,列全国第12位,同比增长28.9%,高于全国平均水平7个百分点。

【促进体育融合创新发展】 以"2021中国体育文化博览会·中国体育旅游博览会"为平台,组织全省51个体育文化、体育旅游项目参展和推介,推动体育与文化、旅游产业深度融合发展,拓展体育产业发展新空间。2021年,全省入选体育旅游精品项目11个,入选中华体育文化优秀项目1个。其中,大余丫山旅游度假区获评中国十佳体育旅游精品景区,瑞金市红区运动休闲旅游线路、于都县新长征红色之旅体育旅游线路获评中国十佳体育旅游精品线路,玉山中式台球世界锦标赛、环鄱阳湖自行车精英赛获评中国十佳体育旅游精品赛事,婺源县获评中国十佳体育旅游目的地。

【打造示范产业发展载体】 2021年,推荐7个市/县(单位、项目)申报国家体育产业基地,评选10个省级体育产业基地。组织推荐3个单位申报国家体育旅游示范基地。同时,开展2021年江西省示范健身步道评选工作,鼓励和引导社会力量参与健身步道建设和运营,开展各类体育赛事活动,拓展产业业态,促进全民健身和体育消费。全年评选江西省示范健身步道12条。

【推动体育场馆向社会开放】 继续推动体育场馆向社会免费或低收费开放,组织完成2022年度公共体育场馆关于省级免费或低收费开放补助资金的申报工作。同时,通过自查、实地检查等方式,对20个获中央免费或低收费开放补助资金的大型公共体育场馆向社会开放情况进行监督检查,促进公共体育场馆运营管理能力和公共服务水平的提升。印发通知文件,促进全省社会足球场地开放利用,增加服务有效供给,规范运营管理。

【夯实产业发展基础】 开展2020年度体育产业专项调查工作,更新完善体育产业单位名录库,调查和核算体育产业相关经济数据。全省体育产业单位2.97万个,同比增长135%。结合全省体育产业发展重点,以解决行业缺乏标准和有效治理问题为导向,推动编制《社会足球场地运营管理服务规范》《山地户外运动基地建设规范》《体育旅游基地建设规范》3个地方标准,完成征求意见;形成《搏击类运动拳套》团体标准初稿。完成体育产业政策汇编《探索江西体育产业 筑基固本之道——"十三五"江西体育产业综述》工作,并出版。

(饶若枫)

·资料·

2021年江西籍运动员参加国内外比赛获奖情况

姓名	项目	成绩	名次	比赛名称	比赛时间	比赛地点	备注
徐诗晓(江西)、孙梦雅(山东)	女子500米双人划艇	1′55″495	1	第32届夏季奥林匹克运动会	8月7日	日本·东京	奥运组合

（续表）

姓名	项目	成绩	名次	比赛名称	比赛时间	比赛地点	备注
程玉洁（江西）、朱梦惠（浙江）、艾衍含（湖北）、吴卿风（浙江）	女子4×100米自由泳接力	AS3′34″76	7	第32届夏季奥林匹克运动会	7月25日	日本·东京	奥运组合（AS表示破亚运会纪录）
张艺曼	女子羽毛球单打		3	世界羽毛球锦标赛	12月12日至19日	西班牙·韦尔瓦	
赵俊鹏	男子羽毛球单打		5	世界羽毛球锦标赛	12月12日至19日	西班牙·韦尔瓦	
李诗沣	男子羽毛球团体		2	汤姆斯杯	10月9日至17日	丹麦·奥胡斯	
程玉洁（江西）、朱梦慧（浙江）、李冰洁（河北）、柳雅欣（浙江）	4×200自由泳接力	7′39″92	3	第十五届国际泳联短池世锦赛	12月16日至21日	阿联酋·阿布扎比	
程玉洁（江西）、张雨霏（江苏）、唐钱婷（上海）、彭旭玮（湖北）	4×100米混合泳接力	3′47″41	3	第十五届国际泳联短池世锦赛	12月16日至21日	阿联酋·阿布扎比	
程玉洁（江西）、张雨霏（江苏）、朱梦慧（浙江）、吴卿风（浙江）	4×50米自由泳接力	1′35″00	4	第十五届国际泳联短池世锦赛	12月16日至21日	阿联酋·阿布扎比	
程玉洁（江西）、张雨霏（江苏）、朱梦慧（浙江）、吴卿风（浙江）	4×100米自由泳接力	3′31秒17	5	第十五届国际泳联短池世锦赛	12月16日至21日	阿联酋·阿布扎比	
程玉洁（江西）、万乐天（江西）、唐钱婷（上海）、余依婷（浙江）	4×50米混合泳接力	1′44″43	5	第十五届国际泳联短池世锦赛	12月16日至21日	阿联酋·阿布扎比	
程玉洁（江西）、朱梦惠（浙江）、艾衍含（湖北）、吴卿风（浙江）	女子4×100米自由泳接力	03′35″50	1	第十四届全运会游泳决赛	9月19日	西安奥体中心游泳跳水馆	奥运组合
邓佳琪	女子U14组10米跳台	344.70分	1	第十四届全运会跳水U14组决赛	7月12日至13日	西安奥体中心游泳跳水馆	青少年
周俐君	女子–57公斤级		1	第十四届全运会跆拳道决赛	9月24日	汉中体育馆	
徐诗晓（江西）、孙梦雅（山东）	女子500米双人划艇	2′01″283	1	第十四届全运会皮划艇决赛	9月25日	陕西省水上运动管理中心	奥运组合
李晨	女子+67公斤级		1	第十四届全运会跆拳道决赛	9月26日	汉中体育馆	
刘忠鑫	男子南拳、南刀、南棍全能	29.386分	2	第十四届全运会武术套路决赛	9月2日	咸阳职业技术学院体育馆	
张冬莲	女子飞碟双向	53分	2	第十四届全运会射击飞碟决赛	9月3日	长安常宁生态体育训练比赛基地	
敖辉	女子87公斤级	抓举：116公斤 挺举：154公斤 总成绩：270公斤	2	第十四届全运会举重决赛	9月18日	渭南市体育中心体育馆	

(续表)

姓名	项目	成绩	名次	比赛名称	比赛时间	比赛地点	备注
李江燕	女子链球	74.47 米	2	第十四届全运会田径决赛	9月20日	西安奥体中心体育场	
万乐天	女子100米仰泳	00′59″63	2	第十四届全运会游泳决赛	9月21日	西安奥体中心游泳跳水馆	
程玉洁	女子100米自由泳	00′53″80	2	第十四届全运会游泳决赛	9月24日	西安奥体中心游泳跳水馆	
邓娅兰	女子跳马	13.830 分	2	第十四届全运会体操决赛	9月25日	陕西奥体中心体育馆	
彭建华	男子马拉松	2:14′31″	2	第十四届全运会马拉松决赛	9月26日	西安奥体中心体育场	
宋宇宽	男子100米仰泳	00′55″01	3	第十四届全运会游泳决赛	9月21日	西安奥体中心游泳跳水馆	
林鹏辉	男子速度赛	5″72	3	第十四届全运会攀岩决赛	9月21日	阎良区户外运动攀岩场地	
谢贵珍	女子速度赛	7″36	3	第十四届全运会攀岩决赛	9月21日	阎良区户外运动攀岩场地	
吴宇昂	男子400米	45″96	3	第十四届全运会田径决赛	9月21日	西安奥体中心体育场	
李威宇	男子自由式57公斤级		3	第十四届全运会国际式摔跤决赛	9月23日	延安体育中心体育馆	
程玉洁	女子50米自由泳	00′24″41	3	第十四届全运会游泳决赛	9月26日	西安奥体中心游泳跳水馆	
李琰、吴伊慧、黄嘉艳、陆师师	女子四人双桨	6′34″42	4	第十四届全运会赛艇决赛	9月18日	陕西省水上运动管理中心	
黄唯璐	女子链球	70.16 米	4	第十四届全运会田径决赛	9月20日	西安奥体中心体育场	
黄志勇	男子61公斤级	抓举:134公斤 挺举:168公斤 总成绩:302公斤	4	第十四届全运会举重决赛	9月21日	渭南市体育中心体育馆	
程灵芝	女子200米单人划艇	46″300	4	第十四届全运会皮划艇决赛	9月23日	陕西省水上运动管理中心	
熊伟	男子200米单人皮艇	37″927	4	第十四届全运会皮划艇决赛	9月25日	陕西省水上运动管理中心	
李琪、门欢	女子500米双人划艇	2′06″753	4	第十四届全运会皮划艇决赛	9月25日	陕西省水上运动管理中心	
章志龙	男子自由体操	14.420 分	4	第十四届全运会体操决赛	9月25日	陕西奥体中心体育馆	
万乐天	女子200米仰泳	02′11″15	4	第十四届全运会游泳决赛	9月25日	西安奥体中心游泳跳水馆	
张杨、晁竞雄、王鹏祥、熊伟	男子500米四人皮艇	1′24″257	4	第十四届全运会皮划艇决赛	9月26日	陕西省水上运动管理中心	

（续表）

姓名	项目	成绩	名次	比赛名称	比赛时间	比赛地点	备注
邓佳琪、刘佳丹	女子 U14 组双人 10 米跳台	280.740 分	5	第十四届全运会跳水 U14 组决赛	7 月 12 日至 13 日	西安奥体中心游泳跳水馆	青少年
王仕文	男子 25 米手枪速射	资:589 环 决:15 中	5	第十四届全运会射击步手枪决赛	9 月 14 日	长安常宁生态体育训练比赛基地	
张艺曼	女子单打		5	第十四届全运会羽毛球决赛	9 月 17 日	西安电子科技大学体育馆	
赵俊鹏	男子单打		5	第十四届全运会羽毛球决赛	9 月 17 日	西安电子科技大学体育馆	
李诗沣	男子单打		5	第十四届全运会羽毛球决赛	9 月 17 日	西安电子科技大学体育馆	
黄嘉艳、李琰	女子双人双桨	7′15″20	5	第十四届全运会赛艇决赛	9 月 19 日	陕西省水上运动管理中心	
徐鑫颖	女子链球	70.15 米	5	第十四届全运会田径决赛	9 月 20 日	西安奥体中心体育场	
谢雨芳	成年组－女子两项全能	攀石:Ps5 难度:Pl5 总分:25 分	5	第十四届全运会攀岩决赛	9 月 21 日	阎良区户外运动攀岩场地	
李鑫	男子 75 公斤级		5	第十四届全运会武术散打决赛	9 月 24 日	安康市体育馆	
陈文杰	男子古典式 60 公斤级		5	第十四届全运会国际式摔跤决赛	9 月 25 日	延安体育中心体育馆	
黎磊	男子古典式 67 公斤级		5	第十四届全运会国际式摔跤决赛	9 月 25 日	延安体育中心体育馆	
吴峥	女子七项全能	5498 分	5	第十四届全运会田径决赛	9 月 25 日	西安奥体中心体育场	
高春	男子长拳、刀术、棍术全能	29.162 分	6	第十四届全运会武术套路决赛	9 月 1 日	咸阳职业技术学院体育馆	
淦龙、李诗沣、王鹏程、徐浩天、叶浩坤、赵俊鹏、陈俊霖、朱家辉、熊旭、辜正洋	男子团体		6	第十四届全运会羽毛球决赛	9 月 11 日	西安电子科技大学体育馆	
谢伶俐、胡江俐	女子轻量级双人双桨	7′26″57	6	第十四届全运会赛艇决赛	9 月 19 日	陕西省水上运动管理中心	
王志豪	男子 109 公斤级	抓举:174 公斤 挺举:202 公斤 总成绩:376 公斤	6	第十四届全运会举重决赛	9 月 23 日	渭南市体育中心体育馆	
黎松、王维	男子 1000 米双人皮艇	3′36″697	6	第十四届全运会皮划艇决赛	9 月 25 日	陕西省水上运动管理中心	
刘佳丹	女子 U14 组 10 米跳台	298.20 分	7	第十四届全运会跳水 U14 组决赛	7 月 12 日至 13 日	西安奥体中心游泳跳水馆	青少年
彭敏、黄荣辉	男子双人双桨	6′37″27	7	第十四届全运会赛艇决赛	9 月 19 日	陕西省水上运动管理中心	

（续表）

姓名	项目	成绩	名次	比赛名称	比赛时间	比赛地点	备注
杨司祺、刘子怡、付钰暄、林亦晨	女子4×200米混合泳接力	09′35″65	7	第十四届全运会游泳决赛	9月19日	西安奥体中心游泳跳水馆	
赵林文	男子速度赛	11″45	7	第十四届全运会攀岩决赛	9月21日	阎良区户外运动攀岩场地	
刘宇轩	男子链球	66.77米	7	第十四届全运会田径决赛	9月23日	西安奥体中心体育场	
谭雪琴	女子-49公斤级		7	第十四届全运会跆拳道决赛	9月23日	汉中体育馆	
钟嘉未	女子跳远	6.04米	7	第十四届全运会田径决赛	9月24日	西安奥体中心体育场	
彭艳君	女子200米单人皮艇	44″842	7	第十四届全运会皮划艇决赛	9月25日	陕西省水上运动管理中心	
喻晶晶	女子自由式68公斤级		7	第十四届全运会国际式摔跤决赛	9月25日	延安体育中心体育馆	
陈明春、吉淑婷、李云、张艺曼、陈念祖、付宇瑶、徐诺、周惠、陈佳韵、吉珂辰	女子团体		8	第十四届全运会羽毛球决赛	9月11日	西安电子科技大学体育馆	
黄婷	女子64公斤级	抓举:106公斤 挺举:126公斤 总成绩:232公斤	8	第十四届全运会举重决赛	9月17日	渭南市体育中心体育馆	
姜馨	女子25米运动手枪	资:584环 决:7中	8	第十四届全运会射击步手枪决赛	9月18日	长安常宁生态体育训练比赛基地	
熊雄、姚子康	男子轻量级双人双桨	6′46″23	8	第十四届全运会赛艇决赛	9月19日	陕西省水上运动管理中心	
潘旭华	女子速度赛	9″58	8	第十四届全运会攀岩决赛	9月21日	阎良区户外运动攀岩场地	
吴文峰	男子自由式57公斤级		8	第十四届全运会国际式摔跤决赛	9月23日	延安体育中心体育馆	
刘子怡	女子200米蛙泳	02′32″88	8	第十四届全运会游泳决赛	9月24日	西安奥体中心游泳跳水馆	
周鹏	男子200米单人皮艇	38″25	8	第十四届全运会皮划艇决赛	9月25日	陕西省水上运动管理中心	
叶丹丹	女子跳马	13.200分	8	第十四届全运会体操决赛	9月25日	陕西奥体中心体育馆	
倪小童(江西)	女子个人61米台	213.8分	1	第十四届全运会冬跳台滑草决赛	10月10日至13日	斯洛文尼亚普拉尼察北欧中心	
倪小童(江西)	女子个人标准台	182.1分	2	第十四届全运会冬跳台滑雪决赛	1月3日至5日	斯洛文尼亚普拉尼察中心	

（续表）

姓名	项目	成绩	名次	比赛名称	比赛时间	比赛地点	备注
董冰（吉林）、赵嘉文（黑龙江）、王思佳（黑龙江）、赵子贺（黑龙江）	混合团体准台	172.1 分 188.7 分 113.0 分 201.4 分	2	第十四届全运会冬跳台滑雪决赛	1 月 3 日至 5 日	斯洛文尼亚普拉尼察中心	联合培养
倪小童（江西）、王思佳（黑龙江）、左玉溪（黑龙江）、王金莹（黑龙江）	女子团体 61 米台	总：611.4 分	2	第十四届全运会冬跳台滑草决赛	10 月 10 日至 13 日	斯洛文尼亚普拉尼察北欧中心	联合培养
周芳羽（吉林）、陈哲（吉林）、倪小童（江西）、田占东（辽宁）	混合团体准台	155.3 分 214.4 分 94.5 分 202.9 分	3	第十四届全运会冬跳台滑雪决赛	1 月 3 日至 5 日	斯洛文尼亚普拉尼察中心	联合培养
张毅（江西）、陈浩（黑龙江）、左玉溪（黑龙江）、王金莹（黑龙江）	混合团体 45 米台	177.7 分 187.5 分 161.0 分 133.5 分	4	第十四届全运会冬跳台滑草决赛	10 月 10 日至 13 日	斯洛文尼亚普拉尼察北欧中心	联合培养
吴佳慧（江西）	K60 米台/滑轮 10 公里	跳台 71.9 分/滑轮 26:51.2	4	第十四届全运会冬跳台滑草决赛	7 月 31 日	斯洛文尼亚普拉尼察北欧中心	联合培养
黄旭宇（江西） 张毅（江西） 肖庆东（黑龙江） 冯金龙（湖北）	男子团体 61 米台	630.2 分	5	第十四届全运会冬跳台滑草决赛	10 月 10 日至 13 日	斯洛文尼亚普拉尼察北欧中心	联合培养
王思佳（黑龙江）	女子个人标准台	105.2 分	6	第十四届全运会冬跳台滑雪决赛	1 月 3 日至 5 日	斯洛文尼亚普拉尼察中心	联合培养
欧阳艳妮（江西） 黄旭宇（江西） 王茹媚（黑龙江） 肖庆东（黑龙江）	混合团体准台	57.5 分 173.0 分 50.1 分 171.4 分	6	第十四届全运会冬跳台滑雪决赛	1 月 3 日至 5 日	斯洛文尼亚普拉尼察中心	联合培养
倪小童（江西）	女子个人 102 米台	52 分	6	第十四届全运会冬跳台滑草决赛	10 月 10 日至 13 日	斯洛文尼亚普拉尼察北欧中心	
秦佳（江西） 宋海鑫（河北） 段鹏燕（河北） 岳君秋（河北）	女子 4×6 公里接力	1:50:58.2	7	第十四届全运会冬滑轮＋射击决赛	7 月 27 日	牙克石凤凰山滑雪场	联合培养

（续表）

姓名	项目	成绩	名次	比赛名称	比赛时间	比赛地点	备注
黄旭宇（江西）、肖庆东（黑龙江）、范海斌（宁夏）、冯金龙（湖北）	男子团体准台	175.5分 193.4分 47.6分 107.8分	7	第十四届全运会冬跳台滑雪决赛	1月3日至5日	斯洛文尼亚普拉尼察中心	联合培养
张杨、晁竟雄、王鹏祥、熊伟	男子1000米四人皮艇	02′59″07	1	全国赛艇皮划艇锦标赛暨奥运选拔赛	6月26日至27日	湖北鄂州	
左有民、雷林山	男子1000米双人划艇	03′47″47	1	全国赛艇皮划艇锦标赛暨奥运选拔赛	6月26日至27日	湖北鄂州	
彭建华	男子马拉松	2:11′16″	1	全国马拉松锦标赛暨东京奥运会选拔赛	4月11日	江苏徐州	
郑妩双	女子网球单打		1	全国CTA800中巡赛	10月22日	广东广州	
吴昊、肖霖昂	男子网球双打		1	全国CTA1000中巡赛	7月18日	湖南长沙	
郑妩双	女子网球双打		1	全国CTA800中巡赛	5月23日	山东日照	
吴昊	男子网球双打		1	全国CTA800中巡赛	10月8日	山西临汾	
徐婕琳	女子坐式水上摩托艇原厂障碍回旋赛（RS3级）		1	全国摩托艇锦标赛	12月12日	海南万宁	
张东正	男子坐式水上摩托原厂级障碍回旋赛（RS3级）		1	全国摩托艇锦标赛	12月12日	海南万宁	
钟俊杰	男子滑水花样	5410分	1	全国滑水锦标赛	12月15日至19日	广东湛江	
龚浪波	女子滑水花样	1130分	1	全国滑水锦标赛	12月15日至19日	广东湛江	
黄强	男子滑水回旋	8.0分	1	全国滑水锦标赛	12月15日至19日	广东湛江	
龚浪波	女子滑水回旋	8.0分	1	全国滑水锦标赛	12月15日至19日	广东湛江	

（续表）

姓名	项目	成绩	名次	比赛名称	比赛时间	比赛地点	备注
钟俊杰	男子滑水全能	1390.6 分	1	全国滑水锦标赛	12 月 15 日至 19 日	广东湛江	
龚浪波	女子滑水全能	2183.1 分	1	全国滑水锦标赛	12 月 15 日至 19 日	广东湛江	
江西庐山西海	滑水三项团体	4015.6 分	1	全国滑水锦标赛	12 月 15 日至 19 日	广东湛江	
黄鑫	古典跤 55KG 级		1	全国国际式摔跤锦标赛	5 月 8 日至 16 日	浙江温州	
赖雨芊	女子 500 米单人皮艇	01′54″27	2	全国赛艇皮划艇锦标赛暨奥运选拔赛	6 月 26 日至 27 日	湖北鄂州	
黄敬杰	男子攀岩速度	6.07 分	2	第二十八届全国攀岩锦标赛	12 月 3 日	重庆	
谢贵珍	女子攀岩速度	8.51 分	2	第二十八届全国攀岩锦标赛	12 月 3 日	重庆	
李琰、吴伊慧、黄嘉艳、陆师师	女子四人双桨	06′29″94	2	全国赛艇春季冠军赛	4 月 8 日至 11 日	湖北鄂州	
郑妩双	女子网球单打		2	全国 CTA800 中巡赛	10 月 8 日	山东临汾	
周杜宇	男子滑水花样	500 分	2	全国滑水锦标赛	12 月 15 日至 19 日	广东湛江	
刘依希雅	女子滑水花样	260 分	2	全国滑水锦标赛	12 月 15 日至 19 日	广东湛江	
周永旋	女子滑水跳跃	24.1 分	2	全国滑水锦标赛	12 月 15 日至 19 日	广东湛江	
龚浪波	女子滑水跳跃	11.3 分	2	全国滑水锦标赛	12 月 15 日至 19 日	广东湛江	
周永旋	女子滑水赤脚	300 分	2	全国滑水锦标赛	12 月 15 日至 19 日	广东湛江	
陈钰昆	男子举重 102 公斤级	总成绩：328 千克	2	全国举重锦标赛	5 月 19 日	浙江江山	
黄旭宇	男子跳台滑雪团体		3	全国锦标赛	3 月 8 日	河北涞源	
门欢、李琪	女子 200 米双人划艇	00′46″09	3	全国赛艇皮划艇锦标赛暨奥运选拔赛	6 月 26 日至 27 日	湖北鄂州	

（续表）

姓名	项目	成绩	名次	比赛名称	比赛时间	比赛地点	备注
谢雨芳	女子攀岩速度	7.86分	3	第二十八届全国攀岩锦标赛	12月3日	重庆	
黄嘉艳、李琰	女子双人双桨	07′04″85	3	全国赛艇春季冠军赛	4月8日至11日	湖北鄂州	
程灵芝、门欢、喻清山、陆嘉伟	混合划艇4×250米接力	4′23″752	3	全国皮划艇秋季冠军赛	12月9日至12日	浙江丽水	甲组
何佳钰	女子单人桨板200米	1′20″110	3	全国皮划艇秋季冠军赛	12月9日至12日	浙江丽水	
王磊	男子跳远	7.33米	3	全国田径邀请赛	5月15日至16日	四川成都	
吴昊、肖霖昂	男子网球双打		3	全国网球巡回赛职业级澳门总决赛	12月12日	澳门	
郑妩双	女子网球双打		3	全国网球巡回赛职业级澳门总决赛	12月12日	澳门	
王诗怡	女子跆拳道-46公斤级		3	全国跆拳道精英赛	12月22日	江苏无锡	
张凯治、张东正、何伟豪	男子水上摩托团体赛		3	全国摩托艇锦标赛	12月12日	海南万宁	
龚紫悦	女子滑水花样	200分	3	全国滑水锦标赛	12月15日至19日	广东湛江	
李烨	男子滑水回旋	3.0	3	全国滑水锦标赛	12月15日至19日	广东湛江	
缪骞	女子滑水赤脚	60分	3	全国滑水锦标赛	12月15日至19日	广东湛江	
龚紫悦、缪骞、周永旋	女子滑水特跳	250分	3	全国滑水锦标赛	12月15日至19日	广东湛江	
周杜宇、李烨、刘依希雅	男子滑水特跳	250分	3	全国滑水锦标赛	12月15日至19日	广东湛江	
黄强	男子滑水全能	1186.7分	3	全国滑水锦标赛	12月15日至19日	广东湛江	
南昌一家队	滑水三项团体	2365.0分	3	全国滑水锦标赛	12月15日至19日	广东湛江	
黄杰威	男子举重102公斤级	总成绩：329公斤	3	全国举重锦标赛	5月19日	浙江江山	
程玉洁	女子100自由泳	53″91	3	全国游泳冠军赛暨东京奥运会选拔赛	4月30日至5月8日	山东青岛	

（续表）

姓名	项目	成绩	名次	比赛名称	比赛时间	比赛地点	备注
程玉洁、万乐天	4×100 混合泳接力	4′04″12	3	全国游泳冠军赛暨东京奥运会选拔赛	4月30日至5月8日	山东青岛	
李江燕	女子链球	70.68 米	3	全国投掷项群赛(1)	3月30日	四川成都	
倪小童	女子跳台滑雪个人 k90		4	全国锦标赛	3月6日	河北涞源	
陈智	男子单人双桨	07′07″37	4	全国赛艇春季冠军赛	4月8日至11日	湖北鄂州	
门欢	女子单人划艇1000 米右桨	4′58″847	4	全国皮划艇秋季冠军赛	12月9日至12日	浙江丽水	甲组
张凯治	男子立式原厂级障碍回旋（J2－701CC 原厂艇）		4	全国摩托艇锦标赛	12月12日	海南万宁	
黄强	男子滑水花样	80 分	4	全国滑水锦标赛	12月15日至19日	广东湛江	
钟俊杰	男子滑水回旋	1.0 分	4	全国滑水锦标赛	12月15日至19日	广东湛江	
胡逸轩	男子 100 仰泳	55″34	4	全国游泳冠军赛暨东京奥运会选拔赛	4月30日至5月8日	山东青岛	
万乐天	女子 200 仰泳	2′12″80	4	全国游泳冠军赛暨东京奥运会选拔赛	4月30日至5月8日	山东青岛	
龚时贤	男子链球	67.36 米	4	全国投掷项群赛(1)	4月1日至2日	四川成都	
徐鑫颖	女子链球	68.1 米	4	全国投掷项群赛(1)	4月1日至2日	四川成都	
张毅	男子跳台滑雪团体		5	全国锦标赛	3月8日	河北涞源	
谢伶俐、胡江俐	女子 2000 米双人双桨	07′10″46	5	全国赛艇皮划艇锦标赛暨奥运选拔赛	6月26日至27日	湖北 鄂州	
姚子康、熊雄	男子轻双人双桨	06′38″86	5	全国赛艇春季冠军赛	4月8日至11日	湖北鄂州	

（续表）

姓名	项目	成绩	名次	比赛名称	比赛时间	比赛地点	备注
胡雅婷	女子陆上赛艇5000米(轻量级双桨)	19′04″4	5	全国赛艇秋季锦标赛	12月23日至26日	湖北鄂州	甲组
谭雪琴	女子跆拳子-49公斤级		5	全国跆拳道精英赛	12月22日	江苏无锡	
张凯治	男子立式原厂级竞速赛（J2-701CC原厂艇）		5	全国摩托艇锦标赛	12月12日	海南万宁	
张凯治	男子立式水上摩托花样赛		5	全国摩托艇锦标赛	12月12日	海南万宁	
王文静	女子滑水花样	80分	5	全国滑水锦标赛	12月15日至19日	广东湛江	
贾御婷	女子滑水花样	80分	5	全国滑水锦标赛	12月15日至19日	广东湛江	
李烨	男子滑水赤脚	50分	5	全国滑水锦标赛	12月15日至19日	广东湛江	
黄强、龚紫悦	双人滑水技巧	29分	5	全国滑水锦标赛	12月15日至19日	广东湛江	
黄附辉	古典跤72公斤级		5	全国国际式摔跤锦标赛	5月8日至16日	浙江温州	
李江燕	女子链球	67.9米	5	全国投掷项群赛(1)	4月1日至2日	四川成都	
肖菊秀	女子100米栏	13″68	6	全国投掷项群赛(1)	4月1日至2日	四川成都	
门欢	女子陆上赛艇2000米(竞速划艇右桨)	07′32	6	全国皮划艇秋季冠军赛	12月9日至12日	浙江丽水	甲组
门欢	女子水上长距离(竞速划艇右桨8千米)	44′23″672	6	全国皮划艇秋季冠军赛	12月9日至12日	浙江丽水	甲组
门欢	女子铁人两项(竞速划艇右桨全能)	2分	6	全国皮划艇秋季冠军赛	12月9日至12日	浙江丽水	甲组
陈静思	女子单人桨板200米	1′21″830	6	全国皮划艇秋季冠军赛	12月9日至12日	浙江丽水	
胡雅婷	女子个人全能积分(轻量级双桨)	11分	6	全国赛艇秋季锦标赛	12月23日至26日	湖北鄂州	甲组
周永旋	男子滑水花样	40分	6	全国滑水锦标赛	12月15日至19日	广东湛江	

（续表）

姓名	项目	成绩	名次	比赛名称	比赛时间	比赛地点	备注
黄强、何邹昱、王文静	混合滑水特跳	50 分	6	全国滑水锦标赛	12 月 15 日至 19 日	广东湛江	
赵林文	男子攀岩速度	7.99 分	7	第二十八届全国攀岩锦标赛	12 月 3 日	重庆	
万乐天	女子 100 仰泳	1′02″37	7	全国游泳冠军赛暨东京奥运会选拔赛	4 月 30 日至 5 月 8 日	山东青岛	
姚子康	男子水上 4000 米(轻量级双桨)	15′50″71	7	全国赛艇秋季锦标赛	12 月 23 日至 26 日	湖北鄂州	甲组
周杜宇	男子滑水跳跃	16.8	7	全国滑水锦标赛	12 月 15 日至 19 日	广东湛江	
陈雨婷	女子举重 45 公斤级	总成绩:153 公斤	7	全国举重锦标赛	5 月 1 日	浙江江山	
周佳慧、胡江俐	女子轻量双人双桨	7′13″14	8	全国赛艇春季冠军赛	4 月 8 日至 11 日	湖北鄂州	
胡雅婷	女子水上 12000 米(轻量级双桨)	54′40″75	8	全国赛艇秋季锦标赛	12 月 23 日至 26 日	湖北鄂州	甲组
徐婕琳	女子坐式水上摩托艇原厂级竞速赛(RS3 级)		8	全国摩托艇锦标赛	12 月 12 日	海南万宁	
钟俊杰	男子滑水跳跃	15.4 分	8	全国滑水锦标赛	12 月 15 日至 19 日	广东湛江	
胡逸轩	男子 50 自由泳	22″99	8	全国游泳冠军赛暨东京奥运会选拔赛	4 月 30 日至 5 月 8 日	山东青岛	
朱英旭	男子铅球	17.22 米	8	全国投掷项群赛(1)	4 月 1 日至 2 日	四川成都	
吴忠福	男子链球	63.91 米	8	全国投掷项群赛(1)	4 月 1 日至 2 日	四川成都	
颜鸿艺、傅学瑾	女子乒乓球双打		1	全国青少年乒乓球比赛	4 月 29 日至 5 月 4 日	天津	
危菱侠	撑竿跳高	3.9 米	1	全国田径分区邀请赛	4 月 27 日至 28 日	山东枣庄	华北赛区
黄思淇、宋祖微、龙乐萍、肖菊秀	4×100 米接力	46″08	1	全国田径分区邀请赛	4 月 27 日至 28 日	山东枣庄	华北赛区
谢伶俐	女子水上 12000 米	52′55″28	1	全国赛艇秋季锦标赛	12 月 23 日至 26 日	湖北鄂州	乙组
王磊	男子跳远	7.5 米	1	全国室内田径邀请赛	3 月 17 日至 18 日	山东济南	华北赛区

（续表）

姓名	项目	成绩	名次	比赛名称	比赛时间	比赛地点	备注
钟嘉未	女子跳远	6.29 米	1	全国室内田径邀请赛	3 月 17 日至 18 日	山东济南	华北赛区
唐海棋	男子水上 500 米	1′43″60	2	全国赛艇秋季锦标赛	12 月 23 日至 26 日	湖北鄂州	乙组
宋祖微	女子 100 米	12″04	2	全国田径分区邀请赛	4 月 27 日至 28 日	山东枣庄	华北赛区
吴芳芳、胡志强、兰天露、任家骏	混合组 4×400 米接力	3′33″21	2	全国田径分区邀请赛	4 月 27 日至 28 日	山东枣庄	华北赛区
刘宇轩	男子链球	66.01 米	2	全国田径分区邀请赛	4 月 27 日至 28 日	山东枣庄	华北赛区
吴宇昂	男子 400 米	46″78	2	全国室内田径邀请赛	3 月 12 日至 13 日	四川成都	西南赛区
朱英旭	女子铅球	17.78 米	2	全国田径分区邀请赛	4 月 27 日至 28 日	山东枣庄	华北赛区
肖菊秀	女子 100 米栏	13″61	2	全国田径分区邀请赛	4 月 27 日至 28 日	山东枣庄	华北赛区
吴芳芳	女子 400 米栏	1′00″25	2	全国田径分区邀请赛	4 月 27 日至 28 日	山东枣庄	华北赛区
李景新	男子乒乓球单打		3	全国青少年乒乓球比赛	4 月 29 日至 5 月 4 日	天津	
周子皓、莫淏天	男子乒乓球双打		3	全国青少年乒乓球比赛	4 月 29 日至 5 月 4 日	天津	
颜鸿艺、傅学瑾、喻柏俐	女子乒乓球团体		3	全国青少年乒乓球比赛	4 月 29 日至 5 月 4 日	天津	
黄唯璐	女子链球	68.61 米	3	全国田径分区邀请赛	4 月 27 日至 28 日	山东枣庄	华北赛区
郑婉宜	女子乒乓球团体		4	全国少儿乒乓球锦标赛	7 月 13 日至 14 日	辽宁鞍山	
李江燕	女子链球	68.26 米	4	全国田径分区邀请赛	4 月 27 日至 28 日	山东枣庄	华北赛区
谢伶俐	女子水上 4000 米	17′19″34	4	全国赛艇秋季锦标赛	12 月 23 日至 26 日	湖北鄂州	乙组
陶瞧	女子 1500 米	03′55″	4	全国室内田径邀请赛	3 月 12 日至 13 日	四川成都	西南赛区
程德峰	男子链球	63.85 米	4	全国田径分区邀请赛	4 月 27 日至 28 日	山东枣庄	华北赛区
阮晨杭	女子铅球	16.95 米	4	全国田径分区邀请赛	4 月 27 日至 28 日	山东枣庄	华北赛区
何佳钰	水上长距离（竞速女子划艇 6 千米）	29′25″097	5	全国皮划艇秋季冠军赛	12 月 9 日至 12 日	浙江丽水	乙组

（续表）

姓名	项目	成绩	名次	比赛名称	比赛时间	比赛地点	备注
董洁	铁人两项（竞速女子划艇全能）	38 分	5	全国皮划艇秋季冠军赛	12 月 9 日至 12 日	浙江丽水	乙组
付泽凯、颜鸿艺	乒乓球混合双打		5	全国青少年乒乓球比赛	4 月 29 日至 5 月 4 日	天津	
肖菊秀	女子 60 米栏	8″38	5	全国室内田径邀请赛	3 月 12 日至 13 日	四川成都	西南赛区
尧佳乐	女子 1500 米	4′43″49	5	全国室内田径邀请赛	3 月 12 日至 13 日	四川成都	西南赛区
徐鑫颖	女子链球	66. 16 米	6	全国田径分区邀请赛	4 月 27 日至 28 日	山东枣庄	华北赛区
董洁、陆嘉伟	混合双人划艇 1000 米	4′26″201	6	全国皮划艇秋季冠军赛	12 月 9 日至 12 日	浙江丽水	乙组
陈静思、喻清山	混合双人划艇 1000 米	4′28″419	6	全国皮划艇秋季冠军赛	12 月 9 日至 12 日	浙江丽水	乙组
吴忠福	男子链球	61. 69 米	6	全国田径分区邀请赛	4 月 27 日至 28 日	山东枣庄	华北赛区
兰天露	女子 400 米栏	1′02″39	6	全国田径分区邀请赛	4 月 27 日至 28 日	山东枣庄	华北赛区
陈新雨	女子跳高	1. 70 米	7	全国田径分区邀请赛	4 月 27 日至 28 日	山东枣庄	华北赛区
董洁	水上长距离（竞速女子划艇 6 千米）	29′58″109	7	全国皮划艇秋季冠军赛	12 月 9 日至 12 日	浙江丽水	乙组
郑婉宜	女子乒乓球团体		8	全国少儿乒乓球锦标赛	5 月 14 日至 18 日	湖北宜昌	
郑婉宜	女子乒乓球单打		8	全国少儿乒乓球锦标赛	7 月 13 日至 14 日	辽宁鞍山	
唐海棋	男子水上 4000 米	15′48″15	8	全国赛艇秋季锦标赛	12 月 23 日至 26 日	湖北鄂州	乙组
曹欣婷	女子陆上赛艇 5000 米	18′44″0	8	全国赛艇秋季锦标赛	12 月 23 日至 26 日	湖北鄂州	乙组
宋祖微	女子 60 米	7″63	8	全国室内田径邀请赛	3 月 12 日至 13 日	四川成都	西南赛区

（伍小玲）

本类目编辑　詹跃华

居民生活

婚姻

【概　况】　2021年,全省341个婚姻登记机关共办理婚姻登记41.26万对,其中结婚登记24.44万对、离婚登记6.40万对、补发婚姻证件10.42万对。

【婚姻文化宣传】　江西省部分地区通过对婚姻登记场所提升改造,营造婚姻家庭文化氛围。全南县、贵溪市、吉安市吉州区、南昌市青山湖区、南昌市青云谱区、新余市渝水区等地打造婚俗文化长廊、建设婚俗博物馆,展示结婚证和离婚证的历史变迁过程,以及各个时期的婚俗礼仪,传承和发展优秀传统婚俗文化,培育文明向上的婚姻文化。各地结合普法宣传、婚恋交友、集体婚礼等活动开展婚姻文化宣传,弘扬“风雨同舟、相濡以沫、责任担当、互敬互爱”的婚姻理念,倡导“简约适度、文明健康”的婚俗礼仪,反对“高价彩礼、铺张浪费、随礼攀比”等不正之风,营造良好社会风气。

【实施离婚冷静期制度】　根据《中华人民共和国民法典》要求,自2021年1月1日起,办理离婚登记业务,全面执行“申请—受理—冷静期—审查—登记(发证)”的流程。全年江西省离婚登记申请量12.02万对,办理期满的离婚登记撤回4.3万对,撤回率41.69%,离婚登记同比下降41.59%。

【开展婚姻登记“全市通办”试点工作】　2月,在南昌市开展婚姻登记“全市通办”试点工作,男女双方或者一方户籍在南昌市的内地居民可到南昌市任一县(区)级婚姻登记机关办理婚姻登记业务。2021年,南昌市共办理跨区域婚姻登记3843对,其中结婚登记2786对、离婚登记822对、补发婚姻证件235对。

【推进婚姻登记信息化工作】　4月,省民政厅、省档案局联合印发《加快推进全省婚姻登记档案电子化工作实施方案》,要求在2022年之前,档案馆、婚登处所有婚姻登记档案实现电子化,为婚姻登记“跨省通办”工作打好基础。至年底,江西省所有婚姻登记窗口完成智能婚登一体机配置工作,智能婚登一体机集个人生物特征信息采集(人脸、指纹)、个人身份信息采集(身份证读卡器等)和文件档案电子化(高拍仪等)于一体,能够识别假证、伪证,实现基于人脸识别的人证核验和婚姻登记电子档案一体化管理。

【开展婚姻登记延伸服务】　4月,省民政厅、省妇联印发《关于进一步加强新时代婚姻家庭辅导教育工作的实施意见》,要求通过加强服务供给场所建设、探索开展婚前辅导教育、提升结婚颁证服务水平、开展家庭关系调适和离婚辅导、培育文明向上的婚姻家庭文化等措施,持续加强和改进婚姻家庭辅导教育工作,推动优秀传统家庭文化与现代家庭文明的融合发展。至年底,全省105个县级婚姻登记机关,有95个设置婚姻家庭辅导室,89个设置颁证大厅。全年提供各类婚姻家庭辅导服务4万余人次,颁证5万余人次,举办集体颁证仪式60余场。

(葛华)

家庭

【概　况】　2021年,联合相关部门制定《关于加强我省新时代家庭家教家风建设的贯彻意见》,对做好新时代家庭工作作出部署。开展红色家风接力宣讲、家风家训征集展示等活动。举办“颂党恩传家风”最美家庭揭晓会,发出《践行新时代家庭观,携手争做最美家庭》倡议。推动清洁家庭创建纳入省市县政府环境整治工程,全省700多万户家庭获评清洁家庭。联合省纪委机关向省管干部家属发出《致领导干部家属的一封信》,提醒当好“廉内助”、做好家庭监督员、筑牢家庭廉政防线。推进覆盖城乡的家庭教育指导服务体系建设,指导各级妇联成立家庭教育指导中心、家长学校,举办家教骨干培训班、家庭教育说课大赛。落实“双减”工作责任,依托各级儿童活动中心开展社会实践、公益托管、文体活动、安全教育等课后服务,开展“我家的双减生活”作品展示活动。组织开展“陪伴的力量”家庭教育宣讲,受益家长16万余人次。

【家庭文明建设】　省妇联在井冈山承办全国妇联首场“颂党恩传家风”红色家风故事接力宣讲活动,在于都、兴国、瑞金、安源、弋阳5个县(市、区)进行接力963场。开展“颂党恩传家风”红色全家福图片及家规家训征集活动,共收集200多幅作品并进行宣传展示。开展“永远跟党走”读书月活动,在全省范围内选树2021年度江西省“书香家庭”138户。开展寻找“爱党爱国爱家”最美家庭活动,寻找爱党爱国、爱岗奉献、移风易俗、科技攻坚、绿色清洁家庭。举办“颂党恩传家风”最美家庭揭晓会,302户家庭受到表彰,并向广大家庭发出《践行新时代家庭观,携手争做最美家庭》的倡议。按照《关于提升全省清洁家庭创建参与度的通知》要求,省发改委、省妇联等部门下发《关于印发〈绿色(清洁)家庭创建行动方案〉的通知》,全省村(社区)清洁家庭创建工作覆盖面达98.32%,707.3万户家庭获评清洁家庭。

【家庭权益保障】 全省各级法院、妇联共同推进家事审判方式改革、共同落实反家庭暴力保护、妥善处理涉及妇女的权益纠纷、严厉打击侵害妇女儿童权益刑事犯罪等。以"国际消除对妇女暴力日 妇女儿童维权站在行动"为主题,发动全省1727个公安派出所的妇女儿童维权站,联合开展反家庭暴力宣传活动。开展"关爱女童 呵护成长""关爱生命、预防溺水"等儿童安全教育宣讲活动,提高儿童安全意识和自救能力,共开展巡讲850场。

【家政服务】 省妇联与省人社厅等部门通过联合开展家政服务行业技能培训、"振兴杯"家政服务行业技能大赛、寻找"最美家政人"等系列活动,提升家政服务业从业人员的综合素质、职业技能,扶持带动城乡群众在家政服务行业实现创业就业。全省各地举办家政职业技能比赛20场,选树"最美家政人"126人,开办家政技能培训班611期,组织家政类培训2.46万人次。

【全省首场《中华人民共和国家庭教育促进法》宣讲会启动】 10月28日,省妇联在省妇女儿童中心启动全省首场《中华人民共和国家庭教育促进法》宣讲会。宣讲会邀请省教育评估监测研究院副研究员、省家庭教育学会会长王梅雾对《中华人民共和国家庭教育促进法》与"双减"作政策解读。王梅雾从《中华人民共和国家庭教育促进法》的立法背景、主要内容及"双减"与家庭教育的减负担当3个方面进行讲解。各级儿童活动中心业务骨干,家长学校、家庭教育指导中心负责人以及村(社区)儿童之家负责人等近200人参会。

【《关于加强我省新时代家庭家教家风建设的贯彻意见》印发】 11月10日,省委宣传部、省文明办、省纪委机关、省委组织部、省监委、省教育厅、省妇联印发《关于加强我省新时代家庭家教家风建设的贯彻意见》,就进一步加强家庭家教家风建设作出安排部署。该意见要求各级党委和政府要担负家庭家教家风建设领导责任,把家庭家教家风建设摆上议事日程,纳入经济社会发展总体工作;各级纪检监察机关和组织部门要把家庭家教家风建设与党风廉政建设、党员干部日常监督考察结合,与干部思想作风建设、培养选拔使用有机融合;各级宣传部门及文明办要将家庭家教家风建设纳入精神文明建设总体布局,加强统筹协调、宣传引导、指导督促;各级教育部门牵头健全"家校社"协调育人机制,落实立德树人根本任务。

(省妇联)

10月28日,省妇联在省妇女儿童中心启动全省首场《中华人民共和国家庭教育促进法》宣讲会

省妇联供

居民收入

【概　况】 2021年,全省居民人均可支配收入3.06万元,比上年名义增长9.3%,扣除价格因素后实际增长8.3%,名义和实际增速均比全国平均增速高0.2个百分点,全省居民人均可支配收入水平居全国第15位。分城乡看,全省城镇居民人均可支配收入4.17万元,比上年名义增长8.1%,扣除价格因素后实际增长7.2%;农村居民人均可支配收入1.87万元,比上年名义增长10.0%,扣除价格因素后实际增长9.3%。城镇居民人均可支配收入水平居全国第15位,与上年持平,在中部地区居第3位;农村居民人均可支配收入水平居全国第10位,与上年持平,在中部地区居第1位。

【收入增长基本恢复】 2021年,全省居民人均可支配收入增幅比上年提高2.6个百分点,高于"十三五"时期居民收入年均增速0.6个百分点,基本恢复正常年份水平。分城乡看,全省城镇居民可支配收入增幅比上年提高2.6个百分点,农村居民增幅提高2.5个百分点,分别高于"十三五"时期城乡居民收入年均增速0.3个百分点和1.2个百分点。

【2年收入平均增速居全国前列】 与2019年相比,全省居民人均可支配收入2年平均增长8.0%,比全国平均高1.1个百分点,增速居全国第6位,列中部地区第2位。分城乡看,城镇居民人均可支配收入2年平均增长6.8%,比全国平均高1个百分点;农村居民人均可支配收入2年平均增长8.8%,比全国平均高0.1个百分点。

【农村居民收入增速快于城镇居民】 2021年,全省农村居民人均可支配收入名义增速和实际增速分别快于城镇居民1.9个百分点和2.1个百分点,连续12年保持快于城镇居民收入增长。城乡居民收入比从上年同期的2.27(农村居民收入=1)下降到2.23,低于全国的2.50,城乡收入差距持续缩小。

【收入四大项增长特点】 就业形势总体稳定，工资性收入平稳增长。2021年，全省居民人均工资性收入1.70万元，增长6.3%；占人均可支配收入的55.6%，拉动人均可支配收入增长3.6个百分点，是支撑收入增长的主导因素。分城乡看，城镇、农村居民人均工资性收入分别为2.51万元、8280元，增长3.4%和13.4%。全省持续实施就业优先战略，多措并举支持多渠道灵活就业，助推企业稳岗稳就业，全省城镇新增就业超额完成目标。

市场主体活力增强，经营净收入加快恢复。2021年，全省居民人均经营净收入4976元，增长11.9%，比正常年份2019年同期高4.2个百分点，2年平均增长6.8%。分城乡看，城镇、农村居民人均经营净收入分别为3985元、6043元，增长29.0%和3.0%。全省统筹疫情防控和经济社会发展成效持续显现，营商环境不断优化，在减税减费减租减息减支等一系列政策措施下，市场活力进一步释放，从事住宿餐饮、居民服务、交通运输等行业的经营户收入快速恢复。农业生产稳定向好，粮食生产实现面积、总产、亩产"三增"，生猪价格回落但产能恢复成效明显，农村居民一产经营收入保持增长。

居民投资渠道增多，财产净收入快速增长。2021年，全省居民人均财产净收入2307元，增长23.3%，比正常年份2019年同期高13.8个百分点，2年平均增长15.3%，2021年及2年平均增速均居四项收入首位。分城乡看，城镇、农村居民人均财产净收入分别为4136元、336元，增长22.0%和20.5%。城乡居民流动加快恢复，居民出租房屋租金收入呈现恢复性增长。村集体经济状况持续改善，农村土地确权和集体产权制度改革成果显现，居民投资分红增加。多因素带动居民财产净收入快速增长，为居民增收提供更多渠道。

民生投入持续增加，转移净收入稳定增长。2021年，全省居民人均转移净收入6311元，增长10.7%，比正常年份2019年同期高1.1个百分点，2年平均增长10.7%。分城乡看，城镇、农村居民人均转移净收入分别为8435元、4025元，增长8.6%和13.9%。全省坚持以人民为中心的发展思想，民生领域投入不断增加，转移净收入持续发挥保障居民增收压舱石作用，养老金、失业保险金、城乡困难群众最低保障标准逐年提高等政策因素支撑转移净收入稳定增长。

2021年全省分城乡居民收入四大项情况

指标名称		绝对水平(元)	上年水平(元)	增速(%)	占比(%)
城镇居民	人均可支配收入	41684	38556	8.1	—
	(一)工资性收入	25129	24310	3.4	60.3
	(二)经营净收入	3985	3089	29.0	9.6
	(三)财产净收入	4136	3391	22.0	9.9
	(四)转移净收入	8435	7766	8.6	20.2
农村居民	人均可支配收入	18684	16981	10.0	—
	(一)工资性收入	8280	7301	13.4	44.3
	(二)经营净收入	6043	5866	3.0	32.3
	(三)财产净收入	336	279	20.5	1.8
	(四)转移净收入	4025	3535	13.9	21.5

(刘欣)

居民消费

【概　况】 2021年，全省居民人均消费支出2.03万元，比上年同期名义增长13.0%，扣除价格因素，实际增长12.0%。其中，城镇居民人均消费支出2.46万元，同比增长11.1%；农村居民人均消费支出1.57万元，同比增长15.3%。

【消费八大项全面增长】 2021年，全省居民人均消费支出八大项均呈现全面增长态势。增速排在前3位的为其他用品和服务支出、教育文化娱乐支出、生活用品及服务支出，分别增长35.4%、26.8%、18.1%；增长最慢的为居住支出，增长6.0%。分城乡看，城镇、农村居民人均消费支出八大项均呈现全面增长态势。城镇居民人均消费增长最快的为其他用品和服务支出，增长39.2%；农村居民人均消费增长最快的为交通通信支出，增长21.2%。城镇居民和农村居民消费增长最慢的均为居住支出，分别增长2.9%、10.2%。

【恩格尔系数逐步下降】 2021年，全省居民人均食品支出6518元，同比增长12.8%，2年平均增长11.8%。食品烟酒支出占消费支出的比重（恩格尔系数）由2020年的32.19%下降至32.13%。恩格尔系数逐步下降，反映全省居民消费结构不断改善。

【城乡居民消费差距继续缩小】 随着全省农村居民生活消费水平不断提高，农村市场消费潜能得到进一步释放。2021年，全省农村居民人均消费支出增长高于城镇居民。名义增速和实际增速分别快于城镇居民4.2个百分点和 4.4 个百分点。城乡消费比由 2020 年 1.63 : 1 下降为 2021 年 1.57 :1,低于全国平均水平 1.90:1,说明全省城乡居民消费差距相对较小。

【汽车消费稳定增长】 在有效需求和购车优惠等政策的双重刺激下,越来越多的家庭把钱投到家用汽车消费上,汽车消费依然为消费品市场的一大亮点。2021 年,城镇、农村居民每百户家庭拥有家用汽车数量分别为 43.13 辆、26.37 辆,增加 2.26 辆和 3.91 辆。全省居民人均交通支出 1542 元,同比增长 9.8%。分城乡看,城镇、农村居民人均交通支出分别增长 2.2%、27.0%。

【教育、娱乐休闲消费更加丰富】 2021 年,全省居民人均教育文化娱乐支出 2382 元,同比增长 26.8%,2 年平均增长 6.6%,占人均居民消费支出的比重由 2020 年的 10.5%提高至 11.7%。其中,人均教育支出增长 31.1%,人均文化娱乐支出增长 12.8%。随着全省疫情防控成效显现,居民外出基本恢复正常,教育、娱乐活动趋于正常,旅游市场复苏,居民人均景点门票、体育健身活动及电影话剧演出票支出分别增长 31.0%、15.4%、177.4%。

2021 年全省居民人均消费支出八大项情况

	全体		城镇		农村	
	绝对值(元)	增幅(%)	绝对值(元)	增幅(%)	绝对值(元)	增幅(%)
消费支出	20290	13.0	24587	11.1	15663	15.3
#食品烟酒	6518	12.8	7723	11.1	5222	14.6
#衣着	1080	9.4	1440	6.3	691	14.7
#居住	4721	6.0	5470	2.9	3915	10.2
#生活用品及服务	1142	18.1	1446	17.2	815	18.6
#交通通信	2342	9.1	2940	2.9	1699	21.2
#教育文化娱乐	2382	26.8	2944	30.1	1777	20.3
#医疗保健	1694	17.8	2015	16.9	1347	18.5
#其他用品和服务	411	35.4	609	39.2	196	20.9

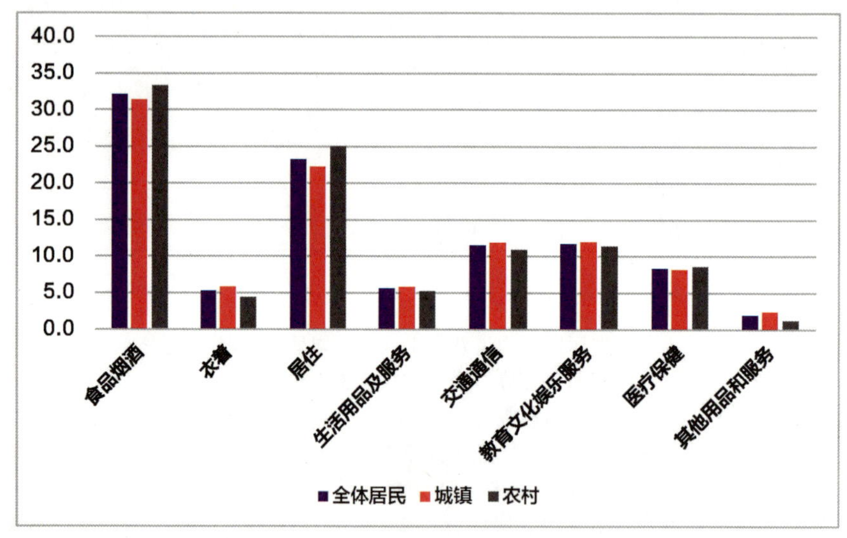

2021 年全省居民八大类消费占消费支出的比重(%)

(王敏)

本类目编辑 詹跃华

人力资源

综　述

2021年，全省各级人社部门统筹疫情防控和业务工作，全省就业态势稳中有进，人才人事制度不断健全，公共服务能力巩固提升。

就业创业态势稳中有进。全省城镇新增就业48万人，全年平均城镇调查失业率5.27%，较2020年下降0.57个百分点。就业优先政策进一步强化，实施减负稳岗扩就业系列政策，人社部门直接兑现各类就业扶持资金超过240亿元。农民工、脱贫劳动力、退役军人、城乡就业困难人员、退捕渔民等重点群体就业保持稳定。坚持以创业带动就业，加强国家级和省级创业孵化示范基地建设，落实创业担保贷款政策，推进创业培训“马兰花计划”，组织第三届“江西省青年创业风云人物”评选，社会创新创业氛围更加活跃。

人才人事工作稳步推进。坚持制度创新破立并举，修订16个系列职称申报条件，实施江西省高层次高技能领军人才培养工程，优化事业单位专业技术高级岗位结构比例，全面推行企业自主认定高技能人才。全年引进博士以上高层次人才1336人，新增技能人才7.8万人。开展“职业技能提升质量年”活动，发布重点产业职业培训需求指导目录，规范开展各类培训和职业技能竞赛活动，职业技能提升三年行动圆满收官。

系统行风建设持续强化。推进涉企经营许可“证照分离”改革，全面落实证明事项告知承诺制，进一步减材料、优流程。实施人社服务快办行动，推出10个“一件事”打包办、100个事项省内通办、30个事项跨省通办。全面下放业务受理权限，实现基层办、就近办，全年基层平台办件90万件，同比增长1.9倍。开展信息化便民服务创新提升行动，改版升级江西人社网上办事大厅，开通江西政务服务网“人社专区”，丰富线上办事渠道。推进信息系统“适老化”改造，开通“老年服务专席”，解决老年人运用智能技术困难。开展练兵比武活动和“人社服务标兵万里行”主题宣讲活动，获评12个全国人社系统优质服务窗口和6名优质服务先进个人。开展厅局长走流程活动，推动解决一批办事堵点问题。推出“人社政务服务电子地图”，全面推行政务服务“好差评”，提升政务服务好评率。开展“我为群众办实事”实践活动，完成37项重点民生实事项目。

人力市场

【概　况】 2021年，《江西省人力资源市场条例》颁布实施，引导规范全省人力资源市场建设。截至年底，全省有人力资源服务机构2356家，从业人员2.7万人，年营业收入573亿元。全省建成人力资源服务产业园14个，其中国家级1个、省级8个。

【推进人力资源服务平台建设】 2021年，评估认定南昌经开区人力资源服务孵化基地为省级人力资源服务孵化基地，评估认定吉安人力资源服务产业园为省级人力资源服务产业园。截至年底，全省建成人力资源服务产业园14个，累计服务各类人员突破2000万人次。吉安、新余、宜春、赣州4个设区市开展供需对接活动，促进人力资源精准对接。

【编制重点产业急需紧缺人才目录】 聚焦省政府“2+6+N”产业发展战略，对有色金属、电子信息、装备制造、石化、建材、纺织、食品、汽车8个重点产业领域紧缺人才需求情况进行调研和统计分析，形成并发布《江西省“2+6”重点产业急需紧缺人才目录》，提高引才工作针对性。

【开展劳务中介专项整治行动】 开展全省劳务中介专项整治行动，共出动检查人员2755人次，检查单位3130户次，查处违反就业管理相关规定的行政违法案件87件，发出限期改正指令书76份，责令退赔中介服务费、押金或其他费用7.34万元。

【参加第一届全国人力资源服务业发展大会】 7月28日—29日，第一届全国人力资源服务业发展大会在重庆举办。江西省组织人力资源服务机构、用人单位、职业培训机构共计130余人参加，展示江西人力资源服务业发展成果、人力资源服务机构特色和从业人员风采。在全国大会活动之一的全国人力资源服务业大赛中，江西选手进入总决赛并获优胜奖，江西省获“最佳组织奖”。

人才队伍

【概　况】 截至2021年年底，全省专业技术人才总量306万人。全年引进各类高层次和急需紧缺人才21701人，其中博士以上高层次人才1336人，引进赣籍人才7083人。启动江西省高层次高技能领军人才培养工程，印发《江西省高层次高技能领军人才培养工程实施方案》,设立专项培养资金,建立项目资助和高级研修相结合、国内培养和国际交流合作相衔接的开放式培养体系。实施高级专业技术人才研修项目,2021 年组织举办 2 期国家级专业技术人才高研班和 30 期省级高级研修班,2000 多名相关专业领域的专业技术人才参加研修学习。

截至年底,全省共有技能人才 511.17 万人。其中,高级工以上技能人才 155.2 万人、中华技能大奖获得者 6 人、全国技术能手 143 人;享受国务院津贴 52 人、享受省政府津贴 46 人、赣鄱工匠 36 人、江西省能工巧匠 160 人、江西省技术能手 3014 人。全省有 1350 家民办职业培训机构,建有国家级高技能人才培训基地 30 家、国家级技能大师工作室 40 家、省级高技能人才培训基地 82 家、省级技能大师工作室 183 家、世赛基地 22 家、省级竞赛基地 17 家。

全年组织实施公务员、省直事业单位招聘、中小学教师招聘、卫生专技人员招聘、“三支一扶”、专业技术资格等各类人事考试 60 余项,参考人数 79.24 万人,考试总科次 155.52 万科次。

【引进高层次人才】 持续开展“才聚江西 智荟赣鄱”高层次和急需紧缺人才引进系列活动,发挥各类用人主体和专业服务机构力量,组织各类重点企事业单位,赴西北、中南、东北、西南、华南等片区“双一流”高校,举办江西专场人才政策推介会和引进对接活动。配合省委人才办举办海外留学人才线上引进对接活动,采用线上直播和视频面试相结合,省委领导亲临会场并与海外人才交流。对引才工作按季度调度通报,压实各类引才工作主体责任。围绕江西省“2+6+N”重点产业布局和经济社会发展需要,按产业链划分人才引进所属领域,发布引才岗位需求,开展重点引才活动,以链引才、以才兴链。全年引进各类高层次和急需紧缺人才 21701 人,其中博士以上高层次人才 1336 人,引进赣籍人才 7083 人。

【推荐全国杰出专业技术人才和先进集体】 组织开展第六届全国杰出专业技术人才和先进集体选拔推荐工作。经推荐参评,南昌航空大学教授罗胜联、江西农业大学教授贺浩华被授予“全国杰出专业技术人才”称号,赣南师范大学国家脐橙工程技术研究中心、江西中医药大学中药制剂创新团队被授予“全国专业技术人才先进集体”称号。

【开展“双高”人才工程】 联合省委人才办、财政厅印发《江西省高层次高技能领军人才培养工程实施方案》,协调设立专项培养资金,建立项目资助和高级研修相结合、国内培养和国际交流合作相衔接的开放式培养体系。通过完善选拔制度、创新培养方式、加大培养投入、优化激励政策、加强团队建设、强化考核服务等措施,在全省范围构建一支层次分明、有序衔接、梯队合理的高层次高技能人才队伍。

【实施高级研修项目】 以高层次、急需紧缺和骨干专业技术人才为重点,以创新创业能力建设为核心,以服务创新驱动发展为根本,突出项目的公益性、示范性和引导性,围绕数字经济、生态环保、陶瓷文化、乡村振兴等主题,成功申报 2 期国家级专业技术人才高级研修项目,遴选实施 30 期专业技术人才高级研修项目,培养高级专业技术人才 2000 余人。

【发展博士后事业】 2021 年,新招收博士后 208 人。截至年底,全省累计招收博士后研究人员 1638 人,累计完成博士后科研项目 2000 余项,博士后科研项目累计转化经济效益 25 亿元。选派 25 支博士后创新创业项目团队参加第一届全国博士后创新创业大赛决赛,获 2 金 3 银 4 铜,并获优秀组织奖,总成绩在全国排名第 7 名,获得金牌和奖牌数在中部地区第 1 名。举行第 93 批中国博士后科技服务团江西赣州宁都行活动,清华大学等单位 26 位博士后研究人员与宁都县农业农村局等单位展开技术服务和交流洽谈,解决技术难题并提供智力支持。

就业创业

【概　况】 2021 年,统筹考虑疫情防控、企业生产和稳定就业工作,实施就业优先政策,全省就业形势总体稳定、稳中向好。城镇新增就业 48 万人,完成年计划 126.4%;失业人员实现再就业 15.16 万人,完成全年任务 116.62%;全年平均城镇调查失业率 5.27%,与全国平均水平基本持平。编制完成江西省“十四五”就业促进规划,延续实施减负稳岗扩就业政策,发放稳岗返还补贴资金 2.3 亿元。精准服务促进高校毕业生就业,2021 届高校毕业生毕业去向落实率为 88.36%,留赣率 57.65%。全省新增农村转移劳动力 60.39 万人,帮扶 135.2 万脱贫劳动力务工就业,退捕渔民转产就业 5.19 万人,“零就业家庭”保持动态清零。完成三年职业技能提升行动,累计开展政府补贴性培训 280 万人次,完成率 136%。开展企业职工岗位技能培训 31.04 万人次。

首创授信期内循环贷,新增发放创业担保贷款 179 亿元,直接扶持个人创业和带动就业 45 万人次。加强创业载体建设,新增国家级和省级创业孵化示范基地 21 家。开展第三届“江西省青年创业风云人物”评选、“马兰花”全国创业培训讲师大赛江西省赛。景漂工匠、南康木匠等 6 个劳务品牌参加全国劳务品牌展示交流活动并获奖。

【发放稳岗返还和技能提升补贴】 2021 年,全省为 4.5 万家企业发放普惠性稳岗返还和技能提升补贴资金 2.33 亿元,惠及职工 137.12 万人。其中,通过“免申即享”为 3.72 万家企业精准发放稳岗返还资金 1.81 亿元,惠及职工 95.58 万人;为 2.62 万名参保职工落实技能提升补贴 4076.05 万元。

【高校毕业生就业】 通过完善政策体系、强化工作举措、拓宽就业渠道、实施精准招聘服务,稳住高校毕业生就业“基本盘”。江西省 2021 届高校毕业生平均初次毕业去向落实率 88.36%,比 2020 届上升 8.85%;困难群体毕业生平均毕业去向落实率 93.05%,高于全省高校毕业生平均落实率 3.69 个百分点;在 2021 届已落实毕业去向的高校毕业生中留赣就业 16.50 万人,留赣率 57.65%,留赣率提升2.32个百分点，完成2021年省政府工作报告中关于提高高校毕业生留赣来赣比例的工作目标。

【开展高校毕业生招聘活动】 采用线上线下结合、省市县三级联动、院校间相互联合等多种方式，组织开展百日千万网络招聘专项行动、2021年大中城市联合招聘高校毕业生春季、秋季专场活动、江西省2021届高校毕业生就业促进周活动等系列招聘活动。联合高校和相关部门在南昌大学等高校开展以江西省重点产业为主的18场专场就业招聘会、2场“赣鄱名企”专场人才招聘会，提供岗位23.3万个；组织57场“2021年大中城市联合招聘高校毕业生春季专场活动”，提供岗位15.8万个。组织913场“2021年大中城市联合招聘高校毕业生秋季专场活动”，提供岗位51.4万个。在全省统一组织开展“百日千万网络招聘专项行动”，共举办线上招聘活动461场，提供岗位42.3万个；线下招聘活动364场，提供岗位19万余个。各地人社部门与当地高校合作，分行业、分专业为2021届高校毕业生举办各类招聘活动1.01万场，提供岗位21.41万个。

【实施第四轮高校毕业生“三支一扶”计划】 启动实施第四轮高校毕业生“三支一扶”计划，做好“三支一扶”人员招募工作。2021年，全省招募“三支一扶”人员2073人，超额完成省政府民生工程任务。举办全省“三支一扶”人员能力提升专项计划示范培训班2期，共培训400名在岗“三支一扶”人员。

【推进就业帮扶】 统筹推进就业帮扶、技能帮扶、人才帮扶工作，出台《关于加强就业帮扶巩固拓展脱贫攻坚成果助力乡村振兴的实施意见》《关于开展家政服务劳务对接助力乡村振兴行动的通知》《关于做好脱贫人口、边缘易致贫人口稳岗就业工作的通知》等政策文件，进一步健全就业帮扶政策体系。2021年，全省脱贫劳动力总量173.3万人，就业务工135.2万人，较2020年增加4.34万人。

【公益性岗位兜底安置】 依托江西人社一体化综合信息系统和江西省精准脱贫大数据管理平台，做好就业帮扶公益性岗位数据归集工作，建立健全公益性岗位实名制信息台账，做好数据比对和分析工作，加强对市、县(区)开展公益性岗位开发管理的具体业务指导。截至2021年年底，全省公益性岗位共安置20.08万人。其中，城镇公益性岗位安置4.16万就业困难人员，乡村公益性岗位安置农村脱贫劳动力15.92万人。

【推进退捕渔民安置保障工作】 加大政策倾斜力度，出台和完善8项就业创业补贴政策，推行就业服务“1131”计划，开发护渔员、护鸟员、护堤员等公益性岗位，托底安置就业困难渔民，推进退捕渔民安置保障工作。截至2021年年底，5.19万退捕渔民顺利实现转产就业，占需转产就业渔民的100%，6.4万名符合参保条件的退捕渔民全部参加基本养老保险，参保率100%。

【创业培训】 加大创业培训督促指导力度，增强创业培训实效，推进创业培训师资培训及学员培训。2021年，全省共开展创业培训20.88万人次，完成全年民生工程任务的174.03%，比上年同期增长25.37%。举办27期创业培训师资班，培训创业培训讲师779名，比上年同期增长59.96%。

【推进创业担保贷款发展】 进一步完善创业担保贷款财政贴息政策，首创授信期内循环贷，发挥创业促就业倍增效应。2021年，全省共发放创业担保贷款179.18亿元，完成全年民生工程任务162.89%。通过创业担保贷款直接扶持个人创业8.37万人次，带动就业36.75万人次。截至年底，累计发放创业担保贷款1580亿元，累计扶持个人创业136万人次，带动就业533万人次，还款率99.95%。

【创业孵化基地建设】 推进全省创业孵化基地建设工作，2021年全省共建立创业孵化基地274个，较2020年，全省创业孵化基地净增25个，入驻实体净增1373家，带动就业人数净增22417人。

【做好流动人员人事档案转接工作】 推动全省流动人员人事档案转接“跨省通办”，完成基础数据库省级集中建设，推动省级集中系统与省本级、市、县(区)三级118家档案管理服务机构对接，导入流动人员人事档案基础数据40.6万份。2021年，省本级全年共办理档案接收1.73万件次，档案转递和查阅服务1万余件次，集中签发江西省高校2021届毕业生就业报到证30.21万份，办理报到证改派、遗失补办、代理派出等业务1.71万件次。

人事管理

【概　况】 启动实施县以下事业单位管理岗位职员等级晋升工作。推动23所高校实施岗位动态管理，实施新的《二级岗位管理办法》，赋予事业单位更大用人自主权。调整事业单位专业技术岗位设置结构比例，增加2.4万余个高级专业技术岗位。给予19名集体、45名个人事业单位脱贫攻坚记大功奖励。推进事业单位人事管理一件事快办，将公开招聘、人员调入、人员调出、岗位变动、解除合同、开除、退休7项业务所涉及的工资、社会保障、社会保障卡等人社领域相关服务事项整合成一件事，实施联动办理。优化全省事业单位专业技术岗位结构比例，对行业分类进行调整，对公共卫生机构等行业进行重点倾斜，全省增加高级专技岗2.4万余个。

【推进职称“放管服”改革】 加强政策顶层设计，推进“放管服”改革，健全完善人才评价体系。推进高等院校、体育、审计、播音主持、出版、艺术、自然科学研究、档案8个系列职称制度改革，设立中小学教师、卫生、农业、林业、水利、会计等系列基层类别，实行“定向评价、定向使用”，完成农业、林业工程、水利工程、药学类(非医疗机构)、会计、统计、律师7个系列或专业职称申报条件修订。服务人力资源产业发展需要，在经济系列增设人力资源管理专业，授权江西人力资源发展协会组建高级评委会开展评审工作。聚焦地方重点特色产业，指导九江、景德镇、萍乡、鹰潭、吉安立足服务特色产业，分别授权开展纺织服装、陶瓷工程、工业陶瓷、物联网、电子信息等产业高级职称评审工作。组织开展企业经营管理人才高级经济师评审工作。以支持高技能人才参加工程系列职称评审为工作重点，将贯通领域扩大为工程、农业、工艺美术、文物博物、实验技术、艺术、体育、技工院校教师8个职称系列。出台《江西省有突出贡献人才高级职称评审办法》，优化职称评审“绿色通道”。指导179个高评会开展年度职称评审工作，会同有关部门组织实施专业技术资格考试34项，全省新增取得中高级专业技术资格人员19.93万人。

【规范事业单位待遇】 规范事业单位绩效工资政策，完善职业院校收益分配办法，落实以知识价值为导向的分配激励机制，一批事业单位100多名高层次人才实行年薪制，14所职业院校单列绩效工资总量。推进公立医院薪酬制度改革。调整事业单位工作人员基本工资标准。保障义务教育教师工资待遇，落实义务教育教师平均工资水平不低于当地公务员平均水平的保障机制，联合省教育厅对设区市政府履行教育职责督导评价开展实地核查，掌握地市教师工资待遇情况，确保义务教育教师工资待遇落到实处。继续落实艰苦边远地区农村中小学教师特殊津贴政策。

【优化高层次人才医疗保健】 省人社厅会同省财政厅、省委组织部、省卫健委、省医保局联合印发《关于进一步做好全省高层次人才医疗保健服务工作的通知》，对高层次人才医疗保健政策进行优化。在原有四类人员基础上，将人才医疗保健待遇范围扩大至各类国家级、省级人才工程人选，并扩大到全省各类企事业单位。将体检费用由原男性每人每年700元、女性每人每年1145元的标准，提高到男性每人每年2000元、女性每人每年2500元。同时，按照每人每年500元的标准，为高层次人才购买商业健康医疗保险。按照“属地服务”原则，高层次人才医疗保健待遇由其医保隶属地负责落实。

【开展事业单位公开招聘】 组织开展高层次人才公开招聘、省直事业单位统一公开招聘、全省中小学教师统一公开招聘、卫生专业技术人员公开招聘等工作，发挥事业单位公开招聘在稳就业工作中的作用，实现全省事业单位公开招聘岗位规模稳定。2021年，全省总计发布事业单位公开招聘岗位4万余个。

【优化绩效工资政策】 印发《2021年省直事业单位绩效工资总量申报核定有关事项的通知》，优化绩效工资总量构成，实行分类管理，突出事业单位公益属性，完成351家省直事业单位绩效工资总量审核工作。落实国家事业单位科研人员职务科技成果转化现金奖励纳入绩效工资管理政策，省水科院、省农科院2家单位备案现金奖励。赋予高校、科研院所更大工资分配自主权，允许事业单位对符合条件的高层次人才实行年薪制等多种分配形式，支持南昌大学等9家事业单位104名高层次人才实行年薪制。进一步落实职业教育改革有关政策，对江西应用技术职业学院等14所职业院校因开展校企合作等工作追加单位绩效工资总量。

【做好表彰奖励工作】 经中共中央、国务院和省委、省政府批准，全年共新设调整表彰项目116项，其中省级新增项目1项、临时项目3项；省级工作部门临时项目1项；市级新增项目18项、临时项目10项；县级新增项目67项、临时项目13项。调整省级项目2项、省级工作部门项目1项。组织57名省部级以上先进工作者进行休假疗养。

劳动管理

【概　况】 2021年，江西省调整最低工资标准，平均增长幅度9.72%。发布2021年企业工资指导线和省属国有企业负责人薪酬基本年薪计算基数，明确年度企业工资增长基准线为8%，增长下线为3%，企业工资增长不设上线。在全省组织开展企业薪酬调查工作，调查全省10921家企业70余万名职工薪酬数据，向社会公开发布全省各类职业（工种）、各等级专业技术人员和技能人员的工资价位、初次就业大学生工资价位。出台《关于维护新就业形态劳动者劳动保障权益的实施意见》，维护新就业形态劳动者劳动保障权益。建立《劳动关系领域排查和防范化解工作任务清单》，完善全省劳动关系情况报告和风险监测预警制度。

【景德镇市构建和谐劳动关系综合配套改革试点完成】 景德镇市完成深化构建和谐劳动关系综合配套改革试点工作，完善和创新一系列具有江西特色、景德镇特点的劳动关系协调体制机制和方式方法，基本形成以党建引领劳动关系构建，融合社区服务、行业特色的和谐劳动关系高质量发展格局。

【省模范劳动关系和谐单位评选表彰】 完成第二届江西省模范劳动关系和谐单位评选表彰工作，以省政府名义表彰江西省模范劳动关系和谐企业30家、江西省模范劳动关系和谐工业园区12个，江西省模范劳动关系和谐乡镇（街道）18个。

【调整最低工资标准】 按照人社部“两至三年至少调整一次最低工资标准”要求，委托省内高校科研团队开展江西省最低工资标准政策执行情况评估，研究提出最低工资标准调整方案。经人社部批准，报请省政府同意，调整江西省最低工资标准，从4月1日起执行，平均增长幅度9.72%。其中，月最低工资标准一类区域由1680元/月调整为1850元/月，二类区域由1580元/月调整为1730元/月，三类区域由1470元/月调整为1610元/月；非全日制用工小时最低工资标准，一类区域由16.8元/小时调整为18.5元/小时，二类区域由15.8元/小时调整为17.3元/小时，三类区域由14.7元/小时调整为16.1元/小时。

（省人社厅）

本类目编辑　邓诚君

社会保障

综　　述

2021年,省人社厅扎实推进社会保障改革,社会保障体系建设取得新进展。

政策制度日益完善。落实企业职工基本养老保险全国统筹制度,第一个上线对接全国统筹信息系统。完善机关事业单位养老保险和职业年金相关政策,规范个体工商户和灵活就业人员参保缴费政策,出台企业职工养老保险基金缺口分担办法和绩效考核办法,完善社会保险扶贫与乡村振兴接续政策,实施工伤预防五年行动计划,开展新业态从业人员职业伤害保障试点和补充工伤保险试点工作,出台失业保险省级统筹实施方案。

参保扩面稳步推进。全面实施全民参保计划,全省基本养老保险、失业保险、工伤保险参保人数分别达3322万人、308万人、564万人,较2020年底分别增长2.3%、5.4%、1%,新增18.23万名被征地农民参加养老保险。扩大"助保贷款"政策保障范围,累计办理助保贷款1.8万人次、6.77亿元。退捕渔民参加养老保险6.4万人,为201万困难群众代缴城乡居民养老保险费2亿元。建筑业新开工项目工伤保险参保率100%。

待遇水平不断提高。连续第17年提高企业退休人员基本养老金,连续6年同步调整企业和机关事业单位退休人员基本养老金,全省有360万名退休人员受益。连续3年提高城乡居民养老保险基础养老金最低标准,最低标准从110元提至115元。连续第17年提高因工致残人员伤残津贴等定期待遇。调整工伤职工住院伙食补助费和异地就医交通、食宿费支付标准。失业保险金提高到最低工资标准的90%。全省城镇职工基本养老保险、城乡居民养老保险、工伤保险、失业保险基金待遇支出分别达1256.2亿元、99.99亿元、19.21亿元、20.48亿元。

基金运行保持平稳。2021年,全省3项保险基金收入突破1500亿元,其中企业养老保险基金征缴收入首次突破700亿元。推动社保基金和职业年金投资运营,城乡居民基本养老保险委托投资基金累计138亿元,职业年金累计投资收益超过49亿元,收益率居全国第一方阵。开展社保基金管理问题专项整治,持续打击欺诈骗保行为,追缴基金9922万元。

经办能力持续提升。工伤保险医疗费联网即时结算全覆盖。累计实现740.8万退休老人养老待遇领取资格"静默认证",占已认证人员90%。推行省本级退休审核确认预审模式,赴企业上门预审1年至2年退休职工档案,给予企业及时补充退休人员职工档案中缺失材料的时间。推行退休审核确认网上经办及档案资料电子影像化,网上申请办理退休业务,缓解企业经办负担。江西省被确定为养老保险全国统筹信息系统建设先行先试8个省份之一,年内成功将社会保险信息系统改造升级后接入养老保险全国统筹信息系统。推行社会保障卡"一卡通"服务,累计制发社保卡4700余万张,签发电子社保卡2218万张。12333电话咨询量784万人次,综合接通率超90%。开展江西省惠民惠农财政补贴资金社会保障"一卡通"发放监管平台项目建设,截至年底,通过平台发放惠民惠农财政补贴资金59.4亿元,惠及群众977万人次,预警核查金额4053.49万元,预警核查次数2.95万次。

（省人社厅）

保障体制

【概　况】 2021年,全省社会保险各项工作致力于促进社会保险制度体系更加公平、更可持续。对新就业形态下不完全符合确立劳动关系情形的劳动者,明确其以灵活就业人员身份自愿选择在户籍地或就业地参加企业职工基本养老保险。明确员额内法官、检察官和公务员职务与职级并行制度实施后工作人员养老保险有关政策,并指导各地各部门按政策落实好相关人员养老保险待遇。明确执行执法勤务、警务技术职级序列人民警察和法检系统司法辅助人员退休后养老保险有关问题的处理口径。规范省直事业单位参加养老保险缴费基数有关政策。落实《企业年金办法》,鼓励和引导企业、社会团体建立企业年金,推动机关事业单位为编制外人员建立企业年金。完成机关养老保险中期评估工作,江西省成为全国第8个通过人社部、财政部联合评估的省份。继续阶段性降低失业保险和工伤保险费率,延续实施1年至2022年4月30日,为企业减负23.9亿元。

【完善社会保险扶贫与乡村振兴接续政策】 省人社厅与省财政厅、省民政厅等部门联合下发《江西省人力资源和社会保障厅等六部门关于巩固拓展社会保险扶贫成果助力全面实施乡村振兴战略的通知》,明确持续做好四类困难群体的社保帮扶、资助特殊群体参保缴费、推进法定人员社保全覆盖、提高社保待遇水平、加强经办服务等具体举措，进一步巩固拓展社保扶贫成果，助力全面实施乡村振兴战略。

【城乡居民养老保险待遇发放时间实现统一】 印发《关于进一步规范城乡居民养老保险待遇支付工作的通知》，从统一待遇发放时间、规范待遇发放流程、规范待遇发放风险、优化待遇发放服务、加强待遇发放监管5个方面着手，进一步规范城乡居民养老保险待遇支付工作，各地将全省城乡居民养老保险待遇发放时间逐步统一调整为每月15日左右，完成城乡居民养老保险待遇发放时间的统一。

【探索新业态从业人员参保试点工作】 江西省先行先试，探索在景德镇市开展新业态从业人员职业伤害保障工作，开展专项调研，组织赴江苏省学习，试点地区摸底调查，向人社部争取试点政策支持，指导景德镇市形成参保试点办法，开展试点工作。支持九江、赣州、上饶开展补充工伤保险试点工作，九江市将16~70岁的新业态人员、超龄人员纳入职业伤害保险制度保障范围，7000余人参保缴费。

【启动全省工伤预防五年行动计划】 省人社厅等八部门联合印发《江西省工伤预防五年行动计划（2021—2025年）实施方案》，加快完善工伤预防、工伤康复、工伤补偿“三位一体”制度体系，把工伤预防作为工伤保险优先事项，把减少事故伤害和职业病危害作为工伤预防的根本出发点和落脚点，从源头上防止工伤事故发生。

【全面实施失业保险基金省级统筹】 10月1日起，全省失业保险基金实行省级统筹调剂、市级统收统支、市县（区）经办，提高失业保险省级调剂金筹集比例。建立健全以失业保险政策全省统一为基础、以基金市级统收统支管理和省级调剂为核心、以基金预算管理为约束、以信息系统和经办管理为依托、以基金监督为保障的省级统筹制度，在全省统一参保范围、统一参保对象、统一缴费政策、统一待遇确定办法、统一经办流程、统一信息系统。配套出台《江西省失业保险省级调剂金管理办法》，全省11个设区市全面执行全省统一的政策标准、基金管理。

（省人社厅）

权益保障

【概　况】 2021年，全省劳动保障监察机构检查用人单位2.19万家，涉及劳动者93.18万人，依法为8.38万名劳动者追回工资待遇12.56亿元。全省各级劳动人事争议调解仲裁机构依法受理劳动人事争议案件46830件，依法调处案件47016件。江西省人社厅劳动保障监察局、省公安厅基层基础指导处和宜春市住建局等5个单位被国务院根治欠薪领导小组授予“全国根治欠薪工作先进集体”称号。

【推进争议调解仲裁工作】 2021年，全省各级劳动人事争议调解仲裁机构依法受理劳动人事争议案件46830件，依法调处案件47016件，仲裁结案率98.8%，调解成功率84.9%，仲裁终结率76.2%，涉案金额10.65亿元，未引起大面积群体性事件。参与劳动关系“和谐同行”能力提升行动，继续推进基层调解组织建设，会同总工会、企联/企协、工商联等部门开展全省第一批金牌调解组织的培育、选树工作，评选出2021年度第一批省级金牌劳动人事争议调解组织31家。加强仲裁机构效能建设，在全省范围内开展创建星级劳动人事争议仲裁院活动，评选出2021年度五星级仲裁院11家、四星级仲裁院23家、三星级仲裁院21家。加强裁审衔接，与省高院联合转发《人力资源社会保障部 最高人民法院关于联合发布第二批劳动人事争议典型案例的通知》，发挥典型案例在统一裁审法律适用标准的指导作用。推广全国“互联网+调解”服务平台和江西省“智慧仲裁”信息系统，提升案件处理智能化水平和服务社会能力。

【劳动者权益维护】 印发《2021年打击非法用工等违法及治理拖欠农民工工资工作考核评价实施细则》，下发《江西省根治拖欠农民工工资工作追责问责暂行办法》，压实根治欠薪工作主体责任。将保障农民工工资支付工作纳入各级政府考核评价指标体系，对各设区市政府2020年度保障农民工工资支付工作进行考核并予以通报。开展“迎建党百年、护民工权益”行动和“根治欠薪冬季专项行动”，为6.8万名农民工追回工资10.7亿元。加大劳动监察执法力度，开展人力资源市场秩序、劳务中介专项整治、女职工产假等权益保护执法行动，劳动监察案件结案率100%，欠薪案件数、人数和金额3个指标持续下降。完成4438家单位的劳动保障守法诚信等级评定。

【征地农民权益保障】 联合省财政厅下发《关于履行被征地农民参加企业职工基本养老保险政府挂账资金偿还协议的提示函》和《关于全省被征地农民参加企业职工基本养老保险政府挂账资金偿还情况通报》，做好政府挂账资金催缴工作，确保被征地农民社保权益。按月调度，对未还清政府挂账资金的县（市、区）进行催缴，收集偿还挂账资金转账凭证。截至12月底，催缴被征地农民政府挂账资金64.83亿元。

（省人社厅）

医疗保障

【概　况】 2021年，全省医疗保障系统坚持以人民为中心，推动江西医保“1235”工程走实走深。截至年底，全省基本医疗保险参保人数4710.53万人，参保覆盖率持续稳定在95%以上。基本医疗保险基金（含生育保险）总收入672.53亿元，同比增长9.20%。总支出612.10亿元，增长10.61%。累计结余713.54亿元，其中职工医保（含生育保险）累计结余416.68亿元，累计结余可支付22.43个月；居民医保累计结余296.86亿元，累计结余可支付9.15个月。全省医保基金运行总体平稳、安全可控。

【夯实医保高质量发展基础】 出台《关于深化医疗保障制度改革的实施意见》，补齐全省医疗保障领域体制机制短板，构建多层次医疗保障体系。推动成立由常务副省长任组长、分管卫生健康的副省长任副组长的全省深化医疗保障制度改革领导小组，并于12月17日组织召开全省深化医疗保障制度改革工作推进会议，进一步凝聚医保改革工作合力。3月1日，组织召开全省医疗保障工作会议，全面部署2021年和“十四五”时期工作。出台《江西省“十四五”全民医疗保障发展规划》，明确“十四五”时期全省医疗保障制度的发展思路和重点任务。统一全省医疗保障系统行政权力清单，全面实施医疗保险基金统收统支。出台《关于建立健全职工基本医疗保险门诊共济保障机制的实施意见》，减轻职工医保参保人员门诊医疗费用负担。推进全省统一的医疗保障信息平台建设，在全省各统筹区上线运行。贯彻执行医保疾病诊断和手术操作、医疗服务项目、药品和医用耗材等15项医疗保障信息业务编码标准，通过国家医疗保障局标准化验收，实现全国医疗保障信息业务一码通。

【巩固拓展医疗保障脱贫攻坚成果有效衔接乡村振兴战略】 11月2日，省医疗保障局会同省民政厅等7部门联合印发《关于做好巩固拓展医疗保障脱贫攻坚成果有效衔接乡村振兴战略工作的通知》，巩固拓展医疗保障脱贫攻坚成果有效衔接乡村振兴战略，逐步实现由集中资源支持脱贫攻坚向统筹基本医保、大病保险、医疗救助三重制度常态化保障平稳过渡。优化调整资助参保政策，对特困人员给予全额资助，对低保对象按照每人320元/年标准给予定额资助，对返贫致贫人口和脱贫不稳定人口、边缘易致贫人口，在过渡期内按照每人320元/年标准给予定额资助。提高大病保险保障能力，在全面落实大病保险普惠待遇政策基础上，将特困人员、低保对象和返贫致贫人口起付线降低50%、报销比例提高5个百分点至65%，并取消年度最高支付限额。强化医疗救助托底保障，在定点医疗机构住院发生的政策范围内医疗费用经基本医保、大病保险报销后的个人自付部分，特困人员按100%予以救助，低保对象、返贫致贫人口按75%予以救助。做好因病返贫致贫风险监测，建立防范因病返贫致贫预警监测机制，累计向乡村振兴等部门发送监测数据10万余条，确保易返贫致贫人员早发现、早干预、早帮扶。

【开展打击欺诈骗保专项行动】 2021年，全省检查定点医药机构26514家，实现全覆盖检查；处理违法违规医药机构25924家，占被检查机构97.8%；处理违法违规参保人员141人；追回资金8.46亿元。11个设区市全部建立基金监管联席会议制度，全省5个基金监管“两试点一示范”城市在国家终期评估中均获得优秀等次。开展集中宣传月“春雷行动”，整体传播阅读点击量达3600万人次。印发《江西省医疗保障基金监管行政处罚裁量权实施细则（试行）》，压缩行政执法弹性空间。组织开展全省医保基金监管存量问题“清零行动”，共将全省2018—2020年间的378个存量问题处理到位，追回医保资金9549万元。国家医保局移交26条线索办结率、查出问题率均达100%。联合公安、卫生健康部门，围绕门诊慢性病、大病免费救治等领域，开展“假病人、假病情、假票据”专项整治行动，统筹推进医疗机构内外勾结骗取套取医保基金专项整治，全省查处“三假”案例66个，追回资金1697万元。开展省级飞行检查“秋季攻坚”行动，抽查147家定点医药机构，追回资金6100余万元，并配合做好国家对九江飞检反馈问题的后续处理，共追回资金1650余万元。

【完善医药服务管理机制】 深化医保支付方式改革，指导设区市分类推进支付方式改革试点，上饶市按疾病诊断相关分组（CHS-DRG）付费国家试点实际付费，赣州、宜春、鹰潭市按区域点数法总额预算和按病种分值付费（DIP）国家试点实际付费，抚州市探索开展DIP省级试点，南昌市基于大数据技术的病组分值付费方式提质，新余市基于大数据技术的总额控制下病种分值付费方式改革扩面，其他统筹地区推行以按病种付费为主的多元复合式支付方式改革。规范定点医药机构管理，出台《江西省医疗机构医疗保障定点管理暂行办法》和《江西省零售药店医疗保障定点管理暂行办法》，完善医药机构定点申请、专业评估程序，详细规定协议主体权利、义务和责任，为协议管理确定总体框架。全面执行国家医保药品目录，2020版目录共3692种药品纳入省医保支付范围，其中西药1426种、中成药1374种、中药饮片892种。2021年全省国家医保谈判药品总费用24.1亿元，医保报销费用17.99亿元，惠及群众354.44万人次。

【开展集中带量采购】 推进药品医用耗材招采制度改革，通过及时跟进国家集采中选结果、创新开展未过评药品集采“江西模式”和参与跨省联盟集采三大举措，执行13个批次药品和医用耗材集采中选结果，涵盖224个药品、3类高值医用耗材、2类检测试剂、1类低值医用耗材等，每年可减轻群众药费负担超60亿元。江西省牵头组建赣粤豫鄂四省联盟和赣冀鲁豫鄂桂渝滇陕九省（区、市）联盟分别开展药品、医用耗材集中带量采购，均产生拟中选结果，预计每年节约采购资金6亿元。落实医保资金结余留用激励政策，完成第一批国家组织药品集采医保资金结余留用考核拨付工作，向全省12个统筹地区考核合格的1649家医疗机构拨付合计2亿元。制定《江西省改革完善药品医用耗材阳光集中挂网采购工作实施方案（试行）》，进一步完善药品医用耗材集中采购制度体系。

【医疗服务价格改革】 11月24日，国家医疗保障局在赣州市召开深化医疗服务价格改革试点城市动员部署会。赣州市被国家医疗保障局列为全国深化医疗服务价格改革5个试点城市之一。制定《江西省新增医疗服务项目评审暂行规则》，创新引入技术指标，通过客观与主观指标相结合，科学评价医疗服务价格项目。常态化受理审核新增医疗服务项目，12月31日，省医疗保障局会同省卫生健康委联合印发《关于公布部分新增医疗服务价格项目的通知》，公布包括中医在内的一批新增医疗服务项目价格。

【优化医保经办服务】 推行“一份清单、两个下放、一项制度、四个办理”的“1214”江西医保经办服务模式，17项高频次医保事项全部接入“赣服通”，14项业务大厅即时办结，11项业务"一证办理",7 项业务长江中游城市群医保"跨省通办"。推广医保电子凭证应用,省内所有地市、所有定点医药机构均上线,1536.65 万人激活医保电子凭证,全省医保电子凭证结算 745.28 万人次,结算医疗费用 12.39 亿元。完善异地就医直接结算服务,异地就医网上备案、住院费用和普通门诊费用跨省直接结算实现全省覆盖,其中普通门诊费用跨省直接结算提前 4 个月完成国家试点任务,萍乡市作为全国首批门诊慢特病跨省直接结算试点统筹区之一,其参保人在海南省完成全国第一笔门诊慢特病费用跨省直接结算。截至 12 月底,全省跨省备案有效人数累计 90.34 万人,2021 年全省参保人员跨省异地就医直接结算 44.22 万人次,直接结算医疗总费用 66.85 亿元,医保基金支付 38.21 亿元。

【助力新冠肺炎疫情防控】 做好新冠肺炎疫情防控医疗保障工作,截至 12 月底,全省发生核酸检测总费用 2.22 亿元,其中统筹基金支付"应检尽检"人群的费用 1.58 亿元,个人账户支付"愿检尽检"人群费用 1766.49 万元。做好防疫物资供应保障和价格监测,全省各级医疗机构网上采购国家新冠肺炎诊疗方案推荐药品 2369.19 万瓶(盒)、核酸检测试剂盒 1566.17 万人份,采购金额 8.67 亿元,采购防护穿戴用品、体温检测耗材等其他防疫物资 4.31 亿元,供应保障充足正常,价格无异常波动。执行新冠肺炎核酸检测试剂联盟集采中选结果,中选产品价格在 2020 年平均降价 80%的基础上再降 29%,按照国家医疗保障局统一部署,江西省先后 2 次降低新冠病毒核酸检测价格,单人单次检测价格不超过 40 元/人次,混合检测价格统一下调为 10 元/人次。及时做好全省新冠病毒疫苗免费接种工作,累计筹集 34.11 亿元疫苗采购费用并预拨给省疾控中心。医保累计结算新冠病毒疫苗费用 34.11 亿元,结算新冠病毒疫苗接种费用 5.83 亿元。

【中华苏维埃共和国医疗保障史陈列馆开馆】 12 月 2 日,中华苏维埃共和国医疗保障史陈列馆在瑞金市举行开馆仪式。国家医疗保障局党组书记、局长胡静林和江西省委常委、常务副省长梁桂出席开馆仪式并为陈列馆揭幕。开馆仪式后,国家医疗保障局与江西省政府签署合作备忘录,根据合作备忘录,双方将在建设医疗保障史陈列馆、全国医疗保障系统干部教育培训等方面开展合作。陈列馆按照历史发展先后与专题组合相结合的方法,通过文献资料、实物、图片、微缩景观等,重点展示从 1929 到 1935 年中央苏区和中华苏维埃共和国时期医疗保障工作的探索历程。

(省医疗保障局)

社会保险

【概　况】 2021 年,社会保险待遇水平稳步提升,连续第 17 年提高企业退休人员基本养老金,连续 6 年同步调整企业和机关事业单位退休人员基本养老金,全省有 360 万名退休人员受益。城乡居民养老保险基础养老金最低标准从 110 元提至 115 元,月人均待遇水平提高到 153 元,同比增长 24.3%。连续第 17 年提高因工致残人员伤残津贴等定期待遇。截至 12 月底,职业年金基金资产净值达 360.79 亿元,累计投资收益率 23.81%,继续保持全国第一方阵。全省城镇职工基本养老保险、城乡居民养老保险、工伤保险、失业保险基金待遇支出分别达 1256.2 亿元、99.99 亿元、19.21 亿元、20.48 亿元。

【代缴城乡居民保险费】 继续落实政府为符合条件的困难群体代缴城乡居民养老保险费和发放养老金政策。全省应代缴城乡居民养老保险费的脱贫户、边缘易致贫户和脱贫不稳定户、低保对象和特困人员等困难群体 201.37 万人,实际代缴城乡居民养老保险费 201.37 万人,为困难群体代缴保费 2.01 亿元,累计财政代缴金额 10.08 亿元。

【工伤保险实现市本级联网即时结算全覆盖】 出台全省统一的定点服务机构协议范本,印发《关于全省工伤保险定点医疗机构推进联网即时结算工作有关问题的通知》,推行工伤保险定点医疗机构联网即时结算。全省 11 个设区市市本级实现工伤保险医疗费联网即时结算全覆盖,实现参保企业和工伤职工"零垫资""零材料""零跑腿"。截至 12 月,全省有 38 家定点医疗机构上线联网即时结算,共结算 2 万余人次,结算费用 4000 余万元。

【连续 17 年提高因工致残人员伤残津贴等定期待遇】 印发《关于江西省 2021 年调整因工致残人员伤残津贴等定期待遇的通知》,从 2021 年 1 月 1 日起,提高因工致残人员伤残津贴、生活护理费和工亡职工供养亲属抚恤金。一至六级伤残人员每人每月分别增加 144 元、136 元、128 元、120 元、112 元、96 元。被确定为需要生活护理的因工致残职工,按生活完全不能自理、生活大部分不能自理和生活部分不能自理 3 个档次,其生活护理费标准一律调整到统筹地区上年度城镇非私营单位在岗职工月平均工资的 50%、40%和 30%。因工死亡职工亲属已领取供养亲属抚恤金的,其配偶每人每月增加 64 元,其他亲属每人每月增加 48 元。因工伤提前退休人员 2021 年养老金提高标准低于四级伤残津贴调整额 120 元的,补足差额至 120 元。

【调整工伤职工住院伙食补助费和异地就医交通、食宿费支付标准】 印发《关于调整江西省工伤职工住院伙食补助费和异地就医交通、食宿费支付标准的通知》。职工住院治疗工伤的伙食补助费按上年度全省城镇居民日人均消费支出额的 40%确定,由 2011 年规定的统筹区内 10 元/天、统筹区外 15 元/天统一提高到 25 元/天。工伤职工异地就医的院外住宿费限额补助标准由每人每天 100 元提高到每人每天 300 元。规范工伤医疗交通、食宿费支出管理,将工伤职工异地就医市内交通费、住院康复治疗的伙食补助费、异地交通及食宿费用,以及工伤职工配置(更换)辅助器具所需的异地交通及食宿费用纳入工伤保险基金支付。

【失业保险保障】 8 月,出台《关于延续实施部分减负稳岗扩就业政策措施的通知》,建立失业保险金与最低工资标准挂钩的动态调整机制,各地失业保险金标准按适用区域最低工资标准的90%确定,失业保险相关待遇标准同步调整。2021年失业保险金月发放标准由1180元、1260元、1340元分别提高至1449元、1557元、1665元,月平均增加297元,全年为4.73万名失业人员发放失业保险金3.58亿元。扩大失业保险保障范围,对2021年1月1日之后新发生的参保失业人员继续落实失业保险扩围政策,为19.51万人发放失业补助金8.31亿元。

(省人社厅)

社会福利

【概　况】　截至2021年年底,江西建有养老机构1854家、总床位数17.6万张(护理型床位9.3万张),其中公办养老机构1449家、床位10.8万张,社会力量运营的养老机构405家、床位6.8万张;建有城乡居家和社区养老服务设施1.69万个。为近380万老年人购买人身意外伤害保险;对经济困难的高龄老年人按照每人每月不低于50元的标准发放养老服务补贴,为近100万名80岁以上高龄老年人每人每月发放50~1000元不等的高龄津贴。建立健全养老机构建设补贴和运营补贴政策,省级下达建设补贴资金1072万元。引进20余家国内专业养老服务企业进驻江西。

全省有孤儿4330人,事实无人抚养儿童11180人,农村留守儿童52.4万人;设立乡镇(街道)儿童督导员1954人,村(居)儿童主任22636人;建成儿童福利机构19个,未成年人救助保护机构95个。实施"福彩圆梦·孤儿助学""孤儿医疗康复明天计划"项目,资助孤儿1604人。印发《江西省事实无人抚养儿童助学实践活动实施方案》,为119名事实无人抚养儿童开展五大主题活动,为18周岁以上录取上学的事实无人抚养人员每人发放助学金1万元。

江西纳入生活补贴的残疾人49.5万人,纳入护理补贴的残疾人45.3万人。困难残疾人生活补贴和重度残疾人护理补贴标准分别为每人每月60元和70元,共发放两项补贴省级补助资金4.96亿元。统筹中央、省级福彩公益基金2075万元,以及争取中央预算内投资4126万元,支持精神卫生福利设施和精神障碍社区康复机构建设。继续组织实施"福康工程"项目,争取民政部福彩公益金96万元。指导赣州市完成康复辅助器具社区租赁服务两年试点工作,推动构建以公益性服务机构为枢纽、以镇(街)和社区居家养老服务中心为支撑、集体验和租赁为一体的康复辅助器具租赁服务网络,打造全域试点县2个,设置租赁点10余个。争取中央预算内投资、省级福彩公益金等资金,支持3所市级精神卫生福利机构和7个精神障碍社区康复机构开工建设。推进"福康工程"项目,为赣州市符合条件的107名残疾对象免费配置假肢109具。

【养老服务制度建设】　省人大常委会颁布《江西省养老服务条例》;省政府办公厅印发《关于推进养老服务高质量发展的实施意见》,提出30条具体措施;编制江西省"十四五"养老服务体系建设规划;经省政府同意,印发《关于科学推进养老服务项目建设 促进养老服务健康有序发展的指导意见》;10月21日—22日,以省政府名义召开全省养老服务推进会议;出台《关于加强养老机构预付费管理的指导意见(试行)》;在"赣服通"民政专区上线高龄津贴申请,基本建成省级养老综合服务平台;建立养老机构等级评定专家库,省级评定三级养老机构14家、四级养老机构7家,推进11项地方标准研制。

【居家和社区养老服务发展】　省委将"有效缓解居家社区养老服务突出问题"列入"我为群众办实事"省级25项重点民生项目之一。建成社区嵌入式养老院和城镇居家社区养老服务设施3845个,市辖区街道和县城城关镇(街道)建成具备综合功能的养老服务机构278个,覆盖率100%,完成16778户特殊困难老年人家庭居家适老化改造,开展家庭养老床位试点,新增家庭养老床位1400张。南昌市纳入国家居家社区基本养老服务提升行动项目地区,获得项目资金5423万元。

【农村养老服务发展】　深化"党建+农村养老服务"改革,健全县乡村三级衔接的农村养老服务体系。出台《关于深化公办养老机构改革的实施意见》,推进乡镇敬老院编制人事制度改革,新聘用人员不再实行定编定岗不定人管理,列入正式事业编制。全省100个县(市、区)均建成至少1所县级专业失能照护机构,1.1万余名特困失能、半失能人员得到专业化照护服务。完成340所乡镇敬老院改造提升。建成农村互助养老服务设施13120个,覆盖77.6%的行政村,评选500个"党建+农村互助养老服务"省级示范点。健全"日常探视、定期巡访、挂点帮扶"三项制度,14.4万余名农村党员干部就近就便、常态化关心关爱农村老年人。

【养老服务人才队伍建设】　11个设区市、100个县(市、区)、1393个乡镇成立养老服务中心。实施"领头雁"计划和养老护理员素质提升工程,培训养老院院长600名、养老护理员3.15万人次,评选"最美养老院长"21名、"最美养老护理员"80名。采取全网直播方式,举办养老护理员职业技能竞赛省级赛事,选派4名选手参加国赛,1名选手获二等奖、2名选手获三等奖,省民政厅被评为优秀组织奖。

【提高孤儿、事实无人抚养儿童保障水平】　机构养育孤儿、城乡散居孤儿基本生活最低养育标准每人每月均提高250元,分别达到1600元、1200元。事实无人抚养儿童每人每月发放基本生活费1200元。联合省财政厅印发《关于建立残疾孤儿(残疾事实无人抚养儿童)照料护理补贴制度的通知》,按照每人每月1200元标准,为残疾孤儿和残疾事实无人抚养儿童发放专项照料护理补贴。印发《关于进一步规范儿童福利机构抚养孤儿成年后妥善安置工作的通知》,全省共妥善安置孤儿287人。编制发布《江西省儿童福利机构安全管理规范》(DB36/T 1536-2021),从内部管理、服务流程、风险防控等方面作出安全规范。

【儿童福利制度建设】 联合省发改委印发《江西省儿童福利事业发展和未成年人保护"十四五"规划》,推进"六个体系"建设。联合省委编办等15部门印发《关于进一步推进儿童福利机构优化提质和创新转型高质量发展的实施意见》,深化机构优化提质和创新转型高质量发展。联合省残联印发《关于进一步加强儿童福利机构抚养的孤儿康复救助工作的通知》,推进定点康复机构建设。省民政厅印发《关于开展新时代文明实践助力乡村振兴农村留守儿童和妇女关爱服务体系建设试点的通知》,确定4县(区)开展试点工作。省、市、县全面建立未成年保护委员会,其中6个县(区)由党委和政府"双主官"、6个县由政府主要领导担任未保委主任。

【完善残疾人两项补贴制度】 联合省财政厅、省残联印发《关于建立残疾人两项补贴标准动态调整机制的通知》,建立与经济社会发展、财力状况和物价变动等相关联的标准动态调整机制。结合党史学习教育"我为群众办实事"实践活动,联合省残联制定《残疾人两项补贴资格认定申请"跨省通办"实施方案》,全面推进残疾人两项补贴"跨省通办"工作,全年共办理16例。联合省财政厅、省残联印发《关于进一步完善困难残疾人生活补贴和重度残疾人护理补贴制度的通知》,进一步完善两项补贴制度内容,改进补贴申领程序,推动管理服务机制转型升级。在赣服通"民政专区"中开设残疾人两项补贴业务办理模块,实现通过网络、手机等直接申请、查询两项补贴。对残疾人两项补贴事项实行告知承诺制,无需再提供低保证、残疾人证等纸质材料。江西省残疾人两项补贴工作经验做法在全国电视电话会议上作典型经验发言。

【推进困难重度失能残疾人照护和托养工作】 联合省残联在抚州临川区召开全省困难重度失能残疾人照护和托养工作现场推进会。建立每季一调度机制,推动100个县(市、区)和23个功能区政策落实全覆盖,江西共有2.2万余名残疾人享受该政策。困难重度失能残疾人照护和托养工作两次获省部级领导肯定性批示。

(汤娜 刘学平 邓威)

社会救助

【概 况】 截至2021年年底,全省有最低生活保障对象173.78万人、特困供养人员13.3万人、最低生活保障边缘家庭对象128.89万人、支出型困难家庭对象3.75万人。2021年,全省城市低保标准和补差水平提高到765元和490元;农村低保标准和补差水平提高到515元和355元。城镇特困和农村特困失能、半失能人员供养标准提高到995元;农村特困自理人员供养标准提高到670元;特困失能、半失能、自理人员照料护理补贴分别提到1200元、300元、70元。2021年,统筹下拨中央及省级困难群众救助补助资金84.39亿元,全省共发放城乡低保、特困、临时救助等各类困难群众救助资金100.9亿元。

【开展困难群众救助】 抓好最低生活保障审核确认权限下放乡镇(街道)跟踪指导,全年新增低保对象12.7万人。出台《江西省特困人员认定实施细则》,将特困人员中的未成年人享有救助供养待遇的年龄延长至18周岁;对特困人员因国家、社会、有关单位给予的救助金、捐赠款、慰问金等以及力所能及灵活劳动所获小额报酬常年积攒的存款在复核时适当豁免。全年新增特困供养人员8148人。发挥临时救助救急解难作用,落实"先行救助"等措施,全年临时救助15.3万人次。

【推进巩固拓展脱贫攻坚兜底保障成果同乡村振兴衔接】 省民政厅印发《关于巩固拓展民政领域脱贫攻坚成果同乡村振兴有效衔接实施方案》,联合省财政厅、省乡村振兴局下发《关于巩固拓展兜底脱贫成果进一步做好困难群众基本生活保障工作的通知》,开展巩固社会救助兜底脱贫成果"回头看"。截至12月底,全省279.5万脱贫户中有86.65万人、3.68万脱贫不稳定户中有2.2万人、5.23万边缘易致贫户中有2.22万人、2.56万突发严重困难户中有1.28万纳入低保或特困,分别占比31%、59.78%、42.44%、50%,守住不发生规模性返贫底线。开展社会救助专项治理行动,整治救助政策不精准、不及时等问题189个,梳理并处置2018年以来社会救助领域重复信访件133件。

【推进城镇困难群众解困脱困】 持续开展城镇困难群众解困脱困,争取省财政继续投入3亿元。委托第三方机构,通过抽样入户调查30972户76563名城镇脱贫解困对象,对城镇贫困群众解困脱困工作情况开展验收评估,形成验收评估报告。全省88.61万城镇贫困群众"两不愁、三保障"等问题基本解决,其中53.28万人通过解困帮扶退出,35.33万人通过纳入兜底保障脱贫。

【健全社会救助工作机制】 3月2日,省政府印发《关于成立江西省社会救助工作领导小组的通知》,成立以省政府副省长胡强为组长、各有关单位负责人为成员的江西省社会救助工作领导小组。6月23日,胡强副省长主持召开领导小组第一次全体会议,审议并通过领导小组主要职责、议事规则及成员单位工作职责。开通省、市、县社会救助服务热线,建立值守受理、登记交办、限时办结等制度,全年累计接听群众求助电话9530次,办结9451次,办结率99.17%。依托"数字民政",建成低收入人口动态监测信息平台,全省360万低收入人口纳入动态监测范围。

(刘生根)

慈善救助

【概 况】 2021年,全省有登记慈善组织257个,较上年增长39%。其中,167个取得公开募捐资格。全省慈善组织接受社会捐赠款物近13亿元。

【慈善组织监管】 加强全省慈善组织信息公开工作,印发《江西省民政厅关于进一步加强慈善组织信息公开有关工作的通知》,并制定《慈善组织信息公开指南》。规范慈善组织的信息公开行为,保护捐赠人、志愿者、受益人等慈善活动参与者的合法权益,维护社会公众的知情权。组织全省慈善组织和基金会进行年报(年检)工作,全省新认定登记的慈善组织72家。开展"双随机、一公开"检查,进一步完善对慈善组织执法检查工作机制,打造常态化、规范化、制度化的事中事后监管模式。

【慈善募捐】 2021年,省慈善总会共募集款物及争取慈善药品援助价值1.69亿元,发放救助款物及慈善药品援助价值1.61亿元。"99公益日"期间,全省慈善会系统有7家市级慈善会、59家县级慈善会参与,共发起88个网络筹募项目,参与人次达57万人次,筹款总额3035万元,在全国慈善会系统中排名第7名;"慈善一日捐"筹款总额1063万元。省慈善总会、省红十字基金会在"99公益日""慈善一日捐"活动中累计募捐财物金额1.2亿元,同比增加4000万元,筹款金额和捐款人数均创历史新高。

【慈善活动】 联合专业院校和培训机构在鄱阳、上饶、吉安、南昌等地举办三期"老吾老"养老护理培训班,培训养老护理员406人,参与等级评价的人员通过率96%。联合中国扶贫基金会开展"童伴妈妈"项目,累计投入配套资金1235万元,在全省10个设区市17个县220个村开展,惠及农村儿童11万余人。开展慈善义诊,分别邀请北京协和医院、首都医科大学附属医院和上海市同济医院、上海市长征医院等30多家医院的44名医疗专家,到吉安县、井冈山市和赣州市龙南、信丰、全南、定南开展"慈善义诊"活动,为600余名患者提供专业的诊疗服务。

【慈善助学】 开展"农商银行 助你圆梦"慈善助学活动,资助贫困高考学子2080名,发放助学金1040万元。开展"金圣助学"活动,资助贫困高考学子50名,发放助学金30万元。开展"科瑞慈善阳光班"贫困高中学子助学活动,拨付2020级400名学生第一、二学年助学款及班级活动经费256万元。

【慈善帮扶病患】 "立幸"慈善药品援助项目救助肿瘤患者824人次,援助药品价值941.63万元。中华慈善总会慈善药品援助项目援助贫困大病患者5569人次,发放药品价值8745.5万元;微笑列车项目救助唇腭裂患者335人次,发放救助金132.86万元;救助贫困家庭血友病患者308人次,发放救助金73.85万元。贫困家庭肿瘤患者众筹项目募集救助款46.11万元,资助大病患者47人。

【开展第六个"中华慈善日"宣传活动】 9月5日是中国第六个"中华慈善日",全省各级慈善组织积极开展宣传活动。省慈善总会在南昌中心城区投放公益广告,营造"人人皆可慈善、人人支持慈善"的社会氛围;九江市举行2021年"中华慈善日"暨"爱满人间·慈善一日捐"主题活动,市民政局、市慈善总会及九江抗癌协会等爱心组织,慈善志愿者代表及爱心市民参加启动仪式并现场捐赠。赣州市慈善总会围绕"汇聚慈善力量,助力乡村振兴"主题,开展系列宣传活动。《江西日报》刊发《汇聚向善力量助力共同富裕——我省推动慈善事业高质量发展综述》,学习强国、大江网等网络媒体围绕主题宣传慈善人物、慈善项目和志愿服务,省内三大移动运营商累计向全省1122.5万名用户发送公益慈善宣传短信,扩大慈善社会影响力。

(支力　官志平)

保险基金管理

【概　况】 2021年,新划转城乡居民基本养老保险基金83.88亿元用于委托投资;整治社保基金管理问题,发现违规基金5632.95万元,追回基金4503.46万元,移送案件10起;打击欺诈骗保,追缴保险基金9922万元。完善"政策、经办、信息、监督"四位一体的风险防控体系,出台《江西省社会保险基金普通要情报告制度》《江西省社会保险基金行政监督约谈暂行办法》《关于建立江西省社保基金安全常态化警示教育制度的通知》等制度文件。

【开展社保基金管理问题专项整治】
在全省范围内开展全省社保基金管理问题专项整治工作,印发《江西省社会保险基金管理问题专项整治工作方案》《江西省社会保险基金管理风险排查工作方案》,开展社保基金管理风险自查、县级交叉检查、市级交叉检查和省级督查,对11个设区市的137个社保经办机构、83个信息化管理机构、547个合作银行进行现场检查,督促发现问题整改。全省通过专项整治,发现违规基金5632.95万元,追回基金4503.46万元,移送案件10起。

【开展社保疑点数据核查】 在全省范围内开展工伤保险待遇重复领取和工亡人员仍领取工伤待遇等疑点数据专项核查,重点排查人社部下发的70条疑点数据和省级比对发现的1487条疑点数据。截至2021年年底,查实重复领取待遇14人,涉及基金34.65万元,追回13.97万元,暂停待遇4人。下发《关于企业职工提前退休审批工作风险提示的函》等一系列风险提示函,督促各地排查风险,强化风险意识。对2020年企业职工养老保险提前退休开展专项核查,重点核查人社部下发的提前退休疑点数据513条,对人社部抽查江西省提前退休档案中发现的问题开展"回头看"。经核查,不符合规定的特殊工种提前退休125人,部级疑点中不合规的26人,追回基金7.25万元。

【超额完成社保基金委托投资任务】
联合省财政厅印发《关于城乡居民基本养老保险基金委托投资工作情况的通报》,要求各地重视基金委托投资工作,提前安排基金归集计划,优化存款结构防范基金存储风险。2021年,分次分批向全国社会保险基金理事会划转城乡居民基本养老保险基金83.88亿元用于委托投资,累计向理事会划转137.88亿元,占2017年至2020年城乡居民基本养老保险新增结余168.12亿元的82%,超额完成人社部规定的80%工作要求。

(省人社厅)

本类目编辑　邓诚君

社会事务管理

基层民主建设

【概　况】 以加强城乡基层群众性自治组织建设为重点，全面完成新一轮村（居）委会换届选举，推进基层组织建设，开展村级议事协商、村务公开、村务监督等基层群众自治实践活动，推动城乡群众自我管理、自我服务、自我教育、自我监督，健全党领导的基层群众自治制度，促进城乡基层民主发展。

【完成第十一届村（居）民委员会选举】 坚持把村（居）民委员会换届选举作为基层民主建设的重要抓手，规范换届选举程序。编印村（居）委会选举操作规程，制定出台村（居）委会选举相关政策制度，指导基层依法依规开展换届选举。2021 年，会同省委组织部指导全省 2.08 万个村（社区）完成“两委”换届选举工作，选出村（社区）“两委”干部 12.22 万人。村、社区书记主任“一肩挑”比例分别为 98.66%、98.95%，交叉任职比例 68.5%，无记名投票、公开投票、秘密写票、竞职演说等普遍实行，村民参选率 96.3%、居民代表参选率 97.5%，与换届前相比，村（居）委会主任中大专及以上学历比例分别提升 15.6%、4.4%，致富能手比例提升 21.4%，平均年龄分别降低 3.25 岁、3.35 岁，全面实现“两升一降”目标。江西省村（社区）“两委”换届工作有关经验做法在中组部 2021 年村（社区）“两委”换届工作片会上作交流发言，并获全国妇联党组书记、副主席黄晓薇和省委主要领导的批示肯定。

【基层群众自治实践】 发挥村规民约和居民公约在城乡基层群众自治中的引导作用，推动全省 99.8% 的村（社区）完成村规民约、居民公约修订工作，建立正向激励和反向约束机制，引导村民破除大操大办、高额彩礼、铺张浪费、厚葬薄养等陈规陋俗，推动形成文明乡风、良好家风、淳朴民风。指导各地开展协商实践活动，全省 18 个村入选民政部第一批村级议事协商创新实验试点单位。党史学习教育期间，印发《关于深入开展城乡社区协商推动“我为群众办实事”实践活动的通知》，结合老旧小区改造、加装电梯、物业管理、矛盾纠纷调处等民生重点、难点工作，通过民事民提、民事民议、民事民决，助推问题解决。指导南昌市西湖区开展全国社区治理和服务创新实验区创建，以小区为基本单元，以社区邻里中心为平台，以基层协商民主与领导干部“民情家访”制度为抓手，结合老旧小区改造、加装电梯、矛盾调处等重点难点工作，实行群众“点单”、政府“上菜”，累计解决民生实事 1146 件，促进政府治理与居民自治良性互动，被中央主流媒体报道，得到党史学习教育中央第六指导组肯定，并获得省政府及时奖励。

【村级组织建设】 以换届选举为契机，健全完善村（社区）“两委”各项工作制度，以及“四议两公开”、村务监督委员会、村（社区）民主协商等决策监督制度，修订完善村民自治章程、村民会议和村民代表会议议事规则等，确保基层民主决策有法可依，有规可循。全省成立纪检委员会 1736 个，配备纪检委员 2.03 万人，成立村（居）务监督委员会 2.08 万个，实现村（居）务监督全覆盖。按照“有场议事、有人管事、有章理事”的工作原则，推动乡贤理事会、红白理事会等各种村民理事会建设，配合相关单位做好业主委员会、社区志愿服务等工作。

8 月 20 日至 8 月 27 日，南昌市西湖区开展老旧小区改造暨幸福微实事投票活动。图为 8 月 20 日投票现场

省民政厅供

全省共建立村(居)民理事会3.46万个,覆盖所有村(社区)。依法登记专业合作组织17685个,社区志愿者组织19315个,65.5%社区成立业主委员会。贯彻落实民政部、国家卫健委、国家中医药局、国家疾控局《关于加强村(居)民委员会公共卫生委员会建设的指导意见》,联合省卫健委印发《关于全面实施村(居)民委员会下设公共卫生委员会工作的通知》。

(胡萍)

城乡社区治理

【概　况】 2021年,全省城乡社区治理工作取得新进展。推动村(社区)办公场所与党群服务中心、为民服务设施融合,开展"新时代新社区新社会"生活服务质量提升行动,推进"赣鄱邻里·智慧社区"信息系统开发,推动政务服务、自治服务和便民服务延伸到社区。20名城乡社区工作者被评为"最美城乡社区工作者",270个社区被命名省级"绿色社区 美丽家园"创建活动示范社区,"十三五"期间共创建1200个示范社区。

【完善城乡社区治理领导协调机制】 推动成立由省委、省政府领导任正副组长、15个省直部门负责人为成员的江西省城乡社区治理工作领导小组,各设区市全面建立由党委政府领导任正副组长的城乡社区治理工作领导协调机制,初步构建党委政府领导、组织部门抓总、民政部门牵头、有关部门协调配合的城乡社区治理领导协调机制。制定出台《2021年度全省城乡社区治理高质量发展考评办法》,细化考核指标和内容,明确考核程序及结果应用,发挥高质量发展考核指挥棒作用。推进全省城乡社区综合服务设施、社区工作者队伍、社区治理体制机制建设。

【推进基层减负】 全面规范村(社区)公共服务和代办政务服务事项,建立村级工作事项清单制度,会同省政务服务办提请省政府办公厅出台《江西省村(社区)公共服务事项指导目录(2021年版)》,制定村级组织承担的60项服务事项清单,促进城乡基本公共服务标准统一、制度并轨。部署开展"社区万能章"专项整治,制定社区不予出具证明事项清单。深化基层挂牌和考核评比专项整治行动,乡村两级挂牌减幅由85%提高到92.5%,考核评比减幅由42%提高到58%。《赣办工作》2021年第21期全文刊发《推进"四化联动"为村级组织"松绑减负"》经验做法。

【城乡社区治理示范创建活动】 指导南昌市西湖区创建"全国城市社区治理和服务创新实验区"、共青城市创建"全国农村社区治理实验区",并通过民政部专家组评估。联合省委宣传部在全省开展2021年度"最美城乡社区工作者"评选宣传活动,评选出20名最美城乡社区工作者,制作视频宣传片,在全省民政工作会上举行颁奖仪式,在学习强国、微信公众号等平台进行宣传,展现新时代江西省城乡社区工作者风采。持续开展"绿色社区 美丽家园"示范创建工作,通过各级申报、审核、考察、公示等环节,2021年全省共命名省级"绿色社区 美丽家园"创建活动示范社区270个,"十三五"期间共创建1200个示范社区,打造社区建设品牌标杆。

【城乡社区工作者队伍建设】 2021年,指导全省11个设区市以"两办"名义印发《关于进一步加强城市社区工作者职业体系建设的实施意见》,建立社区工作者"三岗十八级"薪酬体系,并缴纳社会保险,部分地方缴纳住房公积金,对获得社会工作职业资格的给予150~260元/月职业津贴,吸引优秀青年加入到社区工作者队伍。12月,会同省委组织部、省财政厅出台《关于进一步做好农村离任"两老"生活补助发放工作的通知》,省财政新增投入1.43亿元,提高全省3.4万名离任村书记、村主任待遇保障。

【《关于加强基层治理体系和治理能力现代化建设的若干措施》出台】 12月31日,提请省委、省政府出台《关于加强基层治理体系和治理能力现代化建设的若干措施》。该文件系统总结近年来江西省加强基层治理的创新实践,对标中央有关要求,立足江西实际,从党建引领、法治保障、德治教化、自治强基、智治支撑等方面,对江西省推动基层治理资源整合、力量融合、功能聚合、手段综合等作具体部署,为全省"十四五"期间基层社会治理提供政策支撑。

(胡萍)

社会组织管理

【概　况】 截至2021年年底,全省各级民政部门登记注册各类社会组织27694家,其中社会团体12374家,民办非企业单位15233家,基金会87家。开展行业协会商会脱钩改革"回头看",全省行业协会商会实现"应脱尽脱"。推进行业协会商会类、科技类、公益慈善类、城乡社区服务类社会组织直接登记。完善社会组织章程、办事指南,加强社会组织法人治理、诚信自律和服务能力建设。加快推进社会组织信息化建设,优化"数字民政"社会组织登记管理系统,实现"网上办""不见面办"。江西省社会组织工作在民政部综合评估中连续3年获评优秀,排名逐年前移。省民政厅社会组织管理局被省委省政府表彰为"全省服务非公有制经济发展先进单位"。

【社会组织综合监管】 省民政厅、省委宣传部、省委政法委、省委网信办、省公安厅等16部门协同开展"进一步打击整治非法社会组织专项行动",全省依法查处非法社会组织37家、查出涉嫌非法社会组织11家。组织开展清理"僵尸型"社会组织专项整治行动,全省梳理出2939家"僵尸型"社会组织,其中注销登记768个、撤销登记1589个、限期整改582家。组织开展社会组织年度检查、等级评估,实施"双随机一公开"行政执法检查1300余次。对未按要求整改到位的23家省级社会组织负责人开展集中约谈,督促社会组织提升治理水平。省委组织部在全省范围内部署开展领导干部违规兼职专项整治工作,规范领导干部社团兼职行为。省审计厅加强对社会组织的延伸审计,规范资金使用管理。人民银行南昌中心支行持续规范社会组织银行账户管理，推进反洗钱和反恐怖融资监管工作。

【培育扶持社会组织发展】 加大对社会组织场地、技术、资金、项目等多元化扶持，推进社会组织培育发展创新，全省共成立社会组织培育发展创新基地 80 家，培育孵化社会组织 838 家、获得各类扶持资金 4200 余万元。制定《江西省培育发展社区社会组织专项行动实施方案（2021—2023 年）》，培育发展城乡社区社会组织，全省共备案社区社会组织 3.9 万余家。推动 2021 年活水计划，全省有 6 个县（区）成为合作项目单位，共筹款 990.13 万元，培育一批扎根本地的规范化、专业化社会组织队伍。省人社厅推动省内高校将社会组织列为大学生就业创业和基层锻炼教育基地。省税务局全面落实税收优惠政策，开展公益性社会组织捐赠税前扣除名单审核工作和非营利组织免税资格认定工作，全省共审核通过 18 家公益性社会组织捐赠税前扣除资格，认定公布 40 家非营利组织免税资格名单。

【引导社会组织参与社会治理】 省民政厅、省发改委、省市场监管局联合开展行业协会商会乱收费专项清理整治，推动全省行业协会商会在 2017—2020 年减少涉企收费超过 1 亿元基础上，进一步减轻企业负担 6000 余万元，惠及企业 1.6 万家，助力营商环境优化。各地、各部门引导社会组织参与乡村振兴、社会治理等，创新开展各类帮扶项目 7600 余个，投入资金 6.95 亿元。推动社会组织实施“邻里守望”关爱行动，受益人群 69.8 万人。发动社会组织持续支援新疆建设，对口援助阿克陶县 200 万元。

【义务教育阶段学科类校外培训机构统一登记为非营利性机构】 贯彻落实中办、国办《关于进一步减轻义务教育阶段学生作业负担和校外培训负担的意见》，省民政厅单独或联合省教育厅出台《江西省非营利性校外培训机构登记管理工作规范》和《江西省非营利性学科类校外培训机构登记办事指南》，先后召开多次专题部署会、培训会，并组成调研组或配合省教育厅多次赴全省各地开展督导调研，督促各地严格落实“双减”要求，义务教育阶段学科类培训机构于 2021 年 12 月 31 日前统一登记为非营利性机构。

【江西省社会组织建设与管理工作联席会议第一次全体（扩大）会议召开】 4 月 13 日，省社会组织建设与管理工作联席会议第一次全体（扩大）会议召开，省政府副省长胡强主持会议并讲话。会议总结 2020 年社会组织工作，研究部署推进 2021 年重点工作任务，并依托联席会议强化社会组织联合执法机制和资金监管机制协调作用，一体推进打击整治非法社会组织专项行动、“我为企业减负担”专项行动、深化行业协会商会改革、社会组织助力乡村振兴战略实施，审议通过《江西省社会组织建设与管理工作联席会议成员单位职责分工》和《江西省社会组织建设与管理联席会议 2021 年工作要点》。省民政厅厅长刘金接通报 2020 年度全省社会组织建设与管理工作情况。省发改委、省公安厅、省人社厅、省商务厅、人行南昌中心支行负责人分别就行业协会商会脱钩改革、打击整治非法社会组织、社会组织培育发展、社会组织党建工作进行交流发言。江西省社会组织建设与管理工作联席会议成员单位分管负责人及联络员，省民政厅有关处室局负责人参加会议。江西省打击整治非法社会组织专项行动成员单位分管负责人、省直有关行业综合党委负责人受邀列席会议。

（姜鹏举）

区划地名管理

【概　况】 2021 年，全省实施县、乡级行政区划调整事项 14 件。截至年底，全省辖 11 个设区市，100 个县（市、区），其中市辖区 27 个、县 61 个、县级市 12 个；乡级行政区划 1570 个，其中街道 174 个、镇 834 个、乡 554 个、民族乡 8 个。推进地名普查成果应用，清理整治不规范地名，省、县、乡边界管理任务全部完成。

【行政区划变更】 2021 年，省政府批准县级部分行政区域界线变更 1 件、乡级区划调整 13 件，涉及南昌、萍乡、九江、鹰潭、赣州、吉安、宜春、上饶等 8 个设区市。

南昌市　将南昌市新建区厚田乡划归红谷滩区管辖。撤销南昌市青山湖区蛟桥镇，设立蛟桥街道，并划归新建区管辖。

撤销南昌市红谷滩区生米镇，设立生米街道，以原生米镇行政区域为生米街道管辖范围。生米街道行政区划代码为 360113003，生米街道办事处驻为民社区。

萍乡市　设立芦溪县麻田镇，将芦溪县新泉乡所辖月形居民委员会和麻田村、大江边村、龙王潭村、东江村、蔡家村、长冲村、株木村、石溪村、沈子村、垓头村 10 个村民委员会划归麻田镇管辖。麻田镇行政区划代码为 360323105，麻田镇政府驻麻田村村民委员会月形街 59 号。

九江市　设立瑞昌市赛湖街道，将湓城街道八里铺、府东、金桥、桃树林、阳光、东方、祥民、龙门、赛湖路、三经路、燕山凹、苏家墩、新民 13 个居民委员会和春风村民委员会划归其管辖。赛湖街道行政区划代码为 360481003，赛湖街道办事处驻八里铺居民委员会铜城大道 159 号。

鹰潭市　撤销鹰潭市余江区邓埠镇，设立鹰潭市余江区邓埠街道，并将青年综合垦殖场管理区域划归邓埠街道管辖。以原邓埠镇行政区域和青年综合垦殖场管理区域为邓埠街道管辖范围。邓埠街道行政区划代码为 360603001，邓埠街道办事处驻站前居民委员会建设西路 6 号。

赣州市　撤销赣州市南康区龙华乡，设立赣州市南康区龙华镇，以原龙华乡行政区域为龙华镇行政区域，龙华镇政府驻龙华居民委员会西引桥路 49 号。

撤销瑞金市叶坪乡，设立瑞金市叶坪镇，以原叶坪乡行政区域为叶坪镇行政区域，叶坪镇政府驻叶坪居民委员会。

撤销兴国县永丰乡，设立兴国县永丰镇，以原永丰乡行政区域为永丰镇行政区域，永丰镇政府驻永丰居民委员会永顺路 1 号。

吉安市　撤销遂川县珠田乡，设

立珠田镇，以原珠田乡行政区域为珠田镇行政区域。珠田镇行政区划代码为360827112，珠田镇政府驻洋湖村民委员会。

撤销安福县泰山乡，设立羊狮慕镇，以原泰山乡行政区域为羊狮慕镇行政区域。羊狮慕镇行政区划代码为360829107，羊狮慕镇政府驻泰山村民委员会沿前路1号。

宜春市 设立上高县锦阳街道，将敖阳街道锦阳居民委员会、敖山镇锦绣路居民委员会和敖背村村民委员会、野市乡高岗村村民委员会田东、卢家店、港口3个自然村划归锦阳街道管辖。锦阳街道行政区划代码为360923002，锦阳街道办事处驻锦阳居民委员会镜山大道21号。

撤销靖安县罗湾乡，设立官庄镇，以原罗湾乡行政区域为官庄镇行政区域，官庄镇行政区划代码为360925105，官庄镇政府驻地由南村村中村组1号迁移至桥下村官庄街1号。

设立宜丰县黄垦镇，将潭山镇古阳寨、岗东、狮子岗、九岭、岗北、汉塘、找桥7个村民委员会和黄岗山居民委员会划归其管辖。黄垦镇行政区划代码为360924108，黄垦镇政府驻古阳寨村。将江西黄岗山垦殖场代管的炎岭、岗南、五里3个村民委员会归属桥西乡管辖，代管的其它零星区域就近归属相邻的乡(镇)管辖。

上饶市 撤销弋阳县南岩镇，设立弋阳县南岩街道，以原南岩镇行政区域为南岩街道管辖范围。南岩街道行政区划代码为361126003，南岩街道办事处驻水南村民委员会迎宾路89号。

【行政区划管理】 5月，经省政府常务会研究通过，省政府印发《江西省设立镇(街道)标准》，明确设立镇和街道的总体原则和具体要求。强化乡级行政区划变更管理。10月，印发《关于加强和规范乡级行政区划变更管理的意见》，建立乡级行政区划变更全流程管理闭环。牵头承担民政部区划地名司《功能区与行政区融合发展》重点课题研究，联合江西师范大学开展《赣南等原中央苏区优化行政区划设置助力乡村振兴》课题研究，重点指导赣州市开展南康、赣县撤县(市)设区效果评估，3篇论文获民政部政策理论研究三等奖。

【地名管理】 推进不规范地名清理整治。先后开展两批次清理整治，共清理整治不规范地名90个。拍摄《精准施策治乱象 协同推进强管理》视频片，在全国清理整治不规范地名工作会议上推广。推进地名普查成果应用。联合省教育电视台制作播出32集《江南西道》地名文化视频片，编撰出版《江西政区地名的古往今来》《长江中游城市群标准地名图》等作品，组织开展地名文化宣传活动，在“江西民政”微信公众号上开设专栏连载“红色地名故事”，征集优秀地名故事6387个、优秀地名摄影作品58个、宣传作品116个，举办专题展览116个。江西省选送的红色地名故事在民政部“红色地名 礼赞百年”有奖征集活动中分别获得一等奖、三等奖。加强乡村地名信息更新。通过国家地名信息库，全年增补完善乡村地名信息9563条，采集乡村地名照片13182幅。在景德镇市、抚州市等地开展乡村地名标志设置试点。

【边界管理】 完成界线联检任务。联合湖北省民政厅开展赣鄂线第四轮联检工作，组织开展51条县界、569条乡界联检工作。深化平安边界创建。制定《2021年度平安边界创建工作考评实施细则》，组织开展重点地区界线纠纷隐患排查，化解省界资源纠纷2起，调处边界争议1起，开展闽赣、赣鄂省界平安边界联谊活动2次。强化日常界线管理。补充完善6条省界、261条县界、2961条乡界勘界成果资料。协调福建省民政厅拆除违规设立的省界界桩1颗，更换鹰潭南平交界处省界界桩1颗，更换县界桩13颗、乡界桩12颗，完成行政区划变更后的界线勘定备案4件。

(省民政厅)

殡葬管理

【概　况】 2021年，巩固惠民绿色文明殡葬改革成果，推进智慧殡葬建设，治理殡葬领域问题。全年民政工作获省部级领导肯定性批示6次，省委改革办总结推广经验做法，并在民政部工作会议上作典型发言。在民政部重点工作综合评估中，江西殡葬改革工作继续位居全国第一方阵。

【巩固殡葬改革成果】 联合省发改委出台殡葬事业“十四五”发展规划，明确目标任务，建立殡葬设施项目库。召开江西省殡葬改革工作领导小组会议，建立省直单位挂点市县联系制度。省政府连续五年将殡葬改革纳入民生工程实事内容，省级统筹各类资金5000多万元，打造省级示范性殡葬服务设施240个，出台殡仪服务站建设指南。提请省政府常务会审议通过《江西省公墓管理办法(草案)》。按要求将经营性公墓审批权限下放至设区市民政部门。省殡改办每月不定期对重点工作或区域进行明察暗访，对发现问题的4个市县进行督办，约谈1个设区市民政局和1个县委主要负责人。

【丧葬习俗改革】 联合省文明办在12个县(市、区)开展婚丧领域移风易俗示范点建设，推动试点地区完善引导约束机制，发挥党员干部带头作用和村规民约约束作用，建立红黑榜，开展乡风文明评议活动，遏制厚葬薄养、铺张浪费、封建迷信等风气。在新余市渝水区召开婚丧移风易俗现场推进会，总结典型经验做法，以点带面深化婚丧移风易俗。清明节期间，联合省直有关单位召开新闻发布会，发布安全文明祭扫倡议书，群发公益短信，引导群众通过鲜花祭扫、代为祭扫、网络祭扫，实现文明祭扫、平安清明的目标。

【智慧殡葬建设】 升级江西省殡葬管理服务信息系统，确保殡葬信息实时、准确、规范录入，加强骨灰去向跟踪。2020年以来，生成火化数据近50万条，补入历史火化数据88万余条，实现殡葬数据部省市县四级联通和省直单位互联共享。在“赣服通”政务服务平台上线殡葬服务程序，开通遗体接运、遗体火化和经营性公墓选购等预约功能。在上饶市试点“身后一件事”网上办理。

【殡葬领域问题治理】 联合省发改

委等8部门开展殡葬业价格秩序、公益性安葬设施建设经营专项整治，规范殡仪馆经营、公墓建设运营等行为，打击中介违法违规牟利，规范殡葬市场秩序，维护群众合法权益。发挥公墓年检作用，对上年年检结果“亮黄牌”的单位进行回头看。结合党史学习教育“我为群众办实事”活动要求，联合省林业局出台城乡公益性公墓占用林地备案审批制度，联合省自然资源厅印发抓好殡葬基础设施用地专项整治的通知，帮助基层解决林地审批问题，完善用地手续。基本实现全域火化，推进节地生态安葬，有效净化城乡人居环境。

（杨振华）

9月17日，全省乡镇（街道）社会工作服务站建设推进会在南昌召开

省民政厅供

社会工作

【概　况】 2021年，全省社会工作专业人才6.35万人，其中持证社工8796人。登记注册社会工作服务机构208家，登记注册志愿者669万人，登记注册志愿服务组织906家。

【乡镇（街道）社会工作服务站建设】 联合省委组织部等5部门出台《关于推进乡镇（街道）社会工作人才队伍建设 增强基层民政服务能力的实施意见》。印发《江西省乡镇（街道）社会工作服务站建设操作规程》，召开全省乡镇（街道）社会工作服务站建设推进会，举办乡镇（街道）社会工作服务站建设专题培训，指导各地建站工作。民政部慈善事业促进和社会工作司副司长陈军莅临指导并调研，对江西省社工站建设予以肯定。截至年底，全省各地社工站资金投入3462.9万元，建成乡镇（街道）社工站407个，占全省乡镇（街道）总数26%，其中建在新时代文明实践所（站）46个。吸纳应届毕业生就业人数251人，联动志愿者17.8万人，服务各类群众104.7万人次。

【社会工作力量参与社会服务】 继续实施社会工作“三区计划”和社会工作服务机构“牵手计划”，累计选派和培养社工510人，累计为2万余人次困难群体提供心理疏导、资源链接、能力提升、社会融入等服务。九江、上饶等地社会工作服务机构、社会工作者开通“暖心热线”，动员社会工作专业力量助力疫情防控，为有需要的人群提供情绪疏导、政策宣传、资源链接等服务。

【社会工作宣传】 印发《全省2021年社会工作主题宣传活动实施方案》，开展社会工作助力乡村振兴风采展播、社会工作知识大赛和考试巡讲系列活动，开展活动50余场，发放社工宣传册1.5万份。联合省文明办印发《关于学习宣传和贯彻落实〈江西省志愿服务条例〉的通知》，要求各地利用新时代文明实践站、乡镇（街道）社工站、社区志愿服务站点开展学习宣传活动。联合省普法工作领导小组，开展“百万网民学法律”江西省志愿服务条例专场知识竞赛活动，全省54万网名参与答题。9月28日，召开条例新闻发布会，邀请省文明办共同参与，扩大社会影响。

【《江西省志愿服务条例》出台】 7月28日，江西省第十三届人大常务委员会第三十一次会议通过《江西省志愿服务条例》，自2021年10月1日起施行。该条例共7章50条，在部门职责、激励保障、规范管理、社工+志愿者、时间储蓄等方面作出相应规定，在制约志愿服务发展的瓶颈问题上取得突破，为支持和规范志愿服务活动提供法律保障。

（何珊）

本类目编辑　邓诚君

退役军人事务

抚恤优待

【概 况】 2021年，全省发放到位优抚资金22.7亿元，惠及优抚对象近27万人。其中，发放慰问金2.7亿元，慰问重点优抚对象54万余人次。完成21万余名优抚对象的核查工作，核查率168.8%，核减2万余人。推进优抚事业单位改革发展，制定《江西省光荣院管理实施办法》，29个光荣院转隶到位。

【关爱烈士遗属】 开展"替烈士看爹娘、为烈属办实事"活动。省委主要领导带队，到基层走访慰问烈士遗属。截至6月，全省各地退役军人事务部门共走访慰问4万户烈士家庭。在各级领导的推动下，1万余名"新长征"退役军人志愿者参与活动，形成全社会共同参与活动的氛围。开展"革命英烈后代关爱行动"和"替烈士看爹娘、为烈属办实事"再调研、再走访、再服务活动。健全为烈属办实事、解难题工作机制。组织各地退役军人事务部门开展春节、"八一"走访，全年慰问重点优抚对象54万余人次，共发放慰问金2.7亿元。

【优抚对象数据管理】 3月，开展优抚对象数据核查与审定工作，分2批次对6个地市的数据核查工作进行督导，共完成21万余名优抚对象的核查工作，核查率168.8%，核减2万余人。此项工作受到退役军人事务部拥军优抚司肯定。10月，启动享受国家定期抚恤补助优抚对象年度确认工作，并于12月25日在全国率先全面完成年度确认工作。

【优抚政策落实】 继续提高重点优抚对象抚恤补助标准，提标幅度10%，按时足额将全年22.7亿元的优抚资金发放到位，惠及全省优抚对象近27万人。为2万多名残疾人员换发新证，完成率100%。开展残疾评定专项核查，通过核查进一步完善享受优抚政策伤残人员档案9658份，核减享受抚恤待遇伤残人员363人。持续做好残疾评定等工作，全年办理残疾等级评定4批次，受理材料537人，评定残疾人员320人。为468名残疾军人办理残疾关系迁移，补办残疾证91人，为216名残疾军人配置换发康复辅助器具777件。落实1~4级残疾军人免费上门服务制度。康复器具配置机构到残疾军人家中为重度残疾军人提供个性化、专业化的服务。建立优抚对象医疗服务和巡诊制度，每年分2批组织省荣军医院医疗队，为20个县（市、区）的优抚对象开展医疗服务，建立健康档案。落实优抚对象短期疗养休养制度，提高疗休养保障标准，高质量完成全省1216名烈士遗属等重点优抚对象的短期疗休养。

烈士褒扬

【概 况】 2021年，全省实地祭扫烈士人数133.6万人次，搭建网络祭扫平台153个，网络祭扫人数突破350万人次。全省各级党委政府举办公祭活动1000余场，现场参加公祭活动人数达20万余人。做好烈士证补（换）发工作，全年共补（换）发烈士证106份。严格做好烈士评定工作，庐山市公安局辅警余俊被评为烈士。

【开展祭扫纪念活动】 统筹做好新冠肺炎疫情防控期间清明烈士祭扫工作，开展"守护·2021清明祭英烈"网上祭扫活动，搭建网络祭扫平台，通过为烈士墓敬献鲜花、擦拭墓碑、直播代祭扫等形式，让烈属感知全社会对烈士的尊崇。清明期间，全省实地祭扫烈士人数133.6万人次，搭建网络祭扫平台153个，网络祭扫人数突破350万人次。组织烈士纪念日活动。9月30日，江西省和南昌市在八一广场隆重举行向英雄烈士敬献花篮仪式，省、市党政军领导及社会各界群众代表共1200余人参加活动。全省各级党委政府在当地烈士纪念场所共举办公祭活动1000余场，现场参加公祭活动人数达20万余人。

【开展"革命英烈后代关爱行动"】 开展烈士寻亲专项工作，利用大数据优势向全社会征集线索。联合省军区、公安、宣传、党史等部门建立联动机制，共享寻亲信息，加大协查协办力度，全省为110名烈士寻找到亲属或安葬地。开展"替烈士看爹娘，为烈属办实事"活动，对全省4万余名烈士亲属开展走访慰问工作，全面梳理全省烈士遗属待遇落实情况和政策实施过程中遇到的困难，全年共帮助烈属解决政治、生活、医疗、教育、住房、就业等各类实际问题12935个，发放慰问金（慰问品）2900多万元。

【烈士纪念设施管理】 完善《江西革命烈士英名录》和烈士纪念设施数据校核工作，实现数据信息动态化、管理精细化。编制全省烈士纪念设施提质改造"十四五"规划，下拨中央和省级优抚事业单位专项补助资金近3000万元用于县级以上烈士纪念设施的提质改造。指导各地做好2022年中央预算内投资烈士纪念设施建设项目申报工作，广昌县烈士陵园等4个项目经退役军人事务部审批同意，纳入国家发改委项目库。下发《江西省省级烈士纪念设施保护单位申报工作规程》，开展第五批省级烈士纪念设施评选工作。开展县级及以下烈士纪念设施管理保护专项行动，联合省检察院对全省县级及以下烈士纪念设施，特别是散葬烈士墓管理保护工作存在问题进行摸底排查。开展县级以下英雄烈士纪念设施整修工程，联合省委宣传部、省财政厅印发《全省县级以下英雄烈士纪念设施整修工程实施细则》，下拨中央补助资金9569万元，按照“应迁尽迁、集中管护”的原则，重点对县级以下(含县级)英雄烈士纪念设施进行集中整修。

【营造尊崇氛围】 编印《尊崇·江西退役军人》4期，增刊1期，共计发放9.2万余册。6月1日，在南昌举办全省英烈讲解员大赛决赛。6月29日，在省革命烈士纪念堂举办“忠诚永铸——江西省烈士纪念设施建设巡礼”专题展，展现烈士纪念设施的最新发展情况。牵头组织“用好红色资源 赓续红色血脉”——关爱革命烈士行动，作为首届江西省退役军人“永远跟党走 建功新时代”主题活动之一，于12月2日在九江市举办，社会反响良好。联合省委宣传部、省公安厅、省检察院、省军区政治工作局等13部门转发《关于建立英雄烈士保护部门联动协调制度的意见》，明确有关部门英雄烈士保护工作职责，对保护英雄烈士及烈属的合法权益和地位等内容进行细化。联合省检察院召开“保护‘革命活化石’，捍卫英烈荣光”新闻发布会，发布一批保护红色资源的行政公益诉讼系列案例，提升社会关注度。

【余俊被评为烈士】 2021年，经省政府批准，并报退役军人事务部备案，余俊被评为烈士。余俊，男，1999年4月6日出生，江西省庐山市人，汉族，2018年毕业于上饶公安干部学校治安管理专业，中专学历，2018年6月起在庐山市公安局南康镇派出所从事辅警工作。2021年6月17日凌晨，余俊在处警时因下水施救轻生群众而不幸牺牲。

双拥活动

【营造双拥氛围】 春节和“八一”建军节前夕，省领导走访慰问部队30次，赠送慰问品7万余份，以省委、省政府名义发送“光荣之家”年画140万份，《慰问信》共200余万份。开展为立功受奖现役军人家庭送喜报、献爱心活动，全年庆送三等功以上喜报1996人次。召开“八一”建军节党政军座谈会，军地共享发展成果，军民共叙鱼水深情。组织创作双拥题材文艺作品，深挖江西本土红色资源，结合重大历史事件和重大纪念日，组织创作赣南采茶戏《一个人的长征》、电视剧《井冈山儿女》《红土地红五星》等军拥民、民拥军题材作品，获得专家学者的一致好评。

6月29日，江西省烈士纪念设施巡礼展开展

省退役军人事务厅供

【驻赣部队爱民助民活动】 驻赣部队有效衔接乡村振兴工作，挂钩帮扶160个村、361个项目，结对帮扶2032户贫困户，全部实现脱贫摘帽。开展平安创建、文明创建活动，做好民族团结进步工作，动用16万余人次，完成等级警卫、春运执勤、押解押运、武装追捕等各类任务1100余起；开展军训和国防教育活动，为驻地院校军训新生10余万人；设立疫苗接种点，为地方人员接种疫苗近30万人次。

【保障国防和军队建设】 调整省双拥工作领导小组暨拥军支前军地协调小组领导和成员，省长担任组长，各成员单位主要领导担任小组成员。组织开展第三轮全国重点军供站考核评估推荐工作，江西省推荐申报的12个军供站均被评为全国重点军供站，取得历史性突破。督导各地军供站加强自身建设，提高军供应急保障能力。2021年鹰潭、南昌、上饶等军供站投入1亿余元资金用于改造提升。做好部队开展适应性训练和机动演练、战备执勤、海上维权、反恐维稳等拥军支前保障任务。投入资金6.02亿元支持部队营房、训练场地建设，维修部队专用道路60千米，办好各类实事550件。开展“情系边海防官兵”拥军优属活动，帮助任务一线和边海防官兵家庭解决家属就业安置问题78人次，子女教育优待287人次，涉军法律援助148次，家庭医疗救助189次，特殊困难帮扶430人次。

【开展“满怀忠诚讲尊崇、千行百业共拥军”活动】 7月27日，召开全省“满怀忠诚讲尊崇、千行百业共拥军”活动电视电话推进会，引导社会力量参与社会化拥军，为军人军属、退役军人和其他优抚对象提供优先、优质、优待服务。建立《江西省"满怀忠诚讲尊崇、千行百业共拥军"尊崇优待目录清单》1760条，全省有2800多家企业加入拥军联盟，开展各类社会拥军活动1000余次。

【江西省首家银行"退役军人服务站"揭牌并投入运行】 7月26日，江西省首家银行"退役军人服务站"在中国工商银行江西省分行北京西路支行揭牌并投入运行。省委退役军人事务工作领导小组办公室主任、省退役军人事务厅党组书记、厅长欧阳泉华，工行江西省分行党委书记、行长牛喜军，省军区政治工作局转业办主任蔡建华等人共同为全省首个"退役军人服务站"揭牌。按照全省"满怀忠诚讲尊崇、千行百业共拥军"活动要求，中国工商银行江西省分行专门推出拥军优抚卡、手机银行"随军行"专区等8项服务，以及"随军存""长城系列"等5项专属金融产品，为退役军人、现役军人和军属提供金融优质服务。作为全省首家银行"退役军人服务站"的工行江西省分行北京西路支行，在网点设置专属服务窗口和通道，现役和退役军人及家属可以凭相关证件到银行开通专属优抚卡，可以享受免年费、减免手续费、免跨行转账费、存款利率一定比例上浮等优惠。

7月26日，江西省首家银行"退役军人服务站"揭牌运行。图为揭牌仪式
省退役军人事务厅供

退役士兵移交安置

【概　况】 2021年，江西省接收由政府安排工作退役士兵和退出消防员，计划退役移交伤残士兵33人，复员干部24人。各地按照《退役士兵安置条例》工作要求，加强接收安置服务管理，加大保障待遇落实力度，由政府安排工作人员100%落实就业岗位，其中机关事业单位接收安置人员占岗位安置总数95%以上；移交条件成熟的伤病残军人和复员干部100%得到接收安置，年度移交安置计划任务完成。

【完善安置配套政策】 根据退役军人事务部、应急管理部、军委政治工作部文件精神，省退役军人事务厅联合省应急管理厅、省消防总队、省军区政治工作局制定印发《关于做好2021年度由政府安排工作退役士兵和退出消防员接收安置工作的通知》，明确接收安置对象，规范移交办法，提出工作要求，压实属地责任，为年度移交安置工作开展提供政策依据。按照安置法规政策要求，省退役军人事务厅、省委编办、省人社厅、省发改委、省国资委共同制订全省退役士兵岗位安置计划，报请省政府批准同意后，向各地、各单位印发《关于下达2021年度全省退役士兵安置计划的通知》，将任务分解下达到属地和相关行业系统。配合部队做好伤病军人移交，及时下发《2021年度计划移交残疾军人退役接收安置的通知》，校对核实计划退役移交伤病残士兵信息并下达各地，推动接收工作开展。

【规范推进安置任务】 推进移交安置服务管理信息化建设，落实"全口径、带名单"下达的总体要求，配合部队做好由政府安排工作人员的档案审核接收，做好人员接收与计划名单下达的精准校对，落实集中移交计划。按照"属地安置、属地负责"和"国防义务均衡负担"的原则，压实安置地政府接收安置退役军人的主体责任，发挥机关事业单位接收安置的主渠道作用，推动落实岗位安置计划。做好与中央企业驻赣公司的工作对接，及时将国家下达江西省的91家中央企业400余个岗位计划分解下达到各市、县(区)，缓解当地岗位安置压力。各地加强与属地中央驻赣企业的联系，用好国家下达计划指标，提升就业岗位的利用率。各地按照《符合政府安排工作条件退役士兵服役表现量化评分暂行办法》要求，全面建立量化服役贡献、积分排序、按序选岗的"阳光安置"机制，确保安置工作公平、公正和规范、透明，确保安置政策落地、落实和落深、落细。建立岗位安置工作"周跟踪调度、月汇总通报"制度，压实属地工作责任，加快推进安置工作进度，实现退役士兵岗位安置"双百"(政府100%提供事业单位岗位，安置对象100%由机关事业单位和国有企业接收安置)的工作目标。

【开展转业政策咨询服务】 在士兵退役返乡报到前，组织相关业务处室工作人员到驻赣部队，为退役士兵宣讲移交安置政策，召开官兵座谈会，面对面解答官兵们提出的安置政策问题，及时解惑释疑。安排工作人员开展报到登记、落户办理、组织关系转接的"一站式"服务，采取多种形式宣讲国家安置政策和当地岗位安置情况。建立退役军人临时党支部，落实组织生活制度，抓好"安置前政策宣传引导""安置中适应性培训""安置后保障落实评估"工作。通过服务管理"三环节"，帮助退役士兵实现从"战场"到"职场"的转变。

离退休军人安置

【概　况】 2021年，江西省接收安置军休人员76人，比退役军人事务部下达的年度接收安置任务多32人，超额完成任务。全年申报领取中央特别抚恤金人员4人、提高享受副省(部)长级医疗待遇3人、审批护理费11人，跨省调整军休干部服务管理关系2人，更换军休干部退休证1169人。下拨军休退役安置补助资金4.18亿元，其中下拨人员经费3.77亿元、增资经费2075万元、机构经费1496万元、用房经费504万元。

【完善军休政策法规】 印发《江西省退役军人事务厅关于进一步规范军休人员自然减员工作的通知》《江西省退役军人事务厅关于进一步规范军休经费使用管理的通知》，对全省军休人员自然减员审核报送和军休经费使用进行明确规定。

【开展“我为群众办实事”活动】 坚持联系走访慰问制度，走访慰问全省军休抗美援朝老战士、老党员、老红军、老干部遗孀等796人次，发放学习书籍1000余册、口罩8万余个。搭建服务社会平台，组织江西省第十六届军队离退休干部医疗队“老区行”赴鹰潭市义诊，为当地300余名优抚对象及困难群众检查问诊，免费发放药品2万余元。开展文体活动，在萍乡市和新余市举办江西省第一届军队离退休干部“尊崇杯”运动会和第十三届“健康杯”门球赛，分批次组织1000余名军休人员赴景德镇市开展“走进陶瓷·艺享晚年”文化活动。打造军休人员舒适休养环境，改造完成军休老旧小区4个，加装电梯6部。

【提升军休服务水平】 推进军休干部养老服务，指导南昌军休所与西湖区社会福利院签订《满怀忠诚讲尊崇，共建养老暖军休》协议，鹰潭市军休所与省地质局261大队食堂签订军休干部用餐协议，九江市军休所与解放军庐山康复疗养中心达成意向，为军休干部提供送餐服务、情绪疏导、医疗护理养老服务。从军休服务管理机构用房经费中列出部分资金，支持南昌、上饶、宜春市推进军休老年大学建设，向退役军人事务部报送军休之歌、军休大学标识、军休老年大学校徽、校训各2部，报送“口述历史”7部。抓好军休服务管理机构疫情防控工作，组织开展送米送油等亲情服务，实现全省3000多名军休干部和无军籍职工“零感染”目标。

转业军官安置

【概　况】 2021年，中央下达江西省转业军官安置计划(不含2名师职干部)，除1人自愿选择到其他单位安置外，其余100%选择到党政机关和参公单位安置，连续第3年位居全国第一。退役军人事务部连续第3年将江西省转业军官安置工作经验做法转发全国各地学习、借鉴。

【做好军转安置服务】 省委办公厅、省政府办公厅印发2021年省直安置计划，省委退役军人事务工作领导小组办公室连续3年印发《关于深入学习贯彻习近平总书记关于军队转业干部安置工作重要论述的通知》。加强与驻赣部队的协调配合，派出专人到驻赣部队宣讲安置政策，开展安置部门与转业军官面对面谈心谈话活动。全省统一组织开展全员适应性培训和岗前专业培训；将转业军官进高校专项培训试点单位增加至3个，探索高校专项培训与红色教育培训相结合的特色培训模式。坚持“阳光”安置，继续推行考试考核与积分选岗、双向选择相结合的安置办法。采取分层推行原则，中央驻赣单位实行优先选调确定接收对象，省直单位推行对口专业优先入围面试，各设区市积极探索推进财务、会计、网络对抗等特殊专业和司法、检察等特殊岗位“直通”安置工作，形成符合江西特色的“直通”安置方式。严格按照部队服役贡献量化考核和笔试考试综合积分，按比例确定进省直和省会城市安置人员名单。

【提升军转安置质量】 全省各地、各部门发挥党政机关安置主渠道的作用，确保党政机关和参公单位安置军转干部的比例处于全国前列。将转业军官安置质量纳入各级党委政府高质量发展、党管武装、机关绩效和领导干部目标管理四个考核体系，同时作为创建“双拥模范城”“双拥工作先进单位”重要考核内容。重点安排好团职转业军官职务职级，在全省明确对担任指挥管理上校(团级正职)领导职务满3年的，安排副处级领导职务或二级调研员；对担任指挥管理中校(团级副职)领导职务满3年的，安排正科级领导职务或四级调研员。

·资料·

2021年立二等功以上荣誉江西籍军人

李辉、周丽君、沈征、邹竹青、杨辉、王坚、黄友理、朱光辉、张霖、胡湘雄、贺冬强、邱仲琪、曾鹏、王剑、周小袭、周恺、伏汉英、吴中禄、叶浩欢、黄奇珊、陈俊、刘运平、谢荣华、蓝国俊、张清禄、李顺、李涛、刘意飞、廖圣富、刘小飞、张海波、余庆、占长荣、任继华、谢磊、钟家发、邓车生、聂晓东、罗军武、刘伟、徐强、杨晓林、刘发根、戴兵、程晓冰、盛贤华、杜建平、赵芬、吴连梓、郑为光、童国林、俞细文、黄晏傈、黄晓翔、王欲华、江海汛、魏仁生、方伟、肖发亮、刘平凡、梅茂庆、吴文华、纪松松、修璐明、章嘉骏、陈波

(省退役军人事务厅)

本类目编辑　邓诚君

民族宗教事务

综　述

2021年，全省民族宗教工作高质量发展。信息工作获全国民委系统第二名、散居省份第一名。参加第六届全国少数民族文艺会演，《云上凤凰》获优秀剧目奖，省政府给予通报表扬。支持少数民族经商户与当地汉族群众合作经营的做法，在全国宣传推广。中央统战部副部长、国家宗教事务局局长王作安专程到赣调研，对江西坚持中国宗教中国化工作给予肯定。

聚焦主责主业铸牢中华民族共同体意识。深入学习贯彻中央民族工作会议精神，推动召开省民族工作领导小组第四次会议，编制印发《江西省民族团结进步事业规划（2021—2025年）》，推进南昌大学、景德镇市、西湖区、红谷滩区、金坪民族乡、樟坪畲族乡铸牢中华民族共同体意识试点。出台《关于支持民族乡村巩固脱贫攻坚成果全面推进乡村振兴的指导意见》，分配2021年中央和省财政衔接推进乡村振兴补助资金（少数民族发展任务）4827万元，印发《第六轮省直有关单位对口支援民族乡村经济社会发展工作方案》。推进《少数民族文物图谱江西省分卷》编纂工作。下发全省民族教育事业发展资金1100万元。组队参加2021年全国民体杯板鞋竞速、高脚竞速邀请赛，获1银4铜。制定实施《关于开展民族团结进步创建工作检查验收的方案》，建立民族团结进步示范区示范单位退出机制。南昌市第十七中学、南昌大学被评为第八批全国民族团结进步示范单位。

突出工作重点维护宗教领域和谐稳定。开展领导班子民主测评和年度考核，健全完善各项规章制度，完善团体议事程序，重大事项实行集体决策。争取到省财政以1.6万元/人标准足额发放宗教院校学生补助。推进龙虎山道教学院筹建工作，全省4所6处宗教院校全部建立标准化档案室。加强宗教院校思想政治工作，建立思政课教学工作考核体系，制定高效课堂教学评价标准，首次开展宗教院校年度考核暨思想政治课教学评估活动。规范宗教活动场所“四进”工作，积极开展培育和践行社会主义核心价值观活动。出版坚持中国宗教中国化方向理论与实践探索文集《学习与探索》，完成宗教院校校本教材《文化江西》《红色江西》编纂工作。在宗教界部署推进“爱党爱国爱社会主义”主题教育活动，组织开展宗教界爱国主义教育基地评选命名工作，首批命名“江西省宗教界爱国主义教育基地”6个。在宗教院校开展“永远跟党走”庆祝建党100周年主题系列活动。组织开展“百万网民学法律”民宗法规专场知识竞赛，共计110.53万人次参加竞赛。

民族事务

【概　况】　第七次全国人口普查统计，全省56个民族成份齐全，人口21.93万人，占全省总人口0.49%，其中畲族人口7.4万人。全省设有8个少数民族乡（贵溪市樟坪畲族乡、铅山县太源畲族乡、铅山县篁碧畲族乡、永丰县龙冈畲族乡、南康区赤土畲族乡、青原区东固畲族乡、乐安县金竹畲族乡、峡江县金坪民族乡）、82个少数民族行政村和398个少数民族村小组。少数民族流动人口约8万人。鹰潭市民族宗教事务局获全国民委系统先进集体，吉安市永丰县民族宗教事务局副局长罗海斌获全国民委系统先进工作者。

【推进民族乡村巩固拓展脱贫攻坚成果同乡村振兴相衔接】　加强顶层设计，编制实施《江西省民族团结进步事业发展规划（2021—2025）》，推动将民族乡村振兴纳入全省“十四五”特殊类型地区振兴规划。建立健全动态监测机制，印发《省民宗局关于建立健全民族乡村巩固拓展脱贫攻坚成果防止返贫动态监测和帮扶机制的通知》《省民宗局关于做好全省民族乡村经济社会发展基础数据统计的通知》等文件，加强基本情况统计分析和动态监测。强化资金保障，分配中央财政衔接推进乡村振兴补助资金（少数民族发展任务）及省级配套资金4827万元，与省财政厅等六部门联合印发资金管理办法，保障资金发挥最大效益。加大对民族乡村基层组织运行支持保障力度，将民族乡平均补助标准提高到200万元，民族行政村补助提高到17万元，分别较其他乡、村多安排40万元和4万元。

【民族音乐剧《云上凤凰》获评全国优秀剧目】　9月5日—10日，代表江西参加第六届全国少数民族文艺会演剧目《云上凤凰》在网络展播并获“优秀剧目奖”。剧目坚持政治引领、艺术创新、民族特色相结合，彰显江西各族人民感党恩、听党话、跟党走，践行“绿水青山就是金山银山”的发展理念和发扬敢闯新路的创业精神，展现江西民族团结、文化繁荣、和谐共享的新局面和新风貌。11月2日，省政府对组织和参演的省民族宗教事务局、省文化和旅游厅、上饶市政府予以通报表扬。

【江西省民族工作领导小组第四次会议召开】 10月15日，省民族工作领导小组第四次会议在南昌召开。省委常委、省委统战部部长、省民族工作领导小组组长陈兴超主持会议并讲话。省民族工作领导小组各成员单位有关负责人参加。会议传达学习中央民族工作会议精神及江西贯彻落实意见，通报表扬第五轮省直对口支援民族乡村工作优秀单位，审议通过《江西省民族团结进步事业发展规划（2021—2025年）》《江西省民族工作领导小组成员单位第六轮对口支援民族乡村经济社会发展工作方案》《江西省民族工作领导小组成员单位职责》。会议要求加强政治引领和顶层设计，实施民族团结进步事业发展"十四五"规划；围绕同步实现民族乡村振兴和现代化，开展对口支援民族乡村工作；聚焦铸牢中华民族共同体意识，开展民族团结进步创建；提高依法治理民族事务水平，防范化解民族领域重大风险隐患；加强党对民族工作的集中统一领导，为民族团结进步事业高质量发展提供有力保障。

【《江西省民族团结进步事业发展规划（2021—2025）》出台】 12月2日，江西省民族工作领导小组印发《江西省民族团结进步事业发展规划（2021—2025）》。规划提出，到2025年，努力实现铸牢中华民族共同体意识体制机制建设走在先，民族地区在全省乡村振兴和现代化建设中走在先，民族团结进步创建体系能力建设作示范，民族事务治理体系和治理能力现代化作示范。规划明确主要任务和重点项目，包括铸牢中华民族共同体意识工作基层化、常态化、使命化全面推开，民族团结进步创建人文化、实体化、大众化纵深推广，各民族广泛交往、全面交流、深度交融不断巩固，民族地区生态推动、科技驱动、创新带动发展新态势逐步形成，促进民族地区巩固拓展脱贫攻坚成果与乡村振兴有效衔接。

宗教事务

【概　况】 全省有合法登记宗教活动场所6503处，五大宗教全省性宗教团体全部成立，市、县（市、区）宗教团体200余个。有江西佛学院（下设宝峰佛学院、大金山尼众佛学院、东林净土学院）、曹洞佛学院、龙虎山道教学院（筹）、江西圣经学校4所（6处）宗教院校。

【江西省宗教团体联席会议在南昌召开】 5月8日，江西省宗教团体联席会议在南昌召开。省委统战部副部长，省民宗局党组书记、局长曹国庆出席会议并作辅导讲话。各全省性宗教团体主要负责人、秘书长（总干事）及宗教院校负责人参加会议。会议强调，要回望历史，厚植爱党爱国爱社会主义情怀；要立足当下，淬炼新时代宗教界爱国主义精神；要希冀未来，笃行中国宗教中国化方向。宗教界人士和信教群众要把从"爱党爱国爱社会主义"主题教育中汲取的精神力量，转化为推进中国宗教中国化的行动力量。

【江西举办宗教界中青年代表人士培训班】 5月31日，江西省宗教界中青年代表人士培训班在中央社会主义学院开班。省委统战部副部长，省民宗局党组书记、局长曹国庆出席开班式并讲话，中央社会主义学院教务部主任、一级巡视员王志功主持开班式并致辞。来自全省五大宗教的50位中青年代表人士参加培训。培训班开设"习近平新时代中国特色社会主义思想""中国共产党与中华民族伟大复兴""习近平总书记关于宗教工作的重要论述""中国政教关系的历史传统与独特优势""世界宗教现状与宗教关系""积极引导各宗教与社会主义社会相适应"等课程。除课程讲授，还专门安排现场教学，参观国家博物馆"复兴之路"展览。

【民族宗教事务法律法规专场知识竞赛活动】 7月，省民宗局与省普法办、新法制报社联合开展为期一个月的"百万网民学法律"民族宗教事务法律法规专场知识竞赛活动。活动以"铸牢中华民族共同体意识，坚持我国宗教中国化方向"为主题，共有110.52万人次参与。

【举办全省宗教团体负责人爱国主义教育培训班】 7月27日，全省宗教团体负责人爱国主义教育培训班在省社会主义学院开班。省委统战部副部长，省民宗局党组书记、局长曹国庆出席开班式并讲话，省委统战部副部长、省社院党组书记胡志平致辞，省民宗局党组成员、副局长马哲海主持开班式。培训班为期4天，重点开展中共中央总书记习近平"七一"重要讲话、中共党史、中国传统文化、宗教互鉴共通与中国化方向等专题学习与研讨，赴八一起义纪念馆和新四军军部旧址陈列馆开展红色教育现场教学。来自全省各地宗教团体负责人等110人参加培训。

【举办全省民族宗教工作领导干部培训班】 10月26日至28日，全省民宗工作领导干部培训班在南昌举办。省委统战部副部长，省民宗局党组书记、局长曹国庆作开班动员，并作中央民族工作会议精神解读。省民宗局党组成员、副局长王希贤，一级巡视员马哲海，二级巡视员马徽江，省乡村振兴局二级巡视员刘晓勇分别就民族宗教和乡村振兴等工作进行专题授课辅导。来自全省11个设区市100个县（市、区）民宗局局长或民宗工作负责人、8个民族乡党委或政府主要负责人及省属24所高校统战部负责人共154人参加培训。

（省民宗局）

本类目编辑　邓诚君

精神文明建设

综　述

2021年，全省精神文明建设紧扣庆祝建党100周年主线，着力用习近平新时代中国特色社会主义思想凝心铸魂，唱响爱党爱国爱社会主义的时代主旋律，提高社会文明程度。

理清思路统筹谋划。省文明委各成员单位认真落实重点工作项目台账制度，各地文明委将精神文明建设工作纳入经济社会发展总体规划。党委统一领导、党政齐抓共管、文明委组织协调、有关部门各负其责、全社会积极参与的领导体制和工作机制进一步健全。1月20日，召开全省文明办主任会议，贯彻落实全国文明办主任会议和全省宣传部长会议精神，回顾总结2020年工作，研究部署2021年精神文明建设工作。其间，与会代表列席全省宣传部长会议，学习讨论中宣部副部长傅华在全国文明办主任会议上的讲话精神，省委常委、省委宣传部部长、省文明委常务副主任施小琳在全省宣传部长会议上的讲话精神，讨论研究江西省文明委2021年工作要点，理清工作思路，明确工作重点。4月9日，召开省文明委第五次全体会议，回顾总结2020年精神文明建设工作，研究部署2021年精神文明建设任务，审议通过有关事项。12月22日，组织召开全省精神文明建设表彰大会，表彰模范先进，总结工作经验，全域推进文明创建，深化拓展新时代文明实践。

着力打造过硬队伍。组织10个全国文明城市、17个全国文明城市提名城市赴深圳、成都等参加全国文明城市创建工作业务培训，先后2次召开省内文明城市创建工作培训会、4次创建工作推进(调度)会。按照“省级示范引领、地方分级培训”思路，采取“线上+线下”的方式组织全省文明实践干部队伍培训，省级先后举办骨干党建宣传员、志愿服务负责人、乡村学校少年宫项目建设骨干等多类型培训班。各地根据工作需要举办各类型各层次培训班累计达1500余场、6.5万余人次，提升基层精神文明建设队伍的能力水平。

理想信念教育

【加强理论武装】　省委理论学习中心组带头围绕中共中央总书记习近平党史学习教育动员大会重要讲话精神、“七一”重要讲话精神以及习近平生态文明思想、中共中央关于新时代推动中部地区高质量发展的决策部署等内容，开展14次集体学习，示范和带动全省各级党委(党组)中心组学习宣传贯彻向纵深拓展。制定下发《党委(党组)理论学习中心组学习列席旁听实施办法(试行)》。组建省委宣讲团和8000余支各类宣讲队伍，围绕党史学习教育、中共中央总书记习近平“七一”重要讲话、中共十九届六中全会精神等主题，发挥新时代文明实践中心、融媒体中心、“学习强国”学习平台等基层阵地作用，开展对象化分众化互动化宣讲活动16.8万余场，受众2429万余人次。举办纪念中央革命根据地创建暨中华苏维埃共和国成立90周年座谈会、2021江西智库峰会暨国家级大院大所产业技术及高端人才进江西等重大活动，完成中宣部“马工程”2020年度重大实践经验总结课题“井冈山精神及其时代价值”研究工作，持续推出一批重点理论文章、调研报告。全年以省中国特色社会主义理论体系研究中心名义在中央“三报一刊”共发表理论文章16篇，位居全国前列。

【开展党史学习教育】　在井冈山举行江西省庆祝中国共产党成立100周年大会。承办中宣部庆祝中国共产党成立100周年江西专场新闻发布会。组织实施中国共产党成立100周年“江西采访线工程”，开展“奋斗百年路 启航新征程”等主题宣传活动，举办江西省庆祝建党百年专题新闻发布会、江西省第十五次党代会新闻发布会以及庆祝建党百年系列等专题新闻发布会140场。组织“永远跟党走”群众性主题宣传教育活动，开展“红色走读”等特色活动，举办“百件珍贵革命文物档案说江西”“江西脱贫攻坚成就展”等系列主题展陈。推动党史学习教育与以党史为重点的“四史”宣传教育相结合，开展“唱支山歌给党听”“青少年心向党”等群众性主题教育实践活动，发挥新时代文明实践中心、融媒体中心、“学习强国”学习平台、党史学习教育官网等作用，运用短视频、H5等方式，使“四史”宣传教育深入群众、深入基层、深入人心。省领导带头聚焦“优化营商环境攻坚行动”“城镇老旧小区改造”“亲情连线”等25个省级重点民生项目，着力破解“硬骨头”问题，为群众办实事解难题。依托省“五型”政府建设平台，搭建“我为群众办实事”网上云平台，实现群众线上“点菜下单”、党员干部线下“接单服务”。确定“25+514+4938”省市县三级重点民生项目，实行“领办制”逐项推进。聚焦建党百年重大主题，创作推出文献纪录片《从瑞金出发》、电影《三湾改编》《邓小平小道》等一批讴歌党的优秀文艺作品，打造《跨越时空的回信》第四季和《闪耀东方》等红色题材节目，歌剧《山茶花开》、赣剧《血火熔炉》、赣南采茶戏《一个人的长征》、话剧《支部建在连上》等入选中宣部庆祝建党100周年优秀舞台艺术作品展演剧目，电视节目《闪亮的坐标》被纳入国家广电总局庆祝建党100周年重点节目。

【开展红色革命教育】 围绕建设全国红色基因传承示范区，出台《关于深入推进红色基因传承的意见》。持续抓好长征国家文化公园江西段建设，推进中央红军长征出发纪念馆改扩建及景观提升等9个纳入国家层面规划的重点工程项目建设，打造中华文化重要标志。依托遍布全省的2900多处革命旧居旧址和革命纪念馆（博物馆），推介一批红色精品旅游线路、发布一批红色教育实践基地、展示一批珍贵革命文物、推出一批经典红色故事、创作一批红色经典文艺作品。

【开展爱国主义教育】 实施网上数字展馆建设工程，打造24个爱国主义教育示范基地数字展馆，建设全省网上数字展馆云平台，会昌县革命历史纪念地、莲花一支枪纪念馆、罗坊会议纪念馆入选全国爱国主义教育示范基地。落实《江西省新时代公民道德建设实施方案》《江西省贯彻〈新时代爱国主义教育实施纲要〉的若干措施》，建立健全社会主义核心价值观入法入规协调机制，推动社会主义核心价值观融入法治建设、生态文明建设、网络空间管理等社会治理重点工作。

【开展社会公益教育】 开展“3·15”消费者权益保护日、“诚信建设万里行”活动，办好“法媒银·失信被执行人曝光台”等，持续开展诚信缺失突出问题专项治理。组织“厉行节约 反对浪费”“文明交通 绿色出行”“践行生态文明，做绿色低碳生活的传播者”“打造绿色生态品牌、助力美丽江西建设”“保护候鸟和湿地”等活动，围绕文明餐桌、文明养犬、文明旅游、诚信建设、科学防疫等18个主题制作一批公益广告，并通过线上线下相结合的方式大量刊播，文明健康、绿色环保逐渐成为生活新时尚。

思想道德建设

【新时代文明实践中心建设】 4月，省文明委制定出台《关于全面深化拓展新时代文明实践中心建设的实施方案》，比全国提前半年多部署推动新时代文明实践中心建设由试点探索转为全面铺开、由试点县（市、区）向全省范围的县级行政区全面覆盖。赣州市作为全国5家代表之一，在全国拓展新时代文明实践中心建设工作电视电话会上作经验介绍。按照《关于推动全省党的基层阵地资源整合的试点方案》，全面梳理盘点县域阵地资源，优化新时代文明实践中心（所、站）布局，推动村级党群服务中心、新时代文明实践站、文化服务中心以及养老服务、青少年服务等阵地设施和服务资源融合发展，构建点多面广、互联互通、便民利民的文明实践服务圈。县（市、区）文明实践中心建成率达94%、乡镇（街道）文明实践所建成率达98.6%、村（社区）文明实践站建成率达74.9%。

【持续打造好人文化品牌】 4人获第八届全国道德模范称号，8人获提名奖，获奖人数并列全国第一，创历史最好成绩。常态化开展“身边好人”推荐评议工作，承办中央文明办5月“中国好人榜”发布仪式，全年上榜“中国好人”93人，位列全国第三。通过“道德模范事迹展”“好人故事会”“事迹报告会”等形式，开展学习宣传第八届全国道德模范“爱心厨房”、支月英、王亮和第48届南丁格尔奖章获得者胡敏华等先进典型活动，做好道德模范帮扶礼遇工作，形成崇德向善、见贤思齐、德者有得的社会氛围。

【完善志愿服务体系】 组织召开省志愿服务联合会第二届会员代表大会，健全志愿服务领导体制和工作机制，推动志愿服务制度化常态化。升级完善新时代文明实践志愿服务管理平台，完成100个县（市、区）全覆盖，搭建政策理论宣讲、文化文艺生活、科学普及、卫生环保、扶贫帮困等九大类共9万余个志愿服务项目，采取“党建宣传员点单、中心派单、志愿者接单、群众评单”方式，完成点派接评闭环78.6万余次，助推各地文明实践志愿服务实现供需精准对接。加大项目扶持，持续打造“老兵宣讲团”“学习伙伴”“名嘴讲堂”“敲门嫂”“心连心课堂”“映山红”“我是河小青 生态江西行”“灿烂于心”“康翼家园”“莲丝信使”“爱心感召 孝传万家”等一批志愿服务品牌项目，精心培育一批志愿服务组织、志愿服务社区、最美志愿者，推动形成“我为人人、人人为我”志愿服务理念。

【开展新时代文明实践活动】 省文明办联合省广播电视台、省农业农村厅、省科协、省文联、省消防救援总队等省直单位打造《新时代文明实践进万家——都市天天乐 社区大舞台》电视栏目，开展“学党史、悟思想、办实事、促振兴”农业政策大宣讲、“科技新时代 志愿添光彩”——全省科普助力新时代文明实践中心建设、万名文艺家下基层以及“文明实践+消防”等多种活动，助推基层新时代文明实践建设。开展“我为群众办实事”实践活动，围绕“服务老、养育小、让中青年发展好”等群众最现实关切，重点加强对留守老人、留守儿童关心关爱。加强“我们的节日”活动筹划，利用重要传统节日、重要节庆日，开展形式多样的群众性主题活动，经常性组织文艺汇演、广场舞、体育比赛、技能培训、法制宣传等活动，丰富精神文化供给。

精神文明创建活动

【文明城市创建】 调整优化全省文明城市测评方式，由以往每年一次集中测评调整为不定期、多批次、回头看、全覆盖测评，先后对11个设区市、100个县（市、区）开展4轮实地暗访测评。深入有关城市督促指导测评工作，测评后及时赴有关城市反馈测评结果，指导有关城市加强自查自纠，推进有关城市党政主要领导把文明城市创建作为“一号工程”来抓，进一步找准发力点，争创文明典范城市。研究剖析《全国文明城市测评体系（2021

年版)》及《操作手册》,帮助有关城市梳理总结文明城市创建的经验做法,解读测评体系,使有关城市提前适应测评工作的新变化新要求。督促有关城市梳理创建过程中的困难,协同省公安厅、省教育厅、省文旅厅、省统计局等省直部门进行业务指导,协助解决重点难点问题。组织召开2次文明城市创建工作培训会、4次创建工作推进(调度)会,各县(市)按要求分类型、分层次举办多期培训班,有效整合资金和人员力量,推动文明城市创建工作形成合力。全省精神文明建设表彰大会上,评选表彰15个第七届江西省文明城市,43个往届江西省文明城市复查合格并保留称号,22个城市列入2022—2024年创建周期江西省文明城市提名城市。

【农村精神文明建设】 围绕乡村振兴等,会同省民政厅开展婚丧领域移风易俗示范点建设并召开现场推进会,选择南昌市青云谱区等12个县(市、区)作为试点,探索遏制高价彩礼、人情攀比、低俗婚闹等不良习气的经验。结合党史学习教育,组织开展"抵制高价彩礼 弘扬婚嫁新风"专项行动等群众关心的重点工作,深挖一批集体婚礼和零彩礼等婚嫁新风典型,督促指导各地各部门利用标语横幅、宣传栏、大型展板、宣传海报、户外大屏、游走字幕等载体,做好婚嫁新风公益宣传,推动社会文明程度进一步提高。召开"文明低碳祭祀"新闻发布会,从全域创建、持续推进、重点整治3个方面介绍移风易俗工作的主要做法和成效,倡导全社会养成文明殡葬新风,保障清明祭扫安全文明有序。发布《清明节安全祭扫文明追思倡议书》,倡导群众遵守疫情防控有关要求,创新祭扫方式,科学合理安排祭扫时间、路线,做到安全祭祀、文明祭祀、低碳祭祀。评选表彰300个第七届江西省文明村镇,485个往届江西省文明村镇复查合格并保留称号。

【文明单位创建】 制定2021年"文明赣鄱行动"示范活动策划方案,通过群众喜闻乐见的文艺表演、便民服务、知识宣讲等方式,组织省级以上文明单位深入新时代文明实践所、站开展送理论、送文明、送服务、送人才等活动,丰富群众的精神文化生活。组织省委党校等30个江西省文明单位走进彭泽县等15个新时代文明实践所、站开展15场主题活动,推动乡风文明建设。对照《全国文明单位测评体系(2020年版)》,结合实际,修订《江西省文明单位测评体系(2021年版)》,精简文明单位材料报送数量。加强文明单位动态管理平台建设,引导各单位严格按照要求,主动下沉优质资源,及时开展志愿服务等文明创建活动,发挥文明单位先锋模范作用。全年评选表彰1837个第十六届江西省文明单位。

【文明家庭创建】 召开学习宣传贯彻《习近平关于注重家庭家教家风建设论述摘编》专题座谈会,印发《关于加强我省新时代家庭家教家风建设的贯彻意见》,发出《践行新时代家庭观,携手争做最美家庭》倡议,举办"颂百年风华 传红色基因"亲子阅读和党史故事汇征集展示活动,开展"颂党恩 传家风"红色家风故事接力宣讲。全省33户家庭获评全国"最美家庭",138户获评2021年度江西省"书香家庭"。省妇联、省发改委等七部门下发《关于印发〈绿色(清洁)家庭创建行动方案〉的通知》,全省有707.3万户家庭获评清洁家庭,占全省家庭户数50.44%。

【文明校园创建】 强化省级文明校园建设,2021年20所大中小学获评"全国文明校园",评选"江西省文明校园"300所。建立完善文明校园动态管理系统,对创建不力的学校严肃处理,撤销8所文明校园称号。开展未成年人思想道德建设,组织开展2021年度未成年人思想道德建设工作测评,对23个城市开展专项测评并向中央文明办报告测评情况;深化"扣好人生第一粒扣子"主题教育实践活动,在重要时间节点开展"清明祭英烈""童心向党""向国旗敬礼"等活动,各大中小学校学生参与率98%以上。组织开展"新时代好少年"学习宣传活动,评选出20名江西省"新时代好少年",其中南昌市外国语学校付哲豪入选全国"新时代好少年"。开展全省"百场辅导进百校"心理健康教育志愿实践活动,20位教师走进100所中小学校开展100堂课,直接受众2万余人。推进乡村学校少年宫项目工程,在全省选出南昌县、庐山市、萍乡市湘东区、瑞金市、于都县5个县(市、区)作为"复兴少年宫"试点实践点,建设43个"复兴少年宫"实践点投入使用。

【网络文明建设】 落实中央加强网络文明建设的指导意见,研究制定《江西省敏感舆情预管控一体化协作机制》《关于防范我省党政新媒体舆情风险的若干意见》,开展"扫黄打非""正道""净网"等专项行动,全省共查缴各类违法出版物16万余件,查处各类"扫黄打非"案件297起。发展积极健康的网络文化,实施"青年好声音""巾帼好网民"网络文明行动,组织开展全省职工"网上艺术节"活动,展示新时代赣鄱职工新气象新风采。发挥江西文明网阵地作用,通过《好人微故事》《点赞文明》等一批品牌栏目,展示网络正能量。"文明江西"两微一端日均阅读量超10万人次,长期保持在全国文明办系统微信公众号前列。

(陈怡)

本类目编辑 邓诚君

市、县(区)

南昌市

【概　况】 位于江西省中部偏北，辖3县、6区、3国家级开发区和南昌临空经济区。总面积7195平方千米，其中城市建成区面积345平方千米。建成区园林绿地面积146.42平方千米，绿化覆盖面积157.43平方千米；绿化覆盖率43%。常住人口643.75万人，其中城镇人口506.23万人。2021年，地区生产总值6650.53亿元，同比增长8.7%。其中，第一产业增加值238.31亿元，增长7.8%；第二产业增加值3218.10亿元，增长8.3%；第三产业增加值3194.11亿元，增长9.1%。地方一般公共财政预算收入484.84亿元，增长0.2%；地方一般公共财政预算支出870.01亿元，增长3.8%。规模以上工业营业收入7723.86亿元，增长20.7%。规模以上工业增加值增长11.4%。固定资产投资增长11.1%。社会消费品零售总额2878.74亿元，增长17.4%。进出口总值1293.56亿元，增长12.3%。其中，出口值897.68亿元，增长25.9%；进口值395.87亿元，下降9.7%。农业总产值411.11亿元，增长9.7%。主要农产品及产量有谷物211.79万吨、水产品43.01万吨。城镇居民人均可支配收入50447元，增长7.8%；农村居民人均可支配收入22913元，增长9.5%。

【南昌市政府与江西国控、绿地集团签订合作框架协议】 3月2日，南昌市政府与江西国控、绿地集团签订合作框架协议。根据协议，三方共同打造具有投资融资、项目施工、运营管理、勘察设计、科研创新、新材料应用等综合资质的千亿元级规模的大基建产业投资集团。大基建产业投资集团致力于推动大基建全产业链协同发展，打造“投资、设计、施工、运营”一体化的产业格局，在做大做强传统基建业务的基础上，推动轨道交通、能源、市政、信息融合应用等新基建业务高质量发展，同时探索片区开发、装配式建筑和绿色建造等项目建设。

【江铃汽车富山工厂全面投产】 9月9日，江铃汽车富山工厂全面投产活动举行。江铃汽车富山工厂是江铃集团和福特公司合作升级的重要载体，占地面积100公顷，总投资约128亿元，具备年产30万台整车能力，已投产福特领界、福特领裕、JMC品牌轻卡产品，涵盖传统燃油和新能源汽车。工厂采用前沿技术、智能装备，自动化率98%。

【2021世界VR产业大会云峰会举行】 10月19日—20日，由工信部、江西省政府主办的2021世界VR产业大会云峰会在南昌举行。图灵奖获得者、美国国家工程院院士约翰·轩尼诗，高通公司中国区董事长孟樸，欧洲科学院院士迪特·斯马尔斯逊克，中国联通集团董事长刘烈宏，中国工程院院士赵沁平，中国科学院院士梅宏，中国工程院院士王坚、王耀南、周立伟等国际一流专家到场参会。大会以“VR让世界更精彩——融合发展创新应用”为主题，采取线上为主、线下结合的云峰会方式进行，举办开幕式、主旨演讲、主论坛、平行论坛、海外分会场以及世界VR产业博览会、南昌VR科创城全球招商推介会等32场活动。13个国家和地区的260余名演讲嘉宾发表现场或者视频演讲，线上线下参会者5000余人。100余家主流媒体的320余名记者聚焦报道大会。主会场外设置成果体验区。博览会上216家企业和机构现场展示穿戴式显示设备、无介质全息现实技术等VR最新技术成果，华东交通大学、小核桃科技等企业举办10余场新品发布会。大会介绍3年以来中国虚拟现实产业15项重要创新成果，公布2021中国VR50强企业名单，举办2021虚拟现实产业创新产业大赛，授予第三批江西省VR产业创新创业优秀人才团队等。围绕VR等相关产业精准招商，全省共签约项目114个，签约总金额704.15亿元。其中，南昌市签约项目53个，签约总金额428.55亿元，占全省的61%。

【2021中国航空产业大会暨南昌飞行大会举行】 10月29日—31日，2021中国航空产业大会暨南昌飞行大会在南昌举行。大会由省政府联合中国航空学会等单位共同主办，主要包括开幕式、主旨报告会、院士专家共话江西航空产业高质量发展专题研讨会、产业对接会、飞行表演、机型展示等活动。大会邀请近100架国产知名飞机、高端公务飞机、特殊作业飞行器和主流通航飞行器参展，2支国际知名特技飞行表演队和多家江西本地飞行表演单位表演，“江西造”的“老牌”经典运5飞机、“新潮”江西直升机G2、JH-2、JH-5亮相大会，被誉为中国大飞机“三剑客”之一的国产大型灭火/水上救援水陆两栖飞机AG600进行单机飞行展示。开幕式上，集中签约24个重大项目，包含中国航发商发国产商用发动机工程项目、顺丰智慧物流基地、春秋航空运维基地、皮拉图斯完工交付中心等项目，累计投资总额265亿元。开幕式后，2021中国航空

产业大会主旨报告会在南昌前湖召开,国家相关部(局)负责人围绕“十四五”航空产业发展方向、规划等作主旨报告;院士专家围绕航空智能制造关键核心技术、后市场运营新模式、新技术等作主旨报告;相关领域企业家围绕航空企业面临的机遇与挑战作主旨报告。

【大南昌都市圈2021年市际联席会议召开】 12月16日,大南昌都市圈2021年市际联席会议在抚州市召开。会议通报2021年大南昌都市圈工作推进情况,研究确定南昌市为大南昌都市圈2022年市际联席会议承办城市。南昌市委常委、常务副市长胡晓海就《大南昌都市圈发展2022年合作重点事项》作说明。会上,南昌市政府、九江市政府、宜春市政府、上饶市政府、抚州市政府、赣江新区管委会共同签署《大南昌都市圈发展2022年合作重点事项》。

主要领导人 市委书记:吴晓军(任至4月)、李红军(7月任)。市人大常委会主任:吴伟柱(任至10月)、李镇发(10月任)。市长:黄喜忠(任至2月)、万广明(3月任)。市政协主席:刘家富(任至10月)、卢伟平(10月任)。

(南昌市史志办)

·南昌县·

【简　况】 位于江西省中部偏北,辖9镇、7乡、1街道办事处、1国家级开发区、1省级开发区和1管委会,另有麻丘镇、昌东镇由南昌市高新区代管。总面积1810.7平方千米(含麻丘镇、昌东镇),其中城区面积64平方千米。耕地面积787平方千米,有林面积2388.8公顷;森林覆盖率13.73%。总人口107.3万人,其中城镇人口35.93万人;人口自然增长率4.94‰。2021年,地区生产总值1195.6亿元,同比增长8.7%。其中,第一产业增加值增长6.9%,第二产业增加值增长7.6%,第三产业增加值增长10.4%。财政总收入156.8亿元,增长11%。地方公共财政预算收入79.3亿元,增长4.4%;地方财政支出140.3亿元,下降1.5%。规模以上工业总产值1580.4亿元,增长12.8%。固定资产投资增长13.8%。实际利用外资7.04亿美元,增长8.5%;实际利用内资411.4亿元,增长5.6%。主要工业产品及产量有汽车34.23万辆、饲料90.17万吨、水泥211.66万吨。农业总产值123.2亿元,增长9.9%。粮食总产量90.5万吨。主要农产品及产量有水稻79.8万吨、蔬菜68.1万吨、油料1.7万吨。城镇居民人均可支配收入46349元,增长8.3%;农村居民人均可支配收入25444元,增长10.1%。城乡居民年末储蓄余额595.4亿元。

【南昌县(小蓝经开区)举办第五届莲花经贸文化节】 6月26日—10月16日,南昌县(小蓝经开区)举办“相约莲花季·共筑昌南梦”2021南昌县(小蓝经开区)第五届莲花经贸文化节。文化节涵盖开闭幕式、全域旅游精品线路设计大赛、庆祝中国共产党成立100周年书画展、大地艺术展、名家讲座、新洪城购物节、农民丰收节等十大活动,突出“以莲为媒、以文会友、以商兴县”的品牌效应。活动期间,共签约引进项目19个,其中投资50亿元以上项目4个、20亿~50亿元3个,实现文旅活动、经贸活动的融合发展、共兴共荣。在县洪州体育馆闭幕现场,举行招商引资项目签约仪式,签约金额303亿元。

【熊运浪获评全国优秀县委书记】 “七一”前夕,经中共中央同意,中共中央组织部决定,对在县(市、区、旗)委书记岗位上取得优异成绩的于长辉等103人授予“全国优秀县委书记”称号,南昌县委书记、小蓝经开区党工委书记熊运浪入选。南昌县委、县政府聚焦新发展理念,驰而不息强产业、兴城市、促改革、扩开放、优生态、惠民生、抓党建,推动高质量跨越式发展。在中郡研究所发布的全国县域经济百强县排名中,南昌县位居第19位,实现“十三连升”。深入开展“巩文巩卫”工作,通过全国文明县城复查,取得全国县市排名第10的成绩。持续深化“放管服”改革,在全省率先上线“惠企帮”政策兑现平台,获评“2020年度中国营商环境百佳示范县市”第17位。

【南昌向塘国际陆港首趟中欧班列跨境电商B2B出口专列开行】 10月18日,由中远海运承运的南昌中欧班列跨境电商B2B出口专列从南昌向塘国际陆港驶出,标志着南昌首列跨境电商中欧班列正式开行。专列承载货物主要为服装和家居用品等,18天后可到达俄罗斯沃尔西诺站。以往跨境电商货物通过中欧班列出口,采用的是一般贸易出口方式。该次专列首次采用“9710”申报模式,在南昌海关的支持下,通过“预约通关、舱单归并、自主选择报关地”等便利化措施,实现班列查验“零延时”、通关“零延误”、企业“少跑路”、运行“无阻滞”,大幅度提高通关时效,降低企业成本。

主要领导人 县委书记:熊运浪(任至8月)、陈翔(8月任)。县人大常委会主任:黄芝亮(任至10月)、刘万勇(10月任)。县长:陈翔(任至8月)、贾彧超(10月任)。县政协主席:郑响龙(任至8月)、邹艾民(10月任)。

(刘汉求)

·进贤县·

【简　况】 位于江西省中部,辖9镇、12乡、1垦殖场、1省级开发区。总面积1971平方千米,其中城区面积37.5平方千米。耕地面积759平方千米,有林面积460平方千米;森林覆盖率22.36%。户籍人口84.21万人,其中非农业人口60.84万人;人口自然增长率4.11‰。2021年,地区生产总值354.40亿元,同比增长8.4%。第一产业增加值72.99亿元,增长10.5%;第二产业增加值170.21亿元,增长8%;第三产业增加值111.20亿元,增长7.4%。财政总收入40.8亿元,增长11.17%;人均4845元;税收占财政总收入的83.53%。地方财政收入20.02亿元,增长0.2%;地方财政支出57.63亿元,下降15.99%。工业总产值439.09亿元,增长11.94%。规模以上工业增加值增长9.7%。固定资产投资增长10.9%。实际利用外资2.57亿美元,增长7.98%。主要工业产品及产值有钢架结构产值78.53亿元、医疗器械产值102.35亿元、食品加工产值98.99亿元、饲料加工产值32.87亿元、烟花鞭炮产值 16.34 亿元。农业总产值 122.6 亿元，增长 13%。粮食总产量 50.1 万吨。主要农产品及产量有稻谷 46.07 万吨、花生 2.8 万吨、芝麻 5000 吨、肉类 11.56 万吨、水产品 13.42 万吨。城镇居民人均可支配收入 43131 元，增加 3139 元；农村居民人均纯收入 23501 元，增加 2063 元。城乡居民年末储蓄余额 358.42 亿元，增长 12.31%。

【文港镇毛笔制作技艺入选第五批国家级非遗名录】 6 月 10 日，国务院公布第五批国家级非物质文化遗产代表性项目名录 185 项、扩展项目名录 140 项，文港镇毛笔制作技艺入选。文港毛笔制作技艺在东晋时期由中原传入，已有 1600 余年历史，至宋元时期成为传统产业，明清时代达到鼎盛时期。文港镇毛笔产业有驻外实体店 5100 余家、电商企业 5000 户，从业人员 2 万余人，毛笔产量 8.5 亿支，产值 29.8 亿元，毛笔产量、销售额占国内总量的 75%左右，是全国最大的毛笔产销集散地。

【中国广核江西进贤县前坊分散式风电项目投运】 12 月 31 日，南昌市首个风力发电项目——中国广核江西进贤县前坊分散式风电项目投入运营。该项目位于进贤县前坊镇，总投资额 3.4 亿元，场址区域面积 4.67 公顷，共布置 13 台风机机组，一座 110 千伏升压站。投产后，每年可提供电量 8000 万千瓦时，节约标煤约 2.6 万吨，可以减少排放二氧化碳约 7 万吨，助力“碳达峰、碳中和”目标实现。

【三里乡入选全国乡村特色产业十亿元镇】 11 月 10 日，农业农村部公布第十一批全国“一村一品”示范村镇及 2021 年全国特色产业十亿元镇亿元村名单，全国 174 个镇被认定为 2021 年全国乡村特色产业十亿元镇，进贤县三里乡入选。2021 年，三里乡养殖户（400 箱以上）526 户，超 42 万箱，总养殖水面 133.33 公顷，从业人员 4000 人（其中转移从事外湖捕捞的渔民就业 300 人，吸引在外务工回乡创业人员 120 人），全乡养殖面积 866.67 公顷，年产量 1.17 万吨，年产值超 10 亿元，年利润 2.4 亿元。

主要领导人 县委书记：王强（任至 7 月）、徐强（7 月任）。县人大常委会主任：胡鹏飞（任至 10 月）、胡志强（10 月任）。县长：叶修堂（任至 7 月）、熊辉（10 月任）。县政协主席：钱和平（任至 10 月）、胡建平（10 月任）。

（王方）

· 安义县 ·

【简　况】 位于江西省西北部，辖 7 镇、3 乡、1 管理处。总面积 660.23 平方千米。耕地面积 222.89 平方千米，森林面积 273.48 平方千米；森林覆盖率 45.62%。户籍人口 30.74 万人，其中城镇人口 9.41 万人；人口自然增长率 4.02‰。2021 年，地区生产总值 123.71 亿元，同比增长 8.3%。其中，第一产业增加值 14.35 亿元，增长 5.3%；第二产业增加值 51.12 亿元，增长 9.1%；第三产业增加值 58.25 亿元，增长 8.6%。一般公共预算收入 144.11 亿元，增长 18.8%。其中，税收收入占 65.14%。地方财政支出 38.70 亿元，下降 3%。规模以上工业总产值 321.66 亿元，增长 39.9%。固定资产投资增长 12.8%。外贸出口 14.52 亿元。实际利用外资 1.15 亿美元，利用省外资金 80.79 亿元。农业总产值 25.58 亿元，增长 0.5%。粮食总产量 20.36 万吨。主要农产品及产量有蔬菜和食用菌 20.33 万吨。城镇居民人均可支配收入 40947 元，增长 8.5%；农村居民人均可支配收入 20881 元，增长 10.3%。

【2021CHA 中国美食烹饪锦标赛——米粉专项赛暨第一届中国米粉节江西米粉创新挑战赛在安义古村举行】 6 月 11 日—12 日，2021CHA 中国美食烹饪锦标赛——米粉专项赛暨第一届中国米粉节江西米粉创新挑战赛在安义千年古村举行。米粉节以“中国米粉 味聚江西”为主题，共设四大板块 25 项主要活动，展览展示面积超 3 万平方米，共有省内外参展企业 550 家，摊位近 1000 个。挑战赛邀请广西、福建、贵州、云南、重庆、湖南、湖北及江西的 49 家团队 251 名选手，经过 2 天 16 场角逐，完成参赛作品 502 道，其中米粉制品 251 道、米粉菜品 251 道。

【农村颐养之家建成】 全县整合利用农村祠堂、仓库、民房等闲置场所，按照“三室一厅一厨一卫一所”的格局、建筑面积不少于 200 平方米的建设标准，满足老年人“不离乡土、不离乡邻、不离乡音、不离乡情”的养老需求。所需资金由县财政落实农村颐养之家建设补助 6 万元/个，乡镇级的示范点建设补助 30 万元/个，运营补助 3 万～5 万元/个，符合条件的老人用餐补助 200 元/（月 · 人）。此外，乡贤、企业捐赠也是运营费用的来源之一，县农商银行分 5 年捐赠 1000 万元助力全县颐养之家建设运营。全年底，全县 104 个行政村已建有农村颐养之家 139 家，实现行政村农村颐养之家建设全覆盖，累计服务老年人近 3 万人次。

【县政府与豫章师范学院举行全面战略合作协议暨板溪小学、板溪幼儿园办学签约仪式】 1 月 20 日，安义县政府与豫章师范学院举行全面战略合作协议暨板溪小学、板溪幼儿园办学签约仪式。根据协议，豫章师范学院每年定期为安义县培训教师、提供教师进修机会，实施名校长、名教师培养工程。双方互派一定数量在职教师进行交流支教，丰富教育教学经验与阅历，提升教学实践应用水平。9 月 2 号，豫章师范学院附属安义板溪小学揭牌。小学占地 2.67 公顷，总投资 5800 万元。

主要领导人 县委书记：彭开先（任至 7 月）、谭伯乐（7 月任）。县人大常委会主任：刘万勇（任至 8 月）、熊斌（10 月任）。县长：谭伯乐（任至 7 月）、罗国栋（8 月任）。县政协主席：黄小平（任至 8 月）、陈伟峰（10 月任）。

（刘娉斐）

· 东湖区 ·

【简　况】 位于江西省东北部，辖 1 镇、9 街道办事处、2 管理处。总面积 53.93 平方千米。辖区绿地面积 472.2 公顷，城区绿化覆盖率 29.69%。常住人口 41.29 万人，其中城镇常住人口 38.96 万人；人口自然增长率 1.1‰。2021 年，地区生产总值 452.13 亿元，同比增长 8.2%。

其中,第一产业增加值0.72亿元,增长5.5%;第二产业增加值37.63亿元,增长8.3%;第三产业增加值413.78亿元,增长8.1%。财政总收入(省口径)96.22亿元,增长12.72%;税收占比95.33%。地方一般公共预算收入14.94亿元,增长7.36%;税收占比80.09%。固定资产投资增长13%。实际利用外资4.3亿美元,增长8%;实际利用内资97.43亿元,增长8%。利用省外资金项目进资70.48亿元,增长8%。社会消费品零售总额395.56亿元。城镇居民人均可支配收入51816元,增长7.3%。

【开展“胜利归来”系列主题活动】 2021年,东湖区在胜利路步行街先后开展五一“胜利归来”暨东湖区“优化营商环境、促进消费升级”主题活动和国庆“胜利归来”第二季胜利“购”精彩促销活动。五一活动首日客流量突破15万人次,五一假期总客流量约60万人次,日均超12万人次。微信公众平台总曝光量372万次,抖音短视频平台单篇最高阅读量200万次,总阅读量超1847.2万次。国庆节期间,客流量累计38万人次,累计销售额1200万元,抖音互动话题1.4亿次,总曝光量累计2亿次。

【开展大南昌都市圈县(市、区)结对余干县对接活动】 12月6日,东湖区到余干县开展推进大南昌都市圈县(市、区)结对联系对接活动,并就“1+7”合作协议事项进行交流研讨。在初步搭建的“1+7”合作协议基础上,重点围绕农业发展、文化旅游、商贸合作、品质教育、医疗资源、金融产业、生态保护等7个方面推进深层次、多领域、全方位的合作交流。

【“红+N”特色产品体系建设】 年内,东湖区把推行红色物业与老旧小区改造相结合,通过“院落直接转化、街区条块连接、小巷兜底管理”的方式,为老旧小区引入“红色物业”搭建平台。围绕扬子洲镇三联村“红色名村”项目建设,打造集教育、体验、休闲等功能于一体,以红色为主导的“红+N”特色产品体系,全面建设以“学、寻、传、体”为特色的宜居宜业宜游的红色文化特色乡村。

主要领导人 区委书记:刘闯(任至3月)、高辉红(3月任)。区人大常委会主任:喻国泰(任至10月)、陈兰(10月任)。区长:高辉红(任至3月)、胡俊峰(3月任)。区政协主席:王玮(任至10月)、陈宇(10月任)。

(邓小燕)

·西湖区·

【简　况】 位于江西省中部,辖1镇、11街道办事处。总面积35.3平方千米。绿地覆盖率38.9%。常住人口48.5万人。2021年,地区生产总值670.68亿元,同比增长10%。财政总收入(省口径)118.4亿元,增长12.8%。地方一般公共预算收入21.5亿元,增长23.5%。社会消费品零售总额396.3亿元,增长19.5%。固定资产投资增长13.7%。实际利用外资4.6亿美元,增长8.1%;实际利用内资100.7亿元,增长7.7%。人均可支配收入50419元。

【市场主体培育】 年内,西湖区新增入统企业(含个体户)545家,其中新增“一套表”法人单位259家,数量全省第一。新增进入省重点上市企业后备库企业6家,完成股改企业2家、挂牌企业1家、展示企业16家,新增省“映山红”企业1家。至年底,全区共有市场主体6.08万家。

【西湖区桃花路(洪城路—灌婴路)开放通车】 2021年,南昌市梳理出工期达3年以上仍未完工或停工半年以上,久拖不决、久推不动的“胡子工程”29项,聚焦“胡子工程”销号。1月20日,西湖区桃花路(洪城路—灌婴路)正式开放通车,成为南昌市首个销号的“胡子工程”。桃花路改造工程(洪城路—灌婴路)全长1.1千米,部分路段因故围蔽未通车,影响群众出行,被列入南昌市“胡子工程”攻坚专项行动清单。

主要领导人 区委书记:黄小燕。区人大常委会主任:马力。区长:陶亿国。区政协主席:唐于禄。

(朱君)

·青云谱区·

【简　况】 位于江西省北部,辖1镇、5街道办事处和1城市综合功能区。总面积43.17平方千米,其中城区面积43.17平方千米。城区绿化率39.3%。总人口25.93万人,其中非农业人口25.93万人;人口自然增长率3.7‰。2021年,地区生产总值401.77亿元,同比增长10.2%。其中,第二产业增加值271.46亿元,增长9.0%;第三产业增加值130.31亿元,增长10.6%。地方财政收入12.29亿元,增长15.5%;地方财政支出24.66亿元,下降8.0%。工业总产值55.74亿元,增长10.99%。固定资产投资占地区生产总值的13.4%。外贸出口38.6亿元。实际利用外商投资2.2亿美元;实际利用内资90.48亿元,利用省外资金77.02亿元。主要工业产品及产量有乳制品5.68万吨、服装1720.37万件、多色印刷品1.98万对开色令、电线599.11万米、商品混凝土76.19万立方米。城镇居民人均可支配收入50508元,增长7.51%。

【洪都街道洪科社区老旧小区改造】 2021年,青云谱区开展老旧小区改造工作,统筹优化生产、生态、生活空间。洪都街道洪科社区属于洪都居住区待改造的11个社区之一,共有64栋楼、3025户,总人口9805人,改造面积约10.2万平方米。青云谱区邀请北京清华同衡、上海同济、中国美院等国内知名城市规划设计团队实地考察指导,投入资金1.2亿元对洪科社区实施“道路优化+绿化润景+功能优化+完善配套+人文关怀+智能安防”六位一体的改造,相关经验做法得到住建部肯定,并在全国推广。

【司马庙智慧立体停车场投入使用】 2月7日,司马庙智慧立体停车场投入使用。该项目总投资1.2亿元,占地约6800平方米,建筑面积约2.1万平方米。项目是全国单体量最大的智能立体停车场,层高27层,可提供停车位920辆,配备400个充电车位。车主只需操作液晶触摸屏,通过停车位智能分配和自动旋转装置,即可完成停车、取车、缴费。停车场辐射周边十字街王府井、司马庙建材大市场和洪城大市场三大商圈，有效解决周边居民、商户车辆停放问题。

【洪都街道洪校社区开办“爸妈食堂”】 12月，青云谱区洪都街道洪校社区开展“我为群众办实事”实践活动，针对社区内居住不少空巢、独居、孤寡、失能老人，子女无法照顾周全，日常买菜做饭多有不便等问题，引进社会组织开办“爸妈食堂”公益午餐项目，为有需要的老人免费提供午餐。社区志愿者还直接把爱心午餐送到部分行动不便的老人手上，打通服务困难老人的“最后一公里”，该做法被《人民日报》、新华社等央媒报道。

主要领导人 区委书记：孙毅（任至7月）、叶修堂（7月任）。区人大常委会主任：魏根金（任至10月）、唐铭市（10月任）。区长：吴江辉（任至7月）、汪众华（10月任）。区政协主席：胥萍（任至10月）、黄小平（10月任）。

（徐亮）

· 青山湖区 ·

【简　况】 位于江西省中部，辖4镇、4街道办事处、1省级工业园区。总面积127.6平方千米。建成区绿化面积1410平方米；城区绿化率28.6%，森林覆盖率15.72%。户籍人口44.2万人，其中城镇人口37.94万人；人口自然增长率6.06‰。2021年，地区生产总值611.8亿元，同比增长8.8%。其中，第一产业增加值2892万元，下降36.1%；第二产业增加值365.6亿元，增长8.0%；第三产业增加值164.2亿元，增长5.0%。财政总收入70.3亿元，税收占财政总收入的96.05%。地方一般公共预算收入15.9亿元，增长7.6%；地方财政支出32.9亿元，增长9.0%。规模以上工业增加值增长11.2%。固定资产投资增长14.5%。实际利用外资3.6亿美元，增长6.6%；实际利用内资232.9亿元，增长24.3%。外贸出口总额8.7亿美元。主要工业产品及产量有服装3075万件、钢材425.1万吨、生铁346.0万吨、橡胶轮胎外胎48.9万条。农业总产值7851万元，下降7.9%。粮食总产量0.75万吨，下降5.8%。主要农产品及产量有生猪出栏1.5万头、禽蛋20吨、水产品1235吨。社会消费品零售总额255.4亿元，增长11.1%。城镇居民人均可支配收入44692元，增长7.6%；农村居民人均可支配收入22113万元，增长8.5%。

【江西流量经济产业园开业】 1月6日，江西省首个流量经济产业园——江西流量经济产业园开业。该项目位于青山湖区京东镇，总投资23.5亿元，总建筑面积16.5万平方米，共有7栋楼。基地打造了供应链选品区、休闲洽谈区、公共展示区、活动区等设施，引入青山湖区特色针织服装产品及省内外供应链商家入驻，基地签约注册企业64家，其中限上（入统）企业3家，引入省内头部直播机构入驻，机构签约达人超50人，包括多多喂、本地主持人胡剑云、主持人茜茜以及网络达人谢子玥、李九天、赵雨菲等人，全网粉丝体量超过4亿人次，打造数十个月销售额过百万元的账号。

【“一庭一中心”成立】 1月18日，青山湖区法院依托塘山法庭成立南昌市交通事故速裁法庭、南昌市交通事故多元解纷中心（简称“一庭一中心”）。“一庭一中心”在全省率先打破行政区划限制，对全市8个中心城区的机动车交通事故责任纠纷进行集中管辖，汇聚法院、交警、保险、鉴定、公益律师等多元解纷力量，构建“一体受理、一网通办、一站调解、一庭诉讼、一键理赔”的专业化解纠纷模式，实现纠纷一体化全流程在线处理。全年已有1575起案件当事人在线申请调解，涉案总金额2.7亿元，调解完成1180件，达成调解611件，调解成功率51.78%，赔偿款于3~7个工作日内到位。该工作举措在最高人民法院“总对总”在线诉调对接工作推进会上作经验交流，并在全省政法队伍教育整顿成果交流会上作推介。

【青山湖区委政法委获评平安中国建设先进集体】 12月15日，平安中国建设表彰大会在北京举行，青山湖区委政法委获“平安中国建设先进集体”称号。青山湖区委政法委聚焦扫黑除恶、市域社会治理现代化、政法队伍教育整顿等重点工作，探索平安建设新方法新路径。持续推动治安防控体系建设，累计投入资金3亿余元，协调成立600人的机动巡逻大队，新建“爱心车棚”129个、智慧平安小区169个、智慧平安街区2个，公众安全感由2016年的95.13%上升到2021年的98.86%。打造道路交通法庭、多元解纷e中心、南钢街道综治中心、蓝色心房等一批在全省有影响的平安建设工作品牌。

主要领导人 区委书记：王强（任至4月）、袁一旦（4月任）。区人大常委会主任：黄志平（任至8月）、郑响龙（10月任）。区长：袁一旦（任至4月）、杨育星（4月任）。区政协主席：邹艾民（任至8月）、聂玉华（10月任）。

（宋文娟）

· 新建区 ·

【简　况】 位于江西省中部偏北，辖12镇、6乡、1省级开发区。总面积2193.32平方千米，其中城区面积24平方千米。耕地面积7.99万公顷，有林面积2.47万公顷；森林覆盖率13.96%，城区绿化率41.45%。总人口64.29万人，其中城镇人口20.59万人；人口自然增长率7.87‰。2021年，地区生产总值393.38亿元，同比增长8.8%。其中，第一产业增加值55.23亿元，增长7.6%；第二产业增加值168.86亿元，增长9.2%；第三产业增加值169.29亿元，增长8.8%。财政总收入89.74亿元，增长11.3%；税收占财政总收入的86.3%。地方财政收入36.57亿元，增长11.7%；地方财政支出85.75亿元，下降11.1%。工业总产值584.9亿元，增长20%。规模以上工业总产值584.94亿元，增长20.0%。固定资产投资增长14.0%。实际利用外资4.13亿美元，增长8.2%；实际利用内资175.68亿元，增长7.1%。出口总额1.63亿美元，增长14.2%。主要工业产品有汽车零部件、机电设备、电子信息、食品医药。农业总产值96.96亿元，增长9.8%。粮食总产量50万吨。主要农产品有稻谷、油料、水产品。社会消费品零售总额173.37亿元，增长

20.9%。城镇居民人均可支配收入4.57万元,增长7.4%;农村居民人均可支配收入2.32万元,增长9.4%。年末住户存款余额355.78亿元,增长13.0%。

【禁捕退捕工作】 2021年,新建区围绕退捕渔民“退得出、稳得住、能小康”的目标,结合乡村振兴战略,制定重点水域退捕工作实施意见,出台扶持退捕渔民转产就业26条措施,多措并举扶持助力退捕渔民“上岸”就业创业。全年发放受理退捕渔民一次性交通补贴3745人,补贴金额126.23万元;发放创业担保贷款278万元,带动就业51人次。通过公益性岗位安置19人、护渔员57人。开展退捕渔民转产就业培训班4期,培训学员85人,发放培训补贴3.2万元,生活补贴1.07万元。年内,新建区获评全省重点水域禁捕退捕工作优秀单位。

【溪霞镇店前村入选全国乡村旅游重点村】 8月25日,文旅部、国家发改委公布第三批全国乡村旅游重点村名单,溪霞镇店前村入选全国乡村旅游重点村。店前村位于新建区溪霞镇中北部,面积5.1平方千米,耕地面积400公顷。村内保存有民俗古建筑、百年古井、百年古树、官马古道等,具有深厚的历史文化底蕴和独特的乡村风貌。店前村先后获评全国村庄规划建设示范村、全国绿色村庄、江西十大醉美乡村、江西省文明村镇。

【创新“农民工之家”模式】 2021年,新建区升级打造农民工综合服务中心3.0版,为农民工提供“创业就业、权益维护、岗位培训、心理咨询”等全方位、综合性服务。成立新建区农民工(散工)联合工会、新建区农民工权益协会、新建区“法院+工会”劳动争议诉调对接工作室。全年登记接送农民务工车辆7539辆次。核发交通补助4.5万余元。为1000余名农民工免费购买团体人身意外伤害保险。受理农民工维权案件64件,涉及金额388.64万元。为农民工追讨工资226.85余万元。

主要领导人 区委书记:饶绍清(任至7月)、王玮(8月任)。区人大常委会主任:刘珠(任至9月)、钱和平(9月任)。区长:王玮(任至8月)、王成久(8月任)。区政协主席:陈圣栋(任至9月)、黄云松(9月任)。

(沈杨)

·红谷滩区·

【简　况】 位于江西省中北部,辖1乡、3街道办事处、3管理处。总面积256.5平方千米。耕地面积44.41平方千米,城区绿化率46.98%。常住人口59.42万人,其中城镇人口57.58万人;人口自然增长率4.29‰。2021年,地区生产总值730.3亿元,同比增长8.0%。其中,第一产业增加值1.40亿元,增长1.3%;第二产业增加值75.17亿元,增长7.2%;第三产业增加值653.66亿元,增长8.1%。财政总收入104.87亿元,增长2.76%;税收占财政总收入的91.3%。地方一般公共预算收入34.21亿元,增长4.66%;地方一般公共预算支出35.62亿元,下降8.7%。固定资产投资708.45亿元,增长13.5%。实际利用外资2.42亿美元,增长9.8%;实际利用内资334.04亿元,增长6.38%。外贸出口5.7亿美元,增长41.85%。农业总产值1.18亿元,增长0.5%。粮食总产量1.1万吨。主要农产品及产量有生猪存栏1万头、蔬菜1.49万吨。城镇居民人均可支配收入52406元,增长7.83%;农村居民人均可支配收入22805元,增长9.33%。

【商贸文旅经济发展】 年内,全区投入资金1100万元,举办5场“乐购红谷,悦享生活”时尚购物节系列活动,带动消费10亿元。地铁·万科广场对外运营,全省首家盒马鲜生开业。打造江西米粉一条街等一批特色商业街,持续丰富“夜游”“夜赏”“夜品”“夜购”“夜习”“夜健”等“六夜”经济。安排3000万元专项资金支持会展业发展,举办中国畜牧业博览会、中国卫星导航年会、中国绿色食品博览会等47场大型会展活动。南昌绿地国际博览中心成为全省首个获UFI认证的会展中心,迈入国际化展馆行列。

【紫光智慧教育全国总部落户】 4月,紫光智慧教育全国总部——紫光摩度教育科技有限公司在南昌红谷滩区注册成立,注册资本金1亿元。该公司专注教育信息化领域,致力打造以学生为中心的“互联网+教育”平台运营体系,提供智慧教育示范区、教育优质均衡、未来学校等教育信息化综合解决方案。至年底,紫光智慧教育总部及研发基地员工有200余人,已面向全国近20个省提供智慧教育类产品和服务,全年本地合计开票金额1.1亿元。

【王者荣耀甲级职业联赛秋季赛落户南昌市红谷滩区】 9月23日,腾讯天美南昌内容制作中心项目签约仪式暨2021年王者荣耀甲级职业联赛秋季赛落地南昌发布仪式活动在红谷滩区举行。秋季赛比赛场地为融创乐园青花剧场,从9月27日开始,为期近3个月,共51个比赛日142场(其中常规赛132场、季后赛9场、总决赛1场)。赛季总入场1.40万人。通过在斗鱼、哔哩哔哩、企鹅电竞等线上平台进行直播,线上曝光量超2亿次。该赛事通过年轻人喜闻乐见的方式,以数字化文创的手段有机结合本地历史文化,为城市文化注入全新动能、打造全新城市名片。

主要领导人 区委书记:周亮(任至8月)、吴江辉(8月任)。区人大常委会主任:吴韶宸。区长:刘光荣(11月任)。区政协主席:陶国强。

(胡玲玲)

九江市

【概　况】 位于江西省北部,辖3区、3市、7县和1开发区、2风景名胜管理局。总面积1.91万平方千米,其中中心城区建成区面积150.75平方千米。耕地面积150.75万公顷,林地面积107.93万公顷;森林覆盖率56.44%,城市绿化覆盖率50.14%。总人口456.07万人,其中城镇人口283.45万人;人口自然增长率1.71‰。2021年,地区生产总值3735.68亿元,同比增长8.8%。其中,第一产业增加值246.19亿元,增长6.8%;第二产业增加值1785.21亿元,增长7.9%;第三产业增加值1704.28亿元,增长9.9%。财政总收入增长11.3%。一般公共财政预算收入292.23亿元,增长2.0%;一般公共财政预算支出624.20亿元,下降3.7%。规模以上工业增加值增长11.3%。固定资产投资增长10.3%。实际利用外商投资27.30亿美元,增长8.2%;利用省外2000万元以上项目实际进资1238.21亿元,增长9.1%。外贸出口291.2亿元,下降0.8%。主要工业产品及产量有发电量269.2亿千瓦时、原油加工量666.7万吨、服装2.33亿件、水泥2101.9万吨、粗钢658.1万吨。农业总产值413.49亿元,增长8.4%。粮食总产量145.66万吨,增长1.85%。主要农产品及产量有稻谷131.21万吨、棉花1.22万吨、油料19.57万吨、茶叶1.1万吨、水果14.31万吨。城镇居民人均可支配收入43658元,增长8.2%;农村居民人均可支配收入18838元,增长10.5%。城乡居民年末储蓄余额2449.24亿元,增加265.71亿元。

【九江市获评国家卫生城市】　1月6日,全国爱国卫生运动委员会下发《关于命名2018—2020周期国家卫生城市(区)的决定》,九江市入选国家卫生城市。自2018年九江市全面启动创建国家卫生城市工作以来,市委、市政府严格对照《国家卫生城市标准》,重点突破,整体推进,全面提升。市区两级共投入资金151.65亿元,实施六大提升行动(基础设施建设提升、老旧小区背街小巷提升、城市生活垃圾分类提升、厕所攻坚提升、城区水体水质提升、卫生健康服务能力提升)。重点开展集贸市场、市容环境卫生、“六小”行业、建筑工地、病媒生物防制和污染防治六大专项整治。全市共升级改造农贸市场26家,完成背街小巷改造242条,改造“海绵化”道路19条,新建公厕920座,改建公厕322座,中心城区基本实现城镇生活污水全收集、全处理,全市“六小”单位实现亮照经营、卫生监督全覆盖,建成区“四害”密度达到国家C级要求。

【“庐山云雾茶”获中国驰名商标扩大保护】　5月20日,国家知识产权局下发批复,同意对“庐山云雾茶及图”注册商标予以驰名商标扩大保护。“庐山云雾茶”证明商标成为九江市第10件获得驰名商标保护的商标,也是九江市获得的第一件地理标志商标的驰名商标。庐山云雾茶因产自九江市的庐山而得名,2010年3月31日国家工商行政管理总局商标局颁发“庐山云雾茶”证明商标,2019年11月15日庐山云雾茶入选中国农业品牌目录,是中国名茶系列之一。

【九江市在全国率先实行林长制终身责任追究制】　6月18日,九江市政府办公室印发《九江市林长制责任追究办法(试行)》,自印发之日起施行。这是九江市在全国率先出台的林长制责任追究办法。办法分总则、追责情形、追责形式、追责实施、附则5章16条。办法规定,实行林长制终身责任追究制,对各级林长以及各级承担林长制工作的相关人员,在任期内发生的森林资源保护方面问题需要追究责任的,不因问题发现时间、干部工作岗位或者职务变动免于追究责任。

【九江国际互联网数据专用通道投入使用】　9月27日,九江国际互联网数据专用通道通过省通信管理局验收,标志着江西省首条国际互联网数据专用通道正式投入使用。9月8日,九江国际互联网数据专用通道接通北京、上海、广州国际通信出入口局,九江市成为全省首个建成国际互联网数据专用通道城市。九江国际互联网数据专用通道覆盖九江经开区、共青城高新区、瑞昌市经开区和鄱阳湖生态科技城4个园区,由九江电信、九江移动、九江联通负责建设和运营。

【九江港货物吞吐量位列中部省份内河港口第一】　2021年,九江港长江段货物吞吐量1.52亿吨,货物吞吐量在中部省份20个内河港口中排名第一。年内,九江港围绕“一带一路”、江西内陆开放型经济试验区、高标准建设长江经济带重要节点城市等国家和省市重大战略实施,发挥九江区域航运中心统筹功能,推进港口集疏运体系建设,提升航运服务水平,优化港航营商环境,促进银企对接合作,助力企业降本增效,持续拓通道提能级,构建出省、出海、出境大通道,稳定开行九江—上海“天天班”,推进九江港异地无水港建设合作,向西向东延伸九江港航线,打造外贸集装货物运输速通模式。

主要领导人　市委书记:林彬杨(任至3月)、谢来发(3月任)。市人大常委会主任:熊永强(任至10月)、廖奇志(10月任)。市长:谢来发(任至9月)、杨文斌(10月任)。市政协主席:占勇(1月任)。

(黄开福　杨磊)

· 修水县 ·

【简　况】　位于江西省西北部,辖19镇、17乡。总面积4502.46平方千米,其中中心城区面积约25平方千米。耕地面积3.76万公顷,林地面积35.56万公顷;森林覆盖率75.24%,城市绿化率43.5%。户籍人口89.2万人,其中城镇人口23万人;人口自然增长率4.6‰。2021年,地区生产总值293.56亿元,同比增长9.2%。其中,第一产业增加值31.81亿元,增长7.2%;第二产业增加值117.78亿元,增长8.0%;第三产业增加值143.97亿元,增长10.5%。财政总收入30.95亿元,增长15.2%;税收占财政总收入的85.5%。地方财政收入16.93亿元,下降0.5%;地方财政支出58.22亿元,下降17.0%。规模以上工业增加值79.04亿元,增长11.2%。固定资产投资163.23亿元,增长10.0%。外贸出口20.12亿元,增长78.9%。实际利用外资1.43亿美元,增长7.1%。主要工业产品及产量有白钨精矿4028.98吨、蚕茧2500吨。农业总产值53.25亿元,增长8.9%。粮食总产量26.25万吨,增长1.7%。主要农产品及产量有稻谷24.57万吨、茶叶6700吨、蔬菜及食用菌9.75万吨、生猪出栏60.05万头。城镇居民人均可支配收入36001元,增长9.2%;农村居民人均可支配收入14320元,增长12.9%。城乡居民年末储蓄余额218.54亿元,增长15.1%。

【“通平修”绿色发展先行区共建】　9月10日,长江中游江西、湖南、湖北3省协同推动高质量发展座谈会在武汉东湖国际会议中心举行。会上,3省共同签署《长江中游三省协同推动高质量发展行动计划》《长江中游三省"通平修"绿色发展先行区建设框架协议》等6个合作文件。根据《长江中游三省"通平修"绿色发展先行区建设框架协议》,在湖北通城、湖南平江、江西修水3县全域共同建设长江中游三省"通平修"绿色发展先行区,探索跨行政区域共建共享、生态文明与经济社会发展相得益彰的新路径。年内,修水县成立以县委书记、县长为双组长的"通平修"绿色发展先行区建设领导小组;制定《关于推进县域经济三年赶超倍增攻坚行动打造"通平修"绿色发展先行区发展高地的实施方案》;成立生态环保、基础设施、产业发展、城乡协调、公共服务等方面5个工作专班,抽调专职人员集中办公;将环幕阜山旅游公路等重大项目纳入县重大项目库;推动三县"环保智慧一体化"和"碳汇交易"平台建设等措施,落实国家战略和省委、省政府的决策部署,打造"通平修"绿色发展先行区发展高地。

【美丽乡镇建设】 12月23日,全省美丽乡镇建设工作现场推进会在修水县召开,鹰潭市、赣州市、修水县、上饶市广丰区在会上作经验介绍。修水县累计投入集镇改造资金8.8亿元,带动社会投资5亿元,完成全县14个乡镇整体提升和11个乡镇规划设计,成功打造征村、竹坪、何市、杭口、黄沙等一批高品质特色乡镇。累计完成集镇道路改造169千米,新增污水管网25千米,新建乡镇农贸市场7个,新建垃圾中转站12座,施划机动车位5000余个、非机动车位2000余个,集镇实现商超全覆盖。新建改建乡镇公益性幼儿园34所、中小学校100所、乡镇卫生院9所、保障性住房1.8万套、颐养之家159个,建成覆盖36个乡镇的客运班线和乡镇便民服务中心。乡镇垃圾无害化处理98%以上,有国家卫生乡镇1个、省级卫生乡镇4个、市级卫生乡镇12个。先后建立百亩以上产业基地362个,创建省级示范园区3个、市级示范园区35个、九江市国家农业科技示范园1个,成为全省3个"国家农业现代化示范区"之一。共有国家4A级景区4个,国家乡村模范旅游村2个,省级5A级乡村旅游点1个。先后打造上衫乡红色文化小镇、漫江宁红文化特色小镇、杭口镇诗书特色小镇、黄沙客家文化小镇等一批文化特色鲜明的示范样板乡镇。

【九江国家农业科技园区建设】 园区是2018年科技部认定的第八批国家农业科技园区。园区示范带动县域全境,主要分为核心区、示范区和辐射区建设。核心区规划建设总面积1412公顷,其中县城核心区78.7公顷、何市镇核心区1333.3公顷。示范区主要建设内容是马坳蚕桑特色小镇示范基地、黄沙综合生态种养示范基地、征村宁红金丝皇菊原产地、漫江宁红茶原产地基地、现代绿色茶园生产基地和优质桑蚕生产基地六大基地。辐射区主要包括修水县周边市县,涉及人口300余万人。自2019年以来,已投入县财政园区建设专项资金4.47亿元。2021年,整合资金4500万元建设何市乡村振兴示范中心,主要建设有产业示范基地、农业科技展示馆、蚕桑科技园、农业科普小镇、中国区域特色茶叶公园等项目。

主要领导人 县委书记:孙朝辉(任至7月)、郑庆华(7月任)。县人大常委会主任:胡荣军(任至10月)、袁观云(10月任)。县长:张林(任至7月)、刘婕(10月任)。县政协主席:袁观云(任至10月)、王位华(10月任)。

(龚九森 古建林)

·武宁县·

【简　况】 位于江西省西北部,辖8镇、11乡、1街道办事处。总面积3504.6平方千米,其中城区面积50.85平方千米。耕地面积2.31万公顷,林地面积27.42万公顷;森林覆盖率75.96%,城区绿化率44.15%。常住人口31.11万人,其中城镇常住人口16.20万人;人口自然增长率1.66‰。2021年,地区生产总值201.88亿元,同比增长8.8%。其中,第一产业增加值23.63亿元,增长6.9%;第二产业增加值86.63亿元,增长8.5%;第三产业增加值91.62亿元,增长9.6%。财政总收入27.84亿元,增长23.4%;税收占财政总收入的77.7%。地方公共财政预算收入15.12亿元,增长2.1%;公共财政支出38.87亿元,增长11.1%。规模以上工业增加值增长10.9%。固定资产投资增长9.4%。外贸出口4.03亿美元,增长31.3%。实际利用外商投资1.32亿美元,增长5.9%;实际利用内资154.78亿元,增长8.38%。社会消费品零售总额94.2亿元,增长18.4%。农业总产值38.39亿元,增长6.8%。粮食总产量15.86万吨。主要农产品及产量有油料1.61万吨、蔬菜9.64万吨、水产品4.48万吨、肉类1.44万吨。城镇居民人均可支配收入41196元,增长8.8%;农村居民人均可支配收入20022元,增长10.7%。城乡居民年末储蓄存款218.84亿元,增长10.9%。

【经济发展】 深入实施工业强县战略,落实产业链链长制,构建"1+3+2"六大生态工业体系,推动主导产业建链延链补链强链。创新组团招商、专业招商、以商招商等方式,制定招商"四图",推进"项目大会战",全年引进项目60个,20亿元以上项目3个。支持发展壮大村级集体经济,探索建立农村资产经营管理公司,全县183个行政村集体经济收入均突破10万元,2个达到100万元。"武宁宁红"和"武宁蜂蜜"地理标志申报通过农业农村部评审。

【城乡建设】 推动"一乡一园"全覆盖。打造全国乡村振兴示范样板。落实林长制、河(湖)长制,用活"多员合一"生态管护员制度,全域生态环境实现长治久洁。承办第四届国家生态文明试验区建设(江西)论坛,连续4年入选中国最美县域名单,连续5年蝉联全省旅游产业发展先进县,连续3年位列全省城乡环境整治考评前三,创新成立生态产品储蓄银行,推进GEP核算省级试点工作,入选全省首批生态产品价值实现机制示范基地,官莲乡东山村获评第二批全国乡村治理示范村,罗坪至长水景区公路获评第二届全国美丽乡村路。入选"2021中国最美乡村百佳县市"榜单。

【武宁县入选2021中国县域旅游综合竞争力百强县市】 武宁县推动全域

旅游向国家级旅游度假区提档升级，全年新增国家4A级、3A级景区各1个，全县有3个国家4A景区及8个国家3A景区、14个省3A以上乡村旅游点。西海湾景区被认定为省级生态旅游示范区。举办环鄱阳湖自行车精英赛等重大赛事、节庆活动，九江学院体育学院实践教学基地落户武宁国际网球中心。11月，入选2021中国县域旅游综合竞争力百强县市。

主要领导人 县委书记：杜少华（任至7月）、洪碧霞（7月任）。县人大常委会主任：余育民（任至10月）、李立为（10月任）。县长：李广松（任至7月）、张宇峰（10月任）。县政协主席：朱必香（任至10月）、王仁华（10月任）。

（武宁县史志办）

· 瑞昌市 ·

【简　况】 位于江西北部，辖8镇、8乡、2街道办事处、3场。总面积1419平方千米，其中城区面积27平方千米。耕地面积1.96万公顷，林地面积9.35万公顷；森林覆盖率61.84%，城区绿化率41.25%。总人口45.44万人，其中城镇人口24.54万人；人口自然增长率2.92‰。2021年，地区生产总值308.51亿元，同比增长9.2%。其中，第一产业增加值22.77亿元，增长6.6%；第二产业增加值178.61亿元，增长8.3%；第三产业增加值107.13亿元，增长11.2%。财政总收入44.94亿元，增长10.2%；税收收入36.54亿元，占财政总收入的81.3%。地方财政收入25.22亿元，增长2.7%；财政支出42.50亿元，下降11.1%。规模以上工业总产值715.13亿元，增长13.7%；规模以上工业增加值129.0亿元，增长11.4%。固定资产投资277.20亿元，增长10.2%。外贸出口总额33.2亿美元，增长38.3%。实际利用外资3.33亿美元，增长8.8%。主要工业产品及产量有纱3.03万吨、服装74万件、水泥897万吨、机制纸及纸板48.88万吨、化学试剂151.02万吨。农业总产值39.31亿元，增长8.4%。粮食总产量9.85万吨，增长2.3%。主要农产品及产量有稻谷6.65万吨、棉花969吨、油菜籽2.26万吨、蔬菜12.26万吨、肉类1.79万吨。城镇居民人均可支配收入41340元，增加3016元；农村居民人均纯收入20207元，增加1753元。城乡居民年末储蓄余额190.11亿元，增长13.3%。

【瑞昌市获评全国村庄清洁行动先进县】 2月18日，中央农村工作领导小组办公室、农业农村部印发《关于通报表扬2020年全国村庄清洁行动先进县的通知》，江西省3地入选，瑞昌市是其中之一。自2018年12月中央农办、农业农村部等18个部门联合印发《农村人居环境整治村庄清洁行动方案》以来，瑞昌市积极行动，全力推进。市本级财政投入行动资金2.83亿元，整合扶贫、交通、农林水等部门资金6700余万元，发动群众投工投劳4.6万人次，接受乡贤捐款捐物1000余万元。累计清理农村生活垃圾3.94万吨，清理村内水塘1035口、沟渠703千米、淤泥1453吨，清理畜禽养殖粪污等农业生产废弃物553吨，清理残垣断壁7105处。实现农村垃圾回收网络全覆盖、村组保洁员配备全覆盖；完成农村污水深度处理村庄78个、简易处理村庄596个；农村生活垃圾分类乡镇覆盖率50%，生活垃圾无害化处理率95%以上，自然村垃圾收处覆盖率100%。

【瑞昌铜源剪影文化园景区获评国家4A级旅游景区】 5月11日，省文旅厅发布《关于公布2021年国家4A级旅游景区验收认定名单的通知》，瑞昌市铜源剪影文化园景区被认定为国家4A级旅游景区。该景区位于瑞昌市剪纸小镇——夏畈镇，紧邻瑞昌铜岭铜矿遗址，占地3.37平方千米，距瑞昌市城区26千米。景区建有剪纸博物馆、剪纸培训体验中心，剪纸文化民俗商业街等徽派园林建筑群落，以及含有四季果蔬采摘、特色农家乐在内的铜都生态观光园，是集文化博览、乡村休闲、美食体验、旅居度假等功能为一体的原乡型传统艺术文化园。

【康佳KKTV智能制造项目投产】 12月29日，总投资20亿元的康佳KKTV智能制造项目正式投产。该项目由康佳集团旗下子公司投资建设，规划建设用地13.33公顷，于2020年11月签约落户瑞昌市智造小镇，2021年3月30日开工建设，主导产品为电脑显示器、商显+TV、CKD/模组等。

主要领导人 市委书记：郭小云（任至8月）、陈琪（8月任）。市人大常委会主任：郭少雄（任至10月）、梁少清（10月任）。市长：陈琪（任至8月）、魏堂华（10月任）。市政协主席：周洪文。

（冯国成）

· 都昌县 ·

【简　况】 位于江西省北部，辖12镇、12乡。总面积2226.71平方千米，其中耕地面积447.33平方千米。总人口57.84万人。2021年，地区生产总值246.85亿元，同比增长8.6%。其中，第一产业34.21亿元，第二产业97.05亿元，第三产业115.60亿元。财政总收入19.16亿元，财政支出42.6亿元。固定资产投资增长9%。规模以上工业增加值10.8亿元。社会消费品零售总额109.4亿元，增长17.5%。实际利用外资1.12亿美元。进出口总额3亿元。农业总产值57.3亿元。城乡居民人均可支配收入32104元，农村居民人均可支配收入11803元。

【“鄱茗”牌都昌白茶获国际特别金奖】 5月22日，“中茶杯”第十一届国际鼎承茶王赛春季赛颁奖仪式上，“鄱茗”牌都昌白茶获特别金奖第一名。“鄱茗”牌都昌白茶，由左里镇清辉村刘志华创办的都昌观音山有机白茶种植农民专业合作社种植，出产于左里镇雨露滋润、阳光普照的山区有机茶叶种植基地。基地占地面积13.33公顷，采用生长在原始松林坑涧之中的茶树鲜叶，经杀青、揉捻、干燥等工艺精制而成。白茶条索紧直均整，色泽翠绿丰润显白毫；茶叶浸泡后，口感鲜爽，茶汤浅绿鲜亮，叶底鲜活。

【都昌县再生稻单产亩产462.7千克】 11月16日，省农业科学院、省农业技术推广中心等单位专家，对蔡岭镇杨湾村再生稻示范点石和庆种植的700多亩粳稻“甬优4949”再生稻进行机播机收测产。按照规定的统一测产方法,专家组随机选择有代表性田块3块,采用联合收割机现场实收,称量毛谷,扣除水分和杂质,计算单位面积产量。三块田平均单产462.7千克,创江西省再生稻全程机械化生产再生季单产新纪录。

【全省首个大棚种植赤松茸在春桥乡试种成功】 12月初,都昌县春桥乡春桥村大棚种植的赤松茸迎来采摘期,在全省尚属首创。由于赤松茸的原材料以木屑、秸秆为主,既避免秸秆焚烧,又保护了生态环境。在市农业农村局驻春桥村工作队的帮助下,春桥村赤松茸大棚种植0.67公顷,产出时间比常规品种提前1个月。赤松茸投入低、见效快,种植过程不打药、不施肥,食用香脆可口,营养丰富,属绿色食品,采摘后还可风干出售。

主要领导人 县委书记:肖立新(任至7月)、邱舰(7月任)。县人大常委会主任:石和平(任至10月)、叶长青(10月任)。县长:钟有林(任至7月)、万述幼(7月任)。县政协主席:李建华(任至10月)、谭四明(10月任)。

(程芬)

·湖口县·

【简　况】 位于江西省北部,辖7镇、5乡、2场。总面积673.66平方千米,其中城区建成面积12.43平方千米。耕地面积1.93万公顷;森林覆盖率28.07%,城区绿化覆盖率40.22%。总人口29.21万人,其中城区人口9.50万人;人口自然增长率4.52‰。2021年,地区生产总值283.11亿元,同比增长8.9%。其中,第一产业增加值17.32亿元,增长6.8%;第二产业增加值192.82亿元,增长8.8%;第三产业增加值72.97亿元,增长9.6%。规模以上工业增加值增长11.6%。工业总产值718.2亿元,增长34.3%。固定资产投资增长9.5%。财政总收入46.66亿元,增长24.1%。其中,一般公共预算收入21.15亿元,增长2.3%。实际利用外资1.95亿美元,增长7.48%。外贸出口总额36.93亿元,增长46%。粮食总产量7.95万吨,增长3.2%。主要农产品及产量有油料2.3万吨。城镇居民人均可支配收入42890元,增加2881元;农村居民人均可支配收入20362元,增加1704元。

【湖口县获2020年县级财政管理绩效综合评价全国第一名】 8月,财政部公布2020年县级财政管理绩效综合评价结果,湖口县位列全国第一。湖口县充分发挥财政管理绩效综合效益,发挥财政资金的撬动、拉动、带动作用,做好"生财有道、聚财有方、理财有规、管财有效"的文章,推进"零基"预算编制,兜牢基层"三保"底线,压缩各部门单位经常性经费5000余万元。深挖存量资金潜力,提高财政资金使用效益,收回部门预算沉淀财政资金1.6亿元。严格财政监管,提升财务人员综合素质,锻造财政队伍,做到执行政策"不跑偏、不走样",深化改革"有创新、敢担当"。

【县人民医院重症医学科护理组获评全国巾帼建功集体】 4月16日,全国妇联授予湖口县人民医院重症医学科护理组"全国巾帼建功集体"称号。县人民医院重症医学科护理组始终践行"人民至上、生命至上"的理念,立足岗位,当好患者健康的守护人、生活中的贴心人。ICU护理组共有18名护士,皆为女性。35岁以下的人员17人。ICU工作繁重紧张,责任重大。无论在危重抢救现场,还是在突发事件一线,重症组的医护人员始终保持初心,用精湛的医疗技术和救死扶伤的人道主义精神,与死神顽强抗争。新冠肺炎疫情期间,她们响应医院号召,全科人员均写下请战书,除去怀孕哺乳等原因,83.33%的人员参与疫情救治工作。

【中国首艘千吨级近海生态环境监测船在湖口县同方江新造船有限公司万吨级船坞下水】 6月10日,随着"中国环监浙001"的船体顺利起浮,中国首艘千吨级近海生态环境监测船在湖口县同方江新造船有限公司万吨级船坞如期下水。"中国环监浙001"环境监测执法船,总长63.8米,型宽10.6米,型深4.45米,总吨位998吨,定员40人,续航力2800海里。该船采用先进的全船全专业三维建模工艺建造,造船质量、航行动力及减震降噪性能优良,设计航速13.5节,是同类环监船中速度最快的海洋生态环监船之一。

主要领导人 县委书记:江训开(任至8月)、曾宝柱(8月任)。县人大常委会主任:阮洋(任至10月)、史文(10月任)。县长:江训开(任至1月)、曾宝柱(2—8月任)、陈洋(10月任)。县政协主席:杨小林(任至10月)、梅媚(10月任)。

(何健　刘健)

·彭泽县·

【简　况】 位于江西最北端,辖10镇、3乡、1区、3场。总面积1544平方千米。常住人口28.48万人,其中城镇人口15.24万人。2021年,地区生产总值200.6亿元,同比增长8.8%。其中,第一产业增加值28.3亿元,增长7.0%;第二产业增加值96.6亿元,增长8.1%;第三产业增加值75.7亿元,增长10.5%。财政总收入33.2亿元,增长13.7%;税收占财政收入的81.3%。地方财政收入18.2亿元,下降9.0%;财政支出42.6亿元,下降5.7%。规模以上工业总产值539.5亿元,增长21.3%。固定资产投资157.5亿元,增长10.6%。社会消费品零售总额60.2亿元,增长18%。实际利用外资1.86亿美元,增长7.48%。农业总产值49.2亿元,增长8.7%。粮食总产量34.3万吨,增长0.8%。主要农产品及产量有油料3.09万吨、棉花0.39万吨、蔬菜8.32万吨、肉类1.5万吨、水产品6.23万吨。城镇居民人均可支配收入39723元,增加3212元;农村居民人均可支配收入20065元,增加1952元。

【社会综合治理】 2021年,彭泽县建立涉稳情况分析研判调度会议制度,每季度召开1次,落实预警响应扁平化机制,全年共对30多个重大事项和工程开展社会稳定风险评估,防控化解重点行业领域风险。全县175所中小学校、幼儿园全部实现一键报警、视频监控、人员预警、离岗预警、远程广播技防设施全覆盖。围绕"云剑""赣鄱百日缉毒"等专项行动,强化网上防范、反制、管控、打击措施,开展意识形态领域突出问题专项整治，全年共搜报上报信息 4717 条，视频巡查各类视频点位 2 万余次，破获网络电信诈骗案件 322 起，抓获犯罪嫌疑人 116 人，反诈中心累计止付涉案资金 3260 万元，冻结资金 443 万元。创新基层社会治理，强化县乡村三级综治中心实体化运行。成立县级人民调解协会，建立道路交通、医疗纠纷、婚姻家庭等 10 个行业性人民调解委员会，组建 196 个人民调解组织，共有近千名人民调解员。县综治中心全年接待群众来访 853 人次，提供法律咨询 350 次，受理矛盾纠纷 86 起，调解成功 84 起。全面建成"雪亮工程"整体项目，公共视频点位一、二、三类资源点 8200 多个，实现全域覆盖、全网共享、全时可用、全程可控。全县 75 个小区均完成智防小区建设，可防性案件发生率下降 18.2%。打造"彭泽快警"勤务模式。将城区划为 6 个网格，每个网格设 1 个"快警驿站"，建成"屯警街面、快速反应、主动服务"的新型勤务模式，全面调优落实"135"快速反应机制，实时启动社会面高等级巡逻防控勤务和高速路口查控勤务。

【乡村振兴发展】　2021 年，彭泽县持续巩固拓展脱贫攻坚成果，全面推进乡村振兴。9 月 25 日，"中国农民丰收节"江西活动在彭泽县举办，向世界展示农业农村发展的成果。县乡村振兴工作创新建立"双重保障防贫保险"兜牢防贫帮扶机制。对全县 301 户 899 人"三类人群"及农村低收入人口动态帮扶调整。落实 6320 名农村低收入人口的基本收入和重大支出双重保障防贫保险，全年保险公司为存在致贫返贫风险的 16 户赔付 13.0 万元，筑牢防止返贫致贫底线。持续落实义务教育学校校长、乡镇属地管理双负责制，发放贫困学生春季资助金 2593 人 157 万元，秋季资助金 2383 人 144.7 万元，未出现义务教育阶段适龄儿童因贫辍学。落实县域内定点医院"先诊疗后付费""一站式结算"等健康帮扶政策，为 4578 名脱贫患者报销医疗费用 2533.04 万元，报销比例 90.39%。完成 20 户危改项目，拨付改造资金 33.6 万元。推进城乡供水一体化建设，定期对全县所有农户的饮用水水质进行检测，确保饮水安全有保障。2021 年发放农村低保 16.30 万人次 5781.42 万元，特困供养对象 1.62 万人次 1219.13 万元，特困人员护理补贴 242.11 万元，发放残疾人"两项补贴"5813 人次 444.67 万元，重度失能残疾人补贴 130 人次 93.6 万元。建成 11 个帮扶产业链工厂，累计认定帮扶产品 59 个，销售帮扶产品超 1.3 亿元。强化全县 7775 名脱贫人口和边缘人口就业信息动态管理，落实省外务工人员交通补贴 3390 人 157.7 万元。安排专项资金 85 万元用于 5 个完善产业就业扶持配套设施项目，确保每个安置区都有后扶产业，多渠道实现就近就地就业。安排基础设施、雨露计划资助、交通补贴等各级衔接资金项目 206 个 3891.1 万元，完善"十三五"以来 1380 个 2.2 亿元扶贫资产信息台账，健全资产管理制度，确保扶贫资产不闲置、不浪费、不损失，持续发挥效益。

【教育事业发展】　2021 年，新建成公办县第四幼儿园、浩山幼儿园、杨梓幼儿园，至年底全县适龄幼儿毛入园率 97.56%，入公办幼儿园人数占总人数的 55.43%，普惠覆盖率 88.84%。义务教育整合农村教学点 25 个，新建维修校舍 3.57 万平方米、运动场 1.37 万平方米，建成新小学 1 个。年底，占地面积 17.57 公顷的彭泽高级中学项目主体工程完工。高中教育毛入学率 92.5%。职业教育推进"1+X"技能改革，首批 105 人完成技能证考核，通过率 98%；在全国中职教育旅游服务与管理专业获二等奖；兄弟药业定向培养班在读人数 120 人，校企合作进一步深入。

主要领导人　县委书记：邵九思（任至 7 月）、欧阳明华（7 月任）。县人大常委会主任：查秋玲（任至 10 月）、邵春霞（10 月任）。县长：吴华丰（任至 8 月）、任佳佳（10 月任）。县政协主席：马亮（任至 9 月）、朱轶（9 月任）。

（陈思宇）

· 永修县 ·

【简　况】　位于江西省西北部，辖 11 镇、4 乡、2 垦殖场和 2 企业集团。总面积 2047 平方千米（含已划归共青城市部分），其中城区面积 16 平方千米。耕地面积 3.1 万公顷，林地面积 7.83 万公顷；森林覆盖率 33.6%，城区绿化率 41.36%。总人口 39.48 万人，其中城镇人口 17.13 万人；人口自然增长率 2.8‰。2021 年，地区生产总值 291.18 亿元，同比增长 9.4%。其中，第一产业 28.67 亿元，增长 6.7%；第二产业 155.39 亿元，增长 8.5%；第三产业 107.12 亿元，增长 11.3%。财政总收入 38.6 亿元，增长 25.5%。其中，地方财政收入 20.04 亿元，增长 6.0%。财政总支出 47.11 亿元，增长 0.04%。工业总产值 694.26 亿元，增长 24.1%。规模以上工业总产值 669.78 亿元，增长 24.5%。外贸出口总值 6.66 亿元。固定资产投资 222.6 亿元，增长 10.2%。实际利用外资 1.99 亿美元，增长 9.74%。主要工业产品及产量有有机硅粗单体 48.9 万吨、烧碱 4.5 万吨、中成药 214 吨。农业总产值 48.21 亿元，增长 8.5%。粮食总产量 21 万吨。主要农产品及产量有棉花 467 吨、油料 1.3 万吨。城镇居民人均可支配收入 41721 元，增长 8.8%；农村居民人均可支配收入 21011 元，增长 10.3%。城乡居民年末储蓄存款 256.46 亿元，增长 3.3%。

【营商环境改革】　2021 年，永修县持续深化"放管服"改革，在全省创新组建营商环境直通车，实现信息收集直通指挥部、线索核查直通一线、问题交办直通部门、督查通报直通纪委、结果运用直通考核"五个直通"，助推全县经济社会高质量发展。建立永修县营商环境直通车指挥部，由县委书记、县长任双指挥长，指挥部下设办公室，配置 5 个专项工作组。聚焦服务质量，整治"怕慢假庸散"、整治官僚主义、"清而不为"，帮助企业解决用工、融资等难题。全年为企业减税降费 4.25 亿元。紧盯"容缺审批+承诺制""证照分离"等工作落实情况，紧盯一次性告知落实情况，紧盯优化营商环境"三帮三促"活动落实情况，全县项目审批可容缺材料达 39 项，"一次不跑"事项 341 项，"只跑一次"事项 703 项，项目审批时间压减三分之二以上。聚焦规范执法，关注执法检查"双随机 一公开"，关注行政处罚，关注日常监管,全县“双随机 一公开”监管覆盖率100%。

【有机硅产业集群发展】 2021年,永修县制定有机硅产业发展实施方案,围绕硅油、硅树脂、硅橡胶、硅烷偶联剂四大细分领域,根据中国有机硅产业分布图锁定目标企业,安排专门人员精准对接项目。推动有机硅产业升级、集群发展,全县有机硅关联企业有120余家,占全县工业企业总数的四分之一强。通过税务补贴、出口运费补贴等政策帮扶,让企业有更多资金进行研发创新、技改扩能。全年向上级争取政策资金约1500万元,配套县级资金1600余万元,缓解企业技改压力,实现传统产业优化升级。抓住2021年星火工业园认定为江西省首批化工园区契机,拓展有机硅产业发展空间,为有机硅项目落户提供平台支撑。

【乡村振兴示范县创建】 2021年,永修县聚焦实施乡村振兴战略,打造长江经济带乡村振兴示范县。推进高标准农田建设,实现现代农业示范园乡镇全覆盖。实施10亿元“中国·稻虾乡里”产业基地项目。投入资金1.3亿元,持续开展新农村建设,挑选6处示范点,全面完成452个新农村点建设,其中25个行政村实现所有自然村新农村点全覆盖。投入资金10.2亿元,完成8座重点圩堤除险加固和建成“四好农村路”130千米。完善乡村治理,开展“五星争创·全域提升”活动,梅棠镇入选第二批全国乡村治理示范村镇。云山企业集团凤凰山年糕加工厂运用自有的稻鳖共生基地所产有机大米为原料,生产的年糕被评为“江西十大特色农家点心”。

主要领导人 县委书记:许斌。县人大常委会主任:袁汝琴。县长:秦岭。县政协主席:张义红。

(陈汉铭)

·德安县·

【简　况】 位于江西省北部,辖5镇、8乡、2场。总面积863平方千米,其中城区面积14.32平方千米。耕地面积1.55万公顷,林地面积4.61万公顷;森林覆盖率63.8%,城区绿化率41.91%。总人口17.53万人,其中非农业人口7.21万人;人口自然增长率3.08‰。2021年,地区生产总值173.40亿元,同比增长9.3%。其中,第一产业增加值10.91亿元,增长6.5%;第二产业增加值106.67亿元,增长8.4%;第三产业增加值55.82亿元,增长11.5%。财政总收入30.09亿元,增长27.1%;人均1.72万元,增长27.44%;税收占财政总收入的68.8%。地方财政收入13.73亿元,增长6.5%;地方财政支出26.82亿元,下降13.4%。工业总产值557.04亿元,增长14.2%。规模以上工业增加值增长11.6%。固定资产投资增长9.3%。实际利用外商投资1.82亿美元,增长7.5%。主要工业产品及产量有布4.48亿米、纱8.17万吨、水泥249.11万吨。农业总产值17.65亿元,增长6.8%。粮食总产量7.15万吨。主要农产品及产量有油料7497吨、棉花142吨、生猪出栏7.26万头、水产品7719吨、水果5506吨。城镇居民人均可支配收入42885元,增长8.9%;农村居民人均可支配收入21443元,增长10.1%。城乡居民年末储蓄余额154.19亿元。

【中国工程院院士袁隆平逝世】 5月22日,“杂交水稻之父”“共和国勋章”获得者、中国工程院院士袁隆平因病医治无效,在长沙逝世,享年91岁。袁隆平是江西省九江市德安县人,抗日战争爆发前在德安故居生活,祖父袁盛鉴就葬在德安城郊万家山。生前,袁隆平十分关心家乡的发展,把德安列为高产杂交水稻种植推广示范基地,在德安设立隆平教育奖学金。隆平广场、隆平公园、稻田广场、隆平大道,德安县处处体现着隆平元素。应德安县委、县政府邀请,袁隆平于2004年、2015年、2016年3次回到家乡,为省级隆平科普教育基地揭牌,为新建的隆平学校颁奖,为超级稻基地测产。

【德安县水系连通及水美乡村建设】 7月6日,全省水系连通及水美乡村建设试点项目调度会在德安县召开,省水利厅、九江市水利局、试点县、项目设计、施工单位等负责人参加会议。德安县水系连通及水美乡村建设试点项目自2020年6月29日启动以来,已完成工程投资额3.05亿元,完成进度72%。通过与河长制、农村环境综合整治相结合,以博阳河水系为脉络,以流经村庄为节点,以13个乡镇景点为重点,实施水域岸线、乡镇村庄并治。对博阳河主河段及支流河道清淤疏浚35.72千米、护坡护岸51.31千米、扩卡清障2处,生态岸线率达80%以上,提升了县域农村水系整体行洪能力,降低了沿河81个村庄、约5.4万村民的洪灾损失;铺设乡镇污水管网23.96千米,建设污水处理站10处,有效减少河道污染源,水体透明度达0.5米。投入资金1804.8万元,打造林泉、高塘、车桥、丰林、邹桥等乡镇人文节点景观,与农村水系水域生态岸线有机串联,提升沿河景观带土地价值1200万元;将生活垃圾、工业废弃物和秸秆等纳入集中堆放、集中处理轨道,综合整治提升河道两岸人居环境。将水面养殖权、堆堤栽植受益权等与河道管护挂钩,落实管护责任;依托第三方公司对岸线进行常态化保洁管护,确保水清、河畅、岸美;将清淤土方回填废沟塘,土地面积发包所得用于保障河道岸线日常管护费用;将河道管护纳入村规民约,打通护河“最后一公里”。

主要领导人 县委书记:熊晋喜(任至7月)、周三连(7月任)。县人大常委会主任:袁有福(任至7月)、甘姝(7月任)。县长:周三连(任至7月)、艾菲(7月任)。县政协主席:江昌英(任至7月)、郭勇(7月任)。

(郭任初)

·共青城市·

【简　况】 位于江西省北部,辖2镇、3乡、1街道办事处。总面积310平方千米。耕地面积6945.61公顷,林地面积6016.8公顷;森林覆盖率19.24%,林木绿化率27.81%。总人口19.46万人,其中城镇人口14.47万人;人口自然增长率2.8‰。2021年,地区生产总值202.72亿元,同比增长9.1%。其中,第一产业增加值8.82亿元,增长11.5%;第二产业增加值102.88亿元,增长17.8%;第三产业增加值91.02亿元,增长15.4%。财政总收入56.64亿元,增长50.5%;税收占财政总收入的96.06%。地方财政收入20.90亿元,增长18.1%;一般公共财政预算支出35.15亿元,增长5.03%。固定资产投资增长9.1%。实际利用外商投资2.04亿美元;实际利用内资182.94亿元,增长8.55%。社会消费品零售总额65.74亿元,增长17.6%。农业总产值14.3亿元。粮食总产量4.0万吨。主要农产品及产量有稻谷3.15万吨、油料1885吨、蔬菜9451吨、水果2327吨。城镇居民人均可支配收入43537元,增加3737元;农村居民人均可支配收入21072元,增加2024元。城乡居民年末储蓄余额66.16亿元,增长14%。

【基础设施建设】 新建改造道路80多千米,完成105国道整治提升,金纺路等6条县道全面升级,国道532三期、南新公路全线通车。乡镇集镇改造全面完成,建成"5G+无人机+长效管护"信息平台,村庄环境长效管护工作排全省第三。投入资金80亿元,实施项目93个,基本完成珍珠湖、葡萄园和创业路老旧小区改造,完成湖州队片区提升改造,新增公共停车位500个;富华山创建国家5A级旅游景区规划通过省级专家评审,获评全省城市功能与品质提升工作"综合考核先进县城",成功创建国家卫生城市和江西省文明城市。

【改革创新】 完成153项改革任务,"一照"通办、融媒体等领域改革走在全省前列,获全省绿色金融先进市。持续深化"放管服"改革,完成政务服务系统平台升级改造,1586项政务服务事项实现在线办理。创新"前店后厂"政务服务新模式,在全省率先将"赣服通""赣政通"数据融通,个体工商注册登记等35项服务实现"跨省通办"。深入推进国资国企改革3年行动,组建青创金服集团,完成金牌控股集团股改。一镇多园集聚人力资源、跨境电商和数字经济企业超1000家,基金小镇存续企业5685家、认缴资金规模2809.5亿元,累计投资产业项目6200多个,其中当年投资1705个。无人机组网遥感研究院投入使用,翱翔星云获中国产学研合作创新奖,"组网一号"参加国家"十三五"科技创新成就展。举办数字经济及产业转型创新论坛、第一届氢能技术与产业发展论坛。

【举办2021年江西纺织服装周暨第二届共青城市羽绒服装周】 12月16日,由省工信厅、省人力资源和社会保障厅、九江市政府主办,九江市工信局、共青城市政府承办的2021江西纺织服装周暨第二届共青城市羽绒服装周开幕。该活动以"新江西 新时尚"为主题,为期3天,包括服装周开闭幕式、江西省纺织服装产业高质量发展峰会论坛、全国高技术纤维与先进纺织服装青年科学家论坛、全省纺织服装产业链人才对接会等活动。服装周共签约项目43个,项目总金额230多亿元。

主要领导人 市委书记:卢治轩。市人大常委会主任:况泉水。市长:刘阳青。市政协主席:杨祖荣。

(刘孝波 李陈根 黄珊)

·庐山市·

【简 况】 位于江西省北部,辖9镇、1乡、1场、1管理处。总面积764.52平方千米,其中城区面积10.92平方千米。耕地面积9961公顷,有林面积山下2.14万公顷、山上7507.77公顷;森林覆盖率山上93.79%、山下34.47%,城市绿化率38.84%。常住人口22.92万人(含山上),其中城镇人口13.95万人(含山上);人口自然增长率1.79‰。2021年,地区生产总值166.21亿元,同比增长9.0%。其中,第一产业增加值10.95亿元,增长6.6%;第二产业增加值60.81亿元,增长7.6%;第三产业增加值94.45亿元,增长10.1%。财政总收入26.5亿元,增长3.4%;税收占财政总收入的66.7%。一般公共财政预算收入18.9亿元,下降7.8%。一般公共预算支出35.7亿元,下降7.4%;政府性基金支出17.9亿元,下降4.4%。规模以上工业企业总产值402.3亿元,增长12.1%,规模以上工业增加值增长11%。外贸出口18.47万美元。固定资产投资增长9.8%。实际利用外资1.47亿美元,增长10.6%。社会消费品零售总额74.7亿元,增长18.7%。主要工业产品及产值有建材257.9亿元、文体用品47.7亿元、装备制造49亿元、非金属矿19.1亿元。农业总产值17.68亿元。粮食总产量5.69万吨。主要农产品及产量有油菜籽7286吨、稻谷4.53万吨、棉花519吨。城镇居民人均可支配收入39934元,增长7.4%;农村居民可支配收入19482元,增长9.5%。住户存款99.7亿元,增长11.6%。

【"市局合一"管理体制运行】 按照省委、省政府印发的《关于深化庐山管理体制改革的方案》精神,庐山市、庐山管理局实行"两块牌子、一套人马、一个财政"的"市局合一"管理体制,撤销原庐山管理局内设机构,设立正处级庐山旅游发展委员会及副处级协调联络处、自然资源保护处、世界遗产管理处、综合执法处,承担庐山市旅游业发展职责和《江西省庐山风景名胜区管理条例》赋予的、以庐山管理局名义行使的职责,其余职责由庐山市相关职能机构承担。撤销副处级事业单位门票管理处和景区服务中心,设立庐山智慧旅游发展服务中心、庐山风景名胜区游客服务中心、庐山风景名胜区管理与维护中心3个副处级事业单位。至年底,涉改部门全面到位,旅发委等管理和服务机构、人员全部集中山上办公,财政、医疗、教育等体制机制基本理顺,市局融合、一体发展步伐加快。实施"零基"预算,全面建成预算一体化管理体系。全市事业机构整合后,总数由369个减少至178个。按照"推进集团化发展"要求,实行政企分开、事企分离,实现庐山旅游企业化、集团化经营。新组建庐山旅游发展集团、庐山温泉发展集团、庐山市环山文化旅游发展集团。国有资产经营监管平台全面上线运行,实现监管全覆盖。

【旅游生态优化】 坚持规划引领,启动高铁新区、城市风貌管控等5个专项规划编制,国土空间总体规划编制取得阶段性成果。深入推进城市功能与品质提升3年行动,打造旅游新城,将新城建设成山城联动、特色鲜明、环境优美、功能完善的山水文化休闲旅游名城。第一期投资60亿元,开工项目13个。庐山国际学校对外招生、新中医院、五星级酒店、商业综合体、文博园等工程主体封顶。投资3亿元的智慧旅游建设项目投入运行,智慧旅游发展服务中心、秀峰游客中心投入使用。举办第二届庐山国际名茶名泉博览会、第二届庐山国际爱情电影周和“把庐山带回家”文创产品征集大赛,开出首趟茶泉文化进京专列、庐山云雾茶文旅进京专列。年内,庐山市获“中国县域旅游综合竞争力百强县市”榜首,获评“中国最美乡村、最具诗意、品质休闲百佳县(市)”,秀峰获评国家4A级景区。庐山获全省优秀景区称号,被列为省级文化产业重点县(市),成功创建省级全域旅游示范区,牯岭街获评全省首批夜间文化消费集聚区、省级旅游休闲街区。全年接待游客2827.09万人次,比上年增长41.92%;实现旅游总收入236.8亿元,增长48.79%。

【民生工程】　全面启动城乡污水处理一体化工程,完成惠民、庐环老旧小区改造,文昌路、玉帘北路、匡庐路改造提前完工,二级垃圾中转站投入使用,中心城区实现5G基站全覆盖;完成市人民医院发热门诊改造,建成创伤中心等三大中心;成功创建省级生态园林城市,依法拆除“两违”建筑146处、5900余平方米。新增989个停车位,有效缓解停车难问题。投入资金430余万元,购置新型环卫设备,大幅提升机械化作业率。持续巩固拓展脱贫攻坚成果同乡村振兴有效衔接,实现3102户脱贫群众、178户监测户结对帮扶全覆盖。加大秀美乡村建设力度,完成华林港、横塘港、新池港中小河流治理,新增33个自然村、4961户纳入城乡供水一体化工程;建成8个美丽村庄、2212户整洁庭院,全市99%以上村庄实现垃圾无害化处理。推进农村“厕所革命”,1012户农村户厕完成整改。温泉镇新塘畈村和白鹿镇交通村、玉京村入选省级森林乡村。

主要领导人　市委书记:李小平(9月任)。市人大常委会主任:刘英(9月任)。市长:王斌。市政协主席:赵木林(9月任)。

(吴倩)

·柴桑区·

【简　况】　位于江西省北部,辖5镇、3乡、3街道办事处、2场、1经开区、1管理处。总面积916.55平方千米,其中城区面积16.5平方千米。耕地面积2.65万公顷,林地面积2.96万公顷;森林覆盖率25.20%,城区绿化率41.07%。总户籍人口31.15万人,其中非农业人口11.0万人。2021年,地区生产总值204.4亿元,同比增长8.7%。其中,第一产业增加值22.0亿元,增长6.5%;第二产业增加值92.0亿元,增长7.7%;第三产业增加值90.3亿元,增长10.1%。财政总收入29.3亿元,增长14.9%。地方财政一般预算收入15.0亿元,下降0.4%。财政总支出29.17亿元,下降12.87%。规模以上工业总产值448.1亿元,增长20.7%。规模以上工业增加值增长11.1%。实际利用外资1.92亿美元,增长7.3%。外贸出口4.55亿美元,增长46.77%。社会消费品零售总额54.4亿元,增长18%。农业总产值36.2亿元,增长8.2%。粮食总产量8.4万吨。主要农产品及产量有棉花0.11万吨、油料1.17万吨。城镇居民人均可支配收入41502元,增长8.2%;农村人均可支配收入20544元,增长10.9%。城乡居民储蓄存款余额212.3亿元,增长7.1%。

【工业发展】　2021年,柴桑区新材料(金属)产业集群被列入省级产业集群。累计引进亿元以上工业项目30个。实际利用内资进资183.8亿元。全社会科技研发投入占地区生产总值的1.55%。新增规模以上工业企业17家,新增高新技术企业8家、专精特新企业16家。沙城标准厂房(一期)建成投入使用,赤湖标准厂房(一期)主体工程基本完工。沙城富园二路、富园三路、沙城路及赤湖大道等道路“白改黑”工程完成。规模以上服务业营业收入11.4亿元,增长49.3%。首家市级人力资源产业园建成投入运营,营业收入超9亿元,税收突破4000万元。

【赤湖工业园企业商会获全国“四好”商会称号】　1月26日,全国工商联办公厅发布《全国工商联办公厅关于认定2019—2020年度全国“四好”商会的通报》,柴桑区赤湖工业园企业商会获全国“四好”商会称号。柴桑区赤湖工业园工商联分会于2018年5月3日成立,已有会员企业80家。商会按照“政治建会、团结立会、服务兴会、改革强会”总要求,以“四好”为目标,坚持党建促会建,成立柴桑区赤湖工业园企业商会党支部,提升非公党组织思想政治引领力,保证商会发展的正确方向。始终把服务会员企业发展作为工商联分会的立身之本,与区委统战部、区工商联一起开展民企大走访活动。2021年,共走访会员企业70余家,收集梳理企业意见建议26条,并积极协助企业解决困难和问题。搭建政银企交流平台,为18家会员企业办理贷款2000余万元。引导园区民营经济人士投身精准扶贫、疫情防控、抗洪救灾等活动。新冠肺炎疫情期间,园区共有56家企业捐款捐物,共计200多万元。整合园区企业用工招工讯息,发布招工岗位500余个,降低企业招工成本,提升企业用工招工效率。举办银行金融、人社保障、税务财政、科技人才、税法5期主题活动,参加活动的民营经济人士360余人次,提高民营企业抗风险能力。

【庐山机场复航】　10月31日,九江庐山机场复航,并开通至西安和深圳的2条航线。改建后的庐山机场跑道长2.8千米、宽50米,是省内6个支线机场中除南昌机场外,跑道最长、最宽、强度最高的机场。机场停机坪面积2万平方米,停机位3个,飞行区等级4C级,能满足主流大型客机波音737-800、空客A320同类及以下的机型起降。

主要领导人　区委书记:骆效农(任至8月)、盛炜(8月任)。区人大常委会主任:李照培(任至8月)、喻浩源(8月任)。区长:赵和平(任至8月)、潘光(8月任)。区政协主席:袁汝明(任至8月)、柳鸿斌(8月任)。

(张树华　陈新)

·浔阳区·

【简　况】　位于江西省北部,辖5街

道办事处。总面积 26 平方千米。总人口 31 万人。2021 年,地区生产总值 398.7 亿元,同比增长 8.3%。一般公共预算收入 7.94 亿元。固定资产投资增长 10.4%。社会消费品零售总额 220.03 亿元,增长 16.8%。工业增加值增长 10.7%。外贸出口 25.6 亿元,增长 48.8%。利用外资 1.34 亿美元,增长 10.59%。城镇居民人均可支配收入 4.7 万元,增长 7.3%。

【正邦智谷科创园项目落户浔阳区】 2 月 2 日,浔阳区政府与深圳比邦集团举行签约仪式,由深圳比邦集团投资 50 亿元的正邦智谷科创园项目落户浔阳区。项目总建筑面积约 48 万平方米,分两期建设,建设以发展电子商业、电子信息、精密仪器、高端配套产业、科技型中小企业以及相关配套现代服务业为一体的特色科技园区。

【九江进口肉类产业园(贸易加工区)建成】 10 月,九江进口肉类产业园(贸易加工区)全面建成。该产业园位于浔阳区工业园内,总投资 1.1 亿元,占地面积 1.43 公顷,总规划面积 2 万平方米。围绕"一个口岸、一个产业"方向补链强链,产业园引进 13 家肉类产业链企业入驻,包括进口肉类贸易商 11 个和华中最大的冷链贸易商——华沛集团。新增获批进口肉类收发货人资质企业 7 家。

【国电农贸市场全面完工】 11 月 15 日,九江市首家五星级智慧农贸市场——国电农贸市场全面完工。该农贸市场位于浔阳区金鸡坡街道发电厂生活西区对面,面积 2791.80 平方米,为 3 层商业建筑,建筑高度 18.70 米,总建筑面积 3421.51 平方米,总投资约 2500 万元。

主要领导人 区委书记:张宁。区人大常委会主任:徐礼文。区长:周荣卿。区政协主席:周庆吾。

(郑伟)

· 濂溪区 ·

【简 况】 位于江西省北部,辖 5 镇、2 乡、2 街道办事处。总面积 387.5 平方千米,其中城区面积 42 平方千米。耕地面积 0.37 万公顷,林地面积 0.93 万公顷;森林覆盖率 35.8%,城区绿化率 47.6%。总人口 26.25 万人,其中非农业人口 15.66 万人。2021 年,地区生产总值 344.21 亿元,同比增长 9%。其中,第一产业增加值 6.03 亿元,第二产业增加值 149.38 亿元,第三产业增加值 188.81 亿元。财政总收入 32.45 亿元,其中一般公共预算收入 17.38 亿元。固定资产投资 208.2 亿元,增长 9.4%。社会消费品零售总额 124.96 亿元,增长 17.2%。实际利用外资 2.27 亿美元,增长 7.8%;实际利用省外资金 74.95 亿元。进出口总额 64 亿元。主要工业产品及产量有商品混凝土 624.34 万立方米、烧碱 123.91 万吨、玻璃纤维布 5427 万米、瓷质砖 3435.76 万平方米、水泥 466.03 万吨。农业总产值 9.54 亿元。粮食总产量 2.02 万吨。城镇居民人均可支配收入 46651 元,增长 8%;农村居民人均可支配收入 23425 元,增长 10.7%。

【濂溪区引进多个"5020"项目】 年内,濂溪区引进多个"5020"重大项目。5 月 11 日,总投资 22 亿元的北京二商食品产业基地项目签约落户沿江工业基地。项目建设年产 1.2 万吨基酒、2.4 万吨王致和料酒、应急食品、封缸酒及相关新产品开发等。5 月 19 日,总投资 80 亿元的新湖未来小镇项目签约落户濂溪区。项目由新湖地产集团投资新建,占地面积约 213.33 公顷,重点围绕鄱阳湖生态科技城产业定位,引领配套建设集文旅板块、创客板块、康养板块、农业观光板块、未来社区五大板块为一体的特色小镇。6 月 11 日,金鹰(江西)产业园项目落户濂溪区。项目选址化纤工业基地,总投资约 105 亿元,包括 60 亿元的 120 万吨/年高档白卡纸项目,25 亿元的 30 万吨/年的高档生活用纸项目,及 20 亿元的 15 万吨/年的水刺无纺布二期项目。10 月 16 日,九江博纳世纪文化旅游发展有限公司与九江市鄱阳湖生态科技城管理委员会签订庐山·世纪博纳影视文化旅游度假区项目投资协议。项目总投资 120 亿元,构建集电影小镇、游乐研学、滨水度假、怡养社区等多功能板块复合的世界级影视文化旅游度假区。

【江西华电九江分布式能源有限公司破产重整投资协议签约】 8 月 13 日,江西华电九江分布式能源有限公司破产重整投资协议签约仪式在濂溪区举行。华电九江公司成立于 2011 年 3 月,总投资 5.89 亿元。其主营业务天然气发电是全省唯一的分布式能源示范项目。2019 年 11 月,华电九江公司因股东内部纠纷及到期债务不能清偿等原因陷入经营僵局被迫停产。2020 年 7 月 8 日,华电九江公司向濂溪区法院申请破产重整。2021 年 7 月 21 日,华电九江公司重整计划草案获区法院裁定批准。其间,经公开招募程序、多轮磋商,深圳燃气集团股份有限公司、江西天然气投资有限公司、华电福新能源股份有限公司成为华电公司破产重整投资人。

【濂溪区与三峡集团合作打造"两河"生态综合体】 年内,为根治城市黑臭水体,濂溪区高标准推进中心城区水环境系统综合治理,与三峡集团合作打造"两河"生态综合体。该项目位于九江柴油机厂旧址,总占地面积 3.33 公顷,总投资 4 亿元,是全省首座"全地下+花园式"污水处理厂,开创了地下建设污水处理厂、地上建设生态公园和科普展馆的立体化生态布局。项目采取"AAO/ AO+高密沉淀池+深床滤池"的先进处理工艺,将"两河"流域重度劣 V 类黑臭水体变为清澈见底的准 IV 类地表水,日处理污水量 3 万立方米、服务面积 10.19 平方千米、服务人口 14 万人。

主要领导人 区委书记:容长贵(任至 8 月)、赵和平(8 月任)。区人大常委会主任:王正发(任至 8 月)、王小平(8 月任)。区长:盛炜(任至 8 月)、陶宇俊(8 月任)。区政协主席:张金水(任至 8 月)、彭青松(8 月任)。

(刘洋洋)

景德镇市

【概 况】 位于江西省东北部,辖 1 市、1 县、2 区、1 开发区、1 新区。总面积5256平方千米。总人口162.06万人,其中城镇人口106.85万人。2021年,地区生产总值1102.31亿元,增长8.7%。其中,第一产业增加值70.97亿元,增长6.5%;第二产业增加值487.45亿元,增长8.0%;第三产业增加值543.89亿元,增长9.6%。财政总收入149.87亿元,增长6.8%。一般公共预算收入101.49亿元,增长1.4%。其中,税收收入63.09亿元,比上年增长2%;一般公共预算支出226.52亿元,下降4.0%。规模以上工业增加值增长10.9%。主要工业产品及产量有瓷质砖3125.46万平方米,下降1.9%;汽车9905辆,增长107%;气体压缩机1525.02万台,增长15.7%;家用电冰箱72.11万台,下降7.4%。农业总产值122.48亿元,增长8.1%。粮食总产量55.72万吨,增长1.3%。主要农业产品及产量有蔬菜150万吨,与上年持平;油料4.04万吨,增长1.5%;茶叶1.27万吨,增长5.6%。固定资产投资增长9.4%。社会消费品零售总额548.17亿元,增长17.2%。出口总值82.71亿元,增长25.9%。实际利用外资2.72亿美元,增长8.3%。金融机构年末存款余额1651.98亿元,增长12.1%。城镇居民人均可支配收入4.56万元,增长8.0%;农村居民人均可支配收入2.10万元,增长8.8%。

【景德镇陶溪川文创街区获中国最佳历史文化旅游项目金奖】 4月24日,景德镇陶溪川文创街区在山东济宁孔子故里尼山举行的2020年度第十届艾蒂亚奖颁奖典礼暨艾蒂亚2021尼山春会上,获中国最佳历史文化旅游项目金奖。中国旅游投资艾蒂亚奖创办于2011年,是中国旅游投资行业的最高荣誉,被称为中国旅游的奥斯卡奖。陶溪川文创街区位于景德镇市东城区,以原国营宇宙瓷厂土地和厂房为核心启动街区改建,涵盖商业贸易、酒店餐饮、文化创意、艺术交流、会展博览、文化旅游、休闲娱乐等功能业态。

【景德镇御窑博物馆获 A+Awards 奖】 7月7日,A+Awards公布2021年最终获奖名单。景德镇御窑博物馆获“文化-博物馆”类别的评委奖。Ar-chitizer是全球最大的建筑网站之一,Ar-chitizer A+奖作为全球最大型的奖项之一,致力于推广和表彰每年最优秀的建筑和产品设计,被誉为“建筑界的奥斯卡奖”。景德镇御窑博物馆由朱锫建筑设计事务所设计,作品以“窑”的拱形作为设计元素,采用简单、原始又富有感染力的抽象窑拱券形态,并汲取瓷器圆润、简约的曲线造型,通过多个单体拱券的组合、扭转、聚集,悠久的御窑文化变得触手可及。

【景德镇市入选第二批国家文化出口基地】 8月26日,商务部、中共中央宣传部会同文化和旅游部、广电总局公布第二批国家文化出口基地名单,全国16个行政区(功能区)入选。其中,景德镇市为江西省唯一入选区域。景德镇以瓷为媒,先后与“一带一路”沿线国家的21个产瓷城市建立友好城市关系,并达成战略合作,着力打造经贸合作平台,外贸出口保持高速增长。此外,以景德镇国家陶瓷文化传承创新试验区建设为契机,大力推进“两地一中心”(国家陶瓷文化保护传承创新基地、世界著名陶瓷文化旅游目的地、国际陶瓷文化交流合作交易中心)建设,陶瓷文化创意等产业发展迅猛,新增陶瓷文化企业2000余家,为国家文化出口基地建设奠定基础。

【景德镇御窑厂窑址入选“百年百大考古发现”】 10月18日,第三届中国考古学大会在河南省三门峡市开幕,现场公布“百年百大考古发现”,景德镇御窑厂窑址入选。景德镇御窑厂窑址位于珠山区,面积约5.43万平方米,先后10多次开展考古工作,发掘出丰富的地下文物,出土众多的明清作坊、马蹄窑、葫芦窑等重要遗迹,是国内唯一一处能全面系统反映官窑陶瓷生产和文化信息的历史遗存。

【景德镇彭家弄项目获文化遗产保护类别杰出奖】 12月1日,2021年联合国教科文组织亚太地区文化遗产保护奖公布。由清华大学教授、全国工程勘察设计大师、中国建筑学会建筑改造和城市更新专业委员会常务理事张杰主持的江西景德镇彭家弄项目获文化遗产保护类别的杰出奖。获奖评语指出,面对日益增长的城市重建压力,景德镇彭家弄作坊院的复兴是一个了不起的成就。该项目为民窑及其相关建筑遗产和社会遗产在景德镇陶瓷生产中心1000年历史中的作用提供了新的视角。彭家弄作坊院在景德镇御窑厂遗址重点保护区范围内,在明清时期是御窑厂生产功能的延伸,是集商业、居住、瓷器生产为一体的院落组合。

【举办2021中日韩陶瓷文化艺术与旅游周】 12月14日,由文化和旅游部国际交流与合作局、江西省文化和旅游厅、景德镇市人民政府主办的2021中日韩陶瓷文化艺术与旅游周在景德镇市开幕。省委常委、省委宣传部部长庄兆林,文化和旅游部国际交流与合作局局长谢金英,景德镇市委常委、常务副市长邓永翔分别致辞;韩国驻华大使张夏成、日本驻华使馆临时代办志水史雄、联合国教科文组织驻华代表夏泽翰、日本多治见市市长古川雅典先后视频致辞。活动以“以心相交,成其久远”为主题,从14日持续至17日。活动期间先后开展“形色·器象”——2021中日韩文化艺术展特展、“Z世代瓷缘”国际青年瓷都行及“社交媒体思维下传统工艺的破局之路”“Z世代交流与亚洲未来展望”“文化创意与数字技术的应用”论坛等系列活动。来自中日韩文化和旅游领域的政府官员、专家学者以及艺术家参与有关陶瓷文化交流的多项活动。

主要领导人 市委书记:刘锋。市人大常委会主任:曹雄泰。市长:胡雪梅。市政协主席:俞小平。

(吴军　饶璟)

· 乐平市 ·

【简　况】 位于江西省东北部,辖15镇、1乡、2街道办事处、1农科园和1大型水库管理局。总面积1985平方千米,其中城区建成区面积25.1平方千米。耕地面积5.47万公顷,林地面积10.36万公顷;有林面积9.7万公顷,森林覆盖率49.3%。城区绿化率45.7%。总人口94.63万人,其中市区人口13.41万人;人口自然增长率4.5‰。2021年,地区生产总值406.33亿元,同比增长8.5%。其中,第一产业增加值 42.45 亿元，增长 6.5%；第二产业增加值 193.09 亿元，增长 8.1%；第三产业增加值 170.79 亿元，增长 9.6%。财政总收入 50.44 亿元，增长 6.7%；人均 6690 元，税收占财政总收入 78.9%。地方财政收入 34.32 亿元，增长 5.6%；地方财政支出 73 亿元，增长 0.004%。工业总产值 464.98 亿元，增长 23.7%。规模以上工业增加值增长 11%，外贸出口占地区生产总值 7.51%。固定资产投资增长 9.4%，实际利用外商投资 9304 万美元、省外投资 147.4 亿元。主要工业产品及产量有水泥 207.72 万吨、钢化玻璃 1.25 万平方米、烧碱（折 100%）17.57 万吨、化学农药原药（折 100%）23.04 万吨、化学药品原药 450.2 吨。农业总产值 70.11 亿元，增长 8.07%。粮食总产量 37.07 万吨。主要农业产品及产量有油料 2.78 万吨、棉花（皮棉）706 吨、生猪年末存栏 18.01 万头、水产品 2.19 万吨、水果 1.20 万吨。城镇居民人均可支配收入 4.24 万元，增长 8.1%；农村居民人均可支配收入 2.06 万元，增长 7.8%。城乡居民年末储蓄余额 388.96 亿元，增长 12.8%。

【罗晓敏获“全国脱贫攻坚先进个人”称号】 2 月 25 日，全国脱贫攻坚总结表彰大会在人民大会堂召开。中共中央、国务院对 1982 名全国脱贫攻坚先进个人进行表彰。罗晓敏（女）获“全国脱贫攻坚先进个人”称号，受到中共中央总书记习近平接见并合影留念。2015 年 7 月，景德镇市检察院罗晓敏任省级贫困村——乐平市鸬鹚乡龙口村第一书记。在她的带领下，龙口村打造出“光伏基地”“樱花花海”“北大粮仓”“秀美乡村”4 张名片，于 2017 年脱贫摘帽。罗晓敏先后获“中国好人”“全省道德模范”“全省最美第一书记”“江西省脱贫攻坚贡献奖”等荣誉。

【乐平市建成亚洲最大江西首个滨水古戏台】 3 月 18 日，位于乐平市洪岩镇忠宣湖畔的亚洲最大江西首个占地面积 1.05 万平方米的滨水古戏台竣工。该戏台采用国家级非物质文化遗产——乐平古戏台营造技艺的手工木雕工艺，当地数百名能工巧匠历时 3 年手工雕刻而成。为大型木结构晴雨台，整个结构前疏后密，前低后高，空间格局传统古朴。“建筑奇巧复杂、装饰豪华艳丽”，与当地国家 4A 级旅游景点洪岩仙境相得益彰、浑然一体，是当地戏曲文化与自然山水景观相融合的特色文化旅游景点。3 月 26 日的《人民日报》以《水上戏台》为标题，用大图片新闻形式刊登乐平水上古戏台。

3 月 18 日，亚洲最大、江西首个滨水古戏台在乐平建成

朱定文摄

【洎阳帮帮总团获“平安中国建设先进集体”称号】 12 月 15 日，平安中国建设表彰大会在北京召开，140 个先进集体、129 名先进个人受表彰。乐平市洎阳帮帮总团志愿者协会获“平安中国建设先进集体”称号。总团团长徐庆辉作为代表领奖，受到中共中央总书记习近平接见并合影留念。2017 年 8 月开始，乐平创新“四善”（善引、善教、善用、善待）工作法，培育发展新型社会组织——洎阳帮帮团。2020 年，洎阳帮帮团被中宣部评为全国最佳志愿服务组织，被形象称为传递党和政府声音的“放大器”、推动社区工作的“助力器”、疏解社会矛盾的“减压器”和为居民办实事的“取暖器”。

主要领导人　市委书记：俞小平（任至 7 月）、林卫春（7 月任）。市人大常委会主任：王颖军（任至 10 月）、刘文平（10 月任）。市长：高翔（任至 8 月）、吴艳（10 月任）。市政协主席：潘赛新。

（汪雪芳　汪小龙）

· 浮梁县 ·

【简　况】 位于江西省东北部，辖 9 镇、7 乡。总面积 2851 平方千米。耕地面积 1.81 万公顷，森林面积 21.67 万公顷；森林覆盖率 81.4%。总人口 28.04 万人。2021 年，地区生产总值 164.17 亿元，同比增长 9.2%。其中，第一产业增加值 21.57 亿元，增长 6.6%；第二产业增加值 83.83 亿元，增长 9.1%；第三产业增加值 58.77 亿元，增长 10.3%。财政总收入 24.38 亿元，增长 14.9%。一般公共预算收入 11.24 亿元，增长 0.9%。工业增加值 78.99 亿元，增长 9.4%。规模以上工业总产值 138.1 亿元，增长 33.6%。固定资产投资增长 9.8 %。农林牧渔总产值 38.18 亿元，增长 8.1%。粮食总产量 15.9 万吨，增长 3.9%。社会消费品零售总额 43.31 亿元，增长 16.7%。城镇居民人均可支配收入 3.72 万元，增长 7.5 %；农村居民人均可支配收入 2.2 万元，增长 10.4%。

【党史学习教育】 浮梁县党员干部用好集中课堂、自学课堂、红色课堂、研讨课堂、线上课堂 5 个课堂，形成“四人小组、互助互学”学习模式；组织观看《三湾改编》《跨过鸭绿江》《长津湖》等专题影片；运用应急广播“大喇叭”、融媒体专栏等形式，讲党史、播新闻，让更多群众共同参与；送学上门，激发离退休干部的学习热情；创作电影剧本《瑶里改编》、赣剧剧本《信念》、情景剧《铁骨丹心》、高岭 · 中国村 20 亩彩色水稻图腾、中国共产党成立 100 周年庆祝瓷《粉彩万花向阳象耳一统尊》等红色文艺精品，向党的百年华诞献礼。依托浮梁“红色地图”，在王港乡港口村自发制作巨幅瓷版画“共产党宣言”，在三龙镇三龙村新建 30 米党史亭，在瑶里镇新建“瑶里红色文化广场”和“红色旅游研学营”，在峙滩镇建设红军纪念广场等。以“立信讲坛”为主要平台，开展党的创新理论宣讲进基层，组织“五员三团”开展“百人讲百场”大宣讲活动 430 余场，线上线下受众逾 55 万人次；联合江西电视台第五套公共·农业频道特别策划全国首档“听党话、感党恩、跟党走”乡村大篷车宣讲活动。在全县各级媒体网站开设学党史专题专栏，编发党史学习教育简报 40 期，省、市分别采用 7 期 7 篇、9 期 12 篇，县级媒体推出党史学习教育相关新闻报道 180 余篇，在中央、省、市主流媒体及重点网站刊发 90 余篇。围绕庆祝中国共产党成立 100 周年，组织开展群众性党史宣传教育活动 120 余场。开展“我为群众办实事”实践活动，全部完成 31 个重点民生项目办结销号工作，群众满意度 100%。在臧湾乡寒溪村举办“艺术在浮梁”春秋两季展，展期观众 4 万人次，新媒体点击率 3000 万余次，微博话题 250 万余条，线下广告投放总触达人群超 1 亿。把党史学习教育同“十四五”开局起步结合起来。以新平先行区建设为统领，推进工业倍增三年行动，泛半导体产业园、金绿能新材料、乐华智能家居等一批“5020”项目落地投产，峰盛新材料产业园、万微粉体研发中心等一批重点项目于春节前建成投产运营。全县党史学习教育工作被中央电视台《新闻联播》及《江西日报》等多家权威媒体宣传报道，“五员三团”“百人讲百场”大宣讲等特色做法受到省委宣传部肯定，并多次在全省党史学习教育推进工作座谈会上分享经验。

【浮梁法院宣判全国首例适用“民法典”案件】 1 月 4 日，县法院环境资源法庭在该院依法公开开庭审理浙江海蓝化工集团有限公司环境污染民事公益诉讼一案并当庭宣判。法院审理查明：2018 年 3 月 3 日至 7 月 31 日，被告海蓝公司某职工对 30 车 1124.1 吨硫酸钠废液处理不当，安排人员将其运输到浮梁县寿安镇八角井、浮梁县湘湖镇洞口村的山上倾倒，造成该地周边约 0.53 公顷范围内环境和地表水受到污染，妨碍当地 1000 余名群众饮用水。经鉴定，2 处受污染地块的生态环境修复总费用为人民 216.8 万元，环境功能性损失费用共 57135.45 元，并产生检测鉴定费 95670 元。受污染地浮梁县湘湖镇洞口村采取合理预防、处置措施产生的应急处置费用 532860.11 元。2021 年 1 月 4 日上午，法院判决被告海蓝公司赔偿以上相关费用共 2853665.56 元，承担环境污染惩罚性赔偿金 171406.35 元，同时判令被告海蓝公司就其污染环境的行为在国家级新闻媒体上向社会公众赔礼道歉。这是全国首例适用《中华人民共和国民法典》第 1232 条（新设法律规范）污染环境惩罚性赔偿条款的案件。

【浮梁籍现役军人王亮被授予“第八届全国道德模范”称号】 11 月 5 日，第八届全国道德模范座谈会和颁奖仪式在北京举行，浮梁籍现役军人王亮被授予“第八届全国道德模范”称号。王亮，男，汉族，江西浮梁人，1999 年 1 月出生，2016 年 9 月入伍，2018 年 9 月入党，为中国人民解放军陆军步兵学院学员。2020 年 7 月 12 日 10 时许，王亮在休假回家途中，突遇 1 辆轿车与货车相撞翻落河堤，王亮面对突发险情挺身而出，从 5 米高的河堤跳入水中，3 次下水，两破车窗，勇救 4 人。此次立功表彰，王亮把 1 万元奖金捐给家乡慈善总会。王亮荣立一等功 1 次，被评为陆军“四有”新时代革命军人标兵，被授予浙江青年五四奖章，荣登“中国好人榜”。

主要领导人 县委书记：胡春平（任至 8 月）、程新宇（8 月任）。县人大常委会主任：张永进。县长：程新宇（任至 8 月）、张汉坤（10 月任）。县政协主席：陈国清。

（李晓华　金寿进）

·昌江区·

【简　况】 位于江西省东北部，辖 2 镇、2 乡、2 街道办事处。总面积 405 平方千米。耕地面积 3733.33 公顷，森林面积 1.7 万公顷；森林覆盖率 54.8%。总人口 20.1 万人，其中城镇人口 15.9 万人；人口自然增长率 3.48‰。2021 年，地区生产总值 275.50 亿元，同比增长 8.7%。其中，第一产业增加值 6.02 亿元，增长 6.3%；第二产业增加值 157.30 亿元，增长 7.9%；第三产业增加值 112.18 亿元，增长 9.8%。财政总收入 19.3 亿元，增长 6.1%，其中税收占 82.4%。工业总产值 104.05 亿元，增长 32.8%，占地区生产总值 37.77%。规模以上工业增加值 26.68 亿元，增长 10.7%。固定资产投资 65.3 亿元，增长 9.4%。社会消费品零售总额增长 16.2%。城镇居民人均可支配收入 4.71 万元，增长 8%；农村居民人均可支配收入 2.17 万元，增长 8.6%。

【《景德镇陶瓷文化通识教材》首发】

3 月 12 日，作为景德镇国家陶瓷文化传承创新试验区建设的文化类项目之一，《景德镇陶瓷文化通识教材》首发仪式在景德镇市第五中学举行。该教材分为《景德镇陶瓷史话》《景德镇陶瓷文化》2 册，由中共昌江区委、景德镇市教育局和景德镇学院联合编撰，面向全市各中学发行。

【凌富医药、鱼丽电子信息产业园两个“50”项目开工】 9 月 28 日，凌富医药项目开工仪式在昌江区举行，项目由江西富祥药业股份有限公司与上海凌凯医药科技有限公司共同投资建设，总投资 50 亿元。项目全部建成达产后，可实现年产值不低于 50 亿元；10 月 28 日，昌江区鱼丽电子信息产业园暨美科项目开工仪式在昌江区举行。该产业园总占地面积 30.4 公顷，总投资超 50 亿元。

【周发春获第八届全国道德模范提名奖】 11 月 5 日，第八届全国道德模范表彰活动在北京举行，周发春获提名奖。周春发，男，汉族，昌江区鲇鱼山镇礼城村人，2018 年 6 月 5 日凌晨 2 点，他不顾个人安危，三次闯火海勇救因电线老化致家中起火的邻居夫妻俩。曾获江西省道德模范、“江西好人”等称号。

主要领导人　区委书记：罗文军（2月任，任至8月）、倪卫春（8月任）。区人大常委会主任：李恩清。区长：倪卫春（任至8月）、伊文斌（8月任）。区政协主席：陈华清。

（施启权　洪东亮）

·珠山区·

【简　况】　位于江西省东北部，辖1镇、9街道办事处、1经开区。总面积111.14平方千米，其中城区面积32.87平方千米。耕地面积402.85公顷，有林面积6198.87公顷；森林覆盖率55.77%。总人口38.47万人，人口自然增长率0.23‰。2021年，地区生产总值256.32亿元，增长8.7%。其中，第一产业增加值0.94亿元，增长5.9%；第二产业增加值53.23亿元，增长6.5%；第三产业增加值202.15亿元，增长9.3%。财政总收入25.98亿元，增长13.54%；税收收入21.33亿元，占财政总收入82.10%。规模以上工业总产值13.83亿元，规模以上工业增加值同比增长10.9%。固定资产投资增长9.6%。引进内资53.55亿元，实际利用外资2685万美元；外贸出口完成3.19亿元。社会消费品零售总额201.2亿元，增长17.3%。城镇居民人均可支配收入4.78万元，增长7.9%。

【《我的峥嵘岁月——老战士系列访谈》节目获全国三等奖】　4月，在2021年第二期全国县级融媒体中心优秀作品双月赛中，景德镇市珠山区录制的《我的峥嵘岁月——老战士系列访谈》节目被评为三等奖，是江西省唯一上榜的作品。2021年，珠山区在开展党史学习教育中，录制《我的峥嵘岁月——老战士系列访谈》节目，深度挖掘本土红色资源，搜集整理当地抗美援朝老战士陈道良、翁山红、陈炳荪等烽火硝烟中的故事，用身边人讲述身边事、以身边事教育身边人。

【姚石玉获“全国优秀共产党员”称号】　6月28日，全国“两优一先”表彰大会在北京人民大会堂举行。景德镇市委信访局副局长、珠山区委信访局局长姚石玉获“全国优秀共产党员”称号。姚石玉进入珠山区信访系统30年来，创造一套“三真”工作法——“真心待人、真情处事、真诚服务”，不断优化信访工作体制机制，开创珠山区信访工作新局面。2010年任珠山区信访局局长，2011—2018年，珠山区连续8年被评为“三无”县（市、区）；个人获评第九届全国“人民满意的公务员”、全国优秀共产党员、全国“最美信访干部”、全国“七五”普法中期先进个人、全国信访系统优秀信访局长，并2次作为表彰代表在北京人民大会堂接受中共中央总书记习近平会见。7月1日，庆祝中国共产党成立100周年大会在北京天安门广场举行，姚石玉作为全国“两优一先”表彰人员在现场观礼，并在北京参加中国共产党成立100周年的系列庆祝表彰活动。

【“夜珠山”消费带入选第一批国家级夜间文化和旅游消费集聚区名单】　11月5日，“夜珠山”消费带入选文化和旅游部公布的第一批国家级夜间文化和旅游消费集聚区名单。景德镇市“夜珠山”消费带位于景德镇国家陶瓷文化传承创新试验区的主战场、主阵地珠山区，北起珠山大道与东站路交叉口，南至航空路湖田派出所，西至珠山大道与童宾路交叉口，东至黄泥岗、胡家岭、柏树岗山头沿线，总面积2.45平方千米，由北至南，连接国家文化产业示范园区陶溪川文创街区、国家4A级景区三宝国际瓷谷（陶源谷）、省商旅文融合发展综合体九集小镇、青年学生创客街陶艺街四大文旅集聚版块。该区域依托国家级文化产业示范园区的示范引领，聚集形成深度夜游、沉浸夜演、饕餮夜宴、文创夜购、时尚夜娱、精品夜宿六夜文旅消费带。

主要领导人　区委书记：林卫春（任至7月）、高翔（7月任）。区人大常委会主任：余志华（任至8月）、汪良（8月任）。区长：罗文军（任至2月）、徐华（7月任）。区政协主席：邵继纲。

（刘露虹）

萍乡市

【概　况】　位于江西省西部，辖3县、2区。总面积3831.01平方千米。耕地面积5.15万公顷，森林面积24.96万公顷；森林覆盖率67.25%。总人口180.59万人，其中城镇人口124.19万人。2021年，地区生产总值1108.30亿元，同比增长8.3%。其中，第一产业增加值77.15亿元，增长6.90%；第二产业增加值497.64亿元，增长7.7%；第三产业增加值533.52亿元，增长9%。一般公共预算收入108.63亿元，增长2.4%。地方财政支出289.96亿元，增长3.0%。税收占财政总收入的64.9%。规模以上工业增加值增长10.8%。进出口总额147.47亿元，其中出口总额145.00亿元。固定资产投资增长10.9%；实际利用外商投资4.85亿美元，增长7.2%。主要工业产品及产量有原煤109.37万吨、水泥629.5万吨、工业陶瓷制品598.8万吨、烟花鞭炮773.4万箱、钢材618.2万吨。农业总产值123.77亿元，增长8.6%。粮食总产量50.18万吨。主要农产品及产量有油料4.9万吨、生猪136.83万头、肉类14.7万吨、豆类1.52万吨、薯类（折粮后）1.95万吨。城镇居民人均可支配收入43395元，增加2990元。农村居民人均可支配收入22862元，增加2031元。

【产业转型升级】　战略性新兴产业增加值占规模以上工业增加值比重大幅提高，新增规模以上工业企业82家，新增国家级“专精特新”“小巨人”企业13家，新增国家级绿色工厂2家。国家级科技型中小企业增加46家，瞪羚企业和潜在瞪羚企业各增加2家。引进利用省外2000万元以上项目299个，引进“5020”项目24个，引进数字经济项目57个。工业资源综合利用典型经验做法获工信部推广。盘活低效闲置土地100公顷，建成标准厂房面积155.5万平方米，园区标准厂房建设典型经验做法被国家发改委推广。新认证“两品一标”农产品33个，富硒农产品54个。规模以上服务业营业收入增长16.4%。萍乡全域纳入湘赣边区域合作示范区建设国家战略，湘东、上栗共建园区落户企业230余家。获评国家产业转型升级示范区建设年度评估优秀城市、全国采煤沉陷区综合治理示范区。

【“安源精神”学术研讨会在萍乡市举行】 6月20日—21日，由萍乡市委、市政府，光明日报社编辑部、省委党史研究室、省投资集团有限公司主办，萍乡市委宣传部承办，以“纪念中国共产党领导安源工人运动100周年”为主题的“安源精神”学术研讨会在萍乡市举行。省委常委、省委宣传部部长施小琳，中信改革发展研究基金会理事长孔丹，原中央文献研究室副主任、中国中共文献研究会副会长陈晋出席并讲话。来自中央党史和文献研究院、省委党史研究室，全国各地研究院所和高校的100余名学者、专家参加研讨会。研讨会对安源精神的内核要义进行研讨，对安源精神进行系统性研究。此次研讨会共收到论文200篇。经过三轮评审，共评出一等奖1篇、二等奖3篇、三等奖6篇、优秀奖15篇。

【萍莲高速建成通车】 9月25日，萍乡至莲花高速公路通车仪式举行。省委常委、常务副省长殷美根出席仪式并宣布通车。萍莲高速公路项目于2017年12月开工建设，是江西省高速公路网规划中的一条地方加密高速公路，是省道S89上莲高速公路的南段，是萍乡市“三横一纵”高速公路网“一纵”中重要的组成部分。项目起点位于经开区上柳源，沿途经过经开区、安源区、湘东区、莲花县，与已建成的萍洪高速顺接，终点位于莲花县升坊镇与泉南高速相接，按双向4车道高速公路标准进行设计。路线全长约75.29千米，总投资93.3亿元。

主要领导人 市委书记：李小豹(任至3月。2022年5月接受省纪委省监委纪律审查和监察调查。)，陈敏(3月任)。市人大常委会主任：周敏(任至10月)、吴运波(10月任)。市长：李江河(任至8月)、刘烁(10月任)。市政协主席：吴运波(任至10月)、聂晓葵(10月任)。

· 安源区 ·

【简　况】 位于江西省西部，辖4镇、6街道办事处、1管理委员会(乡级)。总面积212.81平方千米，其中城区面积42.16平方千米。耕地面积2039.62公顷，有林面积9169.6公顷；森林覆盖率46.28%。总人口40.15万人，人口自然增长率0.57‰。2021年，地区生产总值260.94亿元，同比增长8%。其中，第一产业增加值5.61亿元，增长5.8%；第二产业增加值73.18亿元，增长6.9%；第三产业增加值182.15亿元，增长8.5%。财政总收入57.8亿元，增长13.6%。一般公共预算收入29.6亿元，增长13.6%。工业增值税4.56亿元，增长33.2%；规模以上工业增加值增长10.9%。社会固定资产投资增长10.7%；实际利用外商投资6300万美元，其中现汇进资400万美元；利用省外2000万元以上项目资金121.45亿元，增长8.56%。社会消费品零售总额199.13亿元，增长16.8%。农业增加值5.61亿元，增长5.8%。粮食总产量1.86万吨，增长0.5%。城镇居民人均可支配收入46009元，增长7.3%；农村居民人均纯收入26059元，增长9.1%。

【蛋禽养殖产业发展】 以高坑、青山、安源等乡镇为重点，利用山地、林地资源，建立50万只以上的蛋禽养殖场3家，强化养殖废弃物资源化利用，着力挖掘蛋鸡、土鸡、肉蛋鸭等优良特色品种。全区家禽存笼约85万只，出笼约142万只，禽蛋产量7000余吨。组建蛋禽养殖技术指导服务队，累计开展农业养殖技术培训35次，培训家禽养殖从业人员600人次。全区共培育3个蛋禽养殖品牌，完成家禽“三品一标认证”3个，其中无公害认证2个，绿色食品1个。推行“龙头企业+基地+贫困户”“龙头企业+村集体+贫困户”等经营模式，通过由龙头企业与养殖农户签订代养合同，将鸡苗、饲料、防疫消毒药品等物资发放给饲养户，产品按合同保底价回收，促进贫困人口稳定增收脱贫。打造温哥土鸡等一批扶贫示范产业，通过土鸡养殖产业项目向全区免费发放防疫后的青年鸡2万只，带动946户贫困户增收。

【推进5A景区建设】 以工矿文化资源和红色文化资源为主导，编制《安源景区核心区创建5A级景区总体规划》，投资30亿元对安源路矿工人运动纪念馆、安源风情老街、秋收起义公园和乐居社区等9大板块进行提升打造，共计区域面积3.48平方千米，构建“东南西北中”全域旅游新格局。启动创建安源5A景区需整合的国有资产13处，全面进行资产估算，理清土地性质、使用状态。整合景区内文物单位45处，将国保单位盛公祠交由安源路矿工人运动纪念馆代管，对中共湖南省委旧址、安源地委旧址、孔原故居等文保单位进行维修。将安源路矿工人运动纪念馆改造提升并成功申报国家4A级旅游景区，新建游客服务中心和VR馆，提升改造安源广场和安源老街，年内已完成70%。建成并开放全国首个以红领巾为主题的纪念馆——安源红领巾纪念馆和萍乡科普主场馆——萍乡市科技馆；依托孔原故居，建成“把一切献给党”党性教育基地。

主要领导人 区委书记：康峰(任至8月)、李水清(8月任)。区人大常委会主任：肖锋(任至1月)、易燕萍(1月任)。区长：黎增义(任至8月)、邱伟(8月任)。区政协主席：陈建荣(任至9月)、刘少云(9月任)。

(周圆圆　陈钧智)

· 湘东区 ·

【简　况】 位于江西省西部，辖8镇、2乡、1街道办事处。总面积858.75平方千米，其中城区面积7.83平方千米。耕地面积1.32万公顷，森林面积88.68万公顷；森林覆盖率69.85%，城区绿化率44.55%。总人口40.45万人，其中城镇人口18.55万人；人口自然增长率0.71‰。2021年，地区生产总值146.37亿元，同比增长8.6%。其中，第一产业增加值17.88亿元，增长7.4%；第二产业增加值55.72亿元，增长7.8%；第三产业增加值72.77亿元，增长9.6%。财政总收入25.48亿元，增长13.9%。其中，税务系统收入21.15亿元，占比83%。规模以上工业增加值增长11.1%。固定资产投资增长10.7%。主要工业产品及产值有工业陶瓷66.95亿元。农业总产值28.3亿元，增长9.3%。粮食总产量10.69万吨。主要农产品及产量有稻谷9.86万吨、生猪出栏38.29万头、油菜籽7695

吨。城镇居民人均可支配收入 4.36 万元,增长 7.5%。城乡居民年末储蓄余额 135.49 亿元,增长 6.4%。社会消费品零售总额 27.2 亿元,增长 21.3%。

【全国信访工作示范县(市、区、旗)创建】 湘东区贯彻中共中央总书记习近平关于加强和改进人民信访工作的重要思想,学习和发展"枫桥经验",聚焦信访工作基层基础建设,标准化建设人民来访接待中心,建立多元化解信访矛盾机制。该区实行"谁主管、谁负责""一岗双责"的信访工作体系,完善综治维稳、信访工作领导小组,促进民政信访工作决策部署的落实和困难救助、医疗救助、临时救助、优抚安置及移民后扶等信访问题的解决。严格落实首访责任制,切实把好信访工作"第一道关口",及时、就地、依法按政策解决群众合理诉求,坚决杜绝"小事拖大、大事拖炸"现象发生。安排专人办理网上"民心民生互动平台""局长信箱"的信访件。建立联合接访、领导干部接访、调查调研、督查督办、定期通报、考核评价、责任追究等制度。健全台账管理,广泛走访信访对象和弱势群体,倾听诉求,解决实际困难。检查强农惠民政策落实情况,杜绝因政策不落实导致信访问题的发生。2021 年,湘东区首次获评全国信访工作示范县(市、区、旗)称号。

【湘东区入选 2021 年国家现代农业产业园创建名单】 4 月 2 日,农业农村部、财政部组织完成 2021 年农业产业融合发展项目创建评审工作,并公布创建名单。湘东区国家现代农业产业园入选创建名单。湘东区国家现代农业产业园选址于湘东区中西部,涵盖麻山、排上、东桥、腊市 4 镇 56 村,产业园内耕地面积 5340 公顷,占全区耕地总面积的 38.50%,产业园规划面积为 2.19 万公顷,共建五大工程 16 个项目,总投资 19.19 亿元(按照创建要求 1∶3∶15 的比例,其中中央投资 1 亿元,地方配套 2.89 亿元,社会融资 15.3 亿元)。产业园区内以水稻制种为主导产业,已形成杂交水稻种子生产为龙头,集研发、种植、加工、仓储、物流以及休闲农业等为一体的全产业链,依托湘东种业优势,打造全国种业大区、全国水稻种业人才培育基地与国家级优质水稻新品种展示中心。

主要领导人 区委书记:杨博(任至 6 月)、何超(7 月任)。区人大常委会主任:王志才。区长:何超(任至 6 月)、郑锐(7 月任)。区政协主席:彭建达(任至 7 月)、黄彩国(8 月任)。

·芦溪县·

【简 况】 位于江西省西部,辖 5 镇、4 乡。总面积 960 平方千米。耕地面积 1.39 万公顷,林地面积 6.91 万公顷;森林覆盖率 71.26%。总人口 31.16 万人。2021 年,地区生产总值 132.21 亿元,同比增长 8.6%。其中,第一产业增加值 23.11 亿元,增长 7.9%;第二产业增加值 55.04 亿元,增长 7.6%;第三产业增加值 54.06 亿元,增长 10.0%。财政总收入 21.36 亿元,增长 16.0%;税收占财政总收入 81.2%。地方财政收入 12.37 亿元,增长 3.8%;地方财政支出 34.25 亿元,下降 8.0%。规模以上工业增加值增长 10.7%。社会固定资产投资增长 11.5%。外贸出口 12.99 万元,实际利用外商投资 4840 万美元。农业总产值 36.91 亿元,增长 10.0%。粮食总产量 11.30 万吨。城镇居民人均可支配收入 40354 元,增长 7.6%;农村居民人均可支配收入 23050 元,增长 9.4%。

【中材电瓷国家级智能制造新模式应用项目通过验收】 1 月 27 日,中材电瓷国家级智能制造新模式应用项目——"大规模超特高压用绝缘子生产线智能制造新模式示范工程"在芦溪通过验收。该项目是江西省首批也是行业内首家通过该应用项目验收的企业。该项目由中材江西电瓷电气有限公司牵头,济南大学、北京华控自动化系统有限责任公司、机科发展科技股份有限公司共同承担。7 名技术、财务专家共同组成验收评审专家组。专家组通过听取项目承担单位的项目总结报告,实地查看项目实施现场并核查相关设备,审查项目资料,经质询讨论,专家组一致认为:该项目验收资料完整齐全,完成任务书要求的各项考核指标和建设任务,项目经费使用合理、规范,符合项目管理和验收要求,同意项目通过验收。该项目实施后生产效率提高 269%,运营成本降低 31.8%,产品研制周期降低 70%,能源利用率提高 58%;共计产生 30 余项发明专利(其中已授权 1 项)、6 项软件著作权、2 份研究报告、5 份技术规范、2 份国家标准报批稿、1 份企业标准等技术成果;并获批国家级绿色工厂、国家级制造业单项冠军产品、建材行业智能制造示范企业等;获得中国技术市场金桥奖、江西省科学技术进步奖、江西省专利奖、建筑材料科学技术奖、建材行业技术革新奖等多项奖励。

【芦溪县土地节约集约利用工作获国务院通报表扬】 5 月 7 日,国务院办公厅对 2020 年落实有关重大政策措施真抓实干成效明显地方予以督查激励通报。芦溪县因土地节约集约利用成效好,被国务院通报表扬。芦溪县贯彻落实国家各项政策措施,以节约集约、高效利用土地为基本要求,不断优化产业布局、结构和时序,落实差别化土地供应政策,推动产业转型升级,加快经济发展方式转变。严格控制增量,积极盘活存量,以提高土地利用率为导向,促进经济社会全面发展、协调发展、绿色发展、高效发展。不断优化土地利用结构,促进产业集聚,提高单位面积投入产出强度,进一步提升土地节约集约水平。严厉打击违法用地,加大法规宣传力度、加大巡查力度、构建乡村监管网络,严格管理用地秩序,用地秩序良好。2019 年,芦溪县在江西省县市区集约利用土地考核排名第一、上升幅度排名第一,获省级 6.67 公顷用地指标奖励。

主要领导人 县委书记:刘占纯(任至 8 月)、黎增义(8 月任)。县人大常委会主任:胡世燕。县长:龙萍(1 月任)。县政协主席:夏坤勇(任至 8 月)、陈青峰(8 月任)。

(肖菀乔)

·上栗县·

【简 况】 位于江西省西北部,辖 4 镇、4 乡,总面积 650 平方千米。耕地面积9909.74公顷,林地面积4.35万公顷;森林覆盖率58.01%。总人口47万人,其中农村人口37.4万人;人口自然增长率3.9‰。2021年,地区生产总值195.03亿元,同比增长8.8%。其中,第一产业增加值19.07亿元,增长7.5%;第二产业增加值100.71亿元,增长9%;第三产业增加值75.25亿元,增长8.9%。财政总收入30.69亿元,增长15.5%;一般公共预算收入增长2.7%;税收收入25.09亿元,占财政总收入81.75%。规模以上工业增加值64.57亿元,增长10.7%。农业总产值30.44亿元,增长9.5%。主要农产品及产量有生猪31.2万头、山羊32.3万头、肉兔200万只、蚕茧50吨。粮食总产量12.35万吨。社会消费品零售总额45.51亿元,增长20.8%。城镇居民人均可支配收入40539元,增长7.38%;农村居民人均可支配收入22564元,增长9.89%。

【赣湘边区域合作】 以湘赣边区域合作示范区建设为机遇,与湖南省浏阳市签订共建跨省产业园合作协议,深化与浏阳、万载、铜鼓政务合作,178项合作事项实现“四地通办”,区域开放合作工作获省委、省政府及时奖励。推进赣湘合作产业园基础建设,新增标准厂房43万平方米,综合污水处理厂、赣湘合作人才大厦等一批配套设施投入使用。园区全年实现产值170亿元,同比增长46.55%;完成税收8.03亿元,增长47.5%。全年引进项目55个,签约资金276.4亿元,其中引进“5020”重大项目7个。

【上栗管道燃气项目投入运营】 2月6日,碧桂园·天麓小区通气点火,这是上栗城区首家使用天然气的小区,上栗城区管道正式实现供气。县委、县政府将城区管道燃气项目通气作为一项重要的民生工程推进,引进瑞丰燃气投资建设上栗管道燃气项目,该项目LNG气化站位于绕城路栗江公园对面,已建成储气规模9万立方米,每小时供气能力5000立方米的LNG储存、气化装置1套,配套新建1座辅助用房和2座870立方消防水池,以及站内消防控制系统、防雷、供电、道路等附属工程,同时建成的还有23.7千米长的绕城路、李畋大道等路段天然气管网以及碧桂园小区庭院管网,构成此次供气的一套整体系统。

主要领导人 县委书记:肖妮娜(任至8月)、利军(8月任)。县人大常委会主任:王纯。县长:利军(任至8月)、李志猛(8月任)。县政协主席:关翠萍。

·莲花县·

【简　况】 位于江西省西部,辖5镇、8乡、1垦殖场。总面积1072平方千米。有林面积6.22万公顷,森林覆盖率73.78%。总人口27.7万人,其中非农业人口8.4万人;人口自然增长率7.54‰。2021年,地区生产总值73.02亿元,增长8.9%。其中,第一产业增加值11.22亿元,增长7.2%;第二产业增加值23.11亿元,增长8.7%;第三产业增加值38.68亿元,增长9.5%。财政总收入11.92亿元,增长12%;税收占财政总收入85.1%。实际利用外商投资4072万美元,增长2.6%。工业总产值51.62亿元,增长12%。固定资产投资40.57亿元,增长11%。主要工业产品及产量有原煤18.67万吨,增长29.0%;气体压缩机8.74万吨,增长52.4%。农业总产值18.61亿元,增长9.2%。粮食总产量13.99万吨,增长1.7%。主要农产品及产量有蔬菜及食用菌13.74万吨,增长3.99%;油料2.79万吨,增长18.22%。城镇居民人均可支配收入30467元,增长7.3%;农村居民人均可支配收入14461元,增长12.6%。城乡居民年末储蓄余额114.58亿元,增长11.83%。

【寒山水库通过竣工验收】 5月15日—16日,省水利专家组到莲花县省重点工程寒山水库开展验收工作。验收过程中,专家组和验收委员会实地查看了项目建设与运行状况,观看了工程建设声像资料,听取审议了《建设管理工作报告》《移民安置验收工作报告》《质量监督工作报告》《竣工验收技术鉴定报告》《技术预验收工作报告》等资料报告。经全面分析讨论,专家组和验收委员会认为寒山水库工程建设任务全面完成,工程质量满足规程规范和设计要求,运行持续保持良好状态,综合效益全面发挥,鉴定该工程竣工,同意通过验收。寒山水库位于莲花荷塘乡境内,该工程于2011年7月启动,2015年9月正式开工建设。工程总投资3.98亿元,主要子工程包括枢纽工程、供水工程、灌溉工程和发电工程。水库建成后,解决了县城、水库下游3个乡镇、县工业园区,共6.5万名居民的生活用水,以及部分企业的生产用水需求,有效改善全县四分之一家庭的生活用水质量,并把下游防洪标准由7年一遇提高到10年一遇,夯实了相关流域防洪防汛和农业连续稳产增产的水利基础。

【莲花县首个博士工作站成立】 12月29日,江西胜龙牛业与江西农业大学签约成立莲花县首个博士工作站。农大博士工作站派驻博士工作团队长期驻胜龙牛业实验室,重点对肉牛养殖技术进行研究和实验,为肉牛品种资源开发利用、肉牛养殖、良种繁育、疫病防控、饲草料开发利用、动物营养、肉牛产品深加工及人才培养等方面提供技术保障,推动全县肉牛产业现代化、标准化、产业化和品牌化发展,使胜龙牛业成为全省优质肉牛生产优势区和深加工基地以及莲花县实现乡村振兴的支柱产业之一。

主要领导人 县委书记:张运来(任至8月)、易刚(8月任)。县人大常委会主任:刘绍华(任至8月)、朱白明(8月任)。县长:曾国祥(任至8月)、曾衍敏(8月任)。县政协主席:刘海林(任至8月)、汤杰(8月任)。

(彭博)

新余市

【概　况】 位于江西省中部偏西,辖1县、1区、1高新技术产业开发区和仙女湖风景名胜区。总面积3178平方千米。常住人口120.21万人,人口自然增长率0.69‰。2021年,地区生产总值1154.60亿元,同比增长8.6%。其中,第一产业增加值70.62亿元,增长8.0%;第二产业增加537.21亿元,增长8.0%;第三产业增加值546.77亿元，增长9.3%。财政总收入177.29亿元，增长13.9%。一般公共预算收入81.58亿元，增长1.5%。税收总收入159.08亿元，增长14.3%，占财政总收入89.7%，提高0.3个百分点。固定资产投资增长9.3%。工业增加值447.34亿元，增长8.6%。规模以上工业增加值增长11.1%。外贸进出口总额217.25亿元，增长29.9%。其中，出口91.85亿元，增长16.3%；进口125.41亿元，增长42.0%。实际利用外商直接投资5.78亿美元，增长6.3%。实际利用省外2000万元以上项目资金664.67亿元，增长8.3%。社会消费品零售总额402.13亿元，增长17.6%。农林牧渔业总产值124.84亿元，增长9.8%。粮食总产量56.4万吨，增长1.5%。金融机构年末各项存款余额1577.44亿元，增长14.2%。

【新钢集团公司营业收入破千亿元大关】 12月8日，新钢集团公司营业收入突破1000亿元大关，完成“转型升级冲千亿”的目标任务，成为全省第二家千亿元级企业，经济效益位列全国90多家大中型钢铁企业前20位，进入全国钢铁行业“第一方阵”。

2021年，新钢将“三极新钢”发展理念与“数智新钢”重大战略相结合，推动公司转型升级。实施精品战略，做强钢铁主业。全力做强做优钢铁主业，在总产量保持基本稳定的情况下，向提升产品质量、售价要效益，发挥公司产线多、品种丰富特点，将优势资源向利润高、效益好的产线集中，加大高技术、高品质、高附加值产品的研发生产和市场开拓力度。高建钢、容器板、汽车板等中高端产品比例达60%以上，生产效益最好的高品质电工钢年产能达76万吨。12月10日，高品质稀土钢研发取得重大突破并实现批量化生产，极大提高市场竞争力。打造“数智新钢”，做优企业管理。提出“管理极简、规模极致、消耗极限”的发展理念，加快数字化转型，打造智慧工厂，与华为签订全面合作协议，合作打造“数智新钢”；着力推动物联网、大数据、人工智能与钢铁生产深度融合，建成铁前集控中心、轧钢集控中心等，实现生产现场少人化、无人化和远程操控。出台系列改革措施优化管理，推进“大部制、大厂制、大科室”改革，成立采购中心、营销中心、招标中心，对部门单位进行同业整合，减少二级单位7家、科室（车间）28个、班组186个。对盈利能力差、发展潜力不足、经营风险大的子企业进行清理。建设绿色钢厂，做实环保项目。高度重视环保工作，加快建设环保绩效A级企业。7月，尘泥综合治理项目正式竣工启用。此外，综合料场、高效发电、焦化、电炉等19个节能环保改造项目相继启动，涉及总投资67.1亿元。

【新余市城市功能与品质提升三年行动完成】 钟灵大道、抱石大道东延段、天工北大道、仙来西大道等道路提升改造陆续完工，城南火车站提升改造竣工投用，主城区24个农贸市场、100个公交站台、5000余块店招改造全面完成，5904户棚户区和15299户老旧小区改造相继开工，基建电源供居民小区用电问题在全省率先实现全面清零，省卫生城市通过复核。美丽乡镇建设五年行动全面启动，扫尾“拆三房”1940栋，建成“三园”面积518.6万平方米，388个新农村建设任务全面完成，农村无公害化厕所普及率96.4%，村庄环境长效管护水平和农村人居环境明显提升，成为全省唯一全域获评美丽宜居示范县的设区市。率先在全省实现城乡供水一体化全员全域全覆盖。至年底，50个市本级城建项目完成投资34亿元。

【社保“一卡通”入选全国年度地方改革典型案例】 12月28日，中国改革网发布“2021年度地方全面深化改革典型案例”名单，江西省新余市“社保卡‘一卡通’承载大民生”入选。新余是全省首张城镇社保卡发放城市、首张电子社保卡签发城市，社保卡金融功能激活率、电子社保卡签发率等指标在全省领先。2020年，新余先行先试，申请并获批打造江西省社保卡“一卡通”应用样板、创建全国社保卡“一卡通”创新应用综合示范区，聚焦“人手一卡、一卡多能、全域通用”目标，推动实现政务和公共服务领域“一卡通”。作为全国电子社保卡首批试点地区，新余社保卡“一卡通”实现“三个全国率先”，即在全国率先实现居民服务一卡通“跨省通用”和“同城待遇”，在全国率先实现电子社保卡金融移动支付，在全国率先提出并推行“区块链+电子社保卡”新模式，创新经验做法在全省推广，获省政府、人社部、国务院督查组肯定。

主要领导人 市委书记：蒋斌。市人大常委会主任：赖国根（2月任）。市长：徐鸿（5月任）。市政协主席：张家良（10月任）。

（傅媛媛）

· 分宜县 ·

【简　况】 位于江西省中部偏西，辖7镇、3乡、1园区、2街道办事处。总面积1391.76平方千米。常住人口27.45万人。森林覆盖率65.7%。2021年，地区生产总值215.93亿元，同比增长9.9%。其中，第一产业增加值22.76亿元，增长8.3%；第二产业增加值79.13亿元，增长10.5%；第三产业增加值114.04亿元，增长10.5%。财政总收入30.6亿元，增长19%。一般公共预算收入16.1亿元，增长7.1%。税收收入25.72亿元，增长23.3%，占财政总收入的84%。规模以上工业增加值增长14%。营业收入204.2亿元，增长23.8%。规模以上工业总产值203.6亿元，增长22.8%。全年固定资产投资增速同比增长12.3%。社会消费品零售总额86.86亿元，增长17.5%。进出口36.9亿元。实际利用外商投资1.35亿美元，增长9.2%。实际利用省外2000万元以上项目资金176.43亿元，增长8.3%。粮食总产量16万吨，增长1.2%。主要农产品及产量有油料作物9138吨，增长18.9%；蔬菜9.58万吨，增长19.2%；瓜果6.72万吨，增长12.4%；肉类2.16万吨，下降9.24%；生猪存栏11.19万头，下降24.1%；禽蛋2000吨，下降84%。城镇居民人均可支配收入38832元，增长6.8%；农村居民人均可支配收入22067元，增长9.4%。

【城乡协调发展】 主动融入新余区域发展，谋定启动渝钤大道和钤东新城建设，拓宽城市发展空间，高效率完成钤东新城157.67公顷土地征收。坚持以功能完善、品质提升、容貌变样推动城市发展,投入15亿元实施24个城市基础和公共服务项目,新增停车位442个,3个棚户区改造项目和19个老旧小区改造强力推进,省道222棋河线杨桥绕城段竣工通车。城市环境综合整治持续发力、新招不断,“随手拍”活动推动142个问题整改,“啄木鸟”行动治出城乡新容颜。PM2.5浓度均值25微克/立方米,空气质量连续7年达国家二级标准,县级集中式饮用水水源地水质全部达标,获评全国第四批节水型社会建设达标县。人工造林1266.67公顷,新增3个省级森林乡村和2个省级乡村森林公园,获全省天然林保护工作先进集体,连续5年获评全省森林防火春季行动先进县。湖泽镇和凤阳镇大路边村、洞村乡程家坊村获评第七届江西省文明村镇。强力推进非煤矿山整治和修复,推进中央生态环保督察反馈问题整改。启动美丽乡镇建设五年行动,扫尾拆“三房”4万平米,累计建“三园”82万平米,新农村建设覆盖率98.3%,获评全省美丽宜居示范县,双林夏布小镇获全省民间文化艺术之乡称号。

【分宜县融媒体中心入选“全国县级融媒体中心能力建设十大典型案例”】 12月18日,第二届全国县级融媒体中心能力建设年会在四川省成都市召开,会上公布融媒体中心等“全国县级融媒体中心能力建设十大典型案例”,分宜县融媒体中心入选。该中心于2016年7月在江西省率先成立,已打造1.0版和2.0版,2017年被列为全国第一批试点。该中心以客户端为载体,嵌入“学习强国”学习平台,开通“强国号”“头条号”和“人民号”,登上中央级传播平台;以“赣鄱云”“赣云”为载体,融入“全省一张网”,登上省、市级传播平台;集成6个县级媒体、30个入驻号、25个微信公众号、19个微博账号,扩大县级传播平台。

主要领导人 县委书记:李逸翔(任至8月)、邹家洪(9月任)。县人大常委会主任:袁传胜(任至10月)、胡瑜瑞(10月任)。县长:胡军(任至7月)、谢洵(10月任)。县政协主席:卓俊(任至10月)、黄斯文(10月任)。

(钟洪成)

· 渝水区 ·

【简　况】 位于江西省中部偏西,辖7镇、4乡、6街道办事处。总面积1174平方千米。耕地面积3.16万公顷,有林面积5.02万公顷;森林覆盖率39.8%。总人口67.19万人,人口自然增长率-0.22‰。2021年,地区生产总值701.39亿元,同比增长8.7%。其中,第一产业增加值35.32亿元,增长8%;第二产业增加值330.96亿元,增长7.5%;第三产业增加值335.11亿元,增长9.9%。财政总收入49.56亿元,增长13.8%。其中,税收收入45.96亿元,占财政总收入92.75%;地方财政收入22.59亿元,减少1%。工业总产值411.79亿元,增长20.5%。固定资产投资295.01亿元,增长11.4%。规模以上工业增加值81.76亿元,增长9.2%。实际利用外资1.56亿美元,增长3.2%。实际引进省外2000万元以上的项目资金207.49亿元,增长8.3%。社会消费品零售总额247.7亿元,增长17.6%。农业总产值59.18亿元,增长3.5%。粮食总产量28.91万吨。主要农产品产量有油料1.08万吨,增长2.1%;水果6.72万吨,下降8.1%;蔬菜9.89万吨,增长1.7%。城镇居民可支配收入4.71万元,增长7.7%;农村居民人均可支配收入2.29万元,增长7.8%。

【江西新钢南方新材高性能高牌号电工钢项目开工】 7月20日,江西新钢南方新材高性能高牌号电工钢项目开工。高性能高牌号电工钢项目是新钢公司提升高性能、高牌号产品占比,助推公司“转型升级冲千亿”,落实非钢产业发展布局和精品战略的重大支撑项目。该项目是新钢南方新材的四期工程,工期18个月,投资5.5亿元,厂房建筑面积约1.08万平方米,主要新建一套二十辊轧机、一条常化酸洗线、一条半自动包装机线,以及相应配套风、水、电、气等公辅设施。

【良山镇消防所成立】 8月17日,渝水区良山镇消防所挂牌成立,这是全省首个乡镇消防所。2021年,渝水区消防救援大队按照政府统一领导、部门依法监管、单位全面负责、公民积极参与的原则,积极协调成立乡镇消防所,建立健全“党政同责、一岗双责、齐抓共管、失职追责”的消防安全责任体系。良山镇消防所作为负责乡镇消防工作的机构,主要职责是开展消防安全检查和消防监督执法,督促落实重大火灾隐患整改,督促网格员落实消防工作职责,指导村(居)民委员会开展群众性的消防工作,组织开展经常性的消防宣传教育,普及消防知识,提高全民消防安全意识等。良山镇消防所挂牌成立后,姚圩镇、罗坊镇、水北镇消防所也相继挂牌成立。

主要领导人 区委书记:李虹(任至7月)、刘颖豪(7月任)。区人大常委会主任:李克华(任至10月)、何智勇(10月任)。区长:邹家洪(任至7月)、简华锋(7月任)。区政协主席:徐徕水。

(龚招生)

鹰潭市

【概　况】 位于江西省东北部,辖1市、2区及龙虎山风景名胜区、鹰潭高新技术产业开发区、信江新区。总面积3560平方千米,其中建成区面积43.52平方千米。耕地面积8.59万公顷,林地面积20.2万公顷;森林覆盖率56.7%。总人口115.5万人,城镇化率65.43%。2021年,地区生产总值1143.92亿元,同比增长9.3%。其中,第一产业增加值74.81亿元,增长7.8%;第二产业增加值599.10亿元,增长9.3%;第三产业增加值470.01亿元,增长9.6%。财政总收入184.64亿元,增长21.4%。税收占财政总收入72.1%. 地方财政收入92.61亿元,增长4.3%;地方财政支出188.65亿元,下降0.2%。规模以上工业总产值3289.34亿元,增加值增长12.2%。主要工业产品及产量有电解铜123.06万吨、铜材195.61万吨、发电量100.12亿千瓦时、节能灯2.09亿只。固定资产投资增长11.8%。社会消费品零售总额405.22亿元,增长18.1%。进出口总额429.6亿元,增长27.8%。实际利用外资3.95亿美元,增长8.1%。实际引进省外资金504.22亿元,增长

8.9%。农林牧渔业总产值 122.67 亿元。粮食总产量 66.89 万吨。主要农产品及产量有油料 2.29 万吨、水产品 5.42 万吨、肉类 11.3 万吨。城镇居民人均可支配收入 4.2 万元,增长 7.7%;农村居民人均可支配收入 2.07 万元,增长 9.6%。住户存款余额 695.27 亿元,增长 12.3%。

【2021 中式糕点博览会举行】 3 月 31 日,由鹰潭市人民政府和中国焙烤食品糖制品工业协会主办的 2021 中式糕点博览会在市民广场开幕。开幕式上举行项目签约仪式,现场签约项目 6 个,签约总交易额 4.1 亿元。此次博览会旨在整合全国中式糕点资源,搭建以中式糕点保护、传承、发展、弘扬为主题的展览、交流、交易平台,更好地推进中式糕点复兴工程。博览会展馆总面积约 1.2 万平方米,展位面积约 6000 平方米,来自全国各地 200 余家中点原料供应商、文创、包装、生产企业代表参加,集中展示中式糕点领域各类产品,交流探讨中式糕点制作技艺和行业前景。展会现场设有网红直播点和鹰潭烘焙知名食品线上销售点,开展直播宣传和售卖活动。同时,全国焙烤职业技能竞赛江西分赛区选拔赛、中华桃酥王大赛、中国糕点行业高峰论坛、2021 烘焙甜点新品展示会等活动同期多点举行。

【鹰潭市入围海绵城市建设示范城市】 6 月 8 日,财政部、住房城乡建设部、水利部对 2021 年系统化全域推进海绵城市建设示范评审结果公示结束,鹰潭市被确定为首批示范城市,是江西省唯一获得该示范资格的城市。鹰潭市聚焦流域区域海绵修复、城市系统海绵提升、智慧海绵平台建设,依托在全省率先实施"一网统管"工程,构建"一体化蓝线管控、一体化生态修复、一体化环境治理"全域海绵生态格局,结合城市功能与品质提升、城市更新、智慧城市、城乡融合等工作,全面贯彻落实海绵城市建设理念,推动"智铜道合、强富美优"新鹰潭建设。

【水晶光电江西基地二期项目投产】 7 月 9 日,水晶光电江西基地二期项目投产。水晶光电江西基地二期项目是鹰潭市重点项目,从 2019 年 9 月签约到投产,用时 22 个月,过程中还克服新冠肺炎疫情等多重考验。此次项目投产,可形成年产 3 亿片移动物联智能终端精密光学面板生产能力,全面达产后实现年销售收入约 27 亿元,利税 4 亿元。

【全省"科技治超"暨道路交通安全现场推进会举行】 9 月 6 日,全省"科技治超"暨道路交通安全现场推进会在鹰潭举行。会议强调,开展科技治超、维护道路交通安全是贯彻以人民为中心的发展思想、推进全省高质量跨越式发展、建设高水平交通强省的必然要求,要按照目标任务,紧盯重点难点问题,坚持路面治超、源头治超、科技治超三位一体,加大路面执法力度,提高源头监管准度,拓展科技治超广度,把安全发展理念贯穿道路交通运输的全领域和全过程,做到责任落实到位,考核问责到位,宣传教育到位,确保科技治超和道路交通安全工作取得更大进展、更好成效。会上,与会人员共同观看宣传片;鹰潭市、瑞昌市、信丰县和南昌市政府作交流发言,景德镇市介绍治超审计整改有关工作情况。

【2021 江西国际移动物联网博览会峰会(主论坛)举行】 11 月 8 日,2021 江西国际移动物联网博览会峰会(主论坛)在鹰潭市文化艺术中心举行。主论坛分为开幕式、主旨报告、主题演讲、高峰对话 4 个环节。此次移博会由江西省政府指导,科技部重大专项司、工信部信息通信发展司为支持单位;省科技厅、省工信厅、省商务厅、鹰潭市政府联合主办,北京航空航天大学、中国电子科技集团有限公司、中国信息通信研究院等单位共同协办。大会以"智融万物 数赢未来"为主题,旨在围绕全球移动物联网产业和数字经济发展的热点问题展开探讨,共商推动移动物联网与经济社会融合发展大计。此次博览会设主论坛及 5G+物联网创新、物联网网络安全、智慧城市、工业互联网、物联网生态创新发展等分论坛,及产融对接、投联贷等多个专项活动,设移动物联网最新成果和产品展览展示。

主要领导人 市委书记:郭安(任至 2 月,2022 年 9 月涉嫌严重违法违纪,接受江西省纪委省监委纪律审查和监察调查)、黄喜忠(2 月任,任至 12 月)、许南吉(12 月任)。市人大常委会主任:郭清。市长:陈敏(任至 3 月)、张子建(4 月任)。市政协主席:戴春英(任至 10 月)、黄云(10 月任)。

(杨保平)

· 贵溪市 ·

【简　况】 位于江西省东北部,辖 16 镇、4 乡、4 街道办事处、8 林(垦殖、园艺)场。总面积 2493.02 平方千米,其中中心城区建成区面积 40.47 平方千米。耕地面积 4.93 万公顷;林地面积 15.28 万公顷;森林覆盖率 64.45%,城区绿化率 40.01%。总人口 64.66 万人,其中城镇人口 19.63 万人;人口自然增长率 5‰。2021 年,地区生产总值 592.32 亿元,同比增长 9.5%。其中,第一产业增加值 40.11 亿元,增长 7.5%;第二产业增加值 359.38 亿元,增长 9.6%;第三产业增加值 192.83 亿元,增长 10.2%。财政总收入 86.14 亿元,增长 25.3%,税收占财政总收入 88.4%;一般公共预算财政收入 41.35 亿元,增长 5.6%;一般公共预算财政支出 62.7 亿元,下降 6.4%。工业总产值 2072.75 亿元,增长 39.1%。规模以上工业增加值增长 12.3%,占地区生产总值 70.86%。固定资产投资增长 11.8%。实际利用外商投资 1.60 亿美元,增长 8.81%;实际引进省外项目资金 195.43 亿元,增长 14.51%。主要工业产品及产量有电解铜 123.06 万吨、精炼铜 123.1 万吨、水泥 98.8 万吨、硫酸 192.7 万吨。农业总产值 68.32 亿元,增长 2.1%。粮食总产量 36.69 万吨。主要农产品及产量有稻谷 35.54 万吨、小麦 170 吨、玉米 1560 吨、大豆 2630 吨。城镇居民人均可支配收入 4.3 万元,增长 8.6%;农村居民人均可支配收入 2.06 万元,增长 9.4%。住户储蓄存款余额 252.48 亿元,增长 11.7%。

【青茅境景区入选国家 4A 级旅游景区】 5 月,省文化和旅游厅发布《关于公布 2021 年国家 4A 级旅游景区验收认定名单的通知》,青茅境景区通过验收,成为贵溪市首个国家 4A 级旅游景区。青茅境景区位于贵溪市双

5月26日,江西中联智能农机在余江区开工建设

余江区史志办供

圳林场境内,地处贵溪市最南端、武夷山西北麓,与福建省光泽县接壤。该景区于2013年7月开发打造,面积21.47平方千米。2016年8月升格为国家3A级旅游景区,9月被列入全国森林康养基地试点单位,12月被评为江西贵溪国家森林公园。2017年入选第四批"全国林业科普基地""江西省首批森林体验基地""江西十佳旅游摄影外景基地",2019年入选第二批自然教育学校(基地),2021年入选第五批"全国林草科普基地"。青茅境景区是集休闲度假、避暑纳凉、森林康养、林业科普摄影等于一体的原生态旅游景区,景区平均海拔在900米以上,背靠江西省国家自然保护区,拥有鹰潭最高海拔1540.9米的阳际峰。境内群峰峻拔、绿峦叠翠,森林覆盖率达98%,素有"小庐山"、大自然空调室之称。景区以竹海、峰高、庙宇、瀑布、高山草甸、古道、古寨、城墙等为特色。

【花桥水利库区二期移民搬迁工作完成】 6月,花桥水利库区二期移民搬迁764户全部签订搬迁腾空协议,腾空率达100%,标志着花桥水利库区二期移民搬迁工作结束。花桥水利枢纽工程二期移民搬迁工作于4月14日启动,贵溪市委、市政府从市相关部门、乡镇及村委会抽调78名干部充实到指挥部,分为花桥、吊桥、坛石、塘头4个小组,进村入户宣传移民安置政策,深入调查摸底,掌握搬迁移民思想动态,发现问题、解决问题,做好移民搬迁前和搬迁后的追踪服务工作。

【工业发展】 贵溪市不断加速工业转型升级,以打造"1+3+N"产业集群为抓手,以"提升规模、培育龙头、发展集群、打造品牌"为方向,推进工业"强筋壮骨活血",实施铜产业延链补链强链行动,培育数字经济、智能制造、绿色照明等战略性新兴产业。2021年,全市166户规模以上工业企业完成工业总产值2072.75亿元,增长39.1%;实现营业收入2398.02亿元,增长37.00%。获中国工业百强县第71位,"全省工业高质量发展一类先进县(市、区)"第2名,铜及铜加工获评"省五星产业集群",贵溪经开区成为全省首个晋级"千亿园区"的省级开发区,6家铜企业跻身全省民企百强,14家企业进入全省民企制造业百强。

主要领导人 市委书记:毛建华。市人大常委会主任:毛建华。市长:周谷昌(任至10月)、潘磊(10月任)。市政协主席:李中华(任至10月)、侯剑锋(10月任)。

(吴志文)

·余江区·

【简　况】 位于江西省东北部,辖6镇、5乡、1街道办事处。总面积931.15平方千米,其中城区面积15.96平方千米。耕地面积3.25万公顷,有林面积3.44万公顷;森林覆盖率40.13%,城区绿化率38.57%。总人口40.24万人,其中非农业人口12.23万人;人口自然增长率2.26‰。2021年,地区生产总值191.62亿元,同比增长9.5%。其中,第一产业增加值23.67亿元,增长9.3%;第二产业增加值93.14亿元,增长9.4%;第三产业增加值74.81亿元,增长9.7%。财政总收入31.32亿元,增长20.7%。税收占财政总收入86.9%。一般公共预算收入15.13亿元,增长6.4%;一般公共预算支出38.34亿元,下降1.7%。社会消费品零售总额95.54亿元,增长18.5%。工业总产值330.22亿元,增长33.51%。规模以上工业增加值54.75亿元,占地区生产总值28.57%。固定资产投资122.93亿元,增长11.82%。外贸出口占地区生产总值12.12%。实际利用外资9603万美元,增长8.58%。主要工业产品及产量有铜材24.11万吨、服装64.2万件、眼镜成镜6401.35万副。农业总产值40.05亿元,增长2.12%。粮食总产量27.6万吨。主要农业产品及产量有稻谷27.29万吨、生猪出栏76.13万头。城镇居民人均可支配收入3.96万元,增长8.2%;农村居民人均可支配收入2.16万元,增长10.4%。城乡居民年末储蓄余额240.44亿元,增长19.24%。

【获"2017—2020年度平安中国建设示范县"称号】 12月15日,平安中国建设表彰大会在北京召开。会上,余江区获"2017—2020年度平安中国建设示范县"称号。余江区围绕坚持政治引领、共建共享、守正创新、大抓基础、效果导向"五个坚持",不断强化组织保障、广泛开展共建共享、持续探索治理特色、健全基层基础建设、切实提升治理效能。2017年以来,余江区连续4年被评为全省平安区、全省信访工作"三无"区;获全国法治创建活动先进县(市、区)、全国"七五"普法中期先进县(区、市);一批基层单位被评为全国优秀调解集体、全国乡村治理示范村、全省民主法治示范村";涌现出一批全国、全省社会治安综合治理工作先进个人,全国、全省扫黑除恶先进集体和个人;余江区以

"四治"抓宅改促治理的经验做法入选全国20个乡村治理典型案例,打击拒执工作经验在全省范围内推广;全区刑事案件逐年下降,破案率逐年上升,新型网络犯罪高发态势得到有效遏制;全区4年来未发生特大生产安全事故,人民群众安全感指数逐年提升。

【江西中联智能农机项目开工建设】 5月26日,江西中联智能农机项目在鹰潭市余江区开工建设,标志中联农机智能制造产业落户余江。项目投资20亿元,新建智能农机装备产业园,新建生产厂房2.5万平方米,新建智能化、数字化产线,配备自动化总装线、焊接机器人、智能仓库和物流、工厂信息化系统等,打造行业一流黑灯工厂。中联农机江西智能工厂项目是打造江西省智能农机制造样板工厂,发挥中联重科在智能制造方面技术优势和工程经验,在工厂产线智能化、先进制造工艺、绿色环保等方面高标准建设,树立江西省高端智能农机新形象。

【举行撤镇设街道揭牌仪式】 9月5日,余江区邓埠镇撤镇设街道揭牌仪式举行。鹰潭市民政局、余江区委、区人大、区政府负责人及邓埠、青年农场所有在职干部、各村(社区)书记、部分退休干部代表参加揭牌仪式。邓埠撤镇设街道有利于加大区域资源整合力度,推动经济、社会、人口、环境和资源可持续发展;有利于优化城市空间布局,统筹做好规划、建设和管理,加强行政区划调整后城镇交通、市政公用设施等基础设施的共建共享。

主要领导人 区委书记:苏建军(任至7月)、罗卫国(7月任)。区人大常委会主任:陈强(任至10月)、金建华(10月任)。区长:罗卫国(任至8月)、方森滨(10月任)。区政协主席:金建华(任至10月)、黄贵开(10月任)。

(汤淑英)

· 月湖区 ·

【简 况】 位于江西省东北部,辖1镇、5街道办事处。总面积90.5平方千米。耕地面积0.19万公顷,有林面积0.16万公顷;森林覆盖率25.98%,城区绿化率39%。总人口28.75万人,其中城区人口17.37万人。2021年地区生产总值172亿元,同比增长9%。其中,第一产业增加值2.4亿元,增长3.5%;第二产业增加值31.7亿元,增长10.5%;第三产业增加值137.9亿元,增长9%。财政总收入13.82亿元,增长8.2%。税收占财政总收入80.8%,增长4.7%。地方财政收入7.77亿元,下降3.2%;地方财政支出16.01亿元,增长6%。工业总产值43.15亿元,增长9.3%。规模以上工业增加值3.67亿元,占地区生产总值12%。固定资产投资74.71亿元。外贸出口占地区生产总值0.91%。实际利用外商投资1999万美元。农业总产值14.29亿元,增长3.5%。粮食总产量1.29万吨。主要农产品及产量有蔬菜1.36万吨、生猪2.74万头、水产2052吨。城镇居民人均可支配收入4.57万元,增长7.1%;农村居民人均可支配收入2.19万元,增长9.5%。城乡居民年末储蓄余额286.7亿元,增长12.19%。

【疫情防控】 月湖区精准落实上级决策部署,严格按照"外防输入、内防反弹、人物同防"要求,全力以赴守住不发生输入性本地关联病例、不出现本地聚集性疫情、不发生医院感染三条底线,做好疫情防控各项工作,确保全区疫情防控持续稳定可控。全区加强免疫接种7.78万人,完成率64.92%。其中,3~11岁全程接种2.13万人,完成率81.80%。

【打造全国城乡融合样板区】 全区储备集体建设用地约为12.78公顷,完成2宗1.92公顷土地入市;累计发放农村产权贷款2000万元,破解农村产业抵押风险高难题,财政出资300万元设立农村产权抵押担保风险补偿,建立农村产权风险补偿机制,获评全省绿色金融先进县(市、区);建立"一网促四员"网格化服务管理模式,6个镇(街道)303个网格已覆盖全域,全年网格为群众提供便民服务1589次,解决实际困难826个,基本实现问题解决在网格、矛盾化解在网格、上门服务进网格的基层治理多元共治新格局;开展全省"智慧就业"试点,搭建"智慧就业"服务平台,建立劳动力资源信息库,形成全省第一张人力资源地图,促进农民就业。城乡供水一体化工程覆盖全区76个村7000户,实现城乡供水"同质、同价、同网、同服务"。建立"五节点、一条线"城乡垃圾分类处理一体化模式,探索形成垃圾处理全过程无废处理运营体系。建成"智鹰119"平台,安装NB-IoT智慧烟感设备1.7万个、消防物联网远程监控设备53套、智慧用电安全隐患监管装置1500余套,全区

3月10日,月湖区城乡融合物流高效配送网点在桥东安山徐家正式完成建设

月湖区史志办供

53家消防安全重点单位、17所中小学校幼儿园、42个住宅小区接入“智慧消防”系统。

【棚户区改造】 2021年,区委、区政府坚持调查研究、因地制宜,以人为本、让利于民,阳光征收、公开透明,发动群众、注重宣传,坚持原则、统一标准,培训上岗、监督激励等做法,摸索、创新“月湖方法”,刷新“月湖速度”。全年完成20个棚户区和城中村改造项目,涉及地块面积94.3公顷、房屋面积53万平方米、被征收户3055户,100%签约。《经济日报》《江西日报》《鹰潭日报》等媒体相继多次报道月湖棚改项目。

主要领导人 区委书记:李志兵(任至7月)、敖捷(7月任)。区人大常委会主任:朱淑英。区长:方璐(1月任)。区政协主席:曾文峰。

(施海燕)

赣州市

【概 况】 位于江西省南部,辖3区、2市、13县。总面积3.94万平方千米,其中中心城区建成区面积208平方千米。耕地面积50.29万公顷。总人口984.02万人,其中城镇人口327.21万人,城镇化率56.35%。2021年,地区生产总值4169.37亿元,同比增长9.1%。其中,第一产业增加值427.52亿元,增长7.2%;第二产业增加值1652.34亿元,增长8.7%;第三产业增加值2089.51亿元,增长9.8%。一般公共预算收入294.07亿元,增长2.9%。税收收入200.07亿元,减少1.8%。一般公共预算支出961.09亿元,减少1.6%。规模以上工业增加值增长11.6%。固定资产投资增长11.6%。货物进出口总额737.39亿元,增长46.6%。其中,货物出口576.47亿元,增长37.1%。实际利用外资23.51亿美元,增长8.6%;利用省外2000万元以上项目资金1093.58亿元,增长9.5%。主要工业产品及产量有锂离子电池1.68亿只、家具3961.50万件、发电量116.70亿千瓦时、水泥1906.51万吨、10种有色金属4.63亿吨。农林牧渔总产值696.58亿元,增长9.0%。粮食总产量261.82万吨,增长1.3%。主要农产品及产量有蔬菜414.89万吨、水果200.78万吨、肉类85.84万吨、水产品31.20万吨。城镇居民人均可支配收入4.02万元,增长8.5%;农村居民人均可支配收入1.47万元,增长12.6%。

【省域副中心城市建设】 编制国土空间总体规划,建设省域金融次中心、区域性商贸物流中心、文化旅游中心、教育中心、医疗养老中心、科研创新中心6个区域性中心。至2021年年底,实现中心城区建成区面积208平方千米,人口207万人。建设蓉江三路等6条快速路,建成综合文艺中心,建设现代会展中心、全民健身中心、“百里滨江生态绿廊”等项目,推进老旧小区改造和垃圾分类,实现既有住宅加装电梯数全省第一。赣深高铁、兴泉铁路建成通车;推进建设大广高速扩容工程、寻龙高速、信雄高速等,开工建设遂大高速,国省干线实现县县双通;黄金机场T1航站楼二期改造工程可研获批,实施瑞金机场建设;推进赣粤运河规划研究,建设赣州港五云综合枢纽码头。梅江灌区、茅店水利枢纽等项目列入国家“十四五”专项规划。建成运营华能瑞金电厂二期,信丰电厂实现并网发电,西气东输三线开口供气,新增新能源装机容量占全省1/4。建成全省最大充电设施覆盖网络。深化赣州国际陆港与沿海港口合作,创新运营“赣(州)深(圳)组合港”,在全国首创“跨省、跨关区、跨陆海港”新模式,通过验收“一带一路”多式联运示范通关工程,建设运营国际木材集散中心,获批平行进口汽车试点,新开通运营至匈牙利布达佩斯中欧班列、至上海铁海联运班列,常态化开行中欧(亚)班列、铁海联运“三同”(货物进境与沿海同价到港、出境与沿海同价起运、通关与沿海同样效率)班列和内贸班列。赣州综保区在全省率先开通运行至东盟货运直通车,正式获批调整至赣州国际陆港,外贸进出口总额首次突破100亿元。实现跨境电商全业态开通,货物进出口量突破3000万票。

【国家油茶产品质检中心成立】 5月,位于赣州的国家油茶产品质量检验检测中心(江西)获国家市场监管总局批准成立。该中心是全国唯一的油茶领域国家质检中心,建成实验室面积3600平方米,具备油茶产业主要产品全项目检验检测能力,也是江西省茶油及制品标准化技术委员会秘书处承担单位,被工信部授予国家中小企业公共服务示范平台。先后参加LGC、FAPAS等国内外能力验证20多项,与SGS等国际知名技术机构签订结果互认协议。与中科院合肥物质科学研究院、南昌大学、江南大学、江西理工大学、中国检验检疫科学研究院、中国计量科学研究院等科研院所开展科研项目合作。年内承担省市级科研项目20项,发表SCI/EI论文10篇;获授权实用型新型专利10项,出版《赣南茶油》专著1部。

【赣州市举行2021中国国际生态竞争力峰会】 6月25日—26日,由中国贸促会、全国政协人口资源环境委员会、国家林业和草原局、江西省政府联合主办的2021中国国际生态竞争力峰会在赣州市举行。此届峰会以“打造绿色实力、分享生态红利”为主题,聚焦研讨新能源、新材料、信息科技、绿色制造、智慧农业、文化旅游等领域的前沿科技和最新成果。全国政协副主席、农工党中央常务副主席何维讲话。全国政协人口资源环境委员会副主任黄跃金,中国国际贸易促进委员会、中国国际商会会长高燕,省委常委、市委书记吴忠琼,全国绿化委员会办公室专职副主任胡章翠,上海合作组织副秘书长阿泽姆巴基耶夫·穆拉特别克,泰王国驻华大使馆公使衔参赞陈金盛,俄罗斯驻华大使馆参赞米赫叶夫·阿列克谢致辞。副省长胡强主持开幕式。省政协副主席刘卫平,赣州市市长许南吉,以及俄罗斯、美国、日本、泰国、斯里兰卡、土耳其、刚果等国使节和政企代表等出席。峰会发布2021最具生态竞争力城市名单,上海市奉贤区、贵州省铜仁市、安徽省黄山市、内蒙古自治区呼和浩特市、江西省吉安市、山东省东营市等城市入选。举办“绿水青山就是金山银山”产业创新与投资论坛、城市智慧文旅论坛、数字经济与新能源国际合作高峰论坛3个平行论坛活动,成立“绿金产业投资专家企业家百人论坛”,启动“飞越魅力江西 飞越红色赣州”活动。其间,与会代表到于都中央红军长征集结出发地纪念园、赣州新能源汽车科技城、南康家居小镇、阳明湖国家森林公园等地调研。

【纪念中央革命根据地创建暨中华苏维埃共和国成立90周年座谈会在北京举行】 11月2日,纪念中央革命根据地创建暨中华苏维埃共和国成立90周年座谈会在北京举行。中共中央政治局常委、中央书记处书记王沪宁出席会议并讲话。中央政治局委员、中央书记处书记、中央组织部部长、中央党校(国家行政学院)校长(院长)陈希主持会议,中央政治局委员、国务院副总理孙春兰,中央政治局委员、中央书记处书记、中央宣传部部长黄坤明,十三届全国人大常委会副委员长、民革中央主席万鄂湘,十三届全国政协副主席、党组成员刘奇葆,中央军委委员、政治工作部主任苗华等出席会议。座谈会指出中华苏维埃共和国是中国历史上第一个全国性的工农民主政权,树立起人民当家作主的伟大旗帜;中华苏维埃共和国是党在局部地区执政的伟大尝试,为党在全国执政和建设新中国积累宝贵经验;中华苏维埃共和国建立和发展中铸就的苏区精神,为中国共产党人不断从胜利走向胜利提供不竭动力。这次90周年纪念座谈会,对中华苏维埃共和国的新认识、新评价,为进一步深化对中华苏维埃共和国历史的研究和宣传指明方向。中央党史和文献研究院院长曲青山、军事科学院院长杨学军、江西省委书记易炼红先后发言。中央党政军群有关部门负责人,江西省领导叶建春、吴忠琼、吴浩,福建、广东省有关负责人,老红军亲属代表及省有关部门负责人参加会议。

【赣州承办第三届世界赣商大会】 12月6日,由江西省政府主办的第三届世界赣商大会在赣州市举行。此届大会以“赣鄱奋进新时代 赣商筑梦新机遇”为主题,活动分为主体活动,专题活动,迎宾、特色活动三大板块。安排赣州重点产业招商推介会、宜春锂电产业对接会、赣江新区中医药产业对接会、第二届会展赣军合作发展研讨会、第三届世界赣商大会“战友”座谈会、江西绿色食品产业对接会、校友与园区招商对接会7场专题推介对接活动。开展“三请三回”工作,弘扬亲情、友情、乡情文化,突出招商引资、招才引智,通过线上线下形式开展论坛交流、招商推介、投资考察等,营造万商返赣、赋能江西发展的氛围。会议表彰50名2019—2020年度江西省回乡投资优秀赣商代表,受表彰的企业家两年间累计返乡投资额超过260亿元、纳税16.56亿元、慈善捐赠8600余万元,有高新技术企业29家,其中相当比例是新增回乡投资赣商。会上签约项目130多个,金额超过2000亿元。其中,现场签约项目30个,金额747.6亿元。至2021年年底,全球赣商超过600万人,创办企业超过20万家,其中,较大规模的有6000多家,在境内外上市赣商企业100多家。

【赣深高铁建成通车】 12月10日,赣州冠名“红色故都 · 客家摇篮”号G2197次列车从赣州西站开往深圳北站,标志赣深高铁建成通车。赣深高铁即京港高铁赣深段,是中国“八纵八横”高速铁路网京港(台)通道组成部分,北起赣州,南至深圳,途经江西省赣州市和广东省河源市、惠州市、东莞市、深圳市,线路全长434千米,设计时速350千米,全线设13座车站。2017年10月27日,赣深高速铁路江西段开工建设。该高铁项目总投资641.3亿元,建成通车后,赣州至深圳的最快铁路旅行时间由5小时32分缩至1小时49分,南昌经赣州至深圳的最快铁路旅行时间由9小时31分缩至3小时30分。赣深铁路是赣粤东北部的一条经济大动脉,对缓解京九铁路南昌至深圳间运输紧张状况、推动粤港澳大湾区的深度融合、发挥珠三角地区辐射带动作用、落实国家“中部崛起计划”“赣闽粤原中央苏区振兴发展规划”战略意义重大。

【中国稀土集团有限公司挂牌成立】 12月23日,中国稀土集团有限公司在赣州成立。公司由中国铝业集团有限公司、中国五矿集团有限公司、赣州稀土集团有限公司、中国钢研科技集团有限公司、有研科技集团有限公司等企业组建而成,是一家按市场化、法治化原则组建的大型稀土企业集团,是属于国务院国资委直接监管的股权多元化中央企业。稀土企业集团化经营、集约化发展,有利于加大科研投入,集成创新资源,提升稀土新工艺、新技术、新材料的研发应用能力,畅通稀土产业链上下游以及不同领域之间的沟通衔接,更好地保障传统产业提质升级和战略性新兴产业发展。

主要领导人 市委书记:吴忠琼(1月任)。市人大常委会主任:赵多仙。

12月10日,赣深高铁建成通车

赣州市地方志研究室供

市长:曾文明(任至2月)、许南吉(2月任,任至11月)、万凯(12月代,2022年5月9日,因涉嫌严重违纪违法,接受省纪委省监委纪律审查和监察调查)。市政协主席:彭业明(任至10月)、徐兵(10月任)。

(王宇)

·章贡区·

【简　况】 位于江西省南部,辖4镇、6街道办事处。总面积351.3平方千米。林地面积2.11万公顷,森林覆盖率60%以上。总人口55.29万人,其中城镇人口51.45万人;人口自然增长率5.53‰。2021年,地区生产总值606.86亿元,同比增长9.9%。其中,第一产业增加值4.02亿元,增长5.6%;第二产业增加值221.18亿元,增长8.6%;第三产业增加值381.66亿元,增长10.7%。一般公共预算收入22.7亿元,增长9.4%;一般公共预算支出39.5亿元,下降3.9%。规模以上工业增加值增长11%,固定资产投资增长12.5%。实际利用外资1.87亿美元,增长8%。进出口总额71.0亿元,其中出口总额53.4亿元,增长11.25%。农业总产值6.4亿元,增长7%。粮食总产量2.3万吨。主要农产品及产量有肉类370吨、蔬菜及食用菌10.42万吨、水产品1990吨。社会消费品零售总额384亿元,增长23.4%。城镇居民人均可支配收入4.85万元,增长8.9%;农村居民人均可支配收入2.06万元,增长10.9%。

【产业发展】 工业加速倍增升级,获评全省工业高质量发展一类县(市、区)先进。青峰药谷更名为赣州医药健康产业园,入驻企业115家,营业收入突破200亿元,威高南方智造基地项目全面开工,青峰集团获评中国医药研发产品线最佳工业企业。宠物产业从无到有,模式动物工程中心等核心研发项目落地,惠康基因仅用2个月实现近6000万元产值。数字经济提档加速,核心企业达53家,引进阿里巴巴赣州中心,组建江西省信息安全产业信创联盟,信创业务全省市场占有率超三分之一,被中国信息协会评为2020-2021年度信创优秀实践单位。电子信息产业营业收入210亿元,增长40%以上,深联电路、科力稀土营业收入均突破30亿元。逸豪新材料等20个重大项目竣工投产。新增规模以上工业企业11家。园区平台扩能提质,处置闲置用地12宗、40.53公顷,建成和盘活标准厂房56.7万平方米,创历史新高。章贡高新区在全省开发区争先创优综合考评中被评为A等级。现代服务业活力迸发,方特东方欲晓主题公园开园,七鲤古镇项目加快推进,江南宋城历史文化街区获评省级商业街区改造提升试点。举办第四届赣州·章贡文化旅游节。获评全省重点文化产业县(市、区),跻身全国市辖区旅游综合实力百强区。推进普惠金融改革试验区建设,引进中英人寿、华泰证券等5家金融机构。并购基金园新增入驻企业173家、实现税收5.2亿元,获评全省绿色金融先进县(市、区)。引进首店品牌51家,鼓励商贸促消,发放政府消费券755万元。特色农业稳步发展,组建中华全国供销合作总社昆明食用菌研究所章贡分院,食用菌、生姜等产业持续壮大,沙石镇入选第十一批全国"一村一品"示范村镇。农旅融合加快发展,马祖岩岩下营地等项目建成运营,全区休闲农业经营主体达65家,产值约6.5亿元。建立标准化富硒农产品生产基地4个,农民专业合作社达165家。

【科技创新】 获评国家知识产权试点区,通过全省首批创新型县(市、区)验收并评为优秀。全社会研发投入占地区生产总值2.06%,比全省高0.38个百分点。赣南创新与转化医学研究院加速建设,一次性引进30名教授全职落地。赣州国家生物医药科创园实现满园,科睿特获评省级双创示范基地,佳腾电业获批省级企业技术中心,全区拥有国家级创新平台和载体5个。与赣州科技大市场合作共建"揭榜挂帅"平台,举办"揭榜挂帅"项目签约会,达成揭榜意向项目12项。实施科技型企业培育行动,入库科技型中小企业166家,21家企业通过高新技术企业认定;金环磁选、科睿特获评国家级专精特新"小巨人"企业,超跃科技、中盛隆获评省级瞪羚企业,挺进环保获评省级绿色技术创新企业。实施"章贡之星"人才计划,累计引进和培育各类高层次人才291名。新增中国专利优秀奖1个、省级科学技术进步奖一等奖2个、三等奖1个。

【改革开放】 推进"放管服"改革,实行"一枚印章管审批",在全市率先推出"四端"齐全的不见面办事新模式,率先建成"24小时政务服务自助区",1061个事项实现"掌上办",641个事项实现"免证办",568个事项实现"六减一增"。实施"园区事园区办"改革,设立章贡高新区综合政务服务大厅,梳理放权赋能事项267个。推进国资国企改革,组建建兴控股集团。建立"组财村管"模式,村(社区)干部待遇进一步提高,农村房地一体确权登记发证工作实施并通过省级验收。深化市、区城市管理等体制机制改革,做好划转事项承接工作。北上争资争项成效明显,争取上级补助资金17.75亿元,签约央企项目4个。与大连市旅顺口区建立区域战略合作。全面对接融入粤港澳大湾区,持续深化与广东省人民医院战略合作,与深圳市南山区签订战略合作协议,在深圳举办产业合作对接会和重大项目签约活动。全年引进项目68个,总投资额470亿元,其中50亿元以上项目2个、20亿~50亿元项目8个,获评全省开放型经济综合先进单位。

主要领导人 区委书记:高世文(任至4月)、连天浪(5月任)。区人大常委会主任:刘铭忠。区长:连天浪(任至8月)、刘志怀(8月任)。区政协主席:曾庆征。

(张凤)

·赣县区·

【简　况】 位于江西南部,辖12镇、7乡。总面积2993.09平方千米。耕地面积2.15万公顷,林地面积23.16万公顷;森林覆盖率76.16%,绿地率47.4%。总人口66.05万人,其中乡村人口50.65万人;人口自然增长率5.8‰。2021年,地区生产总值232.19亿元,同比增长9.2%。其中,第一产业增加值24.89亿元,增长7.5%;第二产业增加值75.11亿元,增长8.8%;第三产业增加值132.19亿元,增长9.7%。一般公共预算收入增长 5.9%。财政总收入 25.95 亿元,下降 1.3%;地方财政支出 49.33 亿元,下降 17.8%。规模以上工业收入 346.56 亿元,增长 34.3%。规模以上工业增加值增长 11.7%。固定资产投资增长 12.8%。外贸进出口总额增长 43.6%。实际利用外资增长 7.56%。社会消费品零售总额突破 100 亿元,增长 13.2%。城镇居民人均可支配收入 3.64 万元,增长 9.3%;农村居民人均可支配收入 1.44 万元,增长 12.7%。

【工业发展】 工业营业收入突破 350 亿元,实现三年倍增计划一年完成。工业投资增速 29.2%,江丰电子、中科三环等 52 个重大项目加速推进,寒锐钴业实现当年开工当年试产,江钨华茂钨实现当年签约当年开工。新增规模以上工业企业 14 家。产业集群加速发展,首位产业集聚度达 72.35%;钴盐材料产能占全国三分之一,成为世界最大的钴产品生产基地。园区平台扩能提质,永磁电机产业园一期项目完成 97%,新增标准厂房 60 万平方米;稀金大道、稀金四路等 15 条园区路网进一步完善。

【基础设施建设】 基础设施建设提速,高标准规划"一圈五环"战略布局,实施"决战三年、畅通赣县"道路提升行动。启动 G323 江口至梅林大桥段、G105 五云至石岩前段、X805 义源至大田等项目建设,完成公路新改建 96.8 千米、修复提升 64.9 千米,改造危桥 4 座。华能瑞金电厂二期建成投运,光伏发电装机规模达 3.2 万千瓦;建成梅林南、湖沙线等一批输变电工程,新建农村电网 154.6 千米,改造低压线路 325.9 千米。实施农村饮水"百日攻坚行动"项目 12 个,改造提升小型供水工程 45 处,受益人口 2.75 万人。实施 5G 网络覆盖提升工程,建成 5G 基站 258 个。

【民生事业】 全年民生支出 42.86 亿元,占一般公共预算支出 86.89%。新增城镇就业 4228 人,转移农村劳动力 7667 人。建成居家和社区养老服务站点 298 个,7 个站点被评为省级养老服务示范站点。落实"双减"政策,实施校建项目 28 个,新增学位 2500 余个。工人文化宫、档案馆建成投运,游泳馆开业运营,人民医院综合楼、疾控中心等项目加速推进。全民反诈经验做法在全省推广,全省公众安全感综合排名位列县级层面第 19 名。

主要领导人 区委书记:廖永平。区人大常委会主任:潘少平。区长:刘文彦。区政协主席:廖新宇。

(朱祥福)

· 南康区 ·

【简　况】 位于江西省南部,辖 6 镇、10 乡、2 个街道办事处。总面积 1623.02 平方千米。耕地面积 2.40 万公顷,林地面积 10.02 万公顷。总人口 77.56 万人,其中城镇人口 28.63 万人。2021 年,地区生产总值 409.8 亿元,同比增长 9.4%。其中,第一产业增加值 26.7 亿元,增长 7.4%;第二产业增加值 176.8 亿元,增长 8.7%;第三产业增加值 206.3 亿元,增长 10.3%。财政总收入 41.73 亿元,增长 10.9%。地方财政收入 24.8 亿元,增长 3.5%;地方财政支出 75.3 亿元,增长 0.5%。规模以上工业增加值增长 11.9%。固定资产投资增长 12.7%。实际利用外商投资 2.34 亿美元,利用省外 2000 万元以上项目资金 73 亿元。进出口总额 68.9 亿元。粮食总产量 19.53 万吨。主要农产品及产量有水稻 18.26 万吨,花生 1.75 万吨,生猪出栏 72.31 万头、存栏 47.15 万头,牛出栏 2.61 万头、存栏 4.56 万头,家禽出笼 832 万只、存笼 282.2 万只。社会消费品零售总额 203.17 亿元,增长 19.5%。城镇居民人均可支配收入 3.89 万元,增长 9.1%;农村居民人均可支配收入 1.50 万元,增长 11.2%。年末金融机构存款余额 565.88 亿元,下降 0.5%;贷款余额 666.65 亿元,增长 9.9%。

【开展"揭榜挂帅"专项行动】 9 月,南康区开展"揭榜挂帅"专项行动,通过组建"1+1+N"项目攻坚专班,3 个月内,93 个重大项目(事项)完成重大产业类项目落地 30 个,开工重大平台建设项目 5 个,完成重要改革课题 3 个。28 个省大中型、3 个省重点项目分别完成年度投资计划的 148.3%、136.5%;99 个六大主攻方向项目完成投资 422.3 亿元,超目标 34.5 个百分点。报批土地 293.5 公顷,消化批而未用土地 680 公顷,完成土地出让收入 41.2 亿元。签约项目 94 个,签约金额超 1000 亿元,比 2020 年净增 550 亿元。韵达物流、功夫动漫、长江精工、世纪文旅等一批标志性、引领性项目先后落户。

【全国首座工业级无人机射流式风洞试验室建成启用】 11 月,国内首座工业级无人机射流式风洞试验室落户南康并建成启用。南康区是中国民用航空局落实国务院对口支援赣南等原中央苏区的受援地。2020 年 10 月,由民航局公布的全国首批 13 个民用无人驾驶航空试验基地(试验区)名单中,南康区成为全国首批 13 个试验区之一,为江西省唯一入选城市(城区)。无人机产业是南康区实施产业"1+2+N"倍增计划,加快构建具有南康特色的现代制造业产业体系的一部分。该无人机射流式风洞项目由部委支持、政府引导、市场主导、企业共建。风洞试验室建成启用后,可承担无人机测试评价的部委、企业、政府相关课题研究。该风洞可常态化实现模拟恶劣天气的风速、风向等不可控环境因素,为全国消费级、工业级等无人机设计制造和运营企业在有效精确的可控风速、吹风角度等试验条件下进行起降抗风能力、飞行抗风能力、动力系统稳定性、电气系统功耗等性能、特性的试验和验证测试使用提供便利。

【赣州南康家居小镇项目孵化器工程获"建设工程鲁班奖"】 12 月 22 日,2020—2021 年度建设工程鲁班奖获奖结果揭晓,由中建五局投资、建设、运营的赣州南康家居小镇项目孵化器工程获"建设工程鲁班奖"。赣州南康家居小镇项目位于赣州市南康区镜坝镇,项目规划用地 5 平方千米,核心区 2 平方千米,定位为以家具产业为核心的国际化、国家级特色小镇。孵化器工程是南康家居小镇一座集家具产业推广、旅游、会议、餐饮、住宿等为一体的公共建筑工程,外形以独特的 3 枚初生蛋为造型,寓意为南康家居小镇是推动南康家居产业快速发展的孵化园。家居小镇孵化器主楼外形像破壳而出的“蛋形”,外观独特,主体结构为钢结构,总用钢量达1.50亿吨。主楼钢结构环向钢构梁为椭圆形曲线,不同楼层均不相同,外立柱由4段倾斜度不同的斜钢柱组成。孵化器工程推广应用建筑业10项新技术中的7个大项,20个子项,通过江西省建筑业新技术应用示范工程评审。通过自主创新、技术集成,该项目获省部级工法1项,国家发明专利2项,实用新型专利4项,发表国家级期刊论文4篇,解决该项目密集钢柱钢筋桁架楼承板混凝土浇筑施工、高空4D多级铝方通瞳孔穹顶施工等难题。

主要领导人 区委书记:徐兵(任至8月)、何善锦(8月任)。区人大常委会主任:彭秀生(任至8月)、赖彦辰(8月任)。区长:何善锦(任至5月)、李赣兴(8月任)。区政协主席:严国雄(任至8月)、钟恢森(8月任)。

(倪贵清)

·信丰县·

【简　况】 位于江西省南部,辖3乡、13镇、1个城市社区管委会、1个高新技术产业园区。总面积2866.04平方千米。耕地面积4.36万公顷,森林覆盖率70.33%。总人口78.02万人。2021年,地区生产总值280.20亿元,同比增长9.2%。其中,第一产业增加值43.13亿元,增长8.0%;第二产业增加值106.54亿元,增长8.8%;第三产业增加值130.53亿元,增长9.9%。一般公共预算收入15.13亿元,增长17.5%。公共财政支出50.05亿元,下降16.6%。固定资产投资增速11.7%。实际利用外资1.57亿美元,增长8.6%;实际利用省外资金68.40亿元。工业总产值267.5亿元,增长38.4%;规模以上工业增加值增速11.7%。水泥产量463.50万吨。农业总产值74.60亿元,增长9.9%。粮食总产量22.95万吨。主要农产品及产量有蔬菜63万吨,脐橙20万吨,生猪存栏44.21万头、出栏86.46万头。社会消费品零售总额62.15亿元,增长19.5%。农村居民人均可支配收入1.76万元,增长12.6%;城镇居民人均可支配收入3.78万元,增长8.8%。金融机构期末存款余额384.91亿元,增长7.8%;金融机构期末贷款余额356.16亿元,增长22.0%。

【粤港澳大湾区蔬菜产业合作交流大会(赣州)在信丰县召开】 4月30日,由省农业农村厅、省供销联社、粤港澳大湾区“菜篮子”工作办公室、赣州市政府主办、信丰县政府承办的粤港澳大湾区蔬菜产业合作交流大会(赣州)在信丰县召开。此次大会包括大会开幕式、对接融入粤港澳大湾区现代农业招商推介会暨重大项目签约仪式、现场观摩、高峰论坛等活动。农业农村部、中华全国供销合作总社、中国蔬菜协会、广东省农业农村厅、粤港澳大湾区“菜篮子”工作办公室、江西省农业农村厅、江西省供销社(供销集团)、赣州市委、市人大、市政府、市政协有关领导,国内知名专家学者,市直有关单位和各县(市、区)政府主要负责人、农业农村局主要负责人,以及粤港澳大湾区“菜篮子”产品配送中心(分中心)代表,国内农业龙头企业、客商代表,中央、省、市有关媒体记者和社会各界人士等500余人参加。会上举行粤港澳大湾区“菜篮子”生产基地授牌仪式,为2021年赣州市新增的20个粤港澳大湾区“菜篮子”生产基地授牌。赣州市有23个重点农业项目在会上集中签约,签约总资金168.2亿元。其中,10亿元以上项目5个,50亿元项目1个。签约项目涵盖农机智能制造、富硒农业、农旅产业发展、农产品种养加工、存储物流等农业全产业链。

【赣深高铁信丰西站开站】 12月10日,赣深高铁信丰西站正式开站。该站总建筑面积1.85万平方米,总投资1.91亿元,辐射信丰、南康、赣县、安远、大余及广东省南雄等周边县市约200万人口,是国铁集团江西段唯一的示范站。该站秉承“站城一体、站场一体”理念,选址于北江源·高铁新城,距离县城4.5千米。整体设计兼顾现代建筑语言和历史文脉。信丰西站开站后,信丰到深圳时间由原来5.5小时压缩到1.5小时。同日上午10点15分,由信丰冠名的“世界橙乡·赣州信丰”号G4615次高铁列车从赣州西站首发,终点站深圳北站。

【格兰云天国际酒店项目竣工】 12月28日,信丰县格兰云天国际酒店项目竣工。该酒店总投资10亿元,建筑面积13.1万平方米,共33层,高166米,内设256间客房和1000平方米的大型宴会厅及不同规格的多功能厅,商务休闲等各类设施一应俱全,是全县第一家按五星级标准建设的大型综合性酒店。

主要领导人 县委书记:钟旭辉(任至5月)、何善锦(5月任,任至8月)、袁炎(8月任)。县人大常委会主任:邹长东(任至9月)、何文庆(9月任)。县长:袁炎(任至8月)、张琳(9月任)。县政协主席:何文庆(任至9月)、温岩松(9月任)。

(罗才胜)

·大余县·

【简　况】 位于江西省西南部,辖8镇、3乡、1个城市社区管委会。总面积1343.67平方千米。耕地面积1.30万公顷,森林覆盖率73.3%。总人口30.29万人,其中城镇人口15.12万人;人口自然增长率2.68‰。2021年,地区生产总值126.33亿元,同比增长9.0%。其中,第一产业增加值14.67亿元,增长7.3%;第二产业增加值53.96亿元,增长8.0%;第三产业增加值57.70亿元,增长10.4%。财政总收入13.79亿元,增长3.7%;财政支出30.16亿元,下降12.8%。500万元以上固定资产投资增长7.4%。实际利用外资1.47亿美元,增长7.4%。农林牧渔总产值24.08亿元,增长9.0%。粮食总产量9.03万吨。社会消费品零售总额57.24亿元,增长18.7%。金融机构存款余额157.16亿元,增长8.3%;金融机构贷款余额151.37亿元,增长15.5%。城镇居民人均可支配收入3.45万元,增长7.3%;农村居民人均可支配收入1.55万元,增长11.2%。

【乡村振兴】 大余县全面实施乡村振兴战略,聚焦乡村产业、人才、文化、生态、组织5个方面。做好乡村治理、宅基地改革2项“国字号”改革试点,全省农村宅基地制度改革试点工作流动现场会在大余召开,智慧宅改“五个一”模式作为大余试点经验在全省推广，乡村治理改革经验做法2次在全省作典型发言，入选第三批全国乡村治理典型案例，被农业农村部、国家乡村振兴局在全国推介。实施高标准农田建设、粮油、脐橙、蔬菜产业发展等项目。全年新建高标准农田1186.67公顷，新开发或复种脐橙基地156.51公顷，粮食种植面积1.58万公顷，蔬菜播种面积6066.67公顷。建设麻鸭家禽保种提纯复壮与开发利用、花艺小镇等项目。全年花卉苗木种植面积3000公顷，形成沿323国道和余崇线省道为主的花木长廊；肉鸭总出笼数430万只，板鸭产量180万只；建成稻虾养殖基地、中药材基地，面积各200公顷。开展新农村建设、低质低效林改造、章江河道水环境治理等项目。打造137个新农村建设点，新增绿色有机农产品5个、全国名特优新农产品2个，申报国家农产品地理标志1个，认定粤港澳大湾区“菜篮子”生产基地1家。获评第一批全国农作物病虫害绿色防控示范县。

【主攻工业】 设立工业企业上台阶奖和纳税贡献奖，培优扶强企业，盛源新材料、福鑫矿业、海创钨业、巨森矿业等龙头企业发展势头强劲，企业产销同比增长90%以上，盛源新材料、福鑫矿业2家企业营业收入突破10亿元。悦安新材料在科创板上市，填补该县无本土企业上市的空白。打响“余快办”营商环境品牌，引入第三方对行业主管部门和引进服务单位在优化营商环境方面满意度进行每季测评，在2020年度全省营商环境评价中，大余县综合排名全省第23名。实施科技创新驱动战略，发挥中科院、省科院对口支援优势，提升产业核心竞争力。大余县和江西理工大学合作共建“大余县钨产业技术研究院”。鼓励企业与科研院所、高校建立多种形式的合作关系，悦安新材料与江西师范大学共同筹建悦安微特创新研究院，创建“博士后创新实践基地”。2021年，海创钨业获江西省科学技术进步奖二等奖，漂塘钨业参与完成的项目获省科学技术进步奖三等奖，悦安新材料获国家第六批制造业单项冠军，翔鹭钨业获省专业化小巨人企业，盛源新材料、东宏锡制品、松瀛化工等5家企业获省“专精特新”中小企业称号。

【南方红军三年游击战争纪念馆开馆】 7月30日，南方红军三年游击战争纪念馆开馆。该纪念馆2006年经中共中央办公厅批准，2016年动工兴建。纪念馆坐落在赣州市大余县黄龙镇丫山南麓，总投资2.86亿元，占地面积14.05公顷，建筑面积1.97万平方米，整体建筑包括主馆、红色文化街、游击体验区及红色文化表演区等设施。纪念馆陈展面积约5000平方米，展览以南方红军三年游击战争的主要战斗历程为主线，从各游击区的重点和特色出发，提炼出山岭、丛林、山洞、海浪等环境元素，运用AR互动、3D投影、多媒体场景、微缩景观、视频动漫等陈展手段，打造一个情景化、剧场化、沉浸化的展览空间，全方位、多手段地展示南方8省15个地区游击战争历史，是全国首座展示三年游击战争的革命展馆。纪念馆主题展览《南国烽烟举红旗——南方红军三年游击战争历史陈列》获中宣部、国家文物局联合推介庆祝中国共产党成立100周年精品展览，并入选第六批江西省爱国主义教育示范基地。

主要领导人 县委书记：廖永平（任至8月）、韩相云（8月任）。县人大常委会主任：李细妹。县长：韩相云（任至8月）、曾志平（9月任）。县政协主席：邓金健（任至9月）、沈宝春（9月任）。

（叶研）

·上犹县·

【简　况】 位于江西省西南部，辖6镇、8乡。总面积1543.87平方千米。耕地面积8666.7公顷，森林面积1.2万公顷；森林覆盖率81.4%。总人口32.15万人，其中城镇人口6.65万人；人口自然增长率4.66‰。2021年，地区生产总值104.79亿元，同比增长8.4%。其中，第一产业增加值15.68亿元，增长5.7%；第二产业增加值40.44亿元，增长8.9%；第三产业增加值48.67亿元，增长9.0%。财政总收入11.84亿元，增长8.3%。实际利用外资1.02亿美元，增长7.3%。出口总额11.92亿元，增长18.6%。农林牧渔业总产值24.99亿元，增长7.1%。粮食总产量10.58万吨，增长0.76%。主要农产品及产量有油料3660吨、蔬菜10.85万吨、水果1.49万吨、肉类1.43万吨、水产品1.77万吨。社会消费品零售总额45.76亿元，增长19%。城镇居民人均可支配收入3.32万元，增长9%；农村居民人均可支配收入1.36万元，增长12.7%。

【工业产业】 新建标准厂房4万平方米。新入规模以上工业企业11家，规模以上工业主营业务收入133.6亿元。新引进工业项目20个，溢联科技等15个亿元以上项目建成投产，工业固定资产投资增长11.5%。星科电子快速建成，填补玻纤复材首位产业深加工空白，首位产业集群企业突破160家、集中度提升至55%。新增省级以上企业创新平台2家、科技型中小企业56家，国家高新技术企业突破80家。新认定江西名牌产品3个、省专精特新企业5家，企业参与国家和行业标准制定44项。授权发明专利18件。

【旅游服务】 溪舍、拾间宿、沃尔顿等民宿酒店正式营业。举办茶香旅游季、啤酒音乐节等文旅活动。举办环鄱阳湖自行车精英赛、百万联盟杯钓鱼拉力赛等各类赛事65场次。旅游接待人次、综合收入同比分别增长32.2%和28.7%。创建阳明湖省级旅游度假区，梅水乡获评省级乡村旅游重点乡镇，营前蛛岭、平富上寨入选省级红色名村。非遗购物节、“百县百日”文旅消费季等系列活动提振市场，实现网络零售额7.66亿元、增长35.8%。

【民生事业】 城乡低保、五保等困难群体生活补贴全面提标，居民养老、医疗保险基本实现全覆盖。城镇登记失业率控制在4.2%以内。城区居家综合养老服务中心、紫阳中心敬老院投入使用，农村居家养老服务站点覆盖率85%。城区第五幼儿园、第六小学建成开学。全面落实“双减”政策，义务教育学校课后服务实现全覆盖。县中医院完成整体搬迁，中医馆实现乡镇全覆盖。安全生产事故起数、死亡人数实现“双下降”,公安满意度、扫黑除恶知晓率均位居全省第一,获评全省首批食品安全治理示范县。

主要领导人　县委书记:赖晓岚(任至7月)、余业伟(7月任)。县人大常委会主任:蓝青(任至9月)、包礼斌(9月任)。县长:余业伟(任至7月)、钟晓斌(9月任)。县政协主席:钟恢森(任至9月)、刘鸿懿(9月任)。

(谢东才)

· 崇义县 ·

【简　况】　位于江西省西南部,辖6镇、10乡。总面积2206.7平方千米。林地面积17.93万公顷,森林覆盖率88.3%。总人口21.45万人,其中城镇人口5.04万人;人口自然增长率2.3‰。2021年,地区生产总值101.80亿元,增长8.8%。其中,第一产业增加值11.48亿元,增长7.0%;第二产业增加值41.89亿元,增长9.4%;第三产业增加值48.43亿元,增长8.9%。税收收入12.8亿元,增长31.1%。一般公共预算收入9.08亿元,下降3.1%。一般公共预算支出29.61亿元,下降3.1%。工业增加值35.03亿元,增长9.8%。规模以上工业增加值增长11.5%。500万元以上固定资产投资增长10.9%。实际利用外资2524万美元,增长7.1%。实际利用省外2000万元以上项目资金22.44亿元,增长8.04%。农林牧渔业总产值18.19亿元,增长2.7%。粮食总产量3.75万吨。主要农产品及产量有油料作物2336吨、茶叶163吨、水果5.43万吨、水产品1.33万吨。社会消费品零售总额36.37亿元,增长18.2%。城镇居民可支配收入3.42万元,增长8.9%;农村居民人均可支配收入1.38万元,增长11.1%。金融机构年末各项存款余额123.1亿元,增长4.8%;各项贷款余额165.2亿元,增长21.6%。

【产业发展】　推进工业强县,规模以上工业实现营业收入108亿元、增长42.6%,利润总额4.9亿元、增长76.1%,新增规模以上工业企业13家、科技型中小企业31家,章源钨业获评全省智能制造标杆企业。加快建链延链补链强链,总投资20亿元的集装箱配套地板生产基地、年产3万吨锂电池正极材料生产等项目加速落地。推进工业园区扩容提质,新建标准厂房6.5万平方米。落实粮食安全政治责任,粮食播种面积666.667公顷、总产量3.75万吨。推动脱贫攻坚与乡村振兴有效衔接,获评全省乡村振兴战略实绩考核优秀县。壮大绿色、有机、富硒农业,培育地理标志农产品认证企业13家,建成高标准富硒产业示范基地8个。文旅产业发展百日攻坚成效显著,建成上堡农耕文化体验园,投入运营知行湖水舞秀、左溪阳明寨等项目,获评最美中国文化旅游县、全国森林康养基地试点建设县,上堡整训旧址获评建党百年红色旅游精品线路,君子谷获评省级生态旅游示范区。全年接待游客634万人次,实现旅游综合收入55.2亿元。

【城乡建设】　持续提升城市功能与品质,投资4.5亿元,推进城乡污水处理厂网一体化建设,阳明路、健康路老旧小区提升改造全面竣工,成功入选全国文明城市提名城市名单。建设美丽乡镇,关田、铅厂获评全省首批生态园林城镇。推进城乡环境综合整治和新时代“五美”乡村建设,打造省级新农村建设点37个、美丽宜居示范村9个,获评全省农村人居环境整治工作先进集体。完善基础设施,扬眉江流域河道治理加快推进,遂大高速开工建设,国道220线过埠至西门一级公路、左溪旅游公路完工通车,南山口应急水源项目竣工投运。

【社会事业】　高质量完成51件民生实事,民生支出达23.2亿元,占财政总支出78.3%。推进27个校建项目,完成“双减”任务。城镇新增就业1924人,城镇登记失业率控制在2.4%以内,零就业家庭实现100%安置。提升医疗卫生服务水平,县人民医院门(急)诊综合楼和感染性疾病科用房投入使用。创新推进社会治理,实施农村雪亮工程、智慧安防小区建设项目,公安满意度达98.5%,连续5年位居全省前五。

主要领导人　县委书记:李国泉(5月任)。县人大常委会主任:郭兰(任至9月)、李新维(9月任)。县长:潘金城(任至8月)、黄斌(8月任)。县政协主席:陈金发(任至9月)、王豪(9月任)。

(朱建华)

· 安远县 ·

【简　况】　位于江西省南部,辖8镇、10乡、1城市社区管理委员会。总面积2350平方千米,其中城区面积18平方千米。森林面积23.26万公顷;森林覆盖率82.72%,城区绿化覆盖率43.14%。总人口40.84万人,其中非农业人口10.12万人;人口自然增长率7.76‰。2021年,地区生产总值102.14亿元,同比增长8.4%。其中,第一产业增加值22.35亿元,增长6.0%;第二产业增加值26.87亿元,增长11.4%;第三产业增加值52.93亿元,增长8.0%。财政总收入11.13亿元,增长7.5%;税收占财政总收入45.2%。地方财政收入7.13亿元,增长7.6%;地方财政支出32.09亿元,下降13.8%。规模以上工业总产值57.38亿元,增长37.1%。固定资产投资增长10.3%。外贸出口1.05亿元,占地区生产总值1.03%。实际利用外商投资4358万美元,增长7.95%。实际利用省外投资25.99亿元,增长9.39%。主要工业产品及产量有单一稀土金属368.4万千克、手机56.7万台、智能音箱957.5万台、电子元件12.1万只、印刷电路板123.7万平方米。农业总产值35.82亿元,增长7.5%。粮食总产量9.76万吨,增长2.9%。主要农产品及产量有蔬菜21.2万吨、脐橙17.2万吨、烟叶3.9万担、生猪出栏42.2万头、家禽出笼475.1万只。社会消费品零售总额52.27亿元,增长16.6%。城镇居民人均可支配收入3.03万元,增长7.2%;农村居民人均纯收入1.35万元,增长10.1%。城乡居民年末储蓄余额117.6亿元,增长11.1%。

【《安远年鉴(2021)》入选中国年鉴精品工程】　《安远年鉴(2021)》是江西省第一部县级综合年鉴申报并入选中国地方志指导小组的中国年鉴精品工程,填补全省县级综合年鉴在中国年鉴精品工程中的空白。《安远年鉴

(2021)》由方志出版社出版，全书约70万字，资料翔实，体例完备，分类科学，文风朴实，突出地域特色和时代特征，全面记载安远县2020年自然、政治、经济、文化和社会等方面情况。

【2021环鄱阳湖自行车精英赛赣州·安远·三百山站开赛】 12月19日，2021环鄱阳湖自行车精英赛在赣州市安远县三百山风景区举行，160多名选手齐聚三百山梅屋旅游集散中心参加比赛。该届大赛赛程为35.8千米，共设男子公路精英、男子山地精英、男子山地大师、女子山地精英4个组别，覆盖18~65岁各年龄层，实现公路车、山地车全车种覆盖。经过角逐，来自Santic-Attack车队的周克强夺得男子公路精英组冠军，长沙顺时针(SSZ)车队的陈凯夺得男子山地精英组冠军，羚锐制药车队的陈湘源获得男子大师赛组冠军，伊诺华轮胎女子车队的李思夺得女子山地精英组冠军。

【安远县"智运快线+数字平台"入选全国第二批农村物流服务品牌】 8月24日，安远县"智运快线+数字平台"入选交通运输部第二批农村物流服务品牌，其典型经验被作为案例向全国推广。安远县以"智慧园区"新仓储，构建仓配服务一体化；以"智运快线"新基建，推进城乡配送智能化；以"数字平台"新零售，实现本地生活数字化。探索出"智慧园区+智运快线+数字平台"城乡绿色智慧物流模式，在全国具有首创意义。

主要领导人 县委书记：严水石(任至8月)、杨有谷(8月任)。县人大常委会主任：曹志坚(任至9月)、尧金娣(9月任)。县长：肖斐杰(任至8月)、李秋平(8月任)。县政协主席：刘惠宗(任至9月)、刘飞(9月任)。

(叶国丰)

·龙南市·

【简　况】 位于江西省最南端，辖9镇、5乡、1林场、2个城市社区(新区)。总面积1640.55平方千米，其中城区面积30.85平方千米。耕地面积1.23万公顷，有林面积13.16万公顷；森林覆盖率82.2%，城区绿化率40.5%。总人口33.7万人，其中非农业人口16.4万人；人口自然增长率3.83‰。2021年，地区生产总值200.12亿元，同比增长9.3%。其中，第一产业增加值16.04亿元，增长6.4%；第二产业增加值100.22亿元，增长8.7%；第三产业增加值83.86亿元，增长10.6%。财政总收入27.02亿元，增长15.17%；税收占财政总收入77.97%。地方财政收入16.2亿元，增长5.86%；地方财政支出39.2亿元，增长3.51%。工业增加值89.8亿元，增长9.4%。外贸出口额52.11亿元。实际利用外商投资1.62亿美元，实际利用省外2000万元以上项目资金95.76亿元。主要工业产品及产量有家具582.2万件、商砼128.5万立方米、钢材106.4万吨、稀土氧化物135.1吨、风力发电3.07亿千瓦时。农业总产值26.94亿元，增长6.21%。粮食总产量6.02万吨。主要农产品及产量有油料4897吨、蔬菜21.50万吨、油菜籽4905吨、板栗780吨。城镇居民人均可支配收入3.76万元，增长8.3%；农村居民人均可支配收入1.54万元，增长12.5%。

【工业升级】 龙南经开区营业收入突破300亿元大关。全年净增规模以上工业企业50家，园区规模以上企业营业收入突破300亿元。电子信息首位产业集聚度达64.68%。推动电子信息首位产业，全年签约项目58个，签约资金390.67亿元，其中20亿元以上项目5个，50亿元以上项目2个。全省"5G+工业互联网"现场会、赣州工业倍增升级推进会在龙南召开。龙南在赣州招商引资工作调度会上作典型发言。深化"放管服"改革，出台惠企政策兑现工作办法，为企业减免税费约5.4亿元，减少审批环节246项。90天完成近万亩园区征迁，120天完成园区32家企业"腾笼换鸟"评估认定，19家企业签订腾换协议。佳纳、天奇等50亿元项目开工建设，恩嘉、诺威等项目竣工投产，5G智能科技园年内建成，培育形成PCB产业群、PCB装备制造产业群和电子化学品产业群。获评2020年度全省工业高质量发展先进县，获批国家外贸转型升级基地，经开区大环评通过生态环境部专家评审，化工集中区获全省化工园区认定。

【江西文理技师学院龙南校区签约开工】 8月13日，江西文理技师学院龙南校区建设项目举行签约仪式。9月30日，该项目举行开工仪式。江西文理技师学院龙南校区是辰林教育集团控股有限公司投资兴建的一期项目，项目位于东江大稳村，投资总额20亿元，规划教育科研用地66.67公顷，配套教职工住宅用地13.33公顷，建筑总面积20.6万平方米，是一所能容纳1万人的专业培养中、高级技工、预备技师的全日制职业院校。

【陈观金登上"中国好人榜"】 7月，龙南人陈观金登上孝老爱亲"中国好人榜"。陈观金，男，1963年3月出生，龙南市九连山镇润洞村上围四组村民。他是一个普通的村民，家中有年迈的母亲与3个孩子。2009年，弟弟过世，弟媳改嫁，留下一双儿女，一个智力残疾，一个正在读书，无人照顾。陈观金把侄子侄女带到家中一起抚养。为了给几个孩子更好的条件，夫妻俩省吃俭用。在务农之余，还去帮别人打田、做泥水等。侄女一度想放弃学业，他告诉侄女："只要你肯读书，再苦我都会供下去。"2020年，他拿出10余万元积蓄，帮俩兄妹在家里新建一栋房子，并且继续照顾智力残疾的侄子。

主要领导人 市委书记：缪兰英(任至2月)、刘勇(2月任，任至7月)、钟旭辉(7月任)。市人大常委会主任：廖小波(任至9月)、叶金华(9月任)。市长：刘勇(任至2月)、钟旭辉(2月任，任至9月)、彭江闽(9月任)。市政协主席：王慧君(任至9月)、江树华(9月任)。

(唐升旗　蔡东林)

·全南县·

【简　况】 位于江西省南部，辖6镇、3乡、1国营林场。总面积1535平方千米，其中城区面积12.80平方千米。耕地面积1.05万公顷，林地面积13.43万公顷；森林覆盖率83.39%，城区绿地覆盖率49.55%。总人口

19.37万人。2021年,地区生产总值97.53亿元,同比增长8.6%。其中,第一产业16.29亿元,增长6.5%;第二产业39.90亿元,增长8.3%;第三产业41.34亿元,增长9.7%。财政总收入11.74亿元,增长12.4%;一般公共财政预算收入7.41亿元,增长2.3%。规模以上工业增加值增长11.4%。固定资产投资增长11.3%。实际利用外资9835万美元,增长7.3%。出口总额18.19亿元,增长18.4%。主要工业产品及产量有钨精矿3176吨、萤石4.51万吨、钢材5724吨、服装1846万件、组合音响371万台。农林牧渔业总产值26.12亿元,增长2.2%。粮食总产量6.42万吨,增长0.2%。主要农产品及产量有蔬菜及食用菌22.7万吨、猪肉3.84万吨、花生0.51万吨、柑橘2.5万吨。社会消费品零售总额48.74亿元,增长15.7%。城镇居民人均可支配收入3.27亿元,增长7%;农村居民人均可支配收入1.19亿元,增长11.2%。金融机构各项存款111.4亿元,增长13.1%;贷款余额116.84亿元,增长19.4%。

【全南县入选"中国天然氧吧"地区】 11月,中国气象局公共气象服务中心公示该年度56个"中国天然氧吧"地区名单,江西入选2家,全南县名列其中。全南县坚持"绿水青山就是金山银山"发展理念,推进绿色转型发展,打好污染防治攻坚战,生态文明建设取得显著成效。全县森林覆盖率稳定在83.39%以上,年平均负离子浓度为每立方米2061个,境内的桃江和黄田江2条赣江上游支流水质常年保持在Ⅰ类、Ⅱ类,空气质量优良率99.4%,达到国家环境空气质量一级标准。

【全南县被评为2021全国县域农业农村信息化发展先进县】 11月,农业农村部信息中心发布2021年全国县域农业农村信息化发展水平评价工作通报,全南县被评为2021全国县域农业农村信息化发展先进县。全南县加快数字乡村建设,农业生产智能化、经营网络化水平大幅提高,乡村数字治理体系基本完善。在整体规划设计、制度机制创新、技术融合应用、发展环境营造等方面形成可复制、可推广的做法经验,打造数字乡村建设的"全南"样本。截至年底,全县总投资700余万元用于农村信息基础设施建设,自然村完成94%;全县电信消费人均消费500元以上;农作物种植信息化水平16.2%,设施栽培信息化水平27.3%,畜禽养殖信息化水平15.2%,水产养殖信息化水平15.3%。依托国家电子商务进农村综合示范项目,构建县乡村三级电商服务网络,建成县级公共服务中心1个、县级物流配送中心1个,乡(镇)级电子商务服务中心7个、村级电子商务服务站57个,县乡村三级电商公共服务网络已形成;累计组织电商人才培训6575人(次),带动就业2631人;农产品网络零售额达8765万元。

【全南县劳动模范协会成立暨第一次会员代表大会召开】 12月20日,全南县劳动模范协会成立暨第一次会员代表大会召开。县委书记曾平致贺信;县委副书记、副县长卢兴广,市劳模协会会长张志雄、副县长许瑞强出席;县人大二级调研员、总工会主席李建华主持会议。全县各级劳动模范、先进工作者、五一劳动奖章获得者、全南工匠代表等40余人参加会议。大会听取县劳模协会筹备工作报告,以举手表决的形式,审议通过《全南县劳动模范协会章程(审议稿)》和《全南县劳动模范协会第一次会员代表大会选举办法(审议稿)》,选举产生县劳模协会第一届理事会会长、副会长和秘书长,市五一劳动奖章获得者陈韦汝当选为第一届协会会长。卢兴广、许瑞强共同为县劳动模范协会揭牌。截至年底,全南县在册管理劳模共42人,其中全国劳模1人、全国五一劳动奖章1人、省劳模18人、省五一劳动奖章4人、赣州市劳模18人。

主要领导人 县委书记:余钟华(任至5月)、曾平(5月任)。县人大常委会主任:曹东春(任至9月)、马石旺(9月任)。县长:曾平(任至4月)、边建忠(6月代,9月任)。县政协主席:马石旺(任至9月)、黄健(9月任)。

(王立之　万嘉林)

·定南县·

【简　况】 位于江西省最南端,辖7镇。总面积1321.13平方千米。耕地面积7610公顷,有林面积10.55万公顷;森林覆盖率80.9%。总人口21.93万人,其中城镇人口6.41万人。2021年,地区生产总值97.76亿元,同比增长8.5%。其中,第一产业增加值13.04亿元,增长6.8%;第二产业增加值34.54亿元,增长11.2%;第三产业增加值50.18亿元,增长7.3%。财政总收入12.73亿元,增长2.5%。规模以上工业增加值增长11.5%。500万元以上项目固定资产投资增长11%。实际利用外资1.12亿美元,增长7.2%。外贸出口8.25亿元,增长25.4%。农业总产值21.12亿元,增长8.4%。粮食总产量5.65万吨,增长1.2%。主要农产品及产量有蔬菜及食用菌8.60万吨、生猪出栏61.89万头、猪肉5.15万吨。社会消费品零售总额37.13亿元,增长17.2%。城镇居民人均可支配收入3.49万元,增长6.7%;农村居民人均可支配收入1.34万元,增长12.7%。

【主攻工业】 规模以上工业实现营业收入86.7亿元,增长34.4%。实现利润6.92亿元,增长81.1%。工业投资增长26.4%,工业用电量增长37.4%。新增16家规模以上工业企业,战略性新兴产业、高新技术产业占规模以上工业增加值分别为56.9%、59.3%。电子信息、新材料双首位产业集群营收均突破45亿元,分别增长41%和53%。10家企业完成技改升级,明高科技三期、建南科技等项目智慧车间建成投产,全社会研发支出占地区生产总值1.4%,超过省平均水平。赣悦新材料、龙邦科技等企业获评全国全省行业内优秀企业、标杆企业,惠亚科技获评江西省"专精特新"中小企业,稀土永磁材料及应用基地通过省级复核。

【"放管服"改革】 对标大湾区深化"放管服"改革,实现"一枚印章管审批"。1287项依申请类事项全面推行"一窗"综合受理,311个政务事项"全程网办",175项业务24小时"不打烊"自助办,企业注册开办压缩至 1 个工作日,政务服务好评率 100%。落实企业安静生产期、政企圆桌会议制度,为市场主体减税降费 1.5 亿元。新增市场主体 3263 户,增长 16.3%。举办 12 场重大招商活动,新签约项目 38 个、总投资 198 亿元,获评全省利用外资先进县。

【赣深高铁定南南站开通运营】 12 月 10 日,在赣深高铁定南南站站前广场举行"拥抱高铁时代、喜迎赣深高铁"开通仪式,"赣粤门户 生态定南"号高铁冠名专列开通运营。县委书记龙小东宣布赣深高铁定南南站开通运营。赣深高铁是中国"八纵八横"高速铁路网中京港高速的重要组成部分,是沟通南北经济文化交流的重要纽带,对于推动赣粤地区协调发展,促进赣南等原中央苏区振兴发展具有重要意义。开通初期,赣深高铁每日有 9 趟途经定南南站的列车停靠。

主要领导人 县委书记:赖正文(任至 8 月)、龙小东(8 月任)。县人大常委会主任:叶富安。县长:龙小东(任至 8 月)、陈钰滢(8 月任)。县政协主席:陈文新。

(赖春梅)

· 兴国县 ·

【简　况】 位于江西省中南部,辖 25 乡镇、1 经济开发区、1 城市社区管委会。总面积 3215 平方千米。耕地面积 4.19 万公顷。总人口 85.88 万人,其中非农业人口 22.41 万人;人口自然增长率 2.61‰。2021 年,地区生产总值 225.85 亿元,同比增长 8.3%。其中,第一产业增加值 35.93 亿元,增长 7.7%;第二产业增加值 73.12 亿元,增长 8.8%;第三产业增加值 116.80 亿元,增长 8.1%。财政总收入 23.07 亿元,增长 8.4%;税收占财政总收入 89.4%。地方财政收入 9.62 亿元,增长 5.3;地方财政支出 56.62 亿元,下降 7%。工业总产值 55.66 亿元,增长 9.3%。规模以上工业增加值占地区生产总值 24.64%。外贸出口占地区生产总值 2.5%。实际利用外资 1.25 亿美元。实际利用省外 2000 万元以上项目资金 40.33 亿元,增长 9.3%。主要工业产品及产量有大米 4.68 万吨、水泥 126.63 万吨、石灰石 179.22 万吨、硅酸盐水泥熟料 153.91 万吨。农林牧鱼总产值 58.77 亿元,增长 9.6%。粮食总产量 26.20 万吨。主要农产品及产量有生猪出栏 59.68 万头、家禽出笼 1219.48 万只、肉类 7.07 万吨、水产品 2.54 万吨。城镇居民人均可支配收入 3.42 万元,增长 7.6%;农村居民人均可支配收入 1.45 万元,增长 11.3%。城乡居民年末储蓄余额 334.86 亿元,增长 6.2%。

【项目建设】 全年累计向上争取各类资金 54.35 亿元,31 个省大中型项目、81 个市调度项目投资完成率分别超年度计划 35.66、38.47 个百分点,S219 蕉坑至莲塘(一期)、S449 隘上至杉村、S452 船溪至鹅公塘、X463 隆坪至上龙公路改建工程建成通车,火车站完成升级改造,兴国至桂东、兴国至樟树高速等 30 个重大项目列入上级规划。国内首条永磁磁浮空轨列车"兴国号"成功挂线,兴泉铁路、赣深高铁开通运营,兴国到深圳仅需 2.5 小时。

【城乡建设】 推进红军大桥重建等项目,改造供销社家属楼等 5 个老旧小区。开展将军大道、凤凰大道等街道立面整治,累计拆除外挑式防盗窗 5.1 万平方米、铁皮棚 2.16 万平方米,新改建污水管网 27.8 千米,新增绿地面积 30 公顷。高标准完成 244 个新农村建设点和县城至官田兵工厂等 3 条精品干道建设,全面完成乡镇主街道"白改黑"工程,新建生活污水处理设施 48 个、公厕 30 座,乡容镇貌逐步改善。良村亩元、方太井口、城岗长保、梅窖店山、兴江墅田、鼎龙杨村、樟木肖南、永丰蕉溪等一批乡村振兴示范样板村全面成型,高兴高多、潋江坝南、社富桂江获评省级传统村落,茶园乡获评省级文明村镇。

【民生事业】 46 件民生实事基本完成,好评率 100%。提升教育质量,"双减"工作有效落实,高考本科上线人数再创新高。九幼新建项目完工,县第一幼儿园获评省级示范园,长冈幼儿园被教育部命名为全国足球特色幼儿园。做好华山医院与县人民医院对口帮扶工作,学科建设和医疗服务能力持续提升。县妇保院完成整体搬迁,县中医院通过全国基层中医药工作先进单位复审评估。城乡居民、城镇职工养老保险参保人数分别达 38.92 万、9.17 万人。发放创业贷款 1.87 亿元,扶持带动就业 7900 余人。举办全省首届县级慈善晚会。常态化推进扫黑除恶斗争,金融风险防范有力,各领域安全生产管控有序,全县公众安全感列全省第 11 位。

主要领导人 县委书记:赖晓军(任至 7 月)、李贱贵(7 月任)。县人大常委会主任:曾令峰(任至 9 月)、魏国寿(9 月任)。县长:陈黎(任至 9 月)、刘章宏(9 月任)。县政协主席:魏国寿(任至 9 月)、邱小林(9 月任)。

(潘玲)

· 宁都县 ·

【简　况】 位于江西省东南部,辖 12 镇、12 乡。总面积 4048.82 平方千米。耕地面积 4.48 万公顷,林地面积 30.09 万公顷。总人口 83.3 万人,其中城镇人口 21.7 万人。2021 年,地区生产总值 245.60 亿元,同比增长 8.7%。其中,第一产业增加值 46.84 亿元,增长 7.8%;第二产业增加值 69.60 亿元,增长 7.7%;第三产业增加值 129.16 亿元,增长 9.5%。财政总收入 14.3 亿元,增长 6.7%;一般公共预算收入 9.2 亿元,增长 2.5%。规模以上工业增加值增长 11.3%。500 万元以上固定资产投资增长 11.9%。实际利用外资 9466 万美元,增长 8.2%。主要工业产品及产量有发电量(小水电)2.1 万千瓦时、水泥 52.6 万吨。粮食总产量 36.76 万吨。主要农产品及产量有油料 0.9 万吨、肉类 7.5 万吨、水产品 3.3 万吨。社会消费品零售总额 109.1 亿元,增长 19.2%。城镇居民人均可支配收入 3.03 万元,增长 8.6%;农村居民人均可支配收入 1.43 万元,增长 12.3%。金融机构存款余额 390.60 亿元,增长 4.9%;贷款余额 250.26 亿元,增长 14.9%。

【工业经济】 2021 年,全县新增规模以上企业 12 家,总数达 87 家。增加值增长 11.3%、营业收入增长 29%、固定资产投资增长 15.9%。完善园区空间规划、功能划分,依托宁都火车站,高标准建设产城融合示范区。推进园区医院、第九幼儿园等配套建设。启动开发区+童装智造产业园改革试点,建成投用标准厂房 35 万平方米,完善鸿业路、赖村路、安福路等园区路网,完成雨污管网 1.9 万米,新建公交站台 17 座。围绕以童装为主的轻纺服装首位产业和电子信息产业、食品产业、矿产品精深加工三大主导产业,加快补链延链强链,华映光电、温氏乳业等重大项目落户宁都,七波辉、彪马、卡特兔等知名企业入驻童装智造产业园。先后与战略支援部队、江西师大、江西服装学院、香港大学管铁团队等建立科技创新战略合作,建设科研成果转化基地。全县规模以上企业研发投入 2.8 亿元,培育高新技术企业 10 家、科技型中小企业 30 家,建设市级工程技术研究中心 2 家。

【民生事业】 完成民生资金支出 46.4 亿元,占一般公共预算支出 85%以上。健全防返贫动态监测和帮扶机制,统筹整合资金 4.97 亿元,实施产业发展、基础设施、人居环境整治、教育扶贫、雨露计划等项目 712 个,发放各类教育资助金 4.58 亿元,建成集中供水工程 498 处。发放创业担保贷款 2.2 亿元,新增城镇就业 0.5 万个、农村转移劳动力就业 1.38 万人。启动实施学校、幼儿园、卫生院、敬老院三年改造提升行动。田头中心小学、长胜青树小学竣工,加快推进博生职业高中建设。招聘教师 399 名。落实"双减"政策,关停校外培训机构 150 所。教育教学质量稳步提升,全县高考二本以上上线人数 2916 人,比上年新增 274 人。南大一附院宁都医院挂牌,县医院内科综合楼、县中医院住院楼投入使用,县传染病医院主体完工。推进敬老院管理体制机制改革,启动 19 个农村敬老院升级改造,建成颐养中心扩建工程、儿童福利院、50 个居家养老站点。竞技体育再创佳绩,何珊珊在全国第十一届残疾人运动会暨第八届特殊奥林匹克运动会上获 2 金 2 银。

【宁都火车站通车】 10 月 30 日 10 时 37 分,赣州发往福建龙岩的 K8751 次列车首趟抵达宁都火车站,结束宁都不通铁路和不通火车的历史。宁都首条铁路为兴泉铁路,由京九铁路兴国站引出,经江西于都、宁都、石城等县进入福建,途经宁化、清流、明溪、永安、大田、德化、永春等县,终到泉州。该铁路全长 464.16 千米,设计时速 160 千米,是客货共线的国家Ⅰ级电气化铁路。此次开通的是兴国至清流段,正线长 174.21 千米。

主要领导人 县委书记:邱建军(任至 8 月)、肖斐杰(8 月任)。县人大常委会主任:余路晓(任至 8 月)、邱坚(8 月任)。县长:刘定辉(任至 8 月)、何国杰(8 月任)。县政协主席:黄海印(任至 8 月)、李过春(8 月任)。

(曾春生)

·于都县·

【简 况】 位于江西省南部,辖 9 镇、14 乡和 1 个工业园。总面积 2893 平方千米。有林面积 20.99 万公顷,森林覆盖率 71.8%。总人口 105.4 万人。2021 年,地区生产总值 318.06 亿元,同比增长 9.1%。其中,第一产业增加值 33.08 亿元,第二产业增加值 125.95 亿元,第三产业增加值 159.03 亿元。财政总收入 24.15 亿元,增长 7.3%。其中,一般公共预算收入 15.06 亿元,增长 5.8%。规模以上工业增加值增长 11.4%,规模以上工业营业收入 306.34 亿元。500 万元以上固定资产投资增长 12.2%。出口总额增长 51.25%。实际利用外资 1.44 亿美元,增长 7.6%。粮食种植面积 4.74 万公顷,粮食总产量 21.85 万吨。社会消费品零售总额 129.74 亿元,增长 18.4%。城镇居民人均可支配收入 3.60 万元,增长 7.8%;农村居民人均可支配收入 1.45 万元,增长 11.1%。

【工业发展】 于都县规模以上工业企业达 181 家,实现营业收入 306 亿元,增长 16.7%。纺织服装首位产业链式发展,新增规模以上企业 24 家,全行业产值达 602 亿元,宝姿、朗姿、万旗等知名品牌进驻于都,江西卫棉、星途科技等项目落地投产,FDC 时尚产业综合体、省级质检中心等强链平台建成运营,北京服装学院(于都)培训中心、武汉纺织大学于都牛仔产业研究院组建运行,跨境电商综合服务中心挂牌运营。纺织服装入选第二批国家级消费品标准化试点项目,于都被评为中国服装优质制造创新示范基地。光电电声产业集群发展,硅基金黄光产品上线畅销,天键电声被评为省级瞪羚企业,全行业产值突破 70 亿元。绿色装配式建筑产业加快发展,累计推广装配式建筑 300 万平方米,全行业产值突破 30 亿元。创建省级技术创新中心、企业技术中心、创新平台各 1 个,新增科技型中小企业 63 家、高新技术企业 6 家。

【现代服务业】 推进长征国家文化公园(于都段)项目,红军小镇基本成型,开工建设雩都古城、客家文化大观园等项目。新建旅游公路 2 条、旅游公厕 16 座,兰花主题酒店、万达酒店等项目加快建设。获评省 4A 级乡村旅游点 2 个,潭头村被评为全国乡村旅游重点村,于都入选中国旅游赋能乡村振兴发展案例,"于都县新长征体育旅游精品线"获评全国十佳,成功创建省级全域旅游示范区。银行业金融机构增加到 13 家,存贷款余额分别达 423 亿元、376 亿元,分别增长 7.4%、19.2%,存贷比提高到 88.9%。建成农村普惠金融服务站 44 个。九丰能源主板上市,天键电声深交所上市在审,东祺鞋业完成股改,首次实现"上市、在审、挂牌、备案、股改、后备"六个阶段企业全覆盖。江西省首个县级万达广场开业。县乡村三级物流快递业务实现全覆盖,网络零售额 25 亿元,被评为国家电子商务进农村综合示范县。

【深化改革】 新政务服务大楼投入使用,"赣服通"4.0 于都分厅上线运行,825 项政务事项实现"掌上办",999 项事项实现"一次不跑"或"最多跑一次"。推动惠企政策"免申即享、即申即享",天键电声获赣州市首批直达资金 300 万元。实施财税体制改革,预算一体化系统上线运行,政府采购"不见面开标"模式全面施行,县属国企完成重组运营。推进体育融合,中小学阳光体育锻炼参与率 100%。

深化公立医院改革，开展紧密型医共体试点，上线运行卫生健康服务平台。出台56项措施优化营商环境，为市场主体减税降费1.2亿元，发放“三个信贷通”贷款5.5亿元。新增市场主体2.13万户，增长33.2%。签约项目90个、金额364亿元，其中10亿元以上项目8个。

主要领导人　县委书记：陈阳山（任至8月）、黄法（8月任）。县人大常委会主任：黄小龙（任至9月）、罗高波（9月任）。县长：黄法（任至8月）、李松柏（8月代，9月任）。县政协主席：肖惜才（任至9月）、赖晓强（9月任）。

（丁根发）

·瑞金市·

【简　况】　位于江西省东南部，辖7镇、10乡。总面积2441平方千米，其中城市建成区面积36.6平方千米。耕地面积34.1万公顷。总人口70.7万人，其中城镇人口19.9万人。2021年，地区生产总值195.2亿元，同比增长8.2%。其中，第一产业增加值28.3亿元，增长7.3%；第二产业增加值74.2亿元，增长10.8%；第三产业增加值92.7亿元，增长6.6%。一般公共财政收入15.8亿元，增长8.9%；税收收入12.6亿元，增长0.1%，占一般公共预算收入80%。财政支出64亿元，增长0.03%。工业增加值增长11.3%。规模以上工业总产值272.8亿元，增长24.8%。固定资产总额增长11.4 %。外贸出口45.5亿元，增长37.8%。实际利用外资1.02亿美元，增长8.5%；实际引进内资71.1亿元，增长8.7%。主要工业产品及产量有服装349.65万件、萤石6.12万吨、烤鳗1751吨、水泥410万吨、电力电缆48.43万千米。农业总产值46.1亿元，增长9%；粮食总产量19万吨。主要农产品及产量有脐橙12.5万吨、烟叶1486吨、蔬菜23.98万吨、家禽出笼26829百只、生猪出栏48.91万头。社会消费品零售总额101.1亿元，增长11.6%。城镇居民人均可支配收入3.74万元，增长7.5%；农村居民人均可支配收入1.54万元，增长12.5%。金融机构期末存款余额346.4亿元，增长3.2%。金融机构期末贷款余额347.3亿元，增长11.9%。

【城乡建设】　编制《瑞金市国土空间规划（2021—2035年）》，城市建成区面积36.6平方千米，常住人口城镇化率突破50%。新改建国省道72.5千米、四好农村路112.2千米。金都大道东延四期、中山南路等道路建成通车，瑞明路、象湖路等“断头路”全面打通。完成棚户区改造270户。建成棚改安置房6814套。改造老旧小区26个，新增停车位2762个。金瑞湾城市公园基本建成，文化艺术中心启用。入选第七届全国文明城市提名城市，解放路社区入选省高品质智慧社区建设试点。开展“两示范一提升”三年行动和村庄整治秋冬战役，推进“厕所革命”和乡镇建设五年行动，建设美丽宜居示范带2条、全域美丽乡镇2个，重点整治新农村建设示范点204个，新（改）建农村户厕620余户，农村人居环境持续改善。

【瑞金市体育局获评全国群众体育先进单位】　9月，瑞金市体育局被国家体育总局评为2017—2020年度全国群众体育先进单位。这是瑞金市继2017年被国家体育总局评为2013—2016年度全国群众体育先进单位后再次获得该荣誉。瑞金市积极落实《全民健身实施计划》和《全民健身条例》，先后出台《瑞金市体育事业“十三五”发展规划》《瑞金市全民健身实施计划》等文件，编制《瑞金市公共体育设施专项规2020—2035年）》，围绕实现公共体育设施服务均等化，打造城市社区“十分钟健身圈”。强化经费保障，2016—2021年，市财政累计投入超3.2亿元用于发展体育事业。全市体育场地面积累计142.97万平方米，人均体育设施面积2.36平方米。免费开放各类公共体育设施，全市经常参加体育锻炼的人数比例41.5%，国民体质合格率93%。在2021年全市中小学生田径运动会上，有17个项目、37人打破赛会纪录，为历届最高水平；金穗学校足球队、九堡中学篮球队、瑞金市青少年足球队在省、市比赛中分别获得二等奖、三等奖；井冈山小学《链枪操》体育教学案例被教育部评为“最佳课外体育活动案例”；“学习强国”、《江西日报》等主流媒体先后报道瑞金市体教融合工作做法。

【叶坪乡被授予“全国脱贫攻坚楷模”称号】　2月，叶坪乡被中共中央、国务院授予“全国脱贫攻坚楷模”称号。叶坪乡是江西省最大的农业人口建制乡，有行政村30个，其中“十三五”贫困村7个。农业人口7万人，建档立卡贫困人口2308户8908人。在脱贫攻坚中，叶坪乡坚持以脱贫攻坚统揽经济社会发展全局。率先探索实施商业补充医疗保险、基本医疗保险、大病医疗保险、民政救助健康扶贫“四道保障线”，解决贫困群众看病难问题；率先在全省建设农村保障房，探索实施安居扶贫“五个一”（为特别困难的贫困户建一套房、预留一块土地用于生产、有劳动能力的安排一份工作、享受扶贫产业园一份“分红”、落实一份政府兜底保障）工程，解决贫困群众住房困难问题，这一做法在中央电视台第2频道《生财有道》栏目作深度报道。在全国率先探索实施产业扶贫“五个一”（选准一个产业、打造一个龙头、创新一套利益联结机制、扶持一笔资金、培育一套服务体系）机制及农村集体资产折股量化模式，推进精准扶贫管长远问题，成为2017年全国产业扶贫流动现场会的经典案例。2017年，叶坪乡以零错退、零漏评、群众满意度100%的成绩在赣南革命老区率先脱贫摘帽。

【“人民共和国从这里走来——中华苏维埃共和国史”陈列展开展】　11月8日，经中共中央办公厅、中央宣传部、中央党史和文献研究院批复的“人民共和国从这里走来——中华苏维埃共和国史”陈列展览在瑞金中央革命根据地纪念馆开展。该陈列展览汲取党史研究的最新成果和最新论述，分为“开展武装斗争建立苏维埃区域”“中华苏维埃共和国的诞生”“中华苏维埃共和国在曲折中巩固发展”“中国共产党治国理政的伟大实践”“中华苏维埃共和国的战略转移”五部分，展示中央革命根据地创建、中华苏维埃共和国成立及治国理政实践的历程。陈列布展利用丰富的文物史料，通过融合模拟实景、互动投影等科技手段,展示 550 余件文物、1360 余张照片和 20 余处多媒体投影、电动地图、互动桌面。

主要领导人 市委书记:许锐(任至 2 月)、吴建平(2 月任)。市人大常委会主任:李学通(任至 9 月)、谢志斌(9 月任)。市长:吴建平(任至 3 月)、蓝贤林(3 月任,任至 9 月)、刘春林(9 月任)。市政协主席:陈晓斌(任至 9 月)、刘红敏(9 月任)。

(杨滋)

· 会昌县 ·

【简　况】 位于江西省东南部,辖 6 镇、13 乡、1 城市社区管委会。总面积 2712 平方千米,其中城区面积 14.5 平方千米。耕地面积 1.75 万公顷,有林面积 19.71 万公顷;森林覆盖率 80.87%,城区绿地覆盖率 46.6%。总人口 53.36 万人,其中城镇人口 15.07 万人;人口自然增长率 7.72‰。2021 年,地区生产总值 151.23 亿元,同比增长 8.1%。其中,第一产业增加值 26.6 亿元,增长 6.3%;第二产业增加值 55.9 亿元,增长 8.3%;第三产业增加值 68.7 亿元,增长 8.7%。财政总收入 15.90 亿元,增长 6.8%;税收收入 10.85 亿元,税收占一般公共预算收入 51.4%。一般公共预算支出 44.14 亿元,下降 7.7%。规模以上工业总产值 128.21 亿元,增长 19.3%。规模以上工业增加值增长 11.2% 以上。全年 500 万及以上固定资产投资增长 10.6%。外贸出口 17.2 亿元。实际利用外资 7962 万美元,增长 4.3%。利用省外项目 15 个,实际进资 28.28 亿元,增长 8.56%。主要工业产品及产量有工业盐 42.38 万吨、食用盐 31.59 万吨、水泥 300.75 万吨、锡锭 0.23 万吨、六氟磷酸锂 0.17 万吨。农业生产总值 42.69 亿元,增长 7.8%。粮食总产量 15.99 万吨,增长 0.4%。主要农产品及产量有烟叶 2500 吨,脐橙、橘柚 13.8 万吨,生猪出栏 52 万头,家禽出笼 510.55 万只,水产品 1.78 万吨。城镇居民人均可支配收入 3.32 万元,增加 2362 元;农村居民人均纯收入 1.47 万元,增加 1618 元。城乡居民年末储蓄余额 174.57 亿元,增长 13.6%。

【会昌革命历史纪念地入选全国爱国主义教育示范基地】 6 月,会昌革命历史纪念地入选全国爱国主义教育示范基地,是会昌县革命类文物首个国字号基地。会昌县革命历史纪念地包括毛泽东旧居与粤赣省委革命旧址群、邓小平旧居暨中共会寻安中心县委旧址等旧址旧居 8 处。其中,毛泽东旧居与粤赣省委革命旧址群,由毛泽东旧居、中共粤赣省委旧址、粤赣省苏维埃政府旧址、少共粤赣省委旧址、粤赣军区司令部旧址、苏区防空洞等组成。该旧址群于 2004 年 9 月评为全省爱国主义教育基地,2015 年评为省国防和双拥教育基地。

【厦蓉高速白鹅互通工程开工】 5 月 13 日,厦蓉高速公路会昌白鹅互通工程开工仪式在白鹅乡举行。县长余学明出席仪式并宣布项目开工,省公路工程有限责任公司党委书记陈爱平出席,县委副书记何国杰致辞,县人大常委会副主任唐晓敏主持。该工程位于会昌县白鹅乡洋口村和于都县黄麟乡于阳村,主线为厦蓉高速公路,起点桩号为 K343+670,终点桩号为 K345+238.803,对变速车道处主线进行加宽改造,新设 A、B、C、D、E 五条匝道,匝道总长 3.57 千米;新设劝返车道 1 条,长 0.3 千米;新设连接线长 2.86 千米;新建三进五出匝道收费站 1 座,收费管理所 1 座。项目总投资 3.80 亿元。根据厦蓉高速公路设计施工图,厦蓉高速公路采用全封闭、全立交、控制出入的双向四车道高速公路标准,设计速度 100 千米/时,整体式路基宽度 26.0 米。互通匝道设计速度 40 千米/时。连接线设计速度 60 千米/时,路基宽度 10.0 米。汽车荷载为公路－I 级;设计洪水频率:1/100。

【和君职业学院开办招生】 6 月,和君职业学院开办招生。该学院地处会昌县白鹅乡和君小镇,由江西省政府批准设立、是国家教育部备案的一所私立非营利、全日制普通高等职业院校,具有独立颁发国家高等教育学历证书资格、纳入全国统一招生计划,办学层次为专科学历。学院秉持“少而精、新而专”专业设置理念,开设证券实务、商务数据分析与应用、婴幼儿托育服务与管理、智慧健康养老服务与管理、研学旅行管理与服务 5 个专业。学院由北京和君集团创建,北京和君集团为教育部认证的“产学合作、协同育人”立项单位,拥有中央国企、地方国企、上市公司、民营企业等 1 万多家企业客户,为和君职业学院学生的校企协同育人、实习和就业提供保障。

主要领导人 县委书记:蔡小卫(任至 7 月)、潘金城(7 月任)。县人大常委会主任:郭贤富(任至 9 月)、李国生(9 月任)。县长:余学明(任至 7 月)、李德伟(7 月任)。县政协主席:刘为民(任至 9 月)、周文孝(9 月任)。

(何慧娟)

· 寻乌县 ·

【简　况】 位于江西省南部,辖 7 镇、8 乡。总面积 2352.05 平方千米,其中城区建成区面积 12.23 平方千米。林地面积 14.42 万公顷,森林覆盖率 82.37%。总人口 32.90 万人,其中非农业人口 8.05 万人;人口自然增长率下降 1.45‰。2021 年,地区生产总值 114.83 亿元,同比增长 9.0%。其中,第一产业增加值 25.18 亿元,增长 8.2%;第二产业增加值 36.20 亿元,增长 7.3%;第三产业增加值 53.44 亿元,增长 10.6%。财政总收入 11.76 亿元,增长 17.5%。税收收入 8.91 亿元,税收占财政总收入 75.8%。一般公共预算收入 7.09 亿元,增长 8.0%。地方财政支出 31.82 亿元,下降 3.9%。规模以上工业总产值 67.06 亿元,增长 10.1%。固定资产投资增长 12.1%。实际引进外资 3223 万美元,增长 6.8%。主要工业产品及产量有铜金属含量 14.67 万吨、稀土化合物 150.89 万千克、陶质砖 1226.96 万平方米、泵 1.04 万台、气体压缩机 1.99 万台、水泥 28.19 万吨。农林牧渔业总产值 41.53 亿元,增长 10.1%。粮食总产量 12.37 万吨。主要农产品及产量有柑橘 23 万吨、脐橙 17 万吨、生猪出栏 14.10 万头、禽蛋 7840 吨、蔬菜类及食用菌 13.58 万吨。城镇居民人均可支配收入 3.27 万元,增长 7.9%;农村居民人均可支配收入 1.48 万元,增长 13.4%。城乡居民年末储蓄余额

95.18 亿元，增长 8.36%。

【寻乌县中等职业技术学校获评全国脱贫攻坚先进集体】 2月25日，全国脱贫攻坚总结表彰大会在北京人民大会堂举行，寻乌县中等职业技术学校获评全国脱贫攻坚先进集体。该校坚持因需设课，根据全县首位产业发展及贫困户就业需求，开设机电设备安装与维修、电气技术应用、计算机应用等7个专业，为当地培养专业对口的人才。加强对建档立卡贫困户子女的招生力度，2021年有学生1662名，其中建档立卡贫困户子女720人，占43.3%。对建档立卡贫困学生实行优先选择专业和优先在园区企业就业的“两个优先”政策；对就读首位产业专业并在县内就业的贫困户家庭子女，统一给予一次性5000元奖励。发挥职校优势，开展特色小吃、月嫂、工艺品制作等培训。2018—2021年年初，组织各类专业技能培训156班次，培训贫困劳动力4317人次，参训贫困户户均增收1.6万元，3218户贫困户实现高质量脱贫。

【2人获评全国脱贫攻坚先进个人】 2月25日，全国脱贫攻坚总结表彰大会在北京人民大会堂举行。潘昌荷、吉志雄获评全国脱贫攻坚先进个人。潘昌荷，寻乌县项山乡福中村卫生计生服务室乡村医生。46年“赤脚医生”，16万千米山路，他走遍3省交界山区的每个村庄。不收出诊费，他为乡亲垫付的药费多达几万元，诊治的患者超过20万人次；帮助报销医疗费、履行家庭签约服务，并建立居民健康档案。吉志雄，寻乌县晨光镇高布村第一书记兼驻村扶贫工作队队长、全国供销合作总社直属机关党委办公室二级调研员。2016年1月，他到高布村驻村帮扶。5年多来，他3次任职期满3次留下，连续5年把村党支部建设成先进的党支部；他带领群团组织开展8期寒、暑假大学生座谈会和志愿扶贫活动，培养引导学子回乡发展和为部队选送优秀子弟10余人；他多次带头组织党员和青年无偿献血救急解难，培养发展优秀青年党员10余人；他协调建成镇中心供销大桥。先后被评为江西最美扶贫干部、江西省脱贫攻坚奖（贡献奖），被中央和国家机关工委授予“脱贫攻坚优秀个人”称号，入选中国好人榜敬业奉献好人。

【南龙村获评全国“扫黄打非”进基层示范点】 3月2日，全国“扫黄打非”进基层示范点授牌仪式在南桥镇南龙村举行，南龙村获评全国“扫黄打非”进基层示范点。寻乌县南龙村把“扫黄打非”工作与新时代文明实践中心建设融合起来，实现内容融入、平台共享、资源共用的工作格局，通过建机制、营氛围、强队伍、抓成效，构建长效监管机制，发挥“扫黄打非”在弘扬社会主义核心价值观、服务精神文明、抵御有害思想和文化侵袭、占领基层宣传思想阵地的重要作用。南龙村总结摸索的“扫黄打非”进基层基本模式、运行办法和管理体制，为推进全市创建全国“扫黄打非”先进基层示范点起到示范引领作用。

主要领导人 县委书记：柯岩松（任至8月）、蓝贤林（8月任）。县人大常委会主任：曾雷（任至8月）、严志林（8月任）。县长：杨永飞（任至8月）、何善祥（8月任）。县政协主席：刘琼招（任至9月）、张翠梅（9月任）。

（钟玉华）

· 石城县 ·

【简　况】 位于江西省东南部，辖6镇、5乡。总面积1567.4平方千米，其中建城区面积12.7平方千米。耕地面积1.90万公顷，林地面积12.42万公顷；森林覆盖率75.9%。总人口33.33万人，其中非农业人口8.62万人。2021年，地区生产总值94.78亿元。其中，第一产业增加值18.68亿元，增长7.1%；第二产业增加值28.07亿元，增长7.9%；第三产业增加值48.04亿元，增长10.2%。财政总收入12.22亿元，增长16.8%。一般公共预算收入7.29亿元，增长14.4%。税收收入占财政总收入80.4%。地方财政支出30.46亿元，下降12.4%。固定资产投资增长12.4%。实际利用外资增长7.5%。农业总产值30.29亿元，增长8.8%。粮食总产量12.33万吨。主要农产品及产量有花生5018吨、烟叶2940吨、白莲7881吨。社会消费品零售总额增长18.7%。城镇居民人均可支配收入3.11万元，增长8.2%；农村居民人均可支配收入1.37万元，增长14.0%。金融系统存款余额163.17亿元，增长8.9%；金融系统贷款余额158.37亿元，增长12.5%。

【石城中学整体搬迁】 8月13日，石城中学由旧校区（西华北路）整体搬迁至新校区（莲乡大道旁西外村毕家屋小组）。新校区总用地面积25.3万平方米，总建筑面积18.5万平方米，校舍建筑面积12.3万平方米，项目总投资6.3亿元（不含教学设施设备）。新校园分学习区、生活区、运动区，教学楼、办公楼、实验楼、艺术楼、科技楼、图书馆、科报厅、师生宿舍、食堂、标准运动场、地下停车场等，教育教学设施一应俱全。石城中学始建于1939年，1944年迁入老校区校址。1958年，学校增设高中部，成为完全中学，改名为“江西省石城中学”。1977年，学校被列为江西省重点中学。2004年，学校剥离初中部，为高级中学。

【兴泉铁路石城段建成通车】 9月30日，历时4年建设、总长16.3千米、投资约10亿元的兴泉铁路石城段通车营运，石城县告别不通火车的历史。为避免与沈阳铁路局一个车站重名，新建于石城县琴江镇境内的火车站命名为石城东站。该站为中国铁路南昌局集团有限公司管辖的铁路车站，建筑面积6000平方米，设计最高聚集旅客数600人，为线侧下式站房，规模为2台4线，主要包括站台、站前广场、货物仓库、维修工区以及相关配套设施等。其建筑根据“客家山居，雅韵石城”构思进行设计。兴泉铁路石城段建成通车，有助于石城县打通承东启西的客运、货运通道，改善区位条件和发展环境。

【石城县入选第五批国家生态文明建设示范区】 10月14日，在昆明举办的2020联合国生物多样性大会“生态文明论坛”上，石城县入选第五批国家生态文明建设示范区。石城县构建生态文明建设推进机制，标本兼治打好“蓝天保卫战”“碧水保卫战”“净土保卫战”等污染防治攻坚战，实施生态修复与治理，发展生态可持续产业。

率先在江西实现城乡垃圾一体化清运、城乡污水一体化处理全覆盖,农村生活污水治理率68%,“县政府主动担责,建管一体”整县推进农村生活污水治理经验成为全国推广的典型案例。推进“河长制”,县域出境断面、赣江源头、饮用水水源地水质优良率100%,县域水质综合指数位居省市前列。完成低质低效林改造2000公顷、矿山生态修复治理18.2公顷,森林覆盖率达75.9%,空气优良率达99.7%,拥有国家地质公园、国家级保护区5个、省级生态乡镇10个、省级生态村7个,获得国家重点生态功能区称号。

主要领导人　县委书记:鲍峰庭(任至3月)、尹忠(5月任)。县人大常委会主任:刘晓波。县长:尹忠(任至5月)、张小川(6月代,9月任)。县政协主席:刘群楷(任至9月)、赖松林(9月任)。

(曾燕)

宜春市

【概　况】　位于江西省西北部,辖3市、6县、1区以及宜阳新区、宜春经济技术开发区、明月山温泉风景名胜区。总面积1.87万平方千米。总人口497.11万人,其中城镇人口285.22万人。2021年,地区生产总值3191.28亿元,同比增长8.9%。其中,第一产业增加值334.65亿元,增长7.4%;第二产业增加值1353.42亿元,增长8.6%;第三产业增加值1503.21亿元,增长9.4%。一般公共预算收入254.2亿元,增长2.7%。其中,税收收入177.2亿元,下降0.8%,占一般公共预算收入69.7%。一般公共预算支出649.6亿元,下降0.4%。外贸出口总额293.87亿元,增长28.6%。500万元以上固定资产完成投资增长11.5%。农业总产值580.68亿元,增长9.2%。粮食总产量377.08万吨,增长0.8%。主要农业产品及产量有油料25.94万吨,增长9.9%;蔬菜204.33万吨,增长4.1%;肉类51.96万吨,增长24.2%;家禽产蛋11.86万吨,增长44.7%;水产品36.17万吨,增长1.3%。社会消费品零售总额1071.5亿元,增长17.8%。城镇居民人均可支配收入3.99万元,增长8.7%;农村居民人均可支配收入1.91万元,增长8.8%。

【经济发展】　2021年,实施“开放创新、强攻工业”战略,承办全省工业强省推进大会,首次获评全省工业高质量发展先进设区市。规模以上工业企业2040家、净增228家,均居全省第二。新增国家级专精特新小巨人企业18家,省级制造业单项冠军5家、专业化小巨人企业8家,“两化”融合贯标企业147家,均居全省第一。推进全域创建富硒绿色有机农产品示范市。粮食总产、生猪出栏和蔬菜种植面积稳居全省前列,“两品一标”认证数829个。富硒农产品基地、绿色食品和有机农产品认证面积分别达10万公顷、14.01万公顷、16.15万公顷,富硒绿色有机产业综合产值超740亿元。坚持生产性服务业和生活性服务业并重,推动产业转型和消费升级。新增省级现代服务业集聚区2个、龙头企业2家,4A级物流企业达48家,全国电子商务进农村综合示范县4个,省级电子商务示范基地和示范企业分别达4家、10家。华强方特、丰城唯美养生谷等文旅项目开工建设,开通“宜春·明月山”高铁冠名专列。

【城乡环境建设】　实施城市功能与品质提升项目684个,完成投资780.8亿元。提升改造老旧小区178个、背街小巷134条,建设改造农贸市场20个。推进全国文明城市创建工作,启动实施中心城区10大类198个基础设施提升工程,新建、改造排水管网150千米,新增绿道35.2千米、公共停车泊位3010个。启动规范农村建房管理,退出宅基地1287万平方米。新建新农村建设点1551个,实现行政村长效管护全覆盖,农村卫生厕所普及率超92%,农村生活垃圾无害化处理率达98%。靖安获评“四好农村路”全国示范县,樟树、宜丰获评全省美丽宜居示范县,靖安、铜鼓、明月山获评全省首批“美丽宜居与活力乡村(+民宿)”联动建设试点县。全市环境空气质量达到国家二级标准,优良天数比例96.7%,国省考断面和县级以上城市饮用水水源地水质达标率均为100%,耕地安全利用和严格管控任务全面完成。建成绿色矿山7个,修复治理废弃矿山276.6公顷。宜丰获评省级“绿水青山就是金山银山”实践创新基地,上高、万载创建省级生态县通过验收。

【江西省工业强省推进大会在宜春市举行】　9月13日—14日,江西省工业强省推进大会在宜春市举行。省委书记刘奇出席并讲话,省长易炼红主持会议,省领导殷美根、吴浩、曾文明、任珠峰、谢茹出席大会,市委书记于秀明作典型发言。会议宣读2020年度全省工业高质量发展先进市县名单和开发区工业发展“蜗牛奖”名单,通报工业强省战略实施进展和2021年以来全省工业经济发展情况。其间,与会人员现场观摩了宜春市推进工业发展成果,宜春市、赣州市章贡区和贵溪经开区主要负责人作典型发言,武宁县、南昌市新建区主要负责人作剖析发言。

【宜春时代新型锂离子电池生产制造基地项目】　7月,宁德时代新能源科技股份有限公司(简称宁德时代)与江西省政府、宜春市政府在南昌签署战略合作框架协议。根据协议,宁德时代新型锂电池生产制造基地项目拟落户宜春。9月,宁德时代与宜春市政府签署合作协议,在宜春建设新型锂电池生产制造基地项目,规划用地面积86.67公顷。10月28日,由宁德时代投资建设的宜春时代新型(50GWh)锂离子电池生产制造基地项目,在宜春经济技术开发区正式奠基,项目一期投资135亿元。奠基仪式上,江西省副省长任珠峰宣布项目奠基,宜春市市长严允、宁德时代副董事长李平分别致辞。次日,在宜春市经开区成立主要从事新兴能源技术研发、电池制造、电池销售、电子专用材料研发、新材料技术研发等的全资子公司——宜春时代新能源科技有限公司(简称“宜春时代”),助力宜春构建“锂资源—锂电材料—动力电池—电动车”新能源全绿色产业发展体系,打造绿色“亚洲锂都”。

【南昌至长沙特高压交流线路工程建成投运】　12月26日,南昌至长沙1000千伏特高压交流线路工程建成投入运营。该工程作为华中特高压环网的重要组成部分，是国家电网公司“十四五”首条特高压交流工程。江西段线路工程于2月5日在宜春市上高县泗溪镇马岗村开工建设，由江西、北京、华东、山东、陕西送变电有限公司负责施工建设。该工程在南昌和长沙各建一座1000千伏交流变电站，线路走向大致由东向西，基本与±800千伏宾金线平行走线。江西段线路工程东起南昌市，西至宜春市万载县，途经南昌、抚州、宜春3个设区市，7个县（市、区），30个乡（镇），总长2×229千米，新建铁塔531基，其中206.7千米在宜春市境内走线，占线路全长90%，涉及丰城、高安、上高、宜丰、万载5个县（市）26个乡（镇）。同日，南昌至长沙1000千伏特高压交流工程线路工程（江西段）全线贯通仪式在上高县泗溪镇杨林村举行。该工程先后跨越铁路6处（高速铁路3条，电气化铁路3条）、高速6处、河流12处、矿区6处、二级水源保护区4处、国家湿地公园1处、风景区1处、文物遗址1处，穿越机场净空区1处。该项目建成投产送电，标志着江西省进入电力输送特高压时代，实现雅湖特高压直流满功率运行，使得清洁能源在华中电网的统一消纳与跨省优化配置，湘赣断面形成2回特高压联网格局，实现江西、湖南电网互联，西北风电、光伏与西南水电互济，解决江西用电紧张问题，对于促进江西经济社会发展具有重要意义。

主要领导人 市委书记：于秀明。市人大常委会主任：张鉴武（任至10月）、李宁（10月任）。市长：许南吉（任至2月）、严允（2月代，3月任）。市政协主席：陈荣（任至10月）、袁川（10月任）

（林峰　袁宁）

· 袁州区 ·

【简　况】 位于江西省西北部，辖17镇、3乡、8街道办事处。总面积2538平方千米，其中建成区面积92.3平方千米。耕地面积4.0万公顷；森林覆盖率63.15%，城区绿化率51.90%。总人口117.35万人，其中城镇人口49.86万人；人口自然增长率1.29‰。2021年，地区生产总值520.36亿元，同比增长9.2%。其中，第一产业增加值43.12亿元，增长7.4%。第二产业增加值183.99亿元，增长9.1%；第三产业增加值293.25亿元，增长9.6%。一般公共预算收入25.23亿元，增长6.8%。地方财政支出73.36亿元，减少13.8%。工业增加值148.54亿元，增长9.6%，占地区生产总值28.55%。主要工业产品及产量有中成药1.04万吨，减少6%；水泥244.48万吨，增长108.8%；锂离子电池3.01亿只，增加10.2%；铸铁件2.10万吨，减少1.3%；电子元件12.74亿只，增长17.6%。农业增加值43.81亿元，增长7.4%。粮食总产量35.6万吨，增长0.8%。主要农业产品及产量有谷物31.74万吨，减少2.5%；油料2.03万吨，增长0.9%；生苎麻45吨，减少95.8%；水产品3.85万吨，增长0.3%。城镇居民人均可支配收入4.41万元，增长7.6%；农村居民人均可支配收入1.86万元，增长7.8%。城乡居民年末储蓄余额566.38亿元，增长9.63%。

【现代农业】 2021年，袁州区富硒农产品基地、高产油茶林分别达1.67万公顷、1.91万公顷。茶油产量突破8000吨，全省首个国家级油茶科技小院落户袁州。新增省、市级农业龙头企业2家，亿元以上农业龙头企业9家。“宜春大米”订单面积突破3万公顷，产值达7亿元。

【教育均衡发展】 2021年，袁州区在实现乡镇公办幼儿园全覆盖的基础上，先后投入资金1.1亿元，高标准升级改造14所回收民办幼儿园，改善改建7所公办幼儿园，新增园位2185个。袁州区投入各类资金6.18亿元，新改扩建城区义务教育学校8所，新增教育用地约22公顷，新增学位1.3万余个，有效化解城区大班额；投入专项资金4192万元，维修改造30所农村学校，添置教学一体机883套，实现农村学校班班通设备全覆盖。此外，袁州区统筹各类资金3亿元，新建宜春十中和赣西中职学校，新增教育用地28.67公顷，新增高中学位4800个、中职学位4500个，填补袁州区无公办中职学校和市级重点高中的空白。

【点单式普法活动】 2021年，袁州区组建普法讲师团，建立“订单普法”“210”工作制度，聚焦市场主体法治化建设，引导各部门单位，围绕工业园区建设、招商引资、利企惠民政策，开展“你选题、我来讲”的点单式普法活动40余场，推出线上直播+线下讲课的普法模式，利用直播平台扩大法治宣讲的受众面，深化法治园区、法治企业创建活动，提高各类市场主体的法治化建设水平。

主要领导人 区委书记：李国兴（任至7月）、江伟斌（8月任）。区人大常委会主任：陈彬。区长：胡勇。区政协主席：孙智红（任至9月）、熊爱国（9月任）

（窦忠平）

· 樟树市 ·

【简　况】 位于江西省中部，辖10镇、4乡、5街道办事处。总面积1290.99平方千米，其中市区面积29.8平方千米。耕地面积5.16万公顷，有林面积2.79万公顷；森林覆盖率32.3%，城区绿化率48.8%。总人口60.21万人，其中城镇人口27.20万人；人口自然增长率0.28‰。2021年，地区生产总值490.18亿元，同比增长9%。其中，第一产业增加值47.06亿元，第二产业增加值222.05亿元，第三产业增加值221.07亿元。财政总收入69.6亿元，增长10.8%。一般公共预算支出68.7亿元，增长1.1%。规模以上工业总产值656.4亿元，增长20.5%。货物贸易进出口总值3.59亿美元，增长32.8%。引进境外资金1.24亿美元，增长12.7%；引进国内市外资金108.4亿元，增长8.7%。主要工业产品及产量有白酒2.04万千升、原盐207.17万吨、中成药9865吨。农业总产值35.3亿元，增长2.8%。粮食总产量52.19万吨。主要农业产品及产量有油料5.56万吨、中药材7.35万吨。社会消费品零售总额131.7亿元，增长了17.7%。城镇居民人均可支配收入4.33万元，增长9.2%；农村居民人均可支配收入2.15万元，增长了8%。金融机构各项存款余额513.28亿元，增长了12.7%。

【"中国药都"振兴工程】 2021年，樟树市委、市政府将中医药产业列为全市首位产业，全力实施"中国药都"振兴工程，布局精品樟帮药、千年文化都和健康美丽城三大主题建设，通过壮产业、延链条，形成药地、药企、药市、药会齐头并进，生产、加工、销售、研发一体化的产业化发展格局，使之成为最具发展活力与潜力的特色优势产业。出台一系列中药材种植优惠政策，给以中药材种植每亩1000元的奖励扶助，走"企业+基地+药农""企业+合作社+基地+药农"新路，打造集约化、规模化、规范化中药材种植基地。全市中药材种植面积超50万亩，有万亩基地2个、千亩基地30个、百亩基地178个，种苗基地6个，中药材年产量5.5万吨，年产值3.5亿元，县级种植面积居全省第一、全国前列，主导产业发展水平领先，成功创建第三批国家现代农业产业园(中药材)，樟树中药材产业入选第四批中国特色农产品优势区，道地药材清江枳壳、樟树黄栀子、樟树吴茱萸均获国家地理标志产品。出台《关于引进中国医药工业百强的扶持奖励政策》，引进上海创诺医药集团两大项目落户樟树。完善仓储、检测、环保等公共设施，改造提升福城医药园、城北经开区等老园区，高标准规划建设聚邦生物医药产业园、中药饮片产业园，打造医药产业集群基地，提升医药产业制造业发展水平。截至年底，全市有医药企业406家(规模以上工业企业75家)，医药产业集群营业收入1081亿元，上缴税收8.1亿元，成功创评全省五星级产业集群。深化校企合作，全年招引中医药方面的中高等人才1000多名，打造高素质人才队伍，创建45家医药类国家高新技术企业、10家医药研发机构、1个国家级示范生产力促进中心，拥有国家专利400余个。弘扬和传承中医药技艺，对新老药工给予每人每月1200~1800元的补贴。规划兴建樟树中医药职业学院、中医药产业研究院、健康产业学院，加大核心技术攻关和新产品研发，提升产业竞争力和市场拥有权。推进旅游与中医药产业发展、身体康养为一体的"中医药+旅游"产业融合，构建观药景、吃药膳、泡药浴、养药生的大健康旅游产业链，唱响"中国药都、养生天堂"旅游品牌。发挥一年一度的樟树全国药材药品交易会品牌效益，推动大会转型升级，使之成为江西的一块金字招牌。

10月16日，第52届全国药材药品交易会开幕式在樟树市举行

樟树市史志办供

【樟树市入选全国县域经济与县域综合发展百强】 12月，全国县域经济专业智库社会组织中郡研究所完成并发布《2021县域经济与县域发展监测评价报告》，评价出第二十一届全国县域经济与县域综合发展前100名，江西有6个，樟树市位列第56位，比上年前移13位。2021年，樟树市地区生产总值、地方公共财政收入、农村居民人均可支配收入、固定资产投资和社会消费品总额分别增长9%、10.8%、8%、11.6%、17.7%，均高于全国平均水平。全市规模以上工业企业发展到326家，药、酒、盐、金属家具四大支柱产业实现营业收入553.6亿元，增长30%。四特集团、仁和集团等6家企业上榜全省2021民营企业百强。全市新引进项目44个，签约资金367.36亿元，实际利用外资1.22亿美元。建成高标准农田4500公顷，农业生产机械化程度显著提高，获评全国第六批率先基本实现主要农作物生产全程机械化示范县。全年实施城市功能与品质提升项目83个，投入资金146.3亿元；中心城区建成区面积扩大至31.2平方千米，城镇化率60.2%。全年建成全域美丽乡镇2个、全域美丽村庄20个，获评全省第二批美丽宜居示范县，被认定为全省乡村振兴先行示范县。全市优良天数比例为96.7%，空气质量达国家二级标准，6家企业被评为国家绿色工厂，入选江西省城镇生活污水处理提质增效建设示范城市，获评全国绿色发展县市。民生领域投入资金59.17亿元，占一般公共预算86.13%。养老、教育、医疗、基础设施等一批民生问题得到解决。

【第52届全国药材药品交易会】 10月16日—18日，由中国中药协会主办，樟树市文旅投资集团有限公司、北京创意行通科技有限公司、江西仟得文化传播有限公司承办的第52届全国药材药品交易会在樟树市岐黄小镇举行。开幕式上，发布九牛草资源开发与综合利用研究情况，并举行2021年全国安全用药月江西启动仪式暨江西药品法治宣传周活动启动仪式。此次交易会以"守正创新·传承发展"为主题，全面推行市场化办会模式，既有线下的大型会展、互动交流，也有线上的云上会展、数字药交。交易会期间，安排专业会展、会议论坛、文化节庆、线上平台共四大板块，中国中医科学院第三届全国中药材产业大会、第五届华东地区基层中医药发展大会、2021年江西省"振兴杯"中医药行业职业技能竞赛、江西医药医疗产业走进格鲁吉亚、中医药青年企业家论坛等17项活动。全国各地8800余家医药厂商参会参展，参展品种2.9万余个，开幕式当天成交额超120亿元。

主要领导人 市委书记：董晓明(任至8月)、尹志来(8月任)。市人大常委会主任：傅亚红。市长：尹志来(任至8月)、陈钰(8月任)。市政协主席：谌厚有（任至9月）、杨志华（9月任）。

（陈云芽　曾磊）

· 丰城市 ·

【简　况】　位于江西省中部，辖20镇、7乡、6街道办事处。总面积2845平方千米，其中城区面积56.5平方千米。耕地面积10.26万公顷，有林面积8.4万公顷；森林覆盖率42%，城区绿化率46%。总人口148.4万人，其中城镇人口60.8万人；人口自然增长率6.32‰。2021年，地区生产总值612.93亿元，同比增长8.7%。其中，第一产业增加值81.79亿元，增长7.6%；第二产业增加值280.34亿元，增长8.5%；第三产业增加值250.80亿元，增长9.6%。财政总收入91.52亿元，增长13.2%；税收占财政总收入83.6%。地方财政收入50.11亿元，增长3.2%；地方财政支出103.62亿元，下降2.4%。工业总产值1027.2亿元，增长28.6%。规模以上工业增加值增长11.9%。外贸出口3.57亿美元。500万元及以上固定资产投资增长11.7%。主要工业产品及产量有原煤73.36万吨、焦炭91.61万吨、水泥212.25万吨、火力发电量147.95亿千瓦时。农业总产值129.49亿元，增长9.4%。粮食总产量101.23万吨。主要农业产品及产量有水稻95.76万吨、油料4.65万吨、生猪出栏49.5万头、禽蛋3.56万吨。社会消费品零售总额163.56亿元，增长18.2%。城镇居民人均可支配收入4.25万元，增长9.1%；农村居民人均可支配收入2.21万元，增长8.6%。城乡居民年末储蓄余额542.06亿元，增长11.4%。

【跻身全省营商环境综合测评先进县（市）行列】　做大"硬环境"，投资7亿元，建成全省县级最大的市民中心，22个部门513种事项在此一门办理，让百姓"一次办好"；33个乡镇（街道）提升窗口服务功能，累计投入800多万元，升级改造硬件设施。做优"软环境"，持续举办"剑邑商谈"活动18期，共收集企业问题341个，解决324个，问题解决率95%；完善营商环境"码上评"机制，群众足不出户即可意见"码上提"、事项"码上办"、服务"码上评"；每半年评选一批"蜗牛奖""踢皮球奖"，倒逼项目推进慢、服务效率低的部门单位创先争优，并持续跟踪问效，直至摘牌到位。全市营商环境在宜春市排名由2020年的倒数第一跃居为2021年的顺数第一，跻身全省营商环境综合测评先进县（市）行列。

【项目建设】　2021年，引进项目74个，签约资金515亿元；引进"5020"项目12个，其中百亿元项目2个。江西麦得豪新材料有限公司投资52亿元，建设年产5万吨高性能超薄电子铜箔项目。列入省大中型项目24个，总投资476.4亿元；列入省重点项目9个，总投资224亿元。115个重大项目开工，63个项目竣工，完成投资149.1亿元。中国轮毂第一企业今飞控股集团在一期投资22.8亿元的基础上，追加投资22.8亿元，项目建成后电动摩托车轮毂产能达到全国产能的1/8，成为全国最大的电动摩托车轮毂生产基地；全球"独角兽"企业500强、江西省少海汇智能家居投资50亿元，打造中国"少海汇智能健康家居生态产业"名片并投入试产。入统亿元以上项目25个（其中"50"项目1个、"20"项目2个），入统资金162.5亿元。深化与京东、58科创项目合作，打造"丰商联盟"电商平台，引进数字经济企业77家。新增"四上"企业138家，总数582家，25家企业入选宜春市民营企业100强。建设5G基站143个，累计开通312个。以全省第一的成绩入选全国电子商务进农村综合示范县（市）。

【土地流转助推乡村振兴】　在全省率先创建市、乡、村"三位一体"的农村产权交易中心，搭建市级"流通网"、乡级"中继站"、村级"资源库"，形成"全市统一、分级管理、互联互通、实时共享"交易信息网，全市农村土地经营权流转累计挂网成交2612笔4.62万公顷，交易金额5.9亿元。全市200余名在外创业乡贤带着项目、资金、技术、信息、人脉，通过"云平台"流转荒水荒滩荒山，创办农业龙头企业55家、家庭农场720家，全市涌现承包土地3.33公顷以上的种粮大户3446户、水产规模养殖户172户。土地流转增加村级集体经济年收入近2000万元，全市469个村集体经营性年收入全部超过10万元；巩固脱贫攻坚成果，全市3971户脱贫户通过土地经营权流转获得收入342.37万元。

主要领导人　市委书记：李晓楚（任至8月）、徐结强（8月任）。市人大常委会主任：余文广（任至9月）、曾兆昕（9月任）。市长：徐结强（任至5月）、张书基（8月代，9月任）。市政协主席：熊晓群（任至9月）、张小平（9月任）。

（程亮　汤青岚）

· 靖安县 ·

【简　况】　位于江西省西北部，辖6镇、5乡，总面积1376.65平方千米，其中城区面积8.72平方千米。耕地面积9788.81公顷，林地面积11.59万公顷；森林覆盖率84.1%，城区绿地率45%。总人口15.15万人，其中非农业人口6.81万人；人口自然增长率3.94‰。2021年，地区生产总值76.8亿元，同比增长9.3%。其中，第一产业增加值8.97亿元，增长6.9%；第二产业增加值29.25亿元，增长9.3%；第三产业增加值38.58亿元，增长9.9%。财政总收入12.25亿元，增长12.8%。其中，税收收入4.5亿元，占财政总收入36.7%。一般公共财政预算收入7.03亿元，增长15.7%；一般公共财政预算支出23.79亿元，增长3%。规模以上工业总产值83.88亿元，增长22.6%。固定资产投资增长11.9%。实际利用省外资金51.7亿元，增长8.6%；利用外资0.34亿美元。外贸出口2.23亿美元，增长31.2%。主要工业产品及产量有涂料5865吨、电光源3亿只、铜材2.05万吨、锂离子电池204万只。农业总产值17.2亿元，增长8.7%。粮食总产量8.65万吨。主要农业产品及产量有水稻7.72万吨、棉花237吨、柑橘3.7万吨、茶叶389.9吨、油菜籽5600万吨。社会消费品零售总额24.95亿元，增长18.1%。城镇居民人均可支配收入3.73万元，增加3232元；农民人均纯收入1.84万元，增加1605元。城乡居民年末储蓄余额84.36亿元，增长15.4%。

【南昌交通学院靖安墨轩湖校区开学】 9月4日,南昌交通学院靖安墨轩湖校区开学,4700名新生到校报到。校区位于靖安县科创大道1号,是落户靖安的第一所大学,占地面积179.2公顷,总规划建筑面积138万平方米,总投资47亿元。校区分三期建成,一期占地面积75公顷,建筑面积44万平方米,包括办公楼、科技楼、大学生活动中心、食堂、教学楼、系办大楼、学生公寓等,建成投入使用。共开设41个本科专业,15个高职专业,是一所以工科为主,经、管、文、法、艺等多学科协调发展的应用型普通高等学院。

【靖安县入选第二批全国农作物病虫害绿色防控示范县】 4月,在全国农技中心组织开展的第二批全国农作物病虫害绿色防控示范县创建工作中,靖安县被选入第二批全国农作物病虫害绿色防控示范县。靖安县农作物病虫害绿色防控采取生态调控、农业防治、生物防治、理化诱控和科学用药等环境友好型技术和方法,将病虫害危害损失控制在允许水平以下,并实现农产品质量安全的植物保护措施。全县共带动绿色防控推广应用面积近5333公顷,减少农药使用量5吨。境内靖安白茶入选2021年国家农产品地理标志登记保护产品,连续3年入选江西农产品二十大区域公用品牌。

【靖安县全民健身促进中心获评全国体育系统先进集体】 9月,靖安县全民健身促进中心被国家体育总局、人社部评为全国体育系统先进集体。靖安县城区注册体育协会共21个,农村建立全民健身指导站93个,实现全县75个行政村、7个社区全覆盖,聘用社会体育指导员800多名,在册体育协会会员突破1.5万人,全县人均健身体育场地2.93平方米。坚持"周周有活动、月月有比赛",先后4次举办全国新年登高健身大会、3次举办"茶立方"国际山地自行车精英赛、7次举办环鄱阳湖国际自行车大赛以及全省太极拳锦标赛、全省森林马拉松大赛、全县全民健身运动会等一系列赛事活动。

主要领导人 县委书记:郑绍(任至8月)、曾海(8月任)。县人大常委会主任:陈基先(任至9月)、刘健(9月任)。县长:黄为民(2月任)。县政协主席:贾秋林(任至9月)、曾健平(9月任)。

(蔡会如 赖丰芳 肖欣瑶)

·奉新县·

【简况】 位于江西省西北部,辖10镇、3乡、3场、2管委会。县域面积1642.81平方千米,其中城区面积19.12平方千米。耕地面积3.94万公顷,林地面积10.62万公顷;森林覆盖率64.46%。总人口33.31万人,其中城镇人口13.31万人。2021年,地区生产总值220.13亿元,增长8.9%。其中,第一产业增加值24.22亿元,第二产业增加值102.62亿元,第三产业增加值93.29亿元。财政总收入31.27亿元,增长14.9%;一般公共预算收入15.82亿元,增长1.1%。外贸进出口总额4.76亿美元,增长35.6%。500万元固定资产投资增长11.2%。规模以上工业增加值110.62亿元,增长11.8%。主要工业产品及产量有大米加工2840吨、纺织棉纱28.77万吨、塑料制品6778吨。农业总产值40.44亿元,增长8.61%。粮食总产量27.93万吨。主要农业产品及产量有生猪出栏17.18万头、水产品1.85万吨、猕猴桃8.5万吨。城镇居民人均可支配收入4.02万元,增长8.7%;农村居民人均可支配收入2.14万元,增长9.6%。城乡居民年末储蓄余额164.79亿元,增长13%。社会消费品零售总额66.7亿元,增长17.5%。

【产业招商】 2021年,打好产业招商项目大会战,共签约项目48个,签约资金234.57亿元。其中,20亿元以上项目3个,50亿元以上项目2个。世界级头部企业宁德时代、国内龙头企业国轩高科签约奉新,紫宸科技、宁新新材料、九岭新能源、云威新材料等一大批企业入驻奉新,新能源产业实现主营业务收入239亿元,被评为省级产业集群。获评宜春市"产业招商升级战"二类县第一名。

【现代农业】 举办猕猴桃文化旅游系列活动,推进万亩生态猕猴桃产业园标准化提升改造,赤岸镇城下村获评第十一批全国"一村一品"示范村镇;发展绿色有机富硒农业,新增绿色有机基地3333.33公顷、绿色有机产品14个,富硒农产品基地达4106.67公顷,创建省级现代农业产业园1个。

【城市建设】 投资19.3亿元,建成"补短板、强弱项"项目17个,巩固提升国家新型城镇化建设示范县成果;日处理600吨的生活垃圾焚烧发电厂和日处理400吨的生活污水处理厂全面建成并投入使用。启动"五城"同创工作,构建"街长制""路长制"网格化联创联建机制。完成8个老旧小区改造项目,1382户棚改户喜圆安居梦。环城南路、环城北路全线贯通,狮山大道东延伸段、长乐大道建成通车,冯川西路、奉新大道、狮山大道、迎宾路、怀海路完成改造升级。新建城区停车场22个,新增停车位2064个,新增5个城区公园绿地面积10.5万平方米。

【民生保障】 巩固拓展脱贫攻坚成果,全面建成防返贫监测及帮扶机制,创新扶贫资产管理模式经验做法在宜春市推广。改造完成集中隔离房间106个,疫苗接种54.92万剂次。投入33.59亿元民生资金,占一般公共预算支出的81.2%。其中,发放稳岗补贴77.92万元。新增城镇就业2979人、城镇失业人员再就业1141人。人民医院创建胸痛、卒中、创伤三大中心,门诊大楼改造项目进入主体施工阶段,医技大楼投入使用;中医院正式整体搬迁,社区卫生服务中心建成投入使用,县文化馆复评为国家一级馆。

主要领导人 县委书记:甘贤武(任至8月)、陈志尧(8月任)。县人大常委会主任:邹俊明(任至9月)、胡健(9月任)。县长:陈志尧(任至9月)、喻军(9月任)。县政协主席:胡健(任至9月)、胡雪松(9月任)。

(熊正秋 余红星)

·高安市·

【简况】 位于江西省西北部,辖19镇、2乡、2街道办事处、1垦殖场。总面积2439.33平方千米,其中城区面积36.2平方千米。林地面积9.13万公顷;森林覆盖率35.9%,城区绿地率

28.67%。总人口87.19万人，其中城镇人口35.29万人。2021年，地区生产总值529.96亿元，增长8.6%。其中，第一产业增加值47.27亿元，第二产业增加值194.97亿元，第三产业增加值287.72亿元。财政总收入59.85亿元，增长16.4%；公共财政预算收入33.31亿元，增长5.4%。规模以上工业总产值553.33亿元，增长12.3%；规模以上工业增加值增长11.3%。实际利用省外资金97.09亿元，利用外资1.22亿美元。外贸出口3.15亿美元。500万元以上项目固定资产投资增长11.6%。主要工业产品及产量有瓷砖9.71亿平方米、锂离子电池4162万只、齿轮3.61万吨、商品混凝土210万立方米、水泥436万吨。农业总产值91.55亿元，增长9.3%。粮食总产量69万吨，增长0.74%。主要农业产品及产量有生猪出栏85.73万头、肉牛出栏6.55万头、稻谷66.69万吨、油料8.89万吨、蔬菜36.26万吨。城镇居民人均可支配收入4.04万元，增长8.2%；农村居民人均可支配收入2.12万元，增长10.2%。

【大城镇古楼村获"全国民主法治示范村"称号】 1月，司法部、民政部授予高安市大城镇古楼村"全国民主法治示范村(社区)"称号。大城镇古楼村发挥村党组织领导作用，完善村委会及村民会议、村民代表会议等各项工作制度，自觉接受乡镇政府的工作指导和监督。依法推进基层民主建设，按照相关法律法规健全完善党组织、村委会换届选举制度，优化两委成员年龄、文化结构。依法制定和修改村民自治章程、村规民约，按照权利与义务相一致的原则，将思想道德、遵纪守法、履行义务、移风易俗、计划生育、环境卫生等内容进行量化考评。加强法制宣传教育，提高全民法制意识，将尊法学法守法用法贯穿于民主法治示范村创建全过程，通过多种形式的普法宣传，向村民宣传党在农村的基本政策和国家的法律法规。在村民中开展"法律明白人"培养，使之参与宣传政策法规，及时化解村民矛盾纠纷。

【陈训杨获评全国优秀共产党员】 6月，陈训杨被中共中央组织部授予"全国优秀共产党员"称号。陈训杨，1920年6月出生，高安市大城镇洲上村人。1948年加入中国人民解放军。1949年6月加入中国共产党，在"渡江战役""解放江山"等战斗中，荣立一等战功二次，三等战功一次，先后被评为"水上英雄""行军模范"。1952年随部队入朝，先后参加朝鲜西海岸反空降、抗登陆作战和1953年夏季反击作战等。1955年复员回乡，为家乡水利建设默默奉献。在日常生活中，他总是教育儿孙爱党、爱国，堂堂正正做人，脚踏实地做事，守纪律、讲规矩、传承好家风。2019年10月，陈训杨入选"中国好人榜"。

【吴国华、陈庚文获2020年度国家技术发明奖】 11月3日，2020年度国家科学技术奖励大会在北京人民大会堂举行，264个项目、10名科技专家和1个国际组织获奖。其中，高安籍2人获奖：上海交大博导、教授吴国华获国家技术发明奖一等奖，医学博士陈庚文获国家技术发明奖二等奖。

吴国华，上海交通大学特聘教授、博士生导师，上海市领军人才，国家基础加强重点计划首席科学家，中国镁合金材料与应用技术专业委员会副理事长、中国铸造学会副理事长。主持国家基础加强重点计划、国家863计划、前沿创新特区、国家973计划课题、国家航空航天重大专项课题、国家自然科学基金等科研项目60余项。科研成果在多个国家重大航天与航空专项中获得应用，曾获国家及省部级科技奖励9项，获首届国际镁科学技术创新研究与应用奖。发表学术论文200余篇，已授权发明专利60余项。

陈庚文，大连理工大学精细化工专业硕博连读，博士毕业后在深圳迈瑞生物医疗电子股份有限公司工作。他参与的"血液细胞荧光成像染料的创制及应用"项目获国家技术发明奖二等奖。

主要领导人 市委书记：袁和庚(任至8月。2022年5月，涉嫌严重违纪违法，接受纪律审查和监察调查)、郑绍(8月任)。市人大常委会主任：付仁保(任至9月)、万兰萍(9月任)。市长：康健。市政协主席：丁杏花(任至9月)、陶宇(9月任)

(孙晓东　刘祝琴)

· 上高县 ·

【简　况】 位于江西省西北部，辖9镇、5乡、1场、2街道办事处。总面积1350平方千米，其中城区面积24.53平方千米。耕地总面积3533.48公顷，有林面积5.81万公顷；森林覆盖率46.97%，城市建成区绿化率37.65%。总人口38.27万人，其中城镇人口16.60万人；人口自然增长率2.32‰。2021年，地区生产总值259.7亿元，同比增长8.7%。其中，第一产业增加值27.9亿元，增长7.6%；第二产业增加值121.5亿元，增长8.7%；第三产业增加值110.3亿元，增长9.0%。财政总收入39.13亿元，增长16.5%；税收占财政总收入83.9%。一般公共预算收入19.21亿元，增长2%；一般公共预算支出41.57亿元，增长1.3%。工业总产值383.25亿元，增长22.7%。500万元以上固定资产投资增长10.9%。实际利用外商投资7454万美元，利用省外资金97.6亿元。主要规模以上工业产品及产量有饲料20.73万吨、饮料5.97万吨、纱8.72万吨、鞋2353.33万双、水泥178.68万吨。农业总产值58.24亿元，增长2.9%。粮食总产量26.56万吨。主要农业产品及产量有油料1.69吨、生猪出栏72.08万头、牛存栏4.07万头。城镇居民人均可支配收入4.01万元，增长9.6%；农村居民人均可支配收入2.22万元，增长8.7%。城乡居民年末储蓄余额219.82亿元，增长12.61%。

【上高县获评平安中国建设示范县】 12月15日，在北京举行的平安中国建设表彰大会上，上高县被授牌命名为平安中国建设示范县。2018年至2020年，上高县由县财政出资700余万元，在全省率先建设矛盾纠纷调处中心，形成"中心吹哨、部门报到"解决群众诉求新模式，实现群众矛盾诉求"只进一扇门，最多跑一地"。至2021年年底，中心接待来访群众7240人次，受理来访事项4107起，办结3928起，办结率95.6%，所有办结事项中，群众满意度100%。制定《关于加强矛盾纠纷多元化解工作实施意见》，在宜春市率先推进矛盾纠纷多元化解"十百千"工程(即做实做优十大调解平台,争创一百个无讼村,组织建设一千名调解员队伍),实现"三提升、一下降"(使基层矛盾化解率、矛盾纠纷化解成功率、就地稳控率逐年提升,进入司法程序的矛盾纠纷持续下降)的工作目标。投入3000多万元,在全省率先推进"五统一"(设计、规划、标识、管理、职能统一)的乡镇综治中心实体化建设,将综治中心日常工作经费、综治指挥平台、视联网建设等经费列入财政预算,抽调政法各部门工作人员进驻中心工作。对16个乡镇(场、街道)综治中心进行升级改造,实现管理服务措施及时跟进,形成"社情民意、网格收集、综治吹哨、部门报到"的运转格局。投入9000多万元建设"雪亮工程",加快社会治安防控体系建设,全县一类监控点位接入数为1092个,二、三类社会资源点位2566个接入平台,农村"雪亮工程"建设点位3487个接入平台(超额完成125个),智能护路监控点位建设完成率100%,位列宜春市第一。上高县平安建设工作主要做法被中央级媒体采用129篇,被省级媒体刊用336篇。

【文明城市创建】 2月,上高县启动创建全省文明城和省级卫生城,坚持全域创建,把文明城市创建从城市扩大到各乡镇(场、街道),从中心城区延伸到村镇。着力在基础设施建设、城乡环境整治、交通秩序管理、公共服务规范、居民素质提升等方面下功夫。投入资金33.6亿元,统筹城乡基础设施建设,完成城区饮用水源改造、体育广场、上高大桥等基础工程,对全县35条主次干道、58条背街小巷、284个居民小区进行改造提升;聚力改善民生,结合"我为群众办实事"活动,常态化清理整治乱搭乱建、乱停乱放、乱贴乱画等现象,全域开展垃圾分类,建成垃圾中转站24个、垃圾压缩站13个;推进城乡一体化建设,完成新农村建设点923个、秀美乡村示范点26个;开展精神文明和公民道德建设,全县所有乡镇(场、街道)均被评为文明乡镇,获评中国好人7人、江西好人50余人。12月22日,全省精神文明建设表彰大会在南昌召开,上高县被省委、省政府授予"第七届江西省文明城市"称号。

主要领导人 县委书记:胡海洋(任至8月)、金彪(8月任)。县人大常委会主任:胡宝成(任至9月)、钟新美(9月任。2022年7月,因严重违纪违法被开除党籍、开除公职)。县长:胡海洋(任至1月)、金彪(1月任,任至8月)、周万辉(8月任)。县政协主席:晏晓勤(任至9月)、晏慧珍(9月任)。

(晏紫春)

科宇集团产业园

宜丰县党史办(档案馆)供

·宜丰县·

【简　况】 位于江西省西北部,辖8镇、4乡、2林场、2垦殖场。总面积1934平方千米,其中城区面积8.5平方千米。耕地面积2.85万公顷,林地面积13.97万公顷;森林覆盖率71.9%,城区绿化率36.6%。总人口29.56万人,其中城镇人口12.3万人;人口自然增长率2.58‰。2021年,地区生产总值176.19亿元,同比增长8.6%。其中,第一产业增加值24.86亿元,增长7.4%;第二产业增加值81.81亿元,增长8.1%;第三产业增加值69.52亿元,增长9.6%。财政总收入23.67亿元,增长18.3%;税收占财政总收入的比重83.7%。地方财政收入12.55亿元,增长7.5%;地方财政支出33.5亿元,增长1.0%。工业总产值373.1亿元,增长20.8%。规模以上工业增加值增长11.4%,占地区生产总值45.2%;外贸出口占地区生产总值11.7%。固定资产投资增长11.5%。实际利用外商投资9222万美元;利用省外投资54.35亿元。主要工业产品及产量有鞋343.1万双、口罩4.96亿个、瓷质砖9687.2平方米、铅酸蓄电池670.1千伏安时。农业总产值50.07亿元,增长9.3%。粮食总产量24.67万吨。主要农业产品及产量有水产品2.09万吨、肉类2.9万吨、生猪出栏27.5万头、禽蛋产量1.94万吨。城镇居民人均可支配收入3.94万元,增长8.7%;农村居民人均可支配收入1.98万元,增长10%。城乡居民年末储蓄余额173.9亿元,增长13.8%。

【工业园区】 2021年,宜丰县工业园区引进37个工业项目(其中亿元以上项目33个),总投资193.28亿元。"5020"项目3个,其中"50"项目有科宇新能源年产6GWh动力储能锂电池PACK和6GWh电芯及电力储能系统集成项目,锂电国轩高科年产5万吨电池级碳酸锂2个,"20"项目有九岭锂业年产2万吨电池级碳酸锂项目。园区完成营业收入369.97亿元,增长28.95%,总量列全省第36名,增速全省第49名;利润总额31.02亿元,增长44.49%,总量居全省第31名,增速全省第40名;工业增加值增长11.4%。园区主要经济指标实现"三大突破",完成营业收入首次突破300亿元大关;实现税收首次突破10亿元大关,达到11亿元,增长21.25%;新能源电池首位产业集聚度突破60%,

达到61.6%。新增规模以上工业企业17家,达到123家;规模以上工业企业实现产值341.61亿元,增长20.35%;产值超亿元企业达到49家;规模以上工业企业实现营业收入358.47亿元,增长29.4%;营业收入超亿元企业达到52家。新能源电池首位产业实现营业收入228亿元,绿色新型建材产业实现营业收入102亿元;上缴税收上千万元企业16家,其中亿元以上1家;亩均税收上20万元的企业7家;园区用工人数2.9万人,增长3.37%。工业用电量14.81亿千瓦时,增长15.16%;用水量1048万吨,增长18.05%。

【棚户区(城中村)改造动员部署会议召开】 10月8日,宜丰县2021年棚户区(城中村)改造动员部署会议在县委党校召开。棚改涉及4个社区、5个城中村,共621户拆迁户,总面积近10万平方米,全县共组建16个征迁工作小组,由52个县直单位和2个城关镇派出工作人员,全部由县四套班子领导领衔。

主要领导人 县委书记:漆海云(2月任,任至7月)、解鸳(7月任)。县人大常委会主任:刘毅力(任至9月)、舒彬(9月任)。县长:解鸳(任至7月)、王方大(9月任)。县政协主席:舒彬(任至9月)、邬明香(9月任)。

(纪睿)

·铜鼓县·

【简　况】 位于江西省西北部,辖6镇、3乡、4林场。总面积1552.31平方千米,其中城区面积13平方千米。耕地面积7548.72公顷,林地面积13.84万公顷;森林覆盖率88.04%,城区绿化率43%。总人口13.71万人,其中非农业人口5.6万人;人口自然增长率1.1‰。2021年,地区生产总值64.5亿元,同比增长8.4%。其中,第一产业增加值8.47亿元,增长6.7%;第二产业增加值22.53亿元,增长6.3%;第三产业增加值33.5亿元,增长10.2%。财政总收入9.3亿元,增长17.8%;税收占财政总收入78.4%。地方财政收入5.15亿元,增长9.5%;地方财政支出24.21亿元,增长17.4%。工业总产值43.59亿元,增长23.57%。规模以上工业增加值增长11.6%。固定资产投资增长11.2%;外贸出口9713万美元,增长41.4%。实际利用外商投资3299万美元,利用省外投资21.49亿元。主要工业产品有医药、化工、竹木建材、计算机外围设备。农业总产值15.26亿元,增长8.43%。粮食总产量4.68万吨。主要农业产品及产量有茶叶3257吨、蔬菜及食用菌2.25万吨、瓜果3553吨。城镇居民人均可支配收入3.15万元,增长7.4%;农村居民人均可支配收入1.32万元,增长10.1%。城乡居民年末储蓄余额76.4亿元,增长4.42%。

【帅江获评全国脱贫攻坚先进个人】 2月25日,在北京人民大会堂举行的全国脱贫攻坚总结表彰大会上,铜鼓县永宁镇党委书记帅江被评为全国脱贫攻坚先进个人。帅江自2007年开始,先后在铜鼓县4个乡镇担任党政正职,2016年5月开始担任永宁镇党委书记。围绕"两不愁三保障"目标,推动该镇高质量高标准完成脱贫攻坚任务。提出"四个走遍"(走遍所有困难户,走遍所有上访户,走遍所有党员和组长,走遍所有知名人士和致富能人)、"六进农家"(情进农家聚人心,学进农家提素质,评进农家知荣辱,乐进农家换新颜,法进农家惠民众,富进农家增财力)工作思路,对重点贫困人群实施"靶向治疗",确保全镇贫困户236户560人全部脱贫。2020年该镇贫困户人均可支配收入1.39万元,是2016年收入的4倍。始终把"两业"扶贫作为关键环节来抓,不断探索产业、就业发展之路。结合山区发展优势,提出由"种养奖补"向"销售奖补"转变,"销售奖补"推进"订单农业"发展,"订单农业"促成"长效产业"的升级发展路径,该做法被列为江西省消费扶贫典型经验。依托产业基地、龙头企业,探索开展"十企进十村,社会共扶贫"活动,建立扶贫就业基地11个。在他带领下,该镇全面消除集体经济空壳村。创新"交叉感化"工作法,带领村干部和驻村工作队交叉上户做工作,帮助贫困户改变攀比等不良陋习,在2020年9月江西省脱贫攻坚专项调查中,该镇贫困户生产生活明显改善率达100%。

【铜鼓县列入第三批国家农产品质量安全县(市)创建单位名单】 3月2日,农业农村部公示第三批国家农产品质量安全县(市)创建单位名单,铜鼓县榜上有名。铜鼓县围绕创建国家农产品质量安全县这一目标,进一步落实"属地管理、源头管理与专项治理相结合"的监管模式,打造标准化生产、全程监管、社会共治的农产品质量安全监管体制机制,构建从农田到餐桌农产品质量安全全过程监管体系,全面提升农产品的品质和安全。以有机水稻、茶叶、蔬菜、中药材、竹笋五大产业和标准化养殖生产为重点,以发展"三品一标"农产品品牌为抓手,全县培育绿色有机农业专业合作社21个,有机基地认证(含有机基地转换)面积约4万公顷,认证的绿色有机地理标志农产品56个,认证品种主要包括水稻、茶叶、中药材、竹笋、油茶、蔬菜、水果、红薯等。有机认证标准为国内标准、美国标准、欧盟标准,绿色有机农产品覆盖全县13个乡镇场、75%的村庄和65%以上的农户。先后获得"国家有机食品生产基地""全省农产品质量安全监管工作先进县""全省绿色有机农产品示范县"等称号。

【第二届中国黄精产业发展研讨会暨首届江西(铜鼓)黄精高峰论坛在铜鼓举行】 5月7日—9日,由中国林学会、江西省林业局指导,黄精产业国家创新联盟、中国林学会林下经济分会主办,铜鼓县政府承办,中国中药协会中药材种植养殖专业委员会、江西省林科院、江西省林业科技推广和宣传教育中心协办的第二届中国黄精产业发展研讨会暨首届江西(铜鼓)黄精高峰论坛在铜鼓县举行。8日,举行开幕式,国家林业和草原局科技司副司长黄发强出席并讲话,宜春市副市长兰亚青致欢迎辞,省林业局一级巡视员罗勤致辞。会议由中国林学会常务副理事长兼秘书长陈幸良主持。省科技厅、省林科院、浙江农林大学等单位领导和专家及铜鼓县四套班子成员,以及来自湖南、福建、云南等19个省黄精产业相关业务主管部门、科研院所、龙头企业有关代表和媒体记者400余人参加。会上,黄发强宣布全国林下生态种植产业联盟成立并授牌,为江西西雅图农业科技开发有限公司等10家新增选的黄精产业国家创新联盟(常务)理事单位授牌。9日,举行黄精产业发展学术研讨交流会、全国林下生态种植产业联盟研讨会。会上,各位专家积极发言,讨论交流黄精产业发展与推广,公布黄精评选奖项并颁奖。论坛举办期间,组织“十佳风味”黄精产品大赛和“鲜黄精单株产量”大赛,最终评选出“十佳风味”黄精产品大奖、“十佳风味”黄精产品推介奖各10个,江西大道农业有限公司、云南煜欣农林生物科技有限公司等选送的产品分别获评多花黄精、滇黄精、黄精、大叶黄精组别单株鲜产量最高。同时,组织与会人员先后走进大塅镇浒口村,参观江西西雅图农林科技开发有限公司所属黄精科技示范基地。

主要领导人 县委书记:江伟斌(任至8月)、李勇军(8月任)。县人大常委会主任:李鸣(任至9月)、骆开提(9月任)。县长:李勇军(3月任,任至8月)、熊小亮(9月任)。县政协主席:罗咏(3月任)。

(黄萌)

·万载县·

【简　况】 位于江西省西北部,辖9镇、7乡、1街道办事处。总面积1719.63平方千米,其中城区面积17.6平方千米。耕地面积3.29万公顷,有林面积11.36万公顷;森林覆盖率67.27%,城区绿化率30.7%。总人口58.03万人,其中城镇人口24.23万人,农村人口33.80万人;人口自然增长率3.86‰。地区生产总值240.46亿元,同比增长9.1%。其中,第一产业增加值21.87亿元,增长7.3%;第二产业增加值114.19亿元,增长9.4%;第三产业增加值104.40亿元,增长9.2%。财政总收入32.59亿元,增长13.8%;税收收入完成27.11亿元,增长13.3%,税收占比为83.2%。一般公共预算收入16.48亿元,增长1.1%;一般公共预算支出49.96亿元,增长2.4%。工业总产值62.23亿元,增长12.1%。规模以上工业增加值增长12.2%。固定资产投资增长10.8%。外贸出口4.34亿美元,增长74.3%。主要工业产品及产量有碳酸锂、硫酸镍、硫酸钴等锂电制品生产约7万吨,铜锌等金属及化合物生产约20万吨,耳机、显示屏变压器等电子产品生产约2.3亿个,白炭黑生产约3.5万吨。农业总产值39.68亿元,同比增长9.13%。粮食总产量26.60万吨。主要农业产品及产量有油菜籽3472吨、蔬菜及食用菌18.26万吨、瓜果类1.64万吨。城镇、农村居民人均可支配收入分别达到3.50万元、1.55万元,增长7.9%、8%。城乡居民年末储蓄余额96.83亿元,增长26.81%。

【优化营商环境】 4月30日,万载县在宜春市率先组建县营商环境服务中心,内设综合股、服务股、调研股、金融股、打击和处置非法集资股。先后出台《万载县建设全省营商环境一等县实施方案》《万载县政企圆桌会议制度》《万载县营商环境“十不准”》等系列方案与制度。持续深化“放管服”改革,推进向乡镇(街道)赋权,推行“容缺审批+承诺制”服务,解决项目从选址到投产等环节遇到的难题。召开政府部门与企业主座谈圆桌会议,为企业解决问题132个。建立县乡村三级联动帮代办服务体系,推行“一窗受理、分流转办、限时办结、统一反馈”工作机制。探索政务服务“跨域通办”,与萍乡上栗、湖南浏阳签订合作协议,探索政务服务“跨域通办”与“跨省通办”,并开设跨域通办帮代办服务专窗。完善省“互联网+监管”系统,监管行为覆盖率达100%。成立营商环境突出问题督查专班,采取日常督查、专项督查、集中督查等方式开展明察暗访,查处损害营商环境案件14起25人。利用万载发布、万载在线、抖音平台等主流媒体,公布安商“红黄榜”网络评价结果,推动各职能单位转变作风、提高工作效能。

【纪念中共湘鄂赣省委、省苏维埃政府成立90周年理论研讨会在万载县召开】 10月23日—24日,纪念中共湘鄂赣省委、省苏维埃政府成立90周年理论研讨会在万载县召开。此次研讨会由中共江西省委党史研究室,中共宜春市委、宜春市人民政府主办,中共宜春市委党史学习教育领导小组办公室、宜春市党史地方志工作办公室、中共万载县委、万载县人民政府承办。来自全国各地的党史研究专家、湘鄂赣苏区革命者后代代表共100余人相聚万载,共话湘鄂赣苏区历史,共商湘鄂赣区域合作。理论研讨会共收到论文近100篇。会上,湘鄂赣苏区革命者后代杜小平、袁振威,国防大学教授罗海曦、中共中央党史和文献研究院研究员石雷、中共湖北省委党史研究室主任何光耀等党史专家、学者就湘鄂赣根据地的历史地位、如何赓续湘鄂赣红色血脉,传承苏区革命基因等主题进行发言,并对如何促进革命老区高质量发展建言献策。

主要领导人 县委书记:严旭辉。县人大常委会主任:张清华(任至4月)、龙雷君(8月任)。县长:曾文军(任至8月)、刘学军(8月任)。县政协主席:龙雷君(任至8月)、彭述荣(8月任)

(徐小明)

上饶市

【概　况】 位于江西省东北部,辖1市、8县、3区。总面积2.3万平方千米。耕地面积45.9万公顷,林地面积138.19万公顷;森林覆盖率61.16%以上。总人口643.7万人。2021年,地区生产总值3043.5亿元,同比增长9.0%。其中,第一产业增加值316.9亿元,增长7.1%;第二产业增加值1200.9亿元,增长8.4%;第三产业增加值1525.7亿元,增长10.0%。财政总收入441.8亿元,增长4.0%。税收收入366.6亿元,增长21.4%。一般公共预算支出752.1亿元,增长0.3%。规模以上工业增加值增长12%。固定资产投资增长11.3%。实际利用外资15.83亿美元,增长8.4%。进出口总额318.6亿元,增长24.0%。主要工业产品及产量有水泥1858.2万吨、太阳能电池528.1万千瓦、汽车0.5万辆。农林牧渔业总产值515.3亿元,增长8.8%。粮食总产量 329.48 万吨,增长 1.5%。主要农产品及产量有油料 21.4 万吨、蔬菜及食用菌 191.7 万吨、甘蔗 13.1 万吨、茶叶 2.35 万吨、水产品 53.1 万吨。社会消费品零售总额 1448.9 亿元,增长 17.9%。城镇居民人均可支配收入 4.29 万元,增长 8.1%;农村居民人均可支配收入 1.75 万元,增长 10.1%。金融机构年末存款余额 4860.5 亿元,增长 8.9%。

【城乡建设】 推进中心城区 82 个重大城建项目,信江生态走廊、城南公交场站、东岳大桥、龙潭大桥、稼轩大桥等项目基本完工。龙门北大道、溪畔路等 9 条城市道路建成开通,方志敏公园、天佑文化公园等 15 个城市公园建成开放。上饶建筑科技产业园获"鲁班奖"。改造城市棚户区 2.01 万套、老旧小区 51 个、里弄小巷 235 条,建成安置房 8562 套,完成既有住宅加装电梯 108 台。新改建公共停车位 3.86 万个,新建绿地面积 232.7 万平方米、绿道 79.7 千米,累计建成污水管网 288 千米。新建美丽集镇 115 个。整治提升村庄 1862 个。创建全域美丽乡镇 21 个、美丽村庄 233 个、美丽庭院 3.9 万个,万年县、余干县、信州区获评第二批全省美丽宜居示范县。

【对外开放】 实施"三请三回""三企入饶""饶商回归"工程,举办第二届全球饶商大会、"省企入饶"项目合作推进会。引进"5020"项目 25 个。实际利用外资 15.8 亿美元,外贸出口 40 亿美元。浙赣边际合作(衢饶)示范区建设框架全面拉开。加快上饶国际陆港建设。中通快递赣东北科技产业园、圆通速递智创园一期建成投用。信江高等级航道鄱阳双港枢纽开闸试航。"海铁联运天天班"开行 393 趟,发运集装箱 2.5 万标箱。

【生态修复】 启动国土空间生态修复规划编制,严格落实生态保护红线、城镇开发边界管控办法。完成人工造林 0.79 万公顷、森林"四化"建设 0.31 万公顷。修复废弃矿山 62 个。婺源县篁岭入选全国生态产品价值实现典范案例。德兴市成为全省首个国家气候标志城市。婺源、横峰入选全省首批"江西绿色生态"试点县。

【社会事业】 中心城区建成吉阳学校、陆羽小学等中小学校 7 所,新增学位 9960 个。完成农村义务教育校建项目 230 个,新改扩建校舍面积 22.8 万平方米。市妇幼保健院获评"三甲医院",市人民医院城北院区、市疾控中心等建成投用。推进公立医院综合改革、DRG 付费改革、长期护理保险试点工作。实施养老服务体系建设发展三年行动计划,建成居家和社区养老服务中心 88 家、社区嵌入式养老机构 23 个。鄱阳湖博物馆建成开放。

【推行"人生十件事"一站式联办改革】 坚持把"我为群众办实事"实践活动作为党史学习教育的着力点和落脚点,聚焦群众急难愁盼问题,全面梳理关联自然人全生命全周期的高频政务服务事项,在全省率先推行以"出生第一件事"为引领的"人生十件事"(出生、就学、个人创业、军人退役、低保救助、公积金贷款、医保、二手房办理不动产证及电水气联动过户、退休、身后)联办改革,推动 18 个部门共 71 项事联办,实现"让数据多跑路,让群众少跑腿",解决百姓办证"烦心事"。至年底,"人生十件事"总办件量达 4.5 万余件。上饶市"'人生十件事'联办机制打造'最有温度的改革'"入选 2021 年度江西省全面深化改革十佳案例。

【上饶籍运动员徐诗晓获东京奥运会金牌】 8 月 7 日,在东京奥运会女子 500 米双人划艇决赛中,代表中国出征的上饶籍运动员徐诗晓与队友孙梦雅以 1 分 55 秒 495 的成绩,创造该项目奥运会最佳成绩,获东京奥运会金牌。徐诗晓,1992 年 2 月生于上饶市,2006 年进入江西水上管理中心开始进行皮划艇专项训练,2018 年 11 月入选国家皮划艇队,2019 年 8 月获 2019 年皮划艇世锦赛女子 500 米双人划艇项目冠军。

主要领导人 市委书记:马承祖(任至 2 月)、史文斌(2 月任,任至 12 月)、陈云(12 月任)。市人大常委会主任:朱寅健(任至 10 月)、杨文英(10 月任)。市长:陈云(任至 12 月)、邱向军(12 月代)。市政协主席:杨文英(任至 10 月)、俞健(10 月任)。

(陈俐)

· 信州区 ·

【简 况】 位于江西省东北部,辖 3 镇、5 街道办事处。总面积 339 平方千米。总人口 45.42 万人,其中城镇人口 33.45 万人。2021 年,地区生产总值 387.37 亿元,同比增长 8.7%。其中,第一产业增加值 9.38 亿元,增长 7.1%;第二产业增加值 92.23 亿元,增长 8.7%;第三产业增加值 285.76 亿元,增长 8.7%。财政总收入 34.59 亿元,增长 14.62%。税收收入 29.46 亿元,增长 15.2%。一般公共预算收入 19.4 亿元。固定资产投资增长 11.6%。社会消费品零售总额 221.0 亿元,增长 17.6%。城镇居民人均可支配收入 4.57 万元,增长 7.2%;农村居民人均可支配收入 2.18 万元,增长 8.5%。金融机构年末存款余额 1328.0 亿元,增长 10.3%。

【城乡建设】 完成 23 条里弄小巷改造,加装既有住宅电梯 23 部;完成 24 个老旧小区改造,改造体量达 80 万平方米。三江片区全域推进美丽城市示范区建设,四中三江总校投入使用,叶挺大道全面改造提升。三镇片区启动 1 个全域美丽乡镇、8 个美丽村庄、59 个新农村点建设。投入资金 3.2 亿元,启动城乡供水一体化工程,让用水困难的乡村用上干净卫生的自来水,提升农村整体环境和生活水平,惠及 3 镇 10 多万人。持续改善生态环境,全区空气优良率 97.3%,同比上升 0.3%;乡镇集中式饮用水源达标率 100%。信州区获全省城乡环境综合整治考评第二名、入选全省第二批"美丽宜居示范县(区)"。

【实行"人生十件事"一站式联办】 根据省政府办公厅印发的《2021 年深化"放管服"改革优化政务服务工作要点的通知》和市政府领导关于做好"出生第一件事""一次不跑"的要求,围绕出生、就学、个人创业、退休等"人生十件事",梳理 9 个部门 36 个相关事项,编制办事指南,实施线下“一窗受理”,线上互联通办。实行“一表填”,整合优化各联办部门申请表,实现多表合一,事项要素等信息“一表清”,事项情形一次勾选,申报材料一单呈现。实现“一次结”,申请材料做到求同存异,审批流程实行并串联审,时限效率立足最短最优,改变“一个事项多个材料、多个部门、多次反复”等现状。至12月底,医疗助产机构共办理“出生第一件事”业务1080件;“军人退役一件事”共受理90件,办结88件;“医保一件事”申请累计2145件次;“身后一件事”累计办理129件;“低保救助一件事”累计办理270件;“退休一件事”累计办理314件;“个人创业一件事”累计完成创业登记169人,创业贷款申请36人,扶持创业申请贷款357万元;“就学一件事”共完成线上报名网络初审7619人。

【首创24小时“不打烊”爱心驿站】 3月,区总工会在全省首创24小时“不打烊”爱心驿站。驿站配备桌椅、空调、微波炉、饮水机、小冰箱、充电设备、应急药箱等,为工作在一线的户外劳动者提供“冷可取暖、热可纳凉、渴可喝水、累可歇脚”的24小时零距离服务,改善户外劳动者的工作环境。驿站还专门划出一处作为“爱心妈咪小屋”母婴室,为女职工群体提供一个安全、温馨的母婴护理空间。2021年,驿站获“全国最美工会户外劳动者服务站点”称号。

主要领导人 区委书记:潘表光。区人大常委会主任:徐志勇(任至9月)、吴武华(9月任)。区长:叶文华(任至8月)、余华阳(9月任)。区政协主席:程茹(任至9月)、刘山钰(9月任)。

(俞敏华)

·广丰区·

【简 况】 位于江西省东北部,辖15镇、3乡、5街道办事处。总面积1376.88平方千米,其中城区面积33.5平方千米。耕地面积2.5万公顷,林地面积8.5万公顷;森林覆盖率62.05%。总人口98.09万人,其中城镇人口55.90万人;人口自然增长率4.98‰。2021年,地区生产总值551.74亿元,增长9.5%。其中,第一产业增加值28.76亿元,增长6.9%;第二产业增加值284.25亿元,增长8.4%;第三产业增加值238.73亿元,增长10.9%。财政总收入67.78亿元,增长21.3%。税收收入57.26亿元,增长27.9%;税收占财政总收入84.5%。固定资产投资增长12.2%。实际利用外资1.59亿美元,增长9.1%。外贸出口13.57亿元,增长22.8%。规模以上工业增加值增长12.1%。农林牧渔业总产值46.17亿元,增长8.6%。粮食总产量18.25万吨。主要农产品有马家柚、天桂梨、茶叶、蔬菜。社会消费品零售总额150.1亿元,增长18.2%。城镇居民人均可支配收入4.56万元,增长7.6%;农村居民人均可支配收入2.12万元,增长9.4%。金融机构年末存款余额396.69亿元,增长10%。

【产业优化】 全年引进项目101个,总投资301.6亿元,其中新电子、新材料、新智造“三新”项目占比82%,“5020”项目8个。深入实施产业链链长制,引进捷配、桑泰、科翔等10个投资超20亿元项目。福丰科技、精元电脑等10家重点企业完成技改升级,新增产值100亿元。引进数字经济项目18个,签约金额14.1亿元。加快建设200公顷高标准农田,新建高标准大棚基地40公顷。投资5.6亿元的乡村振兴示范园一期建成并投入使用,组建马家柚科技研究中心,推进农产品交易中心、马家柚小镇等项目,马家柚产值突破10亿元。新增家庭农场37家,各类农业休闲项目31个。引进“广丰里”、大唐时光小镇、龙溪颐养雅园、铜钹山文旅等项目,洋口古街建成开业,发放消费券及各类补助500余万元。新增3A级乡村旅游点4个,总数21个。

【城乡建设】 推进上浦高速、稼轩东大道等项目,完成上广公路沿线、沪昆高速出口311挂线改造提升。贯通8条城市“断头路”,完成6条道路“白改黑”,新建8个口袋公园,改造29个老旧小区,安装60部小区电梯。筹资7139万元,撬动2.7亿元,高标准打造大南马家、芦林五里2个乡村振兴示范点和409个筹资超10万元的自然村。五都、铜钹山等15个美丽集镇建设项目全面铺开。推进农村生活污水处理,农村生活垃圾第三方治理实现全覆盖。新建农村公厕32座、新(改)建农村户厕7560座,农村户用卫生厕所普及率90.8%。完成农村道路改造提升9.2千米,窄路面拓宽15千米。

【生态整治】 7个建制镇污水处理厂和3座城乡垃圾中转站建成投入使用。新(改)建城区生活污水管网30千米,城内29个老旧小区实行雨污分流,38个自建房小区实行纳污接管。提升工业污水管网25千米,完成工业污水处理厂提标改造,园区24家涉水企业实现达标排放。推进5大领域27个突出问题治理,投入资金3.9亿元,对西溪河、卧龙渠开展综合生态治理。

【民生保障】 全年投入民生资金59亿元,占一般公共预算支出83.1%。新增城镇就业5987人,转移农村劳动力1733人。开展“我为群众办实事”活动,75件重点民生实事全部办结。凤凰高级技工学校一期建成开学,广丰中学一期改造提升、贞白中学改扩建基本完成,7所农村寄宿制学校改造建成投入使用。区中医院中医药大楼、区妇幼保健院建成并投入使用。启动基层卫生院项目提升工程,完成13所乡镇卫生院改造提升,东阳、毛村2家乡镇卫生院中医馆建成并投入使用。建成3家社区嵌入式养老院、16个社区居家养老服务中心、81家“党建+康养之家”。严厉打击电信网络诈骗等违法犯罪行为,查封冻结涉案资金7590.2万元,立案数同比下降21.29%。推行区领导接访、包案化解、属地管理等机制,78件信访积案得到化解。

主要领导人 区委书记:胡心田。区人大常委会主任:皮晓瑶。区长:郑华森(任至8月)、龚振宙(8月代,9月任)。区政协主席:方有水(任至9月)、李军(9月任)。

(郑招明)

· 广信区 ·

【简　况】 位于江西省东北部，辖 11 镇、10 乡、3 街道办事处。总面积 2231.71 平方千米，其中城区面积 24 平方千米。耕地面积 3.1 万公顷，林地面积 15.2 万公顷；森林覆盖率 73.08%，城区绿化率 42.08%。总人口 86.45 万人，其中城镇人口 36.15 万人。2021 年，地区生产总值 336.7 亿元，同比增长 9.3%。其中，第一产业增加值 23.6 亿元，增长 7.2%；第二产业增加值 178.7 亿元，增长 10.5%；第三产业增加值 134.5 亿元，增长 8.1%。财政总收入 35.64 亿元，增长 23%；税收占财政总收入 89.1%。地方财政收入 18.4 亿元，增长 9%。地方财政支出 52.14 亿元，下降 4.6%。工业总产值 417.3 亿元（现价），增长 68.4%。规模以上工业企业营业收入 431.6 亿元，增长 70.9%。规模以上固定资产投资 110.1 亿元，增长 10.8%。实际利用外资 1.3 亿美元，增长 19.47%。农业总产值 24 亿元，增长 7.1%。粮食总产量 13.85 万吨。主要农产品及产量有蔬菜及食用菌 16.45 万吨、水果 1.63 万吨。城镇居民人均可支配收入 3.55 万元，增长 8.6%；农村居民人均可支配收入 1.43 万元，增长 12.7%。

【旅游产业】 灵山景区获“中国旅游合作联盟十佳景区”称号。新增省级旅游休闲街区 2 家、省级商业街区 1 家、省级特色文化街区 1 家。云谷田园开园，时光 park 商业文旅街、吾悦高杆街、槠溪老街、滨河商业街、望仙谷醉仙街五大街区日均客流量 3.5 万人次。全年接待游客 1750 万人次，旅游综合收入 175 亿元。

【城乡建设】 创建全国文明城市，开展“十大提升行动”和“文明共话”等系列活动，实施创文项目 256 个，140 个创文点位及其周边全部达标，迎接国家文明委实地测评。投入资金 92.7 亿元，实施功能与品质提升项目 96 个。改造提升老旧小区 2 个、公园 6 个，新增绿地面积 100 万平方米。完成 19 个美丽集镇建设规划设计。开展“洁净工程”系列竞赛和治乱治差九大行动，拆除乱搭乱建 1409 处，9.2 万平方米。改造店招门楣 2582 个，整治管线 22.5 万米，清理沟渠 5.3 万米，整治“十乱”行为 2.3 万起。完成村庄规划编制 11 个，新（改）建农村公路 100 千米、危桥 5 座、美丽生态农村路 56 千米。投入资金 1038 万元，改造农村户厕 7948 户，改厕率 95%。

【民生保障】 全年投入资金 2.9 亿元，新（改）建区二小、区五幼等学校 15 所，面积 8.6 万平方米。投入资金 7 亿元，建设区地方病防治中心综合大楼、区人民医院肿瘤放射治疗室等重点项目。改造提升乡镇敬老院 8 家，新增养老机构 11 家。养老保险、失业保险、工伤保险、生育保险、医疗保险参保人数达 128 万人次，城乡居民养老保险基础养老金由每人每月 115 元提高至 135 元。发放低保、临时补助等各类补助金 1.8 亿元，惠及群众 45 万人次。

主要领导人 区委书记：熊孙魁（任至 8 月）、何党生（8 月任）。区人大常委会主任：潘玉斌（任至 9 月）、童晓闻（9 月任）。区长：何党生（任至 8 月）、顾海敏（8 月任）。区政协主席：童晓闻（任至 9 月）、吴斌（9 月任）。

（林君钰）

· 玉山县 ·

【简　况】 位于江西省东北部，辖 9 镇、5 乡、2 街道办事处。总面积 1728 平方千米。耕地面积 188 万公顷，林地面积 11.47 万公顷；森林覆盖率 68.59%，城区绿化率 45.2%。总人口 64.21 万人。2021 年，地区生产总值 265.5 亿元，同比增长 9.4%。其中，第一产业增加值 25.2 亿元，增长 7.3%；第二产业增加值 113 亿元，增长 8.1%；第三产业增加值 127.3 亿元，增长 10.8%。财政总收入 33.26 亿元，增长 15.7%。地方财政支出 50.54 亿元，下降 1.9%。规模以上工业增加值 120 亿元，增长 11.8%。外贸出口 11.47 亿美元。固定资产投资 118.43 亿元，增长 11.5%。实际利用外资 1.13 亿美元，增长 9.5%；利用省外资金 79.3 亿元，增长 9.31%。主要工业产品有水泥、轴承、有色金属、智能环保装备、光电。农业总产值 35.66 亿元，增长 9.05%。粮食总产量 21.4 万吨。主要农产品有水稻、蔬菜、油菜、茶叶。社会消费品零售总额 153.2 亿元，增长 18.4%。城镇居民人均可支配收入 3.99 万元，增长 8.5%；农村居民人均可支配收入 2.03 万元，增长 10.1%。金融机构年末存款余额 372.57 亿元，增长 9.7%。

【国际台球学院建成开学】 9 月 11 日，国际台球学院建成开学。国际台球学院坐落在玉山县国际台球文化城内，占地面积 1.50 万平方米，建筑面积 9000 平方米，包括斯诺克、中式、美式等台球训练室 12 个和多功能报告厅、多媒体理论课教室、学生公寓、图书室、健身房、展厅、餐厅等设施。国际台球学院面向全国招收首届学员 42 名（其中玉山县学员 10 名），学制 3 年，接受全日制中专文化学历教育及台球职业技能专项培训。学院由玉山县政府投资建设，业务由中国台球协会主管，北京星牌体育用品集团有限责任公司负责运营，是国内唯一一所具有全日制教育学历的台球学院。

【衢饶示范区（玉山）日供水 10 万吨工程项目一期建成】 12 月 15 日，衢饶示范区（玉山）日供水 10 万吨工程项目一期建成，并对部分单位、工厂供水。项目分自来水厂工程和引供管道工程两部分。水厂由江西建工建筑安装有限责任公司、管道由江西恒阳建筑有限公司施工，重庆凯弘工程咨询有限公司监理。自来水厂位于岩瑞镇万花村，距衢饶示范区（玉山）12 千米，占地面积 3.87 公顷，总投资 1.62 亿元，一期建设规模为日供水 5 万吨。引供水管道总长 13.5 千米，供水水源取自七一水库，进水管径 1000 毫米，长度 1.5 千米；出水管径 800 毫米，长度 12 千米。至年底，日供水量 5000 吨。

【六都乡推广小番茄种植】 六都乡推广小番茄种植，投入资金 1.1 亿元，在清溪桥村新建 67 公顷智能温控大棚，实现小番茄种植总面积 80 公顷，种植点分布于清溪桥、胡村桥、湾村、华山 4 个行政村，年产小番茄 5000

吨、稻谷300吨,总产值7000万元。小番茄种植项目由江西省炊之园科技有限公司实施,为省级现代农业产业园。公司以每亩600元的租金从农民手中流转土地,每亩投资7万元建设智能温控大棚,实行小番茄与水稻轮作的种植模式,亩产小番茄5000千克、稻谷600千克。小番茄品种有红番茄、黄妃、白宝、玲珑、黑小哥等,产品主要销往上海、江苏、浙江等地超市,每千克价格在10~16元。公司与浙江省媒介生物学与病原控制室、南昌大学食品科学与技术国家重点实验室等科研机构开展合作,建立博士工作站1个,有博士3人;吸纳当地农民就业400余人,人均增收3万余元。

主要领导人 县委书记:郑国良。县人大常委会主任:张常青。县长:徐树斌(任至8月)、余洪雷(8月任)。县政协主席:朱明善。

(刘丕云 何泽良)

·横峰县·

【简 况】 位于江西省东北部,辖2镇、6乡、1街道办事处、1办事处、1垦殖场。总面积654.16平方千米,其中城区面积16.2平方千米。耕地面积1.16万公顷,林地面积4.11万公顷;森林覆盖率63.11%,林木绿化率63.27%。总人口22.92万人,其中城镇人口10.16万人。2021年,地区生产总值100.83亿元,同比增长8.8%。其中,第一产业增加值5.42亿元,增长6.9%;第二产业增加值54.02亿元,增长8.0%;第三产业增加值41.39亿元,增长10.2%。财政总收入15.97亿元,增长15.3%。税收占财政总收入90.6%。规模以上工业主营业务收入306.2亿元,增长32.4%。实际利用外资8152万美元,增长9.01%。外贸出口4837万元,增长189.4%。固定资产投资增长10.8%。主要工业产品有阳极铜、电解铜、金、银、钯。农业总产值11.58亿元,增长8.5%。粮食总产量8.57万吨。主要农产品有葛根、油茶、马家柚。社会消费品零售总额41.3亿元,增长18.1%。城镇居民人均可支配收入3.07万元,增长7.4%;农村居民人均可支配收入1.42万元,增长12.4%。金融机构年末存款余额129.37亿元,增长8.2%。

【产业优化】 全年实施重点项目175个,开工126个,竣工57个。全年签约项目43个,总投资180亿元。推动“一区两园”基础设施建设,平整工业土地74.67公顷,建成标准厂房4.4万平方米,全面启动物流综合楼及标准仓、10千伏开闭所等配套建设。发展快递物流业,成立全省首家独立运营的县级邮政管理局,圆通、中通、百世快递3家企业合计进港件75万件/天,增长85.7%;合计出港件70万件/天,增长27.3%。融合发展电子商务,新零售电商产业城开工建设,带动鸿讯、林炎等一批日发万单以上的电商企业入驻,全年电商销售额19.8亿元,增长32.3%,成功跻身中国县城电商竞争力百强榜,电商众创园获批江西省电子商务示范基地。深挖旅游资源,新增3A乡村旅游点2个,推介“可爱的中国上饶见·秀美横峰之旅”精品旅游路线,承接县外党员干部红色教育培训150批2万人次,全年接待游客874.1万人次,增长13.9%;旅游综合收入46.75亿元,增长33.4%。农业提质增效,制定“横峰葛”鲜葛标准,推出“横有峰味·自然好物出横峰”农旅产品公用品牌;江西兴安种业有限公司成为国家级农业重点龙头企业,横峰被列为国家级油菜种子大县。

【城乡建设】 实施城建项目16个,总投资11.3亿元。在横峰设高铁站纳入九上温、杭金上深2条高铁线初步规划,古窑西大道竣工通车,加快推进棚改安置房、廻垅东路、生态停车场、路家山老旧小区改造等项目,全面完成第三幼儿园地块姜家村整体搬迁。改造提升里弄小巷12条,消除城市消极空间11处6000余平方米,新(改)建城市公厕5座,新增城市停车泊位1500余个,有效解决花好悦园等10个小区供水压力不足问题。持续推进秀美乡村建设,横峰经验被列为第三批全国农村公共服务典型案例。新建岑阳、青板、司铺、莲荷美丽集镇4个,集镇生活污水处理设施实现全覆盖,农村无害化卫生厕普及率达95%以上。

【民生保障】 巩固拓展脱贫攻坚成果同乡村振兴有效衔接,建立健全防止返贫动态监测和帮扶机制。扩大就业,新增城镇就业2532人,转移农村劳动力4100人,开展职业技能培训8000人,发放培训补贴700余万元、创业担保贷款1.58亿元,城镇登记失业率低于3.8%。发放城乡低保、特困人员供养金5800余万元,建成村(社区)居家养老服务中心56家。

主要领导人 县委书记:饶清华(任至8月)、潘琍(8月任)。县人大常委会主任:李必良。县长:潘琍(任至8月)、陈元(8月代,9月任)。县政协主席:杨学园(任至9月)、李海星(9月任)。

(徐丽英)

·弋阳县·

【简 况】 位于江西省东北部,辖9镇、5乡、3街道办事处。总面积1580平方千米,其中县城建成区面积19.3平方千米。耕地面积2.2万公顷,有林面积9.75万公顷;森林覆盖率59.27%,城区绿化率46.5%。总人口43.06万人,其中城镇人口17.56万人;人口自然增长率12‰。2021年,地区生产总值141.48亿元,同比增长9%。其中,第一产业增加值22.94亿元,增长7.1%;第二产业增加值42.99亿元,增长6.9%;第三产业增加值75.55亿元,增长10.8%。财政总收入21.96亿元,增长17.8%。税收收入占财政总收入83.3%。一般预算收入11.99亿元,增长6.9%。财政总支出59.88亿元,下降7.2%。实际利用外资8485万美元,增长9.6%。利用省外2000万元以上项目资金68.09亿元。规模以上工业企业148家,主要工业产品有铜金属、铜材、水泥、罐头、中成药、机制纸。粮食总产量20.49万吨。主要农产品有水稻、蔬菜、油菜、花生、甘蔗。社会消费品零售总额68.48亿元,增长18.3%。城镇居民人均可支配收入3.91万元,增长8.4%;农村居民人均可支配收入1.78万元,增长10.1%。金融机构年末存款余额258.76亿元,增长9.7%。

【成功申报“徐霞客游线标志地”】 5月18日,2019—2021年度“徐霞客游线标志地寻找与论证行动”终审会在浙江省宁波市宁海县举行,弋阳县城老街、龟峰通过论证,成为2019—2021年度全国7个县(区)申报的25个“徐霞客游线标志地”中的两个。1636年10月19日,徐霞客在弋阳东门住宿一晚,第二天从东门沿县城老街穿三星桥,从洲上刘家葛溪河汇入信江的“弋阳水口”渡船到文星塔上岸,进入龟峰。在龟峰考察旅游3天,经历雨、阴、晴3种天气变化,观赏了鹰嘴峰、老人峰、振衣台、观音峰、双剑峰、叠龟峰等“三十二”峰之奇异,写下3600字的《江右游日记·龟峰游》,成为《徐霞客游记》中浓墨重彩的篇章,是弋阳县宝贵的文化旅游品牌。

【“龟峰号”高铁冠名专列启动】 6月2日,“龟峰号”高铁冠名专列启动仪式在南昌西站举行。“龟峰号”高铁冠名列车在沪昆线上飞驰,覆盖南昌、上饶、南京、杭州、宁波、上海等龟峰的重要旅游客源市场,借助高铁媒体高到达率、强曝光的优势,直击爱旅人群,实现品牌价值最大化。专列贯穿江西、浙江、上海、江苏等省市,每年可一对一直接影响数千万人次。

【歌曲《弋阳腔》入围驻斯特拉斯堡总领馆国庆线上活动】 9月28日,中国驻法国斯特拉斯堡总领馆举办庆祝国庆线上活动,邀请领区各界人士、双方友好城市负责人、华人华侨、留学生等参加活动。其中,上饶市作为友好城市之一参加线上活动。由上饶市文化馆创作的具有地方浓郁特色的歌曲《弋阳腔》,通过多方审核入围该次活动的线上直播。歌曲《弋阳腔》根据弋阳腔的历史演变及其独特的艺术魅力进行编创,歌词创作尽可能反映弋阳腔深厚的历史底蕴和深远的社会影响,旋律创作沿用弋阳腔的质朴、高亢、激越、奔放的声调特点。

主要领导人 县委书记:谢柏清(任至2月)、陈敏(2月任)。县人大常委会主任:宣功成。县长:陈敏(任至2月)、吴华(3月任)。县政协主席:陈康(任至9月)、江俊(9月任)。

(杜育和)

·德兴市·

【简 况】 位于江西省东北部,辖6镇、6乡、4街道办事处。总面积2101平方千米。总人口33.32万人,人口出生率7.19‰。2021年,地区生产总值191.3亿元,同比增长9.2%。其中,第一产业增加值22.6亿元,增长9.2%;第二产业增加值66.4亿元,增长5.3%;第三产业增加值102.3亿元,增长12.2%。财政总收入40.53亿元,下降0.7%;税收占财政总收入79.4%,增长7.8%。工业总产值400.1亿元,增长37.8%。规模以上工业增加值增长15%。固定资产投资增长10.6%。实际利用外资8243万美元,增长6.7%。农林牧渔业总产值36.35亿元。粮食总产量11.15万吨。主要农产品及产量有生猪存栏10.9万头,增长22.6%。社会消费品零售总额81.33亿元,增长18.8%。城镇居民人均可支配收入4.21万元,增长7.8%;农村居民人均可支配收入1.98万元,增长9%。金融机构年末各项存款余额245.5亿元,增长8.6%。

【德兴市被命名为2018—2020周期国家卫生城市】 1月6日,德兴市被全国爱国卫生运动委员会命名为2018—2020周期国家卫生城市。德兴市高度重视国家卫生城市创建工作,2013年,成功创建江西省卫生城市。2017年8月,召开全市“三城同创”动员大会。2018年,多次召开国家卫生城市创建工作推进会。2019年,召开全市建设“魅力山城”工作动员大会。2020年5月,“德兴市创建国家卫生城市攻坚誓师大会暨全国第四届万步有约健走大赛德兴赛区启动仪式”在市民公园举行,全市干部职工、居民代表4000余人参加活动,掀起“全民发动、全民参与”创建活动的高潮。2021年,全市生活垃圾无害化处理率100%,市建成区生活污水处理率93.65%;建有垃圾中转站5座,深埋式垃圾桶6处;城区主次干道和小区设有垃圾桶1600余个,道路果壳箱1200余个,环卫作业车辆21辆,道路机械化清扫率达85%以上。

【高端农机装备制造产业园项目落户德兴】 1月26日,高端农机装备制造产业园项目签约仪式在德兴市银鹿宾馆举行。该项目位于德兴市高新区,由浙江清华长三角研究院杭州分院投资控股组建,总投资30亿元,用地面积40公顷,项目分两期实施。其中,一期年产5万台套高端农机装备生产制造项目用地6.67公顷,投资约10亿元,建筑体量6.92万平方米;二期用地33.33公顷,主要扩大生产制造高端农机装备项目规模,启动新建大健康、新材料生物肥、有机农产品等项目,形成产业链。项目达产达标后,市场占有率8%,年销售10.4万台,年销售额达57.2亿元,纳税3.6亿元。

【德辰科技机械铸件精密加工建设项目竣工投产】 10月,德辰科技机械铸件精密加工建设项目竣工投产。该项目位于德兴市高新区,由江苏宜兴高泰克精密机械有限公司投资建设,总投资35亿元,占地面积33.33公顷,主要生产精密机械铸件及零部件、矿山机械成套设备等产品。项目达产达标后,可提供就业岗位900余个,年销售额15亿元,利税1.5亿元。

【黄金精炼、电镀电铸产业园建成】 12月,黄金精炼、电镀电铸产业园建成。该产业园位于德兴市高新区,由德兴市黄金有限公司投资建设,占地面积6.67公顷,总投资30亿元。主营业务为贵金属精炼、黄金回收,金银制品电镀电铸,贵金属、珠宝玉石检测等。项目产值高、技术新、链条全,是江西省唯一一家专业黄金精炼企业和德兴黄金产业精深加工领域重要配套服务项目。

主要领导人 市委书记:郭峰(任至8月)、杨秀福(8月任)。市人大常委会主任:李元涛。市长:杨秀福(任至9月)、陈武军(9月任)。市政协主席:刘德奖(任至9月)、周冲(9月任)。

(程建华 任华 翁本有)

·婺源县·

【简 况】 位于江西省东北部,辖10镇、6乡、1街道办事处。总面积2967.78平方千米,其中城区面积

15.86平方千米。耕地面积2.18万公顷,林地面积25.12万公顷;森林覆盖率82.64%,城区绿化率49.74%。总人口37.59万人,人口自然增长率2.37‰。2021年,地区生产总值154.81亿元,同比增长8.8%。其中,第一产业11.90亿元,增长6.9%;第二产业37.74亿元,增长9.2%;第三产业105.17亿元,增长8.9%。财政总收入18.57亿元,增长15.8%。一般预算收入10.05亿元,增长6.5%。一般公共预算支出35.9亿元,下降8.6%。规模以上工业增加值增长11.5%。实际利用外资7332万美元,增长6.7%;利用省外投资2000万元以上项目资金62.4亿元,增长9.3%。主要工业产品及产量有精制茶3.79万吨、服装227万件、鞋950万双。农林牧渔业总产值19.16亿元,增长8.6%。粮食总产量11.3万吨。主要农产品及产量有茶叶2.01万吨、水果1588吨、生猪出栏12.91万头、肉类1.04万吨、水产品9475吨。社会消费品零售总额81.43亿元,增长17.9%。城镇居民人均可支配收入3.25万元,增长8.7%;农村居民人均可支配收入1.70万元,增长10.5%。金融机构年末存款余额240.3亿元,增长5.8%。

【工业经济】 2021年,规模以上工业主营业务收入110.5亿元,增长75%,首次突破百亿元大关。园区工业产值、税收、利润总额三大指标实现翻番,分别增长107%、108%、140%。新增国家级两化融合管理体系贯标企业1家、市级两化融合示范企业2家、深度"上云"企业11家、高新技术企业8家。

【旅游产业】 应对疫情常态化防控,及时出台一揽子助企纾困政策,推动旅游产业逐步复苏。全年旅游接待人次、综合收入分别高于全国平均水平17个百分点和21个百分点。完成《婺源国家乡村旅游度假实验区总体规划》修编工作。"婺源乡村旅游度假区评定规范"上升为江西省地方标准;国务院支持婺源建设特色旅游地,被列入国家《"十四五"旅游业发展规划》的发展战略;"厚塘庄园"被评为全国首批甲级旅游民宿(全省第一家);"梦里老家"获评省级旅游度假区和首批夜间文旅消费集聚区;江湾镇入选首批全国乡村旅游重点镇名录;思溪、延村入选全国乡村旅游重点村名录;洙坑红色教育基地成为江西省社会主义现场教学基地。新增5A级乡村旅游点1个,总数4个。婺源以第一名的成绩获评江西省旅游产业发展先进县。

【城乡建设】 以城市功能品质提升三年行动为抓手,推进城市有机更新,改造提升老旧小区2个,新(改)建污水管网6千米,实现城区住宅小区污水管网全覆盖。新增大型工程机械停车位200余个、机动车停车位2000多个。新建5G基站313个,实现城区、景区和乡镇所在地全覆盖。生活垃圾焚烧发电项目并网发电。全面铺开"美丽集镇"建设,推进"洁净工程",改善城乡面貌。打造江岭梯田花海、江湾篁岭民俗文化村、甲路民俗园等为代表的一批休闲农业示范基地,获评全国休闲农业重点县、首届江西省美丽宜居与乡村活力(+民宿)示范创建县;思口镇西冲村获评中国美丽休闲乡村。

【民生保障】 保障教育、卫生、交通等民生领域投资,民生支出占一般公共预算支出比重稳定在70%以上。新增城镇就业3917人,城镇登记失业率控制在4.5%以内。新增义务教育阶段学位3400个,7所乡镇公办中心幼儿园建成,实现乡镇全覆盖。择校热、大班额问题得到缓解。严格落实"双减"政策,校内课后延时服务基本实现全覆盖。"四好农村路"县道升级改造完成路面160千米、路基45千米,国省干线公路"畅安舒美"品质提升实现全覆盖。体育中心建成投入使用,承办市级以上重大体育赛事54项,带动游客150万人次,获评全国群众体育先进单位。

主要领导人 县委书记:吴曙(任至8月)、徐树斌(8月任)。县人大常委会主任:董立新。县长:吴云飞(任至3月)、周华兵(3月任)。县政协主席:俞春旺(任至7月。7月20日,因涉嫌严重违纪违法,主动投案,接受上饶市纪委市监委纪律审查和监察调查)、汪学群(9月任)。

(曹鸿)

·铅山县·

【简　况】 位于江西省东北部,辖8镇、9乡、1青溪服务中心。总面积2178平方千米。耕地面积2.85万公顷,林地面积16.14万公顷;森林覆盖率74.25%。总人口48.07万人。2021年,地区生产总值182.64亿元,同比增长8.6%。其中,第一产业增加值20.51亿元,增长7.1%;第二产业增加值72.34亿元,增长8.1%;第三产业增加值89.79亿元,增长9.4%。财政总收入27.15亿元,增长18.4%。税收占财政总收入83.9%。地方财政收入14.16亿元,增长0.3%;地方财政支出44.25亿元,下降5.2%。工业总产值275.92亿元,增长35.6%。规模以上工业增加值增长11.4%,占地区生产总值25.92%。固定资产投资增长10.5%。外贸出口占地区生产总值3.6%。实际利用外资8377万美元,增长7.58%。主要工业产品及产量有电解铜10.79万吨、硫酸41.53万吨、铅4.17万吨、石灰14.18万吨、光伏发电1.05亿千瓦时。农业总产值32.93亿元,增长8.75%。粮食总产量18.06万吨。主要农产品及产量有蔬菜21.18万吨、生猪出栏23.61万头。社会消费品零售总额85.46亿元,增长17.3%。城镇居民人均可支配收入3.25万元,增长6.2%;农村居民人均可支配收入1.68万元,增长8%。城乡居民年末储蓄余额178.3亿元,增长11.95%。

【新冠肺炎疫情防控】 10月30日,葛仙山镇确诊1例阳性病例后,铅山县当日即启动应急响应机制,成立突发疫情现场防控指挥部,设立综合协调、医疗救治和流调、核酸采样检测、交通管控、隔离管控、宣传舆论、网格管理、后勤保障和保供稳价组、工作监督9个工作专班,构建"高位化推动、扁平化调度、集成化作战"战时机制。精准实施分区分级防控管理,将葛仙村风景区、葛仙山镇、湖坊镇"两村一街道"划为封控区,河口镇划定为管控区,全县其他地区为防范区,有效阻断病毒传播链条。开展大规模核酸检测,全县划分为18个片区,设置核酸检测点441个,共开展18轮重点区域核酸检测和7轮大规模核酸检测,检测237万人次。规范实施集中医学观察管理,落实"一名县领导挂帅、一个部门包干、一名单位一把手值守"的机制,累计改造启用集中医学观察点23个。统筹强化后勤保障,建立物资运输绿色通道,在进城路口设立接驳转移点和工作专班,确保物资进出有序畅通;做好居家医学监测人员、滞留游客的生活保障,组建专班定期配送物资、食物、防护用品,累计投入资金2.78亿元。11月17日,葛仙村景区降为防范区,880名滞留游客返程。11月20日,湖坊镇、河口镇降为防范区。11月27日,葛仙山镇降为低风险地区,全县域新冠肺炎疫情防控转为常态化。实现景区游客零感染、院内零感染、校园零感染、疫情风险点零新增,做到疫情不外溢、不扩散。

【铅山县获评人工智能助推教师队伍建设试点县】 9月8日,教育部发布全国25个人工智能助推教师队伍建设试点县遴选结果,铅山县作为全省唯一县区名列其中。铅山县积极探索人工智能助推教师发展之路,一方面常态化开展全县师生信息素养和智能素养能力提升培训,完成21期共2000余人次的教师培训任务;另一方面探索科创教育课后延时服务,全县182所学校开设编程必修课,56所乡镇学校均开设智能机器人选修课,6.80万名学生学习青少年编程。师生参加各级人工智能活动,共获世界级一等奖9件、国家级一等奖10件。

【武夷山国家公园设立】 9月30日,国务院复函福建省、江西省政府,自然资源部、国家林草局(国家公园局),同意设立武夷山国家公园。武夷山国家公园总面积1280平方千米,位于闽赣交界武夷山脉北段,地理范围为北纬27°31′21″—28°2′53″、东经117°24′15″—117°59′33″。其中,福建省域内1001平方千米,占总面积78.2%,涉及武夷山市、南平市建阳区、光泽县、邵武市;江西省域内279平方千米,占总面积21.8%,均在铅山县境内,涉及武夷山镇、篁碧畲族乡、英将乡等1镇、2乡的11个行政村(含平阳林场)。武夷山国家公园建设,对保护典型自然生态系统及丰富的生物多样性,传承武夷山世界自然和文化遗产,实现武夷山人与自然和谐共生,具有重要意义。

主要领导人　县委书记:危岩。县人大常委会主任:陈晓琴。县长:未小刚。县政协主席:陈武洲(任至9月)、石斌(9月任)。

(刘芳)

· 万年县 ·

【简　况】 位于江西省东北部,辖6镇、6乡、3管委会。总面积1140.76平方千米。耕地面积2.15万公顷,林地面积6.98万公顷;森林覆盖率65%,城区绿化率51%。总人口44.68万人,其中农业人口31.08万人。2021年,地区生产总值199.30亿元,同比增长9.1%。其中,第一产业增加值19.98亿元,增长7.2%;第二产业增加值100.20亿元,增长8.6%;第三产业增加值79.12亿元,增长10.3%。财政总收入26.2亿元,增长16.7%。一般公共预算收入14.6亿元,增长4.6%。地方税收收入9.91亿元,增长1.6%。社会消费品零售总额82亿元,增长18.6%。固定资产投资增长11.9%。规模以上工业主营业务收入513.5亿元,增长32.2%。工业固定资产投资增长28.1%。利用省外2000万元以上项目资金74.11亿元,增长9.7%。进出口总额30.54亿元,增长108.8%。农业总产值31.23%,增长9.0%。粮食总产量25.5万吨。主要农产品及产量有生猪出栏70万头。城镇居民人均可支配收入3.97万元,增长8.2%;农村居民人均可支配收入1.78万元,增长10.3%。金融机构年末存款余额260亿元,增长10.8%。

【2021年重大项目集中开工活动举行】 3月1日,省委、省政府举办2021年省市县三级联动推进重大项目开工暨"项目大会战"动员大会,会议采取省市县三级联动,以设立省主会场和市县分会场的形式召开。万年分会场举行2021年重大项目集中开工活动,共有22个重大项目集中开工,总投资70.7亿元。其中,投资5亿元以上的项目6个,占总数27%。项目涵盖工业、农业、城建、教育、医疗等多个领域,机械电子、纺织新材料、食品药品产业项目比上年增多。

【万年县政府与北京五矿地质科技发展有限公司签订战略合作协议】 5月11日,万年县政府与北京五矿地质科技发展有限公司在万年签订战略合作协议。县委书记吴树俭、县长毛奇出席签约仪式。县委常委、县委统战部部长刘晓华主持仪式。五矿勘查开发有限公司总工程师、北京五矿地质科技发展有限公司总经理张成学,副县长陈光辉分别代表双方签字。根据协议,双方在全域土地综合治理和矿产资源综合利用等方面深入合作,推动万年县提升生态文明建设水平,促进县域国土空间开发、五矿地科企业综合实力和市场竞争力提升,促进地方产业结构优化调整与生态文明建设。

【江西省科学安全用药技术暨新增农业植物检疫员培训班在万年举行】 12月7日—9日,江西省科学安全用药技术暨新增农业植物检疫员培训班在万年举行。省农业农村产业发展服务中心副主任钟玲出席开班仪式并讲话,市农业农村局副局长何茂兴、副县长张东致辞,全省植保系统244人参加培训。培训班围绕科学安全用药技术和农业植物检疫内容安排课程,邀请相关专家授课。开班仪式上,还对第一批全国农作物病虫害绿色防控示范县和统防统治百强县进行授牌。

主要领导人　县委书记:吴树俭(任至7月)、毛奇(7月任)。县人大常委会主任:朱振华。县长:毛奇(任至7月)、谢军(7月代,9月任)。县政协主席:江俊(任至9月)、程学江(9月任)。

(王自清)

· 余干县 ·

【简　况】 位于江西省东北部,辖9镇、11乡、3垦殖场、1林场、1水产场、1社区。总面积2331平方千米,其中县城建成区面积25平方千米。耕地面积8.78万公顷,林地面积5.19万公顷;森林覆盖率20.74%,城区绿化率38%。总人口108.24万人。2021年,地区生产总值238.5亿元,同比增长8.7%。其中,第一产业增加值53.1亿元,增长7.2%;第二产业增加值70.8亿元,增长8.0%;第三产业增加值114.6亿元,增长9.7%。财政总收入23.87亿元,增长18.8%。税收占财政总收入86.4%。固定资产投资增长11.3%。外贸出口2.81亿元,增长153.9%。外商直接投资9003万美元,增长9.9%。主要工业产品及产量有电66.5亿千瓦时、水泥101.1万吨、服装4234.4万件、纸制品0.33万吨。农业总产值88.2亿元,增长8.95%。粮食总产量85.01万吨。主要农产品及产量有油料2.4万吨、大米51万吨、蔬菜21.19万吨、肉类3.16万吨、水产品15.67万吨。城镇居民可支配收入3.06万元,增长7.4%;农村居民人均可支配收入1.44万元,增长11.9%。社会消费品零售总额104.7亿元,增长17.7%。金融机构年末存款余额415.8亿元,增长4.4%。

【打击信江水域非法捕捞】 2021年,围绕"巩固提高,长效常治"工作要求,重拳出击、以打促禁,开展"打击非法捕捞""四清四无""渔政亮剑2021"和"四清四无"回头看等专项行动。累计收渔船2226艘(包括生产船和辅助船)、网具1147吨,发放船网资金2579万元;对禁捕水域顶风开展非法捕捞作业的违法犯罪行为,坚持从重、从快、从严打击,办理行政案件21起,行政处罚25人,没收销毁各类网具32余部,没收并销毁涉渔"三无"船舶6艘。

【插旗洲候鸟栖息地建设】 为保护和留住白鹤等越冬候鸟,打造白鹤观赏最佳地。2021年,投入资金1000万元,建设观鸟旅游公路;投入资金300万元,开展环境整治及观鸟棚建设;投入资金110万元,购置千亩稻田作为"候鸟食堂",为越冬候鸟营造栖息觅食环境。插旗洲鸟类栖息高峰期有白鹤2900只以上、白枕鹤300只以上、白头鹤50只左右、灰鹤近万只,此外还有小天鹅、雁鸭类等。

【汽摩配产业园三期建设】 县汽摩配产业园总投资103亿元,占地面积133.33公顷,项目分三期建设,一期于2018年2月开工建设、当年竣工,二期于2020年3月开工建设、2021年3月基本建成。2021年3月,汽摩配产业园三期开工建设,投资52亿元,占地面积73.33公顷,规划建筑面积100万平方米。至年底,前期8栋厂房完工,安置汽摩配企业50家,解决就业5000多人。

主要领导人 县委书记:胡伟(任至8月)、胡斌(8月任)。县人大常委会主任:谭学显(任至9月)、吴军攀(9月任)。县长:江忠汉(任至7月。5月,因涉嫌严重违纪违法,接受上饶市纪委市监委纪律审查和监察调查)、叶文华(8月代,9月任)。县政协主席:王晓燕(任至9月)、段相如(9月任)。

(张祥国)

· 鄱阳县 ·

【简　况】 位于江西省东北部,辖14镇、15乡、1街道办事处。总面积4214.68平方千米。耕地面积11.88万公顷,山林面积15.6万公顷;森林覆盖率34.1%。总人口159.26万人。2021年,地区生产总值293.14亿元,同比增长9.0%。其中,第一产业增加值73.53亿元,增长7.0%;第二产业增加值88.17亿元,增长6.9%;第三产业增加值131.44亿元,增长11.5%。财政总收入24.13亿元,增长16.7%。公共预算收入14.46亿元,增长7.1%;公共预算支出90.07亿元,下降7.3%。规模以上工业增加值增长12.0%;规模以上工业总产值185.1亿元,增长45.1%。500万元以上固定资产投资增长11.6%。进出口总额5.77亿元,增长41.4%。实际利用外资9854万美元。农林牧渔总产值120.6亿元,增长8.6%。主要农产品及产量有生猪出栏40.67万头、存栏21.99万头。社会消费品零售总额177.65亿元,增长17.6%。城镇居民人均可支配收入2.99万元,增长8.1%;农村居民人均可支配收入1.44万元,增长13.0%。金融机构年末各项存款余额549.04亿元,比年初增长12.1%。

【开展"长风1号"集中打击收网行动】 3月3日,省公安厅在全省部署开展"长风1号"集中打击收网行动,鄱阳县公安局精心布置,全力出击。至3月9日,共刑拘涉诈嫌疑人34名,捣毁电信诈骗窝点8个,查扣作案银行卡、电话卡80余张,电子设备30余台,缴获赃款15万元。

【年产55万吨铜精深加工产业园项目落户鄱阳】 4月11日,江西新能金叶新材料有限公司年产55万吨铜精深加工产业园项目签约仪式在县工业园区举行。副县长、工业园区党工委书记徐卫东,天津新能集团总裁张文胜,县自然资源局、县财政局、县税务局、县商务局等有关部门负责人出席签约仪式。项目总投资约20亿元,用地面积10~16.67公顷,建设周期15个月,达标生产后年产值200亿元,税收约8亿元。

【余鑫家庭入选2021年全国"最美家庭"】 11月28日,中共中央宣传部、中央文明办、全国妇联在浙江嘉兴召开加强家庭家教家风建设工作推进会,揭晓2021年全国"最美家庭",鄱阳县余鑫家庭名列其中。余鑫是鄱阳县政府办的一名副科级干部,2016年9月,被派到鄱阳镇江家岭村任驻村第一书记,2017年5月,转派道汉村。他把贫困户当作亲人,成为贫困群众的"及时雨""暖心人"。疫情期间,他连续驻村工作50多天,化身"战斗员""买药员""快递员"。洪涝灾害期间,道汉村被淹房屋481栋,他带领村组干部安置灾民、救灾赈灾,得到村民拥护与支持。妻子曹敏在做好鄱阳镇党建办本职工作的同时,承担家庭琐事,没有一点怨言。余鑫先进事迹先后被中央电视台、中央广电总台国际在线、中国日报网、中国网、中国江西网等多家媒体报道。

主要领导人 县委书记:周金明。县人大常委会主任:陈振华(任至5月)、胡仲仪(5月任,任至9月)、应美星(9月任)。县长:胡斌(任至8月)、王宗华(8月代,9月任)。县政协主席:占梦来(任至9月)、江俊(9月任)。

(薛文)

吉安市

【概　况】 位于江西省中西部，辖1市、10县、2区。总面积2.53万平方千米，其中城区面积294平方千米。耕地面积39.83万公顷，有林面积172.17万公顷；森林覆盖率67.7%，城区绿地率39.43%。总人口538.35万人，人口自然增长率2.03‰。2021年，地区生产总值2525.66亿元，同比增长9%。其中，第一产业增加值247.82亿元，增长8.3%；第二产业增加值1157.63亿元，增长8.3%；第三产业增加值1120.21亿元，增长9.8%。财政总收入349.88亿元，增长2.0%。地方税收收入117.60亿元，增长1.2%；税收占财政总收入81.6%。一般公共预算收入181.91亿元，增长2.0%。一般公共预算支出560.37亿元，增长0.8%。规模以上工业增加值增长11.6%，外贸出口67.83亿美元，增长20.1%。实际利用外商投资14.64亿美元，增长7.5%；利用省外项目资金948.02亿元，增长9.3%。主要工业产品及产量有水泥689.6万吨、铁矿石原矿93.7万吨、液晶显示屏3.15亿片。农业总产值488.24亿元，增长10.0%。粮食总产量371.67万吨。主要农产品及产量有肉类55.66万吨、油料17.66万吨、水果77.39万吨。城镇居民人均可支配收入4.29万元，增长8.3%；农村居民人均可支配收入1.83万元，增长11.0%。城乡居民年末储蓄余额2584.17亿元，增长13.1%。

【"吉事即办"政务服务品牌】 2021年，深化"放管服"改革，围绕"外地能办的，吉安也要能办；外地不能办的，吉安创造条件办"目标，开展放管提效、创新提质、数字提速、基础提档、服务提优专项行动，打造"吉事即办"政务服务品牌，争当政务服务满意度一等省份"最佳设区市"。编制全市统一行政权力清单，保留行政权力事项1096项，精简率达77.3%；推进"互联网+监管"系统建设，监管行为覆盖率100%、列全省第1位。创新开展"局长进政务大厅""末端服务金点子"活动，率先在全省建成"赣服通"人才服务专区，"赣政通"应用走在全省前列。推进"12345"政务服务便民热线建设，开展"您提我办 您提我改"意见征集活动，成立"吉事即办"青年服务队，为企业和群众提供暖心爽心服务。"吉事即办"政务服务品牌被国家发展改革委列为全国降成本工作典型案例并向全国推广，被省发展改革委列为全省优化营商环境改革攻坚典型案例，被省政务服务办评为全省政务服务改革品牌"最佳人气奖"。

【狗牯脑茶国家地理标志产品保护示范区获批筹建】 7月14日，国家知识产权局发布2021年国家地理标志产品保护示范区筹建公示名单，全国50家示范区获批筹建。其中，由江西省知识产权局推荐、遂川县政府承担的遂川狗牯脑茶国家地理标志产品保护示范区入选。遂川县是中国名茶之乡、全国重点产茶县、中国茶产业示范县，是百年金奖茶——狗牯脑茶原产地，狗牯脑品牌居江西茶"四绿一红"品牌之首，100年内3次获世博会金奖（1915年美国巴拿马-太平洋国际博览会金奖，2010年上海世博会金奖，2015年意大利米兰世博会百年世博中国名茶金奖），先后获"中华老字号""中国驰名商标""最受消费者喜爱的中国农产品区域公用品牌""中欧100+100"地理标志产品互认产品等10项称号，被列为全省茶叶品牌整合重点扶持品牌，并入选江西农产品"十大区域公用品牌"。遂川县将狗牯脑茶作为"兴县富民的第一产业"，把茶产业作为乡村振兴支柱产业。该县围绕"创标"建立培育体系、围绕"用标"优化服务体系和"护标"强化保障体系，加大地理标志品牌培育力度。至年底，遂川县茶园面积发展到1.87万公顷，茶叶年产量8700吨，品牌价值25.37亿元。

【2021中国红色旅游博览会在井冈山举行】 10月27日—29日，2021中国红色旅游博览会在井冈山举行。会议主题为"万山红遍重上井冈"，由江西省人民政府、湖南省人民政府联合主办。红博会围绕推进红色旅游高质量发展，打造"圣地红博""云上红博""科技红博""创意红博"四个"红博"。主要设置文化和旅游部展区、百年辉煌（中国红色旅游推广联盟）展区、"江西风景独好"展区、"湖南如此多娇"展区、江西和湖南设区市（地州市）展区、红色旅游与乡村振兴展区、红色演艺和影视展区、红色研学与教育培训展区、红色文创展区、旅游科技展区10大展区，通过主题展馆展示、红色产品展销、科技手段运用、艺术表演呈现等，宣传党的辉煌历史，展示红色旅游发展成就，打造开放式、沉浸式红色展会。其中，科技元素是此届红博会一大特点，红博会展览环节首次在户外以"星球舱""复兴号""大飞机""磁悬浮"快闪店等造型设置旅游科技展区、文创展区、乡村振兴展区。科技应用逐渐成为让红色文化"活起来"重要方式。特别是多家特色旅游科技企业带来优谷朗读亭、AR课桌、VR骑行、3D打印、全息影像等创新装置，丰富游客体验。此届红博会还延长观展时间，变身为"星光集市"。现场推出湘赣边24个县（市、区）20多场红色文化演绎推介节目、30多种农产品展销，还有红军餐体验等夜间红色旅游项目，第一次实现夜间观展，做活"夜间经济"。其间，举行2021赣湘红色旅游推介会暨红色旅游助推乡村振兴高峰论坛，赣湘2省红色旅游资源集中推介，邀请全国知名党史研究、红色旅游、乡村振兴等方面专家讨论红色旅游助推乡村振兴。会上，中国红色旅游推广联盟29个省份共同发布《红色旅游助推乡村振兴——井冈山宣言》。

【吉安市获"平安中国建设示范市"称号】 12月15日，平安中国建设表彰大会在北京召开。会上，吉安市被表彰为"平安中国建设示范市"。吉安市扛牢政治责任，推进平安建设各项工作。成立平安建设领导小组，建立市委副书记、常务副市长、政法委书记、公安局局长"四位一体"抓平安建设领导体制。实施"党建+红色治理"项目建设，将各类治理主体全部纳入党组织架构，建立7803个网格党小组。践行新时代"枫桥经验"，全面推行"民警个个都是110、群众个个都是治安员"警务模式，全市组建乡村治安巡防队伍3110支，建立"群众说事室"2900个。推进综治中心实体化建设，全市13个县（市、区）、224个乡镇

(街道)、2900个村(社区)全面建成实体化综治中心。在全省率先建设市矛盾纠纷联合调解中心,推进县级矛盾纠纷化解中心和农业、林业、水利、房管等行业部门“一中心十平台”建设。推广“杨慧芝工作法”等人民调解品牌,打造以“调解能手”命名工作室80余个。推动农村“法律明白人”培养工程,培养“法律明白人”54万人。扫黑除恶专项斗争3年整体绩效考评列全省第3名,打击网络电信诈骗工作得到国务院打击治理电信网络新型犯罪办公室通报表扬,吉安经验面向全国推广。9个县被国家信访局授予全国“三无”县(市、区),占全省总数三分之二。开展平安乡镇、平安村(社区)、平安学校等“十大平安”系列创建,平安创建覆盖率100%;率先在全省全部配齐乡镇(街道)政法委员,按照“1+N”(1名网格员+多名平安志愿者)模式配备网格力量。打造“井冈红嫂”“帮忙团”“红袖标”等平安志愿者组织,全市组建平安志愿者14余万人。市县2级均成立社会心理服务协会,成立全省首家未成年人心理健康辅导站,定期开展心理咨询服务。自2010年始,吉安市连续11年获评“全省平安建设先进市”,全市未发生危害国家安全事件,未发生影响政治稳定事件,未发生暴力恐怖事件,未发生重大群体性事件,未发生在全国有影响的恶性刑事案件,未发生重大公共安全事故,公众安全感指数保持在全省前列。

主要领导人　市委书记:胡世忠(任至3月)、王少玄(3月任)。市人大常委会主任:刘连根(任至10月)、廖宏(10月任)。市长:王少玄(任至4月)、罗文江(4月代,5月任)。市政协主席:刘贤清(任至10月)、刘兰芳(10月任)。

(熊玮)

·吉州区·

【简　况】　位于江西省中部,辖4镇、6街道办事处。总面积425平方千米,其中城区面积43.5平方千米。耕地面积1.27万公顷,有林面积1.47万公顷;森林覆盖率31.89%,城区绿地率41.8%。总人口37.31万人,人口自然增长率6.3‰。2021年,地区生产总值278.76亿元,同比增长10.1%。其中,第一产业增加值10.10亿元,增长8.1%;第二产业增加值99.17亿元,增长9.4%;第三产业增加值169.49亿元,增长10.6%。财政总收入21.51亿元,增长9.7%。税收收入17.81亿元,增长14%。地方财政收入11.36亿元,增长0.9%;地方财政支出36.89亿元,下降3.7%。规模以上工业企业主营业务收入319.17亿元,增长16.4%。固定资产投资增长13.7%。实际利用外资1.01亿美元,增长7.68%;实际利用省外项目资金56.99亿元,增长9.35%。主要工业产品及产量有水泥71.25万吨、白酒1.01万千升、金属切削机床9台、电力电缆4973千米。农业总产值19.28亿元,增长7.7%。主要农产品及产量有稻谷9.85万吨、油料1449吨、蔬菜13.07万吨、瓜果6071吨、肉类0.72万吨。城镇居民人均可支配收入4.59万元,增长8.5%;农村居民人均可支配收入2.20万元,增长10.0%。

【2021年吉州云签约·进出口产品“双线”对接会举行】　5月24日,2021年吉州云签约·进出口产品“双线”对接会举行。吉州区政府提供云交流平台,美国俄亥俄州临床实验室咨询有限公司首席执行官GregIngle借助互联网在屏幕另一端致辞。对接会上,江西植提庄园健康产业有限公司、江西和至科技有限公司、吉安宏伟针织服装有限公司分别与菲律宾3bSHOP公司、美国俄亥俄州临床实验室咨询有限公司等就桉叶油、薄荷油产品,一次性采样拭子、针织长袖衫开展云签约,合同总金额208.35万美元。该区创新供需对接方式,畅通境外经贸交流渠道,为企业提供信息,助推吉州经济高质量发展。

【竹笋巷低碳社区获全国绿色低碳典型案例】　9月,永叔街道华平社区竹笋巷低碳社区案例,入选生态环境部网站关于2021年绿色低碳典型案例征集活动名单,这是全省唯一入选案例。吉州区投入160余万元对竹笋巷进行低碳社区改造。将古街巷传统历史文化和低碳共享理念有机结合,“绿色、环保、低碳”理念贯穿始终,从绿色能源、资源循环利用、低碳出行、智慧生活、互助共享、低碳文化等方面,对竹笋巷片区节能设施、居住环境进行全面升级改造。整合闲置资源,在竹笋巷小区打造一座“初心小院”,小院中设置低碳空间,生动形象演示低碳生活全貌。安装太阳能瓦片、电动车换电柜,更换太阳能路灯、节能路灯;进行雨污分流改造,对雨水进行回收利用,引入智能垃圾回收箱和分类垃圾亭,通过节能家电换购方式鼓励居民使用节能电器。经过一系列改造,每年可减少碳排放70吨。

【大件家具处理中心投入使用】　11月2日,吉州区大件家具处理中心投入使用。该中心位于兴桥镇建筑建材产业园内,2020年7月开始建设,总投资1200万元。该区在启用大件家具处理中心,同时建立大件家具预约收运体系。关注吉州区环卫监督管理中心微信公众号,点击“上报问题”,填写具体信息后提交,或拨打该中心联系电话告知详细位置,16小时内安排附近环卫工人将废旧家具处理完毕。预约外,区城市环境卫生服务中心监管人员每天对中心城区进行巡查,根据吉安市城管数字化指挥中心、街道社区有关信息,把废弃大件家具拖运到堆料区进行处理。处理大件家具暂不收取任何费用。

主要领导人　区委书记:尹冬荀。区人大常委会主任:肖生珍(任至9月)、王魏(9月任)。区长:罗青球。区政协主席:汤耀明(任至9月)、刘锡锋(9月任)。

(雷嘉庆)

·青原区·

【简　况】　位于江西省中部,辖6镇、1乡、2街道办事处。面积914.62平方千米,其中城区建成面积7.8平方千米。耕地面积1.33万公顷,有林面积5.47万公顷;森林覆盖率66.7%。总人口24.5万人,其中城镇人口13.6万人;人口自然增长率3.55‰。2021年,地区生产总值147.7亿元,同比增长9.1%。其中,第一产业增加值9.3亿元,增长8.2%;第二产业增加值73.1

亿元，增长 8.7%；第三产业增加值 65.3 亿元，增长 9.7%。财政总收入 12.96 亿元，增长 16.2%。税收收入 10.51 亿元，税收占财政总收入 81.1%。一般公共预算收入 6.79 亿元，增长 3.6%。工业总产值 277.87 亿元，增长 17.9 %。规模以上工业总产值 206.75 亿元，增长 17.9 %。500 万元以上固定资产投资 54.41 亿元，增长 12.3%。实际利用外资 8167 万美元，增长 6.98%；实际利用省外项目资金 50.92 亿元，增长 9.06%。主要工业产品及产量有火电发电量 100 亿千瓦时、生产水泥 83.62 万吨、机制纸 8.13 万吨、塑料制品 2.22 万吨、家具 116.65 万件。农业总产值 7.2 亿元，增长 3.6%。粮食总产量 12.6 万吨。主要农产品及产量有大米 10.28 万吨、生猪出栏 8.9 万头。社会消费品零售总额 53.39 亿元，增长 18.6%。城镇居民人均可支配收入 4.53 万元，增长 8.0%；农村居民人均可支配收入 1.80 万元，增长 11.1%。

【完善社会救助体系】 抓好队伍建设，每个乡镇（街道）招聘社会救助服务人员 2 人，全区 121 个村（居）委会中各聘请 1 名民政协理员，配强基层工作力量。搞好服务窗口建设，在乡镇、村（社区）分别设立社会救助服务窗口和代办点，完善“首问责任”和“转介”机制，明确社会救助受理和转办流程，确保困难群众求助受理及时。推行“一门受理、协同办理”模式，运用“互联网+”和“12349”社会救助服务热线，推进救助信息聚合、救助资源统筹、救助效率提升。建立精准摸排制度，对辖区内所有救助对象逐村、逐户、逐人进行信息核查，全面了解和掌握救助对象经济状况、健康状况等方面信息，全年累计排查困难家庭 5239 户 9424 人，收集救助帮扶和服务需求信息 3510 条；建立科学评估制度，对救助对象服务需求进行科学评估，逐户建立《青原区社会救助家庭服务需求台账》；建立动态管理制度，完善主动发现机制，定期开展困难家庭信息摸排，及时更新数据信息，建立社会救助家庭服务需求退出机制。推行党员干部与困难家庭和个人“点对点”“一对一”帮扶，打造社会救助“红色先锋队”；推进政府购买社会专业服务，提供全区 96 名分散供养特困对象照料护理、心理疏导等服务；鼓励社会组织及个人参与困难群众救助工作，重点关爱服务困难家庭老年人，全年引导社会力量帮扶困难群众 1560 人次，救助资金 300 余万元。

【水生态环境治理】 2021 年，全区推动水污染防治、水环境治理、水生态修复，贯彻长江经济带“共抓大保护，不搞大开发”发展战略，探索水环境治理新模式，推动“河长制”升级“河长治”，建成覆盖区镇村三级智慧河长制信息管理平台，开启智慧巡河、智慧治水新阶段。全年治理水土流失面积 500 余公顷；实施富水河流域生态综合治理先行试点“五个三”工程，治理河道 50 千米，恢复侵占河岸线 10 余千米。推进政府统管砂石资源管理模式，建成赣江标准化生态砂场，整治乱采乱挖、河岸崩塌问题。开展污染防治攻坚战八大标志性战役及 30 个专项行动，常态化开展固体废物巡查，依法依规关停“散乱污”企业 11 家，拆除赣江沿线非法码头 21 座，清理整改 18 座小水电，全区河湖水质稳定在Ⅲ类以上，重要河湖库水功能区及重要饮用水水源水质达标率 100%。推进农村生活污水治理，完成新圩等 4 个乡镇污水处理主管网、93 个村庄污水处理设施建设，实现圩镇生活污水无害化处理全覆盖。

【东固畲族乡党委获“全国先进基层党组织”称号】 6 月 28 日，全国“两优一先”表彰大会在北京召开。吉安市青原区东固畲族乡党委获“全国先进基层党组织”称号，东固畲族乡党委书记施云赴北京参加大会，接受中共中央嘉奖和表彰。东固畲族乡党委坚持耕好农村党建“责任田”、打牢基层组织“硬实力”，从青原区偏僻落后少数民族乡成为江西省魅力乡镇十强、省级生态乡镇、省级生态旅游示范区、江西十大红色旅游目的地、国家 4A 级旅游景区。该乡做实富民产业，发展毛竹林 4000 公顷，油茶林 2666.7 公顷，茶叶种植面积 200 公顷，吉安润田矿泉水厂落户东固圩镇，从无到有作出东固“晒冬会”旅游品牌；推行“杨慧芝群众工作法”，创新开展“五色”专项行动和“干群夜话”实践活动，遴选 55 名老党员、老干部担任乡贤调解员，党建+乡贤治理有效。

主要领导人 区委书记：肖梓才（任至 7 月）、匡晓卫（7 月任）。区人大常委会主任：刘修桢（任至 9 月）、王克齐（9 月任）。区长：邹卫梅（任至 5 月）、曾昭君（5 月候选人，6 月代，9 月任）。区政协主席：郭小健（任至 9 月）、谢芳云（9 月任）。

（王平发）

· 井冈山市 ·

【简　况】 位于江西省西南部，辖 9 镇、6 乡、1 街道办事处。总面积 1449.28 平方千米，其中城区面积 8.9 平方千米。耕地面积 1.31 万公顷，有林面积 10.93 万公顷；森林覆盖率 81.02%，城区绿化率 36.4%。总人口 19.02 万人，其中城镇人口 8.35 万人；人口自然增长率 4.41‰。2021 年，地区生产总值 88.46 亿元，同比增长 10.0%。其中，第一产业增加值 8.97 亿元，增长 8.5%；第二产业增加值 16.46 亿元，增长 8.3%；第三产业增加值 63.03 亿元，增长 10.6%。财政总收入 12.19 亿元，增长 14.4%；税收占财政总收入 73.8%。地方财政收入 6.90 亿元，增长 0.2%；地方财政支出 25.69 亿元，增长 7.8%。规模以上工业总产值 33.74 亿元，增长 16.0%；规模以上工业增加值增长 12.1%。固定资产投资增长 12.3%。实际利用外资 904 万美元，实际利用省外项目资金 51.43 亿元。主要工业产品及产量有塑料制品 1.23 万吨、铜材 0.61 万吨、水泥 14.49 万吨、光纤 20.69 万千米。农业总产值 15.20 亿元，增长 10.2%。粮食总产量 9.57 万吨。主要农产品及产量有蔬菜 9.81 万吨、水果 1.56 万吨、菜籽油 0.25 万吨、西瓜 1.33 万吨。城镇居民人均可支配收入 4.25 万元，增长 7.9%；农村居民人均可支配收入 1.46 万元，增长 13.0%。城乡居民年末储蓄余额 135.01 亿元，增长 8.3%。

【深化湘赣边合作】 2021 年，共建湘赣边“一核两区四组团”空间布局示范区。牵头组织湘赣边（井冈山片区）赣边炎陵、茶陵、攸县、安仁、永新、莲花、遂川、井冈山8县(市)合作交流会。区域合作不断深化,开通井冈山至韶山红色旅游专列,举办湘赣边(井冈山片区)8县(市)合作交流会,争取长赣高铁站房面积扩至1.5万平方米,优化井冈山段线路设计,支持温武吉高铁西延井冈山,支持衡茶吉铁路增线提速和工业园区调区扩区,推动常熟高新区结对帮扶井冈山产业园。

【新冠肺炎疫情"零确诊"】 2021年,井冈山市抓实常态化疫情防控措施,疫情防控形势持续向好,取得"零确诊"成效。根据国内外疫情形势变化,及时研究制定精准化防控策略,抓好外防输入、内防扩散工作。加强人员排查,严防输入关。全年排查人员3500余人次,集中隔离591人,居家观察2900余人。加强宣传引导,推进疫苗接种。合理设立疫苗接种点,设立固定接种点4个,流动接种点10个,至年底,累计完成第一针疫苗接种13.6万人,第二针疫苗接种13.29万人,第三针疫苗接种3.48万人。

【井冈山市获评2021年全国休闲农业重点县】 8月10日,农业农村部办公厅公布2021年全国休闲农业重点县名单,井冈山市榜上有名。该市扎实推进乡村建设,打造8个省级红色名村,完成3条美丽乡村综合示范带、2个全域美丽示范乡镇、104个新农村点和1500个美丽庭院建设,被国务院办公厅列为"开展农村人居环境整治成效明显的地方"予以奖励,获"2021年全国脱贫攻坚先进集体"称号。

主要领导人 市委书记:刘洪(任至7月)、傅正华(8月任)。市人大常委会主任:周志平(任至9月)、张伟(9月任)。市长:焦学军(任至8月)、廖东生(8月代,9月任)。市政协主席:张伟(任至9月)、李斌(9月任)。

(杨双羽)

·吉安县·

【简　况】 位于江西省中部,辖13镇、6乡。总面积2068平方千米,其中城区面积15平方千米。耕地面积3.77万公顷,有林面积12.14万公顷;森林覆盖率63.50%。总人口50.86万人,其中城镇人口20.27万人;人口自然增长率4.18‰。2021年,地区生产总值243.38亿元,同比增长9.3%。其中,第一产业增加值30.18亿元,增长8%;第二产业增加值137.60亿元,增长9.6%;第三产业增加值75.60亿元,增长9.3%。财政总收入33.11亿元,增长7.22%。税收收入25.94亿元,增长15%,占财政总收入78.4%。一般公共预算财政收入17.63亿元;一般预算支出40.81亿元。规模以上工业总产值622.17亿元,增长9.5%;规模以上工业增加值增长12.2%。固定资产投资增长11.7%。实际利用省外项目资金80.41亿元,增长9.32%。主要工业产品及产量有水泥12.12万吨、啤酒7.84万千升、软饮料12.73万吨、饲料20.51万吨、铁精粉67.61万吨。农业总产值61.09亿元,增长9.7%。主要农产品及产量有水产品2.14万吨、肉类11.75万吨。城镇居民人均可支配收入3.98万元,增长7.6%;农村居民人均可支配收入1.55万元,增长12.5%。

【大自然药业股份有限公司上市】 3月23日,大自然药业股份有限公司在美国纳斯达克证券交易所挂牌上市,股票代码"UPC"。标志着吉安县上市企业实现"零突破"。大自然药业始建于1968年,公司前身是国有企业吉安县庐陵制药厂。公司拥有26个国药准字号品种,主要产品有蕲蛇药酒、固本延龄丸、养血当归糖浆、强力枇杷露、板蓝根颗粒等。该县深入贯彻落实江西省"映山红"行动,按照"培育一批、股改一批、辅导一批、申报一批、上市挂牌一批"发展理念,运用境内境外"两个市场""两种资源",做好培育辅导、股份制改造、企业上市服务等工作,助力更多本土优质企业登陆资本市场,扩大直接融资规模,解决企业融资难题。

【吉安县获"第五批国家生态文明建设示范区"称号】 10月12日,生态环境部发布《关于命名第五批国家生态文明建设示范区的公告》,吉安县打造生态循环经济型园区,发展对外开放窗口、产业聚集高地和科技创新重要平台。先后获江西省产业经济"十百千亿工程"突出贡献奖,获批省级知识产权试点园区,于2020年9月获"国家级绿色园区"。围绕"现代农业+"建设理念,打造吉安县现代农业示范园,重点建设圣大农业高科技示范园、神仙农场、庐水田园康养综合体、润果佳园等生态农业基地;将横江葡萄作为实践"两山论"样板产业,种植面积5333.33公顷,辐射19个乡镇,形成138个葡萄专业村,先后获"中国葡萄之乡"和"江西省名牌农产品"称号。围绕"全景吉安,全域旅游"发展战略,形成以重点景区(吉州窑4A级、天祥景区4A级、资国禅寺3A级、大丰田园——省级乡村旅游点4A级、云天麓谷——省级乡村旅游点3A级等)为引领,多个乡村生态旅游格局。

【永阳江南蜜柚专业合作社被推介为典型案例】 11月15日,农业农村部发布《关于推介第三批全国农民合作社和家庭农场典型案例的通知》。吉安县永阳江南蜜柚专业合作社以"支部领办拓新业,合作经营谱新篇",被推介为"党支部领办农民合作社"类目全国农民合作社典型案例。永阳江南蜜柚专业合作社成为农业农村部推介全国农民合作社和家庭农场典型案例,得益于"一领办三参与"蜜柚合作社带领村民奔向共同富裕成功实践。江南村探索出"统一流转、统一规划、统一种植、统一管理,按股分红,贫困户全覆盖"发展新模式,破解富民产业如何带动困难群众脱贫致富难题,解决传统产业低产低效高投入长劳力问题。

【吉安市公共资源交易中心吉安分中心获全国创新创优服务先进单位】 12月20日—24日,2021年(第八届)全国公共资源交易奖颁奖典礼在线上举行。吉安市公共资源交易中心吉安分中心获2021年度全国创新创优服务先进单位(区县级)。该中心围绕"优化营商环境,切实减轻负担"目标,推出优质服务举措。全面运用自主开发保证金和项目智能管理系统以及微信、邮箱、OA办公系统、实现项目进场登记、场地预约、成交确认、保证金退还等事项在线办理,提供1000个项目交易主体"一次不跑"优质服务。在全省首创利用电子签到、网络直播等新技术进行开标，实现疫情防控与项目开标"两不误"；率先在全省县级公共资源交易机构中推行"不见面开标"；拓宽"不见面"交易范围，实现土地、产权、工程、政府采购项目"不见面交易"全覆盖和常态化，共为3万家次企业节约投标成本2000万元。率先在吉安市推行电子投标保函，为投标企业"精准减负"，投标企业数创历史新高。电子保函占比超过80%，缓解投标企业资金占用压力，共为8000多家次投标企业释放资金20亿元。

【吉安县委老干部局获"全国老干部工作先进集体"称号】 12月21日，全国老干部工作先进集体和先进个人表彰大会在北京举行。吉安县委老干部局获"全国老干部工作先进集体"称号。县委老干部局健全老干部工作经费保障机制，推行"吉事即办"老干部建议落实机制。突出政治引领，常态化开展老干部理论学习、情况通报和参观考察，涌现出1批老干部先进典型。老干部活动学习阵地建设走在前列，投资8000万元，建成占地0.87公顷、1.6万余平方米全省一流老干部活动中心。先后获评全国关心下一代工作先进集体、全国老年远程教育实验区和全省老干部工作先进集体。

主要领导人 县委书记：李克坚（任至2月）、傅小林（2月任）。县人大常委会主任：尹子安。县长：解芳云（任至6月）、彭润金（6月代，9月任）。县政协主席：郭钰山（任至9月）、孙永昌（9月任）。

（王修明　肖蒂）

·新干县·

【简　况】 位于江西省中部，辖7镇、6乡、1街道办事处、2国有农林场。总面积1248平方千米，其中城区面积25.5平方千米。耕地面积3.3万公顷，林地面积7.2万公顷；森林覆盖率59.8%，城区绿化率45%。总人口35.8万人，其中城镇人口16.4万人；人口自然增长率8‰。2021年，地区生产总值204.1亿元，同比增长9.7%。其中，第一产业增加值21.7亿元，增长8.6%；第二产业增加值98.8亿元，增长9.4%；第三产业增加值83.6亿元，增长10.3%。财政总收入25亿元，增长18.2%。税收占财政总收入88.5%。一般公共预算收入12.3亿元，增长5.5%。规模以上工业总产值395.4亿元，增长29.9%；规模以上工业增加值89.6亿元，增长12.1%，占地区生产总值43.9%。固定资产投资123.1亿元，增长13.3%。外贸出口3.5亿元，增长207.4%。实际利用外资1.07亿美元，增长7%；实际利用省外项目资金73亿元，增长9.4%。主要工业产品及产量有食用盐37.2万吨、非食用盐61.1万吨、玻璃制品0.9万吨、大米52.3万吨、箱包3000万只。农业总产值43.2亿元。粮食总产量31.35万吨。主要农产品及产量有蔬菜29.9万吨、柑橘32.5万吨、生猪出栏75.4万头、油菜籽1.3万吨、茶叶45吨。社会消费品零售总额79.9亿元。城镇居民人均可支配收入4.0万元，增长8.5%；农村居民人均可支配收入2.03万元，增长11%。城乡居民年末储蓄存款余额270亿元，增长9.01%。

【新干县获2021年度"四好农村路"全国示范县】 2021年，新干县被交通运输部、财政部、农业农村部、国家乡村振兴局4部门联合命名为2021年度"四好农村路"全国示范县。新干县围绕助力乡村振兴、促进共同富裕，以"建好、管好、养好、运营好"农村公路为着力点，完善体制机制、加大建设投入，推进农村公路全面协调发展。该县农村公路总里程1594.5千米，新建改建农村公路925.5千米，实现全县134个行政村村村通公路、25户以上自然村全部通水泥路，"四好农村路"成为连通乡村振兴纽带，被评为江西最美十大农村公路。金果世界荧光路、海木源彩虹路、旅游路等产业路，促进玉华山景区、燥石景区、王众岭烈士纪念碑、国家4A级景区海木源景区、毛泽东旧居等历史文化旅游景区和产业园发展。

【新干县被确定为全国第2批深化小型水库管理体制改革样板县】 12月10日，水利部公布全国第2批深化小型水库管理体制改革样板县名单，新干县被确定为全国第2批深化小型水库管理体制改革样板县。该县98座小型水库承担境内1.11万公顷农田灌溉任务，围绕保防洪安全、保供水安全、保生态安全，聚焦"水利工程补短板、水利行业强监管"，推进水利工程建设、管理、水利改革、河湖长制等工作，开展小型水利工程管理体制改革、病险水库除险加固建设、水利工程管理标准化建设、水库水质治理保护专项整治行动、水库山塘退养专项整治行动，使新干县小型水库工程基础得到巩固。建立物业化、专业化工程维修养护模式，稳定使用高效工程管护经费保障机制，争取中央、省级补助资金575万元，县级财政预算安排155万元用于全县小型水库维修养护。建立奖罚分明、科学考核工程管理监督机制，按照"一库一站"要求，建成覆盖全县小型水库水雨工情自动监测网、水雨情信息平台和水库基础信息库被同步开发并投入使用，每年可向下游灌区供水1.08亿立方米。

主要领导人 县委书记：邓永翔（任至8月）、谭晓艳（8月任）。县人大常委会主任：陈春延（任至8月）、杨二勇（8月任）。县长：傅小林（任至2月）、胡军（2月任，任至8月）、涂乐（8月任）。县政协主席：曾春保（任至8月）、曾溅明（8月任）。

（朱林源　张根保）

·永丰县·

【简　况】 位于江西省中部，辖8镇、13乡、3场。总面积2710平方千米，其中城区面积18.7平方千米。耕地面积4.48万公顷，林地面积20.51万公顷；森林覆盖率71.6%，城区绿化率38.15%。总人口49.57万人，其中城镇人口23.97万人；人口自然增长率6.05‰。2021年，地区生产总值211.3亿元，同比增长4%。其中，第一产业增加值24.7亿元，增长8.7%；第二产业增加值90.8亿元，下降2.0%；第三产业增加值95.8亿元，增长8.7%。财政总收入25.14亿元，增长14.1%。税收收入19.9亿元，增长12.5%。一般公共预算收入13.34亿元，增长2.6%；一般公共预算支出41.33亿元，下降2.6%。工业总产值305.95亿元，增长2.7%。规模以上工业增加值54.18亿元，占地区生产总值25.6%。外贸出口额2.43

亿美元。实际利用省外项目资金57.52亿元。固定资产投资112.1亿元,增长10.7%。主要工业产品及产量有中成药571.97吨、商品混凝土66.38万立方米、水泥207.48万吨、硅酸盐水泥熟料327.95万吨、建筑用天然石料1.71万立方米。农业总产值48.39亿元,增长10.5%。粮食总产量33.11万吨,增长3.7%。主要农产品及产量有油料0.80万吨、蔬菜32.99万吨、水果1.54万吨。社会消费品零售总额82.3亿元。城镇居民人均可支配收入3.88万元,增长8.4%;农村居民人均可支配收入2.15万元,增长11%。城乡居民年末储蓄余额203.25亿元,增长15.27%。

【恩江古城获国家4A级旅游景区】 5月,恩江古城获国家4A级旅游景区。永丰县累计投资7亿元,对恩江古城区进行修复改造。景区内有省级历史文化街区2处、省级文物保护单位3处、县级文物保护单位13处,并有江西省迄今为止发现规模最大、保存最完整的明代古县城遗址。现存古塔1座、古楼1栋、古桥3座、古城墙2500米、古民居100栋。围绕"品欧公文章、忆状元及第、游历史街区、尝特色美食"四大功能定位,打造欧公文化区、古城遗址区、民俗文化区和特色美食区四大板块,是一座以科举文化、欧阳修文化和市井文化为主题的历史人文景区。

【永丰县佐龙辣椒种植基地入选第1批全国种植业"三品一标"基地】 12月20日,农业农村部办公厅公布100个第1批全国种植业"三品一标"基地,永丰县佐龙乡辣椒"三品一标"基地位列其中,全省仅有3家基地获评。永丰县佐龙乡辣椒"三品一标"基地聚焦"品种培优、品质提升、品牌打造和标准化生产",推进种植业"三品一标"行动,引领种植业全面绿色转型,提升产业质量效益和竞争力。

【江西广源化工有限责任公司入选第3批国家专精特新"小巨人"企业】 7月19日,工业和信息化部发文公告第3批国家专精特新"小巨人"企业名单,其中江西广源化工有限责任公司入选,是永丰县唯一获此殊荣企业。江西广源化工有限责任公司坚持国家战略部署为导向,以高科技创新为抓手,围绕关键领域、关键环节,加强攻关,突出重点,形成"高、精、尖"重大科技成果,以点的突破带动科技创新能力全面提升,从求市场生存迈向引领产业发展,从做优产品走向做强品牌新阶段。

主要领导人 县委书记:钟义山(任至5月)、邹卫梅(5月任)。县人大常委会主任:傅伟(任至8月)、陶保平(9月任)。县长:柯柏云。县政协主席:陶保平(任至8月)、易红根(9月任)。

(刘萍)

·峡江县·

【简 况】 位于江西省中部,辖6镇、5乡,总面积1287.43平方千米,其中城区面积6.85平方千米。耕地面积2.33万公顷,有林面积7.21万公顷;森林覆盖率65.5%,城区绿化率35.67%。总人口19.04万人,其中城区人口7.34万人;人口自然增长率6.6‰。2021年,地区生产总值92.68亿元,同比增长9.4%。其中,第一产业增加值13.03亿元,增长8.2%;第二产业增加值37.35亿元,增长9.3%;第三产业增加值42.30亿元,增长9.9%。财政总收入18.05亿元,增长22.8%。税收收入占财政总收入84.1%。一般公共预算收入9.24亿元,增长8.9%;财政总支出25.38亿元,增长0.8%。工业总产值232.55亿元,增长23.74%;规模以上工业增加值增长12.1%。固定资产投资增长12.5%。实际利用外资4892万美元;实际利用省外项目资金51.48亿元。主要工业产品有生物医药、装备制造、绿色食品。农业总产值25.14亿元,增长10%。粮食总产量20.9万吨。主要农产品及产量有水产品1.07万吨、烟叶、杨梅、蔬菜。城镇居民人均可支配收入3.42万元,增长8.6%;农村居民人均可支配收入1.64万元,增长9.5%。城乡居民年末储蓄余额80.95亿元,增长14%。

【峡江县胡唐武获全国"最美公务员"】 12月2日,中共中央组织部、中共中央宣传部公布"最美公务员"评选结果,张春山等32名人员被评为"最美公务员",峡江县胡唐武名列其中。胡唐武,男,峡江县马埠镇司法所所长,在基层司法所所长岗位上工作15年,坚持依法调解,以实际行动维护社会公平正义,始终忠于职守、淡泊名利,踏踏实实、默默无闻,同群众想在一起、干在一起,帮助群众解决急难愁盼问题,作出突出成绩,在平凡岗位上彰显为民本色,受到群众赞誉。

【峡江水利枢纽工程获第十九届中国土木工程詹天佑奖】 12月13日,第十九届中国土木工程詹天佑奖入选名单公布,峡江水利枢纽工程榜上有名,成为江西省首个获得中国土木工程詹天佑奖。该工程是一座以防洪为主,兼具发电、航运、灌溉等效益控制性水利枢纽工程,为国务院确定172项重大水利工程之一,总库容11.87亿立方米。工程批复静态总投资93.39亿元,2009年9月开工,2015年8月主体工程完工。

主要领导人 县委书记:郑军平(任至7月)、尹嵘峰(7月任)。县人大常委会主任:彭世富(任至9月)、杨文志(9月任)。县长:尹嵘峰(任至9月)、谢启龙(9月任)。县政协主席:胡新明(任至9月)、段国友(9月任)。

(廖文康)

·吉水县·

【简 况】 位于江西省中部,辖15镇、3乡。总面积2509.73平方千米,其中县城建成区面积22.19平方千米。耕地面积5.07万公顷,有林面积16.9万公顷;森林覆盖率63.1%,城区绿化率43.7%。总人口56.6万人,其中非农业人口24.4万人;人口自然增长率2.79‰。2021年,地区生产总值210.4亿元,同比增长9.2%。其中,第一产业增加值28.0亿元,增长7.9%;第二产业增加值81.7亿元,增长9.3%;第三产业增加值100.7亿元,增长9.5%。财政总收入22.19亿元,增长10.1%。税收占财政总收入82%。地方财政收入11.6亿元,下降0.6%;地方财政支出44.6亿元,下降7.4%。工业总产值63.1亿元,增长 4.8%；规模以上工业增加值 70.7 亿元，增长 11.7%，占地区生产总值 33.6%。固定资产投资 108.1 亿元，增长 10.4%。外贸出口 4 亿美元，占地区生产总值 12.1%。实际利用外商投资 1.2 亿美元；实际利用省外投资 5000 万元以上项目资金 55.4 亿元。主要工业产品及产量有水泥 17.5 万吨、人造板 90.1 万平方米、松香类产品 43.5 万吨、电子元件 3.4 万件、印刷电路板 737 万平方米。农业总产值 54.2 亿元，增长 9.5%。粮食总产量 51.4 万吨。主要农产品及产量有稻谷 48.2 万吨、水果 5.6 万吨、豆类 0.7 万吨、薯类 1.3 万吨、水产品 2.5 万吨。城镇居民人均可支配收入 3.67 万元，增长 8.7%；农村居民人均可支配收入 2.14 万元，增长 9.2%。城乡居民年末储蓄余额 210.4 亿元，增长 14%。

【全国印制电路板产业链对接招商活动在吉水县举行】 5 月 28 日，全国印制电路板产业链对接招商活动在吉水县举行，100 余家全国印制电路板产业链企业、230 余名代表参加。这是全国印制电路板领域首次举办全产业链对接，也是全国印制电路标准化技术委员会首次在县级城市举办大规模活动。会上，吉水县政府与国家先进技术转化应用公共服务平台运行管理办公室、中国电子学会电子制造与封装技术分会签订协议，合作共建先进技术转化应用平台及印制电路板科技研发高地。与 16 家企业达成投资意向，总投资规模 10 亿元。

【“当好东道主办好旅发会”动员大会召开】 9 月 9 日，“当好东道主办好旅发会”动员大会在吉水县召开。会上，介绍 2022 年吉安市旅发大会策划方案，解读筹办总体实施方案和重点项目实施方案。旅发大会总体上由“一条精品线”“两台戏”“三餐饭”“四大主体活动”“八个系列活动”“七个重点项目”构成。其中，四大主体活动为 2022 年吉安市旅游产业发展大会、吉安市旅游产业招商推介会、吉水县旅游产业发展高峰论坛、大型文艺演出；八个系列活动为全国媒体吉安吉水采风行活动、“吉水文旅形象大使”选拔赛、“大美吉水”全国摄影大赛、吉水县全域旅游“五好”讲解员大赛、吉水县文旅创意购物节、吉水县首届美食节、吉水县旅游“五个一”系列宣传推介活动、全市旅发大会“进士礼宴 · 万里诗宴 · 吉阳喜宴”创意执行。

【吉水县大闸蟹获全国河蟹蟹王蟹后奖】 11 月 9 日，上海海洋大学第十五届蟹文化节暨 2021 年“王宝和杯”全国河蟹大赛在上海举行。来自全国 80 余家单位选送 2000 余只河蟹同台“打擂”，角逐全国河蟹产业界一年一度“奥斯卡奖”。经过参赛资格确认、样品筛选、精确测量、软件分析、专家评选等多个环节角逐，吉水县盘谷生态农业发展有限公司选送一只重达 0.64 千克雄蟹获蟹王奖，一只重达 0.47 千克雌蟹获蟹后奖。

5 月 28 日，全国印制电路板产业链对接招商活动在吉水县举行

曾堃供

主要领导人 县委书记：袁守旺（2021 年 4 月 9 日，因涉嫌严重违纪违法，接受省纪委省监委纪律审查和监察调查，5 月被免职，9 月被“双开”）、肖梓才（7 月任）。县人大常委会主任：刘龙林（任至 9 月）、彭黎明（9 月任）。县长：段恩雄。县政协主席：王克齐（任至 9 月）、胡传清（9 月任）。

（曾堃）

· 泰和县 ·

【简　况】 位于江西省中部偏南，辖 15 镇、6 乡、2 场。总面积 2495.25 平方千米。耕地面积 5.84 万公顷，有林面积 13.94 万公顷；森林覆盖率 62.26%。总人口 57.87 万人，其中城镇人口 21.52 万人；人口自然增长率 4.73 ‰。2021 年，地区生产总值 235.29 亿元，同比增长 9.2%。其中，第一产业增加值 29.08 亿元，增长 7.9%；第二产业增加值 113.74 亿元，增长 9.8%；第三产业增加值 92.47 亿元，增长 8.9%。财政总收入 28.38 亿元，增长 13.4%。地方财政收入 15.75 元，增长 8.18%。税收收入 22.26 亿元，增长 17.9%；占财政总收入 78.44%。一般公共预算支出 44.72 亿元，下降 3.5%。规模以上工业企业实现主营业务收入 326 亿元，增长 12.6%。固定资产投资 120.43 亿元，增长 12.6%。实际利用外资 1.25 亿美元，增长 6.52%。农业总产值 59.16 亿元，增长 5.03%。粮食总产量 49.9 万吨。主要农产品及产量有蔬菜 41 万吨、家禽出笼 2529 万只、生猪出栏 65.11 万头、肉牛 13.71 万头、水产品 2.73 万吨。社会消费品零售总额 98.57 亿元，增长 18.8%。城镇居民人均可支配收入 3.63 万元，增长 8.8%；农村居民人均可支配收入 1.95 万元，增长 9.5%。年末住户存款余额 259.88 亿元，增长 10.45%。

【大广高速泰和段扩建工程开工】 1 月，大广高速泰和段扩建工程开工。项目起于吉安南枢纽，途经吉州区、吉安县、泰和县、万安县、遂川县及赣州市南康区等 2 个设区市 21 个乡（镇），终于在建十八塘枢纽互通位置大广高速公路南康至龙南段扩容工程起点相接。路线全长144.7千米，项目概算166.9亿元。全线设互通11座、服务区3处、停车区2处，设土建施工标段8个、监理标段3个。项目批复建设工期为48个月，2024年年底完工。设计速度100千米/小时，全线采用双向八车道高速公路标准，主体采用两侧加宽扩建方式，在地形困难地段采用单侧加宽或近端分离方式。

【105国道改建项目开工】 3月，105国道改建项目开工。该项目起于泰和县城北南江村105国道上，终于105国道与319国道交叉上田互通立交。主线路线长10.71千米、文田连线线长0.5千米、上田互通立交范围内319国道支线长1.05千米，路线总长12.26千米，均为路基宽度25.5米双向四车道1级公路。方案共设置大桥1座长145米、中桥1座长65米，互通式立体交叉1处(其中跨线桥1座长128米)。总投资4.88亿元，项目批复工期24个月。

【泰和县沿溪综合货运码头建成投用】 9月30日，泰和县沿溪综合货运码头建成投用。该项目是泰和县通过招商引资，由江西省港口集团投资、建设运营，由中交二航局承建。项目于2020年6月开工建设，总投资2.23亿元，码头占地总面积7.41公顷，岸线总长0.2千米，建设2个1000吨级泊位，设计年吞吐量125万吨。

【泰和县公安局交警大队获“全国公安机关优秀交警大队”称号】 11月23日，泰和县公安局交警大队获“全国公安机关优秀交警大队”称号。该大队针对机动车保有量、公路通车里程提升情况，确保事故预防始终走在吉安市前列，全县连续多年重特大道路交通事故、交通事故引发群体上访投诉事件均控制为零，实现全县道路交通安全形势总体平稳。大队针对机动车数量增长，交通拥堵日益严重情况，取缔城区非标三四轮车8000余辆。深化“放管服”改革，优化窗口服务，简化办事流程，服务效能提高。在15个派出所开通办理19项交管高频业务，推行交巡城城市管理联动改革模式。连续5年被评为省级文明单位，获省部级荣誉8次，155人次立功嘉奖。6月20日，获省政府表彰“江西省‘十三五’期间安全生产工作先进单位”称号，是全省公安交警系统唯一获此称号。

主要领导人 县委书记：廖东生(任至8月)、孙英剑(8月任)。县人大常委会主任：曾盈昌(任至8月)、曾向荣(9月任)。县长：杨艳晖。县政协主席：万建中(任至8月)、王志宏(9月任)。

(刘捷)

·万安县·

【简　况】 位于江西省中南部，辖9镇、7乡、1垦殖场。总面积2051平方千米，其中城区面积12平方千米。耕地面积2.65万公顷，有林面积12.44万公顷；森林覆盖率71.83%，城区绿化率36.47%。总人口31.57万人，其中城区人口12.99万人；人口自然增长率4.05‰。2021年，地区生产总值109.39亿元，同比增长10.3%。其中，第一产业增加值14.65亿元，增长8.6%；第二产业增加值39.64亿元，增长10.3%；第三产业增加值55.10亿元，增长10.7%。财政总收入16.67亿元，增长20.1%。税收占财政总收入66.1%。规模以上工业企业实现营业收入108亿元，增长24.7%。规模工业增加值增长12.3%。固定资产投资75.8亿元，增长12.6%。实际利用省外项目资金51.21亿元，增长9.3%；实际利用外资8238万美元，增长7.5%。主要工业产品有电子元件、光电源、啤酒、胶合板、工业锅炉。农业总产值29.28亿元，增长8.6%。粮食总产量22.8万吨。主要农产品有生猪、油料、蔬菜、水果、肉牛、水产品。社会消费品零售总额40亿元，增长18.6%。城镇居民人均可支配收入3.34万元，增长8.3%；农村居民人均可支配收入1.46万元，增长11.9%。金融机构年末各项存款余额195.06亿元，增长11.7%。

【邓兰云获敬业奉献类“中国好人榜”】 8月4日，中央文明办在河南举办“中国好人榜”发布活动，万安县绿丰果业合作社理事长邓兰云获敬业奉献类“中国好人榜”。邓兰云，男，1967年6月出生，初中文化，是万安县高陂镇象湖村1名普通共产党员。1988年，邓兰云在当地政府提倡下，引进300株柑橘苗木，成为当时柑橘种植专业户。几年后邓兰云柑橘种植规模扩大到500株，年产量达到25吨。通过不断“求学”，种植技术慢慢成熟，果园不断壮大，各方面发展稳步提升，经济收入翻几番，生活发生翻天覆地变化。脱贫攻坚号角吹响后，邓兰云投身到脱贫攻坚中去。绿丰果业合作社利用合作社技术、资金和市场优势，带动贫困群众合作种植井冈蜜柚，合作社以井冈蜜柚为主导林果基地333.33公顷，年产值1200余万元，吸纳38户(162人)当地建档立卡贫困户，累计带动高陂镇150余户贫困户脱贫致富。他通过推广农业新技术、新品种，推动当地果树产业和特色养殖发展，带动加工、销售、储运等二三产业发展，增加农民收入。邓兰云成为当地致富带头人，获“全国脱贫攻坚先进个人”称号。

【赣江井冈山航电枢纽工程全面投产运营】 12月28日，赣江井冈山航电枢纽工程宣布建成并全面投产运营。赣江井冈山航电枢纽工程位于万安县境内，是“十三五”期间交通运输部、江西省重点工程项目，是一座以航运为主，兼顾发电等综合利用航电枢纽工程。该项目总投资45.56亿元，包括枢纽主体工程、库区工程、下游航道工程和辅助工程4个部分，设计安装6台灯泡贯流式水轮发电机组，年设计发电量超5亿千瓦时，同比火电每年节约标准煤18万吨，烟尘排放量减少3万余吨。项目于2017年8月开工建设，2019年12月底实现船闸通航，2020年12月底完成首台机组并网，2021年12月20日通过交工验收，实现蓄水、通航、发电三大目标，标志着项目主体工程全面建成。该枢纽建成对实现赣江全线贯通3级航道，改善赣江通航条件，降低货物运输成本，发挥赣江水运“干支直达、江海联运”优势，实现“千里赣鄱黄金水道”全线通航具有重要意义。

主要领导人 县委书记：李伟平(任至7月)、陈海民(7月任)。县人大常委会主任：胡影秋。县长：刘军芳(任至2月)、巫太明(6月任)。县政协主席：

郭白云(任至9月)、郭慧娟(9月任)。

(叶章青)

·遂川县·

【简 况】 位于江西省西南部，辖12镇、11乡、3国有林场。总面积3144.17平方千米，其中城区面积20.78平方千米。耕地面积2.76万公顷，有林面积20.42万公顷；森林覆盖率79.09%，城区绿化率47%。总人口62.19万人，其中城镇人口21.48万人；人口自然增长率4.82‰。2021年，地区生产总值200.8亿元，同比增长9.8%。其中，第一产业增加值16.9亿元，增长8.4%；第二产业增加值88.2亿元，增长9.4%；第三产业增加值95.7亿元，增长10.4%。财政总收入20.5亿元，增长18.5%。税收收入16.7亿元，占财政总收入的81.8%。一般公共预算收入10.9亿元，下降0.4%；一般公共预算支出48.3亿元，下降4.5%。规模以上工业企业总产值280.1亿元，增长18.80%；规模以上工业增加值增长12.1%。固定资产投资增长12.3%。外贸出口2.25亿美元。实际利用外资6393.89万美元，增长7.61%。农业总产值33.43亿元，增长0.71%。粮食总产量26.3万吨。主要农产品及产量有油料8303吨、茶叶9560吨、水果7.5万吨、生猪出栏23.83万头。城镇居民人均可支配收入3.38万元，增长7.3%；农村居民人均可支配收入1.45万元，增长12.4%。金融机构存款余额266.8亿元，增长12.0%。

【工业经济发展】 推进工业园区建设，落户企业221家，主营业务收入259亿元，增长21.54%。全年新增规模以上工业企业11家，纳税1000万元工业企业10家。围绕“2+X”产业，实施产业链链长制。增强主导产业，发挥电子信息首位产业引领作用，形成以志博信科技为龙头线路板产业链和以奥海科技为龙头智能移动电源产业链，电子信息产业全年实现主营业务收入138.4亿元，增长28.6%。硅基材料产业园加快产业集聚，坚基矿业、恒鑫玻璃项目进展顺利，法萨实业纯石英石板材出口创新高。对接京津冀，粤港澳大湾区举办产业招商推介会，成立广东省遂川商会。全年新签约项目60多个，其中亿元以上项目45个；合同引资额263亿元。“5020”项目认定2个，新签约2个。智能制造强势发展，建成5G基站312个，累计建成473个，实现县中心城区和工业园东区及所有乡镇5G信号覆盖。通明电子获吉安市“上云示范工业企业”，全县企业上云数95家。志博信科技获国家专精特新小巨人，其技术中心认定为省级企业技术中心，奥海科技智能终端充电器智能化工程研究中心认定为省级工程研究中心。

【郭斯行入选“中国好人榜”】 2021年，中央文明办发布11月“中国好人榜”名单，江西省有6人上榜，遂川县郭斯行入选助人为乐类“中国好人榜”。郭斯行，男，1928年出生，1951年参加抗美援朝，1955年5月因病转建到草林做1名教师，至1981年4月病退。退休后郭斯行继续发挥余热，先后在草林文化站、关工委等工作岗位任职。郭斯行尤为关心下一代健康成长，连续35年利用业余时间免费辅导学生，从工资中省下积蓄，个人出资设立“爱心育才扶贫奖”，连续8年奖励学生，捐赠款项累计10余万元，受帮助和资助学生2000人。

【遂川县“两山”省级实践创新基地获批】 11月，遂川县被江西省文化和旅游厅命名为“绿水青山就是金山银山”省级实践创新基地。遂川县在“两山”(绿水青山就是金山银山)省级实践创新基地建设工作中，严格执行“三线一单”环境分区管控和排污许可制度，打好蓝天、碧水、净土三大保卫战，“万村码上通”5G+长效管护做法领跑全省；监测全县23个乡镇30个断面水质，开展企业用地土壤污染调查，对淘汰22家燃煤锅炉进行“回头看”。依托生态优势发展绿色食品、林产等生态产业，建成茶叶面积1.33万公顷、金桔9333.33公顷、油茶4.2万公顷、井冈蜜柚3333.33公顷，培育中国驰名商标1个、省名牌产品和著名商标9个、有机食品和绿标8个，打造成茶叶、金桔、油茶、毛竹笋等4类全国绿色食品原料标准化生产基地县。探索“两山”转化通道，发展生态旅游，桃园梯田获国家4A级旅游景区，湖溪农庄获省4A级乡村旅游点，全县旅游总人次增长23.1%，旅游收入增长22.3%。遂川县先后获批国家主体功能区试点县、国家重点生态功能区、全省生态文明示范县、全省生态扶贫试验区建设试点县、全省重要生态区非国有商品林赎买试点县。全县有中国绿色名镇5个，国家级生态乡镇10个，国家级生态村1个，省级生态乡镇19个，省级生态村19个，省级水生态文明村6个。

主要领导人 县委书记：张智萍。县人大常委会主任：刘大春(任至9月)、刘远生(9月任)。县长：肖凌秋(任至5月)、胡承国(5月任)。县政协主席：刘远生(任至9月)、黄书华(9月任)。

(张春艳)

·安福县·

【简 况】 位于江西省中西部，辖8镇、11乡。总面积2793.78平方千米，其中城区面积18.5平方千米。耕地面积4.21万公顷，森林覆盖率7.58%。总人口41.83万人，其中非农业人口14.67万人；人口自然增长率2.73‰。2021年，地区生产总值192.3亿元，同比增长10.0%。其中，第一产业增加值22.6亿元，增长8.8%；第二产业增加值87.4亿元，增长9.6%；第三产业增加值82.3亿元，增长10.7%。财政总收入24.2亿元，增长17.4%。一般公共财政预算收入12.5亿元；税收收入8.2亿元，占财政总收入33.9%。地方财政支出40.69亿元，增长2.0%。工业总产值272.4亿元，增长16.2%。规模以上工业增加值增长12.5%。固定资产投资增长13.3%。实际利用外资9431万美元，增长7.78%；利用省外项目资金62.45亿元，增长9.26%。主要工业产品及产量有水泥熟料142.1吨、水泥150.3万吨、商品混凝土21.3万立方米、液压元件55.9万件、电子元件6873万只。农业总产值44.41亿元。粮食总产量33.76万吨。主要农产品及产量有蔬菜19.8万吨、肉类7.1万吨、油料2.14万吨、水果3.22万吨。城镇居民人均可支配收入3.59万元，增长7.6%；农村居民人均可支配收入1.93万元,增长11.3%。社会消费品零售总额98.1亿元,增长18.5%。金融机构年末存款252.7亿元,增长12.4%;各项贷款179.7亿元,增长27.6%。

【污染防治】 打好污染防治攻坚战,推进环保督察反馈问题整改,第2轮中央生态环境保护督察进驻江西省期间转办安福县32件信访件已办结26件,阶段性办结6件;推进各项节能降耗重点工作,完成"十三五"能耗双控考核。农村人居环境持续改善,垃圾治理、"两水共治"、厕所革命、沿线环境整治全面铺开,推动生活垃圾焚烧发电、县城污水处理厂3期试运行,农村无害化厕所普及率96.54%;建成美丽宜居乡镇2个、县级精品点5个,建设推广5G+村庄长效管护平台,环境整治精细化管理水平提高,城乡居民生活品质大幅提升。

【绿色矿山建设】 2021年,安福县坚持"生态立县、生态强县"发展战略,开展矿产开发利用秩序整治,推进绿色矿山建设,加大废弃矿山修复力度,实行"一矿一策",全县17家煤矿全部关退、非煤矿山关退22家、砖厂关退28家。编制修复治理方案,对全县交通主干道沿线、泸水河和陈山河沿岸重点生态功能区和园区、景区、城区范围内废弃露天矿山开展生态修复,面积达86.67公顷。

【发现武功山游击战争时期红军文物】 3月18日,安福县钱山红色文化挖掘整理小组,在观形村双树坪发现电话机1部、电线10余米、电池1对、子弹30余发和1个弹药箱残片等红军游击战争时期文物。1934年年底,湘赣省委、省军区机关驻扎在钱山乡观形村双树坪,在武功山坚持3年游击战争。此次发现文物是武功山3年游击战实物见证。

【首届羊狮慕沈家大院古树茶园喊山祭茶活动举行】 4月8日,首届羊狮慕沈家大院古树茶园喊山祭茶活动举行。喊山祭茶活动分为"上供—上香—敬茶—祈愿—恭读祭文—喊山茶农表演"等环节。羊狮慕沈家大院古树茶园,位于羊狮慕风景区海拔1300米处,空气、土壤、水质均无任何污染,日照充足,具有发展茶叶生长得天独厚有利条件。喊山祭茶是一种古老的祭祀风俗,旨在祈求神灵保佑茶事顺利、希冀茶叶发芽茂盛丰收。

主要领导人 县委书记:贺利华(任至8月)、毛江虎(8月任)。县人大常委会主任:杨红大(任至8月)、童熙平(8月任)。县长:毛江虎(任至8月)、华桦(8月任)。县政协主席:吴杰(任至8月)、罗德才(8月任)。

(刘武文)

·永新县·

【简 况】 位于江西省西部,辖10镇、13乡、1街道办事处、2场(七溪岭林场、垦殖场)。总面积2181平方千米,其中县城建成区面积16.3平方千米。耕地面积3.16万公顷,有林面积16.44万公顷;森林覆盖率65.68%。总人口52.37万人,其中城镇人口20.61万人;人口自然增长率4.92‰。2021年,地区生产总值134.0亿元,同比增长9.6%。其中,第一产业增加值18.6亿元,增长8.4%;第二产业增加值36.3亿元,增长10.0%;第三产业增加值79.1亿元,增长9.7%。财政总收入15.5亿元,增长20.9%。一般公共财政预算收入7.9亿元,增长4.4%;一般公共财政预算支出40.0亿元,下降0.9%。规模工业总产值141.7亿元,增长51.4%;规模工业主营业务收入139.5亿元,增长50.9%;规模工业增加值增长12.2%。固定资产投资87.8亿元,增长11.7%。实际利用外资5228万美元,增长7.87%;实际利用省外项目资金54.15亿元,增长9.28%。主要工业产品及产量有轻革896.96万平方米、锂离子电池1.14亿只、化学试剂3.60万吨、棉布4749.75万米、铜材14.51万吨。农业总产值37.6亿元,增长10.1%。粮食总产量28.78万吨,增长0.26%。主要农产品及产量有油料2.53万吨、水果1.11万吨、水产品1.82万吨、肉类2.70万吨。城镇居民人均可支配收入3.06万元,增长8.3%;农村居民人均可支配收入1.42万元,增长11.5%。城乡居民年末储蓄存款余额212.8亿元,增长12.1%。

【电影《三湾改编》开机仪式在永新县举行】 3月5日,电影《三湾改编》开机仪式在永新县举行。由省委宣传部、吉安市委、市政府联合八一电影制片厂、江西电影制片厂有限责任公司和井冈山西江月文化传媒有限公司出品电影《三湾改编》。影片主要讲述1927年秋收起义失败后,毛泽东在永新县三湾村领导"三湾改编",创立"党指挥枪""支部建在连上""官兵平等"等一整套崭新治军方略,全景式展示中国共产党建设新型人民军队最早一次探索和实践。影片以永新作为电影拍摄主场景,导演为八一电影制片厂国家一级导演杨虎,演员侯京健饰演毛泽东,100余名永新市民作为

3月5日,电影《三湾改编》开机仪式在永新县举行

金永红供

群众演员参与电影拍摄。该影片是庆祝建党百年4部献礼作品之一,于7月19日全国公映。

【中国共产党入党誓词发展暨中国共产党人初心使命理论研讨会在永新县召开】 6月6日—7日,中国共产党入党誓词发展暨中国共产党人初心使命理论研讨会在永新县召开。由中共中央党史和文献研究院第7研究部指导,省委组织部、省委宣传部、省委党史研究室、吉安市委主办。来自全国各地领导专家、贺页朵后代等100余人参加,共同研讨中国共产党现存最早入党誓词——贺页朵入党誓词重大意义与深刻内涵。省委常委、省委组织部部长刘强,中央政策研究室原主任、原中央文献研究室主任滕文生,原中央文献研究室常务副主任杨胜群出席并讲话,吉安市委书记王少玄致辞,永新县委书记孙劲涛发言。出席会议还有军事科学院战略研究部学术委员会原主任、少将、战略学博士生导师彭光谦,解放军信息工程大学原副校长、少将何继明,中央党校党史教研部主任、教授、博士生导师罗平汉,中央党史和文献研究院第7研究部副主任班永杰,中国井冈山干部学院副院长梅黎明,吉安市委常委、市委组织部部长郭素芳,以及古秋云、杨小成、王俊峰、尹毅斌、曾志华等县领导。会上,专家学者围绕"誓言永恒,终生不渝"主题展开讨论,用翔实史实、扎实理论、活泼事例、生动语言,系统阐释、深入探析入党誓词和初心使命研究价值及重要意义。

【锂电池(新能源)项目合作协议签约仪式举行】 11月12日,锂电池(新能源)项目合作协议签约仪式在永新县举行。县委书记郑军平,县委副书记、县长古秋云,县委副书记杨小成,副县长彭秋云,广东嘉尚新能源科技有限公司董事长何学祥等出席签约仪式。会上,古秋云介绍全县经济社会发展情况,广东嘉尚新能源科技有限公司董事长何学祥、副县长彭秋云分别代表双方签订项目合作协议。锂电池(新能源)项目总投资55亿元,建成投产后实现年产值100亿元,税收2亿元。

【2021江西省曲艺类非物质文化遗产交流展演活动在永新县举办】 12月27日—28日,2021江西省曲艺类非物质文化遗产交流展演活动在永新县举办。江西省文化和旅游厅主办,永新县人民政府、江西省非物质文化遗产研究保护中心、吉安市文广新旅局承办。文化和旅游部民族民间文艺发展中心原主任李松,江西省文化和旅游厅非物质文化遗产处处长杨丁,县领导郑军平、古秋云、周建忠、肖莺华、范晓鸣等出席活动。活动主题为"曲艺唱响时代 非遗点亮生活"。活动特邀江西、湖南2省国家级非遗代表性项目目录中部分曲艺类项目参演。其中,永新县文化和旅游发展中心创作永新小鼓《传承》《一面铜锣一个盆》代表优秀节目参演。通过现场表演,展示江西省曲艺传承发展成果。其间,召开座谈会,李松与每名专家、代表就非遗项目未来发展、非遗文化保护与继承、非遗文化内容创作等方面进行探讨,每名代表围绕非遗保护工作建言献策。此次交流展演活动是对江西省级曲艺类非物质文化遗产项目一次全面展示,扩大非遗文化宣传面,让群众了解非遗文化、感受非遗文化。

主要领导人 县委书记:孙劲涛(任至7月)、郑军平(7月任)。县人大常委会主任:尹毅斌(任至9月)、周日红(9月任)。县长:古秋云。县政协主席:曾志华(任至9月)、周建忠(9月任)。

(金永红)

抚州市

【概　况】 位于江西省东部,辖9县、2区和抚州国家级高新技术开发区、东临新区。总面积1.88万平方千米,其中城区面积63.6平方千米。耕地面积29.58万公顷,有林面积122.38万公顷;森林覆盖率66.3%,城区绿化率51.28%。总人口357.94万人,其中非农业人口207.45万人;人口自然增长率2.18‰。2021年,地区生产总值1794.55亿元,同比增长8.0%。其中,第一产业增加值229.38亿元,增长6.7%;第二产业增加值694.21亿元,增长6.4%;第三产业增加值870.96亿元,增长9.6%。财政总收入243.19亿元,增长12.3%;人均6760元;税收占财政总收入85.1%。地方财政收入131.86亿元,增长1.2%;地方财政支出501.33亿元,增长0.3%。工业增加值502.84亿元,增长8.1%,占地区生产总值28.0%。其中,规模以上工业增加值增长9.7%。规模以上工业总产值2193.93亿元,增长25.3%。进出口总值214.30亿元,增长23.2%。其中,出口197.87亿元,增长21.6%;进口16.43亿元,增长47.3%。实际利用外商投资4.70亿美元,增长6.5%。固定资产投资比上年增长9.6%。主要工业产品及产量有铜材90.15万吨、饲料27.42万吨、塑料制品12.45万吨、人造板90.3万立方米、铝合金0.28万吨。农业总产值398.98亿元,增长8.3%。粮食总产量262.9万吨。主要农产品及产量有油料作物6.3万吨、园林水果155.2万吨、茶叶0.25万吨、肉类35.6万吨、水产品17.8万吨。城镇居民人均可支配收入3.95万元,增长7.8%;农村居民人均可支配收入1.91万元,增长10.1%。住户存款余额1912.86亿元,增长12.8%。

【工业创新发展】 2021年,引进比亚迪年产20万辆整车、年产15亿瓦时动力电池全产业链项目,招大引强实现历史性突破,从洽谈到动工仅用时92天。省级以上开发区引进"5020"项目16个,实现全覆盖。启动"五十百千万"工程,百亿企业实现零的突破,规模以上工业企业达到1080家。新增1家上市公司、8家专精特新"小巨人"企业、16家省级"瞪羚"企业和"潜在瞪羚"企业。禁止新增粗铜加工项目,推动有色金属加工精深化、集聚化、全产业链发展。引导各县(区)确立"1首位+1主导"产业。临川、东乡、崇仁入选全省工业高质量发展先进县(区)。在全省率先开展重大技术项目攻关"揭榜挂帅"行动,入选全国人才工作创新最佳案例。以优秀等次通过国家知识产权试点城市考核验收,国家农机装备创新中心江西研发基地在东乡揭牌,抚州中科院数据研究院入选省级新型研发机构。实施105个工业技改项目,总投资1754亿元。R&D经费投入强度提高0.16个百分点。

【城市功能品质提升】 开展“项目大会战”,推进447个市重点项目,南昌至抚州市域铁路纳入大南昌都市圈市域铁路网规划;抚州机场选址有序推进;东临环城高速公路进入实施阶段,西外环高速公路开展前期工作,南昌至南丰高速、资溪至南丰高速、崇仁至莲花高速、金溪至浙赣界高速列入省高速公路网规划。钟岭大道西延、中洲大桥、王安石特大桥竣工通车。南丰、崇仁生活垃圾焚烧发电项目建成投产,生活垃圾实现“零填埋”。改造棚户区房屋5988套、老旧小区212个,建设保障性租赁住房6211套,新增停车位2.5万个。国务院批复同意将抚州市列为国家历史文化名城,城市内涵更加丰盈厚重,“才子之乡、文化之邦”美誉度有新提升。举办纪念王安石1000周年诞辰系列活动,获“中国诗歌之城”称号,成为江西省生态园林城市。资溪县获评江西省文明城市,黎川入选江西省全域旅游示范区,新增3个国家4A级旅游景区。

【乡村振兴】 巩固拓展脱贫攻坚成果,守住不发生规模性返贫底线。稳定粮食生产,粮食播种面积和总产量实现双增长。生猪生产超额完成任务,“菜篮子”产品稳定供应。调整优化农业产业结构,优质稻、中药材、特色水果面积持续扩大,设施蔬菜完成省下达任务,全省蔬菜产业发展现场推进会在抚州市召开;广昌县获批创建国家现代农业产业园;东乡区入选国家级水产健康养殖和生态养殖示范区。绿色有机和地理标志农产品总数达到431个,位居全省前列,获批筹建广昌白莲国家地理标志产品保护示范区。推进乡村建设,开展厕所革命,完成1025个村点村庄整治,金溪、南丰被认定为全省“美丽宜居示范县”,临川、南城各有1个行政村入选全国村级议事协商创新实验试点,新增3个全国“一村一品”示范村镇、1个乡村特色产业亿元村,8个红色名村入选中组部红色美丽村庄。所有行政村集体经济年经营性收入突破10万元。

【提升发展环境】 推进“放管服”改革,“最多跑一次”事项比例达97%以上,173项证明实行告知承诺制,207个事项提供延时服务,网上中介服务超市实现市县全覆盖,远程异地评标系统和不见面开标系统全面启用,在全省率先开通异地就医门诊直接结算,“打造‘上门办’服务平台,实现服务零距离”案例入选全国政府信息化创新成果,“拿地即开工”改革有序推进。全面推进国资国企改革,基本完成市直单位所属国有企业脱钩移交划转工作。出台优化营商环境10条措施,开展18个攻坚行动,上线运行“惠企通”,惠企政策兑现代办实现全覆盖,营商环境评价跃升全省第一方阵。扩大对外开放,新引进并开工建设2000万元以上项目315个,生产企业出口增速提高12个百分点,海西综合物流园铁路专用线开通运营。

【办好民生实事】 打好污染防治攻坚战,稳步推进碳达峰、碳中和,坚决遏制“两高”项目盲目发展,生态环境质量保持全省前列,全市县级及以上城市空气优良天数比率、PM2.5年均浓度平均值全省考核排名第1位。资溪入选国家级“绿水青山就是金山银山”实践创新基地,广昌获批国家生态文明建设示范区。52件民生实事全部落实。推进药品医用耗材集中带量采购落地,节约资金14亿元。赣东学院挂牌成立并向全国招生;在东临新区规划建设高教园区,江西航空职业技术学院、赣东职业技术学院先后落户;市中心城区新增义务教育优质学位4500个、公办幼儿园学位1710个,大校额、大班额和公办幼儿园“一位难求”问题缓解。增开抚州至南昌早晚班动车,促进昌抚两地生产生活交流互动。推进实施“双减”工作,严肃查处校外培训机构违规办学。切实提升医疗卫生服务能力,建成市急救中心等一批医疗卫生基础设施,整合组建市中医院,东乡区、乐安县、宜黄县入选全国基层中医药工作先进单位。

主要领导人 市委书记:肖毅(任至3月。2021年5月,涉嫌严重违纪违法,接受中央纪委国家监委纪律审查和监察调查)。张鸿星(3月任,任至8月)、夏文勇(8月任)。市人大常委会主任:魏建锋(任至10月)、王宏安(10月任)。市长:张鸿星(任至3月)、夏文勇(3月任,任至8月)、高世文(10月任)。市政协主席:黄晓波(任至3月)、王宏安(3月任,任至10月)、贺喜灿(10月任)。

(吴根茂)

·临川区·

【简　况】 位于江西省东部,辖6乡、17镇、1垦殖场、5街道办事处、1工业园区和昌抚合作示范区。总面积2126平方千米,其中城区面积63.55平方千米。耕地面积6.37万公顷,有林面积8.68万公顷;森林覆盖率44.28%,城区绿化率50.22%。总人口110.39万人,其中城镇人口67.58万人;城镇化率61.22%,人口自然增长率2.44‰。2021年,地区生产总值552.6亿元,增长7.8%。其中,第一产业增加值51.3亿元,增长6.8%;第二产业增加值254.1亿元,增长5.4%;第三产业增加值247.2亿元,增长10.4%。规模以上工业总产值306.4亿元,增长32.8%;规模以上工业增加值增长10.0%。财政总收入30.45亿元,增幅24.9%;税收27.45亿元,占财政总收入90.1%。一般公共预算收入14.74亿元,增长6.7%;一般公共预算支出59.33亿元,增长8.6%。固定资产投资增长6.7%。外贸出口总值19亿元,增长13.18%。实际利用外资6200万美元,增长10.48%。主要工业产品及产量有水泥114万吨、精炼铜8.8吨、人造板20.6万立方米、化学农药(原药)0.2吨、饲料17.4万吨。农业总产值76.7亿元,增长8.6%。主要农产品及产量有粮食60万吨、西瓜28.64万吨、生猪出栏53.1万头、牛出栏0.74万头、家禽出笼764万只。社会消费品零售总额218.1亿元,增长17.2%。城镇居民人均可支配收入4.91万元,增长8.9%;农村居民人均纯收入2.37万元,增长11.0%。

【工业经济】 2021年,临川区明确有色金属加工为首位产业、电子信息为主导产业的“1+1”产业发展格局。引进浩博新材料二次综合利用、万向新元5G数字科技谷2个“5020”项目和迈悦新型显示产品、克林泰尔环保炭黑绿色循环利用等一批重大产业项目。实行重点技术项目攻关“揭榜挂帅”,完成 5 个技术需求的揭榜签约;新增省级技术创新中心 1 家、省级“众创空间”1 家,新增国家高新技术企业 8 家、瞪羚(潜在)企业 3 家,入库国家科技型中小企业 63 家,创建省级“专精特新”企业 11 家,获省级智能制造标杆企业 1 家,入选江西省 2021—2022 年度“映山红”企业 1 家。规模以上工业主营业务收入达 330.66 亿元,增长 36.57%,获“全省工业高质量发展先进县(区)”称号。

【提升城乡品质】　临川区实施城市功能与品质提升项目 31 个,总投资 22.25 亿元。龙津路南延伸段、平安大道地下综合管廊、城区雨污管网改造、东区道路及雨污管网等工程全面完工,河西污水处理厂、延陵路历史文化街区等项目有序推进;新增城区绿地 15 万平方米,改造老旧小区 206 个、配租保障性租赁住房 319 套、新建棚改安置小区 3 个、安置房 752 套;巩固拓展脱贫攻坚成果,同乡村振兴有效衔接,通过国家、省级考核。完成高标准农田建设 6940 公顷,粮食播种面积 9.07 万公顷,总产量 6 亿千克,被列为江西鄱阳湖稻米产业集群县(区)。生猪生产恢复到正常年份水平。新增市级以上农业产业化龙头企业 6 家,入选国家重点龙头企业 1 家。新增“两品一标”22 个。行政村集体经济年经营性收入全部突破 10 万元。完善水、电、路、气、网、厕等农村基础设施,完成省级村点新农村建设任务 96 个,整治村庄 63 个。

【首创养老服务时间银行】　临川区在抚州市首创养老服务时间银行。按照“付出—积累—回报”机制,探索低龄存取时间、高龄兑换服务的“时间银行”临川模式,通过 12349 服务热线电话以及开发“临川时间银行”app,形成一个集电话预约、一键派单、线下服务、服务评价、服务回访、服务监督、服务积分于一体的互助式现代化养老服务系统,引导志愿者开展志愿服务,鼓励低龄老人开展互助服务。确定西大街街道的西大街、营上巷、若士路 3 个社区作为示范点,通过政府购买服务,委托公司探索推进试点创建,走出养老服务的“临川路径”。

主要领导人　区委书记:董东明(8 月任)。区人大常委会主任:吴茂发(任至 10 月)、王筱雄(10 月任)。区长:杜晓良(任至 8 月)、李群彪(10 月任)。区政协主席:江瑞庆(任至 10 月)、孔滨兵(10 月任)。

(魏会华　肖玲芬　黄川)

· 南城县 ·

【简　况】　位于江西省东部,辖 10 镇、2 乡。总面积 1713 平方千米,其中城区建成区面积 16.9 平方千米。耕地面积 2.19 万公顷,林地面积 12.26 万公顷;森林覆盖率 65.2%,城区绿化率 65.1%。总人口 33.69 万人,其中城镇人口 17.93 万人;人口自然增长率 1.99‰。2021 年,地区生产总值 175.14 亿元,增长 7.8%。其中,第一产业增加值 19.50 亿元,增长 6.4%;第二产业增加值 65.39 亿元,增长 6.5%;第三产业增加值 90.25 亿元,增长 9.1%。财政总收入 19.89 亿元,增长 13.2%;税收收入 17.93 亿元,增长 17.6%,占财政总收入 90.1%。地方财政收入 10.34 亿元,下降 0.3%。工业增加值 52.5 亿元,增长 7.4%。固定资产投资增长 4.2%。主要工业产品及产量有水泥 163.7 吨。农业总产值 33.26 亿元,增长 7.8%。粮食总产量 25.73 万吨。主要农产品及产量有水产品 4.14 万吨、水果 9.7 万吨、柑橘 6.63 万吨、稻谷 24.46 万吨、家禽 582.12 万羽、生猪(出栏)23.74 万头。社会消费品零售总额 47.76 亿元,增长 17.2。城镇居民人均可支配收入 4.20 万元,增长 7.6%;农村居民人均可支配收入 2.16 万元,增长 9.7%。城乡居民年末储蓄余额 151.25 亿元,增长 16.5%。

【中医药产业振兴发展】　推广使用“智慧中药房”系统,方便群众在家享受药品配送上门服务。紧抓国家卫生健康委、国家中医药管理局推动“互联网+医疗健康”便民惠民活动的良机,以“政府搭台、企业主导、医院服务、群众受惠”为思路,推进“智慧中药房”项目先试先行,以“点”带“面”走出中医药产业振兴发展的新路子。出台《智慧中药房项目建设试点方案》,为同善堂药业、县中医院、中国中医科学院三方“穿针引线”。由中国中医科学院为项目提供技术支持;以同善堂药业为实施主体,投入建设全自动化生产线,具体承担代加工(代煎)服务,实现产销无缝对接;县中医院则将药事服务整体剥离,统一打包至同善堂药业。为保证中药材道地性,提高原材料供应和质量水平,该县引进先进种植技术,高标准建设中药材种苗繁育基地;打造种苗实验室,有效把控中药材质量。引进和培育中医药龙头企业,高标准打造“一园二中心二基地”,即抚州(南城)中医药产业园,区域性中药材线上线下交易中心和中药材检测中心,全国中药材种植基地、全国中医药特色产业基地,促进人才、资金、技术、资源在南城集聚。

【提升粮食综合生产能力】　通过建立完善科学合理农业综合开发体系、坚强有力农业支持保护体系、线长面广农业技术推广体系,藏粮于地、藏粮于技,使粮食综合生产能力不断增强,粮食质量持续提高。全年全县粮食播种面积 3.80 万公顷,总产量 27.31 万吨。加强农田基础建设,调整优化种植结构,推动藏粮于地。全年全县建成高产稳产、旱涝保收的高标准农田 0.29 万公顷。将高标准农田建设工作与产业结构调整、培育新型经营主体、壮大村级集体经济、建设现代农业示范(产业)园、发展休闲观光农业相结合,对流转后农田实施“稻鱼共作”“稻蛙共作”“稻虾共作”“稻蟹共作”,实现“一田多收”。加强新技术应用,提升粮食生产综合效益,实现藏粮于技。先后推广优质稻全程机械化绿色高效种植、有机稻栽培等农业技术 12 项,引进金优 458、先农 3 号、天优 998 等 10 多个水稻优质良种。

【优化营商环境】　营造“政策最优、成本最低、服务最好、办事最快”的“四最”营商环境,出台多项对接措施,激发社会创业热情,至 6 月底新登记设立企业 632 户、个体工商户 944 户、农民专业合作社 44 户。进驻县行政服务中心办事大厅的行政许可事项由6项扩大到21项。明确办事窗口首席代表1人,负责在授权范围内履行行政职权,确保行政许可事项"一个窗口"集中受理,相关证照统一发放。对凡是法律、法规及规章规定,不需实质审查行政许可、审批事项,一律由内部或网络进行资料传送,实现工作人员少跑路,提升工作效率。将农村服务对象的个体注册、变更、注销登记审批,个体食品小作坊登记证核发、变更、延续、注销,个体小餐饮、小食杂店食品经营登记证核发、变更、延续、注销等办事权限"下放"农村基层分局。推行"乡镇预约服务登记"和"分局上门服务"工作机制。对特殊情况急需办理事项及其他行动不便特殊人群,开通"绿色通道",做到急事急办、特事特办、提前介入、优先服务。优化自助服务区功能,通过工作人员当场指导,办事人员现场学习体验,推广网上注册登记办理模式,让企业和群众办事实现"一次不跑"或"最多跑一次"。至6月底,实现各类企业网上申请名称预先核准505户,占名称申请总量63.1%;网上申请企业设立登记406户、变更登记122户,分别占申请总量64.2%和52.7%。

主要领导人　县委书记:汪华辉(1月任,任至8月)、彭银贵(8月任)。县人大常委会主任:陈胜堂(任至10月)、章燕萍(10月任)。县长:邹俊(1月代,2月任,任至8月)、颜萍(8月代,10月任)。县政协主席:朱文泉(任至10月)、黄晓俊(10月任)。

(吴云华)

·黎川县·

【简　况】　位于江西省中部偏东,辖8乡、7镇、1企业集团和1垦殖场。总面积1728.56平方千米,其中城区面积14.74平方千米。耕地面积2.21万公顷,林地面积13.1万公倾;森林覆盖率73.29%,城区绿地率42%。总人口20.17万人,其中城镇人口12.26万人。2021年,地区生产总值97.38亿元,同比增长8.5%。其中,第一产业增加值12.54亿元,增长73%;第二产业增加值34.29亿元,增长7.8%;第三产业增加值50.55亿元,增长9.3%。财政总收入13.46亿元,增长14.4%;税收占财政总收入87.2%。一般公共预算收入7.09亿元,增长1.2%;一般公共预算支出30.14亿元,下降4.3%。全年固定资产投资增长10.5%。规模以上工业总产值增长11.8%。主要工业产业有陶瓷、家具,年产值分别为74亿元、21亿元。农业总产值22.4亿元,增长5.2%。粮食总产量15.2万吨。主要农产品及产量有食用菌种植2200万筒、生猪出栏12.6万头、生猪存栏6.4万头、家禽出笼590万只。社会消费品零售总额30.83亿元,增长17.6%。城镇居民人均可支配收入3.46万元,农村居民人均可支配收入1.77万元,分别增长7.8%和9.3%。城乡居民年末储蓄余额98.48亿元,增长15.34%。

【三区建设】　全年城区新增绿色建筑36.1万平方米,新建供水管网6千米、天然气管网3千米,完成聚德花苑、农行宿舍、邮政宿舍等老旧小区主体改造。开展市容环境综合整治"一四七"行动,城区环境秩序持续改善。园区污水处理厂提标改造工程基本建成,东南片区污水处理设施投入运行,清理低效闲置用地34.73公顷,园区承载力持续提升。景区业态不断丰富,黎川古城景区获江西省旅游休闲街区和夜间文旅消费集聚区,德胜农垦小镇升级为省4A级乡村旅游点,德胜镇德胜村入选全国乡村旅游重点村,日峰镇十里村入选江西省乡村旅游重点村,旅游品牌影响力持续扩大。

【乡村振兴】　全年完成粮食种植面积2.43万公顷,建成高标准农田0.11万公顷。香榧、胭脂柚、有机稻、中药材、白茶等特色农业稳步发展,黎川白茶获国家地理标志保护产品,船屋农业开发有限公司获全国乡村旅游五星示范基地和全省绿色有机示范基地;烟叶种植计划全面完成,烟农户均增收3.6万元。推进乡村建设,75个新农村点建设基本完成,卫生厕所普及率、生活垃圾处理率分别达到92.7%和100%,华山镇、厚村乡获评省级卫生乡(镇)。巩固拓展脱贫攻坚成果同乡村振兴有效衔接,建成一批农村安全饮水、基础设施、人居环境提升项目,县城至熊村、县城至中田等县乡公路基本完工;防贫返贫动态监测帮扶常态化开展,全年无1例致贫返贫现象。

【提升营商环境】　"放管服"改革不断深化,网上中介服务超市、"赣服通"黎川分厅4.0版上线运行,远程异地评标、不见面开标、不动产登记集成平台等系统全面启用。国资国企改革稳步推进,县投资发展集团公司总资产突破100亿元。跑项争资取得实效,全年争取债券资金8.66亿元;引进项目30个,总投资119.1亿元。其中,3亿元以上项目18个,"5020"项目2个。科技赋能提质升级,新增国家高新技术企业2家、科技型中小企业8家、省级产业技术创新联盟2个、省"双千计划"科技创新人才项目3个,全县R&D指数同比提高0.3个百分点,达到1.16%。营商环境优化提升,影响发展环境突出问题专项整治深入开展,"惠企通"平台上线运行,累计兑现惠企政策资金超3亿元。

【黎川油画参加第十七届深圳文博会线上展览】　9月23日—27日,第十七届中国(深圳)国际文化产业博览交易会在深圳国际会展中心举行。此届深圳文博会首次将线下活动与线上互动相结合,来自全球30个国家和地区868家机构线上参展。黎川县在此次文博会线上展厅共展示80余幅油画作品,作品题材涉及风景、人物、静物、动物等多个类别。采购商和观众可通过微信小程序"云观展",欣赏黎川油画作品。

主要领导人　县委书记:聂仕雄(任至8月)、郑锦锋(8月任)。县人大常委会主任:聂平太(任至10月)、章军华(10月任)。县长:郑锦锋(1月代,2月任,任至8月)、万国辉(8月代,10月任)。县政协主席:章军华(任至10月)、尧晓孙(10月任)。

(过印光)

·南丰县·

【简　况】　位于江西省东部,辖7镇、5乡、1场。总面积1920平方千米,其中城区建成面积14.5平方千米。耕地面积1.79万公顷,林地面积15.04万公顷;森林覆盖率 78.12%。总人口 31.33 万人,其中城镇人口 13.64 万人;人口自然增长率 4.68‰。2021 年,地区生产总值 162.0 亿元,同比增长 8.1%。其中,第一产业增加值 35.6 亿元,增长 6.4%;第二产业增加值 41.3 亿元,增长 7%;第三产业增加值 85.1 亿元,增长 9.3%。财政总收入 14.55 亿元,增长 5.2%;税收占财政总收入 80%。地方财政收入 8.4 亿元,下降 2.7%;地方财政支出 30.66 亿元,下降 9.88%。规模以上工业总产值 71.15 亿元,增长 37.2%,规模以上工业企业增加值增长 9.8%,占地区生产总值 12.69%。外贸出口总值 10.90 亿元,外贸出口占地区生产总值 6.73%。固定资产投资增长 10.4%,实际利用外商投资 2446 万美元。主要工业产品及产量有中成药 233.4 吨、锂离子电池 1504.4 万只、商品混凝土 28.1 万立方米、变压器 12.2 万台、金属门窗 200 万件。农业总产值 64.03 亿元,增长 8.4%。粮食总产量 7.8 万吨。主要农产品及产量有南丰蜜橘 115 万吨、稻谷 6.86 万吨、蔬菜 15.94 万吨、西瓜 4.69 万吨、生猪(出栏)12.99 万头。城镇居民人均可支配收入 3.95 万元,增加 0.26 万元;农村居民人均可支配收入 2.75 万元,增加 0.28 万元。城乡居民年末储蓄余额 122.26 亿元,增长 13.4%。社会消费品零售总额 38.9 亿元,增长 16.6%。

【乡村振兴】 2021 年,全县建成产业扶贫示范基地 48 个,培育龙头企业 19 家,农民合作社 234 个,家庭农场 9 家,创业致富带头人 265 人,五类扶贫经营主体带动脱贫户户均年增收 4000 余元。全年发放扶贫小额信贷 1994.47 万元,受益脱贫户及监测对象 500 户。发放产业直补 138 户次,共 36.89 万元。新增安排产业扶持项目 74 个,资金 3338.54 万元,占巩固脱贫攻坚成果同乡村振兴有效衔接资金 54.32%。全年村级光伏扩面发电收益共 120 万元,为 24 个脱贫村每个村增加村集体经济 5 万元。先后组织开展就业"春风行动""2021 年南丰县百日千万招聘会""2021 年高校毕业生招聘会""金秋招聘月"线上招聘和线下送岗位下乡等活动。通过加强就业扶贫政策宣传、就业信息发布、就业技能培训、开辟扶贫专岗、设立扶贫车间、组织外出务工等措施,帮助有就业意愿、有就业能力的脱贫户劳动力实现就业增收致富。全县 1.08 万名脱贫人口中脱贫劳动力 6855 人。其中,外出务工 6110 人,占脱贫劳动力 89.13%;就业人数比上年增加 2.79%。

【蜜橘产业】 1 月上中旬,南丰县连续 3 次出现-7℃左右低温天气,给全县柑桔生产造成巨大损失。冻害发生后,南丰县制定冻后生产恢复方案,出台系列扶持措施,召开技术培训会,指导组织橘农开展生产自救。加快受灾橘园恢复重建和蜜橘产业结构调整,确立以南丰蜜橘为主,南丰蜜广、红美人、金秋砂糖橘、早熟温柑类等为重点的"一主多特"种植格局。全面实行"一村一品""一园一品",打造精品橘园,推动南丰蜜橘产业品牌重塑。

【琴城 500 千伏输变电工程投运】 10 月 11 日,位于南丰县的国网江西 500 千伏变电站 4#主变 5 次冲击成功,标志琴城 500 千伏输变电工程投运。作为特高压负荷重要消纳配套工程,该工程投运后,可有效转移抚州变负荷,降低抚州变接带 10 个县(区)安全运行风险,提高电压质量及供电可靠性。琴城 500 千伏输变电站是江西电网 500 千伏目标网架上的 1 个重要变电站,于 2020 年 10 月 30 日开工建设,比国网里程碑节点计划提前 3 个月投产。

【龟鳖产业转型升级】 南丰县根据市场产销需求,调整产业结构链,建立以太和镇为核心龟鳖产业集群区域,主推以龟鳖类亲本培育、种蛋孵化、种苗培育、温棚"二段法"稚幼苗育养、外塘商品龟鳖生态养殖、后备龟鳖亲本选育、"稻-鳖综合种养"及"莲-鳖综合种养"等一体化现代渔业新模式。建立甲鱼养殖协会,强化政策扶持力度,联合当地农商行开发"百福·甲鱼贷""乡村振兴贷"等信贷绿色通道,提升乡村居民运用金融发展甲鱼产业。全年累计发放甲鱼产业类贷款户数 858 户,笔数 2727 笔,贷款金额共计 2.67 万元。至年底,该县有龟鳖类养殖户 1000 多户,参与户达 3000 多户,龟鳖养殖面积 1667 公顷,年产种蛋 2.7 亿枚,龟鳖产业总产值达 22 亿元,种蛋、种苗供应量占全国 50% 以上,成为全国中华鳖亲本养殖、种蛋种苗生产供应基地,甲鱼养殖规模和产值均位居全省各县(区)首位。

主要领导人 县委书记:吴自胜(任至 8 月)、叶峰(8 月任)。县人大常委会主任:段云来。县长:乐启文(任至 8 月)、张沥泉(8 月代,10 月任)。县政协主席:邓军。

(李燕青)

·崇仁县·

【简　况】 位于江西省中部偏东,辖 8 乡、7 镇。总面积 1520 平方千米。耕地面积 2.6 万公顷,有林面积 9.89 公顷;森林覆盖率 63.1%。总人口 38.89 万人,其中城镇人口 10.10 万人;人口自然增长率 0.03‰。2021 年,地区生产总值 152.28 亿元,同比增长 8%。其中,第一产业增加值 29.77 亿元,增长 7.2%;第二产业增加值 52.02 亿元,增长 6.4%;第三产业增加值 70.49 亿元,增长 9.5%。规模以上工业增加值增长 8.9%。固定资产投资增长 10.9%。实际利用外资 3519 万美元。主要工业产品及产量有互感器 2.5 万台、变压器 872.5 万千伏安、服装 1085.2 万件、铜材 2.5 万吨、电动手提式工具 5000 台。农业总产值 50.04 亿元。粮食总产量 26.8 万吨。主要农产品及产量有麻鸡出栏 8500 万只、棉花 92 吨、油料 2.11 万吨、蔬菜 20.05 万吨、烟叶 372 吨。城镇居民人均可支配收入 3.61 万元,增长 8.4%;农民居民人均可支配收入 2.27 万元,增长 9.7%。金融机构年末储蓄余额 174.15 亿元,增长 7.1%。社会消费品零售总额 36.2 亿元,增长 17.5%。

【崇仁县入选第一批"全国农作物病虫害绿色防控示范县"】 11 月,崇仁县入选第一批"全国农作物病虫害绿色防控示范县"。2021 年,全县水稻病虫害绿色防控总体覆盖率达 51.5%,专业化统防统治覆盖率达 52%,化学农药使用量平均减少 22%,生态效益显著,农产品安全性增加。崇仁县始终为农强农,完善技术支撑。推广水稻优良品种,覆盖率达 99%;

加强技术紧密合作,与多家农企开展试验、示范和应用合作;完善核心技术方案,技术标准已经掌握;农户应用熟练,应用人群基础强。

【崇仁县首座生活垃圾焚烧发电厂并网发电】 11月15日,崇仁县首座生活垃圾焚烧发电厂并网发电,投产首日发电峰值达到4.68兆瓦。该发电厂配置1台日处理500吨生活垃圾焚烧炉,1台12兆瓦汽轮发电机组,年处理生活垃圾可达18.25万吨,年发电量可达585万千瓦时。提供电力保障,实现生活垃圾“无害化、减量化、资源化”处理,促进生态环境改善。

【郭圩乡下屋村入选第二批全国乡村治理示范村】 11月,崇仁县郭圩乡下屋村入选第二批全国乡村治理示范村。拓展乡村服务新模式,培育一支党员和两委干部服务骨干队伍,开展组织活动,加强作风建设,解决村民热点难点问题。提升人居环境。硬化入村路、改造文化休闲广场、绿化村庄,进行厕所革命,实行垃圾统一清理。壮大集体经济实力,推进产业规模化、特色化,形成“大棚菜+拱棚菜+露天菜”三菜合一、四季供给产业发展链条。培育文明新风尚,开展卫生家庭、道德红黑榜等评选活动,广泛宣传并教育全体村民遵守村规民约,设立日间照料室,丰富老年人精神文化生活。

【崇仁县获全国第4批节水型社会建设达标县】 7月,崇仁县获全国第4批节水型社会建设达标县。近年来,崇仁县严抓水资源管理。农业方面,加强水源工程建设,先后对中小型水库144座进行除险加固,对184座山塘进行整治;加快田间渠系配套工程改造,先后进行小农水重点县项目建设、千亿斤粮食项目建设、土地治理项目建设、高标准农田建设;推广农业节水灌溉技术,投入资金4680万元。工业方面,印发《关于开展节水型企业建设工作的通知》,开展节水型企业创建,建成江西金安包装新材料有限公司等6家节水型企业。城市方面,开展公共机构节水型单位创建,公共机构节水型单位建成率达100%。开展“节水型社区”“节水型家庭”“节水模范”等评比活动;建成生活污水处理厂及相关配套设施,新建乐丰省级湿地公园。2018年、2019年,崇仁用水总量、用水效率和水功能区水质达标率“三条红线”控制指标均满足最严格水资源管理制度,在全省最严格水资源管理制度考核中均取得良好成绩。

【崇仁县入选全国中小学劳动教育实验区】 5月,崇仁县入选全国中小学劳动教育实验区。崇仁县把加强中小学劳动教育摆在突出位置,强化顶层设计。下发《崇仁县关于全面加强新时代中小学劳动教育的意见》,并把劳动教育列入全县深改项目;制定《崇仁县新时代中小学劳动教育质量评价考核细则》,把劳动教育实施情况纳入学生综合素质档案。强化基地建设。建设学校劳动基地,制定《崇仁县中小学校劳动实践基地建设标准》,建立劳动教育教室98间,创建县级劳动教育示范校10所;建设劳动研学基地,打造县变电小镇、山凤小镇、源野山庄、现代农业示范园等劳动研学实践教育基地和营地;建设公益劳动基地,将河流湖泊、博物馆、湿地公园、敬老院等场所建设成学生的劳动基地。强化活动引领。开齐开足劳动教育课程,致力特色校本劳动课程开发;有劳动社团32个,在社团活动中融入劳动体验;拥有劳动技术课教师122名、综合实践活动教师68名,建有劳技名师工作室5个。全年全县205所学校、6.1万余名学生全部参与劳动教育,90%学生劳技知识能够达标。

主要领导人 县委书记:程新飞(任至8月)、周国华(8月任)。县人大常委会主任:王后发。县长:周国华(任至8月)、黄志刚(8月任)。县政协主席:高自辉。

(杨文才)

·乐安县·

【简　况】 位于江西省中部,辖9镇、7乡(含1个农林垦殖场)。总面积2410.45平方千米。耕地面积3.18万公顷,森林面积16.88万公顷;森林覆盖率70.43%,城区绿化覆盖率35.17%。总人口38.73万人,其中城镇人口15.30万人;人口自然增长率2.03‰,城镇化率50.41%。2021年,地区生产总值86.31亿元,同比增长7.7%。其中,第一产业增加值11.84亿元,增长5.7%;第二产业增加值26.73亿元,增长7.5%;第三产业增加值47.74亿元,增长8.4%。财政总收入10.34亿元,增长5.5%。税收收入9.15亿元,税收占财政总收入88.5%。地方财政收入5.79亿元,下降7.7%;地方财政支出32.85亿元,下降8.5%。工业总产值36.5亿元,增长46.32%。规模以上工业增加值增长11.7%,规模以上工业生产总值占地区生产总值42.3%。固定资产投资增长10%。农业总产值20.68亿元,增长7.14%。粮食总产量29.36万吨。主要农产品及产量有谷物29.22万吨、油料7127.92吨、蔬菜10.13万吨、肉类2.48万吨、水产品7956吨。城镇居民人均可支配收入2.97万元;农村居民人均纯收入1.33万元。居民年末储蓄余额218亿元,增长8.05%。

【易地搬迁】 聚焦异地搬迁群众“急盼难愁”问题,做好易地搬迁“后半篇文章”。对易地扶贫搬迁常住人员和未就业劳动力应培尽培,培训率达100%,500余人在家实现稳定就业。推出“微田园”工程,充实搬迁群众“菜篮子”,在乐安县集中安置区投入14万元,租用1.3公顷农田,建设“微田园”工程,根据搬迁户需求及报名情况,将农田分配给240多户搬迁户种植蔬菜;投入资金40余万元,建设集中充电桩设备,解决697户搬迁户充电难问题。

【《中国影像方志》乐安篇在央视播出】 9月22日,《中国影像方志》乐安篇在央视首次播出。《中国影像方志》乐安篇用近40分钟影像介绍引言、地名记、古村记、红色记、民俗记、手工记、当代记、后记等篇章,全方位、多层次展示乐安独具特色历史遗迹、风土人情、风俗习惯、建筑美食等地域特色和发展成就。

【《〔同治〕乐安县志》(点校本)出版发行】 12月,《〔同治〕乐安县志》(点校本)由福建人民出版社出版发行,此书由乐安县地方志办整理,将繁体竖排改为现行简体横排，并校补原本一些不足与遗漏。《〔同治〕乐安县志》分地理、建置、食货、学校、武备、职官、选举、人物、列女、艺文、杂类 11 卷，末附《兵难殉节录》二卷，约 57 万字。

主要领导人　县委书记：彭银贵（任至 8 月）、吴宜文（8 月任）。县人大常委会主任：张乐明（任至 10 月）、肖国辉（10 月）。县长：吴宜文（任至 8 月）、艾志峰（8 月代，10 月任）。县政协主席：李以庚（任至 10 月）、章国华（10 月任）。

（袁加勤　詹悦昕）

· 宜黄县 ·

【简　况】　位于江西省中部偏东，辖 8 镇、4 乡、1 个工业园区、2 个垦殖场。总面积 1937 平方千米。耕地面积 1.96 万公顷；森林覆盖率 76.86%。总人口 23.31 万人。2021 年，地区生产总值 99.77 亿元，同比增长 8.6%。其中，第一产业增加值 10.70 亿元，增长 6.7%；第二产业增加值 42.30 亿元，增长 8.3%；第三产业增加值 46.77 亿元，增长 9.3%。财政总收入 13.78 亿元，增长 23.6%。税收占财政总收入 91.48%。一般公共财政预算收入 6.41 亿元，增长 5.3%；财政支出 23.71 亿元，下降 5%。工业增加值 35.41 亿元，增长 9.4%。规模以上工业增加值增长 11.6%。主要工业产品及产量有有色金属 0.29 万吨、机制纸及纸板 9.06 万吨、化学药品原药 0.1 万吨、棉纱 4.1 万吨、化学纤维 6.03 万吨、初级形态塑料 1.46 万吨、液晶显示屏 1.83 万片。农业总产值 17.64 亿元，增长 8.4%。粮食总产量 15.6 万吨。主要农产品及产量有稻谷 13.64 万吨、油料 0.19 万吨、烟叶 436 吨、蔬菜 8.46 万吨、水果 5818 吨。固定资产投资增长 12.7%，实际利用外资 2200 万美元。社会消费品零售总额 33.81 亿元，增长 16.5%。城镇居民人均可支配收入 3.34 万元，增长 8.1%；农村居民人均可支配收入 1.81 万元，增长 9.3%。城乡居民年末储蓄余额 90.95 亿元，增长 14.5%。

【宜黄县获评全国基层中医药工作先进单位】　12 月 31 日，国家中医药管理局公布 2019—2021 年创建周期全国基层中医药工作先进单位评审结果，宜黄县成为全国基层中医药工作先进单位。宜黄县贯彻落实省市发展中医药产业决策部署，以创建全国基层中医药工作先进单位为抓手，以推动中医药传承创新为动力，依托“盱江医学”“建昌帮”中医药资源独特优势，实施“黄宫绣”品牌战略，发展热敏灸等中医药产业，以加强中医药人才队伍建设为根本，在中医药特色人才队伍建设上作表率，在全县形成注重发挥中医药作用的创新氛围。

【曹山中医团队获“抗击新冠肺炎疫情先进集体”称号】　12 月 15 日，全国科技系统抗击新冠肺炎疫情表彰工作领导小组研究确定，对全国科技系统抗击新冠肺炎疫情先进集体和先进个人拟表彰对象予以公示，曹山中医团队榜上有名。曹山中医团队是一个集中医临床、科研与服务乡村振兴于一体的基层中医药团队。疫情发生以来，曹山中医团队向国务院办公厅“互联网+督查”平台提交以调免疫抗病毒为核心治疗新冠肺炎的中医方案，经相关政府部门批准后，在抚州第一人民医院临床试点并迅速收效。先后派出中医团队驰援抚州、新余、铅山等疫情发生地，参与中医药临床救治及预防，免费发放药物 38 万包，参与救治确诊病例及无症状感染者上百人，救治密接人群近 4000 人，所有治疗病人临床转阴率 100%。

【全省农业水价综合改革现场推进会召开】　4 月 12 日，由省农业水价综合改革部门联席会议主办、宜黄县政府承办的全省农业水价综合改革现场推进会在宜黄县召开。会议通报全省农业水价综合改革工作情况，分析存在的问题，并就下一步工作提出具体安排。省财政厅、省发改委、省水利厅、省农业农村厅、省供销合作社相关人员，各设区市分管领导、各设区市水利局负责人，各县（区）农业水价综合改革领导小组组长、办公室负责人等 200 余人参加会议。

【工业用水户间水权交易签约】　5 月 31 日，江西洁美电子信息材料有限公司与江西宜生科技有限责任公司水权交易在宜黄县签约。这是在江西省公共资源交易平台完成的第二例水权交易，更是水权交易平台上完成的全国首例工业用水户间水权交易，交易价格 0.12 元/（年 · 立方米），交易期限 1 年，交易金额 6.04 万元，标志抚州市水权交易改革工作进入实质性阶段。

主要领导人　县委书记：姚飞翔（任至 8 月）、杜晓良（8 月任）。县人大常委会主任：罗建顺。县长：叶峰（任至 8 月）、陈小青（8 月任）。县政协主席：赖昌明（任至 10 月）、高志坚（10 月任）。

（林洁）

· 金溪县 ·

【简　况】　位于江西省东部，辖 8 镇、5 乡。总面积 1358 平方千米。有林面积 6.61 万公顷，森林覆盖率 57.2%。总人口 30.67 万人，其中城镇人口 13.20 万人。2021 年，地区生产总值 95.88 亿元，同比增长 3.9%。其中，第一产业增加值 14.06 亿元，增长 2%；第二产业增加值 30.67 亿元，增长 2%；第三产业增加值 51.15 亿元，增长 5.6%。财政总收入 10.95 亿元，增长 1.7%。固定资产投资增长 9.1%。出口创汇 11.97 亿美元，实际利用外资 3105 万美元。工业增加值 24.16 亿元，增长 0.9%。粮食总产量 32.1 万吨。主要农产品及产量有蔬菜及食用菌 12.17 万吨、茶叶 2033 吨、水果 10.42 万吨。社会消费品零售总额 29.17 亿元，增长 2.6%。城镇居民人均可支配收入 3.46 万元，增长 6%；农村居民人均可支配收入 1.74 万元，增长 7.7 %。金融机构年末各项存款余额 148.7 亿元，增长 15.4%；贷款余额 149.5 亿元，增长 20.4%。

【老兵进校讲党史军史】　3 月 8 日，县老兵宣讲团为金溪县仰山学校在校师生讲党史和军史。年近九旬老兵张德意和张普龙，结合自身解放海南岛、入朝作战的经历，用通俗、质朴的语言，讲述金溪革命史。老兵进学校讲党史、讲军史，不仅让师生接受鲜活的红色教育，也提升学校党员干部主动学习党史的积极性。

【城南生活污水处理厂竣工】 5月14日,金溪县城南生活污水处理厂竣工验收仪式举行。该厂位于城南206国道西侧,占地面积2.14万平方米,主要负责城南区域生活污水处理。总体规模为3万立方米/日,主体工艺采用投资少占地小捷克EC公司“EAA工艺”,出水执行一级A标准。该厂的投入使用对增强金溪生活污水处理能力,改善提高区域内水环境质量,提高居民健康与生活质量具有重要意义。

【举行中国古村落活化利用建设规划设计竞赛决赛】 11月28日,2021年中国古村落活化利用建设规划设计竞赛决赛在金溪县举行。决赛采取线上视频方式进行。全县有中国历史文化名镇名村10个,中国传统村落42处,省级传统村落31处,格局完整古村落128个,明清古建筑1.16万栋,是江西省传统村落三大聚集地之一。举办此次设计竞赛目的在于吸引建筑学、城乡规划学、风景园林学等专业大学生将更多的目标转向乡村,通过竞赛的方式提升当代大学生对乡村设计、乡村规划、乡村建设关注和热爱,从而培养出更多具备乡村建设专业知识高级人才,为古村落活化利用、乡村振兴作出贡献。经过组织专家线上评审,最终评选出一等奖2名、二等奖3名、三等奖9名。

主要领导人 县委书记:高连珠(任至8月)、张文贵(8月任)。县人大常委会主任:王树标(任至10月)、刘文波(10月任)。县长:张文贵(任至8月)、邹俊(8月代,10月任)。县政协主席:刘文波(任至10月)、张爱群(10月任)。

(李先进　曾铭)

·资溪县·

【简　况】 位于江西省中部偏东,辖5镇、2乡、5场。总面积1251平方千米,其中城区建成区面积15平方千米。耕地面积0.63万公顷,有林面积10.19万公顷;森林覆盖率87.7%。总人口9.53万人。2021年,地区生产总值51.87亿元,同比增长8.3%。其中,第一产业增加值4.53亿元,增长6.3%;第二产业增加值14.48亿元,增长6.8%;第三产业增加值32.85亿元,增长9.2%。工业总产值11.31亿元,增长8.0%。财政总收入6.66亿元,增长15.14%。其中,公共财政预算收入3.24亿元,增长1.2%;财政总支出17.56亿元,增长0.2%。固定资产投资23.47亿元,增长11.7%。规模以上工业增加值6.05亿元,增长11.5%。主要工业产品有鸡肉食品、竹地板、细木工艺板等。农业总产值7.68亿元,增长7.6%。主要农产品及产量为白茶70吨、水果549吨、西瓜1478吨、生猪(出栏)2.88万头、家禽(出笼)11.41万只。城镇居民人均可支配收入3.25万元,增长8.78%;农村居民人均可支配收入1.79万元,增长10.22%。金融机构各项存款余额70.37亿元,增长10.80%;金融机构各项贷款余额73.24亿元,增长19.51%。社会消费品零售总额29.99亿元,增长17.40%。

【资溪县被列为第5批国家级“绿水青山就是金山银山”实践创新基地】 10月,资溪县被列为第5批国家级“绿水青山就是金山银山”实践创新基地,“资溪经验”并在联合国《生物多样性公约》第10次缔约大会上作案例分享。2021年,资溪县实施“生态立县、产业强县、科技引领、绿色发展”战略,围绕全国“两山”理论转化示范区、赣闽绿色产业合作创新区、全省城乡整合发展样板区、全国知名旅游休闲度假目的地“三区一地”的发展目标,大胆探索“两山”转换路径,发挥生态优势、面包产业30多年创业积累优势和3.53万公顷毛竹资源优势,构建以生态旅游为首位,面包食品、竹木科技为主导的绿色产业体系,推动经济社会全面绿色转型。

【举办首届中国·江西资溪观鸟大赛】 4月21日—25日,资溪县举办首届中国·江西资溪观鸟大赛,18支观鸟队72人参加比赛。大赛以“纯净资溪·飞鸟乐园”为主题,邀请中科院动物所、厦门大学、中国观鸟组织联合行动平台(朱雀会)鸟类学者与保护一线专家担任大赛评委。观鸟赛区覆盖资溪全境,分3条重点线路,在不同地域环境观鸟,通过鸟赛专用app提交记录,揭示资溪鸟类多样性,摸清资溪县域鸟类资源。大赛共记录鸟种204种,其中国家一级保护鸟类黄腹角雉、白颈长尾雉、黄胸鹀3种,国家二级保护鸟类林雕、棉凫、仙八色鸫等30种,还有观鸟的高光鸟种栗啄木鸟等,更有首次在资溪记录到的鸟种44种。

【大觉溪旅游区入选国家4A级景区】 5月,资溪县大觉溪旅游区经省文化和旅游厅综合评定,确定为国家4A级旅游景区。该旅游区投建于2017年,为全省首个省级乡村旅游综合发展示范区,其东西两端接大觉山景区和资溪高速出入口,南北两侧的连绵山峦星罗棋布,串联沿线3个行政村14个自然村,全长7.3千米,覆盖面积约40公顷,点、线、面结合,形成一带三段十三聚落的结构布局。景点主要包括游客服务中心、面包文化广场、7个驿站、5个旅游公厕、4个亲水平台、9个生态景观坝、13个特色业态、14个精品村、各式休闲农庄、现代设施农业等,吸引周边农民成为乡村振兴的参与者、经营者、受益者,直接受益5600余人,影响带动超过2万人。

【首届“智汇资溪”人才大会举行】 5月8日,首届“智汇资溪”人才大会暨“两山”实践创新高峰论坛在资溪大觉山国际会议厅。会上,资溪县向所聘请的科技与发展顾问颁发聘书,为在资溪举办的乡村振兴设计大赛上获奖学生代表颁发获奖证书,并为抚州市“海智计划”在资溪设立的工作站授牌;县政府与北京林业大学、江西财经大学、江西省质量和标准化研究院等15家高校院所签订涵盖校外实训实践、生态文明研究、林业碳汇项目、人文历史研究、旅游发展规划、大数据产业合作等领域的项目合作协议。

【资溪中等专业学校建成】 资溪中等专业学校位于资溪县鹤城镇龙溪路4号,前身为资溪县职业中学,2019年7月升格为普通中专。2020年10月县政府筹建新校区;2021年9月建成并投入使用,正式与资溪第二中学分设。该校招收县内、周边县市及省外学生500余人,在校学生达980人。学校占地面积4.17公顷,建筑面积2.48万平方米,综合楼、教学楼、实训楼、师生食堂、学生宿舍及体育运动场地等教育教学设施设备一应俱全。设有旅游服务与管理、电子商务、幼儿保育、计算机网络技术、计算机运用、新能源汽车应用与维修、城市运营管理、中西面点、茶艺与茶文化等9个专业，有在校教职工62人，其中高级教师8人、中级教师9人、双师型教师9人。

【《资溪面包产业发展史》出版发行】 10月，由资溪县政协主持，县史志研究中心、面包商会及面包产业办等部门协作编纂的《资溪面包产业发展史》由光明日报出版社出版发行。《资溪面包产业发展史》设上、下篇共9章及附录，共28.5万余字。该书全方位、多视角地展示资溪面包发展历史、现状和成果，挖掘资溪面包深厚的文化内涵，彰显资溪面包精神、品牌效应和企业家风采，并记述资溪县各级党政组织因势利导服务面包产业发展使之做大做强的经验。

主要领导人 县委书记：黄智迅（任至7月）、吴淑琴（8月任）。县人大常委会主任：王锋。县长：吴淑琴（任至8月）、饶源中（8月代，10月任）。县政协主席：邓泉兴（任至10月）、黄惠忠（10月任）。

（谢金凤 刘佳繁）

·广昌县·

【简 况】 位于江西省东部，辖6镇、5乡、1场。总面积1602.93平方千米，其中城区建成面积13.28平方千米。城区绿化覆盖率40.52%。耕地面积1.96万公顷，林地面积12.28万公顷；森林覆盖率70.91%。总人口20.14万人，其中城镇人口11.61万人；人口自然增长率2.16‰。2021年，地区生产总值95.19亿元，同比增长8.2%。其中，第一产业增加值12.65亿元，增长7.1%；第二产业增加值32.21亿元，增长6.4%；第三产业增加值50.33亿元，增长9.7%。财政总收入11.18亿元，增长9.5%，税收占财政总收入86.67%。地方财政收入6.11亿元，增长1.82%；财政支出31.91亿元，下降15.49%。固定资产投资增长10.6%。规模以上工业总产值86.1亿元，增长28.6%。规模以上工业增加值20.22亿元，增长11.6%。农业总产值22亿元，增长8.9%。粮食总产量11.31万吨。主要农产品及产量有通芯白莲0.62万吨、烟叶1206吨、生猪（出栏）6.76万头。社会消费品零售总额35.86亿元，增长16.7%。实际利用外资2191万美元，减少16.91%。出口总额10.04亿元，增长6%。城镇居民人均可支配收入3.22万元，增长7.5%；农村居民人均可支配收入1.41万元，增长12%。城乡居民年末储蓄余额105.09亿元，增长13.85%。

【大世界农贸市场完成改造并投入使用】 4月初，大世界农贸市场完成改造并投入使用。大世界农贸市场占地面积1646.14平方米，总建筑面积1702.1平方米，为门式钢架结构，地上1层，地下1层，共有150个摊位，总投资307.49万元。改造后的大世界农贸市场更加规范、卫生，肉类区、家禽区、果蔬区、水产区及干杂区等区域实现分流；功能更加完善，整个市场覆盖wifi，建设公厕，增加消防系统，每个摊位安装洗手盆，改造排水系统；通风和采光也进行改善。市场内空气清新、环境明亮、摊铺整洁、过道通畅。

【“我和我的祖国——中国科学家精神主题展”全国巡展（江西站）启动仪式在广昌举行】 6月21日，由中国科学技术协会主办的“我和我的祖国——中国科学家精神主题展”全国巡展（江西站）启动仪式在广昌县第二小学举行。仪式邀请各中小学师生、科研机构科技工作者、行政机关和企事业单位工作人员、社区居民等200余人参加。“我和我的祖国——中国科学家精神主题展”分为“我爱你中国”“无限风光在险峰”“协同攻关，甘为人梯”“接力精神火炬，奋进新的长征”4个展区，精选朱光亚、钱学森、郑哲敏等数百位科学家图片、视频、实物等大量文史资料，采取多媒体互动形式，讲述不同历史时期科技工作者的动人篇章。

【教育民生工程集中竣工】 8月29日，全县教育民生工程集中竣工典礼在广昌县三中举行。广昌县委、县政府近2年，投入资金3.9亿元，高标准、高质量完成整体新建广昌三中，新建县职业中学学生公寓和教职工宿舍，扩建县二幼、四幼和驿前幼儿园5个教育民生工程。其中，广昌三中整体新建项目总投资2.8亿元，总用地面积14.19公顷，新增学位4500个；广昌县第二幼儿园扩建项目总投资3900万元，用地面积0.77公顷，建筑面积6127.69平方米，新增班级12个，学位360个；广昌县第四幼儿园综合楼扩建工程总投资800万元，新增班级3个，学位90个；广昌县职业技术学校学生公寓及教职工宿舍项目总投资5580万元，新增学生宿舍161间，教职工宿舍100间；广昌县驿前镇中心幼儿园扩建工程项目总投资700万元，新增1栋3层楼教室，新增班级6个，学位180个。

【乡村振兴】 2021年，广昌县推行返贫预警监测，完善防贫保险机制，通过省级巩固拓展脱贫攻坚成果考核。“发展传统产业促进贫困户增收—江西省广昌县白莲种植扶贫模式案例”获“全球减贫案例有奖征集活动”最佳减贫案例。发展村级集体经济，全县所有行政村集体经济收入达10万元以上，其中超50万元的行政村22个。建成高标准农田0.31万公顷，获评省级考核一等奖。全面完成头陂集镇改造，启动实施千善集镇改造。公路工程PPP项目基本完成，提前4年基本实现乡镇通三级公路目标。启动实施华润莲心姚西苏区振兴项目。推进城乡供水一体化，完成县城备用水源建设。全面推行农村基础设施建后管护“五位一体”新模式。探索积分超市、善行积分等乡村治理新模式，促进乡风民风持续好转。

主要领导人 县委书记：许爱军（任至8月）、吴自胜（8月任）。县人大常委会主任：李广文。县长：欧阳巧文（任至8月）、王峰（8月任）。县政协主席：赵敏。

（钟立新 陆小梦）

·东乡区·

【简 况】 位于江西省东部，辖8镇、4乡、1街道、2垦殖场、1生态林场、1省级经济开发区。总面积1196.38平方千米，其中城区面积28.33

平方千米。林地面积6.02万公顷,森林覆盖率46.1%,城区绿地率46.72%。总人口48.16万人(含东临新区)。2021年,地区生产总值213.86亿元,同比增长8.4%。其中,第一产业26.40亿元,增长6.9%;第二产业94.60亿元,增长7.0%;第三产业92.86亿元,增长10.2%。财政总收入33.07亿元,增长19.33%。财政总支出56.17亿元,增长1.52%。社会固定资产投资增长8.1%。工业总产值同比增长37.48%。主要工业产品有医药、妇婴卫生用品、农业机械、汽车零配件。农业总产值42.86亿元,增长8.3%。粮食总产量35.8万吨。主要农产品及产量有生猪出栏85.18万头、生猪存栏54.15万头。城镇居民人均可支配收入4.36万元,增长8.0%;农村居民人均纯收入2.22万元,增长9.3%。金融机构存款年末余额270.74亿元。

【4个产品入选全国名特优新农产品名录】 5月,农业农村部农产品质量安全中心公布2021年第一批全国名特优新农产品名录,东乡花果芋、东乡葛粉、东乡花猪肉、东乡绿壳蛋4个产品入选。其中,东乡华绿绿壳蛋是地方特色产品之一,有“天下奇鸡生奇蛋”之称,由江西东华种畜禽有限公司生产。从在东乡发现绿壳蛋鸡迄今37年,中科院院士吴常信高度关注,并在此设立全省同行业第一个院士工作站。东乡华绿绿壳蛋蛋壳呈青绿色或淡绿色,呈规则卵圆形,蛋黄居中,轮廓清晰;蛋白澄清透明,蛋内容物中无血斑、肉斑等异物。内在品质蛋白质、蛋氨酸、脂肪、铁、维生素A等均优于参考同类绿壳鸡蛋。该蛋口感清香、细腻,无一般鸡蛋腥味,同时有富含多种维生素、富硒,低胆固醇等特点,对人体有很好的保健作用,是中国现今唯一获得国家健字号的鸡蛋。

12月30日,航拍下的抚州市东乡区马圩镇港下村牛侧村小组秀美乡村建设示范点,楼房整整齐齐、错落有致

东乡区史志办供

【1社区获全国示范性老年友好型社区】 11月,国家卫生健康委公布2021年全国示范性老年友好型社区名单,江西省30个社区上榜,其中东乡区金峰街道东糖社区榜上有名。该辖区共3735户9116人,有60岁以上人口1367人,辖区独居、空巢老人较多。社区从改善老年人的居住环境、方便老年人的日常出行、提升为老年人服务质量、扩大老年人社会参与、丰富老年人精神文化生活、提高为老服务的科技化水平等6方面下功夫。在提升老年人服务质量方面,利用社区老年人活动中心、同益卫生院等,定期为老年人提供生活方式和健康状况评估指导,为患病老年人提供基本医疗、康复护理、安宁疗护等服务;开展老年人群健康状况监测和评价,制定满足不同老年人群健康需求的改善措施;深入推进医养结合,支持社区卫生服务机构、同益卫生院内部建设医养结合中心;利用社区日间照料中心及社会化资源,为老年人提供生活照料、助餐服务、紧急救援、精神慰藉、康复指导等多样化养老服务。

【文明实践凸显特色亮点】 东乡区以入选江西省首批、全国第二批新时代文明实践中心建设试点县为契机,把文明实践工作作为承担新时期宣传思想工作举旗帜、聚民心、育新人、兴文化、展形象的重要载体,并取得成效。经过3年的不懈努力,全区建成新时代文明实践中心1个,乡镇新时代文明实践所16个,村(社区)、学校、机关企事业单位新时代文明实践站236个。东乡区志愿服务队共计563支,注册志愿者6.8万余人,累计服务时长162.5万小时。在江西省率先成立科级新时代文明实践志愿服务中心、率先建成新时代文明实践指挥调度中心、率先实现“两中心一平台”融通贯通。点单平台运行工作量江西省居第3位、记录志愿服务时长居江西省第7位,各项指标均稳居全市第1位。8次在江西省抚州市大型会议上介绍典型经验,承办江西省、抚州市大型新时代文明实践活动6场,7个志愿服务项目获评江西省示范性重点志愿服务扶持项目,工作做法得到江西省委领导表扬肯定,累计获得中央、江西省级专项奖补资金249万元。

主要领导人 区委书记:曾春(任至8月)、彭敏群(8月任)。区人大常委会主任:雷东水(任至10月)、高晓英(10月任)。区长:彭敏群(任至8月)、李建泉(8月代、10月任)。区政协主席:杨卫国(任至10月)、吴忠鸿(10月任)。

(乐晓琴　付施蓓)

本类目编辑:徐佳佳

人　物

省级领导机构成员名录

中共江西省委

刘　奇　书记(任至10月)
易炼红　书记(2021年10月任)、副书记(任至10月)
叶建春　副书记(2月任)
吴忠琼　(女)副书记(11月任)
尹建业　常委(任至11月)
梁　桂　常委(9月任)
刘　强　常委(任至11月)
殷美根　常委(任至11月)
陈兴超　常委(任至11月)
赵力平　常委(任至5月)、秘书长(任至5月)
施小琳　(女)常委(任至8月)
吴亚非　常委(任至11月)
吴晓军　常委(任至4月)
马森述　常委
吴　浩　常委(5月任)、秘书长(5月任,任至11月)
李红军　常委(7月任)
庄兆林　常委(11月任)
任珠峰　常委(11月任)
张鸿星　常委(11月任)
鲍泽敏　常委(11月任)
史文斌　常委、秘书长(11月任)
黄喜忠　常委(11月任)

江西省人大常委会

刘　奇　主任
赵力平　党组书记、副主任(1月任)
周　萌　党组书记、副主任(任至1月)
刘　强　(回族)党组副书记(11月任)
朱　虹　党组副书记、副主任(任至1月)
马志武　(回族)副主任
龚建华　党组成员、副主任(11月,因涉嫌严重违纪违法,主动投案,接受中央纪委国家监委纪律审查和监察调查;2022年5月,被开除党籍和公职)
冯桃莲　(女)党组成员、副主任(任至1月)
胡世忠　党组成员、副主任
曾文明　党组成员、副主任(1月任)
张小平　党组成员、副主任(1月任)
韩　军　党组成员、秘书长

江西省人民政府

易炼红　党组书记、省长(任至10月)
叶建春　党组书记、代省长(10月任)
吴忠琼　党组成员、副省长(任至1月)
梁　桂　党组副书记、副省长(11月任)
吴　浩　党组成员、副省长(任至5月)
任珠峰　党组成员(2月任)、副省长(3月任)
张鸿星　党组成员(5月任,任至12月)、副省长(6月任,任至12月)
张小平　党组成员、秘书长(任至3月)
殷美根　党组副书记、副省长
孙菊生　副省长
秦　义　党组成员、副省长
胡　强　党组成员、副省长
陈小平　党组成员、副省长
罗小云　党组成员、副省长
王国强　党组成员、秘书长(3月任)

政协江西省委员会

姚增科　党组书记、主席
陈兴超　党组副书记
李华栋　副主席
谢　茹　(女)副主席
汤建人　副主席
刘晓庄　副主席
陈俊卿　党组副书记、副主席
张　勇　党组成员、副主席
肖　毅　党组成员、副主席(5月,因涉嫌严重违纪违法接受中央纪委国家监委纪律审查和监察调查;11月,被开除党籍和公职)
刘卫平　党组成员、副主席
雷元江　副主席
汪　爽　党组成员、秘书长

省直单位领导干部名录

省纪委省监委

马森述　省纪委书记、省监委主任
潘东军　省纪委常务副书记、省监委副主任(任至11月)
何　刚　省纪委副书记、省监委副主任(任至11月)
魏晓奎　省纪委副书记、省监委副主任
许朝杰　省纪委副书记、省监委副主任
范小林　省监委副主任人选(11月任)
王仁辉　省监委副主任人选(11月任)
饶利萍　(女)省纪委常委、秘书长、省监委委员
庄国良　省纪委常委
郑志军　省纪委常委
王爱东　省监委委员
包　静　(女)省监委委员
黄冬生　省纪委副秘书长、办公厅主任(任至1月)
王　芳　(女)省纪委副秘书长、办公厅主任(6月提副厅级)

舒　畅　(女)二级巡视员
罗聪明　(女)宣传部部长
衷文俊　党风政风监督室主任(6月提副厅级)
罗贤忠　信访室主任(2月任)
熊　瑶　(女)二级巡视员
董梅生　案件监督管理室主任(2月任)
聂长流　第一监督检查室主任(2月任)
肖初林　二级巡视员
黄发高　第四监督检查室主任
徐华平　第五监督检查室主任
王　谷　第六监督检查室主任、省监察委员会委员人选(12月任)
万　丰　第八监督检查室主任
戴军华　二级巡视员(任至12月)
严　正　第十一审查调查室主任(任至11月),第十一监督检查室主任(11月任)
桂云黔　第十二审查调查室主任
彭海宝　第十四审查调查室主任、省监察委员会委员人选(12月任)
周　巍　二级巡视员(任至12月)

省委办公厅

刘　烁　省委副秘书长、办公厅主任(任至8月)
沈谦芳　省委副秘书长、办公厅主任(9月任)
张　锋　省委副秘书长(任至3月),督查专员(3月任,正厅级)、厅直属机关党委书记
利继忠　省委副秘书长(任至5月),督查专员(正厅级,5月任,任至9月)
陈　斌　副主任(任至2月),省委副秘书长、国安办专职副主任(2月任,任至12月),督查专员(12月任,正厅级)
方向军　省委副秘书长(3月任,任至12月)
黄之猛　副主任、滨江招待所所长
胡晓华　(女)一级巡视员
方瑞增　省纪委省监委驻厅纪检监察组组长
徐建文　副主任
徐云涌　副主任(任至8月)
高　伟　一级巡视员
汤俊峰　督查专员(副厅级,任至5月)
王　俊　省国家保密局局长
赵长江　二级巡视员
荣　蓉　(女)省委机要局局长
聂文胜　督查专员(副厅级)
陈金梅　(女)省专用通信局局长

省委信访局

王新有　省委副秘书长、局长(任至9月)
乐文红　(女)省委副秘书长、局长(9月任)
张　明　正厅级信访督查专员
肖平学　副局长
江　勤　(女)副局长
曾小平　副局长
鄢　华　副局长(任至9月)
甘贤武　副局长(9月任)
吴　萱　(女)副厅级信访督查专员
黄小明　二级巡视员(7月任)
吴青宜　(女)二级巡视员(7月任)

省委组织部

刘　强　(回族)部长(任至12月)
吴　浩　部长(12月任)
肖洪波　副部长,分管日常工作的副部长(正厅级,8月任)
傅世平　省委编办主任兼副部长(2月任)
刘三秋　(女)副部长(正厅级,任至9月)
周训国　副部长兼省委非公有制经济组织和社会组织工作委员会书记
王新有　省委老干部局局长兼副部长(8月任)
徐　忠　副部长
廖元柱　驻部纪检监察组组长
刘光华　部务委员(任至4月),副部长(4月任)
王小林　部务委员(4月任,任至9月),副部长(9月任)
屈　泉　部务委员
邹绍辉　部务委员(任至2月)
饶荣诚　部务委员(7月任)
汤乐毅　省委党建工作领导小组办公室专职副主任(任至4月)
王家龙　二级巡视员
李敏芳　二级巡视员
谌建荣　二级巡视员
邬卫东　二级巡视员
许建新　二级巡视员
刘寒松　二级巡视员

省委老干部局

肖洪波　局长(任至8月)
王新有　局长(8月任)
王海燕　(女)副局长
陈渊平　副局长、机关党委书记
邓国良　副局长
罗　林　二级巡视员

省委宣传部

施小琳　(女)部长(1月任,任至8月)
梁　桂　部长(8月任,任至11月)
庄兆林　部长(11月任)
郭建晖　常务副部长
杨六华　副部长
吴永明　副部长(正厅级)
梅　毅　副部长,省委网信办主任
黎隆武　副部长、省新闻出版局(省版权局)局长
傅　云　副部长、省政府新闻办公室主任
郎道先　副部长、省文资办主任
龚惠民　驻部纪检监察组组长
龚建文　副部长、省文明办主任
王成饶　一级巡视员
林大建　二级巡视员(1月任,任至2月)
罗远东　二级巡视员
王宜华　二级巡视员

省委网信办

梅　毅　主任
周森昆　一级巡视员
郭力根　副主任
余和平　副主任
张　丽　(女)副主任
贺余盛　副主任(4月任)

省委统战部

陈兴超　部长(任至11月)
黄喜忠　部长(11月任)
刘文华　分管日常工作的副部长(正厅级)
曹国庆　副部长
胡志平　副部长
高鹰群　(女)副部长
徐小平　驻部纪检监察组组长

刘伟旗 副部长、部直属机关党委书记
张继钦 副部长，省政府侨务办公室主任
徐　波 副部长（9 月任）
周　铨 二级巡视员（6 月任）
邱　钧 二级巡视员（7 月任）

省委政法委

尹建业 （白族）书记（任至 11 月）
张鸿星 书记（11 月任）
林　强 常务副书记
张　强 副书记（正厅级，任至 3 月）
黄文辉 副书记
毛保国 副书记
陶　亮 副书记（8 月任）
胡嘉金 副书记（5 月任，任至 12 月）
杨晓伟 副书记（挂职，任至 8 月）
翟少勇 副书记（挂职，8 月任）
罗亦斌 驻委机关纪检监察组组长
吴　鹏 政治部主任（任至 8 月）
朱小平 政治部主任（12 月任）
刘朝阳 省法学会专职副会长
张鹤翔 一级巡视员（2 月任，任至 7 月）
梁启有 一级巡视员（12 月任）
万长余 二级巡视员（任至 7 月）
王　飞 二级巡视员
彭　霖 二级巡视员

省委政研室（省委改革办）

沈谦芳 省委副秘书长、政研室主任、改革办副主任（任至 9 月）
利继忠 省委副秘书长、省委政研室主任、省委改革办副主任（9 月任）
陈　强 省委政研室副主任、省委改革办专职副主任（正厅级）
黄光明 省委政研室副主任
张晓勇 省委政研室副主任、省委改革办专职副主任
李卫东 省委政研室副主任（5 月任）
祝剑锋 省委政研室（改革办）二级巡视员
洪三宝 省委政研室（改革办）二级巡视员

省委省政府台办

邓保生 主任
何　晞 副主任
沈兵秋 副主任
喻志东 二级巡视员（3 月任）

省委编办

傅世平 主任
廖　涛 （女）副主任
王云标 副主任
陈卓飚 副主任
段长发 （女）二级巡视员

省直机关工委

彭世东 书记
肖　良 副书记（正厅级）
雷　音 副书记
刘大胜 工委委员、宣传部部长（任至 5 月）
程新生 工委委员、省直机关纪工委书记
熊育杰 工委委员
付利明 工委委员（正处级，2 月任）
孔德然 二级巡视员（8 月任）
王桂玲 （女）二级巡视员

省委巡视办

王仁辉 主任（任至 12 月）
庄国良 主任（12 月任）
吴雪军 副主任
陈　琰 （女）副主任

省委巡视组

尹玉光 省委巡视组组长
汪永华 省委巡视组组长
黄玉剑 省委巡视组组长
蔡厚勇 省委巡视组组长
曾亦冰 省委巡视组组长（任至 2 月）
杜志刚 省委巡视组组长（任至 3 月）
王金林 省委巡视组组长
吕　伟 省委巡视组正厅级巡视专员
黄海燕 （女）省委巡视组正厅级巡视专员
汤乐毅 省委巡视组正厅级巡视专员（4 月任）
曾崇新 省委巡视组正厅级巡视专员
涂俊伟 省委巡视组正厅级巡视专员
刘立松 省委巡视组正厅级巡视专员
黄祥兴 省委巡视组正厅级巡视专员
尹　健 省委巡视组副组长
毛智勇 省委巡视组副组长（任至 12 月）
贾素珍 （女）省委巡视组副组长（12 月任）
万　明 省委巡视组副组长
吴小瑜 （女）省委巡视组副组长（任至 5 月）
李来木 省委巡视组副组长（7 月任）
王　玮 省委巡视组副组长
宁满林 省委巡视组副组长
梁　欢 （女）省委巡视组副组长（5 月任）
胡自然 省委巡视组副组长
汤俊峰 省委巡视组副组长（5 月任）
李圣明 省委巡视组副组长
罗贤忠 省委巡视组副厅级巡视专员（任至 2 月）
周少玲 （女）省委巡视组副厅级巡视专员
钟陈辉 省委巡视组副厅级巡视专员
傅仁万 省委巡视组副厅级巡视专员
王凌文 省委巡视组二级巡视员（任至 3 月）

省委党史研究室

俞银先 主任
卢大有 一级巡视员
彭　勃 （女）副主任
刘　津 副主任

省委党校（行政学院）

曾志刚 常务副校（院）长
杨　超 副校（院）长
罗志坚 副校（院）长
廖清成 副校（院）长
杨解生 副校（院）长
杨会清 副校（院）长
高莉娟 （女）副校（院）长（9 月任）

省人大常委会办公厅

徐　力 省人大常委会副秘书长、办公厅主任
左继生 省人大常委会副秘书长
巫欣春 省人大常委会副秘书长
杨泽民 副主任（任至 9 月）
刘三妹 （女）驻省人大机关纪检监察组组长
陈惠龙 副主任
郭玉元 一级巡视员

董立新 一级巡视员(8月任。2022年10月,接受江西省纪委省监委纪律审查和监察调查)
王清衡 二级巡视员
钟 鸣 二级巡视员(3月任)

省人大监察司法委

徐南凯 主任委员(1月任)
胡永新 副主任委员(任至11月)
陈晓春 副主任委员
肖德福 副主任委员
陈友锦 副主任委员
熊 辉 二级巡视员(10月任)

省人大财经委

张振球 主任委员(任至6月)
刘翠兰 (女)副主任委员
蔡社宝 副主任委员(任至1月)
周山印 副主任委员
李青华 (女)副主任委员(1月任)
邓 勤 (女)副主任委员
周华爱 (女)副主任委员

省人大教科文卫委

朱 希 主任委员(任至1月)
郭 安 主任委员(1月任。2022年9月涉嫌严重违法违纪,接受江西省纪委省监委纪律审查和监察调查)
黄小华 (女)副主任委员
郭学勤 (女)副主任委员
公艳萍 (女)副主任委员(任至11月)、一级巡视员(9月任)

省人大农委

阎钢军 主任委员
毛祖逊 副主任委员
陈日武 副主任委员(任至9月)
罗小茶 (女)副主任委员

省人大环资委

吴治云 主任委员
左和平 副主任委员
董晓健 副主任委员(1月任)
傅行家 副主任委员
柳 铭 二级巡视员(任至7月)、一级巡视员(7月任)
李陆前 二级巡视员(3月任)

省人大法制委

刘义砾 主任委员
郭 兵 副主任委员(任至9月)
周 雍 副主任委员
叶敏健 副主任委员

省人大社会委

龚绍林 主任委员(任至9月)
李江河 副主任委员(9月任)
陈德寿 副主任委员
饶剑明 副主任委员
韩 燕 (女)副主任委员

省人大常委会法工委

周 雍 主任
裴忠彪 副主任
刘永亮 副主任
杨润华 副主任
万祥裕 二级巡视员

省人大常委会选任联工委

徐 忠 主任
谭筱刚 副主任
陈 蔚 (女)副主任

省人大常委会外侨民宗工委

聂道宏 主任(任至3月)
潘辛菱 (女)副主任

省人大常委会预算工委

周山印 主任(任至3月)
梁 力 副主任
周国亮 副主任

省政协办公厅

杨木生 机关党组成员,主任
钱 薇 机关党组成员,副主任
孙卫国 机关党组成员(任至5月),副主任
周建华 驻省政协机关纪检监察组组长,省政协机关党组成员
钟清滨 机关党组成员(5月任),副主任,机关党委书记
邓 杰 副主任(任至3月)
邹英香 副主任(3月任)

省政协提案委员会

丁晓群 主任、分党组书记
张国轩 副主任
李家祥 副主任
余慧川 副主任(专职)

省政协经济委员会

王 萍 (女)主任、分党组书记(任至7月)
万 明 副主任(1月任)
叶 磊 副主任(1月任)
王亦斌 副主任
孙 晨 副主任(专职,3月任)

省政协农业和农村委员会

谢茂林 机关党组成员,主任、分党组书记
胡汉平 副主任(1月任)
谢金水 副主任
邹英香 (女)副主任(专职,任至3月)
卢姣龙 副主任(专职,11月任)

省政协人口资源环境委员会

邓兴明 主任、分党组书记
郭 家 副主任
罗小璋 副主任
谭文英 (女)副主任
金秋平 副主任(专职)

省政协教科文卫体委员会

洪三国 主任
肖为群 副主任、分党组书记
徐跃进 副主任(任至11月)
罗 莹 副主任
郑仙桃 副主任(专职)

省政协社会和法制委员会

池 红 主任、分党组书记(1月任)
叶国兵 副主任(1月任。4月,因涉嫌严重违纪违法接受省纪委省监委纪律审查和监察调查)
胡淑珠 (女)副主任
杨小华 副主任
何剑锋 副主任
刘立松 副主任
刘克琦 副主任
吴财锋 副主任(专职,任至11月)

省政协民族和宗教委员会

尹小明　机关党组成员，主任、分党组书记
周海涛　副主任
曹国庆　副主任
陈淦彬　副主任（专职，任至1月）
吴泉水　副主任（专职，11月任）
释纯一　副主任

省政协港澳台侨和外事委员会

张知明　（女）副主任、分党组书记
胡伟荣　副主任（任至7月）
胡志扬　副主任（1月任）
郭坚华　副主任
邓　杰　副主任（3月任）
唐勇华　二级巡视员（任至5月）

省政协文史和学习委员会

辜　清　主任
肖华茵　副主任（任至11月）
俞银先　副主任
何建洋　副主任
傅兆良　副主任（专职）

省法院

葛晓燕　（女）党组书记、院长
夏克勤　党组副书记、副院长（任至2月）
胡淑珠　（女）副院长
居国屏　党组成员、副院长
勒世标　党组成员、政治部主任（任至9月）
柯　军　党组成员、副院长
赵九重　党组成员、副院长
邹中华　党组成员、执行局局长
李来木　党组成员、纪检组组长（任至7月）
周运柏　党组成员、纪检组组长（7月任）
喻德红　党组成员、副院长（9月任）
盛　茵　党组成员、政治部主任（9月任）
陈仁生　专职审委会委员
杨国安　专职审委会委员
陈建平　专职审委会委员
陈修腾　一级巡视员（任至11月）
胡智斌　二级巡视员
姚晨奕　二级巡视员
吴　勃　二级巡视员
黄爱和　二级巡视员（3月任）

省检察院

田云鹏　党组书记、检察长
罗晓泉　党组副书记、副检察长
张国轩　副检察长
邱　利　党组成员、副检察长
徐胜平　党组成员、副检察长
张勇玲　（女）党组成员、副检察长
刘永华　党组成员、驻院纪检监察组组长
华智峰　党组成员、政治部主任
冯祖强　检察委员会专职委员
周有智　检察委员会专职委员（任至11月）
潜　艇　检察委员会专职委员
熊金文　一级巡视员（2月任）
朱德才　一级巡视员（8月任）
周文英　（女）二级巡视员
黄有兰　（女）二级巡视员
熊国钦　南昌铁路运输分院分党组书记、检察长

省政府办公厅

张小平　省政府秘书长，办公厅党组书记、主任（任至3月）
王国强　省政府秘书长，办公厅党组书记、主任（3月任）
李　能　省政府副秘书长、办公厅党组成员
宋雷鸣　省政府副秘书长、一级巡视员（12月任）
邱向军　省政府副秘书长、办公厅党组成员（任至5月）
刘晓艺　（女）省政府副秘书长、办公厅党组成员
王前虎　省政府副秘书长、办公厅党组成员（5月任）
吴龙强　省政府副秘书长、办公厅党组成员
王亚联　省政府副秘书长、办公厅党组成员（任至1月）
樊雅强　省政府副秘书长、办公厅党组成员
熊科平　省政府副秘书长、办公厅党组成员
杜章彪　省政府副秘书长、办公厅党组成员（10月任）
宋迪维　一级巡视员
蒋志红　办公厅党组成员、副主任
徐松柏　办公厅副主任、一级巡视员（12月任）
廖裕良　一级巡视员
赵　国　驻厅纪检监察组一级巡视员（任至12月）
杨　俊　办公厅党组成员、副主任（10月任）
潘叶锋　驻厅纪检监察组组长（7月任）
何波生　办公厅党组成员、副主任
邵　高　省政务服务办主任（7月任）
蔡雪芳　（女）二级巡视员
李盛平　二级巡视员（任至12月）
邱长华　二级巡视员
周美琪　二级巡视员（1月任）
陈　钢　二级巡视员（1月任）

省发展改革委

张和平　党组书记、主任，省鄱湖办（省苏区办）主任，省委全面深化改革办副主任，省委财经委员会办公室常务副主任
林彬杨　党组成员、副主任（正厅级，3月任）
郭新宇　党组成员、副主任
刘　兵　党组成员、省生态文明建设领导小组办公室专职副主任
喻志勇　党组成员、省粮食和物资储备局党组书记、局长
李志刚　党组成员、副主任
李庆红　党组成员、副主任
温俊杰　党组成员、省能源局局长
宁　全　党组成员、副主任
吴　军　党组成员、驻委纪检监察组组长
赖南京　一级巡视员
郑沐春　一级巡视员
邱啟旻　省鄱阳湖生态经济区建设办公室副主任
赖晓岚　（女）省赣南等原中央苏区振兴发展工作办公室副主任（9月任）
卢述银　省赣南等原中央苏区振兴发展工作办公室副主任（10月任）
杜军龙　省信息中心主任
彭小平　省生态文明研究院院长（2月任）
徐伟民　省生态文明研究院党委书记

（2月任）
张　鹏　省赣南等原中央苏区振兴发展工作办公室副主任
李新民　省赣南等原中央苏区振兴发展工作办公室副主任
文素琴　（女）二级巡视员（任至11月）
刘光华　省价格鉴定监测管理局二级巡视员（任至11月）
王爱红　（女）二级巡视员（任至7月）
曾洪晖　省能源局二级巡视员
樊千根　二级巡视员（5月任）
刘　静　（女）省能源局二级巡视员（5月任）

省财政厅

朱　斌　党组书记、厅长
吕朝明　党组成员、驻厅纪检监察组组长
李　伟　党组成员、副厅长
黄　平　党组成员、副厅长
苏昌平　党组成员、副厅长
邓　忠　党组成员、副厅长
刘伍根　党组成员、省财政公共服务中心主任
刘力群　（女）党组成员（9月任）、副厅长（10月任）
聂和生　省财政公共服务中心党委书记（2月任）
王　斌　一级巡视员（任至3月）
张耀霞　（女）一级巡视员。
程继强　二级巡视员（任至12月）
刘彪文　江西财经职业学院党委副书记、院长
林火平　江西财经职业学院党委书记（任至12月）
余新民　二级巡视员（任至10月）
马祖赞　二级巡视员（任至11月）
刘宗敏　二级巡视员
郭冠华　二级巡视员
李建军　二级巡视员（7月任，任至8月）

省人力资源和社会保障厅

刘三秋　（女）党组书记、厅长（任至3月）
钟志生　党组书记、厅长（3月任）
黄加文　党组成员、副厅长
王书红　党组成员、副厅长
廖云东　党组成员、驻厅纪检监察组组长
王成兵　党组成员（8月任）、副厅长（9月任）
刘克琦　党组成员、副厅长
肖国军　党组成员（任至8月）、副厅长（任至9月）
吴福全　党组成员、副厅长（任至2月），一级巡视员（2月任，任至9月）
叶志忠　省社会保险管理中心主任
查金滚　省社会保险管理中心党委书记
郭锦亮　省就业创业服务中心主任（2月任）
饶雪征　省就业创业服务中心党委书记（2月任）
李新乐　二级巡视员
李金华　二级巡视员（3月任）
汪小南　二级巡视员（3月任）
李　敏　二级巡视员（3月任）
鲁晓田　二级巡视员（3月任）

省审计厅

辜华荣　党组书记、厅长
刘　达　（女）党组成员、副厅长
罗伟华　（女）党组成员、驻厅纪检监察组组长
胡志勇　党组成员、副厅长
胡雅萍　（女）党组成员、副厅长
陈义平　党组成员、省经济责任审计联席会议办公室主任
裘红洪　（女）总审计师（1月任）
刘斌良　一级巡视员
黄正宇　一级巡视员
董　琪　二级巡视员
郑中淮　二级巡视员（任至3月）
刘功滨　二级巡视员
罗贤勇　二级巡视员
程旭华　二级巡视员
邬晓明　二级巡视员
刘淑萍　（女）二级巡视员（4月任）
袁建勤　驻厅纪检监察组二级巡视员（5月任）

省民政厅

刘金接　党组书记（任至12月）、厅长
李明生　党组书记（12月任）
欧阳海泉　党组成员、副厅长（正厅级）
黄永茂　党组成员、副厅长（5月任）
张福庆　党组成员、副厅长（任至12月）
樊　胜　党组成员、副厅长
向　东　党组成员、驻厅纪检监察组组长
赵大伟　二级巡视员
熊　铭　二级巡视员
刘石呈　二级巡视员

省统计局

方向军　党组书记、局长（12月任）
万庆胜　正厅级领导（任至12月）
韩志生　一级巡视员
彭勇平　（女）一级巡视员（任至2月）
曾永生　党组成员、副局长
喻　滨　党组成员、副局长
万　玲　（女）副局长（3月任）
金　绮　（女）二级巡视员
康冬明　总统计师、一级调研员
曾庆道　二级巡视员
叶德祥　二级巡视员
何小敏　（女）二级巡视员（4月任）
张　捷　二级巡视员（任至3月）

省档案馆

方维华　（女）党组书记、馆长
方华清　党组成员、副馆长
谭荣鹏　党组成员、副馆长
李继国　党组成员、副馆长（4月任）
谭向文　一级巡视员（4月任）
毛海帆　（女）二级巡视员
邓东燕　（女）二级巡视员

省国资委

陈德勤　党委书记、主任
马　健　党委委员、副主任（正厅级）
卢正大　党委委员、副主任
郑德才　党委委员、副主任
江尚文　党委委员、副主任
刘玉椿　党委委员、驻省国资委纪检监察组组长（任至8月）
杨志军　党委委员、驻省国资委纪检监察组组长（8月任）
杨国安　党委委员、副主任
龚建平　一级巡视员
谢　敏　省出资监管企业监事会主席（任至8月），一级巡视员（8月任）
李少华　二级巡视员（任至9月）
袁紫忠　二级巡视员

钟宇晖 省出资监管企业监事会主席
谢　言 省出资监管企业监事会主席
张　明 省出资监管企业监事会主席
杨晋安 二级巡视员(7月任)

省工业和信息化厅

杨贵平 党组书记、厅长
江明成 党组成员、副厅长
郑正春 党组成员、副厅长
辛清华 党组成员、副厅长
谢志锋 党组成员、副厅长(9月任)
王亦斌 一级巡视员
郭国君 驻厅纪检监察组一级巡视员(12月任)
章志锋 驻厅纪检监察组二级巡视员
陈　军 二级巡视员
钱　昀 (女、回族)党组成员、副厅长(任至9月)
何　琦 党组成员、副厅长(任至9月)
李善乐 二级巡视员(任至5月)
熊　健 二级巡视员(1月任)
黄美昌 二级巡视员(1月任)
陈辉萍 (女)二级巡视员(12月任)
杨金娥 (女)二级巡视员(12月任)
郭任生 二级巡视员(12月任)
郭启东 省工业与信息化融合推进中心主任(2月任,副厅级)

省交通运输厅

王爱和 党委书记、厅长
王昭春 党委委员、副厅长
罗文江 党委委员、副厅长(任至4月)
蓝丽红 党委委员、驻厅纪检监察组组长
魏遵红 党委委员、副厅长,省邮政管理局党组书记、局长(任至7月)
刘震华 党委委员、副厅长
丁光明 党委委员、副厅长
周慧锋 党委委员、副厅长(7月任),省邮政管理局党组书记、局长(7月任)
胡钊芳 一级巡视员
彭　瑜 (女)二级巡视员
王继东 二级巡视员
张春晓 (女)二级巡视员(9月任)

省住房和城乡建设厅

吴昌平 党组书记
卢天锡 厅长
宗玉明 (女)驻厅纪检监察组一级巡视员
李洪涛 党组副书记、副厅长(9月任)
章雪儿 一级巡视员
李道鹏 副厅长
王海涛 党组成员、副厅长
熊春华 党组成员、副厅长
江新洪 党组成员、副厅长
严全胜 党组成员、驻厅纪检监察组组长
姚宏平 二级巡视员(任至2月)
曹达红 二级巡视员(2月任)
陈建蓉 (女)二级巡视员(任至1月)
王美娟 (女)二级巡视员(任至6月)
李　炜 二级巡视员(7月任)
宋志强 二级巡视员(11月任)

省生态环境厅

徐延彬 党组书记、厅长
郑光泉 党组成员、生态环境监察专员(1月任,正厅级)
罗小璋 党组成员、副厅长
李　军 (女)副厅长(8月任)
龙　刚 党组成员、副厅长
李鹏云 党组成员、驻厅纪检监察组组长
陈　钊 党组成员、副厅长(任至8月)
舒飞庚 党组成员、副厅长(1月任)
石　晶 (女)一级巡视员
杨　鹏 生态环境监察专员兼赣中生态环境监察专员办公室主任(副厅级)
邹国星 生态环境监察专员兼赣东生态环境监察专员办公室主任(副厅级,任至4月)
罗盛金 生态环境监察专员兼赣北生态环境监察专员办公室主任(副厅级)
林　文 (女)生态环境监察专员兼赣西生态环境监察专员办公室主任(副厅级)
喻子水 生态环境监察专员兼赣南生态环境监察专员办公室主任(副厅级)
朱丽昀 (女)副厅级干部兼赣北生态环境监察专员办公室副主任
杨国华 省生态环境监测中心主任(2月任)

省应急厅

龙卿吉 党委书记、厅长
汪少舟 党委委员、副厅长
周运柏 党委委员、驻厅纪检监察组组长(任至7月)
钟世富 党委委员、副厅长(任至10月)
余　钢 党委委员、副厅长
张贤义 党委委员、副厅长
徐卫明 党委委员、副厅长(兼任)
姚　丹 党委委员、副厅长
于建国 党委委员、副厅长(2月兼任)
刘　闯 党委委员、政治部主任(2月任)
徐何明 党委委员(9月任)、副厅长(10月任)
周　平 一级巡视员
刘　武 二级巡视员
吴继波 二级巡视员(任至11月)
裴建元 二级巡视员
陈　勇 二级巡视员(2月任)

省人防办

李绪先 党组书记、主任
林显君 党组成员、副主任(任至9月)
钟　斌 党组成员、副主任
林承杰 党组成员、副主任(12月任)
陈文平 二级巡视员

省商务厅

谢一平 党组书记、厅长
刘　煜 党组成员,中国国际贸易促进委员会江西省委员会党组书记、会长
梁小康 党组成员、副厅长
贾俊芳 党组成员、驻省商务厅纪检监察组组长
方向军 党组成员、副厅长(任至3月)
饶芝新 党组成员、副厅长
罗　璇 (女)党组成员、副厅长(任至9月)
陈长生 党组成员(9月任)、副厅长(10月任)
姚睿钦 驻厅纪检监察组一级巡视员
朱元发 一级巡视员
喻　洪 二级巡视员
宁小武 二级巡视员

晏　斌　江西外语外贸职业学院党委书记
朱隆亮　江西外语外贸职业学院院长、党委副书记

省供销合作社

李晓刚　党组书记、理事会主任
欧阳太来　一级巡视员
卢　忠　党组成员、理事会副主任
杨晓琴　(女)党组成员、理事会副主任
陈立新　党组成员、省供销集团有限公司总经理
裴敏春　党组成员、理事会副主任
汪　波　监事会主任(副厅级)
吴小平　江西旅游商贸职业学院党委书记(副厅级)
蔡海生　江西旅游商贸职业学院院长(副厅级)

省市场监管局

王福平　党组书记、局长
谭文英　(女)副局长
张正新　党组成员、副局长
邓季芳　党组成员、驻局纪检监察组组长
吴　维　党组成员、省药监局党组书记
黄富华　党组成员、副局长(任至2月)、省检验检测认证总院院长(2月任)
梁卫光　党组成员、副局长
杨　瑛　(女)党组成员
刘建华　一级巡视员
蔡　玮　一级巡视员
沈庆中　党组成员、副局长(任至2月),一级巡视员(2月任)
章志键　二级巡视员
李　捷　二级巡视员
裘应强　二级巡视员(4月任)
朱小东　二级巡视员(4月任)
魏秋华　二级巡视员(4月任)
陈少龄　二级巡视员(4月任)
李顺珍　(女)二级巡视员(4月任,任至5月)
葛松如　二级巡视员(4月任)
余国平　二级巡视员(11月任)

省外办

赵　慧　(女)党组书记、主任,省对外友协会长
李雨强　党组成员、副主任,省对外友协副会长
胡志扬　党组成员、副主任,省对外友协副会长(4月任)
叶　松　二级巡视员
涂安波　省对外友协专职副会长

省政府驻外办事处

金俊平　驻北京办事处党组书记、主任,省驻京机构党委书记
高延平　驻北京办事处党组成员、副主任,省驻京机构党委副书记
侯熙文　驻北京办事处党组成员、副主任,省驻京机构党委副书记、省驻京机构纪委书记
吴文凯　省驻京机构党委副书记、驻北京办事处一级巡视员
熊炎飞　省驻京机构党委副书记、驻北京办事处二级巡视员
吴井勇　驻上海办事处党组书记、主任
张雪萍　(女)驻上海办事处党组成员、副主任,省驻沪单位党委书记
姚军章　驻上海办事处党组成员、副主任(5月任)
王坚真　(女)驻上海办事处党组成员、副主任(任至5月),驻上海办事处一级巡视员(5月任)
吕宏光　驻上海办事处二级巡视员
刘龙龙　驻广东(深圳)办事处党组书记、主任
柳　林　驻广东(深圳)办事处二级巡视员(1月任,任至4月)
李卫国　驻广东(深圳)办事处二级巡视员(9月任)

省农业农村厅

江枝英　省委农办主任,省农业农村厅党组书记(2月任)
胡汉平　省农业农村厅厅长
刘　洪　省委农办副主任(7月任),省农业农村厅党组成员(12月任)
刘　伟　省委农办副主任(7月任),省农业农村厅党组成员(2月任)、副厅长
刘光华　省农业农村厅党组成员(2月任)、副厅长
吴国昌　省农业农村厅党组成员(2月任)
邓贤贵　省农业农村厅党组成员(2月任)、副厅长
路文革　省农业农村厅党组成员(9月任)、副厅长(10月任)
曹爱珍　省农业农村厅党组成员(2月任)、驻厅纪检监察组组长
兰永清　省农业农村厅党组成员、省农业技术推广中心主任(2月任)
赖金生　一级巡视员
罗　锋　省乡村振兴发展中心主任(2月任),省农业农村产业发展服务中心主任(7月任)
刘长城　省乡村振兴发展中心党委书记(2月任),省农业农村产业发展服务中心党委书记(7月任)
郑　敏　省农业技术推广中心党委书记(2月任)
刘春茂　二级巡视员
刘宝林　二级巡视员
龙宇闻　一级巡视员(任至2月)
严　卫　驻厅纪检监察组一级巡视员(任至8月)
倪美堂　一级巡视员(7月,因涉嫌严重违纪违法,接受省纪委省监委纪律审查和监察调查;12月,被开除党籍和公职)

省林业局

邱水文　党组书记、局长
黄小春　一级巡视员
罗　勤　(女)一级巡视员
严　成　党组成员、副局长
刘　宾　党组成员、副局长
肖忠优　江西环境工程职业学院党委书记
熊起明　江西环境工程职业学院院长

省金融监管局

韦秀长　党组书记、局长
骆小林　党组成员、副局长(任至12月)
王小林　党组成员、副局长(任至4月)
徐鹤飞　党组成员、副局长

省水利厅

罗小云 党委书记、厅长(任至 11 月),省鄱建办党委书记(任至 9 月)
罗传彬 党委委员、副厅长(9 月主持工作),省鄱建办党委委员、主任
廖瑞钊 党委委员、副厅长
吴义泉 党委委员、副厅长
蔡　勇 党委委员、副厅长
胡文南 (女)党委委员、驻厅纪检监察组组长
姚毅臣 党委委员、省“河长制”办公室专职副主任
徐卫明 党委委员、副厅长,兼省应急厅党组成员、副厅长(10 月兼任)
纪伟涛 一级巡视员
张伯义 二级巡视员(任至 7 月)
刘　超 省鄱建办党委委员、副主任
李海辉 省鄱建办党委委员、副主任
方少文 省水文局党委书记、局长(任至 2 月),省水文监测中心主任(2 月任)

省自然资源厅

张圣泽 党组书记、厅长
邱水文 党组成员,省林业局党组书记、局长
宋　斌 党组成员(2 月任),省地质局党组书记
邝先华 党组成员、驻厅纪检监察组组长
张龙飞 党组成员、副厅长
陶小驹 党组成员、副厅长
郑斌勇 副厅长
涂迎九 党组成员(2 月任)、副厅长(3 月任)
黄庆龄 党组成员(4 月任)、副厅长(5 月任),江西应用技术职业学院党委书记(任至 4 月)
蔡建平 一级巡视员(2 月任),党组成员(任至 2 月)、省国土资源执法监察总队总队长(任至 2 月)
黄国品 驻厅纪检监察组二级巡视员
冷世民 二级巡视员(任至 11 月)
陶　志 二级巡视员
张家菁 江西应用技术职业学院党委书记(4 月任)
徐志峰 江西应用技术职业学院院长
周国员 江西省国土空间调查规划研究院院长(2 月任)
黄　敏 江西省国土空间调查规划研究院党委书记(2 月任)

省粮食和储备局

喻志勇 党组书记、局长
刘福元 党组成员、副局长(副厅级)
林　华 党组成员、副局长
李湘晖 党组成员、副局长(2 月任)
崔家楠 一级巡视员

省乡村振兴局

史文斌 省扶贫办党组书记、主任(任至 2 月)
江枝英 党组书记(7 月任,任至 12 月)
刘　洪 党组副书记、局长(7 月任),党组书记(12 月任)
饶振华 党组成员、副局长(7 月任),省扶贫办党组成员、副主任(任至 7 月)
胡跃明 党组成员、副局长(7 月任),省扶贫办党组成员、副主任(任至 7 月)
路文革 党组成员、副局长(7 月任,任至 9 月),省扶贫办党组成员、副主任(任至 7 月)
邓丰昌 党组成员、副局长(7 月任),省扶贫办党组成员、副主任(任至 7 月)
张利民 党组成员(9 月任)、副局长(10 月任)
张清华 省扶贫办二级巡视员(任至 7 月)
吴路宁 二级巡视员(10 月任),省扶贫办二级巡视员(任至 10 月)
刘晓勇 二级巡视员(10 月任),省扶贫办二级巡视员(任至 10 月)

省医保局

梅　亦 (女)党组书记、局长
何　桑 (女)党组成员、副局长
吴国平 党组成员、副局长
梁义敏 一级巡视员(7 月任,任至 12 月)
王秀珠 (女)二级巡视员

省政府研究室

李　能 主任
彭　峰 副主任(任至 5 月)
王平俭 副主任
肖马龙 副主任(5 月任)
李鹏飞 二级巡视员

省机关事务管理局

严佛元 党组书记、局长
邱永强 党组成员、副局长
黄才兰 党组成员、副局长
简逢春 党组成员、副局长
敖颠根 二级巡视员
刘国清 二级巡视员(5 月任)

省科技厅

犹　璒 党组书记、厅长
刘邦琰 党组成员、驻厅纪检监察组组长
席　宏 党组成员、副厅长
鄢帮有 党组成员、副厅长
陈金桥 党组成员、副厅长
陈炜蓉 党组成员、副厅长兼省外国专家局局长
赵金城 一级巡视员
刘　青 一级巡视员
曹春阳 二级巡视员

省委教育工委、省教育厅

叶仁荪 工委书记
郭杰忠 工委副书记、厅长
肖志华 工委副书记(任至 12 月。2021 年 12 月,因涉嫌严重违纪违法,接受江西省纪委省监委纪律审查和监察调查)
刘菊娇 (女)一级巡视员
汪立夏 工委委员、副厅长
施新华 工委委员、驻厅纪检监察组组长(任至 4 月)
裴鸿卫 工委委员、副厅长
刘雪平 (女)工委委员、省教育考试院党委书记
史国珍 (女)工委委员、驻厅纪检监察组组长(4 月任)
王江华 工委委员、副厅长(2022 年 4 月,因涉嫌严重违纪违法,接

受江西省纪委省监委纪律审查和监察调查）

曹伴好　工委委员、总督学

刘小强　工委委员、副厅长

丁国华　省教育评估监测研究院院长（2月任）

徐　峰　省教育考试院院长

刘静俭　省教育评估监测研究院党委书记（2月任）

杨美珍　（女）二级巡视员

陈　新　（女）二级巡视员

何少加　二级巡视员

省体育局

晏驹腾　党组书记（任至12月）、局长

李克坚　党组书记（12月任）

王　勇　党组成员、副局长

张祖平　党组成员、副局长

金紫薇　党组成员（4月任）、副局长（7月任）

省卫生健康委

王水平　党组书记、主任

曾传美　党组成员、一级巡视员

朱卫国　党组成员、驻委纪检监察组组长（2月任）

朱烈滨　党组成员、副主任

谢光华　党组成员、省中医药管理局党组书记、局长（正厅级）

江晓斌　党组成员、副主任

龚建平　党组成员、副主任

罗礼生　党组成员、省计划生育协会专职副会长

李秋根　党组成员（9月任）、副主任（10月任）

钭方芳　（女）党组成员、副主任（1月任，任至10月），省人民医院党委书记（9月任）

陈志平　省人民医院院长（10月任）

省退役军人事务厅

欧阳泉华　党组书记、厅长

万小根　党组成员、副厅长（正厅级）

施新华　党组成员、驻厅纪检监察组组长

雷起平　党组成员、副厅长

张　勇　党组成员、副厅长（正厅级）

何　晨　二级巡视员

张玮明　二级巡视员

省文化和旅游厅

李小豹　党组书记、厅长（2022年5月，因涉嫌严重违纪违法，接受省纪委省监委纪律审查和监察调查）

陈晓平　党组成员、副厅长

丁新权　党组成员、副厅长，省文物局局长

黄小蓉　（女）党组成员、副厅长

雷朝晖　（女、畲族）党组成员，驻厅纪检监察组组长

周建文　党组成员、副厅长（2月任）

韩之宇　党组成员、副厅长（12月任）

潘之钰　二级巡视员

章国宝　二级巡视员

杨　静　二级巡视员

省广电局

杨六华　党组书记、局长

王朝新　一级巡视员（任至11月）

白文松　党组成员、副局长

周世敏　党组成员、副局长

彭建华　党组成员、驻局纪检监察组组长

兰丽华　（女）党组成员、副局长

韩兴文　党组成员（副厅级）

廖家槐　驻局纪检监察组二级巡视员

省民宗局

曹国庆　党组书记、局长

李新华　党组成员、副局长（9月任）

王希贤　党组成员、副局长

马哲海　党组成员、副局长（任至8月），一级巡视员（8月任）

马徽江　（回族）二级巡视员

省社科院

田延光　党组书记

蒋金法　党组副书记、院长

樊　宾　党组成员、副院长

甘根华　党组成员、副院长兼省地方志研究院院长（2月任）

龚剑飞　党组成员、副院长

钟小武　党组成员、副院长

省地方志研究院

甘根华　院长（2月任）

周　慧　二级巡视员（2月任）

杨志华　副院长、一级调研员（2月任）

张棉标　副院长（2月任）

省公安厅

秦　义　副省长，厅党委书记、厅长、督察长

叶国兵　党委副书记、常务副厅长（任至3月。12月，景德镇市中院以受贿罪判处其有期徒刑7年6个月）

万　凯　党委副书记、常务副厅长（4月任，任至12月）

涂建生　党委委员、副厅长（正厅级）

胡朗民　党委委员、江西警察学院党委书记

王越飞　党委委员、特勤局局长（正局级）

陈光明　党委委员、副厅长（任至9月），一级警务专员（9月任）

万秀奇　党委委员

胡满松　党委委员、副厅长

何军威　党委委员、政治部主任、直属机关党委书记

周重和　党委委员、省纪委省监委驻厅纪检监察组组长

肖铁军　党委委员（8月任），南昌市副市长（10月任）、市公安局党委书记、局长（9月任）

刘海滨　一级巡视员（8月任）

华小明　一级巡视员（8月任）

邓　伟　一级巡视员（8月任）

叶　琳　一级警务专员（12月任）

田　军　二级巡视员

邹永锋　二级巡视员

吴国高　二级巡视员

阮皇星　二级巡视员

胡新国　二级巡视员

李金华　二级巡视员

赵　武　二级巡视员

省司法厅

王国强　党组书记、厅长，省监狱管理局第一政委（任至4月）

张　强　党组书记、兼省监狱管理局

第一政委(4月任),党组书记、厅长兼省监狱管理局第一政委(6月任)
江　涛　党组成员、副厅长
凌　云　党组成员、副厅长
刘品韬　党组成员、副厅长兼省监狱管理局党委书记、局长
邱荣飞　党组成员、副厅长兼省戒毒管理局党委书记、局长
龚河兴　党组成员、副厅长
胡兴平　党组成员、驻厅纪检监察组组长
胡水明　党组成员、政治部(警务部)主任
邓奕强　一级巡视员
刘晨华　一级巡视员(任至11月)
吴　鹏　二级巡视员(8月任)
阎循店　二级巡视员(11月任)
贺秀涛　省监狱管理局党委副书记、政委
吴　强　省戒毒管理局党委副书记、政委

省总工会

刘　强　主席候选人(12月提名)
龚建华　主席(12月提名免职。2022年5月,被开除党籍和公职)
邹绍辉　党组书记(2月任)、常务副主席(5月任)
饶剑明　党组书记(任至2月)、常务副主席(任至5月)
吴海平　一级巡视员
陈　兵　党组成员、驻会纪检监察组组长
饶冬梅　(女)党组成员、副主席
吴福才　党组成员、副主席
吴丽云　(女)党组成员、经费审查委员会主任
任春山　党组成员、副主席
樊　胜　副主席(兼职)
刘克琦　副主席(兼职)
向　东　副主席(兼职)
刘伟平　副主席(兼职)
曹树枚　二级巡视员(5月任,任至6月)
刘晓敏　(女)二级巡视员(6月任,任至7月)

团省委

邱　凌　副书记(主持工作)
伍复康　副书记(任至8月)
易　军　副书记(任至12月)
胡振燕　(女)副书记
罗　华　副书记
张雪黎　(女)二级巡视员

省妇联

王　庆　(女)党组书记、主席
刘　丽　(女)党组成员、副主席
吴艳玲　(女)党组成员、副主席
张晓雯　(女)党组成员、副主席(12月任)
肖晓兰　(女)党组成员、副主席(任至9月),一级巡视员(9月任)
李景芝　(女)二级巡视员
江怀玉　(女)副主席(兼职)
甘公荣　(女)副主席(兼职)
胡秀筠　(女)副主席(兼职)

省文联

马玉玲　(女)党组书记
叶　青　党组成员、主席
张　越　党组成员、副主席
邬定忠　党组成员、副主席
李小军　党组成员、省作协主席(12月任)
毛国典　副主席
温燕霞　(女)党组成员、副主席(挂职)

省社联

罗勇兵　党组书记、主席
杨宇军　党组成员、副主席
汤水清　党组成员、副主席
刘清荣　党组成员、副主席
李方明　党组成员、副主席(挂职)
朱民安　一级巡视员

省科协

曾　萍　(女)党组书记(5月任)
史　可　主席
梁纯平　党组成员、副主席、机关党委书记
孙卫民　党组成员、副主席
李世锋　党组成员、副主席(1月任)
黄丽芬　二级巡视员

省侨联

张知明　(女)党组书记、主席
王　强　专职副主席
罗丽都　(女)专职副主席
许晓燕　(女)党组成员,二级巡视员

省台联

徐友洪　会长
吕少军　副会长
俞红光　副会长(专职)
杨　奕　副会长
林　峻　副会长
温建新　副会长

省残联

何剑锋　党组书记、理事长
田颖汉　党组成员、副理事长(任至3月)
张志凤　(女)党组成员、副理事长(任至9月)
邹　凯　党组成员、副理事长(2月任)
黄建国　党组成员、副理事长(9月明确副厅级)
兰　昊　党组成员(9月任)、副理事长(11月任)
贾亚明　二级巡视员(8月任)

省红十字会

龚建辉　党组书记、常务副会长(正厅级)
袁才华　党组成员、专职副会长
戴　莹　(女)党组成员、专职副会长
聂冬平　党组成员、挂职副会长
朱振华　党组成员(9月任)、专职副监事长
刘华鹰　二级巡视员

民革江西省委会

马志武　(回族)主委
胡汉平　副主委
徐景坤　副主委
李家祥　副主委
熊　皓　副主委
傅　春　(女)副主委
熊　彤　(女)副主委

民盟江西省委会

刘晓庄　主委

何建洋　副主委
黄菊花　(女)副主委
陈文华　(女)副主委
刘新农　副主委(专职)
张国新　副主委
刘林芽　副主委(6月任)

民建江西省委会

孙菊生　主委
胡淑珠　(女)副主委
杨文龙　副主委
左继生　副主委
陈朝清　副主委
刘木华　副主委
梅彩玲　(女)二级巡视员
戴玲玲　(女)二级巡视员

民进江西省委会

汤建人　主委
梅国平　副主委
卢天锡　副主委
张国轩　副主委
欧阳剑雄　副主委(专职)
刘菊娇　(女)副主委
崔传鹏　副主委
陈洪萍　(女)秘书长、一级巡视员

农工党江西省委会

史　可　主委
罗胜联　副主委
余少良　副主委
龙国英　(女)副主委
林　凯　(回族)副主委(专职)
刘季春　副主委
朱英姿　(女)二级巡视员(任至8月)

九三学社江西省委会

张　伟　(女)主委(1月任)
洪三国　副主委
李广振　副主委
张玉清　副主委
辛洪波　副主委
肖礼庆　副主委(专职)
田　荣　(女)二级巡视员、秘书长(任至9月)
江民涛　秘书长(9月任)

台盟江西省委会

曾鲁台　主委
徐友洪　副主委(专职)
吕少军　副主委

省工商业联合会

雷元江　主席
高鹰群　(女)党组书记、副主席
刘星平　党组成员、副主席
周华爱　(女)副主席
邹常军　党组成员、副主席
谢松岳　党组成员、副主席
李文强　党组成员、秘书长
洪跃平　一级巡视员
彭玉萍　(女)二级巡视员
杨　旭　二级巡视员

中央驻赣单位领导干部名录

国家统计局江西调查总队

方正亚　党组书记、总队长
周献华　党组成员、副总队长
薛大伟　党组成员、纪检组组长
余　靖　党组成员、副总队长
许晓红　(女)党组成员、副总队长
张福坤　一级巡视员

国家税务总局江西省税务局

胡立文　党委书记、局长
李德平　党委委员、副局长
陈国英　党委委员、副局长(任至9月),一级巡视员(4月任)
刘　琼　(女)党委委员、副局长(任至5月)
张建平　党委委员、总会计师(任至5月),党委委员、副局长(5月任)
刘英怀　党委委员、总经济师(任至9月),党委委员、副局长(9月任)
何荔春　党委委员、纪检组组长(2月任)
黄　峻　党委委员、总审计师
傅晓东　党委委员、总会计师(7月任)
龚云斌　党委委员、总经济师(12月任)
王显和　一级巡视员
胥敏锋　一级巡视员
黄正逊　一级巡视员
林　剑　二级巡视员
游润珍　二级巡视员
徐　皎　二级巡视员(任至10月)
雷新敏　二级巡视员
黄　贞　(女)二级巡视员
刘远来　二级巡视员
汪　捷　二级巡视员

省消防救援总队

刘克辉　党委书记、政治委员
于建国　党委副书记、总队长
肖纯栋　党委委员、副总队长
关中安　党委委员、副总队长兼灭火救援指挥部部长
张小新　党委委员、副总队长
王巧梅　(女)党委委员、副总队长
雷智勇　党委委员、副政治委员(4月任)
朱飞勇　党委委员、总工程师
黄　敏　党委委员、政治部主任

国家矿山安全监察局江西局

田学起　党组书记、局长
杨市龙　党组成员、副局长
易承长　党组成员、纪检组组长
谭　礼　党组成员、副局长
宋　斌　二级巡视员(任至3月)

省邮政管理局

周慧锋　党组书记、局长(6月任)
刘　勇　党组成员、纪检组组长
阮亦彬　党组成员、副局长(11月任)

省通信管理局

郑　蕾　(女)党组书记、局长
胡素仁　纪检组组长、党组成员、副局长
谢胜斌　党组成员、副局长

省机场集团公司

万　林　党委书记、董事长

周敏生　党委副书记、总经理（任至10月）
姜春阳　党委副书记、总经理(10月任)
欧阳智　党委委员、副总经理
黄肇春　党委委员、副总经理
周　军　党委委员、副总经理
康永宁　党委委员、副总经理
胡最清　财务总监
郭成宏　总经理助理(8月任)

中国铁路南昌局集团有限公司

王　培　党委书记、董事长
汤立新　党委副书记、董事、总经理
万　军　党委副书记、董事
刘梦书　党委委员、纪委书记
黄少雄　党委委员、职工董事、工会主席、副总经理
谭立新　党委委员、副总经理
杜永明　党委委员、副总经理
李　晔　党委委员、副总经理
王　斌　党委委员、副总经理
谢照胜　党委委员、总会计师
郭宏伟　副总经理
陈寿卿　福州铁路办事处主任、党工委书记，集团公司副总经理

南昌海关

张格萍　（女）党委书记、关长
赵月淦　党委委员、缉私局党组书记、局长、一级警务专员(1月任)
符　平　党委委员、副关长
李　宇　党委委员、副关长
温劲松　党委委员、副关长
张　潮　党委委员、政治部主任
邵　飞　党委委员、副关长
蔡金水　党委委员、纪检组组长
宋　军　一级巡视员（任至7月）
周维颖　一级巡视员
庄立文　总工程师、二级巡视员（任至3月），总工程师、二级总监(3月任，任至8月），办公室二级巡视员(8月任)
尹静浪　（女）二级巡视员(8月任)
周　健　二级巡视员（任至3月），二级总监(3月任，任至8月），青山湖海关督办(8月任)
温志海　二级巡视员（任至7月）
闵　亮　二级总监(8月任)
余银喜　二级巡视员（任至6月）
傅国栋　二级巡视员
晏礼峰　二级巡视员（任至3月）
黄友洪　二级巡视员
陈高平　赣江新区海关党委书记、关长、督办
段振龙　青山湖海关督办(任至8月)
谢　杰　青山湖海关督办(8月任)
黄优平　新余海关党委书记、关长、督办（任至8月），二级巡视员(8月任)

人民银行南昌中心支行

张瑞怀　党委书记、行长兼国家外汇管理局江西分局局长
周伟军　党委委员、副行长
王地宁　党委委员、副行长
陈　锋　党委委员、副行长
杜正琦　党委委员、副行长
叶建华　党委委员、工会主任（任至3月）
钟春晓　党委委员、副行长兼国家外汇管理局江西分局副局长(6月任)
鹿　芬　党委委员、纪委书记（任至8月）
李　艳　党委委员、纪委书记(8月任)

江西银保监局

李赛辉　党委书记、局长
程健荣　党委委员、副局长
熊　伟　党委委员、二级巡视员
李青川　党委委员、副局长
朱伟忠　党委委员、纪委书记
曹东明　党委委员、副局长
余祖典　一级巡视员
柯愈华　一级巡视员(9月任)
章莳安　二级巡视员（任至3月。11月，因涉嫌严重违纪违法，接受中央纪委国家监委驻中国银保监会纪检监察组纪律审查和吉安市监委监察调查）

江西证监局

唐理斌　党委书记、局长、一级巡视员
周　军　党委委员、副局长、二级巡视员
洪　漫　（女）党委委员、副局长
姜慧平　（女）党委委员、纪委书记

省地震局

张有林　党组书记、局长
熊　斌　党组成员、纪检组组长
陈家兴　党组成员、副局长
欧阳承新　党组成员、副局长

省气象局

詹丰兴　党组书记、局长
谢梦莉　（女）党组成员、纪检组组长
傅敏宁　党组成员、副局长
邓世忠　党组成员、副局长
孙国栋　党组成员、副局长
殷建敏　总工程师
何财福　二级巡视员

省属高校领导干部名录

南昌大学

喻晓社　党委书记
周创兵　党委副书记、校长
李德平　党委副书记
朱友林　副校长
江风益　党委常委、副校长
邓晓华　党委常委、副校长
万继锋　党委常委、纪委书记(4月任)
史国珍　（女）党委常委、纪委书记（任至3月）
刘成梅　党委常委、副校长
刘耀彬　党委常委、副校长
徐求真　正厅级干部
黄细嘉　党委委员、江西发展研究院院长

江西师范大学

黄恩华　党委书记
梅国平　校长
张艳国　党委副书记（任至3月）
陈义旺　党委副书记(9月任)
涂宗财　党委委员、副校长
姚弋霞　（女）党委委员、副校长
项国雄　副校长
刘　俊　党委委员、副校长
舒平贵　党委委员、纪委书记

陈义旺 党委委员、副校长(任至9月)
汪 洋 党委委员、副校长
周利生 党委委员、副校长

江西农业大学

黄路生 党委书记
赵小敏 党委副书记、校长
郭新春 党委副书记(任至8月)
蔡海生 党委副书记(12月任)
贺浩华 党委委员、副校长
许斌华 党委委员、副校长
黄英金 党委委员、副校长
邱晓辉 党委委员、副校长(任至5月)
曾志将 党委委员、副校长
林小凡 党委委员、副校长
刘木华 副校长
乔金霞 (女)党委委员、纪委书记
张高亮 党委委员(12月任)

江西财经大学

卢福财 党委书记
邓 辉 校长
朱小理 党委常委、副书记(任至9月)
刘小丽 (女)党委常委、副校长
阙善栋 党委常委、副校长
欧阳康 党委常委、副校长
顾有平 党委常委、纪委书记(7月任)
袁 雄 党委常委、副校长
袁红林 党委常委、副校长
李春根 党委常委、副校长

华东交通大学

柳和生 党委书记
徐长节 党委副书记、校长
肖长春 党委副书记
陈梦成 党委委员、副校长
范 勇 党委委员、副校长
刘林芽 副校长
洪 梅 (女)党委委员、纪委书记
杨 辉 副校长
罗文俊 党委委员、副校长
杨德敏 党委委员、副校长

东华理工大学

柳和生 党委书记(任至3月)
范小林 党委书记(3月任)
孙占学 党委副书记、校长
刘紫春 党委副书记
汤 彬 副校长
郭福生 党委常委、副校长
陈晓勇 副校长(任至11月)
聂逢君 党委常委、副校长
万继锋 党委常委、纪委书记(任至4月)
陈焕文 副校长
杨 波 党委常委、副校长
刘云海 党委常委、副校长
樊文印 党委常委、纪委书记(4月任)

江西理工大学

杨 斌 党委书记
温和瑞 党委副书记、校长
伍自强 党委副书记
钟健生 副校长(任至5月)
邱廷省 党委常委、副校长
李国金 党委常委、副校长
刘祖文 党委常委(任至9月)、副校长(任至10月)
龙立福 党委常委、纪委书记,监察专员(4月任)
龚姚腾 党委常委、副校长
罗仙平 党委常委、副校长
廖春发 党委常委、副校长(4月任),党委组织部部长
赖晓军 党委常委(8月任)、副校长(9月任)
肖卫东 党委常委、党委统战部部长
盛晓明 党委常委、党委宣传部部长

南昌航空大学

罗嗣海 党委书记
罗胜联 校长
罗旭彪 党委副书记
周世健 党委常委、副校长
何兴道 党委常委、副校长
熊震宇 党委常委、副校长
陈 震 党委常委、副校长
代冀阳 党委常委、副校长
郭正华 党委常委、副校长
江光亮 党委常委、副校长(2月任)
汤华中 党委常委、副校长(10月任)

井冈山大学

胡春晓 (女)党委书记
曾建平 党委副书记、校长
刘祖文 党委副书记(9月任)
吕玉华 党委常委、副校长
史胜平 党委常委、纪委书记
陈小林 党委常委、副校长
黄俭根 党委常委、副校长
肖宜安 党委常委、副校长
李 军 党委常委、副校长
胡永红 党委常委、副校长(任至9月)
刘利民 党委常委、副校长

江西科技师范大学

李红勇 党委书记
左和平 校长
张立青 党委副书记
胡业华 党委委员、副校长
朱 笃 党委委员、副校长
徐景坤 副校长
李玉保 党委委员、副校长
李文龙 党委委员、副校长
刘建飞 党委委员、副校长
黄赣华 党委委员、纪委书记、监察专员
郑鹏武 党委委员、副校长、党委组织部部长
蔡宝琦 副厅级干部

景德镇陶瓷大学

梅仕灿 党委书记
吕品昌 党委副书记、副校长(主持工作)
胡林荣 党委副书记
叶观荣 纪委书记
吴本荣 党委委员、副校长
王海波 党委委员、副校长
冯 浩 党委委员、副校长
吕金泉 党委委员、副校长
陈云霞 (女)党委委员、副校长
黄 勇 党委委员、副校长(4月任)
胡银娇 (女)党委委员、副校长(1月任)

江西中医药大学

徐兰宾 党委书记
朱卫丰 (女)党委副书记、校长
赵恒伯 党委副书记
刘 潜 党委委员、副校长(正厅级)
杨 明 党委委员、副校长
章德林 党委委员、副校长
邹健生 党委委员、纪委书记

杜建强　副校长
朱根华　党委委员、副校长
严小军　党委委员、副校长

赣南医学院

李恭进　党委书记
刘　潜　党委副书记、院长(任至3月)
张小康　党委副书记、院长(5月任),党委委员、副院长(任至5月)
曾泽鑫　党委副书记
陈　亮　党委委员、副院长
黄瑞忠　党委委员、副院长
叶军明　党委委员、副院长
肖树辉　党委委员、纪委书记、监察专员
彭维杰　党委委员、副院长

赣南师范大学

范小林　党委书记(任至4月)
卢　超　党委书记(4月任),党委副书记(任至4月)、校长(任至10月)
朱小理　党委副书记、校长(10月任)
胡龙华　党委副书记
刘　民　党委委员、副校长
邱小云　党委委员、副校长
吴剑波　党委委员、副校长
吴　磊　党委委员、副校长
罗序中　党委委员、副校长
于保春　党委委员、纪委书记
易　龙　党委委员、副校长

南昌工程学院

徐兰宾　党委书记(任至2月)
金志农　党委书记(5月任),党委副书记(任至5月)、院长(任至7月)
汪胜前　党委副书记、院长(7月任),党委委员、副院长(任至7月)
吴泽俊　党委副书记
李　明　党委委员、副院长
樊后保　党委委员、副院长
汪荣有　党委委员、副院长(任至5月)
李培生　党委委员(9月任)、副院长(10月任)
殷安全　党委委员、纪委书记
周敏丹　(女)党委委员、副院长
陆伟锋　党委委员、副院长

贺丹君　党委委员(4月任)、副院长(4月任)
张兴旺　党委委员(9月任)、副院长(10月任)

江西开放大学

易小明　党委书记
黄平槐　党委副书记、校长
邓文君　党委副书记
王水平　党委委员、纪委书记
刘　平　副校长
邱东升　党委委员、副校长
冯豫红　(女)党委委员、副校长

南昌师范学院

王金平　党委书记
徐求真　党委副书记、校长(任至3月)
张艳国　党委副书记、校长(4月任)
殷　剑　党委副书记
谢晓国　党委委员、副校长
周毛春　党委委员、副校长
胡小萍　(女)党委委员、副校长
叶廷峻　党委委员、纪委书记、省监委派驻监察专员
谢　康　党委委员、副校长(4月任)

九江学院

赵　伟　党委书记
刘晓东　党委副书记、校长(任至4月)
陈小林　党委副书记、校长(4月任)
魏立平　党委副书记
王万山　党委委员、副校长
陈春生　副校长
杨耀防　党委委员、副校长
夏启国　党委委员、副校长
严　平　副校长(9月任)
查振华　党委委员、副校长
李广欣　党委委员、纪委书记
纪岗昌　副校长(任至9月)

新余学院

刘　冬　党委书记(任至10月)
李明斌　党委书记(10月任),党委副书记(任至10月)
张玉清　院长
陈裕先　党委委员、副院长
李　敏　党委委员、副院长

龚丽春　(女)党委委员、副院长
徐忠麟　党委委员、副院长
刘志勇　党委委员、纪委书记
张发云　党委委员、副院长
姚　伟　党委委员
周文生　党委委员
曾浩武　(女)党委委员

宜春学院

李雪南　党委书记
曾晓春　党委副书记、校长
胡国瑞　党委副书记
梅光泉　副校长
蒋　钰　(女)党委委员、副校长
余新卫　(女)党委委员、副校长
罗　政　党委委员、副校长
邱家明　党委委员、副校长
张　梅　(女)党委委员、纪委书记
严青松　党委委员、副校长
李建军　党委委员、副校长

上饶师范学院

陈洪生　党委书记
詹世友　党委副书记、院长
刘国云　党委副书记
饶爱京　(女)副院长
吴亦丰　副院长
王德荣　党委委员、纪委书记
李培生　党委委员、副院长(任至10月)
郑彦芳　(女)党委委员、副院长
李永明　党委委员、副院长
王玉皞　党委委员(3月任)、副院长(4月任)
贾凌昌　党委委员(3月任)、副院长(4月任)
郑宗仁　党委委员
杨发建　党委委员
张善平　党委委员
付惠敏　党委委员

萍乡学院

陈金印　党委书记
史焕平　党委副书记、院长
蔡宝琦　党委副书记(任至3月)
邱晓辉　党委副书记(6月任)
郭　伟　党委委员、副院长
邱建丁　党委委员、副院长
潘运华　党委委员、纪委书记
刘卫林　党委委员、副院长

景德镇学院

陈运平　党委副书记、院长(12 月任)
王丽心　党委副书记
吴　丁　党委委员、副院长
郑富年　党委委员、副院长
郑昕芾　党委委员、副院长
李新荣　党委委员、纪委书记

全国五一劳动奖章

葛利伟　江苏省丹阳市人,1983 年 6 月生,大学本科学历,中共党员,高级工程师,江西晨光新材料股份有限公司研发中心研发三部主任兼任监事会主席。多年来,他承担并参与 10 余项新产品、新技术的研发和改进工作,申请 27 项专利,其中有 6 项发明专利和 15 项实用新型专利获得授权,同时参与起草编制 16 个产品企业标准并备案。在他的协作下,公司先后获批为江西省民营科技型企业、江西省科技创新示范企业、江西省瞪羚企业和国家高新技术企业,公司的企业技术中心升级为江西省省级企业技术中心和江西省有机硅烷偶联剂工程技术研究中心。他作为主要研发技术人员,致力于有机硅烷关键技术"氯丙基三氯硅烷催化剂的研发"项目的研究,研发出高效、可重复利用的新型铂系催化剂,同等用量新型催化剂的催化活性提高 30%。此外,参与研发的"气液混合酯化法制备丙基三甲氧基硅烷"项目通过利用改变物料物质形态,增加接触面积,并采用高塔流体技术,缩减物料的反应时间,提高了产量,并实现智能连续化生产,该技术获省级科技成果证书,并规模化生产,实现年增效 800 余万元。他组建技术攻关专项小组,在开发新工艺的过程中对生产设备进行创新改造,发明"一种余热回收利用罐""氯丙基三氯硅烷尾气分离回收装置"等 15 套实用新型设备,这些生产设施解决传统反应工艺中存在的反应不完全、收率低、副产物多等缺点,实现了连续化生产。同时将反应产生的尾气不经水吸收,在干燥状态下直接回收循环使用,降低生产成本,提升产品质量,实现尾气零排放,保护了生态系统。2015 年,他获"江西省劳动模范"称号;同年被授予江西省技术发明奖二等奖;2019 年被授予江西省技术发明奖三等奖,入选江西省"百千万人才"工程;2020 年被省政府授予政府特殊津贴;2021 年获全国五一劳动奖章。

易艳丹　女,江西省南昌市人,1979 年 10 月生,硕士,中共党员,中小学正高级教师,南昌师范附属实验小学教育集团理事长、校长、党委副书记,全国德育工作指导专委会委员,全国少工委委员,省人大代表,省特级教师,省督学,省青联常委,省电化教育教材审查委员会委员。2015 年 8 月调任南昌师范附属实验小学校长后,着力打造"画面文化,向上教育"学校特色文化,打造江西省均衡教育的新样本,实现优质教育品牌的增值。学校先后承担 140 多个国家级和省、市级教育教学课题研究;先后与美国、新加坡等学校建立密切合作交流关系,与云南、新疆及省内近百所学校建立手拉手帮扶关系。学校获第一届"全国文明校园""国家级语言文字规范化示范学校""全国校园文化先进学校单位""全国优秀少先队集体""江西省三八红旗集体"等称号,成功承办中国教育学会"全国综合实践活动"论坛、未来教育家成长论坛、国家认同视域下德育体系构建与实施研讨会,学校管理、课程、德育等经验在全国学术会上汇报推广。中央电视台、《中国教育报》《光明日报》《江西日报》、新华网、人民网等多家媒体多次报道学校教育工作。2017 年 3 月,她获"江西省五一巾帼标兵"称号;2018 年 2 月获江西省五一劳动奖章;2021 年获全国五一劳动奖章。

徐　岚　女,江西省乐平市人,1970 年 10 月生,大学本科学历,景德镇书画院特聘画师、教授级工艺美术师。她从事陶艺创作 30 余年,获各等级奖项 70 余项。在抗击新冠肺炎疫情当中,为江西省和景德镇市慈善中心捐赠现金数万元,为景德镇美术家协会捐赠现金,并为江西省陶瓷行业协会和景德镇文旅局捐赠陶瓷作品。在四川雅安大地震发生以后,她多次同当地慈善机构联系,开展慈善捐赠和扶贫济困活动。她出生于陶瓷名家,作品以花鸟、人物为主,构图讲究,用色雅丽,手法多变,且装饰性强。在选用材质上独具匠心,不仅能再现当代人的审美情趣,还能予以作品韵律感和时代感。2004 年在日本大阪皇家大酒店举办新锐陶艺家艺术展;2010 年作为江西代表参加 2010 年上海世界博览会做现场表演;2013 年参加文化部举办的"瓷上敦煌"艺术陶瓷法国交流展;2014 年为北京 APEC 会议主场提供陈列作品,受到景德镇市政府表彰。2007 年家园系列作品之四《银杏轻语》瓶为中国美术馆收藏;2008 年瓷板画《福娃送福福满赣鄱大地,奥运迎喜喜临盛世中华》为共青团中央收藏;2010 年镶器《踏秋赏月》为江西工艺美术馆收藏;2011 年色釉综合装饰《家园》瓶为中国工艺美术馆收藏;2013 年瓷板《日出东方》为人民大会堂管理局收藏;2019 年作品《枫树林》为吉林省博物馆收藏。2009 年分别获江西青年五四奖章、第五届江西省工艺美术大师;2016 年获江西省五一劳动奖章;2017 年获全国五一巾帼奖章;2019 年获"全国三八红旗手"称号;2020 年获"江西省百千万人才"称号;2021 年获全国五一劳动奖章。

黄贵义　江西省南丰县人,1971 年 1 月生,大学本科学历,中共党员,南丰县疾病预防控制中心主任。新冠肺炎疫情发生后,作为县疾控中心党支部书记兼主任,他毅然把 81 岁身患重症的老父亲送到乡下,自己吃住在单位,及时更新防控方案与策略。迅速启动"党建+防控"模式,带领县疾控中心党员干部冲锋在疫情一线,处置疫情数十余起,开辟集中隔离点 3 个,管控重点人群 3867 人,从密切接触者(排除病例)中发现 2 例确诊病例,南丰县没有出现本土病例和二代病例,南丰疫情防控经验得到央视等多家媒体报道,并在全省做经验介绍。为支援武汉抗疫,他用真情感化 2 个早期拒绝治疗的新冠肺炎病例捐献康复血浆用于抢救重症病例,挽救他人性命;组织开展全县 9000 余份新冠病毒疫苗接种,没有出现严重不良反应。他助力卫生健康扶贫。履行"大村长"职责,帮助对口帮扶的白舍镇罗家村争取水利项目2个,资金20余万元;捐赠现金4万元,帮助村委会改善办公条件。在疫情防控关键时期,发挥党员干部和第一书记职能,对全县3732户建档立卡贫困户进行水质监测,共监测水样1000余份,监测分散式供水1176个,为确保建档立卡贫困户饮水安全,创建"安全饮水明白卡"+"健康宣传入村到户"工作模式。同时,他认真开展皮肤病、性病和麻风病的防治研究工作,主持参与市级以上课题9项,发表论文23篇。抗疫期间主持新冠肺炎防控课题1个,发表论文1篇;作为中国麻风病防治青年专家、省卫生健康委麻风病防治专家,受省卫生健康委的委托,在赣州市开展麻风病防治精准扶贫工作,为全省的麻风病防治作出贡献。2015年获"全国疾控工作先进个人"称号;2020年获"江西省抗疫先进个人"称号;2021年获全国五一劳动奖章。

石　羽　江西省鄱阳县人,1988年2月生,大专学历,江西和泽生物科技有限公司车间主任。毕业进入和泽以后,在很短的时间内熟悉生产现场的环境、各个生产系统的运行流程,并加以运用。还对多个生产故障问题发表看法,做到异常信息的及时消缺、处理和备案。在检修过程中力求全程跟踪,严把检修质量关,避免二次检修情况发生,提高检修效率。他时常对岗位操作人员进行传、帮、带,对现场设备极易出现的故障潜在源,教会他们辨识和及时排除。积极配合设备检修人员对异常设备的跟踪和反馈,提出许多有价值的建议和意见,并得到相关部门的认可和采纳。2021年,面对生产任务重,停机间歇少,设备状态不稳定,安全形势又十分严峻等问题,他积极穿梭在生产一线,对现场生产认真巡检,做好相关设备倾向性数据的采集、分析工作并记录在案,及时反馈,对生产工艺流程严格把控。他把勤奋工作当作最大乐趣,把建设文明向上的车间作为最大追求,用"坚韧不拔"精神感染着身边每一位职工。在工作学习之余,耐心向党员学习,努力做好"带头人"。他多次被公司评选为优秀员工,并在2015年获"江西省劳动模范"称号。2021年获全国五一劳动奖章。

郑松本　浙江省乐清市人,1964年8月生,大专学历,中共党员,贵溪华泰铜业有限公司劳模创新工作室技术员。为应对市场的需求和变化,特别是对异型材产品的需求,他改良传统的铜型材加工方法,研发出连续拉拔机,提高生产效率,降低了生产成本。在他及企业研发人员共同努力下,研发出"优质铜异型材高效环保生产新工艺"的方法生产截面复杂的异型铜材,其技术达到国内领先水平,该项目被列为"2004国家星火计划",填补贵溪市在该技术领域的空白。该项目获江西省科学技术成果证书,他获科技进步奖一等奖。近3年,贵溪华泰铜业有限公司成立专利研发部和劳模创新工作室,郑松本携同劳模创新工作室小组成员对生产设备进行技术改造和创新,研发出"一种挤压腔容积可变的连续挤压机""一种防止铜排表面刮花的拉拔机"等52项实用新型专利。2018年华泰铜业投入大量资金进行技术升级改造,并购买了一台SAD卷排机,但在使用该设备过程中,发现该设备存在很多弊端,于是他带领团队通过多次的研究、试验,研发出一台适合操作的自动卷排机,在此基础上,又自制一台卷棒机。2020年他研发出拉卷机,该设备在传统的工艺基础上进行大胆创新,省去中间退火环节,拉制过程中省去模具使用,从而降低生产成本,生产出的铜母线产品外观光滑、亮丽,尺寸精准、稳定,品质更优。2018年评为江西省五一劳动模范,2021年获全国五一劳动奖章。

刘善章　江西省安福县人,1968年10月生,大学本科学历,中共党员,安福县城东学校校长。2005年,他担任城北学校(原华泰实验学校)校长,制定并组织实施"青年党员红色成长计划",城北学校被评为吉安市先进基层党组织。他在安福率先开启高效课堂的大门,城北学校形成"一体两翼"的高效课堂模式。2015年安福县高效课堂现场交流展示会、吉安市高效课堂现场会、安福县中小学"一科一模"创建等活动相继在城北学校成功举办。实施德育教育课程化,编订城北学校德育系列化校本课程教材《润物无声》,精心设计学生梯级培养体系,建构七大精品课程。他就城北学校德育课程化的实践撰写的《润物细无声》一文在江西省名校长培养工程研修成果丛书《赣鄱校长思与行》中发表。他引领教师不断更新教育理念,每学期开学初必做专题讲座,有《成功校长的两张牌》《理想的学校,幸福的家园》等20余个专题。他组织实施"青年教师培养计划",建立名师成长俱乐部和名师、劳模工作室,年轻教师快速成长为教育骨干、名师。2016年年底,县委、县政府引入幸福教育工程改革,基本以城北学校的办学构架雏形形成全县136幸福教育工程的基本框架。2017年下半年安福县幸福教育现场会在城北学校举行,县委书记贺利华称赞城北学校是136幸福教育的发源地。他推进136幸福教育工程的实施,引领城北学校从安福县教育的"窗口"单位向全市乃至全省名校迈进。学校连续3年被评为江西基础教育质量十佳示范学校、全国青少年足球示范校等。2019年9月,他以《北渡东进,感谢有你》一文告别工作14年的城北,到新创办的城东学校任校长,推出学校发展的五大策略,打造"党建+三塑德育"品牌。一年半的时间,学校获评江西省"新时代好少年"主题教育读书活动先进集体、江西省模范职工小家等称号。2015年12月,他获江西省五一劳动奖章;2016年获"江西基础教育质量十大杰出校长"称号;2021年获全国五一劳动奖章。

刘乐萍　江西省萍乡市人,1969年6月生,中共党员,萍乡市鸿源贸易有限公司销售部经理。他本着"诚实守信、合法经营"的经营宗旨,在全市范围内与2000多家餐饮店、超市、社区、村庄等终端网点建立合作关系。始终把紧食品安全质量关,做到不售假、不掺杂、不哄抬物价。在售后服务做到规范岗位服务标准、建立健全服务投诉管理细则,建立回访制度,达到食品安全零投诉。在乡村农家店建设工作开展以来,他改造标准化农家店368家,为"改善农村消费环境、扩大农村消费需求、提升农村消费水平"发挥作用。在萍乡市总工会组织开展"弘扬劳模精神、助力脱贫攻坚”工作中，他担任产业扶贫队队长，开展创业扶贫工作。经过实地调查了解找到创业帮扶方法，为居住在村中心位置，利用贫困户自家房屋改造门店捐建劳模爱心超市。前期门店改造、货架安装、商品陈列、采购、定价等各项工作，全由他带领团队负责完成，经过近3年的努力，募集资金近60万元，捐建劳模爱心超市32家。他参加教育扶贫工作，2014—2016年参与帮扶孤困学生117人，帮扶资金近100万元，特别是2018年他作为重要中坚力量参与策划的“助学、筑梦、铸人”孤困学生帮扶项目，累计帮扶建档立卡贫困学生194名，帮扶资金近200万元。2020年新冠肺炎疫情发生后，他第一时间为社区疫情防控捐款3100元，联系爱心企业为困难家庭、卡点值守人员赠送牛奶、蛋糕等生活必需品，为学校、工业园区复工、复产、复学赠送酒精、消毒液、口罩等疫情防控物资计8万余元。他加入公益组织15年，担任萍乡市灯塔计划公益发展中心常务副会长，累计募集资金近200万元、行程3万多千米、奉献时间近9000个小时，慰问留守儿童近1800人次。募集资金为城市困难人员购买互助保险等900余人次。自2016年起，作为萍乡市草根宣讲员，积极参加市委讲师团的宣讲活动，走进社区、学校、机关、园区等开展中共十九大宣讲、习近平新时代中国特色社会主义思想大宣讲等主题宣讲800余场。他的事迹先后在学习强国、《江西日报》等全国、省级媒体进行报道。先后获中国好人、江西省劳动模范等30多项荣誉。2021年获全国五一劳动奖章。

章小明　江西省新余市人，1984年9月生，本科学历，中共党员，江西赣锋锂业股份有限公司技术副总经理。2008年从南昌大学化工系毕业后一直在江西赣锋锂业股份有限公司从事科研工作。他带领团队先后承担国家火炬计划项目1项、国家重点研发项目1项，省级重点新产品计划项目5个，公司技术攻关课题12个，其中开发的省级新产品磷酸二氢锂、电池级碳酸锂、微粉单水氢氧化锂、硅酸锂等产品远销国内外，为公司创收近10亿余元。在团队的共同努力下，他在科研成果方面获中国有色金属协会科技进步一等奖1项，中华全国工商联合会技术创新二等奖1项，江西省科技进步一等奖1项，江西省科技进步奖三等奖1项。2018年获江西省五一劳动奖章，2021年获全国五一劳动奖章。

温小珍　女，江西省宁都县人，1985年9月生，江西金力永磁科技股份有限公司坯料工序手动成型操作员。成型车间压制主操作工作难度强度大，原则上压制操作需男性职工才满足操作需求，她发扬不怕苦不怕累的时代农民精神，主动请缨承担起特殊规格产品的上机操作。由于特殊产品的工作特殊性质(质量技术要求高、产量低)，一天工作下来需要比其他员工多站立4小时，她无任何怨言。工作中照顾新入职员工，带领员工共同进步，在她的带动下，跟着她进城务工创业的村民累计达百余人，分布在各行各业，人均收入均达4万元以上。她操作成型压机，将坯料制作成模具，别人一天只能完成1200~1300个，她能完成2000个。在工作岗位上凭着过硬的操作技能及工作态度连续4个月被评为优秀员工。新冠肺炎疫情暴发后，复工以来，公司订单激增，生产任务紧张，员工新老交替频繁，业务精湛的温小珍成为车间的定海神“珍”。机械设备有故障，她现场诊断排除故障;设备操作有异常，她调试修理保障生产。为帮助新员工快速了解生产流程以及熟悉操作，她手把手传帮带，在耽误自身产量的前提下，陆续帮助30余名员工迅速掌握压制操作以及包装操作的需求，为公司提升产量、质量攻坚战奠定良好基础，成型车间在12个月内完成千吨级生产任务，2021年她基本没有休息。自工作以来，她累计生产的模具数以万计，从无次品，亲手教出的车间生产骨干达10余人。2020年12月，她被国务院农民工工作小组授予“全国优秀农民工”称号;2021年获全国五一劳动奖章。

黄培峰　湖南省衡阳市人，1984年6月生，大专学历，赣州市德普特科技有限公司研发部经理。他制订《项目研发推进表》，每阶段按计划有序进行并验证总结，力保产品顺利量产。他以技术改良为核心，建立健全各项技术规范和产品标准，形成一套完善的产品技术规格。他在电容式触摸屏生产管理上下功夫，开展各项触摸屏技术、工艺、性能等研究实验工作，确保公司电容屏稳步批量生产。他在研发过程中制定严密的专项质量策划，编制技术含量高、经济合理的分部、分项研发方案，提高检验标准，加强对关键工序和重要部位的检查监督，建立完善的检查制度。由他担任项目经理5年间，项目一次交验合格率达100%。他参与研发的“电容式触摸屏及其制造方法”“电阻式触摸屏及制造”“防蓝光SCA”等项目获得发明专利，“电容式触摸屏的面板玻璃”“电阻式触摸屏及电子设备”“电容式触摸屏”“指纹识别触控屏”等13个项目获国家级实用新型专利。他多次组织技术员、项目工程师研发团队进行《产品开发项目质量管理》《项目目标和进度管理》《项目风险和投资收益管理》等课程培训，使公司的研发技术提高到新的高度。他积极参加公司举办的各项管理课程和体系标准培训课程，获多个体系ISO 9001－2015、IATF 16949－2016、ISO 45001－2018、QC 080000－2017等内审资格证书。通过报读成人网络继续教育，选择与现从事工作有关的专业《机械设计制造及其自动化》学习，提升自己的知识水平。2006年至2020年共获31项产品专利证书。2017年获江西省五一劳动奖章;2021年获全国五一劳动奖章。

涂苏波　江西省丰城市人，1988年8月生，大学本科学历，江西华伍制动器股份有限公司摩擦材料研发工程师。2011年至2014年参与完成省重点新产品“风电用摩擦材料”研发，不仅满足华伍公司年产3.5万台(套)风电制动器的配套需求，还满足原有风电主机制动器备品备件国产化需求，为中国风电制动器产品国产化转化打下基础。项目通过省级新产品技术鉴定。项目组组织相关科研成果完成发明专利2项，总结发表论文2篇。2016年至2017年参与完成省重点新产品“地铁合成闸瓦”研发，用该技术生产的合成闸瓦使用寿命长、安全可靠性显著增大，降低闸瓦更换频率，节约地铁车辆运营成本。2017 年至 2020 年参与省重大研发专项项目“350km/h 及以上高速列车制动摩擦材料开发与产业化应用”研发，该项目针对时速 300km/h 以上的高铁闸片国产化的迫切需求，以高速列车闸片国产化、产业化为目的，产品拥有完全自主知识产权，使中国在核心技术和产品上不再受制于人。该项目申请实用新型专利 1 项，国家级期刊发表论文 1 篇；产品获得中铁官方检测机构的检测报告，符合铁科院所要求的性能。产品与国外知名品牌具有互换性。2020 年获“江西省劳动模范”称号，2021 年获全国五一劳动奖章。

陈晴午　江西省都昌县人，1984 年 7 月生，大专学历，中共党员，江西大华新材料股份有限公司安环部部长、工程师。2007 年大学毕业后，他就投身于大华，每天工作 12 小时，及时了解和发现问题，用自己所学理论知识用于生产实践。因污水处理问题，公司曾多次收到环保部门的警告和处罚。他临危受命，带领他的环保 QC 小组，经过近一年的努力和实践证明，有效地完成此项技术改造，投入数千元，使成本下降达到五成，每年为公司节省数十万元。公司耗煤是历年难题，他经过半年的摸索与实践，不仅降低能耗节约成本，更主要的是解决了环保难题。公司在解决污水达标排放过程中，没有完善中水回用系统，经过陈晴午技术改造成功后，每天用水量下降上千吨，仅此一项每年为公司节省费用 100 余万元。他共获 9 项国家实用型技术专利。在 2020 年新冠肺炎疫情防控期间，由于公司不能停产，他就主动担起春节期间公司主管工作，不仅要安排防控检查、上报数据材料，还要每天为居厂隔离人员配送生活物资。他还托亲朋好友购买 4 万只口罩，为公司和其他单位解决燃眉之急。2020 年 10 月，获“江西省劳动模范”称号；2021 年获全国五一劳动奖章。

贺浩华　江西省莲花县人，1964 年 1 月生，研究生，中共党员，江西农业大学副校长。他是教育部作物生理生态与遗传育种重点实验室主任、国家水稻工程实验室副主任，国家 2011 协同创新中心——“南方粮油作物协同创新中心”副主任，入选国家“万人计划”领军人才、中组部直管专家、首批国家“新世纪百千万人才”、全国农业科技杰出人才，享受国务院特殊津贴。他育成水稻新品种 40 个，获专利和植物新品种权 8 项。他在国内首先提出“温度在光敏核不育水稻育性转换中的作用”“光温核不育系的两个光温作用模式”和“两用核不育系不育基因表达和育性恢复具有四个临界温度阈值”等多个学术观点，改变两系杂交稻的研究方向，被认为是两系杂交稻研究的历史性转折理论；针对江西等长江中下游双季稻区的气候特点和生产需求，创新提出“性状机能协调型”双季稻育种思路，成为指导双季稻区育种的重要理论之一；选育水稻不育系、新品种 40 个，选育的水稻新品种累计推广面积 800 余万公顷，产生显著的社会和经济效益，促进双季稻区新品种的提质增效。作为江西省水稻种业技术创新战略联盟理事长，推动政产学研用相结合，联盟育成的品种占江西省审定品种的 90%以上，推广面积占江西省水稻种植面积的 80%以上，提升江西水稻育种的整体水平和产业竞争力，巩固江西水稻主产区的地位，促进双季稻生产的持续增产增收。他长期深入生产一线，推广新品种和新技术，培训一大批各级各类农业人才，助力脱贫攻坚和乡村振兴，助推产业高质量发展。作为作物学学科带头人，带领学科获批江西省双一流建设学科，农学专业获得首批国家一流专业，农业科学、植物和动物科学两个学科进入 ESI 全球排名前 1%；注重人才培养和梯队建设，培养了国家“万人计划”领军人才、“中青年科技创新领军人才”等一批优秀创新人才；构建“四模块三融合双提高”等人才培养新模式，在教书育人、立德树人方面做出突出贡献。2010 年获“江西省突出贡献人才”称号，2016 年获“国家万人计划领军人才”称号，2019 年获江西省五一劳动奖章，2020 年获首届江西省创新争先奖，2021 年获全国五一劳动奖章。

黄小清　江西省龙南县人，1974 年 9 月生，中共党员，江西铁山垅钨业有限公司丰田坑口 101 采矿台班班长。参加工作以来，他一直担任风钻（兼爆破）工。2019 年完成采矿 2.24 万吨、掘进 95.8 米，为计划任务的 160.9%，他还到井下最深处、条件最差的 611978 采场继续挑战新的高度，2020 年共完成采矿 1.14 万吨、掘进 147 米，完成计划任务的 140%。他对风钻机设备了如指掌，能够做到“闻声识障”，风钻机设备维修技术达到一流水平，由于他独到的打钻经验，别人每个钎头只能打磨 3 次，在他手里至少能打磨 4 次，提高钎头的使用效率，节约了钎头成本，他的钎头回收率达 80%以上。每天在班前班后，他都会对作业面进行仔细检查，排查各类安全隐患，在班组安全活动日常分享安全隐患处理经验，做到“先安全后生产”，在他的带领下，台班全年“零事故”。他将自己所掌握的经验技术毫无保留地传授给学徒以及工友们，通过他悉心指导，徒弟和工友们学得快，技术进步也较大。2020 年获“江西省劳动模范”称号；2021 年获全国五一劳动奖章。

乐和青　江西省抚州市人，1969 年 6 月生，江西省东乡润泉供水有限公司工程施工部部长。他努力学习，提高自来水管网维修抢修技术，多次在管网抢修维修技能比赛中获奖。2015 年 7 月的一天，东乡区农民街一根 DN50 的镀锌水管爆裂后形成七八米高的水柱，他接到求助电话后立即赶赴现场，果断采取便捷快速的抢修办法，身涉污水中，不到半个小时就抢修好。2016 年 8 月的一天，老外贸居民区 DN80 的镀锌铁管破裂，破裂水管在化粪池中。他毫不犹豫地拿来潜水泵，为抢修加快进度，还买来大水勺，蹲在化粪池边一勺一勺地将粪水舀到旁边的污水沟里，从管网爆裂到抢修完工只用 1 个半小时。2016 年 1 月 25 日至 31 日，东乡区发生冰冻灾害，全区多处水管、上万块水表被冻破。他带领维修部全体成员清晨外出，每天连续工作 10 多个小时。2 月 3 日，带领维修部人员冒着严寒的天气，维修全区源水管道、DN800 水泥管，从晚上 20 时持续到第二天清晨 6 时才完成任务。12 月 9 日晚上 18 时许，东信百货对面、320国道旁破管,他率组员连夜奋战至第二天中午12点,终于完成该主管网抢修。12月14日晚上18时30分,环城南路DN400钢管破裂,多位用户反映没水。带领班组成员连夜抢修约12小时,于第二天凌晨5点半修好,及时为用户恢复供水。2016年,他率组员累计维修大小主水管1260余处,更换城区DN110阀门6只、水表玻璃1.8万余块、加密阀110多只,为用户开关水累计260余次。他生活清贫,但一直严格遵守公司规定与纪律,外出维修时,从不接受外单位或是用户吃请,不接受礼物或是有价礼券等物品。2019年获江西省五一劳动奖章;2020年获"江西省五一劳动模范"称号;2021年获全国五一劳动奖章。

闫会明 陕西省宝鸡市人,1979年4月生,大学本科学历,中共党员,航空工业江西洪都航空工业集团有限责任公司650所总师助理、高级工程师。他先后承担5项预研课题,研究成果获使用单位认可。工作17年先后获专利8项,在各种学术期刊发表论文8篇,获航空工业集团个人立功3次、省部级科技奖6项、公司级科技奖13项、振兴洪都科技奖1项。作为总体专业和某项目组的牵头人,他把个人积累和总结的经验传授给年轻人,手把手指导解决各种技术难题,组织跨专业技术交流,让团队快速成长。在他带领下,项目组2012年获公司"最佳团队"称号,2017年获公司"猎鹰之星"团队称号,2018年度获公司"感动洪都"团队、"罗阳青年突击队"等称号。他带领项目团队取得某重点型号研制立项,面对打造精品工程的目标和型号关键技术攻关任务,他忘我工作,在无数其他志同道合者的共同奋斗下完成某型号方案设计,并在半年完成详细设计、半年完成发图。他总是冲在一线,解决现场的问题、提供技术支持与保障,保质、保量、高效处理生产现场跨系统、跨专业、跨区段的综合性问题,确保型号高质量研制。2019年获江西省五一劳动奖章;2021年获全国五一劳动奖章。

胡意文 江西省抚州市人,1987年12月生,博士,中共党员,江西铜业技术研究院有限公司冶化所所长、高级工程师。2015年7月博士毕业后入职江铜集团,从事冶金与化工技术的研发工作,先后负责和参与"铜阳极泥中碲高效回收技术研究与应用"等10余项项目的研究,获授权发明专利13项,发表科技论文8篇,研究成果已基本在江铜集团实现产业化,推动江铜在稀贵金属高效回收与提纯方面的技术进步。他长期扎根在江铜的生产一线进行技术研发。"铜阳极泥中碲高效回收技术研究与应用"是他到江铜后负责完成的第一个科研项目。经过系统试验,他创新出多项关键技术,使碲的回收率获得大幅提升,达到国内领先水平,在江铜应用后经济效益显著。"铂钯精矿处理新工艺研究"项目最初只是为解决铂粉品质不达标的问题,但当他现场了解到现有的纯碱焙烧劳动强度大,作业环境不好时,本着"服务生产"的科研理念,经过近一年的艰苦努力,原创出铂钯精矿全湿法除杂技术,取消纯碱焙烧。分银渣提锡是一个行业难题,他在现有研究基础上,通过对一个异常数据刨根问底,最终另辟蹊径,独创出分银渣非常规直接还原提锡技术,使分银渣提锡可真正走向产业化。2018年被评为江铜集团"十佳青年",入选首批江西省"双千计划"创新领军青年人才;2019年获"江西省五一劳动奖章""新时代赣鄱先锋"称号;2020年被评为全国青年岗位能手标兵;2021年获全国五一劳动奖章。

赵小冬 江西省进贤县人,1972年2月生,中共党员,国家税务总局江西省税务局党委纪检组副组长。无论是因机构改革转为副手,还是作为部门主要负责人,他都能始终保持强烈事业心和责任感,不讲条件、不计得失,克服困难,出色完成组织交办的每项任务。在税务纪检监察工作方面推动一系列改革创新举措,推行跨区域交叉监督执纪,常态化开展"一案双查",打造"赣税清风""赣税纪律讲堂"等廉政教育品牌等。敢于斗争、善于斗争、动真碰硬,多次带队查办总局、省纪委省监委督办交办的重点案件和全省税务系统复杂敏感案件,多次得到总局和省纪委省监委领导肯定性批示。作为纪检岗位领导干部,带头营造清风正气良好生态,铁面执纪,一身正气。2020年1月被评为全国税务系统先进工作者;2021年获全国五一劳动奖章。

徐德朋 江西省鄱阳县人,1970年8月生,硕士,中共党员,昌河飞机工业(集团)有限责任公司董事长、党委书记。他采用混合所有制模式成立通航公司;设立全国首个低空空域管理暨通航飞行服务院士工作站;推进"全省通"活动,完成江西省内11个地市通航战略合作协议签订,规划193个直升机起降场,已建成25个;与南昌航空大学开展通航飞行学院的合作建设;完成赣浙通航空管保障飞行验证和江西通航飞行服务站系统预验收,开创国内通航跨省低空空管信息与服务联通联动先河;开展直升机万里行活动,探索丰富直升机应用,提高国民对民族直升机的认知。他大力开展精品工程,通过实施"以产品为主线的品质提升"和"B流程改善",逐步解决直升机产业发展和质量建设不平衡不协调的问题。他所主导建设的昌飞数字化制造体系、信息化管理体系、智能制造体系等新型直升机制造技术体系,处于国内领先地位,达到世界先进水平。在他的参与和推动下,公司开发基于条码的生产/质量管理系统、科研计划管理系统等多项信息化系统,逐步构建涵盖公司所有业务的昌飞制造系统(CPS),将庞杂、离散的直升机制造过程管控为"数字化集成虚拟生产线",产品全周期精细化管理,建立自上而下的四级管控体系和自下而上的问题反馈机制。通过建立铆装拉式节拍生产和总装脉动式节拍生产的数字化制造模式,探索出一套科学的适合国情的航空工业科研生产模式。他通过创新驱动和智能转型,对标"工业4.0",搭建以物流配送系统、制造过程管理、工艺设计管理等高度集成的旋翼系统智能工厂,实现产品合格率由48.9%提升至96%,旋翼系统制造效率提升43%,打造具有典型航空制造特征的智能制造示范工程,为"中国制造2025"提供实践样板。在A903直升机研制期间,他率领科研团队解决大量的科研技术难题,将需2年至3年时间的研制工作缩短到1年，实现当年设计、当年生产、当年首飞。在多型直升机同时开展高原试验试飞期间，带领团队克服高原环境恶劣等诸多困难，取得国产武装直升机首次进入青藏高原、首次突破6000米升限，首次在4500米以上地区攻击地面和空中目标，创造世界大型直升机9008米升限等多项纪录。获省部级科技成果一等奖3项、二等奖8项，省部级科技进步奖共30余项、专利12项，荣立部级一等功2次、二等功5次。2013年，入选“江西省百千万人才工程”，2015年获国务院特殊津贴，2020年获第二届“江西年度十大经济人物”称号，2021年获全国五一劳动奖章。

刘妃艳 女，江西省赣州市人，1991年4月生，硕士，中共党员，江西省巍啊文化传播有限公司创意总监。2018年8月到南昌工学院参加工作，历任人工智能学院专职教师，南昌工学院VR技术教研室（VR技术中心）副主任，江西省巍啊文化传播有限公司创意总监。从教以来，她坚持以“学生为中心”、培养学生“职业关键能力”的理念。为提高学生的学习积极性，她注重“示范、讨论、讲评、实践”四结合，通过生动活泼的教学方法激发学生的学习兴趣。她和同事参加各类型教学专业型大赛，做到以赛促教、触类旁通。在中国大学生广告艺术节学院奖2019年春季赛中，指导学生获国家级优秀奖3项；在2019年中旬举办的第14届江西省大学生计算机制作大赛中，指导学生获省级一等奖、二等奖等。在江西省巍啊文化传播有限公司担任创意总监期间，她和团队完成2020年12月南昌工学院重点实验室项目PCB制版工艺虚拟仿真实验项目开发，2020年11月江西景德镇图书馆陶瓷工艺虚拟仿真项目开发；2020年9月独立完成南新科创企业宣传策划。2019年7月，获虚拟现实多媒体课件制作大赛优胜奖；9月，获南昌市“当好主人翁、建功新时代”首届虚拟现实（VR）职工职业技能大赛二等奖；11月，获全国3D/VR/AR数字化虚拟仿真主题赛项二等奖；12月，获江西省“天工杯”首届虚拟（增强）现实职工职业技能大赛团队一等奖。2021年获全国五一劳动奖章。

何灵芬 女，江西省崇仁县人，1984年8月生，本科学历，中共预备党员，九江市柴桑区气象局县级综合业务员，高级工程师。她积极参加省总工会和省气象局举办的江西省县级综合气象业务职业技能竞赛，从2016年获得江西省第二届县级综合气象业务职业技能竞赛个人全能第二名，理论第一，观测数据综合处理第二、仪器保障第三，到2018年获全省第三届县级综合气象业务职业技能竞赛个人全能第一，预报监测预警、理论、观测数据综合处理3个单项全部进入前三，成为全省县级综合气象业务带头人，并在县级综合气象业务方面发挥示范引领作用。应省局要求制作全省应急加密观测说明，供全省气象业务部门参考，保障加密观测顺利进行；主动承担台站业务软件切换和升级任务，提前做好备份准备和应对措施，策划当地和全省切换和升级方案，保证每次切换和升级完成；多次力战灾害性天气，做好“精细”预报和“精准”决策气象服务。对重大灾害性、关键性天气加强监测，制作发布各类天气预报及气象服务专题，提供精细气象预报和精准的气象服务；作为“三农”服务的主要气象技术服务人员，她总结梳理在“三农”气象服务方面的经验，协助推进本地区农村气象灾害防御体系和农业气象服务体系建设。2017年、2019年分别被授予“江西省巾帼建功标兵”“江西省技术能手”“江西省青年岗位能手”称号，2019年获江西省五一劳动奖章，2021年获全国五一劳动奖章。

高　磊 河南省沈丘县人，1977年8月生，大专学历，中共党员，红板（江西）有限公司湿菲林车间主任。1999年，他进入东莞红板（红板公司分厂）公司，成为湿菲林车间的一名普通烘板工。他认真核对复检每一个型号板的烘烤时间，虚心请教，总结出很多型号板的共通之处，凭借娴熟的经验提高烘板的效率，保证板料品质的稳定性。2019年江西省首届“天工杯”电子信息技能大赛，他以车间主任身份参赛，获绿油挡点网项目全省第一名。技能大赛中，他认真研究每一个型号、琢磨每一个工序动作，并在竞赛准备前通过测试优化解决“显影不净”等问题。一块废旧物料的二次利用，为公司每年节省超过600万元的成本费用。2020年，新冠肺炎疫情期间，他带头轮值防疫先锋岗，为员工测量体温，确保员工安全上班和平安回家；利用部门早晚会时间，宣导公司的防控要求；他用私家车接送员工，解决返岗员工交通不便。2020年获江西省五一劳动奖章。2021年获全国五一劳动奖章。

郑赖敏 江西省赣州市赣县区人，1976年4月生，江西省赣州市于都县赢家时装（赣州）有限公司技术员。他从小生活在农村，因家庭生活困难，刚上完高中就跟随兄长外出学习制衣技术，因他勤奋好学，刻苦练习制衣技术，很快就成为制衣行业的骨干。2019年9月在于都县第三届纺织服装行业职业技能大赛中，获整件女士长袖衬衫项目一等奖；2020年9月，在江西省“天工杯”服装行业职工职业技能竞赛中，获女装成衣整件项目一等奖。他先后向公司提交各种工艺改善方案38项，共为企业节约生产成本80余万元。提交“金点子”创新项目5项，为企业节约生产成本20余万元。不仅大大减少企业生产成本，还同时简化工艺流程，提高工作效益，受到公司领导和同事的一致好评。他从不计较个人得失，遇到有困难需要帮助的人，都会主动靠前给予帮助，多次捐款为家乡修桥修路，资助遇有疾病的困难家庭。他还每个月拿出工资的一部分捐献给慈善基金会，用于帮助困难群体。2021年被授予江西省五一劳动奖章和全国五一劳动奖章。

周小连 女，江西省樟树市人，1968年3月生，大专学历，樟树市庆仁中药饮片有限公司生产部副部长。从事药品加工炮制工作以来，她先后从事洗、润、切、炒、炙、烘、包装等工种，经常利用休息时间，勤学苦练，用行动践行“尊肘后、辩道地、凡炮制、依古法、调丸散、不省料、制虽繁、不惜工”的樟帮祖训。她切制的白芍薄如蝉翼，吹得起，可透字；切制的陈皮根根均匀，细可穿针；刨制的川芎犹如一只只蝴蝶，栩栩如生。技能达到“白芍飞上天、陈皮一条线、黄柏骨牌片、桂枝瓜子片、黄芪柳叶片、枳壳凤眼片”的樟帮特色中药饮片的境界。她先后多次到上海、广东等地学习、观摩、交流，博学众长，将学到的知识、技能运用到实际工作中去。她以技能大师工作室为阵地，带了3名徒弟，将樟帮精神、工匠精神、樟帮技艺，潜移默化地传承、发扬。随着中药饮片生产逐渐由手工作业升级为机械化、自动化生产，她与公司技术人员一道根据生产实际，提出工艺改进要求，制定技术参数，使公司引进升级后的生产技术装备与生产工艺实现无缝对接，降低生产成本，提高劳动生产率，确保产品质量。她先后提出并被公司采纳合理化建议、生产工艺改进方案21条。先后参与省级重大项目“智能控智精制中药饮片技术发行项目”的工艺攻关，参与省级新产品“三七微粉饮片”“凤眼枳壳饮片”“细线陈皮饮片”的研制开发，参与公司2个发明专利、4个实用新型专利的专利技术开发，1个发明专利、4个实用新型专利已获授权。2020年获“江西省五一劳动奖章”“江西省巾帼建功标兵”称号；2021年获全国五一劳动奖章。

张慧敏　女，江西省九江市人，1988年11月生，硕士研究生，中共党员，江西省生态环境监测中心高级工程师。在新余仙女湖镉污染特大事故中，她第一时间赶到现场，连续坚守岗位168个小时，实时上报上千个监测数据。为准确跟踪监测各种数据，持续奋战在监测一线，在新余市监测站用ICP-MS出具了2500个以上监测数据，获得可靠的环境污染信息，为领导科学决策提供有力支撑。作为单位监测能手，她参加全国土壤例行监测，完成多个土壤背景采集，并出具2000多个监测数据；在国家组织的黑臭水体整治专项巡查任务中，完成多个断面的水质监测和氨氮全程对比分析工作，为黑臭水体巡查整治工作提供可靠的数据支持，获得同行的一致肯定和生态环境部、住房和城乡建设部的表彰。她先后参与《重铬酸盐法测定水中化学需氧量》《水质 氨氮的测定 气相分子吸收光谱法》国家分析方法标准的修订；参与《土壤和沉积物 重金属元素总量的测定 电感耦合等离子体质谱法》《土壤和沉积物 重金属元素的总量测定 石墨炉原子吸收分光光度法》中国环境监测总站的方法验证工作；参与江西省《农村生活污水处理设施污染物排放标准》《排污单位自行监测实验室建设及管理规范》地方标准的编制工作。并在EI、ECOL CHEM ENG S等高水平期刊杂志上发表了5篇学术论文。2019年7月，她代表江西省环境监测中心站参加江西省第二届生态环境监测大比武（综合比武）竞赛，获得全省综合比武冠军。同年10月，又代表江西省队在全国比赛中获得综合比武团体三等奖，该奖项填补江西省在全国生态环境监测专业技术领域零奖项的空白。2019年获江西省五一劳动奖章；2021年获“江西省巾帼建功标兵”称号；2021年获全国五一劳动奖章。

蔡安华　江西省南昌市人，1987年10月生，中专学历，航空工业江西洪都航空工业集团有限责任公司钣金加工厂飞机钣金工。在国际转包项目波音飞机大型弦杆型材零件遭遇加工瓶颈的特殊时期，他主动请缨，接手波音大型弦杆型材零件。经过多次尝试，找到拉弯回弹和铣切变形快速校正的途径，攻克弦杆中最难的某零件。C919长桁生产是国际上航空工业首次使用的铝锂合金新材料、新工艺，在中国航空工业领域属于“技术零储备”范畴，是该项目研制工作中遇到的最大难题之一。他与团队成员一道，凭借多年的经验，反复摸索，最终解决这一生产难题。他多次参加省级技能大赛，曾获得江西省“振兴杯”航空行业职业技能大赛第三名。2019年，他参加江西省“天工杯”十大示范性技能大赛大飞机制造职工职业技能竞赛，获得飞机钣金赛项第一名。他在分厂党委成立的内部培养机构钣金学校担任教员，毫无保留地将平时积累的工作经验传授给学员，培养的学员，在生产一线独当一面，一些优秀学员多次在公司级、省级比赛中包揽钣金专业前几名，在部级比赛中也取得优异成绩。他每年生产工时都在分厂名列前茅，年均达到20000余小时。在15年的航空技术制造工作中，出自他手的零件上千万，没有出过一次质量问题，连年获“质量标兵”称号。他年均提出合理化建议和技术革新项目30余条，实用新型专利《一种用于高效成形背鳍零件的辅助工具》已获授权，《一种成形双曲度异向弯边蒙皮零件的工装及方法》发明专利在等待授权中。2020年，获江西省五一劳动奖章；2021年，获全国五一劳动奖章。

龙运涛　苗族，湖南省邵阳市人，1991年4月生，大专学历，江西铜业股份有限公司贵溪冶炼厂备料车间物料工段一班班长。2012年毕业于湖南工业大学，任起重装卸机械操作技师。他凭借“稳、准、快”的实操技术和“钢筋精准入管”“一钩准”等绝技绝活，在公司、工厂举办的多次起重机械操作青工技能竞赛和江西省“振兴杯”铜行业奥林匹克（起重装卸机械操作工）技能比赛中夺得冠军。作为一名基层班组长，他总结“二控三精”操作法，有效解决烟灰转运给现场环境造成污染的问题。在“授料”环节上，他总结提炼《不同矿种抓料作业法》和双料斗精准配置授料，提高中间物料预干燥处理能力，仅此一项每年为工厂节约生产成本上百万元。在生产管理和科技创新上，他参与的《均衡双系统管理，减少精矿预干燥量》《精细渣精矿过程管理、优化混合矿水份指标》《探索预干燥单套炉窑作业模式，降低干燥窑作业率》等项目，每年可减少精矿预干燥量近10万吨。他组织实施的“板结铜精矿清理方式创新改进”“5#沉淀池回水管改造”“行车U53抓斗的综合改进”“铜精矿仓渗排水管改造”“中间物料配置方式改进”等一系列攻关课题，取得可观的经济和社会效益。他所带领的班组连续多年被授予“AAA学习型班组”“示范职工小家”等荣誉。在2020年工厂举办的首届班组长综合管理技能竞赛中，他带领4名青年班组长以最高分获团体第一名，他获得个人一等奖。2020年3月，被授予江西省五一劳动奖章；2021年获全国五一劳动奖章。

支月英　女，江西省进贤县人，1961年5月生，大专，中共党员，宜春市奉新县澡下镇白洋教学点教师。1980年，支月英只身来到离家几百千米的奉新县澡下镇,在海拔近千米的边远山村泥洋小学任教。从教以来,她为多个孩子代付各种费用。为了资助更多贫困学生,她利用双休日、节假日,去山里扛木头、拉毛竹。一次跟车装运出车祸,她昏迷很久才苏醒,却怕耽误上课没有下山就医,错过最佳治疗时间,导致右耳失聪、右眼失明。泥洋小学撤销后,比泥洋小学更偏远更艰苦的白洋教学点需要教师,村民联名请她前往任教。她再次放弃下山机会,给几十名留守孩子既当全科教师又当母亲。由于长期在山里学校,无暇照顾家人,女儿曾抱怨说山里的学生才是她亲生的。教学用具和生活用品靠她肩挑手提,先后骑坏了 6 辆男式摩托车。40 年来支月英将 1000 余名贫困山区的孩子送出大山,不让一名学生因贫困而失学。2010 年被评为“中国好人”;2014 年获“全国模范教师”称号;2015 年获“全国岗位学雷锋标兵”“全国师德楷模”称号;2016 年被授予“全国优秀共产党员”“全国教书育人楷模”称号;2017 年被评为“2016 年度感动中国人物”,获全国道德模范提名奖;2019 年被授予“全国最美奋斗者”称号;2020 年获全国脱贫攻坚奖贡献奖;2020 年被授予“全国三八红旗手标兵”称号。2021 年获全国五一劳动奖章。

贺　卓　女,江西省萍乡市人,1977 年 12 月生,大学本科学历,中共党员,萍乡市总工会保障服务和女职工部部长。2008 年 5 月,她开始从事困难职工帮扶工作。她以职工需求为导向,创新帮扶方式,做强做实“春送岗位、夏送清凉、金秋助学、冬送温暖”工会帮扶品牌活动。定期组织开展困难职工家庭入户调查,对 223 户在档和 887 户脱困注销的困难职工家庭实地回访。做好困难职工“一对一”结对帮扶工作,实现在档困难职工结对帮扶全覆盖。通过“四个一批”的方式,她帮助 1.3 万户城市困难职工顺利解困脱困。2020 年通过全总、省总城市困难职工解困脱困工作成效第三方评估“双重”大考,萍乡市“综合评价”评分 99.13%,所有核心指标均达到优秀等级。她积极做好新冠肺炎疫情防控期间工会保障服务工作,筹措疫情防控专项资金 141.49 万元,走访慰问防控一线工作人员及家属,向防控一线医护人员赠送价值 4.26 万元的新冠肺炎团体互助医疗保障计划 853 份,为 1271 户在档困难职工发放救助金 551.35 万元。在省总工会挂职锻炼期间,她完成重要文稿起草、率队赴广西省总学习考察困难职工家庭信息共享比对工作、组织第四批劳模专家医疗队赴新疆开展义诊活动、组织“金秋助学 · 铸魂圆梦”革命传统教育活动等各项工作任务,连续两年被评为省总工会先进工作者。她还多次被评为优秀公务员、优秀党员,荣记三等功两次。所负责的工作和部室先后获“全国工会帮扶工作先进集体”“全国工会系统促进再就业先进单位”“江西省三八红旗集体”“江西省五一巾帼标兵岗”等称号。2021 年获全国五一劳动奖章。

（省总工会）

全国三八红旗手标兵

甘公荣　1959 年 1 月生,中共党员,莲花县工商银行退休职工,全国妇联执委、省妇联兼职副主席、江西省巾帼志愿服务协会副会长、莲花县龚全珍志愿者协会顾问。2011 年龚全珍工作室成立。2013 年龚全珍爱心基金会成立,她一直协助工作、参与管理,使其发展壮大。牵头成立莲花县巾帼志愿者协会。参与志愿服务近 8000 个小时,捐款捐物近 15 万元。2013 年开始,应中国井冈山干部学院的邀请为学员授课近千场;作为“赣鄱红色娘子军”的骨干宣讲员之一,线上线下宣讲受众 800 余万人次。退休前曾获省工商银行优质文明服务标兵、最佳储蓄员,省职业道德十佳标兵、省三八红旗手,全国工商银行优秀文明服务先进个人、十佳储蓄员,全国金融系统劳模、全国劳模等称号。退休后曾获全国三八红旗手、省道德模范等称号。2021 年,获“全国三八红旗手标兵”称号。

全国三八红旗手

罗丽萍　1972 年 7 月生,民盟盟员。南昌大学生命科学学院植物研究所所长、教授,省主要学科学术和技术带头人、省百千万人才工程人选,享受省政府特殊津贴。她围绕“特色农产品品质与安全”方向开展研究。建立基于代谢组学的农产品特质性成分分析理论和方法体系。运用系统生物学整合多组学技术,明确农产品与环境互作效应和关键品质形成机理。建立复杂基质农产品直接质谱代谢组学分析和化学污染物检测新方法,为农产品安全评价提供新技术,整体成果达到国际先进水平。研究成果获省自然科学奖一等奖和三等奖、省科技进步奖二等奖、省技术发明奖一等奖各 1 项。主持 4 项国家级项目,以及 10 余项省部级项目;以第一发明人获国家发明专利 8 项;以第一或通讯作者发表 SCI 论文 40 余篇;出版学术专著 3 部。累计现场培训农民和企业技术人员 2000 余人次。曾获省金牌研究生导师、省三八红旗手等称号。2021 年,获“全国三八红旗手”称号。

胡敏华　1968 年 6 月生,中共党员,南昌市第九医院艾滋病治疗中心主任、主任护师,江西省护理学会传染病护理专业委员会主任委员。从事临床护理工作 33 年,坚守抗艾一线 21 年,创办艾友“温馨家园”,开展志愿服务,推动医院艾滋病防治工作开展,成立江西省、南昌市两级“劳模创新工作室”。开展公益讲座,举办健康沙龙,累计志愿服务 1 万余小时。曾先后参与非典、甲流、新冠肺炎救治及处置工作。2020 年赴湖北支援抗疫,被湖北省评为“抗击新冠肺炎疫情最美逆行者”。曾获省优秀共产党员、省先进工作者、全国五一巾帼标兵,省最具爱心慈善楷模、省百佳优秀抗疫护理工作者、中国好医生好护士月度人物、全国优秀红十字志愿者、全国最美志愿者等称号;“第十八届英国贝利 · 马丁奖”“第 48 届南丁格尔奖章”获得者。2021 年,获“全国三八红旗手”称号。

周淑琴　1979 年 10 月生,中共党员,贵溪市人民法院党组成员、泗沥法庭庭长。18 年坚守基层人民法庭。总结出“明理立心、接待热心、倾听耐心、调解公心、关怀爱心”的“五心”工作法。设立“周淑琴工作室”，成立“婚姻家庭学校”，组建“琴姐姐家事帮帮团”，推出“琴”谈家事栏目，为法院家事纠纷诉源治理创建载体。2016年发出江西省第一份人身安全保护令，2020年发出全国法院系统首份家庭和睦劝诫书。曾获全国法院办案标兵、全国优秀法官、全国巾帼建功标兵、全国模范法官、全国先进工作者、全国优秀共产党员等称号。2021年，获“全国三八红旗手”称号。

卢小青 1968年11月生，中共党员，华润江中制药集团有限责任公司董事长、党委书记、总经理。担任公司主要负责人后，提出“内生发展、外延并购”的双轮驱动模式，深入推进业务发展、组织变革、人才培养，使企业近3年年复合增长率达18.1%，2021年“江中”品牌价值291.15亿元。大力推进智能制造、生态环保、创新研发，使企业近年相继获国家智能制造试点示范基地、国家“智能制造新模式”“两化融合”评定企业、“中国生态文明奖先进集体”；“十三五”期间两次获国家科技进步二等奖。积极推动中医药走向国际，建立“岐黄国医外国政要华润江中体验中心”，创办欧洲(葡萄牙)中医药文化体验中心，承办2021上海合作组织论坛“传统医学与产业发展”分论坛。2020年新冠肺炎疫情暴发后，抢上口罩生产线，承担“温肺化纤颗粒”生产转化，使企业获评省抗疫贡献企业。曾获省三八红旗手、全国万名创新创业优秀导师称号。2021年，获“全国三八红旗手”称号。

谢 敏 1972年7月生，中共党员，省委信访局投诉受理处二级调研员。投入浮梁县黄坛乡南溪村脱贫攻坚3年多，先后开展党员帮扶837人次，村党支部连续3年被评为优秀基层党组织。先后争取资金400余万元，用于交通、水利等基础设施建设。以种植有机水稻、马家柚、南溪红茶为突破，带动“老油坊”项目、土法酿酒产业发展，促进62户112人就业，人均增收1000余元。2020年新冠肺炎疫情暴发后，农历大年初四就把第一批抗疫物资送到村里，坚守抗疫连续70余天没有回家；面对百年一遇大洪水，争取资金50余万元，慰问灾民、维修水利、恢复生产。曾获中共十九大维稳安保先进个人、省巾帼建功标兵、省三八红旗手、省最美扶贫干部、全国巾帼建功标兵等称号。2021年，获“全国三八红旗手”称号。

黄纡寰 1974年8月生，中共党员，抚州市中医院党委副书记、副院长、副主任中医师，盱江医学近现代李氏流派第四代传人，抚州市首届名中医，全国名老中医药专家黄调钧传承工作室、省国医名师黄调钧传承工作室负责人，中国中医急诊专科医联体常务委员，享受市政府特殊津贴。从医25年，在做好临床工作的同时，传承、弘扬中医文化，总结、推广黄调钧经验，先后在国家级、省级期刊发表论文10多篇，主持或参与市厅级科研课题10多项，获抚州市科技进步三等奖一次。2020年新冠肺炎疫情暴发后，迅速组织成立抚州市中医院新冠肺炎诊治专家小组和中医治疗专家小组，并担任市级中医药专家组副组长，发挥抚州“盱江医学”“建昌帮”传统中医药特色优势，助力疫情防控工作。曾获全省卫生计生系统先进个人、省五一巾帼标兵、省抗击新冠肺炎疫情先进个人、全国巾帼建功标兵等称号。2021年，获“全国三八红旗手”称号。

胡春丽 1979年11月生，中共预备党员，新余钢铁股份有限公司卷板厂酸轧车间原料班副班长、高级技师。当行车工后，主要从事轧辊吊运工作，累计安全吊运轧辊9.4万根，累计加班950多小时。利用休息时间培训行车工350余人次，所带5名徒弟均成为技术能手、生产骨干。针对生产设备运行和安全生产的难题，坚持对行车进行日检、周检，发现安全隐患及设备隐患30个，防止“带病”作业。提出“位置限制与调整装置的改进”“缓冲器与轨道止挡器的改进”“行车防偏斜装置的改进”等合理化建议，改进行车设备，促进了安全生产。曾获新钢公司技能竞赛天车工第三名，省“振兴杯”钢铁行业职业技能大赛第二名两次。2018年参加“首钢杯”全国钢铁行业职业技能竞赛天车工比赛，获第四名。2021年，获“全国三八红旗手”称号。

陈菊荣 1979年10月生，民革党员，景德镇市高新区创客工会主席，民革景德镇市委会副主委、景德镇市政协常委、江西省陶瓷彩绘技能大师、江西省非遗传承人，享受市政府特殊津贴。以自己绘画技能所长带出具有个人画风的徒弟，让学员学有所成甚至单独成立工作室。开展学术交流，开办陶瓷艺术高级研究班和提高班，培训学生千余人。组织工会会员送文化下乡、进校园，开展无偿献血活动，到福利院看望孤寡老人和孤残儿童。2020年新冠肺炎疫情期间，向景德镇市红十字会捐赠现金1万元，向市第二中学、昌江区实验小学、市第十九中学捐赠口罩8万只。组织创客工会会员向省陶瓷协会、省红十字会、市文旅局、市红十字会等单位捐赠现金和作品，用于抗击疫情。曾获景德镇市拔尖人才、省三八红旗手、省劳动模范等荣誉称号。作品曾获中国工艺美术百花奖金奖、中国陶瓷艺术大展银奖、省工艺美术杜鹃奖银奖。2021年，获“全国三八红旗手”称号。

廖喜玉 1962年3月生，中共党员，江西广播电视台金牌调解委员会副主任，省人民调解协会副会长，省女法律工作者协会副会长。从1990年开始在抚州市临川区荆公路司法所、江西广播电视台金牌调解委员会从事调解工作，调解各类纠纷达1万多起，先后荣立一等功1次、二等功3次、三等功7次。2019年参加全国司法行政系统表彰大会，被司法部聘为第二批全国人民调解专家。曾获全国司法行政先进工作者、全国刑释解教安置帮教工作先进个人、全国调解能手、全国十大优秀调解员、全国十大模范调解员、全国最受欢迎的人民调解员、全国十佳标兵调解员等荣誉称号。2021年，获“全国三八红旗手”称号。

(省妇联)

本类目编辑 毛珏珺

附　录

江西省人民政府关于印发
江西省国民经济和社会发展第十四个五年规划和
二〇三五年远景目标纲要的通知

2021年2月5日

各市、县(区)人民政府,省政府各部门:

现将《江西省国民经济和社会发展第十四个五年规划和二〇三五年远景目标纲要》印发给你们,请认真贯彻执行。

江西省国民经济和社会发展第十四个五年规划和
二〇三五年远景目标纲要

江西省国民经济和社会发展第十四个五年规划和二〇三五年远景目标纲要,根据《中共江西省委关于制定全省国民经济和社会发展第十四个五年规划和二〇三五年远景目标的建议》编制,重点对"十四五"期间国民经济和社会发展作出总体部署,同时提出二〇三五年国民经济和社会发展远景目标。作为开启全面建设社会主义现代化新征程的第一个中长期规划,该规划主要阐明省委、省政府战略意图,是全省各级政府履行职责的重要依据,是市场主体的行为导向,是全省人民的共同愿景。

第一篇　开启全面建设社会主义现代化新征程

"十四五"时期是我国"两个一百年"奋斗目标承前启后的历史交汇期,是我省与全国同步全面建设社会主义现代化的开局起步期,也是我省在加快革命老区高质量发展上作示范、在推动中部地区崛起上勇争先的关键跨越期。要统筹中华民族伟大复兴战略全局和世界百年未有之大变局,紧紧抓住大有可为但充满挑战的战略机遇期,迈出全面建设社会主义现代化的坚实步伐。

第一章　发展基础

"十三五"时期是我省发展史上极不平凡、极不寻常的五年。在以习近平同志为核心的党中央坚强领导下,省委、省政府团结带领全省人民,以习近平新时代中国特色社会主义思想为指导,深入贯彻习近平总书记视察江西重要讲话精神,不忘初心、牢记使命,感恩奋进、担当实干,有效应对各类风险挑战特别是新冠肺炎疫情的严重冲击,"十三五"规划确定的主要目标任务总体实现,即将如期与全国同步全面建成小康社会,江西已站在新的历史起点上。

——综合实力实现新跨越。主要经济指标增速位居全国"第一方阵"。地区生产总值跨越2万亿元大关、达2.57万亿元,提前两年实现比2010年翻一番,全国排名上升到第15位,比"十二五"末提升3位。人均地区生产总值超过8000美元、达到中等偏上收入国家(地区)水平(世界银行标准)。

——动能转换步伐加快。南昌、新余、景德镇、鹰潭、抚州、吉安、赣州7个高新技术产业开发区建设国家自主创新示范区(以下统称鄱阳湖国家自主创新示范区)、中科院赣江创新研究院等启动建设,综合科技创新水平指数实现"七连进"。三次产业比例优化为8.7∶43.2∶48.1,高新技术产业增加值占规模以上工业增加值比重较"十二五"末提高10个百分点以上,数字经济增加值占地区生产总值比重达30%左右。电子商务交易额有望突破1万亿元。粮食主产区地位进一步巩固,全国绿色有机农产品示范基地试点省建设取得明显成效。

——改革开放纵深推进。主要领域改革框架基本确定,财政金融、国资国企、农业农村、投融资体制、商事制度等重点领域改革取得新成效。“放管服”改革持续推进,营商环境不断优化,形成了“赣服通”、政务服务“365天不打烊”等特色品牌。开展“降成本、优环境”专项行动,五年累计为企业减负超6400亿元。双向开放格局初步形成,外资外贸提质升级,景德镇国家陶瓷文化传承创新试验区、江西内陆开放型经济试验区成功获批,井冈山综合保税区和南昌、赣州、九江跨境电商综合试验区获批建设。推进江西口岸“三同”创新模式。赣浙、赣湘、赣粤等省际区域合作取得实质性进展。

——区域发展更加协调。“一圈引领、两轴驱动、三区协同”区域发展格局加快构建,大南昌都市圈建设积极推进,国家级赣江新区成功获批并加快建设。沪昆、京九高铁经济带加快培育,产业园区加速向高铁沿线集聚。赣南等原中央苏区实现跨越式发展,赣东北开放合作、赣西转型升级迈出坚实步伐。

——生态文明试验区建设成效显著。成功争取全境纳入国家首批生态文明试验区建设,38项重点改革任务全面完成,35项制度成果全国推广。在全国率先实现全流域生态补偿,构建五级“河长制”“湖长制”“林长制”。深入实施长江经济带“共抓大保护”攻坚行动,全力打好蓝天、碧水、净土保卫战,全省生态环境质量稳居全国前列,“十三五”节能减排目标全面实现。

——城乡面貌发生深刻变化。以人为核心的新型城镇化加快推进,城市功能和品质明显提升。乡村振兴战略深入实施,水泥路、动力电、光纤网等实现“村村通”。城乡基础设施不断完善,铁路运营里程接近5000千米,高速铁路达到1329千米、实现设区市全覆盖。高速公路通车里程突破6000千米。“两横一纵”高等级航道网基本形成,航空运输网加快构建。全口径电力装机突破4000万千瓦。

——脱贫攻坚取得决定性胜利。井冈山市在全国率先实现脱贫,全省25个贫困县全部“摘帽”、3058个贫困村全部退出、现行标准下农村贫困人口全面脱贫,88.61万城镇贫困群众有效解困,历史性地解决了江西区域性整体贫困和群众绝对贫困问题。

——人民生活迈入全面小康。人民生活质量明显提升,居民收入与经济增长保持基本同步,全省城乡居民人均可支配收入提前一年实现比2010年翻番目标。五年累计新增城镇就业266.75万人。基本公共服务均等化水平不断提高,城乡居民社会保障体系、医疗保障体系、公共就业服务等实现全覆盖。义务教育提前两年实现整省基本均衡,高等教育进入普及化阶段。文化强省建设取得新成效。平安江西、法治江西建设扎实推进,社会保持和谐稳定。

——省域治理体系和治理能力不断增强。党的建设全面加强,全面从严治党取得重大成果,“不忘初心、牢记使命”主题教育成果丰硕。社会主义民主政治建设江西实践不断深化。依法治省纵深推进。“忠诚型、创新型、担当型、服务型、过硬型”政府(以下统称“五型”政府)建设取得显著成效,行政效能明显提高。坚定不移正风肃纪反腐,风清气正的政治生态进一步形成。

五年来的发展成就,充分彰显了习近平新时代中国特色社会主义思想的强大真理伟力,必须始终不渝按照习近平总书记指引的方向笃定前行,把习近平总书记为江西擘画的宏伟蓝图变为美好现实;五年来的发展成就,充分证明了省委提出的“创新引领、改革攻坚、开放提升、绿色崛起、担当实干、兴赣富民”工作思路和高质量跨越式发展首要战略,符合党中央精神,切合江西实际,顺应人民期盼,必须一以贯之、接续奋斗;五年来的发展成就,充分展示了江西人民忠诚执着、奋发有为、勤劳智慧的优良品质和时代风貌,必须坚定信心、保持定力,凝心聚力抓发展,团结奋进破难题,敢想敢干闯新路,在全面建设社会主义现代化的伟大征程中展现更大作为。

第二章 发展环境

当前和今后一个时期,中华民族伟大复兴的战略全局与世界百年未有之大变局相互作用、相互激荡,我国进入新发展阶段,江西面临一系列新机遇和新挑战。

和平与发展仍然是时代主题,人类命运共同体理念深入人心,我国制度优势显著,治理效能提升,发展长期向好的基本面没有改变,为我省保持经济社会平稳健康发展提供了总体有利环境。以国内大循环为主体、国内国际双循环相互促进的新发展格局加快形成,我省区位优势、资源优势、产业优势、生态优势和国家战略叠加优势将更加凸显,为推进高质量跨越式发展提供了新机遇。新一轮科技革命和产业变革深入发展,我省在航空、虚拟现实(VR)、移动物联网、硅衬底半导体照明等领域已取得先发优势,为实现“变道超车”“换车超车”增添了新动能。特别是习近平总书记对江西提出“在加快革命老区高质量发展上作示范、在推动中部地区崛起上勇争先”目标定位和“推进经济高质量发展、推进改革开放走深走实、推进农业农村现代化、推进社会治理创新、推进红色基因传承”重要要求,为新时代江西改革发展指明了前进方向、注入了强大动力。

同时,也要清醒地看到,国际环境日趋复杂,经济全球化遭遇逆流,世界进入动荡变革期,不稳定性不确定性明显增加,新冠肺炎疫情影响广泛深远,对我省经济社会发展的影响和冲击不容忽视。我国发展不平衡不充分问题仍然突出,国内区域之间竞争更趋激烈,对我省吸引聚集先进生产要素带来挑战。江西正处在爬坡过坎、转型升级的关键阶段,制约高质量跨越式发展的深层次矛盾尚未根本解决,发展不足仍然是我省的主要矛盾,经济总量不大、人均水平较低、经济结构不优、竞争力不强等问题亟待破解,民生保障、社会治理等与人民群众更高期待还有差距。

综合判断,我省发展总体上将处于大有可为但充满挑战的重要战略机遇期。全省上下要站在“两个大局”的战略高度,深刻认识错综复杂的国际环境带来的新矛盾新挑战,深刻认识我国社会主要矛盾变化带来的新特征新要求,深刻认识我省经济社会发展面临的新形势新任务,增强机遇意识和风险意识,保持战略定力,发扬斗争精神,树立底线思维,准确识变、科学应变、主动求变,努力在危机中育先机、于变局中开新局。

第三章 总体要求

“十四五”时期全省经济社会发展的总体要求是：高举中国特色社会主义伟大旗帜，深入贯彻党的十九大和十九届二中、三中、四中、五中全会精神，坚持以马克思列宁主义、毛泽东思想、邓小平理论、“三个代表”重要思想、科学发展观、习近平新时代中国特色社会主义思想为指导，全面贯彻党的基本理论、基本路线、基本方略，坚决贯彻习近平总书记视察江西重要讲话精神，聚焦“作示范、勇争先”目标定位和“五个推进”重要要求，统筹推进“五位一体”总体布局、协调推进“四个全面”战略布局，坚持党的全面领导，坚持以人民为中心，坚持新发展理念，坚持深化改革开放，坚持系统观念，坚持稳中求进工作总基调，以推动高质量发展为主题，以深化供给侧结构性改革为主线，以改革创新为根本动力，以满足人民日益增长的美好生活需要为根本目的，统筹发展和安全，深入落实省委“二十四字”工作思路、高质量跨越式发展首要战略，加快建设具有江西特色的现代化经济体系，加快打造全国构建新发展格局的重要战略支点，推进省域治理体系和治理能力现代化，实现经济行稳致远、社会安定和谐，奋力谱写全面建设社会主义现代化国家江西篇章，描绘好新时代江西改革发展新画卷。

加快构建新发展格局，是“十四五”时期的重大战略导向；打造全国构建新发展格局的重要战略支点，是江西主动融入新发展格局的有效路径和战略定位。必须紧紧扭住扩大内需这个战略基点，拓展投资消费空间，推动区域城乡协调发展，提高就业收入水平，扩大中等收入群体规模，释放强大内需动力。必须坚持供给侧结构性改革的战略方向，发挥科技创新对优化供给、畅通循环的关键作用，以创新驱动和高质量供给引领和创造新需求，切实提高产业体系和供给体系对国内需求的适配性。必须锚定塑造国内国际合作和竞争新优势的战略目标，在坚守安全稳定基本底线的前提下，实施更深层次改革、更高水平开放，打通经济循环堵点，促进国内国际双循环良性互动，努力实现更高质量、更有效率、更加公平、更可持续、更为安全的发展。

第四章 发展目标

展望二〇三五年，江西将与全国同步基本实现社会主义现代化。到那时，全省经济总量和城乡居民人均收入将迈上新的大台阶。基本实现新型工业化、信息化、城镇化、农业现代化，加快建设科技强省、工业强省、农业强省、旅游强省，建成具有江西特色的现代化经济体系。省域治理体系和治理能力现代化基本实现，法治江西基本建成。全面建成江西内陆开放型经济试验区，形成内外并举、全域统筹、量质双高的开放新格局。文化强省、教育强省、人才强省、健康江西建设取得更大成效，居民素质和社会文明程度达到新高度，赣鄱文化软实力显著增强。高标准建成美丽中国“江西样板”，人与自然和谐共生，生态环境质量保持全国前列。人均地区生产总值基本达到中等发达国家水平，中等收入群体显著扩大，基本公共服务实现均等化，城乡区域发展差距和居民生活水平差距显著缩小。平安江西建设达到更高水平，共建共治共享的社会发展新局面基本形成，社会充满活力又和谐有序。老区人民生活更加美好，人的全面发展、全体人民共同富裕取得更为明显的实质性进展。

锚定二〇三五年远景目标，确保开好局、起好步，“十四五”时期全省经济社会发展的具体目标是：

——经济综合实力实现新跨越。在质量效益明显提升的基础上，实现经济持续平稳健康发展。增长潜力充分发挥，主要经济指标增速保持全国“第一方阵”，地区生产总值年均增长 7%左右，总量迈上 3 万亿元台阶、向 4 万亿元迈进。人均地区生产总值与全国平均水平的差距进一步缩小。全省发展态势和成效力争达到全国一流。

——发展质量效益实现新提升。创新引领发展能力明显增强，研发经费投入年均增长 14%，综合科技创新水平达到全国中上游水平。产业基础高级化、产业链现代化水平明显提高，农业基础更加稳固，制造业占比保持总体稳定，三次产业比例进一步优化调整为 7.5：41.5：51。加快建设国家绿色有机农产品、数字经济、有色金属、航空等装备制造、新能源新材料、中医药、文化和旅游等产业重要基地，打造全国传统产业转型升级高地和新兴产业培育发展高地。投资质量持续提高，消费贡献稳步上升，外贸进出口结构不断优化，供需结构更趋协调均衡。

——发展动力活力得到新增强。社会主义市场经济体制更加完善，高标准市场体系基本建成，市场主体更加充满活力。深度融入国家重大区域发展战略，更高水平开放型经济新体制基本形成，贸易和投资自由化便利化取得明显成效，货物进出口总额突破 5000 亿元，力争利用外资年均增长 5%左右。加快打造内陆双向开放高地，营商环境进入全国一流水平行列。

——区域城乡融合实现新进展。区域城乡发展协调性明显增强。大南昌都市圈地区生产总值占全省比重稳步提升，对全省的辐射带动力明显提升；赣州省域副中心城市和赣东、赣西区域中心城市综合实力明显增强，全省区域发展格局进一步优化。乡村振兴战略全面推进，城乡融合发展体制机制更加完善。城乡人居环境达到全国一流水平。

——生态文明建设取得新成效。生态环境质量继续保持全国一流水平。生态文明制度体系不断完善，生产生活方式绿色转型成效显著。国土空间开发保护格局得到优化，森林覆盖率保持稳定，山水林田湖草一体化保护和修复机制更加健全，生态安全屏障更加牢固。生态文明理念深入人心，“绿水青山”和“金山银山”双向转化通道更加顺畅，绿色发展水平走在全国前列。

——社会文明程度实现新提高。红色基因更好传承与弘扬，社会主义核心价值观凝聚人心作用更加明显，人民思想道德素质、科学文化素质和身心健康素质明显提高。公共文化服务体系和文化产业体系更加健全，人民精神文化生活日益丰富。红色、绿色、古色文化标识更加鲜明，赣鄱文化软实力进一步提升。

——民生福祉改善迈出新步伐。脱贫攻坚成果得到巩固拓展。城镇调查失业率控制在 5.5%左右，实现更加充分更高质量就业。居民人均可支配收入年均增长 6.7%左右，其中城镇居民人均可支配收入年均增长 6.5%左右，农村居民人均可支配收入年均增长 7%左右，与经济增长保持基本同步，城乡收入差距进一步缩小。分配结构明显改善,中等收入群体比例进一步扩大。统筹城乡的基本公共服务标准进一步完善,均等化水平明显提高,居民受教育程度不断提升,卫生健康体系更加完善,多层次社会保障体系更加健全,改革发展成果更多更公平地惠及全省人民。

——省域治理水平跃上新台阶。社会主义民主法治更加健全,社会公平正义得到进一步彰显。"五型"政府建设取得更大成效,政府治理效能不断提升。社会治理成效保持全国一流水平,基层治理水平明显提高,公众安全感满意度达到98.3%左右。防范化解重大风险体制机制不断健全,突发公共事件应急、自然灾害防御等关键性短板领域能力建设明显增强,发展安全保障更加有力。

第二篇 加快建设创新型省份

坚持创新在现代化建设全局中的核心地位,把科技创新作为全省高质量跨越式发展的战略支撑,深入实施科技强省战略、人才强省战略、创新驱动发展战略,推进"五链"(五链:创新链、产业链、人才链、政策链、资金链)深度融合,强化多主体协同、多要素联动的系统性创新,加快迈入创新型省份行列并向更高水平迈进。

第一章 实施人才强省战略

坚持人才优先发展,加快各层次人才培育引进,完善引才聚才育才用才政策体系,努力培养造就一支结构合理、素质优良的创新创业人才队伍。

第一节 完善人才引进培养体系

实施更加开放、更具吸引力的人才政策,以引进培养顶尖科技人才为目标,持续开展"才聚江西、智荟赣鄱"等引才活动,实施省"双千计划"(双千计划:面向海内外重点引进1000名左右"高精尖缺"优秀高层次人才和100个左右高层次创新创业团队,面向江西省内重点培养1000名左右高层次人才)和省高层次、高技能领军人才培养工程,大力引进培育战略型人才、科技领军人才、创新团队。进一步加大院士后备人选支持力度。深入开展赣籍人才回归工程,鼓励赣籍人才通过总部回迁、项目回移、资金回流、技术回馈等方式支持家乡建设。推动本土高校人才供需深度对接,本土高校毕业生留赣比例稳中有升。开展赣商名家成长行动,加强职业经理人队伍建设。实施新时代赣鄱工匠工程和技工教育强基工程,培育一批专注技能、追求极致的高水平工程师和高技能人才队伍。建设江西省高层次人才产业园,推进人才、项目、资金、平台一体化配置。

第二节 优化人才发展环境

深化人才发展体制机制改革,保障和落实用人主体自主权。建立健全市场化人才评价标准和机制,构建以创新能力、质量、贡献、绩效为导向的人才评价体系,优化技能型人才多元化评价方式。完善职称评聘制度,畅通特殊优秀人才高级职称直接申报渠道。探索竞争性人才使用机制,面向市场遴选重大科技攻关专项首席专家,实行首席专家负责制。鼓励高校、科研院所人员在职或离岗创新创业。优化人才福利待遇,提高高层次人才、高技能人才住房、医疗、配偶就业、子女入学等配套支持政策标准。弘扬科学精神、企业家精神、工匠精神,完善创新人才创新创业尽职免责机制,营造激励创新宽容失败的浓厚氛围。

第二章 全面提升创新能力

面向世界科技前沿、面向经济主战场、面向国家和区域重大需求、面向人民生命健康,加大研发投入,大力提升自主创新能力,完善技术攻关体制机制,形成更多高水平、引领性和原创性的创新成果。

第一节 持续加大全社会研发投入

实施全社会研发投入攻坚行动,加快构建企业为主体的多元化科技投入体系。落实企业研发活动税收优惠等政策,支持"三首"("三首":首台套重大技术装备、首批次新材料和首版次软件)示范应用,探索首购首用风险补偿制度,加强政策效果评估,落实研发经费后补助。支持企业牵头组建创新联合体,承担重大科技项目。引导企业加大研发投入,支持企业建立研发准备金制度,到2025年,力争高新技术企业研发经费占主营业务收入的比例超过2.5%。提升技术创新在国有企业经营业绩考核中的比重,落实和完善国有企业技术开发投入视同利润的鼓励政策。进一步完善财政科技投入机制,加大重点领域基础研究投入。

第二节 强化优势领域关键核心技术攻坚

积极承接国家重大科技项目,实施省内重大科技攻关专项,聚焦产业链急用先行项目,力争在航空复合材料、集成电路、中医药提取和新药研制、生物医用材料、稀有金属新材料、高端精密制造、光学光电、高性能储能材料、陶瓷新材料、感知交互技术等领域取得突破,形成一批填补产业链关键环节技术空白的重大成果。完善关键技术核心攻坚机制,推广运用"揭榜挂帅"、择优委托等方式,形成一批专利产品群和高价值专利组合,突破一批产业创新短板和难点。

第三节 提升重点领域基础研究能力

坚持服务战略需求和开展科学探索相结合,对接国家基础研究十年行动方案,积极争取国家原创探索项目,滚动实施省科技项目计划,加强战略性前瞻性基础研究。瞄准我省优势学科和交叉学科的重要前沿方向,在信息科学、生命科学、材料科学、食品科学、现代农业、生物医药技术等领域攻克一批重大科学问题,在纳米科技与新材料、生命科学与医药健康、生物技术与绿色农业等领域攻克若干共性技术。集成跨学科、跨领域、跨单位的优势力量,适度超前开展应用基础研究,推动基础研究、应用研究和技术创新贯通发展。

第三章 构建创新支撑体系

优化创新资源布局,集聚创新要素,完善创新协作机制,加快构建以平台为载体、以区域为支撑的全域创新体系,不断激发创新活力、创业潜力、创造动力。

第一节 优化协同创新布局

坚持整体统筹、集聚带动、协同联动,构建"一核十城多链"的区域协同创新布局。强化南昌创新"头雁"地位,吸引长三角、粤港澳大湾区科技创新资源向大南昌都市圈集聚，把大南昌都市圈建成全省创新驱动发展核心引擎、中部地区创新发展重要一极。坚持“因城施策”，推动创新要素向南昌航空、中国（南昌）中医药、南昌 VR、赣州稀金、抚州超算、吉安光电、鹰潭智慧、上饶大数据等科创城集聚，支持九江、景德镇、萍乡、新余、宜春立足本地优势创建科创城。实施产业链协同创新工程，围绕提升“2+6+N”（2+6+N：有色金属、电子信息 2 个产业主营业务收入迈上万亿级，装备制造、石化、建材、纺织、食品、汽车 6 个产业迈上五千亿级，航空、中医药、移动物联网、半导体照明、VR、节能环保等 N 个产业迈上千亿级）重点产业自主创新能力和国际竞争力，优化配置创新资源，形成多条具有较强竞争力的产业创新链。

第二节　建设高能级创新平台

全面推进鄱阳湖国家自主创新示范区建设，在科技成果转移转化、科技投融资体系建设、科技创新“放管服”改革、协同开放创新等领域探索示范。实施国家级创新平台攻坚行动，依托中科院赣江创新研究院积极创建稀土新材料国家实验室，充分发挥高校科研平台作用，努力创建轨道交通基础设施性能监测与保障、稀土科技与材料、持久性污染控制与资源循环利用、航空应急救援等国家重点实验室。按照国家统一部署，谋划建设国家重大科技基础设施。通过引进、合作等方式，与“大院大所”“名校名企”共建高端研发机构。加大省级创新平台的建设力度，实现重点产业、重点学科双覆盖，推动大中型工业企业和规模以上高新技术企业研发机构全覆盖。提升省科学院等省属科研机构创新能力建设。加快新型研发机构培育。充分发挥现有国家级创新平台作用。

第三节　壮大高新技术企业梯队

实施科技型企业梯次培育行动。聚焦新技术、新产业、新业态、新模式，培育一批独角兽、瞪羚企业。鼓励高新技术企业持续增加研发投入，突破一批核心关键技术，提升自主创新能力，持续壮大高新技术产业。大力培育科技型中小企业，积极构建适应技术型创业企业发展需求的科技孵化生态，形成以独角兽、瞪羚企业为突破口，高新技术企业为主体，科技型中小企业为生力军的科技型企业梯次发展格局，推动大中小科技型企业融通创新。

第四章　营造良好创新环境

深化科技体制机制改革，破除束缚创新和成果转化的制度障碍，优化创新制度供给，营造创新活力竞相迸发、创新成果高效转化、创新价值充分体现的创新环境。

第一节　完善科技创新体制机制

完善科技创新治理，推动科技管理体系、科技决策机制再造。加快科研院所改革，在科研经费、政府采购、人才引进等方面赋予高校、科研院所更大自主权，探索建立赋予科研人员职务科技成果所有权或长期使用权的机制和模式。健全以创新质量和贡献为导向的绩效评价体系，落实以增加知识价值为导向的分配政策，构建充分体现创新要素价值的收益分配机制，支持科技成果收益向科研人员倾斜。优化科技奖励项目，进一步激发科研人员创新积极性。进一步深化创新成果处置权、使用权和收益权改革。推动科研项目经费“包干制”试点。完善科研活动全流程诚信管理。加强科技伦理监管。主动对接全球创新资源，加强与发达地区科技合作。

第二节　激活各类创新要素

全面优化劳动、资本、土地、知识、技术、管理、数据等要素配置，激发创新创业活力。完善金融支持创新体系，积极发展科技金融专营机构，创新“科贷通”“知识产权质押融资”等科技金融产品，支持发展天使投资、创业投资、风险投资等基金。积极创建国家级知识产权保护中心，支持重点开发区建立知识产权维权援助工作站。拓展“江西省网上常设技术市场”综合服务功能，在有条件的国家级高新技术产业开发区设立转移转化分中心和技术交易分市场，健全技术市场交易后补助工作机制。全面推进管理创新，完善科技成果转移转化机制，培育创投家等复合型人才，及时推动科研成果转化落地。大力推进数据资源开发利用。

第三篇　加快构建具有江西特色的现代产业体系

坚持把发展经济着力点放在实体经济上，以实施产业链链长制为抓手，加快构建以数字经济为引领、以先进制造业为重点、先进制造业与现代服务业融合发展的现代产业体系，提高经济质量效益和核心竞争力。

第一章　重塑“江西制造”辉煌

深入推进工业强省战略，聚焦航空、电子信息、装备制造、中医药、新能源、新材料等优势产业，大力实施“2+6+N”产业高质量跨越式发展行动，坚决打好产业基础高级化、产业链现代化攻坚战，打造全国传统产业转型升级高地和新兴产业培育发展高地。

第一节　加快推动传统产业改造升级

有色产业。发挥有色资源优势，以高端应用、终端产品为主攻方向，加强研发创新，增强资源控制、绿色开发和循环利用能力，延伸拓展产业链条，提升精深加工水平，打造全国有色金属产业重要基地。

石化产业。以“布局合理化、产品高端化、资源节约化、生产清洁化”为目标，推进石油化工、有机硅、盐化工、氟化工、精细化工等重点领域链式发展、精深发展，提高产业集中度和化工园区集聚水平。

钢铁产业。以结构调整、集群集约、绿色转型为重点，支持和推进企业兼并重组，重点开发低能耗冶炼、节能高效轧制、高端装备用钢、新能源汽车用钢等技术和产品，推进废钢铁利用产业一体化，提升技术工艺和节能环保水平。

建材产业。坚持绿色、高端、多元发展方向，做优水泥等传统基础产业，做强玻璃纤维、建筑陶瓷等特色优势产业，大力发展非金属矿物及制品、新型绿色建材等新兴成长产业，推进企业联合重组，培育发展一批龙头企业和产业基地。

纺织服装产业。通过产业承接、技术改造、品牌提升和产业链延伸，做强羽绒、针织、女性服饰、童装等服装产业，做精苎麻、丝绸、棉纺等家纺产业，积极发展产业用纺织品、粘胶纤维，加强自主品牌培育，打造全国重要的纺织产业集群、中西部“时尚创意中心”。

食品产业。以安全、健康、营养、便利为发展方向，提升粮油产品、肉禽制品等优势传统食品产业，大力发展绿色健康食品、特需食品等高成长性产业，做优做强茶叶、脐橙等地方特色产业，打造一批具有较强竞争力的品牌。

家具产业。坚持增品种、提品质、创品牌，重点发展全屋定制家具、绿色环保家具、多功能及智能化家具，强化标准制定，大力推动“家具+”融合发展，促进产业链由“现代家具”向“现代家居”延伸，打造现代家具产业大省。

加大政策引导力度，实施新一轮企业技术改造升级行动，推动重点企业战略性重组，完善以工艺、技术、能耗、环保、质量、安全等为约束条件的管理机制，强化行业规范和准入管理，坚决淘汰落后产能，支持景德镇、新余、南昌等争创国家产业转型升级示范区。

第二节　立足优势发展新兴产业

航空产业。依托研发环节基础优势，以飞机整机制造为重点，主攻大飞机机身和核心零部件研发制造，提升教练机、直升机、通用飞机、无人机制造水平，培育形成航空制造、民航运输、航空服务、临空经济“四位一体”产业体系，建设全国航空产业重要基地。

电子信息产业。重点攻克新型光电显示、印刷电路板、电子材料、智能传感器、汽车电子、智能识别等领域关键技术，推动移动智能终端、光电显示、半导体照明、数字视听（智能家居）等优势领域取得新突破，促进电子信息产业“芯屏端网”融合发展，积极承接粤港澳大湾区电子信息产业转移，打造万亿级电子信息产业。

装备制造业。以智能制造、服务型制造、绿色制造为主攻方向，提升装备制造产业研发设计和系统集成能力。精准发展汽车产业，坚持电动化、智能化、网联化、共享化方向，保持特种车优势，有序发展新能源汽车，打造商用车强省。大力发展轨道交通、新一代机器人、高档数控机床、先进医疗器械、超特高压电气设备、智能检测设备等装备制造业，打造全国装备制造产业重要基地。

中医药产业。以中药加工制造为龙头，以中药材种植和中医药健康服务为两翼，以业态融合为重点方向，大力推动中药制药关键技术、中药制药装备、中医医疗设备等研发及产业化，建设国家中医药综合改革示范区，打造全国中医药产业重要基地，建设全国领先、世界一流中医药强省。

新能源产业。坚持多元互补、合理布局、有序开发，发展光伏、锂电等新能源产业。加快新一代太阳能电池、新型锂离子动力电池产业化，推广“光伏+”应用，提高光伏转化效率，大力发展锂电电池关键材料，培育若干国际一流企业，打造全国新能源产业重要基地，建设世界级新能源产业集聚区。

新材料产业。以资源优势为依托，重点发展铜基新材料、稀土功能材料、钨基新材料、钢铁新材料、半导体新材料和前沿新材料产业。完善产业创新体系，开展关键核心技术联合攻关，打造全国新材料产业重要基地，建设具有国际影响力的新材料产业集群。

聚焦柔性电子、微纳光学、氢能等新能源装备、生物技术和生命科学等细分领域，超前布局前沿科技和产业化运用，加大投资力度，谋划一批试点示范项目，打造一批重大应用场景，培育未来发展新引擎。

第二章　大力发展数字经济

深入实施数字经济“一号工程”，加快推进数字产业化和产业数字化，推动数字经济与实体经济深度融合，打造全国数字经济产业重要基地。

第一节　加快推动数字产业化

VR 产业。充分发挥世界 VR 产业大会平台作用，加速产业集聚，推进硬件设备、基础软件、内容创作和集成、测试等专业服务发展，深入推进“VR+”示范应用，构建技术、产品、内容、服务和应用协同推进的完整产业生态，打造世界级 VR 中心。

物联网产业。深入推进国家“03 专项”试点，加快网络设施布局，丰富应用场景，推动与 5G 技术融合应用，加快构建集芯片、传感器、无线模组、系统集成、终端研发制造、运营服务等核心产业于一体的全产业链，打造“智联江西”。

大数据和云计算产业。加强数据采集、存储、挖掘、安全等领域关键技术攻关，形成一批有竞争力的大数据产品、解决方案和服务应用，推进大数据和云计算服务模式融合发展。

集成电路产业。立足前端材料、后端市场等基础，以移动智能终端、可穿戴设备、半导体照明等应用芯片研发设计为切入点，做实产用对接，培育设计、制造、封装、应用产业链，打造全国具有影响力的集成电路产业集群。

人工智能产业。以算法、数据和硬件为核心，加快计算机视觉、语音交互等关键技术研发及产业化，拓展“人工智能+”，推动智能机器人、智能网联汽车、智能安防、智能家居等产业加快发展，培育若干人工智能产业集聚区。

北斗产业。聚焦终端制造、位置服务软件开发等重点领域，加快发展自主可控基础软硬件、整机及外设，在通航、旅游、生态水利、国防动员、智慧市政等领域形成一批重点场景应用，培育打造若干北斗产业基地。

区块链产业。推进“区块链+”工程，开展加密算法、共识机制、智能合约、多链交互等核心技术攻关，加快企业上链步伐，建设赣州区块链研究院等一批区块链公共服务平台和应用研发中心，积极推动区块链与优势特色产业融合发展。

第二节　扎实推进产业数字化转型

推进制造业数字化。聚焦优势产业，推动升级版智能制造单元、智能生产线、智能车间、智能工厂建设。推进工业互联网平台建设，引进、培育一批全国领先的解决方案供应商，推动低成本、模块化的设备和系统部署应用。推行“上云用数赋智”，促进企业生产管理关键环节数字化、网络化、智能化升级。依托数字技术发展服务型制造，培育柔性化定制、全生命周期管理、供应链管理等模式。

推进农业数字化。推进数字技术在农业生产、经营、管理和服务等环节的集成应用。加快农业大数据中心、重要农产品全产业链大数据建设。实施“互联网+”现代农业行动，实现省级示范园物联网全覆盖，建成 300 个以上智能农业示范点。大力推进智慧农业政府和社会资本合作(PPP)项目建设,重点完善全省农产品质量安全监管追溯平台体系,健全智慧农业服务体系。大力发展农村电子商务,实施“互联网+”农产品出村进城工程,深入推进信息进村入户,做大“赣农宝”等涉农电商平台。

推进服务业数字化。加快物联网、人工智能、大数据、区块链等技术与金融、交通运输、设计咨询、节能环保等生产性服务业深度融合,拓展数字技术应用场景,重点推动智慧交通、智慧物流、数字金融、数字设计等领域发展。聚焦生活性服务业,促进线上线下资源的有效整合,推进“一部手机游江西”等智慧旅游示范建设,开拓餐饮、零售、健康、养老、教育、家政等智慧服务新场景,丰富服务产品供给,提高服务便利化、智能化水平。

第三节　培育壮大数字经济新业态新模式

促进平台经济、共享经济健康发展,支持发展线上线下融合的新业态新模式。拓展生活及公共服务领域的“互联网+”应用,推广在线教育、互联网医疗、线上办公等线上服务。推广众包、云外包、平台分包,培育发展大规模个性化定制、网络化协同制造、云制造、远程运维服务等新领域,发展“无人经济”。建设高水平直播和短视频基地,积极培育“微经济”。加快信息安全产业培育,推进赣州等地信息安全产业园建设。健全数字经济领域监管制度体系,完善网络与信息安全保障机制。

第三章　提升现代服务业发展水平

大力发展现代服务业,加快生产性服务业向专业化和价值链高端延伸,生活性服务业向高品质和多样化升级,推动现代服务业与先进制造业、现代农业深度融合。

第一节　推动生产性服务业专业化发展

现代金融。大力发展绿色金融、普惠金融、科技金融、产业链金融、开放(型)金融五大特色金融,深入实施金融赣军跨越工程、地方金融组织提升工程、“映山红”企业上市工程、“险资入赣”工程,完善和发展多层次的金融市场,打造区域性现代金融中心。

现代物流。以提升流通效率、降低物流成本为关键,加强现代物流基础设施建设,大力培育冷链物流、智慧物流、共享物流、应急物流等新业态,发展壮大现代物流企业和产业集聚区,构建“通道+枢纽+网络”的现代物流体系,加快建设中部地区现代物流中心。

研发设计。加强新材料、新产品、新工艺的研发,加大研发成果转化和产业化力度,引进培育高水平工业设计机构,强化网络化的设计协同,推进工业设计向涵盖市场分析、产品设计和市场营销等高端综合设计服务转变,大力发展研发设计交易市场,建设长江中游重要研发设计基地。

服务外包。重点发展设计、研发、软件、互联网、医疗、金融等领域服务外包,积极承接国际离岸服务外包业务,拓展高端服务外包市场,打造若干服务外包示范园区,推动我省服务外包向高技术、高附加值、高品质、高效益转型升级。

人力资源服务。鼓励发展人力资源服务外包、管理咨询、高级人才寻访、人才测评等业态,规范发展人事代理、劳务派遣等服务。大力发展专业服务机构,推进人力资源服务产业园建设,培育一批龙头企业,提升人力资源服务市场配置效能。

法律服务。以专业优质、规范便捷、覆盖城乡为发展方向,大力发展律师、公证、司法鉴定和涉外法律服务等业态,积极培育和引进高端法律服务人才,支持中小型法律服务机构发展和法律服务方式创新,打造一批具有较强影响力的本土法律服务品牌。

现代会展。培育和引进一批国内外知名会展龙头企业,打造若干在国内外具有影响力的综合性和专业性品牌展会。支持会展企业开展跨行业合作,推动会展与商业、旅游、文化、体育等产业的联动发展。加快会展场馆建设,创新会展服务模式,提升展会承载能力。

加快发展科技服务、现代供应链、总集成总承包、检验检测认证、环保服务、商务咨询、会计审计等其他重点领域生产性服务业,为产业转型升级提供专业化服务支撑。

第二节　促进生活性服务业品质化发展

旅游休闲。推动旅游从传统观光型向休闲度假型升级,聚焦全域旅游示范省建设,实施“旅游+”融合工程,积极发展红色旅游、生态旅游、都市休闲旅游、乡村旅游等业态,建设一批文化特色鲜明的高品质国家级旅游景区和度假区,打造红色旅游首选地、最美生态旅游目的地、中华优秀传统文化体验地,建设世界知名旅游目的地。

现代商贸。优化商业网点布局,培育和打造一批城市商圈、商贸综合体,改造提升特色商业街,完善社区商贸和乡镇商贸体系。大力推动餐饮住宿业连锁化、品牌化经营,积极发展中央厨房、无接触式配送等新模式新业态,大力打造赣菜品牌,全面提升住宿餐饮行业竞争力。

健康养老。大力发展中医药保健、森林康养等业态,推动健康管理、健康文化、健康旅游等服务业融合发展,打造一批健康服务产业示范园区,培育形成一批综合型养老基地。

家政服务。完善家政服务标准、信用、培训等体系,重点规范和发展育幼托幼、病患陪护、老人照护等服务,鼓励发展员工制家政企业,积极发展线上线下结合的家政服务新业态,推动家政服务业规范化、专业化、标准化发展。

体育服务。大力发展体育用品、体育中介、场馆运营和健身指导等服务,促进体育传媒、体育影视、体育会展等衍生新兴业态发展,支持打造一批特色体育俱乐部、示范场馆和品牌赛事,促进体育市场繁荣发展。

加快发展物业、教育培训、文化服务等其他生活性服务业,进一步满足城乡居民个性化、多层次需求。

第四章　推动开发区改革创新发展

坚持规划引领、改革创新、集聚集约,加快开发区改革创新发展步伐,进一步提升开发区能级和水平。

第一节　推动开发区提质升级

引导开发区聚焦首位产业和主攻产业,深入推进集群式项目满园扩园、“两型三化”管理提标提档等行动,实施优势产业集群提能升级计划,注重培育建设科技含量高、投资强度高、质量效益高、产业关联度高、具有自主知识产权的项目,提升产业集群综合竞争力。深入实施“节地增效”

行动，强化“亩产论英雄”导向，加快落实“标准地”有关要求，建立以亩均产出为导向的企业分类综合评价机制，实行省级层面对国土空间开发规模的统筹调配，优先支持优质高效的开发区扩区调区。支持符合条件的国家级开发区申请设立海关特殊监管区域。全面优化“一县一区”布局，稳妥有序推进开发区整合，促进开发区由数量规模型向质量效益型转变。

第二节　促进产城融合发展

坚持以产兴城、以城带产、产城融合、城乡一体，加快推动开发区从单一的生产型园区经济向综合型城市经济转型，打造现代化产业新城。加快完善产业发展生态，推进技术创新、技能培训、检验检测等功能性平台建设，加快开发区“新九通一平”（新九通一平：路通、水通、气通、电通、热通、信息通、电视通、雨水通、污水通和土地平），统筹推进园区和城镇基础设施、产业发展、市场体系、基本公共服务和生态环保一体化布局和建设。积极构建“大园区+小城市”公共服务网络，提升园区承载能力和综合服务水平。推动位于中心城区、工业比重较低的开发区向城市综合功能区转型。

第三节　优化开发区体制机制

坚持市场化、专业化方向，加强开发区与行政区的统筹协调，完善开发区全链审批赋权清单动态调整机制，促进开发区管理机构“瘦身健体”、精简高效。建立国家级开发区与省级有关部门“直通车”制度。加快开发区建设、管理、运营市场化改革，全面推行“管委会+平台公司+产业基金”运营模式和“开发区+主题产业园”建设模式。支持与沿海地区开发区共建“飞地园区”，探索“双飞地”发展模式。大力推进以全员聘任制和绩效工资制为核心的人事薪酬制度改革，形成人员能进能出、职务能上能下、待遇能高能低的管理机制。

第四篇　坚持扩大内需畅通双循环

牢牢扭住扩大内需这个战略基点，坚持供给侧结构性改革这个战略方向，发挥优势、补齐短板，积极探索有利于构建新发展格局的有效路径，推动形成需求牵引供给、供给创造需求的更高水平动态平衡，在畅通国内大循环和联通国内国际双循环中展现更大作为。

第一章　畅通经济循环

坚持以国内大循环为主体，畅通生产、分配、流通、消费各环节，更好利用国内国际两个市场两种资源，促进经济良性循环。

第一节　助力畅通国内大循环

以满足国内需求为基本立足点，坚持把实施扩大内需战略同深化供给侧结构性改革有机结合起来，着力提升供给对需求的适配性。深入落实产业链链长制，大力实施产业基础再造工程，打好产业基础高级化、产业链现代化攻坚战，推动产业链供应链优化升级，努力打造中高端产品和服务的供给地。立足我省毗邻长珠闽、产业门类齐全、资源要素丰富等优势，建立健全产业转移结对合作机制，更好承接沿海地区产业梯度转移，打造承接先进制造业转移的集聚地。围绕建设强大国内市场，全面促进消费升级，不断拓展投资新空间，努力创造更多有效需求，合力建设强大内需腹地。切实发挥“四面逢源”区位交通优势，实施交通物流枢纽建设行动，大力发展“高铁+快递”等多种形式的高铁货运，支持南昌昌北国际机场等加密货运航班航线，做强做优做大省港口集团，加快完善现代集疏运体系，打造中部地区陆路物流枢纽、长江中游综合航运中心、“一带一路”航空货运重要基地。进一步强化与长三角、粤港澳大湾区等地区标准对接、信息交换、监管互认，加快清理妨碍要素资源和商品服务自由流通的政策、体制机制和隐性规则，构建全国统一大市场的重要支撑点。

第二节　促进国内国际双循环

立足国内大循环，发挥比较优势，依托江西内陆开放型经济试验区建设，进一步扩大双向贸易和投资，提升国内外资源要素配置、聚集和联动能力，塑造国内国际合作和竞争新优势。协同推动内外贸一体化发展。积极对接与国际市场规则相衔接的政策法规体系，全面对接区域全面经济伙伴关系协定、中欧投资协定等区域贸易投资协议，推进内外贸相关法规、监管体制、经营资质、质量标准、检验检疫、认证认可等相衔接，推动内外销产品同线同标同质。协同推动外贸“优进优出”。加快贸易创新发展，抓好先进技术、关键设备、重要资源进口，扩大自营和高附加值产品出口规模，大力发展服务贸易、数字贸易。协同推动更高水平“引进来”和“走出去”。抓住产业链供应链重构机遇，深入实施“三请三回”和“三企入赣”行动，开展精准招商、专业招商、产业链招商，探索资本注入式招商、牌照资源补缺式招商；积极推动更多优质企业“走出去”，设立海外原材料保供基地、海外仓，并购关键技术、布局营销网络，努力完善核心部件、关键原材料多元化可供体系，进入国际产业分工关键环节，提升江西在全球产业链供应链创新链价值链中的地位。

第二章　精准扩大有效投资

坚持传统基础设施与新型基础设施并举，实施一批强基础、增功能、利长远的重大项目，推动投资规模合理增长、结构持续优化、效益不断提升，充分发挥投资对优化供给结构的关键性作用。

第一节　扎实推进新型基础设施建设

聚焦信息基础设施、融合基础设施和创新基础设施三大方向，系统布局新型基础设施建设。全面推进物联网感知设施、高速智能信息网络、一体化大数据中心等信息基础设施建设，统筹部署5G、窄带物联网、千兆光纤、数据中心及运算中心等建设，加快实现重点城镇、园区平台等5G网络全覆盖。大力推进融合基础设施建设，深入实施“智慧+”示范应用，加快重点领域示范应用步伐，提升数字化智能化水平。以重大科技基础设施、科研基础设施、产业技术创新基础设施为重点，推进一批重点实验室、产业中试基地、科教创新基地等创新基础设施建设。

第二节　推进交通强省重大项目建设

着力构筑枢纽、畅通通道、完善网络，推进重大铁路项目建设，建成赣深客专、昌九客专等高铁，打造南昌“米”字型及部分设区市“十字形”高铁布局，加快构建“一核四纵四横”（一核四纵四横：“一核”指南昌；“四纵”指合福通道、银福通道、京九通道、武咸宜吉通道；“四横”指沿江通道、杭渝通道、沪昆通道、渝长厦通道。）高铁网总体布局，力争时速 250 千米以上的高铁通车里程突破 2000 千米，普通铁路通车里程接近 4000 千米。

坚持扩容繁忙通道、加强省际通道、完善纵向通道，实施 2000 千米高速公路建设工程，构建以“十纵十横”（十纵十横：“十纵”指婺源至广丰、济南至广州江西段、彭泽至抚州、福州至银川江西段、南昌至南丰、南昌至定南、阳新至大余、大庆至广州江西段、通城至大余、上栗至莲花；“十横”指彭泽至瑞昌、婺源至武宁、杭州至长沙江西段、南昌至上栗、上海至昆明江西段、资溪至吉安、莆田至炎陵江西段、泉州至南宁江西段、厦门至成都江西段、寻乌至龙南）为主骨架的高速公路网，适当加密高速公路区间路建设，到 2035 年，力争全省 80%的乡镇半小时内上高速公路。升级改造 2000 千米普通国、省道，新改建 10000 千米以上农村公路，提升普通国、省道干线公路等级和农村交通通行能力。

着力构建“两横一纵多支”（两横一纵多支：“两横”指长江江西段、信江高等级航道；“一纵”指赣江高等级航道；“多支”指抚河、袁河、昌江等高等级航道）内河高等级航道，加快建设以九江港、南昌港、赣州港为主体的现代港口群，高等级航道里程达到 1200 千米以上，形成现代化港口体系，规划建设赣粤运河。

推进南昌昌北国际机场扩建、瑞金机场等机场项目建设，新建抚州机场及一批通用机场，着力打造“一主一次七支”（一主一次七支：“一主”指南昌昌北国际机场；“一次”指赣州黄金机场；“七支”指九江庐山机场、景德镇罗家机场、吉安井冈山机场、上饶三清山机场、宜春明月山机场、抚州机场、瑞金机场）民用机场布局，全省机场旅客吞吐量达 3500 万人次。

加快建设一批集约高效、无缝对接的公铁空、公铁水、江海直达等联运枢纽，打造“一核三极多中心”（一核三极多中心：打造南昌—九江国际性门户枢纽，着力构建赣州、上饶、赣西组团全国性综合枢纽，加快推进一批区域性以及县级综合枢纽建设）综合交通枢纽布局。

坚持“适度超前、内优外引、以电为主、多能互补”的原则，加快构建安全、高效、清洁、低碳的现代能源体系。积极稳妥发展光伏、风电、生物质能等新能源，力争装机达到 1900 万千瓦以上。优化发展支撑性“兜底”电源，建成华能瑞金二期、赣能丰城三期、赣浙国华信丰电厂、大唐新余二期等项目。强化电力调峰能力建设，大力发展抽水蓄能，在有条件的地方加大项目选址和前期工作力度。有序推进天然气发电。积极引入优质区外电力，建成雅中直流工程，争取引入第二回特高压直流入赣通道。稳妥推进核能综合利用。优化提升电力输送网络，完善 500 千伏骨干网，构建形成“1 个中部核心双环网+3 个区域电网”（1 个中部核心双环网+3 个区域电网：江西中部核心双环 500 千伏电网，北部、南部、东部 3 个区域 500 千伏电网）的供电主网架。推进成品油管道建设，构建形成“十”字形输油网架。加快省级天然气管网建设，构建形成多点互联互通输气网架，实现“县县通气”目标。积极推进新昌电厂 600 万吨煤炭吞吐储运项目、湖口天然气储备二期、新余煤储基地等煤炭储备项目建设。全省发电装机容量力争达到 7000 万千瓦，非化石能源消费占比持续提升。

着力构建集防洪安全、供水安全、生态安全于一体的水利体系，推动国家及省级水网建设。提高防洪减灾能力，全面完成长江干流江西段崩岸治理，深入实施鄱阳湖综合治理工程，科学有序推进鄱湖安澜百姓安居工程，提高应对超标洪水能力。深入实施“五河”及支流防洪治理，加强江河湖泊治理骨干工程建设，形成重点流域防洪保安体系。推进重点防洪工程改造提升，全面完成万亩以上圩堤除险加固。加强重点易涝地区排涝能力建设，加快实施重点城市防洪工程建设。

完善水资源保障体系，实施重点水源工程，建成四方井、花桥大型水库，建设一批中型水库和小型水库水源工程。实施赣抚平原等大型灌区续建配套与现代化改造，开展中型灌区续建配套与节水改造。加快建设城市应急备用水源，实施农村供水保障工程，基本建成城乡供水一体化工程体系。

加强水生态保护，实施生态鄱阳湖流域建设十大行动计划（鄱阳湖流域建设十大行动计划：空间规划引领行动、绿色产业发展行动、国家节水行动、入河排污防控行动、最美岸线建设行动、河湖水域保护行动、流域生态修复行动、水工程生态建设行动、流域管理创新行动、生态文化建设行动），继续实施国家水土保持重点工程、崩岗治理和生态清洁小流域建设，推进鄱阳湖水利枢纽前期论证，争取早日开工。开展农村水系综合治理。

着力构建集防洪安全、供水安全、生态安全于一体的水利体系，推动国家及省级水网建设。提高防洪减灾能力，全面完成长江干流江西段崩岸治理，深入实施鄱阳湖综合治理工程，科学有序推进鄱湖安澜百姓安居工程，提高应对超标洪水能力。深入实施“五河”及支流防洪治理，加强江河湖泊治理骨干工程建设，形成重点流域防洪保安体系。推进重点防洪工程改造提升，全面完成万亩以上圩堤除险加固。加强重点易涝地区排涝能力建设，加快实施重点城市防洪工程建设。

完善水资源保障体系，实施重点水源工程，建成四方井、花桥大型水库，建设一批中型水库和小型水库水源工程。实施赣抚平原等大型灌区续建配套与现代化改造，开展中型灌区续建配套与节水改造。加快建设城市应急备用水源，实施农村供水保障工程，基本建成城乡供水一体化工程体系。

加强水生态保护，实施生态鄱阳湖流域建设十大行动计划（鄱阳湖流域建设十大行动计划：空间规划引领行动、绿色产业发展行动、国家节水行动、入河排污防控行动、最美岸线建设行动、河湖水域保护行动、流域生态修复行动、水工程生态建设行动、流域管理创新行动、生态文化建设行动），继续实施国家水土保持重点工程、崩岗治理和生态清洁小流域建设，推进鄱阳湖水利枢纽前期论证，争取早日开工。开展农村水系综合治理。

坚持“项目为王”，健全项目调度推进机制，强化高位化调度、集成化作战、扁平化协调、一体化办理。完善“资金要素跟着项目走”机制，加强项目资金、土地、林地、用能、用材保障。持续激发民间投资有效活力，规范推广 PPP 模式，引导和鼓励民间投资进入基础设施和公共服务领域，稳妥推进基础设施不动产投资信托基金（REITs）试点。加强政府投资统筹管理，有效发挥政府投资的引导带动作用。深入推进投资审批制度改革，全面推广投资项目“容缺审批+承诺制”改革，进一步压缩工程项目审批时限。

第三章 持续释放消费潜力

顺应消费升级趋势，提升传统消费，培育新型消费，适当增加公共消费，充分发挥消费对经济发展的基础性作用。

第一节 提升供给质量

坚持质量强省、品牌兴业、标准引领，着力提高供给体系质量和效率。大力实施质量强省战略，深入开展质量提升行动，全面建立首席质量官制度，全面提升“江西产品”“江西服务”质量，促进消费向绿色、健康、安全发展。深入实施增品种、提品质、创品牌“三品”战略，加强地理标志产品品牌建设，打造一批江西优质自主品牌，更好满足人民群众个性化、多样化、高端化消费需求。积极开展标准创建，鼓励企业制定实施高于国家标准或行业标准的企业标准，在电子信息、中医药、新材料、绿色农产品等领域，培育一批标准“领跑者”，加快制定新业态新模式的标准体系，推动更多标准达到国内外先进水平。

第二节 激发消费需求

深入实施商贸、文化、旅游消费升级行动。优化城乡消费网络布局，支持南昌建设高标准现代消费商圈，加快完善高端消费产业链，打造中部地区消费中心城市。支持九江、赣州、上饶、宜春等加快提升城市消费品位和功能，打造立足省内、辐射周边的区域性消费中心城市。支持景德镇打造面向世界的特色消费城市。加强中小型消费城市梯队建设，建立健全有利于促进消费的城市管理等配套政策体系。提档升级实物消费，发展夜间经济等业态，提升吃穿用消费便利度。推动汽车等消费品由购买管理向使用管理转变，加大新能源汽车消费政策支持，大力发展多层次住房租赁市场，促进住房消费健康发展。放宽服务消费领域市场准入，扩大旅游、文化、体育、健康、托育、养老、家政、物业等优质服务供给。实施新型消费高质量发展行动，培育在线消费、体验消费、时尚消费等消费新热点。实施高速公路服务区品质提升行动，打造旅游消费新场景。严格落实带薪休假制度，扩大节假日消费。

第三节 优化消费环境

完善城乡商业网点布局，鼓励各类连锁商业企业渠道下沉乡村，构建城市物流中心、县域物流中心、乡镇配送站、城市社区及村级配送服务网点等城乡高效配送网络体系。强化市场监管，建立健全消费品质量安全监管、追溯、召回制度，落实市场准入、退出制度，严肃查处制售假冒伪劣行为。加强价格监管，加强对垄断行为和不正当竞争行为的惩处力度。完善消费环节经营者首问、赔偿先付以及消费后评价机制，健全个人信息保护制度，强化消费者权益保护。规范发展消费信贷和信用消费。在依法合规前提下加大消费领域失信惩戒力度，营造安全友好的消费环境。

第五篇 加快深层次市场化改革

坚持社会主义市场经济改革方向，加快建设统一开放、竞争有序的现代市场体系，充分发挥市场在资源配置中的决定性作用，更好发挥政府作用，推动有效市场和有为政府更好结合，努力构建政策最优、成本最低、服务最好、办事最快的“四最”营商环境。

第一章 激发市场主体活力

毫不动摇巩固和发展公有制经济，毫不动摇鼓励、支持、引导非公有制经济发展，探索公有制多种实现形式，支持民营企业改革发展，着力激发各类市场主体活力和创造力。

第一节 纵深推进国资国企改革

围绕发挥国有经济战略支撑作用，深入实施国资国企改革创新行动，优化调整国有经济布局，推动国有资本向关系国家经济命脉、国家安全的重要行业和关键领域集中，推进国有企业战略性重组和专业化整合。进一步完善和加强国有资产监管，有效发挥国有资本投资、运营公司功能作用。深化国有企业混合所有制改革，通过合资新设、增资扩股、股改分拆上市等方式，有序推动国有企业面向各类资本开放。支持符合条件的混改企业规范开展骨干员工持股。加快完善国有企业法人治理结构和市场化经营体制，健全完善经理层任期制和契约化管理，改革国企激励机制和工资决定机制，稳步推进职业经理人制度改革试点。支持驻赣央企发展，完善央地企业合资合作机制。

第二节 支持非公有制经济高质量发展

全面落实支持非公有制经济发展系列政策措施，促进非公有制经济健康发展和非公有制经济人士健康成长。营造公平公正公开市场环境，进一步破除制约非公有制经济发展的各类障碍和隐性壁垒，在要素获取、准入许可、经营运行、政府采购和招投标等方面对各类所有制企业依法平等对待。加大面向中小企业的金融服务供给，加大融资增信力度，降低综合融资成本。支持民营企业依托资本市场开展股权融资和债权融资。重视发挥各级非公有制企业维权服务中心作用。健全清理和防止拖欠民营企业账款长效机制，建立健全民营企业救助纾困机制。实施新一代民营企业家健康成长促进计划，持续推动民营企业守正创新、守法合规经营，积极履行社会责任。营造尊重、激励、关爱、培育民营企业家的良好氛围，建立规范化机制化政企沟通渠道，积极构建亲清政商关系。完善促进中小微企业和个体工商户发展的法治环境和政策体系。

第三节 稳步推进自然垄断行业改革

稳步推进能源、铁路、公用事业等行业竞争性环节市场化改革。有序放开发用电计划，扩大市场化交易电量规模。推进增量配电业务改革试点，科学合理核定配电价格。对接国家油气管网运营机制改革要求，推进我省天然气管网改革。推进铁路市场化改革，吸引社会资本参与铁路货运场站、仓储等物流设施建设和运营。推进邮政普遍服务业务与竞争性业务分业经营。进一步规范城市燃气、自来水、污水和垃圾处理、医疗废物处置等特许经营行为，采取招标、竞争性谈判等竞争方式选择特许经营者，提高公共服务产品的供给质量和配置效率。

第四节 推进新型市场主体健康有序发展

加大对新型市场主体的政策引导、支持和保障力度。进一步简化互联网平台企业设立手续，放宽电子商务类平台住所（经营场所）登记条件。清理和规范制约新型市场主体健康发展的行政许可、资质资格等事项，优化完善准入条件、审批流程和服务，加快平台经济参与者合规化进程。分类制定和实行监管规则和措施，健全数字规则，鼓励创新创业，坚决反对垄断和不正当竞争行为，引导新型市场主体依法规范发展。

第二章 提升政府经济治理能力

加快建设“五型”政府，持续推进政府职能转变，提高政府治理效能和服务效能。

第一节 建设全国政务服务满意度一等省份

全面实施《江西省优化营商环境条例》，优化营商环境评价体系，完善推进机制、监督机制、考核机制。纵深推进“放管服”改革，进一步精简行政权力事项，推行涉企经营许可事项告知承诺制。深化和扩大相对集中行政许可权改革试点。依法编制监管事项目录清单，强化事中事后监管，完善跨领域跨部门联动执法，提升市场综合监管能力。完善集中精简高效便捷的政务服务体系，加快一体化在线政务服务平台五级全覆盖，实现“一门办”“一窗办”“就近办”。拓展提升“赣服通”服务功能。加强“赣政通”建设，实现省、市、县三级全覆盖。坚持政务服务“365 天不打烊”。全面开展政务服务“好差评”，实现评价全覆盖。深化行业协会、商会和中介机构改革，实现市场化运营。

第二节 创新和完善宏观调节机制

健全以发展规划为导向，财政、金融、投资、消费、产业、区域等政策协同发力的省级宏观调节体系。完善宏观调节政策制定和执行机制，重视预期管理，提升大数据等现代技术手段辅助治理能力，增强调节的科学性。推进统计现代化改革，不断完善统计制度和统计方法，更好发挥统计监测分析和统计监督作用。健全宏观经济政策评估评价制度和重大风险识别预警机制，畅通政策制定参与渠道，强化跨部门、跨领域、跨地区信息交流共享和形势研判，备足备好政策“工具箱”。

第三节 深化财税体制改革

加快建立现代财政管理制度，提高预算的宏观先导和调控功能，全面推广零基预算改革，推进综合预算管理。加强财政资源统筹，强化中期财政规划管理，增强重大战略任务财力保障。实施预算绩效管理，强化绩效管理结果应用。推进省与市县收入划分改革，优化省以下政府间事权和支出责任划分，增强基层公共服务保障能力。健全政府债务管理制度，构建规范、安全、高效的政府举债融资机制，坚决防范化解地方政府隐性债务风险。按照国家统一部署稳步推进地方税改革，培育壮大地方税税源，适当提高直接税比重，深化税收征管体制改革。

第四节 推进价格形成机制改革

深化价格市场化改革，全面放开竞争性领域商品和服务价格，进一步完善水、油气资源价格形成机制，引导资源高效配置。健全绿色环保价格机制，推动将生态环境成本纳入经济运行成本。纵深推进供水供电、交通运输等公用事业领域价格改革，严格落实差别电价和惩罚性电价政策。完善教育、养老、殡葬等公益性服务价格机制，推动提高公用事业和公益性服务供给质量效率。完善政府定价管理，引导市场主体依法合理行使定价自主权，推动政府定价机制由“定价格”向“定规则”转变，强化垄断领域价格和成本监管。不断健全重要民生商品价格调控体系，完善价格监测预测预警机制，探索建立价格区间调控制度。全面强化成本监审调查，健全价格公示和价格信息发布制度。

第三章 加快建设高标准市场体系

健全市场体系基础制度，坚持平等准入、公正监管、开放有序、诚信守法，构建高效规范、公平竞争的统一市场。

第一节 完善现代产权制度

健全以公平为原则的产权保护制度，依法平等保护各类所有制企业产权，完善产权保护案件申诉、复核、重审等机制。全面落实知识产权保护标准，制定和修订适应新业态、新领域的知识产权保护地方性法规、规章、规范性文件，加大知识产权行政执法和刑事司法保护力度。深入开展涉政府产权纠纷治理，畅通纠纷反映和处理渠道。完善以管资本为主的经营性国有资产产权管理制度，加快转变国资监管机构职能和履职方式。落实好第二轮土地承包到期后再延长 30 年的政策，完善农村承包地和宅基地“三权分置”（三权：农户土地承包经营权、宅基地使用权、集体收益分配权）制度。深化农村集体产权制度改革，明确农村集体资产所有权，采取有效形式将经营性资产量化到集体经济组织成员，发展新型农村集体经济。推进自然资源资产产权制度改革，探索建立自然资源资产所有权委托代理机制、生态保护修复产权激励机制等制度。

第二节 构建更加完善的要素市场化配置机制

深化要素市场化改革，推进要素配置效益最大化和效率最优化。围绕土地要素集约高效利用，丰富产业用地供应方式，盘活存量建设用地，完善土地管理体制，促进形成城乡统一的建设用地市场。围绕劳动力要素有序流动，进一步打破地域、身份、档案、人事关系等制约，保障劳动者享有平等就业权利，健全以职业能力为导向、以工作业绩为重点的评价和使用制度，构建统一规范、竞争有序的人力资源市场。围绕资本要素更好服务实体经济，发展壮大地方银行，着力培育非银行金融机构，加快建设区域性资本市场，深化发展期货和保险市场。围绕有效激活技术要素，落实科研领域自主权改革措施，完善科技创新资源配置方式，培育发展技术转移机构和技术经纪人。围绕数据要素价值化，推进政务数据和公共数据开放共享，挖掘社会数据资源价值，探索组建全省大数据交易市场，加强数据资源整合和安全保护。

第三节 实施市场准入负面清单制度

全面实施市场准入“全国一张单”管理模式，定期组织开展市场准入排查,破除市场准入不合理限制及隐性壁垒,推动“非禁即入”普遍落实。健全投诉举报和处理回应机制。落实市场准入负面清单动态调整机制和第三方评估机制,按照国家部署,以服务业为重点进一步放宽准入限制。建立健全与市场准入负面清单制度相适应的审批体制。

第四节　落实公平竞争审查制度

全面清理、废除妨碍统一市场和公平竞争的存量政策措施,落实增量政策公平竞争审查流程。建立健全第三方审查和评估机制。加强和改进反垄断和反不正当竞争执法司法,有效预防和制止市场经济活动中的垄断行为、不正当竞争行为,以及滥用行政权力排除、限制竞争的行为。

第五节　加快社会信用体系建设

推进我省信用建设地方立法。完善全省公共信用信息平台,加快推进信用信息归集共享。强化信用信息应用,健全守信联合激励和失信联合惩戒制度,完善分级分类监管机制,依法依规对重点领域失信主体实施市场、行业禁入措施。健全信用“红黑榜”,完善“法媒银”平台。实施信用惠民便企“信易+”工程,建设“信易贷”平台,推动与全国“信易贷”平台互联互通,推广信用创新产品和服务。健全信用修复机制。完善政府失信责任追究制度。

第六篇　高标准高质量建设内陆开放型经济试验区

围绕打造内陆双向开放高地,推进内陆开放型经济试验区建设,推动更大范围、更宽领域、更深层次的全方位高水平开放。

第一章　加快制度型开放步伐

坚持对标先进、改革创新,完善贸易和投资自由便利化政策,建设更高水平开放型经济新体制。

第一节　促进贸易自由便利

积极复制推广国家自贸区和海南自贸港经验,实施“两类通关、两区优化”(两类通关、两区优化:“两类通关”是指逐步将邮寄、快递、跨境电商纳入全国通关一体化,针对邮寄、快递的物品及该渠道的小批量、多批次货物,统一规范通关模式,形成货运渠道和寄递渠道“两类通关”;“两区优化”是指优化海关特殊监管区域和自贸试验区海关监管制度)、高级认证企业进口免担保验放、进出口食品检测第三方结果采信、货物贸易“一保多用”(一保多用:企业一份担保文本在不同业务领域、不同业务现场、不同担保事项间通用)等创新制度。加快建设国际贸易“单一窗口”,推动数据协同、简化和标准化,逐步实现物流与监管等信息全流程采集和监管单位信息互换、监管互认、执法互助。深入实施“物理围网+电子账册+智慧卡口”数字化综合监管模式,探索建设数字化综合保税区。完善数字外贸服务平台建设,鼓励培育外贸综合服务企业。推动符合条件的专业市场开展市场采购贸易试点。

第二节　促进投资自由便利

设立国际投资“单一窗口”,全面落实外商投资准入前国民待遇加负面清单管理制度。深化产业对外开放,引导外资更多投向现代农业、航空、电子信息、生物医药、装备制造、新能源、新材料、医疗、文化、教育、旅游、金融、数字经济等领域。支持外资依法依规以特许经营方式参与基础设施建设。试行“极简审批”制度,建立健全以信用监管为基础、与负面清单管理方式相适应的监管体系。在风险可控的前提下,实施承诺准营。

第三节　促进资金流动自由便利

开展外汇管理改革试验。支持符合条件的企业和金融机构开展境外发债、商业贷款等境外融资业务,推进跨境人民币业务创新。研究设立多币种的产业投资等基金。支持符合条件的国家级开发区设立出口退税资金池。在依法合规、风险可控前提下,探索利用区块链技术实现资金自由高效安全流动。

第四节　降低物流成本提高流通效率

积极发展各设区市至沿海港口(往返)铁海(水)联运、九江港至上海洋山港等港口江海联运。进一步优化九江港省内重要产品出口通道。推动多式联运发展,加快建设南昌、九江、赣州、上饶等多式联运中心。加快推进南昌昌北国际空港、南昌向塘国际陆港、赣州国际陆港、九江江海直达航运中心等综合物流枢纽建设,鼓励进出口货物就近向物流枢纽集中。全面推广高速公路差异化收费,支持货物运输“公转水”“公转铁”。大力推行大宗货物“一口价”运输。完善集疏港铁路及配套设施建设,发展集装箱多式联运、商品车运输,探索建立“货运一单制、信息一网通”港口物流运作体系。鼓励进出口货物在全省各地分级集疏,对组织货源集疏给予支持。鼓励各口岸、综合保税区建设内陆无水港,与沿海口岸联动发展。深入开展无纸化通关、不见面审批、货主不到场查验等试点,进一步简化优化货物通关查验等流程。加强与沿海口岸的信息交互、流程衔接、协调配合。落实国家口岸降费政策,进一步规范港口、集装箱堆场、查验场站、中介代理等经营服务性收费行为。

第五节　健全开放型经济安全保障体系

构筑与更高水平开放相匹配的监管和风险防控体系。完善经贸安全保障机制,健全产业损害预警体系。健全涉外商事法律服务体系,妥善化解国际贸易争端,坚定维护我省产业安全和企业合法权益。加强对“走出去”企业服务和监管,规范企业境外经营行为。按照国家统一部署,落实外商投资国家安全审查、反垄断审查、技术安全清单管理、不可靠实体清单等制度。

第二章　建设高能级开放支撑体系

加快建设高水平开放通道,打造高效能开放平台,全面提升对外开放的质量和效益。

第一节　畅通开放大通道

加快畅通水陆空国际运输战略通道。支持南昌向塘国际陆港、九江港、赣州国际陆港、上饶港、宜春港等加强与东南沿海港口的合作,向东、向南对接21世纪海上丝绸之路国家和地区,畅通面向东南亚、南亚、非洲和欧洲的海上开放通道。支持陆港建设,加强与中西部省份基础设施互联互通,依托区域性综合交通枢纽及口岸枢纽,向北、向西对接中蒙俄经济走廊、新亚欧大陆桥、中国—中亚—西亚经济走廊和中国—中南半岛经济走廊。构建对接国家战略通道体系，向南、向东对接粤港澳大湾区、长三角和粤闽浙沿海城市群，向西对接长株潭都市圈和成渝地区双城经济圈，向北对接京津冀和雄安新区，加快构建以沪昆、京港澳“双轴”为支撑的“六纵六横”综合运输大通道。

第二节 提升开放大平台

着力打造南昌、赣州、九江、上饶四大开放门户。以南昌、赣州、九江、井冈山等综合保税区为依托，申报建设江西自由贸易试验区。依托综合保税区建设加工制造、研发设计、物流分拨、检测维修、销售服务“五大中心”，强化口岸与特殊监管区域共同发展，更好发挥海关特殊监管区功能平台作用。建立健全跨省、跨国（境）产业集群转移和合作收益分享新机制，打造高质量承接境内外产业转移平台。依托赣江新区、国家级开发区等产业发展平台，推动建设国际合作产业园、省际集群式产业链合作园区。加快推进南昌、赣州、九江跨境电商综合试验区建设，积极引进跨境电商平台，发展跨境电商零售进口业务。推进服务外包示范城市、国际邮快件监管中心等专业化平台建设，探索设立铜、钨、稀土等国际商品交易所。

第三章 对接融入国家战略

充分发挥区位、特色产业等比较优势，抢抓机遇，精准对接，更加主动地服务和融入国家发展战略。

第一节 深度融入“一带一路”建设

围绕建设“一带一路”内陆腹地重要支撑，积极开拓沿线国家和地区市场，构建面向美欧日韩等发达经济体和俄罗斯、中亚、中东欧、非洲、东南亚等新兴市场的统筹开放体系。探索国际产能合作新机制，支持行业优势企业扩大对外投资、建设境外经贸合作区和重大基础设施。强化与沿线国家重要物流枢纽、能源与原材料产地、制造业基地、贸易中心等的密切联系，推进产业链供应链合作。依托南昌、赣州“一带一路”节点城市和景德镇文化节点城市，深化与重点国别（区域）教育、文化和旅游、卫生、科技等领域交流合作。优化友城布局，强化、激活、开辟一批国际友好城市，务实推进友城合作。建设好里斯本中国文化中心和中日（景德镇）地方发展合作示范区，打造一批文化交流品牌。创新新时代红色文化交流载体，为沿线国家政党交流治国理政经验提供新平台。积极参与健康丝绸之路、数字丝绸之路、绿色丝绸之路建设。

第二节 全面对接国家重大区域战略

抓住促进中部地区崛起战略机遇，深度参与长江经济带建设，推动大南昌都市圈与武汉都市圈、长株潭都市圈城市群的交通联网、市场统一、创新协同、生态联保，提升长江中游城市群战略能级。主动对接京津冀协同发展战略，深化教育、医疗、科技、国资领域合作。深度融入粤港澳大湾区，推动基础设施互通、产业融合、资源共享，依托赣南承接产业转移示范区、赣粤产业合作园区，高质量承接产业转移，建设配套粤港澳大湾区产业集群的重要基地和延伸带。强化与长三角一体化的机制对接、平台承接、产业链接，建设赣浙边际合作（衢饶）示范区，打造全国跨省边际合作典范、江西全面学习长三角的窗口和支点。主动对接长株潭都市圈城市群和成渝地区双城经济圈，加快赣湘边区域合作示范区建设。

第七篇 全面推进乡村振兴

坚持农业农村优先发展，全面实施乡村振兴战略，建设彰显产业兴旺之美、自然生态之美、文明淳朴之美、共建共享之美、和谐有序之美的新时代“五美”乡村。

第一章 大力发展现代农业

持续强化农业基础地位，深化农业供给侧结构性改革，坚持稳产与提质并重，推动乡村产业振兴。

第一节 增强农业综合生产能力

深入实施“藏粮于地、藏粮于技”战略，坚持最严格的耕地保护制度，严守耕地保护红线，持续推进高标准农田建设，坚决遏制耕地“非农化”，防止“非粮化”。加强粮食生产功能区、重要农产品生产保护区和特色农产品优势区建设。扎实推进“优质稻米工程”“优质粮食工程”和“现代种业提升工程”，实施赣产“中国好粮油”行动计划，打造1400万亩优质稻米产业基地，不断巩固粮食主产区地位，保障粮食安全。强化农业科技和装备支撑，持续完善全省现代农业产业技术体系，加快推进井冈山国家农业高新技术产业示范区升级建设。开展农田宜机化改造，主要农作物耕种收综合机械化率提高到80%。建设种子资源库、良种研发平台和良种繁育基地等现代种业基础设施，加快推进南繁制种基地建设。推进动植物疫病防控体系建设。健全农业补贴、农业信贷、农业保险等新型农业支持保护政策体系。完善现代气象为农服务体系，加强农业气象灾害监测预警。

第二节 推进农业经济结构调整

优化提升农业产业结构，建设农业现代化示范区，推动农业产业园高质量发展。推进特色产业扩面、提质、增效，到2025年，实现稻米、果蔬茶、畜牧业、水产四大产业突破1200亿元，休闲农业与乡村旅游产业综合产值突破1000亿元。深入实施林下经济发展行动，重点打造油茶、竹类、香精香料、森林药材、苗木花卉、森林景观利用六大林下经济产业，到2025年，总产值达3000亿元以上。围绕建设国家绿色有机农产品重要基地，完善绿色农业标准体系，实施绿色生态农业“十大行动”，加强绿色有机农产品和农产品地理标志认证管理，实施“生态鄱阳湖 · 绿色农产品”品牌战略。推进农业绿色转型，加强产地环境保护治理，深化农药化肥减量行动，加大农膜污染治理力度，推进秸秆综合利用和畜禽粪污资源化利用。强化全过程农产品质量安全监管，健全追溯体系。

第三节 丰富乡村经济业态

延长农业产业链条，引导一、二、三产业融合发展，发掘农业新功能新价值。实施农产品加工提升行动，重点支持农业龙头企业新建精深加工项目，建设一批农业产业强镇、现代农业产业园、优势特色产业集群，发展一批农业产业化联合体。培育体验农业、休闲农业、定制农业等新业态，创建一批省级田园综合体和休闲农业精品园区，壮大乡村旅游、农村电商等产业，培育一批区域性优势特色农(林)业产业集群。实施万家新型农业经营主体提升工程，鼓励农业经营主体通过保底分红、股份合作、利润返还等多种方式，与小农户共建利益联结体。加强农商互联农产品供应链建设，实施"互联网+"农产品出村进城工程，加强仓储保鲜冷链物流设施建设。

第二章　实施乡村建设行动

把乡村建设摆在社会主义现代化建设的重要位置，优化生产、生活、生态空间，持续改善农村人居环境，建设美丽宜居乡村。

第一节　分类推进乡村振兴

根据村庄区位条件、发展趋势、资源禀赋等，分类推进乡村振兴。集聚提升类村庄，重点推进生产生活条件改造提升，发展农业、工贸、休闲服务等特色产业。城郊融合类村庄，重点推进城乡产业融合发展、基础设施互联互通、公共服务共建共享，承接城市功能外溢。特色保护类村庄，重点保护村庄整体空间形态与环境，全面保护传统建筑，发展乡村旅游和特色产业。搬迁撤并类村庄，严格限制新建、扩建活动，实施村庄搬迁撤并，统筹解决村民生计、生态保护等问题。严禁随意撤并村庄搞大社区、违背农民意愿大拆大建。

第二节　提升农村基础设施和公共服务水平

推进以县道三级、建制村通双车道为主的农村公路建设，打造"四好农村路"，建立建制村"村村通"客车长效机制。加快构建县(市、区)、乡(镇)、村三级物流体系，推广农村交通、邮政、快递、商务、供销"多站合一"场站运营模式。推进城乡供水一体化、农村饮用水规模化和标准化建设。实施新一轮农村电网改造升级工程，提高乡村配电网供电能力和质量。推进数字乡村建设，加快农村宽带通信网、移动互联网、数字电视网和下一代互联网发展。实施乡村教育质量、健康乡村、农村养老等乡村公共服务提升计划，改善农村公共服务供给质量。推行村级事务公开，完善多功能农村便民公共服务平台。持续深化供销社综合改革，推进生产、供销、信用"三位一体"综合合作。

第三节　改善农村人居环境

深入推进农村人居环境整治提升五年行动。强化规划引领，发挥农民主体作用，着力实施村庄整治等专项提升行动，纵深推进美丽宜居示范县(乡镇、村庄、庭院)创建活动，积极探索"美丽宜居+活力乡村(+民宿)"联动建设新模式。建设推广"万村码上通"5G+长效管护平台，建立健全"五定包干"村庄环境长效管护机制。深入推进农村"厕所革命"，基本普及农村卫生厕所，切实提高农村改厕质量，加强厕所粪污无害化处理和资源化利用，有条件的地方一体化推进农村改水、改厕与生活污水治理。持续推进农村生活垃圾治理，完善农村生活垃圾收运处置体系，推广城乡环卫"全域一体化"第三方治理，有条件的村庄推进生活垃圾分类减量和资源化利用。分类推进农村生活污水治理，推广适宜的治理思路和技术模式，加强农村黑臭水体治理。持续提高农村公共照明覆盖面。

第三章　推进城乡融合发展

深入推进鹰潭国家城乡融合发展试验区和省级城乡融合发展试验区建设，构建有利于城乡要素自由流动和平等交换的体制机制，促进各类要素更多向乡村流动，增强农业农村发展活力。

第一节　促进城乡要素合理配置

健全农业农村投入保障，提高财政转移支付、土地出让收益、地方政府专项债券用于"三农"比例。完善金融支农激励机制，扩大农村资产抵押担保融资范围，创新农业保险产品和服务。完善农村用地保障机制，保障设施农业和乡村产业发展合理用地需求。积极探索农村集体经营性建设用地入市，允许农村集体依法收回闲置宅基地、废弃的集体公益性建设用地使用权，按照规划用途探索入市。建立土地征收公共利益用地认定机制，缩小土地征收范围。允许入乡就业创业人员在原籍地或就业创业地落户并享受相应权益，鼓励农村集体经济组织探索人才加入机制。健全城乡人才合作交流机制，推动城市科教文卫体工作人员适度岗编分离，定期服务乡村，培养造就懂农业、爱农村、爱农民的"三农"工作队伍。探索公益性和经营性农技推广融合发展机制，推行科技特派员制度，完善科技人员到乡村兼职和离岗创业制度。

第二节　统筹城乡基础设施一体化发展

建立城乡基础设施一体化规划机制，以市县域为整体，统筹设计路网和水、电、通讯、污水垃圾处理等基础设施。健全分级分类投入机制，鼓励地方政府将城乡基础设施项目整体打包，实行一体化开发建设。建立城乡基础设施一体化管护机制，对城乡道路等公益性设施，管护和运行投入纳入一般公共财政预算，以政府购买服务等方式引入专业化企业，提高管护市场化程度。明确乡村基础设施产权归属，由产权所有者建立管护制度。

第三节　推进城乡基本公共服务普惠共享

推动公共服务向农村延伸、社会事业向农村覆盖，推进城乡基本公共服务标准统一、制度并轨。建立城乡统筹规划、统一选拔的基本公共服务队伍补充机制。完善乡村教师补充机制，实行义务教育学校教师"县管校聘"、县域内校长教师交流轮岗，积极推行"教育集团""联合校""协作校"等城乡教育联合体模式。实施乡村全科医生特设岗位计划，增加面向村卫生室的订单定向医学生规模，鼓励县医院与乡镇卫生院建立县域医共体，对乡(镇)、村医生实行"县管乡用""乡管村用"。促进公共文化资源重点向乡村倾斜，通过政府购买服务、鼓励社会力量参与、完善文化结对帮扶机制等方式，提升农村公共文化服务水平。完善城乡统一的居民基本医疗保险、大病保险、基本养老保险制度，推进低保制度城乡统筹。鼓励社会力量兴办农村公益事业。

第四节　实现巩固拓展脱贫攻坚成果

同乡村振兴有效衔接对摆脱贫困的县，从脱贫之日起设立5年过渡期，保持主要帮扶政策总体稳定。分类优化调整现有帮扶政策，逐步实现由集中资源支持脱贫攻坚向全面推进乡村振兴平稳过渡。健全防止返贫监测帮扶机制，加强对脱贫县、脱贫村、脱贫人口的动态监测和及时帮扶。做好脱贫人口稳岗就业，加大职业技能培训力度。发展壮大扶贫产业，补齐技术、设施、营销等短板，促进产业提档升级。完善提升农业产业扶贫保险、防止返贫致贫保险等有效机制。强化易地搬迁后续扶持，多渠道促进就业，加强配套基础设施和公共服务。加强资金资产项目管理，建立健全资产管理制度。规范管理公益岗位，促进弱劳力、半劳力等家庭就近就地解决就业，保障基本生活。统筹推进城镇扶弱助困工作。支持赣州建设革命老区乡村振兴示范区。

第八篇　推进以人为核心的新型城镇化

实施以人为核心、提升质量为导向的新型城镇化战略，推进以城市群为主体形态、县城为重要载体的新型城镇化建设，打造支撑全省高质量跨越式发展的增长极和动力源。

第一章　加快农业转移人口市民化

统筹推进户籍制度改革和城镇基本公共服务常住人口全覆盖，健全农业转移人口市民化配套政策体系，加快推动农业转移人口全面融入城市。

第一节　深化户籍制度改革

巩固全面取消城镇落户限制成果，破除各类隐性落户门槛，简化落户手续，统一外地与本地农业转移人口进城落户标准。优化以居住证为载体的基本公共服务提供机制，提高居住证持有人城镇义务教育、住房保障等公共服务实际享有水平，逐步实现居住证持有人享有与当地户籍人口同等的基本公共服务权利。探索户籍制度与居住证制度并轨路径。

第二节　健全农业转移人口市民化机制

完善财政转移支付与农业转移人口市民化挂钩相关政策，显著提高均衡性转移支付分配中常住人口折算比例，健全财政市民化奖励资金分配主要依据各地落户数量确定机制。建立财政性建设资金对吸纳落户较多城市的基础设施投资补助机制。调整城镇建设用地年度指标分配依据，建立同吸纳农业转移人口落户数量挂钩机制。建立“人地钱挂钩”政策实施评估机制。根据人口流动实际数量调整教师、医生等编制定额，研究建立义务教育生均公用经费基准定额动态调整机制。建立健全农村产权流转市场体系，畅通农户“三权”市场化退出渠道。

第二章　优化完善现代城镇体系

优化空间结构，完善城镇功能，促进大中城市提质扩能，加快县城城镇化补短板强弱项，引导小城镇分类发展，构建大中小城市和小城镇协调发展的城镇格局。

第一节　完善大中城市宜业宜居功能

夯实大中城市实体经济发展基础，主动承接发达地区产业转移。立足区域特色资源和产业基础，推动制造业差异化定位和规模化、特色化、集群化发展，增强专业服务功能，因地制宜建设先进制造业基地、商贸物流中心和区域专业服务中心。优化市政公用设施布局，提升供水、道路、综合管廊、垃圾污水处理、公共停车场等市政公用设施水平，支持三级医院和新建高校、高校新建校区在大中城市布局，增加文化、体育等资源供给，提升城市生活品质。

第二节　推进以县城为重要载体的新型城镇化建设

把县域作为城乡融合发展的重要切入点，赋予县级更多资源整合使用的自主权。推进县城补短板强弱项，促进公共服务设施、环境卫生设施、市政公用设施、产业配套设施提级扩能，强化县城综合服务能力，推进南昌县、奉新县和吉安县开展国家县城新型城镇化建设示范。优化主干道布局，推进穿城国、省道逐步向城区边缘迁移。有序推进撤县设市，探索大部门制、扁平化等优化协同高效的设市模式。培育壮大县域特色产业集群，每个县(市)确定 1~2 个以上特色主导产业，打造一批产业旺、活力足、生态美的县域经济强县，到 2025 年，力争每个县(市)均有一个百亿元级块状经济产业集群。

第三节　高质量发展小城镇

推动中心城市周边小城镇通过规划独立城市组团、整体纳入中心城市等多种方式融合发展。推动区位优越、产业基础良好的小城镇聚焦主导产业，培育发展商贸物流、文化和旅游、资源加工、专业制造等专业特色小城镇。深化巩固经济发达镇行政管理体制改革成果，补齐基础设施、公共服务、就业创业等方面短板，不断提升综合服务功能，把乡镇建设成为服务农民的区域中心。促进特色小镇规范健康发展，建立清单管理制，健全规范纠偏、典型引路、服务支撑机制，培育一批示范性精品特色小镇。

第三章　全面提升城市功能品质

按照精心规划、精致建设、精细管理、精美呈现要求，推进城市发展方式和运营模式转变，深入实施城市功能与品质提升行动，让人民群众享受高品质生活。

第一节　转变城市发展方式

按照资源环境承载能力合理确定城市规模定位和空间布局，科学配置产业发展、生态涵养、基础设施和公共服务。增加城市密度，促进土地集约节约和混合利用，建立功能混用、立体开发、公交导向的集约紧凑型发展模式。完善道路布局，加密次支路网，合理设置绿化带。新建住宅推广街区制，增加绿化节点和公共开敞空间。优化城市设计和风貌管控，坚持城市外在形象和内涵精神的有机统一，使建筑景观与自然山水、历史文化相协调，体现城市地域特征和时代风貌。深入推进城市体检试点，加快推进城市更新，更多以“绣花”功夫实施“微改造”，改造提升老旧小区、老旧厂区、老旧街区和城中村等存量片区功能，提升城市人居环境质量。

第二节　推进新型城市建设

顺应城市发展新理念新趋势，建设宜居、韧性、智慧、绿色、人文的新型城市。推进韧性城市建设，建立应急基础设施体系，完善公共建筑和设施的应急避难功能。推进海绵城市建设，完善源头减排、蓄排结合、排涝除险、超标应急的城市排水防涝系统。统筹建设“城市大脑”，推进城市空间

“一张图”数字化管理和城市运行“一网统管”。科学规划建设城市绿环、绿廊、绿楔和绿道,开展生态修复和功能完善,创建一批省级绿色生态示范城区(镇),推进省生态园林城市(镇)建设。构建舒适宜人的自行车道、步行道等慢行网络。大力推广装配式建筑和钢结构住宅。强化历史文化保护,延续城市文脉,杜绝大拆大建,让城市留下记忆、让居民记住乡愁。

第三节 加强城市精细化管理

构建“街乡吹哨、部门报到”的基层管理体制,发挥新时代文明实践中心(所、站)作用,推动资源、管理、服务向街道社区下沉,加快建设现代社区,推进宜居社区建设试点。运用现代数字技术推动城市管理手段、管理模式、管理理念创新,优化网格化管理和服务,精准高效满足群众需求。鼓励在社区居民委员会下设物业管理委员会,落实物业管理属地原则,加强物业服务监督,提高物业公司运营透明度和规范性。

第九篇 推动更高水平区域协调发展

深入实施主体功能区战略,坚持区域协调发展,完善提升“一圈引领、两轴驱动、三区协同”的区域发展格局,构建高质量发展的区域经济布局和国土空间支撑体系。

第一章 优化国土空间开发格局

立足资源环境承载能力,发挥各地区比较优势,推动形成主体功能明显、优势互补、高质量发展的国土空间开发保护格局。

第一节 完善主体功能区布局

顺应空间结构变化趋势,优化重大基础设施、重大生产力和公共资源布局,分类提高城市化地区发展水平,形成以大南昌都市圈为引领、省域副中心及区域中心城市为支撑、大中小城市协调发展的城镇化格局。推动农业生产向粮食生产功能区、重要农产品生产保护区和特色农产品优势区集聚,健全“四区二十四基地”(四区二十四基地:指鄱阳湖平原农产品主产区,重点建设优质水稻、“双低”油菜、棉花、健康水产、畜禽养殖及优质蔬菜基地;赣抚平原农产品主产区,重点建设优质水稻、油菜、蜜橘、健康水产、畜禽养殖及优质蔬菜基地;吉泰盆地农产品主产区,重点建设优质水稻、油菜、果业、畜禽养殖、健康水产及优质蔬菜基地;赣南丘陵盆地农产品主产区,重点建设优质水稻、脐橙、油茶、甜叶菊、畜禽养殖及优质蔬菜基地)农业战略格局。优化生态安全屏障体系,构建“一江一湖五河三屏”(一江一湖五河三屏:“一江”为长江;“一湖”为鄱阳湖;“五河”指赣、抚、信、饶、修五河源头区及重要水域;“三屏”为赣东—赣东北山地森林生态屏障、赣西—赣西北山地森林生态屏障和赣南山地森林生态屏障)生态安全战略格局。推动主体功能区战略在市县和乡镇层面精准落地,编制完成国土空间规划,明确管控要求和配套政策。

第二节 完善主体功能区配套政策

细化主体功能区划分,按照主体功能定位划分政策单元,制定实施差异化政策。以中心城市和城市群(都市圈)等经济发展优势区域为重点,增强经济和人口承载能力,提升创新策源能力和资源配置能力,推动建设用地等要素向中心城市和城市群(都市圈)倾斜。合理优化部分中心城市行政区划设置,拓展发展空间。支持农产品主产区增强农业生产能力。支持生态功能区把发展重点放到保护自然生态、提供生态产品上,支持生态功能区人口逐步有序向城市化地区转移并定居落户。健全公共资源配置机制,对生态功能区、农产品主产区提供更多有效转移支付。

第二章 推进区域协调发展

立足区域协调发展,促进各类要素合理流动和高效集聚,加快形成层次清晰、各显优势、融合互动、竞相发展的区域发展新格局。

第一节 做强做优大南昌都市圈

实施强省会战略,增强南昌核心主导功能和辐射带动能级,优化城市布局,支持“五大重点功能片区”[五大重点功能片区:南昌现代空港新城、向塘国际陆港新城、南昌东站高铁新城、九望新城、中国(南昌)现代职教城五大重点功能片区]建设,培育壮大具有国际竞争力的特色优势产业集群,加快都市圈“五大中心”(五大中心:经济中心、金融中心、科创中心、品质消费中心和高端服务业发展中心)建设,着力打造国际先进制造业集聚区、数字经济发展先行区、全国绿色低碳发展示范区。赋予赣江新区更多先行先试权,加快推动高端创新资源、战略性新兴产业向新区聚集,打造全省发展引擎、创新高地。支持九江建设长江经济带绿色发展示范城市、打造万亿临港产业带。支持抚州建设承接东部沿海产业转移示范区和先进制造业协作区。加强南昌与赣江新区、九江、抚州及周边县(市)的联动对接,统筹基础设施建设,完善都市圈3个“1小时出行交通圈”。完善一体化发展机制,推进产业分工协作、公共服务普惠均衡、生态环境共保共治。探索建立统一的规划委员会,实现规划统一编制、统一实施,探索实施都市圈内土地统管、居住证互认等制度。到2025年,大南昌都市圈地区生产总值占全省比重达到53%以上。

第二节 强化“两轴”驱动

依托沪昆、京九两大高铁通道和日益完善的高铁网络,以重点城镇和开发区为载体,加快推进高铁沿线产业集聚、区域合作、城乡融合,强化“十字形”为主框架的生产力布局。加强高铁站场周边基础设施和公共服务供给,推进各种交通方式无缝衔接,促进“站—产—城”融合发展,打造一批现代化高铁新城新区。发挥高铁要素集聚效应,立足高铁运输效率优势,整合沿线资源,打造高铁新型城镇带、现代物流带和黄金旅游带。依托沿线产业园区,优化产业布局,强化产业协作,打造京九电子信息产业带等先进制造业基地,培育发展航空制造、大健康、汽车及零部件、新型光电、物联网、大数据等现代产业集群,促进现代物流、金融、商贸、科技服务等现代服务业联动发展,打造面向东南沿海地区的优质生态农副产品生产基地。

第三节 促进赣南等原中央苏区高质量发展

巩固提升振兴发展成果,完善对口支援机制。支持赣南等原中央苏区传承弘扬红色文化,加快推动绿色转型发展，支持赣州打造新时代全国革命老区高质量发展示范区。支持赣南等原中央苏区与闽粤交界地区、湘赣边区域协同发展，推进赣州建设省域副中心城市，打造对接融入粤港澳大湾区"桥头堡"，加快推动中心城区"五区一体化"（五区一体化：赣州市章贡区、南康区、赣县区、赣州经济技术开发区、蓉江新区五区联动，一体化发展。）发展，提升"两城两谷两带"（两城两谷两带：新能源汽车科技城、现代家居城，中国稀金谷、青峰药谷，赣粤电子信息产业带和赣州纺织服装产业带）重点产业发展规模和层次，打造金融、商贸物流、文化和旅游、教育、医疗养老、科研创新六大区域性中心。充分发挥区位和资源优势，建设粤港澳大湾区的后花园和优质农产品供应基地。加快推进瑞兴于经济振兴试验区建设。支持吉安打造连接大南昌都市圈与赣州省域副中心城市、支撑苏区振兴的中部脊梁，聚焦发展吉泰走廊，做大做强集成电路、半导体照明、触控显示、数字视听等电子信息产业，打造具有全国影响力的电子信息产业基地。支持抚州加快推进赣闽合作示范区建设，积极对接粤闽浙沿海城市群发展，促进向莆经济带发展升级，着力打造机械制造、绿色食品、现代物流、特色农业等一批具有竞争力的产业集群，加快推进"一区、两中心、两基地"（一区、两中心、两基地：践行"两山"理论先行区，区域性数据中心、区域性算力中心，数字装备制造基地、数字经济示范基地）建设。

第四节　提升赣东北开放合作水平

充分发挥对接长三角和粤闽浙沿海城市群的前沿作用，发展更高层次的开放型经济，打造对接长三角一体化发展先行区、承接东部沿海先进制造业转移基地、国际文化旅游和康养休闲胜地。支持上饶建设区域性中心城市，提升"两光一车"（两光一车：光伏、光学、汽车）产业发展水平，加快发展大旅游、大数据、大康养等新业态，打造全国光伏光学产业基地、文化旅游目的地。支持景德镇建设国家陶瓷文化传承创新试验区，加快陶瓷产业转型升级，做大做强航空产业，打造国际瓷都。支持鹰潭打造世界铜都、中华道都、智慧美城，进一步提升铜深加工、资源保障和国际化经营能力，加快建设国家"03 专项"成果转移转化核心区。

第五节　加快赣西转型升级步伐

以绿色生态、转型升级为主线，加快推进区域产业整体升级，大力发展新能源、新材料、节能环保、大健康等绿色产业，加快区域融合和同城化步伐，打造全省产业转型升级样板区、中部地区城乡融合发展先行区、全国生态康养宜居胜地。支持宜春做大做强锂电、中医药、健康养生等优势产业，改造提升纺织、建材、食品等传统产业，建设区域性中心城市、全国锂电新能源产业基地。支持新余推进钢铁、锂电、硅灰石、光伏、电子信息等产业集群发展，打造中部地区新型工业强市、国家新能源科技示范城。支持萍乡改造提升冶金建材、工业陶瓷、花炮、电瓷等传统产业，培育壮大电子信息、装备制造、节能环保等新兴产业，建设国家产业转型升级示范城市、国家海绵城市先行区。加快建设新宜吉六县转型合作示范区，推进新宜萍三市区域一体化建设。

第十篇　高标准打造美丽中国"江西样板"

坚持"绿水青山就是金山银山"理念，纵深推进国家生态文明试验区建设，建设人与自然和谐共生的现代化，以更高标准打造美丽中国"江西样板"。

第一章　创新绿色制度

坚持源头严防、过程严管、后果严惩，完善生态文明领域统筹协调机制，构建生态文明体系，推动生态文明制度更加成熟更加定型。

第一节　健全空间管控制度

强化国土空间规划和用途管控，统筹优化生态、农业、城镇等功能空间布局，划定落实生态保护红线、永久基本农田、城镇开发边界等空间管制控制线，全面实施国土空间监测预警和绩效考核机制。加快自然保护地整合优化和分类管理，积极创建国家公园，构建国家公园为主体的自然保护地体系。严格管控自然保护地范围内非生态活动，推进核心保护区内居民、农田、矿业权有序退出。完善自然保护地、生态保护红线监管制度，开展生态系统保护成效监测评估。

第二节　健全现代环境治理体系

实施以"三线一单"（三线一单：生态保护红线、环境质量底线、资源利用上线和生态环境准入清单）为核心的生态环境分区管控体系，建立地上地下、陆水统筹的生态环境治理制度。全面实施以排污许可制为核心的固定污染源监管制度。推进流域综合管理，强化"河（湖）长制"。推进生态环境保护综合执法改革，健全生态环境保护督察制度。完善环境资源司法保护机制，健全生态环境公益诉讼制度，严格落实生态环境损害赔偿和责任终身追究制度。建立生态环境突发事件后评估机制和公众健康影响评估制度。在高风险行业推行环境污染责任强制保险。加快完善环保信用评价、环保信息强制性披露等制度，加强企业环境治理责任制度建设。推进生态环境突出问题整改。

第三节　全面建立资源高效利用制度

严格实行资源总量管理和全面节约制度，健全自然资源有偿使用制度，完善资源价格形成机制。科学制定用水定额并动态调整，强化高耗水行业用水定额管理，建立水资源刚性约束机制。深入推进农业水价综合改革，配套建设计量设施，健全农业节水激励机制。加强土地节约集约利用，完善土地复合利用、立体开发支持政策。建立生态修复与开发建设占补平衡机制。健全矿产资源开发生态保护和安全生产制度，提高矿产资源开发综合利用水平。完善能效领跑者制度，落实国家 5G、大数据中心等新兴领域能效标准。落实国家资源税措施，推动完善节能环保和资源利用的税收激励政策。

第二章　筑牢绿色屏障

坚持节约优先、保护优先、自然恢复为主，突出系统治理、精准治理，推进重要生态系统保护和修复，巩固提升"一江一湖五河三屏"生态安全格局，促进生态系统良性循环和永续利用。

第一节　强化环境治理保护

坚持精准治污、科学治污、依法治污，深入打好污染防治攻坚战,推动生态环境质量在较高水平上持续改善。着力打好蓝天保卫战,加强 PM2.5 和臭氧协同控制,推动多污染物协同控制和区域协同治理,全省空气质量总体达到二级标准。着力打好碧水保卫战,开展县级及以上城市集中饮用水水源地达标治理,推动生活污水处理设施覆盖全部建制镇(乡),因地制宜推进农村污水治理,国控断面水质实现"减四保三争二"(减四保三争二:减少Ⅳ类水、保持Ⅲ类水、争取Ⅱ类水)。着力打好净土保卫战,开展国土空间全域土地综合整治试点,加强医疗废物和危险废物安全处置,加强塑料污染治理和塑料替代产品推广,持续推进化肥农药减量化,确保土壤环境质量安全稳定。深入实施长江经济带"共抓大保护"攻坚行动,深化"五河两岸一湖一江"全流域治理,推进生态环境污染治理"4+1"(4+1 工程:沿江城镇污水垃圾处理、化工污染治理、农业面源污染治理、船舶污染治理以及尾矿库污染治理)工程,强化沿线整治与岸线生态修复,努力构建长江经济带江西绿色生态廊道。加强光、噪声等新污染物治理。构建集污水、垃圾、固废、危废、医废处理处置设施和监测监管能力于一体的环境基础设施体系,推进环境基础设施网络向镇村延伸覆盖。探索建立符合产业发展实际的多层次节能环保装备标准体系,推动标准化生产、规模化应用,降低企业节能环保成本。

第二节　打造山水林田湖草生命共同体

实施山水林田湖草一体化保护和修复行动,在赣南山地源头区、赣中丘陵区、赣北平原滨湖区等特色生态单元,探索打造不同类型、各具特色的山水林田湖草生命共同体示范区。开展国土绿化行动,全面深化林长制改革,积极推进低产低效林改造、重点防护林工程和重点区域森林"四化"(四化:绿化、美化、彩化、珍贵化)建设,全面加强湿地、草地保护修复,推进水土流失治理和矿山生态修复,提升生态服务功能和生态承载力。实施生物多样性保护重大工程,完善生物多样性保护网络,全面落实长江流域重点水域十年禁渔,严厉打击破坏野生动植物资源行为,加强外来物种管控。推行森林河流湖泊休养生息,健全耕地休耕轮作制度,巩固退耕还林成果,有序开展退圩还湖还湿。在尊重自然属性前提下,因地制宜开展河道等生态治理与修复。加强自然保护区能力建设。

严格落实国家节能减排约束性指标,制定实施全省2030年前碳排放达峰行动计划,鼓励重点领域、重点城市碳排放尽早达峰。大幅降低能耗强度,有效控制能源消费增量,强化节能法规标准等落实情况监察。加快产业结构、能源结构调整,深入推进能源、工业、建筑、交通等领域节能低碳转型,推动全省煤炭占能源消费比重持续下降。严格落实能耗总量和强度"双控"制度,严控新上高耗能项目,狠抓重点领域和重点用能单位节能,推进重点用能单位能耗监测管理全覆盖。探索建立温室气体排放统计核算体系,建立"天地空"一体化生态气象观测体系,提高应对极端天气和气候事件能力。推动甲烷、氢氟碳化物、全氟化碳等温室气体排放持续下降。

第三章　壮大绿色经济

统筹经济社会发展和环境保护、生态建设,建立健全绿色低碳循环发展的经济体系,加快推动生态要素向生产要素、生态财富向物质财富转变。

第一节　培育壮大绿色产业

实施绿色产业培育工程,大力发展生态循环农业、生态旅游等产业,壮大清洁生产、清洁能源、绿色建筑、基础设施绿色升级等产业,推动节能环保产业成为我省新兴支柱产业,创建 3~5 个国家级绿色产业示范基地。加快重点行业、重点领域绿色化改造,支持资源枯竭型城市、老工业基地转型发展。加快发展绿色供应链、节能和环境服务业,推广合同能源管理、合同节水管理、环境污染第三方治理等服务模式。深化绿色金融改革,构建绿色金融服务体系。实施绿色技术创新攻关行动,制定发布省级绿色技术与装备推广目录,健全以市场为导向的绿色技术创新体系和标准化体系,加快突破一批原创性、引领性绿色技术。

第二节　提高资源综合利用效率

大力发展循环经济,构建多层次资源高效循环利用体系。加强园区循环化改造,开展园区产业废物交换利用、能量梯级利用、水循环利用和污染物集中处理。积极推进国家级资源综合利用基地、循环经济示范市(县)和"无废城市"建设。完善废旧物品回收设施,健全城市废旧物品回收分拣体系。推行生产企业"逆向回收"等模式,建立健全线上线下融合、流向可控的资源回收体系。拓展生产者责任延伸制度覆盖范围。推进外卖和快递包装可循环、可降解、易回收。

第三节　加快生态优势转化

开展自然资源调查评价监测和确权登记。健全生态资产与生态产品市场交易机制,推进排污权、用能权、用水权、碳排放权市场化交易,争取建立南方地区生态产品交易中心。积极推进国家生态综合补偿试点,完善市场化、多元化生态补偿机制,加大重点生态功能区、重要水系源头地区、自然保护区转移支付力度,开展跨省和省内跨流域横向生态保护补偿,完善森林和湿地生态效益补偿机制。按照"谁修复、谁受益"原则,鼓励各类社会资本参与生态保护修复,建立生态产品价值实现机制。大力推广"两山银行""湿地银行"等建设。支持抚州开展国家生态产品价值实现机制试点、九江长江经济带绿色发展示范区建设。

第四章　繁荣绿色文化

积极弘扬生态文化,普及生态文明知识,倡导绿色生活方式,全面构建以生态价值观念为准则的生态文化体系。

第一节　提高全民生态意识

把生态文明建设纳入国民教育体系和党政领导干部培训体系,推进生态文明宣传教育进学校、进家庭、进社区、进工厂、进机关。深度挖掘全省生态文化资源,创建一批生态文明教育基地。组织好世界环境日、世界水日、植树节、湿地日、野生动植物日、爱鸟周、全国节能宣传周等主题宣传活动,办好省生态文明宣传月活动,加大环境公益广告宣传力度,引导公民自觉履行生态环境保护责任。

第二节　倡导绿色生活方式

大力倡导简约适度、绿色低碳、文明健康的生活理念和生活方式，形成崇尚绿色生活的社会氛围。普遍推行生活垃圾强制分类，坚决制止餐饮浪费行为，扎实开展限塑行动，引导形成健康生活习惯。广泛开展节约型机关、绿色家庭、绿色学校、绿色社区等绿色创建行动，推广减碳行动激励机制。倡导绿色消费，鼓励绿色出行，优先发展公共交通，加大节能和新能源车辆推广应用力度。加快扩大绿色产品消费，建立统一的绿色产品标准、认证、标识等体系，扩大政府绿色采购规模，完善绿色产品推广机制和消费激励措施。

第十一篇　提升赣鄱文化软实力

牢牢把握社会主义先进文化前进方向，围绕举旗帜、聚民心、育新人、兴文化、展形象的使命任务，深化文化体制改革，促进满足人民文化需求和增强人民精神力量相统一，建设更具影响力的文化强省，不断开创赣鄱文化繁荣发展新局面。

第一章　提高社会文明程度

坚持马克思主义在意识形态领域指导地位，培育和践行社会主义核心价值观，推动形成适应新时代要求的思想观念、精神面貌、文明风尚、行为规范，筑牢全省人民共同奋斗的思想基础。

第一节　推动理想信念教育常态化制度化

深入开展习近平新时代中国特色社会主义思想学习教育，健全用党的创新理论武装头脑、教育人民工作体系。大力实施“习近平新时代中国特色社会主义思想在江西实践研究工程”“江西省青年马克思主义者理论研究创新工程”。持续开展中国特色社会主义和中国梦宣传教育，加强党史、新中国史、改革开放史、社会主义发展史教育，加强爱国主义、集体主义、社会主义教育，弘扬党和人民在各个历史时期奋斗中形成的伟大精神。提倡艰苦奋斗、勤俭节约，开展以劳动创造幸福为主题的宣传教育活动。加强和改进学校思想政治教育，构建全员全过程全方位育人体系，完善青少年理想信念教育齐抓共管机制。深入实施哲学社会科学创新工程，加强新型智库建设。

第二节　持续提升公民文明素养

推动社会主义核心价值观融入法治建设、生态文明建设、网络空间管理等社会治理重点工作。实施公民道德建设工程，推进社会公德、职业道德、家庭美德、个人品德建设。实施时代新人培育工程，培养推出一批新时代的先锋模范。选树推广先进典型，广泛开展时代楷模、道德模范、“最美人物”“身边好人”“最美家庭”等学习宣传和礼遇帮扶活动，进一步做大“江西好人文化”品牌。实施文明创建工程，组织开展文明城市、文明村镇、文明单位、文明家庭、文明校园评选表彰活动，深入开展“推动移风易俗，促进乡风文明”行动。完善市民公约、乡规民约、学生守则、团体章程等社会规范，依法建立惩戒失德行为机制。弘扬诚信文化，建设诚信社会。健全志愿服务体系，广泛开展志愿服务关爱行动。

第三节　加强思想舆论阵地建设

深化拓展新时代文明实践中心建设试点，推进党的基层阵地资源整合。实施全媒体传播工程，推动江西日报社、江西广播电视台实施全媒体化，建设在全国有影响力的新型主流媒体。推进省、市、县三级融媒体中心建设，完善联动策划宣传机制。加强重点新闻网站建设，构建网上网下一体、内宣外宣联动的主流舆论体系。深入实施网络内容建设工程，持续加强社会主义核心价值观网络传播，发展积极健康的网络文化。加强依法管网和技术治网，完善网络综合治理体系。深入开展马克思主义新闻观教育，推动部校共建新闻院系，不断提升新闻队伍素质。

第二章　推进红色文化与优秀传统文化传承创新

坚持创造性转化、创新性发展，深入挖掘和弘扬我省红色文化和优秀传统文化蕴含的核心思想理念、传统美德和人文精神，全面增强赣鄱文化的生命力和影响力。

第一节　大力传承红色基因

实施红色基因代代传工程，弘扬井冈山精神、苏区精神、长征精神，深化方志敏革命精神等学习宣传研究，推动革命精神具体化、时代化、标志化。加强长征文物、抗战文物和红色标语保护展示利用，积极推进长征国家文化公园江西段建设，打造红色文化保护传承示范基地，建设“红色名村”。以重大革命历史事件为重点，统筹推进全省革命文物整体规划、连片保护、整体展示，建设一批国家级、省级革命文物保护传承示范基地。实施红色经典出版文化工程，加强红色档案的挖掘整理，推出一批红色文艺精品。将红色基因传承与国防教育相结合，推进南昌国防教育示范城建设。持续深入开展诵读红色家书、红色走读、红色经典进万村电影公益放映等活动。

第二节　加强文化遗产保护传承

高标准建设景德镇国家陶瓷文化传承创新试验区，努力打造“两地一中心”（两地一中心：国家陶瓷文化保护传承创新基地、世界著名陶瓷文化旅游目的地、国际陶瓷文化交流合作交易中心）全面推进南昌汉代海昏侯国遗址、景德镇御窑厂遗址等国家考古遗址公园建设，构建更具江西特色的考古遗址公园体系和遗址博物馆群。深入开展江西历史文化专题研究阐释，推进书院文化、稻作文化、戏曲文化、中医药文化、阳明文化等特色历史文化传承创新，推动婺源徽州文化、赣南客家文化、景德镇陶瓷文化、吉安庐陵文化、抚州戏曲文化等文化生态保护区（实验区）建设。加强世界文化遗产、重点文物保护单位、历史文化名城名镇名村、传统村落保护和利用。强化非物质文化遗产系统性保护。加强优秀传统手工艺保护和传承。开展赣鄱文化资源普查，深化古籍整理研究。加强地方志工作。启动《江右文库》编纂工程。

第三节　推动赣鄱文化“走出去”

积极参与国家对外文化交流和多层次文明对话，重点推进“一带一路”文化交流合作，开展白鹿洞书院文化论坛、汤显祖戏剧文化海外传播等重大活动。推进海外文化中心建设，打造一批国际文化交流合作标志性工程。进一步提升中国红色旅游博览会、文化发展巡礼、景德镇国际陶瓷博览会等重点展会国际影响力。鼓励和支持民间文化交流。以文化交流带动文化贸易，支持优势文化企业在海外设立分支机构，大力发展对外文化贸易，推动体现江西文化特色的陶瓷、中医药、工艺美术、舞台艺术等产品和服务走向世界。

第三章 促进文化事业繁荣发展

不断加强公共文化产品和服务供给，加快构建城乡一体、区域均衡、人群均等的现代公共文化服务体系，使人民群众享有更加充实、更为丰富、更高质量的精神文化生活。

第一节 完善公共文化服务体系

健全公共文化服务法规体系，完善公共文化服务实施和评估标准。推进城乡公共文化服务体系一体建设，逐步形成主城区和中心镇15分钟、一般村镇20分钟的“公共文化服务圈”。提升文化惠民工程的覆盖面，强化基层综合性文化服务中心功能，丰富群众性文化活动。鼓励公共文化机构在城市新区、开发区建设分支机构、服务网点。完善应急广播体系，实施公共文化数字化转型工程和“智慧广电”工程。建立健全“公益+商业”的电影公共服务体系。深入推进全民阅读，建设“书香赣鄱”。

第二节 繁荣发展社会主义文艺

实施文艺作品质量提升工程，重点强化文艺创作前端、源头扶持，健全重大现实、重大革命、重大历史题材创作规划组织机制。深入开展文艺工作者“深入生活、扎根人民”主题实践活动，不断推出反映新时代新气象、讴歌人民新创造的文艺精品。推动文艺与互联网融合，创作更多优秀网络作品。建立健全文化产品创作生产、传播引导、宣传推广的激励机制和评价体系，大力推动文化资源、文学作品向其他艺术门类创新转化。推动地方戏曲振兴发展，建立高雅艺术、优秀影视作品、民族民间优秀文化、优秀戏曲进基层进校园常态化机制。加强和改进文艺评论，扩大主流文艺评论影响力，倡导讲品位讲格调讲责任、抵制低俗庸俗媚俗，推动形成健康清朗的文艺生态。加强文化人才队伍建设，培育造就一批高水平创作人才和德艺双馨的文化名家。

第三节 创新公共文化服务运行机制

推进国家文化大数据体系建设，加快跨部门、跨行业、跨地域公共文化资源整合，组建全省文化场馆联盟，开展公共文化巡展巡讲巡演服务。加强基层文化阵地融合，提高设施使用效率。建设省文化馆，完善博物馆、纪念馆、美术馆、公共图书馆、文化馆(站)等公共文化场馆免费开放制度。鼓励民办文化场馆、经营性文化设施等提供优惠或免费的公益性文化服务。探索公共文化设施所有权与经营权分离，鼓励引导国有文化企业和社会力量参与公共文化设施建设运营，制定社会力量参与公共文化服务实施标准。建立健全档案信息资源共享机制，推进民生档案便民服务。

第四章 促进文化产业高质量发展

坚持把社会效益放在首位、社会效益和经济效益相统一，健全现代文化产业体系和市场体系，提升文化产业竞争力。

第一节 扩大优质文化产品供给

实施“文化+”工程，促进文化与科技、金融、互联网、旅游、体育等深度融合，培育新型文化业态和文化消费模式。实施文化产业数字化战略，壮大数字创意、网络视听、数字出版、数字娱乐等产业，加快文娱演出、文博会展等传统业态线上线下融合。加快提升超高清电视节目制播能力，推进电视频道高清化改造。实施文化品牌战略，打造“天工开物园”等一批有影响力、代表性的文化产品和企业品牌。培育和扶持若干文化龙头企业和跨界融合的产业集团，合理布局和规范发展文化产业园区，推动区域文化产业带建设。打造文创孵化、交易、展示等专业平台，推进文化交易平台整合建设。

第二节 深化文化体制机制改革

完善文化管理体制和“1+N”文化经济政策体系，深化文化市场综合执法体制改革，提升文化治理效能。完善国有文化资产管理体制和国有文化企业履行社会责任机制。健全人民文化权益保障制度，推进公共文化机构法人治理结构改革和经营性文化事业单位转企改制。推动省属文化企业加快建立现代企业制度，深化国有文艺院团改革和院线制改革。加强对未成年人使用网络、信息网络传播视听等领域的监管。

第十二篇 促进人的全面发展

坚持把提升全民素质放在突出位置，构建高质量的教育体系和全方位全周期的健康体系，优化人口结构，拓展人口质量红利，提升人力资本水平和人的全面发展能力。

第一章 建设高质量教育体系

全面贯彻党的教育方针，全面落实立德树人根本任务，坚持优先发展教育事业，办好人民满意的教育。

第一节 推进基础教育公平而有质量发展

提升县域义务教育基本均衡水平，推进义务教育优质均衡发展，推进城乡学校在办学条件、教师队伍建设等方面全面达标，稳步推进义务教育城乡一体化。建立健全适应学龄人口变化的学校布局调整机制，加快城镇学校建设，增加学位供给，保障农业转移人口随迁子女平等享受基本公共教育服务。综合利用闲置校园校舍，加强乡村寄宿制学校建设。稳定乡村教师队伍，完善留守儿童关爱体系和义务教育控辍保学体系。加大高中阶段教育普及攻坚，鼓励高中阶段学校多样化、特色化发展，稳步推进高考综合改革。加强公办幼儿园建设，严格落实城镇小区配套园政策，构建建设管理长效机制，多渠道增加普惠性幼儿园供给，不断深化学前教育普及普惠安全优质发展。支持和规范民办教育发展，全面规范校外培训机构。办好特殊教育、民族教育和专门教育。

第二节 推动高等教育内涵特色发展

推进高等教育分类管理和高等学校综合改革，推动高等教育由数量规模型向内涵质量型转变，全面提升人才培养质量和科技创新能力。持续推进高等学校“双一流”建设，举全省之力办好南昌大学，争取进入世界一流大学建设高校行列。支持更多特色高校建设世界一流学科。优化高等教育布局，主动融入国家重大战略和全省发展需求，创建若干应用型本科院校，引导部分省属本科院校转型建设高水平应用型高校，加快培养理工农医类专业紧缺人才。深化高校省部共建体制机制，加大力度吸引国内外知名高校在江西开展合作办学，争取更多支持，丰富办学资源，扩大教育供给。稳步扩大研究生培养规模，深化研究生教育改革，提升高层次人才培养质量。扩大学校办学自主权，推进高校建立以章程为核心的制度体系。

第三节　推进职业教育融合创新发展

整省推进职业教育提质创优，打造部省共建国家职业教育创新发展高地。探索更加适应市场需求的办学体制机制，深化产教融合、校企合作，探索实施校企合作负面清单制度，鼓励社会力量举办高质量职业教育。完善职业教育布局，在南昌、赣州等地规划建设职教园区。推动建设一批高水平职业学校和专业，遴选一批特色优势专业试办本科层次职业教育。推行“1+X”证书制度、现代学徒制和企业新型学徒制等培养形式。推动职业教育与普通教育、继续教育横向融通，构建中高职及职教本科纵向贯通的人才培养体系。

第四节　完善终身学习体系

构建衔接沟通各级各类教育、认可多种学习成果的终身学习服务体系，完善注册学习和弹性学习制度，畅通不同类型学习成果的互认和转换渠道。整合教育信息化资源，完善全民终身学习公共服务平台和终身学习账号体系，面向不同需求学习者提供高水平多样化内容供给。推进高水平大学开放教育资源。支持整合利用学校设施与教育资源开展继续教育、社区教育、老年教育，推动各类学习型组织建设，完善覆盖城乡的家庭教育指导服务体系。完善终身学习激励政策，形成全民积极向学、随时随地可学的制度环境。

第五节　强化教育现代化保障

加强新时代教师队伍建设，健全师德师风长效机制，完善教师管理和发展政策，提升教师教书育人能力素质。健全适应不同教育阶段需求的师资培养体系，重点建设一批师范教育基地，补齐师资数量和学科短板。支持高水平综合性大学开展教师教育，扩大公费师范生培养规模，推进师范毕业生免试认定教师资格改革。支持高水平应用型院校举办职业技术师范专业，建立高等学校、职业学校与行业企业联合培养“双师型”（双师型：教师、工程师等资格兼具，教学能力、实践能力兼备的教师）教师机制。深化中小学、幼儿园教师管理综合改革，加大教师编制统筹配置和跨区域调整力度，支持有条件的地方探索急需紧缺教师“多点施教”。提高教师地位待遇，健全长期从教教师荣誉制度。完善教育经费投入和管理机制。深化教育评价改革，坚决破除“五唯”顽瘴痼疾，强化教育督导。积极推广“互联网+教育”教学模式，推进智慧校园建设。

第二章　全面推进健康江西建设

把人民健康摆在优先发展的战略地位，坚持预防为主方针，深入实施健康江西行动，为人民群众提供全方位全周期健康服务。

第一节　织牢公共卫生防护网

建立稳定的公共卫生事业投入机制，改革完善疾病预防控制体系，提高疾病预防处置能力。落实医疗机构公共卫生责任，创新医防协同机制。完善突发公共卫生事件监测预警机制，加强实验室检测网络建设，健全医疗救治、科技支撑、物资保障体系，提升突发公共卫生事件防控和紧急医学救援能力。调整优化医疗资源布局，健全分类分级分层分流的城市传染病防控救治网络，依托区域内三甲综合医院，建设重大传染病疫情救治基地和紧急医学救援基地。推进公共设施平战两用改造，提高平战快速转换能力。推进县级综合医院提标改造，全面提升县域医疗救治和疫情防控能力。加快推进慢性病综合防控示范区建设，基本实现常见慢性病健康管理全覆盖。

第二节　深化医药卫生体制改革

坚持基本医疗卫生事业公益性，深入推进“三医联动”（三医联动：医疗、医保、医药改革联动）改革。深入推进公立医院治理结构、人事薪酬、编制管理和绩效考核改革。支持社会办医，鼓励有经验的执业医师开办诊所。全面推进医师执业区域注册，鼓励开展多点执业。加快建立整合型医疗卫生服务体系，积极发展医疗联合体、医院集团等多种分级诊疗模式，进一步落实基层首诊、双向转诊、上下联动、急慢分诊的分级诊疗机制，完善家庭医生签约服务。巩固完善基本药物制度，深化药品、医用耗材集中带量采购制度改革，优化医疗服务价格动态调整机制，保障紧缺药品供应，深入推进电子处方试点制度，进一步降低群众就医负担。

第三节　提升医疗卫生服务水平

推动优质医疗资源扩容和区域均衡布局，积极创建国家区域医疗中心，建设一批省级区域医疗中心，整合推进卒中、创伤、胸痛、危重孕产妇、危重新生儿救治中心等急危重症救治体系建设。以城市社区和农村基层、县级医院和中医院为重点，完善城乡三级医疗服务网络，促进“县乡一体、乡村一体”。持续推进省市县三级公立中医院改造升级和基层中医药服务全覆盖。加强全科、儿科、麻醉、精神卫生、康复管理、心理健康等急需紧缺专业人才和公共卫生复合型人才培养培训，培养仁心仁术的医学人才。落实乡村医生待遇，加强基层人才队伍建设。加快“互联网+医疗健康”发展，建成覆盖省市县乡四级医疗卫生机构的远程医疗服务体系。大力推行医疗机构检查、检验结果互认，规范医疗质量控制管理，改善患者就医体验。

第四节　推动中医药传承创新发展

发挥中医药在治未病中的主导作用，做优做强中医优势专科，构建融预防保健、疾病治疗和康复于一体的中医药服务体系。积极创建国家中医医疗中心，完善基层中医药服务设施。推广应用以热敏灸为代表的中医康复治疗，规范发展中医养生保健机构。推动中医药传承创新发展，实施樟树“中国药都”振兴工程，支持“建昌帮”和“盱江医学”振兴发展。加强以赣产中药为主体的中药新药研发和二次开发，推动中药经典名方研究及产业化。进一步提升中药材种植和加工制造水平，加快建设全国道地药材检验检测中心。推进国家中医药健康旅游示范区创新发展。加强中西医结合，全面提升中西医疗服务质量。

第五节 开展爱国卫生和全民健身运动

持续推进城乡环境综合整治，加强健康教育与健康知识普及，开展控烟行动，坚决革除滥食野生动物等陋习，推广分餐公筷等文明健康生活方式。统筹推进全民健身场地设施和公共服务体系建设，推进社会体育场地设施建设和学校场馆开放共享，提高健身步道、骑行道、社区多功能运动场等便民健身场所覆盖面，因地制宜发展体育公园，打造“15分钟健身圈”。以青少年为重点开展国民体质监测和干预，保障学校体育课和课外锻炼时间。推广工间健身制度。鼓励举办不同层次和类型的群众性体育活动，不断提升竞技体育综合实力。

第三章 积极应对人口老龄化

落实国家人口长期发展战略，以“一老一小”为重点，完善人口服务体系，健全人口发展配套政策，促进人口结构优化和长期均衡发展。

第一节 优化生育政策和配套措施

优化生育政策，增强生育政策包容性，减轻家庭生育、养育、教育负担，提高适龄群体生育意愿，引导生育水平提升并稳定在合理区间。完善基层妇幼健康服务网络，推进生育服务机构标准化建设与规范化管理，推进优生优育全程服务。合并实施生育保险和基本医疗保险，确保职工生育期间的生育保险待遇不降低。实施出生人口素质提升行动计划，加强出生缺陷综合防治，提高出生人口质量。健全家庭发展支持体系，完善农村计划生育家庭奖励扶助和计划生育特殊困难家庭全方位帮扶保障制度，加大对失独家庭的关爱和帮扶支持力度。健全婴幼儿发展政策，发展普惠托育服务体系，健全支持婴幼儿照护服务和早期教育的政策体系。积极发展多种形式的婴幼儿照护服务机构，支持企事业单位、社会组织等社会力量提供普惠托育服务，鼓励幼儿园发展托幼一体化服务。推进婴幼儿照护服务和早期教育专业化、规范化发展，提高保育保教质量和水平。

第二节 加快完善养老服务体系

推动养老事业和养老产业协同发展，发展普惠型养老服务和互助性养老，支持家庭承担养老功能，构建居家社区机构相协调、医养康养相结合的养老服务体系。健全基本养老服务体系，夯实公办养老院的兜底功能，深化公办养老机构改革，完善公建民营管理机制，支持具有教育培训或疗养休养功能的机构转型发展养老服务，加强对护理型、连锁型民办养老机构的政策扶持。推进公共基础设施适老化改造，支持和规范专业化机构服务向社区延伸，大力发展社区嵌入式养老，探索社区“物业+养老服务”模式。深入推进医养结合，扩大养老机构护理型床位供给。推广“党建+农村养老服务”模式，健全覆盖县乡村三级的农村养老服务体系。加快推进公办养老机构入住综合评估和轮候制度，健全养老服务综合监管制度。强化老年人权益保障，提升老年人社会优待水平。

第十三篇 构建促进共同富裕、共建共治共享的民生发展格局

坚持尽力而为、量力而行，健全基本公共服务体系，加强普惠性、基础性、兜底性民生建设，完善共建共治共享的社会治理制度，扎实推动共同富裕，不断增强老区人民获得感、幸福感、安全感。

第一章 促进更充分更高质量就业

坚持经济发展就业导向，扩大就业容量，提升就业质量，促进充分就业，推动收入分配更加合理有序，构筑高质量发展的民生根本和社会稳定基石。

第一节 积极实施就业优先政策

加强就业形势分析监测，健全就业需求调查和失业风险预警机制，构建就业影响评估机制，保持城镇新增就业基本稳定。完善高校毕业生、农村转移劳动力、退捕渔民、退役军人、化解过剩产能下岗职工等重点群体就业支持体系。构建常态化援企稳岗扶持政策体系，统筹用好就业补助和失业保险基金，促进企业用工稳定。建立促进创业带动就业、多渠道灵活就业机制，全面清理取消对就业的不合理限制，引导零工经济、小店经济、夜间经济等新就业形态规范发展。扩大公益性岗位安置，着力帮扶妇女、残疾人、零就业家庭成员就业。

第二节 构建公共就业服务体系

健全覆盖城乡的全方位公共就业创业服务体系，加强基层公共就业创业服务平台建设。深入实施职业技能提升行动和重点群体专项培训计划，健全劳动者终身职业技能培训制度，广泛开展新业态新模式从业人员技能培训。健全培训经费税前抵扣政策，鼓励企业开展岗位技能提升培训。完善欠薪治理长效机制和劳动争议调解仲裁制度，探索建立新业态从业人员劳动权益保障机制。构建和谐劳动关系。

第三节 优化收入分配结构

坚持按劳分配为主体、多种分配方式并存，提高劳动报酬在初次分配中的比重。实施中等收入群体培育行动，让更多的知识型、技能型、创新型劳动者，新型职业农民等普通劳动者通过自身努力进入中等收入群体。健全工资决定、正常增长和支付保障机制，完善最低工资标准和工资指导线。健全各类生产要素由市场评价贡献、按贡献决定报酬的机制，强化以增加知识价值为导向的收入分配政策。探索通过土地、资本等要素使用权、收益权增加中低收入群体要素收入，多渠道增加城乡居民财产性收入。完善再分配机制，加大社保、转移支付等调节力度和精准性，发挥慈善等第三次分配作用。

第二章 健全广覆盖多层次社会保障体系

坚持应保尽保原则，按照兜底线、织密网、建机制的要求，加快建成覆盖全民、统筹城乡、公平统一、可持续的多层次社会保障体系，稳步提高保障水平。

第一节 改革完善社会保险制度

完善企业职工基本养老保险省级统筹制度,贯彻落实国家统筹有关政策,实施渐进式延迟法定退休年龄。放宽灵活就业人员参保条件,加快落实社保关系转移接续,实现基本养老保险法定人员全覆盖。完善城镇职工基本养老金合理调整机制,逐步提高城乡居民基础养老金标准,持续推进国有资本划转充实社保基金。发展多层次、多支柱养老保险体系,提高企业年金和职业年金覆盖率,发展个人储蓄性养老保险和商业养老保险。推进失业保险、工伤保险向职业劳动者广覆盖,完善省级统筹制度。积极稳妥推进社保费征缴体制改革。

第二节 建立全民医疗保障体系

健全基本医疗保险稳定可持续筹资和待遇水平调整机制,完善医保缴费参保政策,推动基本医疗保险省级统筹。实行医疗保障待遇清单制度,逐步将门诊费用纳入基本医疗保险统筹基金支付范围,改革职工医保个人账户制度。做好医保关系跨地区转移接续,全面落实全国异地就医直接结算制度。完善医保目录动态调整机制,健全医保经办机构与医疗机构的谈判协商机制,推行以按病种付费为主的多元复合式医保支付方式,探索紧密型医疗联合体实行总额付费。完善重大疫情医疗救治费用保障机制和医保支付政策,探索建立特殊群体、特定疾病医药费豁免制度。健全重大疾病医疗保险和救助制度,稳步建立长期护理保险制度,鼓励发展商业健康保险及补充医疗保险。健全严密有力的医疗保障基金监管机制。

第三节 优化社会救助和慈善制度

健全基本生活救助制度和医疗、教育、住房、就业、受灾人员等专项救助制度,坚持并完善社会救助和保障标准与物价上涨挂钩联动机制。以城乡低保、特困人员、低收入家庭和支出型贫困家庭为重点,健全分层分类的社会救助体系。推动临时救助制度覆盖所有基本生活暂时陷入困境的城乡群众。加强和改进生活无着的流浪乞讨人员救助管理,做好重大疫情等突发公共事件困难群众急难救助工作。推进城镇困难群众解困脱困,加强城乡救助制度、标准统筹,逐步实现常住地救助申请。积极发展服务类社会救助,推进政府购买社会救助服务。发挥好红十字会人道救助重要作用。引导和支持社会工作专业力量开展社会救济、社会互助和志愿服务活动,探索开展“时间银行”等志愿活动。促进慈善事业发展。

第四节 完善住房保障体系

坚持“房子是用来住的、不是用来炒的”定位。建立健全房地产市场调控机制,因城施策、分类指导,确保商品住房供需总体平衡,稳定房地产市场预期。构建以保障性租赁住房和共有产权住房为主体的保障性住房体系,促进保障对象从以城镇户籍家庭为主转向覆盖城镇常住人口,保障方式从以政府投入为主转向政府政策支持、吸引社会力量投入。完善公租房货币化补贴政策。促进专业化、机构化租赁企业发展,积极推广政府购买公租房运营管理服务。完善长租房政策,逐步使租购住房在享受公共服务上有同等权利,规范发展长租房市场。单列租赁住房用地计划,探索支持利用集体建设用地和企事业单位自有闲置土地按照规划建设租赁住房。

第五节 健全退役军人工作体系和保障制度

落实退役军人保障法律法规,全面推广实施“尊崇工作法”,健全退役军人事务管理工作机制和政策制度体系。深化退役军人安置制度改革,加大教育培训和就业创业扶持力度,拓展就业领域,提升就业安置质量。建立健全新型待遇保障体系,完善和落实优待政策,合理提高退役军人和其他优抚对象待遇标准,做好随调配偶子女工作安排、落户和教育等工作。完善伤病残退役军人移交安置、收治休养制度。加强退役军人保险制度衔接。构建“大双拥”工作格局,开展双拥模范城创建活动。大力弘扬英烈精神,加强烈士纪念设施建设和管护。

第二章 保障妇女等群体基本权益

坚持男女平等基本国策,坚持儿童优先发展,提升青少年关爱服务水平,提高残疾人发展能力,切实保障妇女、儿童、青少年、残疾人等重点人群发展权利和机会。

第一节 促进妇女全面发展

持续改善促进男女平等、妇女全面发展的制度机制,切实保障妇女平等获得就学、就业、财产和参与经济社会发展等权利。保障妇女享有卫生健康服务,完善宫颈癌、乳腺癌综合防治体系。保障妇女享有受教育权利,持续提高受教育年限和综合能力素质。保障妇女平等享有经济权益,消除就业性别歧视,依法享有产假和生育津贴,保障农村妇女土地权益。保障妇女平等享有政治权利,推动妇女广泛参与社会事务和民主管理。提高留守妇女关爱服务水平,严厉打击侵害妇女和女童人身权利的违法犯罪行为。

第二节 提升儿童关爱服务水平

健全保障儿童权利的地方法规政策体系,优化儿童发展环境,切实保障儿童生存权、发展权、受保护权和参与权。推进城乡儿童享有更加均等和优质的基本公共服务,提升农村儿童健康服务体系和水平。完善儿童健康服务体系,预防和控制儿童疾病,有效控制儿童肥胖和近视。保障儿童公平受教育权利,加强儿童心理健康教育和服务。加强困境儿童分类保障,完善农村留守儿童关爱服务体系。健全孤儿福利保障制度,完善艾滋病病毒感染儿童、事实无人抚养儿童救助机制。严格规范儿童收养制度。

第三节 推动青少年健康发展

促进青少年全面发展,为青少年提供课余托管、兴趣发展、毕业求职、创新创业、社会融入等服务。完善未成年人监护制度和司法保护制度,加强学校及周边社会治安综合治理,严厉打击侵害未成年人权益的违法犯罪行为。加强青少年心理健康指导,开展青少年生命教育和挫折教育,有效预防青少年犯罪。实行特殊家庭青少年成长关爱行动。推进青少年活动中心等综合服务平台建设。动员青少年广泛参与志愿服务和社会公益活动。加强关心下一代工作,持续推进“一对一”结对帮扶帮教活动。

第四节 提高残疾人发展能力

完善残疾人帮扶制度,帮助残疾人普遍参加基本医疗和基本养老保险,健全困难残疾人生活补贴和重度残疾人护理补贴标准动态调整机制。完善残疾人就业创业支持体系,加强残疾人劳动权益保障,优先为残疾人提供职业技能培训。推进适龄残疾儿童和少年教育全覆盖,提升特殊教育质量。加快发展残疾人照护和托养服务,提升县域残疾人综合服务能力。优化残疾人康复服务,促进康复服务市场化发展,提高康复辅助器具适配率。加强残疾人服务设施和无障碍环境建设,支持困难残疾人家庭无障碍设施改造。

第四章 构建社会治理新格局

健全党组织领导的自治、法治、德治相结合的城乡治理体系,建设人人有责、人人尽责、人人享有的社会治理共同体。

第一节 完善社会治理体系

健全以基层党组织为核心、村(居)委会为主导、人民群众为主体的新型基层社会治理体系。完善基层民主协商制度,拓宽群众参与基层社会治理的制度化渠道。畅通和规范市场主体、新社会阶层、社会工作者和志愿者等参与社会治理的途径,发挥群团组织和社会组织在社会治理中的作用,发挥行业协会商会自律功能。加强基层群众性自治组织规范化建设,推进和规范住宅小区业主大会、业主委员会、物业监督委员会等组织建设。健全以职工代表大会为基本形式的企事业单位民主管理制度。深化基层平安创建活动,广泛开展平安江西志愿者行动。

第二节 创新社会治理方式

加强城乡社区治理和服务体系建设,推动社会治理重心下移、力量下沉、政策下倾,向基层放权赋能,减轻基层特别是村级组织负担。全面推进综治中心实体化建设,推行等级化评定、组团式服务,打造全省统一、多网合一的社会治理网格,推动养老托育、卫生健康、家政服务场景精准对接和有机集成。建设网格化管理、精细化服务、信息化支撑、开放共享的基层管理综合服务平台。加强和创新市域社会治理,扎实推进市域社会治理现代化试点,推动乡镇(街道)社会工作服务实现全覆盖。健全社区工作者职业发展体系,加强基层社会治理队伍建设。

第十四篇 建设更高水平的平安江西

坚持总体国家安全观,实施国家安全战略,切实把安全发展贯穿于全省发展各领域和全过程,防范和化解影响现代化进程的各种风险,确保人民安居乐业、社会安定有序。

第一章 筑牢安全发展底线

统筹发展和安全,坚持预防预备与应急处突相结合,建立健全经济社会重大风险研判、防控协同、防范化解机制,提高重点领域防范抵御安全风险能力,守住不发生系统性风险底线。

第一节 加强地方国家安全体系和能力建设

坚决维护集中统一、高效权威的国家安全领导体制,健全完善贯彻落实总体国家安全观的地方工作体系和制度体系。强化“大安全”工作格局,进一步完善重点领域国家安全工作协调机制和专项工作机制。落实国家安全审查和监管制度,加强国家安全执法。推进国家安全宣传教育常态化长效化,增强全省人民国家安全意识,巩固国家安全人民防线。坚定维护国家政权安全、制度安全、意识形态安全,全面加强网络安全、信息安全、数据安全保障体系和能力建设。严密防范和严厉打击敌对势力渗透、破坏、颠覆、分裂活动。

第二节 维护经济安全

加强经济安全风险预警、防控机制和能力建设,实现重要产业、基础设施、战略资源等关键领域安全可控。实施产业竞争力调查和评价工程,增强产业体系抗冲击能力。实施重要农产品保障工程,稳定粮食种植面积和粮食产量,保障稻谷、生猪、蔬菜、油料等重要农产品的有效安全供给。健全重要民生商品价格调控机制,保障市场供应和价格总体稳定。开展粮食节约行动,提升收储调控能力,筑牢粮食安全底线。坚持“内优外引”,增强能源保供能力。切实保障战略性矿产资源安全,发挥好稀土等战略资源特殊价值。完善责任体系,维护水利、电力、供水、油气、交通、通信、网络、金融等重要基础设施安全。坚持遏制增量与化解存量并举,严控地方政府债务风险。完善现代金融监管体系,加强对地方金融组织监管,积极防范化解股票质押、债券违约、私募基金等风险,持续整治互联网金融风险,坚决打击非法集资等违法违规金融活动。落实国家涉外经济安全部署。

第三节 保障人民生命安全

健全完善安全生产责任和管理制度,加快建立公共安全风险排查和隐患治理体系。强化企业主体责任落实,加强危险化学品、烟花爆竹、矿山、建筑施工、交通、消防等重点领域安全生产监管执法,有效遏制重特大公共安全事故。强化生物安全保障,提高食品药品等关系人民健康产品和服务的安全监管水平,强化疫苗等高风险品种监管。建立高效科学的自然灾害防治体系,提升洪涝干旱、森林火灾、地质灾害、气象灾害、地震等自然灾害防御工程标准,推进防灾抗灾重大基础设施建设。完善应急管理体制机制,强化应急管理基础和应急救援队伍建设。加快构建政府、企业、第三方等多方联动的应急物资保障体系,合理确定省级储备和市县级储备、政府储备和企业储备、实物储备和产能储备规模,完善物资储备、动用应急预案。发展巨灾保险。

第二章 维护社会和谐稳定

正确处理新形势下人民内部矛盾,完善社会矛盾综合治理机制和社会治安综合治理体制机制。

第一节 健全社会矛盾综合治理机制

坚持和发展新时代“枫桥经验”,畅通和规范群众诉求表达、利益协调、权益保障通道。完善信访制度,严格落实领导干部接访下访包案化解信访矛盾制度,加强信访工作与调解、仲裁、行政裁决、行政复议、诉讼等衔接配合,深化一站式多元解纷和诉讼服务体系建设。完善各类矛盾纠纷调解联动工作体系,落实分类归口工作原则,构建源头防控、排查梳理、纠纷化解、应急处置的社会矛盾综合治理机制。健全社会心理服务体系和危机干预机制。全面落实重大决策社会稳定风险评估制度。加强市县两级行业性、专业性社会矛盾调解平台建设。建立农村土地承包经营纠纷调解仲裁体系，完善"民转刑"案件预防机制，健全人民调解、行政调解、司法调解等多元化解纠纷联动工作体系。

第二节　推进社会治安防控体系现代化

坚持专群结合、群防群治，加强社会治安防控体系建设。健全实有人口和特殊人群服务管理制度，推进严重不良行为青少年专门学校建设。强化"雪亮工程"建设和深度应用，着力提升农村地区覆盖面，推进智慧平安小区和智能安防建设。建立健全突出违法犯罪和治安问题专项打击整治机制，推进扫黑除恶常治长效，坚决防范和打击暴力恐怖、黑恶势力、新型网络犯罪和跨国犯罪等各类违法犯罪。

第十五篇　推进社会主义民主政治建设江西实践

坚定不移走中国特色社会主义政治发展道路，保证人民通过各种途径和形式管理国家事务，管理经济文化事业，管理社会事务，巩固和发展生动活泼、安定团结的政治局面。

第一章　推进社会主义政治建设

坚持人民主体地位，健全民主制度，丰富民主形式，拓宽民主渠道，依法实行民主选举、民主协商、民主决策、民主管理、民主监督，使各方面更好体现人民意志、保障人民权益、激发人民创造。

第一节　坚持和完善人民代表大会制度

支持和保证人大及其常委会依法行使职权。健全人大对"一府一委两院"监督制度，完善人大常委会听取审议专项工作报告制度，改进执法检查、专题询问、专项工作评议组织方式，探索运用质询、特定问题调查等监督方式。优化代表结构，适当增加基层人大代表和专业人才数量。落实我省加强新时代人大工作的意见，健全人大组织制度、选举制度和议事规则，完善论证、评估、评议、听证制度，加强各级人大及其常委会建设。

第二节　落实中国共产党领导的

多党合作和政治协商制度发挥社会主义协商民主独特优势，统筹推进政党协商、人大协商、政府协商、政协协商、人民团体协商、基层协商以及社会组织协商，构建程序合理、环节完整的协商民主体系。推进政治协商、民主监督、参政议政制度建设，提高建言咨政和凝聚共识水平。健全各民主党派、工商联和无党派人士直接向地方党委提出建议的"直通车"制度。健全发扬民主和增进团结相互贯通、建言资政和凝聚共识双向发力的程序机制。优化界别设置，扩大团结面。完善协商于决策之前和决策实施之中的落实机制，健全协商成果采纳和反馈机制。

第三节　巩固和发展最广泛的爱国统一战线

完善大统战工作格局，促进政党关系、民族关系、宗教关系、阶层关系、海内外同胞关系和谐，巩固和发展大团结大联合局面。全面贯彻党的民族政策，铸牢中华民族共同体意识，深入持久开展民族团结进步创建，健全城市少数民族群众服务管理机制，支持和帮助民族乡、村加快发展。全面贯彻党的宗教工作基本方针，依法管理宗教事务，发挥好宗教工作县乡村三级网络、乡村两级责任制作用。健全党外代表人士队伍建设制度。切实做好港澳台统战工作、海外统战工作及侨务工作，充分发挥工会、共青团、妇联等人民团体桥梁纽带作用。

第四节　服从服务国防建设、"一国两制"、祖国统一和外交大局

深入贯彻习近平强军思想，坚决维护军委主席负责制，落实党管武装、党委议军制度，主动对接军队改革建设需求，积极做好服务保障，坚定不移推进经济建设与国防建设协调发展。完善国防动员体系，加强全民国防教育，深化双拥共建，巩固军政军民团结。深入贯彻"一国两制"方针，深化与香港、澳门交流合作，实现互利共赢、共同发展。坚决服务两岸关系和平发展和祖国统一，加强赣台交流合作，高度警惕和坚决遏制"台独"分裂活动。主动服务国家总体外交大局，提高外事工作能力和水平。

第五节　健全党和国家监督体系

完善党内监督体系，落实各级党组织监督责任，保障党员监督权利。重点加强对"关键少数"、各级主要领导干部的监督，完善领导班子内部监督制度。推进政治监督具体化常态化，健全巡视巡察上下联动机制，完善巡视巡察整改、督察落实情况报告制度。深化纪检监察体制改革，完善纪检监察权力运行机制和管理监督制约体系。完善派驻监督体制机制，提高派驻监督全覆盖质量。推进纪律监督、监察监督、派驻监督、巡视监督统筹衔接，落实人大监督、民主监督、行政监督、司法监督、群众监督、舆论监督制度，发挥审计监督、统计监督职能作用。

第二章　加快推进法治江西建设

深入贯彻习近平法治思想，坚持依法治省、依法执政、依法行政共同推进，法治江西、法治政府、法治社会一体建设，健全完善党内法规，全面推进科学立法、严格执法、公正司法、全民守法。

第一节　完善地方立法体制机制

坚持科学立法、民主立法、依法立法，完善党委领导、人大主导、政府依托、各方参与的立法工作格局。完善人大在立法中发挥主导作用的体制机制，健全立法起草、论证、协调、审议机制。加强立法协商，完善公众有序参与机制。完善地方立法规划计划，推进党内法规制度建设，加强全面深化改革、推动经济发展、实施乡村振兴、完善社会治理、保障人民生活、优化生态环境等领域的立法。坚持立改废释并举，及时修改、废止不适应改革发展要求的地方性法规。加强地方特色立法。

第二节　促进严格执法和公正司法

坚持把严格执法放在首位，健全公正文明执法机制，规范执法自由裁量权，加大食品药品、环境保护、公共交通、互联网等重点领域的执法力度。加大对严重违法行为处罚力度，实行惩罚性赔偿制度。深化行政执法体制改革，推进综合执法，推动执法重心下移。深化司法体制综合配套改革，

全面落实司法责任制,加强司法制约监督,规范权力运行,提高司法质量效率和公信力。深化以审判为中心的刑事诉讼制度改革。贯彻宽严相济、罚当其罪原则,正确有效实施认罪认罚从宽制度。

第三节 加强对法律实施的监督

建立健全与执法司法权运行机制相适应的制约监督体系。严格落实执法司法办案责任制、错案追究制等制度,坚决排除各种非法干预。加大法律监督力度,加强行政执法监督,充分发挥检察机关法律监督职能,加强刑事检察、民事检察、行政检察监督。健全公益诉讼工作机制,拓宽公益诉讼案件范围。

第四节 推进普法守法

落实"谁执法谁普法"普法责任制,加强青少年法治教育,广泛开展民法典等普法工作。完善公共法律服务体系,扩大法律顾问制度覆盖面。督促各级党和国家机关以及领导干部带头尊法学法守法用法,提高运用法治思维和法治方式深化改革、推动发展、化解矛盾、维护稳定、应对风险的能力。

第十六篇 强化规划实施保障

坚持党的全面领导,发挥发展规划的战略导向作用,健全实施机制,强化政策协同,为谱写全面建设社会主义现代国家江西篇章提供坚实保障。

第一章 加强党对经济社会发展的领导

贯彻党把方向、谋大局、定政策、促改革的要求,增强"四个意识"、坚定"四个自信"、做到"两个维护",完善上下贯通、执行有力的组织体系,确保党中央决策部署在江西有效落实。

第一节 坚持和完善党领导

经济社会发展的体制机制加强党领导经济社会工作制度化建设。健全决策机制和协调机制,完善党委研究经济社会发展战略、研究重大方针政策的工作机制,切实提升决策科学化水平。全面贯彻新时代党的组织路线,加强干部队伍建设,落实好干部标准,提高各级领导班子和干部适应新时代新要求抓改革、促发展、保稳定水平和专业化能力。完善容错纠错机制,加强对敢担当善作为干部的激励保护,激发干部干事创业热情。坚持党管人才原则,完善人才工作,培养造就大批德才兼备的高素质人才。

第二节 落实全面从严治党制度

全面加强新时代党的建设,落实全面从严治党主体责任、监督责任。以党的政治建设为统领,全面推进党的各方面建设,不断提高党的建设质量和水平。落实"不忘初心、牢记使命"长效机制,走好新时代长征路。以基层党建标准化、规范化、信息化建设为抓手,全面加强党的基层组织建设。把严的主基调长期坚持下去,锲而不舍落实中央八项规定精神,驰而不息纠治形式主义、官僚主义,深入整治"怕、慢、假、庸、散"作风顽疾,切实为基层减负。坚持无禁区、全覆盖、零容忍,一体推进不敢腐、不能腐、不想腐,持续整治群众身边的腐败和不正之风问题,营造风清气正的良好政治生态。

第二章 努力形成规划实施合力

强化规划对经济社会发展的统领作用,充分发挥市场在资源配置中的决定性作用,更好发挥政府作用,健全实施机制,加强政策协同,凝聚起推动规划顺利实施的强大力量。

第一节 健全规划实施机制

健全以发展规划为统领,空间规划为基础,专项规划、区域规划为支撑的省市县三级规划体系。加强发展规划与各类规划、中长期规划与年度计划衔接协调,推动发展规划落地落实。

本规划确定的约束性指标以及重大工程、重大项目、重大政策和重要改革任务,要明确责任主体、实施进度要求,分解落实到年度计划中,并纳入各地、各部门经济社会发展综合评价和绩效考核体系。纳入本规划的重大工程项目,要简化审批核准程序,优先保障规划选址、土地供应和融资安排。

加强规划实施情况动态监测,开展规划实施年度监测、中期评估和总结评估,中期评估和总结评估报告提请省人民代表大会常务委员会审议。适时对规划进行修订调整,由省人民政府提出方案报省人民代表大会常务委员会批准。发挥审计机关推动规划落实的作用。

第二节 强化规划实施政策保障

坚持规划定方向、财政作保障、金融为支撑,就业、产业、投资、消费、区域等政策相协调,发挥政策协调和工作协同机制作用,强化各类政策对发展规划实施的保障作用。加强财政预算与规划实施的衔接协调,合理安排支出规模和结构。在防范化解风险前提下,积极引导金融要素资源配置方向和结构。适应产业发展和结构调整,突出功能性,强化普惠公平,完善市场机制和利益导向机制,充分发挥市场配置资源的决定性作用。围绕空间格局优化,促进形成要素有序自由流动、主体功能约束有效、基本公共服务均等、资源环境可承载的区域协调发展格局。重大生产力布局和土地、人口、环境、社会等公共政策的制定,应当服从和服务于发展规划,强化政策间协调配合,形成政策合力。

第三节 动员全社会参与规划实施

本规划提出的预期性指标和产业发展等任务,主要依靠市场主体的自主行为实现。要激发全省人民参与规划实施、建设美好家园的主人翁意识,充分发挥各级政府、社会各界参与规划实施的积极性、主动性和创造性,尊重基层首创精神,最大限度地汇聚人民群众的力量和智慧,形成群策群力、共建共享的生动局面。

实现"十四五"规划和二〇三五年远景目标,责任重大、使命光荣。全省上下要更加紧密地团结在以习近平同志为核心的党中央周围,同心同德促发展,凝心聚力抓落实,在加快革命老区高质量发展上作示范、在推动中部地区崛起上勇争先,为谱写全面建设社会主义现代化国家江西篇章而不懈奋斗!

江西省人民政府印发关于减税减费减租减息减支 32 条政策措施的通知

2021 年 4 月 20 日

各市、县(区)人民政府,省政府各部门:

现将《关于减税减费减租减息减支 32 条政策措施》印发给你们,请结合实际认真贯彻执行。

关于减税减费减租减息减支 32 条政策措施

为巩固拓展疫情防控和经济社会发展成果,扎实做好"六稳"工作、全面落实"六保"任务,加大实体经济帮扶力度,持续推进减税减费减租减息减支,充分激发市场主体活力,特制定以下政策措施。

1. 自 2021 年 4 月 1 日起至 2022 年 12 月 31 日,将小微企业、个体工商户等小规模纳税人增值税起征点,由现行月销售额 10 万元提高到 15 万元。(责任单位:省税务局)

2. 自 2021 年 1 月 1 日起至 2022 年 12 月 31 日,对小微企业和个体工商户年应纳税所得额不到 100 万元部分,在现行优惠政策基础上,再减半征收所得税。(责任单位:省税务局)

3. 自 2021 年 1 月 1 日起,延续执行企业研发费用加计扣除 75%政策,将制造业企业研发费用加计扣除比例由 75%提高至 100%。(责任单位:省税务局)

4. 自 2021 年 4 月 1 日起,将运输设备、电气机械、仪器仪表、医药、化学纤维等制造业企业纳入先进制造业企业增值税留抵退税政策范围,实行按月全额退还增值税增量留抵税额。(责任单位:省税务局)

5. 延长支持新冠肺炎疫情防控、动漫产业、公共租赁住房、农村饮水安全工程等税费优惠政策执行期限。(责任单位:省税务局)

6. 对小微企业 2021 年全年的工会经费,实行先征收后全额返还支持政策。(责任单位:省总工会、省税务局)

7. 在 2020 年中小企业宽带和专线平均资费降低 15%的基础上,2021 年资费再降低 10%。坚决整治商务楼宇宽带垄断接入、强行加价等行为,确保终端用户享受到提速降费的实惠。(责任单位:省通信管理局、中国电信江西公司、中国移动江西公司、中国联通江西省分公司、省市场监管局)

8. 延长阶段性降低失业和工伤保险费率政策至 2022 年 4 月 30 日。持续实施失业保险普惠性稳岗返还政策。(责任单位:省人力资源社会保障厅、省财政厅、省税务局)

9. 实施职业技能提升行动,积极落实以工代训补贴政策,根据以工代训人数,对符合条件的中小微企业给予 600 元(人·月)的补贴,补贴最长不超过 6 个月。(责任单位:省人力资源社会保障厅、省财政厅)

10. 落实统一规范的职工基本医疗保险和大病保险制度,完善全省职工医保政策,积极稳妥制定过渡期政策,确保待遇平稳衔接,通过统一缴费基数和费率等方式减轻用人单位负担。(责任单位:省医保局、省财政厅)

11. 对承租国有房屋(包括国有企业和政府部门、高校、研究院所等行政事业单位房屋)从事生产经营活动的服务业小微企业和个体工商户,免除 2021 年上半年 1 个月租金,政策申请截至 2021 年 8 月 31 日。鼓励自有物业的大型商业企业适当减免经营困难的承租经营户租金。[责任单位:省国资委、省财政厅、省住房城乡建设厅、省管局、省商务厅,各市、县(区)人民政府,赣江新区管委会]

12. 引导金融机构增加制造业、民营企业和外资企业中长期融资。继续深化贷款市场报价利率(LPR)改革,巩固贷款实际利率下降成果。(责任单位:人行南昌中心支行、江西银保监局)

13. 推动大型商业银行普惠小微企业贷款增长 30%以上,综合融资成本稳中有降。继续稳步扩大小微企业信用贷款、首贷户、无还本续贷占比,并对受新冠肺炎疫情持续影响行业企业给予定向支持。(责任单位:江西银保监局、人行南昌中心支行、省金融监管局)

14. 用好用足直达货币政策工具,将普惠小微企业贷款延期还本付息政策和信用贷款支持计划进一步延至 2021 年 12 月 31 日,加大对个体工商户的支持,做到法人银行机构办理延期贷款比例、信用贷款比例保持稳定。(责任单位:人行南昌中心支行、江西银保监局)

15. 鼓励和推动金融机构创新线上融资服务,运用好"财园信贷通""财政惠农信贷通"等财政信贷产品,推广"银税互动""信易贷""科贷通""文企贷""文旅贷"等新型融资产品,提升市场主体融资便利度和申贷获得率。(责任单位:省金融监管局、江西银保监局、人行南昌中心支行、省财政厅、省农业农村厅、省税务局、省发展改革委、省科技厅、省委宣传部、省文化和旅游厅)

16. 加大小微企业创业担保贷款贴息力度,2021 年贴息利率比 2020 年可提高 50%以上,探索开展创业担保贷款授信年度内循环贷模式。(责任单位:省人力资源社会保障厅、省财政厅、人行南昌中心支行)

17. 延长小微企业融资担保降费奖补政策,完善贷款风险分担补偿机制。扩大政府性融资担保覆盖面,提升政府性融资担保体系联动效能,推动银行机构风险分担下沉至市县分支机构。(责任单位:省金融监管局、江西银保监局、人行南昌中心支行、省财政厅、省工业和信息化厅)

18. 实施企业上市"映山红行动"升级计划,2021 年新增上市公司 10 家左右,并对符合条件的新上市公司给予奖励。(责任单位:省金融监管局、江西证监局、省工业和信息化厅、省国资委、省财政厅)

19. 支持节能环保、污染防治、资源节约和循环利用等领域企业发行绿色债券。支持符合条件的企业和金融机构开展境外发债、国际商业贷款等境外融资业务。(责任单位:省发展改革委、江西证监局、人行南昌中心支行、省金融监管局)

20. 鼓励民营企业利用自有工业用地发展新产业新业态并进行研发创新,根据相关规划及有关规定允许增加容积率的,不增收土地价款等费用。民营企业退出原使用土地的,市县政府应支持依法依约转让土地,并保障其合法土地权益;易地发展并符合相关规定的,可以协议出让方式重新安排工业用地。允许中小民营企业联合参与工业用地招拍挂,宗地投资开发建设达到转让条件,符合出让合同约定,经市县政府有关部门批准,可按规定进行宗地分割。(责任单位:省自然资源厅)

21. 持续扩大实体企业参与电力市场化交易范围,争取 2021 年全省市场化交易电量规模达到 650 亿千瓦时。进一步清理转供电环节等用电不合理加价,推动降低一般工商业电价。(责任单位:省发展改革委、省市场监管局、国网江西省电力公司、江西电力交易中心有限公司)

22. 落实交通运输部关于执行新冠病毒疫苗货物运输任务的车辆免收收费公路车辆通行费政策,有效期暂定至 2021 年 12 月 31 日。调整我省收费高速公路差异化收费政策,对当日 18 点至次日凌晨 6 点通行于泰井、广吉路吉安支线、铜万、井睦、祁浮、抚州东外环、昌宁路南昌连接线、船广 8 条高速公路且使用 ETC 缴费的合法装载货车实行通行费 8.5 折优惠。(责任单位:省交通运输厅)

23. 在保持 2020 年 142 项铁路运价优惠政策不变的基础上,新增 15 项运价优惠政策,2021 年实现铁路运输物流成本降低 7 亿元以上。(责任单位:南昌铁路局)

24. 深入推进口岸"三同"试点,大力开展铁海联运、水水联运、赣欧班列等国际物流通道建设,不断降低物流成本、提升物流时效。进一步优化通关流程、精简监管证件,逐步实现通关无纸化、信息化。降低守法合规企业和低风险商品通关查验率。减并港口收费,进一步降低口岸作业成本。(责任单位:省商务厅、省财政厅、省发展改革委、省交通运输厅、南昌铁路局、南昌海关、有关设区市政府)

25. 引导外卖、网约车、电子商务等平台企业合理降低中小商户经营抽成、佣金等服务费用,用技术赋能促进平台内经营者降本增效。(责任单位:省交通运输厅、省商务厅、省委网信办)

26. 加大平台经济等领域反垄断和反不正当竞争的执法和司法力度。依法查处互联网领域滥用市场支配地位限制交易、不正当竞争等违法行为。严禁平台单边签订排他性服务提供合同。规范平台和平台内经营者价格标示、价格促销等行为。(责任单位:省市场监管局、省法院)

27. 全面推广电子印章应用,出台电子印章管理办法,免费为企业制作和使用电子印章。[责任单位:省政务服务办、省财政厅、省发展改革委、省公安厅,各市、县(区)人民政府,赣江新区管委会]

28. 进一步提升江西省网上中介服务超市平台功能,吸引省内外优质中介服务机构入驻,加快培育公平高效、规范透明的中介服务市场,鼓励引导企业通过中介超市选取中介服务,以良性竞争降低中介服务成本、提升服务质量。(责任单位:省政务服务办)

29. 在公共资源交易、工程项目建设等领域推广以电子保函等非现金形式缴纳涉企保证金,积极推广"不见面开标"和"远程异地评标",降低企业交易成本。(责任单位:省发展改革委、省住房城乡建设厅、省财政厅、省交通运输厅、省水利厅)

30. 大力推行"双随机、一公开"执法监管,严格落实检查实施清单之外无检查,开展跨部门综合执法、联动执法,实行"进一次门、查多项事"。抓紧出台执法人员未持"双随机、一公开"任务通知书不得擅自对市场主体进行检查的规定。(责任单位:省司法厅、省市场监管局、省应急厅、省消防救援总队等)

31. 出台市场监管领域轻微违法违规经营行为"免罚清单"。实施《税务行政处罚"首违不罚"事项清单》。(责任单位:省市场监管局、省税务局)

32. 加快整合各类涉企政务服务平台、热线,建立健全企业问题化解快速反应机制,实现资源共享、力量协同、处理迅速。完善企业"白名单"帮扶制度,大力开展结对帮扶,切实解决企业发展中的实际困难。(责任单位:省发展改革委、省政务服务办、省工业和信息化厅、省工商联、省企联、省金融监管局)

本类目编辑 詹跃华

统 计 资 料

国民经济和社会发展主要指标

指 标	2020 年	2021 年
人口(万人)		
年末总人口	4519.45	4517.40
男性人口	2332.15	2335.21
女性人口	2187.29	2182.19
城镇人口	2731.41	2776.40
乡村人口	1788.03	1741.01
就业(万人)		
年末社会就业人数	2264.0	2242.0
职工人数	412.3	411.2
年末城镇登记失业人数	29.93	29.92
地区生产总值(亿元)	25781.95	29619.67
第一产业	2243.79	2334.29
第二产业	11107.92	13183.21
第三产业	12430.24	14102.17
人均生产总值(元)	57069	65553
固定资产投资(亿元)		
全社会固定资产投资总额		
固定资产投资		
房地产开发投资		
财政(亿元)		
财政总收入	4048.36	
一般公共预算收入	2507.54	2812.23
一般公共预算支出	6674.08	6778.87
能源生产与消费(万吨标准煤)		
能源生产总量	1255.41	1404.36

续表 1

指　标	2020 年	2021 年
能源消费总量	9808.58	10345.50
价格指数(上年=100)		
居民消费价格指数	102.6	100.9
商品零售价格指数	101.6	101.2
工业生产者出厂价格指数	98.3	110.5
工业生产者购进价格指数	97.0	112.3
人民生活		
城镇非私营单位职工平均工资(元)	80503	86116
城镇住户人均年可支配收入(元)	38556	41684
农村住户人均年可支配收入(元)	16981	18684
人民币住户存款年末余额(亿元)	22741.11	
城镇住户人均住宅建筑面积(平方米)	50.47	51.59
农村居民人均住房面积(平方米)	64.64	69.37
城市建设、环境保护		
天然气供气量(万立方米)	194417	
液化石油气供气量(吨)	212089	
道路长度(千米)	12656	
排水管道长度(千米)	20023	
公共车辆(汽、电车)运营数(辆)	15401	
绿化覆盖面积(公顷)	84260	
一般工业固体废物综合利用量(万吨)	5497.56	
一般工业固体废物综合利用率(%)	44.98	
农业		
农业总产值(亿元)	3820.74	3998.09
主要农产品产量		
粮食(万吨)	2163.9	2192.3
棉花(万吨)	5.29	1.72
油料折油(万吨)	48.32	56.15
油料(万吨)	122.70	130.91
黄红麻(吨)	38	22

注:1.职工人数为在岗职工人数,含劳务派遣人员。

2.固定资产投资项目统计起点为计划投资 500 万元及以上。

3.城乡居民调查指标为可支配收入指标。

续表 2

指　标	2020 年	2021 年
烟叶(万吨)	2.68	2.59
茶叶(吨)	71603	73839
蚕茧(吨)	6511	1180
甘蔗(万吨)	61.18	60.68
水果(万吨)	493.21	518.36
肉类总产量(万吨)	285.17	344.96
水产品(万吨)	262.69	269.51
生猪年末存栏(万头)	1569.85	1683.23
生猪当年出栏(万头)	2218.28	2910.38
工业		
主要工业产品产量		
化学纤维(万吨)	86.90	107.66
布(混合数)(万米)	77103	95519
机制纸及纸板(万吨)	291.06	280.24
卷烟(亿支)	630.71	642.05
原煤产量(万吨)	281.23	213.42
原油加工量(万吨)	701.88	666.66
发电量(亿千瓦时)	1320.58	1425.20
粗钢 (万吨)	2682.07	2710.96
钢材 (万吨)	3093.92	3480.92
水泥(万吨)	9769.74	10130.68
汽车(万辆)	45.13	43.60
照相机(万架)	30.66	31.95
化学肥料(折合 100%)(万吨)	19.63	97.45
化学农药(原药)(吨)	13553	85862
规模以上工业企业主要指标(亿元)		
工业增加值		
资产总计	28392.14	30357.93
营业收入	37909.17	43976.73
建筑业(资级企业)		
建筑业企业人数(万人)	164.97	164.48

注:1.工业产品产量为规模以上产量。
　2.公路通车里程包括村道。

续表 3

指　标	2020 年	2021 年
建筑业总产值(亿元)	8649.16	9762.95
施工房屋面积(万平方米)	34235.47	35525.62
竣工房屋面积(万平方米)	13911.91	14475.20
交通运输业		
铁路营业里程(千米)	4546	4822
公路通车里程(千米)	210642	211101
货物周转量(亿吨公里)	4010.79	4881.90
铁路(亿吨公里)	497.30	567.55
公路(亿吨公里)	3247.09	3960.11
水运(亿吨公里)	266.40	354.24
旅客周转量(亿人公里)	631.35	603.91
铁路(亿人公里)	450.29	505.96
公路(亿人公里)	180.89	97.71
水运(亿人公里)	0.18	0.24
邮电通信业		
邮电业务总量(亿元)	3851.14	626.74
函件(万件)	1184	745
移动电话用户(万户)	4249.4	4496.8
固定电话用户(万户)	482.4	474.0
计算机互联网用户(万户)	1510.5	1700.2
内外贸易和旅游		
社会消费品零售总额(亿元)	10371.77	
海关进出口总额(万美元)	5802584	
出口额	4205576	
进口额	1597008	
外商直接投资合同金额(万美元)	1232489	
外商直接投资实际使用金额(万美元)	1460221	
旅游总收入(亿元)	5422.70	
入境旅游人数(人次)	129658	
旅游收汇收入(万美元)	3739	
金融业(亿元)		
金融机构人民币存款余额	43608.17	47455.70
金融机构人民币贷款余额	41409.15	46920.70

续表 4

指　标	2020 年	2021 年
教育、文化、卫生		
高等学校在校学生数(人)	1293235	1407671
中等专业学校在校学生数(人)	292767	
普通中学在校学生数(万人)	330.87	332.28
小学在校学生数(万人)	406.31	395.79
报纸出版数量(万份)	75566	72876
期刊出版数量(万册)	7959	7875
图书出版数量(万册)	27050	26539
卫生机构数(个)	36716	36764
卫生技术人员(人)	286089	305670
医生	104897	111394
病床数(张)	285797	307292

注:1.邮电业务总量按 2010 年不变价格计算。
2.卫生机构数包括个体机构。
3.互联网用户口径为宽带用户数。

国民经济主要比例关系

单位:%

指　标	2020 年	2021 年
地区生产总值		
第一产业	8.7	7.9
第二产业	43.1	44.5
工业	34.9	36.4
建筑业	8.2	8.2
第三产业	48.2	47.6
交通运输邮电业	4.0	4.1
批零贸易和住宿餐饮业	10.1	10.3
金融业	6.9	6.7
全省总人口		
城镇人口	60.4	61.5
乡村人口	39.6	38.5
社会就业人员		
第一产业	20.1	18.9

续表

指　标	2020 年	2021 年
第二产业	33.9	34.5
第三产业	46.0	46.6
农业总产值		
农业	44.2	44.9
林业	9.6	10.0
牧业	29.5	26.3
渔业	12.4	13.7
服务业	4.3	5.1
全社会固定资产投资		
第一产业	2.4	1.9
第二产业	48.6	50.8
第三产业	49.0	47.3
财政支出		
一般公共服务	8.4	8.0
教育	18.3	18.4
科学技术	2.9	3.1
社会保障和就业	13.0	13.2
卫生健康	9.6	9.5

主要指标每人年平均水平

指　标	2020 年	2021 年
地区生产总值(元)	57069	65553
第一产业	4967	5166
第二产业	24588	29177
第三产业	27515	31210
财政总收入(元)	8961	
年末居民储蓄存款余额(元)	50318	
主要农产品产量(千克)		
粮食	478.98	485.20
棉花	1.17	0.38
油料折油	10.69	12.43
甘蔗	13.54	13.43

续表

指　标	2020 年	2021 年
水果	109.17	114.72
肉类总产量	63.12	76.34
水产品	58.15	59.65
主要工业产品产量		
化学纤维(千克)	24.66	238.26
布(混合数)(米)	17.07	21.14
机制纸及纸板(千克)	64.43	62.02
原煤(千克)	62.25	47.23
原油加工量(千克)	155.36	147.54
发电量(千瓦小时)	2923.13	3154.20
粗钢(千克)	593.68	599.98
钢材(千克)	684.85	770.38
水泥(千克)	2162.55	2242.08
化学肥料(千克)	4.34	21.57
化学农药(千克)	3.00	19.00
主要消费品消费量		
农村居民食品消费量(千克)		
粮食	178.21	193.12
植物油	15.15	15.09
猪牛羊肉	24.04	31.69
蛋类及蛋制品	9.29	12.14
水产品	13.33	16.75
城镇居民消费量(千克)		
粮食	130.85	156.9
油脂类	15.60	15.3
肉类	33.85	41.2
禽类	13.27	13.7
蛋类及蛋制品	9.71	10.4
水产品	17.90	19.9

地区生产总值

（按当年价格计算）

单位:亿元

年份	地区生产总值	第一产业	第二产业	第三产业
2020	25781.95	2243.79	11107.92	12430.24
2021	29619.67	2334.29	13183.21	14102.17

地区生产总值指数

（按可比价格计算）

（上年=100）

年份	地区生产总值	第一产业	第二产业	第三产业
2020	103.8	102.2	104.1	103.7
2021	108.8	107.3	108.2	109.5

按城乡分的人口数(年末数)

年份	总人口(人)	按城乡分		以年末总人口为100	
		城镇人口	乡村人口	城镇人口	乡村人口
2020	45188635	27310611	17878024	60.44	39.56
2021	45174033	27763961	17410072	61.46	38.54

注:2020年数据为第七次全国人口普查标准时点数。

劳动力资源

单位:万人

年份	劳动力资源总数	社会就业人数	职工人数	国有经济单位	城镇集体经济单位	其他各种经济单位	劳动力资源总数占人口数的比重(%)	劳动力资源利用率(%)
2020	3457.5	2264.0	412.3	159.4	7.1	245.8	76.5	65.5
2021	3496.3	2242.0	411.2	163.2	7.0	241.1	77.4	64.1

注:职工人数为在岗职工人数,含劳务派遣人员。

全社会固定资产投资发展速度

年份	发展速度(上年=100)			
	合计(%)	固定资产投资	房地产开发投资	农村农户投资
2020	108.0	108.2	106.2	99.0
2021	110.6	110.8	106.3	100.6

注:1.不含跨省中央项目投资。

2.全社会固定资产投资=固定资产投资+农村农户投资。

3.固定资产投资=计划投资500万元及以上项目固定资产投资+房地产开发投资。

外商直接投资情况

年份	新设立外商投资企业（家）	合同外资金额（万美元）	实际使用外资（万美元）
2020	565	1232489	1460221
2021	633	960592	1577777

一般公共预算收支总额

单位：万元

年份	一般公共预算收入	税收收入	增值税	营业税	企业所得税	非税收入	一般公共预算支出
2020	25075448	17019191	7664045		2325396	8056257	66740791
2021	28122251	19293277	9410015		2444161	8828974	67788720

各种价格指数

（上年＝100）

年份	商品零售价格指数	城市	农村	居民消费价格指数	城市	农村
2020	101.6	101.5	101.9	102.6	102.4	103.0
2021	101.2	101.2	101.1	100.9	100.9	100.7

农、林、牧、渔业总产值构成

（按当年价格计算）

单位：%

年份	农林牧渔业总产值	农业产值	林业产值	牧业产值	渔业产值	服务业产值	农林牧渔业商品产值	农林牧渔业商品率
2020	100.0	44.2	9.6	29.5	12.4	4.3		
2021	100.0	44.9	10.0	26.3	13.7	5.1		

主要农作物单位播种面积产量（2021 年）

单位：千克/公顷

类别	全省
粮食	5811
油料	1835
花生	3022
油菜籽	1454
芝麻	1237
棉花	1558

续表

类　别	全　省
生麻	1857
生苎麻	1851
甘蔗	45287
烟叶	2043
烤烟	2046
晒烟	1768
蔬菜及食用菌	25214
叶菜类	21160
白菜类	27988
甘蓝类	24380
根茎类	29009
瓜菜类	27770
豆类(菜用)	21940
茄果菜类	22003
葱蒜类	21123
水生菜类	23644
其他蔬菜类	25913
瓜果类	25751

主要工业产品产量

品　名	2021 年	2021 年比 2020 年增长（%）
硫铁矿生产量（折含硫 35%）（万吨）	8.20	−97.0
钨精矿折含量（万吨）	5.65	−9.7
原盐（万吨）	284.97	34.2
配混合饲料（万吨）	655.01	14.3
乳制品（万吨）	20.42	17.4
罐头（万吨）	9.77	−5.6
饮料（万吨）	478.91	4.5
白酒（万千升）	16.25	90.7
啤酒（万千升）	62.43	−9.3
精制茶(吨)	76175.10	6.7
卷烟（亿支）	642.05	1.8

续表 1

品　名	2021 年	2021 年比 2020 年增长（%）
纱（万吨）	154.33	1.5
布（万米）	95518.50	13.4
纯棉布	71202.00	18.4
棉混纺交织布	10168.30	-11.8
印染布（万米）	21717.00	20.2
服装（万件）	136204.50	17.0
皮鞋（万双）	4045.90	-8.2
人造板（万立方米）	1221.06	32.0
机制纸及纸板（万吨）	280.24	17.2
家具（万件）	6131.19	29.9
硫酸（万吨）	290.95	0.4
烧碱（万吨）	202.18	12.3
电石（折 300 升/千克）（万吨）	1.03	42.0
化学肥料（折有效成分 100%）（万吨）	97.45	345.1
氮肥	78.35	821.1
磷肥	10.87	30.4
化学农药（吨）	85861.80	7.5
纯苯（吨）	38153.10	-6.4
涂料（吨）	318638.3	23.7
合成洗涤剂（吨）	139451.40	-49.6
化学药品原药（吨）	123203.80	31.8
中成药（吨）	94471.20	1.5
化学纤维（万吨）	107.66	20.2
合成纤维	15.39	71.2
橡胶轮胎外胎（万条）	245.83	1.8
塑料制品（吨）	1494527.60	19.8
水泥（万吨）	10130.68	3.2
日用玻璃制品（万吨）	20.09	54.1
玻璃保温容器（万个）	206.7	55.4

续表 2

品　名	2021 年	2021 年比 2020 年增长（%）
耐火材料制品（万吨）	56.28	24.2
生铁（万吨）	2315.59	-0.7
粗钢（万吨）	2710.96	1.1
钢材（万吨）	3480.92	10.9
中小型型材	1.74	411.1
棒材	70.66	-8.4
钢筋	1478.37	9.0
线材	503.29	1.6
厚钢板	202.06	10.9
中板	211.28	12.3
冷轧窄钢带	28.58	11.5
电工钢板	91.90	14.9
无缝钢管	7.37	259.2
十种有色金属（万吨）	218.95	10.7
精炼铜	160.41	11.6
铁合金（万吨）	0.03	-57.8
工业锅炉（蒸发量吨）	2834.40	15.2
金属切削机床（台）	6932	24.9
数控机床	76	-1.3
泵（万台）	79.60	27.5
风机（万台）	66.22	-31.5
气体压缩机（台）	35904203	12.5
滚动轴承（万套）	34427.40	32.5
小型拖拉机（万台）	0.76	-2.9
汽车（万辆）	43.60	-1.3
载货汽车	25.93	3.0
民用钢质船舶（万载重吨）	3.12	-30.9
发电设备（万千瓦）	66.13	25.7
交流电动机（万千瓦）	680.24	5.4
变压器（万千伏安）	3780.45	14.8
家用电冰箱（万台）	72.31	-7.5
房间空气调节器（万台）	352.02	1.9
家用电风扇（万台）	240.05	-15.7
电光源（万只）	765384.90	31.0
电话单机（万部）	22.43	-53.9
彩色电视机（万台）	5.57	-93.4
照相机（万台）	31.95	4.2

规模以上工业企业经济指标

指　标	2020 年	2021 年
企业单位数(个)	13710.00	15142.00
亏损企业(个)	1223.00	1209.00
资产总计(万元)	283921393.00	303579330.00
流动资产合计(万元)	142666763.00	154728853.00
负债总计(万元)	152415402.00	162345963.00
所有者权益(万元)	131505991.00	141233366.00
营业收入(万元)	379091711.00	439767304.00
销售费用(万元)	7334101.00	7418252.00
利润总额(万元)	24381473.00	31224143.00
全部从业人员年平均人数(人)	2301362.00	2244724.00
资本保值增值率(%)	105.81	108.35
资产负债率(%)	53.68	53.48
流动资产周转率(次)	2.66	3.10
成本费用利润率(%)	6.93	7.69
全员劳动生产率(元/人)	349036.00	420171.00
产品销售率(%)	98.96	99.10

建筑业主要经济指标

指　标	2020 年	2021 年
企业个数(个)	3751	4663
建筑业合同情况(万元)		
签订的合同额	140369104	151749444
上年结转合同额	52677802	57185991
本年新签合同额	87691302	94563453
承包工程完成情况(万元)		
直接从建设单位承揽工程完成的产值	84026525	94199311
自行完成施工产值	82701215	93021147
分包出去工程的产值	1325310	1178165
从建设单位以外承揽工程完成的产值	3790377	4608319
建筑业总产值(万元)	86491592	97629465
装配式建筑工程产值	858250	631227
装饰装修产值	2848624	3656397
在外省完成的产值	26849300	30577752
建筑工程产值	74366252	84907290
安装工程产值	6521943	7016157
其他产值	5603397	5706019

续表

指　标	2020 年	2021 年
竣工产值(万元)	38827999.00	42172452.00
房屋建筑施工及竣工面积(万平方米)		
房屋建筑施工面积	34235.47	35525.62
本年新开工面积	16582.77	15796.33
房屋建筑竣工面积	13911.91	14475.20
住宅房屋	8422.84	8800.72
商业及服务用房屋	1192.35	968.54
商厦房屋(批发和零售用房)	393.07	375.23
宾馆用房屋(住宿用房)	68.19	64.38
餐饮用房屋(餐饮用房)	17.77	21.60
商务会展用房屋	13.32	20.31
其他商业及服务用房屋(居民服务业用房)	700.01	487.01
办公用房屋	827.87	946.69
科研、教育、医疗用房屋	733.93	687.40
科学研究用房屋	47.82	27.81
教育用房屋	480.78	516.71
医疗用房屋(卫生医疗用房)	205.33	142.88
文化、体育、娱乐用房屋	177.62	154.40
厂房及建筑物	2082.45	2337.52
厂房	1268.45	1357.80
仓库	106.01	102.77
其他未列明的房屋建筑物	368.85	477.17

注:统计范围为具有建筑业资质等级的独立核算建筑业企业。

运输线路长度

单位:千米

指　标	2020 年	2021 年
铁路营业里程	4546	4822
公路通车里程	210642	211101
等级公路	205122	205655
高速公路	6234	6309
一级公路	3070	3186
二级公路	12320	12612
三级公路	17638	18213
等外公路	5520	5446
内河通航里程	5716	5716
等级航道	2427	2427
等外航道	3289	3289

注:1.铁路营业里程统计口径为中国铁路南昌局集团有限公司在全省境内所管辖铁路营业里程。

2.2020 年全省铁路营业里程调整为 4546 千米。

全社会运输周转量

指　标	2020 年	2021 年
货物周转量(万吨公里)	40107905	48819029
铁路	4973003	5675481
公路	32470914	39601133
水运	2663988	3542415
内河	2113641	2493557
沿海	550347	1048858
旅客周转量(万人公里)	6313543	6039061
铁路	4502923	5059589
公路	1808853	977066
水运	1767	2407
内河	1767	2407

社会消费品零售总额

单位:万元

年　份	社会消费品零售总额	按所在地分		
		城　镇	城　区	乡　村
2020	103717748	87465516	51560569	16252232
2021	122066922	102726766	61460198	19340156

旅游业发展情况

年　份	旅游总收入(亿元)	为全省地区生产总值(%)	为全省地区生产总值中第三产业(%)
2020	5422.70	21.03	43.63
2021	6769.02	22.85	48.00

金融机构本外币信贷资金平衡表年末余额(2021 年)

单位:万元

指　标	年末余额	比年初增减	增长(%)
各项存款	477560408	38430945	8.8
境内存款	477098520	38377538	8.7
住户存款	255228106	27108995	11.9
活期存款	90453061	4152305	4.8
定期及其他存款	164775045	22956690	16.2
非金融企业存款	139001167	7484222	5.7

续表

指　标	年末余额	比年初增减	增长(%)
活期存款	71425652	2161891	3.0
定期及其他存款	67575514	5322331	8.6
机关团体存款	57840111	1705040	3.0
财政性存款	15434184	-158977	-1.0
非银行业金融机构存款	9594953	2238257	30.4
境外存款	461888	53407	13.1
各项贷款	471734270	55057478	13.2
境内贷款	471281624	55178948	13.3
住户贷款	182408927	19391110	11.9
短期贷款	48710670	5917432	13.8
中长期贷款	133698257	13473679	11.2
企(事)业单位贷款	288564342	36189866	14.3
短期贷款	73564154	6538090	9.8
中长期贷款	181367960	23033050	14.5
票据融资	31768177	6330022	24.9
融资租赁	1536003	180613	13.3
各项垫款	328047	108092	49.1
非银行业金融机构贷款	308355	-402028	-56.6
境外贷款	452646	-121471	-21.2

注:该表统计口径包括中国人民银行、政策性银行、国有独资商业银行、邮政信汇局、其他商业银行、农村合作银行、城市信用社、农村信用社、信托投资公司、财务公司等金融机构。

房地产开发与经营主要指标

指　标	2020 年	2021 年
房地产开发投资增速(%)	6.20	6.30
按登记注册类型分		
内资	4.10	6.20
国有	-25.50	4.60
集体	-42.90	
股份合作		
联营		
有限责任公司	0.20	-6.90
股份有限公司	-53.80	-57.70

续表

指　标	2020 年	2021 年
私营	15.40	22.70
其他	23846.70	106.60
港澳台商投资	81.20	10.00
外商投资	329.50	4.40
按构成分		
建筑工程	14.00	11.70
安装工程	-4.20	0.70
设备工器具购置	15.40	-20.60
其他费用	-7.40	-2.80
土地购置费	-1.20	-7.40
按工程用途分		
住宅	7.20	10.30
办公楼	43.70	-11.70
商业营业用房	-2.00	-10.60
其他	-3.80	6.20
企业个数(个)	2855.00	3068.00
本年新增固定资产(万元)	8511116.00	8636130.00
土地开发(万平方米)		
本年购置土地面积	551.99	391.93
资金来源(万元)		
本年资金来源小计	37778809.00	39006601.00
国内贷款	3759022.00	3335408.00
银行贷款	3189884.00	2947625.00
非银行金融机构贷款	569138.00	387783.00
利用外资	14437.00	44984.00
自筹资金	9055657.00	10101670.00
其他资金来源	585941.00	701877.00
定金及预收款	13177959.00	13630340.00
个人按揭贷款	11185793.00	11192322.00
房屋施工、竣工和销售、出租情况(万平方米)		
房屋施工面积	23580.80	25219.87
新开工面积	5301.79	5282.04
房屋竣工面积	2238.50	2517.44
商品房销售面积	6732.71	7676.21
商品房销售额(万元)	52227807.00	58941262.00
商品房出租面积	4.11	1.87
商品房待售面积	803.45	737.49

各类学校基本情况(2021年)

单位:人

类别	学校数(所)	在校学生数	招生数	毕业生数	教职工数	专任教师
研究生	16	59005	21980	14061		
普通高等学校	106	1348666	423173	310180	93293	67510
成人高等教育	5	400509	168728	70362	851	546
中等职业教育	287	519162	204856	117575	23413	19177
普通中学	2762	3322764	1100733	1085419	274971	223098
高中	544	1158428	397179	341650	113635	72115
初中	2218	2164336	703554	743769	161336	150983
技工学校(人)	117	211398	91505	45260	14152	11964
小学	6753	3957907	597845	705478	214520	245240
幼儿园	15832	1618274	576192	604728	196164	117522
特殊教育学校	92	40514	6577	8537	2253	2065
专门学校	5	512	385	157	132	88

注:研究生指标的学校数和教职工数包含在普通高等学校中。

卫生机构、床位及人员数

年份	机构数(个)	医院卫生院	床位数(张)	医院卫生院	人员数(人)	卫生技术人员	医生
2020	36716	2452	285797	265356	367527	286089	104897
2021	36764	2532	307292	284963	381735	305670	111394

注:1.机构数中包括个体机构。

2.卫生技术人员数据不包括乡村医生和卫生员。

3.机构合计中包括村卫生室。

(省统计局)

本类目编辑　邓诚君

索　　引

说明：本索引依照国家标准《索引编制规则（总则）》GB/T22466-2008 的相关规则进行编制。本索引为主题索引，按主题词首字汉语拼音字母（同音字按声调）顺序排列。主题词后的阿拉伯数字表示该词所在页码，数字后的英文字母 a、b、c 分别表示该页文字的左、中、右栏。同一主题的内容在文中多处出现的，在其主题词后用不同的页码标明。对特载、专记、大事记、人物、附录、统计资料等类目不作主题索引。

数字和字母

A

B

C

D

E

F

G

H

J

M

N

P

Q

R

S

T

W

X

Y